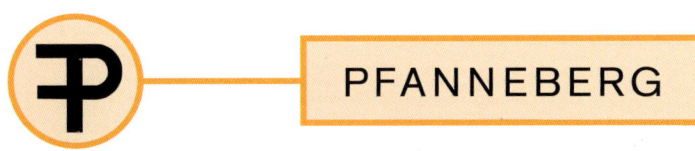

HOTEL & GAST

Anton Beer
Frank Brandes
Hermann Grüner
Thomas Kessler
Conrad Krödel
Reinhold Metz
Marco Voll
Thomas Wolffgang

14. Auflage

Fachbuchverlag Pfanneberg GmbH & Co. KG
Düsselberger Str. 23
42781 Haan-Gruiten
Bestell-Nr.: 04062

Autoren
Anton Beer, Köditz
Frank Brandes, Bad Doberan
Hermann Grüner, Garmisch-Partenkirchen
Thomas Kessler, Deggendorf
Conrad Krödel, Elmshorn
Reinhold Metz, Bad Wörishofen
Marco Voll, Gleichen
Thomas Wolffgang, Dessau-Roßlau

Verlagslektorat
Benno Buir

Bildbearbeitung
Verlag Europa-Lehrmittel, 73760 Ostfildern

14. Auflage 2020

Druck 5 4 3 2 1
Alle Drucke derselben Auflage sind parallel einsetzbar, da sie bis auf die Behebung von Druckfehlern untereinander unverändert sind.

ISBN 978-3-8057-0816-6

Alle Rechte vorbehalten. Das Werk ist urheberrechtlich geschützt. Jede Verwertung außerhalb der gesetzlich geregelten Fälle muss vom Verlag genehmigt werden.

© 2020 by Fachbuchverlag Pfanneberg GmbH & Co. KG, 42781 Haan-Gruiten
http://www.pfanneberg.de
http://www.hotel-und-gast.de

Umschlag: braunwerbeagentur, 42477 Radevormwald,
unter Verwendung eines Motivs von © Sven Hoppe – Fotolia.com
Layout und Satz: tiff.any GmbH, 10999 Berlin
Druck: Himmer GmbH, 86167 Augsburg

Vorwort

Das Standardwerk „Hotel & Gast" und das dazugehörige **Medienpaket** liegen nun überarbeitet in der **14. Auflage** vor. Neue, erfahrene Autoren haben die vielfach anerkannte Qualität um wichtige neue Elemente erweitert.

„Hotel & Gast" enthält alle Inhalte, die heute für die professionelle und moderne Ausbildung im Beruf „Hotelfachmann/Hotelfachfrau" wichtig sind.

Das Lehrbuch für den handlungsorientierten und lernfeldorientierten Unterricht unterstützt Auszubildende beim selbstständigen Lernen. Sie finden Gesuchtes schnell und können Zusammenhänge herstellen. Die Grundlagen hierfür bildet die umfassende Darstellung der Lerninhalte. **Didaktisch und methodisch fundiert** fördert sie die Entwicklung von **Lernkompetenz** und ermöglicht eine *nachhaltige Festigung des Lernstoffs*.

Was ist neu an „Hotel & Gast"?

Der Berufseinstieg ist pädagogisch modernisiert, die Lernfelder des 1. Lehrjahres sind komplett neu bearbeitet:

- Neues Konzept, neue Gliederung
- Neueste, aktuelle Themen, Trends, Geräte

Der zweite Teil des Buches wurde aktualisiert, Bewährtes wurde beibehalten. Der digitale Schwerpunkt des Medienpakets wurde ausgebaut:

- Wissen im Internet: Hintergrundinfos bei www.hotel-und-gast.de; Zusatzmaterial (Digital+) über www.hotel-und-gast.de/digitalplus
- Alle Bilder und Tabellen des Buches sind für die Übernahme in eigenes Material jetzt digital zugänglich – **online und offline nutzbar** (siehe Umschlag-Innenseite)
- **Das digitale Buch:** Hotel & Gast **in unserer EUROPATHEK**
- Die Lern-App „Prüfung Hotel" in den Stores – mit ca. 100 kostenlosen Prüfungsaufgaben. Weitere bis zu 1000 sind zusätzlich erhältlich.

> Unsere Buchreihe für den gastgewerblichen Unterricht hat identische Inhalte für lehrplankonforme, gemeinsame Beschulung in gemischten Klassen:
>
> Die Seiten für das 1. und 2. Lehrjahr sind in Fachkraft & Gast, Hotel & Gast und Restaurant & Gast gleich. Auch Der junge Koch/Die junge Köchin hat für das 1. Lehrjahr die gleichen Inhalte.

Ihr Feedback ist uns wichtig!

Wenn Sie mithelfen möchten, dieses Buch für die kommenden Auflagen noch weiter zu optimieren, schreiben Sie uns unter lektorat@europa-lehrmittel.de.

Wir freuen uns auf Anregungen und Unterstützung durch Kritik und wünschen **viel Erfolg mit „Hotel & Gast"**.

Sommer 2020   Autoren und Verlag

Inhaltsverzeichnis

Vorwort	3
Inhaltsverzeichnis	5

EINFÜHRUNG

EINFÜHRUNG IN DIE BERUFE 13

1	Gast und Gastgewerbe – früher und heute	13
2	Ausbildung in Schule und Betrieb	15
2.1	Anforderungen des Gastgewerbes	15
2.2	Duale Ausbildung	15
2.3	Rechtlicher Rahmen der Ausbildung	15
2.4	Ablauf der Ausbildung	16
2.5	Ausbildungsberufe des Gastgewerbes: Übersicht	17
2.6	Netzwerke des Gastgewerbes	18
2.7	Wettbewerbe des Gastgewerbe	19
2.8	Auszeichnungen im Gastgewerbe	20
3	Personal im Gastgewerbe	21
4	Organisationsformen im Gastgewerbe	22
4.1	Küchenorganisation	22
4.2	Küchentypen	23
4.3	À-la-Carte-Geschäft	25
4.4	Gemeinschaftsverpflegung	28
4.5	Bankett	28
4.6	Catering	29
4.7	Systemgastronomie	30
4.8	Eventgastronomie	31
4.9	Gastronomische Angebote an Speisen	32

VERBRAUCHER UND UMWELT SCHÜTZEN 35

1	Verbraucherschutz	35
1.1	Qualität von Lebensmitteln	36
1.2	Kennzeichnung von Lebensmitteln	36
2	Umweltschutz	45

DIE GESUNDHEIT SCHÜTZEN 50

1	Verderb von Lebensmitteln	50
2	Mikroben	50
2.1	Vorkommen und Übertragung	51
2.2	Arten von Mikroben und deren Vermehrung	52
2.3	Lebensbedingungen der Mikroben	53
2.4	Auswirkungen der Mikroben und Enzyme	56
3	Lebensmittelinfektionen – Lebensmittelvergiftungen	57
3.1	Salmonellen	58
3.2	Campylobacter	59
3.3	Colibakterien	60
3.4	Listerien	60
3.5	Eitererreger (Staphylokokken)	61
3.6	Fäulniserreger	61
3.7	Sporenbildende Bakterien	62
4	Schädlinge	63
5	Verbraucherschutz	64
5.1	Grundlagen des Verbraucherschutzes	64
5.2	Lebensmittelhygiene in der Praxis	66
5.3	Lebensmittelüberwachung	73
5.4	Aktuelles aus dem Lebensmittelrecht	74
6	Haltbarmachungsverfahren	75
6.1	Lebensmittelverderb	76
6.2	Werterhaltung	76

ERNÄHRUNG FÜR EINE GESUNDE LEBENSWEISE 81

1	Einführung	81
1.1	Grundsätze vollwertiger Ernährung	81
1.2	Lebensmittel-Inhaltsstoffe und ihre Wirkung	84
2	Kohlenhydrate	85
2.1	Ernährungsproblematik	85
2.2	Entstehung der Kohlenhydrate	86
2.3	Einteilung der Kohlenhydrate	86
2.4	Süßungsmittel	91
3	Lipide (Fette)	92
3.1	Gesundheitswert von Fetten	93
3.2	Verdauung von Fetten	94
3.3	Fette in der Küchenpraxis	94
3.4	Weiteres Wissen zu Fetten	100
4	Eiweiß/Proteine	101
4.1	Funktionen der Eiweiße/Proteine	101

4.2	Ernährungshinweise	102
4.3	Aufbau von Eiweißen/Proteinen	102
4.4	Eiweißstoffe und deren küchentechnische Eigenschaften	104
4.5	Weiteres Wissen zu Eiweißen/Proteinen	107
5	**Vitamine und Mineralstoffe**	**108**
5.1	Ernährungsproblematik	108
5.2	Vitamine	109
5.3	Mineralstoffe	111
6	**Begleitstoffe/Bioaktive Substanzen**	**112**
6.1	Ballaststoffe	112
6.2	Sekundäre Pflanzenstoffe	113
7	**Verdauung und Stoffwechsel im Organismus**	**114**
8	**Wasser**	**118**
8.1	Wasserbilanz	118
8.2	Wasser als Arbeitsmittel	119
9	**Energieaufnahme**	**120**
9.1	Energiebedarf	120
9.2	Körpergewicht	122
9.3	Verteilung der täglichen Nahrungsaufnahme	123
10	**Kostformen**	**123**
10.1	Krankheiten und Ernährungstherapien	124
10.2	Lebensmittelunverträglichkeiten/Allergien	127
11	**Alternative Ernährungsformen**	**130**
11.1	Vegetarische Ernährung	130
11.2	Vegane Ernährung	132

KÜCHE

SICHERES UND GESUNDES ARBEITEN 136

1	**Arbeitssicherheit**	**136**
1.1	Sicherheitskennzeichnung	137
1.2	Arbeitskleidung	137
2	**Erste Hilfe**	**138**
2.1	Grundlagen der Ersten Hilfe	138
2.2	Schnitt- und Stichwunden	139
2.3	Verbrennungen	140
2.4	Sturzverletzungen	142
2.5	Geräte und Maschinen	143
2.6	Stromunfälle	144
2.7	Verätzungen und Vergiftungen	145
3	**Erkrankungen**	**145**
3.1	Hauterkrankungen	145
3.2	Rückenerkrankungen	146

KÜCHENAUSSTATTUNG 147

1	**Arbeitsmittel**	**147**
1.1	Grundausstattung	147
1.2	Erweiterungen	148
1.3	Pflege von Messern	151
2	**Kochgeschirr und Zubehör**	**153**
3	**Maschinen und Geräte**	**156**
3.1	Kühltechnik	156
3.2	Rührtechnik	159
3.3	Zerkleinerungstechnik	160
3.4	Herd und Kochtechnik	164
3.5	Heißluftdämpfer/Kombidämpfer	168
3.6	Niedertemperatursysteme/Sous-vide-Garen	172
3.7	Fritteuse und Filtersysteme	174
3.8	Grill	176
3.9	Multifunktionsgeräte	178
4	**Speisenproduktionssysteme**	**180**

GRUNDTECHNIKEN DER KÜCHE 182

1	**Vorbereitende Arbeiten**	**182**
1.1	Einführung	182
1.2	Waschen	183
1.3	Wässern	183
1.4	Putzen	184
1.5	Schälen/Abziehen	184
2	**Bearbeiten von Lebensmitteln**	**185**
2.1	Schneiden	185
2.2	Schnittformen	186
2.3	Weitere Bearbeitungsformen für Gemüse und Obst	189
2.4	Weitere Vorbereitungstechniken	190
3	**Haltbarmachung in der Praxis**	**191**

SPEISEN ZUBEREITEN 193

1	**Speisen würzen und gestalten**	**193**
1.1	Bewusster Genuss – Wahrnehmen mit allen Sinnen	193
1.2	Bewusstes Würzen und Gestalten	195
1.3	Kräuter	197
1.4	Gewürze	200
1.5	Süßen von Speisen – Süßungsmittel	206
1.6	Speisen bewusst eine Bitternote geben	208

1.7	Bewusstes Säuern von Speisen	208
1.8	Salzen von Speisen	209
1.9	Umami – Speisen schmackhafter machen	210
1.10	Schärfe ins Essen bringen	211
2	**Garen von Lebensmitteln**	**212**
2.1	Warum wir Lebensmittel garen	212
2.2	Was beim Garen mit den Inhaltsstoffen passiert	212
2.3	Heiße Sache – wie mittels Garverfahren Wärme auf und in die Lebensmittel gelangt	214
2.4	Garen mittels Wasser und Wärme (feuchte Garverfahren)	215
2.5	Garen mittels trockener Wärme (trockene Garverfahren)	221
2.6	Kombinierte Garverfahren	227
2.7	Zubereitungsreihen	229
3	**Anrichten und Empfehlen einfacher Speisen**	**230**

SPEISENPRODUKTION PLANEN UND BERECHNEN ... 233

1	**Die eigene Arbeit planen**	**233**
1.1	Informationen beschaffen	233
1.2	Ideen und Tätigkeiten strukturieren	235
1.3	Arbeit mit Rezepten	236
1.4	Arbeitsabläufe strukturieren	238
2	**Die Warenanforderung**	**240**

SERVICE

GRUNDKENNTNISSE IM SERVICE ... 241

1	**Mitarbeiter im Service**	**241**
1.1	Umgangsformen	241
1.2	Persönliche Hygiene	241
1.3	Arbeitsbekleidung	241
2	**Einrichtung und Geräte**	**242**
2.1	Einzeltische und Festtafeln	242
2.2	Tischwäsche	243
2.3	Bestecke	248
2.4	Gläser	253
2.5	Porzellangeschirr	255
2.6	Sonstige Tisch- und Tafelgeräte	258
2.7	Tisch- und Tafeldekoration	259
3	**Restaurant**	**261**
3.1	Überblick über die Vorbereitungsarbeiten	261
3.2	Herrichten von Servicetischen	262
3.3	Herrichten von Tischen und Tafeln	263
3.4	Gedecke	270
3.5	Grundlegende Servierrichtlinien	273
3.6	Arten des Service	273
3.7	Tellerservice	274
3.8	Plattenservice	277

GETRÄNKE UND GETRÄNKESERVICE ... 281

1	**Alkoholfreie Getränke**	**281**
1.1	Klassische und moderne Wässer	281
1.2	Säfte und fruchtsafthaltige Getränke	283
1.3	Erfrischungsgetränke	284
1.4	Getränkeschankanlagen	286
1.5	Alkoholfreie Mischgetränke	287
1.6	Kochen mit alkoholfreien Getränken	289
2	**Aufgussgetränke**	**290**
2.1	Kaffee	290
2.2	Kaffeespezialitäten	294
2.3	Tee	296
2.4	Kakao und Schokolade	299
3	**Bier**	**301**
3.1	Bierherstellung	301
3.2	Biergattungen, Bierarten, Biersorten	302
3.3	Ausschenken von Bier	304
3.4	Küchenpraxis Bier	305
4	**Wein**	**306**
4.1	Rebsorten	307
4.2	Weinbereitung	309
4.3	Güteklassen für Wein	310
4.4	Weine europäischer Länder	313
4.5	Likörweine (Süd- und Dessertweine)	316
4.6	Küchenpraxis Wein	318
5	**Schaumwein**	**318**
5.1	Herstellung	319
5.2	Geschmacksrichtungen	320
5.3	Gesetzliche Bestimmungen	320
5.4	Schaumweine anderer Länder	321
5.5	Verwendung von Schaumwein	321
6	**Weinhaltige Getränke**	**322**
7	**Spirituosen**	**322**
7.1	Brände	324
7.2	Weitere geschmacksneutrale Spirituosen	327

7.3	Aromatisierte Spirituosen	327
7.4	Liköre	328
7.5	Apéritifs und Digestifs	329

FRÜHSTÜCK UND FRÜHSTÜCKSSERVICE ... 330

1	Frühstück	330
1.1	Bestandteile des Frühstücks	330
1.2	Arten des Frühstücks	331
2	Frühstücksservice	334
2.1	Etagenservice	335
2.2	Service beim Frühstück	335

MAGAZIN

MAGAZIN ... 339

1	Lagerbedingungen und Lagerarten	340
1.1	Lagerbedingungen	340
1.2	Lagerarten	342
1.3	Hygiene im Magazin	345
2	Warenbeschaffung	348
2.1	Bedarfsermittlung – Bestellmenge	348
2.2	Waren bestellen	349
3	Warenannahme	352
3.1	Warenannahme in der Praxis	352
3.2	Lagermethoden	355
4	Warenausgabe	356
5	Magazinkontrollen und Bewertungen	357
6	Büro-Organisation/EDV	358
6.1	Software und Hardware	358
6.2	Datensicherung	360
	Projekt: Zwischenprüfung	361

BERATUNG UND VERKAUF

VERKAUFSABLÄUFE IM RESTAURANT ... 363

1	Kaufmotive	363
2	Qualität im Service	364
3	Umgang mit Gästen	365
3.1	Gästetypologie	365
3.2	Service bei speziellen Gästegruppen	367
4	Verkauf im Restaurant	368
4.1	Empfehlung und Aufnahme der Bestellung	368
4.2	Verkaufsgespräche und -techniken	369
4.3	Tischreservierungen	371
4.4	Veranstaltungsabsprachen	372
4.5	Gästeberatung	373
4.6	Zusatzverkäufe	375
4.7	Rechnungspräsentation und Verabschiedung	376
5	Reklamationen	377
6	Rechtsvorschriften	378
	Aufgaben	381
	Projekt: Aktionswoche „Spargel und Wein"	382
7	Abrechnen mit Gast und Betrieb	383
7.1	Boniersysteme	383
7.2	Abrechnung mit dem Gast	386
7.3	Abrechnung mit dem Betrieb	388
	Aufgaben	389

EMPFEHLUNG UND VERKAUF VON SPEISEN .. 390

1	Vorspeisen	390
1.1	Kalte Vorspeisen	390
1.2	Arten von kalten Vorspeisen	391
	Aufgaben	395
2	Suppen	396
2.1	Klare Suppen	396
2.2	Gebundene Suppen	397
2.3	Kalte Suppen	398
2.4	Regionalsuppen	398
2.5	Nationalsuppen	399
	Fachbegriffe	401
	Aufgaben	401
3	Zwischengerichte	402
4	Saucen	403
4.1	Grundsaucen	403
4.2	Braune Grundsauce	403
4.3	Wildgrundsauce und Ableitungen	404
4.4	Eigenständige warme Saucen	404
4.5	Weiße Grundsaucen	404
4.6	Aufgeschlagene und gerührte Saucen	405
4.7	Eigenständige kalte Saucen	406
4.8	Beurteilungsmerkmale und Anrichten von Saucen	406
4.9	Buttermischungen	407
	Aufgaben	407

5	Hauptgerichte aus Fisch, Krebs- und Weichtieren	408
5.1	Süß- und Salzwasserfische	408
	Fachbegriffe	414
5.2	Kaviar	415
	Aufgaben	415
5.3	Krebstiere	416
5.4	Weichtiere	416
	Aufgaben	417
	Projekt: Meeresfrüchte-Festival	418
6	Hauptgerichte aus Fleisch	419
6.1	Schlachtfleisch	419
6.2	Kalb	420
6.3	Rind	423
	Aufgaben	426
6.4	Schwein	427
6.5	Lamm	429
6.6	Hackfleisch	431
6.7	Innereien	432
6.8	Fleisch- und Wurstwaren	433
	Aufgaben	433
7	Hauptgerichte aus Geflügel und Wildgeflügel	434
7.1	Hausgeflügel	434
7.2	Wildgeflügel	436
	Aufgaben	437
8	Hauptgerichte vom Wild	438
	Aufgaben	439
9	Spezielle Hauptgerichte: Systemgastronomie	440
10	Beilagen	443
10.1	Beilagen aus Gemüse	443
	Aufgaben	448
	Projekt: Aktionswoche Spargel	449
10.2	Hauptbeilagen (aus stärkehaltigen Produkten)	450
10.3	Salate als Beilagen	460
11	Obst	461
	Aufgaben	465
12	Käse	466
	Aufgaben	470
13	Nachspeisen	471
13.1	Warme Süßspeisen	472
13.2	Kalte Süßspeisen	474
	Aufgaben	478
14	Spezielle Gerichte	479
14.1	Amuse-Bouche/Amuse-Gueule	479
14.2	Fingerfood	481
14.3	Vegetarische Gerichte	482
	Aufgaben	483

MENÜ UND SPEISEKARTE 484

1	Menü und Menükarte	484
1.1	Geschichte der Speisenfolge	484
1.2	Zusammenstellen von Menüs	486
1.3	Getränke zum Essen	493
1.4	Menüangebot, Menükarte	495
	Aufgaben	499
2	Speisekarten	501
2.1	Arten der Speisekarten	501
2.2	Erstellen der Speisekarten	507
	Aufgaben	510
2.3	Besonderheiten in der Systemgastronomie	511

MARKETING

MARKETING IM GASTGEWERBE 512

1	Besonderheiten im Gastgewerbe	512
2	Angebot und Nachfrage – der Markt	514
3	Unternehmensleitung	515
3.1	Unternehmensleitbild	516
3.2	Unternehmensidentität	517
4	Marketingkonzept	519
4.1	Marktforschung/Marktanalyse	519
4.2	Marketingziele	519
4.3	Marketingstrategie	519
4.4	Marketingplan	521
4.5	Marketing-Instrumente	521
4.6	Marketing-Mix	522
4.7	Kontrolle des Marketingerfolgs	522
	Aufgaben	523
5	Kommunikation mit dem Markt – Kommunikationsinstrumente	524
5.1	Verkaufsförderung	524
	Aufgaben	526
5.2	Öffentlichkeitsarbeit	527
5.3	Werbung	528
6	Rechtsvorschriften	530
	Aufgaben	531

INHALTSVERZEICHNIS

WIRTSCHAFTSDIENST

WIRTSCHAFTSDIENST – HAUSDAMENABTEILUNG ... 532

- 1 Materialkunde – Grundlagen ... 533
- 1.1 Werkstoffe/Gebrauchsgegenstände – Pflege ... 533
  - Aufgaben ... 538
- 1.2 Natur- und Chemiefasern ... 539
  - Aufgaben ... 543
- 1.3 Reinigungs- und Pflegemittel ... 544
- 1.4 Reinigung von Wänden ... 545
- 1.5 Reinigung von Böden ... 545
- 1.6 Reinigung von Teppichen und Teppichböden ... 546
- 1.7 Wäschepflege ... 548
  - Aufgaben ... 552
- 1.8 Gästebetten ... 553
  - Aufgaben ... 559
- 2 Arbeitsabläufe ... 560
- 2.1 Arbeitsvorbereitung ... 560
- 2.2 Herrichten eines Gästezimmers bei Abreise ... 561
- 2.3 Herrichten eines Gästezimmers bei Bleibe ... 564
- 2.4 Kontrolle eines Gästezimmers ... 565
- 2.5 Sonstige Arbeiten auf der Etage ... 565
  - Aufgaben ... 569
- 3 Umweltschutz in der Hausdamenabteilung ... 569
- 4 Arbeitssicherheit ... 573
- 5 Rechtsvorschriften ... 574
  - Aufgaben ... 575
  - Projekt: Generalreinigung von Gästezimmern ... 576

WARENWIRTSCHAFT

WARENWIRTSCHAFT ... 577

- 1 Wareneinkauf ... 577
- 2 Warenannahme ... 583
- 3 Warenlagerung ... 583
- 4 Warenausgabe und Bestandskontrolle ... 586
- 5 Wareneinsatzkontrolle ... 588
- 6 Warenwirtschaftssysteme ... 589
  - Aufgaben ... 590
- 6.1 Aufbau/Elemente eines Warenwirtschaftssystems ... 590
- 6.2 Planung, Steuerung und Kontrolle mithilfe von Warenwirtschaftssystemen ... 594
  - Aufgaben ... 595
  - Projekt: Monatsinventur an der Hotelbar ... 596

BETRIEBSORGANISATION

GASTGEWERBLICHE BETRIEBSORGANISATION ... 597

- 1 Grundbegriffe der Organisation ... 597
- 2 Organisation im Gastgewerbe ... 601
  - Aufgaben ... 605

EMPFANGSBEREICH

ARBEITEN IM EMPFANGSBEREICH ... 606

- 1 Hotelempfang ... 606
- 2 Informations-, Kommunikations- und Organisationsmittel ... 609
- 3 Reservierungen ... 614
- 3.1 Reservierungsarten ... 614
- 3.2 Vermietungsplan und Reservierungs-Systeme ... 616
- 4 Check-in – Anreise ... 622
- 5 Gästebetreuung ... 624
- 5.1 Service und Dienstleistungen ... 624
- 5.2 Fremdenverkehrsangebote der Umgebung ... 627
- 5.3 Reklamationsbehandlung ... 628
- 6 Check-out – Abreise ... 629
- 7 Abrechnungsvorgänge ... 629
- 8 Fremdsprachliche Fachbegriffe am Empfang ... 632
- 9 Rechtsvorschriften ... 639
  - Aufgaben ... 640
  - Projekt: Anreise und Aufenthalt einer Reisegruppe ... 641

VERKAUF

ARBEITEN IM VERKAUF 642
1 Aufgaben der Verkaufsabteilung 642
2 Verkaufsgespräche und Verkaufstechniken 643
3 Schriftverkehr 647
3.1 Anfragen bearbeiten 654
3.2 Angebote erstellen 654
3.3 Aufträge bestätigen 660
4 Sonderveranstaltung 661
4.1 Der Gast im Mittelpunkt 661
4.2 Aktionen 661
4.3 Planung und Durchführung 661
4.4 Veranstaltungsanalyse 667
4.5 Weitere Aktionen 668
4.6 Blumendekorationen 669
5 Fremdsprachliche Fachbegriffe im Verkauf 671
6 Rechtsvorschriften 672
Aufgaben 674
Projekt: Planen einer Sonderveranstaltung, Anbieten von Festmenüs 675

MARKETINGBEREICH

ARBEITEN IM MARKETINGBEREICH 678
1 Rahmenbedingungen 678
2 Stärken-/Schwächenanalyse eines Unternehmens 682
3 Marketing-Strategie 685
4 Marketing-Maßnahmen 687
5 Yield Management 691
6 Budgetierung 692
7 Hotelklassifizierung 693
8 Fremdsprachliche Fachbegriffe aus dem Marketing-Bereich 695
9 Rechtsvorschriften 696
Aufgaben 696
Projekt: Planen einer verkaufsfördernden Maßnahme und Entwickeln einer Marketing-Strategie 697

FÜHRUNGSAUFGABEN

FÜHRUNGSAUFGABEN IM WIRTSCHAFTSDIENST 698
1 Planung des Mitarbeiter-Einsatzes 698
1.1 Organisationsmittel 698
1.2 Stellenbeschreibung und Einsatzbereiche .. 698
1.3 Dienstplan 701
2 Berechnungen im Hausdamenbereich . 703
3 Innerbetriebliche Kommunikation 703
4 Maßnahmen der Mitarbeiter-Führung . 704
4.1 Motivation 705
4.2 Führungsstil 707
4.3 Training 708
5 Rechtsvorschriften 709
Aufgaben 714
Projekt: Planung und Herstellung von Organisationsmitteln 715

SACHWORTVERZEICHNIS 716

BILDQUELLENVERZEICHNIS 732

Einführung in die Berufe

1 Gast und Gastgewerbe – früher und heute

🇬🇧 guest and hotel and restaurant industry past and today
🇫🇷 l'hôte (m) et secteur (m) de l'hôtellerie et de la restauration ancien et des nos jours

Vor vielen hundert Jahren spielte sich das Leben der meisten Menschen am Wohnort ab. Dort lebte man, schlief, aß und trank. Mit zunehmendem Handel waren die Menschen immer mehr unterwegs – sie verließen die sichere und vertraute Umgebung ihres Heims. In der Fremde waren Menschen darauf angewiesen, dass andere ihnen ein Obdach, Essen und Trinken anboten. So entwickelte sich schrittweise das Prinzip der **Gastfreundschaft**. Wer anderen half, konnte auch selbst in der Fremde Hilfe in Anspruch nehmen. Ab dem Mittelalter waren immer mehr Menschen auf Reisen. Private Unterkünfte reichten nicht mehr aus, um das Bedürfnis nach einem Dach über dem Kopf, nach Essen und Trinken zu decken. Erste gewerbliche Herbergen und Gasthäuser entstanden. Im selben Maße, wie sich die Bedürfnisse der Menschen veränderten, entwickelten sich auch gastgewerbliche Betriebe weiter.

Das Gastgewerbe gehört zum **Dienstleistungssektor** der Wirtschaft. Als Mitarbeiter sind wir Gastgeber, die den Gästen dienen. Um zu verstehen, was die Gäste wünschen, müssen wir ihre **Bedürfnisse** kennen und verstehen. Den elementaren Bedürfnissen Essen, Trinken und Schlafen entsprechen die Angebote **Bewirtung** und **Beherbergung** mit Betriebsarten wie **Restaurant** und **Hotel**. Wünsche der Gäste sind aber auch Entspannung und Ruhe, Freude und Vergnügen, Abwechslung und Kultur. So werden bis heute vielfältige gastronomische Angebote entwickelt.

Im Wandel der Zeit

Die Leistungen des Gastgewerbes stehen heute mehr denn je in der Öffentlichkeit. Fotos angerichteter Teller werden ebenso schnell in sozialen Medien verbreitet wie die positive oder negative Kritik.

Viele Deutsche haben ein steigendes Interesse an hochwertigen Lebensmitteln und genussvollem, ethisch vertretbarem Essen. Foodtrucks, Food-Blogs, die zunehmende Bedeutung vegetarischer Ernährung und vielfältige Kochevents sind Ausdruck davon. Gleichzeitig steigt die Zahl der Menschen, bei denen der heimische Herd kalt bleibt. Gastronomie-Betriebe müssen sich mit ihren Angeboten immer wieder den wechselnden Bedürfnissen der Gäste anpassen.

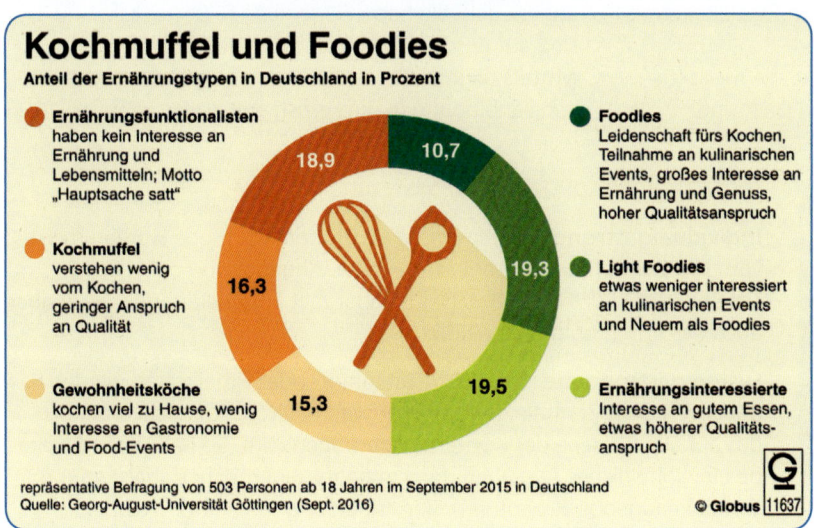

Ernährungstypen in Deutschland

Einführung

EINFÜHRUNG IN DIE BERUFE

„Sage mir, was du isst, und ich sage dir, wer du bist."
Jean Anthelme Brillat-Savarin

Bewirtungsbetriebe

Das klassische Bild eines Bewirtungsbetriebes ist das **Restaurant**. Vom einfachen Lokal bis hin zur gehobenen Gastronomie bieten Restaurants eine größere Auswahl von Speisen und Getränken in ansprechendem Ambiente an. Doch nur noch jeder 20. geht in Deutschland in ein Restaurant. Einfachen Ansprüchen an Speisen und Getränke werden traditionell **Gasthäuser** auf dem Land gerecht. **Cafés** und **Bistros** bieten in Städten einen Treffpunkt für Menschen und meist eine kleine aber ansprechende Auswahl an Speisen und Getränken. Menschen sind heute zunehmend unterwegs und haben den Wunsch, nur eine Kleinigkeit zu essen oder Essen und Getränke zum Mitnehmen, also „to go", angeboten zu bekommen. Diese Bedürfnisse erfüllen z. B. **Imbisse** und **Bäckereien** mit einem kleinen Angebot. Zu Hause angekommen, bleibt für immer mehr Menschen die Küche kalt („Cocooning") – das Essen kommt durch den **Bringdienst** u. a. **Cateringbetriebe** ins Haus.

Beherbergungsbetriebe

Ein „Dach über dem Kopf" reicht Reisenden schon lange nicht mehr aus – die Anforderungen der Menschen gehen auch bei der Übernachtung weit auseinander.

Das klassische **Hotel** ist ein Beherbergungsbetrieb, der über eine größere Bettenzahl, eine anspruchsvolle Ausstattung der Zimmer und der sonstigen Räumlichkeiten verfügt. Hotels sind auf die Bewirtung der Hausgäste eingestellt und besitzen ein Restaurant, in dem auch Außer-Haus-Gäste bedient werden. Dem Wunsch nach Erholung kommen Wellness-Hotels nach. Gäste, die sich aktive Entspannung wünschen, sind meist in einem Sporthotel gut aufgehoben. Je nach Anspruch der Gäste unterscheiden sich Hotelbetriebe – vom eher einfachen Bed-and-Breakfast-Hotel bis zum Grand-Hotel.

- **Hotel garni** ist die Bezeichnung für ein Hotel, das zur Bewirtung lediglich Frühstück und evtl. kalte Speisen anbietet.
- **Pensionen** bewirten nur Hausgäste, die meist für mehrere Tage oder Wochen dort zu Gast sind.
- **Gasthöfe** sind vorzugsweise in ländlichen Gebieten angesiedelt. Sie haben eine geringe Bettenzahl und sind auf bescheidene Ansprüche ausgerichtet.
- **Motels** bieten Übernachtungen mit günstiger Verkehrsanbindung (nahe Fernstraßen) an.

Individualgastronomie und Systemgastronomie

Neben Betrieben der Individualgastronomie und der Systemgastronomie existieren auch Mischformen.

Individualgastronomie: Klassische Gastronomiebetriebe werden meist vom Inhaber geführt. Dieser bestimmt das Angebot und prägt das Erscheinungsbild des Betriebes. Der Inhaber fällt Entscheidungen, trägt aber auch das unternehmerische Risiko.

Systemgastronomie (→ S. 30): Restaurant- oder Hotelketten werden dabei von einer Zentrale geführt. Hier wird ein Konzept ausgearbeitet, das auf alle Betriebe des Konzerns übertragen wird. So haben alle Betriebe ein einheitliches Aussehen und ein nahezu identisches Speisen- und Getränkeangebot. Rezepturen, Berufskleidung u. a. werden einheitlich vorgegeben. Betriebe der Systemgastronomie werden häufig als Franchising-Betriebe geführt. Der Franchisenehmer hat dabei weniger Entscheidungsfreiheit, trägt aber auch ein geringeres Risiko.

2 Ausbildung in Schule und Betrieb

🇬🇧 apprenticeship in school and business
🇫🇷 formation (w) en l'école et en l'éntrepris

2.1 Anforderungen des Gastgewerbes

🇬🇧 requirements of hotel and restaurant industry
🇫🇷 demandes (w) de secteur de l'hôtellerie et de la restauration

Koch ist noch immer ein „Beruf mit Geschmack". Gleichzeitig ändert sich das Berufsbild des Koches stetig. Vor der Aufnahme einer Berufsausbildung sollte sich jeder informieren, welche Anforderungen der Beruf an ihn stellt. Diese Anforderungen sollten mit den eigenen Stärken und Schwächen offen verglichen werden. Die **Berufsausbildung** im Gastgewerbe bietet die Chance, sich vielfältig weiterzuentwickeln.

Die Betriebe des Gastgewerbes sind verschieden – die Bedingungen in den Ausbildungsbetrieben entsprechend auch. Um eine einheitliche Ausbildung zu gewährleisten, ist die Berufsausbildung rechtlich verbindlich geregelt.

→ Sie haben Geschmack und Geschick, sind kreativ?
→ Sie sind ein verlässlicher und hilfsbereiter Teamplayer?
→ Sie achten auf Ihren Körper, sind fit und belastbar?
→ Sie sind geistig wie körperlich schnell und beweglich?

Dann werden Sie doch unser/-e neue/-r Kollege/-in!

2.2 Duale Ausbildung

🇬🇧 dual apprenticeship   🇫🇷 formation (w) en alternance

Nach vielen Jahren (theoretischer) Schulbildung wünschen sich viele junge Menschen, etwas Praktisches zu tun. Im Rahmen einer Berufsausbildung können sie beides verbinden. Berufsausbildung läuft in den meisten Ausbildungsberufen in Deutschland im **dualen System** ab: Sie lernen an zwei Orten – im **Ausbildungsbetrieb** und in der **Berufsschule**. Mit dem Berufsschulabschluss können sie bei entsprechenden Leistungen auch noch einen höherwertigen Schulabschluss erwerben.

Lebenslanges Lernen: Ihr in Schule und Betrieb erworbenes Wissen ist das Fundament für Ihre berufliche Tätigkeit. Nach Abschluss der Ausbildung haben Sie einen ersten Eindruck davon, was es heißt, als Köchin oder Koch zu arbeiten. Das eigentliche Lernen geht nun erst richtig los – und es hört ein Leben lang nicht auf: So wie sich die Arbeitswelt um Sie herum verändert, müssen auch Sie sich immer wieder neues Wissen aneignen und neue Fertigkeiten erwerben.

2.3 Rechtlicher Rahmen der Ausbildung

🇬🇧 statutory framework of apprenticeship
🇫🇷 conditions (m) juridique de formation professionnelle

Rechtliche Grundlage für die Ausbildung im Gastgewerbe ist die **Verordnung über die Berufsausbildung im Gastgewerbe**. Darin sind die Ausbildungsberufe festgelegt und deren Ausbildungsinhalte (Berufsbilder) beschrieben.

Einführung

EINFÜHRUNG IN DIE BERUFE

Zur konkreten Umsetzung des Ausbildungsrahmenplans bietet die IHK durch Publikationen Hilfestellungen an.

Für jedes Ausbildungsverhältnis ist vor Beginn der Ausbildung ein **Ausbildungsvertrag** zu schließen. In ihm sind wesentliche Inhalte für die Berufsausbildung festgehalten. Rechte und Pflichten für beide Vertragspartner sind im **Berufsbildungsgesetz (BBiG)** beschrieben.

2.4 Ablauf der Ausbildung

🇬🇧 process of apprenticeship   🇫🇷 bout (m) de formation professionelle

Ausbildungsinhalte

Wie eine Ausbildung im Gastgewerbe abläuft, ist bundesweit einheitlich geregelt. Für beide Lernorte – Ausbildungsbetrieb und Berufsschule – gibt es daher konkrete Vorgaben, was im Laufe der Ausbildung zu vermitteln ist.

Der Unterricht in der Berufsschule orientiert sich am **Rahmenlehrplan** für Ihren Beruf. Der Ausbildungsbetrieb muss Sie für die Berufsschule freistellen (Berufsschulpflicht). Grundlage für die betriebliche Ausbildung ist der **Ausbildungsrahmenplan**. Weil die Ausbildungsbedingungen von Betrieb zu Betrieb unterschiedlich sein können, ist mit Beginn der Ausbildung ein **betrieblicher Ausbildungsplan** festzulegen und dem Auszubildenden zusammen mit dem unterschriebenen Vertrag auszuhändigen! Im Ausbildungsplan steht, welche Inhalte Ihnen Ihr Ausbilder wann und in welchem Umfang vermitteln wird. Kann ein Betrieb Teile des Ausbildungsrahmenplans nicht selbst vermitteln, so kann eine Ausbildung zeitweise in einem anderen Betrieb stattfinden, oder mehrere Betriebe schließen sich zu einem Ausbildungsverbund zusammen.

Fragen Sie am Ende der Zwischenprüfung beim Prüfungsausschuss nach, woran Sie noch intensiver arbeiten müssen.

Prüfungen

Nach dem ersten Ausbildungsjahr legen die Auszubildenden eine Zwischenprüfung ab. Gegen Ende der Ausbildungszeit steht die **Abschlussprüfung** an.

Bei der **Zwischenprüfung** geht es noch nicht um Bestehen oder Nicht-Bestehen. Hier sollen Sie Grundkenntnisse und -fertigkeiten anhand einfacher Aufgabenstellungen unter Beweis stellen. Ihr Ausbilder und Sie erhalten vom Prüfungsausschuss eine Rückmeldung, ob Ihre Leistungen (theoretisch und praktisch) dem Ausbildungsstand entsprechen.

Die **Abschlussprüfung** gliedert sich in eine theoretische und eine praktische Prüfung. In der **theoretischen Abschlussprüfung** wird Ihr Wissen in drei Bereichen abgefragt:

- Technologie
- Warenwirtschaft
- Wirtschafts- und Sozialkunde

Für die **praktische Abschlussprüfung** erhalten Sie vorab einen Warenkorb. Aus diesem ist ein mehrgängiges Menü zu planen und zuzubereiten. Außerdem sollen Sie in einem gastorientierten Gespräch Ihre Planung darlegen. Mit Bestehen des letzten Prüfungsteiles endet das Berufsausbildungsverhältnis – auch wenn im Ausbildungsvertrag ein späteres Datum eingetragen ist.

Weitere Infos auf unseren Webseiten.

2.5 Ausbildungsberufe des Gastgewerbes: Übersicht

🇬🇧 trade professions of the hotel and restaurant business: summary
🇫🇷 métiers (m) de formation professionnelle de l'industrie hôtelière: aperçu (m)

Berufliche Fortbildung und Weiterbildungsmöglichkeiten

Hotelfachschule mit Abschluss zum Hotelbetriebswirt
Meisterprüfungen in den gastgewerblichen Berufen, Fachwirt im Gastgewerbe, Hausdamenseminare, Sommelierlehrgänge, Barmixerschulung, Diätlehrgänge usw.

↑ Fachmann/-frau für Systemgastronomie | Restaurantfachmann/-frau | Hotelfachmann/-frau | Hotelkaufmann/-frau | Koch/Köchin

Für Menschen mit 2 nachgewiesenen Lernbehinderungen gibt es die 3-jährigen Ausbildungsberufe **Fachpraktiker Küche** (ehem. Beikoch) und **Fachpraktiker im Gastgewerbe**.

3. Ausbildungsjahr/Fachstufe 2

- Organisation von Produktions- und Betriebsstätte
- Ablaufgestaltung
- Personalverwaltung
- Rechnungswesen

- Verkauf im Restaurant
- Führen einer Station
- Verwaltungsorganisation

- Arbeiten im Empfangsbereich
- Arbeiten im Verkaufsbüro
- Arbeiten in der Marketingabteilung
- Führungsaufgaben im Wirtschaftsdienst

- Arbeiten im Büro
- Arbeiten im Rechnungswesen
- Arbeiten in der Personalverwaltung

- Klassische Zubereitung und Einsatz von Convenienceprodukten unter Berücksichtigung von Ernährungslehre und Wirtschaftlichkeit
- Aktionswochen
- Speisefolgen

Fachkraft im Gastgewerbe

Einige IHKs bieten für Fachkräfte auch den Schwerpunkt Systemgastronomie an.

2. Ausbildungsjahr/Fachstufe 1

- Beratung und Verkauf im Restaurant
- Marketing (Gastronomisches Konzept)

- Wirtschaftsdienst (Housekeeping)
- Warenwirtschaft

2. Jahr

- Küchen- und arbeitstechnische Verfahren
- Vegetarische Küche
- Zwischenmahlzeiten
- Suppen und Saucen
- Einfache Süßspeisen

1. Ausbildungsjahr/Grundstufe

- Arbeiten in der Küche
- Arbeiten im Service
- Arbeiten im Magazin
- Übergreifende Lernziele
- Gastorientiertes Handeln

2.6 Netzwerke des Gastgewerbes

Das Gastgewerbe agiert in einem Umfeld, das sich ständig verändert. Diese Veränderungen müssen Gastronomen erfassen und wenn nötig umsetzen. Hierfür es ist wichtig, gut informiert zu sein. Mindestens ebenso wichtig ist es, die eigenen Interessen gegenüber anderen zu wahren. Das gilt für Unternehmer wie für Arbeitnehmer und auch für einzelne Berufsstände an sich. Netzwerke helfen, aktuelle und fachbezogene Informationen zu erhalten. Die Vernetzung untereinander ist heutzutage auch fast unerlässlich bei der Durchsetzung eigener Interessen. Solche Netzwerke bieten dem Gastgewerbe die verschiedenen Verbände. Das sind u. a. die Folgenden:

Verband der Köche Deutschlands e.V. (VKD)

Der Verband der Köche Deutschlands e.V. ist mit rund 9.000 Mitgliedern die größte Gemeinschaft von Köchinnen und Köchen in Deutschland. Diese Gemeinschaft ist die Basis für die fachliche Entwicklung der Mitglieder und für die Zukunft des Berufsstands. Der VKD unterstützt Köchinnen und Köche in jeder beruflichen Hinsicht. Mitglieder bauen auf das aktive Netzwerk und auf kompetente Ansprechpartner aus den eigenen Reihen – auch, wenn es um Karrierechancen geht. Auszubildende fördert der Verband durch auf sie zugeschnittene Seminare – zum Beispiel für die Prüfungsvorbereitung – und unterstützt berufliche Wettbewerbe. VKD-Landesverbände organisieren Jugendcamps, in denen Nachwuchsköche ihr Wissen erweitern können.

Deutscher Hotel- und Gaststätten-Verband (DEHOGA)

Der DEHOGA ist der **Branchenverband der Hotellerie und Gastronomie** in Deutschland. Mit 65.000 Mitgliedern ist er der Interessenvertreter des Gastgewerbes gegenüber Politik, Medien und Öffentlichkeit. Dabei bezieht der Verband unter anderem Stellung zu gesetzlichen Vorhaben und fordert sinnvolle wirtschaftspolitische Rahmenbedingungen. Der DEHOGA macht sich stark für mehr Flexibilität, Bürokratieabbau und fairen Wettbewerb. Im Rahmen von Tarifverhandlungen vertritt der DEHOGA die Arbeitgeber.

Der DEHOGA veranstaltet zudem diverse Branchenevents, betreibt Marketing für das Gastgewerbe und unterstützt zahlreiche Kampagnen. Für die Fachkräftegewinnung und Zukunftssicherung sind die **Ausbildungswettbewerbe des DEHOGA** ein wichtiges Instrument der Nachwuchsförderung.

Gewerkschaft Nahrung-Genuss-Gaststätten (NGG)

Die **NGG** steht dem DEHOGA in Tarifverhandlungen als Vertreter der Arbeitnehmer gegenüber. Doch nicht nur hierüber versucht die NGG, die Arbeitsbedingungen u. a. im Gastgewerbe zu verbessern. Arbeitnehmer und Auszubildende können sich als Mitglieder in Rechtsfragen beraten und vertreten lassen. Als Teil des Deutschen Gewerkschaftsbundes (DGB) bietet die NGG auch die Möglichkeit, sich über das Internet zu Rechtsfragen auszutauschen, etwa über das Angebot „Dr. Azubi".

Euro-Toques Deutschland e.V.

Die europäische Union der Köche setzt sich dafür ein, dass naturnah und handwerklich erzeugte Lebensmittel in den Küchen stärkere Verwendung finden. Auch die kulinarischen Traditionen in Deutschland und Europa sollen hierüber erhalten werden. Zudem setzen sich **Euro-Toques** für einen verantwortungsvollen Umgang mit Lebensmitteln ein. Hierfür geben Mitglieder der Euro-Toques Geschmackskurse für Kinder und bieten Fortbildungen für Köche an.

Gastronomische Akademie Deutschlands (GAD)

Die Gastronomische Akademie Deutschlands (GAD) stellt mit ihrer gemeinnützigen Arbeit seit 60 Jahren die Verbindung zwischen Praxis und Wissenschaft zu Kochkunst, Tafelkultur und Gastlichkeit her und verbindet klassische Tradition mit aktuellen Themen. Fortbildungen, Bewertungen von Koch- und Fachbüchern sowie Empfehlungen zu Menü- und Servierregeln bieten für die Arbeit in Küche, Restaurant und Hotel fachlich versierte Grundlagen.

Soziale Netzwerke

Soziale Netzwerke bieten die Chance, sich über Verbandsgrenzen hinaus auszutauschen. Betriebe und Gäste nutzen diese Gelegenheit, um sich über Betriebe und deren Angebot zu informieren – diese aber auch zu bewerten. Mitarbeitern bietet sich die Chance, abseits von Stellenanzeigen und Firmenseiten Informationen über potenzielle Arbeitgeber einzuholen. Gäste nutzen soziale Medien, um ihre Erfahrungen rund um die Dienstleistungen des Gastgewerbes mit anderen zu teilen. Bei alledem gilt: Das Internet ist kein rechtsfreier Raum – die ‚Netiquette' ist einzuhalten.

Netiquette: Empfehlungen, wie man sich im Internet und bei digitaler Kommunikation (z. B. E-Mails) angemessen und respektvoll benimmt.

2.7 Wettbewerbe des Gastgewerbes

Das Gastgewerbe ist in stetigem Wandel begriffen. Zum einen verändern sich die Wünsche der Gäste beständig. Zum anderen entstehen Trends im Gastgewerbe durch innovatives Arbeiten in den Küchen. Wettbewerbe des Gastgewerbes sind ein wichtiger Motor der Innovation.

Jugendmeisterschaften

Der DEHOGA organisiert in Kooperation mit VKD und VSR die **Deutschen Jugendmeisterschaften**. Diese beginnen mit regionalen Wettbewerben in Theorie und Praxis, in denen Auszubildende unter 25 Jahren ihr Können unter Beweis stellen können. Angehende Köche, Restaurant- und Hotelfachleute sowie Systemgastronomen treten dabei nicht nur einzeln, sondern auch als Team an. Die Sieger der Bezirke ermitteln dann innerhalb des Bundeslandes die Besten. Diese Landesmeister dürfen dann bei den Deutschen Meisterschaften um den Titel Deutscher Jugendmeister kämpfen – ein Sprungbrett zur Aufnahme in die Jugend-Nationalmannschaft.

Rudolf-Achenbach-Preis

Die Achenbach Delikatessen Manufaktur und der VKD organisieren alljährlich den Wettbewerb um den **Achenbach-Preis**. Ähnlich wie bei der Deutschen Jugendmeisterschaft werden die Teilnehmer auf Bezirks-, Landes- und letztlich auf Bundesebene ermittelt. Die Teilnehmer sind hierbei

Einführung

EINFÜHRUNG IN DIE BERUFE

ebenfalls Auszubildende unter 25 aus den regionalen Zweigvereinen des VKD. Der Bundessieger darf sich dann beste/-r Nachwuchskoch/-köchin Deutschlands nennen. Außerdem gibt es Sach- und Geldpreise.

Weitere regionale und überregionale Wettbewerbe

Zahlreiche Wettbewerbe auf regionaler Ebene und darüber hinaus haben ebenfalls zum Ziel, den Köche-Nachwuchs in einer Region zu fördern und das Berufsbild des Kochs in der Öffentlichkeit positiv darzustellen. Diese Wettbewerbe werden oft in Kooperation zwischen Ausbildungsbetrieben, Berufsschulen und lokalen Sponsoren ausgetragen. Beispiele für regionale

Wettbewerbe sind „Regionalgericht Sachsen-Anhalt" oder der „Lösnitz Pokal Dresden".
Weitere überregionale Wettbewerbe sind z. B. „Junge Wilde" oder die Matjesmeisterschaft um die „Friesenkrone".

2.8 Auszeichnungen im Gastgewerbe

Besondere Leistungen des Gastgewerbes werden auch abseits der Wettbewerbe ausgezeichnet. Diese Prämierungen bieten Gästen eine gute Orientierung für qualitativ hochwertige Gastronomieleistungen. Grundlage der Prämierungen sind die Ergebnisse von Restauranttestern, die für einen Restaurantführer arbeiten. Da sich über Geschmack bekanntlich streiten lässt, werden durch Restaurantführer u. a. auch bewertet:
- Frische und gleichbleibende Qualität der Speisen,
- fachgerechte Zubereitung der Speisen,
- Kreativität der Küche und Harmonie der Gerichte.

Auch das Ambiente und der Service spielen bei der Bewertung meist eine Rolle. Im Fokus stehen aber die Leistungen der Küche, nicht die Hotel-Leistungen (s. u.):
- **Guide MICHELIN**: Der wohl bekannteste Restaurantführer vergibt einen bis drei Sterne. Mit dem „Bib Gourmand" werden Speisen ausgezeichnet, die preiswert, aber dennoch sorgfältig zubereitet werden.
- **Gault & Millau**: Ähnlich dem französischen Schulnotensystem vergibt der Gault & Millau Punkte von 0 bis 20. Restaurants der oberen Punkte erhalten zusätzlich eine bis vier Kochmützen (Hauben).

www.michelin.de

Weitere bekannte Restaurantführer, die nach ähnlichen Systemen arbeiten, sind der Varta Restaurantführer, der Aral Schlemmeratlas und der Restaurant-Guide der Fachzeitschrift „Der Feinschmecker".

Hotel-Klassifizierung

Die Leistungen eines Hotels – nicht die der Küche – werden seit 2010 nach europaweit einheitlichen Richtlinien mit Sternen ausgezeichnet. Auch der DEHOGA orientiert sich bei der Klassifizierung hieran. Hotels, die einfachen Ansprüchen genügen, können einen Stern erhalten. Solche, die auch höchsten Ansprüchen genügen, werden mit bis zu fünf Sternen ausgezeichnet. Die Klassifizierung erfolgt auf Antrag des Hoteliers und ist kostenpflichtig.

3 Personal im Gastgewerbe

🇬🇧 staff in the hospitality trade 🇫🇷 personnel (m) qualifié de l'industrie (w) hôtelière

Individualgastronomie

Die Organisationsformen werden durch die Größe des Hotels und der damit verbundenen, notwendigen Anzahl der Mitarbeiter bestimmt. In größeren Betrieben werden die hier dargestellten Bereiche weiter aufgeteilt. In kleineren werden mehrere Funktionen zusammengefasst. Nachfolgend ist ein Organisationsmodell eines mittleren Betriebes dargestellt.

Hotelleitung

Hoteldirektor/-in

Direktionsassistent/-in

Rechnungswesen

Leiter Rechnungswesen
Personalchef
Controller
Buchhalter
Auszubildende

- Ordnungsgemäße Buchführung
- Statistiken und Auswertungen
- Verwaltung der Hauptkasse
- Bearbeitung des Personalwesens mit Lohn- und Gehaltsabrechnungen
- Personaleinstellung und -entlassung
- Erstellen von Stellenbeschreibungen

Empfang

Empfangschef
Empfangssekretäre
Reservierungssekretäre
Kassierer
Auszubildende

- Reservieren und Vermieten von Zimmern
- Führen der Gästekorrespondenz
- Durchführen der Empfangsbuchhaltung
- Abrechnen mit dem Gast

Etage/Housekeeping

Hausdame
Hausdamenassistentin
Wäschereibeschließerin
Zimmermädchen
Auszubildende

- Reinigen und Pflegen der Gästezimmer, Flure und Treppenhäuser
- Pflege der Grünpflanzen
- Pflegen, Lagern und Ausgeben der gesamten Wäsche sowie des Reinigungsmaterials

Food-and-Beverage-Manager/-in

Magazin

Magazinverwalter
Magazinmitarbeiter
Auszubildende

- Kontrollieren des Wareneingangs
- Bereitstellen und Überwachung des Warenausgangs
- Überwachen der Warenbestände
- Durchführen von Bestandskontrollen (Inventuren)

Küche

Küchenchef
Stellvertretender Küchenchef
Postenchef
Koch/Jungkoch
Auszubildende

- Erstellen von Speisekarten und Menükarten
- Wareneinkauf
- Speisenherstellung
- Erstellen von kalten und warmen Büfetts
- Bereitstellen des Frühstücksbüfetts
- Zubereitung von Personalessen
- Catering

Service

Restaurantleiter
Stationskellner
Stellvertretender Stationsleiter
Restaurantfachmann/-frau
Auszubildende

- Gäste empfangen und beraten
- Speisen- und Getränkeservice durchführen
- Abrechnen mit Gast und Betrieb
- Frühstücks- und Etagenservice durchführen
- Bankettveranstaltungen durchführen
- Tranchieren und Flambieren

Einführung

EINFÜHRUNG IN DIE BERUFE

4 Organisationsformen im Gastgewerbe

Englische Fachbegriffe auf unseren Internetseiten.

🇬🇧 organisation of gastronomy
🇫🇷 organisation (w) de l'hôtellerie et de la restauration

4.1 Küchenorganisation

In großen Hotels, auf Kreuzfahrtschiffen oder Unternehmen mit Haupt- und Nebenstellen beginnt der Aufbau einer Küchenbrigade immer mit der Abteilung der Direktion (Directeur de Cuisine/Küchendirektor) oder der operativen Küchenleitung. Aufgabe eines Küchendirektors ist die Organisation der einzelnen Küchen. Dazu gehören die Zentralisierung des Einkaufs, das Erstellen von Dienstplänen und Führen von Personalgesprächen sowie das Optimieren der Arbeitsabläufe.

Organigramm:

- Küchendirektor — Directeur de Cuisine
- Küchenchef — Chef de Cuisine
- Stellvertreter des Küchenchefs — Sous Chef
  - Saucenkoch — Saucier
    - Bratenkoch — Rôtisseur
    - Fischkoch — Poissonnier
  - Gemüsekoch — Entremetier
    - Suppenkoch — Potager
  - Koch der kalten Küche — Gardemanger
    - Vorspeisenkoch — Hors-d'œuvrier
    - Küchenmetzger — Boucher
  - Küchenkonditor — Pâtissier
  - Vertretungskoch — Tournant
  - Auszubildende/-r — Apprentis

In großen Küchenbrigaden verzweigen sich die Aufgabengebiete oft noch viel weiter. Es entstehen Posten mit ganz besonderen Aufgaben:

- **Annonceur:** Ansager, Abruf der bestellten Essen – wirft den letzten Blick auf den Teller und gibt ihn für den Service frei
- **Chef de nuit:** Nachtkoch – vor allem in Urlaubshotels
- **Regimier:** Diätkoch
- **La cusinier macrobiotique:** Vollwertkoch
- **Boulanger:** Küchenbäcker
- **Fournier:** Ofenkoch
- **Confiseur:** Süßspeisenkoch
- **Glacier:** Eiskoch
- **Cocottier: Eierkoch:** in größeren Hotels mit Frontcookingstation für das Frühstück

Je größer eine Küche ist, umso stärker werden die einzelnen Aufgabengebiete unterteilt. Die Tätigkeiten werden spezialisierter. Die einzelnen Komponenten eines Gerichtes (Fleisch, Fisch, Gemüse oder Kartoffeln) werden von verschiedenen Posten gefertigt und dann zusammengefügt. Im Mittelpunkt einer solchen Küche steht in der Regel der Herdblock. Im besten Fall können sich alle Posten verständigen und abstimmen.

Innerhalb der Küchenbrigade gibt es verschiedene Posten, die sich ergänzen oder vertreten können.

Sous Chef: In Abwesenheit des Küchenchefs muss er alle anfallenden Aufgaben vertreten können.
Der **Executive Sous Chef** ist der erste **Stellvertreter** bei mehreren Sous Chefs.

Chef de Partie: Der **Postenchef** ist verantwortlich für einen Küchenbereich (Posten). Oft ist das ein Geselle mit längerer Berufserfahrung.

Demi Chef de Partie: Stellvertretender **Postenchef** (Geselle mit Berufserfahrung)

Commis de Cuisine: Jungkoch bzw. Koch kurz nach der Ausbildung, meist bis zum 2. Jahr

Stewarding: Als Stewarding wird in großen Einrichtungen die Spülküche (inkl. die Logistik rund um Geschirr und Gerätschaften) und kleinere und einfachere Vorbereitungstätigkeiten benannt – aus dem Englischen übersetzt bedeutet es „Verwalter".

4.2 Küchentypen

So unterschiedlich wie die Formen der Gastronomie sind auch die dafür notwendigen Küchentypen. Nur mit der richtigen Küchenplanung lässt sich effektiv und ergonomisch arbeiten, um hochwertige Gerichte zu produzieren. Zu planen und zu entwickeln sind u. a. Laufwege, Lagermöglichkeiten, Entkopplung von Vor- und Zubereitung.

Welche Küche ist für welche Gastronomieform am besten?

Postenküche

Für **kleinere, mittlere bis große Betriebe** der Gastronomie und Hotellerie mit entsprechender Personalstruktur geeignet.

- Aufgaben sind streng nach Posten eingeteilt, Überschneidungen sind gering.
- Mit einem Chef de Partie und im Bedarfsfall mit einem Demi/Commis de Partie ergänzt – ideal zum Heranführen an Aufgaben.

Koch-Center

- Für **kleine bis sehr kleine** Betriebsformen
- Ein Koch, eventuell mit Helfern, in vorbereitenden und nachbereitenden Tätigkeiten
- Alle Tätigkeiten für ein Gericht sollten im inneren und äußeren Greifraum möglich sein.
- Kurze Wege durch eine um den Koch angeordnete Küche, betrifft auch Kühlelemente und Equipment für das laufende Geschäft.

Zusammengelegte Produktionsküche und Fertigungsküche („Fertigstellungsküche")

- Wird auch als konventionelle oder Gastronomieküche bezeichnet.
- Für **kleine bis mittlere** Gastronomie, Hotellerie und Gemeinschaftsverpflegung geeignet.
- Alle Abläufe finden in den gleichen oder naheliegenden Räumlichkeiten statt.

Outletküchen oder outgesourcte Küchen

In Betriebsformen, die mehrere Einrichtungen besitzen und diese zentral bekochen, meist z. B. Pflegeeinrichtungen oder Kurkliniken, werden die zentral vorproduzierten Speisen in Outlet- oder Satellitenküchen fertiggestellt und ausgegeben.

> Als Maitre de Cuisine wird ein Küchenchef bezeichnet, der einen Abschluss als Küchenmeister besitzt.

Sonstige Küchenformen sind:
- Bistroküchen
- Fastfood-Küchen
- Frontcooking-Stationen
- Kochschulen
- Outdoor-Küchen
- Streetfood

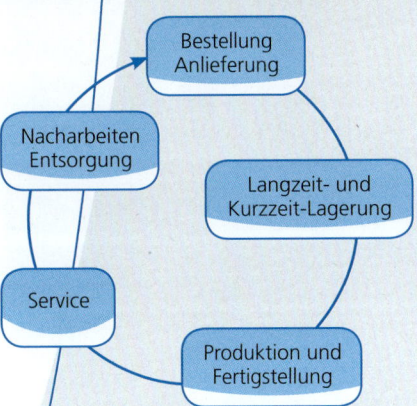

Einführung

EINFÜHRUNG IN DIE BERUFE

Getrennte Produktions- und Fertigungsküche

Produktionsküche:
- Für **große** Gastronomie- und Hotelbetriebe, Krankenhäuser oder große Kantinen geeignet.
- Der Aufbau der Produktionsküche ist konzipiert, um stark standardisierte* Angebote zu produzieren.
- Angebot ist rationalisiert** und an die Bedürfnisse der größeren Aufträge angepasst

* standardisierte Angebote
- Über Abteilungen und Standorte hinaus geplante Abläufe mit gleichbleibendem Equipment und Ergebnis
- Ziel ist es, schneller, effektiver und kostengünstiger vom Produkt zum Ergebnis zu kommen.

** rationalisierte Angebote
- bedeutet: mit weniger oder gleichem Aufwand (Rohstoff, Arbeitskraft) das gleiche oder ein höheres Ergebnis zu erzielen (Portionen, Gewinn)

Fertigungsküche („Fertigstellungsküche"):
- Der Aufbau der Fertigungsküche ist ähnlich wie bei einer Postenküche oder einem Kochzentrum.
- Das Hauptaugenmerk liegt hier auf einem festen Angebot, das in sehr kurzer Zeit gefertigt oder regeneriert*** werden kann.
- Haupteinsatzgebiete sind in
  - **Bankettküchen:** Meist an größeren Sälen oder ausgelagert, z. B. bei Außenveranstaltungen als Zeltversion aufgebaut
  - **Satellitenküchen:** Werden dort eingesetzt, wo die Hauptküche zu weit vom eigentlichen Auftragsort entfernt ist, wie z. B. Tagungsräume und Wellnessbereich
- Ausgelagerte oder vorgelagerte Küchen für Betriebe mit Saal, Konferenz- und/oder Tagungsräumen.

*** regeneriert
Vorbereitete Komponenten oder ganze Gerichte werden mithilfe moderner Technik so schonend wie möglich erwärmt. Dabei soll das Ergebnis dem frisch Produzierten so nah wie möglich kommen.

> Lassen sich Produktionsabläufe nicht räumlich voneinander trennen, sind diese zeitlich zu trennen, z. B. in Vorbereitung und Fertigstellung.

Getrennte Produktions- und Fertigungsküche

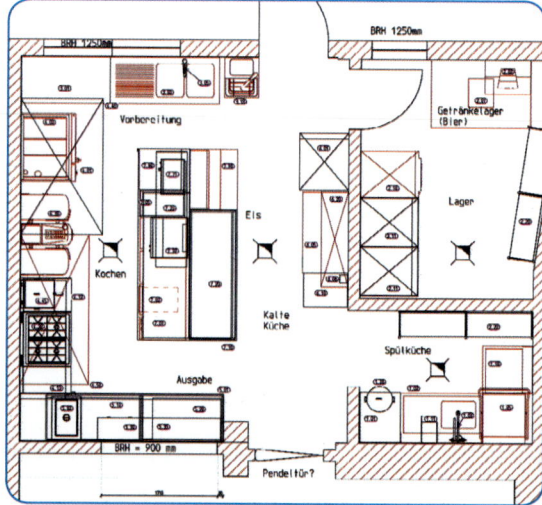

Planung einer Postenküche

4.3 À-la-Carte-Geschäft

Bedeutung

Im À-la-Carte-Geschäft werden die Speisen erst bei Bestellung gefertigt. Angeboten wird eine bestimmte Auswahl an Speisen und Getränken, die durch Speise- bzw. Angebotskarten (Tagesangebote oder saisonale Angebote), eventuell auch Tischaufsteller, präsentiert wird.

Im Verkaufsgespräch werden die Restaurantmitarbeiter oder der Koch/die Köchin ihrer beratenden Funktion gerecht, indem sie Gerichte besonders empfehlen. Fragen der Gäste zu den Speisen werden beantwortet. Zu erläutern sind meist:

- Zubereitungsart,
- Beschaffenheit,
- Zusammensetzung der Speisen oder
- Erklären von Fachausdrücken.

Das Angebot im À-la-Carte-Geschäft ist sehr vielfältig. Es muss vor allem dem Gästekreis entsprechen und an die Mitbewerber, die Lage, das Personal und an die Verbrauchererwartungen angepasst sein.

Je nach Küche und Angebotsgröße ist der Aufbau und die Aufgabenverteilung in der Küche geregelt. Folgendes Beispiel gibt einen groben Überblick.

> **Mise-en-Place**
> Die Grundlage für einen reibungslosen Ablauf in allen Küchenformen. Als Faustregel gilt ein Ablauf in 3 Stufen:
> - 1. Stufe – Bereitstellende Tätigkeiten
> - 2. Stufe – Vorbereitende Tätigkeiten
> - 3. Stufe – Ausführende Tätigkeiten
>
> Planungsbeispiele für ein allgemeines Mise-en-Place auf unseren Internetseiten.
> Das Mise-en-Place für einen kompletten Küchenablauf ist viel komplexer. Hier müssen alle Posten/Abteilungen ineinandergreifen.

DIGITAL+

> In kleineren und mittleren Küchenbrigaden wird der Saucier meist auch als Sous Chef eingesetzt.

Warme Küche		Kalte Küche	Konditorei
Saucenkoch **Saucier**	Gemüsekoch **Entremetier**	Koch der kalten Küche **Gardemanger**	Küchenkonditor **Pâtissier**
• Fonds und Herstellung von Saucen • Zubereiten von Schlachtfleisch, Geflügel und Wild • Zubereiten von Fisch, Krusten- und Weichtieren • Schmorgerichte, gekochte und gedünstete Fleisch- und Fischgerichte	• Zubereiten von Gemüse, Kartoffeln, Reis, Teigwaren und vegetarischen Gerichten • Herstellen von Suppen, Eierspeisen	• Vorbereiten von Fleisch, Fisch, Wild, Geflügel • Herstellen von Vorspeisen, kalten Platten, kalten Saucen	• Herstellen von Kuchen, Gebäck, Pasteten, Puddings, Aufläufen, Eis • Herstellen und Anrichten von Tellerdesserts • Büfett-Desserts, z. B. Glasdesserts

Gäste müssen sich auf Wartezeiten einrichten, da die Speisen frisch zubereitet werden. Das Mise-en-Place muss die Zubereitungszeiten so gut wie möglich optimieren. Daher ist eine ausgewogene Gestaltung der Speise-/Menükarte wichtig. Aufwendige Gerichte und Gerichte, die ohne größere Wartezeiten auskommen und unkompliziert in der Zubereitung sind, sollten sich abwechseln und auf die Struktur des Betriebes zugeschnitten sein.

> **Aspekte einer À-la-Carte-Gastronomie**
> - Vor Erstellung der Speisekarte ist eine Markt- und Umfeldanalyse erforderlich. Dabei sind der Charakter des Restaurants sowie die Personalstruktur zu berücksichtigen. Dies sollte aber generell für alle Gastronomiearten gelten.
> - Rechtliche Grundlagen sind zu beachten, z. B. PAngV s. S. 41, Zusatzstoffe s. S. 38/39, Allergene s. S. 40/41 und Nährwerte s. S. 39

Einführung

EINFÜHRUNG IN DIE BERUFE

Beispiele:

- Rouladen, Braten mit Soße, Suppen erfordern eine längere Herstellungszeit, müssen dann aber nur erhitzt (regeneriert) und angerichtet werden.
- Gemüsebeilagen, Salate (das Marinieren) sowie Sättigungsbeilagen werden dagegen meist erst zubereitet, wenn die Bestellung durch den Gast erfolgt.
- Steaks haben eine sehr kurze bis kurze Garzeit, je nach Gewicht, Stärke (cm) sowie der gewünschten Garstufe. Dazu werden laut Karte Pommes frites gereicht – ebenfalls eine kurze Zubereitungszeit. Hinzu kommt eine Kräuterbutter und eine Salatgarnierung – beide können im Zuge des Mise-en-Place vorbereitet zur Verfügung stehen.

Vergleich Postenküche und Koch-Center/Kochzentrum

In der À-la-Carte-Küche wird meist mit einer kleinen oder großen Postenvergabe gearbeitet. In kleineren Küchen bzw. bei geringerer Platz-Kapazität in Restaurant und Küche wird oft mit einem Kochzentrum/Kochcenter gearbeitet.

Postenküche

- Eine Anzahl von Köchen mit festen Aufgaben wird die Komponenten so herstellen, dass alles gleichzeitig angerichtet werden kann.
- Die Posten der warmen Küche können sich aufgrund der klugen Anordnung der Küchenposten meist sehen und so zusätzlich kommunizieren.
- Der Posten des Gardemangers ist meist etwas entfernt von den warmen Posten oder sogar abgetrennt – Abstimmung erfolgt unter anderem auf Basis von Erfahrungswerten.
- Somit müssen zeitliche Abläufe gut abgestimmt sein.

- Ein Koch stellt das Gericht allein her und trägt dafür auch die alleinige Verantwortung.
- Die Geräte sind meist U-förmig, gleichsam „um den Koch herum" angeordnet.
- Vor- und Zubereitung können flexibler aufeinander abgestimmt/entkoppelt werden.
- Vorgefertigte Produkte können auf einfache Weise in den Ablauf eingebunden werden.
- Zeitliche Abläufe müssen nicht mit anderen Köchen abgestimmt werden, alles aus einer Hand.

Das folgende Beispiel **vergleicht den Arbeitsablauf für Rumpsteak mit Bratkartoffeln und Salat.**

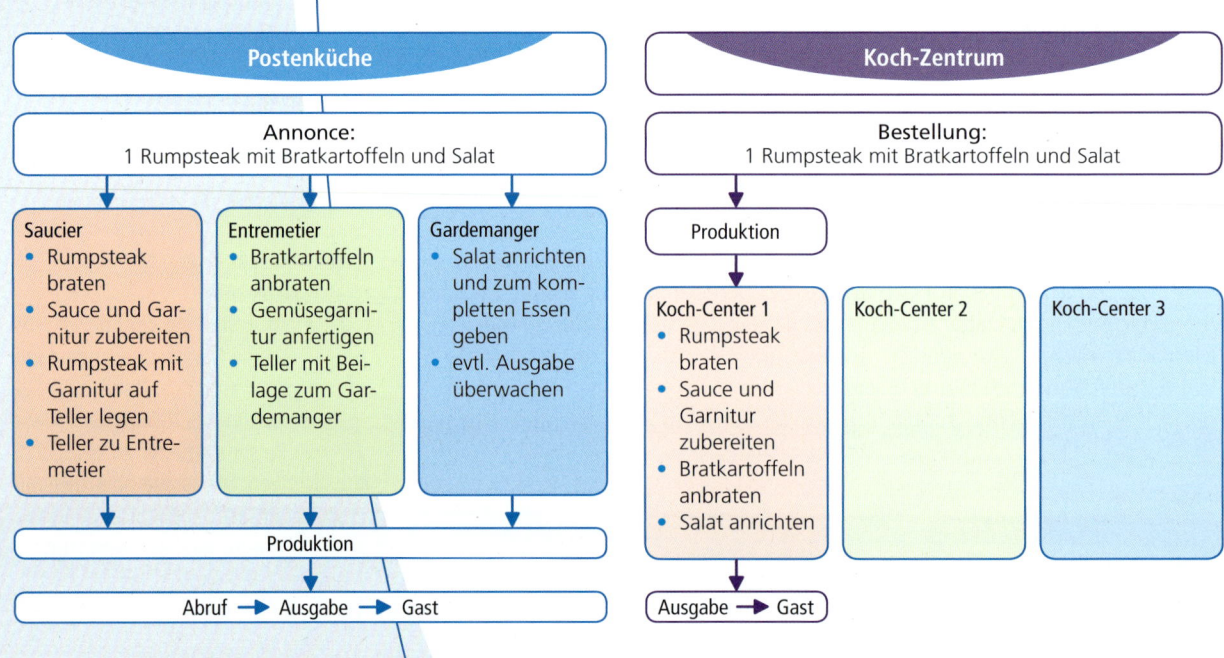

4 Organisationsformen im Gastgewerbe

Was ist in der Küche zu beachten?

Um dem Gast unnötige Wartezeiten zu ersparen, sollen während des À-la-Carte-Geschäftes so wenige Arbeitsschritte wie möglich anfallen.

Die meisten Tätigkeiten müssen in der Vorbereitungsphase erledigt werden.

- Der Einsatz moderner Gartechnik sorgt ebenfalls für einen zügigen Arbeitsablauf. Multifunktionsgeräte wie Kombidämpfer oder Warmhaltetechnik und Sous-vide-Verfahren erleichtern das À-la-Carte-Geschäft (Gartechnik ab Seite 212).
- In die Vorbereitung muss ein exaktes Mise-en-Place für das laufende Tagesgeschäft, aber auch für unvorhergesehene Spitzen oder die nächste Schicht einfließen. Das Aufstellen von Mise-en-Place-Listen mit Produkten und entsprechenden Mengen, die lt. Rezeptur benötigt werden, erleichtert die Arbeit, insbesondere für „neu" anzulernendes Personal oder Mietköche.
- Erstellen einer täglichen Aufgabenliste, z. B. Saucen ansetzen, Braten ansetzen, Fleisch parieren, Schnitzel plattieren, Steaks schneiden, Zwiebeln würfeln, Beurre manié (Mehlbutter) vorbereiten.
- Arbeitsaufgaben sind auf das Personal der Küche (Posten) entsprechend der Fähigkeiten und des Ausbildungsstandes zu verteilen.
- Bestellungen für einzelne Rohstoffe und Produkte aufgeben – Lieferzeiten und Reserven für Wochenenden und Feiertage einplanen, um die rechtzeitige Anlieferung zu sichern (bestimmte Rohstoffe haben lange Lieferzeiten, z. B. Tauben oder Geflügel mit bestimmter Kalibrierung, Trüffel oder exotisches Obst).
- Restaurantkapazität an Sitzplätzen und die Erfahrungswerte sowie Wetterbericht, Großveranstaltungen in der Region, Sportveranstaltungen im TV oder Aktionsangebote entscheiden maßgeblich die Vorbereitung einer bestimmten Portionszahl für das À-la-Carte-Geschäft.
- Bei der Dienstplanung sind die zuvor genannten Faktoren unbedingt zu beachten.

Listen für einen reibungslosen Küchenablauf, u. a.:
- Einkaufs-/Bestelllisten
- Aufgabenliste (To do)
- Mise-en-Place-Liste auch für Übergaben und Schichtwechsel
- Dienstpläne

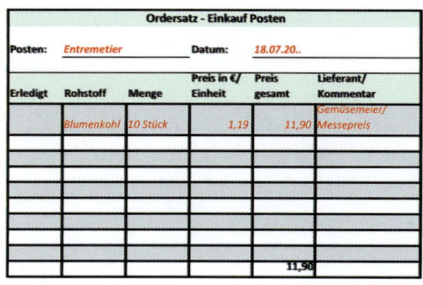

Equipment für Rumpsteak mit Bratkartoffeln und Salat, siehe auch S. 26.

Lebensmittel für Rumpsteak mit Bratkartoffeln und Salat, siehe auch S. 26.

4.4 Gemeinschaftsverpflegung

Die Gemeinschaftsverpflegung (GV) ist der Teil der Gastronomie, der dafür sorgt, dass Mitarbeiter, Patienten oder Studenten täglich mit Essen versorgt werden. Hierbei kann es sich um Wirtschaftsunternehmen, Kliniken, Pflege- oder Bildungseinrichtungen handeln.

In diesem Bereich ist es besonders wichtig, auf die Bedürfnisse der einzelnen Gästegruppen einzugehen. Dies können zum Beispiel sein:

- Ärztliche Anordnungen – nach Operationen, in Kliniken
- Ärztliche Anordnungen – bei Pflegepatienten mit z. B. Schluckbeschwerden
- Ethische Gründe – Tierwohl, Umweltschutz, z. B. Umweltbundesamt
- Religiöse Hintergründe – internationale Studenten in Mensen
- Allergene und Unverträglichkeiten
- Herstellungs-, Lager- und Ausgabetemperaturen

Stärker als in der Individualgastronomie muss hier auf Dokumentationen (wie z. B. Ausgabetemperatur der Speisen), das HACCP (s. S. 65) oder die Rückverfolgung geachtet werden.

4.5 Bankett

Das Wort kommt aus dem Französischen und bedeutet ‚Festmahl' oder ‚Gastgelage'. Bei offiziellen und feierlichen Anlässen, wie zum Beispiel bei Staatsbesuchen, lädt das Oberhaupt eines Landes die wichtigen Gäste zum Abendessen ein. Das nennt man zumeist „Bankett".

Das Hauptgeschäft in den meisten Hotels liegt allerdings bei Tagungen, Seminaren und Konferenzen, die von dieser Abteilung angeboten und durchgeführt werden.

In vielen Betrieben wird das Bankett mit dem Bankett-Service durchgeführt.

- Diesem steht der Wirtschaftsdirektor (F&B-Manager) unter anderen vor.
- Bankett-Verkauf (BQT-Sales) wird als administrative Abteilung geführt,
- der Bankett-Service (BQT-Service) als operative Abteilung.

Diese Abteilung ist je nach Hotelgröße für Feiern von bis zu mehreren hundert oder tausend Personen ausgelegt. Sie ist sehr personalintensiv und benötigt große Lagerräume für die Mengen an Equipment für alle Gelegenheiten.

4.6 Catering

Der Begriff Catering kommt aus dem Englischen und bedeutet „Essen liefern" oder „jemanden verpflegen". Der Leistungsumfang kann je nach Unternehmensausrichtung und Kundenwunsch sehr unterschiedlich ausfallen.

- Anlieferung vorproduzierter Speisen
- Mit Getränken und Service-Personal
- Mit oder ohne Köche vor Ort
- Kochen vor Ort
- Aufbau einer Location mit temporärer gastronomischer Versorgung
- Equipment von Kochgelegenheiten über Sitzmöbel bis zur Tischwäsche

Non-Food-Catering bezeichnet Unternehmen, die Ausstattungsgegenstände für Events zur Verfügung stellen. Für Vermietung und deren ordnungsgemäße Rückgabe wird ein Entgelt vereinbart, was der Caterer wiederum dem Kunden in Rechnung stellt.

Care-Catering nennen sich Verpflegungsbetriebe im Gesundheitswesen, wie z. B. in Kliniken, Krankenhäusern, Altersheimen oder Seniorenresidenzen. Gerade in diesen Bereichen ist das Auslagern von Dienstleistungen wie dem Catering oft Teil des Kostenmanagements, weswegen häufig externe Firmen für die Versorgung mit Nahrungsmitteln herangezogen werden.

Die Versorgung von oder in Kindereinrichtungen, Kantinen, Schulen und Mensen kann ebenfalls als Catering bezeichnet werden, ist aber eher der **Gemeinschaftsverpflegung** zuzuordnen.

Partyservice ist eine Dienstleistung, die aus der Lieferung von Speisen und Getränken für Feiern in einem bestimmten Einzugsgebiet, in eigenen Räumlichkeiten oder in den Geschäftsräumen einer Firma stattfindet.

Viele Unternehmen bieten den Partyservice zusätzlich an, z. B.:
- Gaststätten
- Kochschulen
- Mietköche
- Metzgereien oder
- Großküchen

Das Angebot reicht von einfachen kalten Platten bis hin zu ganzen Menüs, Spanferkel oder Grillbüfetts. Die Leistung kann Besteck und Geschirr beinhalten, oder dies wird als zusätzliche Mietleistung angeboten.

Als Groß-Caterer können Veranstalter bezeichnet werden, die in Arenen, Stadthallen, auf Messen oder Volksfesten agieren. Diese Form des Caterings hat seine größten Herausforderungen in der Logistik (eventuell eigener Fuhrpark) und der Bereitstellung von Equipment (Tische, Stühle, Hussen, …)

Einführung

EINFÜHRUNG IN DIE BERUFE

4.7 Systemgastronomie

Die Systemgastronomie unterscheidet sich im Wesentlichen von der klassischen Gastronomie bzw. der Individualgastronomie durch standardisierte und vereinheitlichte Organisation.

Systemgastronomische Unternehmen verfolgen bei allen Betrieben eine „Corporate Identity", ein wiedererkennbares, gleiches Erscheinungsbild. Auch wird dem Gast in jeder Filiale die gleiche Produktpalette in der immer gleichen Qualität angeboten.

Viele der großen „Global Player" vermarkten ihre Konzepte nach dem Franchise-Prinzip. Pächter (Franchisenehmer) garantieren Aussehen, Qualität und Standards.

Unterteilung:
- Quickservice-Systemgastronomie (allgemein als Fastfood-Gastronomie bezeichnet), z. B. McDonald's, Subway
- Fullservice-Systemgastronomie (mit Bedienung), z. B. Maredo, Block House
- Freizeitgastronomie, z. B. Vapiano, Enchiladas
- Getränkebetonte Konzepte, z. B. Starbucks

Systemgastronomie findet man oft:
- als Handelsgastronomie – Einkaufsparks
- als Verkehrsgastronomie – Raststätten
- beim Eventcatering, Messecatering und Sportcatering

Franchise

Absprachen und vertragliche Inhalte basieren immer auf einem Franchisevertrag. Der Franchisevertrag enthält Absprachen dazu,
- wie der Franchisenehmer die "Marke" verwenden darf (Lizenz)
- dass der Betrieb genauso geführt wird wie alle Betriebe der Kette (Vertrieb)
- dass der Franchisenehmer Unterlagen und Erfahrungen nutzen darf (Know-how).

Der Franchisegeber ist dem Franchisenehmer durch den Franchisevertrag in der Regel verpflichtet.

Der Franchisegeber gewährt die Nutzung der Schutzrechte (Urheber- und Markenrechte) und stellt das notwendige Know-how zur Verfügung.

Der Franchisenehmer hat im Gegenzug für die Leistungen die Franchisegebühr zu zahlen. Im Vertrag werden. z. B. das Vertragsgebiet, Schulungskonzepte, Marketing- und Werbekonzepte, Vertragsdauer und Beendigung geregelt.

Der Franchisegeber legt oft vertraglich einen sogenannten **Wareneinkaufszwang** fest. Somit ist es dem Franchisenehmer kaum möglich, flexibel auf Veränderungen am Markt zu reagieren bzw. regional zu agieren.

Gleiche Produktpalette: Statt eines regionalen Bieres kann z. B. in einem süddeutschen Betrieb nur Bier aus dem Norden erhältlich sein.

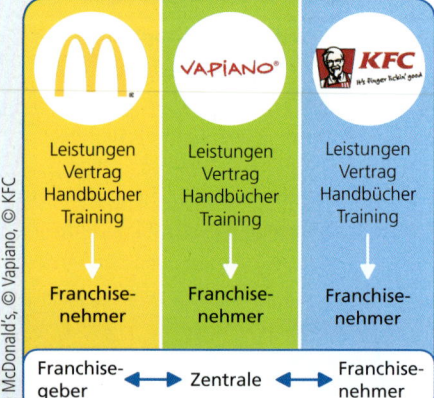

4.8 Eventgastronomie

Dieser Begriff stand 2006 erstmals im Duden und wird dort wie folgt beschrieben:

„Gastronomischer Betrieb, in dem die Gäste im Verlauf der Mahlzeit mit künstlerischen Darbietungen unterhalten werden."

Unter den Begriffen „Eventgastronomie" oder „Erlebnisgastronomie" werden verschiedene gastronomische Konzepte zusammengefasst. Nicht nur Essen, Trinken und Bewirtung, sondern zusätzliche Unterhaltung sind hier die Verkaufsargumente. Beispiele hierfür können sein:

- Bühnenvorführung,
- Animation direkt am Tisch,
- Zuschauen bei der Essenszubereitung,
- Einbeziehung der Gäste in die Essenszubereitung,
- eine ungewöhnliche Inneneinrichtung, die mit dem Speisenangebot abgestimmt sein kann (Themenrestaurants),
- oder durch einen ungewöhnlichen Standort (Turmrestaurants).
- Zirkus vs. Dinner
- besondere Themen wie Ritteressen oder Essen wie im Mittelalter

© Christoph Wienecke, POMP DUCK AND CIRCUMSTANCE GmbH

Hier können gastronomische Höchstleistungen zum Beispiel mit Artistik, Musik und/oder Illusion verbunden werden. Auch Events aus Sport, Theater oder Filmpremieren können mit Gastronomie unterstützt werden. Häufige Konzepte sind:

- Festspiele
- Filmpremieren
- Preisverleihungen

Viele Konzepte im Bereich der Eventgastronomie vermischen sich oder entstehen sogar aus dem Bereich der Franchiseunternehmen. Beispiele hierfür sind:

- Hard Rock Café
- Hooters oder
- Spiegelzelte, die zum Teil in verschiedenen Städten gastieren, wie Pomp Duck and Circumstance oder Palazzo

4.9 Gastronomische Angebote an Speisen

Speisenangebote sind so vielfältig wie die unterschiedlichen Gastronomieformen. Das Angebot reicht von der Sternegastronomie über Hotel- und Landhausküche bis zur Kneipengastronomie.

Amuse Gueule/Amuse Bouche

Amuse Gueule oder Amuse Bouche sind „Gaumenfreuden", Appetithäppchen als „Gruß aus der Küche". Im Deutschen wird „Bouche" (von frz. Mund) öfter verwendet, „Gueule" (von frz. Maul) mehr in Frankreich.

Eine besondere Form ist das Mise en Bouche, hier wird auf einem Löffel (Gourmetlöffel) zur direkten Degustation angerichtet.

Aufgaben:

- Appetitanreger
- Verkürzen der Zeit zum ersten Gang
- Präsentieren des Könnens der Küche
- Zeigen, welche erlesenen Produkte in der Küche verarbeitet werden

Eine kleine Aufmerksamkeit in einem Gourmetrestaurant kann eine kleine Enten-Terrine, Geflügellebermousse oder confierter Lachs auf Fenchel sein. In einem Landhaus ist ein hauseigenes und warm serviertes Brot mit einer frischen Landbutter ein perfekter Einstieg. In einer Kneipe oder einem Brauhaus kann man ein rustikales Brot mit Griebenschmalz als Starter erwarten.

Vorspeisen – kalte und warme

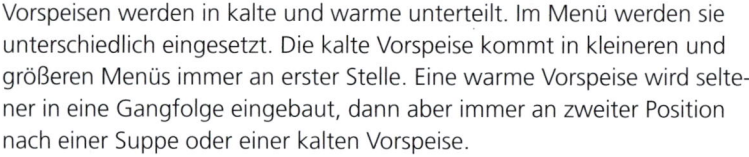
🇬🇧 cold hors-d'oeuvre 🇫🇷 hors-d'œuvre (m) froid
🇬🇧 hot hors-d'oeuvre   🇫🇷 hors-d'œuvre (m) chaud

Vorspeisen werden in kalte und warme unterteilt. Im Menü werden sie unterschiedlich eingesetzt. Die kalte Vorspeise kommt in kleineren und größeren Menüs immer an erster Stelle. Eine warme Vorspeise wird seltener in eine Gangfolge eingebaut, dann aber immer an zweiter Position nach einer Suppe oder einer kalten Vorspeise.

Die Aufgabe der Vorspeisen muss es sein, auf die kommende Gangfolge vorzubereiten. Es darf keine Sättigung erzielt werden. Aromen und Rohstoffe der folgenden Speisen müssen einfließen. Vorspeisen sollten wenig bis keine Kohlenhydrate, Zucker und Fett enthalten. Im Vordergrund stehen eiweißhaltige Lebensmittel und vitaminreiche Rohstoffe. Auf eine sättigende Beilage auf dem Teller wird verzichtet. Im Service reicht man aber Brot und Butter.

Allein stehen Vorspeisen als Alternative zu großen Gerichten für den kleinen Hunger, für Kinder oder auch für ältere Gäste mit geänderten Essgewohnheiten.

In jedem Land werden Vorspeisen anders interpretiert. So trifft man in Italien auf Antipasti, im orientalischem Raum auf Mezze und in Spanien auf Tapas.

Suppen

Die Einteilung der Suppen ist sehr vielfältig und reicht von klaren hellen und dunklen über gebundene hell und dunkel. Regionale und internationale spielen genauso eine Rolle wie exotische Suppen. Bei den gehaltvollen Suppen handelt es sich um Gemüsesuppen und Eintöpfe.

Meist eröffnet die Suppe eine Menüabfolge und hat daher auch klar definierte Aufgaben:

- Appetit anregen
- Magen vorwärmen
- Verdauungssäfte anregen

Dies sind vor allem Aufgaben, um den Körper auf die nachfolgenden Aufgaben wie Verdauung besser vorzubereiten. Gleiches gilt für die zuvor genannten kalten und warmen Vorspeisen.

Zwischengericht

Zwischengerichte kommen meist in Menüfolgen ab 4 Gängen zum Einsatz. Es ist der erste Gang in einem Menü, der eine wirkstoffreiche und eine Sättigungsbeilage enthalten kann. Oft wird dieser Gang als Fischgericht eingefügt.

Zwischengerichte können in ihrer Portionierung kleiner angerichtet sein und somit gut als kleine Gerichte für Senioren, Kinder oder zu Uhrzeiten eingesetzt werden, wo noch keine größeren Gerichte verlangt werden. Diese Zeiten können zum Beispiel 10:30 Uhr bis 11:30 Uhr – für Mittag noch etwas zeitig, für Frühstück aber zu spät – oder zwischen 14:00 Uhr und 15:00 Uhr sein.

Hauptgang

Das zentrale Gericht. Entweder als einzelnes Gericht oder als zentraler/ wichtigster Gang in einer Menüfolge. In der Menüplanung wird immer mit dem Hauptgericht begonnen und man ordnet die anderen Gänge zu. Das unterstreicht die zentrale Bedeutung des Hauptgangs.

Das Hauptgericht wird fast immer warm serviert. Es gibt nur wenige Ausnahmen wie Sulzgerichte oder kalter Braten, die dann aber oft mit warmen Komponenten begleitet werden, wie z. B. Bratkartoffeln.

Der sättigende Wert eines Menüs liegt ebenfalls beim Hauptgang. Alle Rohstoffgruppen können als Hauptbestandteil dienen. Zum ausgewählten Hauptrohstoff – Fisch, Fleisch oder Gemüse – werden dann die passende Sauce und Beilage kombiniert.

Lammschulter auf Curry-Espuma

Zu Espumas und der Trendküche siehe unsere Webseiten

Geschmortes Pfaffenschnittchen mit Kohlrabischaumsuppe und marinierten Radieschen

Duroc-Schweinenacken mit Perlzwiebeln, Süßkartoffelcreme, Pied de mouton (Schafsfußpilz) und Esszapfen

Gedämpftes Skreifilet mit Röstzwiebelcreme und Kartoffel-Lauch-Gemüse

Einführung

EINFÜHRUNG IN DIE BERUFE

Dessert, Süßspeisen oder Kompott

Ein süßes Finale kann je nach Umfang des Menüs, Art der Veranstaltung oder Uhrzeit stark variieren. Nachfolgende Beispiele zeigen die Unterschiede der Hauptbegriffe auf. Die Begriffe Dessert und Süßspeise werden oft auch als Nachspeise oder Nachtisch bezeichnet. Wenn dieser Begriff gewählt wird, ist es in jedem Fall nach dem Essen, also als letzter Gang zu reichen.

Dessert	Süßspeise	Kompott

• Ein Dessert sollte immer aus mindestens 3 Komponenten bestehen.
 • Ein Dessertteller sollte zusätzlich immer ein Gebäck enthalten und besteht aus Creme, einem Eis, einem Kompott, frischem Obst und zwei Frucht- oder Cremesaucen.
 • In einer Menüfolge mit mehreren Gängen sind auch 2 Komponenten + Sauce möglich.
 • Dessertvariation/Dessertauswahl sollte es erst heißen, wenn mindestens 4 Komponenten und Sauce angeboten werden.
	• Süßspeisen bestehen aus 2 bis 3 Komponenten, die im Glas, auf einem flachen oder einem tiefen Teller angerichtet werden.
	 • Sie können im Glas schichtweise serviert werden.
	 • Die Süßspeise besteht meist aus einer namengebenden Komponente und einem Kompott/einer Sauce.
	 • Stärkehaltige süße Speisen werden meist als Süßspeise angeboten.
	 • Beispiele sind Crêpe, Flammeri, Pudding oder Soufflé
		• Kompott besteht aus gekochtem Obst oder Gemüse, das in Schalen einzeln oder mit einer passenden Sauce, eventuell noch mit einem Gebäck, angeboten wird.
		 • Bei manchen Früchten ist es ratsam, den Fond separat zu kochen und dann heiß oder kalt über die Früchte zu gießen – dies verhindert ein Zerkochen, z. B. bei Orangenkompott.
		 • Beispiele für Kompott aus Obst:
		   ‒ Apfelkompott mit Vanillesauce
		   ‒ Weißwein-Birnenkompott
		 • Beispiele für Kompott aus Gemüse
		   ‒ Kürbiskompott süß/sauer
		   ‒ Rhabarberkompott

Je gehaltvoller und sättigender eine Süßspeise oder Kombination ist, umso mehr eignet sie sich, als Gericht angeboten zu werden. Dies kann Milchreis, Grießbrei oder Flammeri mit einem Kompott sein, aber auch Germknödel, Zwetschgen- oder Marillenknödel, Hefeklöße, Waffeln oder Kaiserschmarrn. Die Portionen werden dementsprechend etwas größer angerichtet.

Käsegang

Käse wird nach der warmen und kalten Süßspeise im großen Menü gereicht.

„Käse schließt den Magen" sagte angeblich der Römer Plinius. Eine sättigende Wirkung ist tatsächlich vorhanden, was an den Aminosäuren (Eiweiß) im Käse liegt. Käse hat aber auch eine verdauungsfördernde Wirkung und hilft somit das eventuell auftretende Völlegefühl zu überwinden.

Ist Käse im Menü wie eine Degustation angeboten, wird immer im Uhrzeigersinn von mild nach kräftig angerichtet. Kombiniert werden solche Teller gern mit Obst, Nüssen und süß-kräftigen Dips. In der gehobenen Gastronomie steht Käse oft auf einem Käsewagen bereit. Der Gast sucht sich dann je nach Menü mehrere Käse aus. Diese werden dann direkt am Tisch vom Servicepersonal zusammengestellt und serviert.

Käse kann aber auch im eigentlichen Dessert verarbeitet oder als Käse-Dessert angeboten werden. Zum Beispiel New York Cheesecake oder Tiramisu.

Verbraucher und Umwelt schützen

Unser Verhalten belastet die Umwelt teilweise massiv. Die Erzeugung und Verarbeitung von Lebensmitteln trägt dazu bei. Dabei kosten Lebensmittel heute deutlich weniger als noch vor einigen Jahrzehnten. Das führt zu Problemen für die Erzeuger – nicht nur in weniger entwickelten Ländern, sondern auch vor unserer Haustür.

1 Verbraucherschutz

 consumer protection  protection (m) du consommateur

Immer mehr Verbraucher möchten mehr über ihre Lebensmittel wissen. Verbraucherschutz ist auch der Schutz des einzelnen Verbrauchers gegenüber der Marktmacht internationaler Lebensmittelkonzerne. Zum Schutz des Verbrauchers wurden u. a. folgende Rechtsvorschriften erlassen:

Das **Lebensmittel- und Futtermittelgesetzbuch (LFGB** s. a. S. 64): Das LFGB dient dazu, die Gesundheit des Verbrauchers zu schützen, diesen aber auch vor Täuschung zu bewahren. Hierzu werden sachlich korrekte Informationen über Lebensmittel vorgeschrieben. Da auch Futtermittel zu einer Beeinträchtigung von Lebensmitteln führen können, soll das LFGB den Verbraucher quasi „bis aufs Feld" zurück absichern. Viele deutsche Gesetze, etwa die alte „Hackfleischverordnung", wurden vom LFGB abgelöst. Europaweit sind wichtige Begriffe definiert:

Lebensmittel sind dazu bestimmt, vom Menschen gegessen zu werden. Diese können unverarbeitet, teilweise verarbeitet oder verarbeitet sein (genauer Wortlaut EG-VO 178/2002). **Futtermittel** dienen der Ernährung von Tieren. Werden Speisen absichtlich oder versehentlich Futtermittel untergemischt, ist das rechtswidrig. Auch sog. **Bedarfsgegenstände** gehören nicht in Lebensmittel! Bedarfsgegenstände sind alles, was mit Lebensmitteln, dem menschlichen Körper oder mit Kosmetika nicht nur vorübergehend in Kontakt kommt, also z. B. Messer und Rührschüsseln aber auch Spielzeug, Kosmetik und Bekleidung.

Da das LFGB oft nur einen rechtlichen Rahmen schafft, gibt es noch speziellere Rechtsvorschriften. Hierzu gehört das **Deutsche Lebensmittelbuch**. Dieses besteht aus verschiedenen **Leitsätzen**, etwa für Feine Backwaren oder für Fleisch und Fleischerzeugnisse. So wird z. B. beschrieben, aus welchem Fleisch (Gewinnung) Hackfleisch hergestellt werden darf (Herstellung) und wie viel Fett es enthalten darf (Beschaffenheit). Leitsätze sind keine verbindlichen Rechtsnormen – sie stellen dar, was der Verbraucher von einem Lebensmittel erwarten kann.

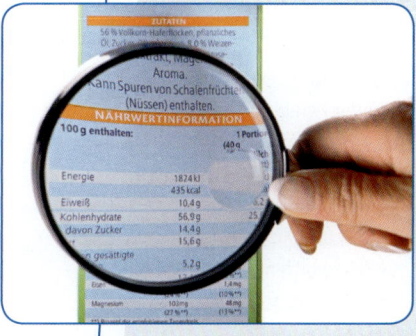

Bestimmen Sie in der Küche einen oder mehrere „Umwelt-Manager" und „Verbraucher-Schützer". Besser wenige sind sich ihrer Verantwortung bewusst, als dass jeder die Verantwortung von sich weisen kann.

1.1 Qualität von Lebensmitteln

🇬🇧 food quality 🇫🇷 qualité (m) des produits alimentaires

„Lebensmittel sollen eine möglichst gute Qualität haben!" Diese Forderung wird von mehreren Seiten auch an die Gastronomie gestellt. Um diesen Forderungen gerecht zu werden – aber auch um Widersprüche zu erkennen – sollte sich jede Köchin/jeder Koch klarmachen, was mit der Qualität von Lebensmitteln gemeint sein kann. Lebensmittel/Speisen haben u. a. eine hohe:

- **hygienische Qualität**, wenn durch ihren Verzehr niemand krank wird.
- **gesundheitliche Qualität**, wenn sie dem Körper alle wichtigen Nährstoffe und Wirkstoffe liefern.
- **ökologische Qualität**, wenn deren Erzeugung mit möglichst geringen Umweltbelastungen verbunden ist.
- **technologische Qualität** (Eignungswert), wenn sich diese mit geringem Aufwand verarbeiten lassen.
- **sensorische Qualität** (Genusswert), wenn diese vielfältige und angenehme Sinneseindrücke ermöglichen.

- **soziale Qualität**, wenn diese so erzeugt werden, dass sie den Erzeugern ein sozial verträgliches Einkommen ermöglichen.
- **ökonomische Qualität**, wenn günstige Einkaufspreise ein ökonomisches Wirtschaften ermöglichen.
- **Vermarktungs-Qualität**, wenn sich diese mit geringem Aufwand handeln lassen, etwa durch gute Transportfähigkeit, möglichst ganzjährige Verfügbarkeit und Einteilung nach optischen Kriterien (Handelsklasse).

Der Begriff Qualität ist rechtlich nicht bestimmt. Einzelne Qualitätsbegriffe müssen nur klar definiert sein. So kann Fleisch aus Massentierhaltung durchaus als „Qualitätsfleisch" vermarktet werden, da dieser Begriff gesetzlich nicht geregelt ist.
Mit objektiven Kriterien bewerten Lebensmittel z. B. die Deutsche Landwirtschafts-Gesellschaft DLG oder die Stiftung Warentest.

Die Anforderungen an Lebensmittel können gegensätzlich sein (zu Lösungsansätzen siehe HACCP Seite 70).

Beispiel 1: Obst, das sich gut vermarkten lässt, wird häufig halbreif geerntet, damit es beim Transport nicht matschig wird. Darunter leiden dann die sensorische und die gesundheitliche Qualität; es schmeckt nicht so gut wie vollreif geerntetes Obst und hat nicht so viele Vitamine ausbilden können.
Lösungsansatz: Nutzung regional/saisonal erzeugter Lebensmittel. Aufgrund kurzer Transportwege können diese vollreif geerntet werden.

Beispiel 2: Vielen Gästen schmecken Rindersteaks besonders gut, wenn diese medium gebraten werden. Da sie nicht durchgebraten sind, besitzen diese Steaks ein größeres hygienisches Restrisiko als etwa ein durchgebratener Rinderbraten.

1.2 Kennzeichnung von Lebensmitteln

🇬🇧 labelling of foodstuff 🇫🇷 marquage (m) distinctif des produits alimentaires

Durch die **Lebensmittel-Informations-Verordnung (LMIV)** ist die Kennzeichnung von Lebensmitteln in der ganzen EU einheitlich geregelt. Vorschriften zur Kennzeichnung von Lebensmitteln dienen neben dem Schutz der Gesundheit vor allem dem Schutz vor Täuschung des Verbrauchers. Dem Wunsch der Gäste nach **Transparenz** werden zahlreiche Kennzeichnungen gerecht. Dabei ist zwischen **gesetzlichen Vorgaben** und **freiwilligen Kennzeichnungen (Clean Labels)** zu unterscheiden.

Beispiel für die freiwillige Kennzeichnung veganer Produkte

1 Verbraucherschutz

Gastronomen können ihre Produkte selbst kennzeichnen (etwa als laktosefrei oder vegan, Abb. S. 36), um Gäste zu informieren.
Diese Kennzeichnung kann helfen, neue Kunden zu gewinnen. Bei allen Kennzeichnungen gelten folgende Grundsätze:

Wahrheit: Die Kennzeichnung muss halten, was sie verspricht.

Klarheit: Dem Gast soll klar sein, welche Kriterien für eine Kennzeichnung gelten.

Kennzeichnung in Handel und Gastronomie

Bei der Kennzeichnung von Lebensmitteln ist grundsätzlich zu unterscheiden:

Vorverpackte Ware, das ist z. B. ein vom Hersteller verpacktes und so verkauftes Brot.

Lose Ware: Brot, das vom Bäcker gebacken und so verkauft wird. Auch Lebensmittel, die auf Tellern oder am Büfett angeboten werden, sind rechtlich gesehen lose Ware und entsprechend zu kennzeichnen.

Beim Kauf verpackter Lebensmittel ist der Verbraucher auf eine korrekte Kennzeichnung angewiesen, wenn er wissen möchte, was er kauft und was alles in dem Lebensmittel enthalten ist. Gemäß LMIV muss auf verpackten Lebensmitteln stehen:

① Bezeichnung des Lebensmittels (ehemals Verkehrsbezeichnung) – nicht zu verwechseln mit dem Markennamen
② Menge
③ Mindesthaltbarkeitsdatum bzw. Verbrauchsdatum bei sehr leicht verderblichen Lebensmitteln (s. a. Angaben zur Haltbarkeit),
④ Zutatenliste
⑤ Angaben zu Zusatzstoffen
⑥ Nährwertkennzeichnung (s. S. 39)
⑦ (gesundheitsbezogene Angabe – freiwillig)
⑧ Hinweis auf Allergene
⑨ Hersteller oder Vertreiber, damit der Verbraucher weiß, an wen er sich bei Reklamationen wenden kann.

Für einige Lebensmittel sind noch **produktspezifische Angaben** zu machen, so z. B. das Ursprungsland bei frischem Obst und Gemüse.

Zutaten sind alle Stoffe, die bei der Herstellung eines Lebensmittels verwendet werden. Beim Brot z. B. Mehl, Getreideschrot, Wasser, Salz und Hefe. Diese Zutaten sind in absteigender Reihenfolge anzugeben, also die Zutaten zuerst, die am meisten enthalten sind. Werden Zutaten auf der Verpackung abgebildet oder wird mit dessen Gehalt geworben (hier z. B. der Gehalt an Ballaststoffen), so ist deren Anteil in Prozent anzugeben.

Wenn eine Zutat durch Wort oder Bild besonders hervorgehoben ist, z. B.
- den Namen gibt (Roggenschrotbrot, Erdbeerjoghurt) oder
- wesentlich ist (Kräuterbutter),

muss der Anteil dieser Zutat in Prozent genannt werden (Mengenkennzeichnung oder **QUID-Richtlinie**).

⑥ siehe S. 39
⑦ siehe S. 40
⑧ siehe S. 40

Werden Lebensmittel imitiert, so muss nahe dem Produktnamen darauf hingewiesen werden. Bsp.:
Kochschinken – aus Fleischstücken zusammengefügt –

Quantitative = mengenmäßige
Ingredient = Zutaten-
Declaration = angabe

Einführung

VERBRAUCHER UND UMWELT SCHÜTZEN

> Zusatzstoffe können sog. Pseudoallergien auslösen und müssen gekennzeichnet werden.

> Lebensmittel können ganz natürlich eingefärbt werden. Hierzu bieten sich Obst und Gemüse (z. B. Rote Bete, Spinat, Holunder), aber auch Gewürze wie Kurkuma an.

Zusatzstoffe

Wird Brot geschnitten und verpackt verkauft, kann es leicht schimmeln. Darum kann verpacktem Brot ein Konservierungsstoff zugefügt werden, um das Schimmeln zu verhindern. Solche Konservierungsstoffe gehören zur Gruppe der Zusatzstoffe.

Zusatzstoffe sind eine besondere Gruppe von Zutaten, die Lebensmitteln zugegeben werden, um eine besondere Wirkung zu erzielen. Jeder Zusatzstoff muss von der EU zugelassen werden und hat eine E-Nummer.

Wird auf dem Etikett nicht die genaue Bezeichnung des Zusatzstoffes (z. B. Sorbinsäure) genannt, sondern nur der Gruppenname (z. B. „mit Konservierungsstoff"), dann muss diese E-Nummer angegeben werden.

Beispiel: *Mit Konservierungsstoff Sorbinsäure* oder *mit Konservierungsstoff E 200*.

Eine Übersicht aller zu kennzeichnenden Zusatzstoffe findet sich in § 9 der **Zusatzstoff-Zulassungsverordnung (ZZulV)** und in der **EU-Zusatzstoff-Verordnung**.

Gruppenname	Kenntlichmachung	Wirkung	Beispiele	Anwendungsbeispiele
Emulgatoren	„mit Emulgator"	halten Gemische von Wasser und Fett zusammen	Mono- und Diglyceride, Lezithine	Fertigsuppen, Salatmayonnaise
Antioxidantien	„mit Antioxidationsmittel"	hemmen die Verbindung der Lebensmittel mit Sauerstoff und verzögern so den Verderb	Ascorbinsäure (Vitamin C), Milchsäure	Backwaren, Konfitüren, Brühwurst, Pflanzenöl
Farbstoffe	„mit Farbstoff"	geben Zubereitungen eine ansprechende Farbe	Riboflavin, Carotin, Zuckerkulör	Cremespeisen, Kräuterliköre, kandierte Früchte
Chemische Konservierungsmittel	„mit Konservierungsstoff"	hemmen die Tätigkeit von Mikroben und verhindern so den Verderb	Benzoesäure, Sorbinsäure	Feinkostsalate, Toastbrot
Geschmacksverstärker	„mit Geschmacksverstärker"	verstärken den Umami-Geschmack	Natrium-Glutamat	oft Convenience-Produkte
	Die Lebensmittelindustrie verwendet anstelle von reinem Natrium-Glutamat oft Hefeextrakt. Dieser enthält von Natur aus einen hohen Anteil an Glutaminsäure, die ebenfalls den Umami-Geschmack verstärkt. Produkte werden dann als „frei von Geschmacksverstärkern" beworben.			
–	„geschwärzt"	unterstützt Schwarzfärbung	Eisengluconat	schwarze Oliven
–	„gewachst"	Glanzmittel, verzögert Austrocknung	verschiedene Wachse	Äpfel, Zitrusfrüchte

> Koffeinhaltige Lebensmittel und Getränke sind ab 150 mg Koffein pro 100 ml/g mit einem Warnhinweis für Kinder, Schwangere und Stillende zu kennzeichnen.

Der Verbraucher/Gast muss unmittelbar einsehen können, welche Zusatzstoffe in einem Lebensmittel sind. Bei unverpackten Lebensmitteln (loser Ware), wie einem Tellergericht, gibt es keine Verpackung, auf die etwas gedruckt werden kann. Vorgeschriebene Hinweise sind in die Speisen- und Getränkekarte bzw. auf das Preisverzeichnis zu drucken, z. B. durch eine Fußnote bei der betreffenden Komponente, die dann erläutert wird: „Sommer-Salat mit Tomaten und Oliven[1]" → [1] „geschwärzt".

Werden Speisen lose z. B. über ein Salatbüfett angeboten, so ist auf Schildern auf/neben der Ware auf Zusatzstoffe hinzuweisen.

Aromastoffe

Weil industriell hergestellte Lebensmittel bei Produktion z. B. durch Hitze und Wasser Geschmack verlieren, werden oft Aromastoffe eingesetzt. Auch wird so mit geringem Aufwand ein gleichbleibender Geschmack erzielt. **Aromastoffe** werden nicht zu den Zusatzstoffen gezählt, sie müssen aber gemäß der EU-Aromaverordnung als Zutat auf Verpackungen angegeben werden. Beispiel Vanille-„Pudding":

- „Vanille": Dann ist Vanille aus (teuren) Vanilleschoten verarbeitet worden
- „Vanille-Extrakt": Durch Herauslösen z. B. mit Alkohol wurden die Substanzen aus der Vanille-Schote gelöst, die das Aroma der Vanille prägen. Neben Vanilin sind das noch viele andere Inhaltsstoffe.
- „natürliches Vanille-Aroma": Es wurde mindestens 95 % Vanille eingesetzt.
- „natürliches Aroma": Das Aroma wurde aus natürlichen Quellen gewonnen. Das müssen aber nicht unbedingt Lebensmittel sein. So wird der Aromastoff Vanilin mithilfe von Mikroorganismen aus Zuckerrüben gewonnen. Für andere Aromen werden z. B. Schimmelpilze oder Mikroorganismen eingesetzt, die gentechnisch verändert wurden.
- „Vanille-Aroma": Hier ist davon auszugehen, dass der Aromastoff Vanilin in chemischen Laboren hergestellt wurde.

Gewöhnen wir Menschen uns schon früh an aromatisierte Lebensmittel, ist das kritisch zu sehen: Menschen werden auf einen „Kunstgeschmack" konditioniert und ziehen evtl. solche Produkte, die für ihre Ernährung weniger wertvoll sind, natürlichen Lebensmitteln vor.

Nährwert-Kennzeichnung

Vorverpackte und vorverarbeitete Lebensmittel müssen gemäß der Lebensmittel-Informationsverordnung (LMIV) Angaben zum Gehalt an Fett, gesättigten Fettsäuren, Kohlenhydraten, Zucker, Eiweiß, dem Salzgehalt und dem Energiegehalt (kJ/kcal) enthalten (in der Regel als Tabelle). Freiwillige Ergänzungen, etwa zu mehrfach ungesättigten Fettsäuren, sind möglich. Die Angaben müssen sich auf 100 g oder 100 ml des Lebensmittels beziehen.

Für Speisen, die in der Gastronomie also lose an den Gast abgegeben werden, gibt es diese Vorschriften in der Regel nicht. Dennoch kann es vorteilhaft für den Gastronomen sein, wenn der Service Angaben zum Nährwert der Speisen geben kann. So können Gäste über Empfehlungen gewonnen werden. Auch hierbei gelten die Grundsätze Klarheit und Wahrheit.

Durchschnittliche Nährwerte für Roggenschrotbrot			
	Je 100 g	1 Scheibe (50 g)[2]	% (50 g)[1]
Brennwert	877 kJ/ 210 kcal	438,5 kJ/ 105 kcal	5 %
Fett	1 g	0,5 g	1 %
davon gesättigte Fettsäuren	0,2 g	0,1 g	1 %
Kohlenhydrate	44 g	22 g	6 %
davon Ballaststoffe	6 g	3 g	10 %
davon Zucker	1 g	0,5 g	0,5 %
Eiweiß	7 g	3,5 g	6 %
Salz	1,5 g	0,75 g	8 %

[1] Referenzmenge für einen durchschnittlichen Erwachsenen (8.400 kcal/2.000 kcal).
[2] 1 Portion = 1 Scheibe = 50 g. Die Packung enthält 10 Scheiben.

Einführung

VERBRAUCHER UND UMWELT SCHÜTZEN

Verbraucherschützer kritisieren: Einzelne Werbeaussagen werden zwar geprüft, es gibt aber aktuell noch keine Nährwertprofile für Lebensmittel, an denen sich Hersteller orientieren können. So kann z. B. Eistee damit beworben werden, dass dieser Vitamine enthält. Dass der Eistee zugleich eine Menge Zucker enthält, muss aktuell nicht betont werden.

Gesetzliche Grundlagen zur Allergenkennzeichnung sind u. a. die Europäische Lebensmittel-Informations-Verordnung (ELIV) sowie die Vorläufige Lebensmittelinformations-Ergänzungsverordnung (VorlLMIEV).

EU-Verordnung zu Nährwertangaben und gesundheitsbezogenen Angaben (Health-Claims-Verordnung EU VO 1924/2006)

Gesunde Lebensmittel sind immer mehr Menschen wichtig. Entsprechend finden sich heute auf vielen Lebensmitteln **Angaben zum Nährwert** (z. B. „energiereduziert" oder „jetzt mit 20 % weniger Zucker") oder **gesundheitsbezogene Angaben** (z. B. „Vitamin C erhöht die Eisenaufnahme"). Mit den Vorgaben der o. g. Verordnung soll für Verbraucher Sicherheit bei entsprechenden Werbeaussagen geschaffen werden. Wird damit geworben, dass eine Zubereitung „reich an Ballaststoffen" ist, so muss auch eine vorgeschriebene Menge Ballaststoffe im Lebensmittel enthalten sein. Wird damit geworben, dass ein Lebensmittel eine gesundheitsfördernde Wirkung hat, so müssen ebenfalls die EU-Vorgaben hierzu eingehalten werden.

Kennzeichnung allergener Inhaltsstoffe

Gäste können auf bestimmte Inhaltsstoffe von Speisen und Getränken mit einer Überreaktion ihres Immunsystems bis hin zu einem allergischen Schock reagieren. Zum Schutz der Verbraucher wurden gesetzliche Vorschriften zur Allergen-Kennzeichnung erlassen. Danach müssen folgende Allergene in Speisen und Getränken gekennzeichnet werden:

GLUTENHALTIGES GETREIDE
und daraus hergestellte Erzeugnisse
Dazu gehören: Weizen, Dinkel, Kamut, Einkorn, Emmer
Beispielerzeugnisse: Couscous, Grieß, Stärke, Mehl

KREBSTIERE
und daraus gewonnene Erzeugnisse
Dazu gehören: Garnelen, Hummer, Krabben, Shrimps
Beispielerzeugnisse: Krebsbutter, Shrimpspaste

EIER
und daraus gewonnene Erzeugnisse
Dazu gehören: Hühnereier, Gans, Pute, Wachtel, Taube, Strauß
Beispielerzeugnisse: Flüssigei, Eigelb, Trockeneigelb, Trockeneiweiß

FISCHE
und daraus gewonnene Erzeugnisse
Dazu gehören: alle Sorten von Fisch (Forelle, Lachs)
Beispielerzeugnisse: Surimi, Kaviar

ERDNÜSSE
und daraus gewonnene Erzeugnisse
Beispielerzeugnisse: Erdnussöl, Erdnussbutter, Erdnussmus

SOJABOHNEN
und daraus gewonnene Erzeugnisse
Dazu gehören: nicht raffiniertes Sojaöl, Sojalezithin, Tofu, Miso, Tempeh, Sojasprossen

MILCH
und daraus gewonnene Erzeugnisse
Dazu gehören: Milch von der Kuh, Ziege, Schaf, Büffel, Pferd
Beispielerzeugnisse: Milcheiweiß, Milchzucker (Laktose), Milchpulver, Sahne, Joghurt, Käse

SCHALENFRÜCHTE
und daraus gewonnene Erzeugnisse
Dazu gehören: Mandeln, Paranüsse, Pistazien
Beispielerzeugnisse: Nusspaste

LUPINEN
und daraus gewonnene Erzeugnisse
Beispielerzeugnisse: Lupinenmehl, Lupinenkleie, Lupinenprotein

WEICHTIERE
und daraus gewonnene Erzeugnisse
Dazu gehören: Schnecken, Muscheln, Tintenfische

SELLERIE
und daraus gewonnene Erzeugnisse
Dazu gehören: Knollen-, Bleich- und Staudensellerie
Beispielerzeugnisse: Selleriesalat, Gemüsesaft aus Sellerie, Selleriesalz

SENF
und daraus gewonnene Erzeugnisse
Dazu gehören: alle Senfsorten: weiße, braune und schwarze Senfsaaten
Beispielerzeugnisse: Senfkörner, Senfpulver, Senfsprossen, Senföl

SESAMSAMEN
und daraus gewonnene Erzeugnisse
Dazu gehören: alle Sesamsorten: gelb, schwarz
Beispielerzeugnisse: Sesampaste (Tahin), Sesamöl, Sesamsamen, Gomasio (Sesamsalz)

SCHWEFELDIOXID UND SULFIT
ab einer Konzentration von mehr als 10 mg/kg oder 10 mg/l
Beispielerzeugnisse: als Konservierungs- und Antioxidationsmittel: Schwefeldioxid E220, Natriumsulfit E221

1 Verbraucherschutz

Die Kenntlichmachung von Allergenen kann erfolgen durch

- Kennzeichnung in der Speisekarte, z. B. durch Fußnoten,
- eine separate Liste zu den Allergenen in den Speisen mit Hinweis in der Karte auf die Liste; eine mündliche Information allein reicht nicht aus,
- durch Schilder am Büfett.

Keine Kennzeichnung ist notwendig, wenn aus der Bezeichnung des Lebensmittels das Allergen hervorgeht, z. B. *„Sellerie*-Schnitzel". Dann ist diese Zutat aber **hervorzuheben**.

Wichtig ist bei alledem eine kompetente Beratung durch geschultes Service-Personal. **Nach HACCP müssen für alle angebotenen Speisen Rezepte in der Küche hinterlegt sein**. Aus diesen lassen sich Allergene leicht erkennen. Die Kennzeichnung von Allergenen stellt sicher einen Mehraufwand dar – ist aber ein wirksames Mittel, um sich vor unberechtigten Schadenersatzansprüchen zu schützen. Transparenz hinsichtlich der Inhaltsstoffe kann ein Werkzeug sein, um gerade kritische Gäste als Kunden zu gewinnen.

Mindesthaltbarkeitsdatum und Verbrauchsdatum

Lebensmittel sind nur begrenzt haltbar. Deshalb müssen Hersteller Angaben zur Haltbarkeit machen:

Das **Mindesthaltbarkeitsdatum (MHD)** gibt an, wie lange ein Lebensmittel seine spezifischen Eigenschaften (z. B. Farbe, Geschmack, Konsistenz) behält, wenn es ordnungsgemäß gelagert und nicht geöffnet wird. Das Mindeshaltbarkeitsdatum ist kein Wegwerfdatum! Oft können Lebensmittel noch nach Ablauf des MHD bedenkenlos verzehrt werden. In diesem Fall sind die Lebensmittel gründlich sensorisch zu prüfen (Geruchstest, Geschmackstest usw.). Lebensmittel, deren MHD abgelaufen ist und die sensorisch einwandfrei sind, dürfen auch mit entsprechendem Hinweis noch verkauft werden.

Haltbarkeit	vorgeschriebene Kennzeichnung
weniger als drei Monate	→ mindestens haltbar bis (Tag und Monat)
bis 18 Monate	→ mindestens haltbar bis (Monat und Jahr)
länger als 18 Monate	→ mindestens haltbar bis (Jahr)

Das **Verbrauchsdatum** tragen meist Lebensmittel, die sehr leicht verderblich sind. Deren Verpackungen müssen Angaben zur Lagerung und zum Verbrauchsdatum tragen, z. B. „bei +4 °C gelagert zu verbrauchen bis 11.11.20..". Nach dem als Verbrauchsdatum genannten Termin darf das Lebensmittel nicht mehr verkauft und nicht mehr verwendet werden, da es für die Gesundheit gefährlich sein könnte.

TK-Ware aus Fleisch und Fisch muss zusätzlich das Einfrierdatum tragen.

Preisangaben

Die Preisangaben-Verordnung soll es Verbrauchern ermöglichen, Preise leichter vergleichen zu können. Preise für Endverbraucher müssen immer alle möglichen Zuschläge und Steuern beinhalten (**Inklusivpreis**).

- Im Einzelhandel muss bei Lebensmitteln neben dem Gewicht und dem Einzelpreis auch der Preis pro kg (€/kg) oder 100 g (€/100 g) genannt werden.
- Gastronomiebetriebe müssen neben dem Eingang ein Verzeichnis anbringen, auf dem wesentliche Speisen und Getränke sowie deren Preis genannt wird. So soll sich der Gast schon einen Eindruck verschaffen können, bevor er das Lokal betritt.
- Bei Getränken (Ausnahme Aufgussgetränke) muss neben dem Preis auch die Menge genannt werden, also z. B. „Glas Wein (0,2 l) 4,00 €".
- Werden Speisen nach Gewicht angeboten, so ist immer auch ein Bezugspreis zu nennen, z. B. Preis pro 100 g.

Salami (200 g Paket)
20,00 €/kg   **4,00 €**

Forelle blau, nach Größe
Preis: xx,yy € je 100 g

Einführung

VERBRAUCHER UND UMWELT SCHÜTZEN

Qualitätssiegel auf Lebensmitteln

Geschützte Bezeichnungen

Spezialitäten einer bestimmten Region oder auch traditionell hergestellte Lebensmittel locken Kunden an – rufen aber auch Nachahmer auf den Plan. Zum Schutz und zur Kenntlichmachung solcher Produkte hat die EU einheitliche Regeln und Label erstellt.

Geschützte geografische Angabe: Handwerkliches Können und Know-How sowie die Bedeutung eines Lebensmittels werden mit diesem Label gekennzeichnet. Dabei muss nicht alles in dieser Region erzeugt oder verarbeitet worden sein. Das Fleisch für einen so gekennzeichneten Parmaschinken könnte also von belgischen Schweinen stammen.

Geschützte Ursprungsbezeichnung: Ein Produkt muss nach einem tradionellen Rezept und in einem bestimmten Gebiet erzeugt, verarbeitet und hergestellt werden. Ein so gekennzeichneter Schwarzwälder Schinken muss also von Schweinen aus dem Schwarzwald stammen, dort geschlachtet und nach tradionellen Rezepten hergestellt werden.

Garantiert traditionelle Spezialität: Bescheinigt Lebensmitteln, dass diese nach traditionellen Rezepten und/oder aus traditionellen Zutaten hergestellt werden. Die Herstellung und die Rohstoffe müssen nicht aus einem bestimmten Gebiet stammen. So kann ein Serrano-Schinken aus italienischem Schweinefleisch in Deutschland nach spanischen Rezepturen hergestellt und vertrieben werden.

Verwendet der Koch „Grana Padano", schreibt aber „Parmesan" auf die Speisekarte, begeht er eine strafbare **Warenunterschiebung!** Das gilt auch, wenn z. B. Formvorderschinken verwendet wird, dieser aber als Kochschinken auf der Karte steht.

Kennzeichnung regional erzeugter Lebensmittel

Viele Verbraucher wünschen sich Produkte aus der Region, anstelle von Lebensmitteln mit langen Transportwegen. Viele regional und konventionell erzeugte Lebensmittel haben meist eine bessere **Öko-Bilanz** als Bio-Lebensmittel, die aus Übersee importiert werden.
Seit 2014 gibt es das einheitliche Informationsfeld „Regionalfenster" zur Kennzeichnung regional erzeugter Produkte. Das Zeichen wird vom Verein Regionalfenster e. V. vergeben, der auch die Kriterien vorgibt:
- Es muss eindeutig und nachprüfbar sein, aus welchem Bundesland/welcher Region das Produkt stammt.
- Erste Hauptzutat und die wertgebenden Bestandteile müssen aus der genannten Region stammen.
- Der Ort der Verarbeitung muss genannt werden.

Für die Gastronomie hat die Vermarktung regionaler Produkte Vorteile, etwa durch geringe Transportkosten, die Möglichkeit gemeinsamer Werbung und Transparenz für den Gast (der sich vor Ort über Anbau und Erzeugung erkundigen kann). Auch wird so die heimische Wirtschaft nachhaltig gefördert.
Beim Einkauf von „regional" gekennzeichneten Lebensmitteln lohnt ein Blick auf die Angaben zum Erzeuger. Wie weit ein Erzeuger vom Einzelhandel entfernt produzieren darf, ist nicht gesetzlich geregelt.

EU-Label für geschützte Bezeichnungen

„Regionalfenster" als Bsp. für die Kennzeichnung regionaler Produkte

Kennzeichnung fair gehandelter Lebensmittel

Kleine Lebensmittel-Produzenten – vor allem auf der Südhalbkugel – haben auf dem Weltmarkt eine deutlich geringere Marktmacht, als globale Konzerne, welche die Marktpreise bestimmen können. „Fairer Handel" hat u. a. zum Ziel, kleinen Lebensmittel-Produzenten einen fairen Preis für ihre Produkte zu zahlen. Der Anbau soll dadurch nicht nur kostendeckend sein, sondern auch sozial verträglich und umweltverträglich.

Kleinbauern sollen aus der Armut herauskommen und durch Kooperation eine bessere Stellung auf dem Markt erhalten. Bekanntestes Label des fairen Handels ist „**Fairtrade**".

Ein Großteil der Kosten eines Lebensmittels entsteht nach der Erzeugung durch Transport, Handel und auch durch Werbung. Durch Kauf fair erzeugter Lebensmittel bekommt man mehr Ware fürs Geld.
Auch in Deutschland und Europa leiden Landwirte unter der Marktmacht von Handelskonzernen. Die Ausgaben für Lebensmittel sind in den letzten Jahrzehnten spürbar gesunken, sodass Landwirte häufig nicht kostendeckend arbeiten können.

Tierschutzlabel

Wiederholte Berichte über die unrechtmäßige Tierhaltung bewegen immer mehr Verbraucher. Diese fragen vermehrt nach, wie die Tiere gehalten wurden, die auf ihrem Teller landen. Der Deutsche Tierschutzbund und das Bundesministerium für Ernährung und Landwirtschaft vergeben gemeinsam das **Tierschutzlabel**. Dieses wird in zwei Stufen unterschieden. In der ersten Stufe garantiert das Label, dass die Standards für den Tierschutz über die gesetzlichen Vorgaben hinausgehen. Die Premiumstufe wird vergeben, wenn der Tierschutz deutlich besser ist, als gesetzlich gefordert. Verbraucherschutzverbände fordern eine Kennzeichnung der Haltungsform ähnlich wie bei Eiern.

Siegel über den Fischfang

Das Marine Stewardship Council (MSC) ist eine gemeinnützige Organisation, die sich gegen eine Überfischung der Weltmeere einsetzt. Hauptziel ist eine nachhaltige Fischerei. Das heißt, es darf nur so viel gefischt werden, wie nachwächst. Bedrohte Fischarten sollen weniger befischt werden. Jungfische, die sich noch nicht vermehrt haben, sollen nicht gefangen werden.

Eine Expertenkommission aus Wissenschaftlern, Fischereiexperten und Umweltschützern prüft, ob die Vorgaben für Fischerei eingehalten werden, und vergibt danach das MSC-Siegel. Über Angaben auf der Packung kann der Verbraucher zurückverfolgen, woher der Fisch stammt.

Immer mehr Fisch wird in Aquakulturen aufgezogen. Diese Art der Massentierhaltung kann zu Problemen für die Tiere, aber auch für die Umwelt führen. Umweltverbände, Tierschutzorganisationen und Handelsverbände setzen sich gemeinsam im Aquaculture Stewardship Council (ASC) dafür ein, diese Probleme zu verringern. So gibt es z. B. Obergrenzen für die Zahl der Tiere pro Becken und Auflagen hinsichtlich des Futters. Auch wenn noch Fischmehl eingesetzt wird, so wird darauf geachtet, solche Fischarten aufzuziehen, die den Futterfisch gut verwerten, sodass weniger Futterfisch benötigt wird.

Einführung

VERBRAUCHER UND UMWELT SCHÜTZEN

Kennzeichnung gentechnisch veränderter Lebensmittel

Das Erbgut von Pflanzen und Tieren verändert sich durch Mutationen. Veränderte Lebewesen haben dann andere Eigenschaften. Die klassische Pflanzenzüchtung hat sich das schon immer zunutze gemacht. Im modernen Landbau und in der Lebensmittel-Technik werden auch solche Organismen verwendet, die gezielt mittels Gentechnik verändert wurden.

Das sehen viele Verbraucher mit Skepsis, weswegen auch bislang kaum gentechnisch veränderte Organismen in der EU angebaut werden – mehr in den USA, zumeist als Tierfutter. Werden einem Lebensmittel bewusst mehr als 1% gentechnisch veränderte Organismen zugesetzt, so ist das zu kennzeichnen. Das gilt für den Handel wie für die Gastronomie. Clean Label können verwendet werden, um zu zeigen, dass ein Betrieb keine Lebensmittel einsetzt, die gentechnisch veränderte Organismen enthalten.

Kennzeichnung von Bio-Lebensmitteln

EU-Bio-Logo

Kontrolliert biologisch bzw. ökologisch erzeugte Lebensmittel entsprechen weitgehend den Grundsätzen eines nachhaltigen Wirtschaftens und werden verstärkt nachgefragt. Verpackte Lebensmittel, welche den Anforderungen der EG-Öko-Verordnung an Bio-Lebensmittel entsprechen und die einen Verarbeitungsschritt in der Europäischen Gemeinschaft erfahren, sind mit einem einheitlichen Label gekennzeichnet (EU-Bio-Logo). In Deutschland existiert schon länger das „deutsche Bio-Siegel". Das Bio-Siegel kann zusätzlich zum EU-Bio-Logo genutzt werden. Die Nutzung des Bio-Siegels ist freiwillig und für öko-zertifizierte Unternehmen freiwillig und kostenlos. Das Bio-Siegel ist bis 2021 markengeschützt. Für die Vergabe eines Siegels müssen die Zutaten des Produktes aus Bio-Anbau stammen. Einige Zusatzstoffe sind zugelassen, dürfen aber nur bis zu 5 % des Produktes ausmachen.

„Deutsches Bio-Siegel"

Wer das Bio-Siegel zur Kennzeichnung seiner Produkte nutzen möchte (z. B. auf der Speisekarte oder der Internetseite), muss sich von einer Kontrollstelle zertifizieren lassen. Im Gegensatz zur konventionellen Landwirtschaft dürfen Bio-(Öko)-Lebensmittel

- nicht mit industriell hergestelltem Mineraldünger (hoher Energieaufwand) oder künstlichen Pflanzenschutzmitteln behandelt werden,
- nicht durch Gentechnik verändert werden,
- nicht durch Bestrahlung haltbar gemacht werden,
- nur in begrenztem Maße Zusatzstoffe enthalten.
- Tiere müssen artgerecht gehalten werden.

Tiere, die für die Erzeugung von Bio-Fleisch gehalten werden, erhalten auch Bio-Futter. Weil dieses entsprechend teuer ist, kostet Bio-Fleisch meist deutlich mehr als konventionell erzeugtes Fleisch. Bio-Gemüse ist hingegen nur unwesentlich teurer als konventionell erzeugtes Gemüse.

Betriebe schließen sich schon heute vereinzelt mit regionalen Erzeugern zusammen. Gemeinsam betreiben sie gezielte Produktentwicklung: Die Gastronomie testet z. B., welche Gemüsesorte ihren Anforderungen entspricht. Bauern können dann gezielter anbauen und besser regional vermarkten.

Weitere Informationen zu Preisen von Bio-Lebensmitteln auf unserer Website.

2 Umweltschutz

🇬🇧 environment protection 🇫🇷 protection (m) de l'environment

Die Erzeugung von Lebensmitteln trägt durch Anbau, Transport und Handel deutlich zur **Zerstörung natürlicher Ressourcen** bei. Diese Zerstörung machen wir uns häufig nicht bewusst, weil zwischen unserem Handeln und den Folgen für die Umwelt oft lange Zeit vergeht. Dabei nehmen wir Menschen uns mit der Zerstörung der Natur auch die Grundlage zur Erzeugung hochwertiger Lebensmittel. Diese Lebensmittel sind unsere Lebensgrundlage – privat wie in der Gastronomie. **Unsere Lebensmittel und die daraus erzeugten Produkte können immer nur so gut sein, wie die Umwelt, in der sie erzeugt werden!**

Umweltverträglich und langfristig sinnvoller ist **nachhaltiges Wirtschaften**: Das bedeutet, so zu handeln, dass unser Tun anderen Menschen und zukünftigen Generationen die Lebensgrundlage erhält. Neben dem Schutz der Umwelt bedeutet Nachhaltigkeit, sozial verträglich und dennoch wirtschaftlich zu handeln (s. a. Zusatzinfo Fischfang und Umweltschutz).

Nachhaltiges Wirtschaften bietet Vorteile für den Betrieb: Es entsteht ein positives Bild des Betriebes nach außen. Wichtig: Den Gast niemals bevormunden oder belehren! Überzeugen Sie durch Information und entsprechendes Verhalten der Mitarbeiter. Bieten Sie Wahlmöglichkeiten an, z. B. zwischen Speisen aus Bio-Fleisch oder aus konventionellem Fleisch. Aktionswochen sind hierzu ein gutes Mittel.

Professionell zubereitete vegetarische oder vegane Gerichte können viele Menschen erreichen – und zeigen, dass gesundes und umweltfreundliches Essen geschmackvoll und abwechslungsreich sein kann. So kann ein Betrieb zeigen, dass man dort mehr kochen kann als nur Fleisch mit Beilagen. Nach außen lässt sich nachhaltiges Handeln über Umweltsiegel (s. Abb.) vermitteln.

Auch nach innen kann nachhaltiges Wirtschaften Vorteile bringen. Energiesparmaßnahmen und ressourcenschonendes Verhalten von Mitarbeitern und Gästen können langfristig Kosten senken und gleichzeitig die Umwelt entlasten. Ein sozial verträgliches Miteinander im Betrieb ist ein gutes Mittel für den "Betriebs-Klima-Schutz".

Mithilfe des **ökologischen Fußabdrucks** (siehe nächste Seite) lässt sich darstellen, wie nachhaltig in einem Land gewirtschaftet wird: Die Natur stellt uns Fläche zur Verfügung, die u. a. unserer Ernährung dient. Je nachdem, wie wir leben, nutzen wir mehr oder weniger dieser Fläche, teils zu Lasten anderer Menschen und künftiger Generationen, denen wir buchstäblich auf die Füße treten. Aktuell verbrauchen 20 % der Weltbevölkerung 80 % der Ressourcen! Würden alle Menschen so leben wie in Deutschland, bräuchten wir unseren Planeten 2×, bei einer Lebensweise wie in den USA sogar 6×.

Dehoga-Umweltcheck

Greentable-Siegel

GREENSIGN
Green Sign

> Die Industrieländer verbrauchen weit mehr Ressourcen, als ihnen weltweit zustehen. Wären die Ressourcen unser verfügbares Geld, wir hätten am 20. des Monats schon alles Geld für den Monat ausgegeben!

> Clean-Eating – ein altes Bedürfnis neu entdeckt. Immer mehr Menschen wünschen sich, dass ihr Essen „einfach und sauber" ist. Sie lehnen Fertigprodukte mit Zusatzstoffen und aufwendig verarbeitete Lebensmittel ab. Stattdessen bevorzugen sie einfaches und gutes Essen aus nachhaltig erzeugten Lebensmitteln.

Einführung

VERBRAUCHER UND UMWELT SCHÜTZEN

Der Material-Fußabdruck

Durch unseren Konsum verbrauchen wir viele Materialien, die schließlich im Müll landen. In Form von Mikroplastik kann der Müll den Weg zurück auf unsere Teller finden (s. a. **Zusatzinfo „Fischfang und Umweltschutz"** auf unseren Internetseiten). In Deutschland produzieren wir durchschnittlich 450 kg Müll pro Jahr und Mensch. Durch konsequente Mülltrennung wird etwa die Hälfte davon recycled, also wiederverwertet – doch auch das kostet Energie. Energieintensiv ist zudem die Produktion vieler Alltagsmaterialien, z. B. von Alufolie. Bei der Gewinnung von Aluminium entstehen in südlichen Ländern teils schwere Umweltschäden.

Abfallvermeidung ist der bessere Weg, um den Material-Fußabdruck zu verkleinern und Ressourcen zu schonen. Weitere Möglichkeiten sind:

- Vermeidung von Portionspäckchen und Kaffeekapseln am Frühstücksbüfett oder in der Tagungspause.
- Anstelle von Einwegbechern im „To-go-Geschäft" Mehrwegbechersysteme nutzen.
- Mehrwegflaschen in Standard-Formen anstelle von Tetrapacks oder Kunststoffflaschen verwenden.
- Gebrauchte Verkaufsverpackungen wie Eisboxen und große Joghurtbecher gesäubert zur Aufbewahrung nutzen.
- Verwendung von Mehrweg-Kisten für Gemüse und Obst – Großgebinde anstelle von kleinen Verpackungen (z. B. bei Reinigern).
- Kompostierbare Servietten oder Stoffservietten nutzen anstelle von Servietten mit Kunststoffanteilen.
- Biomüllbeutel nutzen, die kompostierbar sind.
- Wenn Alufolie, dann solche aus Recyclingmaterial verwenden.
- Spülschwämme aus wiederverwertetem Schaumstoff nutzen.

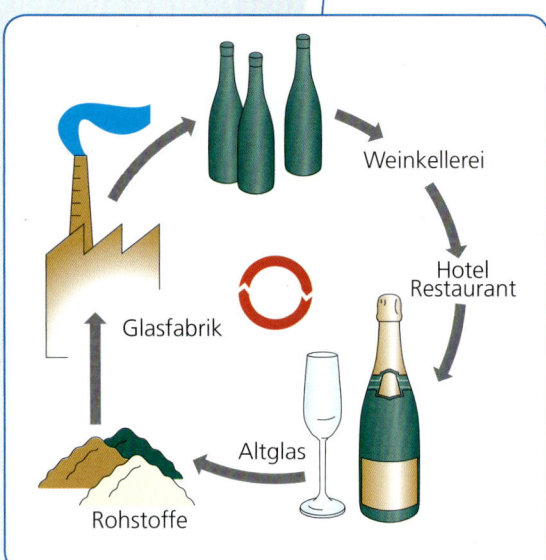

Recycling

> Bei der Lagerung von Abfällen ist unbedingt auf Sauberkeit und Hygiene zu achten. Der Schutz der Gesundheit hat Vorrang vor der Abfallverwertung.

Abfallentsorgung

Abfälle, die sich nicht vermeiden lassen, müssen ordnungsgemäß entsorgt werden. Abfall-Entsorgung ist ein beträchtlicher Kostenfaktor! Durch Müllvermeidung und Mülltrennung können diese Kosten gesenkt und die Umwelt entlastet werden (z. B. durch die Trennung von kompostierbaren Abfällen und Speiseresten). Gesetzliche Vorgaben sind stets zu beachten, z. B. die der EG-Verordnung 1069/2009 zur Beseitigung tierischer Nebenprodukte). Sondermüll (Batterien, Reinigungsmittel usw.) wird meist kostenfrei an Rücknahmestellen angenommen. Verpackungen müssen teils direkt vom Lieferanten zurückgenommen werden, teils werden diese über das "Duale System" – also den "gelben Sack" bzw. die gelbe Tonne, entsorgt.

Eine Abfall-Pack-Station nach dem System einer Müllpresse verdichtet anfallenden Restmüll. So werden das Müll-Volumen und die Entsorgungskosten deutlich verringert.

Die Lebensmittel-Verschwendung verringern

Weltweit landet ein Drittel der produzierten Lebensmittel im Müll. In Deutschland sind das geschätzt 11 Mio. Tonnen pro Jahr. 1 Mio. Tonnen Lebensmittel geht auf das Konto der Gastronomie. Das ist zum einen ein ethisches Problem, weil viele Menschen gar nicht genug zu essen haben. Zum anderen verbrauchen auch diese weggeworfenen Lebensmittel Ressourcen beim Anbau und verursachen Kosten. Mit einfachen Maßnahmen kann diese Verschwendung verringert werden:

- Auswerten, welche Lebensmittel und deren Teile weggeworfen werden. Warum werden diese entsorgt und wie könnte diese Verschwendung vermieden werden?
- Prüfen der Weiterverwendung von Abschnitten.
- Ermitteln, wie viel Essen Gäste auf dem Teller lassen und Anpassen von Portionsgröße und Rezeptur.
- Anbieten von kleineren Portionen eines Gerichtes als „Probierteller".
- Weitergeben von Lebensmittel-Überschüssen an die örtlichen Tafeln. Hier werden diese Lebensmittel an Menschen weitergegeben, die wenig Geld zum Leben haben.
- Unterstützen von Initiativen wie MealSaver und ResQ durch die Weitergabe von Speisen aus Überproduktion.

Logo der Initiative „Zu gut für die Tonne"

Logo der „Tafeln"

Umweltschutz im Zusammenhang

Energieeinsparung, z. B.
- vernünftiges Heizen,
- sachgerechtes Lüften,
- Beachten der Saisonzeiten bei Lebensmitteln.

Rohstoffeinsparung, z. B.
- Verwendung von Mehrwegpackungen,
- Verzicht auf überflüssige Verpackungen.

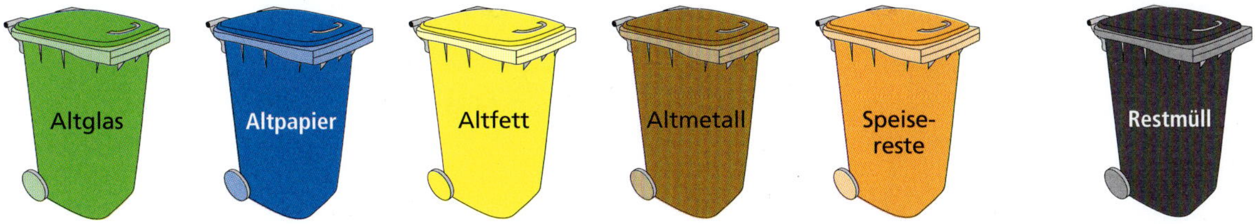

Die Gesundheit schützen

Fragt man Gäste, wie sie sich Speisen und Getränke wünschen, lautet die Antwort häufig „lecker". Fragt man Mitarbeiter der Lebensmittelüberwachung, lautet die Antwort – zu recht – „sicher"! Speisen „lecker" und „sicher" zuzubereiten ist kein Widerspruch, wenn die Grundlagen der Lebensmittel-Hygiene bekannt sind und konsequent umgesetzt werden.

1 Verderb von Lebensmitteln

🇬🇧 spoilage of food 🇫🇷 altération (w) alimentaires

Zu erkennen, wann ein Lebensmittel verdorben ist und wodurch es verdirbt, ist eine wichtige Grundlage hygienischen Arbeitens:

Verdorbene Lebensmittel
- dürfen nicht an den Gast abgegeben werden
- verursachen unnötige Kosten
- bedeuten Vertrauensverlust
- verschlechtern Zusammenarbeit mit der LM-Überwachung

Ein Lebensmittel ist ungenießbar
- wenn es unseren Anforderungen nicht mehr entspricht (Geruch, Geschmack …)
- wenn es für den menschlichen Verzehr nicht mehr geeignet ist (Gefahr einer LM-Erkrankung)
- wenn das Haltbarkeitsdatum abgelaufen ist (MHD mit Einschränkungen)

Lebensmittel-Verderb

Lebensmittel verdorben durch …

mikrobiologische Einflüsse
- Eubakterien
- Hefen
- Schimmelpilze
- Viren

physikalische Einflüsse
- Kälte/Frost
- Hitze/Austrocknung
- Feuchtwerden
- Fremdstoffe wie Glasscherben

chemische Einflüsse
- Rückstände von Reinigungsmitteln
- Antibiotika aus der Tiermast

bio-chemische Einflüsse
- lebensmitteleigene Enzyme

biologische Einflüsse
- Schädlinge wie Mäuse, Maden, Küchenschaben, Fliegen …

Lebensmittel-Verderb

2 Mikroben

🇬🇧 microbes 🇫🇷 microbes (m)

Mikroorganismen – kurz **Mikroben** (oder wenn krankheitserregend **Keime**) – ist ein Oberbegriff für Kleinstlebewesen. Sie sind nur mit dem *Mikro*skop zu sehen. Überall auf der Welt finden sich Mikroben – ein erwachsener Mensch trägt ca. 2 kg davon an und in sich. Für den einzelnen Menschen ist das meist ohne Nachteile. Für den Gast können diese Mikroben sehr wohl eine Gesundheitsgefahr darstellen, da sie viele, teils gefährliche Krankheiten hervorrufen können.

2.1 Vorkommen und Übertragung

Solange Mikroben nicht den Weg *in den Menschen* finden, droht kaum Gefahr. Neben Wasser und Luft nehmen wir aber täglich Lebensmittel **in uns** auf – und damit auch Mikroben. Die Reinheit von Wasser und Luft überwachen Behörden. Für die „Reinheit" von Speisen ist das Personal in Küche und Service verantwortlich. Deshalb tragen Gastronomiemitarbeiter eine große Verantwortung für die Gesundheit der Gäste.

Mikroben brauchen immer ein **Transportmittel** (Übertragung) – sie können sich nicht selbst fortbewegen. Auf verschiedenen Übertragungswegen können sie auf Lebensmittel und zum Menschen gelangen und uns krank machen. Diese Übertragungen zu verhindern ist Aufgabe der Hygiene.

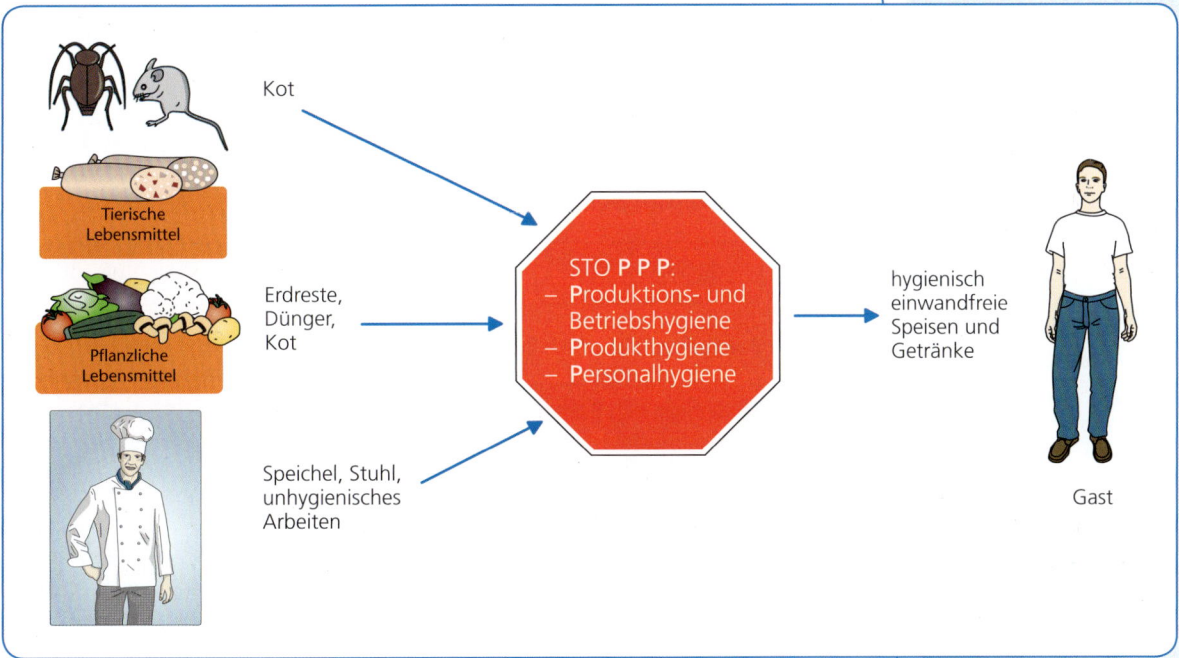

Die drei „P" der Hygiene

Verbreiten sich Mikroben, verunreinigen sie Lebensmittel. Diese **Verunreinigung** wird auch **Kontamination** genannt. Bei einer **Kreuzkontamination** werden Keime von einem kontaminierten Lebensmittel auf ein anderes übertragen, das diese Keime vorher nicht trug:

 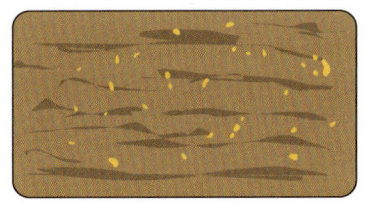 

Kreuzkontamination von ungewaschenem Salat auf eine gewaschene Tomate mittels Schneidebrett

Einführung

DIE GESUNDHEIT SCHÜTZEN

> Auch wenn ein Spültuch optisch noch sauber wirkt, kann dieses bereits mit Keimen verunreinigt sein. Im Zweifelsfall immer ein frisches Spültuch/Schwamm verwenden!
>
> Geschirr abtrocknen ist ein „no-go" – Keime vom Geschirrtuch werden so auf sauberes Geschirr übertragen!

Auch wenn Mikroben überall vorkommen, so haben sie „Lieblingsplätze" auf uns Menschen sowie in Küche und Service gefunden:

- Schleimhäute von Augen, Mund und Nase (s. a. Abb. S. 50),
- Hände, mit denen wir verschiedene Gegenstände und auch unsere Schleimhäute berühren,
- Berufskleidung, wenn diese nicht regelmäßig gewechselt, falsch gewaschen oder auch außerhalb des Betriebes getragen wurde,
- Bedarfsgegenstände (→ S. 35) wie Messer und Schneidebrettauflagen, wenn diese zwischen unterschiedlichen Tätigkeiten nicht ausreichend gewechselt oder gereinigt wurden,
- Handtücher und Putzlappen – vor allem nach längerer oder (verbotener!) gemeinschaftlicher Benutzung,
- Reinigungswerkzeuge wie Spüllappen, Schwammtücher, Spülbürsten, Topfreiber, wenn diese zu lang benutzt und nicht selbst regelmäßig gereinigt und wenn nötig desinfiziert werden.

2.2 Arten von Mikroben und deren Vermehrung

Mikroorganismen werden meist in drei Gruppen eingeteilt:

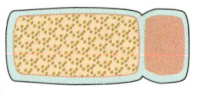 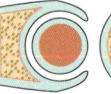

Eubakterien   Hefen   Schimmelpilze

Bakterien (eigentlich Eubakterien) ist ein Oberbegriff für Mikroben, die sich durch Zellteilung vermehren. Sind die Lebensbedingungen günstig, vermehren sich Bakterien innerhalb von 20 Min. (s. a. S. 58). Als Stoffwechselprodukte scheiden manche Bakterien (oft hitzebeständige) Giftstoffe aus. Diese werden auch **Toxine** genannt und können den menschlichen Körper schädigen (Lebensmittel-Vergiftung).

Sind die Lebensbedingungen ungünstig, können bestimmte Arten der Bakterien – die **Bazillen** – besondere Überlebensformen bilden, die **Sporen** heißen. Diese Sporen sind besonders widerstandsfähig gegenüber Wärme und auch gegenüber Desinfektionsmitteln. Bei günstigen Lebensbedingungen werden aus den Sporen wieder Bazillen.

Viele Bakterien haben auch positive Wirkungen, die für die Herstellung von Lebensmitteln genutzt werden, z. B.:
- Milchsäurebakterien säuern Milch zu Joghurt und Quark und sind unerlässlich für die Herstellung von Sauerkraut aus Weißkohl.
- Essigsäurebakterien wandeln Wein zu Speiseessig um. Mikrokokken lassen Rohwurst wie Mettwurst oder Salami reifen.

Hefen sind Einzeller, die sich durch Sprossung vermehren. Dabei sprießt aus der Mutterzelle eine Tochterzelle (Abb. 3). Hefen ernähren sich hauptsächlich von Zucker (→ 2.3). Gelangen Hefen über die Luft unkontrolliert auf Lebensmittel, werden sie **wilde Hefen** genannt.

Für die Lebensmittelproduktion werden gezüchtete **Reinzuchthefen** verwendet:
- Backhefe wird zum Brotbacken benötigt.
- Wein- und Bierhefen werden zur Getränkeproduktion eingesetzt.

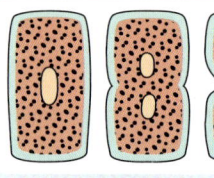

Eubakterien vermehren sich durch Teilung

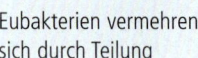

Bazillen bilden Sporen

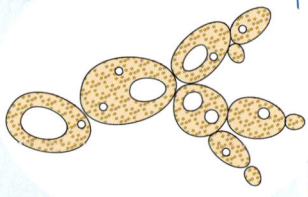

Hefen vermehren sich durch Sprossung

Backhefe

Schimmelpilze sind Mehrzeller, die auch noch auf verhältnismäßig trockenen Lebensmitteln (z. B. Brot, Nüsse) wachsen können. Sie vermehren sich durch Sporen, die über die Luft (z. B. den Luftstrom im Kühlraum) verbreitet werden. Gelangen Schimmelpilz-Sporen auf ein geeignetes Lebensmittel, keimen sie aus. Mithilfe eines Wurzelgeflechtes (Myzel) wachsen die Schimmelpilze nun in das Lebensmittel (z. B. in die Brotkrume) hinein und können an anderen Stellen erneut Sporen bilden.

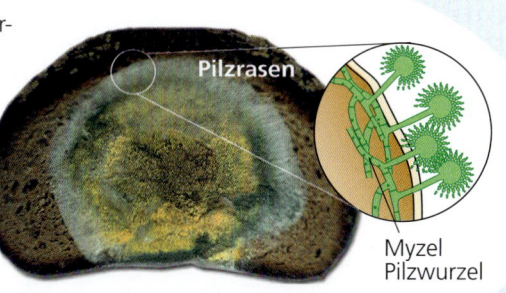

Schimmel auf Brot

In der Lebensmittelproduktion werden bestimmte **Edelschimmel** bewusst genutzt:
- Kulturschimmel bilden den gewünschten Schimmelbelag auf Edelschimmelkäsen wie Camembert oder Gorgonzola.
- Auf einigen Rohwürsten werden Edelpilzbeläge gewünscht.

Die überwiegende Zahl der Schimmelpilze können beim Menschen jedoch Krankheiten auslösen. Stoffwechselprodukte der Schimmelpilze sind oft hochgiftig und werden **Mykotoxine** genannt. Als besonders schädlich gelten die Aflatoxine – sie können schwere Leberschäden verursachen. Viele Schimmelpilzgifte sind hitzestabil!

> ● Das Myzel der Schimmelpilze ist meist mit bloßem Auge nicht sichtbar. Angeschimmelte Lebensmittel im Zweifelsfall immer komplett wegwerfen!

2.3 Lebensbedingungen der Mikroben

Wie alle Lebewesen, so entwickeln sich auch Mikroben nur, wenn bestimmte Lebensbedingungen erfüllt sind. Bei eingeschränkten Lebensbedingungen verlangsamen Mikroben ihr Wachstum oder stellen es ganz ein – die Mikroben können auch absterben. Sind die Übertragungswege und die Lebensbedingungen von Mikroorganismen bekannt, kann die Vermehrung von Mikroben gezielt unterbunden werden.

● Informationen zur Haltbarmachung → S. 75

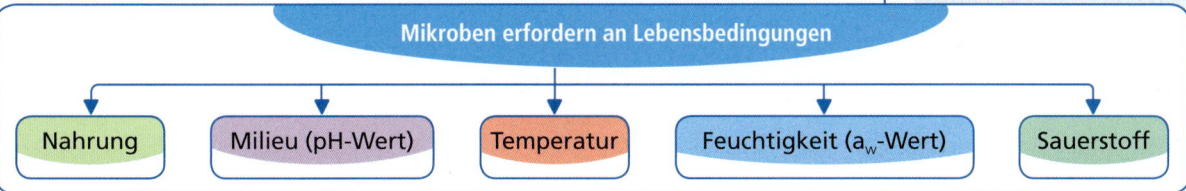

Nahrung

Die meisten Mikroben bevorzugen bestimmte Nährstoffe. Durch **konsequente Ordnung, Reinigung und Einhaltung der Hygiene** wird den Mikroben die Nahrung entzogen.

Art	bevorzugt befallen	Beispiel
Eiweiß spaltende Mikroben	Fleisch, Wurst, Fisch, Geflügel	Salmonellen
	Milch, Frischkäse, Creme	Fäulnisbakterien
Kohlenhydrat spaltende Mikroben	Kompott, Fruchtsaft, Creme	Hefen
Fett spaltende Mikroben	Butter, Margarine, Speck	
Schimmel	alle Lebensmittel	Schimmelpilze

Einführung

DIE GESUNDHEIT SCHÜTZEN

> $H^+ \rightarrow$ Säure
> $OH^- \rightarrow$ Lauge/Base
> $H^+ + OH^- = H_2O$
> $\rightarrow$ Wasser hat den pH-Wert 7, es ist neutral

Umgebung (pH-Wert)

Wir Menschen haben meist eine Vorliebe für eine Geschmacksrichtung. Auch Mikroben haben eine Vorliebe entweder für eine eher saure oder eine eher basische Umgebung (**Milieu**). Mithilfe des pH-Wertes wird gemessen, ob eine Umgebung eher sauer ist (geringer pH-Wert) oder ob diese eher basisch ist (hoher pH-Wert). Verändert man dieses Milieu (Zugabe von Säure oder Verwendung von Lauge) kann die Tätigkeit der Mikroben eingeschränkt werden.

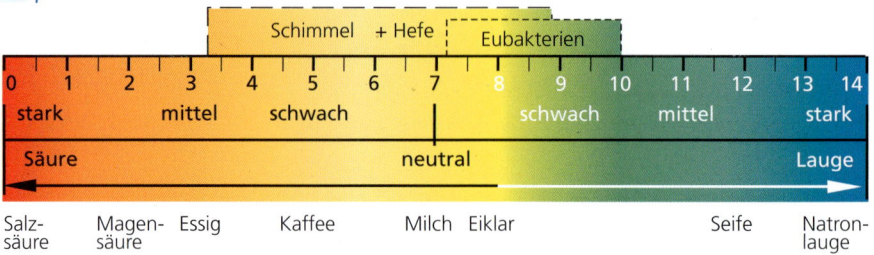

pH-Wert mit Beispielen von Wachstumsbereichen

Die **Senkung des pH-Wertes** zur Verlängerung der Haltbarkeit wird z. B. genutzt bei saurer Marinade (Rollmops), Essiggurken oder auch Sauerkraut.

Temperatur

Mikroben wachsen je nach Temperatur unterschiedlich schnell (s. Abb.):

- **Kälte bevorzugende** (psychrophil) ①: Diese werden auch „**Kühlschrankbakterien**" genannt. Sie kommen vor allem bei Fisch und Fleisch vor. Schimmel kann noch bei niedrigen Temperaturen wachsen. Andere Mikroben lassen Fett verderben.
- **Kälte tolerierende** (psychrotolerant) ②: Sie vermehren sich am stärksten bei Raumtemperatur. Zu dieser Gruppe zählen z. B. Listerien und auch einige Bazillenarten.
- **Körpertemperatur bevorzugende** (mesophil) ③: Darmbakterien, Fäulniserreger, aber auch Hefen wachsen am schnellsten bei Körpertemperatur.
- **Wärme bevorzugende** (thermophil) ④: Bei Temperaturen über 65 °C wachsen keine krankheitserregenden Keime mehr. Bazillen können aber Sporen bilden, die noch bei 120 °C intakt sind!

> Beim **Erhitzen und Warmhalten** von Speisen sollten immer mind. +65 °C erreicht und gehalten werden.
> Beim **Abkühlen** von Speisen ist eine Temperatur von unter +7 °C binnen zwei Stunden zu erreichen (DIN 10508). Lebensmittel möglichst nur **kurzfristig lagern** ($\rightarrow$ Kühlschrankbakterien).

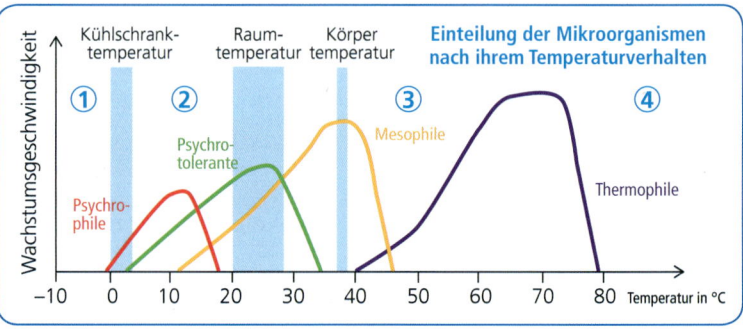

Wachstumsbereiche für Mikroben

Da viele Mikroben sich auf die Körpertemperatur von Lebewesen eingestellt haben, wachsen die meisten Mikroben am besten zwischen +30 °C und +40 °C. Im Umgang mit Lebensmitteln wird der Bereich zwischen +7 °C und +65 °C als **kritischer Bereich** betrachtet.
Durch **Kühlung** und **Erhitzen** wird das Wachstum der Mikroben verlangsamt und die Haltbarkeit von Lebensmitteln kurzfristig verbessert.

Feuchtigkeit (a_W-Wert)

Um Nährstoffe in den Zellen zu lösen und zu transportieren, benötigen Mikroben Wasser. Steht den Mikroben nicht genügend Wasser zur Verfügung, stellen sie ihr Wachstum ein oder sterben ab.

Vom gesamten Wassergehalt eines Lebensmittels steht den Mikroben nur der Teil zur Verfügung, der ungebunden ist. Dieser Wasseranteil eines Lebensmittels wird freies oder aktives Wasser genannt. Dieser Anteil lässt sich mittels des **a_W-Wertes** messen. Reines Wasser hat den a_W-Wert 1, leicht verderbliche Lebensmittel wie Fleisch oder Gemüse einen a_W-Wert >0,9. Bei einem a_W-Wert unter 0,7 wachsen auf dem Lebensmittel keine Mikroben mehr, etwa auf Trockenobst oder in Mehl.

Eine **Senkung des a_W-Wertes** wird bei folgenden Verfahren (→ Kap. 6) genutzt:
- Trocknen – Wasser verdunstet, z. B. bei Trockenobst, Kartoffelpüreepulver, getrockneten Küchenkräutern,
- Salzen – Wasser wird chemisch an Salz gebunden (mind. 8 % Kochsalz), z. B. Schinken oder Salzheringe,
- Zuckern – Wasser wird chemisch an Zucker gebunden, z. B. bei Konfitüre, Gelee, Sirups, Marzipan,
- Frosten – flüssiges Wasser wird zu festem Eis, z. B. TK-Gemüse.

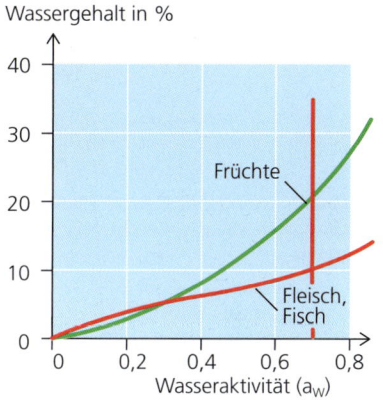

Wassergehalt und a_W-Wert am Bsp. Obst und Fleisch: Obst hat schon bei einem Wassergehalt von 20 % einen a_W-Wert von 0,7, Fleisch und Fisch erst bei einem Wassergehalt von 10 %

Sauerstoff

Die meisten Mikroorganismen sind auf Sauerstoff angewiesen. Andere Arten können dort wachsen, wo kein Sauerstoff vorhanden ist. Die dritte Gruppe kann sowohl mit als auch ohne Sauerstoff leben:

Aerobier	**Anaerobier**	**Fakultative Anaerobier**
• benötigen Sauerstoff • leben auf und in den Lebensmitteln	• leben ohne Sauerstoff • leben in den Lebensmitteln, in Konserven	• leben mit und ohne Sauerstoff • leben in und auf den Lebensmitteln
• Bazillen, Fäulniserreger (s. S. 25) • Essigbakterien, Schimmelpilze	• Botulinus-Bazillen (s. S. 25)	• Hefen • Milchsäurebakterien, Fäulniserreger
Edelpilzkäse (Schimmelpilze)	Bombage (Botulinus)	Roggenbrot (Hefe)

Eine Veränderung des Sauerstoffgehaltes wird erreicht durch
- Verpacken unter Luftabschluss (Vakuumverpackung),
- Verpacken unter Schutzgasatmosphäre und
- Einlegen in Öl oder Marinaden.

Einführung — DIE GESUNDHEIT SCHÜTZEN

2.4 Auswirkungen der Mikroben und Enzyme

Lebensäußerungen der Mikroorganismen

Das Vorhandensein von Mikroben lässt sich oft an deren Lebensäußerungen erkennen. Das ist vor allem dann der Fall, wenn Mikroben durch ihre Aktivität ein Lebensmittel verderben lassen:

1. Abbau von Nährstoffen zur eigenen Ernährung und zum Wachstum der Zelle. Dadurch verändern sich die Lebensmittel.
2. Ausscheidungen, die in oder an den Lebensmitteln bleiben und diese beeinflussen.

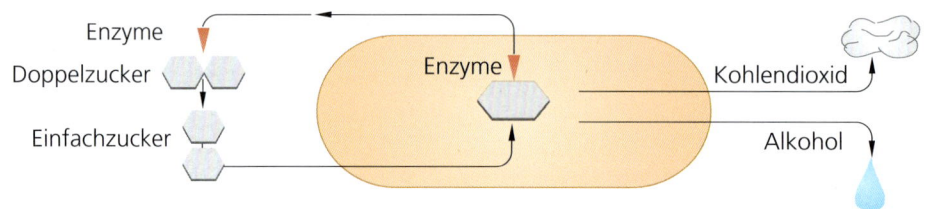

Veränderungen der Lebensmittel durch Mikroben am Beispiel Hefegärung

Es ist möglich, dass sich Mikroben im Lebensmittel vermehren, ohne dass dieses verdirbt. Wird das Wachstum der Mikroben gezielt gesteuert, können diese äußerst nützlich sein.

Vemehren sich Mikroben hingegen unkontrolliert, drohen teils schwere Erkrankungen. **Mikroben selbst können wir nicht sehen oder schmecken!**

Verbesserung des Ausgangspunktes genutzt bei	Schädigung des Ausgangspunktes tritt auf als	Schutz der Umwelt durch
• Herstellungsverfahren, z. B. Bier, Wein, Brot; • Veredelungsverfahren, z. B. Bildung von Geruchs- und Geschmacksstoffen bei Brot, Sauermilch; • Konservierungsverfahren, z. B. Sauerkraut. Diese **erwünschten Veränderungen** werden durch gesteuerten Einsatz bestimmter Mikroben erreicht und bei der **Lebensmittelverarbeitung** behandelt.	• Lebensmittelverderb, z. B. Schimmelbildung, Gärigwerden, Ranzigwerden; • Lebensmittelvergiftung durch Ausscheidungen der Gift bildenden Mikroben; • Lebensmittelinfektion durch Übertragung der Krankheitserreger. **Unerwünschte und gesundheitsschädigende Veränderungen vermeiden. Siehe folgenden Abschnitt.**	• biologische Reinigung der Abwässer und natürliche Selbstreinigung der Gewässer; • Abbau von Abfällen und Resten zu organischen Substanzen (Kompost), die den Pflanzen wieder als Nahrung zur Verfügung stehen.

Veränderungen durch Enzyme

Enzyme (S. 114) sind neben den Mikroben die häufigste Ursache für den Verderb von Lebensmitteln. Abbauvorgänge durch Enzyme führen zu
- Überreife von Obst,
- Braunfärbung von Schnittstellen beim Obst,
- Vergären von Obstsaft (Enzyme der Hefen, s. o.), Ranzigwerden von Milchprodukten wie Butter,
- Sauerwerden von Milch oder Sahne,
- Fleischverderb durch Überreife.

Da diese enzymatischen Veränderungen meist gut zu erkennen sind, führen sie selten zu Erkrankungen. Mehr Informationen zu Enzymen ab S. 114

3 Lebensmittelinfektionen – Lebensmittelvergiftungen

🇬🇧 food poisoning 🇫🇷 intoxications (w) alimentaires

„Steigende Nitratbelastung des Grundwassers!" oder „Gentechnisch veränderter Futtermais für Hamburger verarbeitet!" – diese und andere Schlagzeilen werden heute schnell und weit verbreitet. Meldungen über krankmachende Keime im Essen schaffen es meist nur dann in die Medien, wenn viele Menschen betroffen sind. Dabei ist das Risiko, durch Mikroben oder durch falsche Ernährung krank zu werden, aktuell deutlich höher, als etwa das Risiko, akut an Umweltgiften zu erkranken[1]. In Deutschland gibt es jedes Jahr schätzungsweise 2 Mio. Erkrankungen durch Lebensmittel – 2/3 davon werden von Mikroben ausgelöst, viele andere durch Viren.

> Verbreitet sich in der Öffentlichkeit, dass sich jemand im Restaurant XY „den Magen verdorben hat", schädigt das den Ruf eines Lokals! Darüber hinaus können Schadenersatzforderungen, Bußgelder und strafrechtliche Konsequenzen drohen.

Die Bedingungen der Speisenproduktion verändern sich.

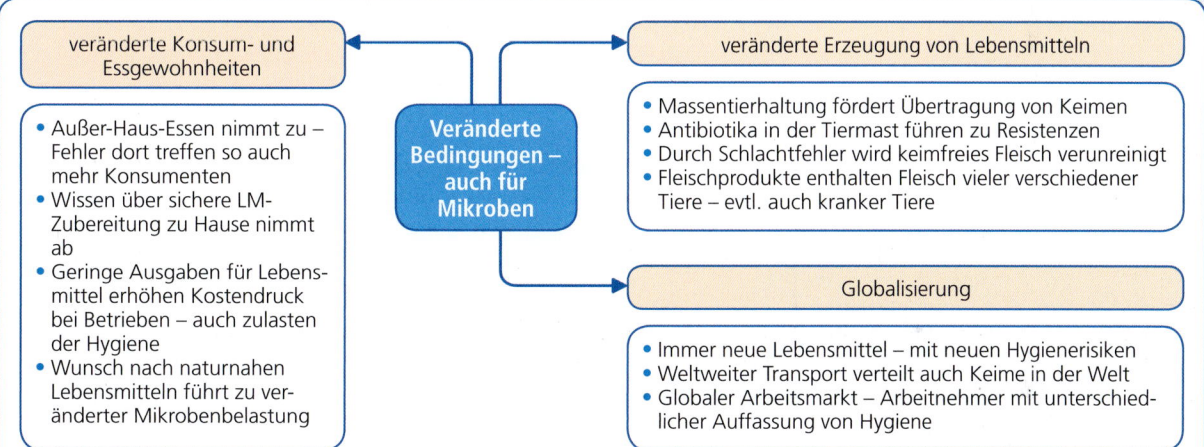

> Mikroorganismen passen sich vielen Veränderungen an! So können Zubereitungsarten und Rezepte, die einmal als sicher galten, heute oder in Zukunft dazu führen, dass Menschen durch Essen krank werden!

Besonders gefährdete Personengruppen sind
- Schwangere bzw. deren ungeborenes Kind
- Säuglinge und kleine Kinder
- Kranke Menschen
- Senioren

Niemand, der Lebensmittel in Verkehr bringt, kann sichergehen, dass nicht auch Menschen aus diesen Risikogruppen unter seinen Gästen sind. Betriebe sind gesetzlich dazu gewungen, Speisen und Produkte so zu erzeugen, dass niemand davon krank wird!

> In den 1990er Jahren wurden die meisten Lebensmittelinfektionen durch Salmonellen verursacht. Seit den 2000er Jahren werden stattdessen zunehmend Erkrankungen durch den Keim Campylobacter gemeldet. An Salmonellen erkrankt wahrscheinlich, wer mit einer Mahlzeit 100.000 bis 1 Mio. Keime pro g Lebensmittel aufnimmt. Für eine Campylobacter-Erkrankung reichen schon wenige hundert Keime pro g Lebensmittel!

---
[1] Umweltgifte können zu Spätfolgen führen, die in Statistiken meist unzureichend erfasst werden.

Einführung

DIE GESUNDHEIT SCHÜTZEN

Anzeichen für eine Lebensmittel-Infektion sofort den Vorgesetzten melden!

Der Genuss verdorbener Lebensmittel führt fast immer zu Übelkeit, Kopfschmerzen, Erbrechen und Durchfall (>2 ×/Tag dünnflüssiger Stuhl). Solche Symptome können Stunden oder erst Tage nach der Mahlzeit auftreten.

- **Lebensmittelvergiftungen** werden von Giften (Toxinen) verursacht, die in den Lebensmitteln vorhanden sind und mit diesen aufgenommen werden. Beispiel: Botulismusvergiftete Bohnen oder Wurstkonserven. Die Beschwerden treten bereits nach einigen Stunden auf.
- **Lebensmittelinfektionen** werden von krankmachenden Mikroben verursacht, die sich bei falscher Behandlung im Lebensmittel vermehren. Die Krankheit äußert sich durch einen Kampf (Abwehrreaktion) des Körpers gegen die „Eindringlinge". Durch Erbrechen und Durchfall versucht der Körper die Krankheitserreger loszuwerden. Infektionen treten erst Stunden oder Tage nach der Nahrungsaufnahme auf (Inkubationszeit).

Menschliche Fehler im Umgang mit Lebensmitteln sind die Hauptursache für Vergiftungen und Infektionen durch Lebensmittel. Die häufigsten Fehler sind:
- mangelnde Hygiene
- ungenügende Kühlung
- unzureichendes Erhitzen von Speisen
- zu lange Lagerung

Unter günstigen Bedingungen werden aus 100 Keimen

nach 1 Std. **800** Keime

nach 2 Std. **6.400** Keime

nach 3 Std. **51.200** Keime

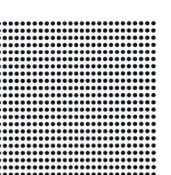

nach 4 Std. **409.600** Keime

nach 5 Std. **3.276.800** Keime

Eine **Vergrößerung der Lebensmittel-Oberfläche** (z. B. bei Hackfleisch) oder das Einarbeiten von Luft (Sahne, Eischnee) fördern das Mikroben-Wachstum. Keime befinden sich meist auf der **Oberfläche der Lebensmittel**. Dort können Sie z. B. durch Braten eines Steaks abgetötet werden. Zerkleinern und vermengen wir Lebensmittel (z. B. Hackfleisch), gelangen Keime auch ins **Innere von Speisen**. Um sie auch dort sicher abzutöten, sind solche Speisen vollständig durchzugaren.

Unter günstigen Bedingungen können sich Mikroben explosionsartig vermehren. Ganz entscheidend ist dabei der **Anfangs-Keimgehalt**. Tipps, um ihn gering zu halten:
- Nur solche Lebensmittel kaufen, die auch eine hohe hygienische Qualität haben. Proben ggf. im Labor untersuchen lassen und sich vom Hersteller den mikrobiellen Status bescheinigen lassen.
- Wareneingangskontrolle (→ s. S. 352) gewissenhaft durchführen.
- Lebensmittel entsprechend den jeweiligen Vorgaben lagern (→ S. 343).

3.1 Salmonellen

Salmonellen gelangen oft durch Geflügelfleisch, Schlachtfleisch (speziell Hackfleisch) und Eier in die Küche. Sie verbreiten sich häufig durch unzureichende Erhitzung. Weniger als 1 % der Hühnereier tragen Salmonellen auf der Schale, diese können sich jedoch beim Aufschlagen des Eies ausbreiten und im Lebensmittel vermehren. Pasteurisierte Produkte (z. B. Eiprodukte) enhalten keine Salmonellen. Werden roheihaltige Zubereitungen für 10 Min. auf mind. +70 °C erhitzt, lassen sich auch diese sicher herstellen (z. B. Bayrische Creme). Auch Gewürze und Schokolade können mit Salmonellen belastet sein.

3 Lebensmittelinfektionen – Lebensmittelvergiftungen

Salmonellen können im Darm von Tieren und Menschen leben, ohne diesen unmittelbar zu schaden. Betroffene Personen werden **Dauerausscheider** genannt und dürfen nicht mit Lebensmitteln arbeiten (Belehrungs-Vorschrift für den Arbeitgeber): Dauerausscheider könnten Salmonellen auf Lebensmittel übertragen. Damit sich Salmonellen nicht vermehren, gilt speziell:

- Eine Erhitzung auf +70 °C für mind. 10 Min. (Kerntemperatur!) tötet Salmonellen sicher ab.
- Wo dies nicht möglich ist, sind die Vorgaben der LMHV-Tier unbedingt zu beachten und im Zweifelsfall pasteurisierte Eiprodukte zu verwenden (z. B. bei Gebäck-Füllungen für Bienenstich).
- Eier auf Eier-Horden aus Plastik umpacken und diese in abgedeckten Behältnissen kühl lagern.
- Nach dem Arbeiten mit Geflügel, Fleisch und Eiern Hände, Tisch usw. gründlich reinigen und desinfizieren.
- Konsequentes Händewaschen – vor allem nach dem Toilettengang!

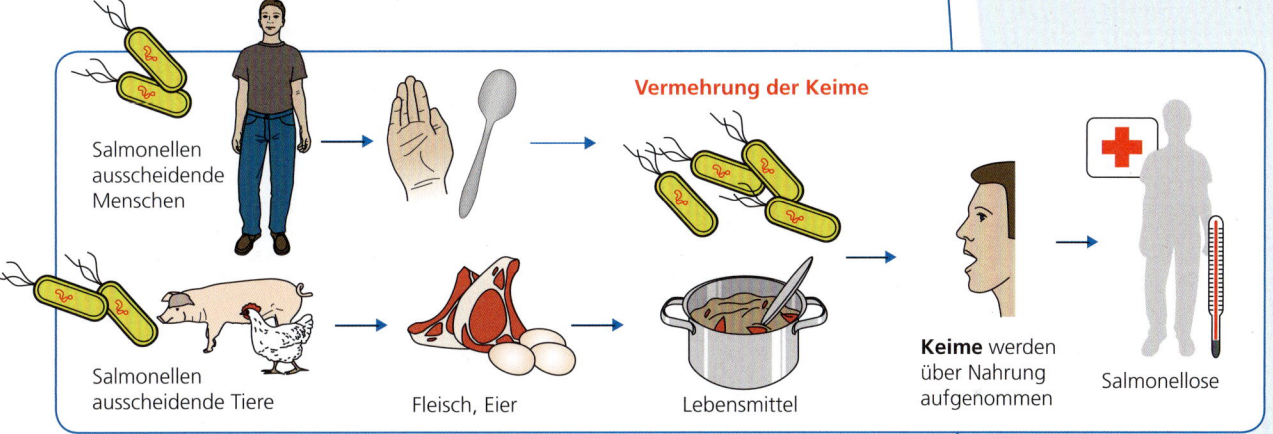

Lebensmittelinfektionen durch Bakterien am Beispiel Salmonellen

3.2 Campylobacter

Bakterien der Familie Campylobacter verursachen seit einigen Jahren die meisten Durchfallerkrankungen in Deutschland. Sie gelangen über Geflügel (weniger über Eier) sowie über Rindfleisch in die Küche. Auch erkrankte Personen und Haustiere können Campylobacter-Keime übertragen. Schon wenige hundert Keime reichen für eine Infektion aus! Campylobacter-Keime vertragen keine Temperaturen über +50 °C, können dafür aber noch gut bei Kühlschranktemperaturen und auch unter Vakuum überleben.

Hinweise zum Abtöten von Campylobacter-Keimen:

- Eine Erhitzung auf +70 °C für mind. 10 Min. (Kerntemperatur!) tötet Campylobacter-Keime sicher ab.
- Nach dem Arbeiten mit Geflügel und Rindfleisch Hände, Tisch usw. gründlich reinigen und desinfizieren.
- Konsequentes Händewaschen – vor allem nach dem Toilettengang!

> Rohmilch ist ein wertvolles Lebensmittel. Aufgrund ihrer möglichen Keimbelastung darf Rohmilch in Gewerbeküchen jedoch nicht verwendet werden.

> 2012 erkrankten über 10.000 Menschen im Osten Deutschlands an Durchfall. Vermutet wurden zunächst Colibakterien. Ursache war jedoch eine Zubereitung aus nicht erhitzten TK-Erdbeeren, die mit Noro-Viren kontaminiert war. Viren sind keine Mikroben, aber Ursache für eine Vielzahl an Durchfallerkrankungen. Auch Hepatitis wird durch Viren übertragen.

3.3 Colibakterien

Colibakterien sind natürliche Bewohner des Darmes – auch beim Menschen. Bestimmte Stämme der Colibakterien **(EHEC-Keime)** lösen aber Durchfallerkrankungen aus, die gerade für Kinder und Ältere zu Nierenschäden und durch Nierenversagen auch zum Tode führen können. 2011 starben in Deutschland 50 Personen an den Folgen einer EHEC-Infektion nach dem Genuss kontaminierter Sprossen.

Gefährliche Colibakterien gelangen meist durch zerkleinertes, nicht durchgegartes Rindfleisch (z. B. Frikadellen oder Tatar) und Rohmilch auf den Tisch. Auch Gemüse, Kräuter und Gewürze können mit Colibakterien kontaminiert sein, wenn sie mit Rindergülle in Kontakt gekommen sind.

Erkrankte Personen scheiden ebenfalls Colibakterien mit dem Stuhl aus und können die Keime so verbreiten. Schon ein paar hundert EHEC-Keime pro g Lebensmittel/Mahlzeit reichen für eine Infektion aus.

Maßnahmen zur Vermeidung von Erkrankungen durch Colibakterien:
- Zerkleinerte Rindfleischzubereitungen auf +70 °C für mind. 10 Min. (Kerntemperatur!) erhitzen. Kurzbratfleisch immer rundum sorgfältig anbraten.
- Salate und Rohkost immer gründlich waschen und kühlen. Zum Portionieren Handschuhe tragen.
- Gute und konsequente Personalhygiene.
- Keine Rohmilch in Gewerbeküchen!

3.4 Listerien

Listerien gehören zu den gefährlichsten Keimen in Lebensmitteln und finden sich auf zahlreichen tierischen und pflanzlichen Lebensmitteln. Weil diese Gefahr bekannt ist und Maßnahmen gegen Listerien konsequent umgesetzt werden, ist die Zahl an Erkrankungen durch Listerien eher gering.

Eine Erkankung äußert sich in Durchfall und Erbrechen sowie in grippeähnlichen Symptomen. Für Ungeborene und Neugeborene endet eine Listeriose allerdings oft tödlich. Auch deshalb sollen Schwangere Rohmilchkäse und Weichkäse meiden. Rohwurst (z. B. Mettwurst oder Salami) sowie vakuumverpackte Brühwurst oder Räucherfisch können ebenfalls mit Listerien belastet sein.

Weitere Maßnahmen:
- Konsequente Personalhygiene.
- Vorsicht im Umgang mit Rohmilchkäse und Weichkäse. Das gilt auch für die Präsentation auf Büfetts und im Käsewagen.
- Lebensmittel – besonders vakuumverpackte Wurst und Fisch – nur kurzfristig kühl lagern und zügig verbrauchen.

Konsequentes Händewaschen und berührungslose Armaturen helfen, Keimübertragungen zu verhindern.

3.5 Eitererreger (Staphylokokken)

Eitererreger kommen vor allem in eitrigen Wunden vor, werden aber auch bei Schnupfen über die Atemluft ausgeschieden. Staphylokokken verursachen Durchfallerkrankungen, die meist einen milden Verlauf nehmen. Allerdings sind zahlreiche Stämme der Eitererreger inzwischen resistent gegenüber Antibiotika.

Eitererreger finden sich in Lebensmitteln mit hohem a_w-Wert und hohem Eiweißgehalt. Auch eine warme Lagerung fördert ihr Wachstum. Salate, gekochter Schinken, Cremes und Tortenfüllungen sind somit gute Nährböden.

Erhitzen von Speisen tötet die Eitererreger selbst ab. Toxine, welche diese im Lebensmittel gebildet haben, sind aber hitze-resistent und führen zu Erkrankungen.

Hinweise zur Vermeidung von Erkrankungen:
- Konsequente Personalhygiene – Wunden immer mit wasserfestem Material (Pflaster und Gummihandschuh) abdecken.
- Niemals auf Essen niesen – wer eine ausgeprägte Erkältung hat, gilt für Küchenarbeit als arbeitsunfähig!
- Salate und Cremes sowie Aufschnitt immer kühl lagern.

> Gäste wissen oft nicht, dass durch Niesen am Büfett oder das Berühren von Speisen mit der Hand Krankheiten übertragen werden können. Weil man nicht weiß, was die Gäste tun, sind alle Speisen, die aus dem Gastraum zurückkommen, zu entsorgen!

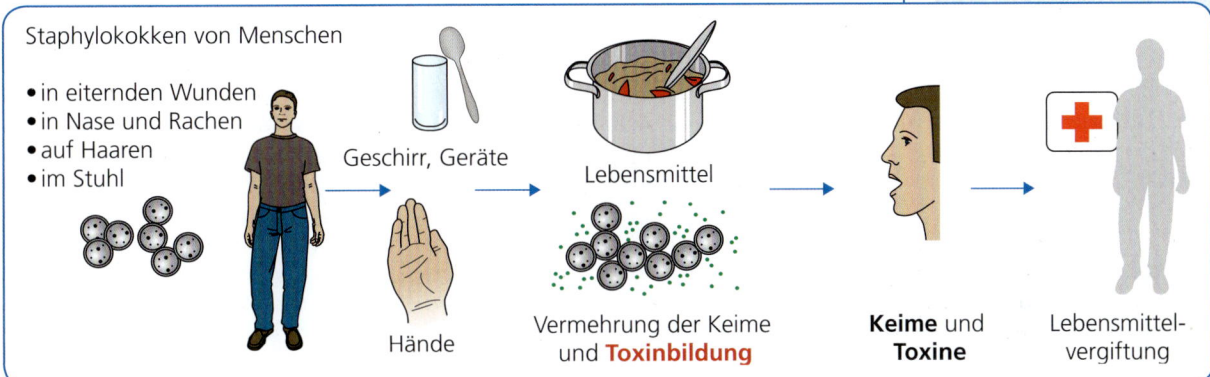

Staphylokokken von Menschen
- in eiternden Wunden
- in Nase und Rachen
- auf Haaren
- im Stuhl

Geschirr, Geräte → Lebensmittel → Vermehrung der Keime und **Toxinbildung** → **Keime** und **Toxine** → Lebensmittelvergiftung

Hände

3.6 Fäulniserreger

Fäulniserreger werden eine Reihe von Bakterien genannt, die im Erdboden und in Abwässern vorkommen. Durch unsaubere Arbeitsweise gelangen diese auf Lebensmittel, wo sie sich vermehren. Auch durch Insekten wie Fliegen können diese Bakterien auf Lebensmittel übertragen werden.

Fäulniserreger bevorzugen Wärme, können mit oder ohne Sauerstoff leben und vermehren sich vor allem auf eiweißreichen Lebensmitteln. Das Schmierigwerden von Fleisch und Wurst ist auf ihre Tätigkeit zurückzuführen. Während dieser Verderbsprozesse bilden Fäulniserreger Giftstoffe. Von Fäulniserregern befallene Lebensmittel sind unansehnlich, riechen übel und werden in diesem Stadium entsorgt. Darum sind Vergiftungen durch Fäulniserreger selten.

- Sauberes Arbeiten und regelmäßige sensorische Kontrolle der Lebensmittel hilft, Verderb durch Fäulniserreger gering zu halten.

> Indirekte Übertragungswege: Fäulniserreger und andere Keime werden häufig auch über Insekten in die Küchen getragen. Einfache Maßnahmen wie Fliegengitter und das Geschlossenhalten von Türen können Übertragungen von Keimen verhindern.

3.7 Sporenbildende Bakterien

Botulismus-Bakterien (Clostridien) leben im Erdreich und in küstennahen Gewässern. Sie sind strikt anaerob und überleben deshalb auch unter Luftabschluss – etwa in Konservendosen oder in Vakuumverpackungen. Die Keime selbst werden durch Erhitzen (30 Sek. bei +100 °C Innentemperatur) und Sterilisieren abgetötet. Auch deren Giftstoffe werden beim Kochen abgetötet. Sporen der Botulismus-Bakterien überstehen hingegen Temperaturen bis ca. 120 °C. Sie können nach dem Kochen erneut auskeimen und erneut Giftstoffe bilden (siehe Abb.).

Die Gifte der Botulismus-Bakterien zählen zu den stärksten Giften überhaupt. Eine tödliche Giftdosis entspricht schon einem Stück Würfelzucker in einem See von rund 50 km² Fläche.

Gemüsekonserven – vor allem selbst hergestellte („eingeweckte") Lebensmittel können Sporen der Botulismus-Bakterien in sich tragen. Eine Kontamination lässt sich hier an der Trübung der Flüssigkeit und an übelriechenden Gasen bemerken. Gemüsekonservendosen blähen sich durch diese Gase auf, was als **Bombage** bezeichnet wird.

Eiweißreiche Lebensmittel unter Luftabschluss, z. B. Fleischkonserven oder vakuumierter Räucherfisch, können ebenfalls von Botulismus-Bakterien betroffen sein. Ein Befall dieser Lebensmittel ist besonders gefährlich, da es hier keine Warnhinweise wie etwa Trübung oder üblen Geruch gibt.

- Gemüse, Salate und Dekoobst immer sorgfältig waschen. Anhaftende Erde kann Botulismus-Bakterien in sich tragen. Kräutertöpfe mit Erde oder Blumen gehören **nicht** in die Küche!
- Vakuumverpackte Lebensmittel kühl lagern.
- Bombagen niemals verwenden, sondern entsorgen.

Bacillus Cereus

Bacillus Cereus ist ein Keim, der stärkehaltige Lebensmittel besiedelt (Cerealien = engl. Getreide) und vergleichsweise häufig in Großküchen zu Erkrankungen führt. Bei einer Infektion können viele Menschen auf einmal betroffen sein. Der Verlauf der Erkrankung ist jedoch meist mild.

Bacillus Cereus mag es eher warm und luftarm. Stärkereiche Speisen, die lange und ungenügend warm gehalten werden, sind ein idealer Nährboden für diesen Keim. Betroffene Lebensmittel sind folglich Reis und Nudeln sowie stärkehaltige Suppen und Saucen, wenn diese nicht bei mind. +65 °C heiß gehalten werden. Werden stärkereiche Speisen wie Vanillesauce, Cremes (auch aus stärkehaltigen Pulvern) sowie Puddings nicht kalt genug gelagert, vermehrt sich Bacillus Cereus ebenfalls schnell.

- Speisen bei der Speisenausgabe (Bain-marie, Büfett) immer bei mind. +65 °C bzw. bei unter +10 °C lagern. Lange Lagerzeiten vermeiden.
- Nudeln, Reis, Suppen und Saucen während der Heißlagerung öfter umrühren (Luftabschluss vermeiden, gleichmäßige Wärmeverteilung).
- Speisen, die regeneriert werden sollen, binnen zwei Stunden auf unter +10 °C kühlen.

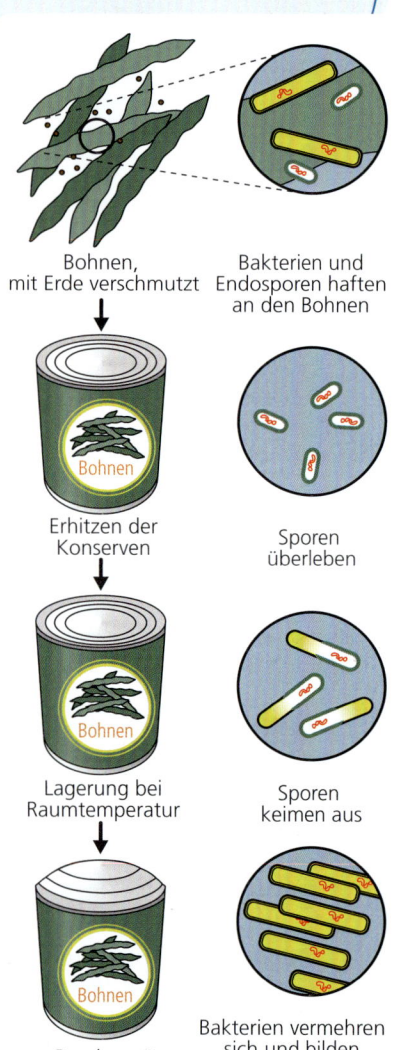

Botulismus

Weitere Substanzen, die im Zusammenhang mit Lebensmitteln krank machen können, werden bei den jeweiligen Rohstoffen erläutert.

4 Schädlinge

🇬🇧 pest/vermin 🇫🇷 animal nuisible (m)

Als Schädlinge werden Tiere bezeichnet, die Lebensmitteln Schaden zufügen. Trotz moderner Küchenbauweise besiedeln Schädlinge Nischen und Ritzen, die im Alltag unentdeckt bleiben. Wärme, Feuchtigkeit und Lebensmittelreste begünstigen die Ausbreitung von Schädlingen.

Schaben, Lebensmittelmotten, Milben, Käfer, Ameisen

Insekten bevorzugen Wärme, leben in Ritzen und hinter Möbeln sowie Geräten. Sie verursachen Fraßschäden und verunreinigen Lebensmittel.
- Lebensmittel in geschlossenen Behältern aufbewahren, Vorratslager und Kühllager sauber halten,
- befallene Lebensmittel restlos entsorgen, Schränke zunächst aussaugen (verbliebene Larven entfernen), erst dann wischen,
- Mauerritzen schließen, Silikonfugen kontrollieren,
- Lebensmittel aus Kartons (Wellpappe = Versteck) umpacken,
- Insekten nie zertreten – Eipakete werden durch Schuhe weitergetragen.

Fliegen

Sie ernähren sich oft von Abfällen und Kot und können so Krankheits- und Fäulniserreger übertragen.
- Abfallbehälter täglich leeren und reinigen, Insektenschutzgitter an Fenstern und Außentüren,
- Lebensmittel abdecken, um Fliegen fernzuhalten,
- Obst nicht übermäßig reif werden lassen.

Silberfischchen

leben in Ritzen und schaden vor allem durch Verunreinigungen.

- Bekämpfung siehe Fliegen – zusätzlich undichte Fugen schließen.

Mäuse, Ratten

Durch offene Türen und Kellerfenster sowie Leitungsschächte gelangen Nager in Betriebs- und Lagerräume. Nager übertragen Keime auf Lebensmittel, schädigen durch Fraßspuren und Verunreingungen (Kot), an denen ein Befall meist erkannt wird. Schädigungen kommen auch in Form von angefressenen Kabeln (Kurzschluss!) vor.
- Schließen von Fenstern und Türen – insbesondere außerhalb der Betriebszeiten und nachts. Engmaschige Gitter an Kellerfenstern, Lebensmittel möglichst in geschlossenen Behältern aufbewahren,
- Lebensmittelreste fachgerecht entsorgen.

Schädlingsbekämpfung ist eine Aufgabe für Profis und auch im Tierschutz geregelt. Fachkundige spüren nicht nur Schädlinge auf und machen diese unschädlich. Bei ihrem Einsatz decken sie auch auf, wie Schädlinge in den Betrieb gelangt sind. So hilft konsequente und professionelle Schädlingsbekämpfung, Schäden und Reklamationen zu vermeiden und spart hierüber Geld.

> Lebensmittel, die aus Sicht des Gastes ekelerregend sind, dürfen nicht an Gäste abgegeben werden. Ekelerregend kann auch die Vorstellung sein, dass Mäuse oder Schaben in Kontakt mit Lebensmitteln waren. Wird ein Schädlingsbefall öffentlich bekannt, bedeutet das einen großen Imageschaden für das Unternehmen.

Deutsche Schabe
Körper bis 12 mm lang, Spannweite bis 12 mm

Stubenfliege
bis 8 mm lang

Weizenkörner mit **Fraßschäden**

Raupe
(bis 6 mm lang) in einem Weizenkorn

Getreidemotte
bis 19 mm Spannweite

Silberfischchen
(ca. 10 mm lang)

Maus

Ratte

Einführung

DIE GESUNDHEIT SCHÜTZEN

5 Verbraucherschutz

🇬🇧 consumer protection 🇫🇷 protection (w) du consommateur

5.1 Grundlagen des Verbraucherschutzes

- Lebensmittel- und Futtermittel-Gesetzbuch (LFGB)
- Verordnungen zur Durchführung
  - Lebensmittelhygiene-Verordnung
  - Tierische Lebensmittelhygiene-Verordnung
- Infektionsschutzgesetz (IfSG)

→ **Lebensmittelhygienerecht** ←

- EU-Verordnung Nr. 178/2002 „Basisverordnung"
- EU-Verordnungen Nr. 852/2004 „Lebensmittelhygiene", Nr. 853/2004 „Tierische Lebensmittel", Nr. 854/2004 „Veterinärüberwachung"
- EU-Verordnung Nr. 2073/2005 „Mikrobiologische Kriterien"

Rechtsvorschriften zum Verbraucherschutz

Menschen bauen ihre Lebensmittel heute nicht mehr selbst an, sondern lassen Speisen und Getränke von anderen herstellen. Der Mensch (rechtlich = Verbraucher) kann nun kaum mehr selbst kontrollieren, ob seine Lebensmittel sicher sind. Zahlreiche Rechtsvorschriften sollen deshalb sicherstellen, dass durch Lebensmittel keine Gefahren für den Verbraucher entstehen.

In Deutschland gelten Regelungen der Europäischen Union (EU) sowie nationale Regelungen (Abb. oben).

Gesetze geben Rechtssicherheit! Wer sich an die Gesetze hält, hat das Recht auf seiner Seite und ist vor unberechtigten Ansprüchen geschützt. Auch der Versicherungsschutz bleibt im Schadensfall gewährleistet.

Lebensmittel- und Futtermittel-Gesetzbuch (LFGB)

🇬🇧 food and feed article law
🇫🇷 loi (w) sur la protection des produits alimentaires

Zweck des Gesetzes ist

Schutz vor Gesundheitsschädigungen	Schutz vor Täuschung
§ 1 (1) 1 … bei Lebensmitteln … den Schutz der Verbraucher durch Vorbeugung gegen eine Gefahr oder Abwehr einer Gefahr für die menschliche Gesundheit sicherzustellen.	§ 1 (1) 2 vor Täuschung beim Verkehr mit Lebensmitteln … zu schützen.
§ 5 Verbote zum Schutz der Gesundheit Es ist verboten, 1. Lebensmittel für andere derart herzustellen oder zu behandeln, dass ihr Verzehr gesundheitsschädlich … ist, 2. Stoffe, die keine Lebensmittel sind und deren Verzehr gesundheitsschädlich ist, in den Verkehr zu bringen …	**§ 11 Vorschriften zum Schutz vor Täuschung** Es ist verboten, Lebensmittel unter irreführender Bezeichnung, Angabe oder Aufmachung gewerbsmäßig in den Verkehr zu bringen oder für Lebensmittel allgemein oder im Einzelfall mit irreführenden Darstellungen oder sonstigen Aussagen zu werben.

5 Verbraucherschutz

Das Lebensmittel- und Futtermittel-Gesetzbuch (LFGB) ist eine wichtige rechtliche Grundlage im Umgang mit Lebensmitteln.

Während das Lebensmittel- und Futtermittel-Gesetzbuch (LFGB) das Grundsätzliche regelt, bestimmen weitere Vorschriften die Einzelheiten. Beispiele:
- Gesetze: Milchgesetz, Fleischbeschaugesetz
- Verordnungen: Lebensmittel-Kennzeichnungs-Verordnung
- Leitsätze: Leitsätze für Fleisch und Fleischerzeugnisse
- Richtlinien: Richtlinien für Feine Backwaren und für Backmittel

Neben diesen rechtlichen Regelungen gibt es Leitlinien, z. B. die Hygiene-Leitlinie des DEHOGA. Diese Leitlinien sind rechtlich nicht bindend – sie helfen aber, teils abstrakte Rechtstexte konkret anzuwenden.

Verordnung über Lebensmittel-Hygiene (Basishygiene)

🇬🇧 food hygiene regulations
🇫🇷 décret (m) sur l'hygiène des produits alimentaires

Die EU-Verordnung Nr. 178/2008 über Lebensmittelsicherheit beinhaltet grundsätzliche Regelungen zur Sicherheit von Lebensmitteln. Diese Regelungen gelten in allen EU-Staaten und verpflichten zu Eigenkontrollen, um die Gesundheit des Verbrauchers zu schützen.

HACCP-Konzept

HACCP ist ein Eigenkontroll-System, um sicherzustellen, dass niemand durch Lebensmittel und Speisen krank wird. Viele Erkrankungen in Verbindung mit Lebensmitteln werden durch menschliches Fehlverhalten verursacht (s. a. Abb. oben). Das HACCP-Konzept dient auch dazu, solchen Verhaltensfehlern vorzubeugen. Es umfasst die Bereiche

- **Betriebshygiene (Produktionshygiene)**
- **Personalhygiene** und
- **Umgang mit Lebensmitteln (Produkthygiene)**

Produkt-Haftungsgesetz

🇬🇧 product liability 🇫🇷 responsabilité (w) du fait de produits

Wer Lebensmittel oder Speisen gewerblich an andere abgibt, haftet für Schäden. So kann ein Gast auf Schadenersatz klagen, wenn er/sie durch eine Speise eine Lebensmittelinfektion oder etwa einen allergischen Schock erlitten hat. Der Gast/Verbraucher muss dabei *nicht* beweisen, dass der Gastronom schuld war. Der Gastronom/Erzeuger muss jedoch nachweisen, dass er alles getan hat, damit niemand einen Schaden erleidet. Um diesen Entlastungsnachweis zu erbringen, hilft ein lückenloses HACCP-Konzept (→ S. 70). Dieses beinhaltet auch eine Lieferantenkartei: Kann der Gastronom keinen Lieferanten (z. B. den liefernden Jäger) nachweisen, der evtl. an einer Erkrankung schuld hat, so muss der Gastronom haften.

Lebensmittelvergiftungen durch Salmonellen
Ursachen und Anzahl der Fälle in %

Ursache	%
Verpackungs- oder Transportfehler	2,5
fehlerhafte Rohware	4,9
Erhitzungsfehler	6,2
Übertragung durch Menschen	19,7
Hygienemangel	19,7
Herstellungsfehler	23,5
Lagerung falsch oder zu lange	23,5

Ursachen von Lebensmittel-Erkrankungen

HACCP	wörtlich
H = Hazard	= Gefahr, Risiko
A = Analysis	= Analyse
C = Critical	= kritisch(er)
C = Control	= Kontroll-
P = Points	= Punkte
sinngemäß	
Untersuchung von Risiken und deren Beherrschung anhand von kritischen Kontrollpunkten.	

Rückstellproben aufbewahren! DIN 10526 empfiehlt das für die Gemeinschaftsverpflegung bei jeder Speise. Auch von angelieferten und leicht verderblichen Lebensmitteln empfiehlt es sich, Rückstellproben zu sichern. Rückstellproben sind mit Namen, Bezeichnung der Speise sowie Datum und Uhrzeit der Probe zu versehen. Lagerung der Proben (je 100 ml/g) bei −18 °C für mind. 7 Tage.

Einführung

DIE GESUNDHEIT SCHÜTZEN

Lebensmittel können von Natur aus Schäden verursachen, für die auch ein Gastronom nichts kann. Beißt sich ein Gast z. B. einen Zahn an einem Kirschkern aus, ist der Gastronom nicht in der Haftung. Dieses Risiko muss dem Gast bewusst sein.

5.2 Lebensmittelhygiene in der Praxis

🇬🇧 practical food hygiene 🇫🇷 pratice (w) de l'hygiène des produits alimentaires

Betriebshygiene

Hygienisch einwandfreies Arbeiten ist nur dort möglich, wo auch die äußeren Voraussetzungen dazu vorhanden sind. Zum Schutze des Verbrauchers nennt die EG-VO Nr. 852/2004 Mindestanforderungen an Räume und Maschinen. Betriebsräume müssen den entsprechenden Behörden angemeldet werden. Dabei gilt u. a.

- Betriebsräume sind in einem **guten baulichen Zustand** zu halten (keine rissigen Fliesenfugen, keine abblätternde Farbe o. Ä.). Schmutzecken sind von vornherein zu minimieren (s. Abb.).
- **Wände** und **Decken** müssen so beschaffen sein, dass Verschmutzungen leicht zu erkennen sind (→ helle Farbe) und dass diese leicht zu reinigen und ggf. zu desinfizieren sind (→ Fliesen bzw. durchgehender, glatter Anstrich). **Fußböden** müssen wasserdicht (intakte Fliesenfugen) und leicht zu reinigen sein.
- Räume sollten so angeordnet sein, dass „**reine Bereiche**" und „**unreine Bereiche**" räumlich voneinander getrennt sind. Bei der laufenden Arbeit sollen sich Wege zwischen diesen Bereichen möglichst nicht kreuzen. Ist eine **räumliche Trennung** zwischen reinen und unreinen Bereichen nicht möglich, so ist für reine und unreine Arbeitsgänge eine **zeitliche Trennung** einzurichten.
- Betriebsräume müssen über eine ausreichende **Entlüftung** verfügen. So sollen Küchendünste (Wrasen) aus der Küche geführt werden. Gerade Fettdünste, die sich überall ablagern können, wirken sonst wie ein Klebstoff für Schmutz und somit auch Mikroorganismen.
- **Toiletten, Umkleiden und Pausenräume** dürfen nicht direkt mit Produktionsräumen oder Lagerräumen verbunden sein.
- **Waschplätze** müssen sich in der Nähe der Arbeitsplätze befinden und mit fließendem Wasser (berührungslose Armatur bei EU-zugelassenen Betrieben) ausgestattet sein. Sie müssen getrennt von den Reinigungsbecken für Geschirr oder Lebensmittel angebracht sein.
- Geeignete **Kühlmöglichkeiten** (→ S. 343) müssen in ausreichender Zahl und Größe vorhanden sein.
- Reinigungsmittel und -geräte sowie betriebsfremde Gegenstände (z. B. Dekorationsartikel oder das Smartphone) müssen getrennt von Lebensmitteln gelagert werden.
- Holz ist nur für Hackklötze zugelassen. Holz- und Kunststoffbretter bekommen schnell kleine Haarrisse, in denen sich Mikroben einnisten können. Da Holz quillt und schwindet, könnten sich Mikroben in verschlossenen Rissen der Reinigung entziehen.

Hochgezogene Fliesen erleichtern die Reinigung

Unreine Bereiche sind solche, in denen Lebensmittel mit hoher Keimbelastung (z. B. rohes Fleisch, ungewaschenes Gemüse) bearbeitet werden. In reinen Bereichen werden Lebensmittel mit geringer Keimbelastung bearbeitet (z. B. gewaschener Salat wird portioniert).

Das Lebensmittelrecht schreibt vor, dass Räume und Maschinen so beschaffen sein müssen, dass sie bei bestimmungsgemäßem Gebrauch die menschliche Gesundheit nicht schädigen können. Darum dürfen etwa Maschinen nicht rosten und Werkzeuge nicht splittern (physikalische Verunreinigung). Sie müssen einfach zu zerlegen und leicht zu reinigen sein.

Reinigung und Desinfektion

Reinigen ist das Entfernen von Schmutz oder Verunreinigungen. Als **sichtbaren Schmutz** bezeichnet man in Lebensmittelbetrieben alle Stoffe, die auf einer Oberfläche unerwünscht sind. Beispiel: Nicht nur die Erde, die Kartoffeln anhaftet, sondern auch Reste einwandfreier Speisen auf Tellern und anderem Geschirr.

Diese Verunreinigungen können gefährliche Brutstätten für Ungeziefer und Mikroben (**unsichtbarer Schmutz**) sein. Darum ist Reinigen, eventuell mit anschließender Desinfektion, wichtig, um die Anforderungen der Lebensmittelhygiene zu erfüllen.

- **Sauber** ist eine Oberfläche, wenn mit dem Auge kein Schmutz mehr erkennbar ist.
- **Rein** ist eine Oberfläche, wenn Schmutz und Mikroben weitgehend entfernt sind.

Reinigen in Lebensmittelbetrieben

Verschmutzungen sind nicht nur ekelerregend, sie bieten Mikroben auch meist ideale Lebensbedingungen. Durch korrekte Reinigung werden Schmutz und Mikroben weitgehend entfernt. **Reinigung** muss **nach HACCP** gezielt ablaufen. Hierzu sind betriebliche Reinigungs- und Desinfektionspläne zu erstellen. Die Reinigung ist schriftlich zu dokumentieren (nur was dokumentiert ist, gilt als durchgeführt). Der Reinigungserfolg ist regelmäßig zu kontrollieren. Hierzu wird untersucht, wie viele Keime sich nach planmäßiger Reinigung und ggf. Desinfektion noch auf einer Oberfläche befinden („Abklatschprobe"). Beim Reinigen/Spülen sind mehrere Faktoren beteiligt (Abb. unten rechts). Diese Faktoren beeinflussen und ergänzen sich gegenseitig: Soll weniger Reinigungsmittel (Chemie) verwendet werden, so ist z. B. mehr mechanische Kraft (z. B. Schrubben) erforderlich. Angaben des Herstellers sind dabei stets einzuhalten.

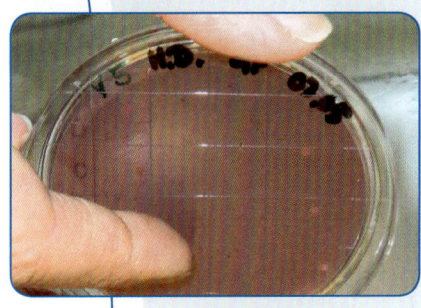

„Abklatschprobe" zur Überprüfung des Reinigungserfolges

Ablauf einer gründlichen Reinigung

1. **Grobreinigung**: Speisereste und anderen groben Schmutz entfernen
2. **Reinigung** mit heißem Wasser und Reinigungsmittel
   (2-Eimer-Methode zur Bodenreinigung nutzen:
   1. Eimer: Wasser und Reinigungsmittel,
   2. Eimer zum Aufnehmen des Schmutzwassers)
3. **Nachspülen** mit heißem Wasser
4. **Trocknen** mit Gummiabzieher und sauberen Tüchern

Wenn zwingend notwendig, noch
- **Desinfektion** mit geeignetem Desinfektionsmittel
- **Abspülen** des Desinfektionsmittels
- Erneutes **Trocknen**

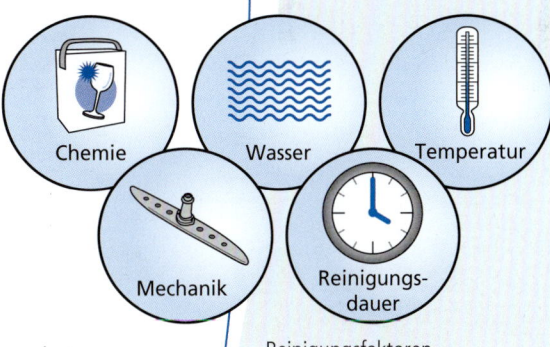

Reinigungsfaktoren

Reinigungsmittel und Desinfektionsmittel dürfen nicht in Speisen gelangen (**chemische Verunreinigung**). Die korrekte Anwendung dieser Mittel dient auch dem **Schutz unserer Umwelt und unserer Gesundheit!** Die Angaben des Herstellers zur Anwendung dieser Mittel sind unbedingt einzuhalten – Reiniger niemals untereinander vermischen.

- Gewerbliche Reinigungsmittel können Haut und Atemwege reizen! Die vorgeschriebenen Sicherheitshinweise sind einzuhalten. Schutzkleidung hat der Arbeitgeber zu stellen, diese ist auch zu tragen.
- Erst aufräumen, dann reinigen, nur wenn wirklich nötig desinfizieren. Verunreinigungen heben sonst die Desinfektionswirkung auf.

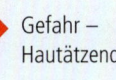

Gefahr – Hautätzend

Einführung

DIE GESUNDHEIT SCHÜTZEN

Handschutz benutzen

- Die vorgegebene Dosierung und Einwirkzeit einhalten: Reinigungsmittel belasten die Gewässer – „viel hilft viel" ist gefährlicher Leichtsinn! Mikroben können Resistenzen gegen Desinfektionsmittel entwickeln, wenn diese falsch oder unnötig angewandt werden.

Faktoren einer gründlichen Reinigung

(A) Wasser muss in Lebensmittelbetrieben Trinkwasserqualität haben. Die Aufgaben des Wassers beim Reinigen sind:
- **Auflösen** von Schmutz, z. B. Zucker, ungeronnenes Eiweiß
- **Quellen** von Schmutz, z. B. Reste von Teigen und Bratensatz
- **Abtragen** von Schmutz: die losgelösten Schmutzteilchen werden in der Schwebe gehalten und weggespült

Warmes/heißes Wasser (s. a. D) hat dabei eine bessere Reinigungswirkung. Fette lösen sich besser im warmen Wasser, und auch das Auflösen und Quellen von Schmutz laufen meist rascher ab.

Oberflächenspannung von Wasser

(B) Reinigungsmittel (Chemie): Wassermoleküle ziehen sich gegenseitig stark an. Es entsteht eine Oberflächenspannung. Wasser kann so die zu reinigenden Oberflächen nicht richtig benetzen (Abb. links). Reinigungsmittel senken diese Oberflächenspannung. Wasser schiebt sich besser zwischen Oberfläche und Schmutz und kann diesen ablösen.

- Fette lassen sich durch Reinigungsmittel **emulgieren**. Die waschaktiven Substanzen (Tenside) legen sich um das Fett und halten es in der Schwebe, sodass es sich nicht wieder absetzt und abgetragen werden kann (s. Abb. unten). Hierfür reichen Allzweckreiniger und Spülmittel aus. Bei regelmäßiger Reinigung kann auf die allermeisten Spezialreiniger verzichtet werden!
- Verkrusteter Schmutz (z. B. nach dem Backen) lässt sich durch Laugen entfernen. Eine wirksame Lauge entsteht schon aus Backpulver und Wasser (Einwirkzeit von 30 Min. bei 50 °C nötig).
- Kalkflecken werden durch Säuren wie Zitronensäure in Kalklösern entfernt. Für weniger harte Verkrustungen eignet sich Scheuermilch.

(C) Mechanische Wirkung: Neben Wasser, Wärme und Reinigungsmitteln wirken beim Reinigen immer auch mechanische Kräfte. Das können sein

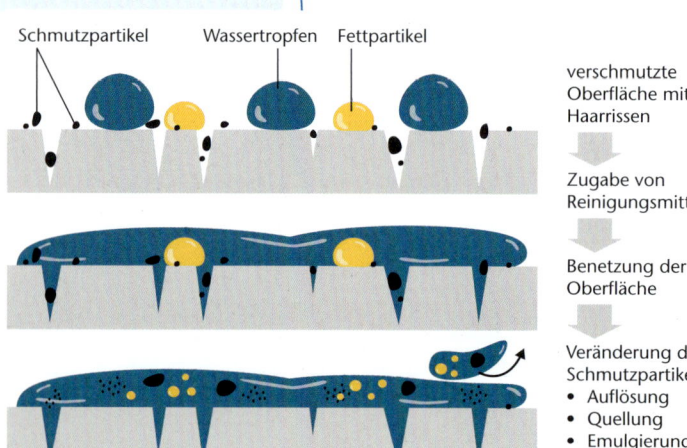

Erhöhung der Reinigungswirkung durch Zugabe von Reinigungsmitteln

- **Wasserdruck**: Über eine Pumpe wird ein Druck auf das Wasser aufgebaut. Spritzt dieses Wasser nun durch kleine Düsen (kleine Fläche), hat es durch den hohen Druck eine hohe Reinigungswirkung. Das wird in den Düsen der **Geschirrspülmaschine** und beim Reinigen mit dem **Hochdruckreiniger** genutzt. Trifft Wasser mit hohem Druck auf Verschmutzungen, können diese jedoch unkontrolliert über die Luft verteilt werden und sich in Ritzen (→ Schädlinge) verteilen.
- **Spülbürste oder Topfreiber** werden bei starken, festsitzenden Verschmutzungen eingesetzt, und wenn sich

Verschmutzungen in Vertiefungen befinden. Feste Gegenstände können dabei auf weichen Oberflächen zu Kratzern führen. In diese können sich dann Mikroben einnisten. Topfreiber aus Metall nur bei unempfindlichen, harten Oberflächen verwenden.
- **Spültücher und Spülschwämme** werden auf weicheren Oberflächen und bei leichten, flächigen Verschmutzungen genutzt. Sie nehmen z. B. Fettfilme besser auf als Spülbürsten.

(D) Temperatur: Die günstigste Reinigungstemperatur liegt bei 50–60 °C. Zu heißes Wasser lässt den Schmutz „festbacken" (Eiweiß gerinnt, Stärke verkleistert) und kann zu Verbrennungen führen. Fette lösen sich besser bei Wärme.

(E) Einwirkzeit: Reinigungs- und Desinfektionsmittel wirken erst dann korrekt, wenn die vorgegebene Einwirkzeit eingehalten wird. Der beim Reinigen gebildete Schaum sorgt dafür, dass Reinigungsmittel länger einwirken können. Bei einer **professionellen Schaumreinigung** werden Wände, Arbeitsflächen und Böden für mind. 30 Min. eingeschäumt. Dann wird der im Schaum gelöste Schmutz durch Abspülen entfernt.

> ● Spültücher und Spülschwämme nach Benutzung bei 95 °C waschen. Werkzeuge zur Reinigung für mind. 2 Min. in heißem Wasser oder heißem Dampf (mind. 85 °C) desinfizieren.

Personalhygiene

„Alle Hygienemaßnahmen haben nur dann Aussicht auf Erfolg, wenn die persönliche Hygiene der Mitarbeiter einwandfrei ist!" Dieser Satz aus einem Handbuch der Hygiene zeigt die Bedeutung der Personalhygiene.

Belehrung und Beschäftigungsverbote

Der Gesetzgeber schreibt vor, dass vor der erstmaligen Arbeit mit Lebensmitteln durch das Gesundheitsamt belehrt werden muss (§ 43 InfSchG). Dabei wird u. a. vermittelt:
- Wer an bestimmten Infektionskrankheiten (z. B. Infektion mit Noroviren) leidet, darf nicht mit Lebensmitteln arbeiten (§ 42 InfSchG).
- Wie verhalte ich mich hygienisch korrekt, wenn ich mit Lebensmitteln arbeite?
- Welche Krankheiten dem Arbeitgeber unverzüglich zu melden sind (Beschäftigungsverbot), etwa Durchfallerkrankungen oder Grippe.
- Der Arbeitgeber hat diese Belehrungen mindestens alle 2 Jahre zu wiederholen (EU-VO Nr. 852/2004 und DIN 10514).

> **Personalhygiene-Regeln**
> 1. Vor Beginn der Arbeit Ringe und Armbanduhr ablegen.
> 2. Vor Beginn der Arbeit und nach dem Gang zur Toilette Hände gründlich waschen.
> 3. Beim Husten oder Niesen sich von den Lebensmitteln abwenden.
> 4. Verletzungen, z. B. kleine Schnitte an den Händen, mit wasserundurchlässigem Verband versorgen.
> 5. Beim Umgang mit Lebensmitteln ist eine Kopfbedeckung zu tragen.
> 6. Beim Umgang mit Lebensmitteln ist das Rauchen verboten.
> 7. Persönliche Gegenstände wie Schlüssel oder Smartphone können Keime in die Küche tragen und haben am Arbeitsplatz nichts zu suchen – sie gehören auch nicht in Taschen oder Schubläden.
> 8. Schürzen oder gar Küchenwerkzeuge dürfen nicht mit auf das Personal-WC.
> 9. Arbeitskleidung darf nicht außerhalb der Produktionsräume (z. B. während einer Raucherpause) getragen werden.

Reinigung der Hände

Unsere Hände sind unsere wichtigsten Arbeitswerkzeuge – und saubere Hände sind wesentlich für hygienisches Arbeiten! Vor Arbeitsbeginn, vor und nach jeder Arbeitsunterbrechung (Toilettengang, Essen, Trinken, Rauchen) und nach unreinen Tätigkeiten sind die Hände gründlich zu reinigen. Auch hierbei gelten die allgemeinen Faktoren zur Reinigung:
- Mechanik: Groben Schmutz mit einer Fingerbürste entfernen.
- Wasser/Temperatur: Warmes Wasser löst Schmutz besser als kaltes.
- Zeit: Hände mindestens 30 Sek. lang gründlich waschen.
- Chemie: pH-hautneutrale Seife verwenden, um den natürlichen Säureschutz der Haut zu erhalten. Bei richtigem Händewaschen ist die Verwendung eines Handdesinfektionsmittels meist überflüssig – zumal deren Inhaltsstoffe für die Haut-Gesundheit nicht förderlich sind.

> ● Bewusst oder unbewusst: Bis zu 400 Mal greifen wir uns täglich ins Gesicht / an den Kopf. Dabei übertragen wir Keime auf unsere Hände – und von dort auf Lebensmittel! Eine Kopfbedeckung verhindert auch, dass wir uns unbewusst an den Kopf bzw. in die Haare greifen und so Keime übertragen.

Einführung

DIE GESUNDHEIT SCHÜTZEN

Die Abkühlung wird gefördert durch

- das Umfüllen in flaches Geschirr, denn die Wärme kann besser entweichen,
- Töpfe ohne Kompensboden, denn diese speichern die Wärme,
- Geschirr in kaltes Wasserbad gestellt, Inhalt öfter umrühren,
- das Einsetzen von Tauchkühlern.

Dauert eine Zubereitung länger, Lebensmittel zwischendurch kühlen. Besser ist die Arbeit mit einem Kühltisch oder mit einer Saladette.

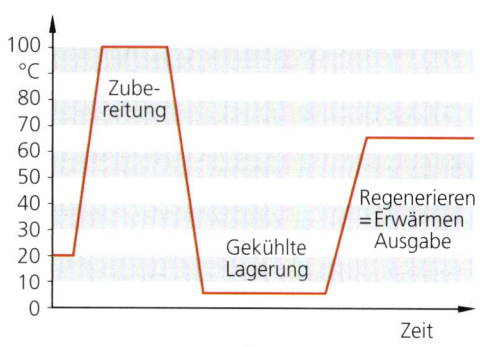

Zeitliche und thermische Entkoppelung

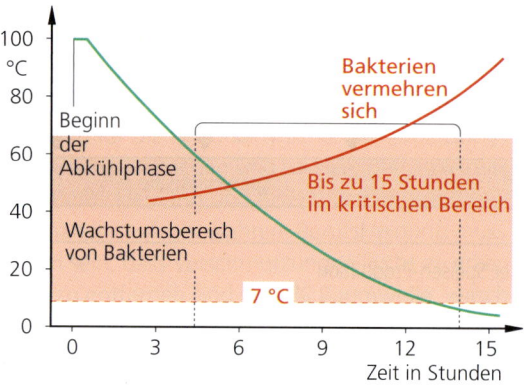

Temperaturverlauf in einem Topf mit 25 Liter Sauce beim Abkühlen im Kühlraum

Kern des HACCP-Konzeptes sind **Kontrollpunkte (CP/CCP)**. Das englische Wort *control* ist hier zu übersetzen mit *steuern* oder *lenken*. An diesen Kontrollpunkten muss genau geprüft werden, ob durch das Produkt eine Gefahr für den Gast besteht und wie sich die Gefahr beherrschen lässt.

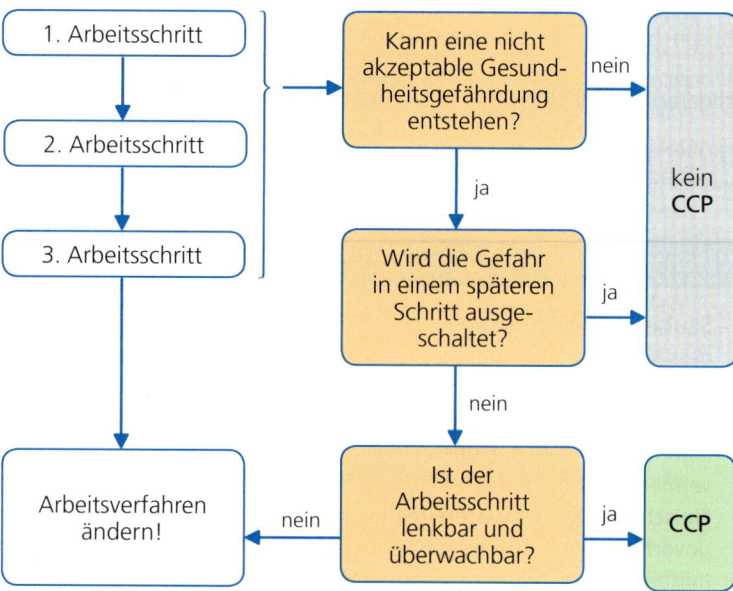

Herausarbeiten von kritischen Kontrollpunkten (CCPs)

Verschmutzungen in Vertiefungen befinden. Feste Gegenstände können dabei auf weichen Oberflächen zu Kratzern führen. In diese können sich dann Mikroben einnisten. Topfreiber aus Metall nur bei unempfindlichen, harten Oberflächen verwenden.
- **Spültücher und Spülschwämme** werden auf weicheren Oberflächen und bei leichten, flächigen Verschmutzungen genutzt. Sie nehmen z. B. Fettfilme besser auf als Spülbürsten.

(D) Temperatur: Die günstigste Reinigungstemperatur liegt bei 50–60 °C. Zu heißes Wasser lässt den Schmutz „festbacken" (Eiweiß gerinnt, Stärke verkleistert) und kann zu Verbrennungen führen. Fette lösen sich besser bei Wärme.

(E) Einwirkzeit: Reinigungs- und Desinfektionsmittel wirken erst dann korrekt, wenn die vorgegebene Einwirkzeit eingehalten wird. Der beim Reinigen gebildete Schaum sorgt dafür, dass Reinigungsmittel länger einwirken können. Bei einer **professionellen Schaumreinigung** werden Wände, Arbeitsflächen und Böden für mind. 30 Min. eingeschäumt. Dann wird der im Schaum gelöste Schmutz durch Abspülen entfernt.

Personalhygiene

„Alle Hygienemaßnahmen haben nur dann Aussicht auf Erfolg, wenn die persönliche Hygiene der Mitarbeiter einwandfrei ist!" Dieser Satz aus einem Handbuch der Hygiene zeigt die Bedeutung der Personalhygiene.

Belehrung und Beschäftigungsverbote

Der Gesetzgeber schreibt vor, dass vor der erstmaligen Arbeit mit Lebensmitteln durch das Gesundheitsamt belehrt werden muss (§ 43 InfSchG). Dabei wird u. a. vermittelt:
- Wer an bestimmten Infektionskrankheiten (z. B. Infektion mit Noroviren) leidet, darf nicht mit Lebensmitteln arbeiten (§ 42 InfSchG).
- Wie verhalte ich mich hygienisch korrekt, wenn ich mit Lebensmitteln arbeite?
- Welche Krankheiten dem Arbeitgeber unverzüglich zu melden sind (Beschäftigungsverbot), etwa Durchfallerkrankungen oder Grippe.
- Der Arbeitgeber hat diese Belehrungen mindestens alle 2 Jahre zu wiederholen (EU-VO Nr. 852/2004 und DIN 10514).

Reinigung der Hände

Unsere Hände sind unsere wichtigsten Arbeitswerkzeuge – und saubere Hände sind wesentlich für hygienisches Arbeiten! Vor Arbeitsbeginn, vor und nach jeder Arbeitsunterbrechung (Toilettengang, Essen, Trinken, Rauchen) und nach unreinen Tätigkeiten sind die Hände gründlich zu reinigen. Auch hierbei gelten die allgemeinen Faktoren zur Reinigung:
- Mechanik: Groben Schmutz mit einer Fingerbürste entfernen.
- Wasser/Temperatur: Warmes Wasser löst Schmutz besser als kaltes.
- Zeit: Hände mindestens 30 Sek. lang gründlich waschen.
- Chemie: pH-hautneutrale Seife verwenden, um den natürlichen Säureschutz der Haut zu erhalten. Bei richtigem Händewaschen ist die Verwendung eines Handdesinfektionsmittels meist überflüssig – zumal deren Inhaltsstoffe für die Haut-Gesundheit nicht förderlich sind.

● Spültücher und Spülschwämme nach Benutzung bei 95 °C waschen. Werkzeuge zur Reinigung für mind. 2 Min. in heißem Wasser oder heißem Dampf (mind. 85 °C) desinfizieren.

Personalhygiene-Regeln
1. Vor Beginn der Arbeit Ringe und Armbanduhr ablegen.
2. Vor Beginn der Arbeit und nach dem Gang zur Toilette Hände gründlich waschen.
3. Beim Husten oder Niesen sich von den Lebensmitteln abwenden.
4. Verletzungen, z. B. kleine Schnitte an den Händen, mit wasserundurchlässigem Verband versorgen.
5. Beim Umgang mit Lebensmitteln ist eine Kopfbedeckung zu tragen.
6. Beim Umgang mit Lebensmitteln ist das Rauchen verboten.
7. Persönliche Gegenstände wie Schlüssel oder Smartphone können Keime in die Küche tragen und haben am Arbeitsplatz nichts zu suchen – sie gehören auch nicht in Taschen oder Schubläden.
8. Schürzen oder gar Küchenwerkzeuge dürfen nicht mit auf das Personal-WC.
9. Arbeitskleidung darf nicht außerhalb der Produktionsräume (z. B. während einer Raucherpause) getragen werden.

● Bewusst oder unbewusst: Bis zu 400 Mal greifen wir uns täglich ins Gesicht / an den Kopf. Dabei übertragen wir Keime auf unsere Hände – und von dort auf Lebensmittel! Eine Kopfbedeckung verhindert auch, dass wir uns unbewusst an den Kopf bzw. in die Haare greifen und so Keime übertragen.

Einführung

DIE GESUNDHEIT SCHÜTZEN

1. Durchführung einer Gefahrenanalyse:
Der komplette Herstellungsprozess jedes Produktes muss analysiert werden, um mögliche Gefahrenstellen zu vermeiden oder auszuschalten. Jeder Herstellungsschritt, von dem eine mögliche Gefahr für den Gast ausgeht, wird markiert (z. B. in einem Ablaufplan).

2. Bestimmung der kritischen Kontrollpunkte „Critical Control Points (CCP)":
Mithilfe der in Schritt 1 herausgefundenen Gefahrenstellen werden Prüf- und Steuerungspunkte im Herstellungsprozess festgelegt. Dort ist ein Eingreifen möglich, um eine Gefährdung für den Gast auszuschließen/zu reduzieren.

3. Festlegung von Grenzwerten und Überwachungsmerkmalen:
Nun werden für jeden Prüf- und Steuerungspunkt konkrete Merkmale bestimmt (z. B. Temperatur, pH-Wert) und die dafür geltenden Grenzwerte. So wird klar, welche Werte zulässig sind.

4. Festlegung von Überwachungsmaßnahmen:
Hier wird bestimmt, wie (mit welchen Verfahren) die Messwerte aus Punkt 3 ermittelt werden sollen (z. B. Kerntemperaturmessung oder pH-Test).

5. Festlegung von Korrekturmaßnahmen:
Es wird bestimmt, was passiert, wenn die Grenzwerte an kritischen Kontrollpunkten nicht eingehalten wurden: Welche Maßnahmen werden ergriffen, um wieder gültige Werte zu erreichen?

6. Überprüfung des HACCP-Konzeptes:
Es muss festgelegt werden, wie überprüft werden kann, ob alle Mitarbeiter die Vorschriften der Schritte 1 bis 5 einhalten.
Außerdem muss das gesamte HACCP-Konzept immer auf dem neuesten Stand sein, z. B. jedesmal angepasst werden, wenn sich etwas am Herstellungsprozess ändert.

7. Dokumentation des HACCP-Konzeptes:
Nur eine lückenlose Aufzeichnung gewährleistet ein sicheres HACCP-Konzept!
Daher muss der Betrieb dokumentieren, dass an jedem Punkt von allen Mitarbeitern alles ordnungsgemäß erfüllt wurde. Die Aufzeichnungen sollen der Größe des Betriebes angemessen sein. Sie müssen für Prüfzwecke aufbewahrt werden.

Zum **Trocknen der Hände** sind Einmalhandtücher die hygienischste Lösung. Diese können aus Papier oder aus Stoff sein. Keinesfalls dürfen Stoffhandtücher mehrmals oder gemeinsam verwendet werden. Gemeinschaftshandtücher übertragen Mikroben von Mensch zu Mensch und sind ein idealer Lebensraum für Keime.
Nur gesunde Haut ist hygienisch – regelmäßiges Eincremen der Hände ist wichtig. Fingernägel kurz halten! Lackierte Fingernägel sind in der Küche verboten. Piercings sind möglichst zu entfernen, mindestens aber abzukleben.

Berufskleidung

Neben ihrer Schutzfunktion (→ S. 137) hat Berufskleidung auch Bedeutung für die Personalhygiene: Vor Arbeitsbeginn ist Straßenkleidung abzulegen und saubere Berufskleidung anzuziehen. Berufskleidung und Arbeitskleidung sind getrennt voneinander aufzubewahren. Berufskleidung muss so beschaffen sein, dass Verschmutzungen leicht zu erkennen und gut zu entfernen sind (100 % Baumwolle, waschbar bei +95 °C, Mischgewebe mind. bei +60 °C). Die Kopfbedeckung soll verhindern, dass Haare und Hautschuppen ins Essen fallen oder dass sich der Koch/die Köchin unbewusst während der Arbeit in die Haare greift. Keinesfalls dürfen Straßenschuhe in der Küche getragen werden – diese können neben Keimen auch Schädlingslarven in Betriebsräume tragen, und auch von dort nach Hause.

Produkt- und Produktionshygiene

Eine „**gute Hygiene-Praxis**" ist Grundvoraussetzung für hygienisches Arbeiten. Damit aber unabhängig vom jeweiligen Personal sichergestellt ist, dass Speisen hygienisch produziert werden, muss jeder Betrieb ein HACCP-Konzept ausarbeiten. So wird eine gleichbleibend gute hygienische Qualität der Speisen sichergestellt. Mithilfe dieses Konzeptes wird jeder Abschnitt der Speisen- und Getränkeproduktion auf Gefahrenstellen für die Gesundheit der Gäste überprüft. Werden Gefahren erkannt, müssen Maßnahmen eingeleitet werden, um die Gefahren zu beherrschen. Insgesamt besteht das HACCP-Konzept aus sieben Schritten (siehe linke Spalte).

HACCP umfasst alle Stufen der Speisen-Produktion (Abb. nächste Seite). Für jede dieser Stufen sind Gefährdungen zu erfassen. Dann ist zu überlegen, wie der Prozess so gesteuert werden kann, dass eine Gefährung für den Gast ausgeschlossen werden kann. Das Vorgehen, mögliche Grenzwerte und Kontrollmaßnahmen werden in Kontrolllisten festgehalten. Beispiel: Wareneingangskontrolle: Liefertemperatur Fisch max +2 °C → angeliefert bei +4 °C → Annahme des Fisches verweigern, weil sich schon Keime vermehren konnten.

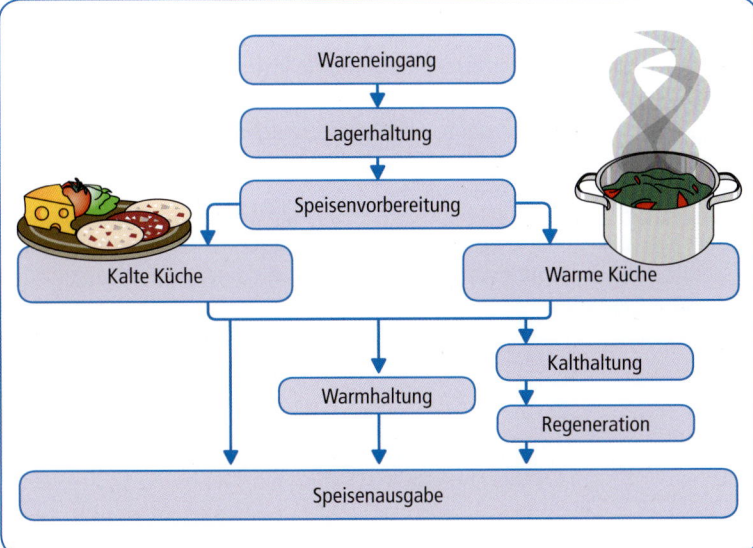

Stufen der Speisen-Produktion

Sachgerechte kurzfristige Vorrätighaltung

Um den Spitzenbelastungen in der gewerblichen Küche gerecht werden zu können, muss ein Teil der Vorbereitungs- und Zubereitungsarbeiten im Voraus, unabhängig vom eigentlichen Service, erfolgen. Um zu verhindern, dass sich in der Zwischenzeit Bakterien auf den noch warmen Zubereitungen vermehren, muss für die Zwischenlagerung **rasch abgekühlt** werden.

Zeitliche und thermische Entkoppelung

Werden Vorbereitung und endgültige Zubereitung getrennt oder entkoppelt, spricht man von zeitlicher und thermischer Entkoppelung.

Sachgerechtes Abkühlen

Je größer ein Lebensmittel oder das Gargeschirr, desto länger dauert die Abkühlung bis ins Innere.

Tipp: Auch daran ist zu denken: Wenn eine Kühlmaschine ununterbrochen läuft, wenn sie nicht mehr abschaltet, ist sie überlastet. Eine ausreichende Kühlung ist nicht mehr gewährleistet.

Warenannahme und Lagerung

- **Saubere Behältnisse** verhindern, dass Keime über Kontaktflächen (Regale usw.) verschleppt werden.
- **Verderbliche Lebensmittel** kühl lagern, damit sich Bakterien nicht vermehren können.
- **Fleisch und Fleischwaren** (rein) von unvorbereiteten pflanzlichen Lebensmitteln (unrein) getrennt lagern und getrennt bearbeiten.

Verarbeitung

- **Tiefgefrorenes Fleisch und Geflügel** sachgerecht auftauen, Tauwasser wegschütten, Verpackung entsorgen, Tisch, Geräte und Hände gründlich reinigen.
- **Vorbereitete Lebensmittel** bis zur Weiterverarbeitung kühl lagern.
- **Zubereitete Speisen** bis zur Ausgabe entweder **heiß halten** oder rasch abkühlen und bei Bedarf **wieder erwärmen**, denn im kritischen Bereich (+ 6 bis + 60 °C) vermehren sich Bakterien rasch.
- **Abfälle** außerhalb der Küche lagern, damit Bakterien ferngehalten werden.

Einführung

DIE GESUNDHEIT SCHÜTZEN

Die Abkühlung wird gefördert durch

- das Umfüllen in flaches Geschirr, denn die Wärme kann besser entweichen,
- Töpfe ohne Kompensboden, denn diese speichern die Wärme,
- Geschirr in kaltes Wasserbad gestellt, Inhalt öfter umrühren,
- das Einsetzen von Tauchkühlern.

Dauert eine Zubereitung länger, Lebensmittel zwischendurch kühlen. Besser ist die Arbeit mit einem Kühltisch oder mit einer Saladette.

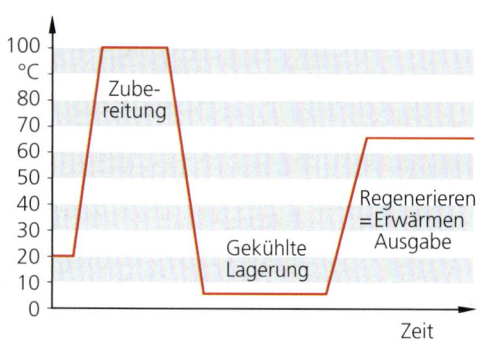

Zeitliche und thermische Entkoppelung

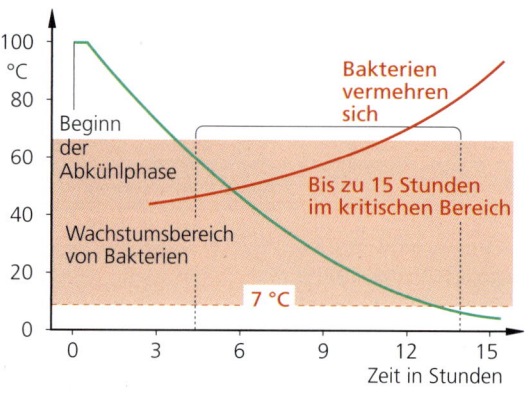

Temperaturverlauf in einem Topf mit 25 Liter Sauce beim Abkühlen im Kühlraum

Kern des HACCP-Konzeptes sind **Kontrollpunkte (CP/CCP)**. Das englische Wort *control* ist hier zu übersetzen mit *steuern* oder *lenken*. An diesen Kontrollpunkten muss genau geprüft werden, ob durch das Produkt eine Gefahr für den Gast besteht und wie sich die Gefahr beherrschen lässt.

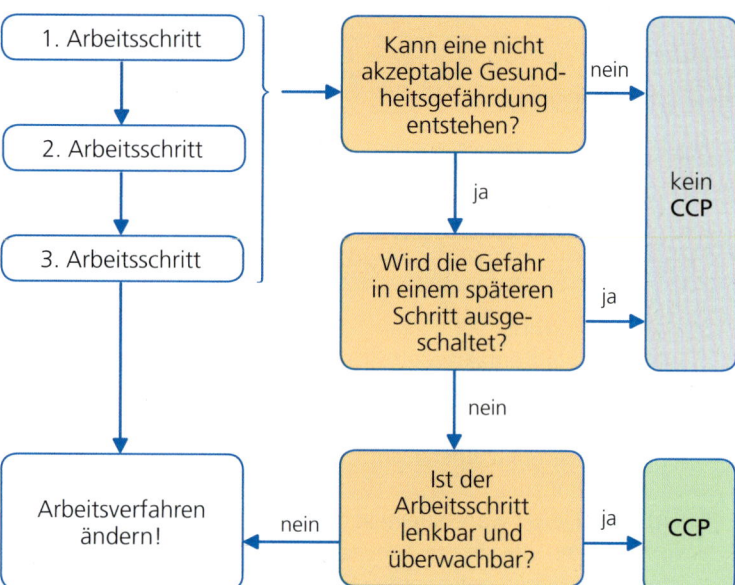

Herausarbeiten von kritischen Kontrollpunkten (CCPs)

Beispiel gefüllte Hähnchenkeulen:
1. Arbeitsschritt: Keulen entbeinen
2. Arbeitsschritt: Farce herstellen und Keulen füllen
3. Arbeitsschritt: Keulen garen

In allen drei Arbeitsschritten besteht eine Gefahr für die Gesundheit des Gastes, weil rohes Geflügelfleisch gefährliche Keime enthalten kann. In den ersten beiden Schritten ist dieser Kontrollpunkt aber nicht kritisch (**CP**) – die Hähnchenkeulen werden noch gegart. Der dritte Schritt ist kritisch: Wird die Hähnchenkeule nicht korrekt durchgegart, könnten Keime überleben, sich vermehren und den Gast krank machen. Das Garen der Hähnchenkeule ist ein **kritischer Kontrollpunkt (CCP)**: Hier muss festgelegt werden, wie die Gefahr gebannt wird: Garen auf Kerntemperatur von mind. +70 °C für 10 Min. Das Erreichen dieses Zieles wird **stichprobenartig kontrolliert**, in diesem Fall durch Messen der Kerntemperatur. Stimmen die gemessenen Werte nicht mit den Vorgaben überein, muss **korrigiert** werden. Ist die Kerntemperatur etwa nur 65 °C, muss nachgegart werden. Die Ergebnisse der Stichprobe werden **dokumentiert**. Diese Dokumente belegen (z. B. bei Rechtsstreit), dass im Betrieb die Sorgfaltspflicht bei der Speisenproduktion eingehalten wird.
Lässt das Arbeitsverfahren nicht zu, dass eine hygienisch einwandfreie Speise produziert wird, so muss das Arbeitsverfahren **geändert**, also z. B. Rezeptur und Arbeitsablauf überdacht werden.

Bei der Herstellung der gefüllten Hähnchenkeule könnten noch mehr Risiken auftreten, die aber nicht alle vom HACCP-Konzept erfasst werden. Dass etwa Schneidebretter korrekt gereinigt werden oder dass niemand auf das Essen niest, gehört zur „**guten Hygiene-Praxis**".
Entscheidend ist auch, dass Lebensmittel bereits bei Anlieferung einen geringen **Anfangs-Keimgehalt** haben. Das ist sicherzustellen durch Einkauf qualitativ hochwertiger Ware und stichprobenartige Untersuchungen auf den Keimgehalt (auch durch den Lieferanten).

 Weitere Beispiele auf unseren Internetseiten

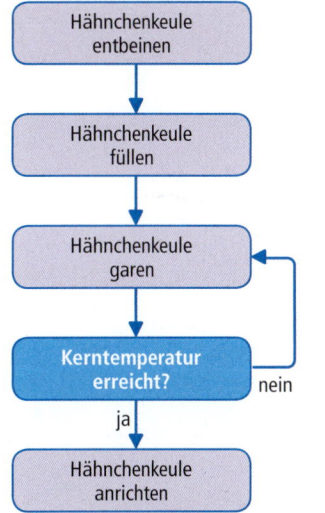 Zur Dokumentation des Herstellungsprozesses hat sich ein Fließschema nach DIN 66001 bewährt. Weitere Beispiele und Erläuterungen auf unseren Internetseiten.

5.3 Lebensmittelüberwachung

🇬🇧 food supervision 🇫🇷 côntrole (m) des produits alimentaires

Lebensmittelverarbeitende Betriebe haben die gesetzliche Verpflichtung, mittels HACCP ein Eigenkontroll-System zu entwickeln. Dennoch gilt: Vertrauen ist gut – Kontrolle ist besser. Lebensmittel-Skandale der vergangenen Jahre zeigen, dass diese Kontrolle notwendig ist – sie zeigen aber auch, dass das System der Lebensmittel-Überwachung weitgehend funktioniert. Neben der Kontrollfunktion steht die Lebensmittelüberwachung den Betrieben auch beratend in Hygienefragen zur Seite.

Die Kontrolle der Lebensmittelbetriebe ist Sache der Bundesländer. Aus diesem Grund können die zuständigen Behörden unterschiedliche Namen tragen. Die Grundsätze der Verfahren sind dennoch gleich.

Überwachungsbeamte oder **Lebensmittelkontrolleure** sind fachlich ausgebildete Personen; oft haben sie einen Beruf aus dem Lebensmittelgewerbe und sind darum sachkundig.

Die Kontrollen werden nach dem Zufallsprinzip durchgeführt. Liegen Beschwerden von Verbrauchern/Gästen vor, wird die Kontrolle angeordnet. Der Betriebsinhaber und das Personal sind nach dem Gesetz verpflichtet, die amtlichen Kontrolleure nicht zu behindern. Sie müssen auch Fragen über die Rohstoffe und die Herstellungsverfahren wahrheitsgemäß beantworten.

Einführung

DIE GESUNDHEIT SCHÜTZEN

Werden **Proben** entnommen, so hat der Betriebsinhaber das Recht auf eine **Gegenprobe**. Diese kann er auf eigene Kosten untersuchen lassen. Damit hat er bei einer ungerechtfertigten Anklage ein wichtiges Beweismittel zu seiner Entlastung.

Bei den **Kontrollen** dürfen sie während der Geschäftszeiten
- Räume und Einrichtungen des Betriebes auf den hygienischen Zustand überprüfen,
- Rohstoffe und Endprodukte auf Hygiene und die Einhaltung lebensmittelrechtlicher Vorschriften überprüfen (ob z. B. ein Wiener Schnitzel aus Kalbfleisch ist),
- Proben von Produkten nehmen und diese zur lebensmittelrechtlichen Untersuchung senden.
- Das Personal hat die Mitarbeiter der Lebensmittelüberwachung nicht nur zu dulden, sondern muss sie in ihrer Arbeit unterstützen.

5.4 Aktuelles aus dem Lebensmittelrecht

🇬🇧 up-to-date food law
🇫🇷 loi (w) sur la protection des produits alimentaires actuel

Zur Problematik Acrylamid in Lebensmitteln:
Um das Krebsrisiko durch Acrylamid zu senken, gilt seit April 2018 die EU-Verordnung 2017/2158, die sog. „Pommes-Verordnung". Bräunungstabellen sollen eine Hilfestellung geben, um hohe Acrylamidwerte zu vermeiden. Proben können Aufschluss über den tatsächlichen Acrylamidgehalt der produzierten Speisen geben. Bei zu hohen Acrylamidgehalten in Speisen müssten dann die Herstellungsverfahren geändert werden, also z. B. andere Kartoffelsorten verwendet oder die Frittiertemperatur oder Backtemperatur gesenkt werden. Weiterhin soll Stärke in Kartoffeln möglichst vor dem Frittieren durch Einweichen oder Blanchieren ausgewaschen werden. Die Hitze beim Frittieren, Braten, Rösten oder Backen soll begrenzt werden.

Seit einigen Jahren wird diskutiert, ob die Ergebnisse der Lebensmittel-Überwachung im Betrieb für den Gast einsehbar gemacht werden sollen. Dies könnte in Form einer „Hygiene-Ampel" geschehen.

6 Haltbarmachungsverfahren

🇬🇧 methods of food preservation 🇫🇷 méthodes (w) de conservation des aliments

Die meisten Lebensmittel sind unmittelbar nach der Ernte oder nach der Herstellung am wertvollsten. Man bevorzugt z. B. gartenfrische Erdbeeren, fangfrische Forellen, ofenfrische Baguettes.

Andere Lebensmittel erfordern eine Zeit der Reife. Man wünscht z. B. abgehangenes Fleisch oder alten Weinbrand. Der Kunde hat also bestimmte Wertvorstellungen, was wann am besten schmeckt, wie das Nahrungsmittel beschaffen sein sollte.

Lebensmittel sind immer Veränderungen unterworfen. Neben den erwünschten, qualitätsfördernden Veränderungen gibt es auch solche, die nicht erwünscht sind und zum Verderb führen.

Je nach Art der Lebensmittel laufen diese Vorgänge unterschiedlich schnell ab.

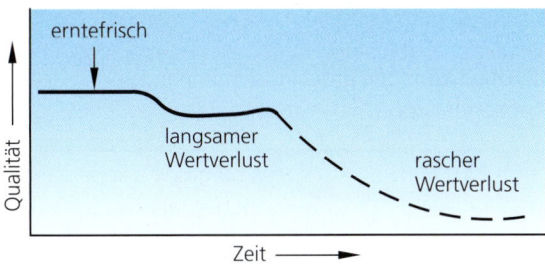

Qualitätsverlauf bei Lagerung von Lebensmitteln

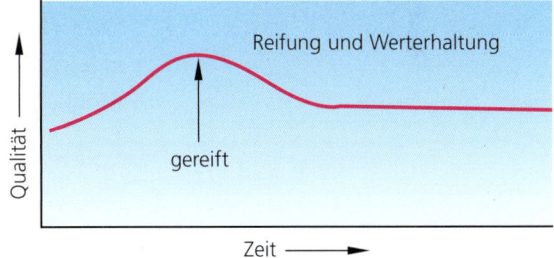

Qualitätsverlauf bei reifenden Lebensmitteln

Man unterscheidet deshalb

- **leicht verderbliche Lebensmittel,**
  die meist einen hohen Wasser- oder Eiweißgehalt aufweisen. Darum werden sie von den lebensmittelverderbenden Mikroben bevorzugt. Beispiele: Milch, Fisch, Hackfleisch. Bei diesen Lebensmitteln sind die Aufbewahrungstemperaturen vorgeschrieben. Nach Ablauf des Verbrauchsdatums dürfen sie nicht mehr verwendet werden.

- **verderbliche Lebensmittel,**
  die bei richtiger Behandlung verhältnismäßig lange zu lagern sind. Beispiele: Äpfel, Zwiebeln, Kartoffeln, Pflanzenfett.

- **haltbare Lebensmittel,**
  die meist wenig Wasser enthalten und bei richtiger Lagerung nur sehr langsam oder nicht verderben. Beispiele: Zucker, Reis, Linsen.

Bei der Werterhaltung von Lebensmitteln geht es darum, den erwünschten Zustand der Lebensmittel möglichst zu erhalten.

Man spricht von

- **Aufbewahrung,**
  wenn die Eigenschaften für verhältnismäßig **kurze Zeit** erhalten werden sollen, z. B. vom Einkauf bis zur Verarbeitung in den folgenden Tagen;

- **Lagerung,**
  wenn Lebensmittel für **längere Zeit** verzehrbereit sein sollen. Man lagert z. B. Kartoffeln, Möhren, Äpfel;

- **Konservierung,**
  wenn die Lebensmittel für lange Zeit erhalten werden sollen.

Einführung

DIE GESUNDHEIT SCHÜTZEN

6.1 Lebensmittelverderb

Ursachen des Verderbs

Meist wirken mehrere Vorgänge zusammen, wenn Nahrungsmittel verderben. Es können sein

- **physikalische Veränderungen:**
  Zellwände von Obst und Gemüse platzen bei Frost; Austrocknung, Aromaverluste durch Verdunstung,
- **biochemische Veränderungen:**
  Wirkung der Eigenenzyme, Bräunung von Schnittflächen, z. B. bei rohen Kartoffeln, Äpfeln.
- **Veränderungen durch Mikroorganismen:**
  Schmierigwerden von Fleisch, Gären von Marmelade, Verschimmeln von Brot usw.

Die häufigsten **Ursachen des Verderbens** sind **Enzyme**, die zu biochemischen Veränderungen führen, und **Mikroorganismen**.

Die verschiedenen Konservierungsverfahren haben darum zum Ziel, die Wirksamkeit der Mikroorganismen auszuschalten oder wenigstens einzuschränken.

Entsprechend den Lebensbedingungen ergeben sich folgende **Möglichkeiten der Konservierung:**

> **Physikalische Veränderungen** wie Frostschäden oder Austrocknung können durch richtige Lagerung und Verpackung weitgehend vermieden werden. Bei den einzelnen Lebensmitteln wird darauf besonders hingewiesen.

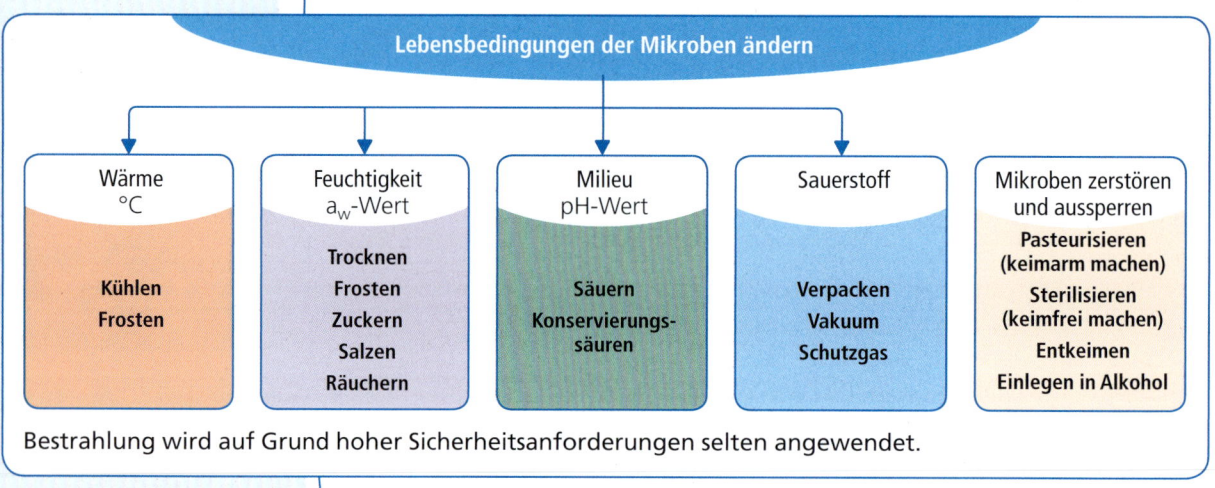

Möglichkeiten der Konservierung

> Je stärker man ein Lebensmittel abkühlt, desto langsamer verdirbt es.
> Diese Grundregel gilt bis zu etwa +6 °C.

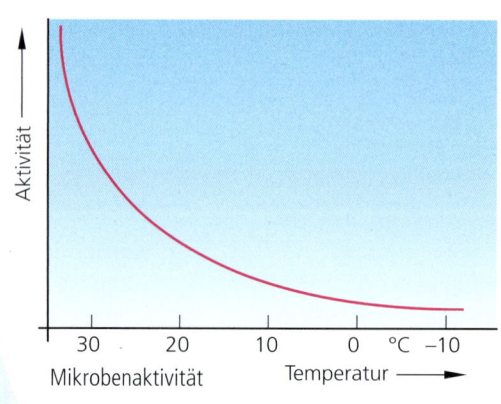

6.2 Werterhaltung

Kühlen

Kühlen ist die zur kurzfristigen Aufbewahrung am häufigsten angewandte Methode; Kühlschrank und Kühlraum dienen dazu.

Da Pflanzenteile wie Gurken oder Kopfsalat auch nach der Ernte noch „weiterleben", können bei zu starker Abkühlung die Stoffwechselvorgänge in den Zellen zum Erliegen kommen. Das Gemüse verdirbt, obwohl es gekühlt ist. **Salatgemüse** sind besonders empfindlich.

Darum hat man **Kühlräume** mit unterschiedlicher Temperatur für
Fleisch und Fleischwaren: +2 °C bis +4 °C
Gemüse, Obst: +6 °C bis +8 °C

Im Kühlschrank ist es **unter dem Verdampfer am kältesten**, in der Gemüseschale am wärmsten. Die **Lebensmittel sind abzudecken** oder zu verpacken, damit sie vor fremden Gerüchen geschützt sind und nicht abtrocknen.

Kühlräume müssen in regelmäßigen Abständen vollständig gereinigt werden, weil sich an den Wänden und an den Einrichtungsgegenständen Mikroben festsetzen. Die kälteliebenden Arten können auch bei Kühlraumtemperaturen wirken.

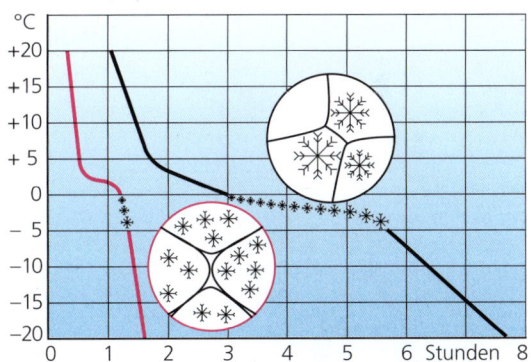
Temperaturzonen im Kühlschrank

> Für die gewerblichen Betriebe ist vorgeschrieben, dass in „Fleischkühlräumen" keine anderen Lebensmittel gelagert werden dürfen, weil die Gefahr besteht, dass von diesen Mikroben und Schädlinge auf das Fleisch übertragen werden können.

Tiefgefrieren – Frosten

Das Tiefgefrieren eignet sich für längere Lagerung. Es ist die schonendste Methode, Lebensmittel für längere Zeit haltbar zu machen. Aber auch tiefgefrorene Lebensmittel sind **nicht unbegrenzt haltbar**, denn durch den Wärmeentzug ist die Tätigkeit der Mikroben und Enzyme nur verlangsamt. Ganz zum Stillstand kommt sie nicht. So wird z. B. Fett auch tiefgefroren ranzig.

In den Zellen der pflanzlichen und tierischen Lebensmittel befindet sich Zellsaft, in dem Mineralstoffe gelöst sind. Durch den Mineralstoffgehalt wird der Gefrierpunkt verschoben, und beim Abkühlen der Lebensmittel bilden sich die Eiskristalle erst bei Temperaturen von mehreren Graden unter 0 °C. Will man eine qualitativ hochwertige Frostware, muss dieser Bereich der „maximalen Kristallbildung" rasch durchlaufen werden. Das geschieht bei –35 °C; man spricht darum auch von **Schockfrosten**.

Schockfrosten und Frosten

> Wird den Lebensmitteln zu langsam Wärme entzogen, bilden sich unregelmäßig große Eiskristalle, die dann beim Auftauen zu Qualitätsverlusten führen.

Hinweise

- Nur frische, einwandfreie Ware frosten, denn die Qualität kann nicht verbessert, sondern nur erhalten werden.
- Gemüse vor dem Frosten kurz blanchieren und anschließend sofort abschrecken. Dadurch werden Enzyme zerstört, das Gemüse ist länger lagerfähig.
- Gefrierware luftdicht verpacken, denn sonst verdampft Zellflüssigkeit (Gefrierbrand).
- Hackfleisch und rohe Zubereitungen daraus dürfen im Gastgewerbe üblicherweise nicht eingefroren werden. Die vorgeschriebene Gefriergeschwindigkeit ist nur mit Schockfroster möglich.
- Genau beschriften, denn gefrostete Ware ist auch im durchsichtigen Plastikbeutel nur schwer erkennbar.
- Zum Einfrieren die Ware möglichst breit auslegen, denn so kann die Kälte schneller eindringen.
- Die Lagertemperatur muss mindestens –18 °C betragen.

Einführung

DIE GESUNDHEIT SCHÜTZEN

Schneebildung bei stückiger Ware

Mängel bei der Lagerung von Tiefkühlkost

Wenn die Lagertemperatur stark schwankt, z. B. wenn wiederholt Warmes zum Abkühlen in den Froster gegeben wird, dann tauen die Randschichten gefrosteter Ware an und Wasser verdunstet aus den Randschichten.

- Bei loser Ware in Packungen ist dieses Wasser als **„Schnee"** sichtbar. Die Ware ist ausgetrocknet und von geringer sensorischer Qualität.
- Durch Auftauen und Wiedereinfrieren können sich Keime vermehrt haben. Die hygienische Qualität ist gemindert.
- Bei Einzelstücken kommt es zu **Gefrierbrand**, wenn die Verpackung verletzt ist oder unverpackte Ware im Froster gelagert wird. An den defekten Stellen der Verpackung geht das Wasser der Zellen in die Umgebungsluft über. Das Produkt hat eine eingeschränkte sensorische Qualität – es schmeckt trocken und strohig. Die hygienische Qualität ist von Gefrierbrand nicht betroffen.

Richtiges Auftauen

- Kleine Stücke, wie portionierte Stücke von Fisch oder Fleisch, nur antauen. Die Wärme dringt rasch bis zum Kern vor, sodass der Tausaft nicht ausfließen kann.
- Große Stücke, wie z. B. Geflügel im Ganzen, langsam, am besten im Kühlraum, auftauen, denn so entstehen die geringsten Verluste.
- Blockware, wie z. B. pürierter Spinat, in ein Gefäß mit etwas Wasser geben und erhitzen.
- TK-Ware wie Gemüse immer gefroren garen und nicht antauen (Saftverlust und längere Garzeit als im gefrorenen Zustand).

Hähnchen mit Flecken durch Gefrierbrand

Überblick über weitere Verfahren der Haltbarmachung

Die Lebensmittelbevorratung über einen längeren Zeitraum wird heute fast ausschließlich von der Lebensmittelindustrie und vom Handel übernommen. Dort werden weitere Konservierungsverfahren angewandt. Für die sachgerechte Lagerung und den richtigen Umgang mit den Produkten genügt hier ein Überblick.

Verderbnis- und Krankheitserreger werden bei höheren Temperaturen abgetötet. Zugleich verändert sich unter der Wärmeeinwirkung das Lebensmittel. So hat z. B. ein Gulasch aus der Dose eine faserigere, trockenere Fleischbeschaffenheit als bei einem selbst hergestellten Gericht. Um die Veränderungen in Grenzen zu halten, wendet man darum beim Konservieren nur so viel Wärme an, wie für die erwünschte Haltbarkeit unbedingt erforderlich ist.

Sterilisieren

Haltbarkeit: mehrere Jahre.

Viele Verderbniserreger werden bei 100 °C abgetötet und die Lebensmittel sind dann lange haltbar. Eiweißhaltige Lebensmittel werden jedoch auch von sporenbildenden Mikroben befallen (vgl. S. 62). Die Überlebensform der Bazillen, **die Sporen**, werden bei Kochtemperatur nicht zerstört. Man erhitzt darum unter Druck auf rund 120 °C.

Weiterverwendung: Das eigentliche Garen entfällt, weil die Lebensmittel durch die Sterilisierung schon gegart sind. Vielfach müssen sie nur noch auf Serviertemperatur gebracht oder fertiggestellt werden.

Pasteurisieren

Manche Lebensmittel müssen nicht so lange haltbar sein oder sie verändern sich bei starker Erhitzung in einer Weise, die nicht erwünscht ist (z. B. Milch, Saft). Dann wird nur kurze Zeit erhitzt und rasch wieder abgekühlt. Die Lebensmittel sind dann zwar nicht so lange haltbar, doch wird z. B. eventueller Kochgeschmack vermieden.

> Lagerfähigkeit: Auch bei kühler Aufbewahrung nur begrenzt.

Trocknen

Durch Wasserentzug werden die Mikroben und Enzyme in der Wirksamkeit gehemmt. Man wendet das Trocknen vor allem bei Reis, Teigwaren, Hülsenfrüchten, Gewürzen, Küchenkräutern und bei Dörrobst an.

Lagerfähigkeit: Mehrere Jahre. Auf trockene Luft ist zu achten. Verpackt aufbewahren, um Geruchsübertragungen zu vermeiden.

Beim **Gefriertrocknen** wird das Lebensmittel zunächst gefroren. Anschließend verdunstet das Eis direkt zu Wasserdampf. Dabei bleibt die Beschaffenheit des Lebensmittels gut erhalten. Die Qualität ist besser als beim gewöhnlichen Trocknen.

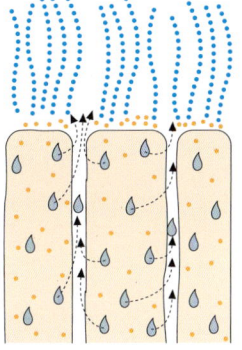

Beim Trocknen verdampft das Wasser an der Oberfläche.

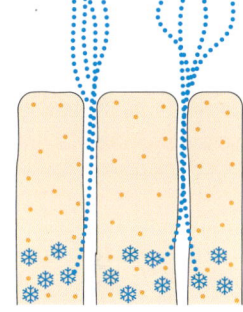

Beim Gefriertrocknen geht das Eis direkt in Dampf über.

Salzen, Pökeln

Salz wirkt wasserentziehend und senkt den a_w-Wert, der Gehalt an verfügbarem Wasser wird verringert.

Pökeln ist ein besonderes Salzungsverfahren, bei dem statt einfachem Kochsalz ein Pökelsalz (Nitrit) eingesetzt wird. Beim späteren Abbau entsteht aus Nitrit Stickstoffoxid, das konservierend wirkt. Dadurch wird z. B. Ranzigwerden von Fett verzögert. Außerdem verleiht es dem Fleisch eine angenehme rötliche Farbe. Nitrit ist in großen Mengen giftig, deswegen wird es in einer Salz-Nitrit-Mischung verwendet.

> Haltbarkeit: Sehr unterschiedlich und von den angewendeten Verfahren abhängig. Während z. B. gekochter Schinken im Kühlschrank aufzubewahren ist, kann roher Schinken bei Raumtemperatur lagern.

Räuchern

Der Rauch, der beim Verglimmen von Spänen, Sägemehl oder Hölzern entsteht, wird an Fisch oder Fleischwaren vorbeigeführt, um diese dadurch haltbarer zu machen und geschmacklich zu verändern. Beim **Heißräuchern** werden Temperaturen von mehr als 75 °C erreicht. Hier trägt auch der Wasserverlust zur Haltbarkeit bei. Beim **Warmräuchern** liegt die Räuchertemperatur bei etwa 40 °C. Das **Kalträuchern** (um 20 °C) dauert oft mehrere Tage oder Wochen.

> Haltbarkeit: mehrere Monate.

Zuckern

Zucker bindet Wasser, die Mikroben werden in ihrer Tätigkeit gehemmt. Beim Kochen von Konfitüre und Gelee wird die Frucht-Zucker-Mischung durch die hohe Temperatur zusätzlich keimfrei.

> Haltbarkeit: Mindestens ein Jahr.

DIE GESUNDHEIT SCHÜTZEN

Haltbarkeit: Beschränkt, vielfach wird zusätzlich sterilisiert, z. B. Sauerkraut, Essiggurken.

Säuern

Durch Zugabe von Säure (Essig) oder Bildung von Säure in den Lebensmitteln (Milchsäure im Sauerkraut) werden die Mikroben gehemmt.

Alkoholkonservierung

Haltbarkeit: Bis zu zwei Jahren.

Legt man Lebensmittel in hochprozentigen Alkohol ein (z. B. Rumfrüchte), werden diese für lange Zeit haltbar. Außerdem führt der Alkohol zu einem Wasserentzug im Lebensmittel. Dabei ist jedoch zu bedenken, dass sich Farbe, Geschmack und Konsistenz verändern. Außerdem sind die Lebensmittel nicht mehr für jede Gästegruppe (z. B. Kinder, Kranke) geeignet.

Chemische Konservierungsstoffe

Auf den Gehalt an chemischen Konservierungsstoffen muss hingewiesen werden.

Diese Stoffe wirken direkt auf die Mikroorganismen, zerstören sie oder behindern sie erheblich. Die Konservierungsstoffe sind auf ihre gesundheitliche Unbedenklichkeit geprüft und dürfen nur bestimmten Lebensmitteln in festgesetzten Höchstmengen beigegeben werden.

Vakuumieren

Beim Vakuumieren (auch Vakuumverpacken genannt) von Nahrungsmitteln werden diese in eine Folie eingeschweißt, und durch eine Öffnung wird die Luft aus der Folie herausgesaugt. Bei dieser Methode werden zwar keine Mikroorganismen getötet, jedoch werden das Wachstum und die Toxinproduktion von aeroben Bakterien und Pilzen eingeschränkt. Häufig wird beim industriellen Vakuumieren zusätzlich noch ein Schutzgas wie Kohlenstoffdioxid oder Stickstoff eingesetzt. Dieses ist geruchlos, geschmacksneutral und verdrängt Bakterien.

Haltbarkeit: Wird ein vakuumverpacktes Produkt zusätzlich gekühlt, kann es eine Haltbarkeit von bis zu sechs Wochen erreichen.

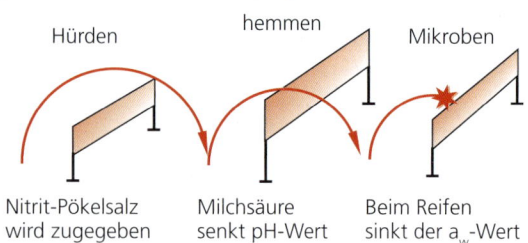

Hürden — hemmen — Mikroben
Nitrit-Pökelsalz wird zugegeben
Milchsäure senkt pH-Wert
Beim Reifen sinkt der a_w-Wert

Hürden-Effekt am Beispiel Rohwurst

Hürden-Effekt

Alle Haltbarmachungsverfahren verändern die Lebensmittel in irgendeiner Form. Durch Kombination unterschiedlicher Verfahren kann man haltbar machen und zugleich die Veränderungen gering halten. Dabei wird den Mikroben gleichsam anstelle einer großen Sperre eine Reihe von Hürden entgegengestellt.

Fermentation

Von **Fermentation** spricht man, wenn Lebensmittel durch Enzyme oder auch Mikroorganismen gezielt verändert werden. Das geschieht z. B. klassisch bei der Verarbeitung von Tee oder beim Säuern von Sauerkraut. Dadurch werden die sensorischen Eigenschaften der Lebensmittel gezielt verändert – was zu interessanten Geschmackserlebnissen führen kann. So geben sauer und mit Salz eingelegte Gemüse andere Aromen, Knoblauch und Sauerkraut werden milder.

Ernährung für eine gesunde Lebensweise

❶ Einführung

Für den Aufbau des Körpers und zur Erhaltung des Lebens nehmen wir die verschiedensten **Lebensmittel** zu uns. Sie unterscheiden sich durch verschiedene **Inhaltsstoffe** in unterschiedlichen Konzentrationen. Die Ausgewogenheit dieser Inhaltsstoffe ist der Grundstein einer gesundheitsfördernden und effizienten Ernährung. Deshalb empfiehlt die **Deutsche Gesellschaft für Ernährung (DGE)** eine Ernährungsform, die **vollwertige Ernährung** genannt wird. So sollen die Leistungsfähigkeit des Menschen gefördert und ernährungsbedingte Erkrankungen vermieden werden.

1.1 Grundsätze vollwertiger Ernährung

Die richtige Nahrungsmenge

Die Energiezufuhr muss auf den Bedarf des Körpers abgestellt sein. Lebensbedingungen und Essgewohnheiten haben sich geändert: Unsere Ernährung ist **energiereicher als früher,** die körperliche Belastung dafür **meistens geringer**. Wer über längere Zeit mehr Energie zuführt, als der Körper benötigt, bekommt **Gewichtsprobleme**. Andererseits haben Menschen bei starken körperlichen Tätigkeiten einen höheren Energieverbrauch und müssen die Nahrungsmenge entsprechend anpassen.

Die wichtigen Nährstoffe und Wirkstoffe

Nicht die Menge allein macht es, es muss auch das Richtige sein, was man zu sich nimmt. Bei einer vollwertigen Ernährung müssen alle unentbehrlichen (essenziellen) Nährstoffe und Wirkstoffe in ausreichender Menge zugeführt werden. Fehlen sie, können Körperzellen und Organe nicht ausreichend versorgt werden. Vorgänge im Körper werden verlangsamt oder eingestellt. Anzeichen dafür können Müdigkeit, Kraftlosigkeit oder schnelle Gereiztheit sein.

Die richtige Kombination

Für jeden Menschen gelten andere Wirkstoff-Kombinationen als ideal. Sportler benötigen mehr Eiweiß und Mineralstoffe. Bei älteren Menschen wird die Energiezufuhr insgesamt reduziert, die Kombination bleibt.

Die richtige Verteilung

Der menschliche Körper unterliegt biologisch bedingten Leistungsschwankungen innerhalb des Tagesablaufs. Leistungsfähig bleibt, wer den zeitlich unterschiedlichen Bedarf beachtet und entsprechend isst.

● **Wichtig:** Eine Ernährung ist dann vollwertig, wenn alle erforderlichen Nährstoffe und Wirkstoffe in der benötigten Menge aufgenommen werden.

Nahrungsauswahl

Die richtige Nahrungsauswahl ist ein Baustein der vollwertigen Ernährung. Dafür eignet sich am besten eine abwechslungsreiche, gemischte Kost. Das Schema des **Ernährungskreises (s. nächste Seite)** stellt eine Hilfe dar, um die Lebensmittelauswahl zu überprüfen.

Weitere Informationen dazu im Zusatzmaterial auf unserer Website und unter www.dge.de

Ernährungskreis

Der Ernährungskreis der **Deutschen Gesellschaft für Ernährung e.V. (DGE)** dient als Wegweiser für eine vollwertige Ernährung. Er teilt das reichhaltige Lebensmittelangebot in sieben Gruppen ein und erleichtert so die tägliche Lebensmittelauswahl.

● Die Größe der Kreissegmente verdeutlicht das Mengenverhältnis der einzelnen Lebensmittelgruppen zueinander.

Einführung

ERNÄHRUNG FÜR EINE GESUNDE LEBENSWEISE

Je größer ein Segment des Kreises ist, desto größere Mengen sollten täglich aus der Gruppe verzehrt werden.

Lebensmittel aus kleinen Segmenten sollten sparsam verwendet werden. Für eine gesundheitsfördernde, vollwertige Ernährung wird empfohlen, täglich Lebensmittel aus allen sieben Gruppen zu verzehren, das dargestellte Mengenverhältnis zu berücksichtigen und innerhalb der Gruppen zwischen den Lebensmitteln abzuwechseln.
Ist die Zusammenstellung an einem Tag nicht ausgewogen, dann sollte an den folgenden Tagen bewusst vollwertig ausgewählt und gegessen werden. Auf die ausgeglichene Wochenbilanz kommt es an.

Weitere Informationen dazu im Zusatzmaterial auf unserer Website und unter www.dge.de

- zuckerarme Getränke
- Getreideprodukte/Kartoffeln
- Obst/Gemüse
- Tierische Produkte
- Öle und fettreiche LM
- Süßigkeiten, süße Getränke

DGE-Ernährungskreis;
© Deutsche Gesellschaft für Ernährung e.V., Bonn

Zuckerarme Getränke wie Tee, Mineralwasser oder Saftschorle bilden mengenmäßig die größte Lebensmittelgruppe (empfohlen: 1,5 Liter pro Tag).

Danach folgen die pflanzlichen Lebensmittel **Getreideprodukte/Kartoffeln** und **Obst/Gemüse**. Sie stellen die Basis einer vollwertigen Ernährung dar und liefern Kohlenhydrate, reichlich Vitamine, Mineralstoffe, Ballaststoffe und sekundäre Pflanzenstoffe.

Tierische Produkte – möglichst fettarm – ergänzen in kleineren Portionen den täglichen Speiseplan. Sie versorgen den Körper mit hochwertigem Protein, Vitaminen und Mineralstoffen.

Öle und fettreiche Lebensmittel sollten in geringen Mengen verzehrt werden. Dabei ist die Qualität des Fettes ausschlaggebend: pflanzliche Öle sowie Fische liefern die essenziellen Fettsäuren (wie die Omega-3-Fettsäuren).

Deckt die tägliche Ernährungsweise alle Gruppen des Ernährungskreises in den empfohlenen Mengen ab, bleibt Raum für kleine „Extras" wie **Süßigkeiten, süße Getränke** oder gesalzene Knabberartikel. Solange die Energie- und Nährstoffbilanzen stimmen, ist nichts gegen den bewussten Genuss dieser Lebensmittel einzuwenden, auch wenn sie wenig essenzielle Nährstoffe, dafür aber meistens viel Fett und Zucker enthalten.

1 Einführung

Die 10 Regeln zur gesunden Ernährung (in Anlehnung an die DGE)

1. Abwechslungsreich essen
Kombinieren Sie energiearme Lebensmittel mit nährstoffreichen Produkten. Pflanzliche Lebensmittel unterstützen eine gesundheitsbewusste Ernährung.

2. Ausreichend Getreide, möglichst Vollkorn
Vollkornprodukte aus Getreide wie z. B. Nudeln, Brot und Reis enthalten wichtige Ballaststoffe, Eiweiße, Vitamine und Mineralstoffe, dagegen aber bei bewusster Zubereitung wenig Fett.

3. Gemüse und Obst – Nimm „5 am Tag"
Dabei gilt eine Handvoll als eine Portion. Ersetzen kann man das Obst (1 Port.) und Gemüse (4 Port.) mit Smoothies. Über den Tag verteilt, werden Sie mit ausreichend Wirkstoffen und Begleitstoffen versorgt.

4. Täglich Milch- und Milchprodukte, ein- bis zweimal in der Woche Fisch, wenig Fleisch und Wurstwaren
Sie werden reichlich mit wertvollen Nährstoffen versorgt, nehmen hochwertige Eiweißstoffe zu sich. Auf eine angemessene Fettaufnahme ist jedoch zu achten. Die Fleisch- und Wurstaufnahme sollte zwischen 300-600 g pro Woche liegen.

5. Wenig Fett und fettreiche Lebensmittel
Fett besitzt einen hohen Energiewert, aber auch lebensnotwendige (essenzielle) Fettsäuren, die überwiegend in pflanzlichen Ölen vorhanden sind. Auf versteckte Fette in Lebensmitteln ist zu achten.

6. Zucker und Salz in Maßen
Genießen Sie Zucker, zuckerreiche Lebensmittel und Getränke nur in Maßen. Natrium ist natürlicherweise in Rohstoffen enthalten. Salz sollte deshalb nur sparsam verwendet werden. Gewürze und Kräuter ergänzen den Geschmack und gleichen geringere Mengen von Salz und Zucker aus.

7. Reichlich Flüssigkeitsaufnahme
Trinken Sie etwa 1,5 Liter energiearme Flüssigkeiten, hauptsächlich Wasser, pro Tag. Der Körper benötigt Wasser zur Erledigung lebensnotwendiger Aufgaben.

8. Schonende Zubereitungen
Garen Sie nur so lange wie nötig. Zur Erhaltung der Nährstoffe verwenden Sie wenig Fett und angemessene Flüssigkeitsmengen. Als schonende Garverfahren gelten Dünsten und Dämpfen.

9. Nehmen Sie sich Zeit zum Essen
Das Sättigungsgefühl setzt erst zeitverzögert ein. Lassen Sie sich Zeit beim Essen, damit dieses Gefühl nicht zu spät einsetzt und ein unangenehmes „Völlegefühl" entsteht. Kauen Sie ausreichend, damit wird die Nährstoffaufnahme und zusätzlich die Sättigung unterstützt.

10. Achten Sie auf Ihr Gewicht und bleiben Sie in Bewegung
Mit einer vollwertigen Ernährung und körperlichen Aktivitäten regulieren Sie Ihr Gewicht und fördern Ihre Gesundheit.

Neben der Einhaltung dieser Regeln ist auch eine **gesunde Lebensweise** für das Wohlergehen wichtig.

Hierzu gehören:
- Ausreichend schlafen
- Stress vermeiden
- Auf Alkohol und andere Drogen vollständig verzichten
- Häufig an der frischen Luft aufhalten

1.2 Lebensmittel-Inhaltsstoffe und ihre Wirkung

Um sich und seinen Gästen eine vollwertige und ausgewogene Ernährung anbieten zu können, sind Kenntnisse über die Bedeutung und Eigenschaften der Inhaltsstoffe von Lebensmitteln wichtig.

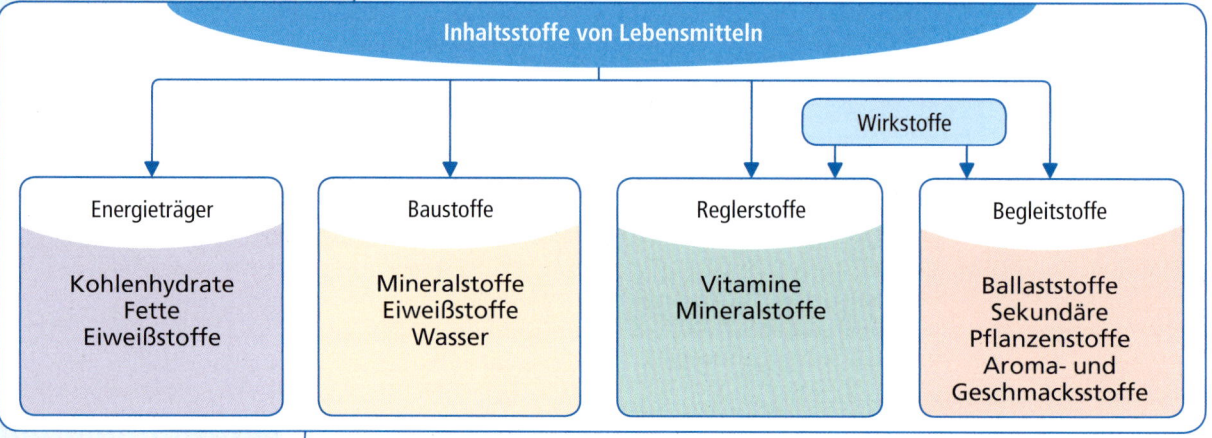

Inhaltsstoffe von Lebensmitteln können nach verschiedenen Kriterien unterteilt werden, z. B. nach den **Aufgaben** im Körper in Nährstoffe und Begleitstoffe:

Nährstoffe

- Energieträger wie Kohlenhydrate und Fette sind Energielieferanten für Atmung, Herztätigkeit und Arbeitsleistung sowie für die Aufrechterhaltung der Körpertemperatur.
- Baustoffe benötigt der Körper für das Wachstum und den Ersatz von verbrauchten Körperzellen. Hierzu zählen Eiweiß, Mineralstoffe und Wasser.
- Reglerstoffe regeln die Abläufe im Körper und dienen dem Schutz vor bestimmten Krankheiten. Dazu zählen Vitamine und Mineralstoffe.

Begleitstoffe

- Ballaststoffe können durch Verdauung nicht aufgeschlossen werden, regen aber die Darmbewegung an und beugen u. a. einer Verstopfung vor.
- Sekundäre Pflanzenstoffe wirken gesundheitsfördernd und schützen z. B. vor der schädlichen Wirkung freier Radikale. Damit senken sie das Risiko einiger Krebserkrankungen.
- Aroma- und Geschmacksstoffe fördern die Absonderung von Verdauungssäften und damit den Appetit.

Anforderungen an den Koch

Köche stellen sich der Herausforderung, ihre Gäste bei einer bewussten Ernährung zu unterstützen – sie müssen jedoch fundiertes Wissen über die zu verarbeitenden Lebensmittel besitzen. In der täglichen Arbeit stellen sich zu den Nährstoffen viele Fragen:

- Wie ist ihr Aufbau? Welche Arten unterscheidet man?
- Welche Bedeutung für den menschlichen Körper haben sie?
- Welche küchentechnischen Eigenschaften sind zu beachten?
- Wie können die Nährstoffe bei der Nahrungszubereitung genutzt bzw. geschont werden (Erhalt von Vitaminen und Mineralstoffen)?

Die Erläuterungen zu den Lebensmittelinhaltsstoffen in den nächsten Kapiteln sind daher grundlegendes Wissen für die tägliche Arbeit.

2 Kohlenhydrate

🇬🇧 carbohydrates 🇫🇷 hydrates (m) de carbone

Kohlenhydrate begleiten uns in vielen Formen durch den Lebensalltag: als natürlicher Zuckerstoff in Obst und Gemüse, als Stärke in Kartoffeln, Brot und Nudeln oder als Süßungsmittel in Speisen und Getränken. Auch aus dem beruflichen Alltag sind Kohlenhydrate nicht wegzudenken: als Mehl zum Binden von Saucen, als Hauptbestandteil von Teigen, als Reis in Beilagen und Gemüsefüllungen oder zum Süßen und Dekorieren als Zucker, Puderzucker oder Hagelzucker.

Kohlenhydrate sind wichtige Bestandteile unserer Ernährung, können für einzelne Menschen aber auch unverträglich sein oder müssen krankheitsbedingt in der Aufnahme reduziert werden. Gastronomische Einrichtungen besitzen Verantwortung gegenüber ihren Gästen. Grundkenntnisse über kohlenhydrathaltige Rohstoffe und Lebensmittel erleichtern es, den täglichen Erfordernissen gerecht zu werden.

100	Zucker
72	Makkaroni
19	Kartoffeln ohne Schalen
18	Big Mac

60	Trockenobst
50	Hülsenfrüchte
18	Hähnchen – Nuggets
12	Äpfel
12	Crispy Stripes
10	Gemüse

Durchschnittlicher Kohlenhydratgehalt in %

2.1 Ernährungsproblematik

Die Energieaufnahme durch Kohlenhydrate hat sich in den letzten Jahrzehnten stark verändert. Der Konsum von z. B. Zucker liegt bei etwa 35 kg/Jahr pro Person, nur ein geringer Teil wird davon in selbst hergestellten Lebensmitteln verarbeitet. Sehr viel Zucker wird mit Süßigkeiten und Getränken aufgenommen. Zucker ist aber ein „leeres" Nahrungsmittel, weil er nur Energie, aber keine Vitamine oder Mineralstoffe enthält. Über einen erhöhten Zuckerverbrauch entsteht ein Energieüberschuss, der zu Übergewicht führt. Gleichzeitig kann es zu einem Mangel an Vitaminen und Mineralstoffen kommen.

● Bei einer gesunden Ernährungsweise sollte Zucker nur als Würzmittel verwendet werden.

Kohlenhydrate sind in einer ausgewogenen Ernährung der größte Energielieferant, aber auch der vielseitigste. Je nach Zusammensetzung der Bausteine sind Kohlenhydrate leicht verdaulich bis schwerer verdaulich. Der Energiewert bleibt jedoch immer gleich. Ein bewusster Umgang mit kohlenhydrathaltigen Lebensmitteln und Rohstoffen ist zu beachten.

Kohlenhydratreiche Rohstoffe und Lebensmittel

Einführung

ERNÄHRUNG FÜR EINE GESUNDE LEBENSWEISE

2.2 Entstehung der Kohlenhydrate

Kohlenhydrate bilden in der Regel den Hauptanteil der menschlichen Nahrungsaufnahme. Ihre Aufgabe besteht in der Lieferung von Energie. 1 g Kohlenhydrate liefert 17 kJ. Diese wird für Körperleistungen wie Atmen, Bewegen oder Denken verwendet.

Kohlenhydrate entstehen in Pflanzen. Pflanzen bilden aus dem Kohlendioxid (CO_2) der Luft, dem Wasser (H_2O) des Bodens, der Energie des Sonnenlichtes sowie mit der Hilfe des Blattgrüns (Chlorophyll) **Einfachzucker**. Diesen Vorgang nennt man **Fotosynthese**.

Kohlenhydrate bestehen aus den Elementen C, H, O, unterscheiden sich aber im chemischen Aufbau und ihrer Zusammensetzung. Damit haben sie auch unterschiedliche Eigenschaften. Es werden kleinste Bausteine gebildet (z. B. Glukose).

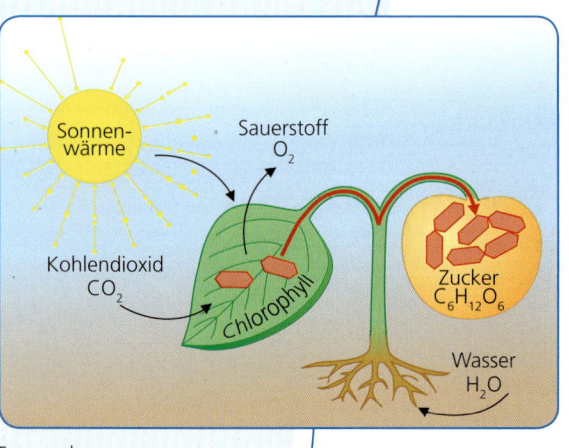

Fotosynthese

Elemente der Kohlenhydrate	Süßkraft von Kohlenhydraten
• C – Kohlenstoff • H – Wasserstoff • O – Sauerstoff	• Zucker (Haushaltszucker) 100% • Traubenzucker ca. 75% • Fruchtzucker ca. 135% • Milchzucker ca. 30% • Malzzucker ca. 50%

Der Einfachheit halber unterscheidet man Kohlenhydrate nach der Anzahl der zum Aufbau verwendeten Einfachzucker:
- Einfachzucker → ein Baustein
- Zweifachzucker → zwei Bausteine
- Vielfachzucker → 5 – mehrere tausend Bausteine

Zucker
🇬🇧 sugar 🇫🇷 sucre (m)

2.3 Einteilung der Kohlenhydrate

Einfachzucker

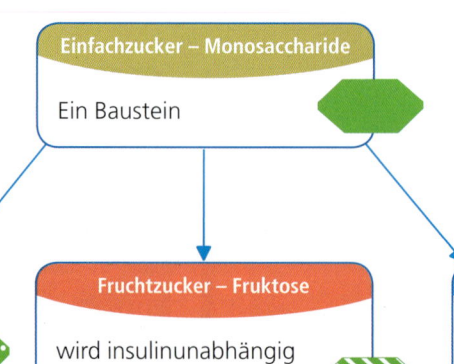

In der Gruppe der Einfachzucker sind Traubenzucker und Fruchtzucker für Ernährung und Lebensmittelzubereitung von Bedeutung. Beide wirken wasseranziehend (hygroskopisch) und sind vergärbar. Vorsicht ist bei Personengruppen mit Einschränkungen geboten. Lebensmittel mit hohem Traubenzuckeranteil dürfen bei Diabetes mellitus (Zuckerkrankheit, Seite 125) nur kontrolliert zu sich genommen werden. Fruchtzucker ist für diese Personen verträglicher, da es insulinunabhängig abgebaut wird.

Personen mit Fruchtzuckerunverträglichkeit (Seite 128) sollten beim Verzehr von Fruchtzucker vorsichtig sein. Sie können den Fruchtzucker nicht aus dem Darm leiten. Dieser wird bakteriell abgebaut und es kann zu körperlichen Beschwerden kommen.

Zweifachzucker

Zweifachzucker – Disaccharide
Zwei Bausteine

Malzzucker – Maltose
- Besteht aus zwei Bausteinen Glukose.
- Natürliches Abbauprodukt von Stärke (entsteht beim Keimen von Getreide).
- Verwendung bei der Alkoholherstellung (z. B. Bierproduktion).

Milchzucker - Laktose
- Besteht aus den Bausteinen Glukose und Galaktose.
- Bestandteil von Milch und Milchprodukten.
- Wird in der Lebensmittelverarbeitung, z. B. der Wurstherstellung, verwendet

Rohr- und Rübenzucker – Saccharose
- Besteht aus den Bausteinen Glukose und Fruktose und wird als Gebrauchszucker verwendet.

Bei den Zweifachzuckern nehmen **Rohr- und Rübenzucker** sowie **Milchzucker** eine bedeutende Rolle ein. Der Konsum von Zucker ist sehr hoch. Süßigkeiten, Trend-Getränke oder ein unüberschaubares Angebot an Süßspeisen fördern den übermäßigen Verzehr von Zucker. Damit steigt auch die Gefahr von Übergewicht und ernährungsbedingten Erkrankungen.

Rohr- und Rübenzucker

Umgangssprachlich versteht man unter Zucker die Saccharose, die aus Zuckerrübe oder Zuckerrohr gewonnen wird („Gebrauchszucker", „Haushaltszucker"). Dem menschlichen Körper liefert Zucker rasch Energie, weil er schnell verdaut werden kann.

Durch Zerkleinern der Zuckerrüben werden die Pflanzenzellen geöffnet. Zum Auslaugen leitet man Wasser auf die Rübenschnitze. Anschließend reinigt man den so gewonnenen Zuckersaft.

Durch Einkochen (Reduzieren) wird die Lösung konzentriert. Aus der eingedickten Zuckerlösung scheiden beim Abkühlen die Zuckerkristalle aus. Zentrifugieren ermöglicht eine Trennung der Zuckerkristalle vom Sirup, der **Rohzucker** ist entstanden. Er kommt so nicht in den Handel, sondern wird einer Reinigung unterzogen.

> **Handelssorten**
> Die folgenden Handelssorten werden aus Raffinade hergestellt:
> **Kristallzucker:** feinkörniger Zucker. Die unterschiedliche Körnigkeit wird mit Symbolen gekennzeichnet: Grob = G, mittel = M, fein = F. Zucker mit der Bezeichnung RF ist eine Raffinade feiner Körnung.
> **Puderzucker:** feinst gemahlene Raffinade für Dekorzwecke, auch für Glasuren.

Einführung

ERNÄHRUNG FÜR EINE GESUNDE LEBENSWEISE

Dekorpulver: Puderraffinade mit wasserabweisenden Zusätzen. Wird von der Feuchtigkeit der Backwaren nicht so rasch aufgelöst.
Hagelzucker: besonders grobkörnige Raffinade, die zu Dekorzwecken verwendet wird.
Würfelzucker: zu Platten gepresster und anschließend zersägter Raffinadezucker.
Hutzucker: zu einer Kegelform gepresste Zuckerkristalle. Er wird zur Herstellung einer Feuerzangenbowle benötigt.
Fondant: gekochte Zuckerglasur aus Raffinade, Stärkesirup (Glukose) und Wasser. Er wird vor allem zum Glasieren von Backwaren (z. B. Petits fours) verwendet.

Zuckersorten

Das Angebot wird von Reinheit, Form und Farbe des Zuckers bestimmt.

Weißzucker (EG-Qualität II) sind Rohzuckerkristalle, die mit Dampf von anhaftenden Sirupresten befreit sind. Verwendung vorwiegend zum Backen.

Raffinade (EG-Qualität I) ist die reinste Zuckersorte. Die Zuckerkristalle werden dazu nochmals aufgelöst und gereinigt. Anschließend beginnt erneut die Kristallisation.

Gastronomische Bedeutung von Rohr- und Rübenzucker

Zucker wird überwiegend zum Süßen von Speisen verwendet. Die Süßkraft erhält Zucker aus den Bausteinen, aus dem er besteht: Traubenzucker und Fruchtzucker. Neben dem Süßen von Speisen findet Zucker viele weitere Einsatzmöglichkeiten, ist jedoch aufgrund seiner hohen Energie von 17 kJ/g gezielt zu verwenden.

Küchentechnologische Eigenschaften

Zucker löst sich leicht im Wasser. Die Patisserie nutzt diese Eigenschaften gezielt aus. Es werden Zuckerlösungen (Läuterzucker) hergestellt, indem Wasser mit Zucker im Verhältnis 1:1 aufgekocht wird. Je nach Verwendung kann das Zucker-Wasser-Verhältnis auch variieren. Läuterzucker kann auf Vorrat hergestellt werden und findet z. B. beim Süßen von Fruchtsalaten, Verdünnen von Glasuren oder der Herstellung von Halbgefrorenem (Parfait) Verwendung.

Zucker schmilzt bei Hitze. Diese Eigenschaft wird sowohl in der warmen, als auch in der kalten Küche genutzt. Beim Schmelzen wird aus den Kristallen zunächst eine klare, durchsichtige Masse. Im Garprozess mit z. B. festen Früchten können diese glasiert (s. Seite 219) werden. Bei weiterem Erhitzen wird Zucker zu Karamell. In der Patisserie werden daraus z. B. Karamellgitter gezogen. Erkaltet ist der geschmolzene Zucker hart. Im Bräunungsprozess farblich erst gelb, später goldbraun entsteht so die Grundmasse für viele Bonbonarten. In der Gastronomie wird karamellisierter Zucker z. B. für Karamellcreme oder Krokant verwendet. Erhitzt man das Karamell jedoch zu stark, wird es bitter und unbrauchbar.

Fondantüberzug

Läuterzucker

Karamellgitter

2 Kohlenhydrate

Zucker zieht Wasser an (wirkt hygroskopisch). Zucker ist darum auch konservierend, denn den Kleinstlebewesen wird das erforderliche Wasser als Lebensgrundlage entzogen. Der a_w-Wert (freies Wasser) wird gesenkt. Dies wird bei der Herstellung von z. B. Graved Lachs oder Zitronat angewendet. Aufgrund seiner hygroskopischen Eigenschaft verklumpt Zucker in feuchten Räumen. Am schnellsten verklumpt Puderzucker. Er nimmt mit der Luftfeuchtigkeit zusätzlich auch Fremdgerüche an. Puderzucker ist darum immer geschlossen zu lagern.

Gebeizter Lachs

Milchzucker

Die Aufnahme von Milchzucker durch Milch und Milchprodukte kann auch bei einer ausgewogenen Ernährungsweise problematisch werden. Viele Menschen können keine oder nicht ausreichend **Laktase** im Dünndarm bilden. Laktase ist das Enzym, das zur Spaltung des Milchzuckers (Laktose) benötigt wird.

Dadurch kommt es zu Verdauungsstörungen (Blähungen, Bauchkrämpfe, Durchfall). Betroffene dieser Milchzuckerunverträglichkeit **(Laktose-Intoleranz)** können vor dem Verzehr von Milch und Milchprodukten Laktase in Tablettenform zu sich nehmen oder mit Laktase versetzte („laktosefreie") Produkte verzehren.

Stärke
🇬🇧 starch 🇫🇷 fécule (w)

Vielfachzucker

Stärke ist ausschließlich aus Glukose aufgebaut und besteht aus
- ca. 20 % Amylose (Zellkern, wasserlöslich) und
- ca. 80 % Amylopektin (Hüllschicht, wasserunlöslich).
- Sie dient den Pflanzen als Vorratsspeicher.

Glykogen wird aus überschüssiger Glukose gebildet.
- Es ist ein Reservekohlenhydrat des menschlichen und tierischen Organismus.
- Geringe Mengen befinden sich in der Muskulatur, mehr in der Leber.
- Bei Bedarf (z. B. durch körperliche Tätigkeit) erfolgt ein Rückbau zur Glukose.

Vielfachzucker – Polysaccharide
… mehrere Bausteine

Dextrine entstehen durch den Abbau von Stärke durch z. B.
- enzymatische Spaltung durch Amylase während des Verdauungsprozesses oder
- Erhitzen ohne Flüssigkeit (Brotkruste oder Mehlschwitze).

Ballaststoffe sind überwiegend unverdauliche Kohlenhydrate und wichtiger Bestandteil einer ausgewogenen Ernährung.

Ballaststoffe werden ausführlich behandelt in Kapitel 6.1 auf Seite 112.

Einführung

ERNÄHRUNG FÜR EINE GESUNDE LEBENSWEISE

3 Lipide (Fette)

 fats 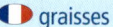 graisses (w)

Ernährungsproblematik

Ein Ernährungsproblem ist die Überversorgung mit Fett. Wir neigen dazu, durch unser Essverhalten zu viel Energie aufzunehmen. Ein immer größer werdendes Speisenangebot, versteckte Fette (siehe Tabelle S. 93) und unkontrolliertes Essen durch Stress im Alltag tragen dazu bei. Meist kommt noch ein geringer Energieverbrauch durch wenig Bewegung hinzu.

Überschüssig aufgenommenes Fett
- wird als **Energiereserve** im Unterhautfettgewebe gespeichert
- kann selbst bei Diäten nur schwer abgebaut werden und
- kann zu gesundheitlichen Beeinträchtigungen führen.

Fettaufnahme ist grundsätzlich nicht falsch, sondern lebensnotwendig. Bei der Nahrungsaufnahme ist in erster Linie auf die **Fettmenge** und die **Fettart** zu achten. Unsere tägliche Kost sollte nicht mehr als 30 % der Energie in Form von Fett enthalten. Dabei kann von folgenden Referenzwerten der DGE ausgegangen werden.

Referenzwerte der Energiezufuhr aus Fett pro Tag

Körperliche Aktivität in Arbeit und Freizeit						
Alter	leicht		mittel		schwer	
	m	w	m	w	m	w
15–19 Jahre	93 g	74 g	107 g	85 g	122 g	96 g
19–25 Jahre	93 g	70 g	107 g	81 g	122 g	93 g
25–51 Jahre	89 g	70 g	104 g	78 g	115 g	89 g
51–65 Jahre	81 g	67 g	93 g	74 g	104 g	85 g
65 Jahre und älter	74 g	59 g	85 g	67 g	93 g	78 g

Die Zahlen sagen erst einmal nichts über die Zusammensetzung der Fette und die Qualität für den menschlichen Körper aus. Grundsätzlich gelten pflanzliche Fette als gesundheitsfördernder als tierische Fette.

Beispiele für Fettlieferanten und Fettarten

Pflanzliche Fette		Tierische Fette	
Pflanze	Fettart	Tier	Fettart
Olivenbaum	Olivenöl	Rind und Lamm	Talg
Sonnenblume	Sonnenblumenöl	Kuh	Butter
Kokospalme	Kokosfett	Schwein	Schmalz, Speck
Raps	Rapsöl	Gans und Ente	Schmalz

Zucker zieht Wasser an (wirkt hygroskopisch). Zucker ist darum auch konservierend, denn den Kleinstlebewesen wird das erforderliche Wasser als Lebensgrundlage entzogen. Der a_w-Wert (freies Wasser) wird gesenkt. Dies wird bei der Herstellung von z. B. Graved Lachs oder Zitronat angewendet. Aufgrund seiner hygroskopischen Eigenschaft verklumpt Zucker in feuchten Räumen. Am schnellsten verklumpt Puderzucker. Er nimmt mit der Luftfeuchtigkeit zusätzlich auch Fremdgerüche an. Puderzucker ist darum immer geschlossen zu lagern.

Gebeizter Lachs

Milchzucker

Die Aufnahme von Milchzucker durch Milch und Milchprodukte kann auch bei einer ausgewogenen Ernährungsweise problematisch werden. Viele Menschen können keine oder nicht ausreichend **Laktase** im Dünndarm bilden. Laktase ist das Enzym, das zur Spaltung des Milchzuckers (Laktose) benötigt wird.

Dadurch kommt es zu Verdauungsstörungen (Blähungen, Bauchkrämpfe, Durchfall). Betroffene dieser Milchzuckerunverträglichkeit **(Laktose-Intoleranz)** können vor dem Verzehr von Milch und Milchprodukten Laktase in Tablettenform zu sich nehmen oder mit Laktase versetzte („laktosefreie") Produkte verzehren.

Stärke
🇬🇧 starch 🇫🇷 fécule (w)

Vielfachzucker

Stärke ist ausschließlich aus Glukose aufgebaut und besteht aus
- ca. 20 % Amylose (Zellkern, wasserlöslich) und
- ca. 80 % Amylopektin (Hüllschicht, wasserunlöslich).
- Sie dient den Pflanzen als Vorratsspeicher.

Glykogen wird aus überschüssiger Glukose gebildet.
- Es ist ein Reservekohlenhydrat des menschlichen und tierischen Organismus.
- Geringe Mengen befinden sich in der Muskulatur, mehr in der Leber.
- Bei Bedarf (z. B. durch körperliche Tätigkeit) erfolgt ein Rückbau zur Glukose.

Vielfachzucker – Polysaccharide
… mehrere Bausteine

Dextrine entstehen durch den Abbau von Stärke durch z. B.
- enzymatische Spaltung durch Amylase während des Verdauungsprozesses oder
- Erhitzen ohne Flüssigkeit (Brotkruste oder Mehlschwitze).

Ballaststoffe sind überwiegend unverdauliche Kohlenhydrate und wichtiger Bestandteil einer ausgewogenen Ernährung.

Ballaststoffe werden ausführlich behandelt in Kapitel 6.1 auf Seite 112.

Einführung

ERNÄHRUNG FÜR EINE GESUNDE LEBENSWEISE

Stärkekleister kann z. B. bei Saucenbindung die Eiweißgerinnung verhindern, weil er eine Schutzschicht zwischen den Eiweißmolekülen bildet. Diese Eigenschaft wird beim Legieren von Saucen und Suppen, wie auch bei der Herstellung einer Konditoreicreme genutzt.

Modifizierte Stärken sind industriell veränderte Stärkeerzeugnisse. Sie werden den erhöhten technischen Anforderungen wie Hitze- und Säurestabilität sowie verbessertem Gefrierverhalten gerecht. Sind Stärken chemisch verändert (modifizierte Stärken), gelten sie als Lebensmittelzusatzstoffe und müssen entsprechend deklariert werden.

Gastronomischer Einsatz von Stärke

Stärke wird überwiegend zur Herstellung von Backwaren, Broten und Brötchen verwendet. Im gastronomischen Bereich findet Stärke in Form von reiner Stärke und Mehl seinen Platz in der Patisserie, aber auch in der warmen Küche, z. B. bei der Herstellung von Saucen oder beim Braten von Fischfilets. Die Eigenschaften der stärkehaltigen Produkte sind unterschiedlich. Während z. B. reine Stärke nach dem Erhitzen mit einer Flüssigkeit eine Art Gel bildet, hat man den Eindruck, dass Mehl die Flüssigkeit verkleistert bzw. verdickt. Optisch ist die mit reiner Stärke gebundene Flüssigkeit meist klar und glänzend. Die mit Mehl gebundene Flüssigkeit ist undurchsichtig und meist stumpf im Aussehen.

Stärke ist in kaltem Wasser unlöslich. Sie ist schwerer als Wasser und setzt sich darum ab. Rohe Stärke ist vom Körper kaum verwertbar. Darum werden stärkehaltige Lebensmittel gegart. Mehl wird zu Brot verbacken, Teigwaren werden gekocht, Kartoffeln isst man nur in gegartem Zustand.

Beim Erwärmen quillt das Stärkekörnchen auf und platzt, die Stärkebestandteile sind freigelegt und bilden bei der weiteren Erhitzung ein Gel, das Stärkekleister genannt wird.

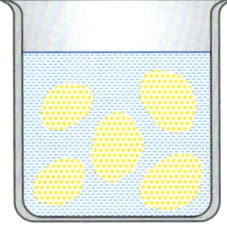 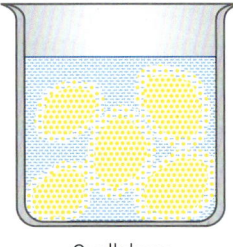 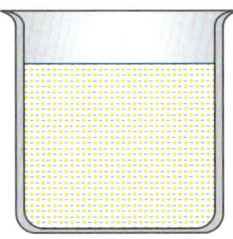

Absetzen der Stärke   Quellphase   Kleisterbildung/Verkleisterung

Wird erkalteter Stärkekleister gerührt, lässt die Festigkeit leicht nach, weil man einen Teil der Bindekräfte zerstört. Stärkekleister verliert insbesondere bei kalter Temperatur an Bindekraft. Man nennt dies **Entquellung** oder **Retrogradation**. Dies kann zu unerwünschten Veränderungen an Lebensmitteln führen: Brötchen verlieren Frische oder Vanillecreme „zieht Wasser". Besonders schnell altern Backwaren in Kühlschränken oder Kühlhäusern.

Dextrine

Dextrine entstehen durch Abbau der Stärkemoleküle beim Erhitzen ohne Wasser. In der Kruste von Gebäcken geben Dextrine z. B. Farbe und Aroma. In der Küche entstehen Dextrine beim Backen, Braten und Rösten stärkereicher Lebensmittel sowie bei der Herstellung einer Mehlschwitze (Roux). Obwohl die Verwendung von **Mehlbutter** bei der Herstellung einer Suppe oder Sauce einfacher wäre, wird wegen des besseren Geschmacks Mehlschwitze verwendet. Mit Dextrin gebundene Flüssigkeiten haben eine geringere Zähigkeit als mit Stärke gebundene.

Glykogen

Nimmt der Körper mehr Kohlenhydrate auf, als er für den momentanen Energiebedarf benötigt, wird ein Teil der Glukose zu Glykogen umgebaut und kurzfristig eingelagert. Als kurzfristige Speicher dienen Leber und

Muskulatur. Die Leber reguliert mit dem Glykogen den Blutzuckerspiegel. Sinkt der Blutzuckerspiegel zwischen den Mahlzeiten ab, wird Glukose durch den schnellen Abbau von Glykogen als Energiereserve freigesetzt. Das Glykogen der **Muskulatur** wird bei **körperlichen** Aktivitäten zu Glukose umgebaut.

2.4 Süßungsmittel 🇬🇧 sweeteners 🇫🇷 édulcorants (m)

Die Süßungsmittel, die anstelle von Gebrauchszucker verwendet werden können, lassen sich in Zuckeraustauschstoffe und Süßstoffe unterscheiden.

Zuckeraustauschstoffe

Zuckeraustauschstoffe beanspruchen zum Abbau im Körper kein Insulin und können darum mit Einschränkungen von Diabetikern anstelle des Gebrauchszuckers verwendet werden. Zuckeraustauschstoffe liefern ebenso viel Energie (Joule) wie Gebrauchszucker. Am häufigsten verwendet werden *Fruktose*, *Xylit* und *Sorbit*.

Isomalt hat eine Sonderstellung innerhalb der Gruppe. Es liefert nur halb so viel Energie wie Zucker.

In großen Mengen können Zuckeraustauschstoffe abführend wirken.

Süßstoffe

Als Süßstoffe bezeichnet man Stoffe, die eine starke Süßkraft, aber keinen Nährwert besitzen. Verwendet werden überwiegend die Süßstoffe Saccharin, Cyclamat, Aspartam und der rein pflanzliche Süßstoff Stevia.

Sie bieten Diabetikern, deren Zucker- und Kohlenhydratverbrauch stark eingeschränkt ist, eine Möglichkeit, Speisen zu süßen. Durch den starken Eigengeschmack wird der Geschmack der Speisen jedoch erheblich verändert.

Die Werbung empfiehlt die Verwendung auch Gesunden, wenn sie Energie einsparen wollen. Ernährungsphysiologisch ist dagegen nichts einzuwenden. Die Energie-Einsparung, die durch die Verwendung von Süßstoffen erreicht wird, ist aber meist von geringer Wirkung. Sie sollte Teil eines Gesamtpakets an Maßnahmen sein. Eine Einschränkung der Gesamtnahrungsmenge ist z. B. effektiver.

Süßkraft von Zuckeraustauschstoffen und Süßstoffen gegenüber Zucker (Faktor 1)

Zuckeraustauschstoffe	Faktor
Fruktose	1,1–1,7
Xylit	1
Sorbit	0,45
Isomalt	0,4–0,5
Süßstoffe	
Saccharin	200–700
Cyclamat	20–50
Aspartam	100–200
Stevia	450

Zusammenfassende Übersicht

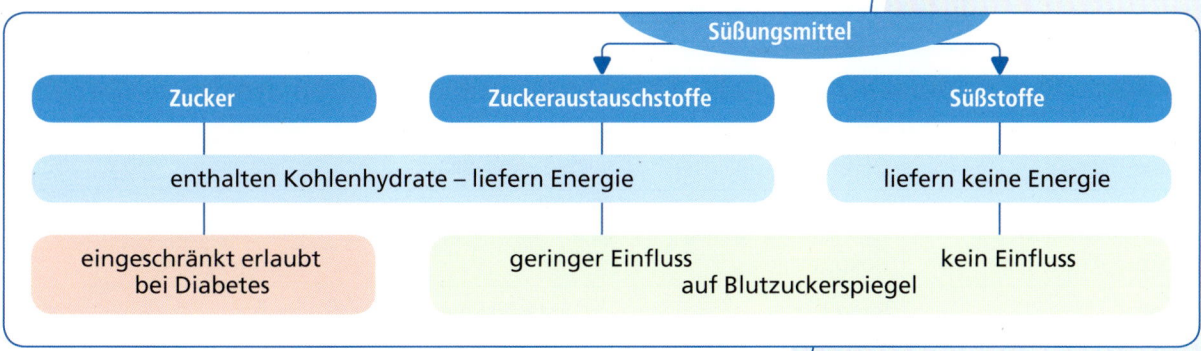

3 Lipide (Fette)

 fats graisses (w)

Ernährungsproblematik

Ein Ernährungsproblem ist die Überversorgung mit Fett. Wir neigen dazu, durch unser Essverhalten zu viel Energie aufzunehmen. Ein immer größer werdendes Speisenangebot, versteckte Fette (siehe Tabelle S. 93) und unkontrolliertes Essen durch Stress im Alltag tragen dazu bei. Meist kommt noch ein geringer Energieverbrauch durch wenig Bewegung hinzu.

Überschüssig aufgenommenes Fett
- wird als **Energiereserve** im Unterhautfettgewebe gespeichert
- kann selbst bei Diäten nur schwer abgebaut werden und
- kann zu gesundheitlichen Beeinträchtigungen führen.

Fettaufnahme ist grundsätzlich nicht falsch, sondern lebensnotwendig. Bei der Nahrungsaufnahme ist in erster Linie auf die **Fettmenge** und die **Fettart** zu achten. Unsere tägliche Kost sollte nicht mehr als 30 % der Energie in Form von Fett enthalten. Dabei kann von folgenden Referenzwerten der DGE ausgegangen werden.

Referenzwerte der Energiezufuhr aus Fett pro Tag

Körperliche Aktivität in Arbeit und Freizeit						
Alter	leicht		mittel		schwer	
	m	w	m	w	m	w
15–19 Jahre	93 g	74 g	107 g	85 g	122 g	96 g
19–25 Jahre	93 g	70 g	107 g	81 g	122 g	93 g
25–51 Jahre	89 g	70 g	104 g	78 g	115 g	89 g
51–65 Jahre	81 g	67 g	93 g	74 g	104 g	85 g
65 Jahre und älter	74 g	59 g	85 g	67 g	93 g	78 g

Die Zahlen sagen erst einmal nichts über die Zusammensetzung der Fette und die Qualität für den menschlichen Körper aus. Grundsätzlich gelten pflanzliche Fette als gesundheitsfördernder als tierische Fette.

Beispiele für Fettlieferanten und Fettarten

Pflanzliche Fette		Tierische Fette	
Pflanze	Fettart	Tier	Fettart
Olivenbaum	Olivenöl	Rind und Lamm	Talg
Sonnenblume	Sonnenblumenöl	Kuh	Butter
Kokospalme	Kokosfett	Schwein	Schmalz, Speck
Raps	Rapsöl	Gans und Ente	Schmalz

3.1 Gesundheitswert von Fetten

Chemisch gesehen bestehen Fette aus den Elementen Kohlenstoff, Wasserstoff und Sauerstoff. Aus ihnen entstehen Glyzerin (dreiwertiger Alkohol) und Fettsäuren. Die Fettsäuren sind für die Ernährung umso wertvoller, je weniger sie gesättigt sind. Einfach und mehrfach ungesättigte Fettsäuren enthalten Doppelbindungen (s. Seite 100).

Eine Fettaufnahme sollte ausgewogen erfolgen. Als Richtschnur gilt die Aufnahme von
- 1/3 gesättigte Fettsäuren
- 1/3 einfach ungesättigte Fettsäuren
- 1/3 mehrfach ungesättigte Fettsäuren

> **Grundregel:**
> - Je weniger gesättigt das Fett, desto flüssiger und wertvoller ist es für die Ernährung.
> - Je gesättigter das Fett, desto fester ist es.

Die Fette von **Schlachtfleisch, Wild und Geflügel** sind nicht grundsätzlich als negative Fette anzusehen. Butter und Schweineschmalz enthalten z. B. viele einfach ungesättigte Fettsäuren – aber auch den Fettbegleitstoff Cholesterin, der den Gesundheitswert herabsetzen kann.

Cholesterin ist dagegen in **flüssigen Pflanzenfetten** kaum zu finden (z. B. 2 mg/100 g in Rapsöl). Zusätzlich ist die enthaltene Menge ungesättigter Fettsäuren hoch. Damit sind Öle gesundheitlich sehr wertvoll.

In Rohstoffen, zubereiteten Speisen, Snacks oder Süßigkeiten kommen häufig große Mengen von Fetten vor. **Fett** erhöht z. B. die Geschmeidigkeit und **ist Geschmacksträger**. Nicht immer ist den Produkten der Fettgehalt anzusehen. Diese nicht sichtbaren Fette werden **versteckte Fette** genannt.

Durchschnittlicher Fettgehalt in Lebensmitteln (erkennbare und verborgene Fette)

- 100 % Frittierfett, Blockfett
- 100 % Speiseöl
- 100 % Schmalz
- 82 % Butter
- 80 % Margarine
- 80 % Speck, fett
- 40 % Halbfettmargarine

- 73 % Macadamia – Nuss
- 45 % Teewurst (4 % Lachsschinken)
- 39 % Kartoffelchips
- 26 % Schokoriegel mit Nüssen und Karamell
- 26 % Parmesan, 52 % Fett i. Tr.
- 24 % Avocado
- 14 % Lachs (1 % Zander)

Fette in der Ernährung

Fette gehören zu den Energielieferanten und besitzen mit 37 kJ/g den höchsten Energiewert der Nährstoffe.

Fett liefert wichtige essenzielle (ungesättigte) Fettsäuren. Der Körper kann ungesättigte Fettsäuren nicht selbst herstellen, er ist auf deren Zufuhr angewiesen. Diese erhält er nur durch Fett.

Zu den essenziellen ungesättigten Fettsäuren zählen die Omega-3- und Omega-6-Fettsäuren. Sie übernehmen im Körper wichtige Regelaufgaben.

Die **Omega-3-Fettsäure**
- schützt vor Herz-Kreislauf-Erkrankungen
- stärkt die Immunaktivität.

Omega-Fettsäuren sind aber auch Bestandteil von Zellmembranen und daher wichtig für die Zellerneuerung.

> **Omega-Fettsäuren**
> Nicht immer sind Omega-Fettsäuren gesundheitlich positiv zu betrachten. Omega-6-Fettsäuren fördern z. B. auch Entzündungen.

Einführung

ERNÄHRUNG FÜR EINE GESUNDE LEBENSWEISE

Gehalt an essenziellen Fettsäuren in %	
Olivenöl	79,8
Leinöl	86,3
Rapsöl	89,9
Kokosfett	8,6
Butter	24,6
Lachs	10,3
Hering	13,3
Schweineschmalz	56,6
Gänseschmalz	68,3

Fett ist Träger

- **der fettlöslichen Vitamine** A, D, E und K. Eine Vitaminaufnahme kann zwar auch ohne Fett stattfinden, ist jedoch mit Fett deutlich erhöht. Bei gemischter Ernährung ist das gewährleistet. Wenn aber z. B. Rohkosttage geplant sind, ist auf eine Fettzufuhr etwa durch Salatöl zu achten.
- Fett schützt Organe wie die Nieren oder das Gehirn vor Beschädigung durch Stöße.
- Als Isoliermittel verhindert es das schnelle Auskühlen des Körpers.

> **Merke:** Fette sind bedeutende Energielieferanten, liefern essenzielle Fettsäuren und haben wichtige Aufgaben im Körper.

3.2 Verdauung von Fetten

Im Körper werden die mit der Nahrung aufgenommenen Fette durch die Verdauung in ihre Bausteine Glyzerin und Fettsäuren zerlegt.

Dazu werden **die aufgenommenen** Fette zunächst erwärmt. Gallensaft emulgiert die Fette **zu feinen Tröpfchen** und vergrößert so die Gesamtoberfläche des Fettes.

Verdauungssäfte aus der Bauchspeicheldrüse und dem Dünndarm spalten die Fette. Die Fettbausteine Glyzerin und Fettsäuren wandern durch die Darmwand ins Blut oder Lymphbahnensystem und werden zu körpereigenem Fett zusammengesetzt.

3.3 Fette in der Küchenpraxis

Gewinnung und Veränderungen von Speiseölen und Speisefetten

Bei der Gewinnung von Speiseölen und -fetten werden verschiedene Verfahren angewendet. Die Verfahren haben direkten Einfluss auf den Gesundheitswert und die Verwendungsmöglichkeit, z. B. das Garverhalten bei der Herstellung von Speisen.

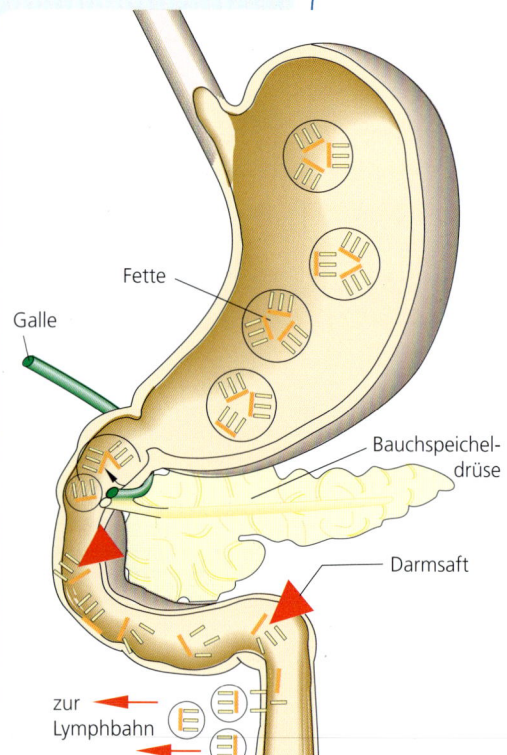

> Öle, die nach einer Pflanzenart benannt sind, dürfen nicht mit Öl aus anderen Pflanzenarten vermischt werden.

Pflanzliche Öle   🇬🇧 herbal oils   🇫🇷 huiles (w) d'origin végétale

Naturbelassene Fette – kalt gepresste Öle / native Öle

Gewaschene und zerkleinerte fettreiche Keime, Früchte oder Samen werden ausschließlich mechanisch unter hohem Druck, durch z. B. Schnecken- oder Spindelpressen, ohne Wärmezufuhr ausgepresst. Je geringer die entstehende Hitze bei der Pressung ist, desto besser ist die Qualität und desto höher ist der Gesundheitswert. Zum Abschluss wird das Rohöl gefiltert (s. Grafik nächste Seite).

Kalt gepresste Öle haben alle Geschmacks- und Geruchsstoffe, freie Fettsäuren, Farbstoffe, Phosphatide, Schleimstoffe und Fett spaltende Bakterien. Sie sind deshalb nicht so lange haltbar und werden kühl gelagert. In der Kühlung kristallisieren die Öle zum Teil aus, werden bei Erwärmung aber wieder flüssig.

Öle können je nach Pflanzenart einen mehr oder weniger stark ausgeprägten Eigengeschmack haben. Je nach Einsatz ist auf das passende Öl zu achten.

Raffination – aufgearbeitete / aufbereitete Öle

Durch die Raffination wird ein mildes und geschmacksneutrales Öl hergestellt. In verschiedenen Arbeitsprozessen werden die bei den kalt gepressten Ölen gewünschten Bestandteile wie z. B. Geschmack, Geruch und Farbe entfernt. Durch Raffination werden die für die Ernährung wertvollen Fettbegleitstoffe entfernt oder zerstört. Der Gehalt an Vitamin A und E wird gemindert. Nach einer Raffination sind Öle ohne Nachteile über 150 °C erhitzbar.

Pflanzenöle können von der Lebensmittelindustrie durch bestimmte Verfahren aus dem flüssigen Zustand in feste oder streichfähige Fette umgewandelt werden.

Margarine 🇬🇧 margarine 🇫🇷 margarine (w)

ist ein streichbares Fett, das vorwiegend aus pflanzlichen Fetten und Ölen besteht. Um eine möglichst butterähnliche Beschaffenheit zu erreichen, werden bei der Herstellung Milcheiweiß zur Geschmackgebung, Lezithin als Emulgator, Eigelb und Vitamine zur Ergänzung beigegeben. Durch Bearbeiten der Zutaten entsteht eine Emulsion, die während des Kühlens geknetet und so streichfähig gehalten wird. Der Fettgehalt einer Vollmargarine ist mindestens 80 %. Liegt der Fettgehalt unter 50 %, ist Margarine zum Braten ungeeignet.

Den unterschiedlichen Anforderungen an Fette entsprechend werden verschiedene Margarinearten angeboten.

- **Pflanzenmargarine** – muss mindestens 97 % Fettanteil der namengebenden Pflanze (z. B. Sonnenblumenmargarine) enthalten.
- **Crememargarine** – hat einen niederen Schmelzbereich und wird vor allem für Cremefüllungen im Konditoreibereich verwendet.
- **Backmargarine** – ist so zusammengesetzt, dass sie beim Rühren besonders viel Luft einschließt. Man kann aus ihr lufthaltige, lockere Teige herstellen.
- **Ziehmargarine** – ist vorwiegend für die Herstellung von Blätterteigen bestimmt. Dazu benötigt man zähes Fett mit höherem Schmelzpunkt.
- **Margarineschmalz** – ist wasserfrei, dem Butterschmalz sehr ähnlich und wie dieses zu verwenden. Der Rauchpunkt liegt bei 180 °C.
- **Halbfettmargarine** – enthält etwa 40 % Fett und eignet sich aufgrund ihrer Zusammensetzung nur als Aufstrich.

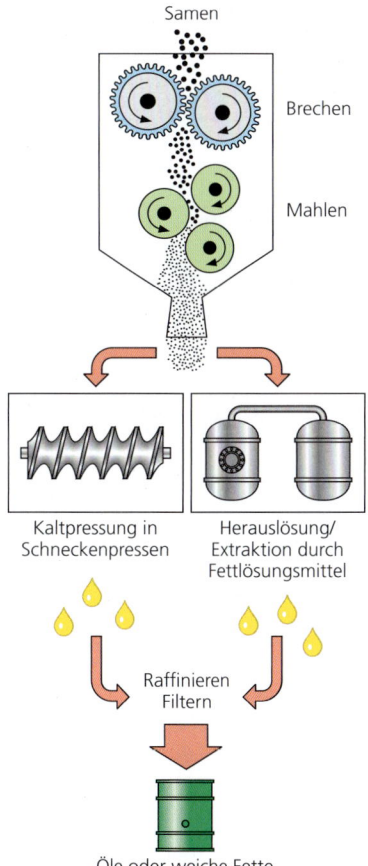

Gewinnung pflanzlicher Öle

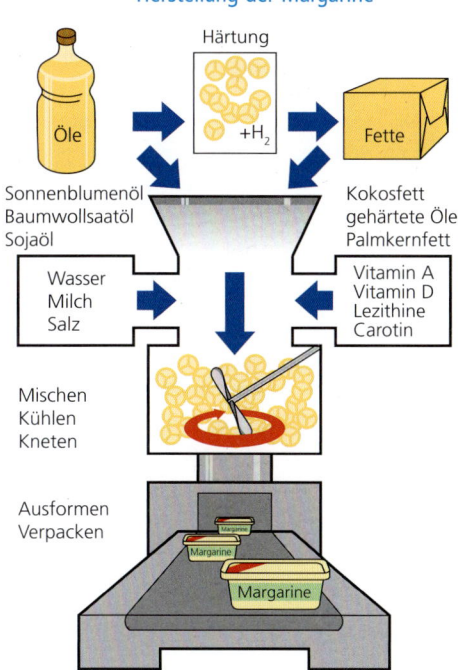

Herstellung der Margarine

Eigenschaften kalt gepresster Öle	Fettzusammensetzung mit überwiegend ungesättigten Fettsäuren
Reaktionsbereitschaft	hoch
Gesundheitswert	hoch
Veränderung durch Wärme, Licht und Sauerstoff	stark
Lagerfähigkeit	begrenzt

Eigenschaften gehärteter Fette	Fettzusammensetzung mit überwiegend gesättigten Fettsäuren
Reaktionsbereitschaft	gering
Gesundheitswert	gering
Veränderung durch Wärme, Licht und Sauerstoff	gering
Lagerfähigkeit	lange

Butter, in Deutschland hergestellt, wird in Handelsklassen eingeteilt. Die amtliche Prüfung testet Eigenschaften wie Geruch, Geschmack, Aussehen, Wasserverteilung und Streichfähigkeit. Je nach Ergebnis wird die Butter qualitativ eingestuft. Die höchste Qualitätsstufe darf sich Deutsche Markenbutter nennen. Qualitativ danach folgen Deutsche Molkereibutter und Butter oder Landbutter (Erzeugerbetrieb).

- Name der Molkerei
- Handelsklasse
- Buttersorten
- Datum (MHD)
- Gewicht

Verpackungen unterliegen der Kennzeichnungsverordnung. Folgende Angaben sind anzugeben:
- Name der Molkerei
- Handelsklasse
- Buttersorte
- Mindesthaltbarkeit
- Gewicht

Verwendung weiterer Pflanzenfette im Küchenbetrieb

Durch entsprechende Kombinationen ist es möglich, Fette mit verschiedenen erwünschten oder technologisch erforderlichen Schmelzbereichen herzustellen. Der veränderte Rauchpunkt beeinflusst die Verwendung der hergestellten Fette. Am gebräuchlichsten sind:

- **Erdnussfett** aus Erdnüssen.
- **Palmkernfett** aus dem Samenkorn der Ölpalme.
- **Kokosfett** aus dem Fruchtfleisch der Kokosnüsse.
- **Frittürenfette:** Spezialfette, die überwiegend aus Fetten mit **gesättigten Fettsäuren** bestehen.

Tierische Fette

🇬🇧 animal fat 🇫🇷 graisse (w) d'origin animale

Während Schmalz oder Rindertalg bei der Speiseherstellung eine untergeordnete Rolle spielen, ist Butter nach wie vor ein wesentlicher Bestandteil der Ernährung.

Butter 🇬🇧 butter 🇫🇷 beurre (m)

Butter ist eine Emulsion aus dem Fett der Milch. Eine Zentrifuge trennt den Rahm von der Milch, danach wird dieser 4 Sekunden auf mindestens 85 °C erhitzt. Anschließend reift der Rahm, wird im Butterfertiger geschlagen, bis sich das Fett von der Flüssigkeit, der Buttermilch, trennt. Die entstandenen Butterkörner werden gewaschen und geknetet, geformt, gewogen und verpackt. Es entsteht eine Wasser-in-Fett-Emulsion (Butter enthält 16 % Wasser).

Je nach der **Behandlung** des Rahms unterscheidet man mehrere Geschmacksrichtungen.
- **Sauerrahmbutter:** Dem Rahm werden geschmacksbildende Milchsäurebakterien zugesetzt.
- **Mild gesäuerte Butter:** Süßrahmbutter wird Milchsäure zugesetzt. Geschmacklich zwischen Süß- und Sauerrahmbutter.
- **Süßrahmbutter:** hergestellt aus ungesäuertem Rahm. Milder, sahniger Geschmack.
- **Gesalzene Butter:** hat aus geschmacklichen Gründen einen höheren Salzgehalt.
- **Butterzubereitungen** wie Kräuterbutter oder Joghurtbutter müssen mindestens 62 % Fett enthalten.
- **Butterschmalz (Butterreinfett)** ist aus geschmolzener Butter hergestellt (etwa mit geklärter Butter vergleichbar), also Butter ohne Wasser und Milcheiweiß. Man kann dieses Fett deswegen höher erhitzen.

Schmelzpunkt von Fettsäuren

Der Schmelzpunkt von Fetten sagt nicht nur etwas aus über den Nutzen im Küchenbereich, sondern auch etwas über den Wert in der Ernährung.

Abhängig ist der Schmelzpunkt von der Kettenlänge und der Sättigung der Fettsäuren. Eine kurzkettige Fettsäure hat einen niedrigen Schmelzpunkt (z. B. Butter). Damit ist der Energieaufwand beim Verdauen geringer. Das gleiche gilt für langkettige, **aber** ungesättigte Fettsäuren; Fettart: Öle. Fette, die lange Fettsäureketten besitzen und gesättigt sind, haben dagegen einen hohen Schmelzpunkt (z. B. Rindertalg bei 50 °C). Der Körper muss sehr viel Energie aufwenden, um diese Fette zu verdauen.

Speisefette sind Gemische aus unterschiedlichen Fettsäuren. Darum schmelzen sie nicht bei einem ganz bestimmten Schmelzpunkt, sondern innerhalb eines **Schmelzbereiches**. Fette mit einem höheren Anteil ungesättigter Fettsäuren besitzen einen niedrigeren Schmelzbereich.

Fette sind unterschiedlich hoch erhitzbar.

Während Wasser bei normalem Luftdruck nur bis 100 °C erhitzt werden kann und dann verdampft, erreichen bestimmte Fette wesentlich höhere Temperaturen. Das ermöglicht Garverfahren, bei denen erwünschte, geschmackgebende Röststoffe entstehen.

Achtung Acrylamid! Siehe S. 224.

Alle Fette beginnen aber ab einer bestimmten Temperatur zu rauchen und sich zu zersetzen. Man spricht deshalb vom Rauch- oder Zersetzungsbereich. Oberhalb dieses Temperaturbereichs entstehen bei der Lebensmittelzubereitung Acroleine.

Acrolein kann bei starker Erhitzung von pflanzlichen und tierischen Fetten und der anschließenden Speiseherstellung entstehen. Fettzersetzung wird durch einen brenzligen und stark stechenden Geruch wahrgenommen. Acrolein ist ungesund und besitzt möglicherweise krebserzeugende Wirkung.

Verarbeitungstemperaturen von Speisefetten und -ölen

Temperaturbereiche	Dünsten/Nachbraten	Kurzbraten	Langzeitbraten	Schmoren	Frittieren	Backen im Backofen
240 °C					Spezialbackfette	
220 °C		Gehärtete Pflanzenfette		Gehärtete Pflanzenfette	Gehärtete Pflanzenfette	Butter, Margarine, Schmalz,
200 °C		Raffinierte Pflanzenöle	Gehärtete Pflanzenfette Raffinierte Pflanzenöle	Raffinierte Pflanzenöle	Raffinierte Pflanzenöle	
180 °C						
175 °C						
160 °C						
140 °C						
120 °C	Butter					
100 °C						
80 °C						
	Guter Temperaturbereich	Bedenklicher Temperaturbereich		Grenzwertiger Temperaturbereich		Zu vermeiden

Einführung

ERNÄHRUNG FÜR EINE GESUNDE LEBENSWEISE

Beispiele für die Verwendung von Fetten

Garverfahren	Beeinflussung	Fettart
Dünsten	Das Fett wird nur **kurz** und **nicht hoch (bis ca. 120 °C)** erhitzt.	Butter, Butterschmalz, Margarine
Schmoren	**Kombiniertes Garverfahren**, bei dem zu Beginn ein Röstvorgang stattfindet.	Pflanzenhartfette wie Kokosfett, raffinierte Pflanzenöle, Schmalz
Braten in der Pfanne	Bis **140 °C** durch **Schwenken** von Beilagen (z. B. Reis und Kartoffeln) und die Herstellung von Eierspeisen (z. B. Omelett und Spiegelei). Ab **140 °C** für Speisen, die Röstaromen erhalten.	Butter (kurzzeitig) Pflanzenhartfette wie Kokosfett, raffinierte Pflanzenöle
Braten im Ofen/Konvektomaten	Es können sehr hohe Temperaturen entstehen.	Pflanzenhartfette wie Kokosfett
Frittieren	Das Fett bleibt lange bei 170 °C erhitzt.	Frittierfette

Geschmack als Grundlage für den Einsatz von Fetten

Manche Fette geben Speisen einen typischen Geschmack (z. B. Butter), die Zubereitung wird runder, voller und cremiger. Der Eigengeschmack von Rohstoffen kann unterstrichen werden. Geschmacklich neutrale Fette erfüllen ebenfalls sensorische Aufgaben. Sie lassen Rohstoffe eigenen Geschmack und eigenes Aroma entfalten und sind für z. B. Grundsaucen einsetzbar.

Öle mit neutralem Geschmack

- bilden die Grundlage für Mayonnaise,
- können in Saucen für alle Salate verwendet werden,
- eignen sich zum Erhitzen über 140 °C.

Öle mit Eigengeschmack eignen sich

- besonders für Blattsalate, weil sie mit deren Bitterstoffen harmonieren,
- zur Kombination mit Tomate-Mozzarella oder
- zu Antipasti.

Butter dient in der kalten Küche z. B.

- zum Bestreichen (Schnittchen, Canapés),
- zur Herstellung von Buttercreme.

Butter dient in der warmen Küche z B.

- als zerlassene Butter zum Überglänzen,
- zur Verfeinerung von Gemüse,
- zur Herstellung von holländischer Sauce,
- zum Nachbraten von Fisch und Fleisch.

Fette trennen

In Bratgeschirr und Backformen verhindert Fett das Anlegen der Speisen, denn es isoliert verkleisternde Stärke und gerinnendes Eiweiß.

Als Trennmittel werden halbfeste oder feste Fette verwendet; sie lassen sich nach leichtem Erwärmen gut verstreichen und laufen in den Formen nicht ab. Gebildete Trennschichten verhindern das Zusammenkleben oder Festkleben. Darum fettet man Backbleche und Kuchenformen mit hitzebeständigen Fetten (s. Tabelle oben).

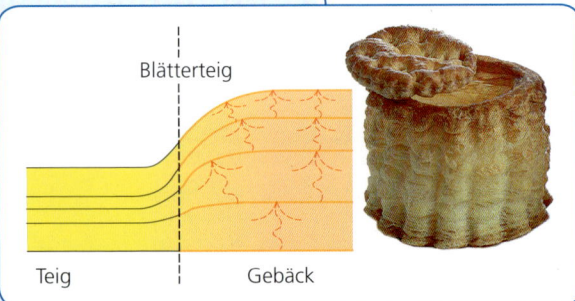

Lockerung von Blätterteig beim Backen

Die splitterig lockere Struktur von Blätterteig wiederum ist nur möglich, weil Fettschichten die einzelnen „Teigblätter" voneinander trennen. Beim Backen kann der entstehende Wasserdampf die Teigschichten anheben.

Fette können emulgiert / vermischt werden

Fett ist leichter als Wasser und steigt darum nach oben. Fett und Öl haben eine geringere Dichte als Wasser. Darum schwimmen „Fett-Augen" auf der Suppe oder der Sauce. Diese unterschiedliche Dichte macht es leicht, Fett von Wasser zu trennen. Das bei erkalteten Flüssigkeiten (z. B. Brühe) erstarrte Fett kann einfach abgehoben werden.

Als Emulsionen bezeichnet man dauerhafte **Vermischungen** von Fett und Wasser. Um eine Emulsion zu erhalten, sind **Emulgatoren** wie Lezithin erforderlich. Lezithin ist ein Fettbegleitstoff z. B. im Eigelb des Hühnereis und wichtigster Emulgator bei der gastronomischen Speiseherstellung.

Emulgatoren setzen die Oberflächenspannung herab, sodass Fett und Wasser sich nicht mehr abstoßen. Das ist durch den besonderen Aufbau der Emulgatoren möglich: Ein Ende des Emulgatormoleküls verbindet sich mit dem Fett, ist fettfreundlich, das andere verbindet sich mit dem Wasser, ist wasserfreundlich.

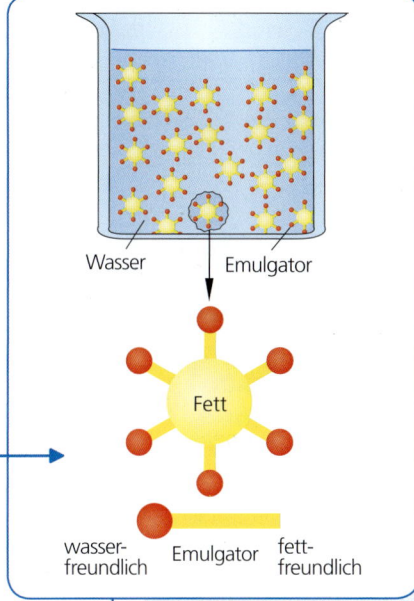

So entsteht eine feine Verteilung von Stoffen, die sich normalerweise abstoßen. Wie lange eine Emulsion hält, hängt von der Größe und Menge der Fetttröpfchen ab. Wird z. B. beim Rühren einer Mayonnaise das Öl zu rasch beigegeben, kann der fettfreundliche Teil des Emulgators die große Menge Öl nicht an sich binden. Eine Verbindung mit dem wasserfreundlichen Teil des Emulgators, der den wässerigen Teil an sich gebunden hat, findet nicht statt. Die Mayonnaise gerinnt. Bei der Milch kann durch das Homogenisieren, bei dem man die Fetttröpfchen zerkleinert, das Aufrahmen verhindert werden.

Fette beeinflussen die Geschmeidigkeit von Lebensmitteln

Je nach Fettart werden Lebensmittel durch den Einsatz von Fetten in ihrer Konsistenz unmittelbar beeinflusst.

Beispiele für die Veränderung von Lebensmitteln

Butter ist bei Zimmertemperatur weich und wird durch Lufteinschlag geschmeidig, sie ist als kalte Buttermischung verwendbar. Kommt sie in diesem Zustand in eine Vanillecreme und dann in die Kühlung, wird die Butter fest. Sie wird als Buttercreme für Torten verwendbar.

Öl ist in seinem Aggregatzustand flüssig und kann z. B. zur Herstellung von Salaten verwendet werden. Ist ein Weißkohlsalat mariniert, fehlt noch die Geschmeidigkeit. Wird wenig Öl zugefügt, verändert sich die Geschmeidigkeit des Salates stark. Er wirkt weicher, das Mundgefühl ist angenehmer.

Fette verderben, werden ranzig

Fette gehören zu den leicht verderblichen Lebensmitteln und spalten sich bei ungünstigen Bedingungen in ihre Bestandteile Glyzerin und Fettsäuren auf.

- **Beispiele für Emulsionen**
  - Milch: 3,5 % Fett und Wasser
  - Sahne: 30 % Fett und Wasser
  - Butter: 82 % Fett und Wasser

  Auch Mayonnaise, holländische Sauce, Buttercreme, Leberwurst usw. sind Emulsionen

- Nüsse und kalt gepresste Öle müssen stets kühl gelagert werden, da sie aufgrund der vielen ungesättigten Fettsäuren besonders anfällig für Verderb sind.

Einführung

ERNÄHRUNG FÜR EINE GESUNDE LEBENSWEISE

Filtern von Frittierfett
Schwebeteilchen wie Semmelmehl oder Ausbackteig werden auch in der Kaltzone der Fritteuse nach und nach geröstet, verbrennen und sind gesundheitlich bedenklich (Bildung von Acrylamid).

Ursachen dieser Zersetzung können Einwirkungen durch Luftsauerstoff, Licht und Wärme sowie Mikroorganismen sein, aber auch Spuren von Schwermetallen, wie sie in Metallgefäßen vorhanden sind. Diese Veränderung ist bei allen Fetten möglich, läuft aber bei ungesättigten und damit reaktionsfreudigen Fettsäuren rascher ab. Es entsteht ein unangenehmer Geruch und Geschmack. Die verdorbenen Lebensmittel oder Fette sind zudem gesundheitlich bedenklich (Darmreizung).

Fette sind darum **kühl**, **dunkel** und **verschlossen** aufzubewahren. Lebensmittel mit hohem Fettanteil sollten auch in tiefgekühltem Zustand nicht zu lange gelagert werden, da eine Zersetzung zeitverzögert auch bei −18 °C erfolgt.

In der Speisenproduktion, z. B. dem Frittieren, sind wasserfreie Fette wie Frittierfett und Kokosfett länger haltbar, wenn die Temperatur in der Betriebsbereitschaft gesenkt und das Frittierfett regelmäßig gefiltert wird.

3.4 Weiteres Wissen zu Fetten

Aufbau und Arten

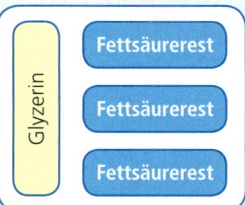

Speisefette setzen sich aus verschiedenen Fettsäuren zusammen. Bei festen Speisefetten überwiegt der Anteil an gesättigten und langkettigen Fettsäuren. Bei flüssigen Speisefetten überwiegt der Anteil an ungesättigten Fettsäuren mit Doppelbindungen.

Fette bestehen aus den Elementen Kohlenstoff, Wasserstoff und Sauerstoff. Daraus entstehen Glyzerin (dreiwertiger Alkohol) und Fettsäuren.

Ein Molekül Fett entsteht, wenn an ein Molekül Glyzerin drei Fettsäuren angelagert werden. Von den verschiedenen Fettsäuren sind am Aufbau der Speisefette überwiegend beteiligt: Stearinsäure, Ölsäure, Palmitinsäure, Linolsäure.

Die Fettsäuren bestehen aus einer Kohlenstoffkette, an die Wasserstoffatome gebunden sind. Entstandene Fettsäureketten können verschieden lang sein. Die Länge gibt Auskunft über spezifische Eigenschaften der Fettsäureketten. Grundsätzlich gilt:

- **Gesättigte kurzkettige** Fettsäuren besitzen einen niedrigen Schmelzpunkt (z. B. Buttersäure).
- **Gesättigte langkettige** Fettsäuren besitzen einen hohen Schmelzpunkt (z. B. Stearinsäure).
- **Ungesättigte** Fettsäuren sind zwar langkettig, besitzen jedoch Doppelbindungen. Damit besitzen sie einen niedrigen Schmelzpunkt und sind natürlicherweise flüssig (z. B. Linolsäure).

Sättigung von Fettsäuren

Bei **gesättigten Fettsäuren** sind an alle Kohlenstoffatome je zwei Wasserstoffatome gebunden. Damit sind alle Bindungsmöglichkeiten genutzt, die Fettsäure ist gesättigt. Zu weiteren Veränderungen ist sie nur ungern bereit, sie reagiert träge.

Bei **ungesättigten Fettsäuren** sind noch Bindungen möglich. Nach der Anzahl der freien Bindekräfte bezeichnet man die Fettsäuren als einfach, zweifach oder mehrfach ungesättigt. Die freien Stellen können noch Bindungen eingehen. Ungesättigte Fettsäuren reagieren darum leicht.

Transfettsäuren

Transfettsäuren sind zwar **ungesättigt**, haben aber eine andere Doppelbindung. Dadurch stellen sie für den Menschen eine **erhöhte Gesundheitsgefahr** dar. Transfettsäuren kommen in geringen Mengen auch natürlich vor, entstehen aber hauptsächlich bei hohem Erhitzen und der Härtung von Fetten in der Lebensmittelproduktion.

> Pflanzenöle, die eine große Menge an ungesättigten Fettsäuren besitzen, bilden beim Erhitzen ab ca. 130 °C Transfettsäuren. Daher sind hohe Temperaturen bei kalt gepressten Ölen zu meiden.

Unsere Essgewohnheiten führen zu einem erhöhten Genuss von industriell gefertigten Lebensmitteln. In Chips, Pommes frites, bestimmten Backwaren wie Crackern und Zwieback, aber auch in Instantsuppen und Blätterteig sind viele Transfettsäuren enthalten.

Bei hoher Aufnahme von Transfettsäuren kommt es zu einer erhöhten Konzentration des bedenklichen LDL-Cholesterins (Low Density Lipoprotein) und einer Senkung des unbedenklichen HDL-Cholesterins (High Density Lipoprotein). Bei Personen mit einem gesunden Fettstoffwechsel reguliert der Körper zwar die Konzentrationsverschiebung selbstständig. Eine regelmäßige, hohe Zufuhr von Transfettsäuren kann aber die Entstehung von Fettstoffwechselstörungen begünstigen. Personen mit einer Fettstoffwechselstörung müssen ihr Essverhalten ändern, sonst kann es zu Herz-Kreislauf-Erkrankungen kommen.

Cholesterin

Cholesterin ist ein fettähnlicher Stoff, den wir im Körper selbst bilden, aber auch über fetthaltige Nahrung, vor allem tierische Fette, aufnehmen. Cholesterin ist beteiligt an Aufgaben wie der Bildung von Hormonen, Gallensäure oder Vitamin D. Das Blut kann nur eine begrenzte Menge an Cholesterin verarbeiten, überschüssiges Cholesterin lagert sich an Gefäßwänden ab und verengt so den Blutdurchfluss. Herzinfarkt oder Schlaganfall kann die Folge sein.

4 Eiweiß / Proteine 🇬🇧 proteins 🇫🇷 protéines (w)

Eiweiße, auch Proteine genannt, sind elementare Bausteine allen Lebens. Der Körper eines erwachsenen Menschen besteht aus über 70 Billionen Zellen, die wiederum Aminosäuren (die kleinsten Eiweißbausteine) als Bestandteil haben.

Der menschliche Organismus verwendet die vorhandenen Aminosäuren, um sie zu vielen verschiedenen Proteinen zusammenzusetzen und mit diesen zahlreiche wichtige Aufgaben zu erfüllen. Damit hat die Aufnahme von Eiweiß aus Nahrung eine Schlüsselfunktion. Sie ist lebensnotwendig, denn jede Sekunde sterben Millionen von Körperzellen ab und müssen neu aufgebaut werden.

Hierarchie im Eiweißsystem

Aminosäuren: Sind die Bausteine der Eiweiße. 20 verschiedene Aminosäuren sind im menschlichen Organismus.
Peptide: Bestehen aus 2 bis 100 aneinandergebundenen Aminosäuren.
Proteine: Sind Eiweißverbindungen aus mehr als 100 aneinandergebundenen Aminosäuren.

4.1 Funktionen der Eiweiße / Proteine

Proteine haben viele Aufgaben im Organismus zu erfüllen.
- Proteine liefern das Material zum Aufbau und für die Erneuerung von Zellen und Gewebe (z. B. Haut, Knochen, Nägel und Muskelgewebe).
- Proteine sind Bestandteil von Enzymen und damit am Stoffwechsel beteiligt.
- Die Proteine Kollagen und Keratin haben eine Stützfunktion, sie sind Hauptbestandteile der meisten Stütz- und Bindegewebe.

Eiweißaufnahme

Wie viel Eiweiß ein Mensch aufnehmen soll, ist von verschiedenen Faktoren abhängig. Dazu zählen u. a. Alter, Geschlecht, Krankheiten, Lebensstil oder die Umwelt.

Einführung

ERNÄHRUNG FÜR EINE GESUNDE LEBENSWEISE

- Das Protein Globin ist Bestandteil des Hämoglobins (roten Blutfarbstoff) und ist am Transport von Sauerstoff durch den Körper beteiligt.
- Die Antikörper des Immunsystems sind aus Eiweißen aufgebaut. Proteine, die nicht für Aufgaben verwendet werden, dienen dann mit 17 kJ/g als Energiestoff.

4.2 Ernährungshinweise

Durch veränderte Essgewohnheiten und einen Überfluss an preiswertem Fleisch und Fleischerzeugnissen nimmt die Mehrzahl der Menschen mehr Eiweiße auf, als Empfehlungen von Fachleuten es vorschlagen.

Ob und wie das zu gesundheitlichen Beschwerden führt, ist noch nicht genau erwiesen. Als optimal wird aktuell eine Eiweißaufnahme von etwa 0,8 g/kg Körpergewicht gesehen. Bei einer 70 kg schweren Person bedeutet das 56 g Nahrungseiweiß als Tagesbedarf.

Neben der aufgenommenen Menge der Proteine ist vor allem auch die **Protein-Qualität** in den Lebensmitteln wichtig. Pflanzliche Rohstoffe besitzen meist einen geringen Gehalt an Proteinen. Diese sind auch oft weniger hochwertig als Proteine von tierischen Rohstoffen, die dem Körpereiweiß ähnlicher sind. Wir nehmen mit fast allen Lebensmitteln Eiweiße auf.

Mehr zu Eiweißstrukturen unter „Weiteres Wissen zu Eiweißen / Proteinen" (s. S. 107).

Daher empfiehlt die DGE ein Eiweißverhältnis von 2/3 aus pflanzlicher und 1/3 aus tierischer Kost.

Durchschnittlicher Eiweißgehalt pro 100 g verzehrfertiger Lebensmittel

22 g	Roastbeef	20 g	Lachs	24 g	Linsen	11 g	Mehl, Type 405
22 g	Schweineschnitzel, natur	13 g	Hühnerei	19 g	Kichererbsen	2 g	Bohnen, grün
22 g	Hühnerbrust mit Haut	3 g	Kuhmilch	14 g	Haselnuss	2 g	Kartoffeln, roh

Quelle: Heseker / Heseker, Die Nährwerttabelle

4.3 Aufbau von Eiweißen / Proteinen

Aminosäuren bilden in verschiedenen Kombinationen die Struktur von Proteinen. 20 verschiedene Aminosäuren benötigen wir für körpereigene Prozesse. 12 davon können im Körper selbst gebildet werden, die restlichen 8 müssen über die Nahrung zugeführt werden. Diese acht sind daher lebensnotwendige oder essenzielle Aminosäuren. Das Vorhandensein dieser essenziellen Aminosäuren bestimmt die biologische Wertigkeit eines Lebensmittels.

Biologische Wertigkeit

Die biologische Wertigkeit einer Eiweißart gibt an, wie viel Körpereiweiß aus Nahrungsmitteleiweiß gebildet werden kann.

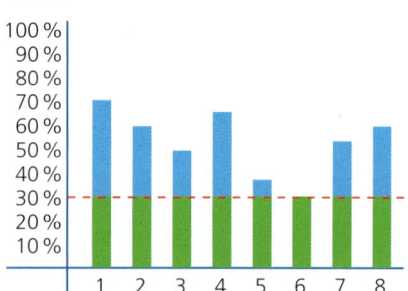

Verwertbarkeit der 8 essenziellen Aminosäuren aus aufgenommenem Nahrungseiweiß

Fazit: Die 6. essenzielle Aminosäure begrenzt die Aufnahme. Deshalb werden 30 % des aufgenommen Nahrungseiweißes zu körpereigenem Eiweiß verwertet.

Die Verwertbarkeit von Nahrungseiweiß und damit der Umbau in körpereigenes Eiweiß wird durch die 8 essenziellen Aminosäuren bestimmt. Diejenige mit der geringsten Verwertbarkeit bestimmt die biologische Wertigkeit (s. nebenstehende Spalte) des Lebensmittels. Sie ist die begrenzende Aminosäure.

Biologische Wertigkeit (BW) ausgewählter Lebensmittel

Proteinträger	BW	Proteinträger	BW
Hühnerei	1,0	Weizen	0,59
Kuhmilch	0,86	Soja	0,84
Rinderfleisch	0,87	Reis	0,83

Quelle: Biesalski, Grimm, Nowitzki-Grimm. Taschenatlas Ernährung.

Der Anteil der einzelnen Aminosäuren am Nahrungseiweiß entspricht nicht immer der Zusammensetzung von Körpereiweiß. Durch eine ausgewogene Ernährung kann ein eiweißarmes Lebensmittel mit einem eiweißreicheren Lebensmittel so ergänzt werden, dass die biologische Wertigkeit steigt. Man spricht hier von einem **Eiweißergänzungswert**.

Beispiele für die verwertbare Eiweißaufnahme

Fischfilet 100 Gramm, Eiweißanteil 17 %, biologische Wertigkeit 80 %.

> Das Filet enthält 17 % = 17 Gramm Eiweiß.
> Davon kann der Körper 80 % nutzen. Das sind ≈ 13,6 Gramm.

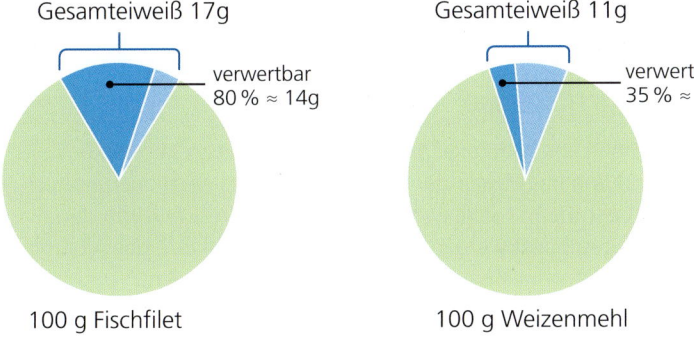

100 g Fischfilet — Gesamteiweiß 17g, verwertbar 80 % ≈ 14g

100 g Weizenmehl — Gesamteiweiß 11g, verwertbar 35 % ≈ 4g

Vergleich mit 100 g Weizenmehl, das einen Eiweißanteil von 11 % und eine biologische Wertigkeit von 35 % hat.

> In 100 Gramm Weizenmehl sind 11 % = 11 Gramm Eiweiß.
> Davon sind für den Körper 35 % verwertbar, das sind etwa 4 Gramm.

Tierisches Eiweiß enthält mehr essenzielle Aminosäuren als pflanzliches. Unterschiedliche Eiweißarten können sich gegenseitig ergänzen und damit zusammen eine höhere biologische Wertigkeit haben.

Vegetarier und Veganer benötigen für ihre Ernährungsform keine tierischen Eiweiße. Mit günstigen Kombinationen können sie den Eiweißbedarf voll decken.

Speisebeispiele für Ergänzungswerte:
- Getreide mit Fleisch, Fisch, Milch oder Ei
- Kartoffeln mit Milch, Ei
- Hülsenfrüchte mit Milch, Roggen, Weizen oder Fleisch
- Linseneintopf mit Kasseler
- Fischfilet mit Petersilienkartoffel und Salat
- Dinkelbratlinge mit Quarkdip

Weizenmehl

Einführung

ERNÄHRUNG FÜR EINE GESUNDE LEBENSWEISE

> **Eiweiß kann rasch verderben.**
> Eiweißhaltige Lebensmittel sind anfällig für Lebensmittelverderb, denn viele Mikroben bevorzugen Eiweiß. Befallene Lebensmittel riechen und schmecken unangenehm, Fleisch und Wurst bekommen eine schmierige Oberfläche. Verdorbene, eiweißhaltige Lebensmittel dürfen nicht weiterverwendet werden. Sie sind gesundheitsschädlich und führen zu Übelkeit, Durchfall und Erbrechen.

4.4 Eiweißstoffe und deren küchentechnische Eigenschaften

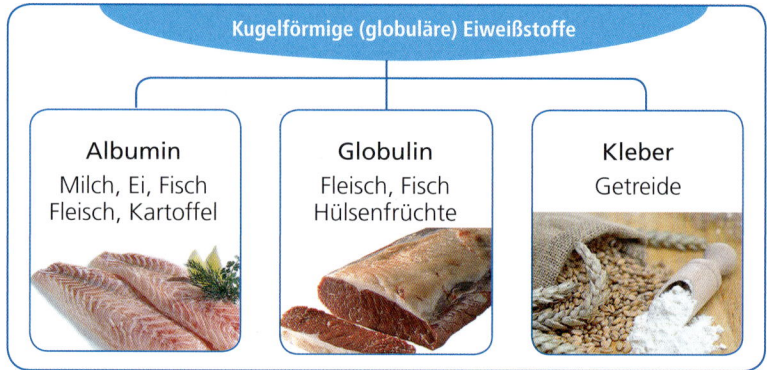

Kugelförmige (globuläre) Eiweißstoffe

- **Albumin** – Milch, Ei, Fisch, Fleisch, Kartoffel
- **Globulin** – Fleisch, Fisch, Hülsenfrüchte
- **Kleber** – Getreide

Albumin ist wasserlöslich und gerinnt bei 70 °C

- Kocht man Fleisch, geschälte Kartoffeln oder Linsen, setzt sich am Topfrand ein weißgrauer Schaum ab. Dieser besteht hauptsächlich aus ausgelaugtem und geronnenem Albumin.
- In der Gastronomie wird dieser Schaum von der Brühe abgeschöpft, damit eine klare Suppe serviert werden kann.
- Auf der gekochten Milch bildet sich eine Haut.

In der Küchenpraxis werden diese Arten von Eiweiß entfernt. Im Haushalt sollte man darauf verzichten, denn Albumine sind wertvolle Eiweißstoffe.

Albumin zieht in Flüssigkeiten Trübstoffe an

Beim Erwärmen kann Albumin Trübstoffe binden. Wenn bei stärkerer Wärmeeinwirkung das Eiweiß dann gerinnt, steigt es nach oben und nimmt die Trübstoffe mit sich. Mit einem Schaumlöffel kann von der Oberfläche abgeschöpft werden. Man nutzt diese Wirkung des Albumins, wenn klare, trübstofffreie Flüssigkeiten erzielt werden sollen.

Beispiele
- Klären von Brühen
- Herstellen von Aspik
- Bereitung von Weingelee

Geronnener Schaum wird abgeschöpft

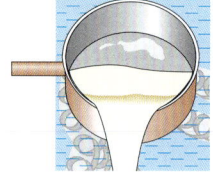 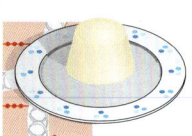

Albumin bindet Flüssigkeiten

Albumin lagert beim Erwärmen Flüssigkeit an und bindet sie. Dies nutzt man z. B. bei der Herstellung von Crème brûlée und Eierstich. Zu beiden Produkten werden Milch und Eier in etwa gleichem Verhältnis vermischt. In ungekochtem Zustand ist die Mischung flüssig, denn die Bindekräfte haben sich noch nicht entfaltet.

- Bei etwa 70 °C binden die Eiweißstoffe.
- Es entsteht eine kompakte, geleeartige Masse, die auch im kalten Zustand hält.

Beim Legieren (Binden/Verfeinern) von Suppen und Saucen nutzt man die gleiche Art von Bindung. Weil die Eiermenge geringer gehalten wird, entsteht bei diesen Zubereitungen eine **sämige** Bindung.

> Steigt die Temperatur zu hoch, brechen die Bindekräfte zusammen: Das Gel „bricht", es teilt sich in Gerinnsel und ungebundene Flüssigkeit. In zu hoch erhitzten Suppen und Saucen schwimmen Flocken.

Globulin bildet die Grundlage der Farceherstellung

Die Eigenschaft des Globulins wird bei der Herstellung von Terrinen, Pasteten, Galantinen oder Wurst benötigt. Globulin kommt fast immer zusammen mit Albumin vor, z. B. in Fleisch, Fisch, Milch und Eiern. Im Unterschied zu Albumin löst sich Globulin nur bei Anwesenheit von Salz.

- Durch feine Zerkleinerung im Kutter werden aus der Fleischfaser die Globuline freigelegt.
- Nach Beigabe von Salz lösen sich die Globuline und lagern Wasser an, das in Schlacht-, Geflügel- oder Fischfleisch, Sahne oder als Mundeis/Crushed Ice vorhanden ist.
- Wird die Farce erwärmt, gerinnt das enthaltene Globulin bei etwa 70 °C und macht das Produkt schnittfest.

Eiweißstoffe bilden einen festen Schaum

Beim intensiven Aufschlagen von kugelförmigen Eiklarproteinen verändert sich deren Struktur. Die Proteinketten werden gestreckt und miteinander vernetzt. Ein Teil der Eiklarproteine denaturiert (verändert sich), Schäume werden dadurch stabilisiert. Temperatur bei der Verarbeitung, Alter der verwendeten Eier oder das verwendete Arbeitsmittel beeinflussen die Stabilität und das Volumen der Eiklarproteine.

- Verschiedene Proteine erhalten bei Hitzeeinfluss mehr Stabilität, das Eiklar sollte daher für einen festeren Schaum nicht direkt aus der Kühlung kommen. Eiklar im heißen Wasserbad aufgeschlagen hat die größte Standfestigkeit.
- Ein paar Tage alte Eier bilden einen besseren Eiklarschaum als ganz frische Eier.
- Bei **zu** alten Eiern wiederum verringert sich das Volumen des Schaumes, durch Diffusion innerhalb der Eier gelangt Eigelbfett in das Eiklar.
- Die Verwendung von Kupferkesseln beim Aufschlagen sorgt für einen stabileren Schaum als eine Edelstahlschüssel. Dafür verantwortlich sind Kupferionen.

Klebereiweiß bildet das Gerüst im Teig

Das Backmehl (Getreidemehl) enthält die Eiweißarten Gliadin und Glutenin. Bei der Teigbereitung nehmen sie Wasser auf, quellen und verbinden sich zu einer zähen, dehnbaren Masse, dem **Kleber**. Damit der Kleber gut ausgebildet wird, bearbeitet man Teige, bis sie sich vom Gefäß lösen oder bis sie Blasen werfen.

Die Ausbildung des Klebereiweißes wird z. B. benötigt bei der Herstellung von Nudelteigen, Brot- und Kuchenteigen.

Wirkung in einem Hefeteig:

- Während des Backens wird durch die Tätigkeit der Hefe **Kohlendioxid** freigesetzt.
- Der Kleber dehnt sich, reißt nicht und hält diese Gase fest, es entstehen die **Poren**, der Teig wird gelockert.
- Beim Backen gerinnt das Klebereiweiß und bildet das elastische Gerüst des Gebäckes.

Bei Mürbeteigen wiederum erwartet man ein lockeres, leicht brechendes Gebäck. Darum wird die Ausbildung des Klebers vermieden. Man knetet die Mürbeteige nicht, sondern vermengt die Zutaten nur kurz.

Kleber bildet das Brotgerüst.

Eigenschaften des Klebers:
- **quellfähig**, er nimmt den überwiegenden Teil der Teigflüssigkeit auf;
- **elastisch**, man kann Teige ausrollen, sie können sich aber auch wieder verkürzen, sie „schnurren", wenn man sie nicht ruhen lässt;
- **dehnbar**, wobei er das lockernde Kohlendioxid festhält und die Poren des Gebäckes bildet.

Einführung

ERNÄHRUNG FÜR EINE GESUNDE LEBENSWEISE

Kollagen
Bindegewebereiches Fleisch
Schwarten und Knorpel

Spargel in Aspik

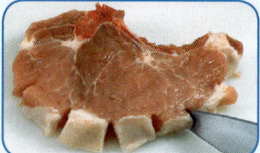

Einschnitte bei Koteletts

Geronnene Milch wird zu Käse verarbeitet

Faserförmige (fibrilläre) Eiweißstoffe

Kollagen bildet ein Gel

Schwarten, Knorpel und Knochen enthalten viel Kollagen. Dieses wird durch Kochen gelöst und geht in die Flüssigkeit über.

- In **erkaltetem Zustand** geliert die Flüssigkeit, dies wird bei der Herstellung einer geeisten Kraftbrühe genutzt.

In gereinigter und getrockneter Form wird es als **Gelatine/Aspik** angeboten. Bei Verwendung wird Gelatine eingeweicht und in warmer Flüssigkeit gelöst. Dabei zeigt sich noch keine Bindung. Beim Abkühlen bildet sich eine Gallerte, z. B. bei Sülze/Aspikprodukten.

- In der kalten Küche gibt Gelatine Mousses von Gemüse Zusammenhalt und Stand.
- Der Patissier nutzt Gelatine, um geschlagene Sahne vor dem Absetzen von Flüssigkeit zu schützen, wie bei der Bayerischen Creme und Fruchtmousse. Auch für Weingelee wird Gelatine genutzt.

Bindegewebe verkürzt sich beim Erhitzen

Die einzelnen Fleischfasern sind vom Bindegewebe umschlossen und werden durch dieses zusammengehalten (Stützfunktion).

Bei Wärmeeinwirkung verkürzt sich das Bindegewebe, es zieht sich zusammen (gut erkennbar beim Ausbraten von Speckscheiben). Dabei drückt es den Fleischsaft aus den Fasern. Das Fleisch wird trocken. Durch entsprechende Behandlung des Fleisches wird dem entgegengewirkt:

- Klopfen: Bindegewebefasern reißen ein.
- Einschneiden: Speck- oder Bindegeweberand wird durchtrennt.
- Wolfen: Bindegewebe werden bei der Herstellung von Hackfleisch fein zerschnitten. Muskelfasern können sich nicht mehr zusammenziehen.

Zusammengesetzte Eiweißstoffe

Zusammengesetzte Eiweißstoffe bestehen aus Aminosäuren und mindestens einem weiteren Mineralstoff. Durch die Zusammensetzung von Mineralstoffen und Aminosäuren erhalten die gebildeten Proteine spezifische Eigenschaften, die bei der Lebensmittelherstellung genutzt werden.

Caseinogen
Milch
Milchprodukte

Myoglobin Hämoglobin
Fleisch, Blut

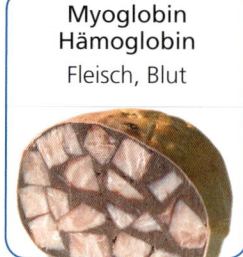

Myoglobin und Hämoglobin verändern die Farbe und geben Geschmack

Durch diese Eigenschaften finden diese Proteine ihre Verwendung bei der Wurstherstellung. Myoglobin verändert jedoch ab 70 °C seine Farbe, ein Steak z. B. wird grau. Rötliche Fleischwaren wie roher Schinken sind mit Nitritpökelsalz vorbehandelt, um das Grauwerden zu verhindern.

Caseinogen gerinnt durch Säure und Lab

Milch enthält den hitzestabilen Eiweißstoff Caseinogen. Die Milch gerinnt nicht. Kommt jedoch **Milchsäure** in die Milch, gerinnt das Eiweiß, es entsteht z. B. Sauermilch oder Joghurt. Wird die geronnene Milch erwärmt, trennt sie sich in Eiweißgerinnsel (Quark) und Flüssigkeit (Molke).

Ähnlich verhält sich die Milch, wenn ihr Lab zugesetzt wird. Lab ist ein Enzym aus dem Magen der Kälber. So wird z. B. Schnittkäse hergestellt.

4.5 Weiteres Wissen zu Eiweißen / Proteinen

Aminosäuren entstehen aus den Elementen Kohlenstoff (C), Wasserstoff (H), Sauerstoff (O) und Stickstoff (N) sowie häufig auch Schwefel (S).

Die Aminosäuren verketten sich wendelartig. Die Vielfalt der Eiweißarten entsteht, wenn verschiedene Aminosäuren sich in unterschiedlichen Folgen aneinanderfügen und ggf. zusätzlich andere Stoffe (Nichteiweißstoffe) anlagern.

Die vielen Eiweißarten unterscheidet man nach der Zusammensetzung und der Form.

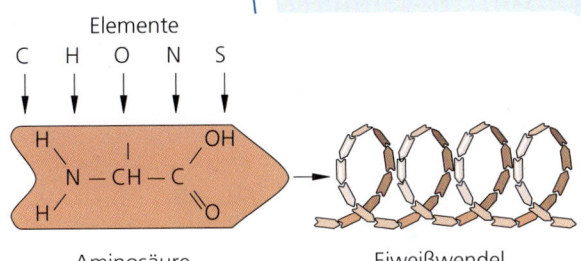

Grundaufbau der Eiweiße

Unterscheidung nach der Form

Die gewendelten Eiweißstoffe formen sich weiter. Bilden sie kugelige Gebilde, nennt man sie **Globuline** (Globus – Kugel) oder **kugelförmige Eiweißstoffe**. Globulin ist reichlich enthalten in Fleisch, Fisch und Hülsenfrüchten.

Verbinden sich die Eiweißstoffe kabelartig, so nennt man sie **fibrilläre** Proteine oder **faserförmige Eiweißstoffe** (fiber [lat.] Faser). Die faserförmige Beschaffenheit gibt Festigkeit, wie sie für Bindegewebe erforderlich ist.

Verdauung von Nahrungseiweiß

Wie die anderen Nährstoffe müssen auch die Eiweißstoffe durch die Verdauung zu Bausteinen abgebaut werden. Bei Eiweiß sind das die **Aminosäuren**. Diese gelangen dann durch die Darmwand in den Blutkreislauf.

Der Eiweißabbau beginnt im **Magen**. Die **Salzsäure** des Magensaftes lässt das Eiweiß zunächst **gerinnen**. **Enzyme** spalten dann die Eiweißmoleküle in Bruchstücke. Diese werden anschließend von den Enzymen des Bauchspeichels und des Darmsaftes zu den Aminosäuren abgebaut.

Eiweißstoffe dienen dem Körper vorwiegend als **Baustoff**. Bei Kindern und Heranwachsenden ist das Eiweiß notwendig zum **Aufbau**, bei Erwachsenen zum **Ersatz** verbrauchter oder abgenutzter Körpersubstanz.

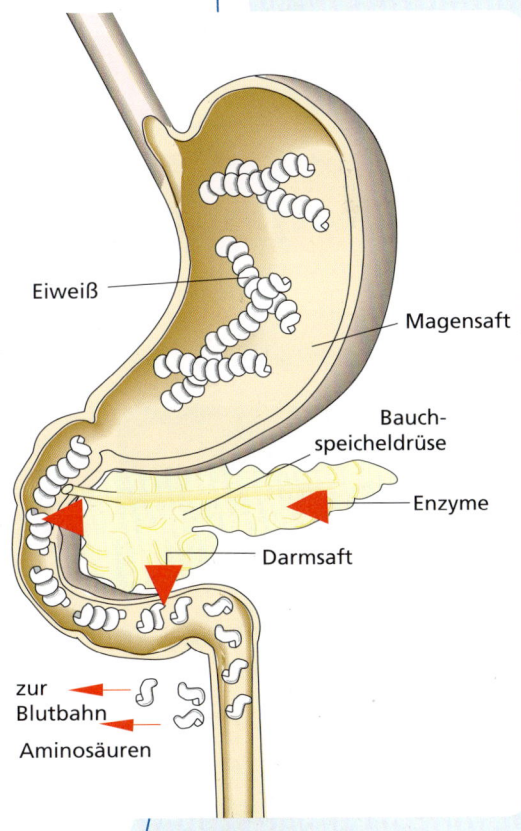

Verdauung von Eiweiß

5 Vitamine und Mineralstoffe

🇬🇧 vitamins and mineral nutrients 🇫🇷 vitamines (w) et substances (w) minéral

Zu einer gesunderhaltenden Ernährung gehört die Aufnahme von sogenannten **Wirkstoffen**, von **Vitaminen und Mineralstoffen**. Der Körper kann sie nicht bzw. nur in unzureichender Menge selbst bilden, sie müssen über die Nahrung aufgenommen werden. Wegen ihrer Aufgaben im Körper werden die Vitamine auch als **Regler- und Schutzstoffe,** die Mineralstoffe **als Regler- und Baustoffe** bezeichnet.

Obst und Gemüse sind die wichtigsten Lieferanten, aber auch Getreideprodukte, Kräuter, Milch, pflanzliche Öle, Fleisch und Fisch sollten auf dem Speiseplan nicht fehlen.

5.1 Ernährungsproblematik

Obwohl in Deutschland eine gute Versorgung der Nährstoff- und Wirkstoffdichte über die vorhandenen Lebensmittel möglich ist, kann die Aufnahme aus unterschiedlichen Gründen auch mangelhaft sein:

- **Einseitige Ernährung:** Dadurch wird eine ausreichende Erneuerung der verbrauchten Vitamine und Mineralstoffe verhindert. Reserven sind schnell aufgebraucht (z. B. Vitamin D) und es kommt zu körperlichen Einschränkungen.
- **Belastungssituationen:** Nach Krankheiten oder bei Stress und ungesunden Lebensgewohnheiten wie Rauchen kann ein deutlich spürbarer Wirkstoffmangel auftreten. Das gilt auch für Schwangere und stillende Frauen, Menschen in einer Wachstumsphase (Baby bis Jugendlicher), Leistungs- und Extremsportler.
- **Lieferantenwege und Lagerzeiten:** Vom Tag der Ernte bis zum tatsächlichen Verzehr vergeht oft viel Zeit. Wertvolle Inhaltsstoffe werden durch die äußeren Bedingungen ab der Ernte naturbedingt abgebaut. Unterstützt und beschleunigt wird ein Abbau auch durch falsche Lagerung.
- **Verarbeitung:** Unzureichende Kenntnisse bei der Zubereitung minimiert die Menge der Wirkstoffe zusätzlich.

Symptome beim Wirkstoffmangel

Wirkstoffmangel zeigt sich in einem schleichenden Prozess und wird daher oft nicht mit der Ernährungssituation in Verbindung gebracht. Anzeichen für eine unzureichende Wirkstoffaufnahme können z. B. sein:

- Müdigkeit und Kraftlosigkeit
- Konzentrationsschwierigkeiten und Gereiztheit
- Geschwächtes Immunsystem

5.2 Vitamine

Vitamine sind essenzielle organische Verbindungen. Sie sind durch Buchstaben oder Namen bezeichnet.
- Vitamin C = Ascorbinsäure
- Vitamin D = Calciferole

Einteilung der Vitamine

Man unterscheidet fettlösliche und wasserlösliche Vitamine.

Wasserlösliche Vitamine zirkulieren im Blut. Sie haben keinen bestimmten Speicherplatz im Körper. So gelangen sie auch in die Niere. Hohe Dosen von Vitamin C und B, die über die Nahrung oder mittels Präparaten zugeführt werden, werden von der Niere ausgefiltert und mit dem Urin ausgeschieden.

Fettlösliche Vitamine können in gewissem Umfang im Fettgewebe des Körpers und in der Leber gespeichert werden. Das hat den Vorteil, dass auch bei nicht ausreichender täglicher Zufuhr über einige Zeit die Versorgung mit den fettlöslichen Vitaminen aus dieser Reserve gesichert werden kann. Jedoch kann es unter Umständen durch die Einnahme von Vitaminpräparaten zu einer **Überversorgung** (Hypervitaminose) kommen.

Fettlösliche Vitamine
Vitamin A (Retinol)
Vitamin D (Calciferol)
Vitamin E (Tocopherol)
Vitamin K (Phyllochinon)
Wasserlösliche Vitamine
Vitamin C (Ascorbinsäure)
Vitamin B_1 (Thiamin)
Vitamin B_2 (Riboflavin)
Vitamin B_6 (Pyridoxal)
Vitamin B_{12} (Cobalamin)
Niacin
Pantothensäure
Biotin
Folsäure

Aufgaben der Vitamine

- **Vitamine sind Bestandteil von Enzymen**

Enzyme werden für den Zellstoffwechsel benötigt. Kohlenhydrate, Fette und Eiweiße werden von Enzymen in ihre kleinsten Bausteine „zerlegt".

Vitamine dieser Gruppe: B_1, B_2, B_6, Biotin und K

- **Vitamine haben spezielle Aufgaben**

Die Wirkung eines Vitamins im Organismus ist jeweils sehr speziell und nicht zu verallgemeinern. Vitamin D beeinflusst unter anderem positiv die Aufnahme von Kalzium. Die Tabelle zeigt weitere Funktionen der Vitamine.

Vitamin	Wichtig für spezielle Aufgaben	Enthalten in
A	Sehvorgang	Leber, Butter, Käse, Eigelb, Karotten
B_1	Stärkung des Nervensystems	Kartoffeln, Vollkornprodukte
B_2	Energiestoffwechsel	Fisch, Milch, Vollkorn, Muskelfleisch
B_{12}	Blutbildung, Wachstum	Quark, Käse, Eier, Fleisch
C	Schützt vor Infektionen + Krebs	Sanddorn, Gemüse (Paprika), Obst
D	Stärkt Knochen	Meeresfisch, Leber, Margarine (+ Sonne)
E	Schützt Nervensystem vor dem Altern	Sonnenblumenkerne, Mandeln, Rapsöl

Einflussfaktoren zum Erhalt von Vitaminen

Die Angaben in Nährstofftabellen sind nur als Durchschnittswert zu sehen. Je nach Sorte innerhalb einer Obstgruppe ändert sich der Vitamin-C-Gehalt erheblich. Während z. B. die Apfelsorte Jonagold bei 15 mg/100 g essbarem Anteil liegt, besitzt ein Topaz etwa 83 mg Vitamin C pro 100 g.

Eine Vielzahl anderer Faktoren beeinflusst den tatsächlich aufgenommenen Gehalt an Vitaminen, u. a. Lagerung, Lichteinfluss und Verarbeitung. Nicht alle Vitamine reagieren gleich stark oder schwach auf Einflüsse, deshalb ist ein bewusster Umgang mit Lebensmitteln wichtig. Folgende Regeln dienen der Erhaltung von Vitaminen:

Einführung

ERNÄHRUNG FÜR EINE GESUNDE LEBENSWEISE

- Gemüse und Obst möglichst regional mit kurzen Lieferwegen beziehen.
- Nur in Mengen bestellen, die in kurzer Zeit verarbeitet werden.

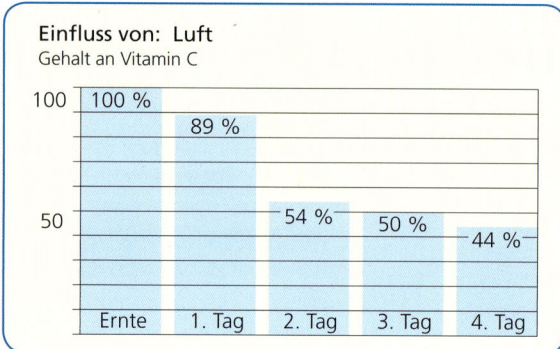

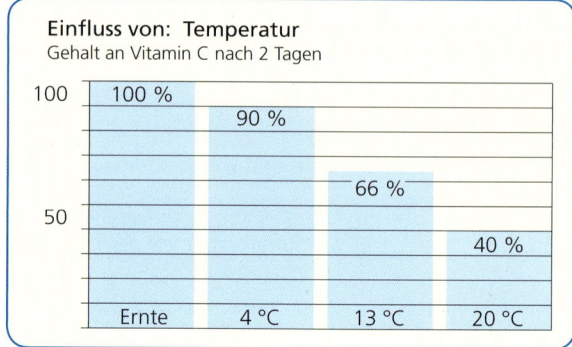

- Gemüse und Obst kühl und dunkel aufbewahren.
- Rohstoffe unzerkleinert waschen, erst vor der Verarbeitung zerkleinern.

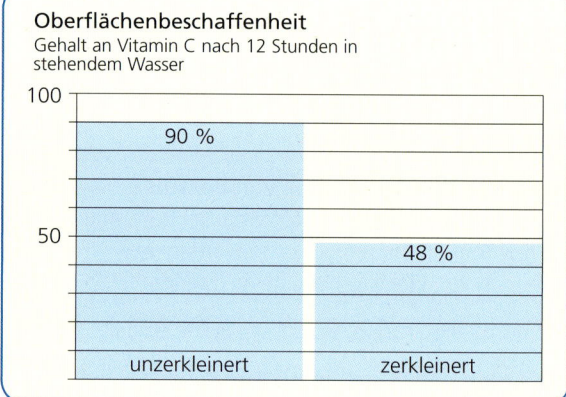

- Geputzte Gemüse nicht in Wasser legen, sondern mit Folie abdecken.
- Geschälte Kartoffeln möglichst kurz und in möglichst wenig Wasser aufbewahren und später zerkleinern. Wasser wenn möglich zum Kochen verwenden, da sich gelöste Inhaltsstoffe darin befinden. Bei einem Ansatz mit neuem Wasser findet ein weiteres Auslaugen statt.
- Schonende Garverfahren wie Dämpfen oder Dünsten anwenden.
- Fertige Speisen schnell herunterkühlen und wiedererwärmen ist besser, als sie lange warm zu halten.

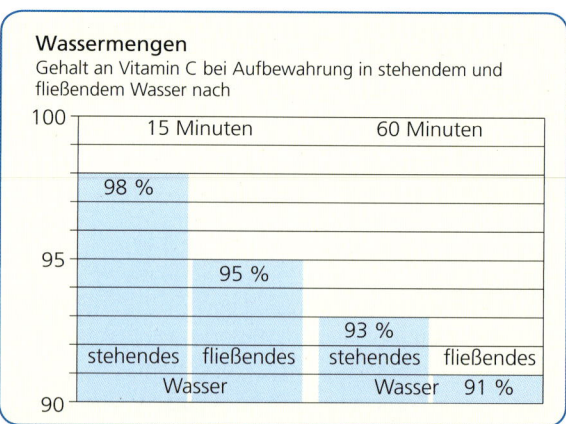

5.3 Mineralstoffe

Eingeteilt sind Mineralstoffe in zwei Gruppen.
Mengenelemente: Kommen im Organismus in höheren Konzentrationen vor (mehr als 50 mg pro kg Körpergewicht).
Spurenelemente: Sind im menschlichen Körper mit weniger als 50 mg pro Körpergewicht vorhanden.

• Mineralstoffe sind essenzielle anorganische Verbindungen.

Aufgaben und Vorkommen

Mineralstoffe beeinflussen wie auch die Vitamine Körperfunktionen. Daher sind die einzelnen Elemente nicht gegeneinander austauschbar.
Reglerfunktion: wie z. B. Regulierung des Wasserhaushaltes und Aufrechterhaltung der Nerven-Reizleitung
Baufunktion: d. h. Aufbau von Knochen und Zähnen
Die Tabelle zeigt die speziellen Aufgaben bestimmter Mineralstoffe, ihre Vorkommen und den empfohlenen Tagesbedarf.

Mengenelemente	Spurenelemente
Kalzium	Eisen
Kalium	Jod
Phosphor	Fluorid
Magnesium	Kupfer
Schwefel	Mangan
Natrium	Selen
Chlorid	Zinn

Mineralstoff	Aufgaben im Körper	Viel Mineralstoff ist enthalten in	Tagesbedarf
Kalzium	Bildung und Erhalt von Zahn- und Knochensubstanz	Milchprodukte, Brokkoli, Mineralwässer	1000 mg enthalten in: 850 ml Milch
Kalium	Regulierung des Wasserhaushalts, Stimulation der Muskeln und Nerven	Vollkorngetreide, Bananen, Blattgemüse	2000 mg enthalten in: 500 g Bananen
Magnesium	Aufbau von Knochen, Leitung von Nervenimpulsen	Nüsse, Getreide, Mineralwasser, Fleisch, grünes Gemüse	350 mg enthalten in: 75 g Sonnenblumenkernen
Natrium	Regulierung des Wasserhaushalts	Wurstwaren, Kochsalz, Brot	550 mg enthalten in: 50 g Briekäse
Chlorid	Regulierung des Wasserhaushalts	alle kochsalzhaltigen Lebensmittel	830 mg
Fluorid	Herabsetzung der Kariesanfälligkeit, Stabilisierung des Knochens	Mit Fluor angereichertes Speisesalz, Mineralwasser, schwarzer Tee, Walnuss	1–3 mg Nicht genau bestimmbar, da in den Lebensmitteln unterschiedlich stark vorhanden.
Eisen	Sauerstofftransport	Fleisch, Fisch, Vollkorngetreide	15mg enthalten in: 100 g Blutwurst
Jod	Bildung von Schilddrüsenhormonen	Seefisch, Jodsalz, Eier	200 Mikrogramm enthalten in: 450 g Scholle oder 8 g Jodsalz

Einflussfaktoren zum Erhalt von Mineralstoffen

Mineralstoffe sind wasserlöslich. Darum entstehen beim Waschen, beim Aufbewahren von Gemüsen in Wasser, beim Blanchieren und Kochen große Verluste. Daher ist zu beachten:

- Vollkornprodukte den Vorzug vor Weißmehlerzeugnissen geben.
- Gemüse möglichst kurz und unzerkleinert waschen.
- Geputzte Gemüse nicht längere Zeit in Wasser legen.
- Einweich- und Kochwasser möglichst weiterverwenden, da sich gelöste Inhaltsstoffe im Wasser befinden.
- Schonende Garverfahren wie Dämpfen und Dünsten anwenden.

Einführung

ERNÄHRUNG FÜR EINE GESUNDE LEBENSWEISE

6 Begleitstoffe/Bioaktive Substanzen

 dietary fibres fibres (w) alimentaires

6.1 Ballaststoffe

Ballaststoffe gehören zu einer gesunden Ernährung unbedingt dazu. Eine ausgewogene Auswahl an Vollkornerzeugnissen oder Produkten mit Ölsaaten und anderen pflanzlichen Zusätzen leistet einen wertvollen Beitrag zur Deckung des Tagesbedarfs.

Ballaststoffe sind unverdauliche Bestandteile von Lebensmitteln. Obwohl die meisten Ballaststoffe chemisch den Kohlenhydraten zuzuordnen sind, gehören sie aufgrund des **nicht** vorhandenen Nährwertes **nicht** zu den Nährstoffen. Sie sind ausschließlich **Begleitstoffe** der Nahrung. Sie nehmen eine Sonderrolle in der Ernährung ein und wurden in der Vergangenheit lange unterschätzt.

Arten und Vorkommen

Ballaststoffe kommen in verschiedenen pflanzlichen Nahrungsmitteln in unterschiedlicher Menge vor. Sie bilden dort den Gerüststoff. Sie unterscheiden sich in ihrer Löslichkeit:

Wasserunlöslich aber **quellfähig**, besonders in warmem Wasser:
- Zellulose: in Vollkorngetreide, Obst, Gemüse
- Hemizellulose: in Vollkorngetreide, Hülsenfrüchten
- Lignin: in Obstkernen, Gemüse (Fäden bei grünen Bohnen), Getreide

Wasserlöslich, kann Wasser bis zum 100-Fachen seines Eigengewichtes binden:
- Pektin: in Obst (besonders Äpfel, Quitten, Aprikosen), Gemüse

Der Begriff „Ballaststoffe" stammt noch aus der Zeit, in der die Begleitstoffe als „überflüssiger Ballast" angesehen wurden. Die scheinbar nutzlosen Bestandteile der Nahrung wurden entfernt, beispielsweise beim Getreide. Man trennte die Schalenteile des Getreidekorns vom hellen Mehlkörper und erhielt ein „weißeres" Mehl.

Warum sind Ballaststoffe keine Nährstoffe?

Unserem Körper fehlen die richtigen Enzyme, also das „Werkzeug", um die Ballaststoffe aufzuspalten. Damit kann z. B. Zellulose nicht in seine kleinen Bausteine (Traubenzucker) zerteilt werden. Die großen Ballaststoffmoleküle müssen im Darm verbleiben und können dem Organismus keine Energie zur Verfügung stellen.

Stattdessen erhöhen die Ballaststoffe das Nahrungsvolumen im Verdauungstrakt. Später werden sie von den Darmbakterien im Dickdarm zersetzt und als Bestandteil des Kots ausgeschieden.

Eigenschaften und Bedeutung von Ballaststoffen

Wasserunlösliche Ballaststoffe sind quellfähig.

In Lebensmitteln: Quell- und Brühstücke bei der Vollkornbrotherstellung. Bestandteile des Korns binden Flüssigkeit und geben dem Brot Saftigkeit.

Im Organismus: Vergrößern das Stuhlvolumen, bewirken eine weiche Stuhlkonsistenz, verhindern Verstopfung und verkürzen die Zeit, die die Nahrung im Verdauungskanal verbringt.

Wasserlösliche Ballaststoffe binden Wasser.

> **In Lebensmitteln**: Geliermittel für Konfitüren und Gelees, dienen als Zusatz zu kalorienverminderten Lebensmitteln (Backwaren, Snacks, Wurstwaren, Getränken).

> **Im Organismus**: Verzögern die Magenentleerung und die Aufnahme von Einfachzuckern aus dem Dünndarm in das Blut, was den Blutzuckerspiegel verringert (Diabetes mellitus!).
> Positive Beeinflussung des Cholesterinspiegels.

- Darüber hinaus senken Ballaststoffe das Erkrankungsrisiko für Dickdarmkrebs, weil schädliche Stoffe nicht so lange im Darm bleiben.
- Ballaststoffreiche Lebensmittel haben allgemein einen guten Sättigungseffekt. Sie müssen gut gekaut werden, man isst langsamer und merkt frühzeitig, wenn man satt ist. Das Sättigungsgefühl hält länger an, sodass weniger zwischendurch gegessen wird.
- Außerdem leisten ballaststoffreiche Lebensmittel oft einen guten Beitrag zur Vitamin- und Mineralstoffversorgung.

Ballaststoffanteil in 100 g verzehrfähigem Lebensmittel:	
Knäckebrot	14,8 g
Roggenvollkornbrot	8,1 g
Weizenbrot	3,2 g
Möhren	3,6 g
Erbsen, getrocknet	16,6 g
Leinsamen	38,6 g
Weißkohl	2,9 g
Aprikose, getrocknet	17,7 g
Aprikose, frisch	1,5 g

Ballaststoffreiche Ernährung

Es ist einfach, den Verzehr von Ballaststoffen zu steigern. Die guten Ballaststoffquellen sind „normale" Lebensmittel: Vollkorngetreide und -produkte, Kartoffeln, Gemüse, insbesondere Kohlarten und Hülsenfrüchte, sowie Obst. Die DGE empfiehlt 30 g Ballaststoffe pro Tag. Wichtig: Die Aufnahme von Ballaststoffen erfordert, auch genügend Flüssigkeit zu sich zu nehmen.

Eine plötzliche Umstellung auf ballaststoffreiche Ernährung kann am Anfang zu Blähungen, Druck- und Völlegefühl führen.

Primär: erstrangig – am wichtigsten
Sekundär: zweitrangig – am zweitwichtigsten

6.2 Sekundäre Pflanzenstoffe

Den Pflanzen dienen **sekundäre Pflanzenstoffe** als Farbpigmente, Boten-, Schutz- und Lockstoffe. **Primäre Pflanzenstoffe** (Kohlenhydrate, Fette, Eiweiße) werden von Pflanzen für wichtige Vorgänge gebildet.

Für die Gesunderhaltung sind die sekundären Pflanzenstoffe wichtig: sie haben bei ausreichendem Verzehr eine vorbeugende Wirkung.

> Freie Radikale sind sehr aktive Stoffe, die Körperzellen schädigen. Langfristig können freie Radikale so eine Krebserkrankung begünstigen.

Wirkung von sekundären Pflanzenstoffen (Beispiele)

- Schützen vor schädlicher Wirkung freier Radikale im Körper und beugen somit Krebs vor.
- Wirken sich positiv auf den Blutzuckerspiegel aus.
- Kräftigen das Immunsystem und wirken Entzündungen entgegen.
- Schützen vor Herz-Kreislauf-Erkrankungen.

Wichtigste Vertreter

- **Carotinoide** sind für die rötliche und gelbe Farbe von Obst und Gemüse wie Orangen oder Tomaten verantwortlich.
- **Sulfide** lassen Zwiebeln und Knoblauch stechend riechen.
- **Flavonoide** sorgen für kräftige Blau- und Lilatöne, wie sie in Weintrauben oder Rotkohl vorkommen.
- **Glucosinolate** verursachen den typischen Geschmack von Kohl, Meerrettich und Senf.

> Sekundäre Pflanzenstoffe sind vorwiegend in allem farbigen Obst und Gemüse.

Einführung

ERNÄHRUNG FÜR EINE GESUNDE LEBENSWEISE

Nährstoffe werden zu Bausteinen

	Mund	**Magen**	**Galle**	**Bauchspeicheldrüse**	**Blut / Lymphe**
Kohlen-hydrate	Enzyme des **Mundspeichels** beginnen mit dem Abbau von Stärke.			Enzyme der **Bauchspeicheldrüse** zerlegen Zuckerstoffe weiter. Enzyme des **Darmsaftes** zerlegen restlichen Zweifach- zu Einfachzucker.	**Einfachzucker** werden vom **Blut** aufgenommen.
Eiweiß		Salzsäure und Proteasen leiten im **Magen** den Eiweißabbau ein.		Enzyme in **Bauchspeichel** und **Darmsaft** zerlegen die Eiweißteile zu Aminosäuren.	**Aminosäuren** werden vom **Blut** aufgenommen.
Fett			Gallensaft emulgiert Fett zu feinsten Tröpfchen.	Das Enzym Lipase aus **Bauchspeicheldrüse** spaltet Fett in Glyzerin und Fettsäuren.	**Glyzerin** und **Fettsäuren** werden von der **Lymphbahn** aufgenommen.

> Ballaststoffe verbleiben länger im Darm, da versucht wird, diese zu verwerten. Das gelingt meist nicht. Doch durch die „längere" Zeit im Darm lagern sie gesundheitsschädigende Stoffe an, die mit ihnen ausgeschieden werden. Damit wird Darmerkrankungen vorgebeugt.

Dickdarm und Enddarm: Die nicht verwertbaren Teile wandern zum Dickdarm. Dort wird der Nahrungsbrei durch Bakterien abgebaut, und das restliche Wasser wird entzogen. Der zu Kot geformte Rest gelangt über den Enddarm und den After aus dem Körper.

Nahrungs-Stoffwechsel

Der Blutkreislauf ist ein Straßengeflecht. Er ist der Weg, über welchen die Nährstoffe in alle Zellen des Körpers geschleust werden. Ist von „Nahrung verstoffwechseln" die Rede, ist damit der Prozess gemeint, der nach der Verdauung und dem Transport über die Blutbahn in den Zellen passiert.

Das Stoffwechselgeschehen kann z. B. nach den verarbeiteten Substanzen gegliedert werden:

- **Kohlenhydratstoffwechsel:** In der Verdauung wurden die komplexen Kohlenhydrate aus der Nahrung in Einfachzucker zerlegt. Die Zuckermoleküle gelangen über das Blut in die Zellen, wo der eigentliche Stoffwechselprozess stattfindet. Der Körper kann aus den Einfachzuckern Energie gewinnen. Steht gerade genügend Energie zur Verfügung, wird der Einfachzucker in der Leber und der Muskulatur zu neuen Mehrfachzuckern (Glykogen) zusammengesetzt und gespeichert.
- **Eiweißstoffwechsel:** Bei der Verdauung von Eiweißen entstehen Aminosäuren. Diese gelangen über die Blutbahn in die Zellen. Dort dienen sie zum Aufbau von Muskelzellen, Hormonen und Enzymen sowie zur Energiegewinnung.
- **Fettstoffwechsel:** Fett dient der Energiegewinnung in den Zellen und ist der wichtigste Energiespeicher. Cholesterin wird unter anderem für die Bildung von Hormonen und Botenstoffen benötigt. Was der Körper nicht braucht, speichern die Fettzellen für schlechte Zeiten. Außerdem besteht jede Körperzelle aus einer Doppel-Lipid-Schicht.

Wasserlösliche Ballaststoffe binden Wasser.

> **In Lebensmitteln**: Geliermittel für Konfitüren und Gelees, dienen als Zusatz zu kalorienverminderten Lebensmitteln (Backwaren, Snacks, Wurstwaren, Getränken).

> **Im Organismus**: Verzögern die Magenentleerung und die Aufnahme von Einfachzuckern aus dem Dünndarm in das Blut, was den Blutzuckerspiegel verringert (Diabetes mellitus!).
> Positive Beeinflussung des Cholesterinspiegels.

- Darüber hinaus senken Ballaststoffe das Erkrankungsrisiko für Dickdarmkrebs, weil schädliche Stoffe nicht so lange im Darm bleiben.
- Ballaststoffreiche Lebensmittel haben allgemein einen guten Sättigungseffekt. Sie müssen gut gekaut werden, man isst langsamer und merkt frühzeitig, wenn man satt ist. Das Sättigungsgefühl hält länger an, sodass weniger zwischendurch gegessen wird.
- Außerdem leisten ballaststoffreiche Lebensmittel oft einen guten Beitrag zur Vitamin- und Mineralstoffversorgung.

Ballaststoffanteil in 100 g verzehrfähigem Lebensmittel:	
Knäckebrot	14,8 g
Roggenvollkornbrot	8,1 g
Weizenbrot	3,2 g
Möhren	3,6 g
Erbsen, getrocknet	16,6 g
Leinsamen	38,6 g
Weißkohl	2,9 g
Aprikose, getrocknet	17,7 g
Aprikose, frisch	1,5 g

Ballaststoffreiche Ernährung

Es ist einfach, den Verzehr von Ballaststoffen zu steigern. Die guten Ballaststoffquellen sind „normale" Lebensmittel: Vollkorngetreide und -produkte, Kartoffeln, Gemüse, insbesondere Kohlarten und Hülsenfrüchte, sowie Obst. Die DGE empfiehlt 30 g Ballaststoffe pro Tag. Wichtig: Die Aufnahme von Ballaststoffen erfordert, auch genügend Flüssigkeit zu sich zu nehmen.

Eine plötzliche Umstellung auf ballaststoffreiche Ernährung kann am Anfang zu Blähungen, Druck- und Völlegefühl führen.

- **Primär**: erstrangig – am wichtigsten
- **Sekundär**: zweitrangig – am zweitwichtigsten

6.2 Sekundäre Pflanzenstoffe

Den Pflanzen dienen **sekundäre Pflanzenstoffe** als Farbpigmente, Boten-, Schutz- und Lockstoffe. **Primäre Pflanzenstoffe** (Kohlenhydrate, Fette, Eiweiße) werden von Pflanzen für wichtige Vorgänge gebildet.

Für die Gesunderhaltung sind die sekundären Pflanzenstoffe wichtig: sie haben bei ausreichendem Verzehr eine vorbeugende Wirkung.

> Freie Radikale sind sehr aktive Stoffe, die Körperzellen schädigen. Langfristig können freie Radikale so eine Krebserkrankung begünstigen.

Wirkung von sekundären Pflanzenstoffen (Beispiele)

- Schützen vor schädlicher Wirkung freier Radikale im Körper und beugen somit Krebs vor.
- Wirken sich positiv auf den Blutzuckerspiegel aus.
- Kräftigen das Immunsystem und wirken Entzündungen entgegen.
- Schützen vor Herz-Kreislauf-Erkrankungen.

Wichtigste Vertreter

- **Carotinoide** sind für die rötliche und gelbe Farbe von Obst und Gemüse wie Orangen oder Tomaten verantwortlich.
- **Sulfide** lassen Zwiebeln und Knoblauch stechend riechen.
- **Flavonoide** sorgen für kräftige Blau- und Lilatöne, wie sie in Weintrauben oder Rotkohl vorkommen.
- **Glucosinolate** verursachen den typischen Geschmack von Kohl, Meerrettich und Senf.

> Sekundäre Pflanzenstoffe sind vorwiegend in allem farbigen Obst und Gemüse.

7 Verdauung und Stoffwechsel im Organismus

🇬🇧 digestion and metabolism 🇫🇷 digestion (w) et métabolisme (m)

> Der **Stoffwechsel** stellt die Gesamtheit aller lebensnotwendigen biochemischen Vorgänge beim Aufbau, Umbau und Abbau des Organismus dar.
> Die beim Auf- und Umbau von Nährstoffen benötigte Energie wird durch den Abbau anderer Nährstoffe gewonnen.

Unsere Nahrung geht in den Stoffwechsel des Körpers ein. Die Vorgänge des Abbaus und Aufbaus der Nährstoffe finden ständig statt, wir müssen nicht darüber nachdenken. Es wird vom Organismus selbst geregelt. Viele Rädchen müssen perfekt ineinandergreifen, damit alle Prozesse reibungslos ablaufen. Wenn wir Schmerzen haben oder uns unwohl fühlen, signalisiert uns der Körper Störungen.

Hormone sind die Botschafter der Stoffwechsel-Prozesse. Sie stellen sicher, dass wichtige Informationen und Befehle von einem Organ oder einem Gewebe zum anderen übermittelt werden und alles aufeinander abgestimmt ist.

Enzyme lösen die dazu notwendigen chemischen Reaktionen aus bzw. beschleunigen sie. Sie verändern sich selbst dabei nicht.

Enzyme

Das Stoffwechselgeschehen aller Lebewesen wird durch das Wirken von Enzymen ermöglicht. Ihre Fähigkeit besteht darin, dass sie Energien für ganz bestimmte Vorgänge und chemische Reaktionen freisetzen, ähnlich wie bei einem Zündvorgang. Das Enzym selbst bleibt – wie eine Zündkerze – unverändert.

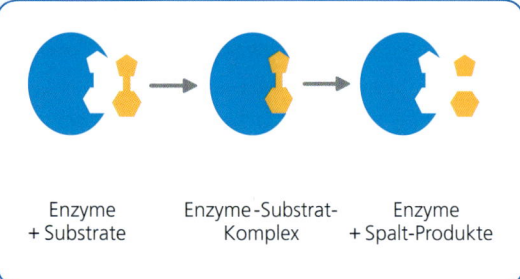

Enzyme + Substrate → Enzyme-Substrat-Komplex → Enzyme + Spalt-Produkte

Wirkung von Enzymen nach dem Schlüssel-Schloss-Prinzip

Enzyme bestehen aus einem Eiweißkörper und einem weiteren Teil, z. B. einem Vitamin oder Mineralstoff. Dieser Teil wird **aktives Zentrum** genannt. Das aktive Zentrum hat eine Form, die haargenau zu dem Stoff (das Substrat) passt, der gerade reagieren soll. Die „Starthilfe" funktioniert also nach dem Schlüssel-Schloss-Prinzip.

Spezielle Sekretdrüsen, z. B. die Mundspeicheldrüse oder die Bauchspeicheldrüse, aber auch Körperzellen sind in der Lage, je nach Bedarf die Enzyme zu bilden und bereitzustellen.

Die Wirkung von Enzymen ist
- **stoffspezifisch** (substratspezifisch): Jedes Enzym (Schlüssel) kann meist **nur** die Reaktion für einen Nährstoff (Schloss) ermöglichen.

Für die Verdauung gibt es z. B. folgende Enzyme:

Proteasen	spalten	Protein (Eiweiß)	in	Aminosäuren
Lipasen	spalten	Lipid (Fett)	in	Glyzerin und Fettsäuren.
Amylasen	spalten	Amylose (Stärke)	in	Zweifachzucker.
Saccharasen	spalten	Saccharose (Zucker)	in	Traubenzucker und Fruchtzucker.

Der Wortstamm des Namens eines Enzyms sagt etwas über das Substrat aus, für das es verantwortlich ist.
Enzyme enden immer auf der Silbe **-ase**.

Beispiel Stärkeabbau: Für jede Stufe ist ein anderes Enzym erforderlich. So kann z. B. die Amylase nur den Vielfachzucker Stärke in Zweifachzucker spalten. Dieses Beispiel aus dem Bereich der Kohlenhydrate ist auf alle anderen Stoffe übertragbar.

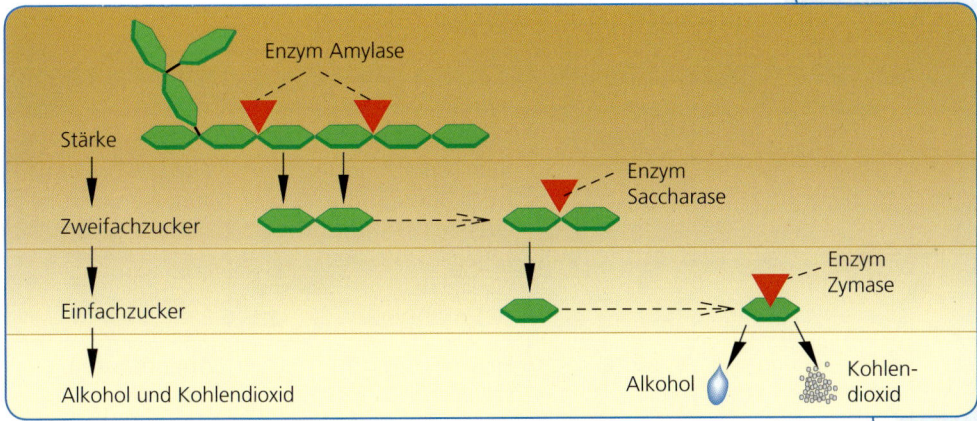

- **wirkungsspezifisch**: Jedes Enzym kann nur eine bestimmte Wirkung einleiten, z. B. Aufbau von Fett im Unterhautfettgewebe oder Abbau von Proteinverbindungen zu einzelnen Aminosäuren.

Die Verdauung – die Vorbereitung für den Stoffwechsel

Als Verdauung bezeichnet man die
- Zerkleinerung der Nahrung sowie die folgende
- enzymatische Aufspaltung der Nährstoffe in einfache, lösliche Bausteine im Verdauungstrakt.

Wege der Verdauung

Mund: Im Mund kommt es zu einer mechanischen Zerkleinerung der aufgenommenen Nahrung. Mithilfe des Speichels wird der Nahrungsbrei gleitfähig und gelangt so über die Speiseröhre zum Magen. Im Speichel befindet sich das Enzym Amylase, das die Stärke zu großen Bruchstücken und Malzzucker aufspaltet.

Magen: Magensäure (Salzsäure) sorgt innerhalb von 30–60 Minuten für die Durchsäuerung des gesamten Mageninhalts und die Zerkleinerung des Nahrungsbreis. Durch die Säure wird Amylase unwirksam gemacht. Außerdem werden Eiweiße denaturiert und eingedrungene Krankheitskeime größtenteils abgetötet. Anschließend wird der Speisebrei in den Zwölffingerdarm entlassen.

Darm: In den ersten Teil des Darmkomplexes, den Zwölffingerdarm, wird Gallensaft aus der Leber eingeführt. Das Fett wir durch den Gallensaft emulgiert, es entstehen feine Fetttröpfchen. Nun kann das fettspaltende Enzym Lipase gleichmäßig wirken. Die Bauchspeicheldrüse versetzt den Nahrungsbrei mit allen notwendigen Enzymen (Amylasen, Saccharasen, Lipasen und Proteasen). Im fünf Meter langen Dünndarm kommt es zum Zerlegen der Nahrung in ihre Bestandteile
- Einfachzucker (s. S. 86),
- Fettsäuren und Glyzerin (s. S. 93)
- Aminosäuren (s. S. 101/102)

Auf diese Weise werden die aufgenommenen Nährstoffe darauf vorbereitet, über die Dünndarmwand in das Blut und damit in den gesamten Organismus zur weiteren Nutzung zu gelangen. Die Übergabe in das Blut und in die Lymphe heißt **Resorption**.

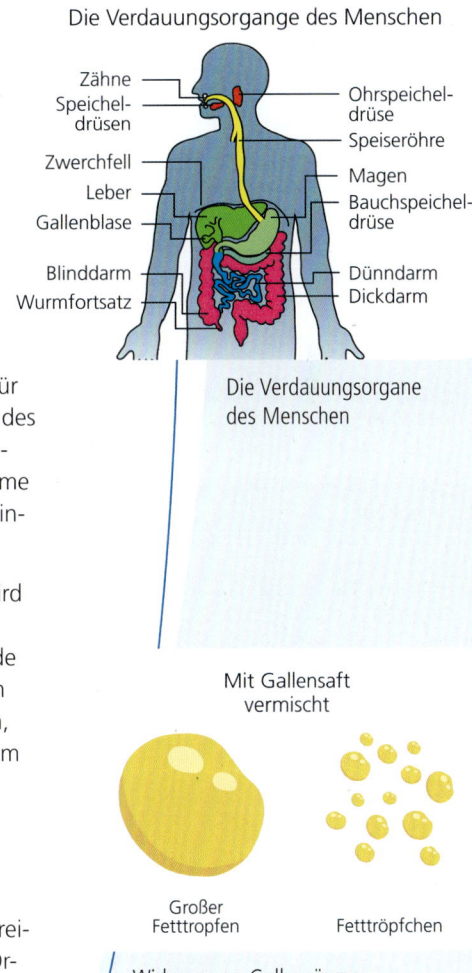

Die Verdauungsorgane des Menschen

Wirkung von Gallensäuren

Einführung

ERNÄHRUNG FÜR EINE GESUNDE LEBENSWEISE

Nährstoffe werden zu Bausteinen

	Mund	Magen	Galle	Bauchspeicheldrüse	Blut / Lymphe
Kohlenhydrate	Enzyme des **Mundspeichels** beginnen mit dem Abbau von Stärke.			Enzyme der **Bauchspeicheldrüse** zerlegen Zuckerstoffe weiter. Enzyme des **Darmsaftes** zerlegen restlichen Zweifach- zu Einfachzucker.	**Einfachzucker** werden vom **Blut** aufgenommen.
Eiweiß		Salzsäure und Proteasen leiten im **Magen** den Eiweißabbau ein.		Enzyme in **Bauchspeichel** und **Darmsaft** zerlegen die Eiweißteile zu Aminosäuren.	**Aminosäuren** werden vom **Blut** aufgenommen.
Fett			Gallensaft emulgiert Fett zu feinsten Tröpfchen.	Das Enzym Lipase aus **Bauchspeicheldrüse** spaltet Fett in Glyzerin und Fettsäuren.	**Glyzerin** und **Fettsäuren** werden von der **Lymphbahn** aufgenommen.

Ballaststoffe verbleiben länger im Darm, da versucht wird, diese zu verwerten. Das gelingt meist nicht. Doch durch die „längere" Zeit im Darm lagern sie gesundheitsschädigende Stoffe an, die mit ihnen ausgeschieden werden. Damit wird Darmerkrankungen vorgebeugt.

Dickdarm und Enddarm: Die nicht verwertbaren Teile wandern zum Dickdarm. Dort wird der Nahrungsbrei durch Bakterien abgebaut, und das restliche Wasser wird entzogen. Der zu Kot geformte Rest gelangt über den Enddarm und den After aus dem Körper.

Nahrungs-Stoffwechsel

Der Blutkreislauf ist ein Straßengeflecht. Er ist der Weg, über welchen die Nährstoffe in alle Zellen des Körpers geschleust werden. Ist von „Nahrung verstoffwechseln" die Rede, ist damit der Prozess gemeint, der nach der Verdauung und dem Transport über die Blutbahn in den Zellen passiert.

Das Stoffwechselgeschehen kann z. B. nach den verarbeiteten Substanzen gegliedert werden:

- **Kohlenhydratstoffwechsel:** In der Verdauung wurden die komplexen Kohlenhydrate aus der Nahrung in Einfachzucker zerlegt. Die Zuckermoleküle gelangen über das Blut in die Zellen, wo der eigentliche Stoffwechselprozess stattfindet. Der Körper kann aus den Einfachzuckern Energie gewinnen. Steht gerade genügend Energie zur Verfügung, wird der Einfachzucker in der Leber und der Muskulatur zu neuen Mehrfachzuckern (Glykogen) zusammengesetzt und gespeichert.
- **Eiweißstoffwechsel:** Bei der Verdauung von Eiweißen entstehen Aminosäuren. Diese gelangen über die Blutbahn in die Zellen. Dort dienen sie zum Aufbau von Muskelzellen, Hormonen und Enzymen sowie zur Energiegewinnung.
- **Fettstoffwechsel:** Fett dient der Energiegewinnung in den Zellen und ist der wichtigste Energiespeicher. Cholesterin wird unter anderem für die Bildung von Hormonen und Botenstoffen benötigt. Was der Körper nicht braucht, speichern die Fettzellen für schlechte Zeiten. Außerdem besteht jede Körperzelle aus einer Doppel-Lipid-Schicht.

- **Mineralstoffwechsel**: Hier wird zum Beispiel Kalzium und Phosphor zum Aufbau der Knochen bereitgestellt und gleichzeitig gespeichert.
- **Weitere Stoffwechselreaktionen**: Durch die Verarbeitung des Nahrungsbreis erhält der Organismus eine Vielzahl an Vitaminen und Spurenelementen. Diese sind wichtig zur Vorbeugung vor Krankheiten. Vitamine sind zudem an vielen Körpervorgängen beteiligt, u. a. am gesamten Nahrungs-Stoffwechsel.

Zusatzwissen

Enzyme in Lebensmitteln

In Lebensmitteln – also nicht mehr lebenden ehemaligen Lebewesen – befinden sich auch Enzyme. Ihre Wirkungen sind spürbar bei der Lagerung und der Verarbeitung. Die Wirkungen können erwünscht sein (dann werden sie im Verarbeitungsprozess der Lebensmittel aktiv eingesetzt) oder unerwünscht (dann müssen sie im Verarbeitungsprozess unterbunden werden).

Enzymtätigkeit ist sichtbar

Die Wirksamkeit der Enzyme ist abhängig

- **von der Temperatur**. Bis ca. 40 °C steigt die Wirksamkeit an; bei höheren Temperaturen wird das Eiweiß geschädigt, es verändert sich und die Wirksamkeit des Enzyms lässt nach.
- **vom verfügbaren Wasser (a_w-Wert)**. Für die Veränderungen muss Wasser vorhanden sein, damit sich die Teilchen „bewegen" können. Das Wasser, das für die Enzyme verfügbar ist, nennt man auch aktives Wasser.
- **vom Säurewert (pH-Wert)**. Die Enzyme bevorzugen neutrale bis leicht saure Umgebung. Durch eine Verschiebung des pH-Wertes kann deshalb die Enzymtätigkeit beeinflusst werden.

Bei der Herstellung von Lebensmitteln beeinflusst man die Wirkung der Enzyme:

- **Hemmen** der Enzymtätigkeit, z. B. beim Blanchieren von Gemüse vor dem Frosten oder durch die Zugabe von Säure (Essigsäure, Benzoesäure) zur Konservierung.
- **Fördern** der Enzymtätigkeit, z. B. beim Fermentieren von Tee und Kaffee.

Enzymtätigkeit beachtet

Erwünschte Enzymreaktionen	Unerwünschte Enzymreaktionen
• Unterstützen der Hefegärung durch den Abbau von Mehrfachzucker zu Einfachzucker. • Verantwortlich für das Reifen von Fleisch.	• Ranzigwerden von Fett • Braunwerden von Obst • Verderben von Fleisch

Einführung

ERNÄHRUNG FÜR EINE GESUNDE LEBENSWEISE

8 Wasser

Ein erwachsener Mensch besteht etwa zu 50–60 % aus Wasser. Der tatsächliche Gehalt ist abhängig vom Geschlecht und der vorhandenen Fettmasse. Im Alter sinkt der Anteil nochmals auf 45–50 %. Der Wasserverlust, der während eines Tages natürlicherweise entsteht, muss über die Aufnahme von Wasser, Getränken oder wasserhaltigen Lebensmitteln ausgeglichen werden. Ab 1 % Verlust des Körperwassers entsteht Durst, bereits 3 % Verlust führt spürbar zu einer körperlichen und geistigen Leistungseinschränkung.

8.1 Wasserbilanz

Der menschliche Körper „funktioniert" bei der Flüssigkeitsaufnahme automatisch. Flüssigkeitsverluste zeigt er in Form von **Durst**. Die Wasserbilanz einer durchschnittlichen Person:

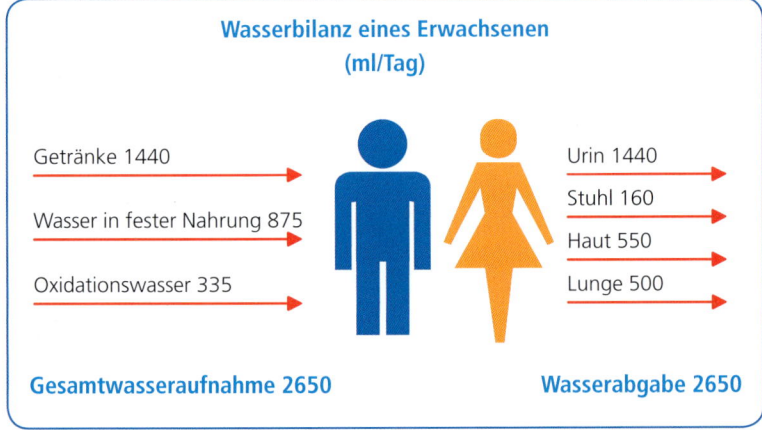

Wasserverluste schwanken je nach körperlicher Betätigung oder Umgebungstemperatur. Nimmt der Körper zu wenig Flüssigkeit auf, kommt es zu einer Störung des Wasserhaushaltes, der Körper dehydriert. Im Sommer wird daher die Flüssigkeitszufuhr erhöht. Dies ist wichtig, da der Körper mit dem vorhandenen Wasser viele **Aufgaben** erledigen muss.

Aufgaben von Wasser im Körper

- Als **Lösungsmittel** hilft Wasser die Bausteine der Nährstoffe sowie die Vitamine und Mineralstoffe aus den Speisen zu lösen. So können sie die Darmwand durchdringen und im Blut zu den Körperzellen transportiert werden.
- Als **Transportmittel** nimmt Wasser die gelösten Stoffe in Blut und Lymphe auf und bringt sie zu den Verbrauchsstellen. Von dort werden die Rückstände zu Leber und Nieren gebracht.
- Als **Bestandteil** von z. B. Proteinen dient Wasser dem Körper als Baustoff. Im Alter nimmt der Wassergehalt des Körpers ab, damit auch die Körpermasse. Die gebildete Haut wird faltig und runzelig.
- Zur **Wärmeregelung** gibt der Körper durch die Poren der Haut Wasser ab. Dieses verdunstet und kühlt dadurch den Körper ab.

Ohne Flüssigkeitszufuhr

Ohne Flüssigkeit kann ein junger, gesunder Mensch ungefähr 3-4 Tage durchhalten. Wenn ein Mensch verdurstet, bricht der Kreislauf zusammen bzw. er wird innerlich vergiftet, weil die körpereigenen Gifte nicht mehr über den Urin abgeführt werden können. Zudem verändert sich der pH-Wert, was sich ebenfalls lebensbedrohlich auswirkt.

Empfohlene Flüssigkeitszufuhr

Je jünger eine Person ist, eine desto höhere Flüssigkeitszufuhr wird empfohlen. Der DACH-Referenzwert liegt für **Jugendliche** von 15 bis 19 Jahren bei 40 ml/kg Körpergewicht.
(**Erwachsene** 25 bis 51 Jahre: 35 ml/kg Körpergewicht)

Richtig Richtiges trinken

Im Sommer reagiert der Körper auf Wärme mit **Schweißausbruch**. Stellt der Körper Unterschiede zwischen der Körperinnentemperatur und der gefühlten Außentemperatur fest, beginnt das Schweißtreiben. Trinkt man sehr kalte Getränke, ist diese Differenz noch größer, der Körper schwitzt noch mehr. Das stresst und ist belastend. Man sollte **zimmerwarme Getränke** wie Mineralwasser, Leitungswasser, Kräuter- oder Früchtetees, Gemüse- oder Obstsäfte zu sich nehmen. Außerdem sollte man **vermehrt Obst und Gemüse** essen. Deren Wassergehalt liegt in der Regel bei über 80 % und kann damit zur Versorgung mit Flüssigkeit beitragen.

8.2 Wasser als Arbeitsmittel

Chemisch reines **Wasser** (H_2O) setzt sich aus zwei Atomen Wasserstoff und einem Atom Sauerstoff zusammen. Im natürlichen Wasserkreislauf durchdringt der Regen jedoch verschiedene Erdschichten. Diese wirken einerseits als Schmutzfilter, andererseits löst das Wasser aus diesen Schichten Mineralstoffe. Nur ein kleiner Teil des verbrauchten Wassers wird für die Herstellung von Lebensmitteln verwendet. Weit mehr wird für die körperliche Pflege oder den täglichen Toilettengang benötigt.

Wird Wasser verwendet, zeigen sich gelöste Mineralstoffe auf Arbeitsflächen oder an Rändern von Gefäßen. Wird Wasser erhitzt, werden Kalkablagerungen in Gargeschirr, Kaffeemaschinen oder in Kombidämpfern deutlich sichtbar. Man spricht in diesem Fall von **hartem Wasser**.

Die Menge der im Wasser gelösten Mineralstoffe bestimmt die Wasserhärte. Sie wird nach der internationalen Einheit **Millimol (mmol/l)** gemessen (in Deutschland ist die Einheit „deutscher Härtegrad" noch gängig). Besonders hartes Wasser ist in Mecklenburg-Vorpommern vorhanden, weiches Wasser dagegen im Saarland. Ein häufiges Entkalken der belasteten Gegenstände ist aus technischer, geschmacklicher und hygienischer Sicht nötig. Eine Entkalkungsanlage ist in bestimmten Gegenden daher hilfreich.

Küchentechnische Eigenschaften

Wasser löst Stoffe

Durch den besonderen **chemischen Aufbau** des Wassermoleküls verhalten sich die einzelnen Wasserteilchen wie Magnete: Sie haben einen **positiven** und einen **negativen Pol**. So können sie sich leicht zwischen andere Stoffe schieben und deren Anziehungskräfte aufheben. So bleiben dann z. B. Aroma- und Geschmacksstoffe im Wasser gelöst.

Die **lösende Wirkung** des Wassers ist

- **erwünscht** bei Aufgussgetränken wie Tee oder Kaffee oder bei der Herstellung von Bouillon.

🔵 Nach dem deutschen Lebensmittelrecht muss Trinkwasser klar, farb-, geruch- und geschmacklos sein und darf keine gesundheitsschädlichen Stoffe enthalten. Zunehmende Belastung findet das Trinkwasser jedoch durch die Land- und Tierwirtschaft. Durch Bewässerung ist auch zunehmend unser Gemüse und Obst belastet.

Entkalken ist nötig

Technisch: Geräte überhitzen bei Kalkablagerungen schneller, sind also eher defekt. Der Kalk greift auch die Metalle der Geräte an.
Geschmacklich: Unterschiedliche Zusammensetzung von Mineralstoffen verändert den Geschmack, ebenso die Ablagerungen. Man merkt dies bei Getränken wie Tee oder Kaffee.
Hygienisch: In den Ablagerungen setzen sich Bakterien ab. Bei einer Wassertemperatur von etwa 60 °C, meist jedoch darunter, finden Bakterien einen besonders guten Nährboden zur Vermehrung. Dies wird besonders bei Armaturen deutlich.

🔴 Heißes Wasser ist „beweglicher" als kaltes und löst darum schneller.

- **unerwünscht**, wenn Verluste vermieden werden sollen. Dann bringt man die Lebensmittel möglichst nur kurz mit Wasser in Berührung. Beispiel: Gemüse kurz und unzerkleinert mit kaltem Wasser waschen.

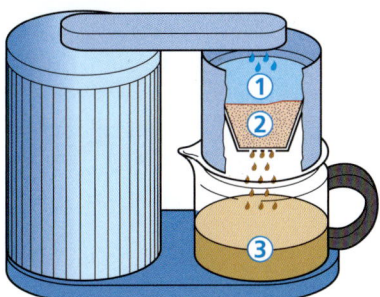

Wasser laugt aus.
② frisches Kaffeepulver
① heißes Wasser (Lösemittel)
③ Kaffee (Extraktlösung)

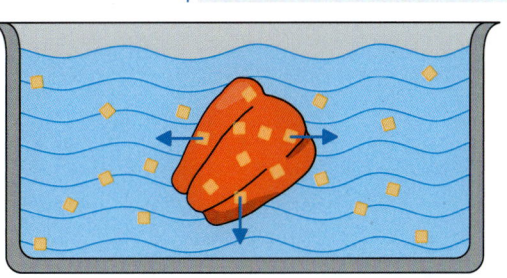

Einführung

ERNÄHRUNG FÜR EINE GESUNDE LEBENSWEISE

Druck und Kochen

An der Küste kocht Wasser bei etwa 98 °C. In den Bergen, je nach Höhenlage, auch schon unter 90 °C. Die Kochzeit wird maßgeblich verändert. An der Küste sind z. B. Kartoffeln schneller gar als in den Bergen.

Wasser lässt Lebensmittel aufquellen

Manchen Lebensmitteln wie Linsen, gelben Erbsen, Pilzen oder Dörrobst wird das **Wasser entzogen**, um sie **haltbar** zu machen. Bringt man diese Lebensmittel wieder ins Wasser, weicht man sie also ein, so saugen sie sich mit Wasser voll und quellen. Durch das Austreten von Eiweiß- oder Mineralstoffen entstehen dabei auch Auslaugverluste. Das Einweichwasser ist möglichst bei der Weiterverarbeitung mit zu verwenden, z. B. bei der Herstellung eines Erbseneintopfes.

Wasser dient als Garmedium

Bei den **feuchten Garverfahren** (siehe S. 215) wird die Wärme durch Wasser und Dampf auf die Lebensmittel übertragen.

Bei **höherer Temperatur** laufen **Garvorgänge rascher** ab, die Gardauer wird dadurch verkürzt. Während Wasser bei normalem Luftdruck bei etwa 100 °C kocht, steigt der Siedepunkt bei höherem Druck. Dieser erwünschte Überdruck entsteht z. B. im Steamer. Verringert man den Druck, so kocht das Wasser bereits bei geringerer Temperatur.

9 Energieaufnahme

🇬🇧 full value nutrition 🇫🇷 régime (m) alimentaire complet

Eine vollwertige Ernährung soll die Leistungsfähigkeit des Menschen fördern und ernährungsbedingte Erkrankungen vermeiden helfen. Industriell betriebene Landwirtschaft und industrielle Speisenproduktion erlauben es uns, zu jeder Zeit fast alle Lebensmittel zu erhalten und zuzubereiten. Durch den vorhandenen Überfluss entstehen aber schnell Fehler bei der Ernährung.

Dabei ist für den benötigten persönlichen Energieverbrauch eine einfache Berechnung möglich.

Die Fehler	
Wir essen	→ zu viel
	→ zu süß
	→ zu fett
und die Folgen	
→ zu viel Energie	→ zu viel Gewicht

Grundumsatz + Leistungsumsatz = Energiebedarf

9.1 Energiebedarf

Der Körper benötigt selbst bei Ruhe und Schlaf eine gewisse Energiemenge zur Erhaltung der Lebensvorgänge wie Atmung, Kreislauf, Verdauung. Diese nennt man **Grundumsatz**.

9 Energieaufnahme

Der Grundumsatz ist abhängig von

- **Alter** – mit zunehmendem Alter wird der Grundumsatz geringer.
- **Geschlecht** – Frauen haben im Verhältnis zu Männern weniger Muskelmasse, benötigen daher weniger Energie.
- **Körpermasse** – je „gewichtiger", desto höher der Grundumsatz.

Weitere wichtige Einflussfaktoren sind z. B. Krankheiten, Schwangerschaft, Stress oder genetische Veranlagung.

> **Berechnung des Grundumsatzes (GU):**
>
> Formel GU pro Tag: **GU = kg × 100 kJ**
>
> Formel GU pro Stunde: **GU = kg × 100 kJ/24**

Beispielrechnung
Peter wiegt 76 kg
Grundumsatz pro Tag:
76 kg × 100 kJ = **7600 kJ**
Grundumsatz pro Stunde:
7600 kJ/24 = **317 kJ**

Neben dem Grundumsatz wird noch **Energie für Tätigkeiten** benötigt, die während eines Tages anfallen. Dazu zählen neben dem Weg zur Arbeit auch die körperlichen Leistungen bei der Arbeit, während der Freizeit – oder einfach nur die Denkleistung. Die benötigte Energiemenge wird als **Leistungsumsatz** bezeichnet.

Je nachdem, wie leicht oder schwer eine durchgeführte körperliche Leistung ist, ändert sich auch der Leistungsumsatz. Zur Vereinfachung der Berechnung hat die DGE **Referenzwerte** für die Berechnung der benötigten **Gesamtenergiemenge** erstellt. Diese berücksichtigen Arbeitsschwere und Freizeitverhalten und werden als **PAL (p**hysical **a**ctivity **l**evel**)** bezeichnet. Zur Ermittlung der Gesamtenergiemenge wird der **Grundumsatz mit dem PAL-Wert multipliziert**.

Refenzwert PAL

Arbeitsschwere und Freizeitverhalten	PAL	Beispiele
Ausschließlich sitzende oder liegende Lebensweise	1,2	Alte, gebrechliche Menschen
Ausschließlich sitzende Tätigkeit mit wenig oder keinen anstrengenden Freizeitaktivitäten	1,4–1,5	Büroangestellte, Feinmechaniker
Sitzende Tätigkeit, zeitweilig auch zusätzlicher Energieaufwand für gehende und stehende Tätigkeiten	1,6–1,7	Laboranten, Kraftfahrer, Studierende, Fließbandarbeiter
Überwiegend gehende oder stehende Tätigkeiten	1,8–1,9	Hausfrauen, Verkäufer, Kellner, Mechaniker, Handwerker
Körperlich anstrengende berufliche Tätigkeit	2,0–2,4	Bauarbeiter, Landwirte, Bergarbeiter, Leistungssportler

> **Berechnung der Gesamtenergiemenge (GEM):**
>
> Formel Gesamtenergiemenge pro Tag: **GEM = GU × PAL**

Beispielrechnung
Peter arbeitet als **Restaurantfachmann** und hat den PAL-Wert 1,8 (siehe Tabelle)
Grundumsatz pro Tag (s. o.) × PAL
7600 kJ × 1,8 = **13.680 kJ/3.270 kcal**

Die Aufnahme der täglichen **Energie** ist aber nur ein Baustein zu einer gesunden und ausreichenden Ernährung. Die **Qualität der Lebensmittel** spielt ebenfalls eine große Rolle (s. S. 81). Dabei gilt es körperlichen

Einführung

ERNÄHRUNG FÜR EINE GESUNDE LEBENSWEISE

> **Falle Enthaltsamkeit**
> Nehmen wir bewusst wenig Energie zu uns, ist meist auch der Wirkstoffgehalt betroffen.
> **Zu beachten:** Der benötigte Gehalt an Wirkstoffen bleibt weitestgehend gleich. Bei einer Energiereduktion ist unbedingt auf die ausreichende Zufuhr von Wirkstoffen zu achten. Damit wird einer Mangelernährung vorgebeugt.

Verlusten entgegenzuwirken, wirkstoffreich zu essen und das Verhältnis zur Energieaufnahme stets zu beachten.

Beispiele:
- **Zucker** ist ein fast reines Kohlenhydrat ohne Vitamin C. Darum ist der Energiewert sehr hoch, die Wirkstoffdichte in Bezug zu Vitamin C gleich Null.
- **Blattsalate** liefern kaum Energie, haben aber einen hohen Anteil an Vitamin C. Darum hat die Wirkstoffdichte in Bezug auf Vitamin C einen hohen Wert.

Eine **abwechslungsreiche, vielseitige Ernährungsform** ist daher wichtig.

9.2 Körpergewicht

Welches Gewicht für den Einzelnen das ideale ist, kann jeder nur selbst anhand seines Wohlfühlgewichtes erklären. Hilfe bei der sachlichen Feststellung geben **Berechnungsgrundlagen und Tabellen**. Dabei sind jedoch immer die **persönlichen Lebensumstände** zu bewerten. Ein Sportler kann bei gesunder Lebensweise mehr wiegen, weil er einen höheren Muskelgewebsanteil hat, der schwer ist. Dasselbe Gewicht kann bei anderen Personen Anzeichen für eine ungesündere Lebensweise sein, wenn sie einen erhöhten Fettanteil besitzen.
Der Bereich, in dem ein Körpergewicht liegen sollte, lässt sich auf verschiedene Weise feststellen:

Body Mass Index (BMI)

Berechnungsformel

BMI = Körpergewicht in kg/(Körpergröße in m)²

Auswertung des BMI-Wertes

Alter	Untergewicht	Normalgewicht	Übergewicht
	BMI-Wert		
	unter	zwischen	über
19 bis 24 Jahre	19	19–24	24
25 bis 34 Jahre	20	20–25	25
35 bis 44 Jahre	21	21–26	26
45 bis 54 Jahre	22	22–27	27
55 bis 64 Jahre	23	23–28	28
über 65 Jahre	24	24–29	29

Für das Risiko einer Herz-Kreislauf-Erkrankung als Folge von Übergewicht ist nicht allein entscheidend, wie groß das Übergewicht ist, sondern wie das Fettgewebe im Körper verteilt ist. Deshalb tritt der BMI als Merkmal inzwischen zugunsten des Taille-Hüfte-Quotienten (THQ) eher in den Hintergrund.

Taille-Hüfte-Quotient

Berechnungsformel

THQ = Taillenumfang in cm / Umfang der Hüfte in cm

THQ-Klassifikation

> **Beispielrechnung BMI**
> Jonas ist 18 Jahre alt und wiegt 95 kg bei einer Größe von 1,90 m.
> 95 kg/(1,9 × 1,9) = 95/3,61 = 26,3
> Fazit: Jonas hat Übergewicht

> **Beispielrechnung THQ**
> Bei einem Taillenumfang von 112 cm und einem Hüftumfang von 98 cm ergibt sich als THQ:
> 112 : 98 = 1,14
>
> Sowohl ein Mann als auch eine Frau hätten in diesem Fall gefährliches Übergewicht.

Klassifikation	Frauen	Männer
Untergewicht	< 0,8	<0,9
Normalgewicht	0,8–0,88	0,9–0,99
Übergewicht	> 0,88	>1

9.3 Verteilung der täglichen Nahrungsaufnahme

Der Körper hat eine innere **„biologische Uhr"**, die nicht nur unser Leistungsvermögen beeinflusst, sondern auch Signale aussendet, die uns an die Nahrungsaufnahme erinnern. Durch **Essen und Trinken** werden verbrauchte Ressourcen ausgeglichen, der Körper erhält wieder „Kraft" durch Energie- und Nährstoffzufuhr. Die nachfolgenden Regeln sind **Richtlinien**, die eine gesunde Lebensweise unterstützen. Nicht alles muss und kann man genau so befolgen. Jeder muss selbst wissen, wie er z.B. bei veränderten Arbeitszeiten, bei außergewöhnlichem Freizeitverhalten oder einfach nur bei einem speziellen Biorhythmus seine Nahrungsaufnahme anpasst.

Regeln für die Nahrungsaufnahme

- **Fünf kleine Mahlzeiten** sind besser als drei große, denn die Energiezufuhr ist der Leistungsbereitschaft angepasst und Heißhunger wird vermieden.
- Ein **vollwertiges Frühstück** bringt die Startenergie, die der menschliche Organismus nach der Schlafpause benötigt. Mit dem Frühstück soll man etwa **ein Viertel der Tagesenergiemenge** aufnehmen.
- Das **Mittagessen** ist meist die Hauptmahlzeit, sie soll **etwa ein Drittel** des täglichen Energiebedarfs decken.

Das **Abendessen** sollte den Körper nicht unnötig belasten. Das Abendessen zu Hause bietet Gelegenheit, eventuelle Mängel einer Außerhaus-Verpflegung (Kantine) auszugleichen und für eine ausreichende Zufuhr an Vitaminen und Mineralstoffen zu sorgen. Eine hohe Energieaufnahme kann der Körper in der Regel nicht verwerten. Vorhandene Energiereserven werden zu Körperfett umgebaut.

- **Zwischenmahlzeiten** sollen so liegen, dass sie die Leistungsbereitschaft fördern, also **zwischen 9 Uhr und 10 Uhr**, wenn die Leistungskurve absinkt, und **gegen 15 Uhr** nach dem Mittagstief.

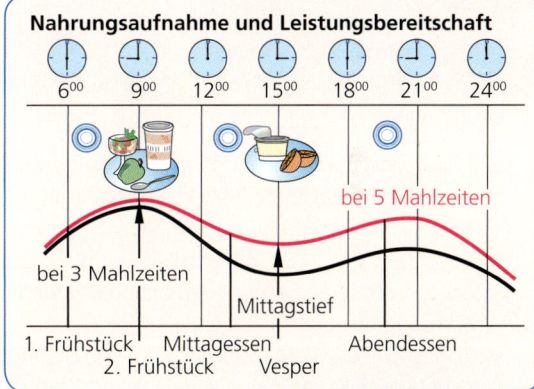

Das Schaubild zeigt die Zusammenhänge zwischen Leistungsbereitschaft und Nahrungsaufnahme.

10 Kostformen

🇬🇧 nutrition alternatives 🇫🇷 formes (w) de nutrition alternatives

Unterschiedliche Gründe veranlassen Menschen, ihre **Ernährung umzustellen**. Vor allem bei angeborenen oder im Laufe des Lebens auftretenden **Krankheiten, Unverträglichkeiten** oder **Allergien** sind Menschen gezwungen, sich anders zu ernähren. Für unterschiedliche Ursachen stehen verschiedene **Kostformen** zur Verfügung, die die Art der Ernährung vorgeben. So können die Symptome auf Dauer gemildert werden oder verschwinden. Auch Folgeerkrankungen werden vermieden.

Gastronomische Einrichtungen können/müssen darauf Rücksicht nehmen. Rechtliche Vorschriften müssen eingehalten, Gerichte sorgfältig zubereitet werden. Das Speisenangebot kann auch ganz bewusst auf diese Gästekreise abgestimmt werden.

Einführung

ERNÄHRUNG FÜR EINE GESUNDE LEBENSWEISE

10.1 Krankheiten und Ernährungstherapien

Vor allem Personen mit **chronischen Krankheiten** müssen sich durch **Diäten** ernähren. Eine Diät im Sinne des Gesundheitswesens ist eine streng einzuhaltende Ernährungstherapie, die einen Krankheitsverlauf begleitet oder den Genesungsverlauf positiv unterstützt. Es wird festgelegt, welche Lebensmittel in welcher Menge verwendet werden dürfen, wann sie am Tag gegessen werden und wie diese möglichst zuzubereiten sind.

Leichte Vollkost

Die leichte Vollkost wurde früher Schonkost genannt.

Von leichter Vollkost spricht man, wenn bei der Zusammenstellung der Kost auf **alle Lebensmittel verzichtet** wird, die **körperliches Unwohlsein oder Beeinträchtigungen** auslösen, wie z. B. Hülsenfrüchte und Kohlgemüse. Leichte Vollkost wird verordnet, wenn die Verdauungsorgane entlastet werden sollen. Dies ist vor allem für ältere Menschen empfohlen oder Personen nach Operationen oder schweren Krankheitsverläufen.

Grundregeln:

- Entlastung der Verdauungsorgane von großen Speisenmengen – also mehrere kleine Mahlzeiten,
- Entlastung der Verdauungsorgane von schwer verdaulichen Speisen, z. B. fette Lebensmittel, Speisen, die mit größeren Fettmengen zubereitet werden, Speisen mit viel Röststoffen,
- Entlastung der Verdauungsorgane von blähenden Lebensmitteln wie Kohlarten, Hülsenfrüchten, rohem Obst,
- Entlastung der Verdauungsorgane von Speisen und Zutaten, die die Schleimhaut reizen, z. B. scharfe Gewürze, Räucher- und Pökelwaren, Fleischbrühen, Getränke mit Alkohol oder Kohlensäure.

Anwendung:

- Kleine Mengen eines Gerichts in ansprechender Form bereiten,
- leicht verdauliche Lebensmittel verwenden,
- Garverfahren anwenden, die die Bildung von Röststoffen und die Verwendung von Fett einschränken – man wird bevorzugt kochen, dünsten oder dämpfen,
- reizarm würzen.

Risikofaktoren für chronische Erkrankungen
- Fehlernährung
- wenig Bewegung
- mehr als 30 g Alkohol pro Tag
- Rauchen
- psychischer Stress
- genetische Ursachen (Vererbung)

Mit dem **metabolischen Syndrom** werden verschiedene **Risikofaktoren** beschrieben, die kombiniert Wegbereiter für chronische Erkrankungen sind. Bei einer Kombination chronischer Erkrankungen steigt die Sterblichkeitsrate im Alter von 50–60 Jahren stark an. 30–50 % der Bevölkerung erfüllen inzwischen die Kriterien für die Risikofaktoren (siehe Randspalte). Zu den chronisch am häufigsten auftretenden Krankheiten gehören unter anderem:

- Adipositas (Fettleibigkeit)
- Fettstoffwechselstörungen
- Bluthochdruck
- Diabetes mellitus Typ 2

Adipositas (Fettleibigkeit) – Reduktionsdiät empfohlen

Bei Adipositas hat ein Mensch nicht nur mit **starkem Übergewicht** zu tun. Adipositas kann auch Grundbaustein weiterer dauerhaft bleibender Erkrankungen sein. Dazu zählen unter anderem Erkrankungen am Herz-Kreislauf-System, Stoffwechselstörungen oder Magen-Darm-Erkrankungen. Darüber hinaus ist die Gefahr von Krebserkrankungen erhöht und es drohen Einschränkungen des Bewegungsapparates.

Empfehlenswert ist eine **Reduktionsdiät** auf Basis einer reduzierten Mischkost. Ausgehend vom Ursprungsgewicht wird bis zu 8 000 kJ Mischkost verzehrt. Die Aufnahme von Fett ist reduziert, langsam resorbierende Kohlenhydrate (Vollkornprodukte) werden bevorzugt.

Fettstoffwechselstörung – Reduktionsdiät empfohlen

Wird zu fettreiche Kost über einen längeren Zeitraum aufgenommen, können Fette oder fettähnliche Stoffe den **Blutfettspiegel negativ erhöhen**. Allgemein bekannt ist der erhöhte **Cholesterinspiegel**, aber auch **Triglyceride** erhöhen den Blutfettwert ungünstig. In der Folge entsteht **Arteriosklerose**. Hier werden Blutfette in den Arterien abgelagert. Es entstehen Verengungen, die zur Erkrankung des Herz-Kreislauf-Systems oder auch zu **Schlaganfall** führen können. Empfehlenswert ist auch hier eine **Reduktionsdiät**. Bei der Auswahl der Fette ist auf den Austausch tierischer gegen pflanzliche Fette zu achten. In der Gruppe der pflanzlichen Fette sollten gehärtete Fette (Palmkernfett, zum Teil in Margarine) vermieden werden.

Bluthochdruck – Natriumarme Ernährung empfohlen

Auch bei Bluthochdruck sind die Risikofaktoren Übergewicht, kochsalzreiche Ernährung (meist durch Fertigprodukte), Bewegungsmangel, regelmäßiger Genuss von über 30 g Alkohol pro Tag oder psychischer Stress. Bei der Ernährung ist zu achten auf die

- **Reduzierung** des **Alkoholkonsums**,
- **Steigerung** der **Ballaststoffzufuhr**,
- **Steigerung** der **Kalium- und Magnesiumzufuhr** und
- **Reduzierung natriumreicher** Kost.

Die Verwendung von Natrium bzw. Kochsalz ist stark zu reduzieren.
Streng natriumarm heißt: unter 1 g Kochsalz oder < 400 mg natriumarmer Lebensmittel
Natriumarm heißt: unter 3 g Kochsalz oder < 1 200 mg natriumarmer Lebensmittel
Mäßig natriumarm heißt: unter 6 g Kochsalz oder < 2 400 mg natriumarmer Lebensmittel

Diabetes mellitus – Diabetikerkost empfohlen

Die **Zuckerkrankheit** oder Diabetes mellitus gehört zu den häufigsten Stoffwechselkrankheiten. Im gesunden Körper sorgt das **Insulin** dafür, dass die Zuckerstoffe in der richtigen Menge in die Zellen gelangen und dort die gespeicherte Energie freigeben.

Beim Zuckerkranken kann der Körper die mit der Nahrung aufgenommenen Kohlenhydrate nicht vollständig verwerten. **Es wird zu wenig oder kein Insulin gebildet.** Die Zuckerstoffe können nicht in die Zellen gelangen und häufen sich im Blut an. Der **Blutzuckerspiegel** steigt.

Zwei Formen von **Diabetes** werden unterschieden. Man bezeichnet sie mit **Typ 1 und Typ 2**.

Nährstoffverteilung bei Reduktionsdiäten (nach National Institute of Health)
- Fett 30 %
- Kohlenhydrate ca. 55 %
- Proteine 15 %
- Ballaststoffe 25 – 30 g
  - wenig Kochsalz
  - bis 1,5 g Kalziumaufnahme

Natriumgehalt
Lebensmittel mit geringem und niedrigem Natriumanteil sind z. B. Haferflocken, Linsen, Erbsen, Bohnen, Blumenkohl, Spargel, Haselnüsse, Zwiebeln, Äpfel, Putenbrust, Milch, Kohlrabi.
Als natriumreich gelten meist verarbeitete Lebensmittel wie Bockwurst, Cornflakes, Leberwurst, Sauermilchkäse, Räucherlachs, Schafskäse, Tomatenketchup, Salami.

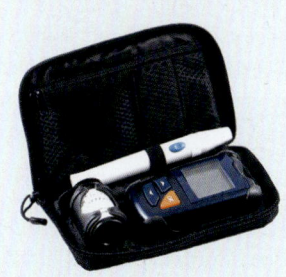

Testgerät zum Messen des Blutzuckerspiegels

Einführung

ERNÄHRUNG FÜR EINE GESUNDE LEBENSWEISE

Zahlen (IDF Atlas 2016, DDG/DDH-Gesundheitsbericht 2015)
- 7,5 Millionen Bundesbürger haben Diabetes mellitus Typ 1 und Typ 2
- 40 000 Amputationen von Gliedmaßen und 2 000 Erblindungen durch Diabetes mellitus pro Jahr

Typ-1-Diabetiker leiden meist von Jugend an unter absolutem Insulinmangel (erblich bedingt).

Zum **Diabetes Typ 2** zählen ca. 95 % der Patienten. Bei dieser Personengruppe produziert der Körper zwar noch Insulin. Es reicht aber nicht aus, der **Zuckerstoffwechsel ist gestört**. Die Patienten sind oft übergewichtig. Sie müssen durch Testen der Blutzuckerwerte, Medikamente und ggf. selbstständiges Spritzen von Insulin den Zuckerstoffwechsel von außen beeinflussen.

Patienten können die fehlende oder beeinträchtigte körpereigene Steuerung durch **Einhalten von Verhaltensregeln** zusätzlich unterstützen:

- **Abbau von Übergewicht.** Dann kann die vom Körper noch produzierte Menge Insulin zur Regelung evtl. ausreichen.
- **Vermeidung von** leicht verdaulichem/schnell resorbierbarem **Zucker** und
- **Verteilung** der Nahrungsmenge **auf mehrere Mahlzeiten**. Auf diese Weise werden „Spitzen" im Blutzuckerspiegel vermieden (siehe Abb.).
- **Bewegung/Sport**

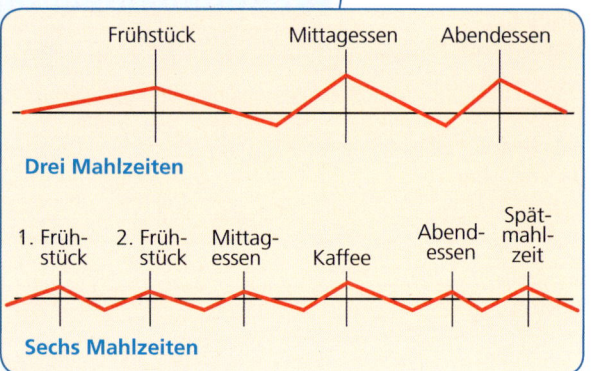

Verteilung der Mahlzeiten

Für eine Diabetes-Kost gelten folgende **Grundregeln und Anwendungen**:

- Der Energiegehalt der Ernährung muss den tatsächlichen Bedürfnissen angepasst sein (Einstellung durch den Arzt),
- der Energiebedarf ist auf mindestens fünf, besser sieben Mahlzeiten zu verteilen,
- zum Süßen können Zuckeraustauschstoffe oder Süßstoff verwendet werden,
- der Genuss von Zucker (z. B. Marmelade, Bonbons) ist einzuschränken,
- der Fettverbrauch der Diabetiker ist eingeschränkt, weil der Körper aus Fett wie aus Kohlenhydraten Energie gewinnt.

Osteoporose – Kalziumreiche Ernährung empfohlen

Kalzium wird in etwa den ersten 30 Lebensjahren eingelagert. Danach folgt die Erhaltung und langsamer Kalziumabbau. Je weniger bis dahin in den Körper eingebracht wurde, desto wahrscheinlicher sind später mögliche körperliche Beschwerden.

Ein **Abbau der Knochenmasse** und eine **Verschlechterung der Knochenstruktur** wird Osteoporose genannt. Es ist eine Skeletterkrankung, die durch Stoffwechselstörungen hervorgerufen wird. Über 13 % der Frauen und 3 % der Männer über 50 Jahren leiden an Osteoporose. Da im Knochen selbst keine Nerven entlanglaufen, wird eine Erkrankung meist **spät erkannt** – oft erst bei Brüchen, vor allem Wirbelkörperbrüchen, hüftgelenksnahen Brüchen des Oberschenkelknochens und handgelenksnahen Brüchen der Speiche.

Für eine **Osteoporose-Kost** gibt es folgende Regeln:

Kalzium- und phosphorreiche Lebensmittel mit hoher Bioverfügbarkeit zu sich nehmen. Dazu zählen Lebensmittel wie:

- **Milch und Milchprodukte**
- **Mineralwasser** (möglichst zum Essen trinken)
- mit **Kalzium angereicherte Säfte** (Resorption ist jedoch geringer)

10.2 Lebensmittelunverträglichkeiten / Allergien

Lebensmittelunverträglichkeiten werden **durch Stoffe in Lebensmitteln ausgelöst**, mit denen der Körper nicht umgehen kann. Er zeigt dann allergieähnliche Reaktionen. Beispiel: Blähungen, Durchfälle oder Krämpfe im Darm. Wird die Reaktion nicht wahrgenommen oder ignoriert, kann es in der Folge zu **krankhaften Veränderungen der Haut** kommen.

Lebensmittelunverträglichkeiten, auch **Intoleranzen** genannt, sind **Pseudoallergien**. Es bilden sich im Körper keine Antikörper. Damit ist eine Intoleranz nicht lebensbedrohlich, im Gegensatz zu einigen wirklichen Lebensmittelallergien.

Laktose-Intoleranz – milchzuckerfreie Ernährung empfohlen

Normalerweise wird im Dünndarm **Laktase** dem Speisebrei zugegeben. Laktase ist ein **Enzym**, das der Mensch selbst bilden kann, und das den Milchzucker in seine Bestandteile Glukose und Galaktose spaltet. Menschen, die zu wenig davon oder gar keine Laktase bilden können, leiden an Laktose-Intoleranz. Die Ursache kann

- **erblich bedingt** sein: von Geburt an kann keine Laktase gebildet werden (oder im Verlaufe eines Lebens wird die Produktion zurückgefahren / eingestellt).
- **infolge einer Erkrankung** erworben sein.
- **ethnisch bedingt** sein: Mitteleuropäer unterscheiden sich z. B. stark von Nordeuropäern oder Asiaten.

Bei der **Behandlung** wird unterschieden zwischen **laktosefreier Diät** (maximale Zufuhr von 1 g Milchzucker pro Tag) und **laktosearmer Diät** (bis zu 10 g Milchzucker).

Zur **Herstellung von Gerichten ohne Milchanteil** kann auf eine Vielzahl alternativer Produkte zurückgegriffen werden. Dazu zählen neben **laktosefreien Milchprodukten** z. B. auch:

- Sojadrink, Soja-Reis-Drink oder Reis-Drink
- Milchähnliche Flüssigprodukte aus Mandeln, Haselnüssen, Kokosnuss oder Getreidearten wie Weizen, Gerste oder Hafer

Kennzeichnungspflicht
Allergene Zutaten in Speisen müssen auf den Speisekarten gekennzeichnet werden.

Laktosegehalt
Milch	ca. 5 g/100 ml
Buttermilch	ca. 4 g/100 ml
Joghurt	ca. 5,5 g/100g

Achtung, unbestimmter Gehalt in weiteren Produkten wie
- Wurst- und Fleischwaren
- Süßwaren
- Brot und Gebäcken
- Getränken
- Fertiggerichten

Für eine **Laktose-Intoleranz-Kost** gibt es folgende Regeln:

- **Laktosefreie Milchprodukte** verwenden.
- **Käse** enthält reifungsbedingt nur sehr wenig bis keine Laktose und kann in Maßen verzehrt werden.
- **Milchsäurebakterien** sind in probiotischen Milchprodukten und gesäuerten Milchprodukten reichlich vorhanden. Milchsäurebakterien bilden Laktase selbst. Daher ist der Verzehr dieser Produkte verträglicher.
- **Alternativprodukte** zu Milch verwenden.

Zöliakie – backgetreidefreie Ernährung empfohlen

Häufig einfach nur als **Glutenunverträglichkeit** bezeichnet, wird der Begriff Zöliakie verwendet. Zöliakie ist eine Autoimmunkrankheit, die lebenslang vorhanden ist.

Einführung

ERNÄHRUNG FÜR EINE GESUNDE LEBENSWEISE

Zeichen für glutenfrei.

Gluten ist ein **Eiweiß**, das **in Backgetreide** vorkommt. Bei Unverträglichkeit kann das Eiweiß im Darm nicht gespalten werden, es schädigt die Zellen der Darmschleimhaut und verändert langfristig die Darmzotten. Das führt zur **verminderten Aufnahme von Nährstoffen** durch die geschädigte Darmwand, auch weitere Erkrankungen wie Laktose-Intoleranz können folgen.

Eine Linderung der Symptome – meist Durchfall und Krämpfe – wird nur durch **Verzicht auf jegliche glutenhaltige Produkte** erreicht.

Für **Zöliakie** gibt es folgende Regeln:

Keine **backgetreidehaltigen Produkte** verzehren. Dazu zählen auch Produkte, die nur mit geringen Mengen Gluten in Verbindung kommen.

Verbotene Produkte sind z. B.:

- Brot, Brötchen, Gebäcke (z. B. Kuchen, Kekse)
- viele Cerealien aus glutenhaltigen Getreiden
- Schnitzel und weitere Fleischwaren
- Fischprodukte wie Brathering, Fischfilet im Crispmantel
- Nudeln
- Light-Produkte, fettreduzierte Produkte
- Fertiggerichte
- Speisen mit Saitan
- teilweise Pralinen
- Bier, Malzbier

Bei der Zubereitung oder dem Verzehr von **Fertigprodukten** ist immer die **Zutatenliste** zu beachten. Im Restaurant muss eine **Auszeichnung** allergener Stoffe in der **Speisekarte** erfolgen.

Alternativprodukte

Bei vorbereiteten und Fertigprodukten ist auf das **Glutenfrei-Zeichen** zu achten. Trotzdem muss auch genauestens auf die Zutatenliste geachtet werden. Ein Maisbrot z. B. darf lt. Gesetzgeber bis zu 10 % Backgetreide enthalten.

Zu den alternativen Produkten zählen z. B.:
- Mais, Reis, Buchweizen und deren Produkte
- Produkte mit Soja oder Nussanteil
- Spezialmehlmischungen

Glutenfreie Produkte

Der Trick mit dem Traubenzucker
Durch Zugabe von Traubenzucker wird die Verwertung von Fruchtzucker zeitlich begrenzt besser. Damit steigt jedoch auch der Insulinspiegel, was auf Dauer ungünstig ist.

Fruktose-Intoleranz – Fruchtzuckereinschränkung empfohlen

Es gibt **zwei Arten** von Fruktose-Intoleranz. Die **erblich bedingte** ist eher selten, kann aber Schädigungen im Körper hervorrufen. Die **erworbene Fruktose-Intoleranz** dagegen ist sehr häufig zu finden. Sie macht sich durch zeitlich begrenzte Symptome bemerkbar.

Fruchtzucker benötigt Hilfsstoffe, um durch die Darmwand ins Blut aufgenommen zu werden. Fehlen diese Hilfsstoffe, wird der Fruchtzucker im Darm von Bakterien zersetzt – es entstehen schmerzhafte **Blähungen**.

Weitere Schäden sind nicht zu erwarten. Eine verminderte Aufnahme von Nährstoffen ist jedoch möglich. Die auftretenden Symptome werden zeitversetzt (bis zu 24 Std.) zur Essensaufnahme wahrgenommen. Durch diese Zeitverschiebung wird die Ursache Fruchtzuckerunverträglichkeit oft erst spät erkannt.

Wege des Fruchtzuckers

Fruchtzucker wird an den Körperkreislauf durch **Proteintransporter** weitergeleitet. Sind die Transporter nicht ausreichend vorhanden, gelangt der verbleibende Fruchtzucker in den Dickdarm. Bakterien wandeln ihn in CO_2, Wasserstoff und kurzkettige Fettsäuren um. Das CO_2 führt zu **Blähungen** und **Darmkrämpfen**. Die kurzkettigen Fettsäuren bewirken eine Wasserzunahme im Darm und es kommt zu **Durchfall**. Die Blähungen führen zusätzlich zu einem Völlegefühl und teils auch zum **Erbrechen**.

Einen wesentlichen Anteil am Nicht-Weiterleiten des Fruchtzuckers haben die **Zuckeralkohole** Isomalt, Sorbit und Mannit. Sie können die Hilfsstoffe blockieren und verstärken so die Symptome einer Fruchtzuckerunverträglichkeit

Zu den Lebensmitteln, die **verträglicher** sind, gehören z. B.:

> **Zusatzinfo**
> **Enzyme können helfen**
> Wenn das Enzym Xylose-Isomerase / Glukose-Isomerase vor dem Essen von Fruchtzucker eingenommen wird, unterstützt es den Transport des Fruchtzuckers.

Gemüse
- Brokkoli, Zucchini
- Kürbis, Avocado
- Spinat, Sellerie

Obst
- Bananen
- Mandarinen, Zitronen
- Papaya

Sonstiges
- Molkereiprodukte ohne Zusatz
- Kartoffeln, Reis, Nudeln (kein Vollkorn)
- Getreideprodukte wie Brot und Brötchen (kein Vollkorn)
- Essig (außer Balsamico), Öl, Butter

Süßungsmittel
geeignet sind:
- Glukose, Dinkelsirup
- Reissirup, Stevia

nicht geeignet sind:
- Zuckeralkohole
- Honig, Agavensirup

Lebensmittelallergien

Lebensmittelallergien häufen sich. **Umwelteinflüsse** oder **erbliche Belastungen** spielen hierbei eine große Rolle. Bei einer Allergie reagiert der Körper unverhältnismäßig stark auf Stoffe, die er **als Eindringlinge wahrnimmt**, obwohl es sich meist um „natürliche", ungefährliche Stoffe handelt.

Werden erstmals Stoffe aufgenommen, die der Körper als Fremdkörper ausmacht, sensibilisiert er sich, er **bildet Antikörper**. Diese verbleiben im Körper und warten auf das erneute Auftauchen von Fremdkörpern. Erscheinen diese, reagiert der Körper heftig. Botenstoffe werden freigesetzt, das Immunsystem arbeitet schlagartig auf Höchsttouren. Die Körperreaktionen können unterschiedlich ausfallen.

Lästig, aber **ungefährlich** sind z. B.
- Probleme mit der Mundschleimhaut, Geschmacksverlust oder Juckreiz in den Augen.
- Laufendes Nasensekret, Hustenanfälle bis hin zum Asthma.
- Hautausschlag oder Krämpfe im Bauchraum, Durchfall oder Erbrechen.

Lebensbedrohlich sind Reaktionen wie
- Anschwellen im Halsinneren, verbunden mit Atemnot.
- Allergischer Schock, Bewusstlosigkeit oder Herz-Kreislauf-Stillstand.

Grundsätzlich lassen sich die meisten Reaktionen durch das **ausreichend hohe Erhitzen der Lebensmittel** mildern. Dies funktioniert jedoch nicht bei Meeresfrüchten und Fischen, Soja und Erdnüssen.

> **Allergische Reaktionen vermeiden**
> Allergene müssen in Speisekarten deklariert werden.

> **Versteckte Allergene**
> Der Körper nimmt mehr wahr, als wir essen. Versteckte Allergene in Gewürzmischungen oder Fertigprodukten sind nicht immer sofort erkennbar, Deklarationen werden auf der Speisekarte vergessen, bei der Herstellung von Produkten wurde auf demselben Schneidebrett nach Sellerie eine Karotte geschnitten. Es ist wichtig, zum Schutz der Gäste genau zu wissen,
> - welche Lebensmittel und Zusatzstoffe in Speisen enthalten sind,
> - was auf welche Art in der Küche verarbeitet wird.

Einführung

ERNÄHRUNG FÜR EINE GESUNDE LEBENSWEISE

11 Alternative Ernährungsformen

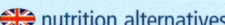 nutrition alternatives   formes (w) de nutrition alternatives

Unterschiedliche Gründe veranlassen Menschen, sich „anders" zu ernähren. Sie entscheiden sich bewusst für einen anderen Weg: Sie verwenden naturbelassene und unverarbeitete Rohstoffe, essen bevorzugt viel Frischkost, kein oder nur wenig Fleisch, Produkte aus biologischem Anbau oder lassen ganze Produktgruppen oder Garverfahren weg.

Gastronomische Einrichtungen erschließen sich durch ein Angebot verschiedenster Ernährungsformen **neue Gästegruppen**, die meist bewusst solche Restaurants suchen.

11.1 Vegetarische Ernährung

Vegetarische Ernährung ist gekennzeichnet durch den **Verzehr pflanzlicher Produkte** und den gleichzeitigen **Verzicht auf Fleisch**. Der Genuss von Produkten lebender Tiere wird jedoch häufig befürwortet. In der Gruppe der Vegetarier werden je nach Ausprägung folgende Gruppen unterschieden:

Gründe für die Wahl einer alternativen Ernährungsform (Beispiele):

Schutz der Tiere
- vor Massentierhaltung
- vor Tierversuchen der Industrie

Aspekte der Gesundheit
- zu viele Medikamente im Fleisch
- zu große Fett- und Eiweißaufnahme
- Verordnung durch einen Arzt

Religiöse und spirituelle Gründe

Ethische Gründe
- keine Tötung von Tieren für die Ernährung der Menschen
- als Beitrag zur Welthungerproblematik

Ökologische Gründe
- Erhaltung der Natur als Lebensgrundlage
- Klimaschutz

Persönliche Gründe
- Zugehörigkeit zu einer Gruppe mit bestimmten Anschauungen

Bezeichnung	Erlaubte Lebensmittel
Ovo-Vegetarier	Pflanzliche Produkte, Hühnerei
Lakto-Vegetarier	Pflanzliche Produkte, Milch und Milchprodukte
Ovo-Lakto-Vegetarier	Pflanzliche Produkte, Hühnerei, Milch und Milchprodukte

Werden bei vegetarischer Ernährung die **Grundsätze der Mischkost** angewandt, ist ein **Nährstoffmangel sehr selten**. Energiereiche Lebensmittel wie Fleisch und deren Produkte werden durch Vollkornprodukte, Gemüse und Obst ausgeglichen. Dadurch ist die Versorgung mit nicht energieliefernden Nährstoffen sogar verbessert. Ein Mangel an Eiweiß ist bei Aufnahme von Milch und Milchprodukten sowie Eiern nicht zu erwarten.

Vegetarische Ernährungspyramide und Empfehlungen

Wie bei einer Vollkost-Ernährung gibt es Empfehlungen auch für die vegetarische Ernährungsform. Wichtiger Bestandteil einer gesunden Lebensweise ist **ausreichend Bewegung im Freien**. Zusätzlich gilt:

- Mindestens 1–2 Liter trinken: **Wasser und andere alkoholfreie**, kalorienarme Getränke bevorzugen.
- **Gemüse** (mindestens 400 g bzw. 3 Portionen pro Tag): Frisches Gemüse, einschließlich unerhitzte Frischkost und Säfte.

Tabelle: Getreide und Kartoffeln / Gewicht pro Portion

Nahrungsmittel	1 Portion entspricht
Reis	80 g roh, also 250 g gekocht
Vollkornteigwaren	125 g roh, also 300 g gekocht
Vollkornbrot	50 g
Kartoffeln	250–300 g
Hülsenfrüchte	40 g roh, also 100 g gekocht

- **Obst** (mindestens 300 g bzw. 2 Portionen pro Tag): Frisches Obst, ergänzt durch Trockenfrüchte und Säfte
- **Getreide und Kartoffeln** (etwa 2–3 Mahlzeiten pro Tag): Getreide ist die bedeutendste Eiweißquelle für vegetarisch oder vegan lebende Menschen.
- **Eiweißprodukte**: Hülsenfrüchte (1–2 Mahlzeiten pro Woche) und Eiweißprodukte (50-150 g pro Tag)
- **Nüsse und Samen** (30-60 g pro Tag): Nüsse (auch Nussmus) und Samen enthalten essenzielle Fettsäuren.
- **Pflanzliche Öle und Fette** (2-4 EL pro Tag): Wichtig für die Versorgung mit essenziellen Fettsäuren sowie für die Aufnahme fettlöslicher Vitamine (A, D, E und K). Naturbelassene Pflanzenöle, die reich an Alpha-Linolensäure sind, bevorzugen (wie Lein- und Rapsöl).
- optional: **Milchprodukte** (bis 250 g Milch bzw. Joghurt oder bis 50 g Käse pro Tag)
- optional: **Eier** (1-2 Stück pro Woche)
- optional: **Snacks, Alkohol und Süßigkeiten** (falls gewünscht, in Maßen). Diese Nahrungsmittel sind für eine gesunde Ernährung **nicht notwendig**.

Vegetarische Ernährungspyramide von ProVeg (früher: VEBU)

Pflanzliche Alternativen

Verzichtet ein Vegetarier auf Ei oder Milch und Milchprodukte, gibt es pflanzliche Alternativen. Diese werden auch in der veganen Küche verwendet.

Alternativen für Milch und Milchprodukte

• Soja- oder Reisdrink • Haselnuss- oder Mandeldrink • Cashew- oder Macadamiadrink • Hanf- oder Dinkeldrink • Haferdrink oder Kokosmilch	Je nach Produkt können in der Speisenherstellung die Eigenschaften genutzt werden: • Sojadrink lässt sich sehr gut aufschäumen. • Durch ihren Eigengeschmack sind viele Drinks als Alternative interessant, vor allem für Süßspeisen. • Reis- und Sojadrink eignen sich für kalorienreduzierte Speisen. • Wertvolle Omega-3-Fettsäuren sind in Hanfdrink zu finden, in Macadamiadrink findet sich ein hoher Gehalt an ungesättigten Fettsäuren.

Generell müssen z. B. **Kalzium oder Vitamin B_2 oder B_{12}** über andere Lebensmittel aufgenommen werden.

Alternativen für Hühnerei

Wird lt. Rezeptur Hühnerei verwendet, lässt sich dies durch verschiedene Lebensmittel ersetzen. Je nach Verwendung stehen pflanzliche Alternativen zur Verfügung.

• alle Stärkemehle • reife Bananen oder Apfelmus • Avocado • geschroteter oder gemahlener Leinsamen	• eingeweichte Chiasamen oder Leinsamen • Johannisbrotkernmehl oder Guarkernmehl • Ei-Ersatzpulver • Sojalezithin

Beispiele für *Ovo*-vegetarische Gerichte

- *Senfei* mit Salzkartoffeln, Rote Bete
- Gedünstete Gemüse, Dinkel-Erdnuss-Sauce, *pochiertes Ei*, Kräuter-Basmati
- Sellerieschnitzel in *Eihülle*, Paprikasauce, Trüffel-*Schupfnudeln*
- *Kartoffel-Brokkoli-Auflauf* mit geräuchertem Tofu und gerösteten Haselnüssen

Einführung

Pescetarier / Pisko-Vegetarier:
Personen, die sich ovo-lakto-vegetarisch ernähren und zusätzlich auch Fisch, Schalen- und Krustentiere zu sich nehmen.

Viele Veganer verzichten nicht nur auf tierische Lebensmittel. Sie vermeiden es auch, Kleidungsstücke, Möbel oder Kosmetikartikel mit Teilen aus tierischer Herkunft zu verwenden.

> **Nährstoffmangel**
> Ernährt man sich einseitig, kann es zu Nährstoffmangel kommen. Dies betrifft in der **veganen Ernährung** besonders:
> **Mineralstoff Kalzium, Jod, Zink und Eisen**
> **Vitamin B_2 und B_{12}**

ERNÄHRUNG FÜR EINE GESUNDE LEBENSWEISE

Beispiele für *Lakto*-vegetarische Gerichte

Spaghetti mit gebackenem *Schafskäse* und in Honig glasierten Pinienkernen
- Gebratener Seitan mit *Pesto*, gegrillten Auberginenscheiben, marinierten Belugalinsen und Paprikabulgur
- Kichererbsenbratlinge mit *Senfschmand*, provencalischem Gemüse und Wildkräutersalat

Beispiele für *Ovo-Lakto*-vegetarische Gerichte

- *In Parmesanhülle gebratener Spargel* mit Erbsenflan und Kartoffelchips
- *Vegetarische Paprikaschote* mit *Tomatenrahmsauce*, Nussreis
- Gegrilltes Gemüse mit Zitronenöl mariniert, gebackenem Wachtelei, Kräuter-Couscous mit Parmesanhobel

11.2 Vegane Ernährung

Strenge Vegetarier werden auch als **Veganer** bezeichnet. Veganer verarbeiten und essen nur pflanzliche Produkte. Um sich gleichbleibend gesund mit der richtigen und ausreichenden Menge an Nährstoffen zu versorgen, ist ein **gutes und umfangreiches Ernährungswissen** wichtig.

Aus gesundheitlichen Aspekten ist die vegane Ernährungsform positiv zu betrachten. Viele ernährungsbedingte Krankheiten können weitestgehend vermieden werden. Dazu zählen z. B.
- Herz-Kreislauf-Erkrankungen
- Übergewicht und
- Gicht.

Veganer ohne gesundheitliche Beeinträchtigungen haben einen geringen **Blutfettwert** und einen niedrigen **Blutdruck**. Große Mengen an aufgenommenen Ballaststoffen helfen den Darm vor gesundheitsschädigenden Stoffen zu schützen. Das **Darmkrebsrisiko** ist **verringert**. Empfindliche Personen können durch entstehende Gärprozesse jedoch auch körperliche Probleme bekommen.

Wird eine vegane Ernährung aktiv betrieben, ist besonders auf die **Eiweißaufnahme** aus pflanzlichen Produkten zu achten. Die biologische Wertigkeit ist bei Produkten tierischen Ursprungs im Allgemeinen höher, daher ist eine ausreichende Aufnahme von Eiweiß aus pflanzlichen Alternativprodukten wichtig.

Alternativen zum tierischen Protein

Das Speisenangebot wird durch zahlreiche Alternativprodukte unterstützt. Diese existieren zum Teil schon seit hunderten von Jahren, wurden jedoch nur regional in den Herstellungsländern angeboten. Da bei der veganen Kost vollständig auf Produkte tierischer Herkunft verzichtet wird, ist der Ausgleich für tierische Proteine, wichtige Mineralstoffe und Vitamine essenziell.

Proteinreiche pflanzliche Alternativen

- **Tofu** – aus eingeweichten Sojabohnen hergestellt
- **Tempeh** – fermentiertes Sojaprodukt, durch Zugabe von Schimmelpilzkulturen hergestellt
- **Weizeneiweiß/Seitan** – ausgewaschener Weizenmehlteig, zurück bleibt ein zäher Eiweißteig
- **Lupineneiweiß** – Lupinen gehören zu den Hülsenfrüchten und enthalten alle essenziellen Aminosäuren
- **Grünkern** – halbreif geernteter Dinkel, enthält viel Vitamin B
- **Haferflocken** – enthalten die Mineralstoffe Zink, Eisen und viele ungesättigte Fettsäuren
- **Schwarze Bohnen** – reich an Eiweiß, Ballaststoffen und Antioxidantien
- **Kichererbsen** – haben einen sehr hohen Gehalt an Eiweiß, Eisen und Kalzium

Vegane Ernährungspyramide und Empfehlungen

Die **Empfehlungen zur veganen Ernährung** sind ähnlich denen bei der vegetarischen Kostform. Unterschiede zur vegetarischen Ernährung:

- Hülsenfrüchte und weitere Proteinquellen (1 Portion pro Tag): Hülsenfrüchte (z. B. Erbsen, Bohnen, Kichererbsen, Linsen, Lupinen), Sojaprodukte (z. B. Tofu, Tempeh) und andere Fleischalternativen (z. B. Seitan, Fleischalternative auf Lupinenbasis)

Risiken: Vegane Ernährung in Wachstumsphasen

Nicht für alle Personengruppen ist eine vegane Ernährung geeignet. Bei Menschen in **Wachstumsphasen** müssen Nähr- und Wirkstoffe im richtigen Verhältnis und in ausreichender Menge aufgenommen werden: Kohlenhydrate, Fette, Mineralstoffe, viele Vitamine und sekundäre Pflanzenstoffe.

Bei einer veganen Ernährungsweise ist die **Versorgung** mit ausreichend Proteinen, Kalzium, Eisen und Zink, sowie Vitamin B_2 und B_{12} **kritisch zu betrachten**. In einer **Schwangerschaft**, die schon mit geringen Nährstoffreserven begonnen wird, kann es zu Entwicklungsstörungen des ungeborenen Kindes und zu Komplikationen im Schwangerschaftsverlauf kommen.

Vegane Ernährungspyramide von ProVeg (früher: VEBU)

Durch das **Stillen mit Muttermilch** werden lebenswichtige Stoffe an das geborene Kind gegeben. Wachstum und Immunsystem werden damit **gefördert**. Eine mangelhafte Aufnahme von Nährstoffen kann allerdings zu schwerwiegenden Schädigungen beim Säugling führen.

Mit einem **guten Wissen** in der Ernährungslehre und über die Eigenschaften von Lebensmitteln ist eine vegane Ernährung für **geeignete Personengruppen** jedoch **grundsätzlich empfehlenswert**.

Allergenkennzeichnung und Verordnung über Lebensmittelzusatzstoffe

Auch für pflanzliche Stoffe gelten Regeln zur Deklaration in den Speisekarten oder Auslagen. Der Hinweis auf die Verwendung von allergenhaltigen Produkten von Lupine, Soja oder glutenhaltigen Rohstoffen ist zu beachten. Ebenso die Verwendung von Zusatzstoffen wie Johannisbrotkernmehl oder Guarkernmehl.

Einführung

ERNÄHRUNG FÜR EINE GESUNDE LEBENSWEISE

Beispiel für eine vegane Vorspeise

Nusscremebällchen

Zutaten

0,460 kg	Cashewkerne	
0,050 kg	Hefeflocken	
2	Knoblauchzehen, geschält	
0,030 l	Zitronensaft	
0,100 l	Sauerkrautsaft	
1 TL	Salz	
1	Prise Pfeffer	
	Gewürzblüten-mischung	

- Die trockenen Zutaten mit dem Knoblauch in einem Zerkleinerer fein mahlen.
- Den Zitronen- und Sauerkrautsaft dazugeben und mit Salz und Pfeffer würzen.
- Die Zutaten solange mahlen, bis ein leicht feuchter, aber nicht klebriger Teig entsteht.
- Die Masse für eine halbe Stunde kühl ruhen lassen.
- Kleine Bällchen formen und in der Gewürzblütenmischung wenden.

Nusscremebällchen

Bestandteile veganer Ernährung sind unter anderem:

Maisgrieß

Chiasamen

Rote Linsen

Cashewkerne

Beispiel für veganen Hauptgang

Linsen-Pastinaken-Taler, Mangold-Cashew-Rahm, Kräuterpolenta

Zutaten

0,500 kg	rotes Linsenmehl		0,100 l	Weißwein
0,180 kg	Pastinaken		0,006 kg	Salz
1 EL	Senf, mittelscharf		1	Prise Pfeffer
0,600 l	Wasser		0,002 kg	Muskatnuss, gemahlen
0,004 kg	Majoran			
0,005 kg	Paprikapulver, edelsüß			**Kräuterpolenta**
0,010 kg	Salz		0,100 kg	Maisgrieß
1	Prise Pfeffer		0,750 l	Gemüsebrühe
0,010 kg	Schwarzkümmel		0,050 kg	Margarine
0,005 kg	Pimentpulver		0,006 kg	Salz
	Mangold-Cashew-Rahm		1	Prise Muskatnuss
0,100 kg	Cashewkerne		1	Prise Pfeffer
0,050 kg	Margarine		0,015 kg	Petersilie
0,050 kg	Zwiebelwürfel		0,015 kg	Schnittlauch
0,700 kg	Mangold		0,010 kg	Dill
1	Knoblauchzehe			

- Alle trockenen Zutaten miteinander vermengen.
- Die Pastinaken schälen und raspeln.
- Wasser und den Senf zu den trockenen Zutaten geben und gut durchrühren.
- Die geraspelten Pastinaken hinzufügen und den Teig 15 Minuten quellen lassen.
- Öl in einer Pfanne erhitzen und mit einem Portionierer oder Esslöffel kleine Taler in die Pfanne geben.
- Von beiden Seiten goldbraun braten.
- Den Mangold putzen und grob schneiden, anschließend in kochendem Wasser 4 Minuten blanchieren, im Eiswasser abschrecken.
- 700 ml der Mangoldbrühe mit den Cashewkernen im Mixer fein pürieren (zu einer Milch verarbeiten).
- Margarine in einem Topf schmelzen, die gewürfelte Zwiebel darin glasig anschwitzen. Gehackten Knoblauch dazugeben und kurz mitschwitzen lassen.
- Mit Weißwein ablöschen und mit der Cashewmilch auffüllen.
- Unter Rühren köcheln lassen, bis die Sauce sämig wird, mit Salz, Pfeffer und Muskat abschmecken. Für die Polenta die Gemüsebrühe zum Kochen bringen. Maisgries in die kochende Gemüsebrühe einrühren und unter ständigem Rühren 5 Minuten köcheln lassen.
- Vom Herd nehmen und Margarine einrühren, mit Salz, Pfeffer und Muskat abschmecken.
- Bedeckt für ca. 30 Minuten ziehen lassen. In der Zwischenzeit die Kräuter fein hacken / schneiden.
- Ist die Polenta vollständig abgekühlt, die Kräuter dazugeben.

Linsen-Pastinaken-Taler, Mangold-Cashew-Rahm, Kräuterpolenta

Beispiel für eine vegane Nachspeise

Vanille-Chiapudding mit Himbeersauce

Zutaten

0,050 kg	Hanfsamen
0,450 l	Wasser
0,060 kg	Chiasamen
½	Vanilleschote
0,100 kg	Agavendicksaft

Himbeersauce

0,250 kg	Himbeeren
0,100 kg	Rohrohrzucker
½ TL	Agar-Agar
0,020 l	Zitronensaft

- Im Mixer aus den Hanfsamen und dem Wasser eine Milch herstellen.
- Das Mark der Vanilleschote auskratzen.
- Die Chiasamen mit der Hanfmilch, der Vanille und dem Agavensirup in einer kleinen Schüssel mit dem Schneebesen gut verrühren.
- Den Chiapudding ca. eine Stunde zum Gelieren kühl stellen.
- Die Himbeeren mit Zucker in einem kleinen Topf erhitzen und zum Köcheln bringen.
- Den Zitronensaft und das Agar-Agar dazugeben. 1 Minute unter Rühren kochen lassen. Die Sauce kaltstellen.

Vanille-Chiapudding

Sicheres und gesundes Arbeiten

1 Arbeitssicherheit

 work safety sécurité au travail

Besonders das Arbeiten in der Küche ist mit Risiken für die Gesundheit verbunden. Neben den Eigenschaften von Geräten (Töpfe werden heiß) sowie Mängeln an Maschinen liegen Gründe für Unfälle häufig im Verhalten der Mitarbeiter (s. u.). Neue Technologien wie molekulares Kochen können neue Risiken mit sich bringen.

Das Arbeiten im Gastgewerbe möglichst sicher zu gestalten und die Gesundheit beim Arbeiten zu erhalten, ist u. a. Aufgabe der Berufsgenossenschaften, der Arbeitgeber, aber auch Aufgabe eines jeden Arbeitnehmers.

1. Die **Berufsgenossenschaft** (BG) ist Träger der gesetzlichen Unfallversicherung: Sie informiert über Gefahren bei der Arbeit und erlässt rechtlich bindende Schutzvorschriften. Die BG schult Arbeitgeber und Arbeitnehmer (**Prävention**), sie bezahlt die Folgekosten von Arbeitsunfällen, u. a. Maßnahmen zur **Rehabilitation** und Wiedereingliederung. Die Leistungen der BG werden durch Beiträge der Arbeitgeber finanziert.

2. Der **Arbeitgeber** muss die Gefahren im Betrieb ermitteln, die daraus entstehenden Risiken beurteilen sowie Maßnahmen ableiten und umsetzen, um das Arbeiten im Betrieb sicherer zu machen (**Gefährdungsbeurteilung**). Dazu gehört u. a., alle Mitarbeiter regelmäßig auf Gefahren am Arbeitsplatz hinzuweisen. Ohne solche Einweisungen können Mitarbeiter die Arbeit an gefährlichen Geräten verweigern. Ab 20 Mitarbeitern unterstützt ein Sicherheitsbeauftragter den Arbeitgeber.
Die ergonomische Gestaltung des Arbeitsplatzes kann überdies dazu beitragen, Ermüdung und Leistungsabfall der Mitarbeiter zu begrenzen. Den Mehrkosten der Arbeitsplatzgestaltung stehen oft geringere Fehltage durch Unfälle und Krankheit gegenüber.

3. **Arbeitnehmer** müssen Sicherheitsvorgaben umsetzen, auch wenn dies im betrieblichen Alltag oft schwierig ist:

- Auch unter Stress sind Sicherheitshinweise zu beachten.
- Aus scheinbarer Erfahrung heraus **nicht** entgegen den Sicherheitshinweisen arbeiten („Das haben wir schon immer so gemacht und da ist noch nie etwas passiert!").
- Die Wahrnehmung von Gefahren **nicht** durch Unachtsamkeit, Müdigkeit oder auch den Einfluss von Medikamenten und Drogen trüben.

Zuständig für das Gastgewerbe ist die Berufsgenossenschaft Nahrungsmittel und Gastgewerbe (BGN)

BGN
Berufsgenossenschaft Nahrungsmittel und Gastgewerbe

Der Arbeitgeber muss Unfälle der BG melden (**Unfallmeldung**). Auch kleinere Verletzungen sind im **Verbandbuch** zu dokumentieren.

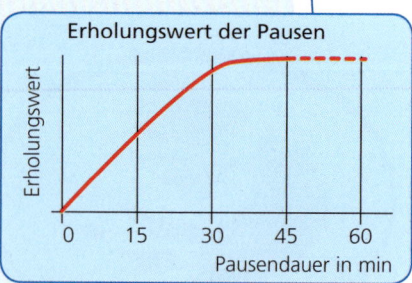

Ausreichende Pausen erhalten die Leistungsfähigkeit

Hinweise zum Umgang mit Stress auf unseren Internetseiten

1.1 Sicherheitskennzeichnung

🇬🇧 safety signs 🇫🇷 signes (m) de sécurité

Der einfachste Weg, auf Gefahren hinzuweisen, sind Symbole, wie sie auf **Sicherheitskennzeichen** verwendet werden. Diese werden unterteilt in:

Warnzeichen schützen vor Hindernissen und Gefahrstellen	**Gefahrenpiktogramme** informieren über gefährdende Eigenschaften eines Stoffes	**Gebotszeichen** weisen auf Schutzmaßnahmen hin	**Verbotszeichen** weisen auf ein Verbot hin	**Rettungszeichen** geben Hinweise zur Personenrettung	**Brandschutzzeichen** geben Hinweise zum Brandschutz
 Warnung vor Gefahrenstelle	 Akut giftig	 Gehörschutz benutzen	 Feuer, offenes Licht und Rauchen verboten	 Sammelstelle	 Feuerlöscher
 Warnung vor heißer Oberfläche	 Achtung – Gase unter Druck	 Hautschutzmittel benutzen	 Kein Trinkwasser	 Erste Hilfe – Einrichtung wie Sanitätsraum	
 Warnung vor Rutschgefahr	 Gefahr – entzündbare Stoffe	 Atemschutz benutzen	 Rauchen verboten	 Fluchtweg/ Rettungsweg	Weitere Beispiele für Sicherheitskennzeichen stehen an entsprechenden Stellen im Buch.

1.2 Arbeitskleidung

🇬🇧 workwear 🇫🇷 vêtement (m) de travail

Die Berufskleidung des Kochs dient neben der Einhaltung von Hygienestandards und der Repräsentation des Berufsstandes auch dem Unfallschutz:

- Lange Ärmel und Hosenbeine sowie ein T-Shirt unter der Kochjacke schützen vor heißen Fettspritzern und Flammen (im Brandfall leicht auszuziehen durch Knöpfe und Gummibund).
- Halstücher saugen Schweiß auf (Erkältungsschutz).
- Kochmützen schützen u. a. vor Einzug langer Haare in Maschinen und auch davor, dass Haare ins Essen fallen.
- Geschlossene Arbeitsschuhe schützen vor Verletzungen und schonen die Gelenke durch ein ergonomisches Fußbett (s. a. „Sturzunfälle").
- Touchant/Anfasser schützt vor Verbrennungen durch Töpfe und Bleche.

Kochkleidung

2 Erste Hilfe

🇬🇧 first aid 🇫🇷 premiers secours (m)

Hinweis auf Erste Hilfe

Erste-Hilfe-Maßnahmen müssen im Verbandbuch notiert werden.

> Impfschutz beim nächsten Arztbesuch kontrollieren lassen und wenn nötig auch die Tetanusimpfung (Wundstarrkrampf) auffrischen.

2.1 Grundlagen der Ersten Hilfe

🇬🇧 first aid basics 🇫🇷 principes de premiers secours (m)

Erste Hilfe hat die Aufgabe, bei Verletzungen oder Unfällen weitere Schäden vom Verletzten abzuwenden. Sofortmaßnahmen der Ersthelfer und die Erste Hilfe sind wichtige Glieder innerhalb der **Rettungskette**. Es ist aber falsch, Verletzungen nur alleine kurieren zu wollen und den **Weg zum Arzt** zu scheuen. Kleine Verletzungen müssen nicht sofort ärztlich behandelt werden. Es genügt dann, innerhalb von sechs Stunden den Arzt (am besten den Durchgangsarzt vor Ort) aufzusuchen. Im Zweifelsfall den Rettungsdienst mit 112 anrufen und die Situation schildern.

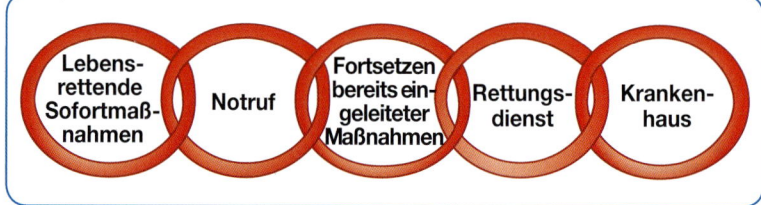

Rettungskette

Beim **Notruf** ist anzugeben:

- Wo geschah es?
- Was ist geschehen?
- Wie viele Verletzte?
- Welche Art von Verletzungen?
- Warten auf Rückfragen des Rettungsdienstes.

Für einfache Fahrten zu einem Arzt kann ein Taxiunternehmen oder ein sitzender Krankentransport bestellt werden.

Unabhängig davon, was passiert ist: Zuspruch und das Gefühl von (Eigen-)wärme sind für den Verletzten immer gut und hilfreich.

> Erste Hilfe ist kein Kann, sondern ein Muss. Ist jemand in Not, so hat jeder im Rahmen seiner Möglichkeiten Erste Hilfe zu leisten, sonst begeht der Betreffende unterlassene Hilfeleistung!

Selbstschutz geht vor: Ziehen Sie Handschuhe über, bevor Sie offene Wunden versorgen. Sie schützen sich und andere so vor Infektionen wie HIV oder Hepatitis. Schäden, die Sie selbst als Ersthelfer erfahren, werden von der Dt. Gesetzlichen Unfallversicherung (DGUV) erstattet.

2.2 Schnitt- und Stichwunden

🇬🇧 injuries caused by cuts 🇫🇷 blessures (f) provoqué par coupure

Bei Schneide- und Reinigungsarbeiten kommt es gerade zu Beginn der Ausbildung häufig zu Schnittverletzungen, Stichwunden oder offenen Quetschungen durch Messer und glatte Metallkanten.

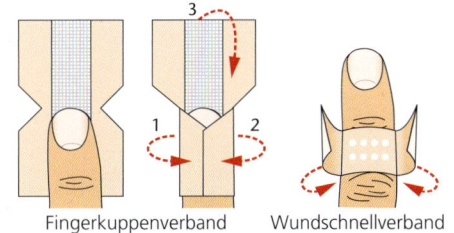
Fingerkuppenverband   Wundschnellverband
Pflasterverband

Sicher mit Messern arbeiten

Mögliche Ursachen für Schnitt- und Stichwunden	Hinweise für sicheres Arbeiten
Ablenkungen (z. B. Smartphone, intensive Gespräche) führen leicht zu Unfällen.	Konzentrieren Sie sich auf Ihre aktuelle Tätigkeit.
Falsches Werkzeug (z. B. ein großes Kochmesser als Schälmesser)	Nutzen Sie immer das richtige Messer für die anstehende Schneidarbeit (z. B. einen Sparschäler oder ein Tourniermesser zum Schälen).
Stumpfe Messer erfordern einen höheren Druck beim Schneiden, wobei man leichter vom Schneidgut abrutscht und auch das Gefühl für eine sichere Schnittführung verliert.	Arbeiten Sie stets mit scharfen Messern, schärfen Sie die Messer regelmäßig nach (Wetzstahl, Schleifstein). Halten Sie den Messergriff und die Führhand jederzeit sauber und trocken. Führen Sie das Messer stets vom Körper weg oder seitlich des Körpers.
Schneidarbeiten ohne Schneidbrett	Schneiden Sie immer auf dem Schneidbrett, nie in der Luft (auch nicht beim Aufschneiden von Brötchen). Nutzen Sie den Krallengriff zum Halten des Schneidguts.
Unordnung auf dem Schneidbrett	Arbeiten Sie auf dem Schneidbrett von links nach rechts (als Rechtshänder). Entfernen Sie Schneidgut mittels Teigkarte – nicht mit der Messerklinge.
Hineingreifen in fallende Messer	Fällt ein Messer runter: Lassen Sie es fallen – besser das Messer nimmt Schaden als Sie.
Schneiden mit der Aufschnittmaschine	Bei der Aufschnittmaschine immer den Restehalter und den Daumenschutz nutzen. Zur Reinigung immer auf Schnittstärke 0 stellen und Stecker ziehen.
Messerreinigung	Direkt nach dem Arbeiten die Messer reinigen – jedoch niemals in der Spülmaschine: Hitze und Reinigungsmittel schaden dem Stahl. Messer gehören niemals ins Spülbecken, da man in die Klinge greifen könnte. Messer immer „aktiv reinigen", bewegen Sie die Bürste, den Schwamm, das Tuch – aber ziehen Sie niemals das Messer durch ein Tuch.
Herumliegende Messer	Messer, die nicht genutzt werden, gehören in Messertaschen, in spezielle Schubladeneinsätze, an Magnetleisten oder in sichere Messerblöcke.
Messer tragen	Mit einem Messer niemals laufen, sondern langsam gehen. Beim Tragen die Klinge nach unten halten und den Griff nach oben.
Messer übergeben	Messer zur Übergabe ablegen oder mit dem Griff nach vorn weiterreichen.

Bei Schnittverletzungen kann ein glatter Schnitt über tieferliegende Verletzungen, auch der Blutgefäße, hinwegtäuschen. Wirkt der Verletzte bleich, sollte sich dieser auf den Boden setzen, um sich nicht bei einem Sturz von einem Stuhl weitere Verletzungen zuzuziehen.

Sichere Aufbewahrung von Messern

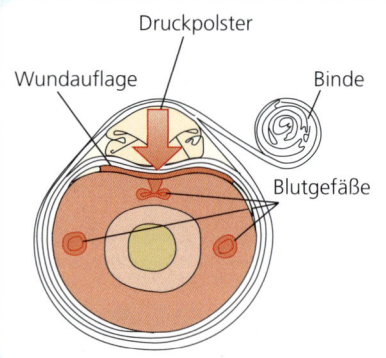

Druckverband

Selbst die kleinste Wunde kann bei unsachgemäßer Behandlung zu einer schmerzhaften Entzündung führen – bis hin zur sogenannten Blutvergiftung (Sepsis) –, zu einem Wundstarrkrampf oder „wild", also mit Wucherungen ausheilenden Wunden.

Offene Wunden nicht auswaschen, sondern immer keimfrei abdecken, damit keine Krankheitserreger in die Wunde gelangen. Vorsicht bei der Verwendung von Desinfektionsmitteln: Diese können Allergien auslösen (Ausnahme Octenisept). Desinfektionsmittel nur vom Verletzten selbst anwenden lassen.

Maßnahmen

- Bei kleineren Schnittverletzungen mit geringer Blutung deckt man die Wunde zunächst mit einem Heftpflaster ab. Ein Gummifinger oder ein Einweghandschuh sorgen dafür, dass Speisen nicht beeinträchtigt werden.
- Größere Wunden mit keimfreiem Verband abdecken, das verletzte Körperteil hochlagern. Die Blutung wird dadurch geringer. Bei stärkerem Blutverlust Druckverband anlegen. Dazu legt man über den keimfreien Verband eine weitere Binde als Druckmittel und verbindet mit geringem Druck.

2.3 Verbrennungen

🇬🇧 accidents caused by fire 🇫🇷 accidents (m) provoqué par incendie

Brandwunden entstehen meist durch heiße Oberflächen (**Verbrennungen**), durch heiße Flüssigkeiten oder durch heißen Dampf (**Verbrühungen**). Jede Verbrennung/Verbrühung ist eine Schädigung der Haut. Je nach Schwere unterscheidet man:

Verbrennungen 1. Grades: Die Haut wird rot
Verbrennungen 2. Grades: Es entstehen Blasen
Verbrennungen 3. Grades: Haut und darunterliegende Gewebe werden stark geschädigt.

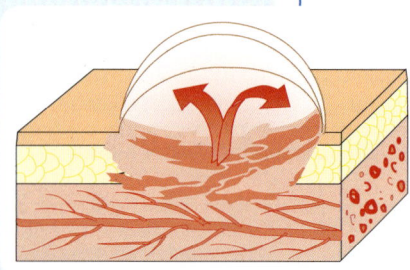

Brandwunde

> Erfrierungen – etwa durch Trockeneis – zeigen ähnliche Symptome wie Verbrennungen und werden ähnlich behandelt.

Erste Maßnahmen

- Bei Verbrennungen den betreffenden Körperteil mit handwarmem Wasser kühlen – und zwar so lange, bis die Schmerzen aufhören, was 15 Minuten dauern kann. Kein Eiswasser verwenden – das kann durch einen erneuten Temperaturschock zu weiteren Schädigungen der Haut führen.
- Bei größeren Verbrennungen (betroffene Fläche > Handfläche) nicht kühlen! Der Verletzte droht auszukühlen. Stattdessen die Wunde abdecken und den Verletzten vor Auskühlung schützen. Sofort den Arzt verständigen.
- Bei Verbrühungen, z. B. durch kochend heiße Flüssigkeit oder Dampf, die Bekleidung aufschneiden und vorsichtig entfernen. Auf keinen Fall die Bekleidung vom Körper reißen, das würde die Haut weiter schädigen.

Weitere Maßnahmen

- Gerötete Hautstellen bei Bedarf weiter kühlen.
- Brandblasen nicht aufstechen, sondern keimfrei abdecken.
- Bei Verbrennungen dritten Grades, z. B. durch Frittierfett, die Wunde ebenfalls keimfrei abdecken und unmittelbar den Arzt aufsuchen.
- Bei größeren Verbrennungsflächen den Verletzten zudecken (Gefahr der Unterkühlung) und ihm schluckweise alkoholfreie Flüssigkeit zu trinken geben, damit die Nieren nicht durch Giftstoffe geschädigt werden. Krankenwagen rufen – den Verletzten nicht selbst ins Krankenhaus transportieren.

● Brandwundsalben, Desinfektionsmittel u. Ä. können allergische Reaktionen auslösen und sollten nur in Absprache mit Arzt oder Apotheker angewendet werden. Wenn vom Verletzten gewünscht, soll dieser die Mittel selbst auftragen.

Hinweise zur Vermeidung von Verbrennungen

Mögliche Ursachen für Verbrennungen / Verbrühungen	Hinweise für sicheres Arbeiten
Heiße Töpfe, Pfannen und Bleche	Stiele von Töpfen und Pfannen immer weg von den Laufflächen drehen, damit man im Vorbeigehen nichts herunterreißt und sich nicht verbrennt.
	Heiße Gegenstände immer mit trockenen Touchants anfassen: Feuchtigkeit könnte bei Kontakt verdampfen und die Hände verbrennen.
	Heiße Griffe, Töpfe und Bleche Kollegen immer kenntlich machen, um versehentliches Anfassen zu vermeiden.
Heiße Gargeräte wie Heißluftdämpfer	Beim Arbeiten an einem heißen Ofen oder an der Kippbratpfanne immer die Jackenärmel heruntergeklappt tragen, um Verbrennungen an den Armen zu vermeiden.
Umfüllen von heißen Flüssigkeiten	Heiße Flüssigkeiten wie Brühen immer vom Körper weg umschütten. Achtung: Heiße Flüssigkeiten lassen die Brille leicht beschlagen!
Öffnen von Heißluftdämpfern	Immer erst den Dampf entweichen lassen vor dem vollständigen Öffnen der Tür. Moderne Geräte haben eine entsprechende Verriegelung.
Herausnehmen von Blechen aus dem Kombidämpfer	Aus Blechen und GN-Behältern können heiße Flüssigkeiten herausschwappen. Niemals Einsätze entnehmen, in die man nicht hineinblicken kann. An Heißluftdämpfern ist in 1,60 m Höhe ein Warnhinweis anzubringen.
Tragen von heißen Flüssigkeiten wie Suppe	Beim Tragen und Transportieren von heißen Suppen u. Ä. immer darauf achten, dass nichts herausschwappen kann. Wenn möglich Transportwagen verwenden.
Heißes Fett (Pfanne/Fritteuse)	Wasser darf nicht in heißes Fett gelangen: Niemals Gefäße mit Wasser (Wischeimer, Löffel-Beins, …) neben die Fritteuse oder die Kippbratpfanne stellen!
	Heißes Fett muss in einem Arbeitsdurchgang abgelassen werden und zwar ausschließlich in sichere, zugelassene Tragebehälter – GN-Behälter oder Eimer eignen sich hierfür nicht!
	Brennendes Fett niemals mit Wasser löschen! Das Wasser würde unter das brennende Fett sinken, sich stark erhitzen und beim Verdampfen die brennenden Fettteilchen mitreißen.

Küche

SICHERES UND GESUNDES ARBEITEN

Brandfaktoren

Löschen mit dem Feuerlöscher

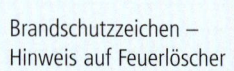

Brandschutzzeichen – Hinweis auf Feuerlöscher

Feuerschutz

Wenn ein Brand entsteht, wirken zusammen: brennbarer Stoff, Sauerstoff, Entzündungstemperatur.

Soll ein Brand gelöscht werden, muss mindestens einer dieser Faktoren ausgeschaltet werden. Wasser senkt die Brandtemperatur unter die Entzündungstemperatur, Feuerlöscher entziehen den Sauerstoff.

- Feste, brennende Stoffe wie Holz, Stoff, Pappe oder Papier können mit Wasser gelöscht werden.
- Öl, Fett, Benzin u. a. Flüssigkeiten dürfen nicht mit Wasser gelöscht werden! Diese flüssigen Stoffe würden bei Wassereinwirkung verpuffen und den Brandherd vergrößern.
  Zur Bekämpfung von brennendem Fett wird ein CO_2-Löscher verwendet. Löschdecken werden nicht länger eingesetzt, da sie in der Anwendung zu unsicher sind und zu Verletzungen bei der löschenden Person führen können. Kleinere Fettbrände, etwa eine brennende Pfanne, lassen sich auch durch Auflegen eines Deckels ersticken.
- Bei brennenden Maschinen wird ebenfalls mit dem Feuerlöscher gearbeitet, nicht mit Wasser (Gefahr eines Stromschlages).

Grundsätzlich wird die Brandstelle von unten her bekämpft. Das verhindert den Sauerstoffzutritt und erstickt die Flamme.

Bei der Anschaffung von Feuerlöschern ist eine Beratung durch Fachleute erforderlich, damit die für den Einsatzzweck besten Löschmittel gewählt werden.

Feuerlöscher müssen immer frei zugänglich sein. In regelmäßigen Abständen sind sie von Fachleuten zu prüfen oder zu ersetzen. In den einzelnen Bundesländern gibt es jeweils Regelungen zu Rauchmeldern in Gewerberäumen.

Hinweise zur Vermeidung von Fritteusenbränden

- Die Füllstandsmarkierungen in der Fritteuse sind unbedingt einzuhalten, um ein Überhitzen von Fett oder Heizstäben zu verhindern.
- Das Frittierfett regelmäßig reinigen und erneuern. Verbrauchtes Frittierfett kann sich auch bei Betriebstemperatur entzünden.
- Fritteusenbrände sind mit einem speziellen Fettbrandlöscher (Brandklasse F) zu löschen, niemals mit Wasser und auch nicht mit einer Löschdecke. Brennende Pfannen nie in eine Spüle legen, sondern nur abdecken (Deckel oder Blech).
- Für die Arbeit mit Fritteusen hat der Arbeitgeber eine schriftliche Arbeitsanweisung auszuhängen.

2.4 Sturzverletzungen

🇬🇧 injuries caused by falling 🇫🇷 blessures (w) provoqué par chute

Jeder dritte angezeigte Unfall im Gastgewerbe geht auf Stolpern, Rutschen und Stürzen zurück. Folgen von Stürzen sind häufig Prellungen oder sogar Brüche.

142

Maßnahmen

Den Verletzten auf den Boden setzen und beengende Kleidung wie Schuhe sowie Schmuck am betreffenden Körperteil zügig ablegen. Im Falle einer Schwellung lassen sich diese sonst nur noch schwer entfernen. Betroffenes Körperteil ruhigstellen, z. B. durch eine angelegte, zusammengerollte Decke. Die Wunde zur Verminderung einer Schwellung kühlen (z. B. mit einem Kühlpad in einem Tuch). Je nach Schwere der Verletzung den Rettungsdienst anrufen oder einen Krankentransport veranlassen.

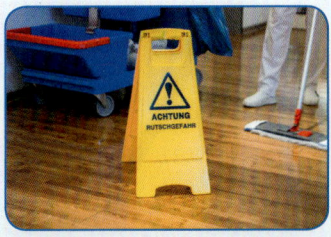
Warnung vor einer Stolperstelle

Hinweise zur Vermeidung von Sturzunfällen

Mögliche Ursachen für Stürze	Hinweise für sicheres Arbeiten
Fett auf dem Boden	Fettspritzer und Flüssigkeiten sofort gründlich vom Boden entfernen und die Gefahrenstelle absperren.
Fußboden im Tiefkühlraum	Vor dem Betreten des Gefrierraumes (Froster) Schuhsohlen trocken abstreifen: An feuchten Schuhsohlen kann sich im Froster eine rutschfördernde Eisschicht bilden.
Leitern und Tritte	Zum Hochsteigen nur Leitern und Tritte verwenden, die auf Sicherheit geprüft sind – niemals Kisten oder Ähnliches.
Stolperstellen durch offene Türen und Schubladen vermeiden	Laufwege immer freihalten.
Mangelhaftes Schuhwerk	Nur geprüfte/zertifizierte Arbeitsschuhe tragen, die mindestens • vorn geschlossen sind, • einen Fersenhalt haben (Fersenriemen bei Clogs), • eine rutschhemmende Sohle und Absätze haben, • ein Fußbett besitzen, das Ermüdungen vorbeugt.

2.5 Geräte und Maschinen

 machines machines (w)

Maschinen dürfen nur benutzt werden, wenn sie den jeweiligen Sicherheitsvorschriften entsprechen. Hierzu geben die Berufsgenossenschaften passende **Arbeitssicherheitsinformationen** heraus, in denen auch Hinweise zum sicheren Umgang mit den Maschinen beschrieben sind. Neben diesen müssen auch alle Bedienungsanleitungen für verwendete Maschinen vom Mitarbeiter einzusehen sein.

Siegel des VDE   CE-Zeichen

Zur Orientierung, ob Geräte und Maschinen sicher sind, dienen Kennzeichnungen durch Herstellung und Prüfsiegel der Berufsgenossenschaft: Das **VDE**-Zeichen kennzeichnet Geräte, die durch den Verband deutscher Elektrotechniker auf ihre Sicherheit getestet wurden. Das **GS**-Zeichen steht für „geprüfte Sicherheit" und ist ein auf dem Geräte- und Produktsicherheitsgesetz basierendes Zeichen. Es wird von einer GS-Stelle zuerkannt. Mit dem Zeichen muss außerdem das Prüfinstitut genannt werden, welches das Prüfzeichen vergeben hat. Geräte, die den Mindest-Sicherheitsanforderungen EU-weit entsprechen, werden mit dem **CE**-Zeichen gekennzeichnet.

GS-Siegel für geprüfte Sicherheit

Geräte und Maschinen müssen regelmäßig von Fachleuten auf ihre Sicherheit hin überprüft werden.

Küche — SICHERES UND GESUNDES ARBEITEN

2.6 Stromunfälle
🇬🇧 electric shock 🇫🇷 choc (m) electrique

Warnung vor gefährlicher elektrischer Spannung

In der Gewerbeküche werden zahlreiche elektrische Geräte betrieben, die mindestens mit einer Netzspannung von 230 V arbeiten. Bereits Spannungen über 50 V können aber zum Tod führen, wenn sie durch den menschlichen Körper fließen! Um dies zu verhindern, sind Stromkabel mit einem Schutzleiter vorgeschrieben. Über diesen grün-gelben **Schutzleiter** wird Strom abgeführt und kann so nicht durch den menschlichen Körper fließen. Auch sind in der Elektroinstallation Fehlerstromschalter (FI-Schalter) vorgeschrieben. Elektrische Anlagen und Geräte müssen regelmäßig durch Fachleute überprüft werden.

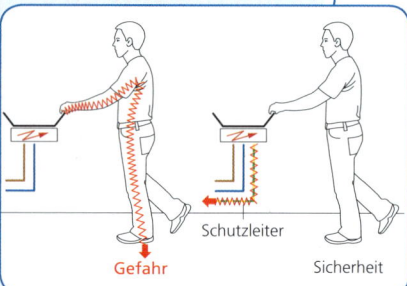
Wirkung des Schutzleiters

Sind Geräte bereits so konstruiert, dass kein Strom über das Gehäuse auf den Menschen übergehen kann, dürfen Stecker ohne Schutzkontakt (Eurostecker) verwendet werden. Bei Geräten, deren Gehäuse nicht so gut isoliert ist oder die mit höherer Stromstärke arbeiten, sind Stecker mit Schutzkontakt (Schuko-Stecker bzw. Konturenstecker) vorgeschrieben.

- Verlängerungskabel oder Stecker ohne Schutzleiter setzen die Schutzwirkung außer Kraft und dürfen nicht in Gewerbebetrieben eingesetzt werden.
- Vor dem Reinigen von Geräten immer den Netzstecker ziehen.
- Elektrogeräte nie mit feuchten Händen anfassen. Gelangt Feuchtigkeit zum stromführenden Draht, kommt es zum Stromschlag. Ein intaktes Stromkabel und ein unbeschädigtes Gerätegehäuse isolieren weitgehend gegen elektrischen Strom.
- Kabel mit defekter Zuleitung dürfen nicht mehr verwendet werden, bis sie von Fachpersonal repariert wurden. Gleiches gilt für Geräte, die einen Schaden aufgrund von eindringender Feuchtigkeit haben (z. B. Pürierstab, der in einen Topf gefallen ist).

Not-Aus-Schalter

Maßnahmen bei Stromunfällen

- Auf Selbstschutz achten: Niemals den Verletzten unüberlegt anfassen, da ein elektrischer Schlag droht.
- Sollte der Schutzschalter oder FI-Schutz nicht ausgelöst haben, Stromzufuhr unterbrechen: Not-Aus-Schalter drücken! Notfalls Netzstecker ziehen – darauf achten, dass das Kabel intakt ist!
- Lässt sich der Stromfluss nicht unterbrechen, den Verletzten mit nicht leitenden, trockenen Gegenständen, z. B. Besenstiel oder trockenes Tuch, aus dem Stromkreis retten. Dabei auf Bodenisolierung (siehe Abb.) achten, z. B. Karton, trockene Küchentücher, Kunststoffbrett.
- Den Verletzten flach lagern: ist er bewusstlos, in Seitenlage bringen. Wenn er wieder bei Bewusstsein ist, Wasser zu trinken geben. Ist keine Atmung zu messen, den Rettungsdienst alarmieren und mit Wiederbelebung beginnen. Den Verletzten auf jeden Fall zu einem Arzt bringen, auch wenn keine Gefährdung erkennbar ist. Der Stromfluss durch den Körper kann zu Herzstörungen führen.

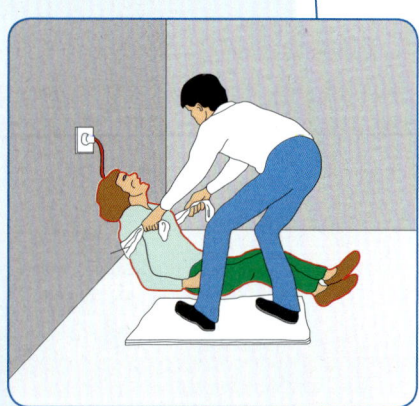
Rettung bei Stromunfall

2.7 Verätzungen und Vergiftungen

🇬🇧 chemical burns and toxications
🇫🇷 brûlure (f) par acide et empoissonements (m)

Verätzungen und Vergiftungen werden häufig durch gewerbliche Reinigungsmittel hervorrufen. Diese wirken stärker als Haushaltsmittel, können aber auch deutlich stärker schädigen. Gefährdet sind neben der Haut auch die Schleimhäute, Augen und die Atemwege. Neben akuten Verletzungen führen gerade gewerbliche Reinigungsmittel bei unsachgemäßer Anwendung zu schleichenden Erkrankungen, die eine Berufsunfähigkeit zur Folge haben können. Der Arbeitnehmer ist verpflichtet, die Begleitblätter zu Reinigungs- und Desinfektionsmitteln aufzubewahren.

> Schützen Sie Ihre Haut und Ihre Atemwege! Arbeiten Sie nur mit der vorgeschriebenen Schutzkleidung und nach vorheriger Einweisung in Geräte und Mittel. Andernfalls dürfen Sie die Arbeit verweigern, um sich selbst zu schützen.

Maßnahmen bei Verätzungen und Vergiftungen

- Verätzte Hautstellen gründlich mit Wasser spülen. Danach den Abschnitt keimfrei verbinden. Bei inneren Verätzungen dem Verletzten zu trinken geben – kein Erbrechen hervorrufen, da sonst eine erneute Verätzung beim Erbrechen stattfinden würde.
- Bei Verätzungen immer den Arzt aufsuchen. Verursachende Substanz mit Originalverpackung mit zum Arzt nehmen.
- Bei Vergiftungen durch Gase wie CO_2 den Verletzten flach hinlegen, Atmung und Bewusstsein kontrollieren und den Rettungsdienst rufen.

Gefahr – ätzend

Schutzbrille tragen

3 Erkrankungen

3.1 Hauterkrankungen 🇬🇧 skin disease 🇫🇷 maladie (w) de peau

9 von 10 angezeigten Berufskrankheiten sind Hauterkrankungen. Ursachen hierfür sind oft Arbeiten mit Wasser und Reinigungsmitteln, aber auch Kontaktallergien, etwa auf Fischeiweiß. Aus hygienischen Gründen können Hauterkrankungen zur dauerhaften Berufsunfähigkeit für die Arbeit im Gastgewerbe führen.

Gesunde Haut ist eine Barriere, die u. a. vor Krankheitserregern und chemischen Stoffen schützt. Häufiges Händewaschen und ungeschützter Umgang mit hautbelastenden Stoffen wie aggressiven Reinigungsmitteln können die Haut jedoch schädigen. Auch häufige Handdesinfektion sowie langes Tragen von Schutzhandschuhen, in denen sich Schweiß bildet, schädigen die Haut. Es kommt zur Austrocknung, zu Rötungen der Haut und juckenden, rissigen Stellen in der Haut.

> Eine Berufskrankheit ist eine meist chronische Erkrankung, die durch berufliche Tätigkeiten hervorgerufen wird und von der zuständigen Berufsgenossenschaft anerkannt worden ist.

Hinweise zum Hautschutz

- Hautschutzcremes können die Heilung der Haut unterstützen. Diese sollen unparfümiert und auf die Belastung abgestimmt sein.
- Hände nicht unnötig desinfizieren.
- Schutzhandschuhe nur kurz verwenden und solche Handschuhe nutzen, in denen die Hände wenig schwitzen. Alternativ: Baumwollhandschuhe unter den Gummihandschuhen tragen.
- Arbeitgeber sollten parallel zum Hygieneplan einen Hautschutzplan erstellen.

Handschuhe benutzen

Küche

SICHERES UND GESUNDES ARBEITEN

> Für die Wirbelkörper des Rückens gibt es keinen künstlichen Ersatz – diese eine Wirbelsäule muss ein Leben lang „halten".

3.2 Rückenerkrankungen

🇬🇧 dorsal injuries 🇫🇷 blessures (w) de dos

Das Tragen von Tellerstapeln, Bücken beim Verräumen von Ware, Schieben von Servierwagen, ständiges Stehen auf harten Böden – das alles sind Belastungen für die Wirbelsäule, die Gelenke sowie Muskeln und Sehnen. Ob solche Arbeiten zur Erkrankung führen, hängt entscheidend von der Haltung bei der Arbeit ab: Die Wirbelsäule hält den Körper zusammen mit Muskeln und Sehnen aufrecht. Sie ist aufgebaut aus Wirbelkörpern in einer geschwungenen Doppel-S-Form. Zwischen den Wirbeln wirken die Bandscheiben als Stoßdämpfer. Zur Regeneration brauchen die Bandscheiben Ruhephasen. Wird die Wirbelsäule nicht entsprechend ihrer Form bewegt, können Muskelverspannungen, Blockaden und auch ein Bandscheibenvorfall die Folge sein.

Folgen falschen Hebens und Tragens machen sich oft erst nach Jahren bemerkbar! Viele kleine aber falsch getragene Lasten summieren sich im Laufe der Zeit zu beachtlichen Belastungen.

Tipps für rückengerechtes Arbeiten

- Stehen Sie aufrecht: Schultern zur Seite gerichtet, das Brustbein nach oben gerichtet, die Hüfte leicht nach vorn geneigt.
- Verteilen Sie Ihr Körpergewicht immer gleichmäßig auf beide Beine (Beine hüftbreit auseinander). Lehnen Sie sich wenn möglich an und drücken Sie die Knie beim Stehen nicht durch. Tragen Sie entlastende Berufsschuhe.
- Verdrehen Sie Ihre Wirbelsäule nicht beim Heben oder Ziehen von Lasten und vermeiden Sie auch beim Schieben ruckartige Bewegungen. Drehen Sie niemals gleichzeitig den Rücken, während Sie Ihren Rumpf beugen!
- Verteilen Sie schwere Lasten auf beide Arme, besser nutzen Sie Transporthilfen. Achten Sie beim Tragen auf freie Sicht! Tragen Sie sperrige und unhandliche Lasten zu zweit.
- Heben Sie Lasten immer langsam und mit angewinkelten Knien (Winkel > 90°), Beine hüftbreit gestellt, beim Heben ausatmen. Halten Sie Lasten dabei nah an der Körperachse. Auch beim Absetzen einer Last in die Hocke gehen und den Rücken aufrecht halten.
- Trainieren Sie Ihren Rücken durch Sport und nutzen Sie Angebote zur Rückenschule.
- Richten Sie Ihren Arbeitsplatz ergonomisch ein (ergonomisch = unter Beachtung der Leistungsfähigkeit des Menschen und seiner Bedürfnisse):
  - Achten Sie auf eine korrekte Arbeitshöhe: Die Arbeitsfläche sollte etwa 15 cm unterhalb der angewinkelten Ellenbogen liegen. Nutzen Sie wenn nötig eine Schneidbretterhöhung.
  - Die vor Ihnen liegende Arbeitsfläche sollte ausreichend beleuchtet sein, wenn möglich auch mit Tageslicht.
  - Rechtshänder arbeiten von links (z. B. zu schneidendes Gemüse) nach rechts (geschnittenes Gemüse). Ordnen Sie Ihre Arbeitsmittel wie Messer und Schneidgut so an, dass Sie diese gut greifen können.

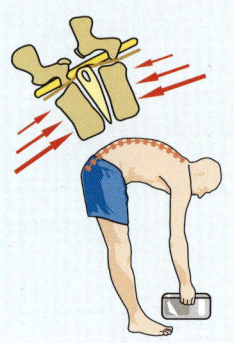
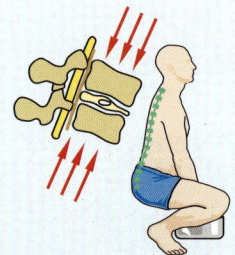

Falsches und richtiges Heben

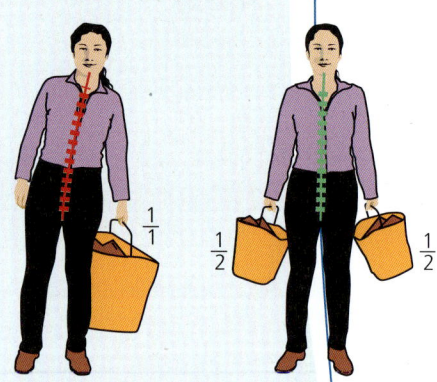

Falsches und richtiges Tragen

Richtiges Stehen am Arbeitsplatz

Küchenausstattung

1 Arbeitsmittel

🇬🇧 equipment identification 🇫🇷 outils (m) de travail

Das wichtigste Werkzeug in der Küche ist das Messer. Je nach Einsatzgebiet gibt es spezielle Messer, die sich hauptsächlich in Größe, Form und Beschaffenheit der Klinge unterscheiden. Für alle Arten gilt:

- **Ein Messer muss gut in der Hand liegen**. Dabei ist das Verhältnis von Griff zu Klinge wichtig. Zum einen sollen Griff und Klinge im gleichen Gewichtsverhältnis (austariert) liegen. Zum anderen kommt es auf das richtige Gesamtgewicht an. Zu leicht, liegt es nicht gut in der Hand, zu schwer, führt es schnell zur Ermüdung beim Schneiden.
- Der richtige **Messergriff** schützt vor Unfällen. Eine raue Oberfläche gewährleistet einen sicheren Griff. Der Fingerschutz ist besonders wichtig, denn er verhindert das Abgleiten der Hand in die Schneide.
- **Die Klinge muss federnd und zugleich hart sein**. Dann ist sie belastbar und zugleich schnitthaltig. Von Schnitthaltigkeit oder Standfestigkeit spricht man, wenn die Schneide die Schärfe lange hält.
- Messer und Arbeitsbretter sind auch mit **farbigen Griffen** erhältlich. Verschiedene Farben ermöglichen einen Einsatz bei gleicher Produktgruppe: z. B. gelb = nur für Geflügel oder grün = nur Gemüse.

> Unfälle mit Messern kommen in der Küche sehr häufig vor.

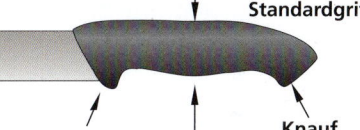

Oberflächenrauigkeit gewährleistet sicheren Griff

Standardgriff

Fingerschutz verhindert Abgleiten auf Schneide

Messergriff oder Heft die Größe muss zur Handgröße des Nutzers passen

Knauf gewährleistet sichere Handhabung

1.1 Grundausstattung

Wetzstahl/Abziehstahl – Abziehen und Auf-Schnitt-Halten der Messer

Küchen-/Fleischgabel – Ausstechen und Entnehmen von Fleisch sowie zum Wenden großer Braten. Einstechen in Lebensmittel sollte aber vermieden werden (besonders bei Kurzgebratenem und weichen Rohstoffen wie Fisch). Die Folgen wären Saftverlust und sichtbare Einstiche.

Küchenmesser, groß – Schneiden und Teilen von großem Gemüse wie z. B. Kohl, von großen Fleischteilen, z. B. Kalbsbrust, und von Fischen, z. B. Heilbutt.

Küchenmesser, mittelgroß – Schneiden von Kartoffeln, Gemüse, Obst, Fleisch und Fisch.

Gemüsemesser/Officemesser – Putzen, Zuschneiden und In-Form-Bringen von Gemüse, Pilzen, Obst und Salaten.

Tourniermesser – Kartoffel-, Gemüse- oder Fruchtteile durch glatte, durchgängige Schnitte in eine gleichmäßige Form bringen.

Buntschneidemesser – Gegarte und auch rohe Gemüse wie rote Rüben, Sellerie, Möhren, Gurken oder Kürbis werden durch Schneiden/Drücken in Scheiben mit einer geriffelten Oberfläche versehen. Dies ergibt eine formschöne neue Oberfläche.

Küche

KÜCHENAUSSTATTUNG

1.2 Erweiterungen

Vorwiegend für Gemüse

Gemüse- und Kartoffelhobel (Mandoline) – Schneiden von Gemüse und Kartoffeln. Stärke beliebig einstellbar. Klingen mit unterschiedlichen Schneiden ermöglichen Scheiben mit glatten oder gefurchten Flächen (Waffelkartoffeln).

Spiralbohrer – Durch Eindrehen in Kartoffeln oder feste Gemüse erhält man eine Spirale, die gedünstet, gekocht, gebraten oder frittiert als Beilage genutzt werden kann.

Sparschäler – Sparschäler dienen dem gleichmäßigen dünnen Schälen von verschiedenen Gemüsen und Früchten.

Es gibt Schäler, die sich für längliche Lebensmittel besser eignen (Abb. links) und Schäler, die universell einsetzbar sind (Abb. rechts).

Ausbohrer / Ausstecher
Ausbohren kugeliger oder olivenartiger Formen aus Kartoffeln, Gemüsen und Früchten. Entfernen von Kerngehäusen. Aushöhlen von Gemüsen oder Früchten.

- Kugelausstecher – ca. 20 mm–30 mm Durchmesser, z. B. für die Garnitur Doria, Pariser oder Nusskartoffeln, ausgestochenes Obst für Salat
- Perlenausstecher – ca. 10 mm–12 mm Durchmesser, für Suppeneinlagen, Obstgarnierungen oder als Einlage für Gelees und Sülzen
- Olivenausstecher – ca. 30 mm–18 mm, für das olivenförmige Ausstechen von Obst, Gemüse oder Kartoffeln

Vorwiegend für Fleisch

Ausbeinmesser
Abziehen von Häuten, Zerlegen von Fleisch, Ausbeinen

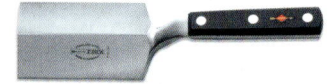

Plattiereisen
Plattieren von rohem Fleisch, wodurch Bindegewebe zerreißt; beim Erhitzen zieht sich Fleisch weniger zusammen, es bleibt saftiger.

Hackbeil
Ausschlagen von Kotelettsträngen, Abschlagen von Knochen und Rippenteilen, Zerkleinern von Knochen, Schutzbrille tragen

Knochensäge
Durchsägen starker Knochen, z. B. Haxen, Rückgrat- und Schlussknochen

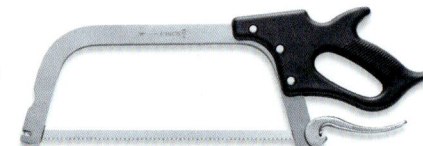

Die englischen und französischen Fachbegriffe zu wichtigen Arbeitsmitteln auf unseren Webseiten

1 Arbeitsmittel

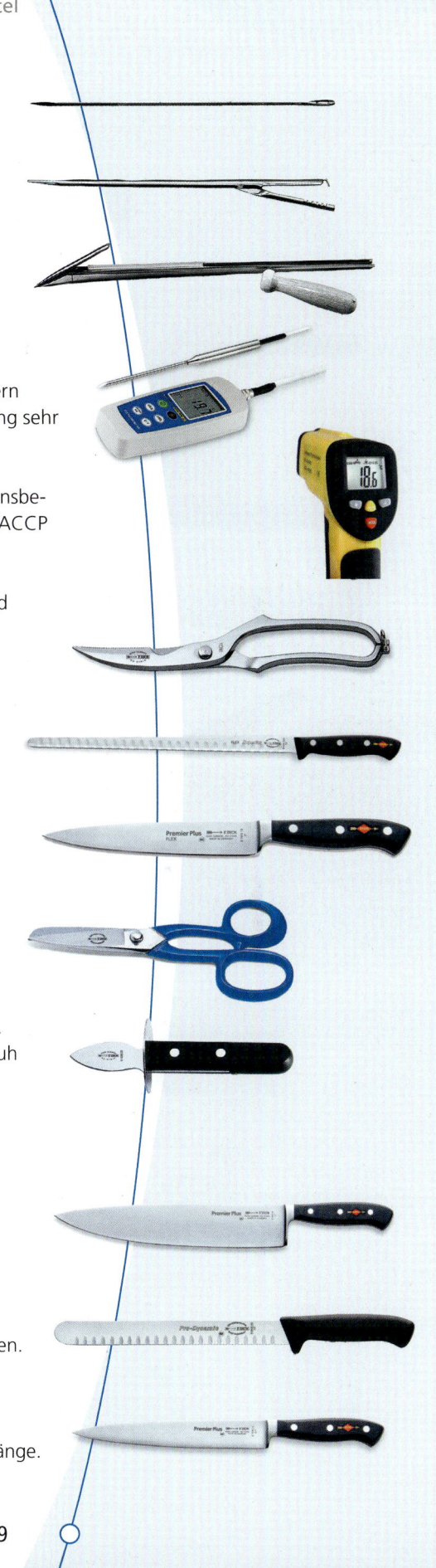

Bindenadel/Dressiernadel/Bridiernadel
Formgeben bei rohem Geflügel durch Zusammenbinden (Bridieren)

Spicknadel
Einziehen feiner Speckstreifen in Wild- und Schlachtfleisch

Spickrohr/Lardoir
Einbringen von dicken Speckstreifen in große Schmorfleischstücke (Lardieren)

Thermometer
- **Kernthermometer**: zur Ermittlung der genauen Temperatur im Kern eines Produkts. Besonders bei Lebensmitteln, bei denen eine Prüfung sehr schwer ist, z. B. Pasteten, große Braten

- **Infrarotthermometer**: zur Messung der Oberflächentemperatur. Insbesondere beim Wareneingang, um die Kühlkette sicherzustellen – HACCP

Geflügelschere
Für die optimale Kraftübertragung beim Portionieren von Geflügel und Geflügelteilen (auch zum Durchtrennen von Knochen).

Vorwiegend für Fisch und Schalentiere

Lachsmesser – Besitzt eine lange (ca. 29 cm) und sehr dünne, flexible Klinge, die es ermöglicht, Lachs in hauchdünne Scheiben aufzuschneiden – Räucher- und marinierter Lachs.

Filetiermesser – Besitzt eine lange (ca. 16 cm), schlanke und sehr flexible Klinge. Mit ihr lassen sich Fisch und Fleisch sauber filetieren.

Flossenschere – Zum Stutzen oder Entfernen von Flossen – z. B. bei Plattfischen oder barschartigen Fischen.

Austernöffner/Austernbrecher – Stabile, kurze Klinge zum Öffnen von Austern und Muscheln. Ausführungen mit und ohne Handschutz. Als zusätzlicher Arbeitsschutz empfiehlt sich ein Nylon-Stahl-Handschuh für die Hand, die die Auster hält.

Vorwiegend in der kalten Küche

Koch-/Schlagmesser
Durchtrennen größeren Geflügels. Abschlagen von Rückenteilen. Aufschlagen gekochter Hummer und Langusten. Hacken beliebigen Materials; Schutzbrille tragen.

Kullenmesser/Spezialmesser
Portionieren von zartem Schneidgut, z. B. Galantinen, Terrinen, Pasteten.

Tranchiermesser
Schneiden von Braten, Fleisch- und Wurstwaren. Das Messer hat eine schmale, lange und spitz zulaufende Klinge von 15 bis 30 cm Klingenlänge.

Küche

KÜCHENAUSSTATTUNG

Käsemesser
Zum Schneiden und Brechen der verschiedenen Käsesorten/Käsearten

Käsemesser

Weichkäsemesser

Hartkäsemesser

Hartkäsebrecher

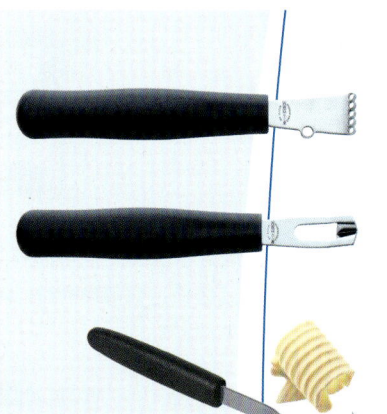

Zestenreißer (Juliennereißer)
Abschneiden, Abreißen von feinen Zesten der äußeren Schale von unbehandelten Zitrusfrüchten (Zesten = abgerissene Schalenstreifen).

Kanneliermesser
Zum leichteren Schälen von Zitrusfrüchten sowie zum Verzieren von Gemüse und Früchten durch Einschneiden gestreckter Rillen (Riefelung/Kannelierung).

Butterformer
Geeignet zum dekorativen Portionieren von Butter, aber auch als Hilfsmittel zum Aushöhlen/Entkernen von Gemüse wie Gurken oder Tomaten.

Spachtel
Abkratzen und Putzen von Bratplatten, Backblechen und Arbeitsflächen.

Palette
Auf- und Glattstreichen von Füllungen. Absetzen und Anrichten von Gebäckstücken.

Spachtel, Paletten und Winkelpaletten eignen sich in der warmen Küche zum Wenden von Fleisch und Fisch oder zum sauberen Absetzen auf Tellern beim Anrichten von Speisen.

Winkelpalette
länglich, wird verwendet, wenn z. B. auf einem Backblech Biskuitmasse gleichmäßig dünn ausgestrichen werden soll; in kurzer breiter Form: ähnlich wie Spachtel zum Umsetzen von Speisen

Sonstiges

Anrichtehilfen – Ringe mit Stempel
Zum sauberen Aufsetzen/Anrichten auf Geschirr und Platten von Reis, Gemüsepüree, Salat, usw.
Zum Einsetzen von Dessertstücken, Creme oder Mousse mit Ornamenten, Frucht- oder Gemüsesülzen.

Brioche-, Savarin-, Kokotten- und Timbalform
Zum Backen von Brioche oder Savarin, Karamellpudding, aber auch für Soufflé, Farcen oder kalte Vorspeisen.

1 Arbeitsmittel

Pasteten-, Terrinen- und Eisbombenform
Zur Verwendung bei der Herstellung von Pasteten, Terrinen und Eistorten, aber auch für Charlotten oder Tiramisu.

 Arbeitsmittel für die Küchenkonditorei auf unseren Webseiten

 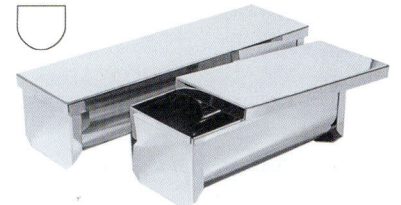 

1.3 Pflege von Messern

Für den laufenden Gebrauch wird das Messer durch **Abziehen am Stahl** auf Schnitt gehalten. Dabei muss es unbedingt im richtigen Winkel zum Stahl geführt werden.

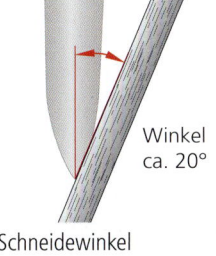

Schneidewinkel wird beibehalten — Winkel ca. 20°

Messer wird rasch stumpf — Winkel zu groß

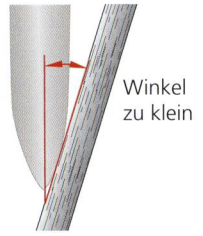

Abziehen ohne Wirkung — Winkel zu klein

- Der Stahl ist dazu da, Schärfe zu erhalten bzw. das Stumpfwerden hinauszuzögern.

Bei einem Schneidewinkel von 20° schneidet das Messer am besten.

Ist der Winkel beim Abziehen zu groß, wird das Messer nach kurzer Zeit stumpf.

Wird der Winkel zwischen Stahl und Messer zu klein/spitz gewählt, ist das Abziehen ohne Wirkung. Das Messer wird nicht geschärft.

Abziehen am Wetzstahl

Das Messer mit der Klinge nahe am Schaft ansetzen. Die Klinge zeigt zur Stahlspitze. Das Messer mit gleichmäßigen Bewegungen vom Schaft zur Stahlspitze ziehen. Die gleiche Bewegung auf der anderen Seite des Stahls wiederholen. (Skizze 2 auf nächster Seite) Die Geschwindigkeit spielt für das Ergebnis keine Rolle, der richtige Anpressdruck ist ausschlaggebend.

Das gleiche Ergebnis erzielt man in umgekehrter Abfolge, siehe Skizze 1. Effektiv sind beide Varianten gleichermaßen.

Sollte man sich bei beiden Varianten nicht sicher fühlen, so ist die einfachste Art mit einem Wetzstahl zu arbeiten folgende: Den Wetzstahl mit der Spitze senkrecht auf eine ebene Unterlage stellen, z. B. ein Schneidbrett, und mit der Messerschneide in Richtung Stahlspitze ziehen.

- **Wichtiger als die Geschwindigkeit sind der Anpressdruck und der Winkel.**
  Europäische Messer im Winkel von 20°.
  Messer asiatischer Herstellung im Winkel von nur 9°.

- **Wichtig:** Beide Messerseiten **abwechselnd** (einmal links, einmal rechts) mit dem nötigen Anpressdruck über den Stahl ziehen. Würde man mehrmals die gleiche Seite bearbeiten, bliebe ein Grat an der Schneide.

Form vor dem Nachschleifen

Nachgeschliffene Form

Nachgeschliffen

Küche

KÜCHENAUSSTATTUNG

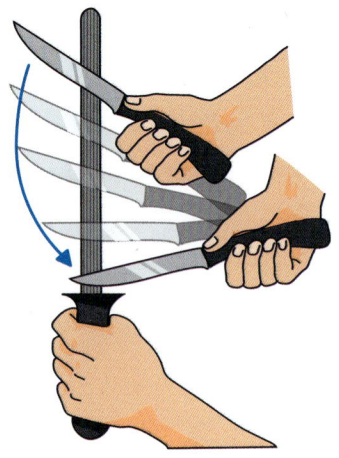

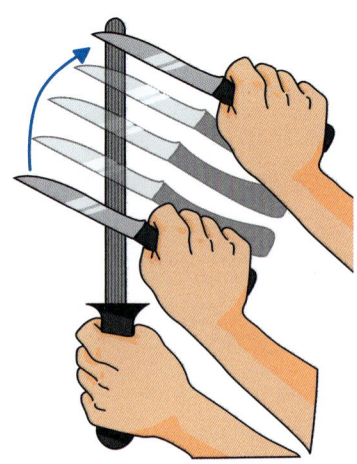

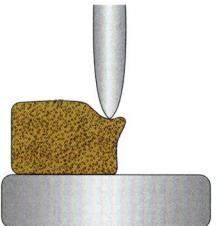

Zu steil geschliffen
Die Schärfe hält nur kurze Zeit. Beim Schneiden ist viel Kraft erforderlich.

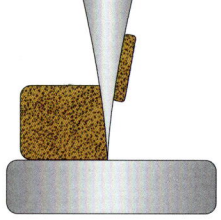

Hohl geschliffen
Das Profil ist ausgeschliffen, die Klinge wird schnell verbraucht. Das Schneidgut fällt nicht gut von der Klinge.

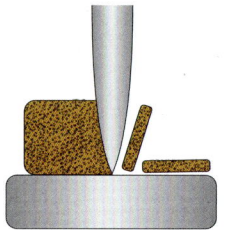

Richtig geschliffen
Der Klingenquerschnitt ist leicht bauchig und drückt darum das Schneidgut von der Klinge.

Bevor mit dem Schleifen in zwei Körnungen begonnen werden kann, müssen die Steine für den Haupt- und Feinschliff eingeweicht werden.

Als Schneidunterlagen nur Kunststoffbretter verwenden. Bretter aus Glas, Marmor oder Granit schaden den Messerklingen. Obwohl die meisten Messer spülmaschinengeeignet sind, ist wegen aggressiver Reinigungsmittel und zu hoher Temperaturen davon abzuraten. Ein höherer Verschleiß ist unvermeidlich. Außerdem ist eine Beschädigung der feinen Klingen durch andere Geschirrteile immer gegeben!

Messerschleifen auf einem Stein

1. Vorschliff – grob
Dieser Schliff ist nur dann notwendig, wenn das Messer stark verschlissen ist und/oder sogar Ausbrüche an den Schneidkanten hat. Hier eignet sich ein Stein mit 200er Körnung.

2. Hauptschliff
Hier werden Riefen und Schleifspuren vom Vorschliff entfernt. Es eignet sich ein Stein mit 1000er Körnung (japanischer Stein) oder ein europäischer Stein mit 400er Körnung.

3. Feinschliff
Es wird ein Stein mit 6000er Körnung verwendet. Er erzeugt einen guten Schliff für sehr feine Schnitte oder zum Schnitzen.

4. Grat reduzieren
Beim Schärfen entsteht ein Grat. Dieser muss durch einseitiges Schleifen in Schnittrichtung entfernt werden. Hier wird der zuletzt verwendete Stein verwendet.

5. Grat entfernen
Das Messer wird mit einem Lederriemen und Polierpaste abgezogen.

2 Kochgeschirr und Zubehör

 cooking ware / cooking utensils   baterie (w) de cuisine

Die in der Küche verwendeten Geschirre und Behältnisse müssen
- in lebensmittelrechtlicher Hinsicht einwandfrei sein,
- den Belastungen des Küchenalltags standhalten,
- problemlos zu reinigen sein.

 Die englischen und französischen Fachbegriffe zu wichtigen Arbeitsmitteln auf unseren Webseiten

Geschirrarten – Kochgeschirr

Bratentopf – casserole / braising pan / rondeau

Fleischtopf – deep casserole / marmite basse

Kochtopf – stock pot / marmite haute

Stielkasserolle, hoch – sauce pan / casserole
Kochen von Brühen, Saucen oder Gemüse

Stielkasserolle, flach – sautè pan / sautoir – z. B zum Poelieren

Schwenkkasserolle / Sauteuse

Wok

Stielbratpfanne – poêle lyonnaise

Stielbratpfanne aus Edelstahl mit Beschichtung

Stielbratpfanne aus geschmiedetem Eisen

Fischpfanne, oval

Grillpfanne, rund

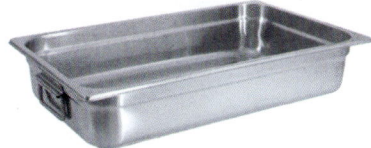

Bratpfanne, Gastro-Norm / Rôtissoire

Schmorpfanne / Braisière

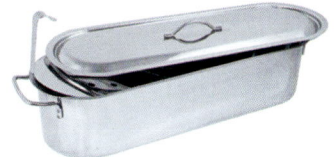

Fischkochkessel mit Einsatz / Poissonnière

Küche

KÜCHENAUSSTATTUNG

Als Kasserolle werden nur Töpfe mit einem maximalen Fassungsvermögen von 10 l bezeichnet

Der Unterschied zwischen Sautoir und Sauteuse:

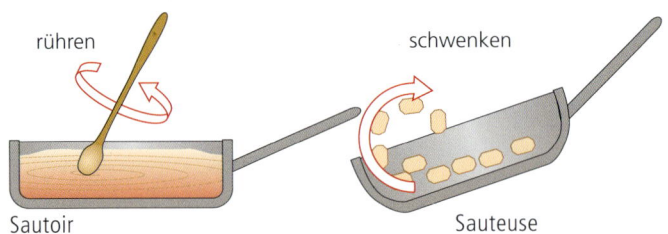

Sautoir — rühren
Sauteuse — schwenken

Weiteres Zubehör

Suppensieb – Soupe tamisez – Feinmaschiges Nylonnetz im Spannrahmen, bis 150°C hitzebeständig

Farcensieb – Farce tamis – Mit auswechselbaren Siebeinsätzen in verschiedenen Maschengrößen aus Edelstahl – meist mit geschliffenen Drähten zum besseren Durchstreichen

Mehlsieb – Fester Rahmen aus Holz, Plastik oder Edelstahl; flacher Siebeinsatz, um größere Mengen Mehl oder ähnliche Rohstoffe fein zu verteilen

Passiersieb – Tamis – Auch „fleißiges Lieschen" oder „Flotte Lotte" genannt – zum Passieren von weichem Obst und Gemüse

Passiertuch – Etamine – Aus 100 % Baumwolle oder Leinen; zum Abseihen von klaren Fonds (Consommé); sehr feines Gewebe, um Trübstoffe bestmöglich herauszufiltern, auch als Einwegtücher aus Vlies (Polyamid) erhältlich.

Mehlsieb

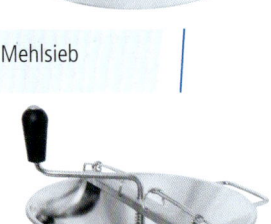

Passiersieb

Saucenseiher, Passe-sauce

Spitzsieb, Chinois

Abtropfschüssel, Egouttoir

Farbige Arbeitsbretter zur Umsetzung des HACCP – spülmaschinengeeignet und hitzebeständig bist +90°C

Bretthobel

2 Kochgeschirr und Zubehör

Gastro-Norm

Das Gastro-Norm-(GN)-System löst die unterschiedlichen Größen von Vorrats-, Bearbeitungs- und Garbehältnissen ab.

Einschübe in Regalwagen, Herde und Kühlschränke sowie Grundflächen von Bain-Marie oder Speisenausgabe sind aufeinander abgestimmt.

Ausgehend von einem Grundmaß von 53 × 32,5 cm gibt es praxisgerechte Unterteilungen mit unterschiedlicher Tiefe. Entsprechende Deckel vervollständigen das System. So können vorbereitete Lebensmittel in GN-Geschirre eingesetzt und in die Kühlung gebracht werden. Bei Bedarf wird dann in diesem Geschirr gegart und anschließend das Ganze zur Ausgabe gebracht.

Gastro-Norm-Schalen aus Porzellan / Keramik

Vorteil des Systems:
- Teile passen untereinander und in alle Geräte,
- Arbeitszeitersparnis, weil das Umsetzen von Geschirr zu Geschirr entfällt.

Systemgeschirr

System Gastro-Norm

Systemteiler 3 mal 1/6 ist nicht 1/1 und kann mit der Halterung transportiert und gelagert werden

GN-Einlegeböden z. B. zum Auftauen oder Lagern von feuchten Rohstoffen auch für GN aus Polypropylen

GN-Deckel, farbig oder mit Markierclips 1/3 aus Polypropylen – Umsetzung HACCP

GN 1/3 aus Polypropylen mit Deckel

Küche — KÜCHENAUSSTATTUNG

3 Maschinen und Geräte

3.1 Kühltechnik	3.2 Rührtechnik	3.3 Zerkleinerungstechnik	3.4 Herd / Ofentechnik
3.5 Niedertemperatursysteme	3.6 Fritteusen und Filtertechnik	3.7 Grill	3.8 Multifunktionsgeräte

3.1 Kühltechnik

Kühltechnik ist ein wichtiges Instrument in der Küche. Bei Vor-, Zu- und Nachbereitung bleibt durch Kühlung die Lebensmittelqualität erhalten.

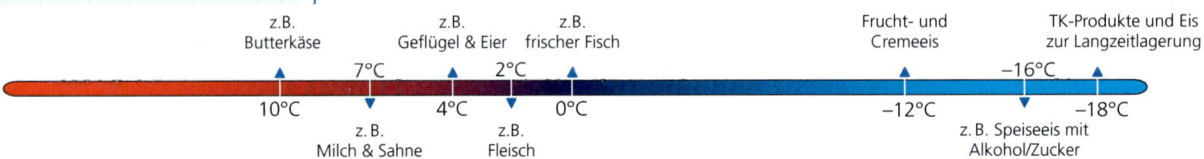

Temperaturskala: 10 °C – z.B. Butterkäse 7 °C – z.B. Milch & Sahne 4 °C – z.B. Geflügel & Eier 2 °C – z.B. Fleisch 0 °C – z.B. frischer Fisch – –12 °C Frucht- und Cremeeis – –16 °C – –18 °C TK-Produkte und Eis zur Langzeitlagerung – z.B. Speiseeis mit Alkohol/Zucker

Nutzen der Kühltechnik:
- Haltbarkeit von Lebensmitteln verlängern
- Reifeprozesse ermöglichen – z.B. bei Fleisch
- Speisen Form und Textur geben – z.B. bei Cremes und Sülzen

Kühltechnik wird zur Zwischenkühlung oder der Langzeitkühlung eingesetzt
- **Kurzfristige Kühlung** wird zum kurzzeitigen Herunterkühlen genutzt, um z. B. geschlagene Sahne unter eine Creme zu ziehen, oder zum kurzen Anfrieren bei einem Parfait mit zwei oder mehr Schichten.
- **Mittelfristige Kühlung** ist notwendig, um vorbereitete Rohstoffe, z. B. Gemüse, frisch zu halten oder Fleisch bis zur gewünschten Reife zu lagern.

Kühleinrichtungen können Kühl- und Frostschränke, Kühl- und Frosttische, Truhen, Kühl- oder Tiefkühlzellen sein.

Kühlschrank	Kühlschrank mit Umluft	Klimakühlschrank	Tiefkühlschrank
Temperatur kann gradgenau auf eine Produktgruppe abgestimmt eingestellt werden. Es bilden sich unterschiedliche Temperaturzonen, da die Luft nicht zirkuliert.	Luft wird durch ein Lüfterrad im gesamten Raum gleichmäßig verteilt. Ein Verlust beim Öffnen wird schnell ausgeglichen. Die Luftfeuchtigkeit ist durch die Bewegung niedriger als in herkömmlichen Kühlschränken.	Kühlschränke, meist mit regelbarer Luftfeuchtigkeit von 45–80 %. Geeignet für Rohstoffe, die nur kurz gekühlt bzw. zwischengekühlt werden müssen – dabei aber nicht austrocknen dürfen, z. B. Torten oder Pralinen. Dadurch auch sehr gut als reine Fleisch- und Fischkühlschränke geeignet.	Die Temperatur reicht bei den meisten Geräten von –18 bis –24 °C. Bei –21 °C ist eine Kerntemperatur von –18 °C gewährleistet. In speziellen Frostschränken bzw. Eistruhen wird Speiseeis zum Verzehr/Verkauf (nicht zur Lagerung) bei –12 °C vorrätig gehalten.

Die Sortierung bei **Schranksystemen** ist übersichtlich und zum Teil auf Sichthöhe möglich. Vorteil der Schrank- und Tischsysteme ist, dass sortenrein (nach Rohstoffgruppen) gelagert werden kann, z. B. Fisch und Kuchen. Dabei können Temperatur und Luftfeuchtigkeit optimal abgestimmt und Fremdgerüche ausgeschlossen werden.
Für Großküchen sind Kühl- und Tiefkühlschränke auch als Einfahr- oder Durchfahrversion erhältlich. Dies ermöglicht eine schnelle Komplett- oder Teilbeschickung mit einem Stikken-/Schragenwagen.

Kühlhaus

Luftfeuchtigkeit und Temperatur haben maßgeblichen Einfluss auf Haltbarkeit, Reifung und Gewichtsverlust. Bei Fleisch sollten die Werte zum Beispiel bei Temperaturen von 1 bis 3 °C und einer relativen Luftfeuchtigkeit von ca. 85 % liegen. Bei zu niedriger Luftfeuchte trocknen die Rohstoffe zu schnell aus und verlieren an Gewicht. Bei zu hoher Luftfeuchte bildet sich Schwitzwasser und die Lebensmittel werden schmierig. Dies geschieht z. B. beim Austausch mit warmer Küchenluft (siehe Seite 342 und 343 Magazin).

- Kühlhaus nur kurz öffnen
- Schnelle Entnahme der Produkte
- Ständige Überwachung der Temperatur und Luftfeuchtigkeit
- Nach Produktgruppen lagern
- Nichts am Boden lagern
- Alle Rohstoffe immer gut verschließen oder abdecken

Tiefkühlhaus

Je nach der gelagerten Produktgruppe liegen die Temperaturen zwischen −18 °C und −24 °C. Beim Öffnen wird warme Luft der Umgebung mit der kalten ausgetauscht, unbedingt die Türen nach Entnahme sofort wieder verschließen. Bei einem längeren Aufenthalt im Tiefkühlhaus aufgrund von z. B. Einlagerung unbedingt eine vor der Tiefkühlung befindliche Wattejacke anziehen. Aufenthaltszeit auf maximal 30 Minuten beschränken.
- Bei Tiefkühleinrichtungen über 10 m³ ist eine kontinuierliche elektronische Dokumentation der Temperatur vorgeschrieben. Diese muss für ein Jahr gespeichert werden.

- Bei kleineren Zellen (Raumvolumen unter 10 m³) ist handschriftlich zu dokumentieren.
- Angetaute und aufgetaute Lebensmittel dürfen **nicht** wieder eingefroren werden.
- Beim Einfrieren von Lebensmitteln und zubereiteten Speisen sollten zur Nachvollziehbarkeit das Datum und die genaue Bezeichnung deutlich erkennbar angebracht werden. Unbedingt die Größe der Gebinde und die damit verbundene Einfriergeschwindigkeit beachten (1 cm pro Stunde).

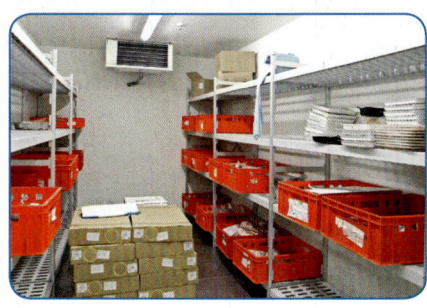

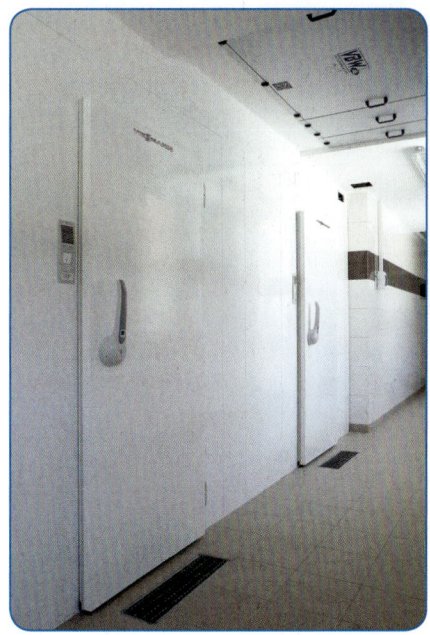

Küche

KÜCHENAUSSTATTUNG

Laut DIN 10508 Temperaturen für Lebensmittel:
Beim Abkühlen heißer Lebensmittel sollte, sofern keine anders lautenden Rechtsvorschriften dem entgegenstehen, der Bereich zwischen +65 °C und +10 °C innerhalb von 3 Std. durchschritten werden, um eine Keimvermehrung zu vermeiden. Um eine vor allem in mikrobiologischer Hinsicht nachteilige Beeinflussung zu vermeiden, sind dabei die Kühlbedingungen wie Lufttemperatur und -geschwindigkeit, das Produktgewicht sowie die Art der Verpackung zu beachten.

Schockkühler / Schockfroster

- Die Hauptaufgabe dieser Gräte ist es, hygienisch kritische Temperaturbereiche schnell zu durchlaufen. Daraus resultiert ein lagerfähiges Produkt für Kühlung oder Tiefkühlung, das für den späteren Gebrauch in einem hygienisch einwandfreien Zustand zur Verfügung steht. Anwendung findet es beim Cook and Chill (**ausführlich auf S. 181**, bedeutet Kochen und Kühlen) und wird sehr häufig in Zentralküchen, bei der Klinikversorgung oder der Versorgung von Kinder- und Schuleinrichtungen genutzt.

Schockkühler
- bringen ein Produkt in 90 Minuten von 90 °C auf 3 °C

Schockfroster
- bringen ein Produkt in 240 Minuten von 90 °C auf −18 °C

Vorteile aus Sicht der Hygiene	Vorteile aus Sicht der Vorbereitung
• Kritische Temperaturbereiche werden schnell überbrückt, eine Keimbildung und Vermehrung wird stark vermindert. • Die Grundregeln des HACCP werden optimal umgesetzt.	• Bei niedrigem Arbeitsaufkommen kann produziert und bei hohem Arbeitsaufkommen kann dann auf diese Produkte zurückgegriffen werden. • Personal ist gleichmäßig ausge- und entlastet.

Wirtschaftliche Vorteile

- Zeitliche Entkopplung von Produktion und Verbrauch – durch Vorausplanung optimal für Unternehmen und Personal, vor allem bei Urlaub, Krankheit und Fachkräftemangel.
- Komplette Gerichte wie Gulasch, Schmorbraten oder Buletten können vorproduziert werden. Damit können Spitzenzeiten im Gastgewerbe abgefangen werden.

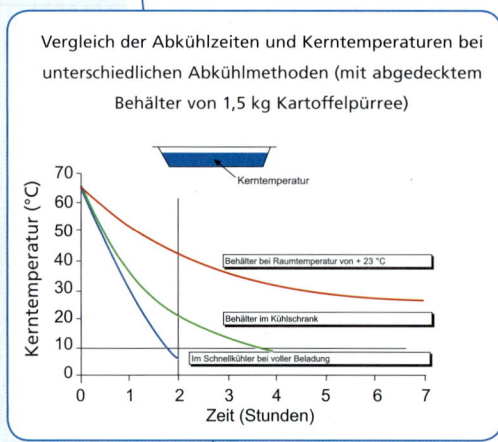

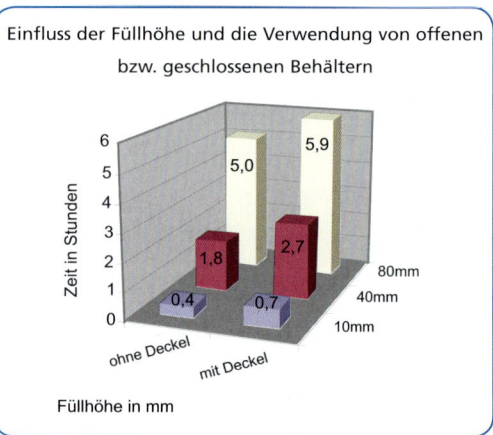

3 Maschinen und Geräte

Kühltisch

Aus Platzgründen und hilfreich für den Küchenablauf sind Arbeitsfläche und Kühlung in einem Gerät. Arbeitswege bei der Vor- und Zubereitung werden verkürzt. Das Mise-en-Place für den jeweiligen Posten kann sofort gekühlt für den Service bereitgehalten werden. Im Küchenablauf kann auf alle benötigten Rohstoffe sofort in der jeweiligen Rohstoffgruppe zugegriffen werden.

Saladette

Saladetten sind in einem oberen Kühlteil mit Schnellentnahme und einem unterem Kühlteil für die Bereitstellung von Nachschub für die Produktion aufgeteilt. Zur Abdeckung gibt es Schiebe- und Klappelemente, die zum Teil oder ganz geöffnet werden können. Bestückt wird im oberen Teil mit GN-Einsätzen, die mit Salat, Salatzubereitungen und Saucen befüllt werden.

Für Restaurant, Mensa oder Kantinenräume sind die Kühlmöbel mit Holzfurnier und Husten-/Spuckschutz versehen.

3.2 Rührtechnik

Küchenmaschine 🇬🇧 standing mixer 🇫🇷 robot ménager (m)

Diverse Maschinen von unterschiedlichen Herstellern sind mit verschiedenen Aufsätzen und Zubehörteilen erhältlich. Die Grundausstattung beinhaltet ein Rühr- oder Planetenrührwerk mit einem Knethaken, eine Rute und einem Flachrührer. Sie sind für folgende Einsatzgebiete vorgesehen:
- Rühren – zu Beginn aller Rührvorgänge
- Langsames Mischen und Kneten – bei schweren Teigen
- Mischen und Schlagen – bei mittelschweren Teigen
- Schlagen und Verrühren – zum Aufschlagen/Aufschäumen
- Schnelles Verrühren und Schlagen – zum Unterheben, Schlagen und Schaumigschlagen

Eine Rührschüssel mit einem Fassungsvermögen von ca. 6 l sollte mit Rezepturen von maximal 2,000 kg Mehl als Einwaage bestückt werden. Die Belastungsgrenze der Geräte wird sonst überschritten und die Folge sind schlechte Ergebnisse der Rezepturen.

Handrührgerät / Mixer 🇬🇧 mixer 🇫🇷 fouet (m)

Ein Handrührgerät kann wie die Küchenmaschine kneten, rühren und schlagen. Die zu bearbeitenden Mengen sind kleiner und die Kraftübertragung ist geringer. Bei einem Handrührgerät bezeichnet man die Rührwerkzeuge als Quirle und Knethaken. Die Quirle eigenen sich für Schlagsahne, Eischnee, leichte Massen, Rühr- und Knetteige. Die Knethaken für schwere Massen und schwere Teige wie Hefeteige für Savarin, Brioche oder Buchteln.

Für viele Handrührgeräte gibt es diverses Zubehör wie Messbecher/Mixbecher, Zerkleinerungstechnik wie Pürierstab und Mixaufsatz oder Rührschüsseln mit Spritzschutz und Halterung für das Handrührgerät.

Küche

KÜCHENAUSSTATTUNG

3.3 Zerkleinerungstechnik

Fleischwolf 🇬🇧 meat mincer 🇫🇷 hachoir (m) à viande

Der Fleischwolf, auch Wolf genannt, ist eine Zerkleinerungsmaschine. Mit ihr werden Fleisch, aber auch Fisch und Gemüse in eine für die Weiterverarbeitung erforderliche Zerkleinerungsform gebracht.

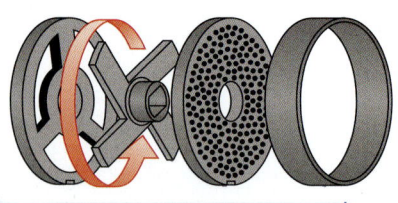

Messersatz mit einem Messer

Der Wolf arbeitet nach dem Prinzip des **Scherschnitts**. Wie bei einer Schere wird das Schneidegut zwischen zwei geschliffenen Metallteilen (Messer und Lochscheibe) zerschnitten. Die Schnecke transportiert das Fleisch zu den Messern. Der Zerkleinerungsgrad wird von der Größe der Löcher in der Lochscheibe bestimmt.

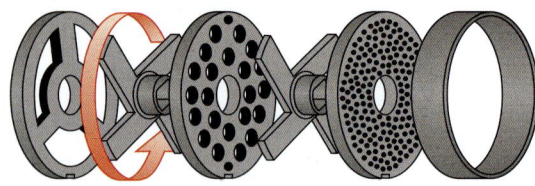

Messersatz mit zwei Messern

Durch Reibung entsteht Wärme – durch Wärme gerinnt Eiweiß. Deshalb sollte der Aufsatz vor Beginn der Arbeiten gekühlt werden.

Hinweise zur Benutzung

Der Verschlussring muss richtig angezogen werden.
- **Bei zu strengem Sitz** reiben Messer und Lochscheiben aneinander und Metallabrieb gelangt ins Fleisch.
- **Bei zu lockerem Sitz** wickeln sich Bindegewebe um die Messer, weil sie nicht mehr zerschnitten werden.

Der Wolf muss richtig beschickt werden. Das Fleisch soll in lockeren Fäden aus der Lochscheibe kommen.
- **Presst man Fleisch zu stark** in die Einfüllöffnung, so kann das Material von den Messern nicht mehr richtig verarbeitet werden. Das Fleisch wird warm und schmiert.
- **Läuft der Wolf leer,** reiben Messer und Lochscheiben aneinander und erwärmen sich. Dabei geht die Schärfe verloren.

Ein schlecht eingestellter Wolf oder stumpfe Messer führen zu zerquetschtem, grauem, fettig-schmierigem Material. Das ist eine Qualitätsminderung.

> Nach den Bestimmungen der Hygieneverordnung darf die Lagertemperatur von Hackfleisch maximal +4 °C sein.

Unfallverhütung

Der Wolf muss so beschaffen sein, dass die Schnecke von der Hand/den Fingern nicht erreicht werden kann. Die transportierende Wirkung würde die Hand sowie andere eingebrachte Teile mitziehen. Sollte der Transport der Lebensmittel nicht funktionieren, so darf nur mit dem dazugehörigen Stopfer weitergearbeitet werden! Bei kleineren Geräten sind darum Durchmesser und Höhe der Einfüllöffnung vorgeschrieben, größere Maschinen sind an der Einfüllöffnung mit einem nicht entfernbaren Schutz versehen.

Ohne Messer und Lochscheiben kann der Wolf zum Stopfen für Wurst/Würstchen genutzt werden. Es ist darauf zu achten, dass keine Luft eingeschlossen und die Wurst nicht zu fest gestopft wird. Beides führt zu einem unschönen Ergebnis und zum Platzen bei der Zubereitung.

So kann man Hauptgänge von einem Rohstoff in unterschiedlichen Texturen kombinieren. Als Beispiel: Rehrücken unter der Pflaumen-Senf-Kruste mit getrüffeltem Rehragout und Rehbratwurst aus eigener Herstellung.

Kutter 🇬🇧 food processor 🇫🇷 cutter (m)

Das Wort Kutter ist abgeleitet vom englischen Wort to cut = schneiden, abschneiden. Der Kutter ist eine Zerkleinerungsmaschine, die nach dem Prinzip des **Messerschnitts** arbeitet. Das Schneidegut liegt dabei auf einer Unterlage (drehende Schüssel), die Messer ziehen durch das Schneidegut. Durch das Kuttern kann eine homogene Masse hergestellt werden, wie sie für Farcen (Brät) erforderlich ist. Eine Haube, die mindestens die halbe Schüssel bedeckt, verhindert das Herausschleudern von Material.

Hinweise zur Benutzung

Der Abstand zwischen Messern und Schüssel muss richtig gewählt werden. Das Fleisch wird nur unvollständig zerschnitten, wenn der Abstand zu weit ist. Die Welle macht bis zu 3 000 Umdrehungen je Minute, deshalb muss die Halterungsschraube der Messer fest angezogen werden. An den rotierenden Messern entsteht Reibungswärme, die Eiweiß zum Gerinnen bringen kann. Es darf darum nur gut gekühltes Material verwendet werden. Zusätzlich kann Mundeis (Crushed Ice) zur Kühlung genutzt werden.

Unfallverhütung

Der Deckel des Kutters muss die Messerwelle abdecken. Die rotierenden Messer wären, wie z. B. der laufende Propeller eines Flugzeuges, nicht zu erkennen. Darum muss durch eine Sperrschaltung gewährleistet werden, dass der Deckel nur bei stehenden Messern geöffnet werden kann.

Mixer 🇬🇧 food processor 🇫🇷 robot ménager

Dem Kutter ähnlich, nur kleiner, ist der **Mixer**. Während beim Kutter die Schneidewelle liegt, steht sie beim Mixer senkrecht.
Der Mixer ist dem Kutter und Tischkutter ähnlich, nur kleiner. Das Messer steht waagerecht, die Schüssel dreht sich nicht. Die zu erzielenden Ergebnisse hängen von der Motorleistung und der zu erreichenden Umdrehung pro Minute ab. Besonders geeignet bei Kleinstmengen von Nüssen, Zucker oder Gewürzmischungen.

Kutter in großen Küchen und Fleischereien

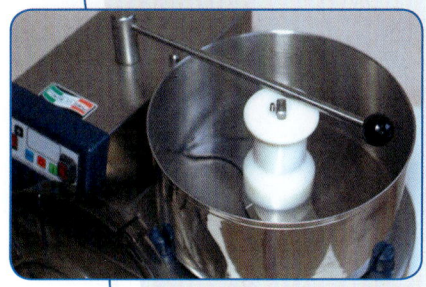

Das Prinzip eines Tischkutters ist ähnlich. Da sich hier nur das Messer horizontal und nicht die ganze Schüssel dreht, muss besonders auf das gleichmäßige Zerkleinern der Masse geachtet werden. Die Leistung ist gleich. Die Füllmengen reichen von 2,9 l bis 11,5 l.

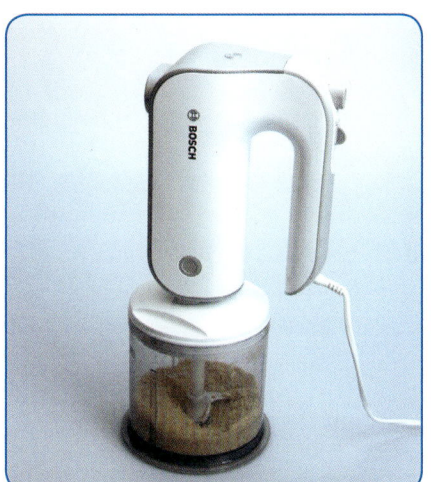
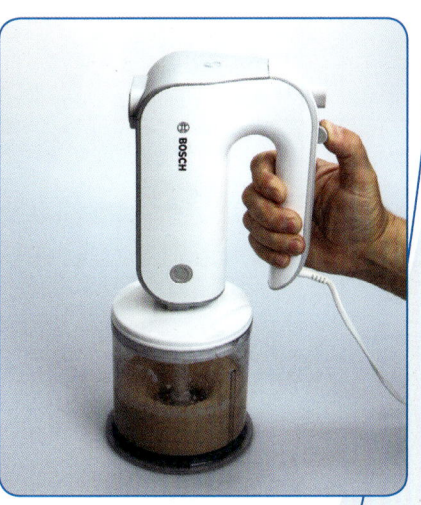

Küche

KÜCHENAUSSTATTUNG

Pacojet

In einem geschlossenen System fräst sich ein Messer für gefrorene oder frische Rohstoffe im Unterdruck durch die Lebensmittel. Aus tiefgefrorenen Lebensmitteln werden feine Texturen hergestellt.

Vorteile

- In Stufen kann die zu zerkleinernde Menge gewählt und somit das gefrorene Material auch portionsweise bearbeitet werden.

> Die Grundregeln des HACCP können dadurch optimal umgesetzt werden. „Niemals die Kühlkette unterbrechen! Angetautes darf nicht wieder eingefroren werden!"

- Mit dem passendem Coupe-Set kann man ohne Wärmeeinwirkung aus frischen nicht gefrorenen Lebensmitteln Farcen herstellen, Kräuter oder Flüssigkeiten mixen und/oder aufschlagen.
- Das Pacossieren verstärkt Aromen und erhält die natürlichen Farben der Rohstoffe.
- Die sehr feinen Pürees/Farcen ergeben ein weiches Mundgefühl.
- Der Einsatz von Zeit und Rohstoffen kann sich positiv auswirken.

Einsatzmöglichkeiten und deren Vorteile

- Farcen – ein Durchstreichen von Farcen ist nicht mehr notwendig.
- Pürees – optimales Aroma und Farberhaltung, keine Verluste wie beim klassischen Passieren von Obst.
- Eis – cremige Konsistenz in optimaler Verzehrtemperatur.
- Suppen und Saucen – Schalen und Faserteile von bestimmten Rohstoffen sind nicht spürbar.
- Das Einfrieren und Pacossieren von z. B. grünen Lebensmitteln wie Erbsen oder Petersilie erzielt farblich und geschmacklich ein positives Ergebnis.
- Besondere Kostformen, z. B. bei Patienten mit Schluckbeschwerden.

Was ist eine Textur?

Als Textur bezeichnet man die Oberflächenstruktur und das Gefüge von Produkten – entscheidend für das Mundgefühl beim Essen (wie weich, schmelzend oder knackig usw. ist ein Lebensmittel?)

Blender / Standmixer 🇬🇧 blender 🇫🇷 blender (m)

Die wichtigsten Leistungsmerkmale eines Blenders sind die Motorleistung mit mindestens 10.000 Umdrehungen pro Minute, bruchfester Glasaufsatz und für einen sicheren Stand Antirutschfüße. Geeignet zur Herstellung von

- Fruchtsäften
- Shakes
- Smoothies
- Pesto
- Majonnaise
- oder zum Zerkleinern von Nüssen, Zucker für Puderzucker, Nuss- oder Mandelmehl, Getreideschroten oder -mahlen.

Durch die besondere Form des Messers und des Glasaufsatzes entsteht ein Sog / Strudel, der die Masse schnell zirkulieren lässt.

Multi-Zerkleinerer / Moulinette 🇬🇧 food processor 🇫🇷 broyeur (m)

Der Begriff Moulinette leitet sich vom Wort moulin (französisch für Mühle) ab. Bei den meisten Herstellern besteht der Antrieb aus einem Standgerät/Motorblock, auf dem ein Becher und ein Messer aufgesetzt werden. Der Deckel verschließt das Gerät. Durch Drücken auf den Deckel und den dadurch ausgelösten Kontakt lässt sich der Motor starten und stoppen.

Je nach Leistung lassen sich sowohl Nüsse, Kräuter, Pesto, püriertes Obst und Gemüse, aber auch Kleinstmengen an Farce aus zartem und sehnenfreiem Fleisch, Fisch oder Krustentieren herstellen.

Stabmixer 🇬🇧 immersion blender 🇫🇷 mixeur plongeant (m)

Auch als Pürier-, Passier- oder Zauberstab bezeichnet. Die maximale Umdrehung liegt bei 20 000 pro Minute. Die Stablänge bzw. Eintauchtiefe ist sehr unterschiedlich. In Profiküchen sollte der Stab immer aus rostfreiem Edelstahl bestehen. Die zu verarbeitende Menge hängt von der jeweiligen Stablänge ab. Einsatzgebiete sind das Pürieren von heißen und kalten Suppen, das Aufschäumen von Flüssigkeiten, das Herstellen von Dressings, Pesto, Dips oder Smoothies. Mit den Zubehörteilen gelingt das Schlagen von Sahne oder Eiweiß. Ein gutes Ergebnis erzielt man beim Aufmontieren von Suppen und Saucen kurz vor dem Anrichten / Servieren.

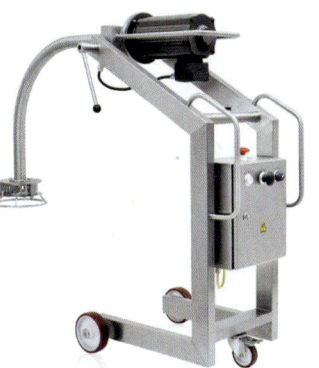

3.4 Herd und Kochtechnik

🇬🇧 ranges and kitchen technology
🇫🇷 les founeaus (m) et technologie (w) de la cuisine

In der Gruppe der Herde sind drei grundlegend verschiedene Medien zu nennen. Ob Induktion, Gas oder ein Elektroherd – das entscheiden die Gegebenheiten vor Ort: sowohl die vorhandenen Anschlüsse, der Anschaffungspreis, die Unterhaltskosten und die persönlichen Vorlieben des Betreibers. Beim Kochgeschirr ist auf die Eignung für die jeweilige Herdart zu achten. Nachfolgend sind die gängigsten Arten mit ihren Vorzügen und eventuellen Nachteilen genannt.

Induktionstechnik

Induktionsherde übertragen die Wärme auf eine besondere Art auf das Gargut. Elektrische Energie schafft in der Induktionsspule zunächst ein Magnetfeld. Erst im Boden des Kochgeschirrs erzeugt dieses Magnetfeld die zum Garen erforderliche Wärme (siehe Abb. links).
Darum gibt es keine Hitzeabstrahlung von aufgeheizten Kochplatten, die Hitzebelastung für das Personal und der Energieverbrauch sind geringer. Die Induktionstechnik ist nur mit Geschirr aus Eisen oder Guss möglich. Geschirr aus Kupfer, Aluminium, Porzellan oder Glas kann nicht verwendet werden.

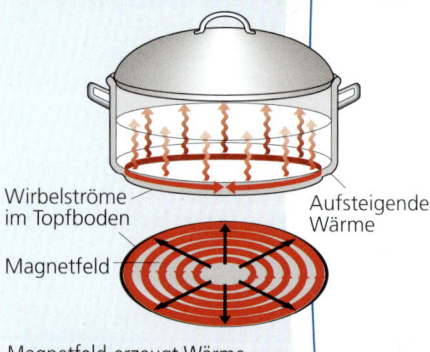

Wirbelströme im Topfboden
Aufsteigende Wärme
Magnetfeld
Magnetfeld erzeugt Wärme

Gasherd

Der Gasherd hat einen geringen Verbrauch. Mit einem Handgriff entfacht die Flamme und die volle Leistung ist abrufbar. So sind schnelle Kochvorgänge sicher. Geringer Anschaffungspreis im Vergleich der Herdarten. Der Gasherd – meist mit Erdgas betrieben, aber auch mit Propangas möglich – wird vor allem an Standorten eingesetzt, wo durch bauliche Voraussetzungen kaum andere Möglichkeiten bestehen, oder auf Märkten, Festivals oder Außer-Haus-Catering, wenn keine ausreichende Stromversorgung anliegt.

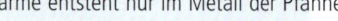

Wärme entsteht nur im Metall der Pfanne

Vorteile
- Die Temperatur kann gut reguliert werden.
- Auf der Gasflamme können verschiedene Garstufen/Gartemperaturen umgesetzt werden.
- Durch die Herdform kann mit ungewöhnlich geformten Töpfen gearbeitet werden.
- Beim Abschalten ist die Wärmezufuhr sofort unterbrochen.

Nachteile
- Aufheizen der Umgebung und schnellerer Verbrauch des Sauerstoffs im Raum.
- Die Lüftung muss mit der Gasfreigabe gekoppelt sein – Freischaltung darf nur bei eingeschalteter Lüftung erfolgen.
- Bei der Verbrennung kann Acrolein entstehen, dies belastet die Raumluft.

Herd mit Backofen

Beim sogenannten Küchenherd erfolgt die Wärmeübertragung zum Kochgeschirr durch direkten Kontakt mit dem Blech sowie durch Strömung, unabhängig davon, welche Energieart eingesetzt wird.
Dieses System ermöglicht bei entsprechender Regelung der Wärmezufuhr alle Garverfahren außer Grillen.
Im Backrohr wird die Wärme durch Strahlung auf das Gargut übertragen. Mit Strahlungswärme kann man backen und braten, z. B. Roastbeef, Rehrücken.

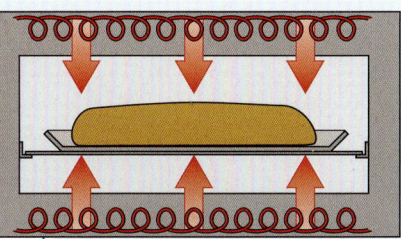
Backofen mit Ober/Unterhitze

Umluft-Backofen

Bei Umluftgeräten wird fortlaufend erhitzte Luft am Gargut vorbeigeführt. Dadurch sind Verfahren wie Braten, Backen und indirektes Pochieren möglich.

Die durch eine Ventilation zwangsweise umgewälzte Luft ermöglicht es, gleichzeitig auf mehreren Ebenen zu garen. Beim Garen mit Ober- und Unterhitze ist das nicht möglich.

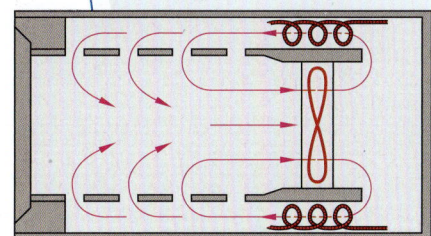
Umluftgerät

Hinweise zur Benutzung

- Geräte vor der Bestückung mit Gargut immer vorheizen. Andernfalls entsteht zu viel Feuchtigkeit im Garraum, zusätzlich können z. B. Gebäcke nicht richtig aufgehen.
- Die Gartemperatur bei Umluft ist niedriger zu wählen als bei Strahlungswärme im Backofen mit Ober- und Unterhitze, weil strömende Luft mehr Wärme transportiert.

Die Geschwindigkeit des Lüfterrades ist bei den meisten Geräten regelbar. Bei leichten Gebäcken wie Hippen oder Windbeuteln muss sie gedrosselt werden.

Weitere Herd- und Kochtechnik

Weitere Kochmedien können Gusskochplatten, Edelstahlkochplatten und Glaskochfelder bzw. Ceranfelder sein. Diese lassen sich bündig in Kochblöcke integrieren. Dadurch können je nach vorgegebenen Kochzonen Töpfe und Pfannen beliebig angeordnet und verschoben werden. Die Reinigung wird durch die ebene Fläche erleichtert. Ein weiterer Vorteil ist der Arbeitsschutz. Keine Kanten – geringe Unfallgefahr.

Küche

KÜCHENAUSSTATTUNG

Kochkessel 🇬🇧 cooking kettle 🇫🇷 bouilloire (m)

Alle Kochkessel haben doppelte Wände. Zwischen diese wird Dampf geleitet, der die Wärme durch die Innenwand auf das Gargut überträgt. Der durch Abkühlung kondensierte Dampf fließt nach unten ab. Diese Art der Beheizung durch zirkulierenden Wasserdampf ist bei allen Kesseln gleich. Unterschiedlich dagegen ist die Dampferzeugung. Bei Kesseln, die mit Gas, Öl oder Strom beheizt werden, wird unmittelbar unter dem Kessel das zurückfließende Wasser wieder zu Dampf erhitzt. In Großküchen wird der benötigte Dampf aus der zentralen Heizanlage zugeführt.

Weil bei Kochkesseln auch durch die Seitenwände Wärme auf das Gargut übertragen wird, kommt der Kesselinhalt viel schneller zum Kochen. Man nennt Kessel darum **Schnellkocher**. Sie haben meist ein Fassungsvermögen zwischen 60 und 100 l.

Kessel mit Ablaufhahn für flüssiges Gargut und/oder Kippfunktion (kippbare Kochkessel) erleichtern die Arbeit.

Bei **Druckkesseln** wird der Deckel fest verschraubt. Über dem Kochgut entsteht Dampf, der durch ein Sicherheitsventil auf einem bestimmten Druck gehalten wird. Bei erhöhtem Druck kocht das Wasser oberhalb des normalen Siedepunkts, also bei höheren Temperaturen als 100 °C. Höhere Temperaturen verkürzen die Garzeit.

Kochkessel

> Bei Druckkesseln darf auf keinen Fall das Überdruckventil verändert oder beschwert werden.

Kippbratpfanne 🇬🇧 tilt frypan 🇫🇷 poêle (w) à frire basculante

Die Kippbratpfanne hat einen mit Gas oder Strom direkt beheizten Boden aus Metall. Darum sind alle Zubereitungsarten möglich, die starke Hitze erfordern und mit Kontaktwärme arbeiten.
Bei Bedarf kann sie aber auch zum Kochen, z. B. von Klößen, oder zum Dünsten verwendet werden, sowie für Kombinationen aus Anbraten/Braten und Kochen wie Schmoren oder beim Ansatz von Saucen.

Kippbar sind die Pfannen, weil sie zwischen zwei Säulen gelagert sind. Die Auslaufnase ermöglicht ein einfaches Entleeren.

Hinweise zur Benutzung

Zum Anbraten ist kräftig vorzuheizen, damit die Fett-Temperatur beim Einlegen nicht zu stark absinkt, damit das Bratgut kein Wasser abgibt.

Wird eine mit Flüssigkeit gefüllte Kippbratpfanne geleert, ist das Drehrad zum Kippen am Anfang besonders vorsichtig zu bedienen, sonst schwappt der Inhalt über den vorderen Rand und kann zu Verbrühungen führen.

Geleerte Pfannen sollten sofort mit heißem Wasser „aufgefüllt" werden. Das Wasser verhindert das Festbrennen der Rückstände.

Würde man jedoch kaltes Wasser verwenden, käme es im Pfannenboden durch den Temperaturunterschied zu starken Spannungen, die zu Rissen führen könnten.

Kippbratpfanne

Schnitt durch Kippbratpfanne
Pfannenbeheizung Gas oder Strom

166

Multifunktionsgerät / Kochcenter

🇬🇧 multifunctional pan 🇫🇷 poêle (w) multifonctionelle

Ein Multifunktionsgerät fasst konventionelle Technik wie Kipper, Kessel, Grill, Herd und Fritteuse in nur einem multifunktionalen Gargerät zusammen und ermöglicht Kochen, Braten, Frittieren, Niedertemperaturgaren, Konfieren, Sous-vide und Über-Nacht-Garen.

- Temperatursensor zum Messen der Kerntemperatur
- Tiegel können unterschiedlich bestückt und gesteuert werden. (2 Garmethoden zur gleichen Zeit)
- Integrierter Wassereinlauf
- Integrierter Wasserablauf
- Ergonomisches Arbeiten durch Kippfunktion der Tiegel und Hebe-/Senkfunktion von Körben, z. B. zum Nudelkochen
- Das Kochcenter verfügt über viele Heizelemente, die einzeln angesteuert werden können. So wird z. B. beim Braten nur der Bereich nachgeheizt, bei dem die Temperatur durch das Auslegen eines kalten Fleischstücks abfällt.
- Reinigung/Schlauchbrause
- Bedienelement, Steuerung und vollautomatische Überwachung der Garprozesse. Eigene manuelle Garprogramme sowie vom Hersteller hinterlegte Garprozesse können eingestellt oder abgerufen werden. Zusätzlich können eigene Garprogramme hinterlegt werden.

Heizsystem

Das Multifunktionsgerät beheizt einen dünnen Tiegelboden mit einem schnellen Heizsystem, das einen schnellen Wärmetransport durch den Tiegelboden an die Lebensmittel ermöglicht. Herkömmliche Kippbratpfannen arbeiten meist mit weniger Energiezufuhr und dickeren Tiegelböden, dies bedeutet langes Vorheizen und weniger große Flexibilität, die Temperatur schnell dem Gargut entsprechend anzupassen.

Automatische Hebe-/Senkfunktion

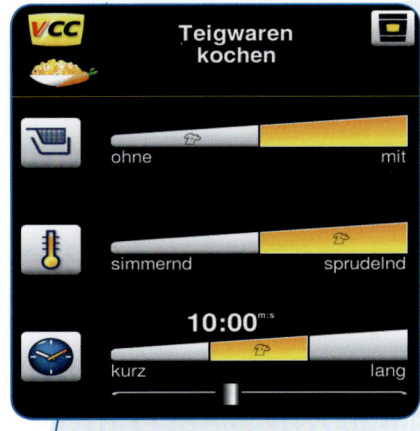

Kochprozess – Teigwaren
1. mit Hebeautomatik
2. sprudelnd kochen
3. Zeit / 10:00 Minuten

Küche

KÜCHENAUSSTATTUNG

3.5 Heißluftdämpfer / Kombidämpfer

🇬🇧 combi oven   🇫🇷 cuiseur (m) à vapeur et à l'air chaud

In der herkömmlichen Küche sind viele Garverfahren gebunden an bestimmte Gargeräte, z. B. Herdplatte, Backofen, oder bestimmtes Kochgeschirr, z. B. Bratpfanne, Bratgeschirr (Rôtissoire), Schmorgeschirr (Braisière).

Kombidämpfer können im Gegensatz zu herkömmlichen Gargeräten im gleichen Garraum wechselnde Garbedingungen schaffen, z. B.:
- trockenes Heißluftgaren wie Backen; Braten im Backofen,
- feuchtes Klima zum Dämpfen,
- und die Kombination aus beidem.

Ein Regelungssystem sorgt dafür, dass Dampfbereitstellung und Heißlufterzeugung zusammenspielen. Das Produkt wird weder zu nass, noch trocknet es zu stark ab oder aus. Dafür sorgen Klimasensoren, die laufend Informationen an den Regler senden.
Um die Übertragung der thermischen Energie prozentgenau zu regeln, müssen die folgenden Parameter aufeinander abgestimmt sein:
- Temperaturen,
- Feuchtigkeitszu- und -abführung,
- Lüfterradgeschwindigkeit sowie
- die Drehrichtung des Lüfterrades.

Mit einem Temperaturbereich von 30–300 °C sind fast alle Garverfahren abgedeckt.

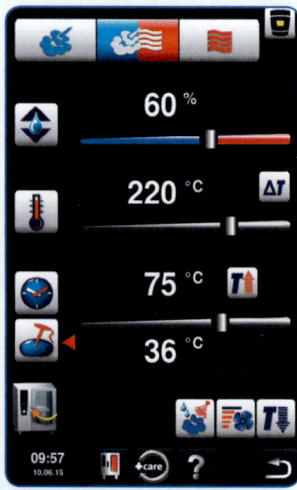

Manuelle Einstellung

Mischbeschickung mit unterschiedlicher Kerntemperatur

Nach Garende umstechen vom kleineren in das nächst größere Produkt

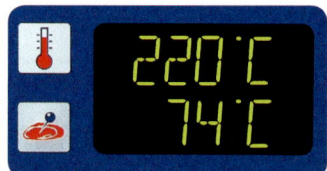

Temperatureinstellungen

Übernachtgaren / Langzeitgaren

Beim intelligenten Kochpfad wird für das Gargut in jedem Garschritt die ideale Kombination aus allen Parametern berechnet. Beispielsweise eignet sich der Kochpfad „Übernachtbraten" für alle größeren Fleischstücke und Großgeflügel.

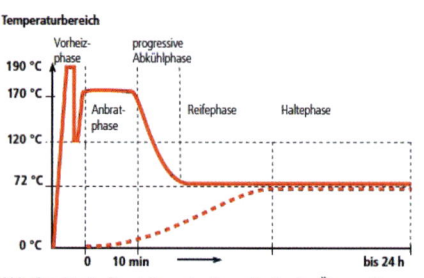

Abb: Graphische Darstellung des Garverlaufes der Übernachtgarung

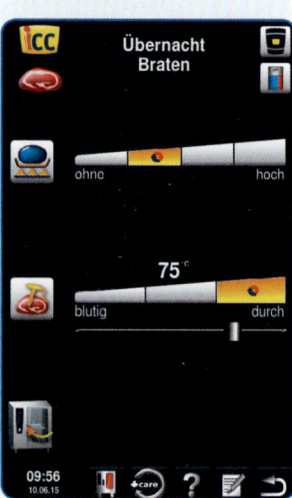

Intelligentes Garen: Einstellung Übernachtbraten

Auf Tastendruck wird das Fleisch automatisch angebraten und anschließend sehr schonend im Niedertemperaturbereich gegart. So wird das Fleisch besonders saftig und zart. Beim Krustenbraten sorgt ein automatischer Überkrustungsschritt am Ende des Przesses für die gewünschte Knusprigkeit. Und das alles nachts, wenn kein Koch in der Küche ist.

Garen mit Kerntemperaturfühler

Für größere Fleischstücke gibt es weitere Möglichkeiten, über die Kerntemperatur zu optimalen Ergebnissen zu kommen. Weil die Wärme **meist** langsam zugeführt wird, entstehen im Fleisch weniger Spannungen. So erhält man einen saftigen Braten, der für längere Zeit servierbereit gehalten werden kann. Ein Übergaren wird durch die Zieltemperatur verhindert.

Garprofil für Braten

Niedertemperaturgaren (NT-Garen)

Beim NT-Garen werden niedrige Temperaturen eingesetzt, die Garzeit verlängert sich.

Arbeitsablauf
- Gerät vorheizen,
- in Fleisch Kerntemperatur-Fühler einstecken,
- in der Reifephase geht die Kerntemperatur auf die vorgewählte Stufe zurück.

Delta-T-Garen

Bis zum Erreichen der gewünschten Kerntemperatur (z. B. 75 °C) wird vom Gerät eine ständig gleichbleibende Differenz zwischen Garraumtemperatur und der ansteigenden Kerntemperatur aufrechterhalten, bis beide sich immer weiter bis zum gewünschten Ergebnis angleichen. Delta-T-Garen ist ein besonders schonendes Garverfahren mit wenig Gewichtsverlust (zwischen 3 und 5 %). Es eignet sich für alle Fleischstücke, bei denen es nicht auf Farbgebung (Röststoffe) ankommt.

Arbeitsablauf
- in Fleisch Kerntemperatur-Fühler einstecken,
- die Temperatur steigt langsam an, wobei zwischen der gewählten Kerntemperatur und der Temperatur des Garraumes stets ein bestimmter, gleichbleibender Abstand (Delta-T) gehalten wird.

Dampfgaren ohne Druck

Neben dem Garen mit Heißluft und dem kombinierten Garen mit Heißluft und Dampf kann die Option Dämpfen gewählt werden. Das Dampfgaren findet bei 100 % Feuchtigkeit mit frei wählbarer Temperatur statt. Dies ermöglicht die schonende Zubereitung aller Rohstoffe mittels feuchter Wärme, ohne sie schwimmend in eine Kochflüssigkeit zu geben. Das Auslaugen und Verändern der Rohstoffe in Form und Farbe ist so verhindert, und der Erhalt der Inhaltsstoffe ist sichergestellt. Vitamine und Mineralstoffe bleiben weitestgehend erhalten.

Vorteil bei richtiger Anwendung: Gemüse bleibt knackig, Fisch glasig und Geflügel saftig.

Anwendungsbeispiele:
- Hefeklöße, Serviettenknödel oder Semmelknödel
- Viele Gemüse und Obsttarten
- Fisch
- Helles Geflügel
- In der Asiatischen Küche werden in Dim-Sum-Körben (Bambuskörben) ganze Gerichte über Dampf gegart.

Küche

KÜCHENAUSSTATTUNG

Erstellen von Garprogrammen

Vorteil von Garprozessen: Einheitliches Ergebnis, egal wie groß das Gargut ist, da durch die Intelligenz im Kombidämpfer der Prozess angepasst wird – Zeiten und Temperaturen sind je nach Beladungsmenge und Gargutzustand unterschiedlich.

Diese Geräte haben für fast alle Zubereitungen bereits fertige Kochpfade gespeichert, doch es besteht immer die Möglichkeit, eigene Programme für spezielle Anforderungen/Rezepte einzubringen.

Heißluftgeräte verstehen nicht „Bei milder Hitze garen und kurz vor Garende bei starker Hitze eine Kruste bilden". Es werden konkrete Angaben mindestens zur Temperatur und Garzeit benötigt. Herkömmliche Garanweisungen bewährter Rezepte müssen darum auf die Sprache der Kombigarer übertragen werden.

Die Beispiele unten zeigen, wie zunächst die Erfahrungen in konkreten Werten festgelegt und in ein eigenes Konzeptpapier eingetragen werden. Wenn Überlegungen so dokumentiert werden, kann man später ohne Probleme ändern oder verfeinern.

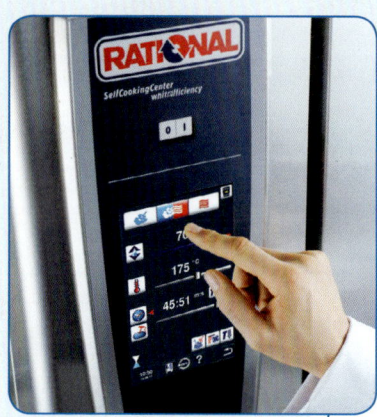

Unterschiedliche Muster von Firmen für das Festhalten von Daten für eigene Programme

Gargut/ Anmerkungen	Menge/ Einschubteile	Programm- platz	Schritt	Verfahren	Temperatur	Garzeit (Min.) oder Kerntemp. (°C)	Zusätzliche Einstellungen
Schweine- hackbraten	3 x 2,5 kg	115	1	Dämpfen	100 °C	10 Min.	
			2	Heißluft	140 °C	15 min	Dampflauf
			3				

Programmnummer: **Produkt: Schweinebauch**

Gar- medium	1. Schritt	2. Schritt	3. Schritt	4. Schritt	5. Schritt	6. Schritt	7. Schritt	8. Schritt	9. Schritt
	feuchte Hitze	f. u. tr. Hitze	trockene Hitze						
	100 %	70 %	70 %						
	100 °C	160 °C	220 °C						
	30 Min.	76 °C	78 °C						

Speichern von Programmen in Kombigargeräten

Es können sowohl intelligente als auch manuelle Garabläufe gespeichert werden.

Programme können individuell mit allen Parameter manuell gespeichert werden oder man nutzt die von den Herstellern hinterlegten intelligenten Abläufe. In beiden Fällen muss ein neues Programm erstellt und unter einem Namen gespeichert werden. Diese Programme müssen allen Mitarbeitern in Schulungen erläutert werden. (Am besten legt man eine Dokumentationsmappe für Programme an.)

3 Maschinen und Geräte

Programmieren – Combi-Dämpfer-Modus

Sie können ein manuelles Programm mit bis zu 12 Schritten ganz nach Ihren Wünschen erstellen.

Schritt	Info/Taste	Beschreibung
1		Drücken Sie die Taste.
2		Drücken Sie die Taste, um ein neues Programm zu erstellen.
3	Rührei	Programmnamen eingeben (z. B. Rührei).
4	✓	Drücken Sie die Taste zur Speicherung des Namens.
5		Wählen Sie eine manuelle Betriebsart, zum Beispiel Kombination.
6		Drücken Sie die Taste zum Vorheizen des Garraumes.
7		Stellen Sie die gewünschte Vorheiztemperatur ein.
8		Zum Speichern des Schrittes drücken Sie die Taste einmalig. Es kann ein weiterer Schritt eingefügt werden.
9		Wählen Sie die Betriebsart für den zweiten Programmschritt.
10		Wählen Sie die gewünschten Garparameter.
11		Zum Speichern des Schrittes drücken Sie die Taste einmalig. Es kann ein weiterer Schritt eingefügt werden.
12	END	Drücken Sie erneut die Taste zum Beenden des Programmiervorganges.

☞ Nach Ablauf eines jedes einzelnen Programmschrittes können Sie ein akustisches Signal ertönen lassen. Aktivieren Sie dazu die "Summer"-Taste.

Sie können in jedem Programmschritt die gewünschte Luftgeschwindigkeit einstellen.

Sie können in den Betriebsarten Heißluft und Kombination für jeden Programmschritt die Beschwadung in 3 verschiedenen Stufen aktivieren. Siehe auch Kapitel "manuelle Beschwadung".

Programmieren – iCookingControl-Modus

Beispiel: Sie benennen „Braten" um und speichern den Garablauf unter dem neuen Namen „Kalbsbraten" mit individuellen Einstellungen, z. B. „Bräunung hell" und „Gargrad durch" ab.

Schritt	Info/Taste	Beschreibung
1		Drücken Sie die Taste.
2		Drücken Sie die Taste, um ein neues Programm zu erstellen.
3	Kalbsbraten...	Programmnamen eingeben (z. B. Kalbsbraten).
4	✓	Drücken Sie die Taste zur Speicherung des Namens.
5	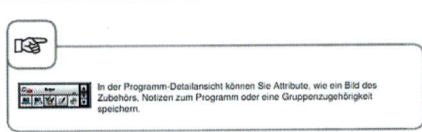	Wählen Sie die Betriebsart "Fleisch".
6	Braten	Wählen Sie "Braten".
7		Bräunungsgrad und Gargrad kann individuell verändert werden.
8		Taste drücken zum Speichern des Garablaufes und Öffnen des Auswahlfensters.
9		Wählen Sie z. B. ein Bild für das Gargut oder verlassen Sie die Programm-Detailansicht durch Drücken der "Speichern"-Taste.

☞ In der Programm-Detailansicht können Sie Attribute, wie ein Bild des Zubehörs, Notizen zum Programm oder eine Gruppenzugehörigkeit speichern.

Dampfgaren mit Druck

Bei normalem Luftdruck siedet Wasser bei 100 °C. Mit zunehmendem Druck steigt der Siedepunkt. Diesen physikalischen Zusammenhang nutzt man bei Dampfgargeräten mit Druckfunktion.

Für die Küche ist folgender Zusammenhang wichtig:
- Je höher der Druck, desto höher die Temperatur.
- Je höher die Temperatur, desto kürzer die Garzeit.
- Das Garen bei höheren Temperaturen *kann* zu veränderten Ergebnissen führen, z. B. faseriges Fleisch oder weiches Gemüse. Die Hersteller- und Rezepturangaben sind unbedingt einzuhalten.

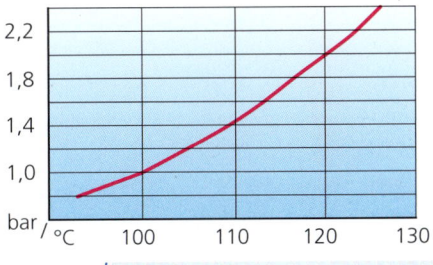

Der Siedepunkt ist druckabhängig.

Dampfdrucktopf

Dieses Prinzip gilt auch für den Dampfdrucktopf oder Schnellkochtopf. Der Dampf entsteht in einem dichten und fest verschlossenen Topf. Ein Ventil regelt den Dampfdruck. Nach dem Garprozess muss der gesamte Druck durch Herunterkühlen abgebaut werden oder durch ein Ablassventil schnell entweichen. Erst dann lässt sich der Topf wieder öffnen. Schnellkochtöpfe dürfen niemals mutwillig mit Kraft geöffnet werden. Der Druck würde schlagartig entweichen. Es kann zu schwersten Verletzungen kommen.

Steamer / Dampf-Schnellgarer

Im Vergleich zum Schnellkochtopf ist der Garraum von der Dampferzeugung getrennt. Der erzeugte Dampf wird zum Gargut geleitet, was gegenüber dem Dampfdrucktopf zu deutlich besseren Ergebnissen führt. Ein zu schnelles Übergaren kann verringert werden.

Hinweise
- Achten Sie unbedingt auf die Herstellerangaben und beachten Sie dabei immer den Arbeitsschutz.
- Garraum steht unter Druck, beim Öffnen entweicht heißer Dampf. **Unfallgefahr**!
- Lebensmittel mit längerer Garzeit sind besonders geeignet, z. B. Kartoffeln.
- Die Garzeiten bewegen sich in sehr engen Grenzen. Bei kurzem Überschreiten verkochen Lebensmittel stark, die Verluste an Inhaltsstoffen sind hoch.
- Beim Druckgaren kann man nicht „zwischendurch prüfen". Darum muss von Anfang an rezeptgenau gearbeitet werden.

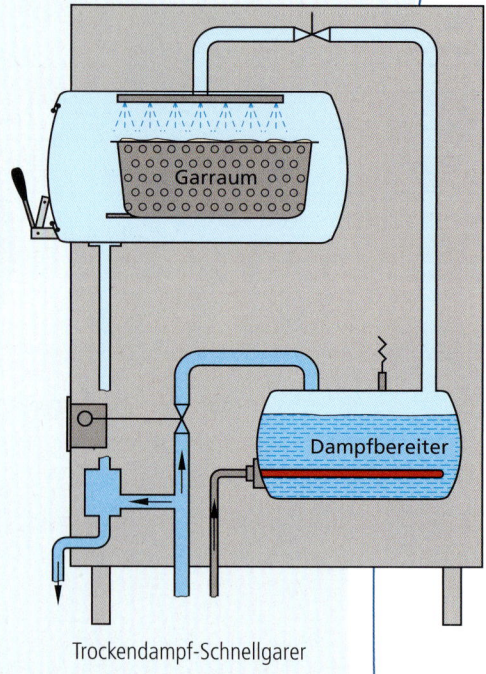

Trockendampf-Schnellgarer

3.6 Niedertemperatursysteme / Sous-vide-Garen

Warmhalte- / Niedertemperatur-Gargeräte

Einsatzmöglichkeiten sind:
- beim Langzeitgaren mit sehr niedrigen Temperaturen,
- zum Bereithalten von Speisen im À-la-Carte (Cook & Hold, siehe S. 181)
- zum Trocknen von Lebensmitteln
- Der Temperaturbereich liegt zwischen 50 und 120 °C und unterliegt nur sehr geringen Schwankungen von maximal +/−2 °C.

Hinweise:
- Langsames Aufwärmen der Geräte ermöglicht einen exakten Temperaturverlauf, was ein rechtzeitiges Vorheizen bedingt.
- Über eine Kerntemperatursonde lassen sich der Garverlauf und die Kerntemperatur steuern.
- Die Umgebungstemperatur lässt sich ebenfalls steuern und sollte 20 °C über der Kerntemperatur liegen.
- Durch die Möglichkeit Rohstoffe zu entfeuchten, können selbst frittierte Speisen warmgehalten werden. Optional verfügen die Geräte meist über eine Räucherfunktion.

Thermalisierer / Garen im Wasserbad

Rohstoffe wie Fleisch, Fisch oder Gemüse werden in Siegelrandbeuteln, mit Aromen und dem Hauptrohstoff in einem Vakuumierer luft- und wasserdicht verschlossen. Die Rohstoffe können sowohl ohne vorherige Rohstoffbehandlung oder mit vorangegangenen Garverfahren im Beutel versiegelt werden. Aromen und Rohstoff können so ohne äußere Einflüsse ihre Aromen optimal entfalten und austauschen. Anschließend wird der Beutel mit dem entstandenen Unterdruck im temperierten Wasser gegart. Die Temperaturbereiche liegen je nach Rohstoff bei 50–85 °C.

Anwendung Fleisch

Fleisch wird bei herkömmlichen Verfahren bei hoher Hitze gegart. Im Sous-vide-Verfahren findet dieser Prozess bei maximal 64 °C statt. Wasser befindet sich zum größten Teil in den Muskelfasern. Bei Garmethoden unter 64 °C denaturieren nicht alle Proteine. Dem Fleisch geht weniger Wasser verloren (Wasser wird an das Eiweiß gebunden). Der Garvorgang dauert aber erheblich länger, da die festen kollagenen Eiweiße erst in zarte Gelatine umgewandelt werden müssen.

> **Slow-Low-Sear** kann man übersetzen mit „langsam, niedrig und scharf" anbraten. Um ein perfekt saftiges Ergebnis bei Fleisch und Fisch zu erhalten, wird entweder vor dem Sous-vide-Garen angebraten oder danach (Rückwärtsgaren).

Rückwärtsgaren im Sous-vide-Verfahren

Beim klassischen Garverfahren wie Braten, Schmoren, Grillen werden durch die Maillard-Reaktion Zucker und Proteine an der Fleisch-Oberfläche verändert. So entstehen wohlschmeckenden Röststoffe, und die Farbe wird intensiver.

Beim Rückwärtsgaren wird erst nach dem eigentlichen Garvorgang die Kruste gebildet.

Vorteil:
- Da die Rohstoffe bei sehr niedrigen Temperatur optimal gegart werden, wird durch die nachträgliche Krustenbildung die Serviertemperatur erreicht.
- Da wo erwünscht kann sich eine ausgeprägte Kruste bilden. Eine Krustenbildung vor dem Sous-vide-Verfahren würde eine weiche Oberfläche ergeben.

> **Maillard-Reaktion**
> Hitzebedingte chemische Vorgänge, die zur Aromaverstärkung und zur Farbvertiefung führen.
> Ein angeschnittener Apfel wird nach kurzer Zeit braun – dies nennt man enzymatische Bräunung.
> Bei der Maillard-Reaktion ist es eine nicht enzymatische Bräunung, hier reagieren Zucker mit z. B. Proteinen oder Peptiden bei Hitzeeinwirkung.
> Braten oder Kaffee erhalten so ihre typische Farbe und ihren typischen Geschmack.

Küche

KÜCHENAUSSTATTUNG

Anwendung Gemüse

Gemüse mit einem hohen Stärkeanteil wie Möhren oder Sellerie brauchen Temperaturen über 80 °C, um die Zellstruktur aufzubrechen. Ab 80–85 °C ergeben gegarte Gemüse eine zarte bis cremige Konsistenz mit intensiven Aromen der jeweiligen Rohstoffe. Diese können dann z. B. als Püree, für Suppen oder Soufflé verwendet werden.

Gemüse benötigt höhere Temperaturen, um den Garpunkt zu erreichen. Dadurch ist die Zugabe von Gemüse (Röstgemüse) bei Sous-vide-Garen in Verbindung von Fleischgerichten mit Saucenansatz wie z. B. geschmorte Ochsenbacke nur bedingt zielführend.

Aromen und Inhaltsstoffe werden nur unvollständig abgegeben.

Vorteile des Sous-vide-Garens

- Sehr geringer Gewichtsverlust – ca. 5 % gegenüber 40 % bei herkömmlichen Verfahren
- Sehr geringer Stromverbrauch
- Rohstoffe können ohne Aufsicht garen, ohne den Garpunkt zu verfehlen – z. B. bei Verspätung der Gäste, Reden, Pausen.
- Geschmack und Garpunkte sind perfekt zu steuern.

Nachteile des Sous-vide-Garens

- Keine Saucenbildung – Saft bleibt aber im Fleisch erhalten
- Externer Saucenansatz ist somit auch bei Gulasch, größeren Fleischteilen, Rouladen usw. unumgänglich.

Arbeitshinweise

- Temperaturen kontrollieren
- Kontrolle der Rohstoffe auf einwandfreien Zustand
- Nur beste Produktqualität verwenden

Temperatur-Beispiele
- **Rind** bei 55 – 62 °C: je zarter das Fleisch, desto niedriger die Temperatur – pro cm ca. 10 Minuten Garzeit
- **Geflügel** bei 63 – 65 °C 20 Minuten pro cm
- **Fisch** bei 54 – 60 °C 10 Minuten pro cm
- **Gemüse** bei 80 – 85 °C

> Die Einhaltung der Kerntemperaturen laut den Hygienegrundsätzen sind nicht gegeben. Grundvoraussetzung für das Arbeiten in diesem Verfahren ist daher eine tadellose und hygienisch einwandfreie Produktqualität!! **Keine Keimtötung bei niedrigen Temperaturen.**

3.7 Fritteuse und Filtersysteme

Fritteuse 🇬🇧 deep-fryer 🇫🇷 friteuse (w)

In der Fritteuse wird zum Garen benötigte Wärme durch heißes Fett übertragen. Bei Temperaturen um 170 °C ist die Garzeit kürzer.

Bei Fritteusen liegen die Heizschlangen in einem bestimmten Abstand über dem Boden. Der unter der Heizschlange liegende Bereich (Kaltzone) ist an der Bewegung des Fettes nicht beteiligt. Fallen Schwebeteilchen zwischen den Heizschlangen nach unten, so bleiben sie am Boden liegen, setzen sich ab und werden nicht erneut nach oben transportiert. Weil die in der Kaltzone abgesetzten Teilchen nicht verbrennen, wird das Fett weniger belastet und ist darum länger verwendbar.

Fritteuse

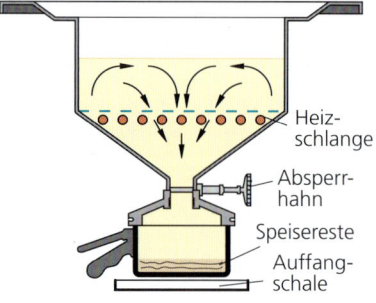

Fettbad mit Läuterung

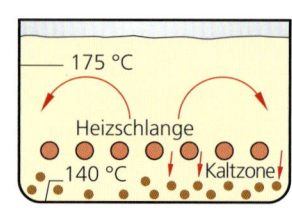

Fritteuse Schemazeichnung

3 Maschinen und Geräte

Vergleich: Frittieren im Topf

Bei einem Fett-Topf, der je nach Bedarf zwischen Herdmitte und Rand hin- und hergeschoben wird, steigt die Temperatur am Boden bis auf 250 °C an. Das erwärmte Fett steigt auf und reißt Schwebeteilchen mit. Diese setzen sich als dunkle Punkte auf dem Gargut ab.

- Überhitztes Fett und die verbrannten Schwebeteilchen bilden schädliches Acrylamid.
- Arbeitssicherheit durch eventuell überschwappendes heißes Fett ist nicht gegeben.
- Temperatur kann nicht genau gesteuert werden, dadurch entstehen ungleiche Produkte.

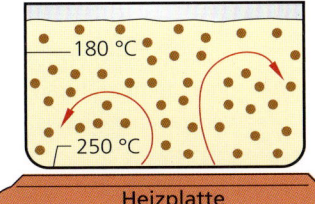
Fett-Topf

Eigenkontrollverpflichtung

- Rechtsgrundlage bilden dabei immer die geltenden Fassung der Lebensmittelhygiene-VO und die allgemeinen Grundsätze des Hygienerechts: Nach dem Lebensmittelrecht gilt verbrauchtes Öl als verdorben, ebenso Speisen, die darin gegart werden.
- Die Qualität kann mittels Schnelltest geprüft werden. Der Anteil an verdorbenen Fettsäuren wird angezeigt.

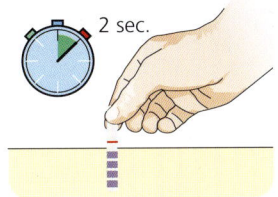
Schnelltest mit Testreifen

Fettverderb

- Eine optische Prüfung von verdorbenem Fett ist kaum möglich. Eiweißreiche Lebensmittel lassen das Fett schnell dunkel werden, während stärkereiche Lebensmittel das Fett lange hell aussehen lassen.
- Verdorbenes Fett raucht bereits ab einer Temperatur von 150 °C.
- Verbrauchtes Fett schmeckt bitter/kratzig und verbreitet einen brandigen, beißenden Geruch.

Hinweise zur Benutzung

- Feste Fette müssen vorher in einem Topf geschmolzen werden, da die Heizschlangen nicht vom Fett umgeben sind und sehr hohe Temperaturen entwickeln, welche die Heizelemente und das Fett schädigen.
- Optimale Fetttemperatur wählen – zwischen 150 und unter 175 °C
- Geeignetes Frittierfett benutzen – z. B. **feste** Fette wie Palmfett – sind hoch hitzebeständig, enthalten aber 3-mal so viele gesättigte Fettsäuren wie flüssige Öle. **Flüssige** Öle wie Rapsöl sind gesünder, oxidieren leichter und verderben somit schneller.
- Das Fett ist täglich abzulassen und durch das feinste Haarsieb oder ein Tuch zu filtern.
- Fisch und Fleisch belasten das Frittierfett mehr als stärkereiche Lebensmittel. Der eventuell austretende Wasser- und Eiweißanteil lassen das Fett schneller verderben.

• Fritteusen können über einen internen Ablauf und einen darunter befindlichen Auffangbehälter mit sehr feinem Siebeinsatz am Ende der jeweiligen Tätigkeiten oder am Ende der Arbeitsschicht gefiltert werden. Danach kann das gereinigte Fett wieder in die Fritteuse gefüllt werden.

• **Nur geeignete Fette verwenden.**
Die Frittier-Temperatur sollte unter 175 °C sein und nur so hoch gewählt werden, wie zur Bräunung und Geschmackgebung notwendig. Überhitztes Fett bildet das schädliche Acrylamid. Während der Arbeitspausen ist das Gerät abzudecken und auf etwa 100 °C zurückzuschalten. Dadurch wird die Haltbarkeit des Fettes verlängert.

• Bei beginnendem Fettverderb muss das Fett immer vollständig ausgewechselt werden. Das Inverkehrbringen von Speisen mit verbrauchtem Fett ist strafbar!

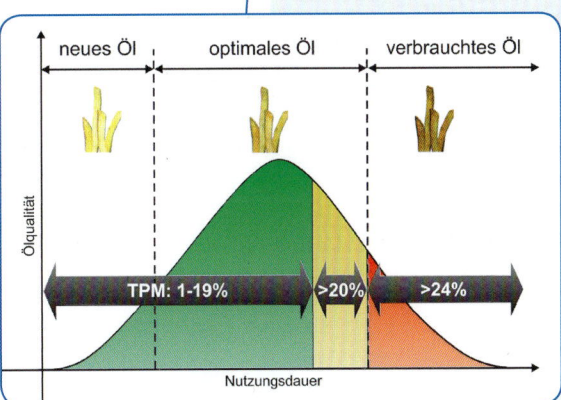

Küche

KÜCHENAUSSTATTUNG

- Verschiedene Rohstoffgruppen immer in getrennten Becken frittieren! Eine geschmackliche Beeinflussung ist nicht auszuschließen.
- Nicht über der Fritteuse würzen! Salz und Gewürze können den Fett-Verderb beschleunigen, z. B. durch Hydrolyse oder Verbrennen von Gewürzpartikeln.
- Bei Tiefkühlprodukten **muss** eventuell anhaftendes Eis entfernt werden.
- Weitere Faktoren für den Fettverderb sind falsche/zu hohe Anwendungstemperaturen und Licht.
- Verbrauchtes Fett ist ordnungsgemäß zu entsorgen.

Vollautomatische Filteranlagen

Solche Geräte können Öl vollautomatisch, auch bei Betriebstemperatur, effektiv filtern. Dies erhöht die Lebensdauer bis zu 50 %. Arbeitszeit, Einsatz von Öl und die Entsorgung von Altöl werden damit erheblich minimiert.

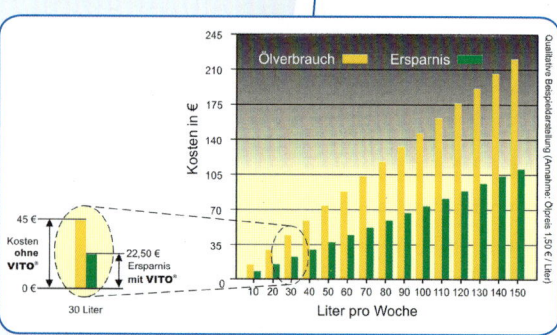

Trotz sofortiger und regelmäßiger Filterung kann auf das Testen der Öl-Qualität nicht verzichtet werden. Auch gefilterte Öle haben durch ständige Anwendung eine begrenzte Haltbarkeit.

Wichtige Hinweise zum Umweltschutz und zur Unfallverhütung in den Kapiteln Umweltschutz auf Seite 45 und Sicheres und gesundes Arbeiten auf Seite 136.

3.8 Grill   grills and griddles   gril (m)

Ein Grill gart das Gargut durch trockene Strahlungswärme. Die direkte Hitzeeinwirkung führt zu kurzen Garzeiten und meist intensiven Röstaromen. Die indirekte Methode wird meist bei großen Fleischstücken, bei gewünschten zarten/weichen Konsistenzen oder bei besonderen Aromen wie Rauch angewendet. In der Praxis lassen sich verschiedene Grillarten unterscheiden.

Holzkohlegrill	Gasgrill	Barbecue-Smoker	Steakofen
Lavasteingrill	Salamander	Kontaktgrill/-bräter	Drehgrill

> Nicht alle aufgeführten Arbeitsgeräte führen auch zum Ergebnis „gegrillt". Die Gerichte sollten auf der Speisekarte auch nicht so benannt werden. Der Gast/Kunde hat von der Beschreibung z. B. „gegrilltes Nackensteak" eine präzise Vorstellung, die mit dem Braten in einer „Grillpfanne" oder auf einer „Griddelplatte" nicht erfüllt werden kann.

Holzkohlegrill

Grillen mit dem Holzkohlegrill kann nur im Außenbereich stattfinden, stellt dort ein visuelles Highlight dar und kann so zu Umsatzzuwächsen führen. Wichtig ist das richtige Anzünden und Durchglühen der Holzkohle. Die Glut soll gleichmäßig sein, dabei soll die Holzkohle weiß glühen. Die Auflageflächen für die zu garenden Rohstoffe sollten aus rostfreiem Edelstahl oder Gusseisen bestehen.

3 Maschinen und Geräte

Gasgrill

Hier ist die Energiequelle Propangas aus extern angeschlossenen Gasflaschen. Der Umgang sollte sehr sorgsam geschehen, da nicht ordnungsgemäß angeschlossene Flaschen ein großes Sicherheitsrisiko darstellen. Aus Sicherheitsgründen sollte man ein Niederdruckventil/Druckminderventil und eine Schlauchbruchsicherung einbauen.

Sicherheitsmaßnahmen gelten auch für:
- Gasbetriebene Hockerkocher,
- Paella-Brenner,
- Terrassen-Heizstrahler und
- Gas-Wok

Smoker

Smoker kommen eigentlich aus dem Bereich der Imker. Sie werden beim Räuchern von Tellergerichten sehr gern in der Gastronomie verwendet.

Der Barbecue-Smoker ist ein geschlossener Grill, der mit indirekter Feuerstelle und verschiedenen Kammern hauptsächlich zum Langzeitgaren eingesetzt wird. Die erzeugte Wärme/Rauch strömt dann von der Feuerstelle in die einzelnen Kammern.

Der Grill besteht aus schwerem Material und ist sehr dickwandig, um die Hitze lange Zeit und gleichmäßig aufrecht zu erhalten.

Steakofen

Sind mit Gas und Infrarot beheizte geschlossene Öfen, die Temperaturen bis 800 °C erreichen können. Zum Vergleich erreicht ein Outdoor-Gasgrill meist bis 340 °C und ein Holzkohle-Grill je nach Holzkohle bis 300 °C.

Ausnahme bei mit Holzkohle betriebenen Steaköfen ist der Josper-Grill, der eine Temperaturspitze von 500 °C erreicht. Durch die hohen Temperaturen, die nur auf den Rohstoff wirken, entsteht eine Maillard-Reaktion. Durch die hohen Temperaturen entsteht ein hoher Druck auf den Fleischsaft, eine Ruhephase ist unbedingt einzuhalten.

Lavasteingrill

Der Lavasteingrill wird mit Gas oder elektrisch betrieben. Die Energiequelle erhitzt die eingesetzten Lavasteine, die Hitze wird gleichmäßig gespeichert und verteilt. Durch herabtropfende Säfte und Fett werden die Steine verunreinigt und müssen regelmäßig gereinigt werden. Wenn keine fettigen Marinaden verwendet werden, entsteht wenig Rauch, da das Grillgut nicht wie bei anderen Grillarten der direkten Flamme ausgesetzt wird.

Salamander

Der Salamander wird mit Gas oder Strom betrieben, dabei erhitzen sich Hochleistungsheizelemente und geben Strahlungshitze an den Rohstoff ab, um diesen zu bräunen/rösten.
Der Abstand zum Gargut ist mit Einschüben oder stufenlos einstellbar und regelt damit auch die Intensität. Geeignet zum Gratinieren, Rösten von Rohstoffen oder zur kurzzeitigen Heißhaltung vor der Ausgabe.

Küche

KÜCHENAUSSTATTUNG

„Kontaktgrill"/Kontaktbräter

Hier wird die Hitze durch Kontaktwärme an die Rohstoffe übertragen (gebraten). Die meisten Geräte haben eine stufenlose Temperaturauswahl von 50 °C–300 °C. Das Gargut wird gleichzeitig und beidseitig durch Hitze gegart. Dabei können die Heizplatten gerillt oder glatt sein, manchmal auch als Kombination aus beidem. Nachteilig wirkt sich das Gewicht aus, mit dem die Rohstoffe zusammengedrückt werden und dabei Feuchtigkeit/Fleischsaft aus dem Produkt drücken. Geeignet für Gemüse mit Grillmuster, Steak, Panini, Croques oder Sandwich, Mürbeteig für herzhafte Kleinigkeiten.

Drehgrill

Drehgrill

Bei einem Drehgrill wird das Fleisch in der Mitte des Grills auf einem Spieß in der Strahlungswärme des Grills gedreht und so von allen Seiten gleichmäßig gegart. Der Grillspieß kann dabei horizontal (Hähnchengrill/Ochsengrill) oder vertikal (Dönergrill) angebracht sein. Die Wärmezufuhr muss stets an die Entfernung des Grillguts zur Wärmequelle angepasst und nachreguliert werden.

Sehr gut auch auf Märkten für Mutzenbraten, Spießbraten, Krustenbraten oder Ähnlichem einzusetzen.

3.9 Multifunktionsgeräte

Mikrowellengerät   🇬🇧 microwave oven   🇫🇷 four (m) à micro-ondes

Mikrowellengerät

Der wesentliche Teil eines Mikrowellengerätes ist das Magnetron. Das ist eine besondere Röhre, die elektromagnetische Wellen erzeugt. Diese werden in den Garraum geleitet. Dort dringen sie in die Lebensmittel ein und bringen die darin enthaltenen Wassermoleküle (Dipole) zum Schwingen. Durch diese Bewegungen reiben sich die Moleküle aneinander. Es entsteht Wärme – auf die gleiche Weise, wie wenn wir die Hände aneinander reiben.

Wird ein Rohstoff mit der gleichen Dichte und gleichmäßigen Proportionen in die Mikrowelle gegeben, dann werden die Mikrowellen gleichmäßig verteilt. Regeneriert man z. B. ein Tellergericht, bei dem alle Komponenten eine andere Dichte und Dicke haben, wird zuerst die Sauce heiß und der Rest ist noch kalt.

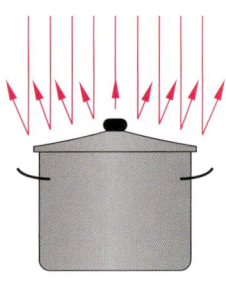

Reflektierende Mikrowellen

In Lebensmitteln dringen Mikrowellen ein und erzeugen Wärme. Die gleichzeitige Erwärmung aller Moleküle der Speisen führt zu sehr kurzen Garzeiten.

Die Leistungsfähigkeit ist abhängig von:
- der Eindringtiefe der Strahlen,
- der Dicke der Speisen sowie
- dem Wassergehalt der Speisen, wasserreiche garen schneller.

Die Garzeit ist von der Menge abhängig. Bei steigender Menge steigt auch die Garzeit trotz gleicher Leistungsstufe.

Je nach Hersteller und Ausführung können Mikrowellengeräte mehr als nur Speisen erwärmen. Es gibt
- Einfache Mikrowellen
- Mikrowellen mit Grillfunktion
- Mikrowellen mit Heißluft

In bestimmten Mikrowellengeräten kann daher auch gebacken oder überbacken werden.

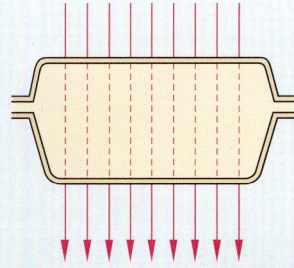

MW durchdringen Glas und Porzellan

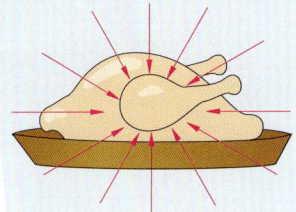

MW dringen in Lebensmittel ein.

Mikrowellengeschirr

Geeignet sind Behälter aus Glas, Porzellan und Kunststoffen. Diese sind für die Frequenzen der Mikrowelle durchlässig und erwärmen sich dabei nicht selbst.

Metallgeschirr ist nicht geeignet, weil es die Mikrowellen reflektiert (zurückwirft).

Hinweise zur Benutzung

Beim **Wiedererwärmen** (Regenerieren) bereits zubereiteter Speisen auf die Zeitangaben der Hersteller achten.

Beim **An- und Auftauen** die Auftauautomatik oder eine kleine Leistungsstufe verwenden. Wird dem gefrorenen Lebensmittel zu rasch Energie zugeführt, kann sich die Wärme nicht ausreichend verteilen. Es entstehen **überhitzte Stellen/Hotspots**, die zu Verbrennungen führen können.

Nicht geeignet sind Mikrowellen zum Braten, weil keine Röststoffe erzeugt werden.

Die **Pflege** der Geräte ist einfach. Da keine Speisenteile anbrennen, genügen Lappen und warmes Wasser.

> **Siedeverzug – Unfallgefahr!**
> Achtung: Bei besonders glatten und hohen Gefäßen oder bei Gefäßen mit Kratzern kann ein sogenannter Siedeverzug auftreten/Wasser verdampft explosionsartig. Im Wasser fehlen Siedekeime, an denen sich Dampfblasen bilden können.

Küche

KÜCHENAUSSTATTUNG

Küchenmaschine mit Kochfunktion

In Küchenmaschinen mit Kochfunktion können Rezepturen ohne Umbau der Geräte in allen Arbeitsschritten umgesetzt werden.

Diese Geräte können je nach Hersteller wiegen, mischen, schlagen, rühren, kochen und dampfgaren.

Küchenmaschine mit Multifunktion

Verschiedene Hersteller stellen dem Markt Geräte mit Zubehörteilen aus allen Vor- und Zubereitungsbereichen der Küche zur Verfügung.

Die meisten Maschinen verfügen über Zubehör zum Hobeln und Raspeln für Gemüse, Nudelaufsätze, Fleischwolf, Planetenrührwerk mit Rute – Flachrührer und Knethaken oder Aufsätze zum Pürieren, Entsaften oder für die Eisherstellung.

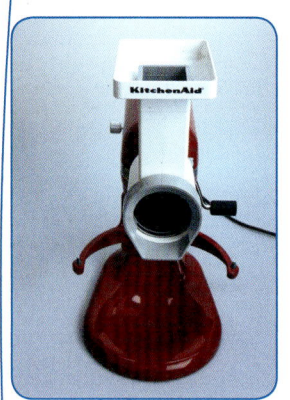

❹ Speisenproduktionssysteme

Cook & Serve mit intelligentem Kontrollsystem

Auf nur einem Quadratmeter Fläche nutzen Köche eine Vielzahl verschiedenster Kochgeräte, wie Töpfe, Pfannen, Grill, Bratplatte oder Fritteuse gleichzeitig. Eine Bestellung mit einem Steak wird auf Abruf gebraten – à la minute – und muss sofort serviert werden. Die Gemüsebeilage und Sättigungsbeilage sollen gleichzeitig serviert werden.

Mit dem intelligenten Kontrollsystem können Köche unterschiedlichste Speisen in einem einzigen Gerät zubereiten.

Welche Speisen zusammen gegart werden können, zeigt das Kombigargerät im Display an.

Speisen auf Tellern regenerieren

Die Computersteuerung überwacht jeden Einschub einzeln. Je nach Beschickungsmenge und je nachdem, wie oft und wie lange die Tür offensteht, korrigiert das Kombigargerät intelligent die Garzeit und informiert darüber. Hierbei werden trotz unterschiedlicher Produkte in einem Gerät Geschmacksübertragungen vermieden (z. B. beim Dämpfen).

Cook & Hold

Vieles wird zeitlich vor dem Service produziert, bis zur Ausgabe warmgehalten und bei Abruf angerichtet, z. B. Schmorgerichte wie Gulasch oder große Braten. In diesem Fall gilt: **Kochen und Warmhalten** oder **Cook & Hold**. Besonderes Augenmerk liegt hier auf Verzehr und Ausgabetemperatur sowie Standzeiten ohne Qualitätsverlust.

Cook & Chill

Kochen und Kühlen stehen bei Produktion und Service nicht mehr in direkter Verbindung. Die Speisen werden nach der Zubereitung binnen 2 Stunden (Schockkühler s. S. 158) auf +3 °C gekühlt und entweder vorrätig gelagert oder gleich portioniert und in gekühlte Trolleys verpackt. So haben Mikroben keine Gelegenheit sich zu vermehren.

Bei Bedarf bringt man die Speisen auf Serviertemperatur, man regeneriert. So können große Hotels z. B. bei Kongressen zeitgleich eine große Anzahl an Gästen versorgen. In Krankenhäusern mit vielen Stationen, Nebengebäuden oder angeschlossenen Kliniken in der näheren Umgebung kann so eine große Anzahl an Patienten direkt auf der Station mit regeneriertem Essen versorgt werden. Das Regenerieren findet direkt vor Ort statt und verursacht keine Temperaturverluste, lange Stand- und Warmhaltezeiten entfallen.

Die Speisen können somit in optimaler Qualität beim Gast, Patienten, Mitarbeiter in Kantinen, Betriebsrestaurants, bei Schulspeisung oder in Kliniken sichergestellt werden.

Grundtechniken der Küche

1 Vorbereitende Arbeiten

 preparatory work travaux préparatoires

1.1 Einführung

Die meisten Lebensmittel werden vor dem Genuss vorbereitet, bearbeitet und/oder zubereitet.

Bestimmte Arbeitsschritte können durch Industrie oder Zulieferer abgenommen werden. Dies dient der Zeitersparnis und schont wichtige Personalressourcen. Größte Sorgfalt ist dabei aber geboten, denn Rohware und Convenienceprodukte können belastet sein, z. B.:

- tiefgekühlte Erdbeeren oder geputzter Salat mit EHEC-Bakterien
- zugeschnittenes Fleisch mit Salmonellen
- gerupfter und gewaschener Grünkohl mit Botulinus-Bakterien.

Viele Lebensmittel werden durch vorbereitende Tätigkeiten überhaupt erst genussfähig, erhalten eine schönere Optik, einen besseren Geschmack oder ein weicheres oder festeres Mundgefühl. Eine Übersicht:

Vorbereitende Arbeiten

- Waschen = Entfernen von Schmutz und teilweise auch Mikroorganismen wie Bakterien
- Wässern = Entfernen von Schmutz, unerwünschten Geschmacksstoffen oder zur kurzfristigen Farberhaltung
- Putzen = Entfernen wertloser Bestandteile – durch Abschneiden, Entstielen oder Entkernen
- Schälen/Abziehen = Entfernen feinhäutiger Schalen – z. B. Apfel, Rhabarber, Tomaten oder Pfirsich oder die unangenehmen Fäden bei grünen Bohnen

Bearbeitende Tätigkeiten

- Schneiden = Zuschneiden von Lebensmitteln in ihre für die Zubereitung notwendigen Formen
- Raspeln/Raffeln = Zerkleinern der Lebensmittel in längliche/ungleiche Formen
- Reiben = Zerkleinern in feine bis feinste Bestandteile
- Hacken = Ungleiches Zerkleinern von festen Bestandteilen wie Knochen
- Blanchieren = kurzzeitiges Tauchen in kochende Flüssigkeit oder heißes Fett oder ein Überbrühen.
  = Beim Blanchieren ist auch Arbeiten mit Wasserdampf möglich.
- Passieren/Pürieren = Durchstreichen von weichen/gegarten Rohstoffen; Trennen von flüssigen und festen Bestandteilen

---

Der Bearbeitungsgrad der angelieferten Lebensmittel sagt nichts über die zu erfolgenden Arbeitsschritte in Hinblick auf die Hygiene aus, lediglich ob ein Produkt gar- oder verzehrfertig angeliefert wird. Die Sorgfaltspflicht gilt bei allen vorbereitenden, bearbeitenden und zubereitenden Tätigkeiten.

Tipp: Kräuter werden nicht gehackt, sondern geschnitten. Die feinen Zellwände der Kräuter werden sonst zerstört und die Kräuter verfärben sich.

1 Vorbereitende Arbeiten

1.2 Waschen 🇬🇧 to wash 🇫🇷 laver

Pflanzliche Rohstoffe sind von Natur aus mit Verunreinigungen behaftet. Am deutlichsten sind diese bei Kartoffeln und Wurzelgemüse sichtbar. Neben dem sichtbaren Schmutz haften aber auch Kleinstlebewesen, Pflanzenschutzmittel oder Wachs am Rohstoff. Durch sachgerechtes Waschen werden Schmutz, Keime und Rückstände weitestgehend entfernt.

Lebensmittel werden möglichst **im Ganzen gewaschen**. Dabei sind die **Verluste** an Inhaltsstoffen, Farbe und Geschmack **geringer**. Bei zerkleinerter Ware sind viele Zellen verletzt und die Inhaltsstoffe werden ausgespült. Hartnäckiger Schmutz bei festen Lebensmitteln wird zusätzlich mit einer Bürste bearbeitet. Folgende Methoden fürs Waschen gibt es:

- **Waschen im stehenden Wasser**
  Für alle weichen Rohstoffe wie Beeren, Kräuter und Pilze.
- **Waschen unter fließendem Wasser**
  Für alle festen Rohstoffe und Lebensmittel, z. B. Schmutz in Vertiefungen.

1.3 Wässern 🇬🇧 to water 🇫🇷 remper

Obwohl das Wässern von Lebensmitteln immer Nährstoffverluste mit sich bringt, ist es in manchen Fällen nicht zu vermeiden.

Alternative zum Wässern

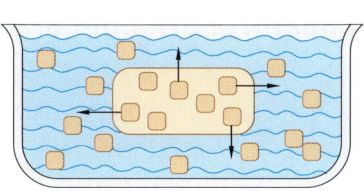
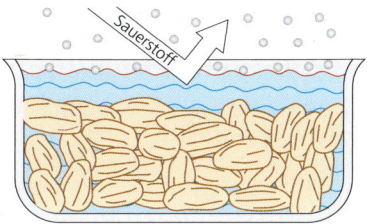
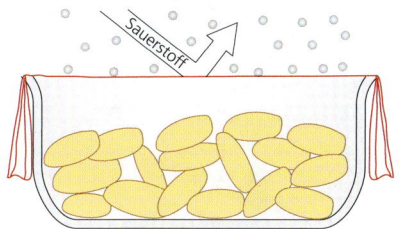

Wasser laugt aus. | Wasser hält Luftsauerstoff fern. | Folie hält Luftsauerstoff fern.

Wann ist das Wässern und/oder Abdecken von Lebensmitteln angebracht?

- **Geschmack**: bestimmte Lebensmittel besitzen einen unangenehmen Geschmack, z. B. Bittergeschmack bei Endivien oder stark arteigener Geschmack bei Nieren
- **Farberhaltung**: Luftsauerstoff muss ferngehalten werden, damit die enzymatische Bräunung unterbunden wird, z. B. bei geschälten rohen Kartoffeln oder größeren Apfelmengen in der Vorbereitung
- **Vorratshaltung:** bei der kurzfristigen Vorratshaltung (Mise en place – Mittags- oder Abendgeschäft), z. B. tourniertes rohes Gemüse und Kartoffeln.
- **Bestandteile entfernen**: Anhaftende Blutreste z. B. an Hirn und Kalbsbries können störend wirken, Wasser kann diese unerwünschten Stoffe lösen oder anweichen, damit sie abgespült werden können.

> In vielen Fällen genügt es, die Lebensmittel mit einer Folie oder einem feuchten Tuch zu bedecken, um die Farbe vor dem Braunwerden zu schützen. Besonders bei frisch gezupften Kräutern und Salat oder tourniertem Gemüse zu empfehlen.

Küche

GRUNDTECHNIKEN DER KÜCHE

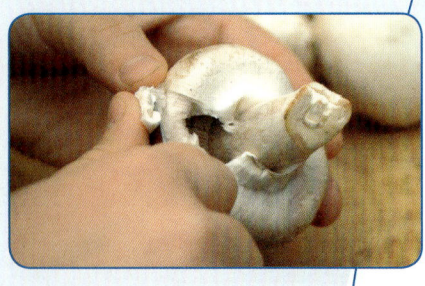

Glatt zugeschnittene Blumenkohlröschen können, wie auch der ganze Blumenkohl, mit einem kreuzförmigen Schnitt versehen werden, damit sie gleichmäßig durchgaren.

1.4 Putzen 🇬🇧 to trim 🇫🇷 préparer

Putzen von Gemüse, Pilzen oder Obst meint das Entfernen von wertlosen Bestandteilen am Rohstoff. Das Putzen erfolgt meist unter Zuhilfenahme eines kleinen Messers. Beispiele:

- Erdbeeren: kegelförmiges Entfernen des grünen Erdbeerstrunks nach dem Waschen (um ein Auslaugen an der Anschnittstelle zu vermeiden)
- Pilze: anhaftende Boden- oder Substratrückstände am Stielende entfernen, Beschädigungen abschneiden, die Huthaut abziehen
- Blumenkohl: für gleichmäßiges Garen bei der Verwendung im Ganzen die äußeren Blätter entfernen, den Strunk kegelförmig ausschneiden. Verwendung einzelner Röschen: am Ende glatt zuschneiden
- Rotkohl putzen – Strunk kegelförmig ausschneiden, dabei werden die äußeren unschönen Blätter automatisch gelockert und können leichter entfernt werden
- Rosenkohl putzen – Strunk glatt abschneiden, dabei entfernt man automatisch die unschönen Außenblätter, Strunkende kreuzförmig einschneiden, um ein gleichmäßiges Garen zu gewährleisten

1.5 Schälen/Abziehen 🇬🇧 to peel 🇫🇷 peler

Viele Gemüse und Obstarten müssen je nach Verwendung von den ungenießbaren oder schlecht verdaulichen Randschichten befreit werden. Als Arbeitsgeräte verwendet man dazu:

- Küchenmesser/Officemesser mit gerader Klinge,
- Tourniermesser mit gebogener Klinge,
- Sparschäler in verschiedenen Ausführungen.

Rohe Lebensmittel

Runde Formen, z. B. Äpfel, lassen sich gut mit einem Tourniermesser schälen. ①

Längliche Formen, z. B. Kartoffeln, Birnen, Gurken, Karotten, schält man in Längsrichtung. ②

Spargel wird mit einem Sparschäler auf dem Unterarm liegend geschält. ③

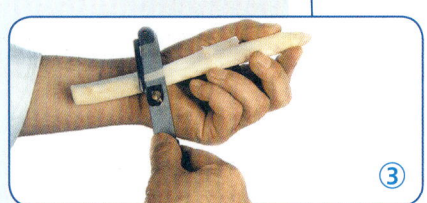

Gegarten und gebrühten Lebensmitteln, z. B. gekochten Kartoffeln, gebrühten Tomaten, Pfirsichen, zieht man die Schale (Haut) ab. Durch die vorausgegangene Wärmeeinwirkung löst sie sich leichter als in rohem Zustand.

Zum Abziehen stellt man das Messer steil, die abgehobene Schale wird zwischen Messer und Daumen festgehalten und nach unten gezogen. ④

Wurzelgemüse, z. B. Möhren, Rettiche, können abgeschabt werden. Das Messer steht dabei fast im rechten Winkel zur Oberfläche des Gemüses.

Beim Schaben wird lediglich eine dünne Schicht entfernt, sodass nur wenig Inhalts- und Geschmacksstoffe, die oft gerade in den Randschichten konzentriert sind, verlorengehen. Hier erhält man allerdings eine raue Oberfläche, die optisch weniger schön wirkt als eine glatte. ⑤

2 Bearbeiten von Lebensmitteln

🇬🇧 food conditioning 🇫🇷 conditionnement (m) des aliments

2.1 Schneiden 🇬🇧 to cut 🇫🇷 couper

Lebensmittel müssen vor einer weiteren Bearbeitung meist zugeschnitten werden. Dies kann grobes Zerteilen sein, feines Schneiden, oder der Rohstoff wird in eine bestimmte Form gebracht.

Ziele des Schneidens können sein:

- Vergrößerung der Oberfläche; z. B. für Röstgemüse – mehr Oberfläche, mehr Röstaromen
- Geschmack; z. B. fein geschnittene Zwiebelwürfel in einem Tomatensalat wirken unterstützend, grobe Würfel dominant
- Garzeit verkürzen; z. B. Blumenkohl in Röschen, Kartoffeln in Stückchen, Rotkohl in feinen Streifen
- Optik; z. B. Zuschneiden in bestimmte Formen (tournieren), streifig oder blättrig geschnittenes Gemüse
- Portionierung; z. B. Zuschneiden von Fleisch oder Fisch in verzehrfertige Portionsgrößen

Beim **Schneidevorgang** mit dem Messer wirken zusammen:

- **Schneidedruck**, der sich auf die sehr kleine Fläche der Messerschärfe konzentriert. Je schärfer das Messer, desto leichter dringt es in das Schneidegut ein.
- **Schneidebewegung**, die man auch den „Zug" nennt. Wer ohne Schneidebewegung arbeitet, drückt das Messer nur in das Material und schneidet nicht richtig. Das ist leicht erkennbar, wenn man eine Vergrößerung des Querschnitts der Messerklinge näher betrachtet: Die sägende Wirkung entsteht erst durch die Schneidebewegung.

Deshalb gilt:
Je größer die Schneidebewegung, desto geringer ist der erforderliche Schneidedruck. Dies wird vor allem beim Elektromesser deutlich.

Beim Schneiden mit dem Kochmesser werden Schneidedruck und Schneidebewegung durch eine wiegende Bewegung miteinander verbunden. Man spricht darum auch vom **Wiegeschnitt**.

Beim richtigen Schneiden dient die Haltehand dem Messer als Führung (Abb. nächste Seite). Die Klinge gleitet an den Knöcheln der gekrümmten Finger entlang, der zurückweichende Finger gibt den Abstand zum folgenden Schnitt frei.

Die gezeigte Haltung der Hand (Krallengriff) ermöglicht gleichmäßigen Schnitt und schützt vor Verletzungen, weil die Fingerspitzen Abstand zur Klinge haben.

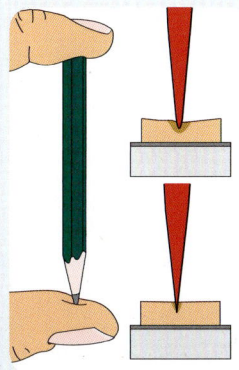

Schneidedruck

● Schneiden zählt daher zu den wichtigsten Grundfertigkeiten!

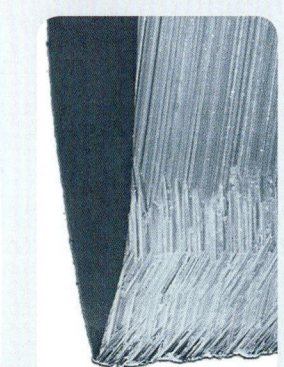

Vergrößerter Querschnitt

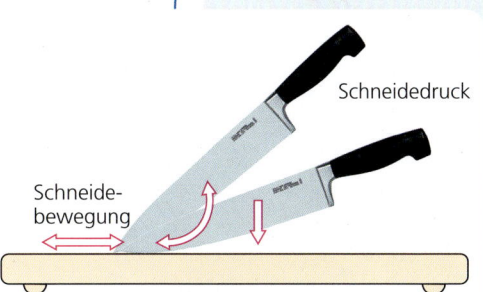

Wiegeschnitt

Küche

GRUNDTECHNIKEN DER KÜCHE

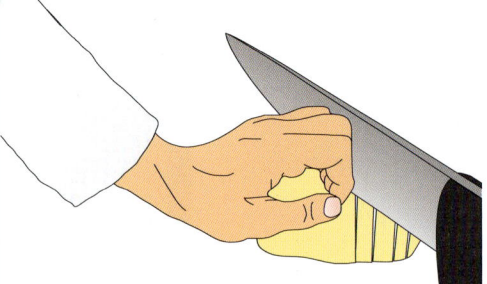

Korrekte Finger- und Handhaltung

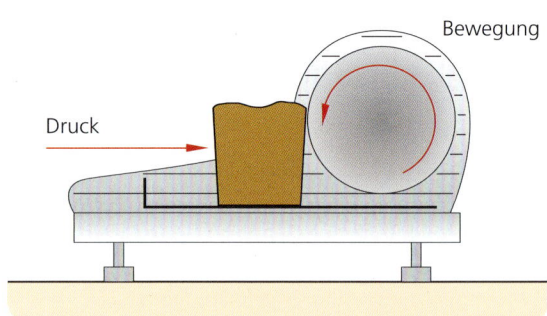

Aufschnittmaschine

> Kleine Stücke sind schwieriger zu halten, darum erhöhte Verletzungsgefahr.

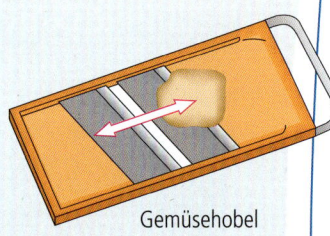

Gemüsehobel

> Die Messerschneide ist immer dem Brett zugeneigt. Dadurch wird ein unabsichtliches In-die-Klinge-Greifen vermieden.

Das Prinzip des Schneidevorganges ist auch bei den folgenden Beispielen verwirklicht.

Bei der Aufschnittmaschine kommt die Schneidebewegung von der rotierenden Messerscheibe, der Schneidedruck wird über den Schlitten ausgeübt.

Beim Gemüsehobel stehen die Messer schräg, damit das Schneidegut ziehend durchschnitten wird.

Unfallverhütung

- Trockener Messergriff und trockene Hände vermindern die Abrutschgefahr,
- fallenden Messern nicht nachgreifen,
- nicht benötigte Messer aufräumen,
- Messer so ablegen, dass Griffe und Klingen nicht über die Tischkante hinausragen,
- Messer nicht ins Spülwasser legen,
- rutschsichere und ausreichend große Schneidebretter verwenden.

2.2 Schnittformen 🇬🇧 cuttings 🇫🇷 couper en forme

Unterschiedliche Garnituren, verschiedenste Anrichtetechniken oder Garmethoden verlangen ebenso viele unterschiedliche Schnittformen und Größen. Nicht jedes Gemüse kann dabei nach dem gleichen Prinzip zugeschnitten werden: Gemüse kann rund oder kantig oder auch in Schichten/Segmenten gewachsen sein, trotzdem verlangt eine Garnitur z. B. feine Streifen. Die unterschiedlichen Schnittformen werden von der Gemüseart und der vorgesehenen Verwendung bestimmt. Als Hilfsmittel stehen das klassische Messer, der Gemüsehobel oder die Aufschnittmaschine zur Verfügung.

Fleisch, Fisch, Geflügel oder Obst müssen ebenso durch Schneiden in eine bestimmte Form gebracht werden. Die Ausrichtung von Fleisch- oder Obstfasern, z. B. einer Mango, muss bei der Auswahl der richtigen Schnitttechnik beachtet werden. Ein Geschnetzeltes braucht exakte Streifen, ein Gulasch gleichmäßige Würfel, ein Obstsalat formschöne Scheiben.

> Nur eine saubere, einheitliche Schnittform und Größe ermöglicht gleiche und somit auch beste Ergebnisse. Beispiel: Eine Einlage soll formschön sein und alle Teile sollen die gleiche Konsistenz aufweisen.

Schnittarten bei Gemüse und Obst

Beim exakten Zuschneiden von Rohstoffen wird es immer zu Verlusten kommen. Diese können/müssen dann für das Ansetzen von hellen und dunklen Fonds, für Pürees oder zum Entsaften genutzt werden.

Feine Gemüsestreifen 🇬🇧 juliennes 🇫🇷 juliennes

Beispiel Karotten: Karotten zuerst an allen Seiten längs glattschneiden, nur so kann ein Abrutschen aufgrund der Form vermieden werden. Karotten auf die gewünschte Länge in Stücke schneiden, dünne Scheiben herunterschneiden und aus diesen Scheiben dünne Streifen schneiden. Große Karotten sind am besten geeignet.

Beispiel Sellerie: Vorbereiteten Sellerie in dünne Scheiben schneiden, die Scheiben so zuschneiden, dass gleichmäßige Rechtecke entstehen. Hierbei wird die Kantenlänge bereits festgelegt. Die zugeschnittenen Scheiben in feine Streifen schneiden.

Beispiel Porree: Den gründlich geputzten Porree längs halbieren und nochmals gründlich waschen. Schmutz sitzt auch zwischen den einzelnen Schichten. Porree in Stücke schneiden und den inneren Kern herausnehmen. Den Porree fest auf das Brett drücken und längs zum Rohstoff in feine Streifen schneiden.

Beispiel Zwiebeln: Die vorbereiteten Zwiebeln von der Blüte zur Wurzel halbieren. Die einzelnen Segmente abheben, wobei der kleinere innere Teil anderen Verwendungen zugeführt wird. Die Zwiebelschichten übereinanderlegen und längs zum Rohstoff in Streifen schneiden. Nur so erhält man Streifen und keine halben Ringe. (**s. S. 188 – Schnittarten bei Zwiebeln**).

Julienne

Verwendung: Gedünstet als Unterlage (Fisch/Geflügel) oder Auflage (Steaks/Schmorsteaks). Frittiert als Garnierung für Speisen.
Für Suppeneinlagen auch zarte Blätter von Wirsing, Mangold oder Spinat verwenden. Dabei die dickeren Blattrippen entfernen.
„Chiffonade": Für Salate oder Cocktails werden feine Streifen von Blattsalaten geschnitten.

Gemüsewürfel 🇬🇧 vegetable dices 🇫🇷 cubes de légumes

Die gewünschte Gemüseart in Scheiben schneiden. **Die Dicke** der Scheiben **bestimmt die Größe** der Würfel. Mit dem Messer die Scheiben in Streifen schneiden und diese dann in Würfel. Vom Porree wird hauptsächlich der helle Teil verwendet. Die Breite der Streifen ergibt die Kantenlänge der Vierecke.

Feine Gemüsewürfel – Brunoise: Kantenlänge **1,5–2 mm**

Gemüsewürfel – Jardienières („Gärtnerin"): Kantenlänge **5 mm**

Gemüsewürfel – Macedoines („Mischgemüse"): Kantenlänge **8 mm**

Concassés werden nur die Würfel von Tomaten benannt – hierzu werden die Tomaten blanchiert, um danach die Haut und das Kerngehäuse zu entfernen. Die Kantenlänge sollte **4,0 mm – 5,0 mm** betragen. Als Einlage für klare oder gebundene Suppen oder z. B. für geschmolzene Tomaten.

Brunoise

Nach Bauernart 🇬🇧 paysanne 🇫🇷 paysanne

In vierkantige Stäbe von 1 bis 1,5 cm Breite teilen und diese in 1 bis 2 mm dicke Blättchen schneiden. Porree, Wirsingkohl oder Zwiebeln in Quadrate gleicher Größe schneiden.

Paysanne

Küche

GRUNDTECHNIKEN DER KÜCHE

Gemüsestäbe von Kohlrabi

Feine Würfel oder Blättchen von weißem Wurzelgemüse verwendet man zum Anschwitzen bei Rahm- und Samtsuppen.

Für rustikale Suppen und Eintöpfe wie Pichelsteiner oder Gaisburger Marsch. Auch in Rhombenform (Rauten) geschnitten für z. B. Pfannen- und Wok-Gemüse.

Gemüsestäbe 🇬🇧 vegetable sticks 🇫🇷 bâtonnets de légumes

Die geputzten Gemüse, z. B. Kohlrabi, Süßkartoffeln, Gurken, Kürbis oder Zucchini, werden zunächst in dicke Scheiben (ca. 1,5 cm) und diese dann in Stäbe mit einer Kantenlänge von 5 bis 6 cm geschnitten.

Größere Schnittformen wie Stäbe sollten in zwei Arbeitsschritten zubereitet werden. Im ersten Schritt werden weichere Gemüse blanchiert, festere kurz angegart. Danach können die Gemüse in Butter geschwenkt oder anderen Zubereitungen wie Rahmgemüse zugeführt werden.

Weitere Schnittformen

Weitere Schnittformen wie **Gaufrettes** und **Chips** im Thema Kartoffeln.

Auch **Röstgemüse/Mirepoix** und **Gemüsebündel/Bouquet garni** sind Gemüseschnittformen.

Schnittarten bei Zwiebeln

Schneiden zu Ringen

Zwiebelringe

Die geschälte ganze Zwiebel nach Entfernen des Wurzelansatzes quer in gleichmäßige Scheiben schneiden.

Die Ringe werden durch die einzelnen Schalen (Blätter) gebildet, die sich leicht auseinanderdrücken lassen. Zum rohen Verzehr 1 mm, zum Frittieren 2 mm dick schneiden.

Schneiden in Würfel

Zwiebelwürfel

Zwiebeln schälen, längs halbieren und den Wurzelansatz entfernen. Die Schnitte so führen, dass sie vor der Zwiebelwurzel enden.

Dadurch hält die Zwiebel zusammen und lässt sich durch senkrechte und quer geführte Schnitte in Würfel schneiden. Der Abstand der Einschnitte bestimmt die Größe der Würfel.

Schneiden zu Blättchen

Zwiebelblättchen

Zwiebeln schälen, längs halbieren, Wurzelansatz abschneiden und die kleine Blattschicht aus der Mitte der Schnittflächen entfernen. Längsschnitte strahlenartig, also zur Zwiebelmitte hin, in gewünschtem Abstand so führen, dass sie vor der Zwiebelwurzel enden.

Mit senkrechten Querschnitten entsprechend breite Zwiebelteile abschneiden. Beim Auflockern fallen die Teile in Blätter auseinander.

2.3 Weitere Bearbeitungsformen für Gemüse und Obst

Tourniertes Gemüse

Tournieren (frz. tourner = drehen, runden): Gemüse mit dem Office-/Tourniermesser in viele verschiedene, gleichmäßige, dekorative Formen schneiden. Diese sind oft rund, können aber auch Streifen oder Würfel sein.

Ausgestochenes Gemüse

Das Ausbohren von Gemüse oder Obst erfordert einiges an Geschick. Die weichen oder vorgegarten Rohstoffe werden mithilfe eines Ausbohrers (Perl-, Oliven- oder Pariser Ausbohrer) ausgestochen. Dabei setzt man den Ausbohrer am Rohstoff an und drückt bei gleichzeitigem Drehen den Ausbohrer in den Rohstoff hinein, bis sich eine Kugel herauslösen lässt.

Tournierte, in ansprechende Formen geschnittene Gemüse

Die Tournier-Abschnitte können für Gemüsepürees, Saucen und Suppen oder als Ansatz/Beigabe von/für Brühen Verwendung finden.

Gemüse in Wellenform gebracht

Diese Bearbeitung ist eigentlich kein Schneiden, sondern ein Herunterdrücken mit einem Buntmesser. Die vorgezeichneten Rillen auf dem Messer zeichnen sich im Rohstoff ab und erzeugen eine ansprechende Optik. Zudem halten Kräuter, Butter und weitere Gewürze besser am Produkt. Man nennt diese Art auch **Riffel-** oder **Chartreusenschnitt**. Bei **festerem** Gemüse empfiehlt sich ein **vorheriges Blanchieren** oder kurzzeitiges Garen. Nur wenn das Messer leicht durch den Rohstoff gleitet, entstehen auch **saubere** Schnittkanten.

Gemüseperlen und Fenchel-Löffel

Raspeln / Raffeln 🇬🇧 to rasp 🇫🇷 râper

Beim Raspeln oder Raffeln handelt es sich um ein Zerkleinern in feine längliche ungleiche Teile. Geraspeltes Gemüse (oder Kartoffeln) ist nicht so gleichmäßig wie Julienne. Häufige Einsatzgebiete sind Rohkostsalate, Kartoffelklöße oder Gemüse- bzw. Kartoffelpuffer.

Zum Raspeln und Reiben (s. u.) können manuelle Geräte oder elektrische Maschinen verwendet werden.

Schneiden mit dem Buntmesser

Reiben 🇬🇧 to grate 🇫🇷 râper

Beim Reiben wird der Rohstoff durch Druck und schnelles Hin- und Herbewegen durch kleine scharfe Öffnungen geschoben. Verschiedene Arbeitsgeräte, manuell und elektrisch, sind dafür erhältlich.

Microplanreiben in verschiedenen Größen sind besonders geeignet und erleichtern die Arbeit. Die Öffnungen sind extrem scharf und ermöglichen somit ein schnelles und exaktes Reiben. Verwendung findet das Reiben bei Hartkäse, Kartoffeln, Gemüse oder Obst.

Küche

GRUNDTECHNIKEN DER KÜCHE

Hacken to chop hacher

Hacken kann man mit einem großen Messer oder einem Beil. Geeignete Lebensmittel sind Knoblauch für ein Knoblauchpüree, Fleisch und Fisch für ein Tatar (in feine Würfel schneiden und kurz nachhacken) oder Knochen für Brühen und Saucen. Nicht zu empfehlen für Kräuter oder Zwiebeln, da die ätherischen Öle dann austreten.

2.4 Weitere Vorbereitungstechniken

Pürieren und Passieren

 to purée and to strain   réduire qc. en purée et mouliner qc.

- Rohstoffe, die eine sehr feine Konsistenz erhalten sollen, können mit einem Pürierstab, auch in Flüssigkeiten, fein zerkleinert werden.
- **Mus, Mark oder Püree** können mithilfe von Sieben oder Passiersieben (Flotte Lotte/Passiermühle) eine feine, samtige Textur/Struktur erhalten. Die Lebensmittel müssen hierfür weich oder weich gegart sein.
- Beim Passieren werden unerwünschte Bestandteile wie feine Kerne rückstandslos entfernt. Beim Pürieren würden sie zerstört, das kann bei einigen Lebensmitteln einen unangenehmen oder bitteren Geschmack ergeben.

Blanchieren  blanch blanchir

Rohe Lebensmittel werden kurzfristig mit Hitze behandelt (s. auch Kapitel Garen **ab S. 212**). Verschiedene Verfahren werden angewendet:

- Tauchen in kochende Flüssigkeit um 100 °C
- Überbrühen mit heißer Flüssigkeit (100 °C)
- Tauchen in heißes Fett (zwischen 70 °C und max. 140 °C)
- kurzzeitiges Behandeln mit Wasserdampf 100 °C

Bei jedem Einwirken von Hitze gehen wichtige Inhaltsstoffe verloren, trotzdem ist das Blanchieren aus unterschiedlichen Gründen notwendig:

- **Lagerung**: Lebensmittel (Gemüse, Obst) müssen vor dem Tiefkühlen blanchiert werden. Die Oberflächenenzyme werden hierdurch zerstört, sie können nicht mehr verändernd auf den Rohstoff einwirken.
- **Verarbeitung**: Gemüse wird gelockert (z. B. Spinat, Weißkohl für Kohlroulade, Mangold), dünne Hautschichten lassen sich leicht abziehen (z. B. bei Tomaten oder Pfirsichen)
- **Geschmack**: Bitterstoffe werden entfernt (z. B. bei Porree).
- **Hygiene**: Trotz gründlichen Waschens können sich Mikroben und Schmutz auf und in Zwischenräumen der Lebensmittel befinden. Durch Blanchieren wird diese Keim- und Schmutzbelastung verringert (z. B. bei stark verschmutzter Ware wie Blumenkohl, Sellerieknollen, Grünkohl oder Kartoffeln). Manche Gemüse können im Sous-vide-Verfahren mit der Schale zubereitet werden (z. B. Pellkartoffeln oder Rote Bete). Dafür ist ein vorheriges Blanchieren unabdingbar.
- **Optik**: Verfärbungen werden verhindert, weil Enzyme zerstört werden (z. B. Sellerie, Schwarzwurzel oder helles Obst).

3 Haltbarmachung in der Praxis

🇬🇧 food conditioning 🇫🇷 conditionnement (m) des aliments

Lebensmittel unterliegen ständigen Veränderungen. Neben den **unerwünschten** wie Druckstellen, Schimmelbildung oder gar dem Verderb, gibt es eine große Anzahl an **erwünschten** und qualitätsfördernden Prozessen, um Lebensmittel haltbar oder genussfähig zu machen. Dabei können zusätzlich Inhaltsstoffe, Verträglichkeit oder Geschmack positiv beeinflusst werden.

Bestimmte Lebensmittel erfordern eine Zeit der Reife. Man wünscht sich z. B. abgehangenes Fleisch, wenn es für Kurzbratgerichte benutzt werden soll, oder fermentierte Rohstoffe und Getränke. Der Kunde hat konkrete Vorstellungen, was wann am besten schmeckt und wie dabei das Lebensmittel beschaffen sein sollte.

Zusätzlich sind zu bestimmten Zeiten auch beliebte Lebensmittel für einen kurzen Zeitraum erhältlich, diesen Zeitraum kann man durch verschiedene Methoden verlängern. Verändern kann man zusätzlich in Geschmack, Konsistenz oder Farbe. Unmittelbar nach der Ernte sind Erdbeeren, Spargel oder Orangen am wertvollsten. Bestimmte Fleisch-, Geflügel- und Fischarten haben zu bestimmten Jahreszeiten ihr Angebot. So kann eine z. B. eine Freiland-Gans am Martinstag geschlachtet in Fett gegart als Rilettes haltbar gemacht werden oder eine Ochsenbrust als Pastrami.

Man spricht von **Konservierung,** wenn ein Lebensmittel für längere Zeit haltbar gemacht werden soll.

> Man unterscheidet Lebensmittel in:
> - **Leicht verderbliche Lebensmittel**
>   Meist mit hohem Wasser- und Eiweißanteil, wie Fisch oder Hackfleisch
> - **Verderbliche Lebensmittel**
>   Trotz hohen Wasseranteils bei richtiger Lagerung lange lagerfähig, wie Äpfel oder Kartoffeln
> - **Haltbare Lebensmittel**
>   Meist wenig Wasser enthalten; bei sachgemäßer Lagerung wenig Verderb, kaum Veränderungen, wie Reis oder Linsen

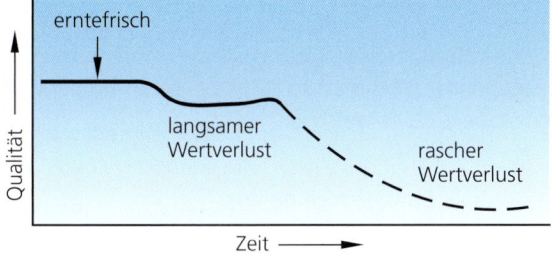

Qualitätsverlauf bei Lagerung von Lebensmitteln

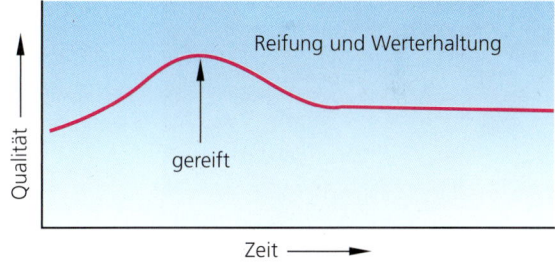

Qualitätsverlauf bei reifenden Lebensmitteln

Hürden-Effekt

Alle Haltbarmachungsverfahren verändern die Lebensmittel, teils in mehrfacher Form. Durch eine Kombination unterschiedlicher Verfahren können die Veränderungen im Lebensmittel beim Haltbarmachen gering gehalten werden oder das Lebensmittel aufgewertet werden.
Dabei wird den Mikroben anstelle einer großen Sperre (wie dem Kochprozess) eine Reihe von Hürden entgegengestellt (s. auch nächste Seite).

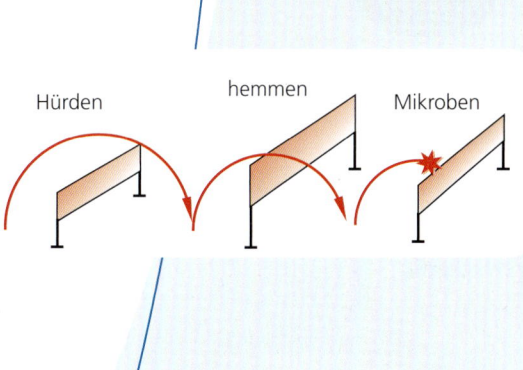

Küche

GRUNDTECHNIKEN DER KÜCHE

Hürden-Effekt am Beispiel Sauerkohl:

Schritt 1
Salzen und Kneten setzen den Gärungsprozess in Gang. Es bilden sich Essigsäurebakterien und Hefekulturen. Diese verbrauchen den Sauerstoff und Ethanol (einwertiger Alkohol).

Schritt 2
Milchsäurebakterien entstehen und wandeln die Kohlenhydrate in Milchsäure um. Senkt den pH-Wert, es entsteht ein anaerobes Milieu.

Schritt 3
Beim Reifen sinkt der pH-Wert weiter in den sauren Bereich, dadurch hemmt die Milchsäure weiter die Milchsäurebakterien, Aroma bildet sich aus.

Zum Thema Werterhaltung, Veränderung und Aufwertung von Lebensmitteln gibt es ausführliche Informationen auf unserer Website

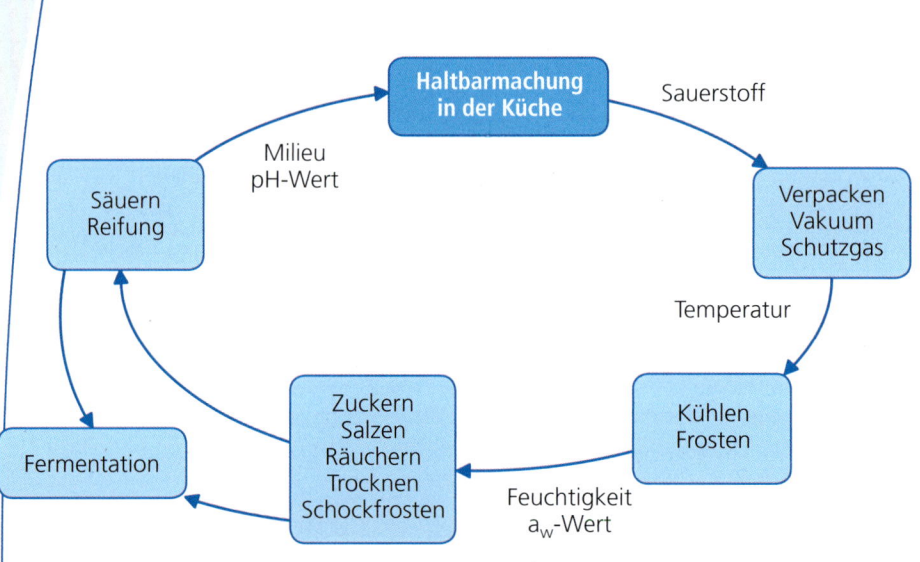

Schonendes Garen und Einkochen

Beim Konfieren wird meist Geflügelfleisch (Enten und Gänse) oder Schweinefleisch im eigenen Fett/Schmalz so lange bei einer Temperatur von unter 70 °C gargezogen, bis es weich ist.

Rilettes oder Pottsuse sind auf ähnliche Weise hergestellte Produkte, diese werden länger gegart und als Brotaufstrich genutzt.

Konfitüren/Marmeladen/Gelee

Durch das Einkochen von Obst und Gemüse erhält man süße oder herzhaft/fruchtige **Konfitüren**.

Zubereitungen mit Zitrusfrüchten nennt man **Marmelade**.

Gelees werden aus pektinhaltigem Obst hergestellt (z. B. Quitten oder Birnen). Sie enthalten keine Fruchtrückstände, sind klar und durchscheinend.

Speisen zubereiten

1 Speisen würzen und gestalten

🇬🇧 food design 🇫🇷 dessiner de nourriture (m)

„Danke – das war lecker!" – ist ein Lob, das Küche und Service gerne hören. Nur was heißt „lecker"? Wie kann ich als Köchin oder Koch sicherstellen, dass der Gast das Essen auch beim nächsten Mal wieder als „lecker" empfindet? Wie schmeckt eigentlich „lecker"?

Gäste erwarten bei bekannten, klassischen Zubereitungen meist einen bestimmten, bekannten Geschmack. Was wir häufig essen, interpretiert unser Gehirn als „natürlich". Doch in gleichem Maß wünschen sich Gäste auch neue Geschmackserlebnisse – hier ist die Kreativität der Küche gefragt: Speisen bewusst so gestalten, dass diese die Sinne der Gäste im gewünschten Maß ansprechen.

Beim Essen sind immer alle unsere Sinne beteiligt – wenn wir uns das stärker bewusst machen, kann sogar ein einfacher Burger ein geschmackliches Erlebnis werden.

1.1 Bewusster Genuss – Wahrnehmen mit allen Sinnen

Um auch aus einfachen Speisen – wie z. B. einem Burger – einen Genuss für unsere Gäste zu gestalten, sind Fachwissen und Erfahrung notwendig:

- Wie werden Speisen mit unseren Sinnen wahrgenommen?
- Welche Zutaten kann ich gezielt einsetzen, um die Sinne anzusprechen und um eine Speise so attraktiver zu gestalten?

Beim Essen sind alle unsere Sinne beteiligt. Noch bevor wir eine Speise in den Mund nehmen, wird sie durch Augen und Ohren geprüft: Sieht ein Lebensmittel verdorben aus, werden wir es nicht essen. Auch ungewohnte Farben können zu einer Abneigung führen.

Ganz wichtig ist bei der Einschätzung eines Lebensmittels auch unsere Nase: Riecht ein Lebensmittel ungewöhnlich oder verdorben, werden wir es nicht zu uns nehmen.

Ausführliche Informationen auf unseren Internetseiten

Der Sinneseindruck aus Geruch und Geschmack einer Speise wird als Aroma bezeichnet. Der Gesamteindruck aller Sinneseindrücke heißt Flavour.

Riechen – vom Duft zum Geruchseindruck

Beim **Riechen** gelangen kleine flüchtige Teilchen über die Nase auf Sinneszellen in der Nasenschleimhaut. Auch beim **Schlucken** einer Speise gelangen über den Nasen-Rachen-Raum Duftstoffe dorthin. In der Nase können mehrere tausend Düfte unterschieden werden. Informationen darüber werden an das Gehirn weitergegeben, wo aufgrund unserer Erfahrungen der Eindruck von **Geruch** entsteht.

Geruchsintensive Stoffe entstehen u. a.

- beim Reifen von Lebensmitteln (z. B. bei Früchten),
- bei der Verarbeitung (Röstaromen beim Braten/Grillen, Anrösten von Gewürzen, Kochen einer Brühe),
- sowie beim Lagern von Speisen (Schmorgerichte haben nach dem Aufwärmen ein intensiveres Aroma, Käse reift bei der Lagerung).

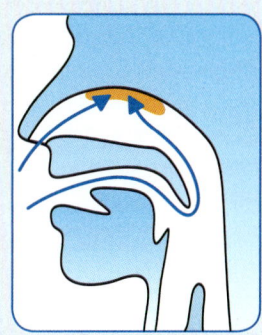

Weg des Geruchs über Nase und Nasen-Rachen-Raum

Küche

SPEISEN ZUBEREITEN

Unser Geschmackssinn ist empfindlich. Nikotin, Koffein und Alkohol verschlechtern unser Geschmacksempfinden.

Viele Gäste stehen Glutamat kritisch gegenüber. Forschungen zeigen, dass Glutamat Heißhunger auslösen und so zur Fettleibigkeit beitragen kann. Ferner reagieren manche Menschen empfindlich auf Glutamat. Deshalb muss Glutamat als Zusatzstoff auf der Speisekarte gekennzeichnet werden, wenn es gesondert zugesetzt wird.

Beim Essen werden alle Sinneseindrücke gespeichert, nicht nur der Geschmack. Weil die gespeicherten Urlaubseindrücke von Sonne und Meer fehlen, schmeckt eine Paella zu Hause ganz anders als im Urlaub.

Was beim Schmecken passiert

Den **Geschmack** einer Speise nehmen wir über die Zunge wahr. Auf dieser sind **Sinneszellen** (Rezeptoren) für die Grundgeschmacksrichtungen verteilt. Damit Geschmacksstoffe im Essen wahrgenommen werden können, müssen diese im Speichel gelöst werden. Sinneswirksame Stoffe lösen sich beim **Kauen** im Mundspeichel und gelangen so zu den Sinneszellen (Rezeptoren). Beim „Andocken" des Geschmacksstoffes an die Sinneszelle wird ein Reiz über die Nerven ins Gehirn geleitet, wo ein **Geschmackseindruck** entsteht.

Intensives Kauen
- fördert den Geschmack einer Speise,
- verbessert die Aufnahme von Nährstoffen,
- unterstützt ein natürliches Sättigungsgefühl.

Dass wir mit der Zunge schmecken ist nicht neu. Wohl aber, dass es auch für die Wahrnehmung von Fett und Wasser Sinneszellen zu geben scheint (Fett ist ein wichtiger Nährstoff, Wasser ein wichtiges Lösungsmittel für Mineralstoffe).

Herzhafter, fülliger Geschmack (umami / kokumi)

Glutamat ist das Salz einer natürlichen Aminosäure (Glutaminsäure). Der Geschmack „umami" wird durch Glutamat und durch proteinreiche Lebensmittel erzeugt. Sind diese neben anderen geschmackgebenden Stoffen im Essen, werden zusätzlich die Sinneszellen für Glutamat angesprochen. Die Speise schmeckt herzhafter (umami) und hat mehr Fülle (kokumi). Ein Zuviel an Glutamat kann Speisen künstlich wirken lassen. Dabei ist es von Natur aus in vielen Lebensmitteln enthalten und entsteht u. a. beim längeren Garen (siehe „1.9 Umami – Speisen schmackhafter machen", S. 210).

In der Lebensmittelindustrie ersetzt Glutamat oft arbeits- oder kostenintensive Zutaten wie Fonds. Anstelle von reinem Glutamat wird Fertigprodukten häufig **Hefeextrakt** zugesetzt, da dieses nicht deklarationspflichtig ist, aber in großer Menge Glutamat enthält.

In der Küche vieler asiatischer Länder wird Glutamat traditionell eingesetzt, dann jedoch bewusst in Kombination mit anderen Würzmitteln und nicht isoliert. Glutamat sollte nicht als „Dopingmittel" eingesetzt werden: Wenn eine Speise fade schmeckt, gibt es viele andere Möglichkeiten, ihr zu mehr Geschmack zu verhelfen.

Mundgefühl – Geschmack allein ist nicht alles

Neben dem Geschmack können wir im Mundraum noch viele weitere Sinneseindrücke wahrnehmen und ausdrücken, was als **Mundgefühl** bezeichnet wird.

Das **Mundgefühl** eines Lebensmittels kann je nach Zubereitung ganz unterschiedlich sein:

Beißen wir in einen reifen Apfel, schmecken wir, dass dieser nicht nur Süße und Säure besitzt, sondern auch **saftig** ist. Den Kaueindruck beschreiben wir sicher als **knackig**.

Auch wie **flüssig** eine Speise ist (Viskosität), nehmen wir auf der Zunge wahr. Ein **schnittfestes** Apfelgelee schmeckt nach Apfel, fühlt sich aber auf der Zunge ganz anders an, als ein **weiches** Apfelmus.

Auch das Garen verändert das Mundgefühl: So wird aus einer Apfelscheibe durch Backen und Trocknen ein **krosser** Apfelchip.

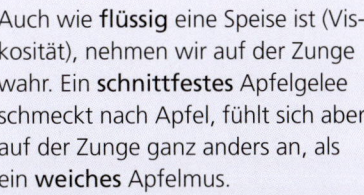

Das Apfelmus wiederum fühlt sich im Mund anders an als ein Apfelkompott. Das Kompott ist eher **stückig**, das Apfelmus fühlt sich je nach Herstellung **glatt** oder **leicht körnig** an.

Kombinieren wir diese Eindrücke, wird ein Gericht sensorisch deutlich ansprechender. Auch deshalb erwarten Gäste von einem Dessert meist etwas „Cremiges", dazu etwas „Krosses" und etwas „Kühles"

1.2 Bewusstes Würzen und Gestalten

🇬🇧 flavour and design 🇫🇷 épicer et dessiner

Speisen mit einfachen Mitteln interessanter gestalten

Der sinnliche Gesamteindruck einer Speise aus Geruch, Geschmack und anderen Wahrnehmungen wird als Flavour bezeichnet.

Optik: − beige/braun dominieren
Duft: − Basisnoten (Röstaromen) dominieren, keine Frische
Geschmack: − Umami dominiert (Fleisch, Bohnen, Tomate)
Mundfühl: / Fleisch knusprig, dann stückig, saftig
− Kartoffel-Salat stückig, lauwarm
− Gemüse stückig
Das Gericht ist sensorisch wenig ansprechend!

Frikadelle mit Bohnen-Tomaten-Gemüse und Kartoffelsalat

Durch bewusstes Gestalten lässt es sich mit wenigen Mitteln deutlich ansprechender zubereiten:

Optik: + Salat und Dip bringen Farbe
Duft: + paprika-Dip und Salat bringen Frische gegenüber den Röstaromen von Fleisch und Kartoffeln
Geschmack: + Salat bringt Frische, + mindert Umamigeschmack, + Dressing führt Säure zu, + Salzkörner geben Aroma beim Draufbeißen ab, + Dip bringt leichte Schärfe
Mundgefühl: + Salat knackig, + Dressing cremig und kühl, + Kartoffeln knusprig, dann cremig

Frikadelle mit würzigem Paprika-Dip, Kartoffelspalten mit grobem Salz, gemischter Salat

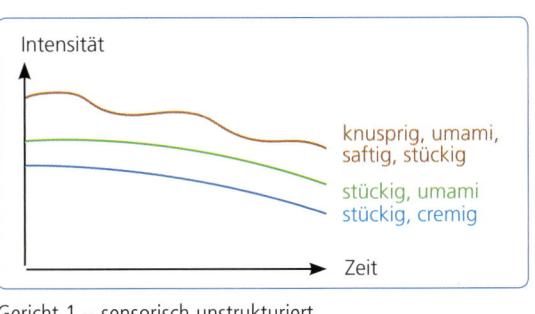

Gericht 1 – sensorisch unstrukturiert

Gericht 2 – sensorisch bewusst konstruiert

Küche

SPEISEN ZUBEREITEN

Teile einer Speise sollten möglichst nur dann vermischt werden, wenn ein bewusster Mischgeschmack erwünscht ist (z. B. Fenchelgemüse mit Orange). Sonst ist es aus sensorischer Sicht besser, Teile einer Speise auch für sich anzurichten (z. B. Gemüse einzeln anstelle einer Mischung).

Neben den klassischen Würzmitteln wie Kräutern und Gewürzen werden auch andere Lebensmittel oder deren Teile bewusst zum Würzen eingesetzt: z. B. Pilze, geröstete Nüsse oder abgeriebene Zitronenschale.

Schnittmengen und Gegensätzlichkeiten im Aroma von Lebensmitteln sind eine Grundlage des Foodpairing. Lebensmittel, die einen ähnlichen Duft oder Geschmack erzeugen, verstärken den Geruchseindruck einer Speise, z. B. Apfel und Zitrone (Foodcompleting). Lebensmittel, welche ein sehr gegensätzliches Aroma vermitteln, können interessante Kontraste bilden, z. B. Thymian und Zitrone (Foodcontrasting).

Wenn Köche Speisen würzen und gestalten, stehen sie in einem Spannungsfeld, das die kreativen Möglichkeiten begrenzt:
- Was mir als Koch schmeckt, muss noch lange nicht den Geschmack der Gäste treffen.
- Der Geschmack der Gäste ist zudem oft beeinflusst durch Werbung und Trends.
- Unterschiedliche Gästetypen stellen unterschiedliche Anforderungen an Speisen. Nicht immer hat der Gast Zeit und Muße fürs Genießen.
- Erfordernisse des Küchenablaufs erschweren Kreativität: Wird Essen zum Gast geliefert, verlieren Speisen die gewünschte Krossheit.
- Die Wahrnehmung des Speisenaromas verändert sich im Laufe des Lebens – beim Gast wie beim Koch.

Diesen Einschränkungen stehen viele Möglichkeiten gegenüber, Speisen kreativ zu gestalten. Wie in der Musik Töne nacheinander oder zeitgleich erklingen, schnell/langsam, laut/leise, und dabei unterschiedliche Wahrnehmungen entstehen: so „komponiert" man in der Küche den sinnlichen Gesamteindruck des Gerichts.

Speisen gezielt würzen

Der übliche Weg, eine Speise geschmacklich abzuwandeln, ist das Würzen. Hierzu stehen dem kreativen Koch immer mehr Lebensmittel zur Verfügung. Auf den folgenden Seiten werden Lebensmittel beschrieben, mit denen bewusst ein süßer Geschmack, eine leichte Schärfe oder auch ein leicht fruchtiger Duft an eine Speise gebracht werden kann. **Würzmittel** unterscheiden sich neben den Grundgeschmacksrichtungen vor allem im Duft, der von ihnen ausgeht. Das Aroma kann dabei sein

- **leicht und frisch** (z. B. Apfel, Kerbel, Zitronengras) → Kopfnote
- **würzig nach Holz, balsamisch** (Zitronenschale) **oder Blumen** (Lavendel) → Kopfnote,
- **intensiv aromatisch** (z. B. Thymian) → Herznote
- **würzig bis schwer** (Röstaroma eines Bratens) → Basisnote
- Ferner vermitteln einige zusätzlich eine **Scharf- oder Bitterwirkung**

Für das Würzen ist es wichtig zu wissen, welches Aroma von einer Zutat ausgeht und womit sich dieses gut kombinieren lässt.

Einige gundlegende Würzregeln

- Nutzen Sie zuerst die Aromen von Kräutern und Gewürzen, salzen Sie wenn möglich zum Schluss.
- Weniger ist mehr: Nutzen Sie wenige Kräuter und Gewürze, diese aber bewusst. Ein Kraut/Gewürz sollte dabei die Richtung vorgeben und einem Gericht Charakter geben, das Eigenaroma des Gerichtes aber nicht überdecken.
- Beachten Sie bei der Wahl des Würzmittels das Garverfahren: Röstaromen vom Braten können durch Würzmittel mit mildem Aroma gut ergänzt werden – sie treten in den Hintergrund. Schwache Aromen wirken intensiver, wenn sie z. B. gedämpfte Speisen begleiten.
- Kräuter mit feinem Aroma geben dieses leider auch schnell ab: Solche Kräuter daher möglichst als Frischware verwenden und erst zum Ende zur Speise zugeben.

- Kräuter mit robustem Aroma (meist solche mit robusten Blättern) geben ihr Aroma langsamer ab und können schon früh einem Gericht zugegeben werden. Sie können auch gut getrocknet werden.
- Ob ein Kraut oder Gewürz leicht oder schwer wirkt, hängt auch von der Dosierung ab. So können ein paar Blättchen Estragon eine Speise beleben, ein ganzes Bündel würde die Speise komplett dominieren.

1.3 Kräuter herbs herbes (f)

Kräuter sind frische, getrocknete oder gefrostete Teile von Pflanzen. Zuchtkräuter werden meist als Garten- oder **Küchenkräuter** bezeichnet, wild wachsende Kräuter als **Wildkräuter**. Das Pflücken von Wildkräutern für mehr als den Haushaltsbedarf ist untersagt. Aufgrund der steigenden Nachfrage werden heute viele klassische Wildkräuter von Gärtnereien gezüchtet. Wild wachsen Wildkräuter dort, wo sie gut wachsen können (Bärlauch z. B. auf Kalksteinböden). Ätherische Öle prägen das Aroma der Kräuter, verflüchtigen sich jedoch leicht.

> ● Wildkräuter – speziell Bärlauch – können Eier des Fuchsbandwurms tragen. Die Erkrankung kann schwerste, lebenslange und lebensgefährliche Schäden hervorrufen. Es gilt nicht nur bei Wildkräutern: Immer ausreichend waschen!

Gäste fragen vermehrt Wildkräuter nach, weil diese nicht nur neue Geschmackserfahrungen bringen, sondern auch gesundheitsfördernde sekundäre Pflanzenstoffe enthalten. Allgemein wirken Kräuter meist appetitanregend und verdauungsfördernd.

Es werden auch **klassische Kräuterkombinationen** verwendet:

Verarbeitung von Kräutern

- **Lagerung**: Da geerntete Kräuter empfindlich gegenüber Luft, Licht und Feuchtigkeit reagieren, sollten getrocknete Kräuter trocken und kühl in geschlossenen, lichtundurchlässigen Behältnissen aufbewahrt werden. Frische Kräuter werden gewaschen, trockengeschleudert und bei Temperaturen von max. +7 °C ebenfalls in geschlossenen und lichtundurchlässigen Behältnissen gelagert – wobei etwas Feuchtigkeit im Behältnis die Haltbarkeit von mehreren Tagen verbessert.
- **Hygiene**: Kräutertöpfe dürfen nicht in der Küche gelagert werden, da die Erde mit Keimen belastet sein kann.
- **Garen**: Kräuter sollten zur Schonung der Inhaltsstoffe, ihres Aromas und ihrer Farbe wenn möglich ungegart verarbeitet werden.
  Wenn überhaupt, werden Kräuter möglichst kurz gegart: Zum Entfalten der Aromastoffe frische oder eingefrorene Kräuter ganz zum Schluss zugeben, getrocknete Kräuter wenige Minuten vor Ende.
- **Färben**: Die Farbstoffe der Kräuter eignen sich gut zum Färben etwa von Suppen, Saucen oder auch Nudel- und Reiszubereitungen. Die grüne Farbe von Kräutern bleibt besser erhalten, wenn die Kräuter vor dem Zerkleinern blanchiert werden.

Kräuter der Provence
 herbs de provence
 herbes (f) de provence

enthalten meist Thymian, Majoran, Rosmarin, Lavendel und Bohnenkraut passen zu ländlichen Gerichten der französischen Küche etwa Fleischgerichten nach provencalischer Art.

Feine Kräutermischung
 fine herbs
 fines herbes (f)

enthält Petersilie, Schnittlauch, Kerbel und Estragon und wird bspw. für Omelettes oder Frischkäsezubereitungen sowie zu gebundenen Suppen und Saucen verwendet.

Kräutersträußchen
 sachet d'épice
 bouquet (m) aromatique

enthält klassisch Lorbeer, Petersilienstängel und Thymian, je nach Verwendung auch andere Kräuter. Dient der geschmacklichen Abrundung von Brühen und der braunen Grundsauce.

Küche

SPEISEN ZUBEREITEN

Holzige Pflanzenstiele, grobe Petersilienbüschel oder ganze Schnittlauchstängel sind kein geschmackliches Erlebnis und gehört nicht auf den Teller – ebensowenig wie staubfein zerkleinerte Petersilie.

Tipp: Aus dem Kräutergarten werden die Kräuter morgens gesammelt, wenn sie nicht mehr feucht, aber auch noch nicht erwärmt sind (Verlust ätherischer Öle).

Wie intensiv das **Aroma von Kräutern** ist und wie es im Einzelfall wahrgenommen wird, hängt von mehreren Faktoren ab. Zum einen unterscheiden sich Kräuter in der **Sorte** (z. B. Thymian/Zitronenthymian). Zum anderen nimmt die **Verarbeitung** Einfluss auf das Aroma. **Frische Kräuter** werden einer Speise kurz vor Schluss zugegeben oder sogar nur aufgestreut (Petersilie, Blattkoriander). **Getrocknete Kräuter** lässt man einige Minuten mitgaren, damit die ätherischen Öle wahrnehmbar werden. Gewürze und getrocknete Kräuter reagieren sensibel auf **Wärme, Licht, Luft** und **Feuchtigkeit** und verlieren daher meist an Aroma.

Kräuter mit leichtem und frischem Aroma

- eignen sich für Zubereitungen, deren Hauptzutat ein leichtes Eigenaroma hat, etwa helles Geflügel, Schweinefleisch, die meisten Fischarten.
- setzen einen Kontrast zu Gerichten mit schweren Röstaromen, dann z. B. in Salaten.
- unterstreichen Gemüsegerichte, leichte Eintöpfe und Sommergerichte.
- vermitteln in einer Speise/einem Menüteil Frische und Leichtigkeit, gerade im Sommer.

Basilikum 🇬🇧 basil 🇫🇷 basilic (m)
Duftet zitrusartig-frisch, nach Gras, aber auch leicht süßlich, wobei das Aroma je nach Sorte variiert. Da sein Aroma keine Hitze verträgt, wird Basilikum häufig bei kalten Zubereitungen wie Pesto alla genovese und Insalata Caprese (Tomate und Mozzarella) genutzt. Der leicht scharfe Geschmack des Thai-Basilikums wird in thailändischen Gerichten genutzt.

Dill 🇬🇧 dill 🇫🇷 aneth (m)
Besitzt einen ausgeprägten, frischen und leicht süßen Duft und passt damit gut zu Fisch und Gurke. Verwendung auch zum Dekorieren. Getrocknet eher fad, wird durch Einfrieren intensiver.

Kerbel 🇬🇧 chervil 🇫🇷 cherfeuil (m)
Passt mit seinem würzig-süßlichen Aroma nach Anis und Fenchel gut zu Suppen und Eintöpfen sowie auch zu Gemüsen und Salaten. Kerbel erinnert leicht an Estragon und passt gut zu leichten Fleisch- und Fisch-Gerichten, für die Estragon zu intensiv wäre.

Melisse / Zitronenmelisse 🇬🇧 balm 🇫🇷 mélisse (w)
Noch immer der Klassiker auf Desserttellern. Sein frisches, zitronig-balsamisches Aroma unterstützt auch leichte Gerichte von Geflügel und Fisch, Joghurts und Quarks, aber lockert bedingt auch schwere Aromen auf, etwa in Wildzubereitungen. Derbe Melisse kann ein aufdringlich-seifiges Aroma haben.

Minze 🇬🇧 mint 🇫🇷 menthe (w)
Je nach Sorte kann Minze leicht bis frisch-würzig sein und, etwa als Apfelminze, auch andere Aromen in sich tragen. Aufgebrüht als Tee und gut als frische Ergänzung eines Desserts oder als Minzsauce verwendbar.

Kräuter mit würzigem Aroma, balsamisch (Zitrusschale), dem Duft nach Holz oder Blumen

- eignen sich für Zubereitungen mit Gemüse sowie Fleisch- und Geflügelgerichte, die eine würzige, nicht zu intensive Note brauchen.

1 Speisen würzen und gestalten

- können einigen Blattsalaten mehr Aroma geben.
- aromatisieren kräftige Suppen und Saucen.

Estragon (deutscher oder französischer) 🇬🇧 tarragon 🇫🇷 estragon (m)
Leichter Zitrusduft, harzige Aromen und Anisduft. Estragon gehört klassisch in die Sauce béarnaise und Sauce Tatare, verfeinert auch Fischgerichte und Gurke. Estragon vorsichtig dosieren, sonst schmeckt dieser seifig! Junge Blätter verwenden – schmeckt überlagert aufdringlich und muffig.

Majoran 🇬🇧 marjoram 🇫🇷 marjolaine (w)
Er würzt deftige Fleischzubereitungen, Kartoffeln und herzhafte Eintöpfe, ist aber auch ein Begleiter fetter Eintöpfe, von Hülsenfrüchen und Wurstwaren (Leberwurst). Sein Aroma verfliegt beim Garen schnell.

Thymian 🇬🇧 thyme 🇫🇷 thym (m)
Aromatisches, aber auch leicht bitteres, intensives Aroma mit blumigen und teils auch Zitrus-Noten. Damit passt Thymian gut zu Wild-, Lamm- und Rindfleischzubereitungen, aber auch zu deftigen Eintöpfen sowie Wurstwaren und mediterranem Gemüse. Da sein bestimmendes Aroma auch einschränkt, werden zunehmend leichtere Thymianvarianten verwendet, etwa Zitronenthymian, welcher dann auch gut mit Fisch harmoniert.

Kräuter mit intensiv-würzigem bis leicht bitterem Aroma

- ergänzen Zubereitungen mit deutlichem Eigenaroma wie dunkles Fleisch.
- unterstreichen Gemüsegerichte, Kartoffelzubereitungen sowie Quarks und Frischkäsezubereitungen.

Bohnenkraut 🇬🇧 savoy 🇫🇷 sarriette (f)
Charakteristisch ist sein zitrusartig-würziger Geruch, der frisch noch angenehmer ist. Bei langem Erhitzen werden jedoch zunehmend Bitterstoffe freigesetzt. Bohnenkraut macht Bohnen und andere Hülsenfrüchte sowie auch Kohl leichter bekömmlich. Auch zu fettem Fleisch und fettem Fisch passt Bohnenkraut deshalb gut. Bestandteil eines Kräutersträußchens für Fleischbrühen.

Oregano 🇬🇧 oregano 🇫🇷 origin (m)
ist nicht nur das klassische Kraut für Tomatensauce und Pizza, sondern es würzt ebenfalls andere mediterrane Gemüse. Auch in Saucen (z. B. Tomatensauce) und für herzhafte Fleischgerichte eignet sich Oregano.

Petersilie 🇬🇧 parsley 🇫🇷 persil (m)
Viel zu schade, um mit ihr nur zu garnieren: Das intensiv-würzige Aroma – vor allem der glattblättrigen Petersilie – eignet sich für Fleischzubereitungen, Dips und auch Saucen. Krause Petersilie ergibt frittiert als *persil frites* eine ansprechende Garnierung zu Fleisch.

Schnittlauch 🇬🇧 chives 🇫🇷 ciboulette (w)
Schnittlauch gibt, zu feinen Röllchen geschnitten, Quark, Salaten und auch Suppen eine pfeffrig-pikante Note, passt aber ebenfalls gut zu Kartoffeln und Fisch. Auch als Einlage zu klaren Suppen und als Bestandteil kalter Saucen ist Schnittlauch gut geeignet. Seine Blüten sind eine attraktive Garnierung.

Küche

SPEISEN ZUBEREITEN

Kräuter mit schwerem, bestimmendem Aroma

- geben Zubereitungen mit kräftigem Eigenaroma wie gebratenem oder gegrilltem, dunklem Fleisch oder Ragouts eine eigene Note.
- bestehen auch neben kräftigen Gewürzen wie etwa Knoblauch.

Rosmarin 🇬🇧 rosemary 🇫🇷 rosmain (m)

Frischer Rosmarin wird gerne für Wild-, Lamm- und Schweinefleischzubereitungen genutzt (gröbere Stiele können auch als Spieß genutzt werden, sind dann aber nicht essbar). Gibt auch an mediterranes Gemüse beim Garen sein Aroma ab. Getrocknet und wenn zu lange gegart, dominieren harzige Aromen.

Salbei 🇬🇧 sage 🇫🇷 sauge (w)

Mit seinen herben, leicht bitteren Blättern gibt Salbei Fleischgerichten wie Saltimbocca ihren typischen Geschmack. Mediterrane Gemüse wie Tomaten vertragen sich ebenfalls gut mit Salbei. Die feinen Aromen des Salbeis verfliegen bei längerem Garen. Seine holzigen Stiele sind zwar nicht essbar, können aber gut als Grillspieß genutzt werden.

Kräuter mit Scharf- oder Bitterwirkung

- reizen den Trigeminusnerv und erzeugen so das Gefühl von Schärfe und Wärme
- wirken besonders auf die Bitterrezeptoren der Zunge ein und wirken so auch zusammenziehend.

Kresse 🇬🇧 cresse 🇫🇷 cresson (m)

Kresse ist der Oberbegriff u. a. für die kleinblättrige **Gartenkresse** und die **Brunnenkresse** mit ihren breiten, knackigen Blättchen. Beide Sorten schmecken pikant scharf, wobei Brunnenkresse leichte Bitternoten hat. Sie würzen Quarks und Frischkäsezubereitungen, Suppen und kalte Saucen und eignen sich auch gut als Garnierung für Gegrilltes. Aufgrund Ihrer Scharfwirkung werden neue Kressearten angeboten, etwa die **Shiso-Kresse**, die nach Minze und Anis schmeckt und asiatische Fischgerichte würzt. Andere Sorten erinnern an Gemüse und können sogar ein Prickeln im Mund erzeugen.

1.4 Gewürze 🇬🇧 spices 🇫🇷 épices (f)

- **Gewürze** sind unterschiedliche Teile verschiedener Pflanzen, die meist getrocknet angeboten werden.
- **Gewürzmischungen** sind Mischungen von Gewürzen wie Gulaschgewürz, Lebkuchengewürz oder **Currypulver:** Dieses besteht aus bis zu 15 verschiedenen Gewürzen und erhält seine meist bräunlich-gelbe Farbe vom Kurkuma (Gelbwurz). In der thailändischen Küche werden auch grüne und rote Chilipulver verwendet. Auf dem europäischen Markt ist Currypulver indischen Masalas nachempfunden und auf hiesiges Geschmacksempfinden angepasst worden. Verwendet wird Currypulver für Fleischgerichte, Reiszubereitungen und Currysaucen – oder eben auch für Currywurst.
- **Gewürzzubereitungen** sind Mischungen aus einem oder mehreren Gewürzen (mind. 60 %) und anderen geschmackgebenden Zutaten, z. B. Zucker. Hierzu zählen auch verschiedene Würzsaucen.

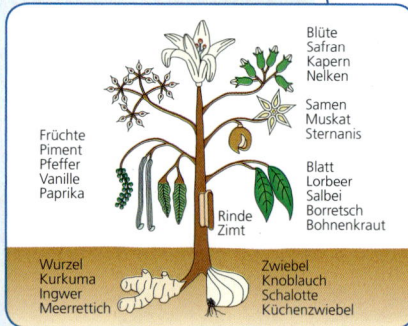

Gewürze stammen von verschiedenen Teilen von Pflanzen

1 Speisen würzen und gestalten

- **Gewürzsalze** sind Mischungen, die zu mehr als 40 % aus Salz und zum Rest aus Gewürzen oder anderen würzenden Zutaten bestehen.
- **Suppengewürz** besteht aus Gemüsen, Gewürzen und Kräutern.
- **Aromen** sind Zubereitungen von Geruchs- und Geschmacksstoffen, mit denen Speisen aromatisiert werden können, wie etwa Backaromen (s. a. Verbraucherschutz S. 39).

Verarbeiten von Gewürzen

- Gewürze bekommen ihr Aroma durch ätherische Öle und reagieren empfindlich auf Feuchtigkeit, Luft sowie Wärme. Deshalb sind sie in geschlossenen Gefäßen aufzubewahren. Nicht mit den Fingern entnehmen (Feuchtigkeit), sondern in die Hand schütten und dann mit den Fingern dosieren. Gemahlene Gewürze verlieren ihr Aroma leichter als Gewürze im Ganzen.
- Gemahlene Gewürze werden verwendet, wenn das Aroma schnell auf die Speise übergehen soll, und um diese leichter zu dosieren.
- Gewürze werden im Ganzen verwendet, wenn sie über längere Zeit ausgelaugt werden sollen, z. B. in Marinaden.
- Viele Gewürze wirken unangenehm, wenn man darauf beißt (Wacholder im Sauerkraut). Gewürze sollten dann in Gewürzbeuteln oder in einem „Tee-Ei" mitgegart oder als Reduktion zugegeben werden.
- Zur Entfaltung ihres Aromas werden Gewürze häufig vor der Verwendung angeröstet (trocken oder in Öl), im Mörser zerkleinert oder in der Mikrowelle erwärmt.

Tipp: Bei Gewürzzubereitungen oder Gewürzsalzen kauft man oft billige Zutaten zum Preis teurer Gewürze. Kreativer und günstiger ist es, selbst Gewürze zu mischen.

Weitere Gewürzportraits auf unseren Internetseiten

Gewürze mit leichtem und frischem Aroma

- mildern Zutaten mit starkem Eigenaroma.
- unterstreichen Zubereitungen mit feinem Eigenaroma.
- können als Brücken verschiedene Aromen verbinden.

Vanille  vanilla vanille (w)

Vanilleschoten sind die fermentierten und getrockneten Früchte einer Orchideenart. Das Aroma wird vom **Vanillin** bestimmt. Weiße Pünktchen auf der Oberfläche sind auskristallisiertes Vanillin und somit kein Mangel. Zur Verwendung wird die Schote längst aufgeschnitten und das Mark herausgekratzt. Die Schoten können z. B. in Milch mitgekocht werden. Danach können diese in Zucker eingelegt zur Herstellung von echtem Vanillezucker dienen.

Vanilleschoten unterscheiden sich stark in Größe, Geschmack und Preis. Aufgrund von Preis und Nachfrage wird Vanillearoma künstlich hergestellt. Als Vanillin bezeichnet findet es sich etwa in Vanillinzucker.

Vanille würzt zahlreiche Süßspeisen und Gebäcke, auch in Kombination mit Zimt und Tonkabohne. Auch Meeresfrüchte, Fisch, Hähnchen und Tomaten lassen sich gut mit Vanille kombinieren. Starke Röststoffe im Gericht überdecken allerdings die Vanille. Vanille kann zwischen unterschiedlichen Geschmacksrichtungen Brücken bauen und den Geschmack einer Speise abrunden. Schwefelige Noten in Kohlgemüse oder auch im Spargel werden von Vanille angenehm gemildert.

Küche

SPEISES ZUBEREITEN

Gewürze mit würzigem Aroma, balsamisch (Zitrusschale), dem Duft nach Holz oder Blumen

- beleben Zubereitungen mit kräftigen Röstaromen und Rauchnoten sowie erdigen Tönen, etwa Wurzelgemüse.
- unterstreichen Gerichte mit Zitrusfrüchten.

Paprika 🇬🇧 paprika 🇫🇷 paprika (m)

Wenn auch botanisch identisch mit den Chilis, werden die kleinen Gewürzpaprika oft anders verwendet – sie bieten eine größere Aromen-Vielfalt als Chilis. Die Schärfe stammt vom Capsaicin der Kerne und Innenwände, das Aroma vom Fruchtfleisch der Außenwände. Werden mehr Außenwände mitvermahlen, ist das Paprikapulver milder. Werden mehr Innenwände und Samen vermahlen, wirkt das Paprikapulver scharf.

Paprika passt zu vielen Fleischzubereitungen (Gulasch, Brathuhn). Neben einem erdigen Geschmackston finden sich noch grüne, wachsige und leicht süßliche Noten. Deshalb wird Paprika auch mit Meeresfrüchten und Fisch kombiniert. Im Handel werden unterschieden:

Sollen Farbe und/oder Schärfe auf das Gericht übergehen, kann Paprika länger mitgegart werden. Geht es um die feineren Aromen, sollte es kurz vor Ende der Garzeit zum Gericht kommen. Vorsicht beim Anbraten: Paprikapulver verbrennt leicht und schmeckt dann bitter.

Anteil Außenwände	Handelsbezeichnung	Anteil Innenwände/Kerne
↑	Capsaicinfrei	
	Delikatesspaprika	
	Edelsüßer Paprika	
	Halbsüßer Paprika	
	Rosenpaprika	↓

Kümmel 🇬🇧 caraway 🇫🇷 carvi (m)

Kümmel kennt man meist von deftigen Gerichten wie Schweinebraten, Röstkartoffeln oder Sauerkraut. Hier kann Kümmel gut mit anderen, kräftigen Gewürzen wie Wacholder oder Koriandersamen kombiniert werden, ohne diese zu überdecken.

Kümmel fördert die Verdauung (→ Aquavit). Der süßlich-aromatische Duft ähnelt dem von Bohnenkraut, Thymian oder Majoran. Er lässt sich daher gut mit diesen Kräutern kombinieren. Seine fast pfefferminzartige Würze und die leichte Orangennote ermöglichen süße Kombinationen etwa mit Bratäpfeln.

Lorbeer 🇬🇧 bay leafs 🇫🇷 feuilles (w) de laurier

Die Blätter des Lorbeerbaums sind würzig-aromatisch bis blumig und duften leicht nach Nelke. Ältere Lorbeerblätter schmecken dagegen eher herb-würzig.

Lorbeer harmoniert mit mediterranen Kräutern. In Schmorgerichten, Brühen und Saucen bildet die Frische des Lorbeers einen Kontrast zu den teilweise vorhandenen Röstaromen. Verwendung findet Lorbeer klassisch in Wildgerichten, Fleischmarinaden (Sauerbraten) und Schmorgerichten. Seine leicht harzige Süße wirkt der Säure von Tomaten und Sauerkraut entgegen und ergänzt gut Linsengerichte.

1 Speisen würzen und gestalten

Muskatnuss 🇬🇧 nutmeg 🇫🇷 noix (w) de muscade

Ihr Aroma erinnert sowohl an Nelke, Anis und Eukalyptus, als auch leicht an Orange und Holz. Weil ihre Aromen auch in vielen anderen Gewürzen und Kräutern vorkommen, lässt sich Muskatnuss gut kombinieren. Klassisch findet Muskatnuss Verwendung für Brühen und Bechamelsauce. Bei Kartoffelzubereitungen (Püree) wirkt Muskatnuss der Süße (etwa von Schokolade) angenehm entgegen. Bei Gemüsen wirkt es eher unangenehmen Noten entgegen: Pastinaken schmecken weniger erdig, Spinat wirkt weniger säuerlich, Rosenkohl wirkt weniger schwefelig. Ihre ätherischen Öle verfliegen sehr leicht, weshalb Muskatnuss immer frisch gerieben werden und erst am Ende zu einem Gericht gegeben werden sollte. Botanisch gesehen ist Muskatnuss ein Samen und keine Nuss.

Pfeffer 🇬🇧 pepper 🇫🇷 poivre (m)

Die Beeren des Pfefferstrauchs und einige Varianten sind das am meisten verwendete Gewürz der Welt. Alle Pfeffersorten verbindet ihre Schärfe, die in zahlreichen Speisen genutzt wird. Daneben hat aber jede Pfeffersorte auch weitere Aromen zu bieten. Nach der Pflanze, dem Zeitpunkt der Ernte und der Weiterverarbeitung wird Pfeffer unterschieden in:

Grüner Pfeffer sind die unreif geernteten Pfefferbeeren, die entweder gefriergetrocknet oder in Salzlake konserviert werden. Sein Aroma ist angenehm frisch und seine Schärfe ist zurückhaltend.
Grüner Pfeffer wird zu Fisch und Meeresfrüchten, zu Geflügel, in Saucen und Pasteten verwendet. Außerdem verträgt sich grüner Pfeffer gut mit asiatischen Gewürzen. Auch mit Früchten wie Ananas, Mango oder Erdbeeren harmoniert grüner Pfeffer.

Schwarzer Pfeffer sind unreife Pfefferbeeren, die getrocknet werden. Sein Aroma ist würzig-fruchtig und leicht zitrusartig. Durch das Trocknen verliert schwarzer Pfeffer einen Teil seiner frischen Aromen und seine Schärfe kommt besser zur Geltung.

Weißer Pfeffer sind reife Pfefferbeeren, die ohne Fruchtfleisch getrocknet werden. Durch das Schälen und Trocknen verliert weißer Pfeffer an Aromen, sodass er schärfer ist als schwarzer Pfeffer.

Nelkenpfeffer → Piment   *Cayenne-Pfeffer → Chilis*

Wacholder 🇬🇧 juniper 🇫🇷 genévrier (m)

Die Beeren des Wacholderstrauchs sind bei guter Qualität glatt und erbsengroß. Wacholderbeeren duften warm-würzig, harzig, und gleichzeitig leicht nach Zitrone und Flieder. Deshalb begleitet Wacholder viele Fleischgerichte (z. B. Sauerbraten), wozu die Beeren meist leicht angedrückt werden, um die ätherischen Öle freizugeben. Der Geschmack ist leicht süßlich, was gerade der Strenge von Wildgerichten entgegenwirkt, aber z. B. auch Sauerkraut harmonisch ergänzt. Wacholder ist der Geschmackgeber des Gins.

Zimt 🇬🇧 cinnamon 🇫🇷 canelle (w)

Zimt ist die Rinde des Zimtbaumes, die sich beim Trocknen einrollt. Dünne Rinde ergibt ein feines Aroma. Der „echte Zimt" ist der Ceylonzimt.

Die „Muskatblüte" (Macis = Samenhäute) ähnelt der Muskatnuss im Aroma, hat aber auch eine feine Zitronennote. Daher findet Macis meist in Gebäcken Verwendung.

Küche

SPEISEN ZUBEREITEN

> Chinesischer Cassia-Zimt sollte aufgrund des erhöhten Cumaringehaltes kaum verwendet werden, insbesondere nicht für Schwangere!

Ist nur das Aroma, nicht aber die Farbe gewünscht (z. B. für Kompott oder Glühwein), aromatisiert man mit Stangenzimt, den man später wieder entnimmt. Gemahlen wird Zimt für Süßspeisen wie Milchreis (Zimt-Zucker) und für Gebäcke verwendet. Da im Zimt aber auch Aromen wie in Nelken, Muskat und Kardamom enthalten sind, passt Zimt zusammen mit diesen auch zu Fleischgerichten. In Indien (Garam Masala) und im Nahen Osten aromatisiert Zimt geröstet auch Fleischgerichte. So kann Zimt z. B. Schmorgerichten eine warm-würzige Note geben und auch Kartoffelpüree ergänzen.

Gewürze mit intensiv-würzigem bis leicht bitterem Aroma

- ergänzen gut Gerichte mit Röstaromen, etwa Fleischzubereitungen.
- prägen eher kräftige Gebäcke.

Anis 🇬🇧 aniseed 🇫🇷 anis (m)

Prägt mit seinem süßlich-aromatischen Duft die Liköre Ouzo und Pastis, aber auch Lakritze und viele Süßspeisen. Sein Aroma erinnert leicht an Fenchel, Kerbel und Estragon, aber auch an Nelke und Koriander. Süße Düfte, aber auch Fett aus dunklem Fleisch oder Lachs ergänzen sich mit Anis. **Sternanis** ist zwar botanisch nicht mit Anis verwandt, duftet aber ganz ähnlich.

Gewürznelke 🇬🇧 clove 🇫🇷 clou de girofle (m)

Nelke gibt Speisen ein charakteristisches, warm-süßliches Aroma, schmeckt selbst aber bitter. Nelken harmonieren gut mit Zimt (Weihnachtsgebäck), Piment und Muskat, aber auch mit Lorbeer und Basilikum. In Relishes ergibt die Kombination mit Banane einen interessanten Geschmack. Klassisch werden Nelken auch bei der Herstellung von Brühen und Saucen verwendet. Um sie beim Abschäumen nicht zu entfernen, werden gerne Zwiebeln mit Nelken gespickt. Bei Kohlgerichten sollten Nelken vor dem Servieren ebenfalls entfernt werden.

Kapern 🇬🇧 capers 🇫🇷 câpres (w)

Die unreifen, geschlossenen Knospen des Kapernstrauchs werden meist in Salzlake eingelegt. Ihre an Zwiebeln erinnernde Schärfe und ihre angenehme, an Senf erinnernde Säure werden z. B. für Königsberger Klopse, aber auch für Remouladensauce und das Beefsteak Tatar genutzt. Kapern nur kurz mitgaren. Die intensiveren „Kapernäpfel" werden gern als Antipasti genutzt.

Piment 🇬🇧 allspice 🇫🇷 toute (w) espice / piment (m) de la Jamaique

Auch Nelkenpfeffer genannt, weil sein Aroma an Nelken, Pfeffer, Muskat und Zimt erinnert. Aufgrund dieser Aromenvielfalt kann Piment mit vielen anderen Aromen kombiniert werden (engl. = allspice). Seine kräftigen Noten harmonieren mit dunklen Schmorgerichten, Fleischbeizen, vielen Innereien und Brühen. Seine leicht harzigen Noten bilden bei Zubereitungen mit Früchten wie Johannisbeeren oder Pflaumen einen interessanten Kontrast. Auch in Weihnachtsgebäck wird Piment genutzt.

Safran 🇬🇧 saffron 🇫🇷 safran (m)

Safran sind die getrockneten, braunroten Blütennarben einer Krokusart. Weil für 1 kg Safran meist über 100.000 Blüten geerntet werden müssen, ist Safran noch immer das teuerste Gewürz der Welt. Safran duftet intensiv blumig, wenn auch etwas nach Jod. Im Geschmack ist Safran zart-bitter und etwas scharf. Safran sollte immer in Fäden gekauft werden, da sein Aroma gemahlen schnell verfliegt. Safran hoher Qualität enthält nur die braunroten Fäden und keine gelben Griffelreste der Blüte.

Durch seine Bitternote passt Safran gut zu Gerichten mit Krustentieren und ist fester Bestandteil der Bouillabaisse und anderer Fischgerichte. Auch Reisgerichte wie Risotto milanese erhalten durch Safran ihr typisches Aroma und die Farbe. Safran lässt sich gut mit süßlich wirkenden Gewürzen wie Zimt oder langem Pfeffer kombinieren.

Safran löst sich – am besten im Mörser frisch zerstoßen – in wässrigen Flüssigkeiten und färbt diese intensiv gelb-orange. Damit sein Aroma in den Speisen bleibt, sollte Safran erst zum Schluss beigefügt werden.

Gewürze mit schwerem, bestimmendem Aroma / Röstaromen

- werden meist eingesetzt bei Gerichten mit ausgeprägtem Eigenaroma wie Wild oder Lamm.
- besitzen auch zartere Eigenaromen, die bei geringer Dosierung besser zum Tragen kommen.
- dürfen keinesfalls den Eigencharakter eines Gerichtes überdecken – weniger ist oft mehr.
- sind nachhaltig – also lange beim Essen wahrnehmbar –, daher eher ungeeignet für Vorspeisen.

Knoblauch 🇬🇧 garlic 🇫🇷 ail (m)

Aus der asiatischen und mediterranen Küche ist er nicht wegzudenken, in Nordeuropa hat er weniger Freunde: Knoblauch schmeckt und duftet schnell sehr dominant. Getrockneter Knoblauch schmeckt dabei kräftiger als frischer, weißer Knoblauch schmeckt intensiver als violettschaliger.
Chinesischer (asiatischer) Knoblauch schmeckt zwar nach Knoblauch, verbreitet aber nicht dessen Aroma. Schwarzer, **fermentierter Knoblauch** hat hingegen ein süßlich-erdiges Aroma, das an Trockenpflaumen oder Süßholz erinnert. Beim **geräucherten Knoblauch** treten neben Raucharomen seine anderen würzigen Aromen hervor, die brennende Schärfe jedoch in den Hintergrund.
Knoblauch-Aroma lässt sich gut steuern und dosieren: Roh und vor allem fein zerkleinert ist es brennend-scharf. Reibt man aber eine Schüssel nur mit einer halben Knoblauchzehe aus, tritt das Knoblaucharoma angenehm in den Hintergrund. Gegart entwickelt Knoblauch zudem süßliche, aber schwere Noten. Leicht angebraten (Vorsicht – Knoblauch verbrennt leicht) entwickelt Knoblauch leicht nussige Röstaromen.

Neben den **Schalen** wird auch der innenliegende **Keim** entfernt, da dieser oft bitter und muffig schmeckt. Soll Knoblauch zerkleinert werden, sollte er möglichst geschnitten und nicht zerquetscht werden. Aufgrund der stark vergrößerten Oberfläche reagieren seine ätherischen Öle mit dem Luftsauerstoff und erzeugen unangenehme Aromen.
Um das Aroma von geschnittenem Knoblauch in Speisen **abzumildern**, kann dieser blanchiert oder in Milch gegart werden. Soll der Knoblauch nicht in einer Speise verbleiben, sollten die Knoblauchzehen nur angedrückt und kurz vor Garende zugefügt werden.

Weißer und violetter Knoblauch

Chinesischer Knoblauch

Um den Geruch von Knoblauch zu entfernen, die Hände mit Salz einreiben, anschließend mit Wasser und Seife waschen. Auch das Reiben der Hände auf Edelstahlflächen hilft den Geruch zu entfernen.

Küche

SPEISEN ZUBEREITEN

Gewürze mit Scharf- oder Bitterwirkung

- reizen den Trigeminusnerv und erzeugen so das Gefühl von Schärfe und Wärme.
- wirken besonders auf die Bitterrezeptoren der Zunge ein und wirken so auch zusammenziehend.

Chili 🇬🇧 chili 🇫🇷 piment rouge (m)

Chili wirkt je nach Sorte und Verarbeitung scharf bis sehr scharf. Allerdings haben Chilis auch erdige und fruchtige Aromen, die man bei grünen, eingelegten Chilis (Peperoni) gut schmecken kann. Die feinen Aromen der Chilis verfliegen beim Garen leider sehr schnell. Die reine Schärfe des Chilis überdeckt daher andere Aromen nicht und lässt auch ungewöhnliche Kombinationen zu, etwa mit Schokolade.

Da Chilis die Schmerzrezeptoren an Händen und Augen reizen, kann man bei der Verarbeitung Handschuhe tragen. Chilis werden frisch, eingelegt und getrocknet (z. B. gemahlene Cayenne-Chilis/„Cayennepfeffer") gehandelt und sind Bestandteil vieler Gewürzmischungen.

> Weitere Gewürze (s. vorherige Seiten) sind ebenfalls scharf oder bitter. Bei diesen stehen allerdings auch andere Aromen im Vordergrund, daher sind sie dort aufgeführt.

Dosierhinweis: Das Fruchtfleisch der Chilischoten enthält deutlich weniger scharf wirkendes Capsaicin – die Schärfe steckt in den Samen und stärker noch in den weißen Trennwänden. Bei Zugabe von Chilis diese drei Teile voneinander trennen. Zunächst nur das Fruchtfleisch ins Gericht geben, dann so viele Samen wie nötig. Die Trennwände geben meist zu viel Schärfe ab und werden selten verwendet.

Ingwer 🇬🇧 ginger 🇫🇷 gingembre (m)

Ingwer duftet einerseits frisch nach Zitrone und Minze. Andererseits bringt er Schärfe und reizt die Trigeminusnerven. Eingelegter Ingwer (Gari) wird klassisch zu Sushi gereicht und ist milder, ähnlich wie Ingwer in Chutneys. Aufgrund seiner frischen Noten ergänzt Ingwer auch Gemüse, etwa Möhren und Kürbis, und Fisch – nicht nur in vielen asiatischen Gerichten. Wird eine milde Scharfwirkung gewünscht, werden größere Ingwerstücke mitgegart und am Ende entnommen. Für eine schärfere Wirkung werden die Wurzeln geschält und gerieben den Speisen zugesetzt.

Meerrettich (Kren) 🇬🇧 horseradish 🇫🇷 raifort (m)

Er treibt mit seinen senfähnlichen, Schärfe vermittelnden Aromen leicht die Tränen in die Augen. Gleichzeitig trägt Meerrettich leicht süßliche, aber auch bittere Aromen in sich. Seine Aromen verflüchtigen sich beim Garen schnell (z. B. bei Meerrettichsauce). Meerrettich wird gern zu fettem Fleisch und Fisch gereicht. Ähnliche Aromen trägt **Wasabi**, auch wenn dieser botanisch nicht mit dem Meerrettich verwandt ist.

1.5 Süßen von Speisen – Süßungsmittel

🇬🇧 sweetener 🇫🇷 édulcorant (m)

Honig 🇬🇧 honey 🇫🇷 miel (m)

> Trotz gesundheitsfördernder Wirkung (z. B. entzündungshemmend) ist Honig nicht gesünder als Zucker. Honig und Sirups entsprechen aber den Grundsätzen der Vollwerternährung, Lebensmittel möglichst naturbelassen zu verwenden.

Honig ist ein natürlicher Süßstoff, der von Honigbienen hergestellt wird. Diese sammeln dazu Pflanzennektar (Blütenhonig) oder die Ausscheidungen von pflanzensaugenden Insekten wie Blattläusen (Honigtauhonig).

1 Speisen würzen und gestalten

Da Honig neben Zucker (Fruktose und Glukose) und Wasser noch Blütenpollen und aromatisch wirksame Stoffe enthält, wird er gerne genutzt, um Speisen einen besonderen Geschmack zu verleihen.

In der Patisserie wird Honig gerne verwendet, weil er sich aufgrund seines Gehaltes an Fruktose und Glukose ähnlich verhält wie Invertzucker oder Glukosesirup, z. B. gefrierpunktsenkend.

Honig ist kühl zwischen 10 und 20 °C, dunkel und trocken in geschlossenen Gefäßen zu lagern. Bei längerer Lagerung kristallisiert der Zucker im Honig aus und wird fester (einige Sorten kristallisieren schneller aus als andere). Der Honig kann dann vorsichtig im lauwarmen Wasserbad wieder verflüssigt werden. Honig sollte jedoch nie über 40 °C erhitzt werden, da er sonst Aromastoffe und auch wertvolle Wirkstoffe einbüßt.

Besondere Honigsorten
- *Heidehonig* hat eine geleeartige Konsistenz und einen kräftigen Geschmack.
- *Waldhonig* ist eine Oberbezeichnung für Honig, bei denen Bienen die Ausscheidungen von Pflanzenläusen sammeln.
- *Kastanienhonig* ist dunkel und kräftig im Geschmack mit einer leichten Bitternote.
- *Thymianhonig* stammt meist aus dem Mittelmeerraum, wo Bienen Nektar von Thymiansträuchern sammeln. Thymianhonig duftet intensiv und hat einen würzigen Geschmack.

Hähnchenflügel mit Honigglasur

Verwendungsbeispiele für Honig
Honig ist nicht nur ein Süßungsmittel. Mineralstoffe und Blütenpollen liefern auch Geschmacksstoffe. Zudem kann Honig eingesetzt werden, um die Konsistenz und auch das Aussehen einer Speise zu verändern. Beispiele:
- Süßen und Aromatisieren von Speisen und Getränken
- Herstellung von Süßspeisen wie Baklava mit Honig
- Ersatz für Invertzucker – etwa in der Eisherstellung
- Kräftige Honige eignen sich gut als Ergänzung zu Käse.

> ● Honig kann Clostridien enthalten und ist deshalb für Schwangere und kleine Kinder bis 2 Jahren ungeeignet!

Sirups

Sirups sind oft dickflüssige, dunkle und süße Flüssigkeiten. Sie werden meist hergestellt durch Einkochen von zuckerhaltigen Flüssigkeiten wie
- Fruchtsäften (Dicksäfte wie Birnendicksaft),
- Pflanzenextrakten (Ahornsirup, Agavendicksaft)
- oder auch von Zuckerrüben.

Sirups halten sich auch angebrochen, aber in geschlossenen Gefäßen, über längere Zeit, wenn sie kühl gelagert werden.

Je nach Herkunft bringen Sirups auch andere Farb- und Geschmacksstoffe in die Speisen. Durch den Prozess des Einkochens erhalten Sirups oft auch leicht bittere Noten. Sirups werden u. a. verwendet
- zum Süßen und Färben von Speisen und Gebäcken,
- um Speisen und Getränke zu aromatisieren (Holunderblütensirup),
- zum Beizen von Grillfleisch (Agavendicksaft enthält das eiweißspaltende Enzym Papain),
- als Bestandteil von Saucen (z. B. Honig-Senf-Sauce oder Sauce zu Rheinischem Sauerbraten) und Dips,
- als Bratenglasur durch Karamellisieren des Zuckers oder Glasieren von Gemüse.

> ● Haushaltszucker lässt sich nicht 1:1 ersetzen. Honige und Sirups haben eine andere Zuckerzusammensetzung und verhalten sich insbesondere beim Backen und in der Eisherstellung anders als Haushaltszucker. Auch ist die Süßwirkung von Sirups und Honig meist stärker.

> ● Künstliche Süßstoffe und Süßungsmittel siehe S. 91 (bei den Kohlenhydraten).

Rosmarin und Salbei geben bei langem Erhitzen Bitterstoffe an die Speisen ab – deshalb möglichst nur kurz erhitzen.

Aperol-Spritz mit betont leichter Bitternote

Hochwertige und ausgereifte Essige verfeinern nicht nur Salate, sie können sogar als Aperitif oder Digestif gereicht werden.

Überlegen Sie, ob bei einer Vinaigrette der Essig oder das Öl im Vordergrund stehen soll! Ein aromatischer Essig verlangt nach einem neutralen Öl. Hochwertiges Olivenöl kommt bei einem dezenten Essigaroma besser zur Geltung.

1.6 Speisen bewusst eine Bitternote geben

Als Kontrast zur Süße von Speisen können diesen auch bittere Noten gegeben werden. Bitterstoffe werden jedoch in hoher Konzentration auf der Zunge als pelzig und als adstringierend (zusammenziehend) empfunden.

- Als Kräuter erzeugen Rosmarin, Salbei, Beifuß, Eberraute und Engelwurz auch einen bitteren Geschmack.
- Einige Gemüse wie Bittergurke, Spargel, Artischocke und Chicoree, Radicchio und Löwenzahn, aber auch Mangold und Spinat liefern Bitterstoffe.
- Die weißen Häute von Zitrusfrüchten schmecken bitter.
- Bittere Liköre wie Aperol, Campari, Angostura oder Absinth steuern Bittergeschmack bei, ebenso die Softdrinks Bitter Lemon und Tonic Water.
- In Desserts können Zartbitterschokolade, Kaffee/Espresso oder grüner Tee einen interessanten Kontrast zur Süße erzeugen, ebenso Lakritze und Nüsse.
- Diätsalze und Süßstoffe schmecken teils ebenfalls bitter.

1.7 Bewusstes Säuern von Speisen

Um Speisen bewusst zu säuern, werden Zitronensaft, säuerliche Früchte und Kräuter (Sauerampfer) sowie gesäuerte Milchprodukte wie Joghurt oder Schmand – und natürlich Wein – gerne verwendet. Asiatische Gerichte werden oft mit einer Sauce aus Tamarinde säuerlich gewürzt. Ein häufig verwendetes Säuerungsmittel (und Konservierungsmittel) ist Essig.

Essig 🇬🇧 vinegar 🇫🇷 vinaigre (m)

Die Säuerungswirkung von Essig beruht auf der **Essigsäure**. Diese entsteht, wenn z. B. Wein während der Lagerung Luft zieht und Essigsäurebakterien auf den Wein gelangen. Dort führen diese zur essigsauren Gärung – es entsteht Essigsäure, verdünnt als **Essig** bezeichnet. Entscheidend für die Qualität des Essigs sind die Rohstoffe: Alkohol aus hochwertigen Obstsäften oder Weinen liefert bessere, aromatische Ergebnisse, als Essig aus Industriealkohol. Je nach Säuregehalt und weiteren Aromen werden unterschieden:

- **Essigessenz** wird synthetisch hergestellt und hat einen teils sehr hohen Säuregehalt. Da Essigessenz neben der Säure keine weiteren Aromen liefert, ist sie für die Speisenzubereitung nur bedingt geeignet.
- **Weinessig** wird aus Wein hergestellt und hat mit mind. 6 % Säure eine starke Säurewirkung. Seine weiteren Weinaromen eignen sich gut zum Verfeinern von Salaten, Saucen und Dips sowie von Gemüse. Besondere Weinessigsorten sind Rotweinessig und Sherryessig.
- **Speise- oder Tafelessig** wird aus vergorenem Getreide oder Kartoffeln hergestellt und enthält 5 % Säure.
- **Branntwein-Essig** wird aus Weinessig und Tafelessig hergestellt und oft genutzt, z. B. für Mayonnaise und Marinaden. Branntwein-Essig liegt qualitativ zwischen beiden Sorten.

- **Kräuteressig/Gewürzessig** ist 5-%iger Essig, zusätzlich aromatisiert mit Kräutern bzw. Gewürzen. Hierzu werden diese in Essig bis zu 14 Tage ausgelaugt, industriell oder in der Küche selbst. Geeignet, wenn nur das Aroma von Kräutern und Gewürzen ohne Feststoffe gewünscht ist, z. B. in einer Reduktion.
- Essig mit besonderen Geschmacksrichtungen sind **Obstessige** wie Apfelessig, **Gemüseessige** wie Spargelessig oder auch **Reisessig** (→ Sushi). Gerade Obstessig ist oft sehr mild und eignet sich gut für feine Salatsaucen – besonders, wenn die Blattgemüse leicht bitter schmecken.
- **Balsamicoessig** ist eine Spezialität, die aus konzentriertem italienischem Traubensaft hergestellt wird. Sein Alter ist entscheidend für Geschmack und Säuregehalt. Durch lange Lagerung in Holzfässern dickt der Balsamicoessig weiter ein, sodass die konzentrierten Aromen, auch die der Fässer, die Säure in den Hintergrund treten lassen. Die beste Qualität wird als „Aceto Balsamico Tradizionale di Modena" bezeichnet und kann sehr sparsam verwendet werden. „Condimento bianco" ist heller Balsamicoessig. Für „Crema di Balsamico" wird Balsamicoessig mit Verdickungsmitteln angedickt und kann für Verzierungen genutzt werden. Hochwertiger Balsamicoessig kann nicht nur für Vorspeisen eingesetzt werden, sondern auch einen interessanten Kontrast zur Süße von Desserts bilden.

> Gehen Sie sparsam mit Balsamicoessig um. Seine intensiven Aromen können leicht Speisen dominieren. Ferner bieten auch andere Essige interessante Aromen. Wird Essig erhitzt, verliert er schnell seine Säure!

> Einen süß-sauren Effekt erreicht man auch durch Würzpasten, die neben Säure zusätzlich Fruchtaromen enthalten. Infos zu Chutneys und Relishes: S. 574 und auf der Website.

1.8 Salzen von Speisen

Speisesalz 🇬🇧 salt 🇫🇷 sel (m)

Speisesalz (Kochsalz) ist ein Mineralstoff (Natriumchlorid = NaCl), der zum Würzen verwendet wird. Auch wenn der Körper täglich Salzverluste, z. B. durch Schwitzen, ausgleichen muss, ist Salz sparsam zu verwenden. Über Fertiggerichte kann es in hohen Mengen aufgenommen werden. Speisesalz wird zur Vermeidung von Mangelerkrankungen in Deutschland häufig mit Jod- und Fluorverbindungen oder mit Folsäure angereichert. Salz enthält Rieselhilfen, da es leicht Wasser anzieht (siehe Pökeln, S. 79).

Gesetzliche Vorgaben bestimmen, dass Speisesalz zu 97 % aus Natriumchlorid bestehen muss. Da alles Salz einmal Meeresablagerung war, unterscheiden sich Salze nur minimal in ihrer Zusammensetzung. Weitere Ablagerungen, die auch die Farbe des Salzes verändern können, werden meist bei der Raffination des Salzes entfernt, da diese auch keine nachgewiesenen gesundheitlichen und meist nur geringe sensorische Vorteile haben.

Handelsprodukte:
- **Meersalz** wird durch Verdunsten von Meerwasser gewonnen. Es hat oft größere und unregelmäßige Kristalle. Fleur de Sel („Blume des Salzes"), hat zarte, restfeuchte Kristalle und weitere, geschmacksbestimmende Mineralstoffe eingelagert. Auch Fluss-Salze wie Murray River Salz-Flocken® haben Mineralstoffe eingelagt, anderen Salzen wie Hawaii-Salz® wurden bewusst färbende Mineralstoffe zugesetzt.
- **Siedesalz** (Salinensalz) wird durch Wasser aus unterirdischen Vorkommen gelöst, als Sole nach oben gefördert und durch Sieden eingedampft, wodurch es gleichmäßige Kristalle besitzt.
- **Steinsalz** wird in Bergwerken abgebaut und vermahlen.

> Nur wenige Menschen reagieren mit Bluthochdruck auf Salz im Essen. Ständige übermäßige Salzaufnahme geschieht aber häufig durch Fertigprodukte, die bei falschem Essverhalten zu Übergewicht und zu Bluthochdruck führen kann.
> Experten empfehlen, pro Tag max. 5 g Salz mit der Nahrung aufzunehmen. Der Salzgehalt ist auf der Lebensmittelverpackung anzugeben.

> Um Mangelerscheinungen vorzubeugen, wird Salz in Deutschland häufig mit Jod und Fluor – teilweise auch mit Folsäure – angereichert. Diese Zusätze färben das Salz gelblich.

> Spezielle, gesundheitsfördernde Wirkungen von Salzen (etwa von Himalayasalz) wurden bislang nicht belegt.

Küche

SPEISEN ZUBEREITEN

Salze, bei denen die Korngröße oder auch andere Aromen wie Gewürze oder Raucharoma zum Tragen kommen, sollten nie ins Kochwasser gegeben werden, sondern immer direkt auf die Speisen.

Salz sollte auch sparsam verwendet werden, da viele Lebensmittel von Natur aus würzende Aromen mitbringen. Um den Eigengeschmack anderer Lebensmittel nicht zu überdecken, sollte Salz einer Zubereitung spät beigegeben werden.
Eine Prise Salz stärkt in Teigen und Massen das Glutengerüst.

Die **Wahrnehmung von Salz** hängt ganz entscheidend von seiner Körnergröße ab:

- **Kleine Salzkristalle** verteilen sich schnell auf der Zunge und sprechen viele Salzrezeptoren an: die Speise wirkt salzig. Da Salz keine ätherischen Öle freisetzt, ist es egal, wann das Salz gemahlen wird – ganz im Gegenteil zu Pfeffer.
- **Gröbere Salzkristalle** geben den Salzgeschmack nach und nach oder beim Draufbeißen „explosiv" und sensorisch interessanter ab. Auch lösen große Salzkristalle nicht so schnell Flüssigkeit aus den Lebensmitteln wie fein vermahlenes Salz.
- **Salzflocken** und Salz mit zerbrechlichen Kristallen (Fleur de Sel) lösen sich langsam im Mundraum auf und bewirken so einen meist angenehmeren Eindruck von Salzigkeit als fein vermahlenes Salz.

Salzflocken

> Mono-Natrium-**Glutamat** lässt sich zwar genauer dosieren, liefert Speisen aber keine weiteren Aromen und lässt sie leicht künstlich schmecken.

1.9 Umami – Speisen schmackhafter machen

- Neben Algen enthalten Parmesan, Bohnen, Tomaten, Zwiebeln, Steinpilze, Morcheln, Fleisch u. a. Lebensmittel von Natur aus viel Glutaminsäure und bewirken einen Umamigeschmack, wenn diese Glutaminsäure freigesetzt wird.
- Bei langem Kochen und Reduzieren von Brühen und Saucen wird Glutaminsäure aus den Proteinen freigesetzt. Dieses kann durch Säurezugabe gefördert werden (z. B. Coq au vin). Auch die anschließende Lagerung etwa eines Gulaschs kann mehr freie Glutaminsäure liefern und zur Schmackhaftigkeit beitragen.
- Durch Fermentation entsteht aus Sojabohnen glutaminreiche Sojasauce und aus Getreideeiweiß Speisewürze.

> Bei der Verwendung von Würzsaucen muss die Kennzeichnung von Allergenen beachtet werden, etwa von Gluten in Speisewürze und Soja in Sojasauce.

Würzsaucen 🇬🇧 aromatic sauces 🇫🇷 sauce (f) épicé

Als Würzsaucen werden weitgehend flüssige oder pastöse, kalte Zubereitungen mit ausgeprägtem Geschmack bezeichnet. Aufgrund ihres meist intensiven Aromas sollten Würzsaucen, vor allem für die Geschmacksrichtung umami, **sparsam dosiert** werden. Weitere Würzsaucen und Pasten finden sich bei den anderen Grundgeschmacksrichtungen.

Worcestershiresauce / Worcestersauce

Diese Tafelsauce besteht aus Fleischextrakt, Cayennepfeffer und Gewürzen. Sie wird verwendet für Marinaden und Dips, einige Fischgerichte sowie Ragouts und Frikassee.
Worcestersauce wird auch vegan angeboten.

Speisewürze

Wird auch als Suppenwürze unter bekannten Markennamen verkauft und kann als Tafelsauce sowie zum Würzen von Suppen und Eintöpfen verwendet werden – was aber dem Gast überlassen werden sollte. Trotz des fleischigen Umamigeschmacks wird Speisewürze vegan aus Getreideeiweiß hergestellt.

1 Speisen würzen und gestalten

Sojasauce

Durch Fermentation von Sojabohnen und meist auch Getreide sowie anschließende Lagerung entsteht Sojasauce. Helle Sojasauce ist eher salzig, dunkle eher süßlich-aromatisch. In der asiatischen Küche wird sie vielfältig eingesetzt.

Austernsauce

ist eine dickflüssige, braune Sauce aus Gewürzen, Stärke und Austernextrakt. Einfache Sorten schmecken salzig, höherwertige Sorten schmecken aromatisch und wenig nach Fisch. *Vegane* Austernsauce wird aus Shiitake-Pilzen hergestellt. Austernsauce gibt Speisen eine deutliche Fülle (kukumi).

Tomatenketchup

Wird aus Tomatenmark, Zucker, Essig und anderen Gewürzen hergestellt. Mit seinem fruchtigen bis pikanten Geschmack ist er Basis für einige Dips und Saucen. Er wird als Würzsauce, etwa zu Fleischwaren, genutzt und verleiht diesen eine süßliche Note, die einen Kontrast zu Röstaromen bilden kann.

1.10 Schärfe ins Essen bringen

Neben klassischen, scharfen Gewürzen wie Chilis, Ingwer und Pfeffer bringen auch zahlreichen Würzsaucen Schärfe ins Essen. Auch wenn die Messung des Schärfegrades nach der Einheit Scoville von vielen Köchen als Herausforderung verstanden wird, sollten scharf würzende Lebensmittel sehr vorsichtig dosiert werden. Der Schärfeeindruck soll einen interessanten Reiz vermitteln, aber nicht ein ganzes Gericht dominieren. Interessante Aromen und auch Schärfe bringen z. B. verschiedene Kressearten auf den Teller.

Senf

Je nach Art der verwendeten Senfkörner ist Senf gelb bis bräunlich und unterschiedlich scharf. Neben seiner Schärfe liefert Senf auch süße und säuerliche Aromen. Er ist je nach Vermahlung glatt bis körnig auf der Zunge. Senf wirkt in Saucen emulgierend (Lezithin).

Neben den vermahlenen Körnern enthält Senf Essig, Wein, Salz, Zucker und weitere Würzstoffe:
- **Delikatess-Senf** und **Tafelsenf** haben mittlere bis kräftige Schärfe, Verwendung als Tafelsenf zu Würstchen und für Saucen und Dips.
- **Dijon-Senf** ist fein-aromatisch, aber scharf-würzig – für Vinaigrettes, Dressings und Senfsaucen. Auch gut geeignet für Rumpsteak Strindberg.
- **Süßer Senf** oder **Weißwurstsenf** ist körniger Senf mit deutlichem Karamellgeschmack.

Soll die Schärfe des Senfs beim Erwärmen erhalten bleiben, sollte dieser erst kurz vor Ende ins Gericht gegeben werden.

Senf

Chilisauce

ähnelt Ketchup, enthält aber je nach Sorte unterschiedlich deutliche Schärfe aus Chilis. Chilisauce dient zum Abschmecken von Dips und Saucen oder wird eigenständig zu Fleischgerichten gereicht.

Tabascosauce

Tabasco wird aus gemahlenen Chilis, Salz und Essig hergestellt und dient – sparsam verwendet – als Tafelsauce sowie zum Scharf-Würzen von Saucen, Dips, Gemüse und Gerichten der südamerikanischen Küche.

Sambal Oelek

Sambals sind meist sehr scharfe Pasten aus Chilis und Essig oder Tamarindensaft. Beliebt in der indonesischen Küche – sparsam verwenden.

> ● Senf ist als Allergen zu kennzeichnen!

Küche SPEISEN ZUBEREITEN

❷ Garen von Lebensmitteln

Das Garen von Lebensmitteln gehört zu den wichtigsten Grundlagen für Ausbildung und Beruf. Für die Abschlussprüfung erhalten die Auszubildenden einen Warenkorb, aus dem sie sich für das Zubereiten der Gerichte bedienen müssen.

Beispiel-Warenkorb für eine Zwischenprüfung

Pflichtkomponenten:
Hähnchen oder Hackfleisch, Möhren, Blumenkohl und Fenchel sowie Kartoffeln.

Gestalten Sie aus diesen Komponenten und sonstigen küchenüblichen Zutaten einen servierfähigen Hauptgang.

Wie man aus einem Warenkorb unterschiedliche Gerichte planen und anfertigen kann, hängt entscheidend vom gewählten Garverfahren ab. In den folgenden Kapiteln werden neben den Grundlagen des Garens auch Beispiele für die Verwendung des Beispiel-Warenkorbs aufgezeigt.

2.1 Warum wir Lebensmittel garen

- Um Speisen genießbar zu machen
- Um Saucen, Suppen usw. zu binden
- Um Mikroorganismen abzutöten
- Um die Haltbarkeit zu verlängern

- Um den Genusswert zu steigern: Aroma, Optik
- Um den Speisen Form zu geben
- Um die Verdaubarkeit zu erhöhen
- Um Zutaten bewusst auszulaugen

2.2 Was beim Garen mit den Inhaltsstoffen passiert

Lebensmittel sind von außen betrachtet sehr unterschiedlich. Ihre Inhaltsstoffe sind aber ähnlich: Praktisch alle Lebensmittel bestehen aus **Wasser, Kohlenhydraten, Eiweiß, Fett und verschiedenen Begleitstoffen (Vitaminen, Mineralstoffen und sekundären Pflanzenstoffen)**. Ihr Anteil in den Lebensmitteln ist unterschiedlich. Deshalb ist es nützlich zu wissen, wie sich die Inhaltsstoffe beim Garen verhalten. So kann man ganz bewusst steuern, wie ein Lebensmittel durch das Garen verändert werden soll, und gestaltet Speisen so, wie es gewünscht ist.

Die Rolle des Wassers beim Garen

Wasser nimmt beim Erhitzen Wärme auf: Diese Wärme wird dann auf das Gargut übertragen. Da etwa fünfmal mehr Energie nötig ist, um kochendes Wasser komplett zu verdampfen, als es nur zum Kochen zu bringen, garen Speisen in heißem Dampf auch schneller, als in gleich heißem Wasser.

Wasser ist ein Lösungsmittel: Deshalb löst sich Salz z. B. im Nudelwasser auf und verteilt sich (**Diffusion**, siehe Abb. nächste Seite). Doch auch wertvolle Inhaltsstoffe wie Vitamine und Mineralstoffe lösen sich so aus den Speisen (Auslaugung) und gehen verloren.

So verändern sich Kohlenhydrate durch das Garen

Stärke verkleistert: Stärke quillt beim Erwärmen in Flüssigkeiten auf (je nach Stärkeart ab ca. 55 °C). Beim weiteren Erhitzen wird das Wasser im Lebensmittel ab ca. 80 °C gebunden. Die Stärke bildet mit der Flüssigkeit einen zähflüssigen Kleister (Bsp.: Kochen von Vanille-„Pudding" als Convenienceprodukt). Auch die Stärke in Kartoffeln, Nudeln u. a. Lebensmitteln verhält sich so. Rohe Kartoffeln fühlen sich z. B. feucht an. In gegarten Kartoffeln ist die Stärke verkleistert – die Kartoffeln fühlen sich nicht mehr feucht an (s. S. 90/Kohlenhydrate).

Aus Stärke werden Dextrine: Beim Backen ab ca. 150 °C wird es deutlich: Mehl schmeckt im Kuchenteig noch fade. Nach dem Backen ist aber aus der Stärke des Mehls eine aromatische Kruste geworden. Das gelingt, weil die langen Stärkemoleküle zu einer Art Zucker umgebaut werden – den Dextrinen. Diese geben der Gebäckkruste Farbe und Aroma.

Wie sich Eiweiße durch das Garen verändern

Locker lassen und zusammenziehen: Bereits ab 50 °C lockern sich Eiweißstränge und werden dadurch zunächst besser verdaulich. Zwischen 60 und 80 °C ziehen sich die Eiweiße jedoch zusammen, werden weniger gut verdaulich und gerade Fleisch wird zunehmend trocken. Das ansonsten zähe Bindegewebseiweiß wird ab 80 °C und bei feuchter Hitze zu kaubarer Gelatine.

Eiweiß bindet Flüssigkeiten: Diese Fähigkeit wird z. B. bei der Herstellung einer Bayrischen Creme oder beim Eierstich genutzt.

Aromastoffe entstehen aus Eiweiß und Zucker: Ab ca. 120–140 °C bilden Eiweiße zusammen mit Zucker aromatische Röststoffe (Maillardreaktion). Weitere Eigenschaften der Eiweiße → S. 104.

Fett und seine Aufgaben beim Garen

Fett, der Wärmetransporter: Die wichtigste Aufgabe der Fette beim Garen ist das Übertragen von Wärme: Fett lässt sich höher erhitzen als Wasser und macht so ein Garen bei mehr als 100 °C in Flüssigkeit möglich. Das Erhitzen von Fett hat aber seine Grenzen (Rauchpunkt → Verhalten der Fette S. 97).

Fett verbessert Optik und Geschmack: Gegarte Speisen sehen oft matt aus. Dagegen hilft es, den Speisen ein wenig Fett zuzusetzen (Kräuterbutter auf dem Steak oder Butter im Kartoffelpüree). Viele Aromastoffe sind fettlöslich – Fett dient so als Lösungsmittel und wird deshalb auch als Geschmacksträger bezeichnet.

So verändern sich Begleitstoffe beim Garen

Viele Begleitstoffe wie Vitamine und Mineralstoffe lösen sich in Wasser oder Fett. Gart man in Wasser oder Fett, werden wertvolle Begleitstoffe ausgeschwemmt. Vitamine werden oft durch die hohen Temperaturen oder langes Warmhalten zerstört oder wie Mineralstoffe ausgeschwemmt. Wenn möglich, also die Garflüssigkeit weiterverwenden.

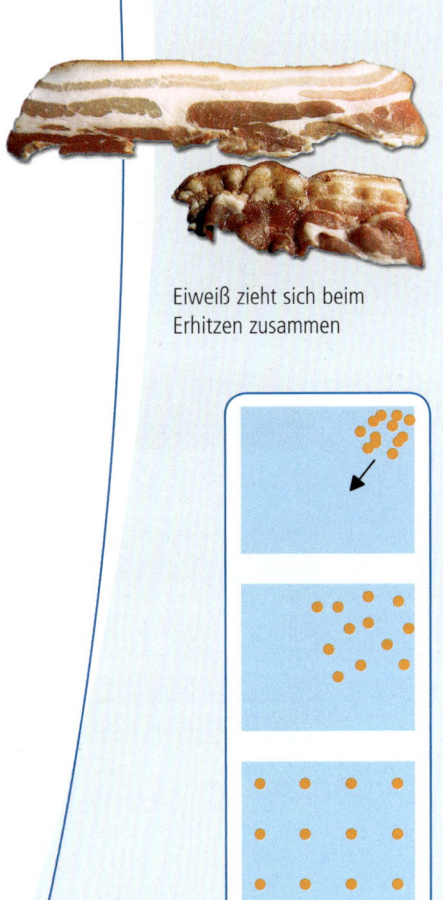

Stärke quillt und verkleistert

Zucker karamellisiert: Zwischen 130 und 160 °C wird aus Zucker aromatisches und farbiges Karamell – im Topf wie im Backofen.

Eiweiß zieht sich beim Erhitzen zusammen

Diffusion

Küche

SPEISEN ZUBEREITEN

2.3 Heiße Sache – wie mittels Garverfahren Wärme auf und in die Lebensmittel gelangt

Um Lebensmittel zu garen, ist meist Wärme erforderlich (Ausnahme: z. B. wird Fisch beim Beizen „gar"). Die Wärme kann auf unterschiedliche Art auf das Gargut gelangen:

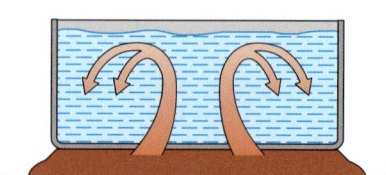 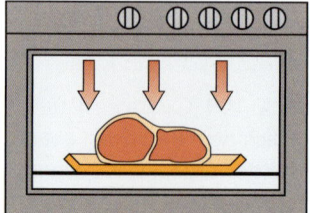 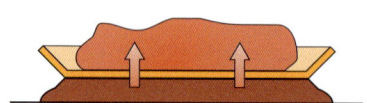

Strömung (Konvektion)
Heiße Luft steigt nach oben. Auch in heißen Flüssigkeiten wie Wasser oder Fett steigt Wärme auf. Beim Abkühlen sinken Luft und Flüssigkeiten wieder nach unten. Werden sie dort ständig erwärmt, entsteht ein Kreislauf. So kann ununterbrochen Wärme auf Lebensmittel übertragen werden.

Strahlung (Radiation)
Alles was heiß ist, strahlt Wärme ab, z. B. glühende Grillkohle. Gelangen die Wärmestrahlen auf ein Lebensmittel, übertragen sie die Wärme darauf. Diese Strahlen können sich in alle Richtungen bewegen. So wird es nicht nur über dem Grill (→ Strömung), sondern auch daneben heiß.

Kontakt (Konduktion/ Wärmeleitung)
Wer einmal versehentlich auf die heiße Herdplatte gefasst hat, kennt das Prinzip der Wärmeleitung mittels Kontakt. Um diese schnellste Art der Wärmeübertragung zu nutzen, wird Kochgeschirr verwendet. Dieses leitet dann die Wärme vom Herd z. B. in die Pfanne. Dort wird die Wärme dann z. B. ins Spiegelei geleitet.

Wie sich Wärme im Lebensmittel verteilt

Wärme gelangt zunächst außen auf die Lebensmittel. Auf der erwärmten Oberfläche werden nun die Moleküle der Lebensmittel in Schwingungen versetzt. Sie stoßen sich gegenseitig wie Billardkugeln an. Über dieses „Anrempeln" der benachbarten Moleküle gelangt nun die Wärme nach und nach von außen in die Lebensmittel (**Wärmeleitung**).

Bei großen, festen oder auch gefrorenen Lebensmitteln kann das **einige Zeit** dauern. Würde in dieser Zeit zu viel Wärme auf das Lebensmittel von außen einwirken, kann es unschön „verkochen". Hier gilt: Temperatur absenken und Garzeit verändern, um eine gleichmäßige Temperaturverteilung im Gargut zu erreichen.

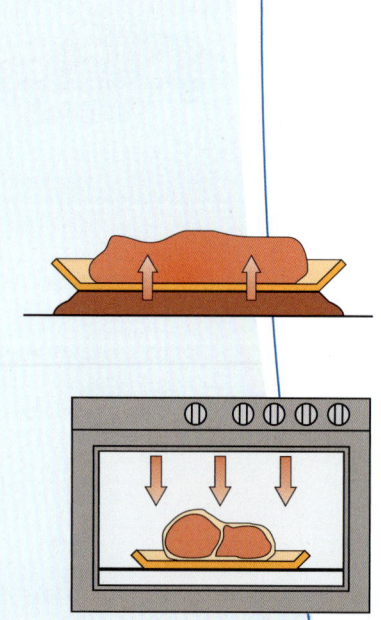

Auch die **Kombination von Garverfahren** bringt oft bessere Ergebnisse. Beispiel: Während ein Rumpsteak in der Pfanne bei hoher Temperatur schnell bräunt, zieht die Wärme ausreichend schnell ins Innere. Ein ganzes Roastbeef hingegen würde beim Braten in der Pfanne außen schwarz sein, bevor es innen zart-rosa ist. Hier bietet sich an, das Roastbeef in der Pfanne anzubraten und es im Ofen bis zum gewünschten Garpunkt zu backen (vorangehendes Backen und abschließendes Abbraten wäre sogar noch sinnvoller).

Wärmeleitung wirkt nach: Ist das Garverfahren beendet, gibt das Gargut gespeicherte Wärme ab. Dabei kühlt es nach außen ab, kann aber auch nach innen noch unerwünscht nachgaren. Das muss man bei der Länge der Garzeit berücksichtigen, insbesondere bei Fleisch und Fisch.

2.4 Garen mittels Wasser und Wärme (feuchte Garverfahren)

🇬🇧 moist heat cookery methods 🇫🇷 faire cuire à la chaleur humide

Bei einigen Garverfahren wird die Wärme mittels Wasser übertragen. Diese Garverfahren heißen deshalb **feuchte Garverfahren**:

Kochen – Garziehen – Dämpfen – Dünsten – Mikrowellengaren – durch Kombination: Schmoren, Heißluft-Dämpfen

Mit feuchten Garverfahren verändern wir Lebensmittel:

+ Eiweiß gerinnt, z. B. beim Frühstücksei.
+ Stärke verkleistert, z. B. beim Kochen von Nudeln oder Kartoffeln.
+ Geschmacksstoffe können bewusst ausgelaugt werden (Brühe).
− Einige Vitamine sowie Mineralstoffe u. a. lösen sich im Kochwasser.
+ Bindegewebe, wie in Sehnen, wird weich und kaubar.
+ Ballaststoffe quellen und werden beim Garen gelockert.
o Fett schmilzt – etwa als Fettaugen auf der Hühnerbrühe.
o Keine Bildung aromatischer Röststoffe.
o Bei Temperaturen um 100 °C evtl. nachteiliger Kochgeschmack.

Kochen 🇬🇧 to boil 🇫🇷 bouillir

Ablauf und Besonderheiten: Kochen wird oft mit Garen gleichgesetzt. Dabei ist Kochen das Garen in siedender – also kochender – Flüssigkeit, meist Wasser. Die Temperatur wird so gesteuert, bis das Wasser ca. 100 °C heiß ist. Anstelle von Wasser kann z. B. auch in Brühe, Milch oder Öl (s. a. Confieren) gekocht werden.

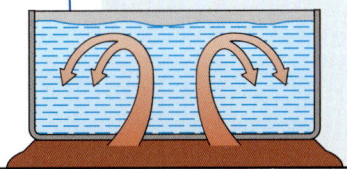

Besonders geeignete Lebensmittel sind solche, die eine feste Struktur haben, etwa Kartoffeln, Knollensellerie oder Rote Bete. Auch Lebensmittel, die beim Garen in Bewegung bleiben sollten (z. B. Nudeln) sind gut für das Kochen geeignet.

Wird das Gargut ins kochende Wasser gegeben, heißt das **Heißansatz**. So garen die Lebensmittel schnell und werden etwas weniger ausgelaugt (z. B. Kartoffeln). Risiko: Übergaren der Außenschicht.

Soll das Gargut ausgelaugt werden (Kochen von Brühe) oder muss es erst quellen, führt man den **Kaltansatz** durch: Hierbei wird das Gargut mit kaltem Wasser aufgesetzt und zum Kochen gebracht. Dabei muss das Gargut oft nicht komplett mit Wasser bedeckt sein, wenn mit einem Deckel auf dem Topf gegart wird (z. B. bei Kartoffeln). Speisen, die leicht überkochen, werden ohne Deckel gekocht (z. B. Nudeln oder Milch).

Die **Veränderungen der Inhaltsstoffe** bei feuchten Garverfahren und auch die **Garverluste** sind beim Kochen am deutlichsten. Deshalb sollten gerade wirkstoffreiche Rohstoffe nur gekocht werden, wenn deren Struktur es erfordert (z. B. Kochen ganzer Roter Bete) oder wenn eine Auslaugung erwünscht ist (Brühe). Giftstoffe und Keime werden durch das Kochen meist sehr effektiv inaktiviert (z. B. Solanin bei Kartoffeln).

● **Kochen** ist Garen in wässriger Flüssigkeit bei ca. 100 °C. Soll das Wasser nicht sprudelnd kochen, wird häufig von „**Sieden**", „**Köcheln**" oder „**Simmern**" gesprochen.

Küche

SPEISEN ZUBEREITEN

Energiespartipps:
Wenn das Wasser kocht, Hitzequelle runterschalten. Heißer als 100 °C wird das Wasser auch mit zusätzlicher Wärmezufuhr beim drucklosen Kochen nicht. Ein Topfdeckel spart Energie und damit Kosten.
Viele Vorgänge laufen bei unter 100 °C ab, z. B. die Stärkeverkleisterung bei ca. 85 °C.

Was passiert beim Garen in Salzwasser? Salz dringt beim Kochen nur in geringem Maß ins das Gargut ein. Vielmehr laugen weniger Mineralstoffe aus dem Gargut aus, wenn dort durch das Salz im Kochwasser schon viele Mineralstoffe sind (s. a. Diffusion Seite 213).

Garprobe:
Mit einer Messerspitze oder Nadel in die Kartoffeln stechen. Lässt sich das Messer leicht wieder herausziehen, sind die Kartoffeln gar.

Lebensmittel laugen auch beim Blanchieren aus! Daher ist gut zu überlegen, ob Blanchieren notwendig ist oder ob es z. B. reicht, einen Heißluft-Dämpfer ausreichend vorzuheizen.
Alternativ zu Wasser kann z. B. in Gemüsefond blanchiert werden.

Pellkartoffeln
🇬🇧 potatoes in their jacket
🇫🇷 pommes de terres en robe de chambre

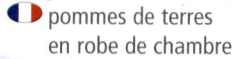

Zutaten
1,000 kg Kartoffeln
0,005 kg Kümmel
0,015 kg Salz pro Liter

- gleich große Kartoffeln (= gleiche Garzeit) waschen,
- im Topf mit heißem Wasser knapp bedecken,
- mit Salz und Kümmel würzen,
- abgedeckt aufkochen und ca. 30 Min. bei mäßiger Hitze köcheln,
- wenn die Kartoffeln gar sind, Wasser abschütten und Kartoffeln pellen.

Salzkartoffeln
🇬🇧 boiled potatoes
🇫🇷 pommes de terres à l'eau

Zutaten
1,200 kg Kartoffeln
0,015 kg Salz pro Liter

- Kartoffeln schälen und waschen
- durch Halbieren, Vierteln oder Tournieren in gleiche Form bringen,
- in Topf geben, salzen und mit kaltem Wasser knapp bedecken,
- abgedeckt aufkochen und ca. 20 Min. bei mäßiger Hitze weiterkochen,
- Wasser abschütten, evtl. mit gehackter Petersilie garnieren.

Sonderfall Blanchieren   🇬🇧 to blanch   🇫🇷 blanchir

Blanchieren ist kein Garverfahren. Auch wenn z. B. Blattspinat dadurch schon gart – Blanchieren ist ein Vorbereitungsverfahren (→ S. 190) und wird verschiedenartig eingesetzt.
Blanchieren heißt kurzes Erhitzen in kochender Flüssigkeit und danach sofortiges Abkühlen (z. B. Eiswasser). Die Lebensmittel anschließend aus dem Eiswasser nehmen – nicht darin liegen lassen.

- **Verfärbungen verhindern und Farbe erhalten**: Enzyme können z. B. Apfelstücke verfärben. Brokkoli behält durch Blanchieren seine kräftig grüne Farbe. Die Hitze beim Blanchieren bringt die Arbeit dieser Enzyme schlagartig durch die hohe Temperatur zum Erliegen. Bei anderen Garverfahren könnten die Enzyme zunächst noch arbeiten.
- Beim **Einfrieren von Lebensmitteln** wie Gemüse ist vorheriges Blanchieren sinnvoll: Enzyme können auch während der TK-Lagerung aktiv sein.
- **Haltbarkeit verlängern**: Einige Mikroben werden durch Blanchieren bereits abgetötet. Dadurch bleiben Lebensmittel länger haltbar.
- **Starres Blattgefüge lockern**: Kohlblätter werden so für das Füllen vorbereitet.
- **Blanchieren in Fett** (z. B. Pommes frites) verkürzt die anschließende Garzeit. Das Frittiergut wird so innen gar, ohne außen zu stark zu bräunen.

Garziehen / Pochieren 🇬🇧 to poach 🇫🇷 pocher

Ablauf und Besonderheiten: Beim Pochieren wird die Garflüssigkeit auf eine Temperatur dicht unter dem Siedepunkt gebracht. Das Gargut kann nun direkt ins Wasser gegeben werden (**direktes Pochieren**) oder es kann in einer Form im Wasserbad pochiert werden (**indirektes Pochieren**). So ist das Sous-vide-Garen (→ S. 172) eine Variante des Pochierens.

Die Temperatur wird nun bis zum Garpunkt in einem Bereich gehalten, der für die nötigen Vorgänge erforderlich ist. Dieser liegt oft bei 85 °C (Stärkeverkleisterung) oder darunter (Eiweißgerinnung).

Besonders geeignete Lebensmittel: Durch Pochieren können Lebensmittel schonend gegart werden, die beim Kochen Schaden nehmen würden: *Kartoffelklöße* werden pochiert und nicht gekocht, sie würden sonst durch die Wasserbewegung aneinander reiben und die äußere Schicht der Klöße würde abkochen. *Eierstich* wird indirekt pochiert, damit sich keine Bläschen darin bilden, was beim Kochen der Fall wäre.

Die **Garverluste** und **Veränderungen der Lebensmittel** entsprechend beim direkten Pochieren denen beim Kochen. Beim indirekten Pochieren werden hitzebedingt einige Vitamine zerstört.

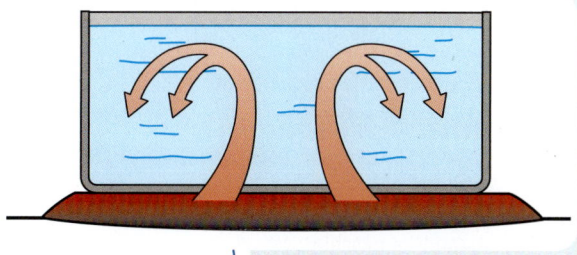

Direktes Pochieren

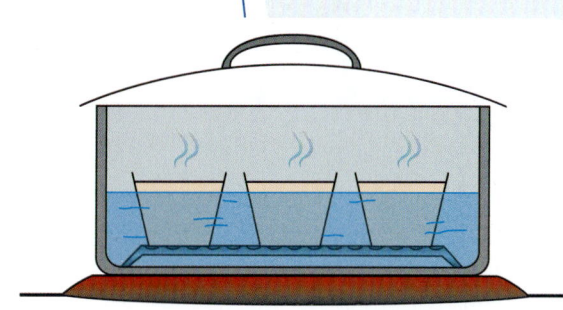

Indirektes Pochieren

Königsberger Klopse 🇬🇧 meat balls Königsberg style 🇫🇷 boulette de viande à la Königsberg

Zutaten für das Hackfleisch:
1,000 kg gemischtes Hackfleisch (Schwein, Kalb und Rind)
Würzung: 0,100 kg Zwiebelwürfel, angeschwitzt, Salz, Pfeffer, evtl. 0,030 kg Sardellenfilets (kleingeschnitten)
Lockerung: 0,100 kg Weißbrot, eingeweicht und ausgedrückt
Verbesserung: 0,100 kg Ei (2 St.)
Garen: 1,000 l Fleischbrühe
Sauce: 0,040 kg Fett / 0,050 kg Mehl,
6 EL Kapern, 0,125 ml Saure Sahne, Zitronensaft, Weißwein

- Aus 0,040 kg Fett und 0,050 kg Mehl eine helle Mehlschwitze herstellen und erkalten lassen.
- Alle Zutaten für das Hackfleisch zu einer glatten Masse vermengen. Mit nassen Händen je Portion zwei Klopse à 0,060 kg formen. Fleischbrühe mit gespickter Zwiebel aufkochen. Klopse etwa 10 Min. in der Brühe garziehen, bis das Fleisch im Kern durchgegart ist. Klopse aus der Brühe nehmen und warmhalten.
- Erkaltete Mehlschwitze mit der heißen Brühe auffüllen und 10 Min. köcheln lassen. Sauce mit saurer Sahne verfeinern und mit Zitronensaft sowie Kapern und Kapernfond abschmecken. Fleischklopse wieder in die Sauce geben und auf Serviertemperatur bringen.
- Dazu passen gut Salzkartoffeln und Rote Bete.

„Hackfleisch wird gut gewürzt, zu Klößchen geformt und sanft gegart. Wir servieren in sämiger Sauce, der Kapern eine besondere Note geben."

Küche

SPEISEN ZUBEREITEN

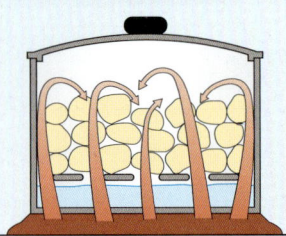

Dämpfen 🇬🇧 to steam 🇫🇷 étuver

Ablauf und Besonderheiten: Beim Dämpfen werden Lebensmittel in strömendem Wasserdampf (= Wärme übertragendes Medium) oder über würzigen Fonds bei 100 °C im geschlossenen Garraum gegart.

Vor dem Einsetzen des Dämpfeinsatzes ist der Topf/Heißluftdämpfer unbedingt auf **Dämpftemperatur** zu bringen. Das Gargut darf beim Dämpfen nicht im Wasser liegen, sondern wird nur im Wasserdampf gegart, z. B. auf einem Dämpfeinsatz. Aromen, die ins Wasser gegeben werden, gelangen über den Dampf auf das Gargut. Tiefgefrorene Lebensmittel werden gefroren in den Siebeinsatz gegeben und gedämpft – so ist die Wärmeübertragung höher und das Lebensmittel gart schneller, als wenn man es erst auftauen würde.

Besonders geeignete Lebensmittel: Zum Dämpfen eignen sich viele Gemüsearten (z. B. Blumenkohl, Karotten und Erbsen), Kartoffeln, Reis und Getreide, aber auch Fisch.

Veränderungen der Inhaltsstoffe und Garverluste: Dämpfen ist ein form- und nährstoffschonendes Garverfahren. Eigengeschmack und Farbe der Lebensmittel bleiben weitgehend erhalten. Auch Garverluste sind gering, da mit wenig Wasser gearbeitet wird und das Verfahren schnell abläuft.

> **Dämpfen** ist Garen mittels Wasserdampf im geschlossenen Gargefäß. Beim Druckdämpfen kann die Temperatur auf bis zu 120 °C steigen.

Beim Dampfdrucktopf oder Steamer kann nicht einfach der Deckel während des Garens entfernt werden, um den Gargrad zu prüfen. Zeitangaben einhalten, um ein Übergaren zu vermeiden.

Beide Zubereitungen können auch gut durch Gratinieren (→ S. 223) fertiggestellt werden.

Garvarianten und Gargeräte

ohne Druck	mit Druck
im einfachen Kochtopf mit Siebeinsatz und Deckel	im Dampfkochtopf
im Heißluft-Dämpfer mit Siebeinsatz	im Steamer (= Hochleistungsdämpfer)

Das **Druckdämpfen** – vor allem im Dampfdruckgarer/Steamer – ist ein äußerst schnelles Garverfahren und so auch weitgehend nährstoff-schonend. Durch den **Überdruck** von 1–2 bar lässt sich Wasser auf bis zu 120 °C erhitzen, bevor es verdampft. Der Dampf enthält also mehr Wärmeenergie und das Gargut gart schneller. Kartoffeln lassen sich zwar gut druckdämpfen, Reis und Nudeln werden aber sehr schnell matschig.

> „Knackiger Fenchel mit einer herzhaften Butternote und der Frische von Zitrone. Der Fenchel harmoniert gut mit dem Hähnchen …"

Gedämpfter Blumenkohl
🇬🇧 stewed brokkoli 🇫🇷 brocoli à l'étuvée

Blumenkohl zuschneiden, waschen und in gleichmäßige Röschen teilen. Heißluftdämpfer in Dampfbetrieb vorheizen. Blumenkohlröschen (oder im Ganzen) auf Lochblech legen. Würzen mit Salz und Muskat). Im heißen Dampf garen (Garprobe siehe Pellkartoffeln S. 216). Fertigstellen z. B. mit Bröselbutter (→ S. 415).

Gedämpfter Fenchel
🇬🇧 stewed fennel 🇫🇷 fenouil à l'étuvé

Fenchel zuschneiden, waschen und auf den Dämpfeinsatz eines Topfes legen. Dämpffond aus Gemüsefond, Salz und dem Fenchelgrün herstellen und zum Kochen bringen. Fenchel mit Dämpfeinsatz in heißen Dampf setzen und Topfdeckel auflegen und garen. Fertigstellen z. B. mit brauner Butter (→ S. 414), versetzt mit etwas Zitronensaft.

2 Garen von Lebensmitteln

Dünsten 🇬🇧 to stew 🇫🇷 cuire à l'étuvée

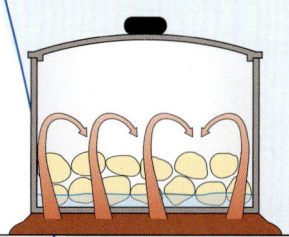

Ablauf und Besonderheiten: Um ein Lebensmittel schonend und schnell zu garen, wird ein Topf mit großer Grundfläche verwendet. Das Dünsten läuft in **mehreren Schritten** ab: Zunächst wird das Gargut mit etwas Fett angeschwitzt – dabei soll es aber keine Farbe nehmen (Ausnahme Poelieren von Geflügel → S. 692). Da beim **Anschwitzen** die Temperatur über 100 °C ansteigt, werden zusätzliche Aromastoffe gebildet (Vorteil gegenüber dem Dämpfen).

Ist das Anschwitzen abgeschlossen (z. B. wenn Gemüse „glasig" wirken), mit wenig passender Flüssigkeit **ablöschen** (bei Gemüse etwa Gemüsefond, bei Fisch Weißwein). Im geschlossenen Topf wird nun weitergegart. Die Wärme wird durch die Flüssigkeit übertragen: Der Teil des Lebensmittels, der in der Flüssigkeit liegt, wird quasi gekocht. Der darüber liegende Teil der Lebensmittel wird im Dampf zeitgleich gegart.

Der **Dünstfond** enthält viele Aromastoffe und kann gut für einen Fond weiterverwendet werden. Da beim Dünsten der Eigengeschmack der Speisen hervorgehoben wird, kann die Salzzugabe gering gehalten werden. Gedünstetes ist auch für Gäste mit Wunsch nach leichter Vollkost geeignet, da keine Röststoffe entstehen.

● **Dünsten** ist Garen in wenig Flüssigkeit und meist mit ca. 120 bis 100 °C im geschlossenen Gargefäß.

Zur Vollendung des Dünstens dient das **Glasieren**. Hierbei wird zum Ende der Garzeit von zuckerhaltigen Rohstoffen wie Möhren der Topfdeckel abgenommen. Nun wird das Gargut weiter im Dünstfond geschwenkt. Dabei kocht dieser ein, bis er sirupartig ist. Hierdurch erhält das Gargut einen schönen Glanz und der Geschmack wird abgerundet. Wenn nötig, noch mit Zucker/Honig oder etwas Butter ergänzen.

Weitere Informationen und Lern-Videos zu den Garverfahren auf unseren Webseiten

Besonders geeignete Lebensmittel: Vor allem für wasserreiche Lebensmittel wie Gemüse und Obst (Dunstbirne oder Kompott) ist das Dünsten geeignet, aber auch Fleisch, Fisch und Geflügel.

Veränderungen der Inhaltsstoffe und Garverluste: Farbstoffe, Aromastoffe und Vitamine bleiben weitgehend erhalten. Auch Mineralstoffe werden kaum ausgeschwemmt, da mit wenig Flüssigkeit gearbeitet wird. Gewichtsverluste durch Wasserabgabe gibt es beim Dünsten kaum.

Gedünstete Möhren 🇬🇧 stewed carrots 🇫🇷 carotte cuire à l'étuvée

Zutaten:
- 1,200 kg Möhren
- 0,030 kg Butter
- 0,250 l Gemüsefond
- 0,015 kg Zucker
- 0,003 kg Salz

- Möhren waschen und schälen.
- Möhren in gleichmäßige Form schneiden (z. B. Scheiben oder Stifte).
- Möhren mit dem Zucker kurz in Butter anschwitzen, dann mit Fond ablöschen und zum Kochen bringen, würzen.
- Möhren ca. 10 Min. dünsten, bis diese gar, aber noch leicht bissfest sind.
- Alternativ können auch junge Möhren mit angeschnittenem Grün verwendet werden

Zum Glasieren der Möhren wird der Dünstfond zum Ende des Garvorgangs sirupartig eingekocht und die Möhren darin geschwenkt.

„…knackig aber nicht hart im Biss mit einer angenehm süßen Note."

Küche

SPEISEN ZUBEREITEN

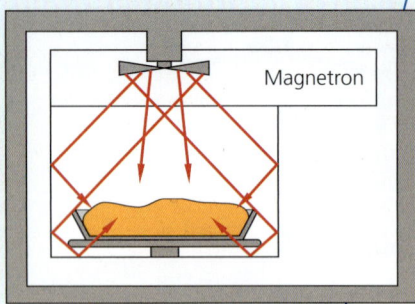

Schnitt durch Mikrowellengerät

Mikrowellen 🇬🇧 microwaves 🇫🇷 micro-ondes (w)

Ablauf und Besonderheiten: Im Mikrowellenherd werden Strahlen erzeugt, die in den Garraum geführt werden. Das Metall der Mikrowelle kann aber von den Mikrowellen nicht durchdrungen werden. Deshalb ist Metallgeschirr auch weniger gut geeignet für das Arbeiten mit der Mikrowelle. Alufolie darf in der Mikrowelle nicht verwendet werden.

Die **Mikrowellenstrahlen** zwingen die Wassermoleküle im Lebensmittel dazu, sich tausendfach in einer Sekunde neu anzuordnen. Hierbei stoßen sie benachbarte Moleküle an, wodurch die Wärme sich im Lebensmittel verteilt. Die Lebensmittel werden durch die Mikrowellen aber nicht „verstrahlt" – ebensowenig wie etwa beim Grillen, das auch mit Strahlungswärme funktioniert.

Die **Veränderungen im Lebensmittel und Garverluste** sind beim Mikrowellengaren vergleichbar mit anderen feuchten Garverfahren. Die Erwärmung durch Mikrowellen erfolgt sehr schnell – und das hat Folgen:

Teile des Lebensmittels können wegen **ungleicher Wasserverteilung** beim Erwärmen sehr heiß werden (Hot Spots), während andere Teile noch kalt sind. Zur gleichmäßigen Wärmeverteilung die Mikrowelle besser länger und mit geringerer Leistung laufen lassen.

- Bei Lebensmitteln mit **harter Hülle**, etwa Eiern oder Würstchen, sammelt sich im Innern Wasserdampf. Dieser kann dann die Lebensmittel zum Platzen bringen.
- Lebensmittel nie mit einem **dicht schließenden Deckel** in der Mikrowelle erwärmen – dieser kann abspringen.
- Niemals **Wasser allein** in einem Glas erwärmen. Die Oberflächenspannung des Wassers wirkt wie ein Deckel. Der sich sammelnde Wasserdampf kann explosionsartig entweichen.

> **Mikrowellen** erwärmen Speisen durch Mikrowellenstrahlen im geschlossenen Garraum. Mikrowellengeräte sind geeignet zum Auftauen, Antrocknen oder Regenerieren von Speisen – weniger zum gleichmäßigen Garen.

Sonderfall Regenerieren von Speisen

🇬🇧 to regenerate 🇫🇷 régénérer

Nicht alle Speisen können „à la minute", also auf Abruf, zubereitet werden. Um Spitzen der Arbeitsbelastung zu verringern, werden Speisen vorproduziert, zwischengelagert und bei Bedarf wiedererwärmt – also wieder auf Serviertemperatur gebracht (→ s. a. S. 180 Speisenproduktionssysteme).

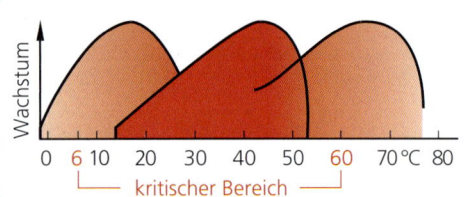

Wachstumsbereiche für Mikroben

Alle Speisen, die für das Regenerieren produziert werden, durchlaufen beim Kühlen einen hygienisch bedenklichen Temperaturbereich: Zwischen 10 und 60 °C können sich Keime rasend schnell vermehren.

Bei der Lagerung ist eine möglichst geringe Kühltemperatur einzuhalten. In der Praxis haben sich Temperaturen von 0–2 °C bewährt.

Sollen die Speisen erst dann auf vorgewärmten Tellern angerichtet werden, so sind die Teller auf über 65 °C vorzuwärmen.

> Es ist daher gesetzlich vorgeschrieben, dass Speisen innerhalb von höchstens 2 Stunden auf unter 10 °C heruntergekühlt werden.

> Beim Wiedererwärmen sind die Speisen stets auf eine Temperatur von mindestens 65 °C zu erhitzen.

220

2.5 Garen mittels trockener Wärme (trockene Garverfahren)

🇬🇧 dry heat cookery methods 🇫🇷 faire cuire à la chaleur sèche

Garverfahren, bei denen Wärme übertragen wird, ohne dass Wasser daran beteiligt ist, heißen **trockene Garverfahren**:
Braten – Backen – Grillen – Frittieren – Räuchern

Auch mit trockenen Garverfahren werden Lebensmittel verändert:

+ Eiweiß gerinnt, z. B. beim Hackfleisch, und bildet mit Kohlenhydraten aromatische Röststoffe.
− Bindegewebe, wie in Sehnen, verkürzt sich und wird leicht zäh.
o Wasser verdampft: Gebäcke werden rösch, Fleisch kann jedoch bei falscher Anwendung trocken werden.
+ Stärke wird zu Dextrinen abgebaut (Farbe und Aroma).
o Fett schmilzt und dient als Trennmittel (z. B. Blätterteig).
− Vitamine werden durch Hitze zerstört.

Grillen 🇬🇧 to grill 🇫🇷 griller

Ablauf und Besonderheiten: Das Grillen ist das älteste Garverfahren der Menschheit. Damals ging die Strahlungswärme vom offenen Feuer aus, heute von Grillkohle, Lavasteinen sowie elektrisch oder gasbeheizten Strahlungskörpern aus Metall oder Keramik. Die Wärmestrahlung wird von metallischen Flächen reflektiert und trifft von mehreren Seiten auf das Grillgut. Kleineres Gargut wird schnell bei hoher Temperatur und meist **direkt** über der Hitzequelle gegart. Insbesondere bei Fleisch wird so die Zeit verkürzt, in der Fleischsaft austreten kann. Größeres Gargut wird besser **indirekt** und über längere Zeit gegrillt.

Besonders geeignete Lebensmittel: Grillen ist vielfältig anwendbar, nicht nur auf Fleisch. Fleisch sollte ausreichend Fett enthalten, um nicht auszutrocknen. Mageres Fleisch wird mit ölhaltigen Marinaden vor dem Austrocken geschützt. Fettfische und Meeresfrüchte sind gut zum Grillen geeignet. Hilfreich sind dabei Fischhalter. Daneben eignen sich Gemüse (Tomaten, Paprika, Auberginen), Kartoffeln und Obst. Zum Grillen (und Backen) keine Alufolie und keine Aluminumschalen verwenden, wenn die Speisen Salz oder Säure (z. B. Ananas) enthalten! Alufolie kann ansonsten gesundheitsschädliche Stoffe an die Lebensmittel abgeben.
Garverluste: Das Grillen ist ein nährstoffschonendes Garverfahren, da es sehr schnell geht (Ausnahme Smoker). An der Oberfläche des Gargutes werden aber Vitamine durch die Hitze leicht zerstört. Vorteilhaft ist, dass Fett beim Grillen austritt und das Gargut so weniger Kalorien hat.
Die **Veränderungen der Inhaltsstoffe** entsprechend weitgehend denen beim Braten. Zusätzlich können angenehme Raucharomen den Geschmack des Grillgutes bereichern.

Gegrillte Hähnchenkeulen 🇬🇧 grilled chicken legs 🇫🇷 pilon en grillade

Hähnchenkeulen mit Gewürzen marinieren, überschüssige Marinade vor dem Grillen abtupfen. Hähnchenkeulen auf den Holzkohlen (unbedingt durchglühen) von beiden Seiten grillen, auf 75-80 °C Kerntemperatur.

> **Grillen** ist Garen mittels Strahlungswärme bei Temperaturen von ca. 300 °C und mehr.

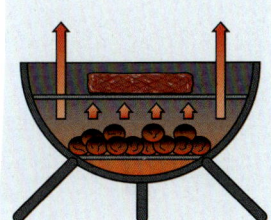
Direktes Grillen über Holzkohle

Indirektes Grillen mit Kugelgrill

„Saftiges Hähnchenfleisch mit kross gegrillter Haut. Die herzhafte Marinade liefert würzige Aromen."

Küche

SPEISEN ZUBEREITEN

Das Garen mittels Kontaktgrill oder Griddleplatte (häufig falsch als „Grillplatte" bezeichnet) ist kein Grillen, sondern Braten (Kontaktwärme). Bei Gegrilltem erwarten Gäste fettarme Zubereitung, leichtes Raucharoma und eine besonders aromatische Kruste.

> **Barbecue** ist Garen meist größerer Fleischteile im Räucherofen (Smoker) bei Temperaturen von höchstens 200 °C.

Beim Grillen können gesundheitsschädliche, teils krebserregende Stoffe entstehen!

- Die Holzkohle muss vor dem Auflegen des Grillgutes komplett durchgeglüht sein.
- Aus dem Nitritpökelsalz von Kassler, Krakauer-Würstchen u. a. können Nitrosamine entstehen – auch wenn der Nitritgehalt dieser Produkte in den letzten Jahren gesunken ist. Gepökeltes nie starker Hitze (> 180 °C) aussetzen und wenn überhaupt indirekt grillen. Das gilt besonders, wenn das Gargut dabei trockener wird (z. B. Frühstücksspeck).
- Schwarze, verbrannte Stellen am Grillgut unbedingt vermeiden, notfalls großzügig wegschneiden. Hier bilden sich krebserregende Giftstoffe (Benzpyrene). Diese können auch entstehen, wenn Fett auf heiße Glut oder heißes Metall tropft. Mariniertes Grillgut vorher trockentupfen und fettreiches besser indirekt mit einer Wasserschale im Grill garen.

Im Gegensatz zum in Europa bekannten Grillen ist das amerikanische **Barbecue** eher „Langzeit-Backen". Dafür werden anstelle von Würstchen und kleinen Steaks eher größere Fleischstücke wie Spareribs, Schweineschulter (Pulled Pork) oder Rinderbrust (Beef Brisket) im mäßig heißen Rauch eines Smokers gegart. Typisch für Barbecue ist die Marinade (Mob bzw. Rub).

Räuchern 🇬🇧 to smoke 🇫🇷 fumage (m)

Üblicher als das Smoken ist in Europa noch das **Räuchern**. Räucherspäne, z. B. aus Buchenholz, werden durch Wärme zum Glimmen gebracht, Rauch und Wärme werden auf das Räuchergut übertragen. So werden Fleisch, Geflügel und auch Fisch aromatisiert und meist auch gegart (Ausnahme Kalträuchern). Rauch und Flüssigkeitsentzug wirken zudem konservierend. Speisen kann durch Räuchern ein besonderes Aroma gegeben werden, ohne dass dabei gegart wird (z. B. geräucherte Nüsse oder Räuchersalz).

Beim Räuchern unterscheidet man nach **Rauchtemperatur**:
- **Kalträuchern** – 25–30 °C: Das Räuchergut wird nur aromatisiert. Um es haltbar zu machen, werden Schinken oder Fisch vorher entsprechend gesalzen.
- **Warmräuchern** – 40–50 °C: Das Räuchergut gart nicht durch, wird aber durch zusätzlichen Flüssigkeitsentzug haltbar gemacht.
- **Heißräuchern** – 60–150 °C: Das Räuchergut gart und wird hierdurch aromatisch und haltbar.

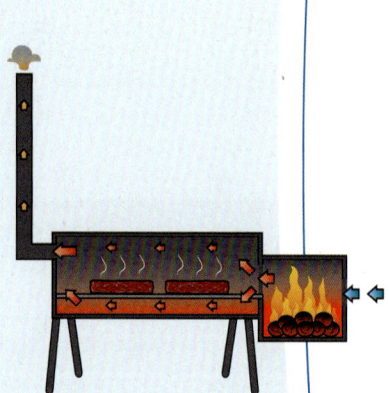

Smoker beim klassischen BBQ

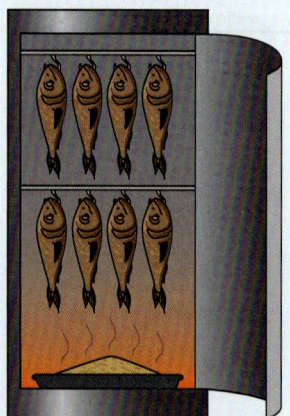

Räuchern im Räucherofen

> **Geräucherte Hähnchenkeulen**
>
> 🇬🇧 smoked chicken legs 🇫🇷 pilon en fumé
>
> Keulen im Ganzen mit 0,100 kg Salz und 0,010 kg Zucker, Zitronenzesten und Kräutern 1 Std. beizen. Bei 120–150 °C ca. 30–35 Min. heißräuchern, bis im Kern eine Temperatur von 75–80 °C erreicht ist.

Sonderfall Gratinieren  to brown gratiner

Ebenfalls über Strahlungswärme werden Speisen unter dem Salamander oder im Ofen (Oberhitze) **überbacken**. Gratinieren ist kein Garverfahren – es dient der Fertigstellung von Speisen –, auch wenn zarte Speisen wie Austern beim Gratinieren garen oder Kartoffelbaumkuchen so hergestellt wird. Die Speisen erhalten dabei eine aromatische Oberfläche. Diese kann z. B. aus Käse, Mornaysauce oder Holländischer Sauce bestehen. Auch Steaks lassen sich durch Überkrusten geschmacklich verfeinern.

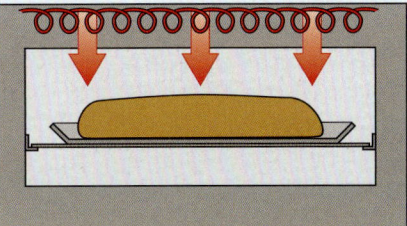
Gratinieren im Salamander

Überbackener Blumenkohl  browned cauliflower  chou-fleur gratiné

Vorbereiteten Blumenkohl würzen und dämpfen. Blumenkohl in feuerfeste Form setzen, mit Béchamelsauce überdecken, mit geriebenem Käse bestreuen und unter dem Salamander überbacken, bis die Kruste goldgelb ist.

„Das zarte Aroma des Blumenkohls wird durch den Käse würzig ergänzt."

Backen to fry / to pan-fry rôtir

Ablauf und Besonderheiten: Beim Backen entstehen leckere und aromatische Röststoffe, die dem Gargut nicht nur Farbe, sondern auch Geschmack geben. Gebacken wird immer in einem geschlossenen Garraum bei meist leicht steigender Temperatur. Das Vorheizen ist in den meisten Fällen unnötig, es stellt eine Energieverschwendung dar. Die Temperatur steigt beim Backen auf dem Gargut auf bis zu 180 °C, im Innern aber nur knapp über 100 °C.

Gebacken werden neben Souflés und anderen Desserts z. B. Kartoffeln sowie Brote und Kleingebäcke. Bei Gebäck bildet sich ab ca. 140 °C außen eine aromatische Kruste, innen kann sich eine lockere Krume ausbilden: die heißen Gase im Innern des Lebensmittels dehnen sich aus. Auch **Fleisch** kann gebacken werden. Bei großen Fleischstücken beachten: Die Unterseite, die auf dem Blech aufliegt, kann durch das Braten hierauf leicht übergaren oder sogar anbrennen. Hier hilft die Verwendung eines gelochten Backbleches. Auf einem Backblech darunter kann Fleischsaft für die Saucenbereitung aufgefangen werden.

Die meisten Öfen haben neben Umluft auch die Möglichkeit, **Ober- und Unterhitze** einzustellen, manche Geräte verfügen über einen **Grill** zum Gratinieren. Gesundheitsschädliches **Acrylamid** kann sich bilden, wenn stärkehaltige Speisen über 180 °C (Umluft) bzw. 200 °C (Ober-/Unterhitze) gebacken werden. **Garverluste**: Wasser verdampft beim Backen, wodurch das Gewicht des Gargutes abnimmt. Vitamine werden beim Backen durch die hohen Temperaturen meist zerstört.

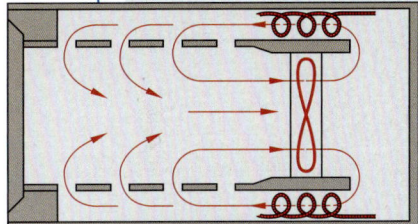
Backen in strömender Heißluft des Backofens

● Backen ist Garen in strömender, heißer Luft mit bis zu 300 °C im Backofen oder Heißluftdämpfer.

Gebackenes Schokoladensoufflé

Gebackene Hähnchenkeulen  baked chicken legs  pilon frits

Hähnchenkeulen entbeinen und außen wie innen würzen. Aus Geflügelfleisch eine Farce herstellen und die Keulen mit dieser sowie mit Gemüsewürfelchen füllen und verschließen. Im Ofen bis auf eine Kerntemperatur von 75–80 °C backen. Es sollte eine rösche und goldbraune Kruste haben.

„Durch die Füllung erhält das saftige Hähnchenfleisch zusätzliche Aromen. Gemüsestückchen in der Füllung sorgen für eine ansprechende Optik."

Küche

SPEISEN ZUBEREITEN

"Das gebackene Gemüse erhält durch die schmackhafte Sauce und die Käsekruste zusätzliche interessante Geschmacksnuancen."

Gemüsegratin 🇬🇧 au gratin vegetables 🇫🇷 gratin (m) aux legumes

Möhren, Fenchelstücke und kleine Blumenkohlröschen in eine gefettete, feuerfeste Form geben. Mit Béchamelsauce übergießen und mit Käse bestreuen. Gratin im Ofen backen, bis das Gemüse angenehmen Biss und eine goldgelbe Kruste hat.

Frittieren 🇬🇧 to deep-fry 🇫🇷 frire

Ablauf und Besonderheiten: Frittiert wird in der Fritteuse oder in Fettbackgeräten. Es sollte möglichst nicht im offenen Topf frittiert werden, da diese keine Temperaturregelung gegen Überhitzen besitzen. Überhitztes Fett beginnt zu rauchen und auch zu brennen! Zum Frittieren eignen sich spezielle Frittierfette, aber keine einfachen Öle oder Butter. Überhitzte Fette können gesundheitsschädliches Acrolein freisetzen. Frittierfett sollte nicht über 175 °C erhitzt werden, weil sich sonst aus Eiweiß und Stärke das krebserregende **Acrylamid** (s. a. Grillen → S. 222) bilden kann.

Schnitt durch eine Fritteuse

Frittieren ist Garen im strömenden Fett bei 140 °C bis unter 175 °C.

Frittierfett muss gepflegt werden – dazu die Fritteuse nicht ständig herauf- und herunterschalten und das Fett, wie auch das Gerät, regelmäßig überprüfen und reinigen (→ S. 174).

Garverluste: Frittieren ist ein schnelles Garverfahren, sodass einige Vitamine und auch die Mineralstoffe geschont werden. Fettlösliche Vitamine können allerdings leicht ins Frittierfett übertreten. Gewichtsverluste ergeben sich durch das verdampfende Wasser.

Die Bezeichnung „in Fett ausbacken" kommt daher, dass Frittiertes ähnlich wie Gebackenes eine rösche, aromatische Kruste erhält.

Veränderungen der Inhaltsstoffe beim Garen: Die Veränderungen beim Frittieren ähneln denen bei anderen trockenen Garverfahren. Die Fettaufnahme beim Frittieren entspricht etwa der beim Braten. Allerdings sollte beachtet werden, dass das Verhältnis von Frittiergut zu Frittierfett 1:6 oder bei tiefgefrorenen Lebensmitteln 1:10 betragen sollte (höchstens 1 kg Frittiergut auf 10 l Frittierfett).

Sinkt die Temperatur des Fettes beim Einhängen des Frittierkorbes stark ab, sollte dieser wenn möglich wieder herausgenommen werden, damit das Gerät nachheizen kann. Bei einer Fetttemperatur von unter 140 °C findet ansonsten keine ausreichende Bräunung statt. Fett dringt nur wenige mm ins Gargut ein – es saugt sich also nicht mit Fett voll. Weich wird Frittiertes dann, wenn Wasserdampf aus dem Inneren nach außen dringt und die Kruste wieder aufweicht.

Fett überträgt Geschmacksstoffe: Eine Fritteuse möglichst nur für ähnliche Speisen nutzen! Kein Gast mag Apfelbeignets, wenn in der Fritteuse vorher Calamares frittiert wurden!

Besonders geeignete Lebensmittel: Frittieren eignet sich vor allem für kleine Lebensmittel (z. B. Kartoffelkroketten) oder dünnes Gargut (z. B. Fischfilets Orly). Gargut soll beim Frittieren nicht nur außen gebräunt, sondern auch innen gar sein. Größeres Frittiergut evtl. vorgaren oder im Fett vorgaren, damit sich die Wärme besser im Gargut verteilen kann, z. B. dicke Pommes frites, Backhähnchen oder TK-Ware.

Kleine Fleischstücke können mit oder ohne Panierung frittiert werden. Obst und Gemüse sowie Fische und Krustentiere werden meist mit einer Ausbackmasse (Bier- oder Weinmasse/-teig) umhüllt. Auch feine Backwaren wie Krapfen oder Berliner Pfannkuchen werden frittiert.

Frittierter Blumenkohl deep-fried cauliflower 🇫🇷 chou-fleur (m) frit

Blumenkohl zuschneiden, gleichmäßige Röschen heraustrennen und waschen.
Je nach Größe 6–10 Min. dämpfen.
Abtropfen, würzen und durch Ausbackmasse ziehen.
Bei 170 °C frittieren.

Wiener Backhähnchen  roast chicken 🇫🇷 poulet (m) rôti

Grillhähnchen längs spalten und in Bruststücke und Keulen teilen. Brustbein und Schlossknochen sowie Flügelspitzen entfernen. Aus den Keulen die Oberschenkelknochen herauslösen. Hähnchenteile mit Salz, Paprikapulver, Zitronensaft und gehackter Petersilie würzen. In Mehl und Ei wenden und Semmelbrösel andrücken. Im ca. 160 °C heißen Fett goldbraun ausbacken und abtropfen.

Für ein gleichmäßiges Ergebnis sind eher kleine Hähnchen bzw. Hähnchenteile zu verwenden.

Frittiertes / in Fett gebackenes Hähnchen

Garvariante Confieren

Ablauf und Besonderheiten: Das Confieren war ursprünglich ein reines Haltbarmachungsverfahren (z. B. für Enten-Confit). Dabei wurde leicht gepökeltes Fleisch oder Geflügel im eigenen Fett bei geringer Temperatur gegart und im Fett – also unter Luftabschluss – aufbewahrt. Heute dient das Confieren in der gehobenen Küche auch als Garverfahren.

Besonders geeignete Lebensmittel: Neben Fleisch und Geflügel werden auch Fisch oder Gemüse confiert. Dabei wird entweder arteigenes Fett (also Entenfett für ein Enten-Confit), neutrales oder auch aromatisiertes Öl (z. B. mit Zitrone oder Vanille angereichert) verwendet. Fett oder Öl wird je nach Gargut auf eine Temperatur zwischen 50 und 90 °C gebracht und das Gargut wird darin gegart. Bei tierischen Lebensmitteln richtet sich die Temperatur nach der gewünschten Kerntemperatur. Bei pflanzlichen Lebensmitteln muss meist ein Aufschließen und Verkleistern der Stärke bei höheren Temperaturen erreicht werden. Somit ähneln die Temperaturen denen des Sous-vide-Garens.

Garverluste: Vorteilhaft beim Confieren ist, dass keine wasserlöslichen Inhaltsstoffe austreten und hitzeempfindliche Vitamine geschont werden. Fettlösliche Vitamine und Aromastoffe werden dagegen im Fett gelöst, wenn auch in geringerem Maße als beim Frittieren.

Confierte Entenkeulen

Braten  to fry / to pan-fry rôtir

Zum **Braten** wird zunächst eine Pfanne, Wok oder ein Bratentopf erhitzt. Dann wird etwas Fett hineingegeben und das Gargut eingelegt, bis es den gewünschten Garpunkt erreicht hat. Das Besondere an Gebratenem ist die aromatische Kruste. Nachteilig ist der Verlust etwa von Fleischsaft. Aus dem beim Fleischbraten entstehenden Bodensatz lassen sich geeignete Saucen zubereiten.

Bratgut verliert beim Braten Wasser. Kann dieses nicht schnell genug verdampfen, sinkt die Temperatur beim Braten auf unter 140 °C, sodass sich keine Röststoffe mehr bilden. Deshalb immer eine ausreichend große Pfanne verwenden bzw. für die Pfanne passende, kleinere Portionen. Darauf achten, dass die Oberfläche des Bratgutes trocken ist.

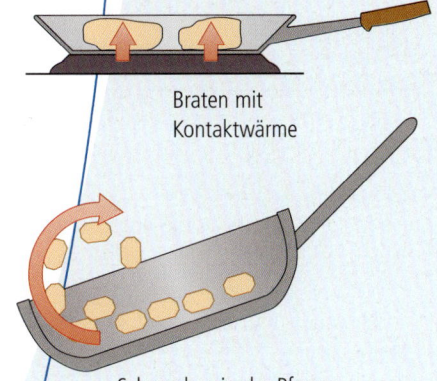

Braten mit Kontaktwärme

Schwenken in der Pfanne

Küche

SPEISEN ZUBEREITEN

> **Braten** ist Garen mittels Kontaktwärme ab 120 °C.
> **Sautieren** ist Kurzbraten unter Schwenken der Pfanne.
> Weitere Varianten des Bratens für größeres Gargut sind das **Braten im Ofen** (→ S. 227) und das **Niedertemperatur-Garen** (→ S. 228).
> **Rösten** ist Farbgebung in einer Pfanne, bei der das Garen im Hintergrund steht, z. B. bei Mandelblättchen.

Als **Bratfett** eignen sich am besten hitzebeständige, wasserfreie Fette wie Öl oder Butterschmalz. Ist ein feiner Buttergeschmack erwünscht, Gebratenes zum Schluss noch einmal in Butter durchschwenken.

Anbraten bezeichnet den Vorgang des Bräunens in der Pfanne. Das anschließende Weiterbraten dient dann dem eigentlichen Garen.

Garvarianten und Gargeräte: Gebraten wird meist in einer Stielbratpfanne, auf der Griddleplatte, im Wok oder mit dem Kontaktbräter (oft falsch als Kontaktgrill bezeichnet) und bei größeren Mengen auch im Kippbräter oder Multifunktionsbräter.

Sautieren: Geringe Mengen kleiner Lebensmittel werden kurz und bei hoher Temperatur in der Schwenkkasserolle angeschwenkt (kurzgebraten = sautiert). Durch das Schwenken wird eine gleichmäßige Wärmeverteilung erreicht, sodass alle Teile den gleichen Bräunungsgrad und dieselbe Garstufe erreichen.

> **Fades Essen – nein danke!**
> **Kräuter und Gewürze** können bei starker Hitze verbrennen und Bitterstoffe bilden, insbesondere die feinen Aromen des Pfeffers.
>
> **Fleisch** sollte nach dem Braten noch einige Minuten ruhen, damit sich das Bindegewebseiweiß entspannen und der Fleischsaft sich im Gargut verteilen kann.

Braten im Wok: In der asiatischen Küche werden Speisen traditionell im Wok zubereitet. Dieser ist mit einer Pfanne gleichzusetzen, die hohe Wände hat. Der Einsatz eines Woks erfordert einen entsprechenden Brenner, der die Wärme auch auf die Wände des Woks verteilt (Gasbrenner oder Induktionsmulde). Oberhalb des Brenners ist der Wok am heißesten, die Hitze nimmt an den Wandungen nach oben hin ab. Über die große Kontaktfäche kann viel Wärme übertragen und das Gargut in kurzer Zeit gegart werden. Fleisch bleibt so saftig und Gemüse knackig.

Besonders geeignete Lebensmittel: Gebraten werden häufig zartes Fleisch, Steaks, Schnitzel, Fisch, Eier, bereits gegarte Kartoffeln oder gekochte Nudeln, aber auch Gemüse oder Tofu.

Veränderungen der Inhaltsstoffe beim Garen: Durch das Anbraten verändert sich zunächst das Eiweiß an der Oberfläche des Gargutes. Zusammen mit den Kohlenhydraten bildet es eine schmackhafte, braune Kruste. Ein Steak wird dabei aber nicht wie oft behauptet rundherum „versiegelt"! Beim Fleisch verfestigt und verkürzt sich das Bindegewebseiweiß.

> Um die Bildung von Acrylamid oder Benzpyrenen gering zu halten, sollten beim Braten Temperaturen über 180 °C vermieden werden. Gepökelte Lebensmittel wie Kasseler sollten nicht gebraten werden.

Fett hat beim Braten gleich zwei Funktionen; es verhindert ein Ankleben an der Pfanne und hält die Speisen schön saftig. Nur bei paniertem Fleisch ist etwas mehr Fett notwendig, damit die Panierung gleichmäßig bräunt und soffliert.

Garverluste: Da das Braten meist schnell geht, sind die Verluste an Vitaminen gering. Mineralstoffe können allerdings mit dem Bratensaft austreten. Wenn die Temperatur nicht stimmt, können gebratene Speisen ähnlich viel Fett aufnehmen wie Frittiertes.

Gebratene Frikadellen (Hacksteaks)   pan-fried meat balls  boulette (w)cuire à l'étuvée

Zutaten für das Hackfleisch:
1,000 kg gemischtes Hackfleisch (Schwein und Rind)
Würzung: 0,100 kg Zwiebelwürfel, angeschwitzt, Salz, Pfeffer u. a. Gewürze und Kräuter
Lockerung: 0,100 kg Weißbrot, eingeweicht und ausgedrückt
Verbesserung: 0,100 kg Ei (2 St.)
Für die Sauce: 0,200 l Sahne

Hackfleisch mit anderen Zutaten vermengen und zu runden Fladen formen (jeweils ca. 0,120 kg). In einer Pfanne Fett erhitzen und die Hacksteaks einlegen. Mehrmals wenden und gleichmäßig bräunen. Bis zu einer Kerntemperatur von 75–80 °C braten.

2.6 Kombinierte Garverfahren

Um das gewünschte Ergebnis beim Garen zu erhalten, lassen sich Garverfahren kombinieren. Dabei werden entweder Garverfahren nacheinander durchlaufen (z. B. beim Schmoren) oder zeitgleich (Kombi-Dämpfen).

Braten im Ofen 🇬🇧 to roast 🇫🇷 rôtir

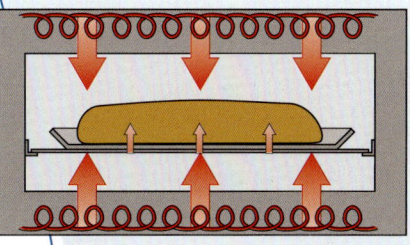

Beim Braten im Ofen garen die Speisen in der Heißluft des Backofens, wobei die Unterseite des Lebensmittels durch den Kontakt zum Backblech stärker bräunen kann (auf geeignete Backbleche achten, z. B. gelochte oder mit Beschichtung). Dieses Verfahren ist sinnvoll bei größerem Gargut wie etwa einem Bratenstück. Dieses würde beim Braten in der Pfanne zwar auch eine Kruste erhalten, aber im Inneren nicht durchgaren. Um dieses Durchgaren zu gewährleisten, wird die heiße Ofenluft zuhilfe genommen.

🔴 **Braten im Ofen** kombiniert die Garverfahren Braten und Backen.

Hackbraten aus dem Ofen 🇬🇧 meat loaf 🇫🇷 pain (m) de viande

Zutaten für das Hackfleisch:
1,000 kg gemischtes Hackfleisch (Schwein und Rind)
Würzung: 0,100 kg Zwiebelwürfel, angeschwitzt, Salz, Pfeffer u. a. Gewürze
Lockerung: 0,100 kg Weißbrot, eingeweicht und ausgedrückt
Verbesserung: 0,100 kg Ei (2 St.)
Für die Sauce: 0,200 l Sahne

Ofen auf 160 °C vorheizen. Hackfleisch mit anderen Zutaten vermengen und brotlaibähnlich formen. In gefettetes Bratgeschirr legen. Im Ofen bis zu einer Kerntemperatur von mindestens 70 °C braten – dabei ab und zu den Bratsatz im Bratgeschirr mit dunklem Fond ablöschen. Wenn der Hackbraten fertig ist, warmstellen. 0,200 l Sahne mit 2 EL Stärke verrühren, dem Bratsatz zufügen, aufkochen und die Sauce passieren.

Den Hackbraten in Portionsscheiben schneiden und mit Sauce angießen.

„Die Hackmasse mit Zwiebelwürfeln wird in Form eines Brotlaibs im Ofen gebraten. Wir servieren davon zwei Scheiben in einer delikaten Sauce mit …"

Schmoren 🇬🇧 to braise 🇫🇷 braiser

Wird ein bindegewebsreiches Fleischstück nur in Brühe gargezogen, wird es zart, erhält aber keine ansprechenden Röstaromen. Würden wir es braten, bildeten sich Röststoffe, das Fleisch bliebe aber zäh, weil die Flüssigkeit fehlt. Das Schmoren kombiniert nun Vorteile beider Garverfahren. So entsteht z. B. ein Braten, der angenehm im Biss ist und gleichzeitig durch die Röststoffe einen kräftigen Geschmack erhält.

Beim Schmoren wird das Gargut zuerst angebraten, dann im abgelöschten und aufgegossenen Bratensatz gegart (gargezogen). Die Reihenfolge kann auch umgedreht werden.

Um einen schmackhaften Braten zu erhalten, ist nur wenig Flüssigkeit aufzufüllen, diese würde sonst Geschmacksstoffe aus dem Braten ziehen (Diffusion) – die Sauce wäre intensiv, das Gargut hätte aber Geschmacksstoffe verloren.

🔴 **Schmoren** ist eine Kombination aus Braten und Garziehen in wenig Flüssigkeit.

Geschmorter Fenchel 🇬🇧 braised fennel 🇫🇷 fenouil (m) braisé

Fenchelknollen zuschneiden, vierteln und Wurzelansatz entfernen. In heißem Öl auf den Schnittflächen anbraten, mit Weißwein ablöschen. Auffüllen mit Gemüsebrühe und Demiglace. Deckel auflegen und garziehen, bis der Fenchel angenehmen Biss hat. Fenchel unter dem Salamander auch auf den runden Seiten bräunen (karamellisieren). Sauce auf die gewünsche Konsistenz einkochen.

Geschmorte Hähnchenkeulen 🇬🇧 braised chicken legs 🇫🇷 coq (m) au vin

> „... mit einer kräftigen aromatischen Sauce, die am besten mit geschmacklich neutralen Beilagen wie Teigwaren, Reis oder Kartoffelpüree zur Geltung kommt."

Schlossknochen an der Innenseite der Keulen entfernen. In einem mit Fett erhitzten Geschirr mit der Außenseite zuerst anbraten. Zwiebel- und Möhrenstückchen mitbraten, bis das Gemüse leicht Farbe hat. Mit Weißwein ablöschen, Flüssigkeit einkochen. Eine zerschnittene Tomate oder etwas Tomatenmark beigeben. Wenn der Ansatz glänzt, mit Jus oder dunkler Grundbrühe auffüllen und aufkochen. Ein Kräutersträußchen (Petersilie, Lorbeer, Zweig Thymian) sowie Salz und Pfeffer zugeben und zugedeckt bis zu einer Kerntemperatur von 70 °C schmoren. Danach Keulen entnehmen. Fond passieren, abfetten und mit wenig angerührter Stärke binden. Keulen in der Sauce servieren.

Kombi-Dämpfen 🇬🇧 combined stewing and baking 🇫🇷 étuver à air chaud

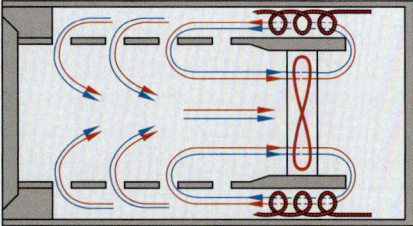

Kombi-Dämpfen ist eine Kombination aus Dämpfen und Backen – meist im Kombi-Dämpfer.

Beim Rezept für den Hackbraten wird deutlich: Wird der Hackbraten zu lange der trockenen Hitze ausgesetzt, wird dieser trocken. Würde der Hackbraten aber mit feuchter Hitze gegart, fehlt die aromatische Kruste. Eine Lösung schafft das Kombi-Dämpfen (auch Heißluft-Dämpfen genannt): Dabei werden heißer Dampf und trockene Heißluft miteinander kombiniert. Moderne Heißluft-Dämpfer ermöglichen die Einstellung eines zum Gericht passenden Garklimas.

Mehr Informationen zu diesen und anderen modernen Gartechniken auf den Seiten 172 ff.

Niedertemperatur-Garen (NT-Garen)

Werden z. B. **größere Fleischstücke** bei großer Hitze gegart, übergaren die Randschichten meist, bevor der Kern des Fleisches die gewünschte Temperatur erreicht hat. Zudem zieht sich Bindegewebe bei große Hitze zusammen, was einen Verlust von Fleischsaft begünstigt.
Beim **Niedertemperatur-Garen** (auch Niedrigtemperatur-Garen oder Langzeitgaren) treten diese Effekte kaum auf: Das Gargut wird bei geringerer Temperatur (meist 80 °C) gegart – die Hitze verteilt sich langsamer und gleichmäßiger im Gargut. Das NT-Garen dauert entsprechend länger. Die Garzeit ist auf die Größe des Gargutes abzustimmen und bevorzugt mit dem **Kerntemperaturmesser** zu kontrollieren.
Zur Bildung von Röststoffen wird das Gargut zu Beginn oder zum Ende des NT-Garens angebraten.

Beim Langzeitgaren ist unbedingt auf hygienisch einwandfreie Rohware zu achten. Das Gargut durchläuft für lange Zeit hygienisch bedenkliche Temperaturbereiche!

Auch für **Gemüse** kann das NT-Garen eingesetzt werden: Um die knackige Konsistenz von Gemüse besser zu erhalten, kann dieses zunächst bei 50–70 °C angegart werden, danach bei stärkerer Hitze gebacken werden.

Durch die geringe Temperatur können Enzyme im Gemüse wirksam werden, die das Pektin im Gemüse stärken. Dieses ist für den Biss von Gemüse von Bedeutung.

Delta-T-Garen

Das Delta-T-Garen ist ebenfalls ein Langzeitgaren. Hierbei wird der Garverlauf so gesteuert, dass die Temperatur (T) im Gargut und die Temperatur im Garraum in einem **voreingestellten Bereich** (Delta) bleibt. Das verhindert gerade bei Fleisch Spannungen im Bindegewebe

- Fleisch mit Kerntemperaturfühler in den Heißluft-Dämpfer geben
- Delta-T-Garprogramm starten: Die Temperatur steigt langsam an. Ist die gewünschte Kerntemperatur erreicht, ist der Garvorgang beendet.

Eine bessere Steuerung des Garprozesses wird durch das NT-Garen im Heißluft-Dämpfer erreicht. Zur Anwendung (inkl. dem Delta-Garen) siehe auch S. 169
- Gerät vorheizen,
- Bei Fleisch Kerntemperaturfühler einstechen
- **Anbratphase:** Hohe Temperatur zur Bildung von Röststoffen
- **Reifephase:** Niedrige Temperatur zur gleichmäßigen Wärmeaufnahme

2.7 Zubereitungsreihen

Neben den bei den einzelnen Abschnitten genannten Beispielen lassen sich mithilfe der Garverfahren auch weitere Speisen aus den Lebensmitteln des Beispiel-Warenkorbes (siehe S. 212) zubereiten. Die folgenden Zubereitungsreihen zeigen Möglichkeiten hierzu auf:

Zubereitungsreihe Hackfleisch (Grundrezept S. 217)

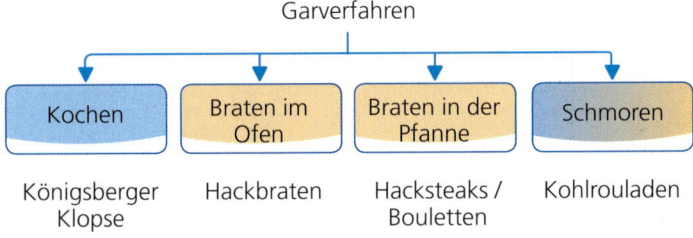

Zubereitungsreihe Geflügel

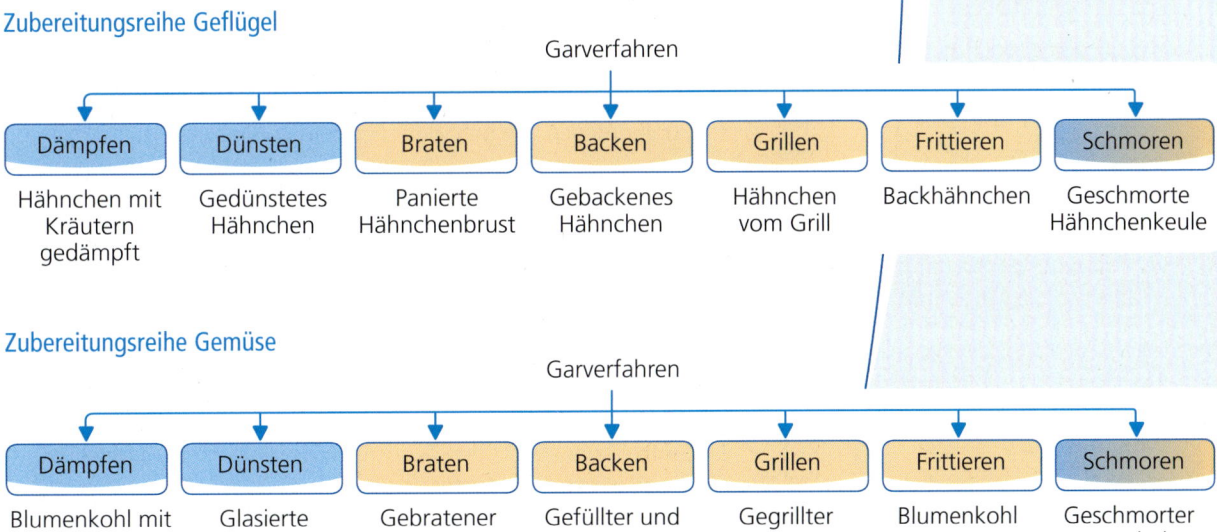

Küche

SPEISEN ZUBEREITEN

Anrichten und Empfehlen einfacher Speisen

🇬🇧 arranging and recommending simple dishes
🇫🇷 arranger et recommander de mets (m) simple

Klassische Anrichteweise eines Hauptgerichts

> Gäste lassen sich in der Gastronomie bekochen, weil sie etwas anderes erwarten, als sie selbst zu Hause herstellen können (u. a. fachliches Können, Auswahl). Gerade Gerichte mit röscher Kruste werden gerne ausgewählt – diese würden zu Hause in der Küche für unangenehmen Bratgeruch sorgen.

Anrichten einfacher Speisen

Nach dem Zubereiten werden Speisen auf Tellern angerichtet. Damit werden sie zum Verkauf vorbereitet und anschließend serviert. Wie der fertige Teller aussehen soll, ist schon vor dem Zubereiten zu überlegen:

- Wird ein Stück **Fleisch** aufgeschnitten oder im Ganzen präsentiert?
- Soll die **Sauce** à part (extra) oder auf dem Teller gereicht werden?
- An welcher Stelle werden die **Beilagen** platziert?
- Wie soll der **Teller** garniert werden?

Auf dem Teller werden die einzelnen Komponenten zu einem Gericht zusammengefügt. Klassisch wird der Teller dabei dreigeteilt angerichtet:

- **Hauptkomponente und Sauce** liegen im unteren Drittel des Tellers. Diese Seite des Tellers ist dem Gast zugewandt, der Gast kann z. B. das Fleisch leicht erreichen. Ist die Hauptkomponente aufgeschnitten, liegt die erste Scheibe links. Die meisten Gäste halten die Gabel links und können das Fleisch dann gut mit der Gabel halten, während sie es schneiden.
- **Sättigungsbeilagen** werden oben links angerichtet. Der Gast isst diese meist mit der Gabel (die die Gäste üblicherweise in der linken Hand halten).
- **Gemüse** werden oben rechts angerichtet. Das Farbspiel ist bei der Gemüseauswahl zu beachten. Ein Gemüse können viele Gäste auch zu Hause selbst zubereiten. Fachliches Können und Servieren von unterschiedlichen Gemüsen überzeugt.
- **Salat** oder andere kalte Zubereitungen werden extra angerichtet.
- **Garnierungen/Garnituren** sollen das Gericht unterstreichen – in Optik und Geschmack. Daher: Verwendete Füllungen zeigen, auf Oberflächenglanz achten (gerade beim Gemüse). Ein Gericht nicht z. B. unter Bergen von gehackter Petersilie verstecken.

Aufgaben der einzelnen Speisenkomponenten

Bei einer klassischen Speisenzubereitung haben die Komponenten unterschiedliche Aufgaben:

- Die **Hauptkomponente** (z. B. Fleisch, Geflügel, Fisch) gibt die Geschmacksrichtung des Gerichtes vor (Geschmacksfülle/umami) und dient als Eiweißquelle. Meist ist die Hauptkomponente auch der teuerste Bestandteil des Gerichts und gibt den Speisennamen vor.
- Die **Sauce** unterstreicht den Geschmack der Hauptkomponente und verbessert oft seine Konsistenz beim Kauen.
- Die **Gemüsebeilage** ergänzt die Speise geschmacklich und auch optisch (Farbspiel durch verschiedene Gemüse). Ferner liefert das Gemüse wertvolle Wirkstoffe. Im Preis kann das Gemüse je nach Saison ähnlich teuer sein wie die Hauptkomponente.

- Die **Sättigungskomponente** (z. B. Kartoffeln, Reis) dient durch den hohen Stärkeanteil der Sättigung und ist meist der kostengünstigste Bestandteil.

Besonderheiten beim Anrichten **vegetarischer Speisen** werden im Kapitel Gemüse beschrieben (→ S. 373). Erläuterungen zu weiteren, modernen Anrichtemöglichkeiten ab S. 836.

Beschreiben und Bewerten von Speisen

Auch Köchinnen und Köche müssen in der Lage sein, Speisen für einen Gast verständlich zu beschreiben. Gesprächsanlässe liefern etwa das Frontcooking oder die Arbeit am Büfett. Diese beginnen oft mit der Frage: „Was ist denn das, bitte?". Auch aus diesem Grund ist die Beratung der Gäste Bestandteil der Prüfungen.

Eine Speise zu beschreiben und zu bewerten sehen Küche und Service unterschiedlich, wie am **Beispiel Wiener Schnitzel** deutlich wird:

Küche	Service
Produktion läuft nach Rezept	Beratung der Gäste ist eine **Empfehlung**
• Pfanne erhitzen, Fett zugeben • Schnitzel (paniert) einlegen • Schnitzel braten, wenn Rand goldbraun, wenden • Ist das Schnitzel goldbraun und schlägt die Kruste Blasen, Schnitzel herausnehmen und servieren	• Saftiges Schnitzel vom Kalb • Fleisch von Betrieben aus der Region • mit krosser Panierung, frisch zubereitet • aromatisch
In Rezepten wird die Herstellung eines Gerichtes erklärt. Diese **Vorgangsbeschreibung** wendet sich an den Verstand – ein Gericht soll nach Anleitung zubereitet werden.	Im Service werden Produkte anschaulich beschrieben. Diese **Gegenstandsbeschreibung** richtet sich an das Gefühl und soll einen Kaufwunsch wecken.

Beschreiben von Speisen

In **Fast-Food-Restaurants** oder auch in Eisdielen werden Speisen meist nicht allein mit Worten beschrieben, es werden zusätzlich Bilder genutzt. Gäste wünschen sich dort eine kurze Information für eine schnelle Entscheidung. Die Mitarbeiter in der Produktion sind an die Bildvorgaben gebunden und können zwar schnell – aber nicht kreativ arbeiten.

In der **klassischen Restauration** erwarten Gäste hingegen eine Beratung durch den Service und lassen sich mehr Zeit für ihre Entscheidung. Der Service kann im Gespräch mit dem Gast Sonderwünsche ermitteln. Die Küche kann auf diese Wünsche reagieren.

> ● In einem Verkaufsgespräch ist – auch von der Köchin oder dem Koch – eine Beschreibung gefordert. Der Gast will wissen, was er auf den Teller bekommt, nicht wie die Speise zubereitet wird!

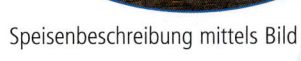

Speisenbeschreibung mittels Bild

Küche

SPEISEN ZUBEREITEN

Gebratener Spitzkohl

∴

Muskatsabayon, Polenta

∴

Dörraprikosen

Auszug aus einer modernen, einfach gehaltenen Speisekarte

Beschreibungen eines Gerichtes können auch negativ sein – so etwa bei Reklamationen des Gastes. Sehen Sie diese immer als Chance, ein Gericht zu verbessern!

Kreative Köche legen sich in Speisekarten oft gar nicht mehr fest und nennen nur noch Rohstoffe.

Neben Bildern kann auch die **Beschreibung** guten Essens Appetit machen und Kaufanreiz sein. Gäste nicht nur zu informieren, sondern durch gezielte Beschreibung zur Bestellung anzuregen, ist Aufgabe des Services – aber auch der Küche. Übertreibungen sind dabei zu vermeiden. Ebenso muss Selbstverständliches (Salat sollte immer frisch sein) nicht extra herausgestellt werden, da es keine besonders bemerkenswerte Eigenschaft beschreibt.

Beschreibungen eines Gerichtes umfassen:

- Die **Geschmacksrichtung** der Speise und seiner Komponenten: Hierbei sind Abstufungen für den Gast hilfreich, da es für diesen einen Unterschied macht, ob eine Speise etwa „eine Spur Säure" oder „säuerlich" ist.
- Die **Temperatur** kann im Verkaufsgespräch erwähnt werden, wenn diese von den Erwartungen des Gastes abweicht.
- Den **Geruch** einer Speise: Unser Geruchssinn ist eng mit unseren Gefühlen verbunden. Positive Beschreibungen für Geruchseindrücke sind nützlich, z. B. „fruchtig, angenehm pfeffrig, würzig – aber nicht kräftig".
- Hinweise zur **Beschaffenheit**: Hier werden die Konsistenz und das Mundgefühl beschrieben (z. B. „kross" oder „mürbe"), die Beschaffenheit („mit einer Füllung aus Aprikosen") oder andere Sinneseindrücke („bunter Salat").

Das **Mundgefühl** eines Lebensmittels kann je nach Zubereitung ganz unterschiedlich sein:

Beißen wir in einen reifen Apfel, schmecken wir, dass dieser nicht nur Süße und Säure besitzt, sondern auch **saftig** ist. Den Kaueindruck beschreiben wir sicher als **knackig**.

Auch wie **flüssig** eine Speise ist (Viskosität), nehmen wir auf der Zunge wahr. Ein **schnittfestes** Apfelgelee schmeckt nach Apfel, fühlt sich aber auf der Zunge ganz anders an, als ein **weiches** Apfelmus.

Auch das Garen verändert das Mundgefühl: So wird aus einer Apfelscheibe durch Backen und Trocknen ein **krosser** Apfelchip.

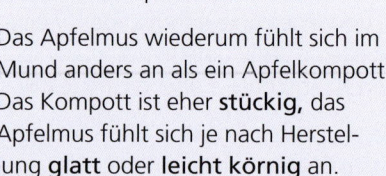

Das Apfelmus wiederum fühlt sich im Mund anders an als ein Apfelkompott. Das Kompott ist eher **stückig,** das Apfelmus fühlt sich je nach Herstellung **glatt** oder **leicht körnig** an.

Kombinieren wir diese Eindrücke, wird ein Gericht sensorisch deutlich ansprechender. Auch deshalb erwarten Gäste von einem Dessert meist etwas „Cremiges", dazu etwas „Krosses" und etwas „Kühles"

Speisenproduktion planen und berechnen

Fachliche Sicherheit und selbstständiges Arbeiten sind wichtige Ziele im Rahmen der Berufsausbildung. Diese Fähigkeiten sollen im betrieblichen und schulischen Ausbildungsalltag erworben und in Prüfungen unter Beweis gestellt werden. Zum selbstständigen Arbeiten gehören nicht nur ausführende Tätigkeiten. Diese sind vorher schlüssig zu planen und im Nachhinein zu reflektieren und zu bewerten. So lässt sich aus Fehlern für die Zukunft lernen.

Um möglichst selbstständig zu arbeiten, müssen Köchinnen und Köche u.a. folgende Tätigkeiten beherrschen:
- Informationen beschaffen und Arbeiten strukturieren,
- mit Rezepten arbeiten,
- Berechnungen anstellen,
- alle Arbeitsschritte nachvollziehbar darstellen,
- Arbeitsergebnisse selbstkritisch hinterfragen.

Je nach Betriebsform und Angebotsform ist weiteres spezielles Wissen notwendig, um eigenständig arbeiten zu können. Das betrifft neben den Kernbereichen des Kochhandwerks auch die Kenntnis der betrieblichen Abläufe sowie das Ineinandergreifen verschiedener Tätigkeiten. Informationen hierzu in entsprechenden Kapiteln des Buches.

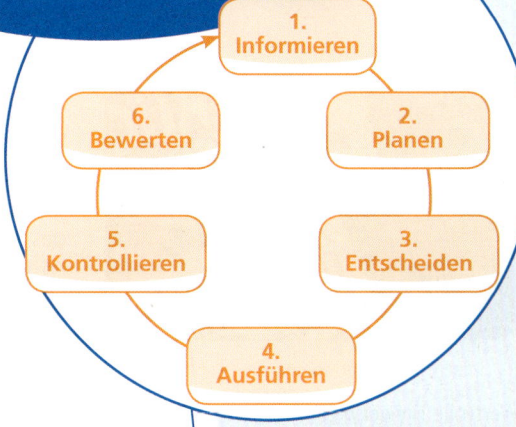

Modellkreis der vollständigen Handlung

Der Warenkorb für eine Zwischenprüfung ist ein gutes Beispiel, wann man die eigene Arbeit intensiv planen muss:

Pflichtkomponenten
Hähnchen oder Hackfleisch, Möhren, Bohnen, Kartoffeln.

Aufgaben:
- Gestalten Sie aus diesen Komponenten und den küchenüblichen Zutaten einen Hauptgang.
- Beachten Sie dabei insbesondere: Arbeitssicherheit, Umweltschutz, Grundlagen gesunder Ernährung.
- Ferner ist ein Arbeitsablaufplan zu erstellen.
- Das Berichtsheft ist mitzubringen.

❶ Die eigene Arbeit planen

🇬🇧 organising the own operations   🇫🇷 organizer des activités (w)

1.1 Informationen beschaffen
🇬🇧 procuring information   🇫🇷 procurer les informations (m)

In unserer „Informationsgesellschaft" wächst und verändert sich unser Wissen jeden Tag. Wichtig ist nicht, immer alles wissen zu wollen. Wichtig ist zu wissen, woher man Informationen erhält.

Fachbuch

Das Internet liefert stets aktuelle Informationen. Wie seriös diese Informationen jedoch zusammengetragen worden sind, kann der Leser nicht immer erfassen. Fachbücher werden von Fachleuten mit großer Sorgfalt erstellt und aktuell gehalten.

Um sich in einem Fachbuch wie dem „Jungen Koch" oder der „Kalten Küche" zu orientieren, gibt es Hilfestellungen:

Das **Inhaltsverzeichnis** zeigt, wie das Buch in Abschnitte (z. B. Küchenausstattung) und Kapitel (z. B. Maschinen und Geräte) gegliedert ist. Diese Übersicht steht am Anfang des Buches. Möchte man sich grob orientieren, wo Informationen zu einem Thema zu finden sind (etwa den Garverfahren), hilft das Inhaltsverzeichnis weiter.

Das **Sachwortverzeichnis/Stichwortverzeichnis** steht am Ende des Buches. Hier sind wichtige Begriffe in alphabetischer Reihenfolge aufge-

Küche — SPEISENPRODUKTION PLANEN UND BERECHNEN

Beispiel: Prüfungs-Hauptgang aus dem Beispiel-Warenkorb, S. 253:
Gebackene Hähnchenkeulen
gedünstete Möhren
gegrillter Fenchel
Kartoffelstampf

Beim Zusammenstellen von Speisen aus einzelnen Komponenten möglichst **unterschiedliche Garverfahren** nutzen. Das zeigt fachliches Können – und man erhält meist auch eine sensorisch ansprechende Speise.

Der **gesamte Arbeitsablaufplan beginnt** meist mit
→ *Entgegennehmen und Verräumen der Ware*
→ *Arbeitsplatz aufbauen, ...*

Notwendige **Ordnungs- und Reinigungsschritte** sind zwischen die Tätigkeiten und auch an das Ende des Arbeitsablaufplanes einzufügen
→ *Schneidebrett reinigen und wenn nötig desinfizieren*

Die Zeit des Anrichtens fällt oft zusammen mit der Zeit, in der Teile des Gerichtes fertiggestellt oder gegart werden. Das verursacht gerade in Prüfungssituationen Stress.
Um diese Zeit zu entzerren: Wenn möglich Teile des Gerichtes vorgaren und diese ggf. vor dem Anrichten regenerieren
→ *Möhren regenerieren*
→ *Kartoffelstampf warm stellen*

Garverfahren nutzen, bei denen man nicht die ganze Zeit aktiv tätig sein muss (Backen der Hähnchenkeulen).

1.4 Arbeitsabläufe strukturieren

🇬🇧 structuring work processes   🇫🇷 structurer le déroulement du travail

Arbeitsabläufe darstellen (Arbeitsablaufplan)

In Prüfungen ist ein Arbeitsablaufplan zu erstellen. Mit diesem sollen die Prüflinge zeigen, dass sie ihre Arbeit sinnvoll planen können. Dazu gehört, dass auch fachliche Besonderheiten der Arbeit (z. B. Kühlzeiten, Garzeiten) sinnvoll in den Arbeitsablauf integriert sind.

Im Arbeitsablaufplan werden nicht detaillierte Arbeitsanleitungen aus Rezepten wiedergegeben – die gehören in die Rezepte!
Im Arbeitsablaufplan geht es um die **zeitlich richtige Abfolge der Arbeitsschritte**.

Von den Rezepten zum Arbeitsablaufplan

Beschreibung im Rezept	Arbeitsschritte im Ablaufplan
Gebackene Hähnchenkeulen: Hähnchenkeulen entbeinen und [...] würzen. Aus Geflügelfleisch eine Farce herstellen und die Keulen [...] füllen und verschließen. Im Ofen [...] backen.	→ Hähnchenkeulen entbeinen und mit Farce füllen → Hähnchenkeulen backen.
Gedünstete Möhren: Möhren waschen und schälen. Möhren in gleichmäßige Form schneiden [...]. Möhren kurz in Butter anschwitzen, dann mit Fond ablöschen und zum Kochen bringen. Würzen [...]. Möhren zufügen und abgedeckt ca. 10' dünsten, [...].	→ Alle Gemüse/Kartoffeln waschen, putzen und zuschneiden → Möhren dünsten
Gegrillter Fenchel: Vorbereiteten Fenchel in etwa 0,5 cm starke Scheiben oder Stücke schneiden. Fenchelscheiben [...] in eine Metallschale legen und würzen, 15–20' auf dem Grillrost grillen.	→ Fenchel grillen
Kartoffelstampf: Kartoffeln schälen und in Salzwasser kochen. Sahne, Milch, Butter vermischen und aufkochen, würzen. Abgedämpfte Kartoffeln langsam in heißer Flüssigkeit stampfen, abschmecken und Butterflocken unterarbeiten. Als Nocken anrichten.	→ Kartoffeln kochen → Kartoffeln abdämpfen → Kartoffeln in heißer Flüssigkeit stampfen → alle Zubereitungen abschmecken → Anrichten

Speisenproduktion planen und berechnen

Fachliche Sicherheit und selbstständiges Arbeiten sind wichtige Ziele im Rahmen der Berufsausbildung. Diese Fähigkeiten sollen im betrieblichen und schulischen Ausbildungsalltag erworben und in Prüfungen unter Beweis gestellt werden. Zum selbstständigen Arbeiten gehören nicht nur ausführende Tätigkeiten. Diese sind vorher schlüssig zu planen und im Nachhinein zu reflektieren und zu bewerten. So lässt sich aus Fehlern für die Zukunft lernen.

Um möglichst selbstständig zu arbeiten, müssen Köchinnen und Köche u.a. folgende Tätigkeiten beherrschen:
- Informationen beschaffen und Arbeiten strukturieren,
- mit Rezepten arbeiten,
- Berechnungen anstellen,
- alle Arbeitsschritte nachvollziehbar darstellen,
- Arbeitsergebnisse selbstkritisch hinterfragen.

Je nach Betriebsform und Angebotsform ist weiteres spezielles Wissen notwendig, um eigenständig arbeiten zu können. Das betrifft neben den Kernbereichen des Kochhandwerks auch die Kenntnis der betrieblichen Abläufe sowie das Ineinandergreifen verschiedener Tätigkeiten. Informationen hierzu in entsprechenden Kapiteln des Buches.

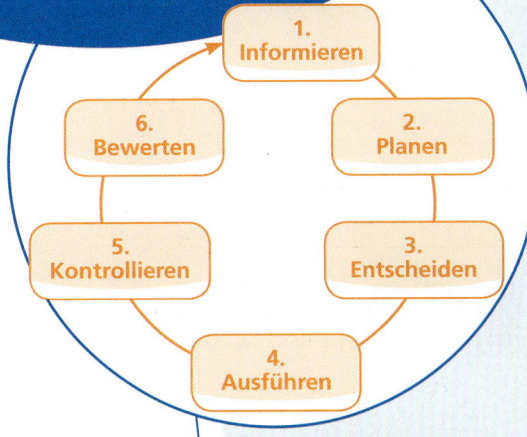

Modellkreis der vollständigen Handlung

Der Warenkorb für eine Zwischenprüfung ist ein gutes Beispiel, wann man die eigene Arbeit intensiv planen muss:

Pflichtkomponenten
Hähnchen oder Hackfleisch, Möhren, Bohnen, Kartoffeln.

Aufgaben:
- Gestalten Sie aus diesen Komponenten und den küchenüblichen Zutaten einen Hauptgang.
- Beachten Sie dabei insbesondere: Arbeitssicherheit, Umweltschutz, Grundlagen gesunder Ernährung.
- Ferner ist ein Arbeitsablaufplan zu erstellen.
- Das Berichtsheft ist mitzubringen.

1 Die eigene Arbeit planen

🇬🇧 organising the own operations 🇫🇷 organizer des activités (w)

1.1 Informationen beschaffen
🇬🇧 procuring information 🇫🇷 procurer les informations (m)

In unserer „Informationsgesellschaft" wächst und verändert sich unser Wissen jeden Tag. Wichtig ist nicht, immer alles wissen zu wollen. Wichtig ist zu wissen, woher man Informationen erhält.

Fachbuch

Das Internet liefert stets aktuelle Informationen. Wie seriös diese Informationen jedoch zusammengetragen worden sind, kann der Leser nicht immer erfassen. Fachbücher werden von Fachleuten mit großer Sorgfalt erstellt und aktuell gehalten.

Um sich in einem Fachbuch wie dem „Jungen Koch" oder der „Kalten Küche" zu orientieren, gibt es Hilfestellungen:

Das **Inhaltsverzeichnis** zeigt, wie das Buch in Abschnitte (z.B. Küchenausstattung) und Kapitel (z.B. Maschinen und Geräte) gegliedert ist. Diese Übersicht steht am Anfang des Buches. Möchte man sich grob orientieren, wo Informationen zu einem Thema zu finden sind (etwa den Garverfahren), hilft das Inhaltsverzeichnis weiter.

Das **Sachwortverzeichnis/Stichwortverzeichnis** steht am Ende des Buches. Hier sind wichtige Begriffe in alphabetischer Reihenfolge aufge-

Küche

SPEISENPRODUKTION PLANEN UND BERECHNEN

führt. Sucht man eine detaillierte Information (z. B. wie eine Rahmsauce hergestellt wird), so hilft das Sachwortverzeichnis weiter.

Fachzeitschriften

Fachzeitschriften und Fachzeitungen erscheinen meist monatlich. Deshalb können sie aktueller sein als Fachbücher und verbreiten Fachthemen schneller. Wenn man aktuelle Informationen benötigt oder etwas sucht, das sich schnell ändern kann (z. B. Informationen zu Rechtsthemen wie Hygiene), helfen diese Fachpublikationen. Auch Informationen zu Gastronomie-Trends, zur Ausbildung und zu Berufswettbewerben findet man am ehesten dort.

Wertvolle Hinweise zur Planung Ihrer Prüfung, erprobte Rezepte und Tipps finden Sie im Buch „Praktische Prüfungsvorbereitung".

Internet

Noch aktueller als in Fachzeitschriften sind die Informationen aus dem Internet. Bei der Suche sollte man mehrere Suchmaschinen verwenden. So gelangt man auch auf Seiten, die andere Suchmaschinen gar nicht darstellen.

Wichtige Fragen, um aus der Fülle der Informationen das Verwertbare herauszuziehen:
- Gibt es Fach-Foren im Internet, wo sich Profi-Köche austauschen?
- Warum steht der gefundene Beitrag so weit oben in der Ergebnisliste einer Suchmaschine (Product Placement)?
- Wer profitiert davon, dass Informationen so dargestellt werden (steckt hinter den Beiträgen jemand, der etwas verkaufen oder Meinung bilden möchte → Fake News)?
- Wie fachlich gut sind diese Informationen geschrieben?
- Ist das ein erprobtes Profi-Rezept oder das eines Laien? Durch Nachfragen in Foren bekommt man heraus, ob jemand qualifiziert ist.
- Vergleich von Rezepten aus dem Internet mit denen in Fachbüchern: Ist die Herstellung schlüssig? Was bringt das Rezept Neues?

Weitere Informationen und Links unseren Webseiten

Firmeninformationen (Prospekte)

Prospekte sind Werbemittel von Firmen. Entsprechend kritisch sind diese zu lesen. Firmeninformationen bieten aber auch fachliche Informationen, etwa zu Kochgeschirr, Küchengeräten oder neuen Lebensmitteln. Diese Informationen bieten Hersteller meist zum Herunterladen über die Homepage an oder verteilen sie auf Fachmessen.

Es ist wenig sinnvoll, alle gefundenen Informationen einfach nur zu sammeln und zu horten:
Schneiden Sie interessante Artikel aus Fachzeitschriften aus oder scannen Sie diese ein.
Schreiben Sie sich aus Artikeln, die Sie interessieren, wichtige Punkte heraus (Quellenangabe zum Wiederfinden nicht vergessen).
Erst dann, wenn Sie mit Informationen arbeiten, wenn diese Ihnen „durch den Kopf" gehen, behalten Sie auch etwas von diesen Informationen.

Fachmessen

In Deutschland werden jedes Jahr zahlreiche Fachmessen zu den Themen Lebensmittel (Anuga, Biofach u. a.), Gastronomie (z. B. Internorga, Inoga) oder auch Ernährung (z. B. auf der „Grünen Woche") veranstaltet, oft zusammen mit Wettbewerben (IKA). Auf Ständen der Aussteller aus verschiedenen Bereichen kann man sich z. B. Küchenmaschinen erklären lassen oder neue Produkte probieren. Die Möglichkeit, vor Ort Rückfragen an Fachpersonal zu stellen und auch Kontakte zu diesen und zu Firmen zu knüpfen, ist eine Stärke von Fachmessen.

1 Die eigene Arbeit planen

1.2 Ideen und Tätigkeiten strukturieren
🇬🇧 structuring ideas and actions 🇫🇷 structurer idées (w) et actions (w)

Mind-Mapping

Aus den gefundenen Informationen sollen nun Ideen zu einem Thema werden. Um diesen kreativen Prozess zu dokumentieren, bieten sich Mindmaps an. Mindmaps erinnern im Aufbau an einen Baum: Man schreibt das Thema, zu dem Ideen gesammelt werden sollen (z. B. „Daran muss ich bei der Zwischenprüfung denken"), in die Mitte eines großen Blattes Papier (Stamm). Die Ideen stellen die Blätter dar. Damit Ideen nicht verloren gehen, werden sie durch Verbindungslinien – die Äste und Zweige – mit dem Stamm verknüpft. Diese Art der Darstellung hilft dem Gehirn, sich später besser an die gesammelten Ideen zu erinnern.

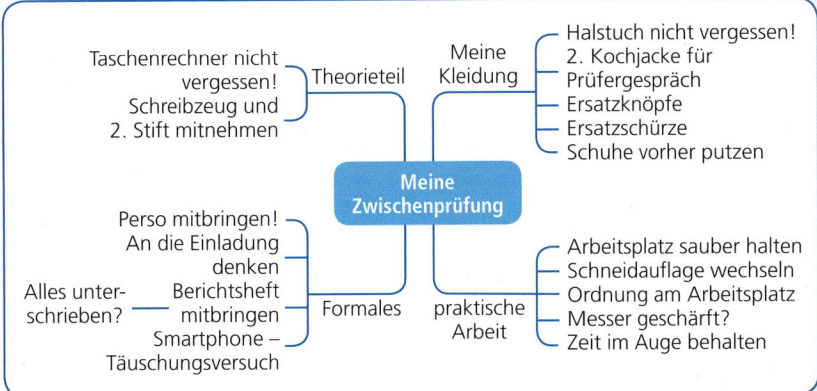

Mindmap zur Zwischenprüfung

Arbeiten mit Checklisten

Im Betriebsalltag werden Tag für Tag ähnliche Tätigkeiten ausgeführt. Was zur Ausführung dieser Tätigkeiten notwendig ist, hat man schnell verinnerlicht. Anders sieht es aus mit Tätigkeiten, die nicht alltäglich sind, etwa die Ausrichtung eines Brunchs alle vier Wochen. Solche Tätigkeiten sind mit einem Mehraufwand an Planung verbunden, der nicht jedes Mal von vorne begonnen werden kann. Hier helfen Checklisten – als Liste oder als Tabelle. Sinn einer Checkliste ist es, bereits Bewährtes schriftlich festzuhalten und sich so die Arbeit zukünftig leichter zu machen. Auch geben Checklisten Sicherheit, um nichts zu vergessen.

Checklisten für Vorgänge (z. B. Erinnerungshilfe zur Zwischenprüfung) werden meist als Liste angelegt. Diese Listen werden abgehakt:

- Zerlegen von Aufgaben in sinnvolle Teilschritte: Statt „Gemüse zubereiten" → „Gemüse waschen – Gemüse schälen und schneiden – Gemüse garen – anrichten".
- Teilschritte in eine logische/zeitliche Reihenfolge bringen: „Fleisch vor dem Aufschneiden ruhen lassen, Kroketten fertig frittieren und anrichten, Fleisch schneiden und anrichten".
- Tätigkeiten abhaken, die erledigt sind.
- Zeitleisten (→ S. 239), Arbeitsablaufpläne (→ S. 238) und Fließschemata (→ **unsere Internetseiten**) haben Ähnlichkeit mit Checklisten.

Checklisten für Zusammenstellungen (Prüflisten) finden sich häufig im Bankettbereich, etwa für die Auslieferung eines Büfetts oder im Frühstücksdienst mit wechselndem Personal.

Checkliste für die praktische Zwischenprüfung	
Berichtsheft einpacken	
An vollständige Berufskleidung denken	
2. Kochjacke und Ersatzschürze für Gespräch mit Prüfer	
Umweltschutz beachten – Müll am Arbeitsplatz trennen	
Bei Zubereitungen an gesunde Ernährung denken	

1.3 Arbeit mit Rezepten 🇬🇧 recipes 🇫🇷 recettes

Rezepte sind Arbeitsanweisungen für das Zubereiten von Speisen, Gebäcken oder Getränken. Rezepte stellen eine wesentliche Grundlage für die Arbeit in der Küche dar. Gerade weil im Küchenalltag viele Tätigkeiten aus der Erfahrung heraus ausgeführt werden, sind Rezepte besonders für Auszubildende und neue Küchenmitarbeiter wichtig:

- Ohne Arbeit nach Rezepten ist auf Dauer keine wirtschaftliche Arbeit möglich. Rezeptbestandteile sind als Materialkosten bedeutende Kostenfaktoren: z. B. Gewürze (Pauschale oder bei teuren Gewürzen einzeln aufführen) oder Bratfett.
- Um Gäste z. B. über Allergene oder Zusatzstoffe informieren zu können, müssen Rezepte formuliert und eingehalten werden.
- Bei Rechtsstreitigkeiten sind Rezepte wichtige Dokumente, etwa um sich gegen ungerechtfertigte Forderungen abzusichern. Beispiel: Ein Gast klagt, seine Allergie gegen Sellerie hätte ihm nach dem Essen Probleme bereit – mit Rezept und Lieferschein kann der Koch nachweisen, dass er keinen Sellerie verwendet hat.
- Neue Gerichte entstehen häufig durch kreatives Tun – abseits von Rezepten. Werden neue Kreationen aber nicht nachträglich in einem Rezept festgehalten, können neue Gerichte oft nur schlecht nachgekocht werden.
- Gäste erwarten, dass ein Gericht jedesmal wie gewohnt schmeckt – unabhängig davon, wer als Koch/Köchin in der Küche steht.

Rezepte darstellen

Rezepte bestehen aus mehreren Teilen:

1. Name der Zubereitung

2. Angabe zur Portionsmenge (Portionsmenge/engl. = pax).
- Ist nichts anderes angegeben, sind alle Rezepte im Buch für 10 Portionen gerechnet.

3. Auflistung von Zutaten, Mengenangabe und Einheit
- Die Mengenangaben beziehen sich bei Frischware auf das Rohgewicht (Bruttogewicht). Verluste bei der Vorbereitung (z. B. Schälverluste) und Zubereitung (z. B. Garverluste) müssen einkalkuliert werden (→1.5).
- Bei Convenience-Food wie etwa TK-Ware sind oft weniger oder andere Verluste (z. B. Auftauverlust) einzuberechnen, die Mengenangaben beziehen sich auf das Nettogewicht.
- Auch küchenübliche Zutaten wie Gewürze, Zwiebeln oder Brühe sind anzugeben, da auch diese Materialkosten darstellen.

4. Arbeitsanleitungen für die Herstellung:
- Die Arbeitsschritte sollen in der korrekten zeitlichen Reihenfolge aufgeführt werden.
- Zutaten und Arbeitsschritte sollten möglichst getrennt beschrieben werden: Zunächst Mengen und Zutaten aufschreiben, dann daneben oder darunter die Herstellung. Zusammenhängende Arbeitsschritte sind in Absätzen zusammenzufassen. Dabei ist zwischen vorbereitenden Arbeitsschritten und Arbeitsschritten zur Fertigstellung zu trennen.

> Teilschritte eines Rezeptes sind wichtige Bausteine für das Erstellen des Arbeitsablaufplanes – gerade in Prüfungssituationen und für besondere Veranstaltungen.

> Rezepte sind veränderbar: Stellt man beim Kochen fest, dass Angaben nicht stimmen, oder haben sich Rahmenbedingungen verändert (z. B. geänderte Hygienevorgaben), dann schreibt man Notizen ins Rezept oder erneuert es ganz.

Gefüllte Hähnchenkeulen – 6 Pax

6 St. Hähnchenkeulen entbeinen, aus 0,300 kg Hähnchenfleisch, 0,200 l Sahne, Salz und Pfeffer eine Farce herstellen, damit die gewürzten Hähnchenkeulen füllen. Bei 180 °C ca. 50 Min. backen. (Kerntemperatur 70 °C) **B**. Die Haut soll eine goldbraune Farbe haben **A**.

Beispielrezept in verbundener Schreibweise

Kartoffelstampf – 5 Portionen

0,750 kg Kartoffeln (vorw. festkochend)
0,200 l   Sahne,
0,100 l   Milch
0,075 kg Butter
Salz, Pfeffer, Muskat, Paprika

Kartoffeln schälen und in Salzwasser garen. Restliche Zutaten vermischen und aufkochen.
Abgedämpfte Kartoffeln erst grob stampfen, dann langsam **C** die heiße Flüssigkeit unterarbeiten, würzen und Butterflocken unterarbeiten, abschmecken. Als Nocken anrichten **D**.
Für einfache Gerichte **E**.

Beispielrezept in getrennter Schreibweise

1 Die eigene Arbeit planen

- Technologisch wichtige Schritte erklären, z. B. „das gesiebte Mehl auf einmal zufügen, damit sich keine Klümpchen bilden."
- Hygienisch kritische Punkte (critical control points) hervorheben, z. B. „Sauce zum Abkühlen in mehrere, flache Gefäße umfüllen!".

Rezepte können erweitert werden durch	
Ⓐ Bewertungsmerkmale, z. B. „Das Gebäck ca. 40 Min. backen, bis es eine goldbraune Kruste hat."	**Ⓓ Hinweise zum Anrichten**, denn so erhält der Gast stets „das, was er kennt und erwartet" (Wiedererkennungseffekt). Hierfür bietet es sich an, einen angerichteten Teller zu fotografieren.
Ⓑ Hygieneanweisungen, z. B. „Nicht länger als zwei Stunden bei mindestens 65 °C warmhalten."	
Ⓒ Sicherheitshinweise, z. B. „Die Apfelringe vorsichtig ins heiße Fett geben."	**Ⓔ Hinweise zur besonderen Verwendung**, etwa „für Jagdessen", „für Festtagsbüfetts" usw.

Rezepte verwalten

Rezepte halten Informationen fest, damit diese bei Bedarf zur Verfügung stehen (vertretende Kollegen, Magazinverwalter). Hierfür ist es notwendig, Rezepte zu verwalten.

Die **Rezeptkladde**: Im Arbeitsalltag hilft ein „Schmierheft", um Notizen festzuhalten. Diese Rezepte sollten zeitnah „ins Reine geschrieben" werden – das hilft auch, sich das Rezept besser einzuprägen. Wenn es zulässig ist, kann man auch **Fotos** von Zubereitungen und Teilschritten machen und diese am Computer ins Rezept einfügen. Je nach eigenen Vorlieben kann die Reinschrift der Rezepte von Hand oder am Computer erfolgen.

Zur **Ablage** handgeschriebener Rezepte bietet sich ein **Ordner mit Register** an. Ein solches Register kann geordnet sein nach
- **Alphabet:** A: Apfelbeignets, Apfelrotkohl, Artischocken, …:
  Diese Ablage bietet sich für einfache Zubereitungen an, die aus wenigen Komponenten bestehen.
- **Menübestandteilen,** zu denen das Rezept gehört:
  Kalte Vorspeisen: Wildkräutersalat mit lauwarmen Tomatenwürfeln
  Fischzubereitungen: Seezungenröllchen mit Spinat und Reistimbal
  Vegetarische Gerichte: Couscous-Salat mit Limette

Beim Schreiben am PC können Rezepte jeweils als eine eigene Textdatei abgespeichert, in einer Tabellenkalkulation zusammengefasst oder in einer Datenbank verwaltet werden. Vorher ist genau zu überlegen, wie die Rezepte später wieder auffindbar sein sollen (z. B. Rezeptname = Dateiname, Stichwörter in Datenbank wie Jagdessen, Vorspeise). Sehr hilfreich sind auch Programme/Apps, bei denen Rezepte am Computer geschrieben und über das Smartphone abgerufen werden können.

> Rezepte von Eigenkreationen sind das geistige Eigentum des Kochs. Achten Sie dieses Eigentum! Geben Sie eine Quelle an, wenn Sie Rezepte anderer Köche nutzen (z. B. www.chefkoch.de/…)

Rezeptkladde

Rezeptordner

Rezepte umrechnen

Die Mengen der Zutaten aus Rezepten (**Rezeptmenge**) müssen oft auf die benötigten Mengen (**Herstellungsmenge**) umgerechnet werden. Oft lassen sich diese Mengen durch Malnehmen bzw. Teilen berechnen:

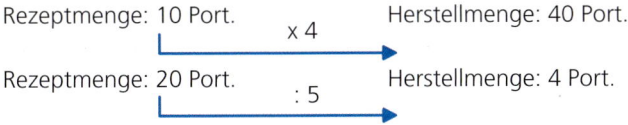

Rezeptmenge: 10 Port.   x 4   Herstellmenge: 40 Port.

Rezeptmenge: 20 Port.   : 5   Herstellmenge: 4 Port.

 Berechnungen zur Speisenplanung siehe Webseiten

Küche

SPEISENPRODUKTION PLANEN UND BERECHNEN

> **Beispiel:** Prüfungs-Hauptgang aus dem Beispiel-Warenkorb, S. 253:
> *Gebackene Hähnchenkeulen*
> *gedünstete Möhren*
> *gegrillter Fenchel*
> *Kartoffelstampf*

Beim Zusammenstellen von Speisen aus einzelnen Komponenten möglichst **unterschiedliche Garverfahren** nutzen. Das zeigt fachliches Können – und man erhält meist auch eine sensorisch ansprechende Speise.

Der **gesamte Arbeitsablaufplan beginnt** meist mit
→ *Entgegennehmen und Verräumen der Ware*
→ *Arbeitsplatz aufbauen, …*
Notwendige **Ordnungs- und Reinigungsschritte** sind zwischen die Tätigkeiten und auch an das Ende des Arbeitsablaufplanes einzufügen
→ *Schneidebrett reinigen und wenn nötig desinfizieren*
Die Zeit des Anrichtens fällt oft zusammen mit der Zeit, in der Teile des Gerichtes fertiggestellt oder gegart werden. Das verursacht gerade in Prüfungssituationen Stress. **Um diese Zeit zu entzerren:** Wenn möglich Teile des Gerichtes vorgaren und diese ggf. vor dem Anrichten regenerieren
→ *Möhren regenerieren*
→ *Kartoffelstampf warm stellen*
Garverfahren nutzen, bei denen man nicht die ganze Zeit aktiv tätig sein muss (Backen der Hähnchenkeulen).

1.4 Arbeitsabläufe strukturieren

🇬🇧 structuring work processes 🇫🇷 structurer le déroulement du travail

Arbeitsabläufe darstellen (Arbeitsablaufplan)

In Prüfungen ist ein Arbeitsablaufplan zu erstellen. Mit diesem sollen die Prüflinge zeigen, dass sie ihre Arbeit sinnvoll planen können. Dazu gehört, dass auch fachliche Besonderheiten der Arbeit (z. B. Kühlzeiten, Garzeiten) sinnvoll in den Arbeitsablauf integriert sind.

Im Arbeitsablaufplan werden nicht detaillierte Arbeitsanleitungen aus Rezepten wiedergegeben – die gehören in die Rezepte!
Im Arbeitsablaufplan geht es um die **zeitlich richtige Abfolge der Arbeitsschritte**.

Von den Rezepten zum Arbeitsablaufplan

Beschreibung im Rezept	Arbeitsschritte im Ablaufplan
Gebackene Hähnchenkeulen: Hähnchenkeulen entbeinen und [...] würzen. Aus Geflügelfleisch eine Farce herstellen und die Keulen [...] füllen und verschließen. Im Ofen [...] backen.	→ *Hähnchenkeulen entbeinen und mit Farce füllen* → *Hähnchenkeulen backen.*
Gedünstete Möhren: Möhren waschen und schälen. Möhren in gleichmäßige Form schneiden [...]. Möhren kurz in Butter anschwitzen, dann mit Fond ablöschen und zum Kochen bringen. Würzen [...]. Möhren zufügen und abgedeckt ca. 10' dünsten, [...].	→ *Alle Gemüse/Kartoffeln waschen, putzen und zuschneiden* → *Möhren dünsten*
Gegrillter Fenchel: Vorbereiteten Fenchel in etwa 0,5 cm starke Scheiben oder Stücke schneiden. Fenchelscheiben [...] in eine Metallschale legen und würzen, 15–20' auf dem Grillrost grillen.	→ *Fenchel grillen*
Kartoffelstampf: Kartoffeln schälen und in Salzwasser kochen. Sahne, Milch, Butter vermischen und aufkochen, würzen. Abgedämpfte Kartoffeln langsam in heißer Flüssigkeit stampfen, abschmecken und Butterflocken unterarbeiten. Als Nocken anrichten.	→ *Kartoffeln kochen* → *Kartoffeln abdämpfen* → *Kartoffeln in heißer Flüssigkeit stampfen* → *alle Zubereitungen abschmecken* → *Anrichten*

1 Die eigene Arbeit planen

Nun müssen die herausgeschriebenen Arbeitsschritte in eine fachlich und zeitlich logische Reihenfolge gebracht werden, z. B. *Kartoffeln waschen, putzen und zuschneiden → Kartoffeln kochen/abdämpfen → Kartoffeln in heißer Flüssigkeit stampfen → usw.*

Dabei unterscheidet man sinnvollerweise zwischen Zeiten, in denen man aktiv ist (z. B. Kartoffeln schneiden) und „passiven Zeiten", während derer andere Arbeiten parallel erledigt werden können (z. B. *während Hähnchenkeulen backen → Gemüse putzen*).

Tipp: Bei der Prüfungsvorbereitung die Arbeitsschritte einzeln auf Zettel schreiben. Dann diese Zettel solange ordnen, bis eine sinnvolle Reihenfolge entsteht. Anschließend die einzelnen Schritte in den Arbeitsablaufplan übertragen.

Arbeitszeit planen (Zeitleiste)

Im Arbeitsablaufplan soll auch die **Einhaltung einer Zeitvorgabe** unter Beweis gestellt werden. In Prüfungen ist immer ein festes Zeitraster vorgegeben, in das die Arbeitsschritte einzufügen sind (10- bis 30-Minuten-Schritte/mit oder ohne Uhrzeitangaben).

Bei einfachen Tätigkeiten kann „vom Anfang zum Ende" gedacht werden.

Ist ein Servierzeitpunkt fix vorgegeben, muss von diesem Punkt aus rückwärts geplant werden: Wenn das Essen z. B. um 19:00 Uhr stehen muss, dann muss um … Uhr Folgendes geschehen: …

Arbeitsablaufplan für *Gebackene Hähnchenkeulen, gedünstete Möhren, gegrillter Fenchel, Kartoffelstampf*

Zeit [Min.]	Arbeitsschritte
0'	Hände waschen, Arbeitsplatz aufbauen, Ware entgegennehmen, nicht Benötigtes kühlen
	Hähnchenkeulen entbeinen, Farce herstellen und damit die Keulen füllen. Schneidebrett reinigen und wenn nötig desinfizieren
30'	Alle Gemüse/Kartoffeln waschen, putzen und zuschneiden
	Kartoffeln kochen/abdämpfen, Möhren dünsten
60'	Hähnchen backen. Kartoffeln grob stampfen, mit heißer Flüssigkeit vermengen
	Fenchel grillen, Möhren regenerieren, Teller warmstellen
90'	Speisen nochmals kontrollieren, ggf. regenerieren und anrichten.

Gericht/Zeit in Minuten	0'			30'			60'			90'
Gebackene Hähnchenkeulen	Hände waschen, Ware verräumen, Arbeitsplatz vorbereiten	entbeinen, Farce herst., Keulen füllen	kühlen			backen		ruhen lassen	Speisen nochmals kontrollieren, abschmecken und anrichten
gedünstete Möhren				alle waschen, putzen und zuschneiden	dünsten	kühlen			regenerieren	
gegrillter Fenchel									grillen	
Kartoffelstampf					kochen		abdämpfen, Stampf herstellen			
Tätigkeitszeiten										

Arbeitsablaufplan als Zeitleiste im Querformat

Küche

SPEISENPRODUKTION PLANEN UND BERECHNEN

2 Die Warenanforderung

🇬🇧 ordering of goods 🇫🇷 commande (w) de la merchdaise (w)

Die Warenanforderung ist eine **tabellarische Zusammenfassung von Waren und Mengen**. Im Betrieb ist die Warenanforderung Voraussetzung für die **Warenausgabe** aus dem Magazin („Keine Ware ohne Beleg"). Für die Warenanforderung werden auf den einzelnen Posten die benötigten Zutaten und Mengen für die vorgesehenen Speisen notiert. Diese werden dann in einer Tabelle zusammengefasst.

Das Schreiben einer Warenanforderung wird auch in **Prüfungen** gefordert. Beispiel für eine Zwischenprüfung: *Gebackene Hähnchenkeulen, gedünstete Möhren, gegrillter Fenchel, Kartoffelstampf*

Elemente einer Tabelle: Kopf, Vorspalte, Spalte, Zeile, Feld

- Angaben wie TL oder EL sind ungenau und in Gramm umzurechnen.
- Denken Sie an die Angabe von Gewürzen (ggf. als Pauschale) und Bratfetten.
- Achten Sie auf gleiche Einheiten (g/kg).

Die Berechnung der Materialkosten eines Gerichts ist die Grundlage der Preiskalkulation. Auch in der Abschlussprüfung wird gefordert, dass die Warenkosten des Menüs kalkuliert werden. Hierzu muss man die Preise der eingesetzten Rohstoffe (Nettopreise = ohne MwSt.) kennen.

Eine wertvolle Hilfe zur Kalkulation ist die „Monica-Mengenliste" des aid-infodienst Ernährung, Landwirtschaft, Verbraucherschutz e.V.

Warenanforderung: 10 Portionen					
Menge/ Lebensmittel	Einheit	Fleisch	Gemüse	Sättigungs- beilage	Gesamt:
Hähnchen- keulen	Stück	10			10
Kartoffeln	kg			1,500	1,500
Sahne	l	0,500		0,400	0,900
Milch	l			0,200	0,200
Butter	kg		0,015	0,150	0,165
Fenchel	kg		0,800		0,800
Möhren	kg		0,600		0,600

Waren-Mengen-Kalkulation			
Waren	Menge	Einzelpreis pro kg / l / St. / Bund	Preis der Ware
Hähnchenkeulen	2,500 kg	2,70 €	6,75 €
Kartoffeln	1,500 kg	0,50 €	0,75 €
Sahne	0,900 l	2,15 €	1,94 €
Milch	0,200 l	0,60 €	0,12 €
Butter	0,165 kg	3,60 €	0,59 €
Fenchel	0,800 kg	1,70 €	1,36 €
Möhren	0,600 kg	0,65 €	0,39 €
Gewürze pauschal			0,50 €
Materialkosten gesamt:			12,40 €

240

Grundkenntnisse im Service

❶ Mitarbeiter im Service

🇬🇧 service staff 🇫🇷 personnel (m) de service

1.1 Umgangsformen 🇬🇧 manners 🇫🇷 manières (w)

Das äußere Erscheinungsbild und die Umgangsformen des Servicemitarbeiters sind von großem Einfluss auf die Stimmung des Gastes.

Der Service verlangt neben Anpassungsfähigkeit und Geschicklichkeit auch Gewandtheit im Umgang mit anderen Menschen. Der Gast erwartet:

- Zuvorkommende, aufmerksame Bedienung,
- angemessene Freundlichkeit und
- taktvolles Benehmen.

1.2 Persönliche Hygiene

🇬🇧 personal hygiene 🇫🇷 hygiène (w) personnelle

Im Umgang mit Speisen ist ein hohes Maß an persönlicher Hygiene erforderlich (siehe S. 69).

- Besonders wichtig sind gepflegte Hände und Fingernägel, weil sie der Gast in unmittelbarer Verbindung mit der Speise sieht.
- Mund- und Körpergeruch wirken äußerst lästig, deshalb ist Körperpflege und öfterer Wäschewechsel geboten.
- Gepflegtes Haar ist ein wesentlicher Bestandteil der Gesamterscheinung. Modische Frisuren dürfen den Service nicht beeinträchtigen.

Persönliche Ausrüstung

🇬🇧 personal equipment
🇫🇷 équipement (m) personnel

Individualgastronomie
- Kellnermesser, Korkenzieher
- saubere Handservietten
- Geldtasche mit Wechselgeld
- Streichhölzer
- Kellnerbürste
- Korkscheiben
- Kugelschreiber
- Kellnerblock

1.3 Arbeitsbekleidung

🇬🇧 uniforms 🇫🇷 vêtements (m) de travail

Manche Betriebe legen Wert auf einheitliche Berufskleidung, die dem Stil des Hauses angepasst ist. Wird dies nicht verlangt, tragen Restaurantfachleute im Allgemeinen die in der Übersicht dargestellte Kleidung.

Weibliches Servierpersonal

- schwarzes Kleid oder Dirndl, oder schwarzer Rock/lange Hose kombiniert mit weißer Bluse, evtl. Weste
- evtl. weiße oder bunte Servierschürze
- Strümpfe in unauffälliger Farbe oder schwarz
- schwarze Schuhe mit niedrigen Absätzen

Männliches Servierpersonal

- schwarze Hose, kombiniert mit weißem Hemd
- schwarze Krawatte/Schleife
- weiße oder schwarze Kellnerjacke oder Weste
- schwarze Schuhe und schwarze Socken

Service

GRUNDKENNTNISSE IM SERVICE

2 Einrichtung und Geräte

🇬🇧 equipment and devices 🇫🇷 équipement (m) et appareils (m)

In Restaurants und Gaststätten sind folgende Einrichtungsgegenstände vorhanden:

- Tische, Tafeln, Beistelltische (Guéridons),
- Stühle, Sessel und/oder Bänke,
- Servicetische, Servanten (Anrichten),
- fest eingebaute oder bewegliche Raumteiler.

In den folgenden Abschnitten geht es darum, diese Einrichtungsgegenstände kennenzulernen und alles über deren Handhabung und Pflege sowie ihren sachgerechten Einsatz zu erfahren.

Eingedeckte Tafel

2.1 Einzeltische und Festtafeln

Der Tisch, an dem der Gast sich entspannt und wohlfühlt, muss eine bequeme Höhe, Stabilität und Beinfreiheit aufweisen. Der Gast möchte dort allein oder in Gesellschaft gemütlich sitzen, bedient und verwöhnt werden.

Einzeltische 🇬🇧 single tables 🇫🇷 tables (w) individuelles

Tische gibt es in verschiedenen Formen und Größen.

| Rechteckige Tische | **80 x 120 cm** (Standardmaß) 80 x 160 cm 90 x 180 cm | Quadratische Tische | 70 x 70 cm **80 x 80 cm** (Standardmaß) 90 x 90 cm | Runde Tische | 70 cm ø **80 cm ø** 90 cm ø und mehr |

Festtafeln 🇬🇧 banquet tables 🇫🇷 tables (w) de fête (w)

Zu besonderen Anlässen werden rechteckige und quadratische Tische zu unterschiedlichen Tafelformen zusammengestellt. Dabei ist für die Größe und Form vor allem die Anzahl der zu bewirtenden Personen ausschlaggebend. Darüber hinaus sind zu beachten:

- Die Größe und Grundfläche des Raumes, in den sich die Tafel harmonisch einordnen soll,
- der freie Raum um die Tafel herum, der so bemessen sein muss, dass Servicearbeiten während des Essens störungsfrei ausgeführt werden können.

Festliche Tafeln

Tafelformen 🇬🇧 shapes of tables 🇫🇷 façon (w) de tables

| runde Tafel 6–12 Personen | lange Tafel 10–12 Personen | Block 12–20 Personen | T-Tafel 16–26 Personen | U-Tafel 26–40 Personen | E-Tafel 40–60 Personen |

   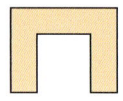 

2.2 Tischwäsche

🇬🇧 table linen 🇫🇷 linge (m) de table

Zur Herstellung von Tischwäsche werden neben Mischgeweben vor allem Baumwolle und/oder Flachsgarne verwendet. Die entsprechenden Textilbezeichnungen sind **Baumwolle, Reinleinen** und **Halbleinen**.

Materialien

Baumwolle 🇬🇧 cotton 🇫🇷 coton (m)

Zur Reifezeit springen die walnussgroßen Fruchtkapseln des Baumwollstrauches auf. Aus ihnen quellen die Samenfasern in Form von Wattebäuschen heraus. Die Gewinnung der Fasern ist relativ einfach, woraus sich der günstige Preis für dieses Rohprodukt ergibt. Aus Ägypten kommt unter der Bezeichnung **Mako-Baumwolle** eine der besten Baumwollsorten.

Baumwolle
- ist reiß- und nassfest
- ist saugfähig und kochecht
- ist geringfügig wärmend
- fusselt, läuft ein und knittert stark

Internationales Baumwollsiegel

Das internationale Baumwollkennzeichen bürgt dafür, dass zur Herstellung der Ware ausschließlich Baumwollfasern verwendet wurden.

Verwendung zu Tischwäsche, Damast, Bettwäsche und Dekorstoffen. Besonders hervorzuheben ist die Unempfindlichkeit gegenüber Hitze, die beim Waschen (kochecht) und Bügeln von Bedeutung ist.

Leinen 🇬🇧 linen 🇫🇷 toile (w)

Die Leinenfaser wird aus den Stängeln der Flachspflanze gewonnen. Diese Naturfasern sind die Grundlage für das Gewebe Leinen, Leintuch oder Leinwand. Gewebt wird Leinen meist in der klassischen Leinwandbindung.

Flachsfaser
- ist reiß- und nassfest
- ist kochecht
- fusselt nicht, knittert stark
- hat einen natürlichen Glanz und wirkt kühlend

Verwendung
- Arbeitskleidung
- Gardinen, Vorhänge, Möbelstoffe und Frottierwaren
- Tisch- und Bettwäsche
- Hand- und Geschirrtücher
- Gläsertücher
- Dekorationsstoffe

Tischdamast aus Baumwolle

Bei **Leinen** sind zwei Qualitätsstufen zu beachten.

Reinleinen heißt, dass das Gewebe nur aus Flachsgarnen besteht (100 %).

Halbleinen ist ein Mischgewebe aus Baumwolle (Kettfäden) und Flachsgarnen (Schussfäden), wobei der Flachsanteil mindestens 40 % vom Gesamtgewicht betragen muss.

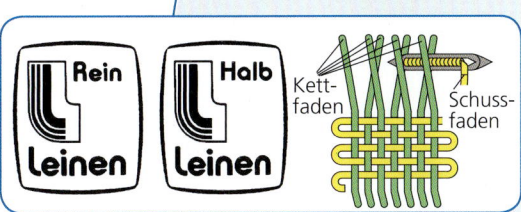

Service

GRUNDKENNTNISSE IM SERVICE

Vliesstoff mit Punktschweißung

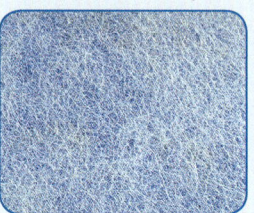

Wirrfaservlies

Molton, gummiert

Molton mit Gummizug

Moltons gibt es auch aus weichem Kunststoff oder aus einseitig aufgerautem Baumwollstoff, der auf ein gummiartiges Material geklebt ist.

Die Größe der Tisch- und Tafeltücher muss der jeweiligen Tischoberfläche so angepasst sein, dass der Überhang über die Tischkanten allseitig etwa 25 bis 30 cm beträgt.

Vliesstoffe / Filze 🇬🇧 nonwovens 🇫🇷 nontissés

Vliesstoffe werden meist aus Chemiefasern hergestellt. Wegen ihrer besonderen Eigenschaften gewinnen sie im Gastgewerbe immer mehr an Bedeutung.

Vlies entsteht durch Verkleben.

Für Filz wird die Faser mechanisch bearbeitet. Diese Technik nennt man Walken.

Eigenschaften	Verwendung
leicht	Tischwäsche, Servietten und Sets
gut faltbar	Putz- und Poliertücher
gut durchlässig	Passiertücher
kostengünstig	Einwegwäsche (Tisch- und Bettwäsche)
vielseitig verwendbar	

Arten von Tischwäsche

Tischwäsche wird nach ihrer Zweckbestimmung unterschieden. Es gibt Tischtuchunterlagen, Tisch- und Tafeltücher, Decktücher und Servietten.

Tischtuchunterlagen/Moltons

Ursprünglich wurden diese Unterlagen aus beidseitig aufgerautem Baumwollstoff (Flanell) hergestellt. Wegen der flauschigen und weichen Beschaffenheit des Stoffes haben sie die Bezeichnung Moltons (frz.: mou, molle = weich).

Molton erhält den Halt auf der Tischfläche durch

- Bänder oder Klettverschlüsse, mit deren Hilfe er an den Ecken befestigt wird, ferner durch
- eingearbeitete Gummizüge, die sich über die Tischkante spannen.

Moltons dienen folgenden Zwecken:

- Die Oberfläche des Tisches ist gegen die Einwirkung von Hitze und Feuchtigkeit geschützt,
- das aufgelegte Tischtuch kann nicht verrutschen, und es wirkt „weicher" und „satter",
- das Einsetzen der Tischgeräte während der Mahlzeiten kann geräuscharm ausgeführt werden.

Tisch- und Tafeltücher

Sie bestehen im Allgemeinen aus strapazierfähigem Leinen oder Halbleinen und dienen dazu, der Tischoberfläche ein sauberes und gepflegtes Aussehen zu geben. Damit sie diesen Zweck erfüllen, müssen Tisch- und Tafeltücher, insbesondere beim Auflegen und Abnehmen, mit besonderer Sorgfalt gehandhabt werden (siehe in den nachfolgenden Abschnitten). Neben besonders festlich wirkenden weißen Tüchern werden oft auch bunte verwendet.

Decktücher oder Deckservietten

Decktücher sind kleine, etwa 80 × 80 cm große Tücher, die wegen ihrer Größe auch Deckservietten genannt und mit dem aus dem Französischen kommenden Fachwort als **napperon** bezeichnet werden.

Sie überdecken Tischtücher diagonal,
- um einen dekorativen Effekt zu erzielen, indem man z. B. auf eine weiße Tischdecke eine farbige Deckserviette auflegt,
- um diese entweder grundsätzlich zu schonen
- oder um diese bei geringfügiger Verschmutzung nicht sofort abnehmen und waschen zu müssen.

> Decktücher sollten nicht verwendet werden, um stark verschmutzte Tischtücher zu überdecken.

Servietten

Im Rahmen des Services unterscheidet man zwischen Mund- und Handservietten.

Mundservietten

Der Gast benutzt diese sowohl zum Schutz der Kleidung als auch zum Abwischen des Mundes. Das ist insbesondere vor dem Trinken wichtig, damit keine Speisereste an den Rand des Glases gelangen. Im anspruchsvollen Service sind die Mundservietten Teil der dekorativen Ausstattung von Menügedecken. Es ist selbstverständlich, dass zu diesem Zweck Stoffservietten verwendet werden. Mundservietten aus Papier und Zellstoff werden im einfachen Service aufgelegt.

Handservietten

Sie gehören zum Handwerkszeug des Servierpersonals und haben deshalb auch die Bezeichnung **Serviertücher**. Handservietten werden im gepflegten Service hängend über dem linken Unterarm getragen.
Handservietten dienen zu folgenden Zwecken:
- Schutz der Hand und des Armes beim Tragen von heißen Tellern und Platten,
- Vermeiden von Fingerabdrücken beim Tragen von Tellern und Besteckteilen,
- Umlegen um Flaschen als Tropfschutz bei der Entnahme aus Weinkühlern.

Servietten

> Aus ästhetischen und hygienischen Gründen hat die Handserviette immer in einwandfreiem Zustand zu sein.

Reinigung und Pflege der Wäsche

Die beim Gebrauch verschmutzte Wäsche muss in regelmäßigen Abständen gereinigt und gepflegt werden. Wegen unterschiedlicher Materialeigenschaften sowie unterschiedlicher Reinigungs- und Pflegebedingungen gibt es zu diesem Zweck sehr verschiedenartige Hilfsmittel.

Sortieren der Wäsche

Die Wäsche wird vor dem Waschen nach Art und Beschaffenheit der Faser, dem Verschmutzungsgrad, der Farbechtheit und der Temperaturverträglichkeit sortiert.

Waschvorgang

Beim Waschen der Wäsche wirken vier Faktoren zusammen („Sinnerscher Kreis", siehe nächste Seite):
Chemie, Zeit, Temperatur und **Mechanik**.

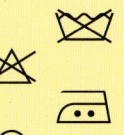

Beispiele für eingenähte Etiketten mit Pflegekennzeichnung

- **Chemie** (Wasser und Waschmittel = Flotte) – Die Flotte soll den Schmutz vom Gewebe lösen und forttragen. Weiches Wasser schont die Wäsche, deshalb enthalten Waschmittel Enthärter.
- **Zeit** – Sie ist ausgerichtet auf den Verschmutzungsgrad und die Intensität des Waschmittels.
- **Temperatur** – Durch sie kommen die Komponenten in den Waschmitteln erst zur Wirkung. Die Temperatur ist auf die Art der Wäsche und des Waschmittels einzustellen.
- **Mechanik** – Sie ist erforderlich, um das Lösen des Schmutzes von der Wäsche zu beschleunigen. Dies wird erreicht durch Bewegung der Wäsche mit der Hand oder in der rotierenden Waschtrommel.

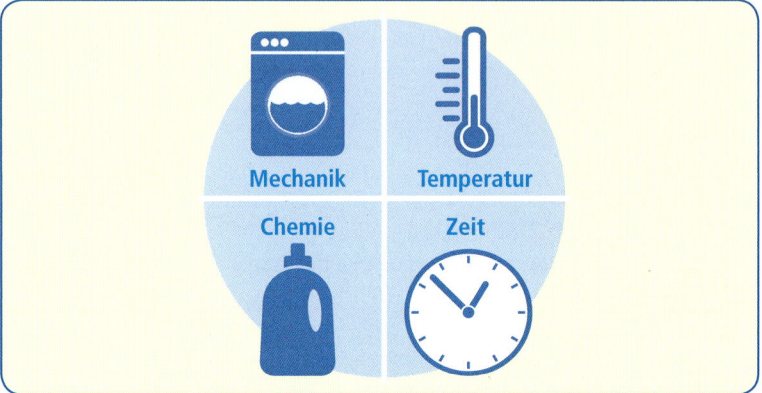

Der Waschvorgang gliedert sich bei Waschmaschinen in Vorwäsche, Hauptwäsche, Spülen und Schleudern. Dabei sind folgende Richtlinien und Hinweise zu beachten:

- Die Waschmaschine füllen, aber nicht überfüllen. Bei Überfüllung wird der Reinigungseffekt gemindert.
- Die Dosierung des Waschmittels richtet sich nach der Wäscheart, der Wäschemenge, dem Verschmutzungsgrad der Wäsche sowie der Wasserhärte. Diese kann beim Versorger (Wasserwerk) erfragt werden.
  - Eine zu geringe Dosierung kann zur Vergrauung der Wäsche führen.
  - Überdosierung hat eine zu starke Schaumbildung zur Folge, die sich hinderlich auf den Reinigungsprozess auswirkt.
  - Bei sehr weichem Wasser sind schaumbremsende Spezialmittel unerlässlich.
  - Bei wenig verschmutzter Wäsche bildet sich mehr Schaum als bei stark verschmutzter Wäsche.
  - Bei hartem Wasser ergibt sich ein höherer Waschmittelverbrauch, die Schaumbildung ist geringer.

Pflege- und Behandlungssymbole für Textilien

Die Behandlung von Textilien ist auf deren Eigenschaften abzustimmen. Zur Information sind die Textilien deshalb mit jeweils entsprechenden Pflegesymbolen ausgestattet.

Die nachstehenden und ähnliche Kennzeichnungen erleichtern die Zuordnung der Textilien zu jeweils artspezifischen Reinigungs- und Pflegeverfahren.

2 Einrichtung und Geräte

Waschen (Waschbottich)		Chloren (Dreieck)	Tumbler-Trocknung (Trockentrommel)		Bügeln Bügeleisen		Chemisch-Reinigung (Reinigungstrommel)	
Normalwaschgang	95	Chlorbleiche möglich	Trocknen möglich normale Temperatureinstellung	⊙⊙	heiß bügeln	⋮	keine chemische Reinigung möglich	⊗
Normalwaschgang	60				mäßig heiß	⋅⋅		
Normalwaschgang	40	Chlorbleiche nicht möglich	Trocknen möglich herabgesetzte Temperatureinstellung	⊙	bügeln nicht heiß	⋅		
Schonwaschgang	30				bügeln nicht bügeln	⊗		
Handwäsche			Trocknen im Tumbler nicht möglich	⊗				
nicht waschen	⊗				• Die Punkte weisen auf die Temperaturbereiche beim Bügeln hin.			

- Die in den Waschbottichen angegebenen Temperaturen dürfen nicht überschritten werden.
- Der Strich unter einem Waschbottich weist darauf hin, dass beim Waschen eine schonende mechanische Einwirkung anzuwenden ist (Schonwaschgang).

Waschen, Trocknen und Glätten

Waschen
Die Wäsche wird nach folgenden Gesichtspunkten sortiert (siehe Pflegekennzeichen):
- Temperaturverträglichkeit   • Farbe
- mechanische Belastbarkeit

Daraus ergeben sich folgende Kombinationen:

⬜95 **Kochwäsche**
- weiße und farbechte Wäschestücke aus Baumwolle, Leinen und Halbleinen, Vollwaschmittel

⬜60 **Heißwäsche**
- nicht farbechte Buntwäsche aus Baumwolle, Leinen und Halbleinen
- weiße Wäschestücke aus Chemiefasern (z. B. Hemden und Blusen); Feinwaschmittel

⬜40 **Feinwäsche**
- Wäsche aus Seide und synthetischen Fasern. Bei Mischgeweben ist das empfindlichste Gewebe ausschlaggebend, Feinwaschmittel

⬜30 **Feinwäsche**
- Gardinen, Stores und andere sehr feine Gewebe, Feinwaschmittel

⬜30 **Wolle**
- alle Wollwaren aus reiner Schurwolle und mit dem Hinweis „filzt nicht". Wollwaren ohne diesen Hinweis sollten besser von Hand gewaschen oder chemisch gereinigt werden. Wollwaschmittel verwenden!

Trocknen, Glätten und Legen der Wäsche
Beim Schleudern wird das meiste Wasser abgesondert.

Durch Glätten erhält die Wäsche ein glattes und gepflegtes Aussehen. Dabei wird unterschieden:
- Bügeln (Bügeleisen)   • Mangeln
- Pressen (Dampfpressautomaten).

Pflegekennzeichen

● Die Wäsche muss auch beim Bügeln entsprechend ihrer Temperaturverträglichkeit sortiert werden. Die Pflegekennzeichen sind unbedingt zu beachten.

● Bei Mischgeweben ist die temperaturempfindlichste Faser ausschlaggebend.

Service

GRUNDKENNTNISSE IM SERVICE

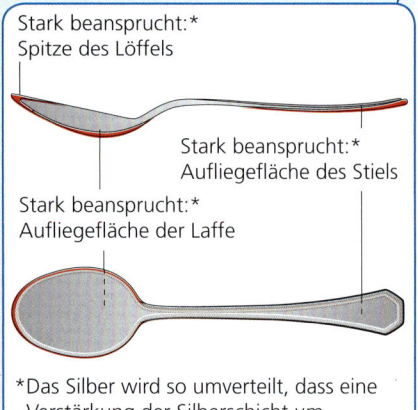

Stark beansprucht:*
Spitze des Löffels

Stark beansprucht:*
Aufliegefläche des Stiels

Stark beansprucht:*
Aufliegefläche der Laffe

*Das Silber wird so umverteilt, dass eine Verstärkung der Silberschicht um 100 % entsteht.

Verstärkung der Silberschicht bei Patentsilber

Chromstahl →
Legierung mit Chrom

Chromnickelstahl →
Legierung mit Chrom und Nickel

Bestecke aus biologisch abbaubaren Granulat

2.3 Bestecke 🇬🇧 cutlery 🇫🇷 couverts (m)

Mit einer zunehmenden Kultivierung der Essgewohnheiten setzte sich der Gebrauch von unterschiedlichen Bestecken durch.

Material

Abgesehen von Bestecken mit Holzgriffen, die wegen des häufigen Spülens für gastgewerbliche Zwecke nicht geeignet sind, bestehen Bestecke im Allgemeinen aus Metall.

Versilberte Bestecke

Silberbesteck ist teuer und wird deshalb selten verwendet. Um aber auf den Glanz dieses edlen Metalls nicht verzichten zu müssen, werden Bestecke versilbert. Bei versilbertem Besteck erhält ein Metallkern eine Silberauflage in unterschiedlicher Dicke, die an stark beanspruchten Stellen häufig zusätzlich verstärkt wird. Bei dreifach verstärkter Auflage spricht man von **Patentsilber** (s. Abb.). Die Kennzeichnung 80, 90 oder 100 bedeutet, dass für 24 dm² Besteckoberfläche entsprechende Mengen Silber in Gramm verwendet wurden (je höher die Zahl, desto dicker die Silberschicht).

Edelstahlbesteck

Das am häufigsten verwendete Grundmaterial ist Stahl, weil er genügend stabil und hart ist. Um das Rosten zu verhindern, wird der Stahl veredelt (**Edelstahl**). Darüber hinaus wird die Festigkeit durch Legieren mit anderen Metallen erhöht. Neben den Kennzeichnungen „rostfrei" oder „stainless" geben die Einprägungen 18/8 oder 18/10 Hinweise auf die Art der Legierung: 18 % Chromanteile sowie 8 bzw. 10 % Nickel. Bestecke mit der Bezeichnung 18/0 verfügen zwar über 18 % Chromanteil, jedoch über keine Nickelanteile. Sie sind anfälliger gegenüber stehender Feuchtigkeit und scharfen Reinigungsmitteln. Sie rosten schneller.

Bestecke aus Kunststoffen

Vor allem im Außer-Haus-Geschäft spielen Bestecke aus Kunststoffen eine große Rolle. Auf Grund ihres niedrigen Anschaffungspreises können sie dem Gast zum einmaligen Gebrauch überlassen werden.

Bei Streetfood- und auch großen Freiluftveranstaltungen wie Stadtfesten oder Open-Airs ist aus logistischen Gründen die Verwendung von Mehrwegbestecken meist nicht möglich, wenn beispielsweise keine Spülmöglichkeiten zur Verfügung stehen. Neben den reinen Kuststoffbestecken werden Bestecke aus nachwachsenden Rohstoffen wie Mais (Maisstärke), Bambus und Holz verwendet.

Das verwendete Besteck muss hitzestabil bis 90 °C sein, darf nicht leicht zerbrechen, und muss widerstandsfähig gegen leichte Säuren (wie Zitronensäure) sein.

Bei der Lagerung ist zu beachten:
- Kunststoffbestecke nicht der Sonneneinstrahlung aussetzen, da sie dadurch schnell spröde werden.

- Bestecke aus nachwachsenden Rohstoffen nicht feucht lagern. Bambus und Holzbestecke können von Schimmel befallen werden.

Bei der Entsorgung ist zu beachten:
- Kunststoffbestecke sind nicht natürlich abbaubar, können aber dem Recyclingsystem zugeführt werden.
- Bestecke aus nachwachsenden Rohstoffen belasten die Umwelt nicht und können unkompliziert entsorgt werden.

Arten und Einsatz

Im Angebot der Gastronomie sind Besteckteile unterschiedlicher Qualität. Für Messer gibt es unterschiedliche Herstellungsverfahren: **Hohlheftmesser** und **Monoblockmesser** (weitere Infos auf unseren Webseiten).

Grundbesteck

Zum Grundbesteck gehören Messer, Gabeln und Löffel, die es in drei verschiedenen Größen gibt. Die *Größe des Bestecks* richtet sich nach dem Volumen der Speise bzw. nach der Größe des Tellers, auf dem die Speise angerichtet ist. In jedem Fall muss aus optischen Gründen die Verhältnismäßigkeit der Größen gewährleistet sein.

Die Wahl eines Bestecks steht in enger Beziehung zu der jeweiligen Art der Speise:

Speisenspezifische Verwendungszwecke für Bestecke		
Großes Besteck (Tafelbesteck)	**Mittelbesteck (Dessertbesteck)**	**Kleines Besteck**
Löffel • für Suppen mit grober Einlage, die in tiefen Tellern angerichtet werden • zum Vorlegen von Speisen, die geschöpft werden können (z. B. Erbsen, Karotten, Reis, Kartoffelpüree und Saucen)	**Messer** • für das einfache Frühstück • auf dem Beiteller für Brot und Butter **Löffel** • für Suppen in Suppentassen • für Frühstücksspeisen	**Löffel** • für Suppen in kleinen Spezialtassen • für cremige Speisen in Gläsern oder Schalen, sofern sie keine festen Bestandteile enthalten • für Quarkspeisen oder Joghurt zum Frühstück
Löffel und Gabel • für selbstständige Gerichte aus Spaghetti • als Vorlegebesteck für Speisen, die mit zwei Bestecken aufgegriffen werden müssen	**Löffel und Gabel** • für Teigwarengerichte, wie Ravioli, Cannelloni und Lasagne • für Desserts, die auf Tellern angerichtet sind, wie Crêpes, Obstsalat, Parfait mit Früchten	**Löffel und Gabel** • für Vorspeisen und Nachspeisen in Gläsern oder Schalen, die in kleingeschnittener Form feste Bestandteile enthalten (z. B. Krabben- oder Gemüsecocktail, cremige Speisen mit Früchten, Früchte in Gelee, Salat von frischen Früchten)
Messer und Gabel • für Hauptspeisen jeglicher Art, sofern das Schneiden erforderlich ist (siehe Fischbesteck)	**Messer und Gabel** • für Vorspeisen und Zwischengerichte • für Frühstücksspeisen (Wurst, Käse, Schinken, Melone) • für Käse als Nachspeise	

Service

GRUNDKENNTNISSE IM SERVICE

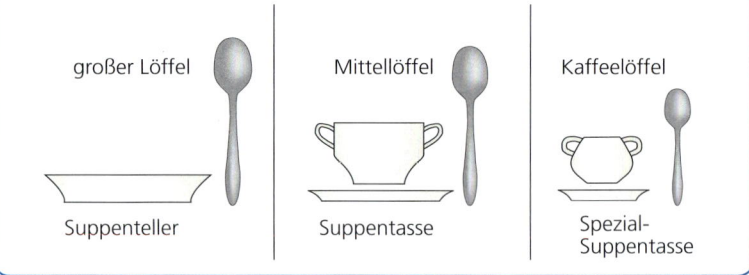

Verwendung des Löffels

Hotel-Systembesteck

Hotel-Systembesteck ist ein Bestecksortiment, bei dem Art und Größe der Bestecke so gewählt sind, dass sie in verschiedenen Kombinationen und für verschiedenartige Zwecke verwendet werden können. Aufgrund dieser Vereinfachung reduziert sich die Vielfalt der im Einsatz befindlichen Besteckteile.

Die Besteckteile mit den Nummern 5 bis 8 genügen, um Vorspeisen- und Dessertgedecke mit unterschiedlichen Volumen bzw. Größen durch jeweils entsprechende Kombinationen sachgerecht ausstatten zu können.

Beispiel

Die Tafelgabel ist
- einerseits so groß, dass sie für Hauptgerichte ausreicht und gleichzeitig auch für Vorspeisen und Desserts noch angemessen ist,
- andererseits so breit, dass sie auch als Fischgabel eingesetzt werden kann.

Spezialbestecke

- **Fischbesteck**
  Das Fischbesteck ist für Speisen von Fisch sowie Schalen- und Krustentieren geeignet, sofern diese aufgrund ihrer Verarbeitung eine weiche Beschaffenheit haben und nicht geschnitten werden müssen.
  Sonst sind Mittelmesser und Mittelgabel einzudecken, z. B. bei
    - mariniertem Fisch: Matjeshering, Bismarckhering und Rollmops,
    - geräuchertem Fisch: Lachs, Aal und Heilbutt,
    - größeren Stücken von Krebstieren: Hummer, Languste.

- **Austerngabel**
  Mit der Austerngabel werden die frischen Austern aus der Schale herausgelöst. Nach klassischer Art ist es erlaubt, die Austern aus der Schale zu schlürfen.

- **Steakmesser**
  Um das gebratene Steakfleisch einfach und sauber durchschneiden zu können, ist das Steakmesser mit einem Wellen- oder Sägeschliff versehen. Bei Bestellung eines Steaks wird es gegen das Tafelmesser ausgetauscht.

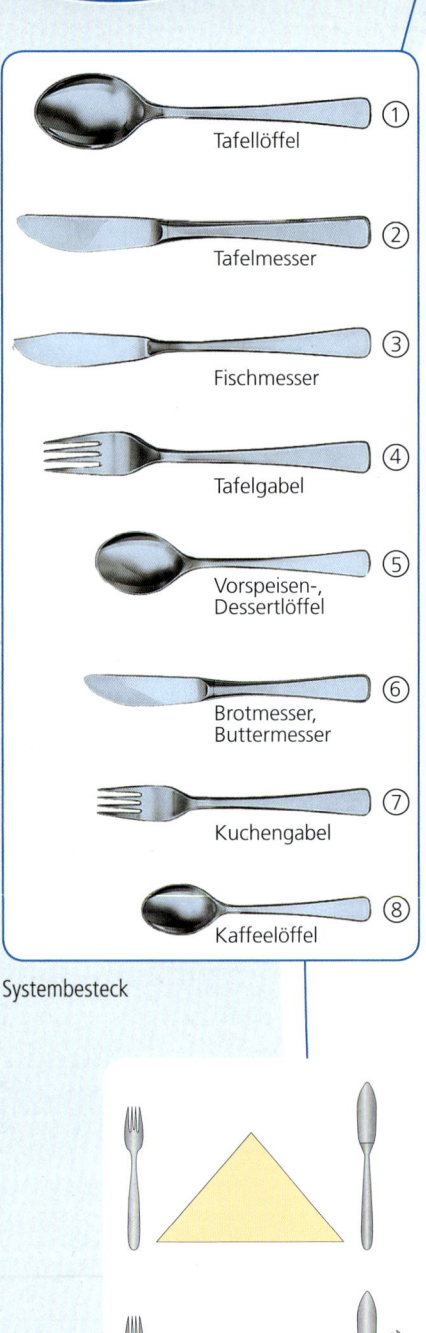

Systembesteck

2 Einrichtung und Geräte

Hilfsbesteck

- **Kaviarlöffel und Kaviarmesser**
  Mit dem Löffel wird der Kaviar auf den Toast vorgelegt und mit dem Messer verteilt. Weil Metalle den Geschmack des Kaviars verändern, sind die Bestecke meist aus Horn oder Perlmutt.

- **Hummergabel**
  Mit der **Hummergabel** wird das Fleisch aus den Scheren und Beingliedern herausgezogen und auf den Teller vorgelegt.
  Damit das möglich ist, bricht der Koch die Scheren an. Das zugehörige Essbesteck ist entweder das Fisch- oder das Mittelbesteck.

  Die **Hummerzange** wird nur dann von den Restaurantfachkräften benötigt, wenn die Krustentiere rustikal (unzerteilt und und aufgebrochen) angerichtet sind.

- **Schneckenzange und Schneckengabel**
  Die Schneckenzange dient dazu, das heiße Schneckenhaus aufzunehmen und zu halten (linke Hand). Mit der Schneckengabel wird die Schnecke aus dem Haus genommen und auf einem Löffel vorgelegt (rechte Hand). Die Butter aus dem Schneckenhaus wird dazugegossen.

  Werden Schnecken in einer Schneckenpfanne serviert, ist lediglich ein Kaffeelöffel oder eine kleine Gabel erforderlich. Die Butter wird in diesem Falle mit Brot aus den Vertiefungen getunkt.

- **Krebsbesteck**
  Das Krebsbesteck dient zum Aufbrechen von Krebspanzer und Scheren. Durch das Loch in der Messerschneide steckt man die Scherenspitzen, bricht diese ab. So kann das Fleisch leicht aus der Schere gezogen werden.

Serviergeräte

- **Saucenlöffel**
  Der Saucenlöffel dient den Servicemitarbeitern zum Vorlegen von Saucen. Außerdem kann er in Verbindung mit der Sauciere eingesetzt werden.

- **Tranchierbesteck**
  Das Tranchierbesteck wird zum portionsgerechten Zerteilen größerer Bratenstücke verwendet. Nur mit einem besonders scharfen Messer lassen sich gute Ergebnisse erzielen. Zum Festhalten des Fleischstückes wird die Tranchiergabel nur aufgelegt und nicht in das Fleisch eingestochen.

- **Salatbesteck**
  Zum Mischen von Frischsalaten und zum Vorlegen aller Salatarten verwendet man an Stelle der Tafelbesteckteile das größer gehaltene Salatbesteck.

- **Käsemesser**
  Beim Käsemesser ist die Klinge mit Kuhlen versehen. Diese verhindern, dass die abgeschnittenen Käsescheiben an der Messerklinge haften. Die Gabelspitzen am Messerrücken dienen zum Vorlegen.

- **Spargelheber**
  Der Spargelheber ist mit Rillen versehen, die das Abgleiten der Spargelstangen verhindern. Die breite Auflagefläche verhindert das Abknicken der Spargelstangen.

Service

GRUNDKENNTNISSE IM SERVICE

> Beim Tragen von Besteckteilen gelten folgende Regeln:
> - Beim Mise-en-place dürfen Bestecke auf einer in der Hand liegenden Serviette getragen werden,
> - bei Anwesenheit von Gästen ist in jedem Fall eine Unterlage, entweder ein mit Serviette belegter Teller oder ein Tablett zu verwenden.

Handhaben im Service

Bestecke sollen in ästhetisch einwandfreiem Zustand bleiben. Deswegen sind sie pfleglich zu behandeln. Löffel und Gabeln sollten stets mit den Wölbungen ineinander und nicht gegeneinander liegen.

Nachpolierte Bestecke sind so zu handhaben, dass Fingerabdrücke möglichst vermieden werden. Deshalb gilt:
- Bestecke dürfen niemals in der bloßen Hand getragen werden.
- Beim Aufnehmen und Ablegen am Tisch greift man mit Daumen und Zeigefinger an den schmalen Seitenflächen.
- Das Berühren der nach oben gerichteten Sichtflächen ist unbedingt zu vermeiden.

Reinigung und Pflege

An die Bestecke werden hohe Anforderungen gestellt (Ästhetik, Hygiene). Das ist verständlich, denn die meisten Bestecke kommen in irgendeiner Form mit Speisen, die speziellen Essbestecke außerdem mit dem Mund des Gastes in Berührung. Daraus ergibt sich für den Service die Verpflichtung, Bestecke nur in tadellosem Zustand zu verwenden.

Grundlegende Reinigung

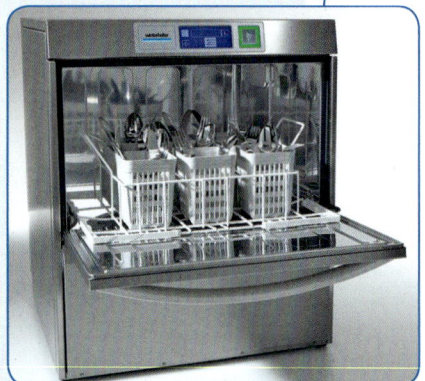

Spülmaschine

Ein Nachpolieren beim Einsatz von Besteckpoliermaschinen entfällt.

Benutzte Besteckteile getrennt, d. h. Messer, Gabeln und Löffel in verschiedene Besteckspül-Köcher stehend einsortieren. Die Messer müssen stets mit der Klinge nach oben im Köcher stehen. Zum Vorreinigen werden die Besteckteile in den Köchern stehend mit der Spülbrause vorgeduscht. Die Besteckköcher sollten dabei nicht überladen werden, da sonst die Besteckdichte ein einwandfreies Reinigen verhindert.

Nach dem Einschieben in die Maschine beginnt der gewählte Spülvorgang. Durch eine richtige Dosierung des Spülmittels (manuell oder vollautomatisch) und besonders heißes Nachspülen erhält man **meist** schlieren- und fleckenfreies Besteck. Das übliche Nachpolieren ist unumgänglich und dies birgt dann wieder ein hygienisches Risiko.

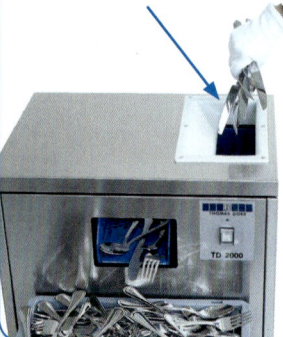

Das Besteck wird im gewaschenen und nassen Zustand eingelegt.

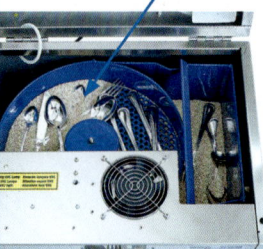

Bestecke durchlaufen einen spiralförmigen Aufstieg, ein Granulat trocknet und poliert die Besteckteile.

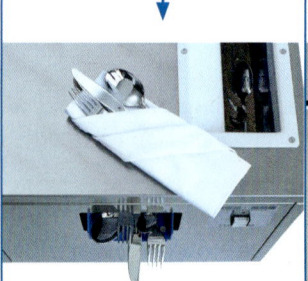

Eine spezielle UVC-Lampe sterilisiert das Besteck sowie das Granulat.

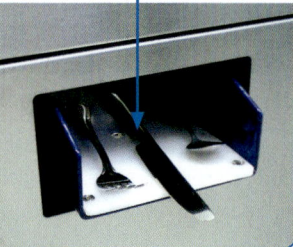

Glänzendes Besteck verlässt die Maschine und kann nach dem Auffangen ordnungsgemäß sortiert werden.

2.4 Gläser 🇬🇧 glass-ware 🇫🇷 verres (m)

Die Herstellung von Glas und seine Verarbeitung zu Trinkgläsern war in Ägypten bereits 1500 v. Chr. bekannt. In Syrien wurde um die Zeitenwende die sogenannte Glasmacherpfeife erfunden, die das Mundblasen von Gläsern ermöglichte und den beschleunigten Aufschwung des Glasmachergewerbes zur Folge hatte.

Material

Glas ist ein Schmelzprodukt aus verschiedenartigen Materialien, das durch Abkühlung erstarrt. Zur Herstellung verwendet man:
- als Hauptbestandteil Quarz bzw. Quarzsand, der chemisch aus Kieselsäure besteht,
- als Beimischung unterschiedliche Metalloxide, z. B. Natrium (Natron), Kalium (Kali), Magnesium und Blei.

Auswahlkriterien

Gläser, die im Pressverfahren produziert sind, werden im Allgemeinen nur für einfache Getränke verwendet, z. B.:
- Wasser, Milch und Limonaden,
- Schoppenweine und einfache Schnäpse.

Geblasene bzw. Kristallgläser lassen höherwertige Getränke besser zur Geltung kommen, z. B.:
- hochwertige Säfte und hochwertige Spirituosen,
- Qualitätsweine.

Formen und Arten der Gläser

Grundlegende Gläserformen

In Bezug auf die Grundform unterscheidet man:
- **Bechergläser**, die im Allgemeinen für einfache Getränke verwendet werden, z. B. für Wasser, Bier, klare Spirituosen,
- **Stielgläser**, die im Vergleich zu den Bechergläsern eleganter wirken, für höherwertige Getränke, z. B. für Wein, Schaumwein, Cognac, Liköre, Cocktails.

Getränkespezifische Formen der Gläser

Hochwertige Getränke haben Eigenschaften, die erst durch eine besondere Form des Glases richtig zur Geltung kommen.

Getränke mit besonderen Duftstoffen
Ein typisches Getränkebeispiel ist der **Wein**. Der Kelch des Glases ist zum Rand hin verjüngt, sodass die Duftstoffe oberhalb der Glasöffnung zusammengeführt und nicht wie beim geöffneten Kelch zerstreut werden.

Getränke mit viel Kohlensäure
Typische Getränke sind **Schaumwein** und **Bier**. Das Glas hat eine schlanke, hohe Form, sodass die frei werdende Kohlensäure aufsteigend auf einem langen Weg sichtbar ist. Die niedrige und breite Sektschale ist unter diesem Gesichtspunkt ungeeignet.

Weingläser
🇬🇧 wine glasses 🇫🇷 verres (m) à vin

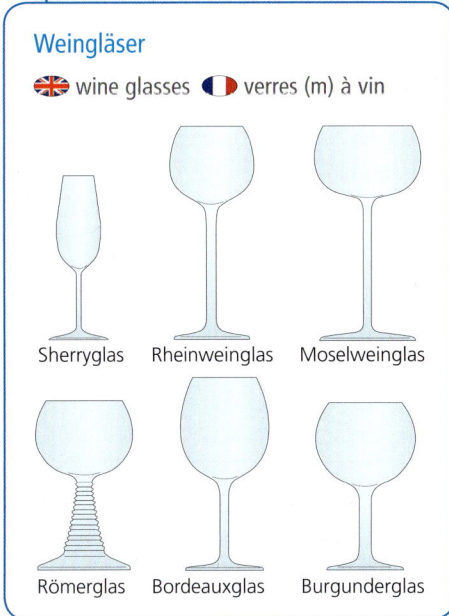

Schaumweingläser
🇬🇧 champagne glasses
🇫🇷 verres (m) à champagne

Service

GRUNDKENNTNISSE IM SERVICE

Beschädigte Gläser müssen aussortiert werden.

Biergläser
🇬🇧 beer glasses 🇫🇷 verres (m) à bière

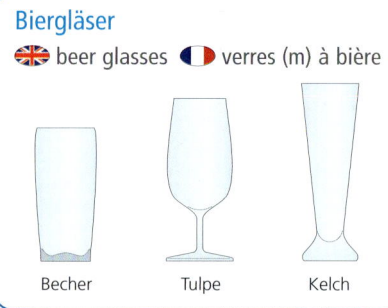

Becher — Tulpe — Kelch

Bargläser
🇬🇧 bar glasses 🇫🇷 verres (m) de bar

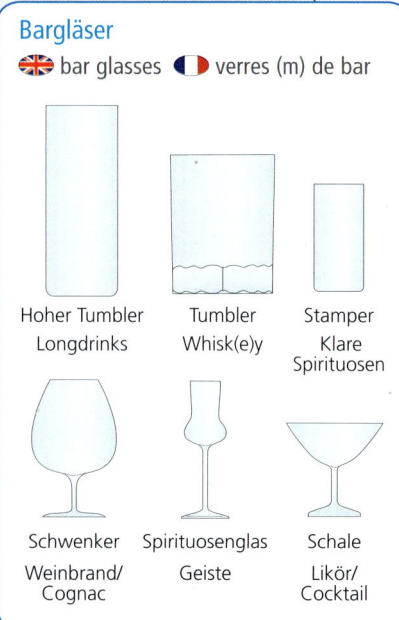

Hoher Tumbler Longdrinks — Tumbler Whisk(e)y — Stamper Klare Spirituosen

Schwenker Weinbrand/Cognac — Spirituosenglas Geiste — Schale Likör/Cocktail

Reinigung und Pflege

Wenn man bezüglich der Sauberkeit bei Tafelgeräten überhaupt von einer Abstufung sprechen kann, dann sind an die Sauberkeit von Gläsern die höchsten Anforderungen zu stellen. Dafür gibt es wichtige Gründe:
- Selbst Spuren von Schmutz (Fett, Staub, Spülmittelreste) fallen bei Licht besonders auf.
- Sie stören bei hochwertigen und feinen Getränken den Geschmack und das Bukett.
- Fettspuren an Biergläsern mindern beim Zapfen die Ausbildung der Schaumkrone oder sie zerstören diese nachträglich.

Grundlegende Reinigung

Gläser nach Gebrauch so schnell wie möglich spülen. Eingetrocknete Getränkereste erschweren das Reinigen. Getränke- und Garniturreste von Getränken vor dem Beschicken der Spülmaschine entfernen. Nach dem Spülen den Spülkorb mit den Gläsern sofort aus der Maschine nehmen.

Nach dem Spülgang trocknen die Gläser innerhalb kürzester Zeit, da das Wasser auf dem angewärmten Glas rasch verdampft.

Weil bei richtig dosiertem Klarspüler an den Gläsern keine Wasserflecken zurückbleiben, ist das Nachpolieren nicht nötig. Dadurch werden keine Bakterien durch das Poliertuch übertragen.

Beim Einräumen in die Schränke werden die Gläser optisch auf Sauberkeit kontrolliert.

Lagerung der Gläser

Gläser lagert man möglichst in geschlossenen Schränken mit dem Mundrand nach oben. Gläser dürfen niemals ineinander gestapelt werden. Sie sollen auch nicht hängend über der Theke gelagert werden, da Dunst und Raumluft sich im Kelch niederschlagen.

Handhaben im Service

Sowohl beim Mise-en-Place als auch während des Services dürfen Gläser niemals im Trinkbereich angefasst werden. Es ist insbesondere zu vermeiden, in das Glas hineinzugreifen oder es vom oberen Rand her mit den Fingern zu umfassen, **auch nicht beim Ausheben von geleerten Gläsern**.

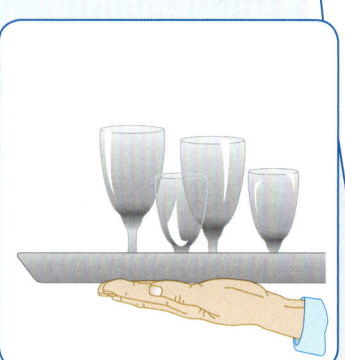

Handhaben im Service

Stielgläser werden zwischen Daumen sowie Zeige- und Mittelfinger erfasst.

Gläser werden im Allgemeinen auf einem Tablett getragen, wobei die Anzahl so zu begrenzen ist, dass sie nicht aneinanderstoßen. Ein untergelegtes Tuch verhindert das Rutschen. Stielgläser werden beim Mise-en-Place ausnahmsweise zwischen den Fingern der linken Hand hängend getragen, bei Anwesenheit von Gästen aus optischen Gründen jedoch nicht mehr als vier Gläser.

2.5 Porzellangeschirr 🇬🇧 china 🇫🇷 porcelaine (w)

Das Ursprungsland der Porzellanherstellung ist China. Seitdem die Holländer im 13. Jahrhundert chinesisches Porzellan nach Europa einführten, wurden hier viele Versuche der Nachahmung unternommen.

Eigenschaften

Für den **Porzellankörper** werden die Rohstoffe Kaolin, Quarz und Feldspat verwendet. Je nach der Zusammensetzung und der Art des Brennens erhält man
- hartes oder weiches Porzellan,
- feuerfestes oder nicht feuerfestes Porzellan.

Bezüglich der **Form** gibt es neben gradlinigem, stapelbarem Porzellan auch solches, das sich durch individuell gestaltete, teilweise künstlerisch hochwertige Formen auszeichnet. Rein weißes und buntes Porzellan wird auch mit mehr oder weniger aufwendigem **Dekor** versehen.
Man unterscheidet bei Dekor:
- Randdekors in Form von Linien, Streifen und Bildmotiven (Monogramme oder Vignetten),
- Flächendekors in Form von Blumen, Ranken und anderen Motiven,
- Auf- oder Unterglasurdekors, je nachdem, ob diese vor oder nach dem Glasieren aufgebracht wurden.

Auswahlkriterien für Hotelporzellan

Weil Hotelporzellan stark belastet wird, bevorzugt man:
- hartes Porzellan, um Beschädigungen und Verluste durch Bruch möglichst niedrig zu halten,
- harte Glasuren sowie Unterglasurdekors, weil sie gegenüber den mechanischen Einwirkungen beim Essen und Spülen unempfindlicher sind,
- feuerfestes Geschirr, das zum Garen und Überbacken (z. B. auch beim Kochen am Tisch) und zum heißen Anrichten von Speisen unerlässlich ist.

Für die Auswahl von Form und Dekor gelten:
- Für den täglichen Gebrauch werden **stapelbare** und deshalb **raumsparende** Formen sowie schlichte Dekors bevorzugt.
- Für den anspruchsvollen Service, insbesondere zu festlichen Anlässen, kann auf individuell gestaltete Formen sowie auf besonderes Dekor nicht verzichtet werden.

Arten und Einsatz von Porzellangeschirr

Porzellan

Die **Glasur** gibt dem Porzellan eine glatte, versiegelte Oberfläche, die vor eindringender Feuchtigkeit schützt und die Reinigung wesentlich vereinfacht. Je nach Material und Art des Brennens gibt es *harte* und *weiche* Glasuren.

Werden Speisen in tiefen Tellern serviert, setzt man zum sicheren Tragen die tiefen Teller auf flache Teller.

Tiefe Teller ⌀ 26 cm / ⌀ 23 cm
Diese Teller, auch Suppenteller genannt, werden für Speisen verwendet, bei denen ein etwas höherer Tellerrand erforderlich ist, z. B. für:

- Suppen mit stückigen Einlagen (Gemüse, Hülsenfrüchte, Teigwaren, Reis, Muscheln und Fisch) sowie Eintopfgerichte,
- Spaghetti und andere Teigwarengerichte,
- Frühstücksgerichte (Cornflakes, Porridge, Müsli),
- Salatvariationen,
- warme Desserts.

Tiefe Teller werden außerdem als Ablageteller für nicht verzehrbare Speiseteile verwendet, insbesondere dann, wenn es sich um größere Mengen handelt, z. B. Muschelschalen oder Krustentierpanzer.

Service

GRUNDKENNTNISSE IM SERVICE

Flache Teller ⌀ 28 cm/⌀ 26 cm
⌀ 28 cm, auch Grillteller genannt; für komplette Gerichte. Zubereitungen aus Fleisch, Fisch oder Geflügel werden mit den dazugehörigen Beilagen auf diesen Tellern angerichtet (Tellerservice).
⌀ 26 cm, auch Fleisch- oder Gedeckteller genannt; auf ihnen werden meist separat angerichtete Speisen am Tisch vorgelegt. Sie finden aber auch beim Tellerservice Verwendung.

Vorspeisenteller ⌀ 23 cm
Für kalte und warme Vorspeisen; für Frühstücksbüfett.

Mittelteller ⌀ 19 cm
auch Dessertteller genannt; für Zwischengerichte, Salate, Käse, Gebäck, Kuchen, Desserts, als Frühstücksteller und Ablageteller.

Kleine Teller/Brotteller ⌀ 15 cm
für Brot, Brötchen, Toast, Butter, eventuell als Ablageteller.

Platzteller ⌀ 31 cm
Platzteller sind große dekorative Teller, die den Gedeckplatz während des Essens ausfüllen und auf die jeweils die Teller der Speisenfolge aufgesetzt werden. Sie werden bereits beim Eindecken des Tisches bzw. der Tafel eingesetzt und frühestens nach dem Hauptgang wieder ausgehoben. Damit der dekorative Rand des Tellers sichtbar bleibt, sind Platzteller größer als der größte aufgesetzte Teller. Deckchen schützen die Oberfläche der Platzteller, außerdem können andere Gedeckteile dann geräuscharm aufgesetzt werden.

Suppentassen 0,2 l/0,1 🇬🇧 soup bowls 🇫🇷 tasses (w) à soupe
mit Henkeln, für gebundene und klare Suppen mit Einlage (z. B. Leberklößchen, Markklößchen). Kleine Spezialtassen für exotische Suppen und Essenzen.

Getränketassen 0,15 l/0,2 und weniger 🇬🇧 Coffee cups 🇫🇷 tasses (w) à café
mit unterschiedlichen Formen und den dazu passenden Untertassen für Kaffee, Tee, Schokolade und Milch; desgleichen Mokka- und Espressotässchen.

Platten 🇬🇧 serving dishes 🇫🇷 plats (m)
in ovaler oder rechteckiger Form für Fleisch, in langovaler Form für Fisch und in runder Form vorwiegend für Gemüse.

Saucieren 🇬🇧 sauce boats 🇫🇷 saucières (w)
unterschiedlicher Größe und Formen, teilweise mit Gießer, für warme und kalte Saucen sowie für flüssige und geschlagene Butterarten.

Schüsseln und Terrinen 🇬🇧 bowls and terrines 🇫🇷 plats (m) et terrines (w)
mit und ohne Deckel für Eintöpfe, Suppen und Beilagen sowie für Zubereitungen mit viel Sauce, z. B. Ragouts.

Kännchen 🇬🇧 small can 🇫🇷 burette (w)
mit und ohne Deckel, in Form und Größe verschieden für Kaffee, Tee, Schokolade und Milch; außerdem Gießer für Kaffeesahne zu den Aufgussgetränken.

Backformen 🇬🇧 baking molds 🇫🇷 moules (m) de cuisson
Backformen oder Kokotten, rund und oval, zum Anrichten von Fisch, Fleisch und Gemüse. Zum Gratinieren von Teigwaren, zum Backen von Kartoffeln und Überbacken von Gemüsen.

Eierplatten 🇬🇧 egg dishes 🇫🇷 plats (m) pour les oeufs
oder Eierpfannen zum Anrichten von Eierspeisen und zum Zubereiten und Servieren von Spiegeleiern.

Schneckenpfannen 🇬🇧 snail platters 🇫🇷 plats (f) à escargots
Flache Geschirre mit halbkugelförmigen Vertiefungen, in welche vorbereitete Schnecken gelegt und im Ofen erhitzt werden.

Sonstige Teile

Schalen oder Schälchen für Zucker, Konfitüre, Marmelade, Kompott, Fisch- oder Muschelragout, Apfelmus, geschnittene Kräuter oder Zwiebelwürfelchen; Fingerschalen; Stövchen; Fondueteller, Austernteller.

Wenn sich feste Menüfolgen auflösen und Fingerfood oder „Flying Büfetts" den kulinarischen Teil bestimmen, wird der Wunsch nach individuellem Geschirr laut. Hierfür bieten sich die Minikompositionen aus Glas und Porzellan im Kleinformat an.

Auflaufformen

oder Souffléschalen zum Backen und Servieren von Aufläufen aller Art.

Kasserollen

oval mit Deckel zum Fertigstellen von Spezialgerichten. Die halbfertigen Zubereitungen kommen in die Geschirre (z. B. Geflügel), werden darin fertig gegart und auch serviert.

Die aus **feuerfestem Porzellan** hergestellten Geschirre dienen hauptsächlich zum Zubereiten und Fertigstellen von Speisen, da die Gerichte auch darin serviert werden.

Kein anderer Ausstattungsgegenstand in der Gastronomie hat sich so gewandelt wie das Porzellan. Moderne Formen von Näpfchen, Schälchen, Tellern, die gravierend von der bekannten Form abweichen, lassen sich in flexibler Weise miteinander kombinieren und fordern von der Küche eine kreative Anrichteweise. Es entsteht für die Gäste ein neues faszinierendes Ambiente.

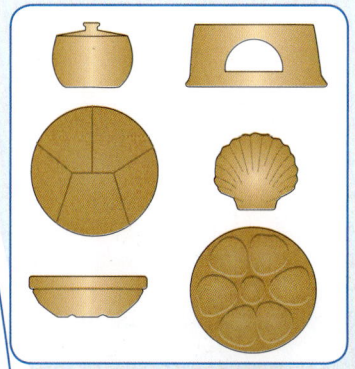
Feuerfestes Porzellan/Keramik

Kleinteile

Reinigung und Pflege des Porzellans

Porzellan wird bei 60 °C gereinigt und aus hygienischen Gründen bei 80 °C nachgespült. Die dabei entstehende Wärmereserve lässt das Geschirr selbstständig trocknen. Sauberes Porzellan muss frei von Wasserschlieren und Fettfilm sein.

Schadhafte Geschirrteile werden aussortiert. Bei Tassen, Kännchen und Kannen können sich an Henkelansätzen Rückstände ablagern. Darum kontrolliert man sorgfältig.

Viele Häuser haben ein ausgefeiltes System zum Lagern und Transportieren von Geschirr. Dazu verwendet man sinnvollerweise Transportbehälter im Verbund mit Euro-Paletten oder fahrbare Regalgestelle. Diese Lagerungsart von Porzellan erlaubt eine schnelle Bestandsüberwachung und schützt Tassen und Teller vor Beschädigungen.

Menage

Rechaudplatten

Cloche

GRUNDKENNTNISSE IM SERVICE

2.6 Sonstige Tisch- und Tafelgeräte

🇬🇧 table equipment 🇫🇷 appareils (m) de table

Neben den grundlegenden Geräten, wie Bestecke, Gläser und Porzellan, gibt es solche, die beim Servieren von Speisen ganz bestimmte Zwecke erfüllen.

Menagen 🇬🇧 ondiments 🇫🇷 ménages (m)

Menagen sind Tischgestelle für Essig und Öl, für Salz, Pfeffer, Paprika und andere Gewürze. Behältnisse für Senf und Würzsaucen sowie Pfeffermühlen und Zuckerstreuer zählen auch dazu.

Tägliche Pflege von Menagen

Salz- und Pfefferstreuer, Zuckerstreuer
- Glaskörper feucht abwischen und polieren
- verstopfte Löcher mit Zahnstocher „öffnen"
- nachfüllen (höchstens zwei Drittel)

Pfeffermühlen
- trocken abwischen, auffüllen

Senftöpfe
- leeren, reinigen, wieder füllen
- mit etwas Essig beträufeln, um das Austrocknen der Oberfläche zu verhindern

Essig- und Ölflaschen
- feucht abwischen und trockenreiben

Würzsaucen
- Flaschenverschluss und Flaschenmund reinigen
- verschmierte und verkrustete Reste abwaschen
- Flaschen feucht abwischen und trockenreiben

Reibkäse/Parmesan
- entleeren und Glaseinsatz waschen

Tischgeräte für spezielle Zwecke

Spezielle Geräte für den Speisenservice sind:
- Rechauds, Clochen und Chafing-Dishes zum Warmhalten von Speisen
- Tranchierbretter, Tranchierbestecke und Flambierrechauds für das Arbeiten am Tisch des Gastes
- Fingerschalen bzw. Fingerbowlen zum Reinigen der Finger

Rechauds dienen dem Warmhalten von Speisen und Getränken am Tisch des Gastes. Es werden hauptsächlich vorheizbare Wärmespeicherplatten eingesetzt.

Clochen, halbkugelförmige Abdeckhauben, zum Warmhalten angerichteter Speisen während des Transportes aus der Küche. Clochen werden aber auch als Geruchs-, Aroma- oder Abtrocknungsschutz verwendet. Clochen stets gut erwärmt benutzen.

Chafing-Dishes bewähren sich überall dort, wo Speisen über längere Zeit warmgehalten werden müssen, z. B. am Frühstücks- oder Lunchbüfett, sowie bei festlichen Büfetts mit warmen Speisen. Heißes Wasser im unteren Bereich des Gerätes ist der Wärmeträger. Die Beheizung erfolgt mittels Brennpasten, nachfüllbaren Gasbrennern, elektrischen Tauchsiedevorrichtungen oder Heizplatten. Anstatt heißem Wasser können die Geräte auch mit Kühlkissen versehen werden, um Speisen kühl zu halten. Die Geräte sind in rechteckiger oder in runder Form erhältlich und können auch durch ein Zusatzprogramm zu einer Suppen oder Saucenstation umfunktioniert werden.

Chafing-Dish

Saft-, Milch- oder Müslispender, oft auch unter der Bezeichnung „Dispenser" bekannt, sind wichtige Geräte bei der Präsentation und Sauberhaltung von Frühstücks- und Brunchbüffets. MIt deren Hilfe können die Lebensmittel bequem dosiert werden.

Tranchierbretter mit umlaufender Saftrille und napfartiger Vertiefung dienen als Unterlage beim Aufteilen (Tranchieren) von Fleisch und Geflügel am Gästetisch. Austretender Fleischsaft läuft in die Rille und in die Vertiefung und kann mit einem Löffel entnommen werden.

Die **Fingerschale** oder **Fingerbowle** ist eine kleinere Schale, die zum Reinigen der Fingerspitzen mit Wasser und einer Zitronenscheibe gefüllt wird. Sie wird nach dem Genuss von Speisen gereicht, die mit der Hand berührt wurden, z. B. Muscheln, Krebse, Geflügel, rohes Obst. Die Fingerschale steht in einer Stoffserviette, damit Spritzer abgefangen werden.

Im **Dekantierkorb** werden alte Rotweine serviert. In **Brotkörben** reicht man Brot und Brötchen oder setzt sie am Tisch ein. Toaste legt man in eine **warme Stoffserviette** und serviert sie auf einem **Mittelteller**. Die warme Serviette verhindert einen Niederschlag der aus den Brotscheiben entweichenden Feuchtigkeit und damit das Weichwerden der Toaste.

2.7 Tisch- und Tafeldekoration

🇬🇧 table decoration 🇫🇷 décoration (w) de table

Die dekorative Ausschmückung eines Tisches oder einer Festtafel schafft Atmosphäre und hat positive Auswirkungen auf die Stimmung der Gäste. Zur Dekoration dienen unter anderem:
- Tischläufer oder Bänder,
- Blumenschmuck oder farbiges Herbstlaub,
- Leuchter mit Kerzen oder Öllichter,
- künstlerisch gestaltete Menü- und Tischkarten.

Bei der Anwendung ist auf einige Punkte zu achten:
- Tischläufer und Bänder über die gesamte Länge der Tafelmitte legen,
- Blumengestecke möglichst flach (25 cm) halten, da die Gäste kommunizieren wollen,
- Leuchter so aufstellen, dass der Kontakt zum Gegenüber möglich ist.

Service

GRUNDKENNTNISSE IM SERVICE

Die Auswahl der Blumen und Dekorationsgegenstände wird vom Anlass her bestimmt, denn eine Hochzeitstafel verlangt z. B. eine andere Ausstattung als ein Jagdessen.

Blumen flowers fleurs (w)

Blumen haben aufgrund der Vielfalt ihrer Blüten und Farben eine starke Ausstrahlungskraft. Sie vermögen Freude zu wecken. Mit der gleichen Absicht werden sie im Service zum Schmücken von Tischen und Festtafeln verwendet. Ob als Solitär (Einzelblüte) in Form einer Rose auf den Tischen im Abendrestaurant, ob als schlichtes Sträußchen auf dem Frühstückstisch oder als dekoratives Gesteck auf einer Festtafel, stets kommt dabei die besondere Aufmerksamkeit gegenüber dem Gast zum Ausdruck. Bezüglich Auswahl und Pflege der Blumen ist von Bedeutung:

- Die Größe des Blumenarrangements muss dem Anlass angemessen sein (Frühstück, Hochzeit), wobei zu beachten ist, dass die Blumen in Farbe und Größe harmonieren,
  - die Sicht zum gegenübersitzenden Gast nicht beeinträchtigen,
  - nicht Teller oder Gläser der Gäste berühren.
- Stark duftende und Blütenstaub abgebende Blumen sind ungeeignet.
- Die Blumen bleiben länger frisch, wenn man sie nachts in einen kühlen Raum bringt. Am nächsten Morgen werden sie mit frischem Wasser versorgt. Vorher werden die welken Blumen entfernt und die Schnittblumenstiele schräg angeschnitten.

Gesteck für Jagdessen

Kerzen candles bougies (w)

Kerzenlicht ist gedämpftes und warmes Licht und eignet sich deshalb besonders gut, eine gemütliche Atmosphäre zu schaffen. In Verbindung mit dekorativen Leuchtern auf Festtafeln wird darüber hinaus die festliche Stimmung auf besondere Weise unterstrichen.

Gesteck mit Kerze

3 Restaurant

🇬🇧 preparatory work in the restaurant 🇫🇷 mise en place au restaurant

Der Arbeitsablauf im Service ist durch zwei aufeinanderfolgende Arbeitsphasen gekennzeichnet:
- Die Vorbereitungsarbeiten im Hinblick auf die nächste Mahlzeit.
- Das Bedienen von Gästen während einer Mahlzeit.

Das Bedienen der Gäste ist zweifellos die interessantere Aufgabe, doch der eigentliche Service kann nur dann rasch, reibungslos und zufriedenstellend ablaufen, wenn die Vorbereitungsarbeiten mit angemessener Sorgfalt ausgeführt wurden.

3.1 Überblick über die Vorbereitungsarbeiten

Die Vorbereitungsarbeiten werden als Mise-en-Place bezeichnet.
Der Begriff kommt aus dem Französischen. Im engeren Sinn bedeutet das „an den Platz stellen" oder „legen", z. B. Bestecke, Gläser.

Vorbereitungsarbeiten im Office

Das **Office** liegt meist zwischen Küche und Gastraum. Es dient als:
- **Bereitstellungsraum** für Tischwäsche, Porzellan, Gläser, Rechauds usw.; kurz für alles, was zum Service erforderlich ist;
- **Arbeitsraum** für Pflege aller zum Service notwendigen Gegenstände (siehe Randspalte).

Vorbereitungsarbeiten im Restaurant

Das Mise-en-Place beeinflusst die Arbeiten am Servicetisch und am Gästetisch.

Servicetisch 🇬🇧 service table 🇫🇷 table (w) de service

Der Servicetisch ist dem Abeitsbereich (Revier) zugeordnet, aus der Sicht der Arbeitsorganisation ist er ein vorgeschobener Arbeitsplatz.

Der Servicetisch
- verkürzt die Arbeitswege, denn der Weg Restauranttisch ⟷ Servicetisch ist meist kürzer als der Abstand Restauranttisch ⟷ Office;
- ist entsprechend dem jeweiligen Service (à la carte, Bankett) und dem Angebot auf der Speisekarte, z. B. für Spezialitäten wie Austern, Hummer, Schnecken auszustatten.

Restauranttisch 🇬🇧 guest tabe 🇫🇷 table (w) de restaurant

Für die Vorbereitung gilt:
- Tische ausrichten und auf Standfestigkeit prüfen, evtl. durch Unterlegen von Korkscheiben oder Verstellen einer Tischbeinschraube stabilisieren,
- Molton aufspannen und Tischtücher auflegen,
- Grundgedeck eindecken.

Mise-en-Place bedeutet, dass alle für den Serviceablauf notwendigen Gegenstände bereitgelegt werden. Darüber hinaus sind jedoch auch alle anderen vorbereitenden Arbeiten gemeint. Die Vorbereitungsarbeiten werden in zwei voneinander getrennten Arbeitsbereichen ausgeführt: im **Office** und im **Restaurant**.

Zusammenfassung der Vorbereitungsarbeiten im Office:
- Spülen und Polieren der Gläser,
- Reinigen der Brotkörbe, Tabletts, Servierbretter und Rechauds,
- Säubern und Auffüllen der Menagen,
- Überprüfen der Rechauds auf Betriebsfähigkeit,
- Nachpolieren und Einsortieren von Porzellan in den Wärmeschrank,
- Einordnen des Silbers in Besteckkästen,
- Austauschen, Auffüllen und Einsortieren von Tischwäsche und Gläsertüchern.

Service

GRUNDKENNTNISSE IM SERVICE

Guéridon

Als *Guéridon* (Beistelltisch) bezeichnet man kleine Tische, die zu unterschiedlichen Zwecken an den Tisch des Gastes herangestellt werden.

Einsatz des Guéridon:
- zum Flambieren, Tranchieren und Vorlegen von Speisen; oder
- zum Servieren von Wein und Schaumwein aus Flaschen.

3.2 Herrichten von Servicetischen

Funktion des Servicetisches

Aus dem Vorrat des Office werden die für die Mahlzeit erforderlichen Geräte ausgewählt und auf dem Servicetisch griffbereit angeordnet. In größeren Restaurants hat jede Station ihren eigenen Servicetisch. Dadurch werden wechselseitige Störungen und Behinderungen vermieden.

Servicetische werden eingesetzt bei:
- Frühstück
- Hauptmahlzeiten
- Kaffee und Kuchen
- Sonderveranstaltungen

Ausstattung des Servicetisches

Es gibt Servicetische, die auf den gesamten Service ausgerichtet sind und deshalb alle Materialien bzw. Geräte enthalten, die zu den verschiedensten Servicevorgängen erforderlich sind. Es gibt aber auch Servicetische, die aufgrund ihrer jeweiligen Zweckbestimmung unterschiedlich ausgestattet sind.

Einteilung des Servicetisches

Zugunsten der Überschaubarkeit ist der Tisch in drei Bereiche eingeteilt:
- Der hintere Bereich ist für die größeren, höheren Tischgeräte bestimmt,
- im mittleren Bereich liegen die Bestecke,
- der vordere Bereich ist, abgesehen von Tabletts, grundsätzlich frei. Er dient zu letzten Handgriffen beim Service, z. B. Aufnehmen von Vorlegebestecken, Anlegen von Essbestecken an Vorspeisen oder Suppen, Aufsetzen von Suppentassen auf vorbereitete Suppengrundgedecke.

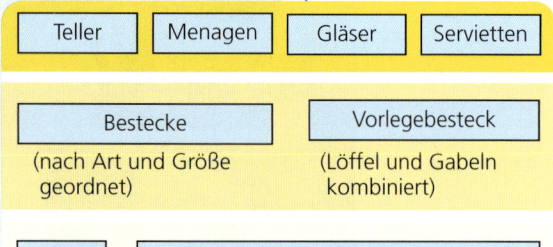

Einteilung eines Servicetisches

Um störungsfreie Serviceabläufe zu gewährleisten, darf die freie Fläche nicht zum Abstellen von gebrauchtem Geschirr benutzt werden.

Beispiel einer Servicestation

3.3 Herrichten von Tischen und Tafeln

Der Tisch ist der Ort, an dem der Gast bedient und verwöhnt werden möchte, an dem er sich wohl fühlen und entspannen will. Angesichts solcher Erwartungen ist dem Gasttisch und allem, was zu seiner Ausstattung gehört, eine besondere Aufmerksamkeit zu schenken.

Der Tisch darf nicht wackeln, denn das ist eine unzumutbare Störung. Gegebenenfalls ist er mit einer Korkscheibe unter dem entsprechenden Tischbein festzustellen. Bierdeckel und anderes großflächiges Material sind dazu aus optischen Gründen nicht geeignet.

Ein Korkkeil wird heruntergeschnitten und unter das Tischbein gelegt

Der Tisch muss einladend wirken durch:
- ein sauberes, sorgfältig ausgebreitetes Tischtuch,
- eine ansprechend geformte Serviette,
- ordnungsgemäß aufgelegte und ausgerichtete Gedeckteile.

Behandeln der Tischwäsche

- Die Wäsche ist nach dem Bügeln so zu lagern, dass sie nicht schon vor der Wiederverwendung verschmutzt und zerknittert ist.
- Das Auflegen von Tischtüchern muss sachgerecht und mit angemessener Sorgfalt ausgeführt werden (siehe in den nachfolgenden Abschnitten).
- Die Tücher, die nach dem Gebrauch einen weiteren Einsatz zulassen, sind mit Vorsicht exakt in die Bügelfaltung zurückzulegen.

Umgang mit Tisch- und Tafeltüchern

Tischtücher sind quadratisch oder rechteckig, selten rund.

Die Größe ist der Tischplatte so angepasst, dass die Tuchenden an allen Seiten gleichmäßig etwa 25 cm herabhängen.

Das Tischtuch wird nach dem Mangeln zuerst zweimal längs und dann zweimal quer zusammengelegt (siehe Skizzen ① – ⑤).

Voraussetzung für das fachgerechte Auflegen und Abnehmen eines Tischtuches sind exakt gebügelte und richtig gefaltete Tischtücher.

Faltet man ein Tischtuch auseinander, so zeigen sich drei Längs- und drei Querbrüche und damit 16 quadratische Felder. Wichtig ist, dass der Mittelbruch des aufgelegten Tischtuches immer parallel zu den Tischkanten auf der Mitte der Tischplatte liegt und nach oben zeigt.

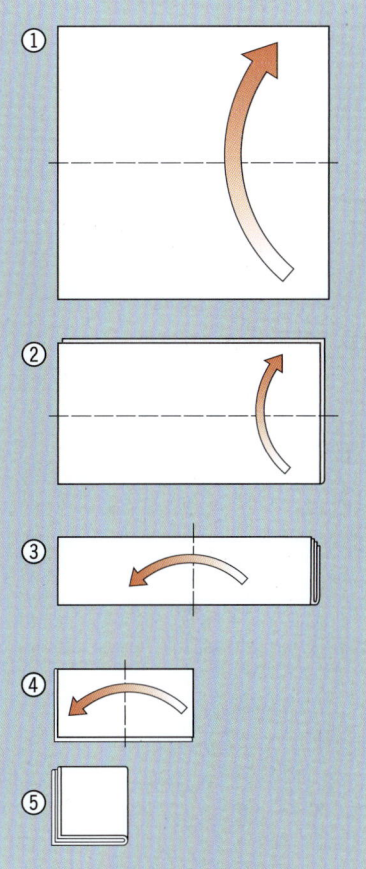

Falten eines Tischtuches

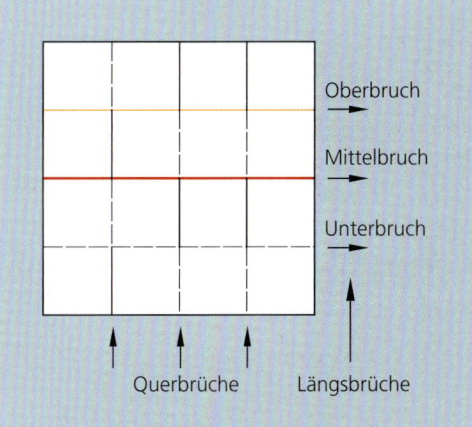

Tischtuch mit Längs- und Querbrüchen

Service

GRUNDKENNTNISSE IM SERVICE

Angesichts unterschiedlicher Raumsituationen muss in der Praxis die beste Lösung ausprobiert werden.

Auflegen von Tisch- und Tafeltüchern

Quadratische und kleinere rechteckige Tücher

Der Tisch muss einen festen Stand haben. Sollte er wackeln, wird er mit dünnen Korkscheiben stabilisiert.

Vor dem Auflegen des Tischtuches ist die Moltonunterlage zu prüfen; diese muss glatt und fest über die Tischplatte gespannt sein.

Beim Auflegen des Tischtuches muss die Servierfachkraft so vor dem Tisch stehen, dass ihr Rücken zur Eingangstür zeigt. Damit ist der Oberbruch immer auf der gegenüberliegenden Seite und somit meist zur Fensterseite gerichtet.

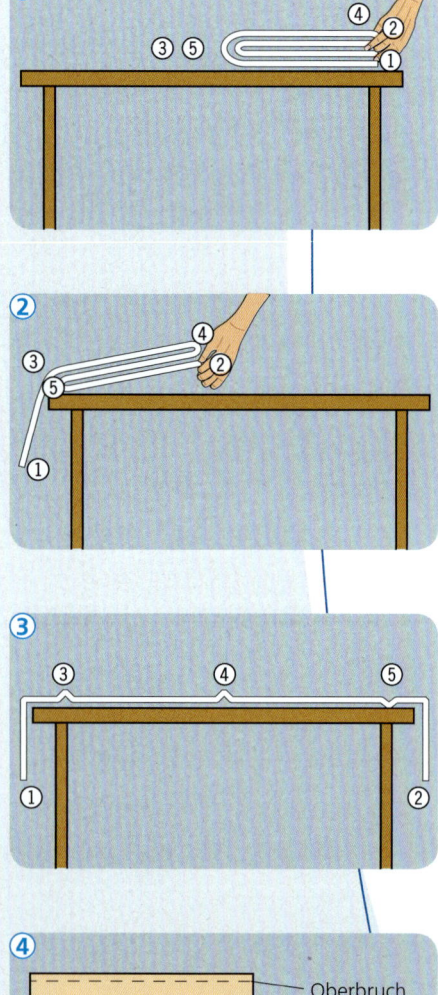

- Das Tischtuch wird nun auf den Tisch gelegt und in seiner Länge entfaltet. Die seitlich überhängenden Tuchenden müssen gleichmäßig lang sein.
- Beide Webkanten (Enden) des Tischtuches ① + ② müssen unten liegen, der Mittelbruch obenauf; sie zeigen zur Servicefachkraft.
- Mit ausgestreckten Händen erfassen Daumen und Zeigefinger den Mittelbruch ④ des Tischtuches, gleichzeitig halten Zeigefinger und Mittelfinger die darunterliegende Webkante ② des Tuches zu sich hergezogen. Die folgende zweite Webkante liegt frei auf dem Tisch. ①
- Das Tischtuch wird nun angehoben und die freiliegende Webkante ① mit leichtem Schwung, und entsprechend lang, über die entgegengesetzte Tischkante gebracht. ②
- Den mit Daumen und Zeigefinger gehaltenen Mittelbruch ④ lässt man nun los. Dann wird die mit Zeigefinger und Mittelfinger festgehaltene Webkante ② des Tuches nach vorn gezogen, wobei gleichzeitig die korrekte Lage des Tischtuches bestimmt wird. ③
Das Glattstreichen der Tischtücher mit den Händen ist unhygienisch und abzulehnen.

Größere rechteckige Tafeltücher

Wegen ihrer Größe muss das Auflegen in diesem Falle von **zwei Personen** ausgeführt werden.

- Das Tuch, auf der Tafel liegend, vorsichtig in den Querbrüchen entfalten und auseinander legen,
- mit den Händen die Ecken erfassen, das Tuch vorsichtig auseinander ziehen und nach sorgfältiger Prüfung der Abstände und Ausrichtungen auf der Tafel ablegen.

Bei Festtafeln ist darüber hinaus auf die Lage der Oberbrüche und der Überlappungen besonders zu achten. Bezüglich der Oberbrüche gilt: Ist zum Überdecken der Tafel eine Tischtuchbreite ausreichend, dann liegen die Oberbrüche

- bei der langen Tafel nach der Seite, die unter Beachtung aller Umstände (z. B. Sitzordnung, Tageslicht) am zweckmäßigsten erscheint. ④
- bei den übrigen Tafelformen, abgesehen vom senkrechten Teil der T-Tafel und dem Mittelteil der E-Tafel, nach den Außenseiten. (⑤ auf nächster Seite)

Sind zum Überdecken der Tafel zwei Tuchbreiten erforderlich, können die Oberbrüche
- entweder nach beiden Seiten unmittelbar auf den Tischkanten liegen (vorausgesetzt, die Überhänge der Tischtücher reichen höchstens bis auf die Sitzhöhe der Stühle),
- oder andernfalls auf den Tischen.

Für die Überlappung gilt:
- Bei Tageslicht liegen die Tischtücher zum Licht hin übereinander, so entsteht keine Schattenwirkung.
- Aus der Sicht des eintretenden Gastes liegen die Überlappungen von ihm weg, damit er nicht unter die Kanten schaut. (siehe Abb.)

Abnehmen von Tisch- und Tafeltüchern

Saubere Tischtücher legt man zum nochmaligen Gebrauch wieder exakt in ihre alten Bügelfalten zurück:

- Die Arme spreizen und mit Daumen und Zeigefingern den Mittelbruch des Tuches rechts und links fassen.
- Tischtuch nach oben heben, sodass beide Seiten frei hängen und das Tuch im Mittelbruch gefaltet ist. Durch das jeweilige Hochheben in den Brüchen und das Herabfallenlassen der Seitenteile legt sich das Tuch exakt in die Bügelfalten zurück.
- Das nun einmal gefaltete Tuch mit den Längsbrüchen nach oben auf den Tisch legen; die Längsbrüche fassen und das Tuch ein letztes Mal nach oben heben, damit es glatt hängt.
- Danach auf dem Tisch zweimal korrekt in seine Querfalten zurücklegen und das zusammengelegte Tischtuch im Servicetisch verwahren.

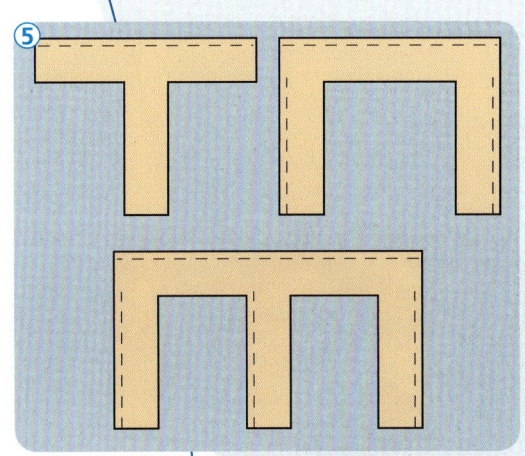

Lage der Oberbrüche bei Tafeln

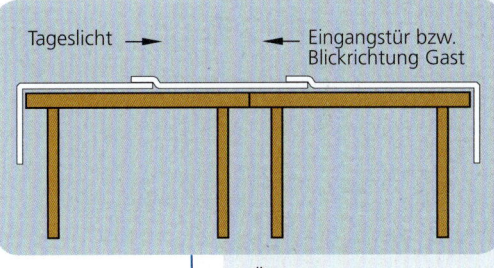

Überlappung

Zum Abnehmen von Tafeltüchern sind zwei Personen erforderlich.

Mund- und Dekorationsserviette 🇬🇧 napkins 🇫🇷 serviettes (w)

Für den gepflegten Service ist es üblich, Servietten in eine mehr oder weniger aufwendige Form zu bringen. Diesen Vorgang bezeichnet man als Falten oder Brechen der Servietten. Mundservietten benutzt der Gast zum Schutz seiner Kleidung sowie zum Abtupfen des Mundes vor dem Trinken oder nach dem Essen.

Servietten gibt es in verschiedenen Größen:

Material	Größe	Verwendung
Papier, Zellstoff oder Vlies	20 × 20 cm	Aufgussgetränke, Bargetränke, Speiseeis
Papier, Zellstoff oder Vlies	33 × 33 cm	Kleinere Gerichte, Zwischenmahlzeiten
Papier, Zellstoff oder Baumwolle	40 × 40 cm	Frühstück, Hauptmahlzeiten
Baumwolle, Leinen (Damast)	50 × 50 cm und größer	Festliche Bankette und Dekorationen

Um möglichst viele Varianten herstellen zu können, werden die Servietten heute nicht mehr vorgefaltet, sondern offen, mit der linken Seite nach oben (Saumnaht sichtbar) aufbewahrt. Eine Ausnahme bilden lediglich übergroße Servietten, die in Schränken sonst nicht ausreichend Platz finden.

Service

GRUNDKENNTNISSE IM SERVICE

Falten von Mundservietten  napkin folding pliage (m) des serviettes

Einfache und gefällig aussehende Servietten werden aus hygienischen Gründen mit **Textilhandschuhen** aus den nachfolgend dargestellten Grundelementen **A**, **B**, **C** oder **D** gefaltet:

Zweiteilige Faltung	Diagonale Faltung	Dreiteilige Faltung
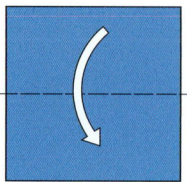		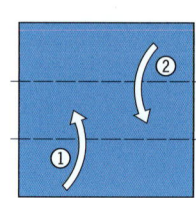
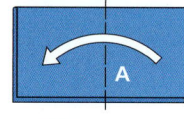		
 B	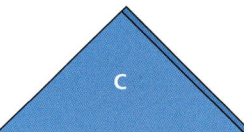 C	 D

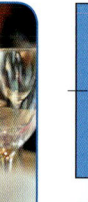

Aus der Grundform A, B oder C werden die meisten Serviettenformen erstellt.

Dreifache Welle

Serviette mit dreiteiliger Faltung **(D)** wieder zum Rechteck öffnen. Die beiden Außendrittel so umlegen, dass sie mit ihren Seitenkanten auf die senkrechten Brüche zu liegen kommen.

Der mittlere Serviettenteil wird durch eine schiebende Bewegung nach oben gewölbt auf den linken Teil gebracht, worauf durch Anlegen und Umschlagen des rechten Drittels an die mittlere Wölbung die dreifache Welle entsteht.

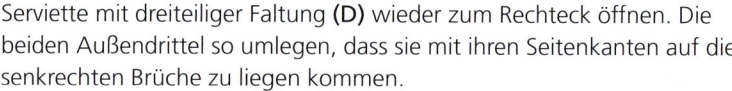

Jakobinermütze

Beim Grundelement **(B)** werden die geschlossenen oder die offenen Spitzen der Serviette um ein Drittel nach oben gefaltet. Die entstandene Figur wird rund gestellt und ineinander gesteckt.

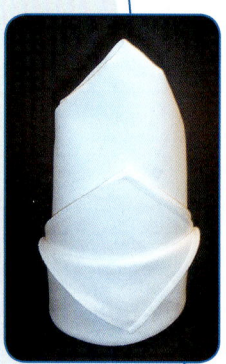 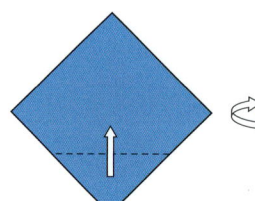 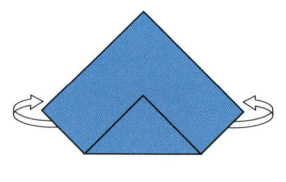 

Doppelter Tafelspitz

Faltung aus Grundelement **A**

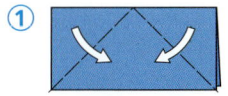 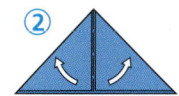 

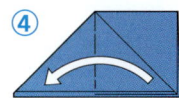  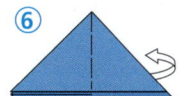 

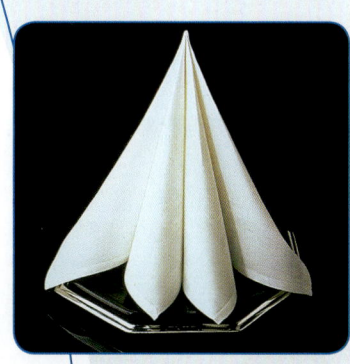

① Die beiden oberen Enden zur Mitte hin falten, sodass ein Dreieck entsteht.
② Hilfsfalz andrücken und wieder öffnen.
③ Die linke obere Lage so nach rechts ziehen, dass die beiden Hilfsfalze aufeinander liegen.
④ Das rechts verbleibende obere Dreieck entlang der Mittellinie nach links falten.
⑤ Die darunter liegende rechte Lage so nach links ziehen, dass ihr Hilfsfalz auf der linken Außenkante liegt.
⑥ Das rechts verbleibende vierte Dreieck nach hinten falten.
⑦ Die Figur an der oberen Spitze anfassen und füllig aufstellen.

Ahornblatt

Faltung aus Grundelement **A** mit der offenen Seite nach oben

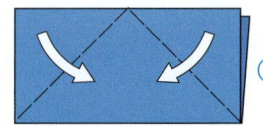 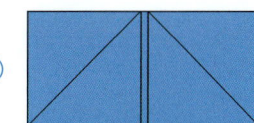

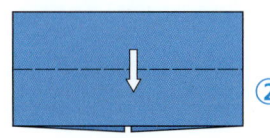 

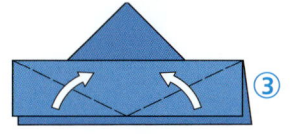 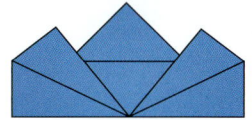 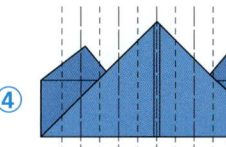 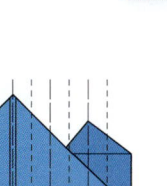

① Die rechte und linke Ecke der oberen Lage auf die Mittellinie zurückfalten und die Serviette wenden.
② Jetzt nur die obere Lage längs nach unten falten.
③ Die linke und rechte Ecke der jetzt oberen Lage entlang den schraffierten Linien nach oben falten.
④ Die Serviette wenden. Die gesamte Serviette ziehharmonikaartig zusammenfalten. Gut zusammendrücken, am unteren Ende festhalten und an der oberen Seite vorsichtig auseinanderziehen.

Service

GRUNDKENNTNISSE IM SERVICE

Tüte

Faltung aus Grundelement **A**

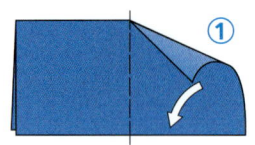 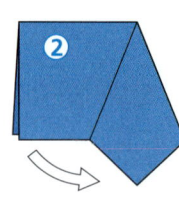 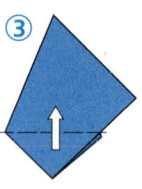 

① Die rechte Hälfte zur Mitte hin als Tüte einrollen.
② Die linken unteren Ecken auf die Spitze der Tüte legen.
③ Die exakt aufeinanderliegenden Spitzen der Tüte nach oben falten.
④ Die Ecke rechts bleibt freistehend. Die Servietten rundformen und aufstellen.

Krone/Doppelte Bischofsmütze

Faltung aus Grundelement **A**

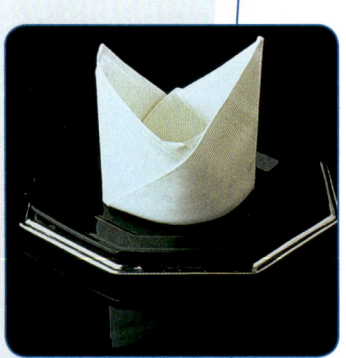

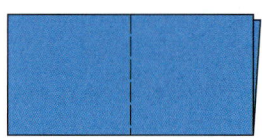

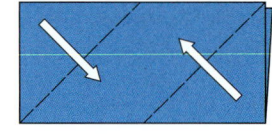 

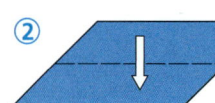  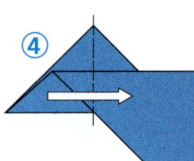

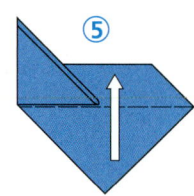 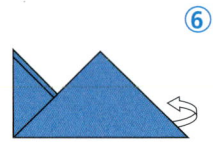 

① Die linke obere und die rechte untere Ecke jeweils zur Mitte hin falten, sodass eine Raute entsteht.
② Die Serviette wenden.
③ Jetzt die Raute nach unten halbieren und die verdeckte Dreieckspitze herausfalten, sodass zwei Pyramiden entstehen.
④ Das obere Dreieck nach unten schlagen und die linke Pyramide zum Dreieck falten.
⑤ Die geöffnete Pyramide wieder nach oben falten.
⑥ Die Spitze der Pyramide in das Dreieck stecken und rundstellen.

Segelboot

Faltung aus Grundelement **B**

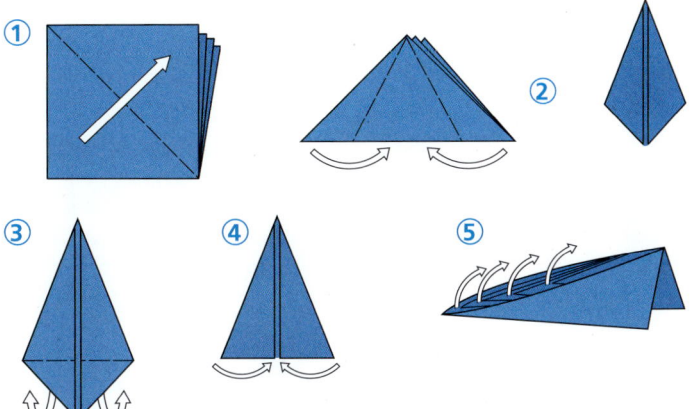

① Die quadratisch vorgefaltete Serviette diagonal zum Dreieck falten und wenden.
② Die vier offenen Spitzen des Dreiecks liegen oben. Jetzt das linke und rechte Ende so nach innen falten, dass eine Drachenfigur entsteht.
③ Die Figur an die Tischkante legen und die unteren Enden nach unten falten.
④ Das linke und rechte Ende nach unten falten. Die Mitte zeigt nach oben. Gut zusammendrücken.
⑤ Die Spitzen als Segel vorsichtig aus der Mitte herausziehen und aufrichten, sodass ein Segelboot entsteht.

Lilie

Faltung aus Grundelement **C**

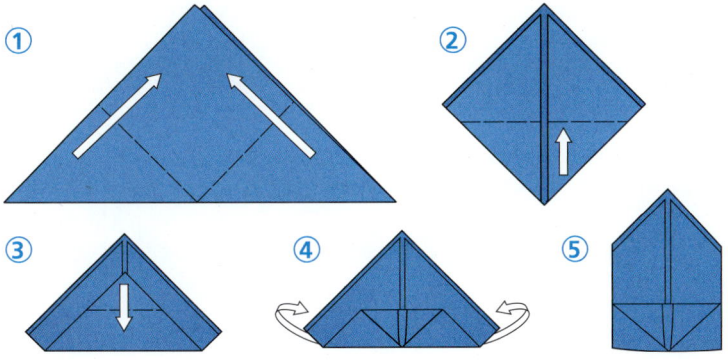
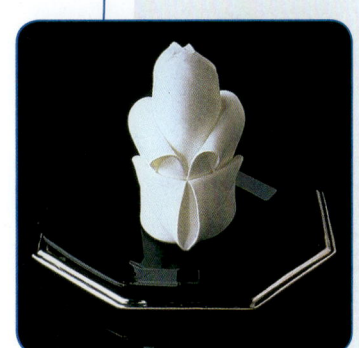

① Die linke und rechte Ecke zur Mitte hin falten, sodass ein Quadrat entsteht.
② Die untere Spitze des Quadrats ca. 2 cm unterhalb der Mittellinie nach oben falten.
③ Von dem jetzt oben aufliegenden, kleineren Dreieck die Spitze zur Grundlinie zurückfalten.
④ Die linke und rechte Ecke nach hinten falten, ineinanderstecken und die Serviette rund formen.
⑤ Die beiden Spitzen vorne oben vorsichtig nach unten ziehen und die Enden in die Manschette auf halber Höhe einstecken.

Service

GRUNDKENNTNISSE IM SERVICE

3.4 Gedecke cover couvert (m)

Grundgedecke

Grundgedeck 1

Grundgedeck 2

Die Mindestausstattung eines Grundgedeckes sind:
- Serviette
- großes Messer (Tafelmesser)
- große Gabel (Tafelgabel)
- Universalglas für Wein oder Wasser

Je nach Vorgabe und Betrieb eventuell auch Brotteller, Buttermesser und Menagen.

Durch das Eindecken von Grundgedecken vor Servicebeginn sparen die Servicefachleute Zeit beim Servieren von Speisen und Getränken. Sie schaffen Zeit für ein Verkaufsgespräch sowie für eine Gästeberatung. Außerdem ermöglicht diese Vorarbeit einen schnelleren Serviceablauf.

Ferner wirkt ein eingedeckter Tisch auf die Gäste wesentlich einladender als ein kahler Tisch. Der Gast fühlt sich in einem ansprechenden Ambiente eher willkommen.

Da nicht bekannt ist, was die zu erwartenden Gäste im À-la-Carte-Service im Einzelnen bestellen, also essen und trinken wollen, werden auf den Tischen im Restaurant lediglich die Grundgedecke vorbereitet. Erst nach der Bestellung des Gastes entscheidet es sich, ob das Grundgedeck bleibt oder ob Gedeckteile ergänzend einzusetzen bzw. bereits vorhandene auszuheben oder auszutauschen sind.

Beispiele für auszutauschende Besteckteile:
- bei Spaghetti Tafelmesser gegen Suppenlöffel
- bei Steak Tafelmesser gegen Steakmesser
- bei Fischgerichten Messer und Gabel gegen Fischbesteck

Ablauf des Eindeckens

Zuerst wird mit der Serviette oder dem Platzteller der Gedeckplatz markiert. Will man die Serviette zuletzt einsetzen, dient der Stuhl der Orientierung. Gedecke, die sich gegenüberliegen, sollten nach Möglichkeit deckungsgleich (Gabel zeigt zum Messer und umgekehrt) eingedeckt werden.

Erweiterte Grundgedecke

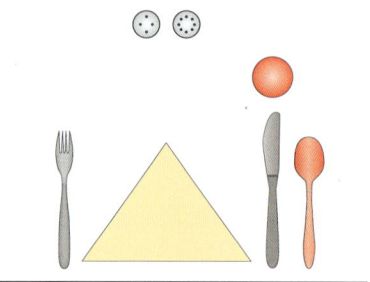

Hauptgang mit Suppe …

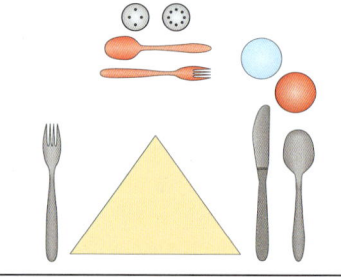

Hauptgang mit Suppe, Dessert und zweitem Glas für Wasser

270

Menügedecke 🇬🇧 menu covers 🇫🇷 couverts (m) pour des menus

Menügedecke stehen in direkter Beziehung zu bestimmten vorgegebenen Speisenfolgen bzw. Menüs, z. B. Tagesmenüs oder dem Menüangebot an Festtagen und zu Festbanketten.

Gedeck für ein einfaches Menü mit 3 Gängen und zwei Getränken

… erweitert um Brotteller und Menage

Menügedeck mit Platzteller

Getränke:
Wasser, Weißwein, Rotwein, Sekt

Speisen:
Räucherlachs, Toast und Butter, Geflügelcremesuppe, Filetsteak nach Gärtnerinart, Aprikosen mit Weinschaumsauce

Ablauf des Eindeckens

Zuerst wird mit der Serviette oder dem Platzteller der Gedeckplatz markiert. Wenn man ohne Platzteller arbeitet, dient der Stuhl der Orientierung.

Eindecken der Bestecke

- Als erstes großes Messer rechts und große Gabel links für das Hauptgericht eindecken. Als Ausnahme gilt nur, wenn statt Fleisch ein Fischgericht zum Hauptgang serviert wird. Diese Besteckteile zum Hauptgericht müssen immer vor allen anderen eingedeckt werden.
- Dann entsprechend des Menüaufbaus nacheinander Mittellöffel für die Suppe rechts,
- Mittelmesser rechts und Mittelgabel links für die kalte Vorspeise (die Gabel wird etwas nach oben geschoben).
- Den Abschluss bildet das Besteck oberhalb des Gedeckplatzes für das Dessert:
  - Mittelgabel unmittelbar oberhalb des Gedeckplatzes, den Griff nach links gerichtet,
  - Mittellöffel oberhalb der Gabel, den Griff nach rechts gerichtet.
  - Die Lage der Griffe deutet die Richtung an, in der die Bestecke vor dem Servieren des Desserts auf den Gedeckplatz heruntergezogen werden. Die Gabel liegt unterhalb, damit man beim Erfassen des Löffels nicht mit den Gabelzinken in Berührung kommt.

Service

GRUNDKENNTNISSE IM SERVICE

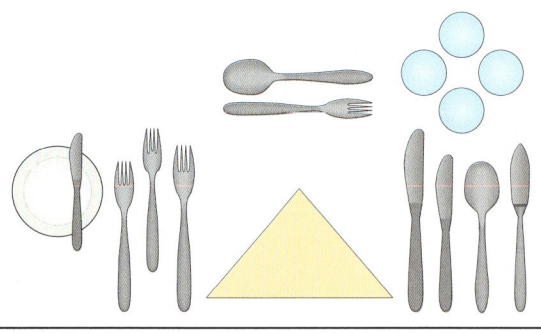

5-Gang-Menü mit 3 Weingläsern und 1 Wasserglas

- **Kalte Vorpeise:** Fischmesser und Fischgabel
- **Suppe:** Mittellöffel
- **Zwischengericht:** Mittelmesser, Mittelgabel
- **Hauptgericht:** Tafelmesser, Tafelgabel
- **Dessert:** Mittelgabel, Mittellöffel, auch Entremet-Besteck genannt

Doppelte Kraftbrühe
Toast
•
Lachsfilet auf Safransauce
•
Kalbsmedaillons
Gartengemüse und Spinatnudeln
•
Käseauswahl

Einsetzen der Gläser

- Ein Glas wird zuerst oberhalb des Messers zum Hauptgang platziert. Dieses bezeichnet man als **Richtglas**.
- Dann nacheinander das Glas zur kalten Vorspeise vor und das Glas zum Dessert hinter dem Richtglas platzieren.
- Meist wird heute ein Wasserglas gleich mit eingedeckt. Der Optik wegen verwendet man statt eines Becherglas ein kleineres Stielglas, das besser zu den bereits eingesetzten Weingläsern passt.

Die Gläser können als *diagonale Reihe* oder im *Dreieck als 3er-Block* angeordnet werden.

Maximal sollten im Gedeck nur 3 Gläser und zusätzlich ein Wasserglas eingedeckt werden. Sind mehr Gläser erforderlich, werden diese entsprechende der Speisenfolge rechtzeitig eingesetzt.

Der **Brotteller** wird zuletzt links vom Gedeck platziert. Ein Messer, dessen Schneide nach links gerichtet ist, wird nur aufgelegt, wenn es zum Toast oder Brötchen auch Butter gibt.

Ausrichtungen

- Die Bestecke liegen im rechten Winkel zur Tischkante, exakt parallel zueinander,
- die Besteckenden sind mit Ausnahme der zweiten Gabel alle auf einer gedachten Linie im Abstand von 1 cm zur Tischkante.
- Das Dessertbesteck liegt parallel zur Tischkante.

Anzahl der Besteckteile

- **Beim Menügedeck werden Bestecke für höchstens 5 Gänge eingedeckt,** d. h.:
  - **rechts** vom Gedeckplatz **4** Bestecke (kalte Vorspeise, Suppe, warme Vorspeise oder Fischgericht, Hauptgericht),
  - **links** vom Gedeckplatz **3** Bestecke (kalte Vorspeise, Vorspeise oder Fischgericht, Hauptgericht),
  - **oberhalb** des Gedeckplatzes **2** Bestecke (Käse oder Süßspeise).

Sollte das Menü mehr als 5 Gänge umfassen, sind grundsätzlich immer die Besteckteile des Hauptganges einzudecken und die im Gedeck fehlenden Bestecke an entsprechend der Stelle der Speisenfolge rechtzeitig nachzudecken.

Beispiel eines 4-Gang-Menüs

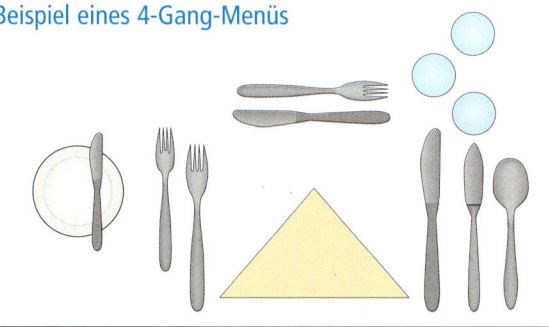

Aperitif

Weißwein

Weißwein

Rotwein

3.5 Grundlegende Servierrichtlinien

Neben den Regeln und Richtlinien für ganz bestimmte Serviervorgänge gibt es Regeln von allgemeiner Bedeutung. Für den Service gilt:

- Allgemeine Rücksichtnahme gegenüber dem Gast,
- Reihenfolge des Bedienens bei zusammengehörenden Gästen,
- störungsfreie und kräftesparende Wege beim Servieren.

> Wenn eine Gruppe von Gästen in kleinem Kreis bedient wird, beachtet man die **Reihenfolge:**
> Ehrengäste → Damen → Herren → Gastgeber

Rücksichtnahme

Der Gast hat das berechtigte Bedürfnis, sein Essen in ungestörter und entspannter Atmosphäre einzunehmen. Deshalb sind durch den Service in Bezug auf Lärm, Hektik und Belästigungen wichtige Regeln zu beachten:

Geräusche während des Servierens
Die durch den Service bedingten Geräusche sind stets auf ein Mindestmaß zu begrenzen. Das gilt z. B. für das Sprechen der Servicefachkraft mit dem Gast sowie für das Handhaben der Tischgeräte beim Servieren.

Hektik
Bei aller Eile, die während des Service oftmals geboten ist und die sich meistens ganz automatisch einstellt, ist es wichtig, nach außen hin Ruhe zu bewahren, niemals zu rennen und keinesfalls heftig zu gestikulieren.

Belästigungen
Die Servicefachkraft darf den Gast nicht belästigen
- durch allzu übertriebene Aufmerksamkeit,
- durch beharrliches Aussprechen von Empfehlungen,
- durch eine schlechte Arbeitshaltung oder durch Nichtbeachten sachgerechter Arbeitstechniken beim Bedienen am Tisch.

Gästestörung: Was ist hier falsch?

Störungsfreie und kräftesparende Wege

Insbesondere in den Hauptgeschäftszeiten müssen viele Wege zurückgelegt werden. Damit aber die Vorgänge bei aller notwendigen Eile und Zügigkeit störungsfrei und reibungslos ablaufen, gilt:

- Auf den „Verkehrswegen" immer rechts gehen,
- bei den Serviceabläufen immer vorwärts, nie rückwärts laufen und nicht plötzlich stehen bleiben,
- möglichst keinen Weg im „Leerlauf" zurücklegen, denn zwischen den Abgabestellen, dem Servicetisch und den Tischen der Gäste gibt es immer etwas zu transportieren.

3.6 Arten des Service

Unter Art des Service ist hier der äußere Rahmen des Service zu verstehen. Man unterscheidet dabei im Restaurant:

À-la-Carte-Service

Der Gast wählt seine Speisen und Getränke nach der Karte (à la carte) auswählt. Er wird nach Aufgabe seiner Bestellung individuell bedient. Die Servicekraft rechnet alle Leistungen direkt mit dem Gast ab.

Getränke am Büfett vorbereiten

Service

GRUNDKENNTNISSE IM SERVICE

Speisen am Pass aufnehmen

Bankett-Service

Beim Bankett-Service werden die Gäste zu einem festgelegten Zeitpunkt mit dem gleichen Menü bedient. Es handelt sich dabei um eine geschlossene Gesellschaft, die das Essen gemeinsam im festlichen Rahmen einnimmt.

Table-d'hôte-Service als Sonderform

Wichtigstes Kennzeichen dieses Service ist es, dass zu einem festgelegten Zeitpunkt täglich für alle Gäste des Hauses das gleiche Menü serviert wird.

Kurzkontrolle

Büfett-Service

Bei Büfetts sind folgende Angebotsformen besonderer Art zu unterscheiden:

- Frühstücksbüfett
- Salatbüfett
- Lunchbüfett
- Kuchenbüfett
- Kaltes Büfett
- Getränkebüfett

> Büfetts werden zwar zur Selbstbedienung aufgebaut. Meist stehen aber auch Servicefachkräfte und Köche zur Betreuung der Gäste bereit.

Tragen eines Tellers

3.7 Tellerservice

Die Hände erfüllen wichtige Funktionen beim sachgerechten Aufnehmen, Tragen, Einsetzen und Ausheben von Tellern.

Die **rechte Hand** ist die **Arbeitshand**. Sie ist zuständig für das Aufnehmen der Teller, für die Übergabe in die linke Hand sowie für das Einsetzen und Ausheben am Tisch. Die **linke Hand** ist die **Tragehand**.

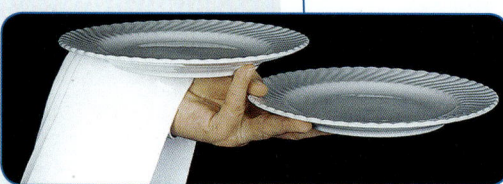

Tragen von zwei Tellern (Obergriff)

Aufnehmen und Tragen von Tellern

Ein Teller

Den Teller zwischen Zeigefinger und Daumen halten und mit den übrigen Fingern unterstützen. Der Daumen liegt angewinkelt auf dem Tellerrand.

Zwei Teller

Beim Tragen werden zwei verschiedene Griffe angewandt:

Tragen mit Obergriff
- Den ersten Teller als Handteller aufnehmen,
- den zweiten Teller auf den Handballen, den Unterarm und die seitlich hochgestellten Finger aufsetzen.

Tragen mit Untergriff
Den zweiten Teller muss man unter dem Handteller bis an den Zeigefinger heranschieben und mit den restlichen, fächerartig gespreizten Fingern unterstützen.

Tragen von zwei Tellern (Untergriff)

Drei Teller

- Den ersten Teller als Handteller aufnehmen,
- den zweiten Teller unterschieben (Unterteller),
- das Handgelenk nach innen abwinkeln,
- den dritten Teller auf den Rand des Untertellers und den Unterarm aufsetzen.

Einsetzen von Tellern

Bewegungsrichtung beim Einsetzen

Am Tisch wird der jeweilige Teller in die rechte Hand übernommen und von der rechten Seite des Gastes eingesetzt. Das entspricht der natürlichen Bewegungsrichtung des angewinkelten Armes, der den Teller im Bogen um den Gast herumführt.

Ausnahmen:
- Beim Einsetzen von Tellern, die ihren Platz links vom Gedeck haben (z. B. Brot- und Salatteller). Von der rechten Seite würde der Gast zu sehr belästigt.
- Ausnahmen gibt es auch dann, wenn die Platzverhältnisse das Einsetzen von rechts nicht zulassen.

Ausheben von Tellern

Der Gast zeigt mit der Ablage des Bestecks Folgendes an:
- Besteck über Kreuz abgelegt: Ich will noch weiter essen, bitte Nachservice.
- Besteck nebeneinander, mit den Griffen nach rechts: Ich bin fertig, das Gedeck kann ausgehoben werden.

Für das Ausheben gelten die gleichen Regeln wie für das Einsetzen:
- Ausheben von der rechten Seite des Gastes,
- Laufrichtung im Uhrzeigersinn, also von rechts nach links.

Beim Ausheben wird im Allgemeinen die Methode „Zwei Teller mit Obergriff" angewendet (Abb. vorige Seite). In Verbindung mit Speiseresten auf den Tellern ist aber auch die Methode „Drei Teller mit Unter- und Obergriff" üblich.

Ausheben mit Obergriff

Den **ersten Teller** als Handteller aufnehmen und das Besteck darauf ordnen:

- Dabei die Gabel so ausrichten, dass sie am Griffende mit dem Daumen gehalten werden kann. Durch diesen Haltepunkt wird die gesamte Besteckablage gesichert und das Abrutschen verhindert,
- das Messer im rechten Winkel unter die Wölbung der Gabel schieben.

Den zweiten Teller als Oberteller aufnehmen und das Besteck auf dem Handteller ablegen.

Die weiteren Teller auf den Oberteller aufsetzen und das Besteck jeweils der Besteckablage auf dem Handteller zuordnen.

Tragen von drei Tellern

- Beim Einsetzen von heißen Tellern müssen alle Tragegriffe auch mit einem Serviertuch beherrscht werden.

- Beim Einsetzen von der linken Seite würde der Gast durch den angewinkelten Arm belästigt.

- In der Regel wartet man allerdings mit dem Ausheben, bis alle Gäste am Tisch das Essen beendet haben.

Ausheben von zwei und mehr Tellern (Obergriff)

GRUNDKENNTNISSE IM SERVICE

Ausheben von drei und mehr Tellern

Bei sehr großen Mengen von Speiseresten ist es ratsam, die Teller wie beim Einsetzen mit Unter- und Obergriff aufzunehmen und das Sortieren der Bestecke und Speisereste im Office vorzunehmen.

Tragen von Suppentassen

Ausheben mit Ober- und Untergriff

Diese Methode wird angewandt, wenn die Gäste Speisereste auf ihren Tellern zurücklassen. Während es bei geringen Mengen üblich ist, die Reste auf den Handteller neben die Besteckablage abzuschieben, wird bei größeren Mengen die Methode mit drei Tellern angewandt.

- Der Handteller dient zur Besteckablage,
- auf den Unterteller werden jeweils mit dem Messer die Speisereste abgeschoben (dazu wendet man sich aus dem Blickfeld des Gastes),
- der Oberteller dient zum Aufnehmen weiterer Teller.

Tragen, Einsetzen und Ausheben von Gedecken

Unter Gedeck versteht man in diesem Zusammenhang die Kombination von Unterteller und aufgesetztem Gedeckteil. Die Vorbereitung solcher Gedecke erfolgt in der Regel bereits beim Mise-en-Place, damit während des Essens keine Verzögerungen eintreten. So werden Gedeckteile z. B. vorbereitet und entweder an der Speisenabgabestelle oder auf einem Servicetisch gestapelt:

- **Gedecke für Suppen in Tassen**
  Unterteller mit Piccolo-Serviette oder Deckchen und Suppenuntertasse
- **Gedecke für Vorspeisen oder Desserts in Gläsern oder Schalen**
  Unterteller mit Piccolo-Serviette

Aufnehmen, Tragen und Einsetzen

Die am Küchenpass übernommenen Tassen mit der Suppe und die Gläser oder Schalen mit der Vorspeise bzw. dem Dessert werden auf die vorbereiteten Unterteller aufgesetzt und wie folgt serviert:

- Mit der linken Hand zwei Gedecke (Obergriff), mit der rechten Hand eventuell ein drittes Gedeck aufnehmen,
- von der rechten Seite des Gastes einsetzen,
- von rechts nach links fortschreiten.

Ausheben von Gedecken

Grundsätzlich werden sowohl Suppengedecke als auch Gedecke von Vorspeisen, Salaten oder Desserts wie beim Einsetzen mit dem Besteck ausgehoben. Bei entsprechendem Geschick ist es auch möglich, die Geschirr- und Besteckteile bereits beim Ausheben zu ordnen (Abb. oben).

Suppengedecke
- Das erste Gedeck als Handgedeck aufnehmen,
- das zweite Gedeck unterschieben,
- die Tasse und den Löffel des Handgedecks auf das Untergedeck übernehmen,
- das dritte Gedeck auf das Handgedeck aufsetzen und den Löffel ablegen.

Vorspeisen- und Dessertgedecke mit Schalen
- Das erste Gedeck als Handgedeck aufnehmen,
- das zweite Gedeck unterschieben und die Dessertschale auf dem Handgedeck stapeln,
- den Löffel des Handgedecks auf dem Unterteller ablegen,
- das dritte Gedeck als Obergedeck aufnehmen, die Schale auf dem Handgedeck stapeln und den Löffel auf den Unterteller übernehmen,
- das vierte Gedeck auf das Obergedeck aufsetzen und den Löffel auf dem Unterteller ablegen.

3 Restaurant

3.8 Plattenservice 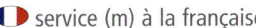 silver service · service (m) à la française

Bei festlichen Veranstaltungen wird vielfach von der Platte vorgelegt. Das erfordert von den Servicefachkräften handwerkliches Können und ermöglicht dem Gast, dies aus nächster Nähe mitzuerleben.

Arten des Vorlegens

Unter Plattenservice im eigentlichen Sinne versteht man das **Vorlegen der Speisen durch die Restaurantfachkräfte** am Tisch. Darüber hinaus gibt es Abwandlungen dieses Service:
- Platten und Schüsseln werden zur Selbstbedienung durch den Gast am Tisch eingesetzt (**Deutscher Service**).
- Platten werden vom Servicepersonal dem Gast zur Selbstbedienung angeboten oder es wird von der Platte vorgelegt (**Russischer Service**).
- Speisen werden vom Servicepersonal von Platten am Beistelltisch vorgelegt (**Englischer Service**).

Technik des Vorlegens

Zum Vorlegen von Speisen verwenden Fachleute Tafellöffel und Tafelgabel als Vorlegebesteck. Beim Einsatz dieses Bestecks werden unterschiedliche Vorlegegriffe angewendet, die in enger Beziehung zur Beschaffenheit der Speisen stehen:

- Die Wölbungen von Löffel und Gabel liegen ineinander.

  Handhabung:
  Den Löffel absenken und unter die Speise schieben. Mit Löffel und Gabel greifen, aufnehmen und auf den Teller vorlegen.

  Anwendung:
  Für alle Speisen, die keine besondere Griffart notwendig machen.

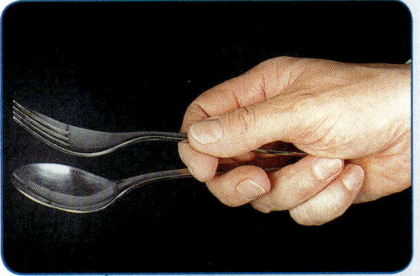
Allgemein üblicher Griff

- Die Wölbungen von Löffel und Gabel sind nach unten gerichtet.

  Handhabung:
  Die beiden Besteckteile mit dem Daumen spreizen, unter die Speise schieben, diese anheben und vorlegen.

  Anwendung:
  - Bei Speisen, die großflächig, leicht zerdrückbar oder besonders lang sind, z. B. Spargel, Fischfilets, Omeletts.
  - Bei Speisen, die mit Garnituren belegt oder überbacken sind.
  - Bei Saucen und kleineren Garniturbestandteilen, die mit dem Löffel geschöpft oder aufgenommen werden.

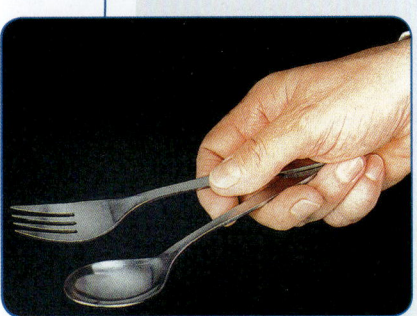
Spreizgriff

- Die Wölbungen von Löffel und Gabel liegen gegeneinander.

  Handhabung, mit zwei Möglichkeiten:
  Wie abgebildet oder durch Drehen der Hand um 90° nach links, um entsprechende Speisen seitlich zu greifen und vorzulegen.

  Anwendung:
  Bei Speisen, die leicht abrutschen können, z. B. gefüllte Tomate, oder mit einer Garnitur belegt sind, z. B. Medaillons, Pastetchen.

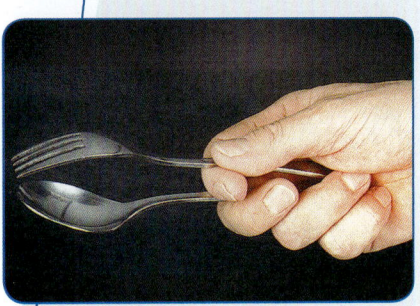
Zangengriff

Besonderheiten beim Plattenservice

Im Allgemeinen ist der Plattenservice zeitaufwendiger als der Tellerservice. Durch folgerichtige und gezielte Arbeitsabläufe muss deshalb sichergestellt werden, dass keine unnötigen Verzögerungen eintreten und die Speisen nicht abkühlen. Im Einzelnen gilt:

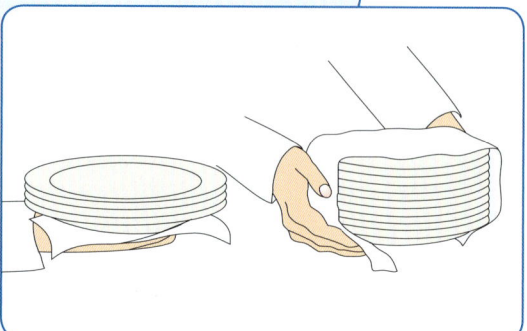

- Beim Plattenservice wird in der Regel nicht die gesamte Speisemenge auf einmal vorgelegt. Deshalb müssen **Rechauds** bereitgestellt werden.
- Vor dem Auftragen der Platten werden vorgewärmte Teller beim Gast von rechts eingesetzt.
- Das Tragen der Teller erfolgt auf der mit einer Stoffserviette bedeckten Hand. Bei größeren Mengen wird der Tellerstapel von oben mit einer Serviette überdeckt und zwischen beiden Händen getragen.
- Bevor eine Platte zum Tisch des Gastes gebracht wird, muss unbedingt ein Vorlegebesteck aufgenommen werden.

Vorlegen von der Platte

Diese Art des Vorlegens wurde früher als **französische Methode** bezeichnet:

- Die (vorgewärmten) Teller werden bei den Gästen von rechts eingesetzt.
- Anschließend präsentiert man die angerichtete Platte den Gästen. Sie wird dabei auf der mit einer längsgefalteten Stoffserviette überdeckten linken Hand getragen.
- Es ist darauf zu achten, dass die Platte auf Sichthöhe der Gäste gebracht wird, damit jeder Gast die dekorativ angerichteten Speisen betrachten kann.
- Ein zusätzlicher Service ist die Erklärung der angerichteten Speisen durch die Restaurantfachkraft.
- Das Vorlegen erfolgt von der linken Seite des Gastes. Dabei soll die Platte so tief wie möglich zum Tisch abgesenkt werden und der rechte Plattenrand ein wenig über den linken Tellerrand hineinragen.
- Je nach Art der Speisen wird der entsprechende Vorlegegriff angewandt.

Das Anrichten der Speisen auf den Teller

Beim Vorlegen der Speisen wird zuerst der Hauptbestandteil, z. B. Fisch oder Fleisch, auf den Teller zum Gast hin angerichtet. Anschließend werden, auf der rechten Seite des Tellers beginnend, die Gemüsebeilagen vorgelegt, die Hauptbeilage wird links platziert.

Vorlegeservice

Korrekt angerichteter Teller

Das Farbenspiel muss beim Anrichten berücksichtigt werden, z. B. rotes, weißes und grünes Gemüse.

Beim Vorlegen von Saucen muss beachtet werden:

- Für Pfannen- und Grillgerichte werden Sauce oder Jus **neben das Fleisch bzw. den Fisch angegossen.**
- Zu ausgesprochenen Saucengerichten wie z. B. Rindsrouladen sowie Fische in Weißweinsaucen wird die Sauce **über das Fleisch nappiert.**
- Buttermischungen werden **auf das Fleisch gelegt.**

Nachdem allen Gästen am Tisch die Speisen vorgelegt wurden, ordnet man die verbleibenden Teile auf der Platte und hält sie bis zum Nachservice auf einem Rechaud bereit.

Mischformen des Vorlegeservices

Eine in der Praxis häufig angewandte Mischform ist das Vorlegen von nur einem Bestandteil des Gerichts. Hierbei wird beispielsweise das Fleischstück von der Platte vorgelegt, während die Gemüse und die Hauptbeilage in Schüsseln am Tisch eingesetzt werden. Die Gäste nehmen sich die Beilagen selbst und reichen die Schüsseln dann an die anderen Gäste zur Selbstbedienung weiter.

Eine weitere Mischform ist das Anrichten des Hauptbestandteils eines Gerichts auf den Teller. Dies kann bereits in der Küche geschehen oder im Restaurant vom Wagen bzw. vom Beistelltisch erfolgen. Der Teller wird dem Gast von rechts eingesetzt und die Beilagen werden durch Restaurantfachkräfte von links vorgelegt.

Im Bankettservice praktiziert man manchmal eine andere Art dieser Form. Dabei werden das Fleisch, die Gemüse- und die Hauptbeilagen einzeln auf Platten und in Schüsseln angerichtet und von jeweils einer Restaurantfachkraft den Gästen vorgelegt. Hierbei ist darauf zu achten, dass die Gäste nicht zu sehr eingeengt werden, indem von den nachfolgenden Servicefachkräften ausreichend Abstand gehalten wird.

● Der Teller darf beim Vorlegen nicht überladen werden. Der Tellerrand muss in jedem Fall frei bleiben und sollte nicht bekleckert sein.

Darbieten von der Platte

Eine Variante des Platten-Service ist das Anreichen oder der Darbieteservice. Die heiße Platte liegt auf der durch eine Stoffserviette geschützten linken Hand und wird dem Gast von links angereicht. Dabei wird die Platte durch Beugen des Oberkörpers auf Tischhöhe gebracht und zum Gast hin leicht geneigt. Der Plattenrand soll ein wenig über den Tellerrand hineinragen. Das Vorlegebesteck ist mit den Griffenden zum Gast hin ausgerichtet. So kann sich der Gast Speisen bequem von der Platte nehmen.

Darbieten einer Platte

Vorlegen am Beistelltisch

Diese Form wurde früher als die **englische Serviermethode** oder **Guéridon-Service** bezeichnet. Da es sich um einen besonders gastorientierten, aber auch aufwendigen Service handelt, ist er nur bei einem kleineren Gästekreis bis acht Personen sinnvoll.

Service

GRUNDKENNTNISSE IM SERVICE

Anstellmöglichkeiten des Guéridons (grün)

Bereitstellen des Beistelltisches

Der Beistelltisch (Guéridon) kann als stationärer Tisch grundsätzlich beim Gästetisch stehen oder wird erst bei Bedarf an den Tisch herangestellt.

Die Stellung des Beistelltisches ist so zu wählen, dass alle Gäste möglichst bequem den Serviervorgang verfolgen können.

Mise-en-Place

Zunächst ist auf dem Beistelltisch eine Mise-en-Place auszuführen:

- ein Rechaud, bei getrennt angerichteten Speisen zwei Rechauds,
- Vorlegebestecke in einer Serviettentasche auf einem Teller,
- unmittelbar vor dem Auftragen der Platte die vorgewärmten Teller.

Servieren der Speisen

Zunächst wird die Platte den Gästen präsentiert, danach auf den Rechaud gestellt.

Dabei erläutert die Servicefachkraft die Speisen.

Dann schließt sich der eigentliche Serviervorgang an, bei dem folgende Richtlinien zu beachten sind:

- Grundsätzlich mit Blick zu den Gästen arbeiten.
- Beim Vorlegen am Guéridon wird mit beiden Händen gearbeitet.
- Die Speisen werden fachgerecht auf dem Teller angerichtet, und der Teller wird dabei nicht überladen.
- Sauce oder Jus wird mit dem Löffel aufgenommen und noch über der Platte mit der Gabel unter dem Löffel abgestreift, damit beim Vorlegen nichts auf den Tisch oder Tellerrand tropft.
- Der angerichtete Teller wird mit der Handserviette getragen und dem Gast von rechts eingesetzt.
- Dabei wird zuerst den Damen, dann den Herren und zuletzt dem Gastgeber serviert.
- Den Tisch nach dem ersten Vorlegen im Auge behalten, um rechtzeitig den Nachservice einzuleiten.

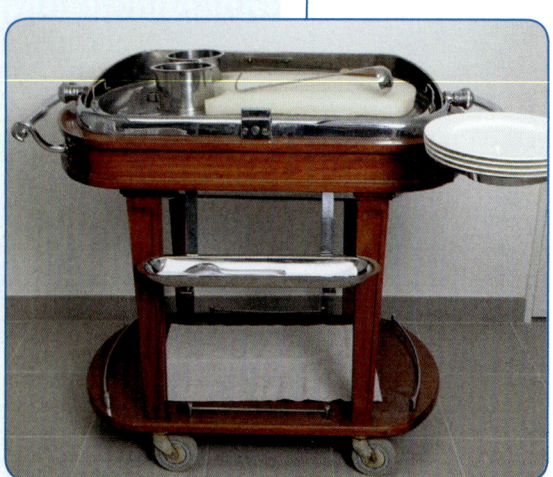

Vorbereiteter Beistelltisch

Nachservice (Supplément)

Für den Nachservice gibt es zwei Möglichkeiten:

- Werden die Speisen für alle Gäste noch einmal komplett vorgelegt, ist es üblich, die benutzten Teller einschließlich Besteck auszuheben, sauberes Besteck einzudecken und zum Vorlegen der Speisen (am Beistelltisch) neue, heiße Teller zu verwenden.
- Wünschen die Gäste nur noch einen Teil des Gerichtes, z. B. Gemüse, so wird dieses am Tisch von der Platte vorgelegt.

Ein aufmerksamer Service beobachtet stets den Gästetisch, damit rechtzeitig nachserviert werden kann.

Weitere Infos und Materialien zum Service auf unseren Webseiten

Getränke und Getränkeservice

1 Alkoholfreie Getränke

Nicht nur im Sommer sind kalte Getränke ein fester Bestandteil in gastronomischen Einrichtungen. Sie sind nicht nur Durstlöscher, sondern haben eine erfrischende Wirkung und sind teilweise von ernährungsphysiologischer Bedeutung. Alkoholfreie Getränke werden nach folgenden Gruppen unterschieden:

Wässer

Wässer mit Geschmack

Säfte, Nektar und Fruchtsaftgetränke

Erfrischungsgetränke

Shakes

Alkoholfreie Mischgetränke

1.1 Klassische und moderne Wässer

Wässer, die in Verkehr gebracht werden, unterliegen ständigen Kontrollen und Mindestanforderungen. Grundsätzlich müssen alle in Verkehr gebrachte Wässer die höchste Qualität, die des Trinkwassers, aufweisen. Nach ihren typischen Eigenschaften werden sie in Gruppen unterteilt.

In der Verordnung über natürliches Mineralwasser, Quellwasser und Tafelwasser wird genau geregelt, welche Voraussetzungen und Eigenschaften ein Wasser mit sich bringt.

Mineralwasser, Quell- und Tafelwasser, Heilwasser

Natürliches Mineralwasser

- hat seinen Ursprung in unterirdischen, vor *Verunreinigungen geschützten* Wasservorkommen;
- ist von ursprünglicher Reinheit und gekennzeichnet durch seinen Gehalt an Mineralstoffen (Spuren- und Mengenelementen);
- bleibt in seiner Zusammensetzung, seiner Temperatur und seinen übrigen wesentlichen Merkmale im Rahmen natürlicher Schwankungen konstant;
- wird mit unterschiedlichem Kohlensäuregehalt angeboten, z. B. classic – medium – still;
- muss am Quellort abgefüllt werden;
- muss amtlich anerkannt sein. Ein Analyseauszug auf dem Flaschenetikett muss dies belegen.

Markenbeispiele:
- Gerolsteiner Mineralwasser, Glashäger Mineralbrunnen, Fürst Bismarckquelle

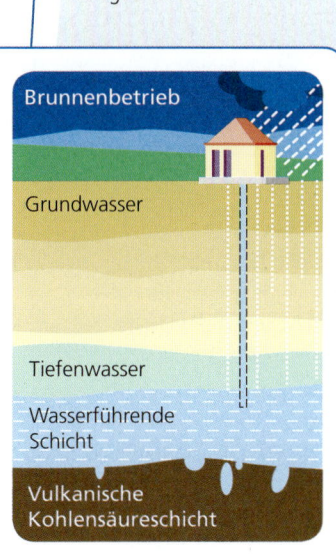

Service

GETRÄNKE UND GETRÄNKESERVICE

Heilwasser

- ist ein Naturprodukt, das die gleichen Anforderungen wie Mineralwassers besitzt, aber wegen der Mineralstoffdichte und -vielfalt unter das Arzneimittelgesetz fällt.
- gilt aufgrund seiner **nachgewiesenen** heilenden, lindernden und vorbeugenden Wirkung als Heilmittel.
- wird bei Therapien eingesetzt und sollte nur bei Verordnung durch den Arzt getrunken werden.

Markenbeispiel:
St. Gero, Adelholzener Heilwasser, Staatl. Fachingen

Quellwasser

- ist Wasser, das seinen Ursprung in unterirdischen Wasservorkommen hat und aus einer oder mehreren natürlichen oder künstlich erschlossenen Quellen gewonnen worden ist.
- muss am Quellort abgefüllt werden.
- braucht keine amtliche Anerkennung, es dürfen aber keine Unreinheiten (mikrobiologische und chemische) vorhanden sein.

Markenbeispiele:
Danone Hayat, Nestlé Aquarel, Glaciar Sport

Tafelwasser

- ist kein reines Naturprodukt, es ist Wasser einfachster Qualität und kann sich aus verschiedenen Zutaten zusammensetzen.
- enthält z. B. natürliches salzreiches Wasser (Natursole), verändertes natürliches Mineralwasser, Meerwasser, Natriumchlorid oder Magnesiumchlorid.
- wird meist über Wasserspendersysteme ausgeschenkt.

Markenbeispiel: Bonaqua, Aquafina

Sodawasser

- ist mit mindestens 570 mg Natriumhydrogenkarbonat angereichertes Tafelwasser und mit Kohlensäure versetzt.
- es ist von einfacher Tafelwasserqualität.

Markenbeispiel:
Thomas Henry, Schweppes Soda Water

Geschmacksbezeichnungen

„Natürliches …aroma" (Bezeichnung der Frucht)
Es sind natürliche Geschmacksstoffe der angegebenen Frucht enthalten, meist in Form von Extrakten.
„Natürliche Aromastoffe" –
Es sind Geschmacksstoffe natürlichen Ursprungs enthalten, jedoch keine Aromaextrakte oder Bestandteile der angegebenen Frucht. Der Geschmack wird durch physikalische, enzymatische oder mikrobiologische Prozesse hergestellt. Das heißt, er kann aus Mikroorganismen wie Hefen oder Schimmelpilzen oder Zellulose hergestellt sein.
„Aromen" (früher: „künstliche Aromen") sind künstlich hergestellte Geschmacksstoffe, die in der Natur nicht vorkommen.

Wässer mit Geschmack

Zu den alternativen Wässern zählen Mineral-, Quell- oder Tafelwässer, die mit zusätzlichen Stoffen versetzt wurden. Diese Getränke sind eine Übergangsstufe zu den Erfrischungsgetränken wie Limonade oder Schorle. Moderne Wässer gelangen unter Fantasiebezeichnungen in den Handel. Grundanforderungen sind nur auf das enthaltene Wasser bezogen, nicht aber auf verwendete Zusatzstoffe. Begriffe wie Wellnesswasser, Near-Water-Getränke oder Functional Water kennzeichnen diese Gruppe.

Dem Wasser sind je nach Hersteller noch Zusatzstoffe, wie Aromen oder Süßungsmittel, beigegeben. Für die Erstellung der Getränkekarte sind diese Zusatzstoffe genau zu betrachten. Viele der verwendeten Inhaltsstoffe unterliegen der Deklarationspflicht, d. h. sie müssen dem Kunden/Gast kenntlich gemacht werden. Zu diesen Inhaltsstoffen gehören neben den Aromen und Süßungsmittel auch Konservierungsmittel oder Säuerungsmittel.

> ZUTATEN:
> Natürliches Mineralwasser, Zucker, Säuerungsmittel: Citronensäure, **natürliches Zitronen-Limetten-Aroma mit anderen natürlichen Aromen**

Etikett eines Wassers mit Zusatz

Ausschank von Mineralwasser

- Mineralwasser muss nach der Mineralwasserverordnung **immer** in der Flasche serviert werden. Die Flasche muss am Gästetisch geöffnet werden, um Täuschung durch Umfüllen auszuschließen. Die üblichen Größen sind 0,2 ℓ – 0,5 ℓ – 0,7 ℓ – 1,0 ℓ Wasserinhalt.
- Übliche Ausschanktemperaturen von Wasser sind:
Stilles Wasser: Zimmertemperatur (14 – 16 °C)
Medium oder Classic: ca. 10 °C
- Wasser wird ohne Eiswürfel und Zitrone gereicht.

1.2 Säfte und fruchtsafthaltige Getränke

Getränke aus Früchten gehören zu den Spitzenreitern unter den Getränken. Eine Vielzahl von Säften und fruchtsaftähnlichen Getränken finden sich in Standard- oder Angebotskarten wieder. In den Sommermonaten sind kreative Varianten gefragt. Egal welche Kombinationen im Angebot sind, Leitsätze regeln den Mindestfruchtgehalt, der eingehalten werden muss.

Die Begriffe, die wir täglich benutzen, unterliegen also klaren gesetzlichen Bestimmungen. Dort wo z. B. Saft draufsteht, muss auch 100 % Fruchtsaft drin sein. Grafisch dargestellt heißt es:

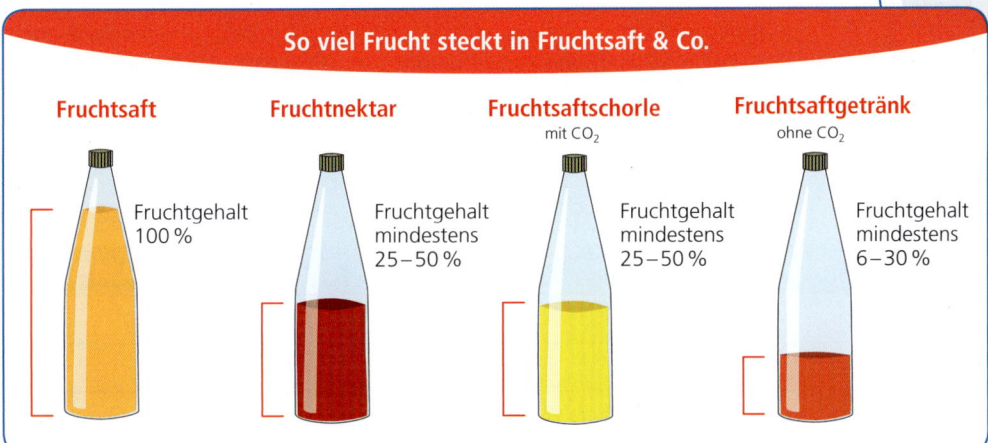

Fruchtsaft

Klar ist, Fruchtsaft hat meist keine weiteren Zutaten, nur die reine Flüssigkeit, die aus den Früchten gewonnen wird. Angeboten wird Fruchtsaft
- als Saft aus einer Frucht oder aus mehreren Früchten,
- klar oder naturtrüb,
- mit Fruchtfleisch oder mit Fruchtmark,
- als Direktsaft oder aus Konzentrat hergestellt oder
- besonders säurearm mit dem Zusatz „mild".

Zugesetzt werden darf beim Saft lediglich Ascorbinsäure, welches indirekt als Konservierungsmittel zu verstehen ist. Zusatzstoffe, die nach der Herstellung an technologischer Bedeutung verlieren, müssen nicht deklariert werden.

Servieren von Säften
- Direktsäfte entfalten ihr gesamtes Aroma bei Zimmertemperatur.
- Klare Säfte schmecken gekühlt bei 8–10 °C am besten.

Gemüsesaft

Gemüsesäfte unterliegen den gleichen Vorschriften wie Fruchtsaft. Es ist immer 100 % Gemüsesaft enthalten. Konservierungsstoffe, Geschmacksverstärker oder Farbstoffe sind nicht enthalten. Reine Säfte werden mit dem Gemüsenamen voran benannt, z. B. Tomatensaft. Sind mehrere Sorten Gemüse enthalten, wird mit der Bezeichnung Gemüsesaft das

---

Saft aus Konzentrat
Wird ein Saft hergestellt, ist die Flüssigkeit natürlich aus 100 % Frucht. Für den Transport wird Flüssigkeit aus Kostengründen entzogen, es entsteht ein Konzentrat. Am Abfüllort wird die entzogene Menge Wasser wieder zugesetzt. Auf der Verpackung muss nun „aus Konzentrat hergestellt" stehen.

100 % Fruchtgehalt

Ascorbinsäure als Lebensmittelzusatz ist nicht mit Vitamin C zu vergleichen! Es ist nur ein Bestandteil des Vitamins und besitzt nicht die positiven Eigenschaften des Vitamin C.

Getränk verallgemeinert bezeichnet. Auf der Liste der Zutaten ist die Gemüseart mit dem größten Anteil als erstes benannt, nachfolgend in der Reihenfolge des abfallenden Gewichtsanteils.

Fruchtnektar

Nicht alle Früchte können zu genussfähigem Saft verarbeitet werden.
- Bananensaft wäre zu dickflüssig, um getrunken zu werden.
- Johannisbeersaft ist zu säurehaltig, um pur getrunken zu werden.

Diese Früchte finden sich unter anderem als Fruchtnektar wieder. Hier werden sie durch Zugaben genussfähig gemacht. In der Fruchtsaftverordnung wird der Mindestfruchtgehalt einzelner Früchte genau festgelegt.

25–50 % Fruchtgehalt

Fruchtnektare bestehen neben Fruchtsaft aus Wasser und meistens auch mit einem Zusatz von Zucker oder Honig. Wird auf zusätzliches Süßen verzichtet, kann dies mit dem Zusatz „Enthält von Natur aus Zucker" gekennzeichnet sein. Nektar aus mehreren Früchten wird als Mehrfruchtnektar deklariert.

Beispiele für Fruchtanteile im Nektar

Frucht	Mindestfruchtanteil	Frucht	Mindestfruchtanteil
Apfel	50 %	Pflaume	30 %
Orange	50 %	Johannisbeere	25 %
Grapefruit	50 %	Passionsfrucht	25 %
Erdbeere	40 %	Zitrone	25 %
Sauerkirsche	35 %	Banane	25 %

Servieren von Fruchtnektar

- Fruchtnektare entwickeln ihren Fruchtgeschmack am besten gekühlt bei 8–10 °C.

1.3 Erfrischungsgetränke

Erfrischungsgetränke sind Getränke, die Trinkwasser, natürliches Mineralwasser, Quellwasser und/oder Tafelwasser sowie geschmackgebende Zutaten enthalten.

Die Leitsätze für Erfrischungsgetränke beschreiben neben dem Mindestfruchtgehalt weitere mögliche Zutaten wie z. B. Kohlensäure, Zuckerarten und Farbstoffe. Nach den Leitsätzen zählen folgende Getränke zu den Erfrischungsgetränken:
- Fruchtschorlen
- Limonaden
- Fruchtsaftgetränke
- Brausen

Zuckerarten

In der Zutatenliste von Getränken findet sich der Zucker in verschiedenen Zuckerarten
- Kristallzucker
- Flüssigzucker
- Invertzuckersirup
- Glukosesirup
- Dextrose/Traubenzucker
- Fruchtzucker
- Läuterzucker/Flüssigzucker

Servieren von Erfrischungsgetränken

Erfrischungsgetränke enthalten einen hohen Wasseranteil und meist auch eine Zuckerart. Um einen „erfrischenden" Eindruck zu hinterlassen, werden Erfrischungsgetränke bei 8–10 °C gereicht.

1 Alkoholfreie Getränke

Fruchtsaftschorlen

Für Fruchtsaftschorlen gelten für den Mindestfruchtgehalt dieselben gesetzlichen Vorschriften wie für Nektar (siehe Seite 284). Darüber hinaus kann noch natürliches Aroma und eine Zuckerart zugegeben werden. Die geschmackgebende Frucht wird benannt, z. B. Apfelschorle oder Apfelsaft-Schorle. Sind mehrere Früchte in der Schorle, wird dies durch den Begriff Mehrfruchtschorle gekennzeichnet.

25–50 % Fruchtgehalt

Schorle, die im Café oder als „To-go-Artikel" selbst gemischt wird, unterliegt den gesetzlichen Vorgaben des Mindestfruchtgehaltes.

Fruchtsaftgetränke

Der geringere Anteil an Fruchtsaft wird durch natürliche Aromen ausgeglichen. Farbstoffe sind als Zusatz verboten, jedoch steigt der zugegebene Anteil einer Zuckerart. Die Fruchtzusätze sind in drei Gruppen eingeteilt.
- Kernobst oder Trauben   30 % Fruchtanteil
- Zitrusfrüchte   6 % Fruchtanteil
- Andere Früchte, z. B. Exoten oder Steinobst   10 % Fruchtanteil

mind. 6–30 % Fruchtgehalt

Limonaden

Limonaden erhalten ihren Geschmack durch die Zugabe von
- Aromaextrakten der geschmackgebenden Frucht oder der Kräuter,
- natürliche Aromen zur Geschmacksergänzung und meistens
- Zitronensäure.

Der Zuckergehalt einer Zuckerart beträgt **mindestens** 7 %, der Fruchtanteil **mindestens** 50 % eines **Fruchtsaftgetränkes**.
Darüber hinaus kann Zuckerkulör (E150) als Farbstoff verwendet werden, wie auch Beta-Carotin oder färbende Lebensmittel wie Rote Bete.

Zu den Limonaden gehören ebenfalls Cola- und Energy-Getränke, Bitter- und Kräuterlimonade. Cola-Getränke enthalten Koffein, Energy-Getränke besitzen neben verschiedenen Zuckerarten auch Koffein und aufputschende/leistungssteigernde Mittel wie Taurin oder Inosit. Koffeinhaltige Getränke sind mit einem Warnhinweis zu kennzeichnen, wenn mehr als 150 mg Koffein pro 100 ml enthalten sind.

3–15 % Fruchtgehalt

Fassbrause ist ein Begriff, der mit der klassischen Brause nichts gemeinsam hat. Als Fassbrause wurde ursprünglich ein Getränk aus Frucht- oder Kräuterextrakten bezeichnet. Eine einheitliche gesetzliche Regelung für diesen Begriff gibt es jedoch nicht.

Brausen

Brausen unterliegen keinen gesetzlichen Vorgaben für einen Mindestfruchtgehalt. Sie enthalten als Geschmacksträger Aromen und eine oder mehrere Zuckerarten sowie Farbstoff.

0 % Fruchtgehalt

Service

GETRÄNKE UND GETRÄNKESERVICE

Smoothie

Smoothies sind Getränke, die aus frischen und einwandfreien Früchten hergestellt sind. Charakteristisch ist die Sämigkeit, die durch das pürierte Fruchtmark entsteht. Smoothies sind aus der ganzen Frucht ohne Schale und Kernen hergestellt. Meist sind sie Mischungen aus verschiedenen Früchten, somit wird ein zu dickes Püree (z. B. Banane) mit Saftobst (z. B. Orangen) oder Obstsaft genussfähig gemacht.

Smoothies lassen sich in einem Standmixer sehr gut selbst herstellen (s. Seite 163). Mit der Eigenherstellung von Smoothies hat man die Möglichkeit, auf Kundenwünsche schnell und zielgerichtet, aber auch auf saisonale Angebote zu reagieren. Da es keine Leitsätze für dieses Getränk gibt, kann ein Smoothie auch mit Zusätzen aus Molkereierzeugnissen hergestellt werden.

Smoothies besitzen von Natur aus einen hohen Fruchtzuckeranteil, der aufgrund der Zerkleinerung sehr schnell ins Blut übergeht. Auf die zu verzehrende Menge ist daher zu achten. Grüne Smoothies sind hier eine kalorienreduzierte Alternative. Es wird zum Teil die Schale mitverwendet, der Ballaststoffgehalt steigt dadurch. Eine Vielzahl an sekundären Pflanzenstoffen steigert den Gesundheitswert von grünen Smoothies.

1.4 Getränkeschankanlagen

Alkoholfreie Getränke

Zapfanlagen für alkoholfreie Kaltgetränke lassen sich in zwei grundlegende Bauweisen unterteilen. Bei der **Premixanlage** (pre = vorher) wird das vom Getränkehändler bezogene, fertige Getränk im Restaurant nur gekühlt und ggf. mit Kohlensäure angereichert. Bei einer **Postmixanlage** (post = nach, später) muss der gelieferte Getränkegrundstoff noch mit Wasser vermischt werden, bevor das Getränk gezapft und serviert werden kann.

Vorzüge der jeweiligen Anlagentypen

Premixanlage

- Kann auch mobil eingesetzt werden, da keine aufwendigen Installationen notwendig.
- Ohne Baumaßnahmen in bestehenden Gebäuden nachrüstbar.
- Mischungsverhältnis muss nicht eingestellt werden.

Postmixanlage

- Platzsparend – nur Getränkegrundstoff einlagern.
- Durch geringe Sirupmenge (Figal) einfachere Warenannahme/ Pfandrückgabe.
- Postmix-Behälter müssen seltener getauscht werden.
- Tafelwasser kann ohne Figal gezapft werden.

---

bis 100 % Fruchtgehalt

Apfel-Mango-Smoothie

1 Portion
0,120 kg Apfel, geschälter und entkernter
0,090 kg Mangofruchtfleisch
0,040 kg Orangensaft
0,080 kg Apfelsaft
Zutaten in einem Standmixer fein pürieren.

Getränkeschankanlagen werden oft auch als Zapfanlage oder Schankanlage bezeichnet. Getränke aus Vorratsbehältern (Keg, Fass) lassen sich damit rasch und einfach in Gläser portionieren. Darum findet man Zapfanlagen vorwiegend dort, wo Getränke in größerer Menge verkauft werden.

Vorsichtsmaßnahmen:
CO_2-Flaschen **nur** mit aufgesetzter Schutzkappe transportieren. Während des Transports den Druckminderer **nicht** montieren (er könnte abbrechen, Gas würde ausströmen). Die Flasche **immer** gegen Umkippen sichern.

Figal (engl.) = **Five Gal**lons.
5 Gallonen entsprechen ca. 18,9 Liter.

Postmix-Anlage

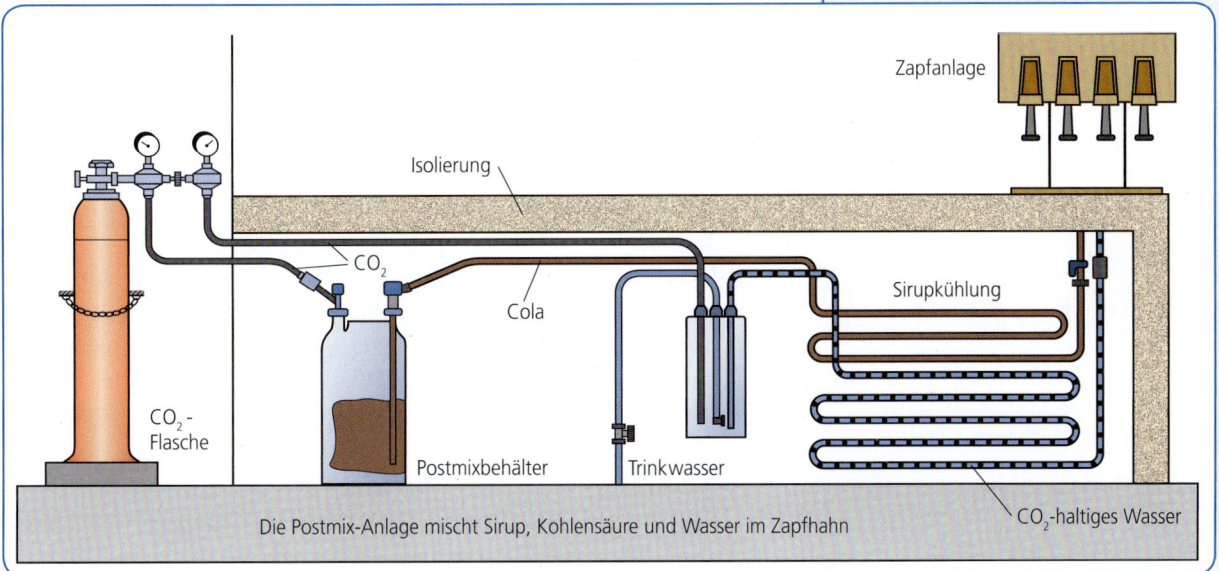

Die Postmix-Anlage mischt Sirup, Kohlensäure und Wasser im Zapfhahn

An der CO₂-Flasche befinden sich zwei Anschlüsse: einer wird in den Getränkegrundstoff geführt, der andere reichert Trinkwasser mit Kohlensäure an.

Der Getränkegrundstoff (Limonadensirup) wird aus dem Postmixbehälter in das Kühlaggregat getrieben.

Trinkwasser wird von geschmacksbeeinflussenden Stoffen befreit und im Karbonator mit Kohlensäure versetzt. Ein Druckminderer sorgt dafür, dass das Trinkwasser mit konstantem Druck in die Anlage geführt wird.

Im Zapfkopf fließen karbonisiertes Wasser und Getränkesirup – gekühlt auf ca. 4 °C – zusammen. Das Mischungsverhältnis Wasser : Grundstoff wird über ein Ventil eingestellt.

Bag-in-Box (BiB)-Postmix

In der Gastronomie setzt sich zunehmend das Postmix-System „Bag-in-Box" durch. Kernstück der Anlage sind 10-Liter-Kartons („Box"), die mit einem Sirup-Beutel („Bag") bestückt sind. Gemischt wird ein Teil Sirup mit fünfeinhalb Teilen kohlensäurehaltigem Wasser. Ein Vakuumsystem saugt den Sirup an, es wird kein CO₂ eingesetzt.

Das System hat viele Vorteile:
- Weniger Platzbedarf für die Lagerhaltung und beim Ausschank
- Einfacheres Handling und höhere Sicherheit (kein Druckgas)
- Im Sirup-Beutel bleiben durch die spezielle Konstruktion keine Restmengen übrig. Kaum Schankverluste.
- Problemlos entsorgbare Einweggebinde, wenig Abfall.

1.5 Alkoholfreie Mischgetränke

Mischgetränke werden auf Basis von Limonade, Fruchtsaft oder Fruchtnektar hergestellt. Sie eignen sich aufgrund der säurehaltigen oder kalten Zutaten besonders in den warmen Sommermonaten.

Einfache Mischgetränke mischen sich bereits beim Einfüllen in Gläser. Zu ihnen zählen z. B.

Service

GETRÄNKE UND GETRÄNKESERVICE

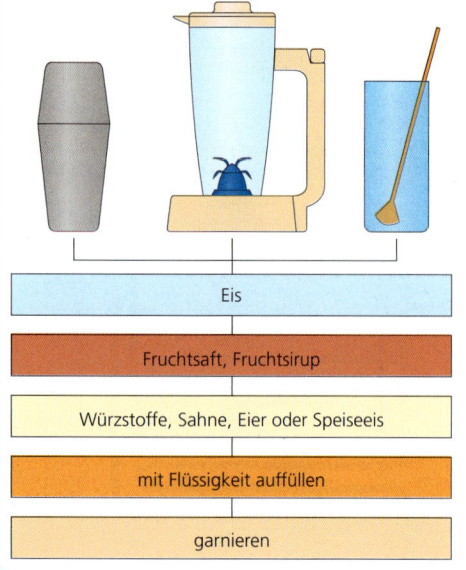

- Eis
- Fruchtsaft, Fruchtsirup
- Würzstoffe, Sahne, Eier oder Speiseeis
- mit Flüssigkeit auffüllen
- garnieren

- Spezi – Cola mit Orangenlimonade
- Fruchtsaftschorle – Fruchtsaft mit Mineralwasser
- Limonade – Zitrus-Fruchtsaft mit Wasser und Zucker

Aufwendigere Mischgetränke (Longdrinks, Cocktails, Fancys) besitzen neben den Basisgetränken meist noch weitere Zutaten. Geeignet zur geschmacklichen Erweiterung ist

- Sirup und/oder Würzstoffe
- Früchte (im Mixer zerkleinert)
- Milch und Milchprodukte
- Speiseeis

Zum Mischen eignen sich Rührlöffel, Cocktailshaker oder Elektromixer/Elektrostandmixer. Durch kräftiges Arbeiten mit einem Shaker oder dem Elektromixer kommt Luft in das Getränk, Eiswürfel oder Speiseeis kühlen es ab. Entsprechende Gläsergarnituren werten das Getränk optisch auf.

Da es bei der Herstellung alkoholfreier Mischgetränke unzählige Möglichkeiten gibt, liegt es an den Fachkräften herauszufinden, welche Richtung die Gäste bevorzugen oder welche Geschmacksrichtung gerade im Trend liegt.

Beispiele für Mischgetränke

Auf Basis von Fruchtsäften

Florida

Zutaten

1 cl	Zitronensaft
8 cl	Orangensaft
12 cl	Ananassaft
1 cl	Grenadine
	Eiswürfel

Alle Zutaten in einen Cocktailshaker mit Eiswürfel geben, gut vermischen und in einem bauchigen Glas servieren.

Auf Basis von Fruchtsaft und Sahne

Virgin Colada

Zutaten

12 cl	Ananassaft
6 cl	Süße Sahne
4 cl	Kokossirup
	Eiswürfel

Alle Zutaten in einen Cocktailshaker mit Eiswürfel geben, gut vermischen und in einem bauchigen Glas servieren.

Auf Basis von Milch

Apfel-Holunder-Traum

Zutaten

10 cl	Milch
100 g	Apfelmus
1 TL	Puderzucker und
5 EL	Zimt
	Holunderbeerensaft

Milch mit Apfelmus und Zuckermischung verrühren und in ein Glas gießen. Holunderbeerensaft in die Milchmischung laufen lassen. Garnieren

Eine klassische Variante der Milch-Mischgetränke ist Eiskaffee und Eisschokolade. Eiskaffee wird mit kräftigem kaltem Kaffee hergestellt. Je nach Kundenwunsch wird der Kaffee gesüßt. Vanilleeis wird zum Kaffee in das Glas gegeben, mit einer Sahnehaube versehen und mit Trinkhalm serviert. Eine Eisschokolade wird auf gleiche Weise hergestellt, jedoch sollte der Kunde zwischen Vanille- oder Schokoladeneis wählen dürfen.

Milchshake

Ein Milchshake ist ein süßes und kaltes Getränk, das Milch als Grundzutat enthält. Zudem kommen noch z. B. Speiseeis und süße Aromen wie Sirup hinzu. Das Mischen der Zutaten gelingt am besten über Milchshake-Mixer. Sie vermengen die Zutaten zu einer gleichmäßig sämigen Flüssigkeit um 0 °C.
Besonders gut geeignet ist die Herstellung von Shakes in den Sommermonaten. Das Getränk ist kalt, vollmundig-süß und stark variierbar.

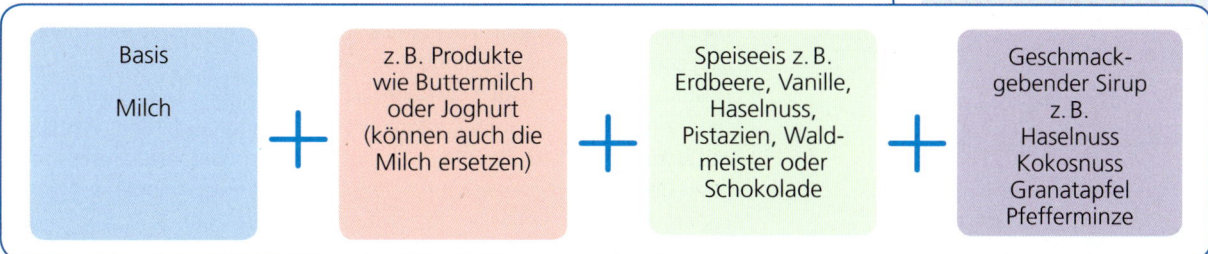

Anrichtebeispiele

1.6 Kochen mit alkoholfreien Getränken

Neben der typischen Nutzung als Getränk unterstützen alkoholfreie Getränke aber ebenso das tägliche Arbeiten in gastronomischen Küchen. Sie werden meist zur Unterstützung des **Geschmacks** verwendet.

Beispiele:
Für Rotkohl wird Kirschsaft oder Saft und Zeste von Blutorangen verwendet. Sauerkrautsaft oder Zitronensaft zum **Marinieren** von Fisch oder Orangensaft für die **Herstellung** von aufgeschlagener Orangenschaumsauce. Zur **Verfeinerung** von Speisen wie Blankett vom Huhn oder Erbsensuppe dient Zitronensaft; als **farbgebendes** Lebensmittel kann Rote-Bete-Saft oder Karottensaft verwendet werden. Mineralwasser wird bei der Herstellung von Tempura-Teig und Vichy-Karotten (Vichywasser) eingesetzt.

Service

GETRÄNKE UND GETRÄNKESERVICE

2 Aufgussgetränke

🇬🇧 hot drinks 🇫🇷 boissons (w) chaudes

Als Aufgussgetränke bezeichnet man Kaffee, Kaffee-Getränke (Instant-Kaffee), Tee und Kakao. Sie werden durch Überbrühen (Aufgießen) mit Flüssigkeit (in der Regel Wasser) hergestellt. Kaffee und Tee aus Teepflanzen enthalten Koffein, Kakao enthält Theobromin. Diese Aufgussgetränke wirken durch Alkaloide anregend auf Kreislauf und Nervensystem.

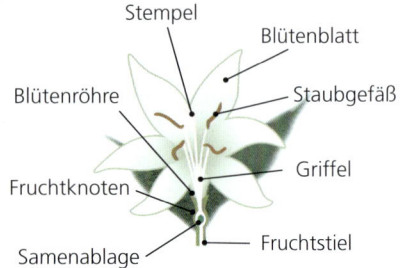

Kaffeeblüte mit späterer Frucht

2.1 Kaffee   🇬🇧 coffee 🇫🇷 café (m)

Bedeutend für die Herstellung von Kaffee sind zwei Kaffeearten, Coffea arabica (Arabica) und Coffea canephora (umgangssprachlich Robusta).

- Robusta enthält mehr Koffein als Arabica, besitzt weniger Kaffeeöl und ist kräftig im Geschmack. Robusta wird häufig für Kaffeemischungen oder Espresso(-mischungen) verwendet.
- Arabica wird als die hochwertigere Sorte angesehen. Geschmacklich ist die Kaffeeart sehr vielfältig, von süßlich bis fruchtig oder auch würzig mit feinen Nuancen. Um einen gleichbleibenden Geschmack über Jahre zu gewährleisten, werden häufig Mischungen verschiedener Arabicas verwendet.

Kaffeeanbau und Konsumenten

Kaffee wächst meist nur unter speziellen klimatischen Bedingungen. Der Konsum ist jedoch weltweit vorhanden, verstärkt in Süd- und Nordamerika sowie in Europa. Während die Ernte und die erste Vearbeitung in dem Erzeugerland stattfinden, wird der Röstprozess im Konsumland durchgeführt. Dies hat den Vorteil, dass die unterschiedlichen Trinkgewohnheiten beim Kaffee (z. B. kräftige Röstungen) berücksichtigt werden.

Transfair
Oft bleiben den Erzeugern von Kaffee nur ein kleiner Erlös ihrer vorbereiteten Kaffeebohnen (s. Seite 43)

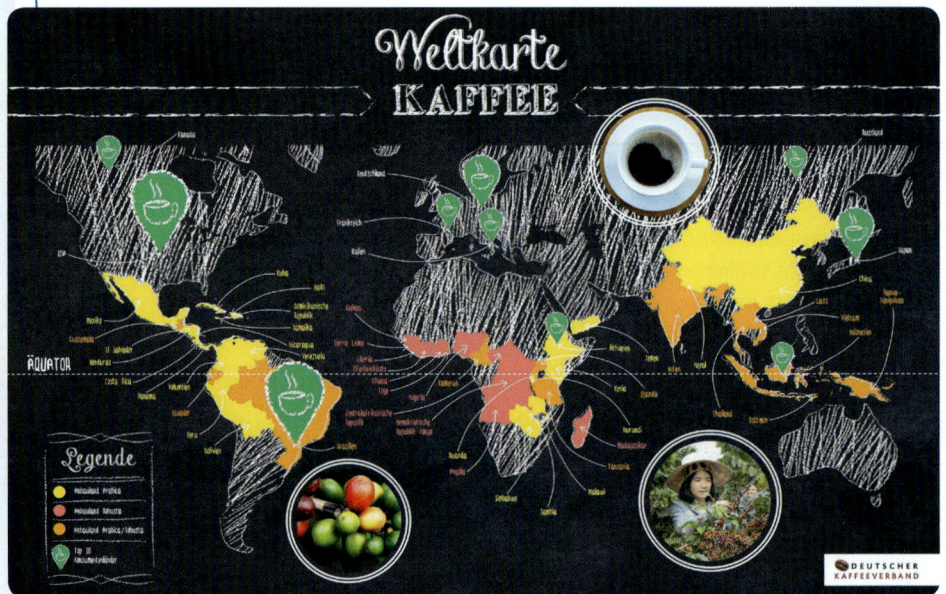

Aufbereitung der Kaffeebohne

Nach der Ernte werden die Kaffeebohnen, wegen ihrer noch geringen Haltbarkeit, relativ schnell vom Fruchtfleisch befreit und anschließend getrocknet. Die noch grünen Bohnen kommen als Rohkaffee in den Handel. Für die Aufbereitung der Kaffeebohnen gibt es verschiedene Verfahren, u. a. die trockene Aufbereitung, die gewaschene Aufbereitung und die halbtrockene Aufbereitung.

- Bei der **trockenen Aufbereitung** werden die Früchte in der Sonne über mehrere Wochen gedörrt, zunehmend auch in wenigen Stunden im Ofen getrocknet. Der Feuchtgehalt geht von bis zu 60 % auf 11–13 % zurück. Dann wird das getrocknete Fruchtfleisch maschinell abgeschält. Vor dem Transport wird noch die Pergamenthaut entfernt.
- Beim **Nassverfahren** wird das Fruchtfleisch zunächst fast vollständig entfernt. Dann lässt man die Bohnen in Wasserbecken über viele Stunden fermentieren; dabei wird das verbliebene Fruchtfleisch gelockert und kann nach diesem Prozess restlos abgespült werden. Mit der anschließende Trocknung durch Heißluft oder auf Trockenplätzen wird die Restfeuchte von 11–13 % erreicht. Durch die gewaschene Aufbereitung werden eher feine Aromen und Säuren begünstigt.
- Bei der eher seltener angewandten **halbtrockenen Aufbereitung** wird das Fruchtfleisch zunächst fast vollständig entfernt. Die freigelegten Bohnen trocknen mit dem Restfleisch auf Trockenplätzen oder in Netzen, bis der Restfeuchtegrad erreicht ist. Dann wird das getrocknete Restfleisch entfernt.

Querschnitt Kaffeefrucht

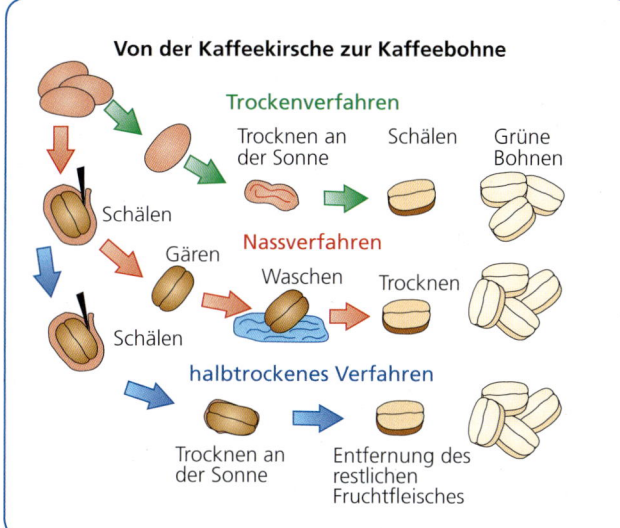

Kaffeeaufbereitung

Rösten von Kaffee

Beim Rösten des Rohkaffees verändern sich die Bohnen. Aminosäuren, Proteine und Zuckerstoffe werden in neue chemische Verbindungen umgewandelt (Maillard-Reaktion).
- Diese geben dem Kaffee-Getränk Farbe und Geschmack,
- Aromastoffe entstehen durch Umbildung und
- die Gerbstoffe werden verringert.

Koffein ist der Hauptwirkstoff des Kaffees. Eine Tasse Filterkaffe enthält zwischen 50 und 100 mg Koffein. Koffein regt das Zentralnervensystem an, steigert die Herztätigkeit und erhöht den Blutdruck (was aber auch zu Herzklopfen und Schlaflosigkeit führen kann).
Der Röstgrad entscheidet über den Geschmack der Bohne und das Endprodukt.
- Für Filterkaffee wird häufig eine **etwas hellere** Röstung gewählt. Diese weist meistens weniger Bitter- und Röstaromen auf, sodass ein feineres Aroma ermöglicht wird.
- Mittlere Röstungen eignen sich besonders gut für Café Crème.
- Dunkle Röstungen eignen sich besonders für Espresso und Kaffeespezialitäten, bei denen Espresso die Grundlage bildet (s. Seite 294).

Koffein
- regt das Zentralnervensystem an,
- steigert die Herztätigkeit und erhöht den Blutdruck (was aber auch zu Herzklopfen und Schlaflosigkeit führen kann).

Service — GETRÄNKE UND GETRÄNKESERVICE

Kaffee-Ersatz ergibt ein kaffeeähnliches, koffeinfreies Getränk. Als Rohstoffe dienen Zichorien, Feigen und Gerstenmalz. Diese Produkte erhalten durch Rösten Aroma, Farbe und Geschmack. Malzkaffee kommt gemahlen in den Handel, Feigen und Zichorien werden zerrieben und gepresst. Das Hauptangebot besteht aus sofort löslichem Extraktpulver.

Grundregeln Kaffeemahlgrad

- Je feiner das Kaffeemehl gemahlen ist, desto kräftiger/strenger ist der Geschmack.
- Grobe Kaffeemehle sind mild oder auch als zu dünn wahrnehmbar.

Produkt-bezeichnung	Kaffee-pulver	Wasser-menge
Tasse Kaffee	6–10 g	125–150 ml
Kännchen Kaffee	12–20 g	250–280 ml
Großmengen	60–100 g	2 000 ml

Kaffee mit besonderer Behandlung

- **Entkoffeinierter Kaffee** enthält höchstens 0,1 % Koffein und kann darum auch von Personen getrunken werden, bei denen Koffein zu Herzklopfen und Schlaflosigkeit führen würde.
- **Säurearmem Kaffee** ist Gerbsäure entzogen worden, das Koffein bleibt erhalten. Diese Art ist darum für Personen mit säureempfindlichem Magen geeignet.
- **Kaffee-Extraktpulver** oder Instant-Kaffee löst sich sofort und ohne Rückstände auch in kalter Flüssigkeit. Das Produkt wird hergestellt, indem man konzentriertem Kaffee im Sprühverfahren oder durch Gefriertrocknung das Wasser entzieht. Das Pulver ist sehr wasseranziehend (hygroskopisch) und muss darum unbedingt verschlossen aufbewahrt werden.
- **Kaffee-Konzentrat** wird durch stufenweises Auslaugen der Kaffeebohnen gewonnen. Beim Fertigstellen ist mit der jeweils vorgeschriebenen Wassermenge zu verdünnen. Kaffee-Konzentrat wird in Kapseln angeboten.

Zubereitung von Kaffee

Für die Gastronomie hergestellter Kaffee wird besonderen Röstverfahren unterworfen. Damit besitzt er eine längere Standzeit, was besonders im Frühstücksservice oder für große Personengruppen von Vorteil ist. Für viele Personen, z. B. beim Frühstück, wird Kaffee in größeren Mengen auf Vorrat zubereitet. Die Warmhaltetemperatur liegt dann bei etwa 80 °C. Trotz der besonderen Verfahren bei der Kaffeebohnenröstung sollte eine Standzeit bis 60 Minuten nicht überschritten werden. Wenn der Kaffee kippt, verändern sich die Farbe, das Aroma und der Geschmack nachteilig.

Brühen von Kaffee

Um einen wohlschmeckenden, vollaromatischen Kaffee zu erhalten, ist einiges zu beachten:

- Grundbedingung ist die Verwendung von hochwertigem und für die Gastronomie geröstetem Kaffee.
- Die Einkaufsmengen sind dem jeweiligen Bedarf anzupassen, damit keine Aromaverluste durch Überlagerung entstehen.
- Geöffnete Verpackungen sind luftdicht zu verschließen.
- Die verwendeten Kaffeesorten und -mengen sind der Maschine und den Wasserbedingungen anzupassen.
- Der Feinheitsgrad der Körnung ist auf die Art des Brühverfahrens abzustimmen, damit sich das Aroma optimal entfalten kann.
- Wichtig sind die richtig dosierte Menge des Kaffeepulvers sowie die sachgerechte Temperatur des Brühwassers zwischen 90 bis max. 95 °C.
- Die Wasserqualität entscheidet über das Endergebnis. Weiches Wasser mit wenigen Mineralsalzen ergibt ein feineres Endprodukt.
- Porzellangeschirr, gut vorgewärmt, gilt als besonders aromafreundlich, da der Kaffee länger heiß bleibt.
- Das Kaffeegeschirr muss sauber und unbedingt seifenfrei sein.

Arten der Kaffeezubereitung

French Press

Die Herstellung erfolgt in einer Pressstempelkanne und wird per Hand und ohne Filterpapier durchgeführt. In eine spezielle Glaskanne wird Kaffeepulver gegeben, heißes Wasser aufgegossen und das Kaffeepulver kurz verrührt. Nach etwa 4 Minuten wird mit dem Stempelsieb das Kaffeepulver auf den Kannenboden gedrückt. Im Kaffee enthalten sind die aroma- und geschmackgebenden Bestandteile.

Handfiltern von Kaffee

Beim Handfiltern ist zu beachten:
- Das Kaffeepulver im Filter mit wenig heißem Wasser anbrühen, damit es aufquillt.
- Den Rest des Wassers dann stufenweise in die Mitte des Filters nachgießen, damit das Wasser durch das Kaffeemehl zum Filter hin fließt.

Maschinelle Kaffeezubereitung

Die maschinelle Zubereitung von einzelnen Kaffees oder Kaffeespezialitäten erfolgt durch Vollautomaten bzw. durch Siebträger. Vollautomaten und Siebträger haben verschiedene Ausstattungsmerkmale, mit denen vor allem Kaffeespezialitäten wie Espresso, Café au lait oder Latte Macchiato hergestellt werden.

Siebträgermaschine

Kaffeevollautomat

Kaffeemaschinen und Mengenbrüheinheiten ermöglichen es, in kurzer Zeit große Mengen Kaffee bereitzustellen. Die beiden grundlegenden Verfahren sind hierzu
- das drucklose **Überbrühverfahren** (z. B. Korbfilter) ①
- das **Dampfdruckverfahren** ②

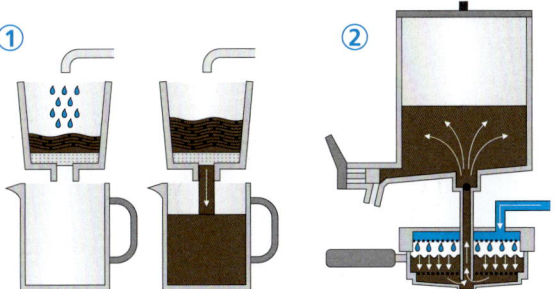

Grundlegende Angebotsformen für Kaffee

In der Praxis hat sich durchgesetzt, Kaffee und Espresso immer mit Zucker oder Süßstoff und Kaffeesahne oder Milch zu reichen. Als Aufmerksamkeit wird auch einzeln verpacktes Gebäck, Konfekt oder Schokolade gereicht.

Service

GETRÄNKE UND GETRÄNKESERVICE

Komponenten zum Bereitstellen für ein Kännchen Kaffee
- Tablett mit Papiermanschette,
- Untertasse mit Deckchen, vorgewärmter Tasse und Kaffeelöffel,
- Schälchen mit Zucker/Zuckerstreuer und Süßstoff
- Kännchen oder Portionen mit Sahne/Milch
- Kännchen mit Kaffee.

Wird der Kaffee in einer Tasse, einem Pott oder Spezialglas gereicht, werden Zucker, Süßstoff, Kaffeesahne oder Kondensmilch und Gebäck ebenfalls dazugereicht. Je nach Einrichtung befindet sich z. B. Zucker schon auf dem Tisch.

Zugaben zum Kaffee

Üblich ist die Zugabe von kleinen Gebäcken zum Kaffee oder zu Kaffeespezialitäten. Abhängig vom Niveau der gastronomischen Einrichtung wird als Beigabe gegeben:
- Tee- oder Kaffeegebäck (Mürbeteiggebäck)
- Amarettini oder Mini-Baiser
- Pralinen oder Petits fours
- Schokoladentäfelchen

2.2 Kaffeespezialitäten

Bei vielen Kaffeespezialitäten bildet eine kräftige Röstung (wie die des Espressos) die Grundlage. Je nach Gästekreis kann jedoch auch eine weniger stark geröstete Bohne verwendet werden.

Kaffee mit Geschmack/Flavoured Coffee
Um das Angebot zu verbreitern, werden Kaffeespezialitäten mit geschmacklichen Varianten angeboten, der Flavoured Coffee. Je nach Trend oder auch Jahreszeit wird die Kaffee-Sirup-Kombination dem Gästekreis angepasst. Angeboten wird Sirup z. B. in den Geschmacksrichtungen Zimt, Vanille, Haselnuss, Schokolade, Amaretto und Anis. Zusätzlich erweitert mit Spirituosen entstehen vielfältige Kombinationen, die den Kaffee stark mildern und somit auch den Gästen zur Verfügung stehen, die den meist herben Geschmack von Kaffee nicht mögen.

Kaffeespezialitäten mit starker Röstung

Mokka
Die ursprüngliche Weise des Kaffeekochens. Sehr feines Kaffeemehl in eine Kanne geben und mit Wasser zusammen aufkochen. Nach ein wenig Ziehen in Mokkatassen gießen. Je nach Nation wird dieser Kaffee auch gewürzt, z. B. mit Kardamom oder Zimt.

Caffe Ristretto

8 g Kaffepulver =
30 ml Espresso

Espresso

8 g Kaffepulver =
50 ml Espresso

Macchiato

50 ml Espresso
+ Milchschaum

Kapuziner

50 ml Mokka
+ wenig
flüssige Sahne

Caffe Doppio

16 g Kaffepulver =
100 ml Espresso

Caffe Lungo

16 g Kaffepulver =
150 ml Espresso

Café Crema

8–10 g Kaffepulver =
150 ml Kaffee

Kaffeespezialitäten mit Milch

Cappuccino

1/3 Caffe Lungo
+ 1/3 heiße Milch
+ 1/3 Milchschaum

Café au lait

1/2 Lungo
+ 1/2 leicht aufgeschäumte heiße Milch

Latte Macchiato

1/3 heiße Milch
+ 1/3 Espresso
+ 1/3 Milchschaum

Kaffeespezialitäten mit Alkohol

Kaffee verträgt sich gut mit Spirituosen. Es gibt Gäste, die diese besondere Geschmacksnote lieben. Geeignete Spirituosen sind z. B. Cognac, Kirschspirituosen oder Amaretto.

- Die Grundausstattung ist wie bei einer Tasse oder einem Kännchen Kaffee.
- Die gewählte Spirituose wird im entsprechenden Glas getrennt gereicht.

Weitere Spezialitäten

Rüdesheimer Kaffee

- 3 bis 4 Stück Würfelzucker in der vorgewärmten Originaltasse mit 4 cl Asbach übergießen,
- mit einem langen Streichholz entzünden und bei gleichzeitigem Rühren mit einem langstieligen Löffel flambieren (den Zucker leicht karamellisieren lassen),
- mit heißem Kaffee auffüllen,
- mit geschlagener Sahne garnieren und mit Schokoladenraspel bestreuen.

Pharisäer

In einer vorgewärmten Tasse je 1 Kaffeelöffel Zucker sowie 4 cl Rum verrühren,
- mit starkem Kaffee auffüllen,
- mit angeschlagener Sahne garnieren.

Irish Coffee

Man verwendet dazu die sogenannte Irish-Coffee-Garnitur, bestehend aus kleinem Rechaud, schrägem Glashalter und einem speziellen Irish-Coffee-Glas.

- In ein gut vorgewärmtes Originalglas 1 bis 2 Kaffeelöffel braunen Zucker sowie 4 cl Irish Whiskey geben,
- über dem entzündeten Rechaud drehend erwärmen, damit sich der Zucker auflöst,
- die Flamme in das Glas überschlagen lassen, flambieren,

Service

Küchenpraxis Kaffee

Kaffee ist nicht nur zum Trinken geeignet. Er lässt sich auch gut in den Küchenalltag integrieren. In Sahne oder Öl eingelegter Kaffee verleiht diesen Produkten sein Aroma, ohne Farbe abzugeben. So kann z. B. weiße Kaffee-Schlagsahne zum Füllen von Gebäck verwendet werden oder Kaffeeöl zum Konfieren von z. B. Fisch.

GETRÄNKE UND GETRÄNKESERVICE

- mit heißem Kaffee auffüllen, dickflüssig angeschlagene Sahne vorsichtig über die Wölbung eines Löffelrückens auf die Oberfläche des Kaffees gleiten lassen; Sahne sollte nicht absinken,
- auf einem Mittelteller mit Papierserviette servieren.

Milde Varianten mit Alkohol entstehen durch die Zugabe von Emulsionslikören wie Eierlikör oder Schokoladenlikör.

Kaffee-Advocaat

In eine vorgewärmten Kaffeetasse 1/2 Kaffeelöffel Zucker mit Eierlikör verrührt,
- mit heißem Kaffee auffüllen und angeschlagener Sahne garnieren

Kaffee-Bailey's

In eine vorgewärmten Tasse Bailey's gießen,
- mit heißem Kaffee auffüllen, angeschlagener Sahne garnieren und Schokoladenstreusel aufstreuen.

2.3 Tee   🇬🇧 tea 🇫🇷 thé (m)

Tee wird von dem immergrünen Teestrauch gewonnen. Man pflückt die Blattknospen mit zwei bis drei Blättern. Je jünger der Trieb ist, desto feiner und aromatischer schmeckt der Tee.

Aufbereitung von Tee

Klassische Aufbereitung

Durch **Welken** werden die Blätter geschmeidig und so für die Weiterverarbeitung vorbereitet.

Beim **Rollen** brechen die Zellen der Blätter auf, sodass sich der Zellsaft mit dem Luftsauerstoff verbinden kann. Diese Oxidation nennt man **Fermentation**. Dabei bewirken die Fermente (Enzyme) eine Aufspaltung der Gerbsäure Tannin. Der Tee wird durch das Fermentieren milder und aromatischer. Zugleich werden die grünen Blätter kupferrot, was dem Getränk später seine typische Farbe verleiht. Durch das **Trocknen** wird die Fermentation unterbrochen. Der Tee wird schwarz und bei trockener, luftdichter Lagerung haltbar.

Bei der Gewinnung des **grünen Tees** unterbleibt die Fermentation. Er besitzt deshalb einen höheren Gerbsäuregehalt und ist herber.

Die CTC-Produktion

Bei der CTC-Produktion werden die Teeblätter nach dem Welken einem geschlossenen Arbeitsgang unterworfen. Dabei wird der Tee wie folgt behandelt:
Über 90 % der Weltproduktion werden so hergestellt.
Bei diesem Verfahren entstehen vorwiegend kleine Tee-Stücke für Teebeutel.

```
Welken
  ↓
Rollen
  ↓
Fermentieren
(nicht bei grünem Tee)
  ↓
Trocknen
  ↓
Sortieren
```

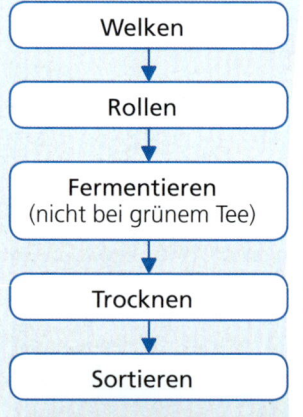

Teeblätter

Zerbrechen	(crushing)	C
Zerreißen	(tearing)	T
Rollen	(curling)	C

Arten

Angeboten wird Tee nach folgenden Unterscheidungsmerkmalen:

Anbaugebiet

Darjeeling, an den Südhängen des Himalaja, liefert einen feinen und aromatischen Tee.

Assam, eine nordindische Provinz, ist bekannt für gehaltvolle und kräftige Arten.

Als **Ceylon-Tee** bezeichnet man Tee von der bei Indien gelegener Insel **Sri Lanka**, die früher Ceylon hieß.

Je höher die Teepflanzungen liegen, desto langsamer wachsen die Blätter und verleihen dem Tee einen besonders feinen und edlen Geschmack.

Blattfolge

Flowery Orange Pekoe (FOP) mit vielen Spitzen (Tips) ist die beste Sorte.

Orange Pekoe (OP) ist dünn gedreht, länglich.

Pekoe (P) ist kleiner und rundlich gerollt.

Manche Firmen haben die Skala der Teeauszeichnung erweitert und wenden zusätzlich folgende Bezeichnungen an:

Finest = F, Tippy = T, Golden = G.

Beste Qualität ist dann **FTGFOP**, gefolgt von **TGFOP** usw.

Sortierung

Die Blattsortierung sagt nichts über die Qualität aus.

Blatt-Tee ist das ganze Blatt, das länglich oder rundlich gerollt ist.

Broken-Tee ist absichtlich gebrochener Tee, der rascher ausgelaugt wird und damit ergiebiger ist (etwa 90 % der Produktion).

Fannings sind Blattstücke, kleiner als Broken-Tee.

Dust (engl. Staub) sind feinste Teile, die beim Sieben des Tees anfallen. Dust und Fannings werden für Teebeutel verwendet.

Teemischungen

Durch das Mischen verschiedener Sorten können Geschmack, Aroma und Preis ausgeglichen werden. Häufig angeboten werden:

- Englische Mischung: Volles, schweres Aroma, wird bevorzugt mit Milch getrunken.
- Ostfriesische Mischung: Kräftiges, fülliges Aroma. Wird bevorzugt mit Milch und Kandis getrunken.
- Ceylon-Mischung: Fein-würziges Aroma, goldene Farbe.

Teeähnliche Erzeugnisse

Teeähnliche Getränke können durch Aufbrühen geeigneter getrockneter Pflanzenblätter, Blüten, Früchten und Wurzeln hergestellt sein. Damit gehören Gewürze wie Zimt, Ingwer oder Kardamom ebenfalls zu den Bestandteilen der teeähnlichen Erzeugnisse.

Kräutertees

Kräutertees werden als Einzeltees (z. B. Pfefferminztee oder Salbeitee), in Mischungen (z. B. „Bronchialtee"), z. T. mit verkaufsfördernden Namen („Entspannt & Fit") angeboten. Einzelne Heilkräuter werden zur Unterstützung der Gesundung eingesetzt. Je nach Qualität der Kräuter können diese auch frisch mit heißem Wasser aufgegossen werden.

Weitere Informationen auf unserer Website

Service

GETRÄNKE UND GETRÄNKESERVICE

Küchenpraxis Tee
Tee ist nicht nur zum Trinken geeignet. Er lässt sich auch gut in den Küchenalltag integrieren. Ob Grüner-Tee-Eis, Gewürztee zum Aromatisieren von Gemüsespeisen oder als aufgeschlagene Schaumsauce, Kräutertee zum Marinieren von Fisch: Tee und Tee-Erzeugnisse bieten vielerlei Einsatzmöglichkeiten.

Weitere Teeerzeugnisse

Früchtetee wird meist aus Früchtemischungen hergestellt. Häufige Bestandteile sind Hagebutte, Apfel oder getrocknete Beeren. Früchte, nach denen der Tee genannt wird, sind mengenmäßig am meisten vorhanden.

Rooibos-Tee (Rotbuschtee) besteht aus Blättern und Zweigspitzen des ginsterartigen Strauches Aspalathus linearis. Er ist frei von Koffein, Farb- und Aromastoffen und daher auch für Kinder und empfindliche Personen geeignet.

Yogitee stammt aus der Naturheilkunde und besteht aus einer Mischung von Gewürzen wie Zimt, Ingwer, Nelken und schwarzem Pfeffer. Oft wird er mit Honig und Milch verfeinert.

Chaitee ist ein indischer Gewürztee, der mit schwarzem Tee hergestellt wird (Masala Chai). Wichtigstes geschmackgebendes Gewürz ist Kardamom. Chaitee wird gesüßt und mit heißer Milch serviert. In Afghanistan und Syrien wird unter ähnlichem Namen der Tee zusammen mit Milch und Gewürzen gekocht. Angenehmer Karamellgeschmack entsteht.

Zubereitung von Tee

Das Aroma des Tees ist sehr empfindlich, sodass zu beachten ist:

- Teekannen nur mit heißem Wasser, nicht in Verbindung mit Spülmitteln reinigen (der sich entwickelnde braune Belag in der Kanne hat keine negativen Auswirkungen),
- Kannen sowie Tassen oder Gläser gut vorwärmen, zum Überbrühen frisches, sprudelnd heißes Wasser verwenden.

Erforderliche Teemengen

Flüssigkeitsmenge	Teemenge
eine Tasse oder ein Glas	2 g Tee (das sind ein gestrichener Kaffeelöffel oder 1 Teebeutel)
eine Portion	4 bis 5 g Tee oder 2 Teebeutel

Im Gastgewerbe hat sich die Verwendung von Teebeuteln und Teesieben durchgesetzt. Das frisch zum Kochen gebrachte Wasser wird sprudelnd über den Tee gegossen. Diesen lässt man 3 bis 5 Minuten ziehen, Heilkräutertees bis 10 Minuten. Dabei ist der Zusammenhang zwischen der Brühdauer und den physiologischen Auswirkungen des Tees zu beachten:

- **Bis 3 Minuten**
  wird vorwiegend Koffein (Tein) ausgelaugt, sodass der Aufguss zu diesem Zeitpunkt vor allem anregend auf den Kreislauf wirkt.
- **Nach 3 Minuten**
  gehen in zunehmender Menge Gerbstoffe in den Aufguss über, die eine beruhigende Wirkung auf Magen und Darm haben.

Die Brühdauer für Tee ist auf den jeweils beabsichtigten Zweck abzustimmen (belebend oder beruhigend).

- Nach 5 Minuten
  lösen sich immer mehr gesundheitsfördernde Stoffe aus Kräutertees. Eine lindernde oder heilnde Wirkung wird erzielt.

Angebotsformen für Tee

Die grundlegende Angebotsform ist *mit Zucker:*
- Ein Tablett mit Papiermanschette,
- eine Untertasse mit Glas oder Tasse und Kännchen
- ein Schälchen mit Zucker, Kandis oder Kandissticks
- ein Schälchen zur Ablage des Teebeutels.

Je nach Teeart wird die grundlegende Angebotsform noch erweitert:
- Tee mit Sahne oder Milch
- Tee mit Zitrone: ein Schälchen mit Zitrone in der Presse
- Tee mit Rum: 4 cl Rum im Glas oder Portionsfläschchen

2.4 Kakao und Schokolade

🇬🇧 cocoa, hot chocolate 🇫🇷 cacao (m)

Kakao und Schokolade werden aus den Samenkernen des in tropischen Gebieten wachsenden Kakaobaumes gewonnen.

Aus den melonenartigen Früchten werden zunächst die Kakaobohnen (es sind die Kerne) entfernt.

Bei der Fermentation wird der Gerbsäuregehalt verringert, es entstehen Geschmack, Aroma und Farbe.

Anschließend werden die Kakaobohnen getrocknet und kommen so zum Versand.

Kakaofrucht

Verarbeitung

Die gereinigten Bohnen werden zur Verbesserung des Aromas zuerst geröstet, dann zerkleinert und von den Schalen befreit.

Der so entstandene Kakaobruch wird zwischen erwärmten Walzen vermahlen. Die fein zermahlenen Bohnen bezeichnet man als **Kakaomasse**. Durch starken Druck trennt man die **Kakaobutter** (Fett der Kakaobohnen) von den übrigen Kakaobestandteilen, die als Presskuchen zurückbleiben. Der fein zermahlene Presskuchen ergibt das **Kakaopulver**.

Schwach entöltes Kakaopulver hat 20 % Kakaobuttergehalt. Es ist dunkler, hat ein volles Aroma und ist mild im Geschmack. Man verwendet es für Kakao und Schokoladegetränke.

Stark entöltes Kakaopulver hat 10–20 % Kakaobuttergehalt. Der Geschmack ist sehr kräftig. Man verwendet es in der Patisserie für Schokoladengebäck und Eis.

„Aufgeschlossener Kakao" wird mit Wasserdampf behandelt und erhält Zusätze. Dabei wird das Zellgefüge lockerer, ein Teil der Stärke verkleistert, und darum setzt sich dieser Kakao weniger leicht ab. Schokoladenpulver ist gezuckertes Kakaopulver mit ergänzenden Geschmackszutaten.

Schokoladenproduktion

Schokolade

Schokolade

Bei der Herstellung von Schokolade geht man von der Kakaomasse aus. Ihr werden die erforderliche Menge Puderzucker, Gewürze, evtl. auch Milchpulver zugesetzt. Die Zutaten werden vermengt und dann fein geschliffen, damit die Bestandteile möglichst fein werden und die Schokolade den „Schmelz" erhält.

Angeboten wird Schokolade in Blöcken mit 2,5 und 5 kg. Diese Blöcke tragen Ziffernkombinationen, die zusammen immer 100 ergeben. Dabei nennt die erste Ziffer stets den Gehalt an Kakaobestandteilen, die zweite den Zuckeranteil.

Beispiel
70/30 = 70 % Kakaobestandteile + 30 % Zucker.

Je weniger Zucker die Schokolade enthält, desto höher ist die Qualität.

Zubereitung von Heißer Schokolade und Kakao

Zubereitung von Heißer Schokolade

Milch erhitzen, geriebene Schokolade (Kuvertüre) oder ungesüßtes Schokoladenpulver einstreuen und unter Rühren mit einem Schneebesen zum Kochen bringen. Die Schokolade sollte vollständig geschmolzen sein.

Zubereitung von Trinkschokolade

Für die Zubereitung von Trinkschokolade wird Kakaopulver mit Zucker oder anderen Zuckerarten verwendet. Der Kakaogehalt beträgt 32 %. Das Pulver wird in heißer Milch gelöst.

Zubereitung von Kakao

Ungezuckertes Kakaopulver in die Milch geben und zusammen mit wenig Zucker unter Rühren zum Kochen bringen.

Kakaohaltige Getränkepulver besitzen einen Zuckergehalt von bis zu 80 %. Sie gehören damit zu den Zuckerwaren. Bei der Verwendung von kakaohaltigem Getränkepulver sollte dies auch so deklariert werden.

Beigabe zu Schokolade und Kakao
- Zu Kakao wird Streuzucker gereicht.
- Kakao oder Schokolade in Tassen können mit geschlagener Sahne garniert werden.
- Zu Kännchen reicht man die Schlagsahne in einem Schälchen à part.

Küchenpraxis Kakao

Kakao ist nicht nur als Getränk geeignet. Er lässt sich auch gut in den Küchenalltag integrieren. Als Zugabe zu dunklen Saucen, aber auch in Cremes, Mousses, Gebäck und Eis eignet sich Kakao als Geschmacksträger oder zur Verfeinerung.

Zutat	Tasse Kakao	Portion Kakao
Milch	0,15 ℓ	0,3 ℓ
Kakaopulver	7 g	12 g
Schokoladenpulver oder Kuvertüre	–	–
Zucker	getrennt servieren	
	Tasse Schokolade	Portion Schokolade
Milch	0,15	0,3 ℓ
Kakaopulver	–	–
Schokoladenpulver oder Kuvertüre	15 g	30 g
Zucker	getrennt servieren	

Vorsicht Karte
Wird eine Heiße Schokolade angeboten, muss diese auch aus Schokolade bestehen. Ansonsten wäre es Irreführung des Gastes!

3 Bier

🇬🇧 beer 🇫🇷 bière (w)

Bier ist ein alkoholisches Getränk, das nach dem **Reinheitsgebot** aus **Malz**, **Hopfen** und **Wasser** mit **Hefe** hergestellt wird. Für deutsches Bier werden keine weiteren Zusätze oder andere Ausgangsstoffe verwendet. Im Handel sind erhältlich: Bier mit Alkohol und alkoholfreie Biere, alkoholreduzierte Biere (light) oder Bier mit geschmacklichen Zusätzen, die Biermischgetränke.

3.1 Bierherstellung

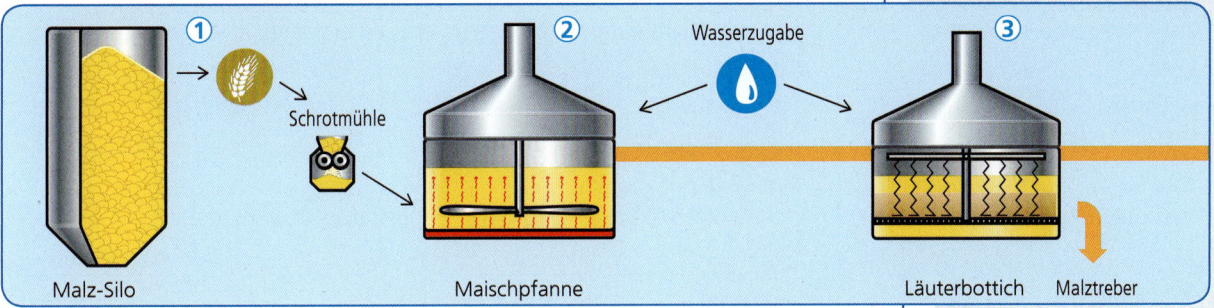

Schroten ①
Zu Beginn des Brauprozesses wird das Braumalz, das in einem Malzsilo gelagert wird, in der Schrotmühle gemahlen.

Maischen ②
Das Malzschrot wird in der Maischpfanne mit **Wasser** zur sogenannten Maische vermischt und danach dort erhitzt. Dabei wandeln Enzyme die wasserunlösliche Stärke des Getreides in löslichen Malzzucker um.

Abläutern ③
Der Läuterbottich: In ihm werden die festen Bestandteile der Maische von der Flüssigkeit getrennt. Die Brauer sprechen vom Treber – feste Bestandteile - und der Würze, in der alle löslichen Stoffe des Malzkornes enthalten sind. Die aus dem Läuterbottich abfließende Würze mit ihren wertvollen Inhaltsstoffen gelangt in die Würzepfanne.

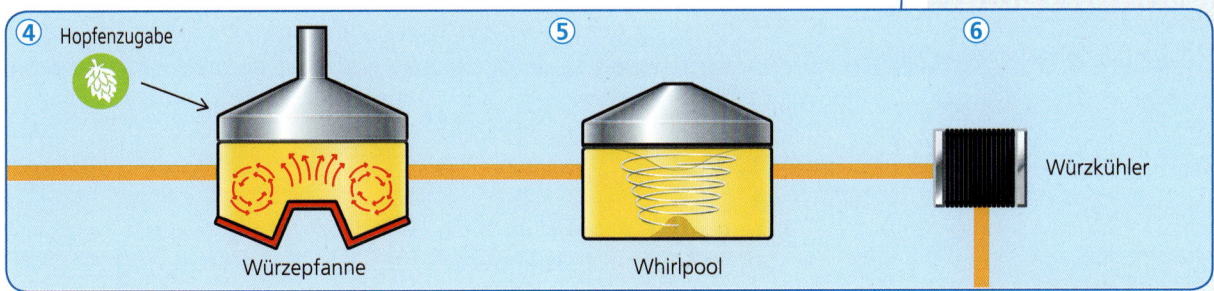

Würze kochen ④
In der Würzepfanne wird der flüssigen Würze der **Hopfen** zugegeben, dann wird sie gekocht. Je mehr Hopfen der Brauer zugibt (etwa 18 bis 40 mg Bitterstoffe pro Liter), desto hopfenbetonter – also herber - schmeckt später das fertige Bier. Es werden je nach Biertyp Aroma- oder Bitterhopfen eingesetzt.

Ausschlagen ⑤
Nach dem Kochen in der Würzepfanne werden im Whirlpool anschließend verbliebene Trübstoffe aus der Lösung entfernt. Durch Rotation wird die Würze natürlich geklärt.

Würzekühlung ⑥
Im Würzekühler wird die Flüssigkeit auf ca. 6 °C heruntergekühlt und somit für den Gärvorgang vorbereitet.

Service

GETRÄNKE UND GETRÄNKESERVICE

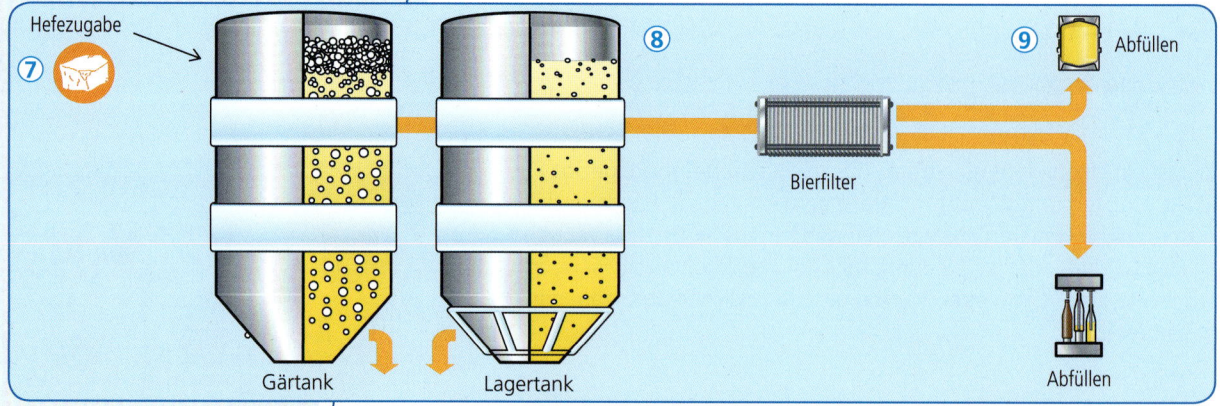

Gärung ⑦
Der Würze wird im Gärtank Hefe zugegeben. Sie wandelt den in der Würze gelösten Malzzucker in Kohlensäure und Alkohol um. Dieser Vorgang dauert ca. eine Woche. Nachdem die Hefe ihre Arbeit verrichtet hat, wird sie abgezogen und das sogenannte „Jungbier" ist fertig.

Lagerung ⑧
Je nach Biertyp reift das Jungbier bis zu drei Monaten in Lagertanks. Der Geschmack des Bieres rundet ab. Die Kohlensäure wird gebunden und gibt dem Jungbier seine Spritzigkeit. Die restliche Hefe und die Eiweißflocken setzen sich ab: Das Bier wird klar.

Filtration und Abfüllung ⑨
Bei der abschließenden Filtration wird die letzte im Bier verbliebene, noch in der Schwebe befindliche Hefe und andere Trübstoffe entfernt. Danach kann das Bier in handlichere Gefäße abgefüllt werden – Flaschen, Fässer, oder auch Dosen.

Craft-Biere
Unter Craft-Bier sind verschiedene Bierstile zu verstehen. Meist von kleinen und vor allem kreativen Brauereien gebraut, werden Craft-Biere auch mit Hopfen und Malz gebraut, unterscheiden sich jedoch durch weitere Zusätze. Daher kann „Craft Beer" auch eine saure Geschmacksrichtung (durch den Zusatz von Milchsäurebakterien) oder ein leichtes Haselnuss-Schokoladen-Aroma besitzen. Craft-Biere sind nicht nach dem deutschen Reinheitsgebot gebraut.

3.2 Biergattungen, Bierarten, Biersorten

Die **Biergattung** ist gesetzlich festgelegt und wird durch den Stammwürzegehalt (Stärke des Bieres) bestimmt. Im Handel gibt es Schankbier, Vollbier und Starkbier.

Die **Bierart** wird durch die Art der Vergärung bestimmt. Man unterscheidet untergärige Biere, bei denen sich die Hefe nach unten absetzt, von den obergärigen, die als aromatischer bezeichnet werden.

Die **Biersorten** bezeichnen typische Eigenschaften oder weitere Unterteilungen, die sehr oft mit den Handelsbezeichnungen gleich sind.

Biersorten

Alt, Altbier
Ein obergäriges, kräftig gehopftes Vollbier mit dunkelbrauner Farbe aus der Düsseldorfer Region. Der Name Altbier leitet sich ab von alter Tradition.

Ausschank in einem becherartigen, geraden Spezialglas.

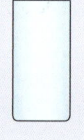

Berliner Weiße
Das obergärige Schankbier (weniger Alkohol) ist schwach gehopft und unter Verwendung von Weizenmalz hergestellt.
Bei der besonderen Gärung entsteht auch Milchsäure, die mit einem Schuss Himbeer- oder Waldmeistersirup ausgeglichen wird.
Serviert wird in einer halbkugelförmigen Schale.

Bock, Bockbier

Das untergärige Bier hat mindestens 16 % Stammwürze, ist also ein Starkbier. Kennzeichnend sind ein hoher Alkoholgehalt und ein malziger Geschmack. Bockbier stammt ursprünglich aus Einbeck; daraus wurde vereinfacht Bock.
Doppelbockbiere haben 18 % Stammwürze und enden, ohne dass es dafür eine Vorschrift gibt, auf „…ator", z. B. Salv**ator**.
Eisbock ist mit etwa 12 % Alkohol noch stärker. Diese Spezialität erhält man, indem man dem fertigen Bier durch Einfrieren Wasser in Form von Eis entzieht (gefrierkonzentrieren).

Diätbier, Diätpils

Eine helle, untergärige Vollbiersorte mit geringem Kohlenhydratgehalt. Darum ist es für Diabetiker geeignet. Der Alkoholgehalt liegt bei 4 %. Diätbier darf nicht mit alkoholarmem oder alkoholfreiem Bier verwechselt werden.

Export

Ein helles untergäriges Bier mit ausgeprägtem Hopfengeschmack. Es ist allgemein etwas stärker als das übliche „Helle" der selben Brauerei. Der Name Export entstand nach dem 1. Weltkrieg, als man bewusst nur besondere Qualität exportierte.

Kölsch

Ein goldfarbenes obergäriges Bier mit etwa 4 % Alkohol, das nur im Raum Köln hergestellt wird. Ausschank in der Stange, einem schlanken, geraden Spezialglas.

Lager

Heute bezeichnet man mit Lager untergäriges, schwächer gehopftes, einfaches Bier, das man auch einfach „Helles" nennt.

Malzbier/-trunk

Ein obergäriges malzig-süß schmeckendes Bier, das höchstens 1 % Alkohol haben darf. Meist ist es jedoch „alkoholfrei" (Alkoholgehalt unter 0,5 %).

Leichtbiere, light

Diese Bezeichnung tragen unterschiedliche Biere. Gemeinsam ist der verringerte Alkoholgehalt (etwa 1,5 bis 3 %) und damit verbunden ein geringerer Brennwert.

Märzen

Helles oder dunkles untergäriges Vollbier, mittelstark gehopft und malzbetont. Der Alkoholgehalt liegt meist über 5 %.

Die Bezeichnung Märzen stammt aus einer Zeit, in der es noch keine Kühlmaschinen gab. Im März, also vor Beginn der warmen Jahreszeit, bestand die letzte Möglichkeit, untergäriges Bier zu brauen. Ein höherer Alkoholgehalt schützt vor Verderb und darum braute man dieses Bier stärker ein.

Pils, Pilsener

Es ist ein untergäriges helles Bier und zeichnet sich durch ein spritzig-frisches Hopfenaroma aus. Pilsgläser sind nach oben verjüngt, damit die Schaumkrone fest und dicht gehalten wird.

Das Bier stammt ursprünglich aus dem böhmischen Pilsen, heute ist Pils eine Gattungsbezeichnung und kann von jeder Brauerei hergestellt werden.

Weizenbier, Weißbier

Es handelt sich um ein obergäriges Vollbier, zu dem neben Gerste mindestens 50 % Weizen verwendet wird. Durch den hohen Kohlensäuregehalt schäumt es stark und wirkt erfrischend. Neben dem klaren **Kristallweizen** gibt es **naturtrübes Hefeweizen**, das vor dem Abfüllen nicht gefiltert wird.

Zwickelbier

Es ist naturbelassen und darum hefetrüb. Zwickel ist der Name für den Probehahn, über den das Zwickelbier dem Fass entnommen wurde.

Service

GETRÄNKE UND GETRÄNKESERVICE

Biere anderer Länder

Belgien	Leffe, Duvel, Grimbergen
Dänemark	Carslberg, Tuborg
England	Carling, Murphy's Draught, Fuller's
Frankreich	Belzebuth, Saverne, Pietra
Irland	Guinness, Kilkenny, Porterhouse
Tschechien	Budweiser, Pilsner Urquell
USA	Anchor, Samuel Adams, Sierra Nevada

Biermischgetränke

Biermischgetränke bestehen meist zur Hälfte aus Bier und sind mit anderen Getränken gemischt. In gastronomischen Einrichtungen erhältlich sind Biermischgetränke mit Säften, Brausen oder auch aromatisiert.

Klassiker

Radler, Alsterwasser
Radler besteht je zur Hälfte aus hellem Vollbier und klarer Zitronenlimonade. Im Süden Deutschlands wird das Getränk als Radler bezeichnet, im Norden als Alsterwasser.

Russ, Russe
Ein Russ ist eine Mischung aus hellem Weizenbier und klarer Zitronenlimonade. Verwendet man statt der Zitronenlimonade ein Mineralwasser, handelt es sich um einen sauren Russen.

Berliner Weiße, Weiße mit Schuss
Ursprünglich handelt es sich bei der Berliner Weiße um ein leichtes Schankbier (7–11 % Stammwürze). Heute wird es vorwiegend mit Himbeer- oder Waldmeistersirup serviert. Die beiden Bezeichnungen werden meist gleichgesetzt.

Neben den Klassikern werden auch immer mehr neue Biermischgetränke kreiert. Daraus entstanden ist z. B. Bananenweizen oder Kirschweizen.

Gläser im Ausschank
Zur besseren Kontrollmöglichkeit für den Gast müssen Gläser mit einem gut sichtbaren Füllstrich, dem Nennvolumen und dem Herstellerzeichen der Firma versehen sein.
Der Gastronom haftet für die Richtigkeit dieser Angaben. Darum ist es sinnvoll, diese mit einem Messglas nachzuprüfen.

3.3 Ausschenken von Bier

Das Bier muss klar sein (Ausnahme Hefeweißbier) und den ursprünglichen Kohlensäuregehalt aufweisen. Das Bier ist so einzuschenken, dass es eine gewölbte, kompakte Schaumkrone erhält. Die Trinktemperatur eines Bieres liegt zwischen 5–9 °C.

Beim Ausschenken des Bieres müssen die Gläser einwandfrei sauber sein, weil selbst Spuren von Fett und Spülmittelresten keine stabile Schaumkrone zustandekommen lassen.

Bier wird serviert als **Bier vom Fass** oder als **Flaschenbier**.

3 Bier

Vorzapfen: Dazu den Zapfhahn voll öffnen und das Glas so halten, dass das Pils an der Glaswand entlangfließen kann.

Nach ungefähr einer Minute nachzapfen, ohne den Zapfhahn ins Bier zu tauchen.

Nach kurzer Wartezeit die Schaumkrone aufsetzen.

Zuerst das Glas mit kaltem Wasser spülen. Die Biertemperatur soll nie über 8 °C liegen.

Das Weißbier langsam am Rand entlang in einem Zug ins Glas laufen lassen.

Durch kreisende Bewegungen den Hefesatz in der Flasche lösen und nach kurzer Wartezeit die Schaumkrone aufsetzen.

Einschenken von z. B. Pilsener am Gast

Ein zum Bier passendes Glas wird über dem großen Messer eingesetzt. Das Etikett des Glases steht zum Gast. In der rechten Hand haltend wird das Bier auch von rechts eingeschenkt. Dabei hat der Gast immer die Sicht auf das Flaschenetikett. Das Bier fließt in das Glas, der Glasrand wird dabei nicht berührt. Durch langsames Eingießen entsteht im Glas eine Schaumkrone. Ist das Glas durch das erste Eingießen gefüllt, wird die Flasche, mit dem Etikett zum Gast, oberhalb des Glases platziert. Der Gast schenkt sich nun selbst den Rest der Flasche ein.

3.4 Küchenpraxis Bier

Die vielen verschiedenen Geschmacksnoten, süß – malzig – herb mit Aroma, geben viele Möglichkeiten zur Verwendung von Bier in der Küchenpraxis. So kann man verschiedene geschmackliche Nuancen erhalten, wenn zum Marinieren von Grillfleisch mal herbes Bier und mal malziges Bier verwendet wird. Ebenso verhält es sich bei der Herstellung von Biersaucen. Je nach Geschmacksrichtung des Bieres kann eine Speise angepasst begleitet werden.

> Bei der Verwendung in der Küche ist darauf zu achten, weniger gehopfte und leicht süßliche Biere zu verwenden. Die sonst vorhandenen Bitterstoffe würden den Grundgeschmack der eigentlichen Komponente zu stark beeinflussen.

Beispiele für Saucenkombinationen:

Karpfen blau, gebratener Aal ⟶ leicht malziges Bier

Rinderbraten ⟶ malzig-herbes Bier

Geschmorte Ochsenbäckchen ⟶ Bier mit Kirschgeschmack

Service

GETRÄNKE UND GETRÄNKESERVICE

4 Wein

🇬🇧 wine 🇫🇷 vin (m)

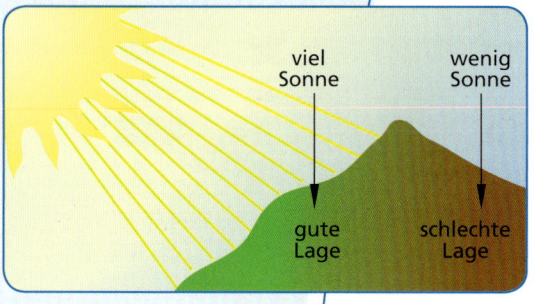

Sonneneinstrahlung bestimmt die Lage.

Wein ist ein alkoholisches Getränk, das durch Vergärung des Traubenmostes oder frischer eingemaischter Trauben gewonnen wird.

Die unterschiedlichen Eigenschaften der einzelnen Weine werden hauptsächlich bestimmt von
- der **Rebsorte**, die mit ihren Inhaltsstoffen geschmacklich im Vordergrund steht, sowie dem
- **Anbaugebiet**, dem jeweils besonderen Boden und dem örtlich speziellen Klima.

Rebsorte, man spricht vom Sortencharakter

- Die Rebsorten mit ihren unterschiedlichen Inhaltsstoffen bestimmen den Charakter eines Weines am stärksten.
- In Deutschland werden vorwiegend weiße Rebsorten angebaut wie z. B. Riesling oder Silvaner.
- Für rote Reben wird etwa ein Drittel der Anbaufläche verwendet.
- Typische Anbaugebiete für Rotweine sind Frankreich und Italien.
- Die Abbildungen auf den folgenden Seiten zeigen die Rebsorten und geben Hinweise auf den Geschmack und Hilfen zur Weinempfehlung.

Anbaugebiet, man spricht vom Gebietscharakter

- Art und Beschaffenheit des Bodens bestimmen die Auswahl geeigneter Rebsorten.
- Wegen des unterschiedlichen Bodens schmecken selbst gleiche Rebsorten in jedem Anbaugebiet anders.
- Zum Weinbau werden Hänge bevorzugt, die der Sonne zugewandt sind. Die Sonnenstrahlen treffen hier konzentriert auf und erwärmen den Boden kräftig.
- Der Sonne abgewandte, schattige Hänge können keine Qualitätsweine liefern.

Zur Orientierung zunächst eine Übersicht, die nach geschmacklichen Gesichtspunkten fünf Gruppen unterscheidet.

Gruppe	Beschreibung	z. B. Rebsorte
Milde Weißweine	Verhaltener Duft, milde bis feine Säure	Silvaner, Müller-Thurgau, Gutedel, Ruländer
Rassige Weißweine	Dezenter Duft, spürbare bis kräftige Säure	Riesling, Weißburgunder, Grauburgunder, Chardonnay
Bukettreiche Weißweine	Intensiver, typischer Duft	Gewürztraminer, Scheurebe, Muskateller, Morio-Muskat
Samtig-fruchtige Rotweine	Harmonisch, wenig Gerbstoffe	Spätburgunder, Trollinger, Portugieser, Schwarzriesling
Kräftige Rotweine	Farbintensiv, gerbstoffbetont	Lemberger, Dornfelder

4.1 Rebsorten

🇬🇧 grape varieties 🇫🇷 vignes (w)

Jedes der deutschen Weinanbaugebiete besitzt andere Bodenverhältnisse, Sonnenstunden und geographische Lagen. Damit ist keine Rebsorte mit der eines anderen Gebietes in Geschmack und Geruch identisch. Grobe Beschreibungen, die auf die Rebsorten zugeschnitten sind, gibt es dennoch. Mit diesen Beschreibungen kann eine ungefähre Einordnung des Weines als korrespondierendes Getränk zum Essen getätigt werden.

Weißwein-Rebsorten

1 Riesling

2 Müller-Thurgau

3 Scheurebe

Rebsorte und Weinfarbe	Weincharakter	Weinempfehlung
1 Riesling blassgelb, mit zartem Grünstich	an Pfirsichduft erinnernd mit fein-fruchtigem Bukett, pikant, säurebetont und lebendig	passt besonders gut zu Fisch, Schalen- und Krebstieren und vor allem zu Gerichten mit delikater Sahnesauce
2 Müller-Thurgau blass bis hellgelb	blumiges Bukett, mildere Säure als Riesling, leichter Muskatgeschmack	zu leichten, geschmacksneutralen oder zart-aromatischen Speisen
3 Scheurebe hellgelb bis goldgelb	rassige Säure, volles, kräftiges, an schwarze Johannisbeeren erinnerndes Bukett	passt sehr gut zu würzigen Ragouts und Braten

Weitere ausgewählte Weißwein-Rebsorten
Chardonnay, Silvaner, Weißer Burgunder (Pinot blanc), Grauer Burgunder (Pinot grigio/Ruländer), Bacchus, Gutedel, Kerner, Gewürztraminer, Elbling

In den deutschen Weinanbaugebieten werden zurzeit die weißen Rebsorten Riesling, Müller Thurgau, Ruländer, Weißer Burgunder und Silvaner am meisten angebaut.

Rotwein-Rebsorten

1 Spätburgunder (Pinot noir)

2 Trollinger

3 Merlot

Rebsorte und Weinfarbe	Weincharakter	Weinempfehlung
1 Spätburgunder (Pinot noir) tiefrot	samtig, vollmundig, feurig, mit einem Hauch von Mandelgeschmack	besonders geeignet zu Wild und Wildgeflügel sowie zu kräftig-aromatischen Braten und gehaltvollen Käsesorten
2 Trollinger leuchtend hell- bis blassrot	duftig, frisch, fruchtig, mit gutem Säuregehalt und herzhaftem Geschmack	zu allen dunklen, dezent gewürzten Fleischsorten, aber auch zu Ente und Gans und milderen Käsesorten,
3 Merlot rubinrot	tanninreiche Weine mit besonderem Duft und Aroma, die ihre Vollreife erst nach längerer Lagerung erreichen	zu dunklem Schlachtfleisch von würziger Zubereitung sowie Wild und Wildgeflügel

Weitere ausgewählte Rotwein-Rebsorten

Blauer Lemberger (Blaufränkisch), Portugieser, Cabernet Sauvignon, Syrah, Dornfelder, Regent, Saint Laurent, Schwarzriesling

In den deutschen Weinanbaugebieten werden zurzeit die roten Rebsorten Spätburgunder, Dornfelder, Portugieser, Trollinger und Schwarzriesling am meisten angebaut.

Gebietseinteilung für Weine

Deutsche Weinanbaugebiete erstrecken sich vom Bodensee entlang des Rheins und seiner Nebenflüsse bis zum Mittelrhein bei Bonn und im Osten bis Dresden. Die Böden und das Klima innerhalb dieser Räume sind so unterschiedlich, dass zur Charakterisierung eines Weines eine nähere geografische Angabe erforderlich ist.
Die gesamte deutsche Rebenfläche ist in 13 bestimmte Anbaugebiete unterteilt. Jedes umfasst eine zusammenhängende Weinbaulandschaft mit vergleichbaren Voraussetzungen und bringt typische Weine mit ähnlichen Geschmacksnoten hervor. Die bestimmten Anbaugebiete bezeichnen Gebiete für Qualitätsweine. Landweine tragen Gebietsnamen wie z. B. Ahrtaler. Landweine machen nur wenige Prozent des gesamten Weinangebotes aus und werden in der Gastronomie kaum geführt.

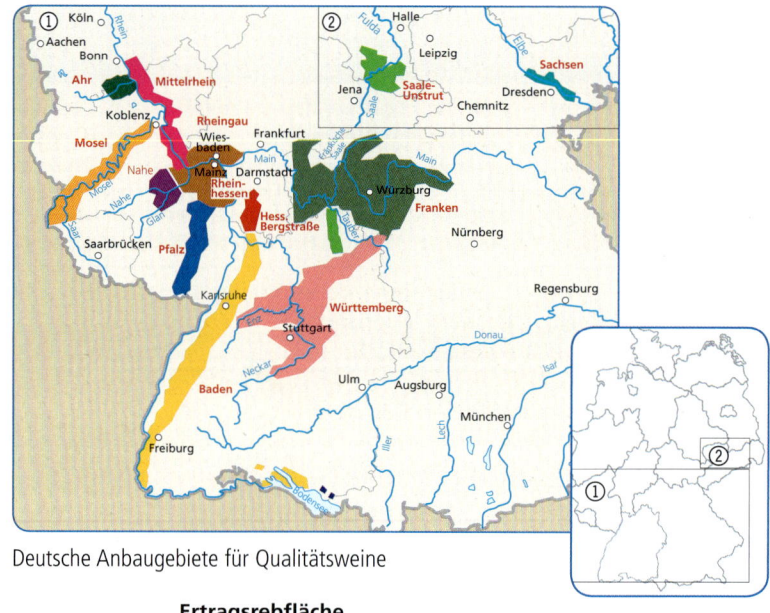

Deutsche Anbaugebiete für Qualitätsweine

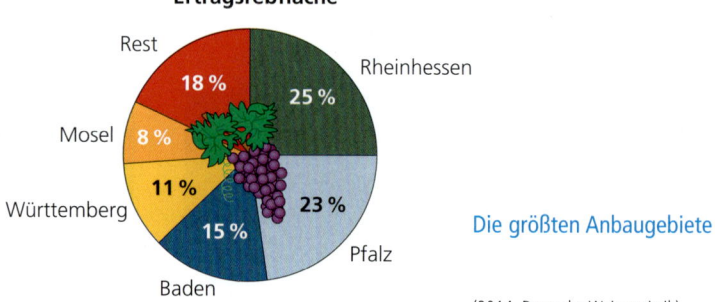

Die größten Anbaugebiete

(2014, Deutsche Weinstatistik)

4.2 Weinbereitung

Weißwein

🇬🇧 white wine 🇫🇷 vin (m) blanc

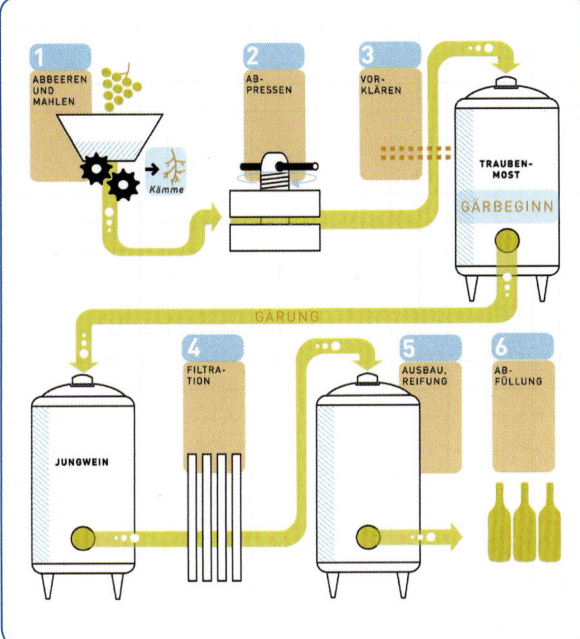

1. Die Beeren werden von den Stielen / Kämmen befreit. Dieses Abbeeren oder Entrappen verhindert, dass Gerbstoffe aus den Stielen in den späteren Wein gelangen. Die Beeren werden gequetscht, dabei öffnen sich die Zellen und geben den Saft frei. Die Mischung aus Fruchtfleisch, Kernen und Schalen nennt man **Maische**.
2. Aus der Maische presst man beim Keltern den **Most** ab.
3. Der Most wird zunächst von Trübstoffen befreit, er wird vorgeklärt. Zurück bleibt der aus den Schalen und den Kernen bestehende Trester. Bei der Hauptgärung wandelt die Hefe Zuckerstoffe in Alkohol und Kohlensäure um. Es ensteht der Jungwein.
4. Anschließend werden Hefe und Trübstoffe entfernt, **Wein** ist entstanden.
5. Qualitätsweine entwickeln bei der Nachreifung das volle Bukett.
6. In Anlagen erfolgt die Abfüllung in Flaschen.

Rotwein

🇬🇧 red wine 🇫🇷 vin (m) rouge

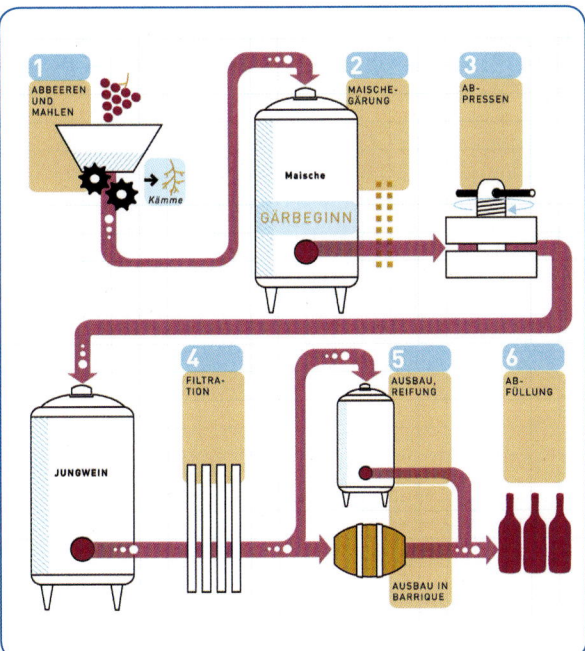

1. Für Rotweine werden die Beeren nach dem Entrappen gequetscht. Man erhält die **Maische**. Die im Rotwein erwünschten Farb- und Geschmacksstoffe befinden sich in der Schale der dunklen Beeren. Um diese für den späteren Wein zu gewinnen, müssen sie zunächst aus der Schale gelöst werden.
Dazu kennt man zwei Verfahren, die **Maischegärung** und die **Maischeerwärmung (s. nächste Seite)**.
2. Der bei der Maischegärung entstehende Alkohol löst die erwünschten Farb- und Geschmacksstoffe.
3. Durch das Abpressen der Maische erhält man den roten Jungwein.
4. Nach dem Entfernen der Hefe und Trübstoffe erfolgt die Ausbaureifung.
5. Die Ausbaureifung erfolgt entweder in Edelstahlbehältern oder in Holzfässern (Barrique). Rote Jungweine werden erst durch eine Nachgärung und längere Lagerung harmonisch.
6. In Anlagen erfolgt die Abfüllung in Flaschen.

Service

GETRÄNKE UND GETRÄNKESERVICE

Bei dem Verfahren der Maischeerwärmung (s. vorige Seite) löst die Temperaturerhöhung die erwünschten Farb- und Geschmacksstoffe. Man erhält zunächst roten Most, der zu rotem Wein vergoren wird. Die Ausbaureifung erfolgt wie bei der Maischereifung.

Besondere Verfahren für weitere Weinarten

Rosé schimmert golden bis rötlich und wird aus roten Trauben nach dem Weißweinverfahren gewonnen. Hochwertige Produkte dürfen als Weißherbst bezeichnet werden.

Rotling ist ein Wein mit blass- bis hellroter Farbe, der entsteht, wenn weiße und rote Trauben oder deren Maischen zusammen nach dem Rotweinverfahren verarbeitet werden.

Schillerwein ist ein qualitativ hochwertiger Rotling aus Württemberg.

Badisch Rotgold ist ein Qualitäts-Rotling aus dem Anbaugebiet Baden, gewonnen aus den Reben Ruländer und Blauer Spätburgunder.

Schieler ist ein qualitativ hochwertiger Rotling aus dem Anbaugebiet Sachsen.

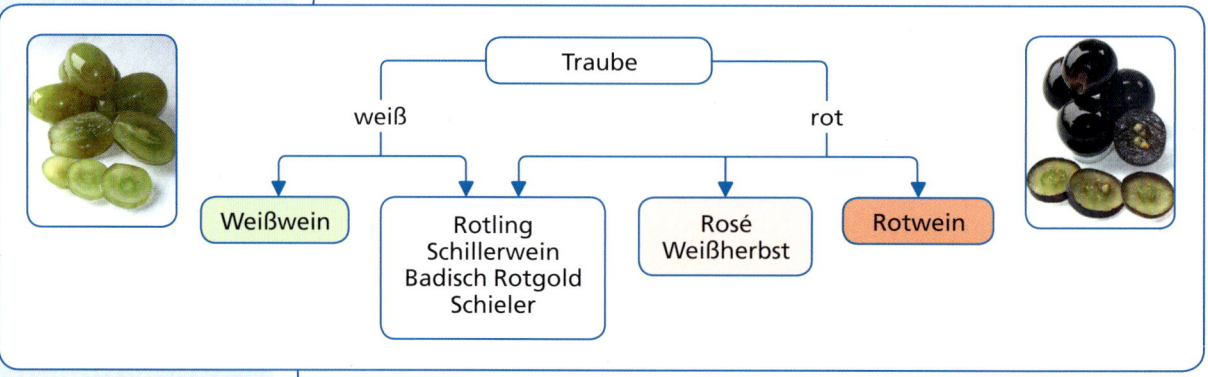

4.3 Güteklassen für Wein

Das Weinrecht wird bestimmt von den Vorgaben der EU. Diese werden in nationales deutsches Recht umgesetzt. Für die Einteilung/Klassifizierung ist die Herkunftsangabe ein wesentliches Merkmal.

Inländischer Wein darf nur dann als „Qualitätswein" oder als „Prädikatswein" – in Verbindung mit einem Prädikat – gekennzeichnet werden, wenn für ihn auf Antrag eine Prüfungsnummer (A.P.Nr.) zugeteilt worden ist. Darüber entscheiden die jeweils zuständigen Prüfbehörden in den Weinbau betreibenden Ländern.

Diese Prüfung wird „amtliche Qualitätsweinprüfung" genannt. Sie besteht aus zwei Teilen, der analytischen Prüfung im chemischen Labor und der Sinnesprüfung. Alle Weine werden dabei von den Prüfern sensorisch getestet und bewertet.

Qualitätsweine und Prädikatsweine bestimmen das Angebot der Gastronomie. Um diese Stufen der Qualität zu erreichen, müssen die geernteten Trauben ein Mindestmostgewicht besitzen. Das heißt, sie weisen einen bestimmten Zuckergehalt auf. Prädikatsweine besitzen das höchste Mostgewicht. Bei der Weinherstellung darf in dieser Qualitätsstufe kein Zucker zur alkoholischen Gärung zugesetzt werden.

Qualitätspyramide

```
                    Eiswein
                  Trocken-
                beerenauslese
               Beerenauslese
                  Auslese
                  Spätlese
                  Kabinett
           Prädikatswein –
         100 % Weintrauben aus
         einem bestimmten Abaugebiet
       Qualitätswein – 100 % Weintrauben
         aus einem bestimmten Anbaugebiet
      Landwein – 85 % Weintrauben
         aus einer benannten Region
   Deutscher Wein – 100 % Weintrauben
       aus deutschen Weinanbaugebieten
```

- **Qualitätsweine** sind Weine mittlerer Güte, die einem Prüfverfahren unterzogen worden sind. Ein Mindestmostgewicht und die Herkunft der ausgereiften Trauben aus dem Anbaugebiet sind Voraussetzungen für die Zulassung. Eine Anreicherung mit Zucker ist zur Unterstützung des Gärvorganges gestattet.
- **Prädikatsweine** haben eng begrenzte Herkunftsgebiete und müssen strengen Qualitätsanforderungen genügen. Die Prädikate sind zusätzliche Qualitätsangaben. Es gibt sechs verschiedene Prädikate, die Weine werden in den Prädikatsstufen immer süßer.
  - **Kabinett:** Das vorgeschriebene Mindestmostgewicht muss, wie bei allen Prädikatsstufen, aus der Rebe stammen. Das bedeutet: Kabinett ist die erste Qualitätsstufe ohne Zuckerzusatz. Leichte Weine mit geringem Alkoholgehalt.
  - **Spätlese:** Die Trauben werden nach der allgemeinen Ernte, also zu einem späteren Zeitpunkt in vollreifem Zustand geerntet. Elegante Weine mit feiner Frucht.
  - **Auslese:** Aus den vollreifen Trauben werden die unreifen und kranken Beeren ausgesondert.
  - **Beerenauslese:** Es werden nur überreife und edelfaule Beeren verarbeitet. Volle, fruchtige Weine.
  - **Trockenbeerenauslese:** Es werden nur rosinenartig eingeschrumpfte, edelfaule Beeren verwendet.
  - **Eiswein:** Nur edelfaule Beeren, bei Frost gelesen, werden verwendet. Durch das Ausfrieren von Wasser entsteht ein konzentrierter Most, und dadurch ein sehr gehaltvoller Wein.

Seit dem Jahrgang 2000 dürfen die Bezeichnungen **Selection** und **Classic** zur Kennzeichnung deutscher Weine verwendet werden. An diese Bezeichnungen sind aber hohe Qualitätsansprüche gebunden. Die Bezeich-

Deutsche Weinsiegel signalisieren durch ihre Farbe die Geschmacksrichtung:

Rot für vorwiegend liebliche Weine

Grün für halbtrockene Weine

Gelb für trockene Weine

nung Selection ist z. B. an einen maximalen Hektarertrag gebunden. Beide Bezeichnungen setzen ein hohes Mindestmostgewicht voraus. Grundsätzlich handelt es sich um Prädikatsweine mit trockenem und harmonischem Geschmack.

Das Weinetikett

Das Weinetikett wird auch als die Geburtsurkunde eines Weines bezeichnet. Es gibt jedoch keine gesetzlichen Vorgaben, wie umfangreich das Etikett Auskunft geben muss. **Mindestangaben** werden durch Verordnungen geregelt. Doch je mehr Informationen auf einem Etikett stehen, desto besser kann ein Wein beurteilt werden. Hier ein Beispiel für eine umfassende Information.

bestimmtes Anbaugebiet

Jahrgang
engere Herkunftsbezeichnung

Rebsorte / Prädikat

Qualitätsstufe
Geschmacksangabe

Alkoholgehalt

Nennvolumen

Abfüller

Erzeuger

Amtliche Prüfnummer

Flaschengrößen, Flaschenformen und Verschlüsse

Im Handel erhältliche Flaschen sind in der Form und in der Größe sehr unterschiedlich.

Gängige Mengenbezeichnungen sind:

Menge	Bezeichnung	Menge	Bezeichnung
0,2/0,25 l	Piccolo	1,0 l	Literflasche
0,375 l	Halbe Flasche	1,5 l	Magnumflasche
0,75 l	Normalflasche	3,0 l	Doppelmagnum-Flasche

Gängige Flaschenformen sind:

1 Bocksbeutel

2 Burgunderflasche

3 Bordeaux-Flasche

4 Schlegelflasche

Weinschläuche im Karton haben sich auch in der Gastronomie etabliert. Der Wein ist von einfacher Qualität.

4 Wein

Der Verschluss einer Weinflasche kennzeichnet nicht die Qualität des Weines. Auch sehr gute Weine werden mit Schraubverschluss angeboten.

Weine werden in kühlen und dunklen Räumen aufbewahrt, damit die Reifung des Weines möglichst ungestört ablaufen kann. Flaschen mit Korken sind liegend zu lagern, der Korken trocknet so nicht aus, und der Wein kann nicht durch Luftzutritt und Mikroben verderben.

Flaschen mit Schraubverschluss, Kunststoff-Korken, Kronkorken oder Glasverschluss können auch stehend gelagert werden.

Im Restaurant eignen sich Weinklimaschränke zur Lagerung. Hier werden die Temperaturen den Weinen angepasst.

Lagertemperaturen

Weißwein 10 bis 12 °C

Rotwein
- Unterschiedlich, da die Spanne der Trinktemperatur vom Alter, der Rebsorte und dem Tanningehalt abhängt.
- Junge und leichte Rotweine werden bei 14–16 °C gelagert.
- Kräftigere und ältere Weine bei 16–18 °C.

4.4 Weine europäischer Länder

In Deutschland und Österreich wird die Qualität des Weines vorwiegend über das Mostgewicht bestimmt: Hoher Gehalt an Zuckerstoffen gibt einen gehaltvollen Wein. In den südlichen Ländern (Frankreich, Spanien, Italien) ist dagegen die Lage, das Anbaugebiet, für die Beurteilung der Qualtität entscheidend.

Die Tabelle nennt die Weinkategorien der wichtigsten europäischen Weinanbaugebiete.

Weinkategorien nach EU-Weinbezeichnungsrecht				
EU-Herkunftsland: **Erklärung:**	**Deutschland**	**Frankreich**	**Italien**	**Spanien**
Bei inländischem Wein **ohne** geschützte Herkunftsbezeichnung	Wein, Deutscher Wein, Wein aus Deutschland	Vin, Vin de France (≥ früher: Vin de Table)	Vino, Vino d'Italia (≥ früher: Vino da Tavola)	Vino, Vino de España
Wein **mit** geschützter geografischer Angabe (g.g.A.)	Landwein, Deutscher Landwein	**IGP** (Indication Geographique Protegée) (≥ früher: Vin de Pays und V.d.Q.S.)	**IGP** (Indicazione Geografica Protetta) (≥ früher: I.G.T.)	**IGP** (Indicatión Geografica Protegida) (≥ früher: V.d.l.T.)
Wein **mit** geschützter Ursprungsbezeichnung (g.U.)	Qualitätswein, Deutscher Qualitätswein **Prädikatswein**, Deutscher Prädikatswein (in Verbindung mit einem Prädikat, z.B. Kabinett)	**AOP** (Appellatin d'Origine Protégée) (≥ früher: A.C. und A.O.C.)	**DOP** (Denominazione di Origine Protetta) (≥ früher: D.O.C. und D.O.C.G.)	**DOP** (Denomicaión de Origen Protegida) (≥ früher: D.O. und D.O.Ca.)

Österreichische Weine

In Österreich werden vorwiegend Weißweine erzeugt, der Anteil an Rotwein ist gering. Einige Besonderheiten seien herausgestellt.

Die am stärksten vertretene Rebsorte ist der **Grüne Veltliner,** der etwa ein Viertel der gesamten Weißweinproduktion erbringt. Ein guter Grüner Veltliner schmeckt frisch und fruchtig, hat eine angenehme Säure und eine grün-goldene Farbe.

Österreichische Weinbaugebiete

Französische Weine

Zwar gibt es französische Weine in allen Geschmacksrichtungen von sehr trocken bis sehr süß. Da man aber in Frankreich Wein vor allem zum Essen trinkt, sind die meisten französischen Weine eher trocken. Wie sollte denn ein süßer Wein zu Fisch oder Rind passen?

Weinanbaugebiete Frankreichs

Weinbaugebiete und bekannte Weine: Frankreich	
Elsass	• *Gewürztraminer* ist ein kräftiger vollrunder Wein mit charakteristischem Bukett. • *Muscat d'Alsace* ist ein herber, fruchtiger Wein mit dem typischen Aroma der Muskattraube. • *Edelzwicker* ist eine Besonderheit aus einer Mischung Elsässer Rebsorten.
Burgund	• *Chablis* ist ein trockener, rassiger Weißwein. • *Côte de Beaune* ist ein kräftiger eleganter Rotwein. • *Meursault* gehört zu den trockenen rassigen Weißweinen. • *Beaujolais* ist vor allem als *nouveau* (neuer) bekannt, ein spritziger, leichter Rotwein.
Rhône-Tal	• *Châteauneuf-du-Pape* und *Côtes du Rhône* sind kräftige und körperreiche Rotweine.
Bordeaux	• *Entre-deux-Mers* ist ein lebhafter, frischer Weißwein. • *Sauternes* ist ein vollrunder, lieblicher Weißwein von Trauben, die von der Edelfäule befallen sind. • *Pomerol* und *Saint-Emilion* sind körperreiche, weiche Rotweine von dunkler Farbe.
Loire-Tal	• *Muscadet* ist ein trockener, frischer Weißwein. • *Rosé d'Anjou* ist ein lieblicher fruchtiger Wein.
Champagne	• Die Weinproduktion wird nahezu ausschließlich für die Schaumweinherstellung verwendet.

Italienische Weine

Auch in Italien sind etwa 50 % der Ernte Landwein.

Weinbaugebiete und bekannte Weine: Italien	
Südtirol	Bekannt für Rotweine aus den namengebenden Trauben Blauburgunder (Pinot noir), Lagrein, Weißburgunder und Gewürztraminer. *Kalterer See* und *St. Magdalener* sind bekannte Weine.
Friaul	Die Weine sind nach den Rebsorten benannt. *Pinot Grigio* (bei uns Ruländer), ein frischer Weißwein, den man jung trinkt. *Pinot Bianco* (Weißburgunder) *Merlot* und *Cabernet* sind charaktervolle Rotweine.
Piemont	*Barbera*, ein rubinroter Rotwein mit intensiver Blume und würzigem Geschmack. *Barolo*, ein Rotwein aus der Nebbiolo-Traube mit markantem Duft und kräftigem Geschmack. *Barbaresco*, ein leuchtend roter Wein, vollmundig und kräftig.
Umbrien	*Orvieto*, ein goldener Weißwein, geschmeidig und gehaltvoll.
Latium	*Frascati*, ein Weißwein mit kräftig gelber Farbe und ausgeprägtem, aber weichem Geschmack.
Toskana	*Chianti*, ein Rotwein aus überwiegend roten, aber auch weißen Trauben.

Weinanbaugebiete Italiens

Italienische Fachbegriffe (Eine Hilfe bei der Beratung)			
secco	trocken	Vino rosato	Roséwein
abboccato	halbtrocken	Vino rosso	Rotwein
amabile	leicht süß	Vino frizzante	Perlwein
dolce	süß	Vino spumante	Schaumwein
Vino bianco	Weißwein		

Service

GETRÄNKE UND GETRÄNKESERVICE

Weinanbaugebiete Spaniens

Spanische Fachbegriffe	
Vino blanco	Weißwein
Vino tinto	Rotwein
Rosado	Roséwein
Clarete	leichter heller Rotwein aus roten und weißen Reben

Spanische Weine

Spanien hat zwar die größte Weinanbaufläche der Erde, Trockenheit und Dürre beschränken die Erträge jedoch sehr stark, sodass Spanien bei der Produktion hinter Frankreich und Italien an dritter Stelle steht.

Die mineralreichen Böden und das trockene Klima bedingen in Verbindung mit gehaltvollen Gewächsen bukettreiche Weine. Landestypische Reben führen zu neuen geschmacklichen Noten.

Hauptanbaugebiete

Rioja liegt in Nordspanien am Fluss Ebro und ist das bedeutendste spanische Rotweingebiet. Weine der Rebsorte Tempranillo überwiegen.

Navarra liegt zwischen dem Ebro und den Pyrenäen. In den Tallagen gedeihen sowohl Rot- wie auch Weißweine.

Valencia wird klimatisch vom Mittelmeer beeinflusst. Diese Region liefert alkoholreiche Rotweine.

Der **Sherry** (s. nächste Seite) aus dem Gebiet um Jerez im Südwesten Spaniens wird in mehreren Arten ausgebaut und reicht vom trockenen Fino bis zum süßen Cream.

4.5 Likörweine (Süd- und Dessertweine)

Was das Gesetz als Likörwein bezeichnet, wird in der Alltagssprache oft als Südwein (Herkunft) oder Dessertwein (zum Abschluss eines Menüs) bezeichnet.

Unterschieden werden Likörweine nach ihrer Geschmacksrichtung und damit auch nach ihrer Verwendung. Je nach Art werden diese Weine in der Gastronomie unterschiedlich eingesetzt.

- **Trockene Arten** als geschmacksanregender Aperitif vor dem Essen und
- **süßliche Arten** als verdauungsfördernder Digestif nach dem Essen.

Während der Herstellung von Likörwein wird dem verwendeten Wein nach kurzer Gärung geschmacksneutraler Alkohol (z. B. Weindestillat) zugesetzt. Der nun hohe Alkoholgehalt (bis 22 % vol.) unterbricht die natürliche Gärung. Man erhält alkoholreiche Likörweine.

Beispiele für Likörwein-Sorten

- Sherry, Portwein und Madeira (süße oder trockene Likörweine)
- Tokajer, Samos, Malaga (süße Likörweine)

> **Süße (konzentrierte) Likörweine**
>
> Dem Most oder Ausgangswein werden Trockenbeeren (Rosinen) oder eingedickter Traubensaft beigegeben. Das ergibt süße Weine mit üblichem Alkoholgehalt.

Sherry

Das Produkt kommt aus der spanischen Provinz Andalusien, rund um die Stadt Jérez de la Frontera. Die Hauptrebsorten sind Palomino, Pedro Ximénez und Moscatel. Palomino liefert den Basiswein, die anderen dienen zur Süßung.

Sherry-Geschmacksrichtungen

Sherry gibt es in unterschiedlichen Geschmacksrichtungen, von sehr trocken bis sehr süß. Auf den Flaschenetiketten der verschiedenen Sherry-Markenhersteller kann man folgende hilfreiche Bezeichnungen lesen:

Sherry-Likörweine

Bezeichnung	Farbe und Geschmack
Manzanilla	• sehr hell, gelbweiß • sehr trocken, leicht salzig
Fino ①	• hell bis hellgold • trocken, wenig Säure • feines Mandelaroma
Amontillado ②	• bernsteinfarben • halbtrocken • mit feinem vollem Aroma
Oloroso	• dunkelgold • trocken bis halbsüß • mit feinem Nussaroma
Cream ③	• dunkel und dickflüssig • süß, lieblich und mild

Sherry-Service

Sherry wird im speziellen Sherryglas (Copita) oder im Likörweinglas mit 5 cl serviert.
Als **Aperitif**, gekühlt mit 8 °C, werden angeboten: Manzanillas, Finos und Amontillados.
Als **Digestif**, temperiert mit 16 °C bis 18 °C, werden angeboten: Olorosos und Cream Sherries.

Portwein

Dieser portugiesische Likörwein ist geschmacklich vielfältig und eignet sich sowohl als **Aperitif** als auch als **Digestif**. Portwein ist meistens von roter Farbe – es gibt ihn auch weiß – und er schmeckt mehr oder weniger süß. Er ist ein schwerer, berauschender Wein mit 19 – 22 % vol.

Die verwendeten roten und weißen Rebsorten wachsen im portugiesischen Duro-Tal. Bereits nach 1–2 Tagen der Maischegärung gibt man Weinbrand mit 77 % vol. Alkohol zu, um die Gärung zu stoppen. Somit bleibt dem jungen Portwein eine natürliche Restsüße erhalten.

Portwein-Stile
- White (halbsüß, goldfarben)
- Light Tawny (nicht süß, aromatisch, hellfarben)
- Tawny (halbtrocken, mahagonibraun)
- Ruby (süß, dunkelrubinrot)
- Red (vollsüß, dunkelrot)

Schaufenster mit Portwein

Service

GETRÄNKE UND GETRÄNKESERVICE

Portwein-Service

Roter Portwein wird mit 18 °C serviert, weißer Portwein gekühlt mit 8 °C. Als Gläser eignen sich am besten kleine, kugelförmige Likörwein-Gläser, um Duftstoffe zu konzentrieren. Bei glasweisem Ausschank sollten die Gläser einen Füllstrich von 5 cl aufweisen.

4.6 Küchenpraxis Wein

Unterschiedliche Geschmacksrichtungen der Weine beeinflussen die Verwendung in der Küchenpraxis. Wird trockener Wein zum Dünsten von Fisch verwendet, erhält man ein anderes Geschmacksergebnis als bei der Verwendung von halbtrockenen Weinen. Ebenso unterschiedlich ist das Ergebnis von Sherry bei der Herstellung von Sherrysauce oder Portwein bei der Portweinsauce. Die Geschmacksrichtung ist dabei dem jeweiligen Gericht anzupassen. Wird eine Komponente mit einer Rebsorte vorweg benannt, ist diese auch bei der Herstellung zu verwenden, z. B. Riesling bei Rieslingsauce.

> Nach Möglichkeit sollten die Weine, die korrespondierend zum Gericht empfohlen sind, auch bei der Zubereitung der Gerichte verwendet werden.

Beispiele für die Verwendung von Wein:

Portwein	Gelee für Pasteten oder für Vorspeisen/Büfetts, Portweinsauce
Trockener Wermut	Dünsten von Fisch, Reduktion für Sauce
Trockener Weißwein	Bestandteil eines Fischsuds, Blankett vom Huhn, aufgeschlagene Weinschaumsauce
Halbtrockener Weißwein	Dünsten von Fisch oder Hähnchenbrustfilet, Weißweinsauce, Weingelee für Süßspeisen
Rotwein	Bestandteil von Saucenansätzen, Rotweinsauce, pochierte Rotweinbirne
Sherry	Sherryrahmsauce, Aromatisieren von Ochsenschwanzsuppe, Marinieren von Kirschen

5 Schaumwein

🇬🇧 sparkling wine 🇫🇷 vin (m) mousseux

Schaumwein entsteht, wenn Wein nach der Hauptgärung nochmals in abgeschlossenen Behältnissen zum Gären gebracht wird. Das bei dieser zweiten Gärung entstehende CO_2 kann nicht entweichen, verbindet sich mit dem Wein und verleiht ihm den schäumenden Charakter. Aus Wein ist prickelnder Schaumwein geworden.

Versanddosage
Zum Mengenausgleich durch Enthefung und zur Einstellung der Geschmacksrichtung wird die Versanddosage zugeführt. Diese kann zusammengesetzt sein aus: Kristallzucker, Traubenmost, Wein oder aus einer Mischung der Bestandteile.

5.1 Herstellung

Beim Schaumwein wird vom Gast je nach Sorte eine über Jahre gleiche Qualität und Geschmacksrichtung erwartet. Darum vermischt man verschiedene Grundweine (erste Gärung ist erfolgt/Weinherstellung). Diesen Verschnitt nennt man Cuvée.

Den Cuvées wird, damit die notwendige zweite Gärung beginnt, die Fülldosage hinzugefügt. Das ist eine Mischung von in Wein oder Traubenmost aufgelöstem Kristallzucker und Reinhefe.

Bei der Gärung unterscheidet man drei Verfahren.

- Flaschengärung

  Die gefüllten Flaschen werden verschlossen und mit dem Hals nach unten in Rüttelpulte gestellt. So setzt sich der Hefetrub am Korken ab und kann nach der Lagerung leicht entfernt werden. Der dabei auftretende Verlust wird durch die **Versanddosage** ersetzt. Diese klassische Flaschengärung ist das aufwendigste und damit teuerste Verfahren.

- Transvasierverfahren

  ist eine vereinfachte Flaschengärung. Das Cuvée wird wie beim klassischen Verfahren auf Flaschen gefüllt. Nach abgeschlossener Zweitgärung entleert man die Flaschen in Tanks, filtert den Schaumwein und gibt die Versanddosage bei. Danach füllt man erneut auf Flaschen und überlässt den Schaumwein einer Reifung. Die zeitaufwendigen Arbeitsvorgänge wie Rütteln und Enthefen von Hand werden bei diesem Verfahren eingespart.

- Großraumgärung

  Bei der einfachsten Variante der Schaumweinherstellung werden in großen Tankräumen große Mengen Schaumwein hergestellt. Maschinell werden während der Gärung Temperatur und Druck genau geregelt. Mit Beginn der zweiten Gärung dauert die Herstellung mindestens 6 Monate. Der Hefetrub wird durch Filtern nach der Lagerung abgetrennt. Nach der Zugabe der Versanddosage wird der Schaumwein in Flaschen gefüllt.

Flaschengärung: Rütteln der Flaschen von Hand oder durch automatische Rüttelanlage

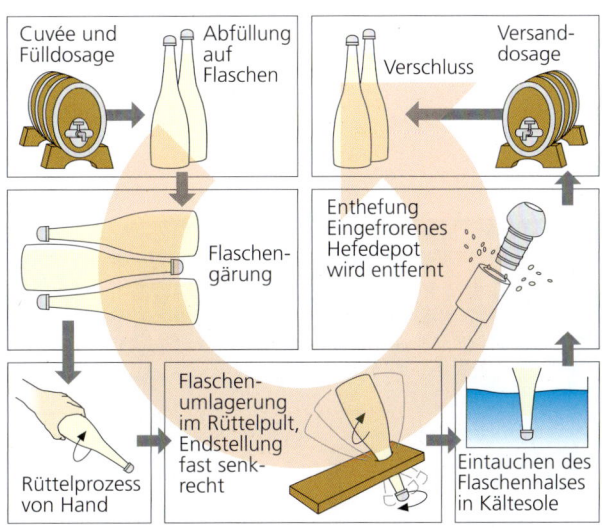

Traditionelle Flaschengärung

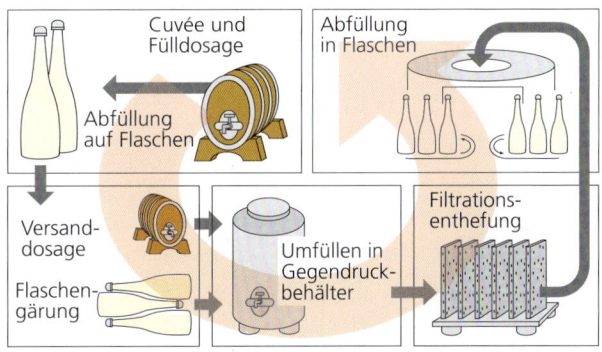

Transvasierverfahren

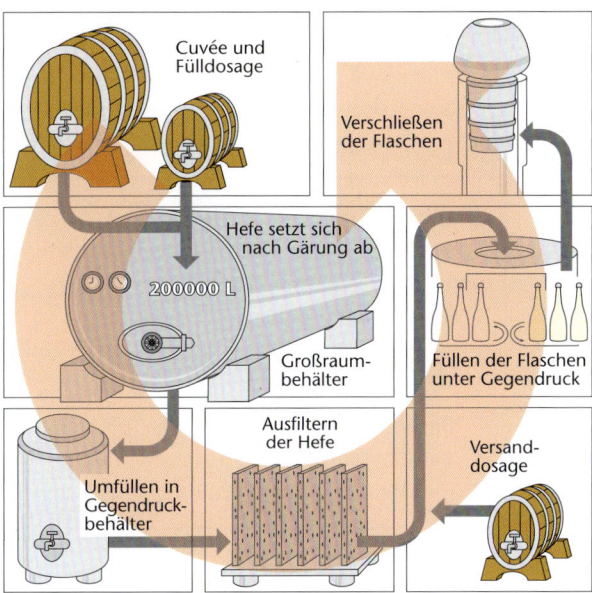

Großraumgärung

5.2 Geschmacksrichtungen

Unabhängig von Gärverfahren bestimmen auch
- **Qualität** die Mischung von Grundweinen, genannt das Cuvée,
- **Geschmacksrichtung,** die Dosage, welche den gewünschten Süßegrad verleiht.

Bekannte Marken

Bezeichnung des Geschmacks		Restzucker-gehalt/l
deutsch	französisch	
extra herb	extra brut	0 bis 6 g/l
herb	brut	unter 12 g/l
extra trocken	extra sec	12 bis 17 g/l
trocken	sec	17 bis 32 g/l
halbtrocken	demi-sec	32 bis 50 g/l
mild	doux	über 50 g/l

5.3 Gesetzliche Bestimmungen

Die Gruppe der Schaumweine wird in Qualitätsstufen und durch Bezeichnungen unterteilt:
- Schaumwein
- Sekt
- Sekt b. A.
- Winzersekt
- Crémant

Verwendet wird Grundwein aus roten oder weißen Trauben, einem Verschnitt dieser Grundweine oder einem Gemisch der Trauben. Geregelt ist für die einzelnen Herstellungsverfahren unter anderem die Mindestlagerung auf der Hefe, die Herstellungsdauer (außer Qualitätsstufe Schaumwein) oder der Mindestalkoholgehalt. Für die Etikettierung gibt es Pflichtangaben.

Qualitätsschaumwein oder Sekt ist von gehobener Güte. Es werden Mindestanforderungen hinsichtlich Alkoholgehalt, Druck (CO_2) und Lagerdauer gestellt.

Mögliche Zusatzbezeichnungen:
- Qualitätsschaumwein, Sekt b. A.: gleiche Bestimmungen wie bei Wein
- mit Jahrgangsangabe
- mit Angabe der Traubenart.

Crèmant liegt länger auf der Hefe als Sekt b. A., die Mostausbeute der Trauben ist festgeschrieben, wie auch das Herstellungsverfahren, die traditionelle Flaschengärung.

Winzersekt wird ebenfalls nach der traditionellen Flaschengärung hergestellt. Der Winzersekt ist ein individuelles Produkt der Winzer, das Angaben zu Rebsorten, Jahrgang und den Weinbaubetrieb auf dem Etikett besitzt.

5.4 Schaumweine anderer Länder

Frankreich

Champagner ist Schaumwein aus einem genau festgelegten Gebiet der Champagne (Frankreich, siehe Abb. Seite 314). Er wird ausschließlich nach der mèthode champenoise (traditionellen Flaschengärung) hergestellt.

Vin mousseux und **Vin cremant** sind französische Schaumweine, die ebenfalls durch die mèthode champenoise hergestellt werden. Vin moussex und Vin crémant werden außerhalb der Champagne hergestellt. Vin crémant besitzt einen geringeren Druck als Champagner.

Italien

Prosecco bezeichnet eine weiße Rebsorte aus Italien. Daraus werden gewonnen:

- **Prosecco spumante** mit hohem Kohlesäuredruck, ein Schaumwein bzw. Sekt; (**Prosecco frizzante** ist kein Schaumwein, sondern ein Perlwein mit geringerem Kohlensäuregehalt).
- **Spumante** ist ein süßlicher, gelber Schaumwein. Bekannt ist er aus der Provinz Asti.

Spanien

Cava ist ein spanischer Schaumwein, der in traditioneller Flaschengärung hergestellt wird; kommt vorwiegend aus Katalonien.

Ukraine

Krimskoje ist ein ukrainischer Schaumwein; er kommt rot oder weiß von der Halbinsel Krim und wird in Flaschengärung hergestellt.

5.5 Verwendung von Schaumwein

Als erfrischendes und belebendes Getränk wird Schaumwein insbesondere zu festlichen Anlässen als Aperitif (Geschmacksrichtung trocken) oder zum Abschluss einer Menüfolge (Geschmacksrichtung halbtrocken) getrunken. Darüber hinaus ist Schaumwein Bestandteil von Bowlen und Kaltschalen.

Auf gemischte Getränke wird die herzhafte Frische übertragen, z. B.:
- Sekt mit Orangensaft
- Sekt mit Cassis (Kir)
- Sekt mit Zitronensaft, Angostura und Läuterzucker (Sektcocktail)

Schaumweinlagerung

Lagerung unter 10 °C, liegend; vor dem Servieren auf 6 bis 8 °C kühlen.

Flaschengrößen
Sekt wird in speziellen Flaschen und besonderen Größen angeboten. Diese Flaschen haben wegen der Druckbelastung extra starke Wände.
- Piccolo 0,2 l
  etwa 2 Gläser
- 1/2-Flasche 0,375 l
  etwa 4 Gläser
- 1/1-Flasche 0,75 l
  etwa 8 Gläser
- 2/1-Flasche 1,5 l
  etwa 16 Gläser – diese Flasche wird auch Magnumflasche genannt und wird vor allem dann eingesetzt, wenn es repräsentativ sein soll.

Champagner-Flaschengrößen

6 Weinhaltige Getränke

🇬🇧 blended drinks with wine 🇫🇷 boissons (w) à base de vin

Unter weinhaltigen Getränken versteht man Getränke, die einen Anteil von mehr als 50 % Wein, Dessertwein oder Schaumwein haben. Der restliche Anteil kann Weinbrand, Fruchtsäfte, Kräuterauszüge, Honig, Wasser usw. enthalten.

Weinschorle besteht aus gleichen Teilen Wein und kohlensäurehaltigem Wasser. Schorlen sind durch diese Mischung erfrischend und alkoholarm.

Glühwein ist heißer Rotwein, gewürzt mit Nelken, Zimt, Zitrone und Zucker. Spezielle Aufgussbeutel erleichtern die Herstellung.

Bowle besteht aus Wein, Schaumwein, auch Fruchtwein oder Mineralwasser und Geschmacksträgern, die auch namengebend sind, z. B. Pfirsich, Erdbeer, Waldmeister.

Kalte Ente ist eine Mischung von Wein, Perlwein und Schaumwein mit Zusatz von Zitrone. Der Anteil an Schaumwein muss im fertigen Getränk mindestens 25 % betragen.

Wermut (Vermouth) ist mit Wermutkraut aromatisierter Wein; Alkoholgehalt um 15 %. Wermut ist Grundlage von Mischgetränken wie Manhattan oder Martini.

Erdbeerbowle

7 Spirituosen

🇬🇧 blended drinks with wine 🇫🇷 boissons (w) à base de vin

Spirituosen sind zum menschlichen Genuss bestimmte Getränke, in denen Alkohol (Ethylalkohol) als wertbestimmender Anteil mit mindestens 15 % enthalten ist. Der Alkoholgehalt ist in % vol (sprich: Prozent des Volumens oder Volumenprozent) anzugeben.

Alkohol entsteht bei der Gärung durch die Tätigkeit der Hefe. Bei einem Alkoholanteil von etwa 15 % stellen jedoch die Hefen ihre Tätigkeit ein.

Will man höhere Alkoholgehalte erreichen, muss man den vorhandenen Alkohol konzentrieren. Das geschieht beim Destillieren oder Brennen.

Das Prinzip der Destillation

Wasser verdampft bei 100 °C, Alkohol bei etwa 80 °C. Darum bilden sich beim Erhitzen von alkoholhaltigen Flüssigkeiten zuerst Alkoholdämpfe, die über ein Rohrsystem abgeleitet und durch Abkühlen wieder verflüssigt werden. Viele Geschmacksstoffe sind in Alkohol gelöst und gehen mit in das Destillat über. Wasser und unlösliche Stoffe bleiben zurück.

So wird zum Beispiel
- Wein zu Weinbrand,
- vergorenes Obst zu Obstbrand.

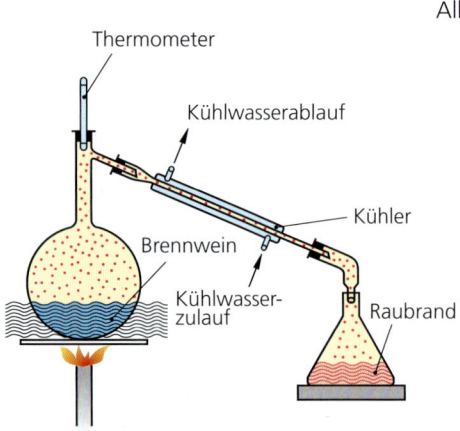

Soll aus stärkehaltigen Rohstoffen wie Getreide Alkohol gewonnen werden, muss die Stärke zunächst in Einfachzucker umgewandelt werden, damit sich die Hefe davon ernähren und Alkohol erzeugen kann.

Der Weg zur Spirituose

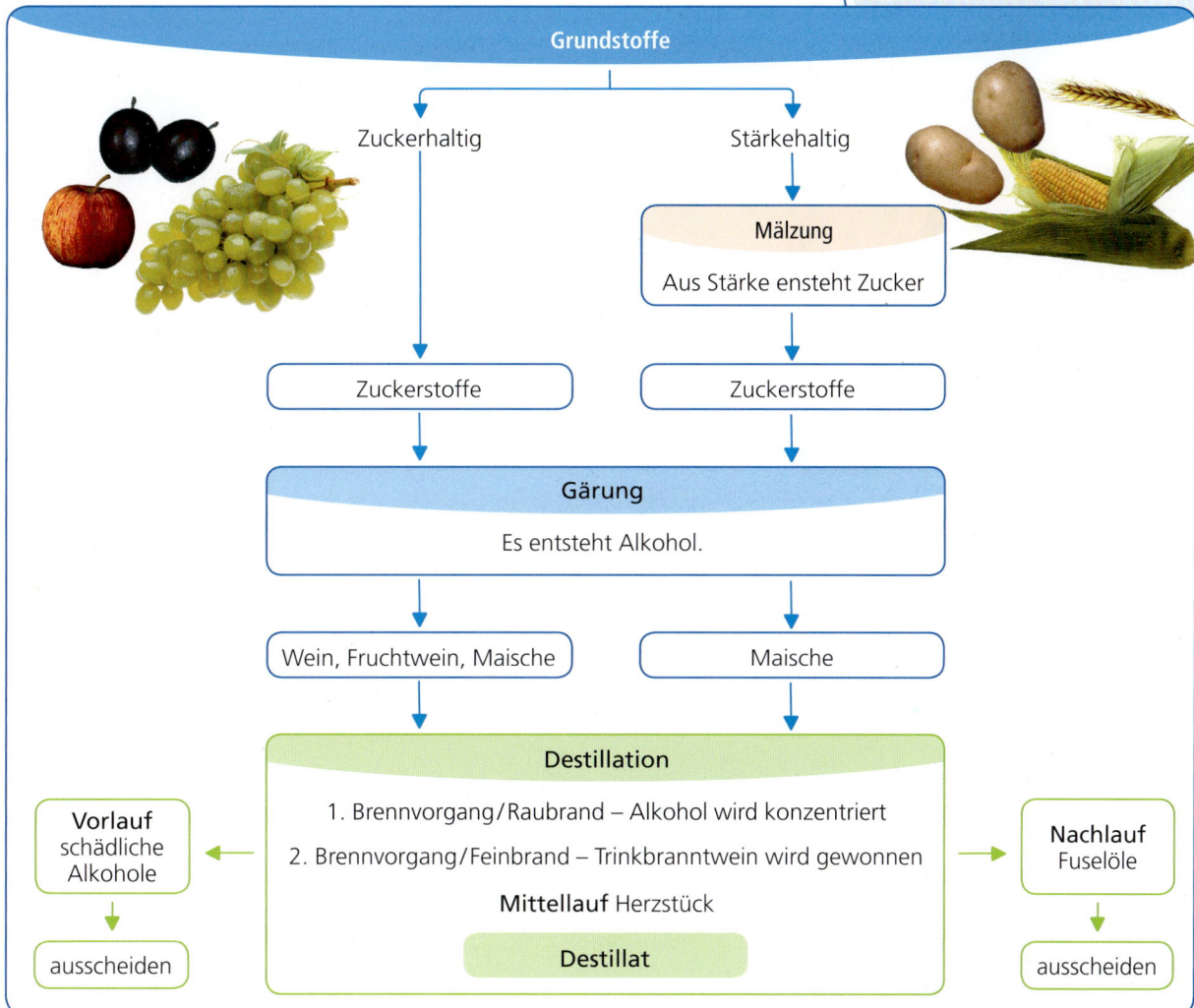

Nach der EU-Spirituosenverordnung unterscheidet man folgende vier Gruppen von Spirituosen:

- **Brände**, die aus Wein, Obst, Zuckerrohr oder Getreide hergestellt werden. Der Alkohol entsteht bei der Gärung aus dem Grundstoff.
- **Geiste**, die vorwiegend unter Verwendung aromareicher, zuckerarmer Beeren hergestellt werden. Dabei werden die Aromastoffe von zugesetztem Alkohol ausgelaugt.
- **Aromatisierte Spirituosen**, bei denen z. B. Gewürze neutralem Alkohol den Geschmack geben;
- **Liköre**, die auf unterschiedliche Weise nach bestimmten Regeln hergestellt werden.

Service

GETRÄNKE UND GETRÄNKESERVICE

Hinweis: Früher wurde jedes Getränk, das gebrannt wurde, als Branntwein bezeichnet. Auch Spirituosen aus Getreide oder Kartoffeln waren Branntweine. Heute muss Branntwein aus Wein gewonnen sein.

Lagerung von Cognac

Durch die Lagerung in Eichenfässern (Barrique) erhält die Spirituose:
- Farbe
- Geschmacks- und Geruchsstoffe

Cognac
- Hennessy, Otard, Rémy Martin, Bisquit, Martell, Courvoisier

7.1 Brände

Brände sind Spirituosen, deren Alkoholgehalt und Geschmack durch Vergären und anschließendes Brennen (Destillieren) entsteht. Namengebend sind meist die Rohstoffe. Innerhalb der Brände gliedert man nach den Rohstoffgruppen:

- Wein
- Zuckerrohr
- Obst
- Getreide

Brände aus Wein  spirits from wine 🇫🇷 liqueurs (w) de vin

Man gewinnt diese Spirituosen durch Destillation von Wein oder Brennwein. Auf das Destillieren oder Brennen folgt eine längere Lagerung.

- **Weinbrand/Brandy** (Mindestalkoholgehalt 36,0 % Vol.)
  Unter dieser Bezeichnung werden in vielen Ländern Destillate hergestellt. Angebotene Spezialitäten werden sehr schnell mit ihren Ländern in Zusammenhang gebracht.
  Deutschland: Asbach Uralt, Wilthener, Mariacron, Scharlachberg
  Italien: Vecchia Romagna, Stock
  Griechenland: Metaxa
  Spanien: Osborne Veterano, Capa Negra
  Frankreich: Armagnac, Cognac
  Armagnac wird in der Gascogne in einem Brennvorgang hergestellt. Die Reifung erfolgt immer in neuen Eichenfässern aus Bäumen der Gascogne.
  Cognac ist eine geschützte Herkunftsbezeichnung für Weinbrand aus der Charente, deren Mittelpunkt die Stadt Cognac ist. Die Herstellung erfolgt im Doppelbrandverfahren, die anschließende Lagerung in Eichenfässern, meist aus der Limousin-Region.

Altersangaben von Cognac

Alterskonto	Lagerzeit des Destillates	Produktkennzeichnungen
1, 2 und 3	1 bis 3 Jahre	• Cognac • Cognac Authentique • Cognac*** • VS (very special)
4	mindestens 4 Jahre	• VSOP (very superior old pale) • Réserve
5	mindestens 5 Jahre	• Extra • Vieille Réserve
6	mindestens 6 Jahre (u. U. sehr alt)	• Hors d'Age/Age d'Or • XO (extra old) • Napoleon

- **Tresterbrand** (Mindestalkoholgehalt 37,5 % Vol.)
  Das Destillat gewinnt man aus den Rückständen, die beim Abpressen des Traubenmostes (Traubentrester) anfallen. **Grappa** aus Italien und **Marc** (Marc de Champagne) aus Frankreich gehören zu dieser Gruppe.

324

Brände aus Obst (Mindestalkoholgehalt 37,5 % Vol.)

Werden
- frische Früchte oder deren Moste vergoren und destilliert oder
- frische zuckerarme Früchte mazeriert und destilliert,
- erhält man Obstbrände. Je nach Herstellungsverfahren werden verschiedene Bezeichnungen verwendet.

Obstbrand/Obstler bestehen aus mehreren Obstarten. Wird diese Bezeichnung verwendet, können die verwendeten Früchte in absteigender Reihenfolge der Menge angeführt werden. Wird nur eine Fruchtart verwendet, darf anstelle des Wortes Obst der Name der Frucht zusammen mit …wasser oder …brand genannt werden. Beispiele:
- Kirschwasser/-brand
- Zwetschgenwasser/-brand

Spezialitäten anderer Länder
- **Calvados** gewinnt man in der Normandie aus Apfelwein (Cidre). Die goldgelbe Farbe erhält er durch längere Lagerung in Eichenholzfässern.
- **Sliwowitz** ist ein Pflaumenbrand, der vorwiegend in Ost-Europa hergestellt wird. Gereift in Flaschen ist er hell, in Fässern gereift dunkler.
- **Marillenbrand** (Österreich) und **Barack** (Ungarn) werden aus Aprikosen hergestellt.
- **Enzian:** Die Wurzeln des gelben Enzians werden eingemaischt und vergoren. Dieses Destillat bildet neben reinem Alkohol die Grundlage für die Spezialität aus Bayern und Österreich.

Geiste
Einige Früchte enthalten nur wenig Zucker, der in Alkohol umgewandelt werden könnte. Sie werden darum in Alkohol (auch Weingeist genannt) eingelegt, also mazeriert. Die Geschmacksstoffe werden damit entzogen. Die aromahaltige Flüssigkeit wird dann abdestilliert.

So erhält man z. B.
- Himbeergeist
- Brombeergeist
- Schlehengeist
- Heidelbeergeist

Wird bei dieser Art der Herstellung die Bezeichnung -brand verwendet, so ist auf dem Etikett der Hinweis auf das Mazerieren zu geben.

Brände aus Getreide

Getreidearten wie Weizen, Roggen, Gerste werden meist gemälzt, dann vergoren und anschließend destilliert. Wird im fertigen Produkt eine Getreideart genannt, darf bei der Herstellung nur diese verwendet werden.

- Korn hat mindestens 32 % Vol.,
- Doppelkorn hat mindestens 37,5 % Vol. Alkohol.

Whisky/Whiskey (Mindestalkoholgehalt 40 % Vol.)

Viele Besonderheiten und sehr unterschiedliche Charaktere besitzen die Whiskys/Whiskeys. Beim Namen geht es los: Whisky werden die schottischen und kanadischen Arten genannt. Whiskey schreibt man bei irischen Sorten und dem amerikanischen Bourbon.

Brände und Bezeichnungen
Aus frischen Früchten oder deren Most:
-wasser, -brand
Aus frischen Früchten, die in Alkohol eingelegt wurden:
-brand, -geist

Mazerieren von Früchten
Um bei der Spirituosenherstellung den Geschmack und das Aroma von Früchten zu erhalten, werden meist zuckerarme Früchte in Alkohol eingelegt (mazeriert). Die Geschmacksstoffe und Aromen gehen in die alkoholische Flüssigkeit über.

Alkohol aus anderen Rohstoffen löst
↓
Geschmacksstoffe der Beeren;
↓
durch Destillation entsteht **Geist**.

Mindestalkoholgehalt 32 % Vol. Korn / 35 % Vol. Getreidebrand

Doppel-Kornbrand
- Doornkaat, Hardenberg, Nordhäuser, Oldesloer

GETRÄNKE UND GETRÄNKESERVICE

Als Grundlage dient gemälztes Getreide. Die Reifung erfolgt in Eichenfässern, die teilweise auch schon für die Herstellung von Sherry, Madeira oder Portwein verwendet wurden.

Auf der Flasche stehende Bezeichnungen geben Hinweis auf die Arten- und Destillat-Reinheit.

- **Malt Whisky:** aus Gerstenmalz destillierter Whisky
- **Single Malt:** Schottischer Whisky; aus Malzdestillaten hergestellter Whisky einer einzigen Brennerei
- **Grain Whisky:** sind Whiskys, hergestellt aus unterschiedlichen Getreidesorten mit Weizen, Roggen, Mais, Hafer und Hirse
- **Single Grain:** aus unterschiedlichen Getreidesorten hergestelltes Destillat einer einzigen Brennerei
- **Rye Whiskey:** hat einen Roggenanteil von mindestens 51 %
- **Blended Whisk(e)y:** Mischungen unterschiedlicher Destillate, z. B. Malt Whisky mit Rye Whiskey, in den USA auch Neutralalkohol mit reinem Whiskey

Herkunft und Charakter

Irish Whiskey
- von der klassischen Art her reiner Malt Whisky (heute aber auch Blended Whiskys)
- dreifach destilliert mit mildem Malzaroma

Scotch Whisky
- je nach Region sehr unterschiedliche Charaktere
- bukettreiche und geschmacksintensive Malt Whiskys sowie milde Blends
- Rauchgeschmack, der durch Darren des Malzes über Torf-Feuer entsteht.

Canadian Whisky
- helle, leichte Grain-Whiskys (idealer Mix-Whisky)

Bourbon Whiskey
- mindestens 51 % Mais, aus den USA
- schwere und kräftige Whiskeys

Japan Whisky
- Herstellung vieler Whisky-Richtungen wie Single Malt, Blended Malt oder Single Grain-Whisky

Brände aus Zuckerrohr

Rum (Mindestalkoholgehalt 37,5 % Vol.) hat Zuckerrohrsaft oder Zuckerrohrmelasse als Grundlage. Das Destillat ist zunächst klar (weißer Rum). Weißer Rum wird in Edelstahltanks gelagert und später gefiltert. Wird brauner Rum hergestellt, erfolgt die Lagerung in Eichenfässern. Dort erhält er neben seiner Farbe auch die gewünschten Aromen. Der Zusatz von Zuckerkulör ist erlaubt.

- Echter Rum wurde im Ursprungsland destilliert.
- Rum-Verschnitt ist eine Mischung (Verschnitt) aus echtem Rum und Neutralalkohol.

Whisky-Lager

Irish Whiskey
- Paddy, Tullamore Dew, John Jameson, Old Bushmills

Scotch Whisky
- Johnnie Walker, Ballantine's, Laphroaig, Talisker, Ardbeg

Canadian Whisky
- Canadian Club, Kennedy's

Bourbon Whiskey
- Jack Daniel's, Four Roses, Jim Beam, Medley's

Japan Whisky
- Karuizawa, Nikka, Kirin

Ursprung des japanischen Whiskys liegt in Schottland

Rum
- Bacardi, Havana Club, Meyer's
- Zacapa, Don Papa

Qualitätsangaben sind, je nach Herstellungsgebiet, sehr unterschiedlich. Qualitäts- und Jahresangaben sind z. B.:

Karibische Inseln / französisch
vieux = alt, mindestens drei Jahre gereift
tres vieux = sehr alt
hors d'age = ein Blend gereifter Rumsorten
traditionell = Melasse-Rum

Vom spanischen Hersteller
anejo = alt
gran anejo = sehr alt

Aus frischem Zuckerrohr hergestellt
VO = mindestens 3 Jahre in Eichenfässern gelagert.
VSOP = mindestens 4 Jahre in Eichenfässern gelagert.
XO = mindestens 6 Jahre in Eichenfässern gelagert.

Cachaça (Mindestalkoholgehalt 38 % Vol.) besteht aus grünem Zuckerrohr und Zuckerrohrsaft. Die Fermentierung läuft mit Zuchthefe, teilweise auch mit Wildhefen vom Zuckerrohr und Fermentationsbeschleunigern (z. B. Maisstärke, frischer Zuckerrohrsaft). Cachaça ist meist hell in der Farbe, dunklere Sorten erhalten die Farbe durch Reifen in Eichenfässern. Verwendet wird Cachaça vorwiegend zur Herstellung von Caipirinha.

● Cachaça
  • Canario, Pitu, Nega Fulo

7.2 Weitere geschmacksneutrale Spirituosen

- **Wodka:** Das aus Osteuropa stammende Getränk ist ein auf Trinkstärke herabgesetzter Alkohol. Verwendet wird hauptsächlich Getreide, Kartoffeln oder die aus der Zuckerherstellung anfallende Melasse. Die besonders weiche Note ist charakteristisch. Das ist auch der Grund, warum sich Wodka gut für Longdrinks eignet.
- **Mezcal:** Ein Agavendestillat aus Mexico, bei dem es bei der Herstellung keine Regeln für die Verwendung von Agavensorten gibt. Je nach Reifedauer wird er hell bis golden angeboten. Eine Schmetterlingslarve in der Flasche ist für viele Sorten charakteristisch. Getrunken wird Mezcal mit Limette und Chilipulver oder Chilisalz.
- **Tequila:** Wie Mezcal ein Agavendestillat, jedoch nur aus einer Agavenart hergestellt. Weitere Unterschiede zum Mezcal gibt es in der Herstellung und dem möglichen Zusatz von Zucker. Getrunken wird reiner Agaven-Tequila in der Regel pur. Mixo-Tequila wird häufig mit Zitrone und Salz getrunken, brauner Tequila mit Orange und Salz.

Wacholder

7.3 Aromatisierte Spirituosen

Bei dieser Getränkegruppe werden einem Alkohol, der aus Getreide oder Kartoffeln gewonnen worden ist, geschmackgebende Gewürze wie z. B. Wacholder, Kümmel oder Anis zugefügt.

Wacholder
Dem Alkohol wird Wacholder oder Wacholderdestillat als Geschmacksträger zugefügt.
- **Gin:** Ein englisches Produkt, das neben dem geschmacklich vorherrschenden Wacholder auch noch weitere Aromastoffe enthalten kann.
- **Genever:** Diese vor allem in Holland hergestellte Spezialität hat meist nur einen sehr geringen Wacholdergeschmack.

● Gin
  • Monkey 47, Bombay, Tanqueray, Gordon's Genever
  • Wenneker, Bols, Bokma

Service

GETRÄNKE UND GETRÄNKESERVICE

Man unterscheidet:
- Jonge (junger) Genever mit zarter Wacholder-Note und
- Oude (alter) Genever mit deutlicherem Geschmack.

Kümmel

Der Neutralalkohol wird mit Kümmel geschmacklich ergänzt.

- **Akvavit oder Aquavit** darf die Spirituose genannt werden, wenn die geschmackgebenden Stoffe aus einem besonderen Kräuter- und Gewürzdestillat stammen.
- **Doppelkümmel** besitzt 38 % Vol. und hat einen ausgeprägten Kümmelgeschmack. Er wird wie der Aquavit eisgekühlt getrunken.

Kümmel
- Aquavit: Malteser, Aalborg, Helbings
- Doppelkümmel: Lehment, Oechelhäuser, Eichsfelder

Anis

- **Pastis:** Alkohol ist aromatisiert mit Sternanis, Anis und anderen Pflanzen wie z. B. Fenchel. Diese Zutaten sind verdauungsanregend. Darum wird Pastis auch als Aperitif gereicht. Bei der Zugabe von Wasser wird die zunächst klare Flüssigkeit milchig trübe.
- **Ouzo:** Die anishaltige Spirituose muss in Griechenland hergestellt worden sein.

Pastis
- Ricard, Baranis, Duval

Ouzo
- Ouzo 12, Pilavas, Ouzo Plomari

Wermut

- **Absinth:** Auszüge aus der Wermutpflanze geben dieser Spirituose neben Anis und Fenchel den typischen Geschmack. Qualitativ hochwertige Absinthe sind blassgrün oder farblos. Der Gehalt an nervenschädigendem Thujon ist heute begrenzt. Ein hoher Anteil früher war der Grund für Gesundheitsschädigungen, was zum Verbot von Absinth geführt hatte.

Absinth
- Kübler (Schweiz), Absinthe Libertine 72 (Frankreich), Montmartre (Österreich)

7.4 Liköre 🇬🇧 liqueurs 🇫🇷 liqueurs (w)

Allen Likören gemeinsam ist ein bestimmer Anteil an Alkohol, Zucker und Wasser. Unterschiede entstehen durch die geschmackgebenden Zutaten. Man unterscheidet folgende Gruppen:

- **Fruchtliköre**
  - mit Saftzugabe, z. B. Cherry-Brandy mit Kirschsaft und Kirschwasser, Apricot Brandy mit Aprikosensaft, Cassis mit dem Saft schwarzer Johannisbeeren.
  - mit Zugabe von Auszügen (Extrakten) oder Destillaten von Früchten/ Fruchtschalen, z. B. Grand Marnier mit Cognac und Schalen von der Bitterorange (Frankreich), Cointreau mit Orangenschalen und Kräutern (Frankreich), Maraschino mit Destillat der Maraskakirsche.
- **Bitter- und Kräuterliköre**
  - haben durch Auszüge von Kräutern und Gewürzen meist eine bitteraromatische Note, z. B. Campari, Fernet Branca, die Klosterliköre wie Ettaler, Chartreuse, Bénédictine, Pfefferminzlikör.
- **Emulsionsliköre**
  - enthalten fetthaltige Zutaten wie Sahne, Eigelb oder Schokolade. Diese werden mit den übrigen Bestandteilen durch Homogenisieren zu einer dickflüssigen cremigen Masse verarbeitet, z. B. Eierlikör, Mocca-Sahne.

Emulsionslikör

7.5 Apéritifs und Digestifs

Im klassischen Sinne gibt es die Spirituose vor und nach dem Essen. Gäste haben aber Vorlieben. Daher sind Abweichungen von den klassischen Regeln in diesem Fall natürlich möglich. Grundlegend hat der Apéritif die Aufgabe, den Appetit anzuregen, der Digestif die Verdauung. Folgende Getränke lassen sich aus den bereits genannten Gruppen einteilen.

- Apéritifs:
  - Trockene Likörweine wie Sherry, weißer Portwein, Madeira Sercial
  - Trockene Weißweine oder Schaumweine mit Likör gemischt (Kir Royal)
  - Bitters wie Apérol, Campari, Cynar oder Amer Picon
  - Wermut wie trockener Martini, Cinzano, Noilly Prat oder Byrrh
  - Cocktails wie Manhattan, Martini-Cocktail oder Side Car
  - Biercocktail

- Digestifs:
  - Süße Likörweine wie Cream-Sherrys, Madeiras, Mavrodaphne
  - Brände wie Cognac, Armagnac, Obstbrand, Doppelkümmel
  - Liköre:
    - Fruchtsaftliköre: Eckes Edelkirsch, Maraschino
    - Fruchtaromaliköre: Cointreau, Sambuca
    - Gewürz-, Kräuter-, Bitter-Liköre: Fernet Branca, Ramazotti, Unicum, Gammel Dansk, Underberg, Becherovka, Jägermeister
    - Kaffee-, Tee-, Kakao-Liköre: Khalúa, Licor de Café, De Kuyper-Crème de Cacao, Tia Maria, Kosaken-Kaffee
    - Emulsionsliköre: Batida de coco, Advocaat-Eierlikör, Bailey's Irish Cream, Vandermint
    - Crème de …-Liköre: Crème de banana, Crème de cassis
    - Sonstige Liköre: Amaretto, Southern Comfort, Drambuie
  - Sekt halbtrocken oder lieblich/süß

Küchenpraxis Spirituosen

Sowohl die vielen verschiedenen Geschmacksrichtungen wie auch unterschiedliche %-Volumen geben viele Einsatzmöglichkeiten in der Küchenpraxis.

Hoher Alkoholgehalt zum Flambieren

Nicht alle Spirituosen eignen sich zum Flambieren. Der Alkoholgehalt muss hoch sein, um am Tisch des Gastes stilvoll diese Spezialarbeit zu zeigen. Gut geeignet ist ein Alkoholgehalt ab 38 % vol. Welche Spirituose verwendet wird, hängt vom harmonischen Zusammenspiel zwischen dem Alkohol und der Speise ab. Liköre dienen nur zum Parfümieren der Speisen.

- **Brände und Fruchtliköre** eignen sich zum Aromatisieren
- **Anishaltige Spirituosen** geben Speisen Charakter
- **Mazerieren von Früchten** schafft geschmackliche Kombinationen
- **Liköre** unterstreichen den Eigengeschmack

Flambieren von Feigen

Frühstück und Frühstücksservice

Frühstück ist für viele Personen ein wichtiger Bestandteil des Morgens. Es liefert Energie, damit der Tag gut begonnen werden kann. Doch nicht nur auf ein reichhaltiges Frühstück kommt es an, sondern auch auf ein ausgewogenes und vielseitiges.

1 Frühstück

🇬🇧 breakfast 🇫🇷 petit déjeuner (m)

1.1 Bestandteile des Frühstücks

Für ein einfaches Frühstück benötigt man nicht viel (s. S. 331). Je vielseitiger jedoch ein Frühstück sein soll, desto größer muss das Angebot sein und desto größer auch der Bedarf an Lebensmitteln. Naturbelassen oder zubereitet: für jeden sollte etwas dabei sein. Eine mögliche Angebotsauswahl für ein Frühstück kann sein:

Brötchen, Brot

Viele gastronomische Einrichtungen bieten zwei Arten von Brötchen an, große und kleine Brötchen. Damit wird auch der Gast mit kleinem Hunger angesprochen.

- Helle Brötchen: Schrippe, Bauernbrötchen, Weizengrießbrötchen, Sesam- und Mohnbrötchen, Dinkelvollkornbrötchen, Mehrkornbrötchen
- Dunkle Brötchen: Roggenbrötchen mit Saaten und ohne, Roggen-Dinkel-Brötchen, Malzbrötchen
- Brot: Mischbrote von Roggen und Weizen, Mehrkornbrote, Weizenbrot oder Vollkornbrote, Schrot- oder Dinkelbrote, Knäckebrot
- Angebote für Gäste mit Glutenunverträglichkeit

Streichfette

- Butter (gesalzen, gesäuert, Süßrahmbutter), Margarine, Halbfettmargarine, Margarine mit Joghurt

Säfte

- Diverse Säfte und Nektare wie Orangensaft, Multivitaminsaft, Grapefruitsaft, Bananennektar, Kirschnektar

Milchprodukte

- Joghurt natur oder mit Früchten, Quark natur, Quark mit Früchten angemacht, Quark mit Kräutern und angeschwitzten Zwiebeln, Skyr natur oder mit Früchten, Ayran

Cerealien, Nüsse, Kerne und Saaten

- Haferflocken zart oder kernig, Bircher Müsli, Müsli mit Früchten oder Schokolade, Cornflakes, Zimtkissen, Haselnüsse, Mandelsplitter, Kürbiskerne, Buchweizen, Leinsamen geschrotet, Sesam, Mohn

Obst

- Frisches Obst der Saison, Dörrobst, Obstchips von Apfel oder Birne

1 Frühstück

Warme Speisen
- Eierspeisen, gebratene Würstchen, kleine Pfannkuchen, gebackene Waffeln süß oder deftig

Wurst- und Fleischwaren
- Brühwurst wie Lyoner, Bierschinken oder Jagdwurst
- Kochwurst wie Leberwurst oder Blutwurst
- Rohwurst wie Teewurst, Leberwurst, Cervelatwurst oder Salami
- Rohe Schinken wie Parma- oder Schwarzwälder Schinken, Lachsschinken oder Bündner Fleisch
- Gekochte Schinken wie Vorderschinken oder gekochter Hinterschinken

Käse
- Weichkäse wie Camembert, Brie oder Rotschmiere-Käse
- Schnittkäse wie Gouda, Maasdamer oder Edamer
- Hartkäse wie Emmentaler oder Cedar
- Sauermilchkäse wie Harzer oder Mainzer
- Frischkäse mit Kräutern, Meerrettich oder getrockneten Tomaten

Marmelade, Konfitüre, Brotaufstriche oder Honig
- Englische Marmeladen (bitter-süß) wie Orangen- oder Zitronenmarmelade, Erdbeer- oder Kirschkonfitüre, Nuss-Nougat-Creme, Mirabellenaufstrich, Rübensirup, Akazien- oder Rapshonig

Gebäcke
- Croissants, dänisches Plundergebäck, Schokoladenküchlein, Mohnstrudel, Donuts oder Muffins

1.2 Arten des Frühstücks

Es sind zu unterscheiden:
- Das einfache, **kontinentale Frühstück** mit seinem einfachen Angebot.
- Das **erweiterte Frühstück**, das nach einer Frühstückskarte ausgewählt wird oder mit einer Frühstückskarte das einfache Frühstück ergänzt.
- Das **internationale Frühstück** wird besonders bei den internationalen Gästen geschätzt.
- Das **Frühstücksbüfett**, auf dem die Speisen zur Selbstbedienung bereitstehen.
- Der **Brunch**, ein spätes Frühstück mit Speisen des Mittagstisches kombiniert.
- Das **Etagenfrühstück** bildet eine Sonderform des À-la-Carte-Service. Der Gast trägt seine Wünsche in eine Bestell-Liste ein (s. S. 336). Am Morgen wird ihm dann das Frühstück im Zimmer serviert.

Kontinentales Frühstück

Das kontinentale Frühstück (auch einfaches Frühstück) wird häufig in Pensionen, Bäckereien oder Kaufhäusern angeboten. Es besteht aus:
- Kaffee, Tee oder Kakao
- Brot, Brötchen, Croissant oder Toast
- Konfitüre, Marmelade oder Honig
- Margarine oder Butter

Das einfache Frühstück kann auch ergänzt werden mit Käse- und Wurstscheiben.

> **Bircher Müsli für 1,6 kg**
> Die klassische Rezeptur des gehaltvollen Müslis kann durch Zugabe von frischem Obst, verschiedenen Nüssen und Molkereiprodukten variiert werden.
>
> - 0,350 kg Haferflocken, zart
> - 0,600 l Milch
> - 0,600 kg Äpfel
> - nach Bedarf Zitronensaft
> - 0,020 kg Haselnüsse, gemahlen
> - 0,040 kg Honig
>
> Haferflocken über Nacht in der Milch einweichen. Apfel reiben, mit wenig Zitronensaft marinieren und mit den restlichen Zutaten zu den Haferflocken rühren.

331

Erweitertes Frühstück

Basierend auf dem einfachen Frühstück, erfolgt eine Erweiterung der angebotenen Speisen und Getränke durch ein festgelegtes Erweiterungsangebot oder die zusätzliche Wahl aus einer Frühstückskarte. Mögliche Erweiterungen sind:

- Frucht- oder Gemüsesäfte wie Orangensaft oder Tomatensaft
- Sekt
- Eierspeisen wie Rührei, Spiegelei oder gefüllte Omeletts
- Gebratene Speisen wie Speck, kleine Würstchen, Blutwurst, Garnelen oder Scampi
- Räucherfisch oder Graved Lachs
- Hochwertigere Wurst oder Fleischerzeugnisse wie Römerbraten oder roher Schinken
- Vielseitigere Auswahl von Käse wie Weichkäse, halbfester Schnittkäse oder Frischkäse
- Cerealien wie Cornflakes und verschiedene Müslis, Körner oder Saaten, getrocknete Früchte wie Rosinen oder Datteln
- Joghurt natur oder mit Geschmack, angemachter Quark mit und ohne Früchte
- Obstsalate, frisches Obst, Gemüse wie Gurkensticks oder Tomate

Internationales Frühstück

Beim internationalen Frühstück können Gäste in vielen Speisen ihre eigene Lebenskultur wiederfinden. Am bekanntesten ist das britische Frühstück. Es wird klassisch in mehreren Gängen serviert, wegen häufigen Zeitmangels heute in komprimierter Form am Tisch serviert. Bestandteile des **englischen Frühstücks** sind:

- Fruchtsäfte, Kompott, Cerealien, Porridge (Haferbrei) und Obst
- Gebratener Speck und kleine Würstchen, Eierspeisen wie Rührei und Spiegelei, gegrillte Tomaten, gebratene Champignons, Baked Beans (weiße Bohnen in Tomatensoße), Hash Browns (ähnlich dem Kartoffelrösti)
- Je nach Region auch *Black Pudding* (Blut, Getreide und weitere Zutaten), *White Pudding* (ohne Blut, aber mit Schweinefleisch und Talg), Kippers (gesalzene Räucherheringe) oder Kabeljau
- Würzmittel wie Brown Sauce (Tamarindensauce, malzig), Ketchup und Senf
- Toastbrot, in der Pfanne geröstete Brotscheiben, die vorher auch durch Ei gezogen werden können
- Vorzugsweise Marmelade, seltener Konfitüre
- Schwarzer Tee, Kaffee

Frühstücksbüfett 🇬🇧 breakfast buffet 🇫🇷 buffet (m) de petit déjeuner

Beim Frühstücksbüfett handelt es sich um ein sehr reichhaltiges, umfangreiches Angebot. Grundlage bildet das erweiterte Frühstück. Von geringfügigen Abweichungen abgesehen, werden auf dem Büfett alle zum Frühstück üblichen Speisen bereitgestellt. Für ein Frühstücksbüfett sprechen:

- Gast hat freie Auswahl
- Lange Wartezeiten der Gäste werden vermieden

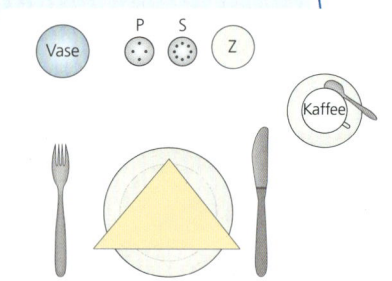

Gedeck für Frühstücksbüfett

- Unterschiedliche Verzehrgewohnheiten und Bedürfnisse, die sich aus dem internationalen Reiseverkehr ergeben, werden respektiert.
- Das leichtere Erfassen der Kosten sowie die Vereinfachung der Preisgestaltung
- Die Verringerung des Arbeitsaufwandes und Planbarkeit des Personals.

Heiße Getränke werden von der Servicekraft am Tisch erfragt und serviert. Mittlerweile steht in vielen Einrichtungen den Gästen auch ein Samowar für Tee und Kaffeevollautomaten für Kaffeespezialitäten zur Selbstversorgung zur Verfügung.

Neben den kalten Speisen wird ein warmes Angebot an Speisen bereitgehalten. In vielen Hotels werden Eierspeisen in sehr guter Qualität in einem Front-Cooking-Bereich angeboten. Der Büfettservice wird durch Servicekräfte und Köche erledigt.

Zusätzliche Angebote zu den aufgeführten Bestandteilen des *erweiterten Frühstücks* können sein:

- Front-Cooking-Bereich: Pochierte Eier, Ei im Glas, mit Kräutern oder Garnelen gefüllte Omeletts, Ei im Napf mit Kalbsragout, Pfannkuchen
- Warme Speisen im Chafing-Dish: Grilltomaten, gegrillte Gemüsescheiben von Zucchini oder Aubergine, kleine Steaks oder gebratene Hacksteaks
- Getreidespeisen wie Porridge oder Bircher Müsli
- Gebäcke wie frisch gebackene Waffeln; Plundergebäck, z. B. kleine Mohnschnecken; oder Blätterteiggebäcke wie kleine Kirsch- oder Marillentaschen

Brunch 🇬🇧 brunch 🇫🇷 brunch (m)

Der Brunch ist eine Angebotsform, die von früh bis zum späten Mittag ausgedehnt ist. Sie nimmt, wie die Wortkombination zeigt, eine Zwischenstellung zwischen dem Frühstück und Mittagessen ein.

- **Br**eakfast = Frühstück
- Lu**nch** = Mittagessen

Beim Brunch wird das Frühstücksbüfett mit Suppen, warmen Gerichten, Salaten, Süßspeisen und Gebäcken ergänzt. Je nach Tageszeit trinken die Gäste außer den üblichen alkoholfreien kalten und warmen Getränken auch leichte Weine, Sekt oder Bier.

Gedeck für Brunch

Beispiele zur Ergänzung der Frühstücksbüfetts

Salate:	Büsumer Krabbensalat, Chicoree mit Joghurt-Orangen-Dip, Caesar's Salad, Salat vom Stremellachs mit Meerrettich-Vinaigrette
Suppen:	Geflügelkraftbrühe mit Eierstich, Fischbrühe mit Filetstreifen, Tomatencreme mit Kalbfleischklößchen, Brokkolicreme mit Sauerrahm
Aufläufe:	Brokkoligratin, Zucchini-Tomaten-Lasagne mit Schafskäse gratiniert, Kartoffel-Lachs-Auflauf
Nudelgerichte:	Bandnudeln in Pesto, Penne Rigate mit Brokkoliröschen und Garnelen
Fischgerichte:	Gedämpftes Lachsfilet in Weißweinsauce, Röllchen vom Zanderfilet mit Meerrettichrahm, gegrilltes Dorschkotelett auf Ratatouille
Fleischspeisen:	Kleine Rouladen vom Rind in Rotweinsauce, Schweinemedaillons mit gebratenen Champignons, Kalbsbraten mit Pfifferlingsrahm
Süßspeisen:	Himbeercreme mit Crunch, Nougatmousse mit Rumkirschen, Mangoschaum mit Basilikum, Traubengelee mit Grand-Marnier-Sauce
Gebäck:	Warmer Birnenstrudel mit Mandel-Vanillesauce, kleine gefüllte Windbeutel, Kirschmuffins, Petits fours, Teegebäcke

Frühstücksservice

breakfast service · service (m) du petit dejeuner

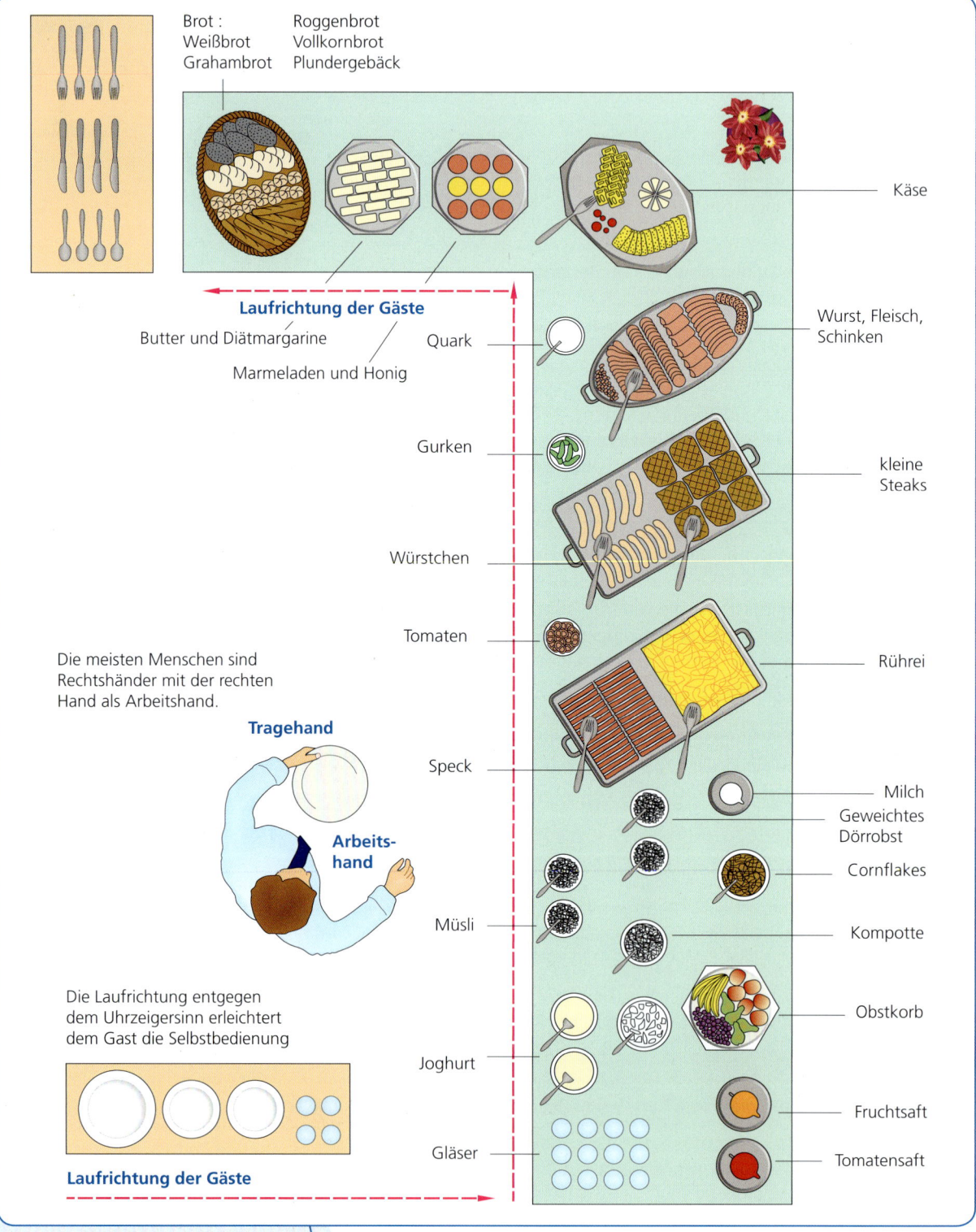

2 Frühstücksservice

2.1 Etagenservice

Der Service auf der Etage ist sehr aufwendig und bedarf deshalb einer besonders guten Organisation.

Mise-en-Place

Für das **Etagenfrühstück** werden am Vorabend **Einer-** und **Zweierplateaus** vorbereitet.

- Plateautuch,
- Mittelteller mit Serviette,
- Mittelmesser, Untertasse und Kaffeelöffel,
- Schälchen mit Zucker bzw. Süßstoff.

Frühstücksbestellung und Service

Das Zimmermädchen legt dem Gast auf dem Zimmer täglich eine Frühstücksbestellliste für den nächsten Morgen bereit. Wenn dieser sein Frühstück auf dem Zimmer einnehmen möchte, trägt er seine Wünsche am Abend vorher in die Liste ein und hängt sie dann außen an die Zimmertür.

Bei Dienstbeginn sammelt die Servicefachkraft auf der Etage die **Frühstücksbestelllisten** ein und erstellt daraufhin eine **Kontrollliste** für den Frühstücksservice.

Zur Servicezeit wird das Plateau vervollständigt: Gebäck, Butter, Konfitüre, die vorgewärmte Tasse, das Getränk, die bestellten Extras.

Das Zimmer wird erst nach dem Klopfen betreten, wenn der Gast „herein" gebeten hat.

Frühstücken im Zimmer zwei oder mehr Personen, ist ein kleiner Frühstückstisch bereitzustellen und einzudecken.

2.2 Service beim Frühstück

Merkmale der Frühstückssituation

Sie ergeben sich vor allem durch die besondere Situation am Morgen. Der Frühstücksatmosphäre kommt im Hinblick auf den Gast eine besondere Bedeutung zu, denn sie beeinflusst in hohem Maße seine „Stimmung" und sein „Wohlbefinden" für die nachfolgenden Stunden. Der Service kann zu einer guten Atmosphäre viel beitragen:

- Ein gut gelüfteter Raum,
- ein sauberer und sorgfältig eingedeckter Tisch mit einem kleinen Blumenschmuck,
- Servierpersonal, das ausgeschlafen ist und dem Gast mit Aufmerksamkeit und Freundlichkeit begegnet.

Zeit	Zimmer	Frühstück	
		serviert	abgeräumt
7.40 h	128	✓	✓
8.10 h	137	✓	✓
9.00 h	210	✓	

Plan für Etagenfrühstück

Etagen-Frühstücks-Plateau

Vorteilhaft sind hier Room-Service-Wagen, auf denen das komplette Frühstück angerichtet in das Gästezimmer gefahren wird. Durch Hochstellen von zwei beweglichen Kreissegmenten wird der Wagen zu einem runden Frühstückstisch für 1–3 Personen.

Service

FRÜHSTÜCK UND FRÜHSTÜCKSSERVICE

Etagenfrühstück  breakfast room service  service (m) à l'étage

Etagen Service  Room Service

KRONE HOTEL

BESTELLEN Sie sich das pünktliche Frühstück am Abend vorher.
To have your breakfast in time ORDER it the evening before.

Service gewünscht/zwischen: – Desired Service Time:

7.00 – 7.30   7.30 – 8.00   8.00 – 8.30   8.30 – 9.00   9.00 – 9.30   9.30 – 10.00

Zimmer Nr. / Room No.	Anzahl der Gäste / Number of guests	Service / Waiter	Datum / Date

Frühstück komplett € 9,00
- ○ Kaffee
- ○ Tee
- ○ Kakao

Continental breakfast € 9,00
- ○ Coffee
- ○ Tea
- ○ Chocolate

Zusatzbestellung   **€**   **Additional orders**

Etagen Service	€	Room Service
○ Glas Milch, warm oder kalt	1,50	○ Glass of milk, hot or cold
○ Orangensaft	3,00	○ Fresh orange juice
○ Grapefruitsaft	3,00	○ Grapefruit juice
○ Tomatensaft	3,00	○ Tomato juice
○ Frische halbe Grapefruit	3,00	○ Fresh half grapefruit
○ Backpflaumen	2,00	○ Stewed prunes
○ Frisches Land-Ei	1,50	○ Soft-boiled fresh egg
○ Zwei in Butter gebratene Spiegeleier oder Rühreier	3,50	○ Pair of fresh country-eggs cooked to your order
○ (wahlweise mit Schinken, Speck oder Würstchen)	4,00	○ (choice of with ham, bacon or sausages)
○ Schinken oder Frühstücksspeck, knusprig gebraten	3,00	○ Rasher of bacon, ham or sausages
○ Zwei pochierte Eier auf Toast	3,50	○ Two poached eggs on toast
○ Eine Tasse Haferflockenbrei mit frischer Sahne oder Milch	2,50	○ One cup of hot porridge with fresh cream or milk
○ Cornflakes mit frischer Sahne oder Milch	2,50	○ Cornflakes with fresh cream or milk
○ Joghurt	2,00	○ Joghurt
○ Schinken, roh oder gekocht (kleine Portion)	4,00	○ Smoked or boiled ham (half portion)
○ Gemischter Aufschnitt (kleine Portion)	4,00	○ Mixed cold cuts (half portion)
○ Käse in reicher Auswahl	4,00	○ Assortment of cheeses

Obige Preise sind Inklusivpreise   Service and tax included

Besondere Wünsche   Special Requests

Unterschrift des Gastes (Unterschreiben Sie bitte erst nach Erhalt Ihrer Bestellung.)
Signature (Sign after receipt of your order only, please.)   No. 3498

Frühstücksbestellliste

Mise-en-Place zum Frühstück

Servicetisch

Für das **einfache Frühstück** sind bereitzustellen:
- Mittelteller und Kaffeeuntertassen,
- Mittelmesser und Kaffeelöffel,
- Menagen und Servietten.

Wegen der Portionspackungen zum Frühstück setzt man entsprechende Restebehälter am Tisch ein.

Zum **erweiterten Frühstück** nach der Karte sind folgende Ergänzungen auf dem Servicetisch notwendig: siehe Tabelle rechts.

Die Anordnung der Ergänzungen auf dem Servicetisch beim erweiterten Frühstücksangebot:

| Teller | Kaffee- | Menagen | Zucker | Gläser | Karaffen |
| Teller | untertassen | Eierbecher | Aschenb. | Gläser | Gläser |

| Großes Besteck | Mittelbesteck | Kaffeelöffel | Eierlöffel | Servietten |
| | | | Vorlegebesteck | |

| Tabletts | freie Fläche |

Servicetisch für Frühstücksservice

Speisen à la carte	Ergänzungen auf dem Servicetisch
Gekochtes Ei	• Unterteller, Eierbecher, Eierlöffel • Pfeffer und Salz
Wurstwaren Käse	• Mittelgabel und Vorlegebesteck • Pfeffer und Salz • Pfeffermühle
Spiegeleier Rühreier	• Mittelgabel und Mittelmesser • Pfeffer und Salz
Cornflakes Müsli	• Unterteller, Mittellöffel • Karaffe mit Milch
Joghurt Quarkspeisen	• Unterteller und Kaffeelöffel
Milch Säfte Tomatensaft	• Unterteller, Rührlöffel • Milchbecher • Saftglas • Pfeffermühle
Grapefruit	• Unterteller, Grapefruitlöffel • Streuzucker
Melone	• Mittelmesser und Mittelgabel
Tee	• Zitronenpresse oder Milch • Unterteller und Ablageteller • Kandiszucker

Frühstücksgedecke

🇬🇧 breakfast covers   🇫🇷 couverts (m) pour le petit déjeuner

Je nach Umfang des Frühstücks werden einfache oder erweiterte Gedecke vorbereitet. Aus zeitlichen Gründen geschieht das im Allgemeinen bereits am **Vorabend**. Die Kaffeetassen werden im Rechaud vorgewärmt. Zusammen mit dem bestellten Getränk werden sie eingesetzt.

Einfaches Frühstücksgedeck
Es handelt sich dabei um die einfachste Art eines Frühstücksgedecks, bestehend aus Getränk sowie Gebäck, Butter und Konfitüre.

Einfaches Frühstücksgedeck

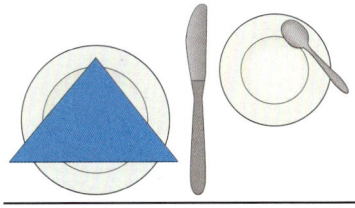

Einfaches Frühstücksgedeck

Service

FRÜHSTÜCK UND FRÜHSTÜCKSSERVICE

Erweitertes Frühstücksgedeck

Das einfache Frühstück kann mit Wurst oder Käse erweitert werden. Das Frühstücksgedeck ist dann entsprechend zu ergänzen.

- Mittelmesser und **Mittelgabel**
- **Salz-** und **Pfeffermenage**

Morgens, noch bevor die ersten Gäste kommen, werden die am Abend vorbereiteten Gedecke bzw. Tische vervollständigt mit:

- Konfitüre und Honig sowie Zucker und Süßstoff auf kleinen Tellern angerichtet,
- kleinen Vasen mit Blumen.

Servieren des Frühstücks

Einfaches Frühstück

Nachdem der Gast seinen Getränkewunsch bekanntgegeben hat, kann mit dem Service begonnen werden:
- Einsetzen von Gebäck und Butter und eventuell die kleine Wurst- oder Käseplatte mit Vorlegebesteck,
- Servieren des Getränks, einschließlich der vorgewärmten Tasse, sowie der Sahne oder der Milch.

Erweitertes Frühstück nach der Karte

Bei Ergänzungen ist zu unterscheiden zwischen solchen, die außerhalb des Gedeckplatzes eingesetzt werden, und solchen, für die der Gedeckplatz freigemacht werden muss.

Außerhalb des Gedeckplatzes werden eingesetzt:
- das gekochte Ei im Eierbecher, auf Unterteller, mit Eierlöffel,
- Wurst, Schinken und Käse auf einer Platte, mit Vorlegebesteck,
- Joghurt und Quark auf Unterteller, mit Kaffeelöffel,
- Milch auf Unterteller und Säfte.

Für folgende Speisen ist der Gedeckplatz freizumachen:
- Eierspeisen (Rühreier und Spiegeleier),
- Getreidespeisen (Porridge, Cornflakes und Müsli),
- Obst (Grapefruit und Melone).

Nach der Aufnahme der Bestellung gibt es dabei für den Service folgenden Ablauf:
- Die Bestellung an die Abgabestelle weiterreichen,
- am Tisch den Mittelteller mit dem Messer nach links außerhalb des Gedeckplatzes umstellen,
- das für die bestellte Speise erforderliche Besteck eindecken sowie die Menagen einsetzen,
- die Speise servieren,

und nachdem der Gast die Speise verzehrt hat:
- den Speiseteller mit dem Besteck ausheben,
- den Mittelteller mit dem Messer auf den Gedeckplatz zurückstellen.

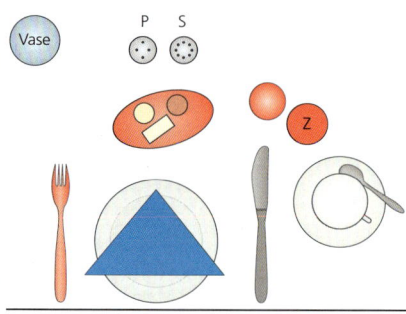

Erweitertes Frühstücksgedeck

Aufgrund von zusätzlichen Bestellungen nach der Frühstückskarte ergeben sich im Gedeck weitere Veränderungen, die aber erst nach Aufnahme der Bestellung auszuführen sind.

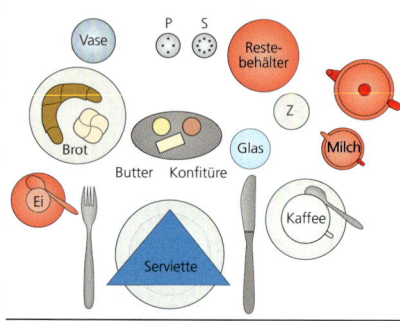

Erweitertes Frühstück: gekochtes Ei

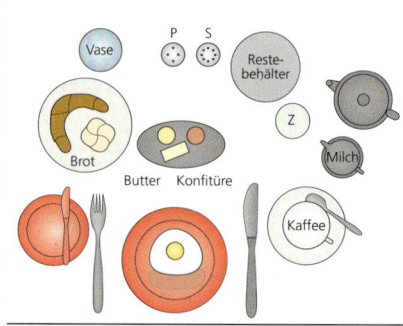

Erweitertes Frühstück: Spiegelei mit Schinken

Magazin

Im Gastgewerbe versteht man unter Magazin die verschiedenen **Warenlager,** von denen die Waren bei Bedarf abgerufen und entnommen werden. Dazu zählen neben den Kühl- und Tiefkühlräumen von Fisch, Fleisch oder Gemüse auch die Lagerhaltung unter anderen klimatischen Bedingungen von z. B. Getreideprodukten, Konserven, Getränken oder Hotelporzellan und Bestecken. Je nach der Größe eines Betriebes unterscheidet sich auch die **Ausstattung** der Lager stark. Von kleineren Kühlelementen über Kühlschränke bis zu ganzen Kühlräumen ist eine Lagerhaltung möglich, ähnlich verschieden ist auch die Fläche der Trockenlager.

Je nach Betriebsgröße unterscheiden sich das **System des Magazins** und die **Anzahl der Mitarbeiter.** Kleinere Betriebe haben ggf. eine offene Lagerhaltung. Jeder Mitarbeiter hat Zutritt zu den Lagerräumen, um sich z. B. die benötigten Lebensmittel zu holen. Die vorhandene Ware ist durch diese Art der Entnahme schwer zu kontrollieren.

In großen Hotels gibt es meist einen **Magazinverwalter**. Dieser kümmert sich

- um den Einkauf der Ware,
- um die Kontrolle des Wareneingangs und des Warenbestands,
- die Einlagerung und den Warenausgang zu den Abteilungen.

Sein Job ist es auch,
- die Warenbestandsdateien zu führen,
- Inventuren zu organisieren und durchzuführen und
- die Verbrauchsstatistiken zu erstellen und zu pflegen.

Eine **Warenausgabe** erfolgt über schriftliche **Warenanforderungen** der einzelnen Abteilungen. Diese muss meist bis zu einem bestimmten Zeitpunkt am Tag vorliegen. Die angeforderten Waren werden dann von den Magazinmitarbeitern zusammengestellt und wiederum zu festgelegten Zeiten an die Abteilungen ausgeliefert.

Durch dieses System sind ein geregelter Arbeitsablauf und eine **Kontrolle über die Warenbestände** gewährleistet.

Die **Warenlager** werden in einer ersten Unterteilung getrennt nach der **Art des Lagergutes** in die Bereiche

- **Non-food**, das ist alles außer Lebensmitteln, und
- **Food**, die Lebensmittel, wobei bei diesen je nach Anforderungen an die Lagerbedingungen weiter unterschieden wird.

Die teils schwierige **Hauptaufgabe** einer Magazinverwaltung ist es, immer alles vorrätig zu haben, damit die Abläufe im Betrieb nicht gestört werden. Wird zu viel Ware vorrätig gehalten, kann diese leichter verderben. Zudem ist durch die gekaufte Ware zu viel Kapital im Magazin gebunden. Bei der Lagerhaltung werden Flächen und Energie genutzt, ohne dass damit unmittelbar Einnahmen erzielt werden. Daher ist eine genaue Planung der **Warenströme** (Ein-/Ausgänge) sehr wichtig.

> Die Bestellung muss in den einzelnen Abteilungen sehr gut geplant werden. Sonst kommt es zu Engpässen z. B. beim Weinvorrat oder dem Gläserbestand im Restaurant oder der benötigten Fleischmenge in der Küche. Wird zu viel Ware bestellt, werden festgelegte Rezeptmengen überschritten und die Arbeit wird unwirtschaftlich.

> Effiziente Lagerhaltung ist eine Grundlage für wirtschaftlichen Erfolg!

Magazin

1 Lagerbedingungen und Lagerarten

🇬🇧 conditions and sorts of storage   🇫🇷 conditions (w) et modes (m) de magasinage

Die Gewährleistung der **Lebensmittelqualität** ist in der Gastronomie nicht nur ein Qualitätsmerkmal für den Betrieb, es ist auch **Kostenfaktor**. Deshalb müssen Lebensmittel so gelagert werden, dass sie möglichst lange gut erhalten und länger verwendbar sind.

1.1 Lagerbedingungen

Die Besonderheiten der unterschiedlichen Lebensmittel sind dabei zu berücksichtigen. Bei richtiger Lagerhaltung ist zu achten auf:
- Temperatur
- Luftfeuchtigkeit
- Hygiene

Bei der Lagerung von Waren gilt außerdem:
- Vermeidung von Licht bzw. Sonneneinstrahlung
- Schutz vor Geruchsübertragung durch andere Lebensmittel
- Vorbeugung gegen Überlagerung und Schädlinge
- Vermeidung von Beschädigung
- Schutz vor Diebstahl

Warenlager

Temperatureinfluss

Die Temperaturen sind **täglich zu überwachen und zu dokumentieren**. Je nach Größe der Kühleinheiten werden die Temperaturen direkt an den Kühlhäusern oder Kühlschränken abgelesen. Automatische, computergesteuerte Dokumentationen erleichtern die Umsetzung dieser Vorgaben aus den Verordnungen. Die Dokumentationen sind mindestens ein Jahr aufzubewahren. Liegen die tatsächlichen Temperaturen außerhalb der festgelegten, erlaubten Temperaturbereiche, gibt es festgelegte Schritte, die dann für das weitere Vorgehen einzuhalten sind.

Die Lagertemperatur ist vor allem bei **leicht verderblichen Lebensmitteln** sehr ernst zu nehmen. Die Vermehrungsgeschwindigkeit der Mikroben steht in direktem Zusammenhang mit der Temperatur. Vom Gesetzgeber festgelegte Höchsttemperaturen, die bei der Lagerung nicht überschritten werden dürfen, sind unbedingt einzuhalten: beispielsweise bei Hackfleisch, Fisch oder Frischmilch.

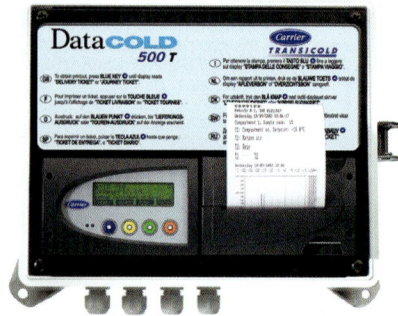

Temperaturschreiber

Zu niedrige Temperaturen können manchen Lebensmitteln qualitativ aber auch schaden. Für Obst und Gemüse werden max. 8 °C empfohlen. Bestimmte Gemüsearten (z. B. Tomaten, Paprika, Auberginen) und Obstarten (z. B. Ananas, Banane) sollten aber wärmer gelagert werden, da sonst Reifevorgänge unterbrochen werden und die Qualität dieser Produkte nachließe.

Luftfeuchtigkeit

Die Luftfeuchtigkeit ist den Bedürfnissen der Lebensmittel anzupassen. Ist sie **niedriger** als im Lebensmittel, verliert Obst, Gemüse oder Fleisch an Gewicht, es trocknet langsam aus. Blattsalate oder Blattgemüse werden schnell welk. Käse trocknet an den Randschichten aus.

Hygrometer / Feuchtigkeitsmesser

Bei **zu hoher Luftfeuchtigkeit** wird die Brotkruste weich, Puderzucker klumpt, Fleisch wird schmierig. Feuchtigkeit schlägt sich auf dem Lebensmittel nieder, die Schimmelbildung wird gefördert.

Bei ungeeigneter Lagerung verlieren Lebensmittel schnell ihre Qualität, es entstehen meist finanzielle Verluste.

Hygiene

Frischware aus dem Pflanzenreich, z. B. Kartoffeln oder Gemüse, ist mit Erde behaftet. Im Erdreich befindet sich immer eine **hohe Zahl von Mikroorganismen**. Aber auch tierische Produkte wie ganze Fische, ungerupftes Geflügel oder Wild in der Decke sind Keimträger. Um zu vermeiden, dass Krankheitserreger auf andere, unverpackte Frischware oder vorbereitete Speisen übertragen werden, enthalten die Hygieneverordnungen entsprechende Vorschriften. Weil für unterschiedliche Waren unterschiedliche Lagerbedingungen vorgeschrieben sind, benötigt ein gastgewerblicher Betrieb **mehrere Lagerräume**.

Reinigungspläne sind ständige Begleiter im betrieblichen Ablauf. Diese werden genutzt, um alle hygienischen Vorgaben zu erfüllen.

In diesen Plänen werden Reinigungsmittel, verwendete Hilfsmittel, Einwirkzeiten für Desinfektionen und die Reinigungszyklen festgelegt.

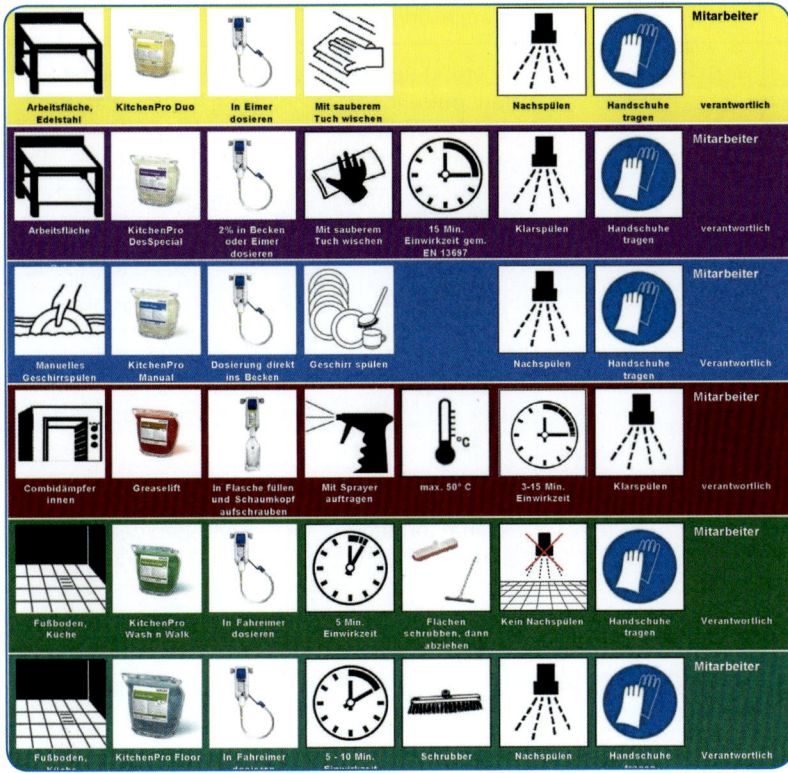

Checklisten sind als Dokumentationsmittel zu nutzen, der Durchführende belegt mit diesen Listen, welche Arbeiten wann ausgeführt wurden.

Durch gute hygienische Bedingungen wird auch die Zahl von **Schädlingen** (s. Seite 63) begrenzt oder vollständig unterbunden.

● Auch in Stresssituationen ist auf die Einhaltung der Reinigungspläne unbedingt zu achten!

Magazin

Übersicht: Einflüsse auf die Lagerung

Wie sich Lagerbedingungen in der Praxis auswirken und welche Gegenmaßnahmen getroffen werden, zeigt die folgende Tabelle:

Einfluss auf die Lagerung	Beispiel für betroffene Produkte	Optimale Lagerung	Mögliche Fehler in der Lagerung	Mögliche Gegenmaßnahmen
Temperatur	Alle Tiefkühlprodukte	Mind. −18 °C bis −22 °C	Zu warm, z. B. 3 °C	Überwachung der Kühlhaustemperaturen, Reparatur
Hygiene	Fisch	Gekühlt annähernd bei Schmelzeistemperatur, bei höchstens +2 °C	Schmutzige Behälter	Behälter wechseln, häufiger desinfizieren
Luftfeuchtigkeit	Frischer Fisch mit erdhaltigem Gemüse	Getrennt	Kontamination des Fisches mit Bakterien aus der Erde	Fisch und Gemüse getrennt lagern, ggf. Fisch entsorgen
Sonnenlicht	Kaltgepresstes Öl	Dunkel und kühl	Zu warm und Lichteinfluss, Fett wird ranzig, Vitaminverlust	Kaltgepresste Öle kühl und dunkel lagern
Geruchsübertragung	Zucker	Verschlossen	Lagerung neben stark duftenden Lebensmitteln wie Zwiebeln	Verschlossene Lagerbehälter, getrennte Lagerplätze
Überlagerung	Milchprodukte	Kühl bei bis zu +8 °C	MHD abgelaufen	Prinzip FIFO anwenden
Schädlingsbefall	Mehl	Ware verpackt, trocken	Befall durch Getreidemotten	Ware entfernen, ggf. Schädlingsbekämpfung
Beschädigung	Kirschen im Glas	Sicherer Stand	Glasbruch	Wahl eines sicheren Lagerortes, z. B. unten; Regale nicht zu voll
Diebstahl	Spirituosen	Verschlossen	Diebstahl durch Mitarbeiter, Lieferanten	Regelmäßige Inventuren, Wegschließen der Ware

1.2 Lagerarten

Non-Food-Warenlager

Non-Food-Artikel sind Waren, die im Betrieb benötigt werden, jedoch nicht zu den Lebensmitteln zu zählen sind: Porzellan und Bestecke, Büfettplatten, aber auch Kerzen und Gartenmöbel, die gerade nicht benötigt werden, Reinigungsmittel und Geschirrhandtücher.

1 Lagerbedingungen und Lagerarten

Die Lagerhaltung von Non-Food-Artikeln findet in der Regel unter keinen besonderen klimatischen Bedingungen statt. Dafür gelten Grundbedingungen bei deren Lagerung:

- Keine Feuchtigkeit in den Lagerräumen.
- Die Waren müssen sicher stehen.
- Die Waren sind geordnet und übersichtlich gelagert.
- Reinigungs- und Desinfektionsmittel dürfen nicht mit Lebensmitteln zusammen gelagert werden.

Food-Warenlager

Das Food-Lager enthält alles, was mit Lebensmitteln (engl. food) und Getränken (engl. beverages) zu tun hat. Innerhalb dieser Gruppen wird auf die spezielle Lagerung geachtet.

Magazin oder Trockenlager

Hier werden gelagert:

- Trockenprodukte wie Mehl, Reis, Teigwaren, Zucker, Rosinen, Marzipan.
- Konserven, Weine und Spirituosen, die in der Küche benötigt werden.

Der Raum wird möglichst kühl (12–15 °C), dunkel und trocken gehalten. Die relative Luftfeuchtigkeit liegt bei 50 %.

Kühlräume

Der überwiegende Teil der Frischware wird gekühlt gelagert. Wegen der unterschiedlichen Lagertemperaturen und wegen der Hygienevorschriften ist zu trennen:

Gefahrenpunkte:
- Bei zu hoher Luftfeuchtigkeit kommt es zu Schimmelbildung.
- Bei geöffneten Verpackungen können Gerüche übertragen werden.

Für leicht verderbliche Lebensmittel wie Fisch oder Frischmilch gibt es gesetzliche Vorgaben zur Lagertemperatur. Diese werden in EG-Verordnungen definiert.

Kühllagerung für Gemüse und Obst

Lagern mit hoher Luftfeuchtigkeit (ideal 80 %) bei + 6 °C bis + 8 °C

Kühllagerung für Milch und Milcherzeugnisse

Lagern bei bis zu + 8 °C

Kühllagerung für Frischfleisch, Fleischteile und Wurst

Lagern bei max. 7 °C, Innereien bei +3 °C und Hackfleisch bei max. +4 °C

Magazin

Kühllager für Wild, Wildgeflügel und Geflügel

Zusammen lagern bei +4 °C, Haarwild in der Decke bei +7 °C

Kühllager für ganze Fische, Teilstücke wie Filets oder Fischkotelett sowie gekochte Krebs- und Weichtiere

Lagern annähernd bei Schmelzeistemperatur, bei höchstens +2 °C

Kühllager für Getränke/ Flaschenkühlraum

Flaschenbier, Nektare, Limonade, Wasser lagern bei bis zu +8 °C

Kühllager für Bier

Wenn kein Durchlaufkühler vorhanden ist, Fässer je nach Art bei +8 °C (helle Biere) bis +12 °C (dunkle Biere) lagern

Kühllager für Weine, Schaumweine und einige Spirituosen

Lagern zwischen 8 und 14 °C

Hinweise zur Lagerung

Je nach Betriebsgröße kommt es auch zur Vermischung in der Lagerhaltung. Fisch wird zusammen mit Fleisch gelagert. Die Temperatur ist **dem empfindlicheren Lebensmittel anzupassen**. Die Produkte müssen so verpackt sein, dass Keime und Gerüche nicht übertragen werden.

- Zum Nachreifen von Käse werden Temperaturen zwischen 10 und 15 °C gewählt, nach Erreichen der Reife wird wieder gekühlt gelagert.
- Laut HACCP werden **gegarte** Speisen (reine Lebensmittel) getrennt von **ungegarten** Lebensmitteln (unreine Lebensmittel) gelagert.
- In dem Fasskühllager werden außer Fässern, Kegs und Getränke-Containern keine anderen Lebensmittel gelagert.
- Im Weinlager werden die hellen Weine unten gelagert, die dunklen Weine oben, da es dort ein wenig wärmer ist.

Gefahrenpunkte Kühllagerung:
Wenn die Ware nicht abgedeckt ist:
- Übertragung von Fremdgerüchen
- Verluste durch Austrocknen
- Mikrobenvermehrung, wenn zu warm oder zu lange gelagert wird

1 Lagerbedingungen und Lagerarten

Tiefkühlräume

Das bestimmende Merkmal für TK-Ware ist die Temperaturhöchstgrenze von −18 °C.

Die Ware ist in unbeschädigter Verpackung eingelagert.

- Die Verpackung schützt vor Gefrierbrand und zugleich vor einer Keimübertragung.
- Eine Trennung der Lebensmittelgruppen ist hier nicht notwendig.

Besonderheit bei Tiefkühlware

Eis, also festes Wasser, kann verdunsten, ohne vorher flüssig zu werden. Wird gefrorene Ware Temperaturschwankungen ausgesetzt, verdunstet das gefrorene Wasser an der Oberfläche. In einer Verpackung, in der auch Luft eingeschlossen ist, bildet sich an der Verpackungsinnenseite in der Tiefkühlung erneut Eis. Das Eis wird als **Schneebildung** sichtbar. Im Eisschnee selbst sind auch Bakterien vorhanden. Diese vermehren sich bei jeder weiteren Temperaturschwankung.

> Die Kühltemperatur ist bei Transport und Lagerung unbedingt einzuhalten.

Ist eine **Verpackung** beschädigt, verdunstet das Wasser der Produktoberfläche auch ohne Temperaturschwankungen. Es bilden sich trockene Stellen an dem Produkt. Diese werden als **Gefrierbrand** bezeichnet, können aber nach dem Auftauen entfernt werden. Das Produkt ist nicht verdorben, jedoch in der Qualität gemindert.

Schneebildung bei wechselnden Temperaturen

1.3 Hygiene im Magazin

Sauberkeit und Reinlichkeit sind im Bereich der Lagerhaltung genauestens zu beachten. Durch die **Einhaltung der festgelegten Kontrollpunkte im betrieblichen HACCP-Konzept** (s. Seite 65) wird dies erreicht. Die Verunreinigung durch Mikroorganismen wird verhindert, dem Verderb wird entgegengewirkt.

In den HACCP-Konzepten wird der Weg der Lebensmittel von der Anlieferung bis zur Ausgabe an den Gast beleuchtet. Für die **Reinigung und Desinfektion** der Betriebsräume und Einrichtungen sind die Bereiche und Tätigkeiten genau beschrieben. Nach einer Reinigung oder Desinfektion sind die getätigten Arbeiten zu dokumentieren.

Beispiel für die Reinigung und Kontrolle des Trockenlagers

Im Trockenlager ist vor allem auf Ordnung, Sauberkeit der Regale und des Bodens zu achten. Daneben spielen aber auch **Schädlinge** eine Rolle, die auf verschiedenste Weise sichtbar werden.

Reinigung und Kontrolle können wie folgt ablaufen:

- Regale auf Sauberkeit überprüfen, ggf. die Regale ausräumen. Verpackungen auf Fraßschäden überprüfen.

> **Nach der Reinigung** werden die Lebensmittel wieder eingeräumt. Dabei ist auf die Haltbarkeit der Lebensmittel zu achten. Die mit der geringeren Haltbarkeit kommen vorne sichtbar in die Regale. Die mit längerer Haltbarkeit nach hinten: **First in-First out (FiFo-Prinzip)**.

> Im Food-Bereich **keine** Kartons lagern. In Hohlräumen der Kartons werden Schädlinge eingeschleppt. Daher sind die Lebensmittel umzupacken.

Magazin

Spuren von Schädlingen

- Fraßschäden von Mäusen, Mardern oder Ratten sind deutlich sichtbar. Verpackungen oder Lebensmittel sind angefressen, Exkremente sind in den Regalen oder meist auf den Laufwegen der Tiere sichtbar.
- In Getreide sind Insekten wie die Getreidemotte, Maden oder der Kornkäfer zu finden. Sie sind entweder noch als Raupe oder Larve zu finden oder schon entpuppt als sichtbares Insekt.

- Regalflächen zunächst trocken wischen (besser absaugen), dann feucht wischen. Abschließend mit einem Tuch trocknen.
- Lebensmittel wieder einräumen. Lebensmittel mit längerer Haltbarkeit nach hinten stellen, solche mit kürzerer Haltbarkeit nach vorn, damit diese als erstes verbraucht werden.
- Fußboden auf Spuren von Schädlingen überprüfen.
- Den Boden fegen, besser ist aber das Absaugen des Staubes und Bodenschmutzes. Vorhandene Schädlingslarven werden abgesaugt.
- Den Boden feucht wischen.
- Die ausgeführten Arbeiten dokumentieren.

Nach der Reinigung ist auf die **freie Begehbarkeit des Lagers** zu achten. Kartons und Kisten sind aus den Laufwegen zu entfernen. Sind Kartons angebrochen, sind die Inhalte in die Regale zu sortieren. Bei diesen Arbeiten ist auch auf unbeschädigte Verpackungen oder schädliche Keime zu achten. Die schädlichen Keime erkennt man an:

- Verschimmeltem Brot, Groß- und Kleingebäck
- Schimmel auf getrockneten Früchten oder Konfitüre
- Aufgeblähten Vollkonserven (Bombagen)

Checkliste für Trockenlagerreinigung

Checklisten sind Bestandteil des HACCP-Konzepts. Mit Checklisten lassen sich durchgeführte Arbeiten dokumentieren, sie dienen bei der Lebensmittelüberwachung als **Nachweis**.

Checkliste für die Reinigung des Trockenlagers

◆ Bei der Lagerreinigung ist auf Spuren von Schädlingen zu achten.
◆ Zur Durchführung von Reinigungs- und Desinfektionsarbeiten den Reinigungsplan beachten.
◆ Durchgeführte Arbeiten sind zu dokumentieren.

Magazin	Datum	Reinigung trocken, mit Staublappen/ Besen	Reinigung feucht, mit Allzweckreiniger	Desinfektion mit Desisima, Fertiglösung	Bemerkung	Unterschrift
Regale	02.07. 20..	X	X			Mustermann
	09.07. 20..	X	X	X	Klebriges Regal, Schimmelbildung	Mustermann
Fußboden	02.07. 20..	X	X			Mustermann
	09.07. 20..	X	X		Kot von Schädlingen, Köder ausgelegt	Mustermann

---

Beispiel für die Reinigung und Kontrolle des Kühllagers

In Kühlungen wird weniger auf Staub oder Fraßschäden geachtet, da dies kaum vorkommt. Hier werden Lebensmittel gelagert, es kommt vorwiegend zu **Schimmelbildungen, bakteriellen Verunreinigungen oder Überlagerungen/Überreife**. Die frischen wie auch die gegarten Lebensmittel, z. B. Convenience-Produkte, werden täglich auf ihren Qualitätszustand überprüft. Außerdem muss der **Zustand der Kühleinheiten** analysiert werden. Bei der Analyse wird der Reinigungsaufwand und eine eventuell notwendige Desinfektion bestimmt.

Grundsätzlich wird eine **Basis-Reinigung** in wiederkehrenden Zyklen durchgeführt.

Die Aufgaben der Basis-Reinigung und Kontrolle kann wie folgt ablaufen:
- Kühlelement öffnen und die Dichtungsgummis auf Schimmel und Schädigungen untersuchen.
- Die Lüftung auf Unreinheiten überprüfen und ggf. die Lamellen reinigen.
- Lebensmittel auf Aussehen, Frische und Haltbarkeit überprüfen.
- Regale freiräumen und die Fliesen oder Seitenwände von oben nach unten abwischen.
- Regale oder Laufschienen der Kühlschränke abwischen, bei Verschmutzungen ggf. desinfizieren.
- Alle Regale nach und nach reinigen, die Lebensmittel nach den Reinigungen wieder einsortieren.
- Den Fußboden des Kühlhauses von hinten nach vorne mit einem geeigneten Besen reinigen, feucht mit Reinigungsmitteln in gleicher Weise wischen.
- Bei Kühlschränken den Boden mit einem Lappen und Reinigungsmitteln feucht auswischen.
- Kühlelemente verschließen und die Arbeiten dokumentieren.

Checkliste für die Reinigung von Kühlhäusern

- ◆ Während der Reinigung ist die Hygiene und Funktionalität der Türdichtungen zu überprüfen.
- ◆ Zur Durchführung von Reinigungs- und Desinfektionsarbeiten den Reinigungsplan beachten.
- ◆ Durchgeführte Arbeiten sind zu dokumentieren.

Reinigungsdatum: _____ Unterschrift: _____

Kühlung 1	Trockenreinigung	Feuchtreinigung	Desinfektion	Bemerkung
Regale	✓	✓		
Fliesen		✓	✓	Mehrere Fliesen gesprungen
Lüftung	✓	✓		
Fußboden	✓	✓		
Tür innen		✓	✓	
Tür außen		✓	✓	

- ◆ Funktionalität und Sauberkeit der Türdichtungen

Datum	Funktionalität		Bemerkung
	OK	Nicht OK	
		✓	teilweise gerissen

Datum	Sauberkeit		Bemerkung
	OK	Nicht OK	
	✓		

Während der Lagerung von Lebensmitteln kommt es aber auch immer zu **unvorhersehbaren Ereignissen**. Dann fallen zusätzliche Reinigungsmaßnahmen an.

Unvorhersehbare Ereignisse	Maßnahmen
Frischfleisch hängt, Blut am Boden	Blut entfernen, Boden desinfizieren, Behälter unter das Fleisch stellen
Schimmelige Orangen	Orangen vorsichtig in einen Plastiksack geben und entsorgen. Arbeitsflächen reinigen und desinfizieren. Ggf. die umliegenden Obstsorten ohne Schale ebenfalls entsorgen.
Ausgelaufener GN-Behälter mit Flüssigkeit von Kirschen	Alle betroffenen Flächen reinigen.
Tropfwasser von aufgetautem Geflügel auf Regalgittern	Alle betroffenen Flächen reinigen und desinfizieren. Lagerbehältnisse überprüfen, da evtl. beschädigt.

Magazin

MAGAZIN

2 Warenbeschaffung

🇬🇧 purchasing 🇫🇷 acquisition (w) de la merchandise

Mit dem Einkauf hat ein Betrieb eine direkte Möglichkeit, den wirtschaftlichen Erfolg zu beeinflussen: es beginnt das „Geldverdienen". Die mit dem Einkauf befassten Personen müssen nicht nur gut rechnen können, sondern bei der Warenbeschaffung immer berücksichtigen:

- Welche Waren
- werden zu welchem Preis
- wann und in welcher Menge
- wo bestellt?

> Kaufmännischer Grundsatz:
> Der Gewinn liegt im Einkauf!

2.1 Bedarfsermittlung – Bestellmenge

Zunächst wird festgestellt, welche Waren man in welcher Menge bestellen muss. Dabei sind z. B. saisonale Bedingungen ebenso zu berücksichtigen wie Sonderveranstaltungen oder Anlieferungstage und Lieferfristen.

In der Regel kann bei Abnahme einer **größeren Menge einer Ware** ein günstigerer Preis erzielt werden. Andererseits bringen zu hohe Lagerbestände Nachteile. Es gilt abzuwägen:

Ein zu großer Lagerbestand

- bindet unnötig Kapital, weil die Waren bezahlt werden müssen, bevor sie mit Gewinn verkauft werden.
- benötigt Lagerraum.
- kann zu unnötigem Verderb führen.

Ein zu geringer Lagerbestand

- kann zu Einschränkungen im Angebot führen, wenn nicht alle Gästewünsche erfüllt werden können.
- führt zu Nachkäufen, die Zeit beanspruchen und kann zu höheren Einkaufspreisen führen.

Wichtige **Kennzahlen** helfen bei der **Bestellplanung**:

Höchstbestand

Der Höchstbestand von Waren wird **festgelegt**. Er richtet sich nach den Verkaufszahlen, den Lagermöglichkeiten und der Art der Produkte.
Der Bestand von **frischen Produkten und Tiefkühlwaren** wird niedrig gehalten.
Frische Produkte verderben schnell, was finanziellen Verlust bedeutet.
Tiefkühlprodukte binden unnötig viel Lagerplatz. Der Bestand sollte nur bei Veranstaltungen, bei denen ein erhöhter Bedarf üblich ist, über dem festgelegten Höchstbestand liegen.

Mindestbestand / eiserner Reserve

Diese Menge muss stets am Lager sein, damit man im erwarteten Rahmen uneingeschränkt anbieten kann. Diese Bestände werden in Abstimmung mit den Abteilungen von der Geschäftsleitung festgelegt.
Der **Mindestbestand** richtet sich nach den Erfahrungswerten, der Dauer der Warenanlieferung und der festgelegten eisernen Reserve.
Die **eiserne Reserve** hilft bei Problemen: Falls größere Mengen als üblich verbraucht wurden, vergessen wurde die Ware zu bestellen, der Großhändler Lieferschwierigkeiten hat oder eine Anlieferung mal nicht möglich ist.

Meldebestand

Ist der Meldebestand erreicht, muss Ware bestellt werden. Der Meldebestand wird so festgelegt, dass bis zum Eingang der Bestellung noch genügend Ware am Lager bleibt. Formel für die Ermittlung des Meldebestandes:

**Verbrauch pro Tag × Lieferzeit in Tagen
+ Mindestbestand / eiserne Reserve = Meldebestand**

Rechenbeispiel Meldebestand Zucker

- Pro Tag werden 4 kg Zucker verbraucht.
- Die Lieferzeit für Zucker beträgt 3 Tage.
- Die eiserne Reserve beträgt 16 kg.

**4 kg (Verbrauch) × 3 Tage (Lieferzeit)
+16 kg (eiserne Reserve) = 28 kg (Meldebestand)**

Grafische Darstellung: Meldebestand (Lagergrafik für Zucker)

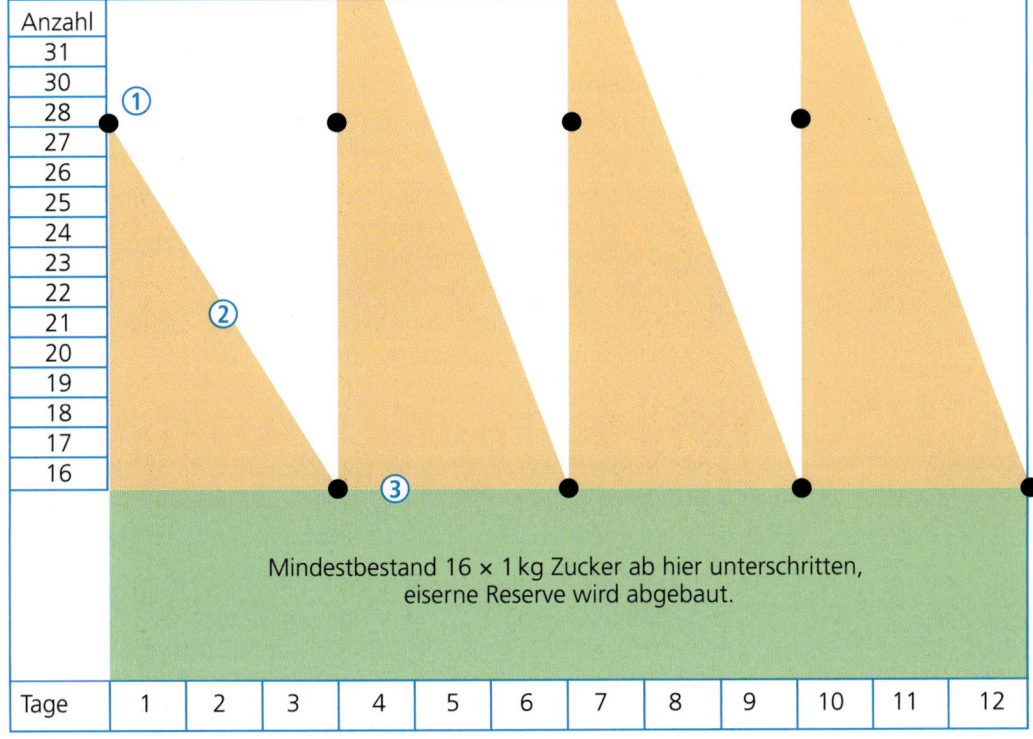

① Zeitpunkt der Meldung und Bestellung
② Verbrauch innerhalb der 3 Tage Lieferzeit
③ Mindestbestand/eiserne Reserve wird erreicht

2.2 Waren bestellen

Bevor Waren bestellt werden, wird eine **Lieferantendatei** erstellt. In dieser Datei steht alles, was rund um den Lieferanten und die Ware wichtig zu wissen ist. Die Magazinverwaltung
- kümmert sich um entsprechende Bezugsquellen und führt Angebotsvergleiche durch,
- verhandelt über Nachlässe oder Zahlungsziele,
- legt die Liefertage und Lieferzeiten fest,
- dokumentiert die Ergebnisse von Verhandlungen,
- vermerkt Lieferzeit, Größe der Abpackungen, Gewicht und Preis.

Bezugsquellenermittlung

Nachdem feststeht, welche Waren in welcher Menge zu welchem Zeitpunkt bestellt werden müssen, ist zu ermitteln, bei welchem Betrieb eingekauft werden soll. In einem **Bezugsquellenverzeichnis** werden die Lieferanten, Liefer- und Zahlungsbedingungen, eventuelle Rabatte, Rückerstattungen und Lieferzeiten festgehalten.

Hilfe und/oder Auskunft über Leistungen von Lieferanten geben:
- Internetrecherchen
- Messen
- Branchenverzeichnisse
- Werbungen
- Vertreterbesuche

Magazin

Gewichte beim Angebotsvergleich

Typische Maß- und Gewichtseinheiten sind:

1 lb (1 pound)	= 453,59 g
1 Pfund	= 500 g
1 t (Tonne)	= 1000 kg
1 zt	= 50 kg
1 kg	= 1000 g
1 hl (Hektoliter)	= 100 l
1 l	= 10 dl (Deziliter)
1 l	= 100 cl (Zentiliter)
	= 1000 ml (Milliliter)

Bezeichnung bei Panzertieren:
8/10 = zwischen acht und zehn Scampischwänze auf 1 lb (454 g)

Beispiel Angebotsform

Frisches Rinderfilet kostet 28,00 €/kg. Argentinische Ware wird zu 26,80 €/kg angeboten. Beim Auftauen der Importware ist mit einem Verlust von 6 % zu rechnen.
Welches Angebot ist preislich günstiger?

Frischfleisch:	1,000 kg	=		28,00 €
Import:				
Einkauf	1,000 kg	100 %		26,80 €
Verlust	0,060 kg	6 %		0,00 €
Fleisch	0,940 kg	94 %		26,80 €
	1,000 kg			28,51 €

Im Vergleich ist das Frischfleisch günstiger.

Berechnung des Einstandspreises

Warenkosten
− Nachlass
− Skonto
+ Bezugskosten / Lieferkosten
= Einstandspreis (netto)

Oft sind auch Empfehlungen anderer Gastronomen beachtenswert. Ist man schon längere Zeit im Beruf, spielen eigene Erfahrungen mit Lieferanten meist eine große Rolle.

Einkaufsgemeinschaften

Um Kosten zu sparen, kann die Mitgliedschaft in einer Einkaufsgemeinschaft nützlich sein. Diese hat folgende Vorteile:

- Gemeinsam werden größere Mengen eingekauft. Das verringert den Einkaufspreis durch Mengenrabatt.
- Mitglied in regionalen Einkaufsgruppen.
- Rückvergütungen je nach Umsatz (Bonussystem).
- Sammelabrechnungen und damit Verwaltungserleichterung.
- Schnelle Informationen zu Food-Trends.

Angebotsvergleich

Bei einem Vergleich von Angeboten kann man nicht nur vom Listenpreis (Preis in der Preisliste) ausgehen. Ein sorgfältiger Vergleich berücksichtigt außerdem:

- **Die Angebotsform**, z. B. Frischware oder Frostware, Handelsklasse, Packungsgrößen
- **Gemüsekonserven** können unterschiedlich befüllt sein. Will man vergleichen, ist das Abtropfgewicht in die Berechnung einzubeziehen.
- Je nach Angebot die **Verpackungsart** (brutto – tara – netto)
- **Nachlässe** wie z. B. Mengenrabatt oder Stammkundenrabatt
- **Lieferzeiten** und Zahlungsbedingungen

Angebotsform

Die meisten Waren wie **Fleisch oder Fisch, Obst oder Gemüse oder Konditorei- und Bäckerwaren** können „frisch" oder als Tiefkühlware bezogen werden. Ein Vergleich berücksichtigt:

- den Tauverlust
- die Qualität und mögliche Warenverlust (z. B. zerquetschte Erdbeeren)
- den Preis für die Ware

Gemüse und Obst haben je nach Qualität unterschiedliche Vorbereitungsverluste. Abfälle müssen dazu kostenpflichtig entsorgt werden.

Lebensmittel können von der Industrie schon in verschiedenen Vorbereitungsstadien angeboten werden. Hier ist zu beachten, was für das eigene Haus notwendig oder zumutbar ist oder von den Gästen erwartet wird.

Einstandspreis

Neben dem Preis der Ware sind noch mögliche Nachlässe / Abschläge und Zuschläge zu berücksichtigen. Diese werden bei der Berechnung des Einstandspreises hinzugezogen.

Nachlässe

Rabatt ist ein Preisnachlass, der aus unterschiedlichen Gründen gewährt werden kann.

- **Mengenrabatt** kann gewährt werden, weil der Verkäufer bei einem größeren Posten vergleichsweise weniger Aufwand hat, als wenn die gleiche Warenmenge in vielen Einzellieferungen verkauft wird.
- **Sonderrabatt** wird z. B. bei Werbeaktionen gewährt oder langjähriger Treue zum Lieferanten. Auf Messen werden spezielle Rabatte eingeräumt, oder der Lieferant erwartet neue Ware und räumt sein Lager.

- **Rückerstattungen** können bei bestimmten Produktionsgruppen oder beim Erreichen eines definierten Jahresumsatzes gewährt werden.

Zahlungsbedingungen

Beim Einkauf kann man durch günstige Zahlungsbedingungen Vorteile erzielen.

- **Sofortzahlung:** Bei Übergabe der Ware wird bezahlt.
- **Zielzahlung:** Der Verkäufer lässt dem Käufer eine bestimmte Zeit zur Zahlung, z. B. 30 Tage. Man nennt das Zahlungsziel. In dieser Zeit kann die Ware meist wieder verkauft werden.
- **Zahlung mit Skonto:** Skonto ist ein Preisnachlass bei Bezahlung innerhalb einer bestimmten Frist, z. B. 14 Tage. In der Regel wird Zahlung mit 2 % Skonto angeboten.

Beispiel Rabatt und Skonto

Für Wein liegen zwei Angebote vor.		
Lieferant A: Je Flasche 6,00 € netto, ab 100 Flaschen 10 % Rabatt, bei Zahlung innerhalb von 10 Tagen 3 % Skonto. **Lieferant B:** Je Flasche 5,45 € netto, ab 100 Flaschen 5 % Rabatt. Man möchte 200 Flaschen kaufen. Wie viel kostet jeweils 1 Flasche?	**Angebot A** 6,00 € × 200 = 1.200,00 € − 10 % Rabatt = 120,00 € rabattierter Betrag 1.080,00 € − 3 % Skonto 32,40 € Einstandspreis 200 Fl. 1.047,60 € 1 Flasche 5,24 €	**Angebot B** 5,45 € × 200 = 1.090,00 € − 5 % Rabatt 54,50 € rabattierter Betrag 1.035,50 € Einstandspreis 200 Fl. 1.035,50 € 1 Flasche 5,18 €
Der Einstandspreis der Ware ist bei Angebot B günstiger.		

Bezugskosten

Neben den Materialkosten und den Nachlässen werden Rechnungen häufig mit **Bezugskosten** versehen. Zu den Bezugskosten gehören z. B. **Liefer-** oder **Lageraufschläge**, im Handel auch Zollkosten.

Beispiel Bezugskosten

Lieferant A bietet seinen Wein frei Haus an, d. h., es entstehen keine zusätzlichen Kosten. **Lieferant B** bietet seinen Wein mit 35,00 € Lieferkosten an.	**Angebot A** wie oben 200 Fl. 1.047,60 € 1 Flasche 5,24 €	**Angebot B** wie oben 200 Fl. 1.035,50 € + Lieferkosten 35,00 € Einstandspreis 1.070,50 € 1 Flasche 5,35 €

Der Bezugspreis/Einstandspreis von **Lieferant B** ist jetzt teurer. Lieferkosten entfallen häufig beim Erreichen einer festgelegten Einkaufsmenge oder einem Einkaufswert. Auf Bestellmengen für Vergünstigungen ist zu achten.

3 Warenannahme

🇬🇧 receipt of goods 🇫🇷 réception (w) de la merchandise

Die Warenannahme stellt rechtlich den „**Gefahrenübergang**" vom Lieferanten zum Restaurant dar: mit dem Zeitpunkt der Warenannahme ist das Restaurant verantwortlich für die Qualität der Ware.

Für die Warenannahme gelten betriebliche und gesetzliche Vorschriften. Bei der Lieferung gekühlter und tiefgefrorener Lebensmittel z. B. darf auf keinen Fall die Kühlkette unterbrochen werden. Das gilt auch für TK-Ware: In der Verordnung über tiefgefrorene Lebensmittel (TLMV) ist z. B. in § 2 Abs. 4 vorgeschrieben, dass vom Tiefgefrieren bis zum Verbrauch „die Temperatur ständig unter −18 °C oder tiefer gehalten" werden muss. Nur während des Versandes darf die Temperatur **kurzzeitig höchstens −15 °C** betragen.

Um die gute Hygienepraxis, und um die bestellte mit der gelieferten Ware zu überprüfen, sind bei der **Warenannahme** Hilfsmittel vorhanden:

- Kopie der Warenbestellung
- Warenannahmeprotokolle zur Wahrnehmung der betrieblichen Dokumentation
- Kerntemperatur-Thermometer und ein Infrarotthermometer zu Messungen in der Ware und auf der Oberfläche
- Große und kleine Waage, je nach den Anlieferungsmengen
- Geeignete Fortbewegungsmittel wie Sackkarre, Rollwagen o. Ä.

3.1 Warenannahme in der Praxis

Die Warenannahme erfolgt üblicherweise nach folgendem Schema:

- **Lieferant übergibt Lieferschein**
  Ohne Lieferschein erfolgt keine Warenannahme!

- **Mitarbeiter vergleicht Lieferschein mit Bestellung**
  Wird der richtige Lieferschein übergeben (richtige Filiale)? Fehlt Ware, die bestellt wurde? Wird die richtige Ware geliefert?

- **Mitarbeiter nimmt Temperaturaufzeichnung des Lieferanten entgegen**
  Mit dem Erhalt der Temperaturaufzeichnung kann die Einhaltung der Kühlkette nachvollzogen werden. Ist die Kühlung des Fahrzeuges defekt oder ist die Ware starken Temperaturschwankungen ausgesetzt worden, ist dies auf dem Auszug sichtbar. Die Ware ist ggf. zurückzuweisen.

- **Mitarbeiter überprüft Qualität und Quantität (Menge) der Ware**
  Haben alle Waren ein gültiges Mindesthaltbarkeitsdatum (MHD) oder Verbauchsdatum (VD)? Ist die Ware frisch oder der Salat z. B. welk? Stimmt die Menge der gelieferten Ware? Entspricht die Liefertemperatur der Ware den gesetzlichen und betrieblichen Bestimmungen? Sind die Ware und die Verpackung unbeschädigt?

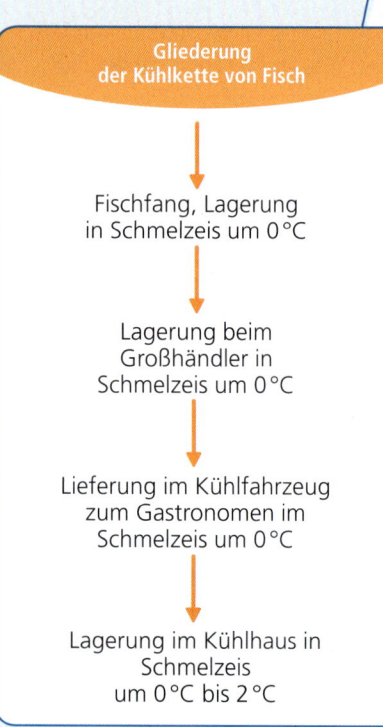

Gliederung der Kühlkette von Fisch

Fischfang, Lagerung in Schmelzeis um 0 °C

↓

Lagerung beim Großhändler in Schmelzeis um 0 °C

↓

Lieferung im Kühlfahrzeug zum Gastronomen im Schmelzeis um 0 °C

↓

Lagerung im Kühlhaus in Schmelzeis um 0 °C bis 2 °C

Warenannahme

- **Quittierung des Erhalts der Ware**
  Wer die Ware angenommen hat, bestätigt mit seiner Unterschrift die Annahme der ordnungsgemäß gelieferten Ware. Mängel und Bemerkungen sind ebenfalls auf dem Lieferschein zu vermerken.

- **Verräumen der Ware**
  Nach einer geeigneten Lagerstrategie (s. Seite 343) ist die Ware zu verräumen.

- **Erfassung der Ware im Warenwirtschaftssystem**
  Mithilfe des Lieferscheines wird die angenommene Ware im Warenwirtschaftssystem der gastronomischen Einrichtung erfasst.

Beispiel für einen Ablaufplan zur Warenannahme

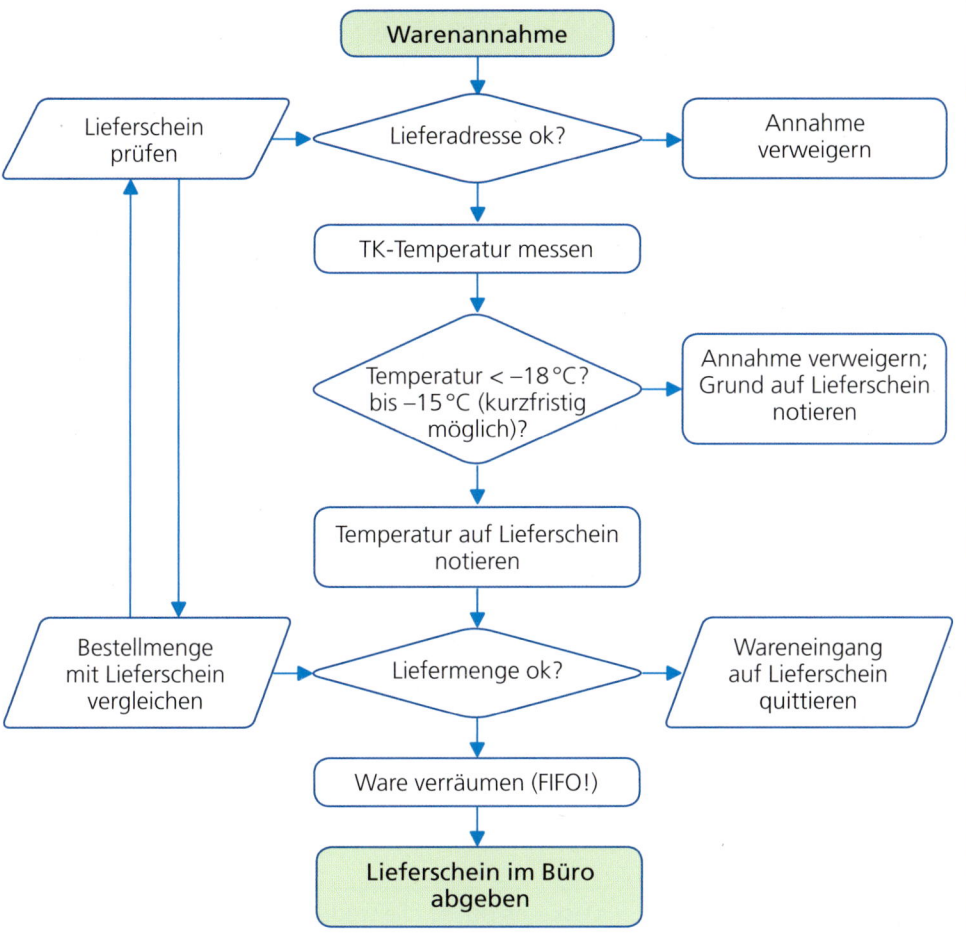

Mängel bei der Warenannahme

Gastgewerbliche Betriebe sind nach dem Handelsgesetzbuch (HGB) verpflichtet, die Ware bei der Annahme zu prüfen und offene Mängel unverzüglich zu beanstanden, zu rügen. **Mängel bei der Warenannahme sind auf dem Lieferschein zu dokumentieren.**

Versteckte Mängel, die sich erst zeigen, wenn die Ware weiterverarbeitet wird, müssen unmittelbar nach Entdeckung, spätestens sechs Monate nach dem Kauf, gerügt werden.

Schneebildung bei wechselnden Temperaturen

Gefahrenpunkte (CCP)

Je nach Lebensmittelart werden verschiedene Gefahrenpunkte in den Hygienekonzepten beschrieben. Bei eiweißreichen Frischwaren z. B. führen erhöhte Temperaturen beim Transport zu einer raschen Keimvermehrung (s. Seite 58). Bei stoßempfindlichen Waren kann sich z. B. bei den untersten Früchten Schimmel gebildet haben. Pasteurisierte Lebensmittel sind ggf. schon abgelaufen. Ein betrieblich allgemeiner gültiger Überblick, wie man mit solchen Waren bei der Annahme verfährt, hilft bei der Warenannahme.

Überblick eines betrieblichen Schemas

Prüfung	Erlaubte Werte	Negativbeispiele	Folge bei Nichteinhaltung
Kontrolle der Haltbarkeit	• MHD und VD > Lieferdatum	• MHD: 12. Mai • Lieferdatum: 17. Mai	• Verweigerung der Warenannahme
Kontrolle der Liefertemperatur	• Je nach Lagerort und Ware, vgl. Lagerarten und -bedingungen	• Chickenwings, TK Liefertemperatur: −12 °C	• Verweigerung der Warenannahme
Kontrolle der Warenart	• Betriebliche Standards geben die Warenart vor	• Statt Coca-Cola wird Pepsi-Cola geliefert. • Statt Pommes Normalschnitt werden Pommes Wellenschnitt geliefert.	• i. d. R. Verweigerung der Warenannahme
Kontrolle der Güteklasse	• Betriebliche Standards geben Güteklasse vor	• Statt Äpfel der Klasse I werden Äpfel der Klasse II geliefert.	• i. d. R. Verweigerung der Warenannahme
Kontrolle der Menge	• Liefermenge muss mit der Bestellmenge übereinstimmen	• Statt 70 Dosen passierter Tomaten werden 50 geliefert. • Statt 20 kg Spargel werden 25 kg geliefert.	• Vermerk auf dem Lieferschein
Kontrolle der Frische	• Obst und Gemüse fest, keine welken oder matschigen Stellen, Frischemerkmale bei Fisch	• Erdbeeren sind matschig. • Fisch riecht stark. • Salatblätter sind zum Teil vergammelt.	• Verweigerung der Warenannahme oder Annahme der einwandfreien Waren
Kontrolle der Verpackung	• Konservendosen haben keine Ausbeulungen • Kartons und Beutel sind nicht eingerissen • Keine Glasscherben oder gesprungene Gläser • Ware ist nicht verschmutzt	• Deckel an der Rindfleischdose wölbt sich. • Karton mit Servietten ist eingerissen und feucht. • Im Karton mit Sauerkirschgläsern befinden sich Glasscherben. Ein Glas fehlt.	• Beschädigte Ware nicht annehmen, restliche Ware aufmerksam überprüfen.

Grundsätze der Einlagerung

Nach der Warenannahme erfolgt die zeitnahe Verräumung der Lebensmittel und Waren. Dabei sind die Hygienevorschriften für einzelne Lebensmittelgruppen einzuhalten (s. Seite 343).

Durch eine schnelle und sachgerechte Lagerhaltung wird versucht, die Qualität der Lebensmittel vom Einkauf bis zum Verbrauch bestmöglich zu erhalten.

Zu beachten sind **vorgeschriebene Temperaturen und Luftfeuchte**. Außerdem wichtig ist die Unterscheidung zwischen „**unreinen**" und „**reinen**" Lebensmitteln:

- Als „unrein" bezeichnet man in diesem Zusammenhang Lebensmittel, die z. B. durch Reste von Erde (z. B. Kartoffeln oder Wurzelgemüse) mit Keimen belastet sein können. Unverarbeitete tierische Lebensmittel gelten als unrein, da sie Keime auf sich tragen können.
- Reine Lebensmittel wurden schon Arbeitsschritten unterzogen wie Waschen, Schälen oder Braten.

Reine und unreine Lebensmittel sind getrennt voneinander zu lagern.

Beim Einräumen der Ware gilt in allen Bereichen: **Altes nach vorne, Neues nach hinten (FiFo).**

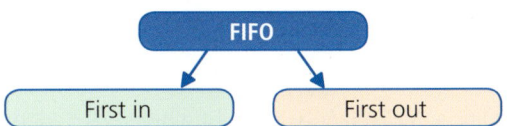

Das macht zwar zusätzliche Arbeit, doch nur so ist gewährleistet, dass die Bestände nicht überaltern. Gerade für verderbliche Waren gilt: Neue Ware mit einem längeren Mindesthaltbarkeitsdatum (MHD) wird **hinter** die alte Ware mit dem kürzeren MHD einsortiert.

Fristen beachten

Das **Mindesthaltbarkeitsdatum** gibt an, wie lange das Lebensmittel bei sachgemäßer Lagerung mindestens haltbar ist. Bis zu diesem Datum garantiert der Hersteller die Verwendbarkeit. Ist die Ware nach sachkundiger Prüfung in Ordnung ist, kann sie verwendet werden.

Das **Verbrauchsdatum** („**zu verbrauchen bis:**") gilt für sehr leicht verderblichen Lebensmittel. Es ist rechtlich verbindlich. Nach dem Termin gelten die Waren als verdorben und dürfen nicht mehr verwendet werden.

Selbst eingelagerte Ware wird gekennzeichnet (z. B. Aufkleber). Zu vermerken sind die enthaltene Ware, Gewicht und Einfrierdatum.

3.2 Lagermethoden

Lagermethoden beschreiben, wie die Lagerplätze organisiert sind. Für gastronomische Einrichtungen gängig ist das **Festplatzsystem**. Jede Ware

Wareneingangsprotokoll

Lieferant: _____ Datum: _____

Allgemeine Angaben	ok	Mängelbeschreibung
Lieferschein stimmt mit der Warenbestellung überein		
Optischer Hygieneeindruck der anliefernden Person		
Optischer Hygieneeindruck des Fahrzeuges		
Temperaturprotokoll vorgelegt und korrekt		
Qualität der Warenlieferung	**ok**	**Mängelbeschreibung**
Optischer Eindruck (Farbe, ohne Verschmutzung)		
Geruch		
Verpackung (ohne Verschmutzung oder Defekte)		
Menge (Stück)		
Gewicht		
Haltbarkeit		
Temperatur der Warenlieferung	**ok**	**Mängelbeschreibung**
Tiefkühlware, −18 °C bis −22 °C		
Schlachtfleisch, max. +7 °C		
Innereien, max. +3 °C		
Geflügel, Wild und Wildgeflügel, Hackfleisch. max. +4 °C		
Frischfisch (mit Eis bedeckt), max. +2 °C		
Molkereiprodukte, max. +8 °C		
Ware angenommen		
Warenannahme verweigert		Grund:

Unterschrift: _____

Beispiel eines Wareneingangsprotokolls

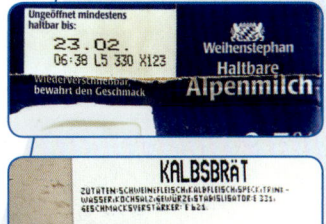

Magazin

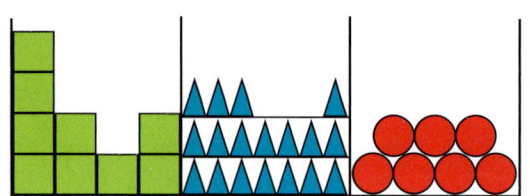

wird systematisch einem bestimmten Lagerplatz zugewiesen. Dieser Lagerplatz bleibt konstant, sodass alle Mitarbeiter wissen, wo sich die gesuchten Waren befinden. Produkte mit hoher Entnahmehäufigkeit sollten einen Lagerplatz mit kurzem Transportweg zugewiesen bekommen, um rationelles Arbeiten (Zeitersparnis) zu ermöglichen.

Eine **feste Lagerordnung** erleichtert den Mitarbeitern sowohl beim Einlagern und Entnehmen von Ware als auch bei Inventuren (s. S. 357) die Arbeit im Magazin.

4 Warenausgabe

🇬🇧 goods issue 🇫🇷 distribution des marchandises

In der Lagerhaltung muss nachvollziehbare Ordnung in den schriftlichen Dokumentationen des Warenbestandes sein. Zur Übersicht gibt es verschiedene Hilfsmittel.

Lagerfachkarte

Die Lagerfachkarte befindet sich am **Lagerort der Ware** (z. B. am Regal oder am Schrank). Auf ihr wird bei der Warenannahme der Zugang eingetragen. Bei der Entnahme der Ware wird die entnommene Menge als Abgang notiert. Durch Addition der Zugänge und Subtraktion der Abgänge vom Anfangsbestand wird der Soll-Bestand ermittelt. Wird ausschließlich mit Lagerfachkarten gearbeitet (meist in kleineren Betrieben), sind auf dieser auch der Höchstbestand, Meldebestand und Mindestbestand vermerkt.

Computergestützte Warenführung

Die EDV in der Buchhaltung liefert Listen, die eine Abgleichung der Werte ermöglichen.

Bei einer späteren Inventur (Bestandskontrolle) werden Sollbestände mit Istbeständen verglichen (s. Seite 358).

- Der **Sollbestand** wird errechnet, indem zum vorhandenen Bestand Zugänge addiert werden und der Verbrauch abgezogen wird.
- Den **Istbestand** erhält man durch Zählen oder Messen. Er nennt die tatsächlich vorhandene Menge.

Wenn Ist- und Sollbestand nicht übereinstimmen, spricht man von **Fehlbestand**. Dieser kann entstehen durch
- Schwund, Verderb oder Bruch,
- Fehler bei der Datenerfassung, z. B. Eintragung vergessen,
- Unehrlichkeit von Mitarbeitern.

Je ausgereifter die **Bestandsüberwachung** eines Betriebs ist, desto genauer werden die unterschiedlichen Warenzugangs- und Warenabgangsarten erfasst. Desto besser ist dann auch die Überwachung der Lagerkosten. Es wird automatisch angezeigt, wenn der Meldebestand eines Artikels erreicht ist.

Zugang: Ware wird angenommen und verbucht

Brathähnchen				
Datum	Vorgang	Zugang	Verbrauch	Bestand
1.10.	Übertrag			14
3.10.	Geflügel Schulze	48		62
5.10.	Anford. Küche		12	50

Verbrauch: Ware wird angefordert und ausgegeben.

Dafür ist die Lagerverwaltung verantwortlich.

Lagerfachkarte

Mögliche Zugangsarten von Lebensmitteln
- Lieferung durch einen Lieferanten
- Transfer von einem Außenstandort
- Einkauf von Lebensmitteln

Mögliche Abgangsarten von Lebensmitteln
- Verbrauch in Küche (Verkauf)
- Abfall / Verderb
- Transfer in Außenstandorte
- Personalessen
- Kostprobe / Warenprüfung

Übersicht eines Artikels in der EDV

Datum	Anfangs-bestand	Zugänge		Abgänge			Bestand		
		Waren-lieferung	Transfer-zugang	Verbrauch	Abfall/Verderb	Transfer-Abgang	Soll-End-bestand	Inventur-Bestand	Bestands-abweichung
Mo, 05.11.	82	425	0	112	3	0	392	390	–2
Di, 06.11.	390	0	0	135	5	0	250	25	1
Mi, 07.11.	251	0	0	142	7	40	62	22	–40

Arbeiten und Kontrolle im Magazin

Ohne Beleg keine Ware lautet der Grundsatz bei der Warenausgabe. So wie beim Zugang von Waren zum Magazin der Empfangsschein/Lieferschein zu unterschreiben ist, so fordert das Magazin eine schriftliche Unterlage von den anfordernden Abteilungen.

Der Zeitpunkt der Warenbestellung und der anschließenden Warenausgabe wird von jedem Betrieb individuell gestaltet.

Warenbestellung für die Abteilung: _____

Bestelldatum: _____   Auslieferungsdatum: _____

Unterschrift: _____

- Bitte beachten Sie, bei Sonderveranstaltungen den Warenbedarf 10 Tage vorher bekannt zu geben.
- Für die Warenausgabe um 08:00 Uhr bis 20:00 Uhr am Vorabend bestellen, für Warenausgabe 14:00 bis 11:00 Uhr bestellen

Artikel	Einheit Stück/Liter/Kilogramm	Menge

5 Magazinkontrollen und Bewertungen

🇬🇧 control and evaluation of storage   🇫🇷 contrôles (m) et évaluation (w) de magasin

Inventuren

Inventur ist die **Bestandsaufnahme der vorhandenen Waren zu einem bestimmten Zeitpunkt** (mind. 1× jährlich). Bei der Inventur werden Waren gezählt, gemessen oder gewogen und in Listen erfasst. So kann festgestellt werden, welches Vermögen in den Waren gebunden ist, aber auch wie viel verbraucht worden ist, kurz: wie gewirtschaftet wurde.

Beim Einsatz eines **Warenwirtschaftssystems** wird vorher eine Inventurliste erstellt, die alle zu zählenden Artikel enthält. Aus Gründen der Zeitersparnis und zur Vermeidung von Zählfehlern sollte die Reihenfolge der Artikel auf der Liste der Ordnung im Lager entsprechen. Werden Waren an verschiedenen Stellen im Restaurant gelagert, muss die Inventurliste das Erfassen der Produkte an den verschiedenen Zählorten ermöglichen, ohne dass dabei ein Ort übersehen wird.

Anforderungen an eine Inventurliste:

- Enthält alle in diesem Inventurintervall zu zählenden Artikel
- Erfasst sämtliche Verpackungsgrößen (z. B. X Kartons zu Y Packungen zu Z Stück)
- Reihenfolge der Artikel auf der Liste entspricht der Reihenfolge der Artikel im Lager
- Möglichkeit zum Eintragen der Inventurmenge

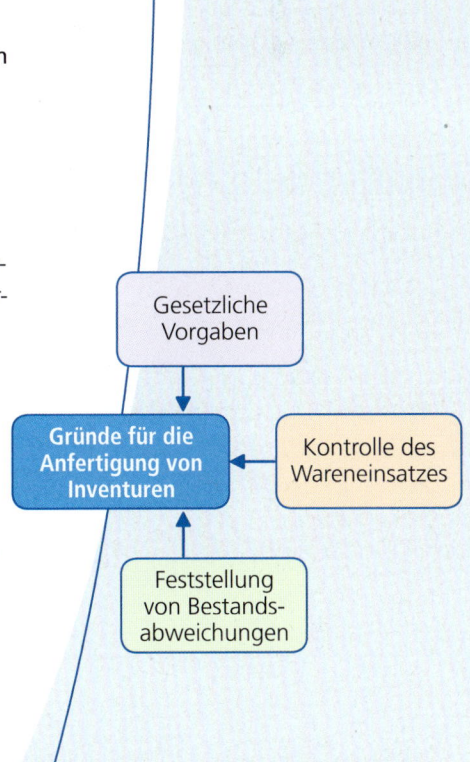

- Trennen nach Zählorten, das schriftliche Ergebnis der Inventur wird in das Inventar eingetragen. Das ist ein Verzeichnis, in dem alle Vermögenswerte aufgeführt sind.

Bestandskennzahlen

Ist-Bestand und Soll-Bestand

Der durch die Inventur ermittelte Bestand eines Artikels wird **Ist-Bestand** genannt. Der Ist-Bestand der Inventur wird als *Endbestand* des Inventurintervalls erfasst (z. B. Jahresendbestand bei der Jahresinventur). Gleichzeitig ist er der *Anfangsbestand* für das nächste Inventurintervall.

Das Ergebnis aus Anfangsbestand plus der Summe aller Zugänge abzüglich aller Warenabgänge stellt am Ende des Inventurintervalls den **Soll-Bestand** dar. Nach der Inventur sollte dieser Bestand mit dem neuen Ist-Bestand übereinstimmen.

Die Differenz zwischen Soll-Bestand und Ist-Bestand wird als **Bestandsabweichung** bezeichnet. **Negative Bestandsabweichungen** bedeuten einen Verlust von Rohstoffen und damit eine Erhöhung der Wareneinsatzkosten. Daher wird nach Gründen für die Abweichungen gesucht, Gegenmaßnahmen werden eingeleitet.

Ursachen für Bestandsabweichungen und Gegenmaßnahmen

Ursache	Gegenmaßnahme
Rezeptur falsch hinterlegt	Rezeptur in Warenwirtschaftssystem prüfen und ändern
Rezeptur nicht eingehalten: Mitarbeiter verbrauchen Zutaten anders, Geräte (z. B. Spender) dosieren falsch	Mitarbeiter hinweisen und trainieren, Geräte (Spender, Zapfanlagen) überprüfen und kalibrieren
Sonstige Abgänge nicht erfasst	Personalessen, Abfälle usw. erfassen
Fehler bei Erfassung der Warenannahme (falsche Ware registriert, Tippfehler)	Mitarbeiter zu höherer Sorgfalt anleiten, Kontrolle der erfassten Wareneingänge im Warenwirtschaftssystem
Zählfehler bei Inventur	Ware im Lager suchen, ordentlich verräumen, alle Lagerorte überprüfen
Diebstahl	Mitarbeiter informieren, überprüfen, ggf. Polizei einschalten

6 Büro-Organisation/EDV

 office organisation and computing
organisation (w) de bureau et l'informatique (w)

Mithilfe der Datenverarbeitung werden viele Arbeitsvorgänge automatisiert, die früher z. T. zeitaufwendig und mühsam erledigt werden mussten.

6.1 Software und Hardware

Was eine EDV-Anlage „kann", hängt von den einzelnen Geräten (Hardware), der Vernetzung der Geräte untereinander (Netzwerkarchitektur) und der installierten Software ab (Programme, Apps).

Bestandskennzahlen sind für die Steuerung und Kontrolle des Lagerbestandes wichtig.

Bestandsabweichungen können nie ganz ausgeschlossen werden, sollten aber so gering wie möglich sein. Beispiel: Gewichtsverlust bei der Fleischreifung

Ausführliche Informationen zu
- Lagerkennzahlen
- Rechtlichen Vorschriften
- Büroorganisation

auf unseren Webseiten

6 Büro-Organisation/EDV

- **Standardsoftware** sind meist Büroanwendungen wie
  - Textverarbeitung, z. B. Word, Open Office
  - Tabellenkalkulation, z. B. Excel
  - Datenverwaltung, z. B. Access

- **Branchensoftware** ist speziell für eine Branche oder Teilbereiche entwickelt, z. B.
  - Kassensysteme, sogenannte Kellnerkassen
  - Veranstaltungssoftware, z. B. Bankett-Profi
  - Rezeptverwaltung

- **Individualsoftware** ist für einen bestimmten Betrieb oder für ein besonderes Problem erstellte Software, z. B. Dienstplanung.

Jede **Datenverarbeitungsanlage** arbeitet nach dem
E-V-A-Prinzip.

Erfasst werden die Daten z. B. über die Tastatur oder den Scanner.

Verarbeitet werden die Daten durch bestimmte Programme.

Ausgegeben werden die Ergebnisse über Bildschirm oder Drucker.

Mithilfe von **Eingabegeräten** gelangen die Daten in den Rechner. Neben der klassischen

- **Tastatur** und der
- **Maus** dient dazu auch der
- **Scanner,** vergleichbar einem Kopiergerät.
- **Barcodeleser** können die Informationen aus Strichcodes übernehmen.
- **Handterminals, Smartphones** oder **Tablets** mit entsprechenden Apps können z. B. im Service verwendet werden, um Bestellungen direkt vom Tisch des Gastes aus in das System einzugeben.

Ausgabegeräte sind vorwiegend
- **Bildschirm** und
- **Drucker.** Neben dem üblichen Drucker kennt man auch einen besonderen Bon-Drucker, der direkt bei der Küche oder am Getränkebüfett ausdruckt.

Von **Datenkommunikation** oder **Netzwerk** spricht man, wenn die Geräte vernetzt sind, wenn gleichsam der eine Rechner weiß, was auf dem anderen gemacht wird. Software und Daten können zentral auf einem sogenannten Server abgelegt werden. Alle PCs und Terminals greifen hierauf zu.

Durch diese Vernetzung können automatisch Bestelllisten erstellt werden, da der Server erkennt, wann der Meldebestand von z. B. Wein oder Mineralwasser erreicht ist. Statistiken stehen schneller zur Verfügung und unrentable Gerichte werden schneller erkannt.

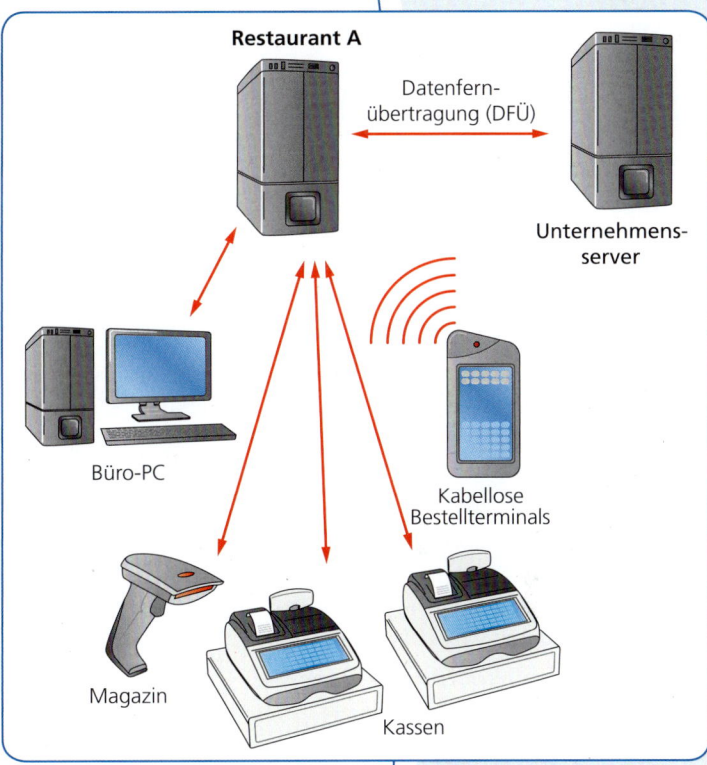

Restaurant-Server-Modell mit Datenfernübertragung zum Hauptserver

Magazin

MAGAZIN

6.2 Datensicherung

Unter **Datensicherung** versteht man alle Maßnahmen zu Sicherung der Datenbestände. **Die Sicherung von Daten ist unbedingt notwendig**, denn diese können

- zufällig verloren gehen, z. B. durch eine falsche Bedienung der Tastatur, einen kurzfristigen Stromausfall,
- absichtlich verfälscht oder zerstört werden.

Dem wird durch unterschiedliche Verfahren der Datensicherung entgegengewirkt.

- Eine automatische Abspeicherung der Daten während der Arbeit kann über die Systemsteuerung in den Rechner eingegeben werden. Das sichert für den Fall einer Störung, dass nur die Daten seit der letzten automatischen Sicherung verloren gehen.
- Eine Gesamtsicherung oder Tagessicherung wird auf einem anderen Medium angelegt. Man nennt das **Backup**. Damit sind die Daten außerhalb des Computers gesichert und von diesem Gerät völlig unabhängig.

Für **Datensicherungen** stehen verschiedene Medien zur Verfügung, die für den Einzelfall auf ihre Eignung überprüft werden müssen. Folgende Fragestellungen sollten dabei berücksichtigt werden:

- **Wie oft** werden die Daten gesichert (bei jeder Änderung, stündlich, täglich, wöchentlich)?
- **Wie groß** ist die Menge zu sichernder Daten?
- **Wo sollen** die Daten gesichert werden (vor Ort, in der Zentrale, im Internet/in einer Cloud)?
- **Welche gesetzlichen** Aufbewahrungsvorgaben bzw. -pflichten gelten? (Kaufmännische Belege müssen in der Regel 10 Jahre aufbewahrt werden, aber nicht alle Speicherformate überdauern 10 Jahre.)
- **Wie** werden die gesicherten Daten gegen unbefugten Zugriff geschützt? (Möglich sind einfache Kopien bis hin zu aufwendig verschlüsselten Dateien.)
- **Wer** übernimmt die Sicherung? Wer kann Daten wiederherstellen? (Wird eine Fachfirma beauftragt oder erledigen die Mitarbeiter dies selbst?)

Datenschutz

Auch Kundendaten werden bei Datensicherungen auf externen Speichermedien gesichert. Der Datenschutz ist unbedingt zu beachten. Unberechtigte Dritte dürfen keinen Zugang zu den Speichermedien erhalten. Es muss sichergestellt sein, dass Kundendaten sicher sind und dokumentiert werden, wie sie gespeichert sind (seit 2018 gilt die EU-Datenschutzgrundverordnung DSGVO, die dies regelt).

360

Zwischenprüfung

Die Verordnungen der die Berufsausbildung im Gastgewerbe und die zum Koch/zur Köchin sehen nach einem Ausbildungsjahr eine **Zwischenprüfung** vor. Zu den Berufen im Gastgewerbe zählen u. a. die Fachkraft im Gastgewerbe, Restaurantfachmann/Restaurantfachfrau, Hotelfachmann/Hotelfachfrau und Fachmann/Fachfrau für Systemgastronomie.

Für diese Berufe ist in der Ausbildung eine gemeinsame Grundstufe vorgesehen, und darum sind auch die Bestimmungen für die Zwischenprüfung vergleichbar. Ein Auszug aus den Bestimmungen, die für alle Berufe gelten:

Zwischenprüfung

(3) In höchstens drei Stunden soll der Prüfling eine praktische Aufgabe bearbeiten. Dabei soll er zeigen, dass er Arbeiten planen, durchführen und präsentieren, die Ergebnisse kontrollieren und Gesichtspunkte der Hygiene, des Umweltschutzes, der Wirtschaftlichkeit und der Gästeorientierung berücksichtigen kann. Hierfür kommen insbesondere in Betracht:
1. Planen von Arbeitsschritten,
2. Anwenden von Arbeitstechniken und
3. Präsentieren von Produkten.

Vergleichen Sie zu diesen Prüfungsinhalten die Lerngebiete im Buch:		Bewertungen
• Planen von Arbeitsschritten	→ Umrechnen von Rezepten, Seite 162 → Arbeitsablaufplan, Seite 53/57	100 Punkte
• Anwenden von Arbeitstechniken	→ Grundtechniken der Küche, Seite 136 → Garverfahren, Seite 140 → Zubereiten einfacher Speisen, Seite 167	100 Punkte
• Präsentieren von Produkten	→ Grundkenntnisse im Service, Seite 216 → Beschreiben von Speisen, Seite 157	100 Punkte

Themen

Beispiele Gastgewerbe
Sie werden beauftragt, eine **Warenlieferung anzunehmen**. Welche Bereiche sind bei der Warenannahme zu kontrollieren? Nennen Sie auf der vorgegebenen Warenliste die für die Lagerung vorgeschriebenen Mindesttemperaturen.

Bereiten Sie für eine Person **Rühreier mit Schinken auf Toast und Joghurt mit Früchten** zu.

Decken Sie einen Tisch für ein erweitertes Frühstück. Servieren Sie die Zubereitungen und beraten Sie die Gäste.

Projekt

Zwischenprüfung (Fortsetzung)

Beispiel Gastgewerbe

Situation: Sie arbeiten in einem Hotel der gehobenen Kategorie und sind seit einiger Zeit zum Frühstücksdienst eingeteilt.

Aufgabe 1a: Nennen Sie vier Punkte, die bei der Annahme von Waren bei der Anlieferung zu beachten sind.

1. _____ 3. _____

2. _____ 4. _____

Aufgabe 1b: Eine Lieferung umfasst die in der folgenden Liste genannten Waren. Ergänzen Sie jeweils die Mindest-Lagertemperatur und den entsprechenden Lagerraum.

Ware	Lagertemperatur	Lagerraum
Frischkäse		
Eier		
Räucherlachs		
Müsli		
Bananen		
…		

Aufgabe 2: Bereiten Sie Rührei mit Schinken für zwei Personen zu.

Aufgabe 3: Im Restaurant ist ein Tisch für zwei Personen zum Frühstück einzudecken. Decken Sie zuerst den Tisch für zwei Personen ein. Präsentieren Sie dort Ihre Zubereitung und beantworten Sie die gastorientierten Fragen der Prüfungskommission.

❶ Führen Sie zumindest die Aufgaben 1 und 3 der Prüfungsanforderungen aus.

❷ Fragen Sie Ihre KollegInnen, welche Aufgaben sie zu bearbeiten hatten. Das ist eine gute Möglichkeit vergleichbare Aufgaben zu üben.

❸ Üben Sie das Präsentieren und neben dem richtigen Eindecken auch die Gästeorientierung. Es wird erwartet, dass Sie das Gericht verkaufsfördernd anbieten können und auf Nachfragen über die verwendeten Rohstoffe und die Zubereitung Auskunft geben können.

❹ Bitten Sie einen Kollegen/eine Kollegin, die Gastrolle zu übernehmen. Üben Sie sprachlich das Anbieten der Speise, lassen Sie sich mit Nachfragen über die Zubereitung und den Geschmack „löchern".

Verkaufsabläufe im Restaurant

❶ Kaufmotive

🇬🇧 motivation of buying 🇫🇷 motifs (m) d'achat

Der amerikanische Psychologe und Motivationsforscher Abraham H. **Maslow** gewann die Erkenntnis, dass menschliche Motive (Beweggründe) nicht gleichrangig sind, sondern in unterschiedlichen Dringlichkeitsstufen in Erscheinung treten. Diese hat er in seiner „Bedürfnispyramide" veranschaulicht und in **Primär- und Sekundärbedürfnisse** gegliedert. Erst wenn die Grundbedürfnisse (= Primärbedürfnisse, unterste Stufe) befriedigt sind, wendet sich der Mensch den nächsten Bedürfnisstufen zu (Sekundärbedürfnisse).

Diese wissenschaftlichen Erkenntnisse können den Service-Mitarbeitern helfen, ihre Gäste besser zu verstehen. Es gelingt dann leichter, sich individuell auf Gäste einzustellen und die Erwartungshaltungen der Gäste mit einem Qualitätserlebnis auszufüllen.

Stufe 5: Kreativitätsbedürfnisse	Streben nach Eigenverwirklichung, Entfaltung individueller Fähigkeiten, Umsetzung des eigenen Leistungsvermögens
Stufe 4: Differenzierungsbedürfnisse	Wunsch nach Status, Achtung, Stärke, Einfluss, Kompetenz, Aufstiegsmöglichkeiten, Abgrenzung zu anderen (Verhalten in der Gruppe und gegenüber Mitarbeitern)
Stufe 3: Soziale Bedürfnisse	Wunsch nach Gruppenzugehörigkeit, sozialer Anerkennung, Leistungsbestätigung durch Gruppen, Freundschaften
Stufe 2: Sicherheits- und Schutzbedürfnisse (ab Stufe 2: **Sekundärbedürfnisse**)	Wunsch nach persönlicher Sicherheit (z. B. Unfallschutz, Brandschutz, hygienisch einwandfreie Lebensmittel), Schutz von Besitz und Eigentum (z. B. funktionierende Schließsysteme), Abwendung von Gefahren aller Art
Stufe 1: Grundbedürfnisse, Physiologische Bedürfnisse (Stufe 1: **Primärbedürfnisse**)	Stillen der Bedürfnisse wie Hunger, Durst, Ruhe, Bewegung, Erholung, Schlaf, Sexualität, körperliches Wohlbefinden

Bedürfnispyramide nach Maslow mit Beispielen

Beratung und Verkauf

VERKAUFSABLÄUFE IM RESTAURANT

2 Qualität im Service

🇬🇧 high quality service 🇫🇷 qualité (w) du service

Ein Hotel begrüßt seine neuen Service-Mitarbeiter mit einer Info-Broschüre:

Warum Ihre Aufgabe im Service so wichtig ist!
Unsere Gäste wollen sich bei uns wohlfühlen, sie wollen freundlich und zuvorkommend, in angenehmer Atmosphäre kompetent bedient werden! Hier liegt Ihre besondere Verantwortung als Servicekraft, denn nur Sie und Ihre Abteilungskollegen haben direkten Gastkontakt, im Gegensatz zu den Mitarbeitern in Küche und Verwaltung.

Ihre **Freundlichkeit**, Ihr Einsatz und Ihr Auftreten sind mit entscheidende Faktoren dafür, wie der Gast die Qualität und den Ruf unseres Hauses erlebt und einstuft. Ihre gute Arbeitsleistung im Team sichert die Qualität und damit den Fortbestand Ihres Ausbildungsbetriebes – und somit auch Ihres Arbeitsplatzes!

Warum Ihre Aufgabe nicht einfach ist!
Sie wissen nicht, mit welchen Erwartungen unsere Gäste zu uns kommen und wie diese **Erwartungshaltungen** zustande kamen. Unsere Gäste sind alle unterschiedlich. Auf sie entsprechend einzugehen, will gelernt sein. Bedenken Sie bitte dabei:

- **Der Gast** ist die wichtigste Person für unseren Gastronomiebetrieb. Egal ob er im Hause anwesend ist, ob er gerade anruft, oder ob Sie seinen Brief lesen.
- **Er** ist nicht von uns abhängig, sondern wir von ihm.
- **Er** stört uns nicht bei der Arbeit, sondern ist Sinn, Zweck und Inhalt, also Mittelpunkt unserer Arbeit.
- **Er** ist kein Fremder, sondern ein lebendiger Bestandteil unseres Geschäftes. Wenn wir seine Wünsche erfüllen, tun wir ihm keinen Gefallen. Er tut uns einen Gefallen, wenn er sich seine Wünsche von uns erfüllen lässt.
- **Er** ist keine Nummer, sondern ein Mensch aus Fleisch und Blut, mit Eigenschaften und Stimmungen, wie wir sie auch haben.
- **Er** kommt nicht zu uns, um Streitgespräche zu führen oder seine Intelligenz messen zu lassen.
- **Er** hat einfach das Recht, seine Meinung zu äußern.
- **Er** legt uns seine Wünsche vor. Unsere Aufgabe ist es, diese Wünsche sowohl für ihn als auch für uns gewinnbringend zu erfüllen.

Wenn sich die gesamte Service-Abteilung verbessern möchte, um das Qualitätserlebnis der Gäste zu steigern, so ist jeder einzelne Mitarbeiter gefordert.

Erkennen von und Wissen über Schwachstellen
Typische Schwachstellen im Service sind:
- **Unfreundlichkeit** gegenüber Gästen und Kollegen
- **Unkonzentriertheit** beim Arbeiten
- **Mangelnde Informiertheit** ergibt schlechte Beratung
- **Mangelnde Identifikation** mit den Zielen des Hauses

> Der Service ist erfolgreich, wenn es gelingt, die Erwartungen der Gäste mit einem Qualitätserlebnis zu erfüllen.

Es wird ein hohes Maß an Einfühlungsvermögen und situationsbedingter Anpassungsfähigkeit verlangt. Die Leistungsbereitschaft darf nicht nachlassen und die Leistungsfähigkeit sollte ständig verbessert werden.

Auswirkungen bei Misserfolgen
Gelingt es uns nicht, auf unsere Gäste einzugehen, so haben wir unzufriedene Gäste. Diese werden in ihrem Bekanntenkreis darüber sprechen, der Ruf des Hauses leidet.

> **Negativ-Berichte haben einen 10-mal größeren Multiplikator als positive Meldungen.** Hier liegt eine große Gefahr!

> Um die Schwachstellen auszugleichen, ist persönlicher Einsatz gefragt!

3 Umgang mit Gästen

🇬🇧 manner of dealing with guests 🇫🇷 manière (w) de traiter des clients

Unter Gästetypologie versteht man die Einteilung von Gästen nach Menschentypen. Einerseits soll die Einteilung helfen, Gäste schneller und genauer einzustufen, mit dem Ziel, sie problemlos bedienen zu können. Andererseits sollte ein „Schubladendenken" vermieden werden, wohl wissend, dass jeder Mensch einzigartig ist.

3.1 Gästetypologie* – Sieben Gästegrundtypen … und Empfehlungen zum Umgang mit diesen Gästen

Der selbstbewusste, entschlossene Gast (Abb. 1)

Er ist schon an der Art, wie er geht, am Ausdruck seiner Augen und an seinem Mienenspiel zu erkennen. Seine ganze Haltung drückt Entschlossenheit aus, die sagt: „Ich weiß, was ich will!"

Empfehlungen
Treten Sie ihm ruhig aber sicher entgegen. Bedienen Sie ihn schnell, denn Wartezeiten würden ihn verärgern. Geben Sie ihm die Karte und nehmen Sie gleich die Bestellung auf. Drängen Sie ihm keinen Rat auf. Seien Sie vorsichtig mit Empfehlungen. Behalten Sie ihn ständig im Auge, räumen Sie gleich ab und fragen Sie, ob er zufrieden war.

Der unsichere, unentschlossene Gast (Abb. 2)

Wenn er das Restaurant betritt, verweilt er meist zögernd. Fast ängstlich blickt er um sich. Er geht langsam, mit unsicheren Bewegungen. Sein Gesicht drückt Befangenheit aus.

Empfehlungen
Helfen Sie ihm unbedingt bei der Wahl des Sitzplatzes. Empfehlen Sie nur wenige Speisen und Getränke und bieten Sie nicht zu viele Möglichkeiten an. Formulieren Sie Ihre Vorschläge so klar, dass Sie seine Entscheidungsfindung erleichtern. Vermeiden Sie jede Hektik, strahlen Sie Ruhe und Freundlichkeit aus.

Der redselige, stets gut gelaunte Gast (Abb. 3)

Schon nach Betreten des Restaurants knüpft er ein Gespräch an, das auch nicht unterbrochen wird, wenn er Platz genommen hat. Selbst beim Studieren der Speise-/Getränkekarten redet er fast unentwegt.

Empfehlungen
Zeigen Sie sich bei seinen „Ausführungen" interessiert, das Gegenteil würde ihn verletzen. Vermeiden Sie persönliche Stellungnahmen, das würde die Redelust fördern. Versuchen Sie, den Gast möglichst geschickt und höflich aufs Verkaufsgespräch zu bringen. Lassen Sie sich Ihre eventuelle Ungeduld nicht anmerken. Entschuldigen Sie sich höflich, wenn andere Gäste etwas wünschen, das könnte zu einer schnelleren Bestellung führen.

* Prof. Edgar E. Schaetzing: „Aktiver Verkauf im Service", Rhenania Fachverlag

---

Wenn hier dennoch Gäste in sieben Grundtypen eingeteilt werden, so ist klar, dass diese in reiner Form kaum vorkommen. Vielmehr neigen wir Menschen, als sogenannte gemischte Typen, mehr oder weniger zum einen und/oder zum anderen Typus.

Welche der Eigenschaften wie stark vorherrschen, das bestimmt die Zuordnung zu den folgenden sieben Grundtypen.

Beratung und Verkauf

VERKAUFSABLÄUFE IM RESTAURANT

Der aufgeregte, nervöse Gast (Abb. 1)

Er fällt durch seine Hast und Eile auf. Wenn man ihm keine Beachtung schenkt, wird er leicht aufgeregt. Wenn er am Tisch etwas warten muss, wird er ungeduldig und klopft auf die Tischplatte. Dass andere Gäste vor ihm da waren, interessiert ihn nicht. Er verlangt schnell nach der Geschäftsleitung.

Empfehlungen

Versuchen Sie nicht, ihn mit eigener Gelassenheit zu beruhigen, das zieht nicht. Stellen Sie nur kurze, präzise Fragen und beschleunigen Sie somit Ihr Servicetempo. Widersprechen Sie ihm nicht, das macht ihn nur nervöser. Seien Sie nicht beleidigt und nehmen Sie es nicht persönlich, wenn dieser Gast schimpft. Zeigen Sie ihm, dass Sie für ihn alles und noch dazu schnell erledigen.

Der argwöhnische, misstrauische Gast (Abb. 2)

Dieser Typ ist äußerst schwierig, sieht er doch überall Betrug und Übervorteilung und bildet sich ein, hintergangen zu werden. Man erkennt ihn leicht an seinem Mienenspiel, dem ironischen Lächeln, an seinen kritischen Äußerungen auf Empfehlungen von Servicemitarbeitern.

Empfehlungen

Nehmen Sie sein Misstrauen nie persönlich, sonst wird es Ihnen nicht gelingen, eine Vertrauensbasis aufzubauen. Seien Sie vorsichtig mit Empfehlungen, Sie könnten seinen Argwohn provozieren. Wenn Sie empfehlen, dann nur mit präzisen Formulierungen und genau so, wie die Speisen sind. Er wird es genau überprüfen. Behandeln Sie ihn so, dass er glaubt, sich bei Ihnen noch am wohlsten zu fühlen.

Der knauserige, geizige Gast (Abb. 3)

Er lebt offensichtlich in ständiger Sorge, zu viel Geld auszugeben, natürlich auch für Speisen und Getränke. Servierkräfte spotten gern über ihn. Aber auch solche Gäste haben Anspruch auf freundliche Bedienung. Man erkennt diesen Menschentyp am besten an den Fragen nach dem Preis und an Hinweisen, dass dieses oder jenes Gericht zu teuer sei.

Empfehlungen

Behandeln Sie ihn immer ausgesprochen höflich. Vermeiden Sie jeden Ausdruck der Geringschätzung – das würde das Verkaufsgespräch beeinträchtigen. Zeigen Sie, dass Sie Geduld haben, denn Sie wissen, dass sich dieser Gast nur schwer entscheiden kann. Erwarten Sie kein großes Trinkgeld – bleiben Sie dennoch zuvorkommend und freundlich.

Der überhebliche, geltungsbedürftige Gast (Abb. 4)

Dieser Menschentyp tritt laut auf und behandelt die Servicekräfte von oben herab. Andere Meinungen lässt er nicht gelten. Er ist oft beleidigend: „Das weiß ich besser", „Das verstehen Sie nicht", „Erzählen Sie doch keine Märchen!" – das sind typische Redewendungen. Bei keinem der Typen wird die Geduld der Servierkraft auf eine so starke Probe gestellt wie bei diesen Menschen, die in ihrer Einstellung und ihren Worten ihre charakterlichen Schwächen offenbaren und eigentlich eine andere Behandlung verdienten als Höflichkeit.

Empfehlungen

Überhören Sie seine eventuellen Taktlosigkeiten. Belehren Sie ihn nicht. Widersprechen Sie ihm nicht. Bedienen Sie ihn höflich, aber mit angemessener Zurückhaltung.

3.2 Service bei speziellen Gästegruppen

🇬🇧 service with particular groups of guests 🇫🇷 service (m) des groupes particuliaires

Spezielle Gästegruppen sind Mitmenschen, die auf Grund ihres Lebensalters, ihres Gesundheitszustands oder ihrer Herkunft aus einem anderen Kulturkreis andere als sonst übliche Verhaltensweisen zeigen könnten. Diese Gäste sind mit besonderem Einfühlungsvermögen zu bedienen.

Abb. 1 Kind als Gast

Kinder

Kinder sind mit ihren Wünschen oft einseitig und denken meist nicht ernährungsbewusst. Halten Sie deshalb bei spontan geäußerten Bestellwünschen auch Blickkontakt mit den Eltern und beachten Sie deren Zustimmung. Bedienen Sie Kinder vorrangig, um Unruhe am Tisch zu vermeiden. Gehen Sie auf die Anforderungen/Bedingungen der Kleinen ein.

> **Beispiele:**
> Kinderkarte/Kindermenüs mit speziellen Gerichten, Kinderstuhl, kleine Bestecke, Getränkeservice in kleinen, standfesten Bechergläsern, Buntstifte und Block zum Ausmalen, Kinderpuzzles reichen usw.

Senioren

Altersbedingte körperliche Gebrechen machen manche der älteren Mitbürger zu unsicheren, vergesslichen und manchmal auch schwierigen Gästen. Hier werden vom Service mehr Geduld und erhöhtes Einfühlungsvermögen, Verständnis, langsame, deutliche Sprache sowie Hilfsbereitschaft verlangt.

> **Beispiel:**
> Der Servicemitarbeiter stellt für den älteren Gast den Salatteller am Salatbüfett nach dessen Wunsch zusammen und bingt den Teller an den Tisch des Gastes.

Behinderte

Mit viel Taktgefühl – und ohne aufdringliche Hilfsbereitschaft – ist herauszufinden, ob und in welchem Umfang eine Hilfestellung erwünscht ist. Sich in die Situation des Gastes hineindenken hilft auch hier, um mögliche Probleme schon vorab zu erkennen und zu vermeiden.

> **Beispiel:**
> Bieten Sie einem gehbehindertem Gast einen Tisch in Eingangsnähe an, vermeiden Sie für ihn Treppen und lange Wege.

Ausländische Gäste

Wenn diese Gäste der deutschen Sprache nicht mächtig sind, kann eine Speise-/Getränkekarte in z. B. englischer oder französischer Sprache sehr nützlich sein. Betriebe mit hohem Gästeanteil aus bestimmten Ländern stellen sich auf diese „Zielgruppen" ein.

Kommen Sie Ihren Gästen mit freundlicher Unterstützung und Hilfsbereitschaft entgegen. Setzen Sie Ihre Fremdsprachenkenntnisse ein. Bedenken Sie, dass in anderen Kulturkreisen oft andere Verhaltensweisen üblich sind. Ihre Toleranz ist besonders gefordert.

Abb. 2 Ausländische Gäste

Beratung und Verkauf

VERKAUFSABLÄUFE IM RESTAURANT

4 Verkauf im Restaurant

🇬🇧 sales at the restaurant 🇫🇷 vente (w) au restaurant

Essen und Trinken sind lebensnotwendige Grundbedürfnisse der Menschen. Wer Hunger und Durst hat, dem erscheint das einfachste Mahl als überaus kostbar. So kommt der **Bewirtung** seit langer Zeit eine besondere Bedeutung zu. Im Laufe der Jahrhunderte entstand aus der reinen Nahrungsaufnahme eine durch viele Einflüsse geprägte Esskultur. Die wichtigste Aufgabe als **Gastgeber** ist es deshalb, alle Sinne der Gäste für Tisch-, Tafel- und Esskultur zu sensibilisieren.

Um einen reibungslosen Service zu gewährleisten, gibt es bestimmte Servierregeln (s. ab S. 252). Die Kenntnis dieser Regeln schafft den Restaurantfachkräften die Zeit, die sie benötigen, um sich intensiver mit der Gästeberatung, dem Verkauf und der Gästebetreuung zu befassen.

Nach einer freundlichen Begrüßung und der Begleitung zum Tisch wird den Gästen die Speise- und Weinkarte präsentiert. Gleichzeitig besteht die Möglichkeit, auf besondere Tagesspezialitäten aufmerksam zu machen. Bevor man eine fachkompetente Beratung beginnt, ist es wichtig, den Gästen Zeit zu geben, sich mit Hilfe der Karte ein Bild über die Leistungsfähigkeit von Küche und Keller zu machen. Nach der Aufnahme der Bestellungen werden Speisen und Getränke boniert und an die Küche bzw. an das Getränkebüfett weitergegeben. Danach werden Getränke und Speisen mit Umsicht und Können professionell serviert, die Gäste also mit dem Bestellten versorgt.

Abb. 1 Verkauf im Restaurant

4.1 Empfehlung und Aufnahme der Bestellung

🇬🇧 recommendation and taking of orders
🇫🇷 recommandation (w) et l'accueil de la commande

Die Empfehlung von Speisen und Getränken sowie die Aufnahme der Bestellungen ist ein wesentlicher Aufgabenbereich der Servierfachkräfte. Dazu gehören gutes Fachwissen und die Kenntnis des betrieblichen Angebots, wie z. B.:

- Welche Gerichte (Braten usw.) sind fertig und können dem eiligen Gast empfohlen werden?
- Stehen Tagesspezialitäten auf der Karte?
- Werden auch Gerichte serviert, die nicht auf der Karte stehen?
- Gibt es Gerichte, die nach Größe oder Gewicht (Fische oder Steaks) berechnet werden?
- Welches sind besondere Hausspezialitäten?
- Angebot von Diät- oder vegetarischen Gerichten.
- Sind die Gerichte auch als kleine oder halbe Portionen erhältlich?
- Können Beilagen geändert werden? Mit oder ohne Aufpreis?
- Inwieweit können Extrawünsche der Gäste erfüllt werden?
- Durchschnittliche Zubereitungsdauer der einzelnen Gerichte.

Abb. 2 Gästeberatung

4 Verkauf im Restaurant

4.2 Verkaufsgespräche und -techniken

🇬🇧 sales talks and formulations of questions
🇫🇷 dialogues (m) de vente et des techniques (w) de poser des questions

Eine geschickte Fragetechnik ist das wichtigste rhetorische Hilfsmittel, um den Gast beim Verkaufsgespräch zum Sprechen zu veranlassen. Der Fragende hat die Möglichkeit, das Gespräch zu lenken, die Richtung zu beeinflussen.

Gastorientierte Fragen bilden die Grundlage für den erfolgreichen Verlauf von Verkaufsgesprächen. Dabei sind die folgenden Fragearten in der betrieblichen Praxis bedeutsam.

Abb. 1 Aperitif-Auswahl

Fragearten	
Informationsfragen	Taktische Fragen
• Geschlossene Fragen • Offene Fragen	• Rhetorische Fragen • Gegenfragen • Suggestivfragen • Alternativfragen • Übereinstimmungsfragen • Motivierungsfragen • Kontrollfragen • Richtungweisende Fragen

Informationsfragen

Informationsfragen dienen der Informationsbeschaffung und gliedern sich in die Fragearten „geschlossene Fragen" und „offene Fragen".

Geschlossene Fragen (1) beginnen mit einem Verb, einem Zeitwort oder einem Hilfszeitwort. Diese Fragen haben den Nachteil, dass sie meist nur mit „ja" oder „nein" beantwortet werden. Der Dialog könnte schnell enden, bevor er richtig begonnen hat.

Nach der Wahrscheinlichkeitsrechnung werden Sie in 50 % der Fälle ein „Nein" als Antwort bekommen. Gerade in der Eröffnungsphase des Verkaufs- oder Beratungsgesprächs stellt die Antwort „Nein" einen Störfaktor dar und sollte deshalb nicht provoziert werden.

Offene Fragen (2) beginnen mit den Fragewörtern „wer", „wie", „was", „wo", „wann", „womit", „welche", „wie viel", „wozu". Offene Fragen aktivieren den Gast, mit ganzen Sätzen zu antworten.

> Wer fragt – der führt!

Richtig formulierte Fragen, gästegerecht aufbereitet, bewirken im Verkaufsgespräch einige interessante Vorteile:
- sie schaffen die notwendige Vertrauensbasis;
- sie helfen, den Dialog mit Gästen zu finden;
- sie helfen, eventuell vorhandene Widerstände beim Gast zu erkennen;
- sie vermeiden Konflikte, die durch Missverständnisse entstehen könnten;
- sie ermöglichen eine konfliktfreie Korrektur der Meinung eines Gastes.

(1) „Möchten Sie unsere Aperitifauswahl vom Wagen sehen?"
„Darf ich Ihnen unsere Aperitifkarte bringen?"

(2) „Womit kann ich Ihnen helfen?"
„Was darf ich Ihnen als Gemüsebeilage bestellen?"
„Welches dieser Gebäckstücke darf ich Ihnen vorlegen?"

Beratung und Verkauf

VERKAUFSABLÄUFE IM RESTAURANT

Im Restaurant klingelt das Telefon. Ein Service-Mitarbeiter hebt ab und meldet sich korrekt mit:

Mitarbeiter: „Hier Hotel-Restaurant Wastlsäge, mein Name ist Johann Schiller, guten Tag!"

Gast: „Guten Tag, hier spricht Müller, von der Firma ABM. Ich möchte gerne bei Ihnen einen Tisch reservieren, für 6 Personen, am Samstag. Geht das in Ordnung?"

Mitarbeiter: „Ja, Herr Müller, Sie meinen sicher kommenden Samstag, den 31.? Für welche Uhrzeit möchten Sie reservieren?"

Gast: „Ja, genau, diesen Samstag. Wir wollen uns gegen 19 Uhr zum Aperitif in Ihrer Hotelbar treffen, das heißt, wir kommen dann gegen 19:30 Uhr zu Ihnen ins Restaurant."

Mitarbeiter: „Sehr gut. Ich darf kurz wiederholen: Für Samstag, den 31. Oktober, um 19:30 Uhr, einen Tisch für 6 Personen auf Ihren Namen, Herr Müller. Geben Sie mir bitte noch Ihre Adresse und Rufnummer?!"

Gast: „Ja, also der Name ist Egon Müller, Arberstraße 12, in München. Meine Privat-Rufnummer lautet 089 1234567, aber bitte erst nach 18 Uhr!"

Mitarbeiter: „Danke, Herr Müller. Erlauben Sie mir noch einen Hinweis? Bis einschließlich Sonntag bieten wir unsere Französische Gourmetwoche an, mit vielen Spezialitäten aus den Regionalküchen Frankreichs. Selbstverständlich könnten Sie auch hierbei à la carte wählen. Sagt Ihnen das zu, Herr Müller?"

Gast: „Das klingt ja vielversprechend. Aber ich möchte die Wahl meinen Geschäftsfreunden selbst überlassen – auch wenn ich der Gastgeber bin!"

Mitarbeiter: „Selbstverständlich, Herr Müller. Wünschen Sie einen bestimmten Tisch?"

Gast: „Das muss nicht sein. Hauptsache, wir können uns ungestört unterhalten."

Mitarbeiter: „Das verstehe ich. Wir werden für Sie einen ruhigen Ecktisch bereithalten – da sind Sie völlig ungestört. Können wir sonst noch etwas für Sie tun, Herr Müller?"

Gast: „Nein danke, das war's schon."

Mitarbeiter: „Wir danken für Ihre Reservierung. Auf Wiederhören, Herr Müller!"

Gast: „Auf Wiederhören!"

Grundlegende Informationen für Veranstaltungsabsprachen
- Datum und Uhrzeit des Veranstaltungsbeginns
- Name, Anschrift und Kontaktmöglichkeit des Gastgebers (E-Mail, Telefon)
- Art der Veranstaltung
- erwartete Teilnehmerzahl
- Art der Bezahlung

Zusätzliche Informationen, je nach Art der Veranstaltung
- Gebuchte Räumlichkeiten
- Dauer der Veranstaltung
- Höhe der Raummiete
- Tafelform
- Tischwäsche und Dekoration
- Menükartengestaltung
- Speisen- und Getränkewünsche
- Ablauf der Veranstaltung
- Musik
- Sonderwünsche

4.4 Veranstaltungsabsprachen

 function agreement accord (m) de manifestation (w)

Absprachen für größere Veranstaltungen, z. B. Familienfeier, Betriebsfest, Tagung, sind mit **größter Sorgfalt** zu erledigen. Auftretende Fehler sind hierbei besonders gravierend: Der Umsatz einer Veranstaltung ist recht hoch, es nehmen viele Gäste teil, deren Zufriedenheit über Folgeaufträge für den Betrieb entscheidet.

Jede Veranstaltungsabsprache ist ein Verkaufsgespräch. Punkte, die bei der Absprache vergessen werden, bedeuten daher auch Umsatz, der dem Restaurant entgeht.

Um Veranstaltungsabsprachen strukturiert durchführen zu können, helfen standardisierte **Checklisten**, so genannte **„Function Sheets"**. Sie helfen beim Verkaufsgespräch, dienen dem Gast und dem Restaurantleiter als Auftragsannahme und Auftragsbestätigung, sind für die Abteilungen Arbeitsanweisungen und für die Buchhaltung Grundlage zur Rechnungsstellung.

Die Gestaltung eines Function Sheets ist abhängig von der jeweiligen Veranstaltung. Bei Kindergeburtstagen stehen z. B. eher Alter und Geschlecht des Kindes sowie Spielmöglichkeiten im Vordergrund, während bei einer Tagung die benötigte technische Ausstattung sowie die Tagungsbewirtung wichtig sind. Der Gast erhält eine Kopie des Function sheets, auch um Unstimmigkeiten schnell erkennen zu können.

4.2 Verkaufsgespräche und -techniken

🇬🇧 sales talks and formulations of questions
🇫🇷 dialogues (m) de vente et des techniques (w) de poser des questions

Eine geschickte Fragetechnik ist das wichtigste rhetorische Hilfsmittel, um den Gast beim Verkaufsgespräch zum Sprechen zu veranlassen. Der Fragende hat die Möglichkeit, das Gespräch zu lenken, die Richtung zu beeinflussen.

Gastorientierte Fragen bilden die Grundlage für den erfolgreichen Verlauf von Verkaufsgesprächen. Dabei sind die folgenden Fragearten in der betrieblichen Praxis bedeutsam.

Abb. 1 Aperitif-Auswahl

Fragearten	
Informationsfragen	Taktische Fragen
• Geschlossene Fragen • Offene Fragen	• Rhetorische Fragen • Gegenfragen • Suggestivfragen • Alternativfragen • Übereinstimmungsfragen • Motivierungsfragen • Kontrollfragen • Richtungsweisende Fragen

● **Wer fragt – der führt!**

● Richtig formulierte Fragen, gästegerecht aufbereitet, bewirken im Verkaufsgespräch einige interessante Vorteile:
- sie schaffen die notwendige Vertrauensbasis;
- sie helfen, den Dialog mit Gästen zu finden;
- sie helfen, eventuell vorhandene Widerstände beim Gast zu erkennen;
- sie vermeiden Konflikte, die durch Missverständnisse entstehen könnten;
- sie ermöglichen eine konfliktfreie Korrektur der Meinung eines Gastes.

Informationsfragen

Informationsfragen dienen der Informationsbeschaffung und gliedern sich in die Fragearten „geschlossene Fragen" und „offene Fragen".

Geschlossene Fragen (1) beginnen mit einem Verb, einem Zeitwort oder einem Hilfszeitwort. Diese Fragen haben den Nachteil, dass sie meist nur mit „ja" oder „nein" beantwortet werden. Der Dialog könnte schnell enden, bevor er richtig begonnen hat.

Nach der Wahrscheinlichkeitsrechnung werden Sie in 50 % der Fälle ein „Nein" als Antwort bekommen. Gerade in der Eröffnungsphase des Verkaufs- oder Beratungsgesprächs stellt die Antwort „Nein" einen Störfaktor dar und sollte deshalb nicht provoziert werden.

Offene Fragen (2) beginnen mit den Fragewörtern „wer", „wie", „was", „wo", „wann", „womit", „welche", „wie viel", „wozu". Offene Fragen aktivieren den Gast, mit ganzen Sätzen zu antworten.

(1) „Möchten Sie unsere Aperitifauswahl vom Wagen sehen?"
„Darf ich Ihnen unsere Aperitifkarte bringen?"

(2) „Womit kann ich Ihnen helfen?"
„Was darf ich Ihnen als Gemüsebeilage bestellen?"
„Welches dieser Gebäckstücke darf ich Ihnen vorlegen?"

Beratung und Verkauf

VERKAUFSABLÄUFE IM RESTAURANT

Taktische Fragen

Bei **Taktischen Fragen** stehen nicht die Bedarfsklärung und Informationsbeschaffung im Vordergrund. Sie dienen vielmehr der Gesprächslenkung und der positiven Prägung und Beeinflussung der Gesprächsatmosphäre.

Rhetorische Fragen (1) verlangen keine Antworten vom Gesprächspartner, denn diese werden vom Fragensteller gleich selbst vorgegeben. Diese Fragetechnik hat den Vorteil, dass mit ihrer Hilfe ein „fingierter" Dialog stattfinden kann. Die Antwort hilft gerade unsicheren und unentschlossenen Gästen, sich zu entscheiden.

Gegenfragen (2) verhelfen zu Hintergrundinformationen. Sie werden oftmals gestellt, um die Meinung des Fragenden zu korrigieren, eine Überprüfung seinerseits zu veranlassen oder um der Frage auszuweichen. Wer Gegenfragen stellt, muss bedenken, dass Gäste dies als ungehörig und unzulässig empfinden können, werden sie doch statt einer erwarteten Antwort mit einer neuen Frage konfrontiert. Viele Gäste empfinden das Nichtbeantworten ihrer Frage und das Antworten mit einer Gegenfrage als ungehörig und unzulässig. Der Ton macht hier die Musik.

Suggestivfragen (3) sind so formuliert, dass sie die angestrebte oder erwartete Antwort bereits enthalten. Der Gefragte wird beeinflusst, im Sinne des Fragenden zu antworten. Suggestivfragen sollten im Verkauf sehr vorsichtig angewendet werden, weil sie von den Gästen häufig als Meinungs-Manipulation empfunden werden. Man wird diese Fragenart nur in den Fällen anwenden, bei denen eine zustimmende Antwort schon vorher im Gespräch vernehmbar war. Diese Sensibilität für Gästebedürfnisse vorausgesetzt, können Suggestivfragen eine gewünschte „Ja-Welle" bei den Antworten auslösen. Dazu werden gerne Füllwörter wie „sicherlich", „doch wohl", „doch nicht" oder „bestimmt auch" in die Frage eingebaut.

Alternativfragen (4) sind eine spezielle Art von Suggestivfragen. Sie lassen dem Gefragten die Wahl zwischen mehreren positiven Möglichkeiten. Der Berater geht bei dieser Fragetechnik nicht mehr davon aus, ob der Gast überhaupt einen Wunsch in dieser Richtung hat. Vielmehr wird ein Wunsch hierzu unterstellt. Dem Gast wird keine Entscheidung zwischen „Ja" oder „Nein" abverlangt, sondern eine Entscheidung zwischen „diesem" oder „jenem" Artikel.

Übereinstimmungsfragen (5) helfen herauszufinden und zu kontrollieren, ob eine Übereinstimmung im Verkaufsgespräch noch besteht oder ob sie gestört ist. Außerdem festigen sie bereits erreichte gemeinsame Gesprächsbasen durch Gegenbestätigung des Gastes.

Motivierungsfragen (6) werden gerne verwendet, um in sich zurückgezogene, introvertierte Gäste anzuregen, ihre Meinung zu äußern. Darüber hinaus erzeugen diese Fragen ein positives Gesprächsklima und regen zum Gespräch an.

Kontrollfragen (7) sollen hinterfragen, ob man vom Gesprächspartner richtig verstanden wurde. Sie sollen vermeiden, dass später Missverständnisse entstehen. Sie dürfen nicht direkt in verletzender Art gestellt wer-

---

(1) „Welchen Wein kann ich Ihnen bei Ihren genannten Wünschen bringen? Ich glaube, der ‚Lauffener Altenberg' wird Ihre Erwartungen am besten treffen!"

(2) Gast: „Ist Ihr Orangensaft auf dem Frühstücksbüfett immer aus Fruchtkonzentrat hergestellt?"
Bedienung: „Sie hätten lieber einen frisch gepressten getrunken? Das tut mir leid, aber das wusste ich nicht. Morgen bringe ich Ihnen einen frisch gepressten Orangensaft!"

(3) „Sie werden diesen schönen Festabend doch nicht ohne einen Digestif ausklingen lassen?"
„Sie haben doch bestimmt nichts dagegen, wenn …"
„Sie nehmen doch den Burger mit Extra-Käse?"

(4) „Möchten Sie Ketchup oder Mayonnaise zu den Pommes frites?"

(5) „Es ist doch richtig, Frau Müller, dass Sie Ihren Salat mit Cocktail-Dressing wünschen?"

(6) „Ihre Meinung zu diesem Sachverhalt würde mich besonders interessieren. Sind Sie nicht Spezialist auf diesem Gebiet?"

den, wie etwa: „Haben Sie mich verstanden?", oder: „Ist das jetzt klar?". Vielmehr sollten Kontrollfragen „diskret verpackt" formuliert werden.

Richtungweisende Fragen (8) sollen das Gespräch in eine neue, eben in die gewünschte Richtung lenken. Oftmals geht man dabei zurück auf eine zuvor erreichte gemeinsame Gesprächsbasis. Von diesem Übereinstimmungspunkt aus kann der Gesprächspartner seine Position überdenken. Er kann Schlüsse ziehen, die sich den Vorstellungen des Fragenden nähern oder ihnen sogar entsprechen.

4.3 Tischreservierungen

🇬🇧 table reservations 🇫🇷 réservations (w) de table

Die meisten Tischreservierungen erfolgen per Telefon, und die Anrufer werden mit dem Restaurant direkt verbunden. Manchmal reservieren Gäste auch persönlich im Restaurant oder an der Hotel-Rezeption. Es ist in jedem Fall wichtig, dass die erforderlichen Angaben vollständig erfragt und sofort notiert werden. Unvollständige, manchmal auch falsche Angaben im Reservierungsbuch können zu Überschneidungen und Reklamationen führen.

Die Reservierungsannahme soll freundlich, zielstrebig und professionell erfolgen. Das Verhalten des Service-Mitarbeiters gegenüber dem Gast muss sich verkaufsfördernd auswirken.

Begrüßen Sie den Gast freundlich und notieren Sie seinen Namen sofort. Erfassen Sie dabei auch die richtige Schreibweise des Namens. Der Gast wird nun seinen Reservierungswunsch durchgeben. Lassen Sie ihn ausreden, unterbrechen Sie nicht.

Erfragen Sie dann – am besten mit Hilfe eines Formblattes – alle nötigen Angaben. Seien Sie dabei offen, kooperativ und hilfsbereit. Beispielsweise erwähnen Sie die zu diesem Termin laufende Spezialitätenwoche oder Ähnliches.

Wenn keine sonstigen Wünsche genannt werden, danken Sie dem Anrufer für seine Reservierung. Versichern Sie ihm, dass es ein schöner Aufenthalt in Ihrem Hause wird und verabschieden Sie ihn unbedingt mit seinem Namen.

Tragen Sie nun die Reservierung korrekt und vollständig ins Reservierungsbuch ein oder geben Sie die Reservierung weiter an den zuständigen Abteilungsleiter bzw. Restaurantchef. Sehen Sie auch gleich in der Gästekartei nach, welche Besonderheiten bei diesem Gast zu beachten sind. Veranlassen Sie alles Nötige.

Hilfsmittel und Unterlagen zur Annahme von Tischreservierungen:
- Formblatt zur Reservierungsannahme
- Bleistift, Radiergummi, Kugelschreiber
- Notizblock
- Reservierungsbuch
- Veranstaltungsvorschau mit Aktionswochen
- Jahreskalender
- Speisekarte
- Getränkekarte
- Weinkarte
- Menüvorschläge mit Preisliste
- Gästekartei

(7) Sie wurden von einem Gast nach dem Weg zum Nationalpark gefragt. Sie haben den Weg beschrieben und stellen nun folgende Kontrollfrage: „Ich kann Ihnen meine Wegbeschreibung gerne noch einmal auf der Straßenkarte zeigen – oder glauben Sie, dass Sie auch so hinfinden werden?"

(8) Tagungsbesprechung mit einem Veranstalter: „Sie sagten vorhin, dass Sie Ihre Kaffeepause bei schönem Wetter gerne im Freien verbringen würden. Da kommt mir eine Idee: Was halten Sie davon, wenn wir Ihnen den Kaffee auf der Terrasse vor dem Wintergarten servieren würden? Das ist in der Nähe Ihres Tagungsraumes und dort sind Sie ungestört."

> Mit wohl überlegten Fragen, zum richtigen Zeitpunkt gestellt, kann das Verkaufsgespräch positiv beeinflusst werden und zu einem erfolgreichen Abschluss kommen!

Abb. 1 Restaurantmanager am Telefon

VERKAUFSABLÄUFE IM RESTAURANT

Im Restaurant klingelt das Telefon. Ein Service-Mitarbeiter hebt ab und meldet sich korrekt mit:

Mitarbeiter: „Hier Hotel-Restaurant Wastlsäge, mein Name ist Johann Schiller, guten Tag!"

Gast: „Guten Tag, hier spricht Müller, von der Firma ABM. Ich möchte gerne bei Ihnen einen Tisch reservieren, für 6 Personen, am Samstag. Geht das in Ordnung?"

Mitarbeiter: „Ja, Herr Müller, Sie meinen sicher kommenden Samstag, den 31.? Für welche Uhrzeit möchten Sie reservieren?"

Gast: „Ja, genau, diesen Samstag. Wir wollen uns gegen 19 Uhr zum Aperitif in Ihrer Hotelbar treffen, das heißt, wir kommen dann gegen 19:30 Uhr zu Ihnen ins Restaurant."

Mitarbeiter: „Sehr gut. Ich darf kurz wiederholen: Für Samstag, den 31. Oktober, um 19:30 Uhr, einen Tisch für 6 Personen auf Ihren Namen, Herr Müller. Geben Sie mir bitte noch Ihre Adresse und Rufnummer?!"

Gast: „Ja, also der Name ist Egon Müller, Arberstraße 12, in München. Meine Privat-Rufnummer lautet 089 1234567, aber bitte erst nach 18 Uhr!"

Mitarbeiter: „Danke, Herr Müller. Erlauben Sie mir noch einen Hinweis? Bis einschließlich Sonntag bieten wir unsere Französische Gourmetwoche an, mit vielen Spezialitäten aus den Regionalküchen Frankreichs. Selbstverständlich könnten Sie auch hierbei à la carte wählen. Sagt Ihnen das zu, Herr Müller?"

Gast: „Das klingt ja vielversprechend. Aber ich möchte die Wahl meinen Geschäftsfreunden selbst überlassen – auch wenn ich der Gastgeber bin!"

Mitarbeiter: „Selbstverständlich, Herr Müller. Wünschen Sie einen bestimmten Tisch?"

Gast: „Das muss nicht sein. Hauptsache, wir können uns ungestört unterhalten."

Mitarbeiter: „Das verstehe ich. Wir werden für Sie einen ruhigen Ecktisch bereithalten – da sind Sie völlig ungestört. Können wir sonst noch etwas für Sie tun, Herr Müller?"

Gast: „Nein danke, das war's schon."

Mitarbeiter: „Wir danken für Ihre Reservierung. Auf Wiederhören, Herr Müller!"

Gast: „Auf Wiederhören!"

Grundlegende Informationen für Veranstaltungsabsprachen
- Datum und Uhrzeit des Veranstaltungsbeginns
- Name, Anschrift und Kontaktmöglichkeit des Gastgebers (E-Mail, Telefon)
- Art der Veranstaltung
- erwartete Teilnehmerzahl
- Art der Bezahlung

Zusätzliche Informationen, je nach Art der Veranstaltung
- Gebuchte Räumlichkeiten
- Dauer der Veranstaltung
- Höhe der Raummiete
- Tafelform
- Tischwäsche und Dekoration
- Menükartengestaltung
- Speisen- und Getränkewünsche
- Ablauf der Veranstaltung
- Musik
- Sonderwünsche

4.4 Veranstaltungsabsprachen

 function agreement   accord (m) de manifestation (w)

Absprachen für größere Veranstaltungen, z. B. Familienfeier, Betriebsfest, Tagung, sind mit **größter Sorgfalt** zu erledigen. Auftretende Fehler sind hierbei besonders gravierend: Der Umsatz einer Veranstaltung ist recht hoch, es nehmen viele Gäste teil, deren Zufriedenheit über Folgeaufträge für den Betrieb entscheidet.

Jede Veranstaltungsabsprache ist ein Verkaufsgespräch. Punkte, die bei der Absprache vergessen werden, bedeuten daher auch Umsatz, der dem Restaurant entgeht.

Um Veranstaltungsabsprachen strukturiert durchführen zu können, helfen standardisierte **Checklisten**, so genannte **„Function Sheets"**. Sie helfen beim Verkaufsgespräch, dienen dem Gast und dem Restaurantleiter als Auftragsannahme und Auftragsbestätigung, sind für die Abteilungen Arbeitsanweisungen und für die Buchhaltung Grundlage zur Rechnungsstellung.

Die Gestaltung eines Function Sheets ist abhängig von der jeweiligen Veranstaltung. Bei Kindergeburtstagen stehen z. B. eher Alter und Geschlecht des Kindes sowie Spielmöglichkeiten im Vordergrund, während bei einer Tagung die benötigte technische Ausstattung sowie die Tagungsbewirtung wichtig sind. Der Gast erhält eine Kopie des Function sheets, auch um Unstimmigkeiten schnell erkennen zu können.

4.5 Gästeberatung

🇬🇧 giving recommendations to guests
🇫🇷 donner des recommandations aux hôtes

Die Art, wie das Verkaufsgespräch mit dem Gast geführt wird, ist in erster Linie abhängig von der Serviceart des jeweiligen Restaurants (vgl. S. 251). Die Erwartungshaltung eines Gastes ist in einem Restaurant der gehobenen Kategorie eine völlig andere als in der Kantine eines Unternehmens oder im Restaurant eines Freizeitparks.

Die Erfüllung (oder gar „Übererfüllung") dieser Erwartungshaltung entscheidet darüber, ob der Gast zufrieden ist, das Restaurant erneut besuchen wird und seinen Freunden und Bekannten weiterempfiehlt.

Obwohl die großen Restaurantketten der Systemgastronomie standardisierte Abläufe für Gastgespräche vorgesehen haben, ist der Umgang mit dem Gast stets individuell zu handhaben.

Abb. 1 Gästeberatung

Begrüßung

Unabhängig von der Serviceart ist zunächst die Begrüßung des Gastes wichtig. Diese sollte tageszeitabhängig und wenn möglich (z. B. bei Stammgästen) persönlich sein. Das weitere Wahrnehmen der Gastgeberfunktion ist dann schon eher von der im Restaurant vorherrschenden Serviceart abhängig. Während der Servicemitarbeiter in einem Full-Service-Restaurant dem Gast die Jacke abnimmt und diesem zu einem Tisch geleitet, kann in einem Restaurant mit Counterservice direkt mit der Gästeberatung oder der Annahme der Bestellung fortgefahren werden.

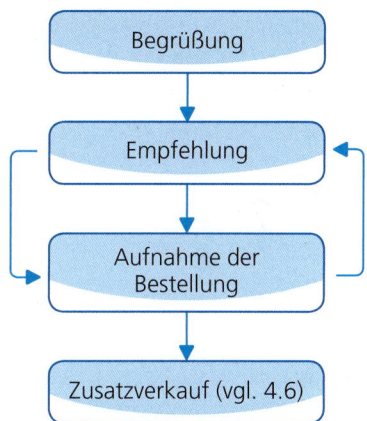

Function Sheet „Kindergeburtstag"			
Familienname des Gastes:	Meier	Alter (am Geburtstag):	5
Vorname des Gastes:	Rebecca	○ Junge ☒ Mädchen	
Anzahl der Gäste:	8	Termin für die Feier:	15.05.
Durchschnittsalter der Gäste:	4 bis 6 Jahre	Eintreffen im Restaurant:	ca. 15:30 Uhr
Gewünschte Dekoration:	Motto „Pferde", Luftschlangen und -ballons		
Gewünschte Speisen und Getränke:	Fingerfood/Pommes, Softdrinks/Mineralwasser, Kaffee (Eltern)		
Torte:	☒ Erdbeer ○ Schoko ○ keine		
Bezahlung:	☒ auf Rechnung ○ bar ○ ec/Kreditkarte	Telefonnummer für Rückfragen:	654326
Rechnungsadresse:	Dorfstr. 3, 23532 Marktbach		
Interne Vermerke:			
Gespräch geführt am:	28.04.	Auftragsnummer:	
Gespräche geführt durch:	P. Schwenkers		

Beratung und Verkauf

VERKAUFSABLÄUFE IM RESTAURANT

Die Empfehlung

Die Empfehlung richtet sich an Gäste, die sich noch im Unklaren über ihre Speise- und Getränkewahl sind. Wenn der Gast bekannt ist, kann der Servicemitarbeiter ihn gezielt in Richtung seiner Vorlieben beraten. Dabei ist es wichtig, einige Alternativen aufzuzählen. So können Verkaufschancen am besten genutzt werden.

Hier wird die **offene Frage** als rhetorischer Einstieg verwendet. Ohne lange Sprechpause wird mit einer Aufzählung von Empfehlungen fortgesetzt. Dann wird die Empfehlung mit einer **richtungsweisenden Frage** abgeschlossen. Die zuletzt genannten Vorschläge haben die größten Bestellchancen, denn ihr Erinnerungswert ist am größten.

Beispiel klassisches Restaurant:
„Was dürfen wir Ihnen vorweg als Aperitif empfehlen? Hätten Sie lieber einen Sherry-Medium, einen weißen Portwein oder einen Bellini? Das ist Pfirsich-Püree, aromatisiert mit Pfirsich-Likör und dann mit Prosecco aufgegossen! Oder hätten Sie lieber ein Glas halbtrockenen Champagner?"

Wenn der Gast und seine Vorlieben noch nicht bekannt sind oder er scheinbar zum ersten Mal in diesem Restaurant ist, sollte man durch geschickte Frageformulierungen seine Geschmacksrichtung herausfinden.

„Wir möchten Ihnen gerne einen Aperitif anbieten – bevorzugen Sie dazu lieber ein trockenes, ein halbtrockenes oder eher ein liebliches Getränk?"

Vergleichbar könnte die Einstiegsfrage in einem Quick-Service-Restaurant etwa so lauten:

Je nach geäußerter Vorliebe zählen Sie dann zwei bis drei Alternativen auf.

„Wir bieten unsere Hähnchenteile in zwei Variationen an. Mögen Sie es lieber scharf oder eher mild?"

Beispiel Quick-Service-Restaurant:
- „Kennen Sie schon unseren neuen Aktionsburger? Zartes Hähnchenbrustfilet mit einer Honig-Senf-Sauce und Ruccola-Salat in einem ofenfrischen Ciabattabrötchen."
- Möchten Sie vielleicht lieber das deftigere Schnitzelsandwich, mit einem panierten Schweinefleischschnitzel und würziger Mayonnaise in einem Laugenbrötchen? Dazu gibt es im Menü wahlweise Pommes frites oder Potato Wedges und ein großes Getränk?"
- „Oder nehmen Sie wie sonst das Menü mit den Hähnchennuggets und Barbecue-Sauce?"

Im klassischen Restaurant präsentieren Sie nach der Aperitif-Bestellung, die Sie notieren und wiederholen, jedem Gast eine geöffnete Speisekarte. Sie weisen sowohl auf Tagesspezialitäten als auch auf ein besonderes Angebot hin, z.B. auf die Spargelgerichte oder die Wildspezialitäten. Sie legen die Getränkekarte/ Weinkarte am Tisch bereit und kümmern sich um einen schnellen Service von Aperitif, Couvert-Brot, Butter und „amuse gueule", den kleinen Appetithappen vor dem Essen, als kulinarische Begrüßung.

Die Beratung

Im Gegensatz zur Empfehlung richtet sich die Beratung an den Gast, der das Menüangebot schon kennt. Entweder hat er die Speisekarte schon gelesen, ist ein Stammgast oder – speziell in der Systemgastronomie – er kennt das Produktsortiment aus anderen Filialen der Restaurantkette. In einem klassischen Restaurant wird der Gast besonders bei der Auswahl eines korrespondieren Weines beraten:

Beispiele klassisches Restaurant:
- „Zu dem gebratenen Kalbssteak mit Stangenspargel, holländischer Sauce und neuen Kartoffeln passt sehr gut unser Würzburger Stein, Silvaner, Kabinett, aus Franken!"
- „Zu der Steinpilz-Lauch-Kartoffeltorte eignet sich ideal unser Ockfener Bockstein, Riesling, Spätlese, halbtrocken, aus dem Anbaugebiet Mosel".

Beispiele Quick-Service-Restaurant:
- „Wenn Sie statt des Herkulesburgers und der großen Cola das Herkulesmenü wählen, haben Sie eine große Portion Pommes dabei und zahlen nur 40 Cent mehr."
- „Wenn Sie im Menü das große Getränk wählen, erhalten Sie einen Sammelpunkt. Nach nur fünf gesammelten Punkten bekommen Sie beim nächsten Besuch ein Menü Ihrer Wahl gratis."

Bestellungsannahme

Die Art der Bestellungsannahme ist direkt mit der Serviceart verbunden. In einem **klassischen Full-Service-Restaurant** notiert die Servicefachkraft auf dem Bestellblock die Wünsche der Gäste.

Bei mehreren Gästen an einem Tisch ist das Vorbereiten einer Sitzplatz-Skizze mit Tischnummer aus der Sicht der Servierrichtung am Tisch empfehlenswert. Das erspart später auch helfenden Kollegen die lästige Fragerei.

In das entsprechende Feld wird für jeden Gast die Bestellung, in korrekter Reihenfolge, mit den Sonderwünschen eingetragen. Dabei sollte gleichzeitig nach speziellen Wünschen, wie z. B. Zubereitung, Gargrad oder Dressing, gefragt werden.

In einem **Restaurant der Systemgastronomie** mit Counterservice wird die Bestellung des Gastes direkt in der Kasse erfasst und automatisch in die Küche weitergeleitet.

Dabei sollten auch Sonderwünsche wie z. B. „ohne Zwiebel" oder „mit Extra-Käse" mit erfasst werden. Dies ist zum einen für das Warenwirtschaftssystem des Restaurants wichtig, zum anderen erspart es das Rufen in die Küche, das das Verkaufsgespräch unschön unterbricht.

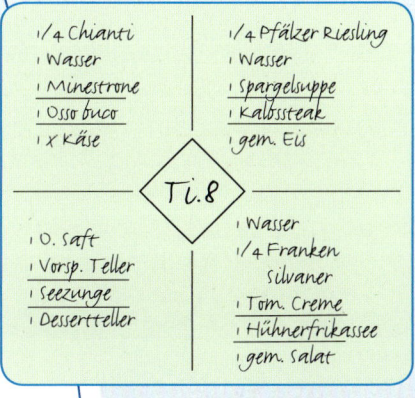

Abb. 1 Sitzplan-Skizze der Servicefachkraft

„Wünschen Sie Ihr Rinderfiletsteak blutig, medium oder durchgebraten?"

4.6 Zusatzverkäufe

Das Thema Zusatzverkäufe ist sehr wichtig. Zusatzverkäufe finden in der letzten Phase des Verkaufsgesprächs statt.

In einem **klassischen Restaurant** wiederholt der Servicemitarbeiter mit Hilfe seiner Sitzplan-Skizze die Bestellung und informiert den Gast über eine eventuell anfallende längere Wartezeit. Danach wird die Bestellung sofort boniert und unverzüglich an Küche und Getränkebüfett weitergeleitet.

Nachdem die Getränke serviert wurden, werden die Couverts der Bestellung entsprechend **nachgedeckt**, (s. Abb.) das „Mise en place" am Beistelltisch (Gueridon) wird vorbereitet.

Auch während der Wartezeit müssen die Gäste im Blick behalten werden, um Nachbestellungen annehmen zu können. Leere Gläser und Flaschen können ein Zeichen sein, dass am Tisch eine „Unterversorgung" besteht. Eine freundliche Nachfrage kann diese beseitigen.

● Mit erzielten Zusatzumsätzen helfen Sie Ihrem Haus, die Preise bei anderen Artikeln moderater kalkulieren zu können.

Beratung und Verkauf

VERKAUFSABLÄUFE IM RESTAURANT

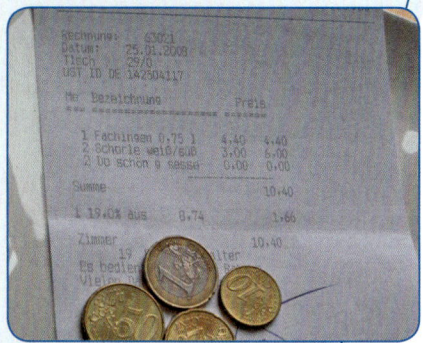

Abb. 1 Rechnung mit Wechselgeld

Gehen Sie nicht davon aus, dass das Wechselgeld immer gleich Ihr Trinkgeld ist. Das wird der Gast erst noch entscheiden.

Wenn der Hauptgang abgeräumt ist und noch keine Dessertbestellung erfolgte, fragt der Servicemitarbeiter die Gäste, ob der Wunsch nach einem Dessert besteht. Dies kann auch gleich mit der Präsentation der Dessertkarte erfolgen. Zur Abrundung des Mahles sollten Kaffee oder Digestifs angeboten werden.

Der Servicemitarbeiter im **Counterservice** sollte, vor allem bei umfangreichen Bestellungen, nach dem Eingeben in die Kasse die Wünsche des Gastes wiederholen, um sicherzugehen, dass nichts vergessen oder etwas falsch erfasst wurde. Danach wird der Zahlungsbetrag genannt. Je nach betrieblichem Standard erfolgt zuerst der Kassiervorgang oder das Zusammenstellung der Bestellung. Nachdem dem Gast seine Bestellung überreicht wurde, wünscht man ihm einen guten Appetit und verabschiedet sich von ihm.

Obwohl der Gast im Restaurant isst, kommt es im Counterservice meist nicht zu einem weiteren Kontakt zwischen Servicemitarbeiter und Gast. Wenn es für den Gast problematisch ist, das Tablett zu seinem Platz zu bringen (z. B. aufgrund einer Gehbehinderung oder bei einer großen Bestellung), sollte der Servicemitarbeiter seine Hilfe anbieten. Ein eventuell wartender weiterer Gast müsste kurz um Verständnis gebeten werden.

4.7 Rechnungspräsentation und Verabschiedung

🇬🇧 bill (GB), check (USA) and saying goodbye 🇫🇷 addition (w) et faire ses adieux

Die Rechnung wird dem Besteller eingesetzt. Sie liegt meist auf einem Teller in einer Serviettentasche. Der Endbetrag ist verdeckt. Die Diskretion der Service-Mitarbeiter ist auch hier gefordert. Entfernen Sie sich vom Tisch und lassen Sie dem Besteller genügend Zeit zur Überprüfung und um das Bargeld oder die Kreditkarte in die Serviettentasche zu legen. Erst dann gehen Sie zurück an den Tisch und bitten um den Teller. Im Office legen Sie das entsprechende Wechselgeld zur Rechnung, die bringen sie wieder zugedeckt auf dem Teller zurück.

Das Kassieren darf nicht der letzte Kontakt zum Gast sein, denn das Verabschieden ist genauso wichtig wie das Begrüßen. Ist der erste Eindruck oft der entscheidende, so ist der letzte oft der bleibende! Helfen Sie den Gästen bei der Garderobe, bedanken Sie sich für den Besuch und verabschieden Sie Ihre Gäste freundlich am Restaurant-Ausgang.

376

5 Reklamationen

🇬🇧 dealing with complaints 🇫🇷 traitement (m) des réclamations

Auch in bestgeführten Restaurationsbetrieben kommt es gelegentlich zu Beschwerden oder Reklamationen. In jedem Fall sind diese Beanstandungen ernst zu nehmen. Man muss sich sofort um die Probleme kümmern.

Die Qualität von Betrieben wird auch daran gemessen, wie dort mit Beschwerden umgegangen wird.

Es ist viel kostengünstiger, vorhandene Gäste richtig zu betreuen, als Zeit und Geld zu investieren, um immer wieder neue Gäste zu gewinnen. Unter **Beschwerdemanagement** versteht man die Art und Weise, wie mit Reklamationen umgegangen wird.

Dieser Umgang sollte als eine sinnvolle Investition für die Erhaltung des zukünftigen Gästestamms verstanden werden. Beschwerden haben zwar immer eine negative Ursache, sie können aber zu einem positiven Ergebnis geführt werden.

Beim gastfreundlichen Beschwerdemanagement hat die Geschäftsführung verschiedene Instrumente ausgewählt, die je nach Situation eingesetzt oder angewendet werden können.

Vom Management ist im Voraus festzulegen, wer in welcher Situation welche Reaktionsinstrumente einsetzen sollte.

Die **Reaktionsinstrumente** sollten großzügig vorgegeben und eingesetzt werden. Diese Großzügigkeit kostet das Unternehmen weniger als ein unzufriedener Gast, der mit negativer „Mund-zu-Mund-Propaganda" andere Gäste abschrecken könnte und selbst nie wiederkäme. So sollte beispielsweise die innerbetriebliche Regelung bestehen, dass für ein im Restaurant zurückgenommenes Gericht nicht bezahlt werden muss.

Beispiele für Reaktionen auf Reklamationen siehe auch nächste Seite.

> 🔴 Bedenken Sie bitte: Jede Reklamationsbehandlung sollte als Werbechance um den Gast angesehen werden.

Reaktionsinstrumente:
- **Leistungstausch**, z. B. wird ein Filetsteak anstatt des reklamierten Rumpsteaks serviert oder ein Saibling statt einer Zuchtforelle
- **Nachbesserung**, z. B. wird das noch „blutige" Steak „medium" nachgebraten
- **Abhilfe**, z. B. wird die vergessene Sauce nachserviert
- **Schadenersatz**, z. B. werden die Kosten für die chemische Reinigung übernommen, wenn durch eine Unachtsamkeit der Mitarbeiter die Bekleidung eines Gastes verschmutzt wurde
- **kleine Aufmerksamkeiten**, z. B. werden Werbegeschenke überreicht
- **Gutscheine**, z. B. für den Sonntags-Brunch
- **Erstattung der bereits bezahlten Rechnung**
- **persönlicher Anruf** des Chefs beim Gast
- **Entschuldigungsschreiben** der Direktion

> 🔴 Grundsätzlich sollte gelten: Lieber ein Geschäft als einen Gast verlieren.

Beratung und Verkauf

VERKAUFSABLÄUFE IM RESTAURANT

10 Empfehlungen bei Reklamationen

- Bleiben Sie ruhig, sachlich und höflich; sprechen Sie möglichst wenig, zeigen Sie Verständnis und unterbrechen Sie den Gast nicht!
- Diskutieren Sie nicht mit dem Gast! Widerspruch reizt den Gast noch mehr, belehren Sie ihn nicht!
- Entschuldigen Sie sich gleich, z. B. so: *„Es tut mir leid, dass Sie jetzt solche Unannehmlichkeiten haben – ich werde das sofort in Ordnung bringen!"*
- Schieben Sie die Schuld nicht auf andere Mitarbeiter oder Abteilungen. Gebrauchen Sie keine Ausreden. Das interessiert den Gast nicht!
- Zeigen Sie dem Gast, dass Sie ihn ernst nehmen. Lassen Sie den Gast sein Gesicht wahren! Behandeln Sie ihn mit Respekt.
- Reagieren Sie sofort. Sorgen Sie für Abhilfe oder fragen Sie den Gast, wie Sie ihn wieder zufrieden stellen können. Machen Sie konkrete Vorschläge dazu.
- Informieren Sie Ihren Vorgesetzten, der sich gegebenenfalls sofort um den Gast bemühen wird.
- Fühlen Sie sich nicht persönlich angegriffen. Bedanken Sie sich für Beschwerden als Chance zur Qualitätsverbesserung.
- Prüfen Sie nach, ob der Fehler behoben wurde. Vereinbaren Sie das weitere Vorgehen, falls nicht sofort reagiert werden kann.
- Übernehmen Sie Verantwortung für jede Reklamation, die Ihnen gegenüber geäußert wurde. Überdenken Sie die Ursache und beugen Sie künftigen Fehlern vor!

6 Rechtsvorschriften

 laws référence (w) juridique

Folgende Gesetze betreffen den Abschnitt Verkaufsabläufe im Restaurant. Diese können auch auf der dem Buch beiliegenden CD nachgelesen werden.

Kaufvertrag

Die **§§ 433 ff. BGB** regeln die entgeltliche Veräußerung von Sachen und Rechten. Der Kaufvertrag unterliegt keinen Formvorschriften, die Schriftform ist aus Beweisgründen empfehlenswert.

Bewirtungsvertrag

Dieser ist kein ausdrücklich im Gesetz geregelter Vertrag. Deshalb werden die Vorschriften über den
- Kaufvertrag (**§§ 433 ff. BGB**), wenn es um die Ware geht
- Dienstvertrag (**§§ 611 ff. BGB**), wenn der Service betroffen ist
- Werkvertrag (**§§ 631 ff. BGB**),
- Werklieferungsvertrag (**§§ 651 ff. BGB**) und u. U. auch über das
- Mietrecht (**§§ 535 ff. BGB**)

angewendet. Der Bewirtungsvertrag beinhaltet weitgehend die Verpflegung des Gastes mit den Pflichten des Wirts und den Pflichten des Gastes.

Preisangabenverordnung – PAngV
(Stand 24. Juli 2010)

§ 1 schreibt vor, dass Gastronomen/Hoteliers bei der Nennung von Preisen für ihr Angebot **Endpreise** anbieten müssen, also Preise einschließlich der Umsatzsteuer und sonstiger Preisbestandteile, wie z. B. Bedienungsgelder und Sektsteuer. Eventuell zusätzlich anfallende Versand- oder Lieferkosten sind anzugeben, wie z. B. bei Außer-Haus-Lieferungen, Stadtküchenservice oder Weinhandel.

§ 2 schreibt vor, (2) wer Letztverbrauchern gewerbsmäßig … unverpackte Waren (lose Ware) anbietet (z. B. Kuchen im Außer-Haus-Verkauf), … hat lediglich den Grundpreis (gemäß Abs. 3) anzugeben.
(3) Die Mengeneinheit für den Grundpreis ist jeweils 1 Kilogramm, 1 Liter … der Ware. Bei Waren, deren Nenngewicht oder Nennvolumen üblicherweise 250 Gramm nicht übersteigt, dürfen als Mengeneinheit für den Grundpreis 100 Gramm oder Milliliter verwendet werden.

§ 7 dieser Verordnung schreibt vor, dass Gaststättenbetriebe
- die Preise in Preisverzeichnissen, z. B. Speisekarten, Menükarten, Getränkekarten, Weinkarten, anzugeben haben;
- die Preisverzeichnisse auf Tischen aufzulegen sind oder dem Gast bei Bestellungsannahme und auf Verlangen bei Abrechnung vorzulegen sind;
- einen Auszug der wesentlichen angebotenen Speisen und Getränke mit Preisen im Eingangsbereich der Gaststätte anzubringen haben.

Verordnung über die Kennzeichnung von Lebensmitteln – LMKV
(Stand: 2. Juni 2010)

und Zusatzstoff-Zulassungsverordnung
(Stand: 28. März 2011)

Sie betreffen die Kenntlichmachung von Zusatzstoffen, wie z. B.: Konservierungsstoffe, Süßstoffe, Lebensmittel-Farbstoffe, Diphosphate, Schwefeldioxid, Chinin, Koffein … auf Speisekarten, Aushängen u. Ä. Diese Hinweise sollen gastronomische Betriebe und Einrichtungen der Gemeinschaftsverpflegung, wie z. B. Kantinen, auf die erforderliche und richtige Deklaration von Zusatzstoffen aufmerksam machen und so Beanstandungen bei Betriebskontrollen vermeiden helfen.

Schadenshaftung des Gastwirts
(BGB §§ 701 ff.) (Stand: 17. Januar 2011)

Hier muss zwischen **Schankwirt** (z. B. Betreiber eines Pils-Pubs) und **Gastwirt** (Beherbergungswirt) unterschieden werden.

Ein Schankwirt haftet nur für eigenes Verschulden und das seiner Mitarbeiter. Ein Gastwirt haftet darüber hinaus unter bestimmten Voraussetzungen.

§ 701 regelt, in welchen Fällen der Gastwirt (Hotelier) für eingebrachte Sachen seiner Übernachtungsgäste haftet und in welchen Fällen nicht.

§ 702 regelt die Höhe bzw. Beschränkung der Schadenshaftung des Gastwirts und beschreibt die Verpflichtung des Gastwirts Bargeld, Wertpapiere, Kostbarkeiten und andere Wertsachen zur Aufbewahrung zu übernehmen.

§ 702a regelt einen möglichen Erlass der Haftung des Gastwirts.

§ 703 verlangt vom Gast, einen Schaden unverzüglich geltend zu machen, damit dessen Anspruch nicht erlischt.

Pfandrecht des Gastwirts
(BGB, § 704)

§ 704 BGB: Der Gastwirt hat für seine Forderungen für Wohnung und andere dem Gaste zur Befriedigung seiner Bedürfnisse gewährte Leistungen, mit Einschluss der Auslagen, ein Pfandrecht an den eingebrachten Sachen des Gastes. Die für das Pfandrecht des Vermieters geltenden Vorschriften des § 562 Abs. 1 Satz 2 und der §§ 562 a bis 562 d finden entsprechende Anwendung.

Fundsachen / liegengelassene Sachen im Gastgewerbe
(BGB, §§ 965 bis 971)

Im Gastgewerbe unterscheidet man zwischen Fundsachen und liegengelassenen Sachen. Eingebrachte Güter von Übernachtungsgästen eines Gasthofs/Hotels sind grundsätzlich liegengelassene Sachen, wenn sie vergessen wurden. Der Gastwirt hat solche Sachen unentgeltlich aufzubewahren und ggf. den Gast zu benachrichtigen. Der Gastwirt hat keinen Anspruch auf einen Finderlohn, jedoch kann er sich seine Kosten zur Benachrichtigung des Gastes erstatten lassen. Fundsachen kommen nur im öffentlichen Bereich des Betriebs vor, der auch von Passanten benutzt wird, wie z. B. der Restaurantbereich oder die Bankettabteilung. §§ 965 ff. BGB regeln die Pflichten des Finders und dessen Rechte, wie z. B. den Anspruch auf Finderlohn.

§ 965 regelt die Anzeigepflicht des Finders bei Sachen, deren Wert zehn Euro übersteigt.

§ 966 schreibt vor, dass der Finder die Sache verwahren muss, und regelt die Vorgehensweise bei verderblichen Sachen.

§ 967 regelt die Ablieferungspflicht der Sache oder des Versteigerungserlöses an die zuständige Behörde.

§ 968 regelt den Umfang der Haftung durch den Finder. Der Finder hat nur Vorsatz und grobe Fahrlässigkeit zu vertreten.

§ 969 besagt: Der Finder wird durch die Herausgabe der Sache an den Verlierer auch den sonstigen Empfangsberechtigten gegenüber befreit.

§ 970 legt fest, dass sich der Finder einer Sache Aufwendungen, die bei der Verwahrung oder Erhaltung der Sache oder bei der Ermittlung eines Empfangsberechtigten entstanden sind, vom Empfangsberechtigten erstatten lassen kann.

§ 971 regelt die **Höhe des Finderlohns**, den der Finder, z. B. der Gastwirt, vom Empfangsberechtigten/Verlierer, z. B. dem Nicht-Übernachtungsgast/Passant im Hotelrestaurant, verlangen kann. Der Finderlohn beträgt:

Vom Wert der Sache **bis 500 Euro: 5 %**. Übersteigt der Wert der Sache diesen Betrag, so sind vom **Mehrwert 3 %** zu leisten. Bei **Tieren** stehen **3 %** Finderlohn zu.

Der Anspruch des Finders ist ausgeschlossen, wenn er die Anzeigepflicht verletzt oder den Fund auf Nachfrage verheimlicht.

Garderobenhaftung

(BGB, § 688 ff.)

Der **Schank- oder Speisewirt** haftet für die Garderobe seiner Gäste nur dann, wenn ihm oder seinen Leuten schuldhaftes Handeln zugerechnet werden kann. Der Bewirtungsgast ist grundsätzlich für die Beaufsichtigung seiner Garderobe selbst zuständig. Dies gilt nicht, wenn der Wirt darauf besteht, dass die Garderobe an einem nicht einsehbaren Ort abzulegen ist. Bei einer bewachten Garderobe mit entgeltlicher Verwahrung haftet der Wirt/der Garderobenpächter für alle Schäden.

Es gelten die Regelungen des Verwahrungsvertrags (**§§ 688 ff. BGB**). Bei unentgeltlicher Verwahrung von Garderobe haftet der Schank- oder Speisewirt nur bei grober Fahrlässigkeit und Vorsatz. Dem Wirt muss ein Verschulden nachgewiesen werden.

Gaststättengesetz
(Stand: 07. Sepember 2007)

§ 18 Sperrzeit:
(1) Für Schank- und Speisewirtschaften sowie für öffentliche Vergnügungsstätten kann durch Rechtsverordnung der Landesregierungen eine Sperrzeit allgemein festgesetzt werden. In der Rechtsverordnung ist zu bestimmen, dass die Sperrzeit bei Vorliegen eines öffentlichen Bedürfnisses oder besonderer örtlicher Verhältnisse allgemein oder für einzelne Betriebe verlängert, verkürzt oder aufgehoben werden kann. Die Landesregierungen können durch Rechtsverordnung die Ermächtigung auf oberste Landesbehörden oder andere Behörden übertragen.

§ 28 Ordnungswidrigkeiten:
(1) Ordnungswidrig handelt, wer vorsätzlich oder fahrlässig ohne die nach § 2 Abs. 1 erforderliche Erlaubnis

1. ein Gaststättengewerbe betreibt, ... ,

12. den Vorschriften einer auf Grund der §§ 14, **18 Abs. 1,** ... erlassenen Rechtsverordnung zuwider handelt, soweit die Rechtsverordnung für einen bestimmten Tatbestand auf diese Bußgeldvorschrift verweist.

(2) Ordnungswidrig handelt auch, wer
1. entgegen § 6 Satz 1 keine alkoholfreien Getränke verabreicht oder entgegen § 6 Satz 2 nicht mindestens ein alkoholfreies Getränk nicht teurer als das billigste alkoholische Getränk verabreicht, ...

4. als Gast in den Räumen einer Schankwirtschaft, einer Speisewirtschaft oder einer öffentlichen Vergnügungsstätte über den Beginn der Sperrzeit hinaus verweilt, obwohl der Gewerbetreibende, ein in seinem Betrieb Beschäftigter oder ein Beauftragter der zuständigen Behörde ihn ausdrücklich aufgefordert hat, sich zu entfernen.

(3) Die Ordnungswidrigkeiten können mit einer **Geldbuße bis zu fünftausend Euro** geahndet werden.

Landesnichtraucherschutz-Gesetz

Die Gesetzgebung hierzu obliegt den einzelnen Bundesländern. Gültig ist z. B. seit 1. August 2007 im Bundesland Baden-Württemberg folgendes Gesetz (Auszug):

§ 1 regelt die Zweckbestimmung: Ziel ist, dass in Schulen sowie bei schulischen Veranstaltungen in Gaststätten nicht geraucht wird. Die Regelungen dienen, insbesondere bei Kindern und Jugendlichen, dem Schutz vor Gefahren des Passivrauchens.

§ 7 regelt die Rauchfreiheit in Gaststätten und **untersagt das Rauchen in Gaststätten.** Dieses gilt nicht für Bier-, Wein- und Festzelte sowie die Außengastronomie, z. B. Biergärten, Terrassengeschäfte, Straßencafés und nicht für die im Reisegewerbe betriebenen Gaststätten, z. B. Bahnhofsgaststätten.

Das Rauchen in vollständig abgetrennten Nebenräumen ist zulässig, wenn und soweit diese Räume in deutlich erkennbarer Weise als Raucherräume gekennzeichnet sind. Dies gilt nicht bei Diskotheken. Arbeitsschutzrechtliche Bestimmungen bleiben unberührt.

§ 9 Die Ordnungswidrigkeit nach Absatz 1 kann mit einer **Geldbuße bis zu 40 Euro** und im innerhalb eines Jahres erfolgenden Wiederholungsfall mit einer Geldbuße **bis zu 150 Euro** geahndet werden.

Weitere Landesgesetze sowie Aktualisierungen finden Sie auf unseren Internetseiten www.hotel-restaurant-kueche.de.

Aufgaben

1. Geben Sie drei Beispiele, inwiefern „soziale Bedürfnisse" der Gäste in der Gastronomie zu beachten sind.
2. Nennen Sie vier positive Eigenschaften, die dem Service-Mitarbeiter helfen, den Restaurantbesuch des Gastes zu einem Qualitätserlebnis werden zu lassen.
3. Nennen Sie vier typische Schwachstellen im Service, die zu Reklamationen führen können.
4. Sie bedienen in Ihrer Station eine Familie mit Kleinkindern. Nennen Sie vier Maßnahmen, mit denen Sie dazu beitragen können, dass der Restaurantbesuch nicht nur den Eltern in positiver Erinnerung bleibt.
5. Entwickeln Sie ein druckreifes Formblatt, das zur vollständigen Annahme von Tischreservierungen verwendet werden kann.
6. Wie viele Alternativen sollten Sie aufzählen, wenn Sie Ihren Gästen Empfehlungen geben?
7. Man kann Gästen Empfehlungen geben und man kann Gäste beraten. Worin unterscheiden sich diese Verkaufsaktivitäten?
8. Es ist unangenehm, wenn man die Gäste fragen muss, wer denn was bestellt hat. Wie kann man das vermeiden?
9. Nennen Sie sieben Sparten bzw. Umsatzbereiche, die Sie durch aktives Verkaufen mit interessanten Zusatzumsätzen versehen können.
10. Der Gast bittet um seine Restaurant-Rechnung. Schildern Sie den Ablauf bis zum Kassieren der Rechnung.
11. Erklären Sie den Zusammenhang zwischen Ihrem professionellen Verhalten im Service und der Zufriedenheit Ihrer Gäste.
12. Nennen Sie sechs „Reaktionsinstrumente", die Sie bei Reklamationen im Restaurant anwenden oder einsetzen könnten.
13. Mit welchen Verhaltensweisen kann es Ihnen gelingen, die schwierige Aufgabe der Reklamationsbehandlung noch besser zu meistern?
14. Erklären Sie, warum eine großzügige Reklamationsbehandlung einer kleinlichen vorzuziehen ist.
15. Üben Sie mit einem Partner in einem Rollenspiel, mit welchen Formulierungen und Reaktionsinstrumenten Sie auf die Reklamation Ihres Partners antworten.

PROJEKT

Aktionswoche „Spargel und Wein"

Mit einer Aktionswoche zum Thema **„Spargel und Wein"** möchte der F & B-Manager des Hotels Arberblick im hoteleigenen Restaurant „Waldlerstube" (100 Sitzplätze) den Abendverkauf beleben. Die Auszubildenden Marianne und Max sind beauftragt, bei Planung und Vorbereitung mitzuhelfen.

Zeitraum

Schlagen Sie die günstigste Kalenderwoche für die Aktion vor. Welche Faktoren berücksichtigen Sie dabei?

Tragende Marketing-Idee

Mit welchem Slogan wollen Sie für die Aktionswoche werben?

Gästekreis

Welche Zielgruppen wollen Sie ansprechen und gewinnen?

Marketing-Instrumente Angebot und Preis

1. Entwerfen Sie eine „Spargel und Wein"-Karte mit zehn Spargelgerichten und fünf korrespondierenden deutschen Weinen im offenen Ausschank.
2. Entwerfen Sie zwei 4-gängige Spargelmenüs, die als Menüempfehlung während dieser Woche geeignet sind.
3. Welche Tisch- und Raumdekoration planen Sie? Wie viel € wird sie kosten?
4. Mit welcher Art von Musik im Restaurant wollen Sie Ihre Gäste-Zielgruppen unterhalten? Wie viel € wird dies kosten?
5. Überlegen Sie, welche Unternehmen oder Verbände Kostenanteile durch Sponsoring übernehmen könnten.
6. Mit welchem Preis pro Gast planen Sie, wenn die Kosten für Musik und Dekoration auf die Gäste umgelegt werden?

Marketing-Instrumente Verkaufsförderung, Öffentlichkeitsarbeit und Werbung

1. Mit welchen Maßnahmen der Verkaufsförderung wollen Sie im Hotel auf die Aktionswoche hinweisen?
2. Mit welchen Maßnahmen der Öffentlichkeitsarbeit wollen Sie vor und während der Aktionswoche auf Ihr Restaurant aufmerksam machen?
3. Für welche Werbemaßnahmen werden Sie sich entscheiden? Welche Medien sollen dabei die Werbebotschaft überbringen? Begründen Sie kurz.
4. Entwerfen Sie einen Werbebrief (1 Seite) an Stammgäste, der als Serienbrief auf dem PC geschrieben werden soll.

7 Abrechnen mit Gast und Betrieb

🇬🇧 settlement of account   🇫🇷 régler ses comptes

Restaurantfachkräfte sind eigenverantwortliche Verkäufer, die einerseits mit dem Gast und andererseits mit dem Betrieb abrechnen müssen. Um das gesamte Verkaufsgeschehen lückenlos kontrollieren zu können, ist es erforderlich, dass für jeden Verkauf ein Bon bzw. Beleg ausgestellt wird.

7.1 Boniersysteme

Für das Bonieren gibt es folgende Möglichkeiten:
- das **Bonbuch**,
- die **Registrierkasse**,
- ein **computergesteuertes Boniersystem**.

Abb. 1 Bonbücher mit Durchschreibebons

Der Bon ist eine Gutschrift (Bonus) und stellt ein betriebsinternes Zahlungsmittel dar. Jeder, der ihn im betrieblichen Ablauf besitzt, hat Anspruch auf eine Gegenleistung:
- die Restaurantfachkraft gegenüber der Ausgabestelle auf eine Speise oder ein Getränk,
- der Betrieb gegenüber den Restaurantfachkräften auf das vom Gast entgegengenommene Geld.

Eine weitere Möglichkeit für den Erhalt und die Abrechnung von Speisen und Getränken sind **Wertmarken** und **Gutscheine**.

Bonbuch

Die einfachste Art des Bonierens erfolgt mit dem Bonbuch. Es wird dort eingesetzt, wo keine Registrierkassen vorhanden sind, z. B. im Partyservice oder im kurzzeitigen Saalbetrieb, und es kann bei Ausfall von Computerkassen eingesetzt werden.

- Beim Dienstantritt werden auf dem ersten Bon das Datum und der Name der Servierfachkraft eingetragen. Damit ist der Beginn des Abrechnungszeitraumes fixiert.
- Die Bons werden mit den zur Bestellung erforderlichen Eintragungen versehen: Menge, Art und Preis der Ware.
- Die handschriftlichen Angaben auf den Bons müssen klar und gut leserlich sein.
- Jeder Bon darf nur mit einer Warenart beschriftet werden, damit das Annoncieren und die Ausgabe der Ware reibungslos verlaufen können. Außerdem wird das Sortieren, Auszählen und Addieren im Kontrollbüro nicht unnötig erschwert.

Man unterscheidet **Einzel-** und **Doppelbons**. Der Doppelbon ist mit einem **Talon** bzw. zusätzlichen Abriss versehen. Dieser dient zur Kennzeichnung der Bestellung bei der Ausgabe.

Beim Einsatz von Bonbüchern werden die Bons handschriftlich ausgefertigt. Das Bonbuch besteht aus einem Oberblatt mit perforierten Bons und einem Unterblatt für die Durchschriften. Die Bons sind durchlaufend nummeriert und in verschiedenen Farben erhältlich.

Die **Originalbons** werden der jeweiligen Abgabestelle (Küche, Büfett oder Bar) übergeben als Aufforderung, die Ware bereitzustellen. Die **Durchschriften** verbleiben im Bonbuch und sind die Grundlage für das Abrechnen mit dem Gast und mit dem Betrieb.

Beratung und Verkauf

VERKAUFSABLÄUFE IM RESTAURANT

Nach- und Vorteile von Bonbüchern

Die Verwendung von Bonbüchern hat gegenüber dem Bonieren mit Registrierkassen Nachteile:
- Großer Zeitaufwand beim Bonieren und Abrechnen sowie bei der Auswertung der Bons im Kontrollbüro.
- Feststellen von Zwischensummen bzw. Abschlägen ist nur mit erheblichem Zeitaufwand möglich.
- Vielfältige Fehlerquellen aufgrund ungenauer, unleserlicher oder falscher Eintragungen auf dem Bon.

Die Verwendung ist in besonderen Fällen allerdings zweckmäßig, z. B.:
- bei Sonderveranstaltungen wegen der vereinfachten und gesonderten Abrechnung,
- wenn Aushilfskräfte im Umgang mit Kassen unkundig sind.

Begleit- und Abrufbons

Es handelt sich um mehrteilige Bons, die im Menüservice oder bei Pensionsgästen eingesetzt werden. Mit Hilfe der Teilabschnitte kann die Servicefachkraft den jeweiligen Gang abrufen. Bei der Ausgabe wird der Talon vom Bon getrennt und die einzelnen Gänge für den Service damit gekennzeichnet.
- **Marschierbons**, weil das jeweilige Teilstück beim *Marschieren* (der Ausgabe) der Speise abgegeben bzw. entwertet wird,
- **Begleitbons**, weil sie den Ablauf des Menüs *begleiten*.

Abb. 1 Begleit- und Abrufbons für mehrgängige Menüs

Arbeiten mit Registrierkassen

Gegenüber den Bonbüchern haben Registrierkassen Vorteile:
- Der zeitliche Aufwand beim Bonieren sowie bei den Abrechnungs- und Umsatzkontrollen ist wesentlich geringer;
- Fehler beim Multiplizieren und Addieren sowie beim Sortieren der Bons sind ausgeschlossen.

Es gibt zwei grundlegende Arten von Registrierkassen: mechanische und elektronische.

Bonieren mit mechanischen Registrierkassen

Die Servicefachkraft aktiviert die Kasse mit einem persönlichen Kassenschlüssel. Jetzt können Bonierungsdaten eingegeben werden.

Die eingegebenen Bonbeträge werden im Addierwerk der jeweiligen Servicefachkraft registriert und aufaddiert. Der ausgedruckte Bon enthält folgende Angaben
- Nummer der Servicefachkraft,
- Preis und Sparte,
- fortlaufende Kontrollnummer und Datum.

Die Angaben auf dem Bon müssen von der Servicefachkraft handschriftlich vervollständigt werden
- Menge und Artikel,
- Tischnummer,
- Garstufen bei Fleisch und bei Beilagenänderung.

Beispiel eines Küchenbons

Bonieren mit computergesteuerten Systemen

Elektronische Kassen sind vollprogrammierte Systeme mit unterschiedlich umfangreicher Ausrüstung. Die Artikel sind mit allen Details einprogrammiert, sodass beim Bonieren nur noch die richtige Programmtaste bedient werden muss. Auf manchen Speise- und Getränkekarten sind die Artikel mit einer Codenummer versehen, die man auf dem Programmfeld wiederfindet.

Die ausgeworfenen Bons sind bereits mit allen Angaben bedruckt. Die Artikelbezeichnung erfolgt im Klartext, einschließlich der Tischnummer und Informationen über Garstufen und Beilagen.

Ablauf des Bonierens

- Codierten Schlüssel oder Karte oder Kugelschreiber eingeben
- Tisch- oder Zimmernummer eingeben
- Eingabe, ob Einzel- oder Sammelbon gewünscht wird
- Menge angeben
- Art der Speisen und Getränke oder Codenummer des Artikels eintippen bzw. scannen
- Bonauswurftaste aktivieren

Vorteile beim Arbeiten mit einer Computerkasse

- Manuelles Beschriften der Bons entfällt
- Artikel, Preise und Uhrzeit können eingespeichert werden.
- Mit dem Bonieren kann gleichzeitig die Gästerechnung (Guest-check) angelegt werden.
- Rechenfehler sind ausgeschlossen.
- Preisänderungen (z. B. Happy hour) werden automatisch vorgenommen
- Nachträgliche Erstellung von Gästerechnungen ist möglich.
- Umsätze der einzelnen Sparten und der Servicemitarbeiter sind jederzeit abrufbar.
- Tagesabrechnungen der einzelnen Mitarbeiter können automatisch erstellt werden.

Beispiele von Bons aus Computerkassen

```
Tisch 3              Bon # 112
Datum:    10-05
Uhrzeit: 13.31
Service: 2

1 Filetsteak              (213)
1xEUR 17.60 =
                        € 17.60
medium
........................................
Tisch 3              Bon # 112
Datum:    10-05
Uhrzeit: 13.31
Service: 2

1 Filetsteak              (213)
1xEUR 17.60 =
                        € 17.60
```

Abb. 1 Einzelbon mit Talon

```
Tisch 7              Bon # 013
Datum:    14-07
Uhrzeit: 19.41
Service: 5

2 Sherry
  trocken                 (101)
2xEUR 3.60 =
                        €  7.20

1 Hefeweizen              (102)
1xEUR 2.30 =
                        €  2.30

1 Pils                    (102)
1xEUR 2.30 =
                        €  2.30

3 Tassen
  Kaffee                  (110)
3xEUR 1.70 =
                        €  5.10
```

Abb. 2 Sammelbon eines computerunterstützten Kassensystems

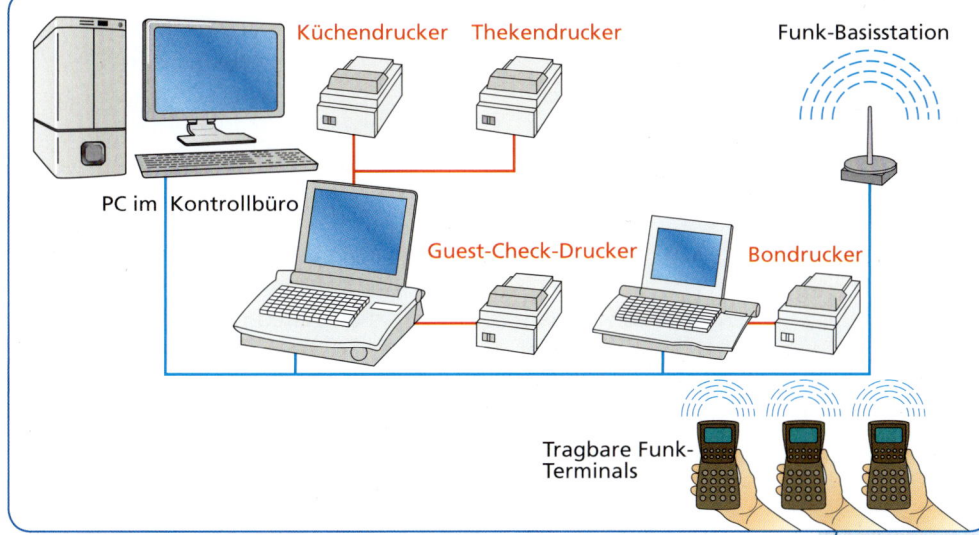

Abb. 3 Verbund-Computersystem für die Bestelleingabe am Tisch des Gastes

Besonderheiten

Für die bereits genannten Systeme gibt es technische Ergänzungen in Form eines computervernetzten Getränkeausgabeverbunds mit drahtlosen Fernbedienungen (portable Terminals). Sie ermöglichen den Servicefachkräften die Aufnahme von Speisen- und Getränkebestellungen direkt am Tisch des Gastes.

Durch die Eingabe der Artikel-Codenummer und der bestellten Menge werden sofort Kasse und Bondrucker an den Ausgabestellen aktiviert.

Noch während die Servicefachkraft am Tisch des Gastes steht, erhalten Küche und Büfett bereits die Bestellungen als Bons ausgedruckt.

Die bonierten Beträge werden von der Kasse registriert, und es wird ein Guest-check für den Tisch bzw. den Gast angelegt.

Wertmarken und Gutscheine

Mit dem Einsatz von Wertmarken und Gutscheinen erübrigt sich das Bonieren, und das Kontrollsystem wird vereinfacht.

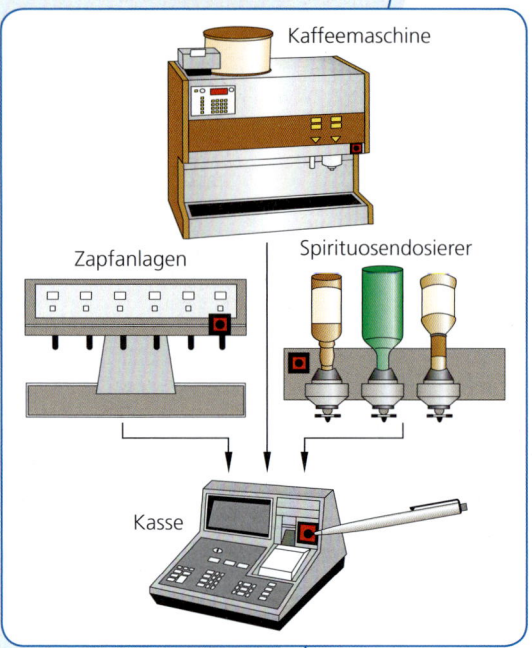

Abb. 1 Getränkeverbund-Anlage

Biermarken

Die Servicefachkraft erwirbt für den entsprechenden Geldwert eine bestimmte Anzahl von Biermarken, die sie bei Bestellungen gegen das Bier einlöst.

Gutscheine

Gutscheine werden z. B. bei Firmenveranstaltungen an die Betriebsangehörigen ausgegeben. Auf dem Gutschein ist der Gegenwert genau vermerkt. Der Gutschein wird von den Gästen als Zahlungsmittel verwendet.

Gutschein für
1 Essen
2 Biere oder
2 Softdrinks

Gutschein für
1 Portion Kaffee
1 Stück Torte oder
1 Eisbecher

7.2 Abrechnung mit dem Gast

Wenn man von der ganz einfachen Art der Abrechnung mit Notiz- oder Rechnungsblock absieht, erhält der Gast eine Rechnung mit folgenden Angaben:

- Menge, Art und Preis der in Anspruch genommenen Leistungen,
- Rechnungssumme und Datum,
- Unterschrift.

CROWNE PLAZA
BERLIN CITY CENTRE

RECHNUNG

für ....

Datum 23.03.20.. K.-Nr. 3

2 Menü Nr. 2	28, —
1 Menü Nr. 3	18, 50
1 Johannisberger Erntebringer	9, 50
2 Tassen Kaffee	5, —
Summe €	61, —

....
Unterschrift

Abb. 2 Abrechnung

Zahlt der Gast bar, wird ihm die quittierte Originalrechnung sofort ausgehändigt.

Handelt es sich um eine Kasse mit Rechnungsstellung (Guest-Check), dann wird die Rechnung beim Bonieren automatisch mitgeschrieben.

Die Angaben für die Rechnung werden in einem eigens für den Gast bestimmten Speicher registriert und bei Rechnungsstellung in einem Arbeitsgang ausgedruckt.

Per Computer ausgedruckte Rechnungen entsprechen den Vorschriften der Finanzämter, wenn die Rechnung als Nachweis für Bewirtungskosten eingereicht wird.

Die gesetzlichen Bestimmungen verlangen außerdem:
- Name und Anschrift des Restaurants bzw. der Gaststätte,
- Tag der Bewirtung sowie die Leistung nach Art, Umfang und Entgelt,
- Mehrwertsteuerprozentsatz und Mehrwertsteuerbetrag,
- Endbetrag der Rechnung.

Bei Hotelgästen, deren Verzehr mit der Endabrechnung des Hotels übernommen werden soll, ist die Rechnung mit der Zimmernummer zu versehen, vom Gast zu unterschreiben und sofort an den Empfang weiterzuleiten.

Zentrale Restaurantkasse

Dieses System dient zur Vereinfachung der Abrechnung, indem die Gäste beim Verlassen des Restaurants ihre Verzehrschuld an der Kasse begleichen. Dadurch entfällt das Abrechnen der einzelnen Servicefachkräfte mit dem Gast und mit dem Betrieb:

- Die Servicefachkraft registriert die Bestellungen des Gastes fortlaufend auf einer Karte, die der Gast beim Betreten des Restaurants erhält.
- Möchte der Gast bezahlen, übergibt er die Karte vor dem Verlassen des Restaurants an der Kasse.
- Hier wird die Rechnung ausgefertigt und der Rechnungsbetrag kassiert.

Der Servicemitarbeiter reduziert diesen Betrag von seiner Kassenabrechnung.

Rechnung für:

_____

835	Bedienung	Datum	Tisch	
	4	15-01-20..	5	€
1 Sekt	34		13.00	13.00
2 Küche			18.00	36.00
1 Wein	75		11.00	11.00
1 Storno			11.00	11.00
1 Wein	76		14.00	14.00
2 Kaffee	52		2.40	4.80

Im Rechnungsbetrag sind 19% Mehrwertsteuer € 10.83 enthalten

Kasse   67.80

_____

Rechnung anerkannt: Unterschrift _____

Zimmer Nr. _____   Name _____

                                                           Blockschrift

Wird nur ausgefüllt, wenn der Gast den Rechnungsbetrag nicht an die Bedienung bezahlt.

Beratung und Verkauf

VERKAUFSABLÄUFE IM RESTAURANT

Vorderseite der Rechnung

Rückseite der Rechnung

Wenn ein Gast seine Bewirtungsaufwendungen steuerlich geltend machen will, so müssen Ort der Bewirtung, Tag, Teilnehmer, Anlass und Höhe der Aufwendungen nachweisbar sein. Außerdem muss die Rechnung maschinell erstellt und registriert sein. Die Leistungen müssen einzeln aufgeführt sein. Der Vermerk „Speisen und Getränke" genügt nicht. Zudem sind die Namen der bewirteten Personen ab einem Rechnungsbetrag von über 150 € anzugeben.

7.3 Abrechnung mit dem Betrieb

Die Servicefachkräfte rechnen ihre Einnahmen mit dem Betrieb ab. Als Grundlage dazu dient der Umsatz der jeweiligen Servicefachkraft.

Dieser wird ermittelt aus
- den aufaddierten Bondurchschriften des Bonbuches oder
- dem per Tastendruck abgerufenen Umsatz der Registrierkasse oder
- einem vom Computersystem automatisch angefertigten, detaillierten Umsatzbericht für jede Servicefachkraft.

Die Abrechnung enthält folgende Eintragungen:
- Datum,
- Gesamtumsatz, Fehlbons (Stornos) und berichtigter Umsatz,
- das kassierte Bargeld, die angenommenen Reisecheques sowie die Kreditkartenbelastungsbelege,
- Restanten.

In den voll durchorganisierten Systemen wird auf Abruf für jede Servicefachkraft automatisch ein detaillierter Umsatzbericht ausgefertigt (auch Servicebericht genannt).

Fehlbons sind Bons, die nicht durch Sofort-Stornierung ungültig gemacht werden konnten. Sie reduzieren den abzurechnenden Umsatz des Service-Mitarbeiters.

Restanten sind offene Rechnungen von Hausgästen, die dem Empfang zugeleitet und auf die Hotelrechnung des Gastes übernommen werden.

Debitoren sind offene Rechnungen, die entweder Gästen oder einer Firma zugeschickt und dann erst per Überweisung beglichen werden.

Restaurant Classico

Restaurant-Abrechnung

Datum: 23.03.20..   Name: Schmidt   Nr.: 8

Umsatz	1.712,40	Restanten/Rechnungen an Hotel		
./. Fehlbons [2]	34,15	Rechnungs-Nr.	Zimmer-Nr.	€
Berichtigter Umsatz	1.678,25	318	128	123,90
./. Restanten	456,50	459	434	332,60
Kasse	1.221,75			
Erhalten:	Steinmüller			
geprüft:	Krause			
	(Kontrollbüro)		Summe	456,50

Aufgaben

1. Beschreiben Sie die Grundausstattung von Bonbüchern.

2. Erklären Sie Ihrer neuen Kollegin die Handhabung von Bonbüchern.

3. Erklären Sie folgende Bonbezeichnungen:
   a) Originalbon, Fehlbon, Sammelbon, b) Einzelbon, Doppelbon, Abrufbon, c) Begleitbon.

4. Was versteht man unter dem Begriff Talon?

5. Nennen und erläutern Sie Regeln für das Bonieren.

6. In welchen Fällen ist der Einsatz von Bonbüchern zweckmäßig?

7. Beschreiben Sie im Zusammenhang mit dem Bonbuch:
   a) das Abrechnen mit dem Gast, b) das Abrechnen mit dem Betrieb.

8. Beschreiben Sie den Bon einer Registrierkasse und dessen Verwendung.

9. Beschreiben Sie das Bonieren und die Ausstattung des Bons beim Arbeiten mit elektronischen bzw. computerunterstützten Kassen.

10. Welches sind die Besonderheiten bei elektronischen Kassen
    a) in Bezug auf die Rechnungsstellung für den Gast, b) in Bezug auf das Abrechnen mit dem Betrieb?

11. Erklären Sie die Besonderheiten bei der Verwendung
    a) von Biermarken, b) von Gutscheinen.

Empfehlung und Verkauf von Speisen

Wesentliche Aspekte beim gastorientierten Arbeiten sind die Gästeberatung und das Verkaufsgespräch. Um Gäste entsprechend gut beraten zu können, um bei ihnen schon mit Worten den Appetit anzuregen, sind grundlegende Produktkenntnisse notwendig. Zubereitungen und Gerichte, die für die Gästeberatung und Verkaufsförderung wichtig sind, werden nachfolgend behandelt, erklärt und beispielhaft mit verkaufsfördernden Empfehlungen präsentiert.

Mit Geschick und „verführerischen" Erläuterungen lassen sich Gäste motivieren, bestimmte Gerichte zu bestellen. Dabei muss allerdings darauf geachtet werden, dass man dem Gast nichts aufzwingt. So sollte am Ende beim Gast immer das Gefühl vorhanden sein, dass er seine Entscheidung alleine getroffen und das Gericht selbst bestellt hat.

Je mehr Appetit die Vorschläge der Servicemitarbeiter beim Gast auslösen, desto größer ist die Chance, gezielt zu verkaufen.

 Redewendungen, die bei der Gästeberatung verwendet werden können, sind durch das **nebenstehende Symbol gekennzeichnet**. Viele Redewendungen kann man in leicht abgewandelter Form auch bei der Präsentation von Speisen oder einzelnen Menügängen nutzen.

1 Vorspeisen

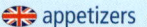
🇬🇧 appetizers 🇫🇷 hors d'œuvres (m)

Als Vorspeisen bezeichnet man kleine Gerichte, die vor der Suppe gereicht werden.

Kalte Vorspeisen werden als kleine appetitanregende Speisen in mehrgängigen Menüs zur kulinarischen Einstimmung angeboten. Bei Stehempfängen bevorzugt man kleine kalte und warme Köstlichkeiten in Form von Fingerfood.

Amuse-Gueule bzw. Amuse-Bouche werden wie auch Fingerfood an späterer Stelle genauer beschrieben (ab S. 479).

Abb. 1 Kalte Vorspeise auf Porzellanplatte

1.1 Kalte Vorspeisen

🇬🇧 cold appetizers 🇫🇷 hors d'œuvres froids (m)

Vorspeisen sind sehr vielfältig, weil sie aus fast allen Lebensmitteln hergestellt werden können.

Kalte Vorspeisen werden im Rahmen einer Speisenfolge immer an **erster Stelle** gereicht. Da sie ein angenehmer Auftakt zu einem Menü sein sollen, müssen sie wichtigen Anforderungen gerecht werden:

- in der Menge nicht zu umfangreich,
- sorgfältig ausgewählte, zarte Rohstoffe, die auf die nachfolgenden Speisen harmonisch abgestimmt sind,
- appetitanregend, geschmackvoll angerichtet und ansprechend garniert.

„Wir servieren Ihnen einen gekochten **Langustenschwanz** mit grünem, leicht in Butter gebratenem Spargel und mild mariniertem Löwenzahnsalat mit rotem Chicoree. Besonders delikat ist der kurz vor dem Service hauchdünn über das Vorspeisengedicht gehobelte schwarze Trüffel. Zu dieser eleganten Vorspeise empfehle ich Ihnen einen Chablis AOC, Domaine Carrion. Es ist ein schön trockener, weißer Burgunder mit frischem Charakter, der sehr gut mit Languste und Spargel harmoniert."

Rohstoffbeispiele für kalte Vorspeisen

Es gibt kaum ein Lebensmittel, das nicht im Rahmen der **kalten Vorspeisen** Verwendung findet.

Gemüse und Obst

- Artischocken, Gurken, Spargel, Tomaten, Kürbis
- Avocado, Grapefruit, Melone, Exotische Früchte usw.

Fische sowie Krebs- und Weichtiere

- Forelle, Graved Lachs, Räucheraal, Räucherlachs, Heilbutt
- Matjeshering, Sardinen, Sprotten, Thunfisch
- Kaviar (verschiedene Sorten)
- Garnelen, Hummer, Krabben, Krebse, Langusten, Scampi, Shrimps
- Austern, Muscheln, Tintenfisch

Schlachtfleisch

- Gebratenes Roastbeef, Braten von Kalb und Schwein
- Medaillons von Kalb und Schwein
- Tatar (rohes Filetfleisch), Hackepeter oder Schweinemett (gewürztes, rohes Schweinefleisch)
- Roher und gekochter Schinken, Bündner Fleisch
- Erlesene Wurstwaren und Innereien

Geflügel und Wildgeflügel

- Gekochtes und gebratenes Huhn, Putenschinken
- Gebratene Entenbrust
- Geräucherte Gänsebrust
- Leber von Enten und Gänsen
- Geflügelgalantinen
- Fasanenterrine, gefüllte Wachteln
- Gebratene Brust von Rebhuhn und Fasan

Wild

- Braten und Medaillons von Reh und Hirsch
- Rehrücken im Ganzen gebraten und garniert
- Hasen- und Rehpastete
- Wildschwein- und Hirschschinken

In Verbindung mit den vielfältigen Zubereitungs-, Kombinations- und Garniermöglichkeiten ergibt sich eine sehr große Fülle von kalten Vorspeisen.

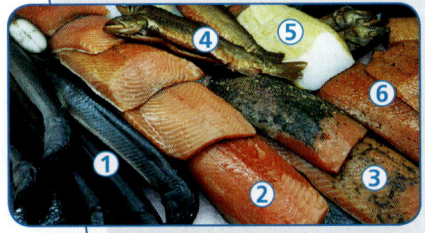

Abb. 1 Geräucherte und gebeizte Fische: ① Aal, ② Lachs, ③ Graved Lachs, ④ Forellen, ⑤ Heilbutt, ⑥ Bückling

Abb. 2 Platte mit Canapés

1.2 Arten von kalten Vorspeisen

Canapés   🇬🇧 canapés   🇫🇷 canapés (m)

Canapés sind kleine, unterschiedlich belegte, mundgerecht zubereitete und dekorativ garnierte Appetitschnittchen auf verschiedenen, zum Teil getoasteten Brotscheiben. Hierzu gehören auch die italienischen Bruschetta, Brotscheibchen mit würzigem Aufstrich oder Belag.

Vorspeisen-Cocktails

🇬🇧 entrées cocktails   🇫🇷 cocktails (m) comme hors d'œuvre

Vorspeisencocktails stellt man aus Obst, Gemüse, Krebs- und Weichtieren sowie Fisch und Fleisch her. Die Zutaten für Cocktails werden in der Regel in Würfel geschnitten und mit einer pikant abgeschmeckten Sauce vermischt oder überzogen (nappiert).

Kalte Vorspeisen können eingeteilt werden in:
- Canapés
- Vorspeisen-Cocktails
- Erlesene Delikatessen
- Kombinierte Salate
- Vorspeisenkompositionen auf Tellern

Die Cocktails werden einzeln in Gläsern oder Schalen angerichtet und gut gekühlt serviert. Vorspeisen-Cocktails können auch am Tisch des Gastes zubereitet werden.

Beratung und Verkauf

EMPFEHLUNG UND VERKAUF VON SPEISEN

Restaurantfachkräfte sollen in der Lage sein, Gästeberatungen durchzuführen, um mit Worten den Gästen Appetit zu machen. Als Beispiel dienen das nachfolgende Rezept sowie die Zubereitungsbeschreibungen.

Geflügel-Cocktail

Bedarf für 10 Portionen

500 g	gekochte Hühnerbrust
250 g	Filets von rosa Grapefruits
200 g	gedünstete Champignons
200 g	grüne Paprikastreifen
5 g	Zitronensaft
200 g	Mayonnaise
100 g	Schlagsahne
	Salz, Pfeffer, Weinbrand, Chilisauce, Estragonblätter, 10 Tomatenfächer, Rucolasalat

Vorbereiten
- Hühnerbrust teilweise in Würfel und für die Garnierung auch in Scheiben schneiden.
- Paprika in Streifen, Champignons in Scheiben und Grapefruitfilets in Würfel schneiden.
- Alle geschnittenen Zutaten mit einer Mischung aus Salz, Pfeffer und Zitronensaft marinieren.

Anrichten
- Die Gläser mit dem gewaschenen Rucolasalat auslegen.
- Darauf die marinierten Zutaten geben und mit einer angerührten Sauce aus Mayonnaise, Schlagsahne, Chilisauce, Weinbrand und geschnittenem Estragon überziehen.
- Als Garnitur Tomatenfächer und Hühnerbrustscheibchen auflegen.

Abb. 1 Cocktail mit Hühnerbruststreifen und Cocktail mit Garnelen

Entsprechende Redewendung

Geflügel-Cocktail

„Als leichte Vorspeise möchte ich Ihnen einen Geflügelcocktail anbieten, kombiniert aus gekochter Hühnerbrust, vitaminreichen Paprikastreifen und rosa Grapefruit mit einer dezent-pikanten Sauce. Falls Sie den Cocktail lieber mit einer Cocktailsauce wünschen, ist dies auch möglich."

Weitere Beispiele

Grapefruit-Cocktail

„… eine erfrischende Kombination aus Filets von Grapefruit und Schinkenstreifen zusammen mit einer Sauce aus Joghurt, Salz, Pfeffer, Wodka und Worcestershire-Sauce, garniert mit Mandarinenspalten und gerösteten Pinienkernen."

Krebs-Cocktail

„… ein Cocktail mit besonderer Note durch frisch gekochte, geschälte Krebsschwänze und -scheren, die mit Noilly Prat, Zitronensaft und schwarzem Pfeffer mariniert sind. Diese werden zusammen mit kleinen Würfeln aus Tomatenfruchtfleisch, Salatgurke und etwas Cocktailsauce vermischt auf Friséesalat angerichtet.
Mit den Krebsscheren ist der Cocktail garniert."

Erlesene Delikatessen

🇬🇧 exquisite delicacies 🇫🇷 délicatesses (w) exquisites

Unter erlesenen Delikatessen versteht man die selbstproduzierten oder in Manufakturen hergestellten Feingerichte wie
- Pasteten, • Terrinen, • Galantinen, • Parfaits und Mousses

aus Gemüse, Fisch, Krebs- und Weichtieren, Geflügel, Wild oder Fleisch.

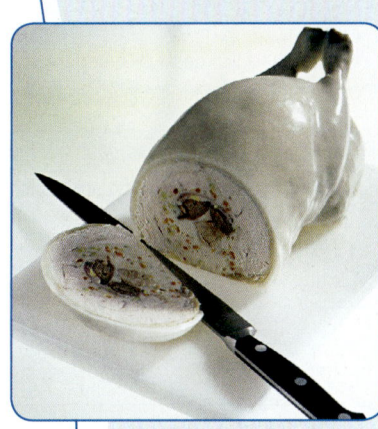

Abb. 1 Festliche Platte mit erlesenen Delikatessen

Beispiele

Pasteten sind mit Teig umhüllte Feinkostgerichte, die in speziellen Pastetenformen im Ofen gebacken und deshalb auch als Krustenpasteten bezeichnet werden. Den Namen erhalten die Pasteten durch das verwendete Rohmaterial wie zum Beispiel Kalb, Wildschwein oder Reh.

Terrinen sind Feingerichte aus Gemüse, Schlachtfleisch, Geflügel, Wild oder Wildgeflügel. Die fein verarbeitete Grundmasse wird mit bunten Einlagen versehen und zum Garen meist im Wasserbad pochiert.

Galantinen sind Feingerichte, bei denen eine bunte Farce den Kern bildet und Fisch oder Fleisch die äußere Hülle. Das Gericht ist immer pochiert und wird mit passenden Saucen serviert. Die bekannteste Galantine ist die Geflügelgalantine. Die deutsche Bezeichnung für Galantine ist Rollpastete.

Parfaits werden meist aus teuren Zutaten hergestellt wie z. B. Enten- oder Gänseleber mit Trüffeln. Man spricht dann von einem getrüffelten Gänseleber-Parfait. Der Begriff Parfait ist gleichbedeutend mit „perfekt".

Mousses werden aus entsprechenden gegarten und pürierten Rohmaterialien in Verbindung mit Béchamelsauce oder Veloutées hergestellt. Schlagsahne dient zur Lockerung, und durch Zugabe von Gelatine wird die Mousse schnittfest. Eine andere Bezeichnung ist Schaumbrot.

„Der Geflügelsalat, eine milde, leichte Kombination aus gekochter zarter Hühnerbrust mit knackigem Staudensellerie und fein säuerlichen Äpfelstückchen. Er gilt als der ideale Appetitanreger. Auf Wunsch können wir ihn auch mit Joghurt anstelle von Mayonnaise zubereiten."

Kombinierte Salate   🇬🇧 salad variatons 🇫🇷 variations (w) de salades

Diese Salate werden aus mehreren Zutaten kombiniert bzw. geschmacklich harmonisch zusammengestellt. Salate sind auch auf den Seiten 185 und 460 zu finden.

Geflügelsalat

Bedarf für 10 Portionen

800 g	Geflügelfleisch gegart
250 g	Staudensellerie in Würfeln
250 g	Apfel in Würfeln
300 g	Mayonnaise oder Crème fraîche
100 g	geschlagene Sahne
	Salz, Zitrone, Worcestershire-Sauce, weißer Pfeffer

- Gebratene oder gekochte Hühnerbrust in Würfel schneiden, mit den Würfeln von Staudensellerie und Äpfeln mischen und mit Zitrone beträufeln,
- aus Mayonnaise, Schlagsahne und Gewürzen ein Dressing rühren und den Salat damit abbinden,
- den Salat auf Toast oder Glasschälchen anrichten und mit Tranchen von gebratenem Geflügel und zartgrünen Sellerieblättern garnieren.

Beratung und Verkauf

EMPFEHLUNG UND VERKAUF VON SPEISEN

„Empfehlenswert ist unser pikant-würziger Teufelssalat aus Rindfleisch und Pökelzunge mit vitaminreichen Streifen von frischen Paprikaschoten, Essiggurken und Zwiebelringen, vermischt mit einer pikanten Sauce."

Teufelssalat

Bedarf für 10 Portionen

800 g	Rindfleisch gekocht
400 g	grüne und rote Paprika
150 g	Essiggurken
150 g	Zwiebelringe
200 g	grüne Bohnen
300 g	Ketchup
50 g	Salatöl
40 g	Meerrettich gerieben
	Salz, Pfeffer, Tabasco, Zucker, Zitrone

- Gegartes Rindfleisch, Bratenabschnitte oder Zunge in Streifen schneiden,
- Paprikaschoten und Essiggurken ebenfalls in Streifen schneiden,
- grüne Bohnen kochen und sofort kalt abschrecken,
- alle Zutaten mit den Zwiebelringen vermischen und mit der aus den übrigen Rezeptzutaten bereiteten Sauce marinieren und abschmecken,
- mit hart gekochten Eiern, Zwiebelringen, Oliven, Maiskölbchen oder Perlzwiebeln garnieren.

„Geschmacklich passt zu den gebratenen kalten Rehmedaillons unser Waldorf-Salat mit Walnüssen ausgezeichnet. Durch den Staudensellerie und die angenehme Säure der Äpfel ergibt sich in Verbindung mit gebratenem Rehfleisch eine gelungene Harmonie."

Waldorf-Salat in Bioqualität

Bedarf für 10 Portionen

500 g	Staudensellerie (Bio)
300 g	Äpfel (Bio), ungeschält
80 g	Walnusskerne, halbiert und teils gehackt
100 g	Philadelphia balance
1 EL	Zitronensaft
2–3 EL	Apfelsaft
	Salz, weißer Pfeffer, Worcestershire-Sauce

- Selleriestangen und Äpfel waschen, trocken tupfen und in ½ cm große Würfel schneiden, mit Zitronensaft beträufeln und vermischen.
- Frischkäse mit Apfelsaft cremig rühren und die Sellerie-Apfel-Würfel unterheben
- Würzen und abschmecken.
- Mit Selleriegrün, dünnen Apfelscheiben und halben Walnüssen garnieren

Abb. 1 Salat von Staudensellerie, Äpfeln, Walnüssen, mit Mayonnaise, Salz, Pfeffer, Zitrone und Worcestershire-Sauce

Vorspeisenkompositionen auf Tellern

🇬🇧 dishes with appetizer compositions

🇫🇷 assiettes (w) avec hors d'œuvres (m) assorties

Heute werden kalte Vorspeisen vielfach im Voraus zusammen mit Saucen und Beilagen auf Tellern aus Porzellan oder Glas angerichtet. Dabei sind die Teller nicht mehr nur rund, sondern quadratisch, rautenförmig, rechteckig, dreieckig oder oval. Dies ermöglicht den Köchen einen neuen Stil des Anrichtens und bedeutet für das Servicepersonal eine neue Herausforderung beim Tragen und Einsetzen der Vorspeisen.

Abb. 2 Gemüse-Reis-Salat mit Friseesalat und marinierten Garnelen

1 Vorspeisen

In Soja-Sesam-Sauce marinierte Thunfischwürfel mit in Weißwein gedünsteten Schalottenvierteln und grünem Koriander.

Abb. 1 Thunfischwürfel mit Sesam

„Mit diesem Gericht erleben Sie eine ideale Kombination von frischer **Languste** und **Avocado**. Ein Avocadomousse ist in einer hauchdünnen Teigschale angerichtet; ein Avocadobogen wird auf dem Grill zubereitet und mit Zitronenrahm umgeben."

„Als Besonderheit möchten wir Ihnen das **Thunfischtatar auf Brioche-Scheibe** empfehlen nebst einer Nocke mit frischen Kräutern, einem Wachtelei und einer bunten Salatsauce aus Zitronengras mit Olivenöl. Dazu reichen wir getoastete Brioche-Ecken."

„Auf die gelungene Variante von **Lamm und Ziegenkäse** möchte ich Sie gerne hinweisen. Hauchdünne Scheiben vom Lammrücken werden mit Limonensaft und schwarzem Pfeffer gewürzt. Dazu reichen wir ein Salatbouquet mit Käsenocken und Lammfilet im Teigmantel."

---

① Entwerfen Sie aus der Kurzbeschreibung und den beigestellten Abbildungen eine appetitanregende Formulierung zur Empfehlung an Ihre Gäste.

Artischockenboden, Geflügelfleisch, Paprika, Garnele

Rehmedaillon, Gänselebermus, Orangenfilet, Himbeere

② Nennen Sie sechs Beispiele von kalten Vorspeisen.

③ Was versteht man unter Canapés und was unter kombinierten Salaten?

④ Nennen Sie verschiedene Teller- und Portionsplattenformen für Vorspeisen.

⑤ Nennen Sie fünf Arten von „erlesenen Delikatessen".

Beratung und Verkauf

EMPFEHLUNG UND VERKAUF VON SPEISEN

2 Suppen

🇬🇧 soups 🇫🇷 potages (m)

Der Stellenwert der Suppen hat sich verändert – weg vom reinen Sattmacher hin zu Genuss und Vielfalt.

Heute bieten sie eine Gelegenheit, Fantasie und Kreativität walten zu lassen, und sind gleichberechtigter und wichtiger Bestandteil eines Menüs.

Suppen unterteilt man in folgende Gruppen:
- Klare Suppen
- Gebundene Suppen
- Kalte Suppen

2.1 Klare Suppen

🇬🇧 clear soups 🇫🇷 potages (m) clairs

Die Namen von Brühen werden von den geschmackgebenden Ausgangsrohstoffen bestimmt.

- Fleisch → Fleischbrühe 🇬🇧 meat stock 🇫🇷 bouillon
- Fisch → Fischbrühe 🇬🇧 fish stock 🇫🇷 fumet de poisson
- Wild → Wildbrühe 🇬🇧 venison stock 🇫🇷 fond de gibier
- Geflügel → Geflügelbrühe 🇬🇧 chicken stock 🇫🇷 fond de volaille

Bei klaren Suppen unterscheidet man nach der Intensität in
- Fleischbrühe – Bouillon
- Kraftbrühe – Consommé
- Doppelte Kraftbrühe – Consommé double
- Essenzen – Essence

Kraftbrühe – Consommé werden durch Beigabe von zusätzlichem Fleisch geklärt und geschmacklich verstärkt.

Verdoppelt man die Fleischzugabe, so erhält man die
doppelte Kraftbrühe – Consommé double.

Wird eine doppelte Kraftbrühe stark eingekocht (reduziert), entsteht eine **Essenz**. Beispiele sind Fasanenessenz, Forellenessenz.

Als **Einlagen** für klare Suppen dienen verschiedenartige Rohstoffe und unterschiedliche Zubereitungen:

Gemüse
- Sellerie, Karotten und Lauch
- Tomatenfleischwürfel, Paprikastreifen, Spargelspitzen, Blumenkohlröschen, Trüffel

Getreide
- Reis, Mais, Hirse, Grieß und Grießklößchen
- Nockerl, Spätzle und andere Teigwaren
- Biskuitschöberl, Backerbsen, Maultaschen
- Pfannkuchenstreifen (Célestine) und Backteigkrapfen (Profiteroles)

„Als Einlagen empfehlen wir
Eierstich (Royale)
Eierstich besteht aus einer Mischung von Ei und Milch, die durch schonendes Garen im Wasserbad zu einer zarten Masse stockt und danach in Würfel, Rauten oder Scheibchen geschnitten wird."

„Als Einlagen empfehlen wir
Käsebiskuits (Schöberl)
Die Schöberl sind eine besonders pikante Suppeneinlage der österreichischen Küche aus würzigem, goldgelb gebackenem ungezuckertem Biskuit mit feinem Reibkäse."

„Als Einlagen empfehlen wir
Pfannkuchenstreifen (Célestine)
Pfannkuchenstreifen sind geschnittene, goldgelb gebackene Pfannkuchen, die zusammen mit frisch gehackten Küchenkräutern zu einem wahren Geschmackserlebnis werden."

396

2 Suppen

Eier
- Eigelb, Eierflocken und Eierstich (Royale)
- pochiertes bzw. verlorenes Ei

Fleisch
- Mark-, Leber- und Kalbfleischklößchen
- Rind-, Kalb-, Geflügel- und Wildfleisch

Fisch
- Nockerl, Klößchen und Streifen von Fisch
- Fleisch von Weich- und Krebstieren

Gemüse in Streifen (*Juliennes*), Würfeln (*Brunoise*) oder in Rauten geschnitten werden überwiegend in klaren Suppen serviert.

Abb. 1 Juliennes, Brunoise und Rauten aus Gemüse

2.2 Gebundene Suppen

🇬🇧 cream soups   🇫🇷 potages (m) liés

Bei gebundenen Suppen erhalten entsprechende Brühen eine Bindung durch Mehlschwitze (Roux) aus Butter und Mehl oder durch gemixte/fein passierte Pürees des Suppengrundstoffs. Die Farbe der Suppe wird durch den verwendeten Rohstoff und durch die Zubereitungsart bestimmt. Gegarte Teilchen der geschmackgebenden Rohstoffe bilden vielfach die Einlage für diese Suppen. Sie werten die Suppe optisch und geschmacklich auf.

Fischnocken bestehen aus oval geformter und pochierter delikater Fischfarce, für klare und gebundene Suppen geeignet.

Brotkrusteln (Croutons) Knusprig geröstete Weißbrotwürfel serviert man meist zu gebundenen Suppen.

Wir bieten folgende Arten an:

Cremesuppen/Rahmsuppen, mit flüssigem Rahm oder geschlagener Sahne

Samtsuppen/Legierte Suppen, legiert/gebunden mit Sahne und Eigelb

Schaumsuppen, aufgeschäumt mit Sahne oder untergehobener Schlagsahne

Abb. 2 Zweierlei Spargelrahmsuppen

Abb. 3 Legierte Morchelsuppe mit Estragon

Abb. 4 Fenchelsuppe mit Lachsröllchen

„Gönnen Sie sich doch mal das Extravagante. Frischen weißen und grünen Spargel zusammen als Cremesuppe angerichtet."

„Wir empfehlen Ihnen heute als jahreszeitliche Spezialität unsere legierte Suppe von frischen Morcheln mit Estragonstreifen."

„Als besondere Delikatesse offerieren wir Ihnen eine aufgeschäumte Fenchelsuppe mit Röllchen vom zarten Räucherlachs mit gerösteten Mandelblättchen."

Beratung und Verkauf

EMPFEHLUNG UND VERKAUF VON SPEISEN

Abb. 1 Geeiste Melonensuppe

„An diesen heißen Sommertagen bieten wir Ihnen eine köstlich-kühle **Melonensuppe** zur Erfrischung an."

„Heute haben Sie die Wahl zwischen zwei Klassikern der kalten Suppen. Einmal ist da die **Gazpacho** aus Spanien. Sie ist zubereitet aus Salatgurke, Tomaten, Paprika, einem Hauch von Knoblauch und Zwiebeln. Sie wird mit Würfeln von Gemüse serviert.

Die zweite Köstlichkeit ist die **Vichyssoise** aus Frankreich, eine leichte Lauch-Kartoffelsuppe, mit Sahne verfeinert. Sie wird mit einem kleinen Toastscheibchen mit Sauerrahm und echtem Kaviar serviert."

Abb. 2 Geeiste Tomatenkraftbrühe

„Wegen der sommerlichen Temperaturen hat unser Küchenchef zu Ihrer Erfrischung eine geeiste **Tomatenkraftbrühe** mit Staudensellerie und Tomatenfleischstücken zubereitet."

2.3 Kalte Suppen   🇬🇧 cold soups 🇫🇷 soupes (w) froides

Kalte Suppen werden in Form von Kaltschalen, geeisten Kraftbrühen oder kalten gebundenen Suppen vorzugsweise an heißen Sommertagen angeboten.

Kaltschalen

Kaltschalen enthalten als namengebende Zutat Früchte der Saison, die, in kleine Stücke geschnitten oder püriert, mit Zuckersirup (Läuterzucker), Wein oder entsprechendem Fruchtsaft vermischt werden. Je nach der verwendeten Frucht wird mit mehr oder weniger Zitronensaft abgeschmeckt.

Kaltschalen werden gut gekühlt in Suppentellern, Pozellanschalen oder in Gläsern serviert.

Geeiste Kraftbrühen

Vorwiegend aus Rindfleisch zubereitet, müssen geeiste Kraftbrühen glasklar, fettfrei und gut gewürzt sowie in leicht geliertem Zustand sein. Möglich sind auch Kraftbrühen aus Gemüse.

Kalte gebundene Suppen

Kalte gebundene Suppen sind im Allgemeinen pürierte Suppen z. B. aus Kartoffeln (Vichyssoise) oder Gemüsen (Gazpacho), die mit Sahne oder Joghurt bzw. Essig und Öl sowie mit frischen Kräutern verfeinert werden.

Abb. 3 Kalte Suppen aus Spanien (Gazpacho) und Frankreich (Vichyssoise)

2.4 Regionalsuppen

🇬🇧 regional soups 🇫🇷 potages (m) régionaux

Suppen, die aus einer bestimmten Region Deutschlands stammen, bezeichnet man als Regionalsuppen. Bodenständige Erzeugnisse oder die besondere Verarbeitung der Naturalien bestimmen ihren Charakter. Diese Suppen haben auch eine gewisse Tradition.

Beispiele

Hamburger Aalsuppe

Die Suppe wird aus Aal, Fleischbrühe und Wurzelgemüse gekocht. Eine besondere Geschmacksnote erhält sie durch die Zugabe von Dörrobst. Sie wird mit Schwemmklößchen garniert serviert.

Münchner Leberknödelsuppe

Die Leberknödel bestehen aus pürierter Leber, Brotbröseln, Ei, Lauchstreifen und Kräutern. Nach dem Garen in Salzwasser werden sie in einer kräftigen Rindfleischbrühe serviert.

Westfälische Kartoffelsuppe

Eine sämige Suppe aus mehligen Kartoffeln mit Wurzelgemüse, frischer Landbutter, Sahne, mit Majoran abgeschmeckt. Als Garnitur dienen Röstbrotwürfelchen.

Büsumer Krabbensuppe

In Butter und etwas Krebssuppe angeschwitzte Gemüsewürfel werden mit Weißwein und Brühe aufgekocht, danach die geschälten Krabben zugegeben und mit Crème fraîche verfeinert.

Schwäbische Brotsuppe

Für diese Suppe verwendet man in Scheibchen geschnittenes Graubrot. Zwiebelwürfel werden goldgelb geschmolzen, das Brot wird darin leicht mitgeröstet, anschließend mit einer kräftigen Fleischbrühe aufgegossen.

Warmbiersuppe

Diese sächsische Spezialität erhält durch das dunkle Bier in Verbindung mit der Milch sowie der Zitronenschale und den Ingwerstückchen eine besondere Note.

Riebelesuppe

Kleine zerriebene Teigstückchen werden in gehaltvoller Fleischbrühe gegart und mit Schnittlauch serviert. Eine Spezialität aus Baden-Württemberg.

Abb. 1 Brotsuppe

2.5 Nationalsuppen   national soups   potages (m) nationaux

Nationalsuppen zeichnen sich durch landestypische Besonderheiten der jeweiligen Nation aus. Sie sind aus der ländlichen Küche eines Landes hervorgegangen. Für ihre Herstellung werden die typischen Produkte des Landes verwendet.

Borschtsch, Russland
Gemüsesuppe mit Weißkohl, Roten Beten, Rindfleisch und Sauerrahm.

Bouillabaisse, Frankreich
Suppe mit Safran, verschiedenen Fischen, Muscheln und Krebstieren.

Clam Chowder, USA
Suppe mit Muscheln, Kartoffeln, Maiskörnern, Sellerie und Sahne.

Beratung und Verkauf

EMPFEHLUNG UND VERKAUF VON SPEISEN

Minestrone, Italien
Gemüsesuppe mit Reis, Nudeln, Tomaten, Kichererbsen und geriebenem Parmesan.

Gazpacho, Spanien
Kalte Suppe mit Gurke, Tomate, Paprikaschote, Zwiebeln, Knoblauch.

Oxtail, England
Klare Suppe aus angebratenem Ochsenschwanz, Gemüsen und Fleischeinlage.

Gulaschsuppe, Ungarn
Suppe mit Rindfleisch, Zwiebeln, Paprika, Knoblauch, Kümmel, Zitrone, Majoran.

Cock-a-leekie, Schottland
Hühnersuppe mit frischem Lauch und Backpflaumen, köstlich gewürzt mit Pfeffer, Piment, Petersilie, Thymian und Muskatblüte sowie Hühnerfleischstreifen.

Mulligatawny, Indien
Currysuppe mit Geflügelstreifen, Äpfeln, Zwiebeln und Schinken, mit Reismehl gebunden.

Gulaschsuppe
„Unsere Gulaschsuppe ist angenehm paprikascharf, würzig nach frischem Majoran duftend mit reichlich Fleischstückchen."

Mulligatawny
„… eine englisch-indische Spezialität, die jeden Curryfan begeistert. Die Suppe wird zubereitet aus Geflügelbrühe, Curry und Rahm mit Reis und Geflügelfleischstücken."

Borschtsch
„Eine Spezialität der russischen Bauernküche mit Kraut, roten Rüben, Rindfleisch und Schmant (Crème fraîche)."

Clam Chowder
„… diese Köstlichkeit aus der neuen Welt, den USA, begeistert vor allem den Muschelfan. Der feine Geschmack der Herzmuschel wird durch Bleichsellerie und Kartoffeln vorteilhaft untermalt."

2 Suppen

Worte, die verkaufen helfen

- köstlich
- lecker
- aromatisch
- gekräutert
- würzig
- duftend
- deftig
- leicht
- wenig sättigend
- samtig
- feurig
- angenehm wärmend
- aufregend
- delikat
- auserlesen
- aus frischen Produkten
- regionale Spezialität
- aus Großmutters Küche
- ein besonderes Geschmackserlebnis
- den Himmel auf dem Löffel erleben Sie …

Fachbegriffe

Bouillon	Fleischbrühe
Consommé	Kraftbrühe
Consommé double	Doppelte Kraftbrühe
Fond	Grundbrühe
Célestine	Pfannkuchenstreifen
Legieren	Helle Suppen mit einer Mischung aus Eigelb und Sahne binden
Liaison	Mischung aus Eigelb und Sahne
Royale	Durch Pochieren gestockte Mischung (Eierstich) aus Milch, Salz, Muskat, Eigelb und Vollei
Schmant	Saure Sahne mit hohem Fettgehalt, ähnlich wie Crème fraîche

Abb. 1 Kraftbrühe mit Eierstich

Aufgaben

1. Entwerfen Sie aus der Kurzbeschreibung und der beigestellten Abbildung eine appetitanregende Formulierung zur Empfehlung an Ihre Gäste.
   Kraftbrühe von Rauchforelle, Gemüse und Gebäck

2. Welche Gruppen von Suppen unterscheidet man?

3. Nennen und erläutern Sie die verschiedenen Bezeichnungen für die Intensitätsstufen bei klaren Suppen.

4. Notieren und beschreiben Sie 10 Einlagen für klare Suppen aus unterschiedlichen Rohstoffen.

5. Nennen Sie Arten der gebundenen Suppen. Wodurch entsteht jeweils die Bindung?

6. Entwerfen Sie für einen Aktionstag ein Spezialangebot mit Suppen. Berücksichtigen Sie dabei alle Arten von Suppen.

Beratung und Verkauf

EMPFEHLUNG UND VERKAUF VON SPEISEN

3 Zwischengerichte

 entrées  entrées (w)

Abb. 2 Pastetchen mit Scampi-Ragout

Die Zwischengerichte bilden den leichten Übergang von der Suppe zu den nachfolgenden Gängen. Früher auch als **warme Vorspeisen** bezeichnet, steht bei diesen Gerichten die Qualität im Vordergrund, sie ist wichtiger als der Sättigungswert.

Zwischengerichte lassen sich gut vorbereiten in Form von Torteletts, Blätterteigpastetchen, Teigschiffchen usw. Mit feinen Füllungen versehen, sind sie rasch fertiggestellt und angerichtet.

Oftmals unterscheiden sich Zwischengerichte lediglich durch die Portionsmenge von den Hauptgerichten. Die moderne Küche verwendet dafür bevorzugt auch solche Speisen, die in der klassischen Küche an anderen Stellen der Menüfolge verwendet werden (s. S. 484 f.). Als Zwischengerichte sind sie nur in kleineren Mengen zubereitet, angerichtet und mit pikanten Garnituren und Saucen versehen.

Zwischengerichte werden wie die kalten Vorspeisen aus einer breiten Palette von Rohstoffen wie Geflügel, Schlachtfleisch, Innereien, Wild, Krebs- und Weichtieren, Teigwaren, Eiern, Gemüsen und Pilzen gefertigt.

Abb. 1 Zwischengerichte aus China

„Den absoluten Renner hat unser Küchenchef aus China mitgebracht. Probieren Sie die Leckereien. Von der **Frühlingsrolle** bis zum **gefüllten Teigsäckchen** bietet jedes Teilchen eine kulinarische Überraschung."

Beispiele von Zwischengerichten

- **Gebackene Zwischengerichte** werden auf Teigböden oder in Teighüllen hergestellt, wie z. B.. Quiche, Fladen, Pizza, Strudel (mit Füllung oder Belag von Fleisch, Gemüse, Pilzen oder Fisch).
- **Kroketten,** für die gegartes, fein gehacktes Fleisch, Fisch, Gemüse oder Pilze mit einer entsprechenden Sauce gebunden und gut gekühlt wird. Aus dieser Masse formt, paniert und frittiert man dann die Kroketten.
- **Pfannkuchen** mit verschiedenen Füllungen aus Gemüse, Pilzen, Fleisch, Fisch oder Innereien.
- **Krapfen oder Beignets,** in Backteige getauchtes und frittiertes, teilweise vorgegartes Material aus Gemüse, Fleisch, Fisch, Innereien und Pilzen.
- **Zwischengerichte aus farciertem Fisch, Schlachtfleisch, Geflügel, Krebstieren oder Gemüse** werden als *Timbales/Flans* in gebutterten Formen pochiert und gestürzt oder als *Klößchen* oder *Nocken* (Quenelles) pochiert.
- **Feine Ragouts** aus Geflügel, Innereien, Wild, Kalbfleisch, Fischen, Krebstieren, Kalbsbries, Gemüse oder Pilzen werden in Blätterteigpastetchen, Römische Pastetchen oder Schiffchen und Törtchen aus ungesüßtem Mürbeteig gefüllt, eventuell mit einer Sauce nappiert und gratiniert.
- **Zwischengerichte aus Teigwaren** wie Nudeln, Tortellini, Makkaroni, Ravioli, Lasagne und Maultaschen mit feinen Füllungen und Saucen, oftmals mit Käse bestreut und überbacken.
- **Zwischengerichte** aus Grießmasse/Brandmasse nennt man Gnocchi, zu denen man Kräuterpaste (Pesto) oder Butter und Reibkäse reicht.
- **Zwischengerichte von Fischen, Krebs- und Weichtieren** sind wegen des hohen Eiweißgehaltes und des meist niedrigen Fettgehaltes beliebt.
- **Gemüse** für Zwischengerichte werden häufig gefüllt (Auberginen, Zucchini, Gurken, Spinat, Wirsingblätter, Tomaten). Eine besondere Variante sind leicht geschmorte Gemüse wie Chicorée, Endiviensalat und Staudensellerie, die dann mit wohlschmeckender Sauce oder mit Käse überbacken werden. Auch edle Gemüse wie Artischocken und Spargel sind zu deren Saisonzeiten sehr beliebt.
- **Eierspeisen**, s. S. 211 f.

4 Saucen

🇬🇧 sauces 🇫🇷 sauces (w)

Saucen sind ein wichtiger Bestandteil von Gerichten. Es gibt sie in vielen Arten und Variationen. Die Grundzüge werden hier vorab beschrieben.

Abb. 1 Unterschiedliche Saucen

Arten der Saucen

Saucen erhöhen die Saftigkeit und Verzehrbarkeit (man stelle sich z. B. Klöße, Teigwaren, Kartoffeln oder Reis ohne Sauce vor) von Gerichten. Darüber hinaus dienen sie der Verfeinerung und dekorativen Vervollständigung und sind nicht zuletzt eine harmonische Ergänzung in Bezug auf Farbe und Geschmack. In vielen Fällen bilden die bei den Garprozessen entstehenden Fonds die Basis für die herzustellende Sauce. Für Zubereitungsarten, bei denen es diese Voraussetzungen nicht gibt (z. B. beim Kochen, Dämpfen Kurzbraten, Frittieren), werden **Grundsaucen** bereitet, aus denen durch zusätzliche Zutaten Ableitungen hergestellt werden.

Daneben gibt es aber auch ganz „eigenständige" Saucenzubereitungen, die nicht durch Ableitungen variiert werden.

4.1 Grundsaucen

warm				kalt
Braune Grundsauce 🇬🇧 brown sauces 🇫🇷 sauces (w) brunes **Wildsauce** 🇬🇧 game sauce 🇫🇷 sauce (w) gibier	**Weiße Grundsauce** 🇬🇧 white sauces 🇫🇷 sauces (w) blanches	**Béchamel-Sauce** 🇬🇧 béchamel sauce 🇫🇷 sauce (w) Béchamel	**Holländische Sauce** 🇬🇧 hollandaise sauce 🇫🇷 sauce (w) hollandaise	**Mayonnaise** 🇬🇧 mayonnaise 🇫🇷 sauce (w) mayonnaise

4.2 Braune Grundsauce 🇬🇧 demiglace 🇫🇷 sauce (w) demiglace

Die **braune Grundsauce** oder **Kraftsauce** (**Demiglace**) wird hauptsächlich aus gerösteten Kalbsknochen und Wurzelgemüse hergestellt. Sie wird mit brauner Brühe aufgegossen und mit Mehl gebunden.

Durch Ergänzungen entstehen aus der Grundsauce spezielle Saucen, die man **Ableitungen** nennt.

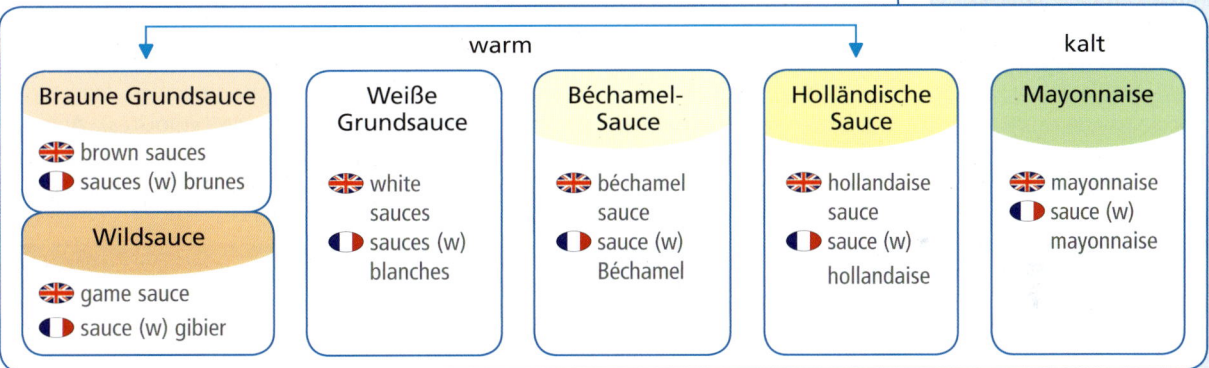

Ableitungen von der Sauce Demiglace (Beispiele)

+ Rotweinreduktion und Rindermarkwürfel als Einlage	+ Rotweinreduktion und Champignonwürfel als Einlage	+ Weißwein, Pilze und gehackte Petersilie als Einlage
Bordeauxer Sauce *(Sauce bordelaise)*	**Burgundersauce** *(Sauce bourguignonne)*	**Jägersauce** *(Sauce chasseur)*
für Gerichte aus gebratenem und gegrilltem Fleisch, geschmortes Gemüse (z. B. Chicorée, Fenchel)	für gebratene und geschmorte Schlachtfleischgerichte, Kalbs- und Rinderzunge, gekochten Schinken	für gebratene und gegrillte Gerichte aus Schlachtfleisch

Beratung und Verkauf

EMPFEHLUNG UND VERKAUF VON SPEISEN

4.3 Wildgrundsauce und Ableitungen
🇬🇧 game sauce 🇫🇷 sauce (w) gibier

Wildgrundsauce wird wie die Demiglace hergestellt. Die Geschmacksgrundlage geben jedoch artspezifische Zutaten wie Wildknochen und Fleischabschnitte vom Wild sowie würzige Wurzelgemüse. Dazu kommen typische Wildgewürze wie Wacholderbeeren, Piment, Nelke, Lorbeerblätter sowie Senf und Preiselbeeren.

Ableitungen sind:
- **Pfeffersauce,** mit Weißwein und reichlich geschroteten Pfefferkörnern oder grünem Pfeffer
- **Wacholderrahmsauce,** mit Rotwein-Wacholder-Reduktion und Sauerrahm
- **Hagebuttensauce,** mit Mark von Hagebutte und Rotwein

4.4 Eigenständige warme Saucen

Bratenjus 🇬🇧 gravy 🇫🇷 jus (m) de rôti

Bratenjus wird in Verbindung mit dem Braten von Fleisch gewonnen (z. B. Roastbeef, Schweine-, Kalb- oder Lammfleisch, Geflügel oder Wild). Die jeweils typischen Geschmacksstoffe ergeben sich aus dem Bratensatz, dem geringfügig austretenden Fleischsaft, die die Bratenjus bilden. Dieser wird in der Regel nicht oder nur leicht mit Stärke oder kalten Butterflocken gebunden.

Tomatensauce
🇬🇧 tomato sauce
🇫🇷 sauce (w) tomate

Tomatensauce ist eine farblich betonte Sauce. Sie kann geschmacklich vielfältig variiert werden, beispielsweise durch Zugabe von Gin oder gehacktem Basilikum. Sie ist wegen ihres pikanten, leicht säuerlichen Geschmacks sehr beliebt und wird zu den verschiedensten Speisen verwendet.

4.5 Weiße Grundsaucen 🇬🇧 white sauces 🇫🇷 sauces (w) blanches

Die **weißen Grundsaucen** werden mit einer hellen Mehlschwitze (Roux) bereitet. Mit Milch aufgefüllt, erhält man die **Béchamelsauce,** mit heller Brühe von Kalb, Geflügel oder Fisch die **Samtsaucen (Veloutés).** Abgesehen von den unterschiedlichen Zutaten für die **Ableitungen** werden weiße Saucen meist mit einer Legierung aus Eigelb und Sahne vollendet.

Ableitungen von der Béchamelsauce

+ Sahne	+ Fleischbrühe/Meerrettich	+ Sahne/geriebener Käse	+ Fischfond/Hummerbutter
Rahmsauce (Sauce à la crème)	**Meerrettichsauce** (Sauce au raifort)	**Mornaysauce** (Sauce Mornay)	**Kardinalsauce** (Sauce cardinal)
zum Binden von Gemüse und Kartoffeln (Béchamelkartoffeln)	zu gekochtem Rindfleisch	für überbackene Gerichte von Gemüse und Eiern	zu gekochten und gedünsteten Gerichten von Eiern, Fischen und Krebstieren

Ableitungen von den Samtsaucen (Veloutés)

Grundsauce	Ableitungen	Zuordnung zu Speisen
Kalbssamtsauce (Velouté de veau)	• **Deutsche Sauce** (Sauce allemande) • **Champignonsauce** (Sauce aux champignons)	• Ragoût fin • Kalbsblankett, pochierte Eier
Geflügelsamtsauce (Velouté de volaille)	• **Geflügelrahmsauce** (Sauce suprême) • **Champignonsauce**	• Geflügelfrikassee, Hühnerbrüstchen • feines Geflügelragout
Fischsamtsauce (Velouté de poisson)	• **Weißweinsauce** (Sauce au vin blanc) • **Dillsauce** (Sauce à l'aneth)	• gedünsteter Fisch • Krebstiere

4.6 Aufgeschlagene und gerührte Saucen

Bei den meisten Gerichten werden die Saucen aus den Braten oder Bratansätzen der Hauptbestandteile gewonnen. Aufgeschlagene und gerührte Saucen werden unabhängig vom Hauptbestandteil eines Gerichtes hergestellt. Bei diesen Saucen handelt es sich um die **holländische Sauce** (warm) und die **Mayonnaise** (kalt).

Holländische Grundsauce und Ableitungen

Die Hauptbestandteile der holländischen Sauce sind Eigelb und Butter. Diese werden geschmacklich durch einen konzentrierten Auszug (Reduktion) aus Schalotten, Essig, Pfefferkörnern und Wasser unterstützt. Der feinen Zutaten und der zarten Konsistenz wegen wird die holländische Sauce auch als Königin unter den Saucen bezeichnet.
Sie wird verwendet:
- als Beigabe zu feinem Gemüse, z. B. Artischocken und Spargel, zu Eierspeisen und gedünsteten Fischgerichten
- beim Überbacken von Gerichten, z. B. feine Ragouts von hellem Fleisch, Fisch und Krebstieren.

Ableitungen von der holländischen Sauce

+ geschlagene Sahne	+ Saft und Schalenstreifen von Blutorangen	+ Weißwein-Estragonessig-Reduktion, gehackter Kerbel und Estragon
Schaumsauce (Sauce mousseline)	**Maltasauce** (Sauce maltaise)	**Béarner Sauce** (Sauce béarnaise)
zu verlorenen Eiern, Spargel, Blumenkohl, Brokkoli, Romanesco, gedünsteten Edelfischen	zu Spargel und kurzgebratenem Fleisch von Kalb und Putenbrust	zu verlorenen Eiern, Pfannen- und Grillgerichten von Rindfleisch, Kalbfleisch, Fisch

Ableitung von der Béarner Sauce:
- **Choronsauce** (Sauce Choron): Béarner Sauce + Tomatenpüree oder Tomatenmark

Grundsauce Mayonnaise und Ableitungen

Die Mayonnaise ist die wichtigste Sauce der kalten Küche. Zutaten sind Eigelb, Pflanzenöl sowie wenig Essig, Senf und Salz. Durch Rühren erhält man eine Emulsion und somit die Mayonnaise.

Ableitungen von der Mayonnaise

+ geschlagene Sahne und Zitronensaft	+ fein gehackte Gewürzgurken, Kräuter, Sardellen und Kapern	+ hart gekochtes, gehacktes Ei und fein geschnittener Schnittlauch	+ Ketchup, Schlagsahne, geriebener Meerrettich, Salz, Tabasco, Weinbrand
Chantillysauce (Sauce Chantilly)	**Remouladensauce** (Sauce rémoulade)	**Tatarensauce** (Sauce tartare)	**Cocktailsauce** (Sauce cocktail)
zu Spargel und Artischocken, gekochtem, kaltem Hummer	zu gebackenem Fisch oder Gemüse, kaltem Braten	zu gebackenem Gemüse, gebackenem Fisch und kaltem Braten	als Salatdressing, für Vorspeisencocktails, Eiersalat

Beratung und Verkauf

EMPFEHLUNG UND VERKAUF VON SPEISEN

Abb. 1 Cumberland-Sauce

Abb. 2 Meerrettichsahne

Worte, die verkaufen helfen

- duftend
- aromatisch
- kräuterig
- deftig
- köstlich
- lecker
- leicht
- wenig sättigend
- cremig
- delikat
- ein besonderes Geschmackserlebnis
- beste Begleitung des Hauptgerichts
- harmonisch ergänzend
- feurig
- samtig

4.7 Eigenständige kalte Saucen

Es gibt kalte Saucen, die sich durch ausgeprägte Besonderheiten auszeichnen, und die sich deshalb nicht in ein Saucenschema einordnen lassen.

Cumberlandsauce

Diese Sauce wird hergestellt aus:
- Streifen von Orangenschalen sowie Orangen- und Zitronensaft
- Rotwein, Johannisbeergelee, Cayennepfeffer und englischem Senf

In ihrer würzig-süßlichen Art passt sie zu kalten Gerichten von Wild und Geflügel und ganz besonders zu Pasteten, Terrinen und Galantinen.

Vinaigrette (s. S. 186)

Meerrettichsahne

Dazu wird frisch geriebener Meerrettich unter geschlagene Sahne gehoben. Geschmackliche Abwandlungen erhält man durch Zugabe von geriebenem Apfel oder Preiselbeerkonfitüre. Sie ist als Beigabe typisch zu geräuchertem Fisch sowie zu kalten und warmen Gerichten von Rindfleisch.

4.8 Beurteilungsmerkmale und Anrichten von Saucen

Beurteilungsmerkmale für Saucen

- **Konsistenz/Beschaffenheit:** dick, dünn, zähflüssig, stückig, cremig, deckend.
- **Aussehen:** ohne sichtbares Fett, keine dunklen Pünktchen, durchscheinend, saucentypisch.
- **Geruch, Geschmack:** arttypisch, frisch, aromatisch, ausgeprägt.

Anrichten von Saucen

Es ergeben sich folgende Möglichkeiten, eine Sauce anzurichten:

Fleisch- oder Fischstücke werden auf einen flachen **Saucenspiegel** gesetzt.

Gargut etwa ein Drittel, höchstens die Hälfte mit ein wenig Sauce bedecken. Diesen Vorgang nennt man **Angießen**.

Die Fleisch- oder Fischstücke werden ganz mit gebundener Sauce bedeckt. Man bezeichnet das als **Nappieren**.

Zusätzliche Sauce wie z. B. bei Braten oder Spargel, wird getrennt in einer Sauciere gereicht, **à part** serviert.

4.9 Buttermischungen

🇬🇧 butter mixtures 🇫🇷 beurres (m) composés

Frische Butter hebt durch ihr feines Aroma den Geschmack der Speisen. Man unterscheidet zwischen heißen und kalten Buttermischungen. Vermischt man frische oder zerlassene Butter mit würzigen Zutaten, so entstehen Buttermischungen mit eigener, typischer Geschmacksprägung.

Abb. 1 Kräuterbutter

Heiße Buttermischungen

- **Bröselbutter** entsteht durch leichtes Anrösten von Semmelbröseln in heißer Butter. Auch als **beurre polonais** bezeichnet, verwendet man sie zum Nappieren von Gemüse (z. B. Blumenkohl), von Teigwaren und Klößen bzw. Knödel.
- **Müllerinbutter** ist typisch für gebratenen Fisch „nach Art der Müllerin". Die beim Nachbraten gebräunte Butter wird mit Worcestershire-Sauce und Zitronensaft vollendet und über den Fisch gegossen.

Zwiebelbutter ist eine Zubereitung, bei der Zwiebelwürfelchen in zerlassener Butter goldgelb bis braun angeschwitzt werden.

Zwiebelbutter wird verwendet als:
- Beigabe zu gekochtem Fisch, zu gekochten Kartoffeln, zu Kartoffelpüree und Teigwarengerichten (z. B. Maultaschen und Käsespätzle)
- Garnitur für bestimmte Suppen und Saucen.

Kalte Buttermischungen

Kalte Buttermischungen finden Verwendung
- zur Ergänzung bei Suppen und Saucen,
- anstelle von Saucen zu Kurzbratfleisch, Gegrilltem, Fischen, Krebstieren und Gemüsen,
- zum Verschließen von gefüllten Schneckenhäusern,
- als Aufstrich für Toast und Brotschnitten, Canapés,
- als Butterservice zum Gedeckbrot bei Gerichten oder innerhalb von Menüs.

Buttermischungen		
Kräuterbutter *(beurre aux fines herbes)*	fein gehackte Schalotten und viel Kräuter (Petersilie, Kerbel, Schnittlauch, Estragon, Zitronenmelisse), Salz und Pfeffer	zur Vollendung von Suppen und und als Beilage zu Pfannen- und Grillgerichten von Rind, Lamm und Fisch
Colbertbutter *(beurre Colbert)*	gehackter Estragon und Petersilie, Zitronensaft und Fleischextrakt	spezielle Beigabe zur Seezunge Colbert aber auch zu Grillgerichten
Bärlauchbutter *(beurre d'ail sauvage)*	Pürierte Bärlauchblätter mit Butter, Zitrone, Salz und Pfeffer vermischt	Pfannengerichte von Fleisch und Fisch

Aufgaben

1. Wie ergänzen Saucen bestimmte Speisen?
2. Nennen Sie Ableitungen der Béchamelsauce. Zu welchen Speisen können Sie diese reichen?
3. Nennen Sie Ableitungen verschiedener Veloutés und ordnen Sie, wenn nötig, diesen geeignete Speisen zu.
4. Beschreiben Sie zu den aufgeschlagenen und gerührten Saucen:
   a) die jeweilige Grundsauce und ihre Verwendung,   b) Ableitungen und deren Verwendung.
5. Nennen Sie Beispiele für kalte und heiße Butterzubereitungen. Ordnen Sie Speisen Buttermischungen zu.
6. Nennen Sie vier Möglichkeiten, Saucen anzurichten.

Beratung und Verkauf

EMPFEHLUNG UND VERKAUF VON SPEISEN

5 Hauptgerichte aus Fisch, Krebs- und Weichtieren

🇬🇧 main courses of fish, crustaceans and molluscs
🇫🇷 plats (m) des poissons, des crustacés (m) et des mollusques (m)

5.1 Süß- und Salzwasserfische 🇬🇧 fish 🇫🇷 poissons (m)

Aus Fisch stellt man leichte, eigenständige Gerichte, Suppen sowie kalte Vorspeisen und Zwischengerichte her.

Fischfleisch gilt als leicht verdaulich und biologisch hochwertig. Die Gründe sind:
- Fisch enthält besonders hochwertiges **Eiweiß** und **Fett**, die wichtigen **Vitamine A** und **D** sowie **Mineralstoffe**, Seefisch vor allem das unentbehrliche **Jod**.
- Fischfleisch hat nur geringe Mengen an Bindegewebe und ist deshalb besonders locker, zart und **leicht verdaulich**.

Magerfische bevorzugt man für leichte Schonkost.

Unterscheidungsmerkmale von Fischen sind der **Fettgehalt**, die **Körperform** und die **Herkunft**.

Unterscheidungsmerkmal Fettgehalt

Fettfische	Magerfische

Beispiele:
- Aal
- Karpfen
- Lachs (s. Abb.)
- Makrele
- Sardine
- Sprotte
- Thunfisch

Beispiele:
- Hecht
- Zander
- Renke
- Kabeljau
- Schellfisch (s. Abb.)
- Seezunge
- Scholle

Unterscheidungsmerkmal Körperform

Rundfische	Plattfische
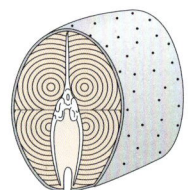	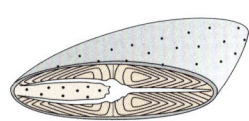

Beispiele:
- Forelle
- Felchen
- Hecht
- Lachs
- Goldbarsch
- Hering
- Kabeljau
- Seelachs

Beispiele:
- Flunder
- Glattbutt
- Rotzunge
- Scholle
- Seezunge
- Steinbutt
- Heilbutt

5 Hauptgerichte aus Fisch, Krebs- und Weichtieren

Unterscheidungsmerkmal Herkunft

Süßwasserfische

Beispiele:
- Aal
- Hecht
- Forelle (s. Abb.)
- Zander
- Karpfen
- Schleie
- Felchen

Salzwasserfische

Beispiele:
- Seezunge
- Heilbutt
- Makrele
- Hering
- Scholle (s. Abb.)
- Seeteufel

Arten des Fischbezugs

Fische kommen **frisch** in den Handel, entweder im Ganzen oder ausgenommen (ohne Innereien), oder in Form von ausgelösten Filets sowie als Tranchen und Steaks.

Daneben werden ganze Fische und auch Filets als **Tiefkühlware** angeboten.

- Fischfleisch verdirbt auf Grund des hohen Wassergehaltes, des geringen Bindegewebeanteils und des lockeren Muskelgewebes sehr leicht. Es ist deshalb nur sehr begrenzt lagerfähig und muss rasch verbraucht werden.
- Zeichen der Frische sind festes Fleisch, ein frischer Geruch und leuchtend rote Kiemen.
- Je frischer der Fisch bzw. das Fischfleisch, desto besser ist der Geschmack. Er unterliegt bereits nach kurzer Lagerzeit nachteiligen Veränderungen, die durch Eiweißzersetzungen hervorgerufen werden, die an den Randschichten beginnen.

Daraus ergeben sich folgende **Lagerbedingungen**:
- Die Temperatur in speziellen Fischkühlschränken oder bei Lagerung zwischen Eis soll etwa 0 °C betragen,
- für längere Aufbewahrungszeiten muss der Fisch möglichst schockartig bei −40 °C eingefroren und bei etwa −18 °C gelagert werden.

Abb. 1 Tranchen/Steaks von
① Dorschsteak,
② Steinbeißerfilet,
③ Heringshai-Steak,
④ Lachstranche,
Steak von ⑤ Thunfisch,
⑥ schwarzem Heilbutt,
⑦ Schwertfisch,
⑧ weißem Heilbutt

Abb. 2 Filets von
① Lachs, ② Felchen,
③ Hecht, ④ Zander,
⑤ St. Petersfisch,
⑥ Lachsforelle, ⑦ Rotbarbe,
⑧ Scholle, ⑨ Seezunge,
⑩ Seeteufel

Abb. 3 Frische Fische auf Eis lagern

Abb. 4 Gelochtes Abtropfblech für Schmelzwasser

Zubereitungen

Wegen der Zartheit des Fischfleisches sind schonende Zubereitungsarten unabdingbar. Fischfleisch eignet sich auch bestens für die Herstellung von Farcen für Fischnocken, Fisch-Klößchen, Terrinen und Galantinen. (s. S. 412)

Gerichte von pochiertem Fisch

🇬🇧 dishes with poached fish 🇫🇷 plats (m) des poissons (m) pochés

Fast alle Fischarten und Fischfarcen eignen sich gut zum Pochieren. Dies geschieht durch Ziehenlassen bei ca. 80 °C in einem vorbereiteten Fischsud (Beilagenempfehlungen S. 412).

Zubereitung „Blaukochen"
Diese für Süßwasserfische typische Zubereitungsart erfolgt in einem leicht gesäuerten Sud und ist nur möglich bei Fischen, deren schleimige Oberfläche sich beim Pochieren bläulich verfärbt. Daher kommt auch der Begriff des „Blaukochens". Fachlich richtig ist es ein Pochieren (Garziehen).

„Sie wünschen etwas Leichtes zu speisen. Ich empfehle Ihnen das pochierte **Saiblingsfilet** mit Gemüsenudeln und einer aufgeschäumten Sauce mit frischem Basilikum."

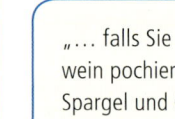

„… falls Sie es etwas Besonderes mögen, dann hätten wir für Sie ein in Weißwein pochiertes **Filet von Dorade**, auch Red Snapper genannt, mit grünem Spargel und Quinoa, einen Inkareis aus Peru mit kleinem Gemüse."

„… essen Sie gerne Fisch? … dann haben wir heute etwas Besonderes, nämlich zarte **Zanderklößchen** in einer eleganten Krebssauce mit Romanesco, Strauchtomaten und grünen Nudeln."

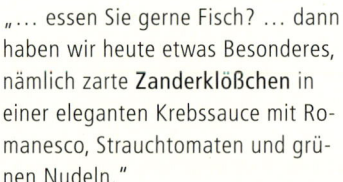

„Als Tagesspezialität möchte ich Ihnen heute eine fangfrische **Regenbogenforelle** anbieten. Der Küchenchef bringt sie durch schonendes Garziehen in einem leicht gesäuerten Würzsud blau auf den Teller. Dazu servieren wir Ihnen frisch zerlassene Bauernbutter, Gemüsestreifen, Petersilienkartoffeln und Kopfsalatherzen. Falls Sie es wünschen, werde ich gerne den Fisch für Sie filetieren."

5 Hauptgerichte aus Fisch, Krebs- und Weichtieren

Gerichte von gedünstetem Fisch
🇬🇧 dishes of stewed fish 🇫🇷 plats (m) des poissons (m) étuvés

Dünsten bedeutet Garen in wenig Flüssigkeit in einem zugedeckten Geschirr. Dadurch gart der Fisch sowohl in etwas Flüssigkeit, wie z. B. Fischsud und Weißwein, als auch in dem sich bildenden Dampf. Folgende Beispiele zeigen die Möglichkeiten, Seezungenfilets für das Dünsten vorzubereiten, um somit verschiedene Formen zu erhalten (Beilagenempfehlungen S. 412).

Abb. 1 Filets verschiedenartig geformt

① Leicht plattiert und zur Hälfte geklappt.
② Filetspitze durch einen Einschnitt stecken.
③ Als Krawatte gefaltet.
④ Mit Blattspinat belegt, danach mit Farce bestrichen und geklappt.
⑤ Um Spargelspitzen geschlungen.
⑥ Um gefetteten Ring gelegt, zum Füllen nach dem Dünsten.
⑦ Mit Blattspinat belegt und zu Röllchen geformt.
⑧ Mit Noriblatt belegt, mit Lachsfarce bestrichen und gerollt.
⑨ Mit einigen Ziselierschnitten versehenes Filet.

„Heute erwartet Sie ein lecker mit Lachsfarce gefülltes **Seezungenröllchen** auf Weißwein-Petersilien-Sauce, umrahmt mit Fenchel-Lauch-Gemüse, Kirschtomaten und Wildreis."

„Etwas Besonderes ist eine **Forelle im dünnen Speckmantel**, die zusammen mit Weißwein, Maiskörnern, Champignons, Frühlingszwiebeln sowie Lauchringen in einer verschlossenen Alufolie gedünstet wird. Sie erleben somit eine Vielfalt von Aromen. Als Beilage serviere ich Ihnen in Form von Champignons geschnittene Estragonkartoffeln."

Gerichte von gedämpftem Fisch
🇬🇧 dishes of steamed fish
🇫🇷 plats (m) des poissons (m) en vapeur

Lebensmittel in Wasserdampf garen gilt als die schonendste aller Zubereitungsarten. Dabei bleiben neben den Vitaminen vor allem die produkteigenen Geschmacksstoffe weitgehend erhalten, da sie durch Flüssigkeit nicht ausgelaugt werden können (Beilagenempfehlungen S. 412).

Abb. 2 Lachs mit Gemüsestreifen, im Dämpfer gegart

Beratung und Verkauf

EMPFEHLUNG UND VERKAUF VON SPEISEN

Beilagenempfehlung zu pochierten, gedünsteten und gedämpften Fischen

Butter
- Zerlassene, leicht gebräunte Butter
- Estragonbutter

Saucen
- Weißweinsauce
- Kräuter-Fischsauce
- Krebs- oder Hummersauce
- Mornaysauce
- Dillrahmsauce
- Holländische Sauce

Gemüsebeilagen
- Salatgurke oder Lauch, gedünstet
- glasierte Frühlingszwiebeln
- Blattspinat oder Mangoldblatt
- gekochter weißer oder grüner Spargel
- gedünsteter Fenchel
- in Butter sautierte Tomatenfleischstücke

Hauptbeilagen
- Salzkartoffeln oder Kartoffelschnee
- Kartoffeln mit frischen, gehackten Kräutern
- ausgesuchte Teigwaren
- Reis und Wildreis

Salate – alle Arten von zarten Salaten

Abb. 1 gegrillte Forellen

„Lassen Sie sich heute verführen von einem auf der Haut gebratene **Zanderfilet** mit frischem Gemüeragout aus Ingwer, Kürbis und Süßkartoffeln, garniert mit einem Teighörnchen mit delikater Pilzfüllung."

Gerichte von gebratenem oder gegrilltem Fisch

🇬🇧 dishes of pan fried or grilled fish 🇫🇷 plats (m) de poisson (m) rôti ou grillé

Fische können im Ganzen, als Filets oder als Steaks gebraten werden. Hierfür werden sie vorher mit Zitrone und Salz gewürzt, meist anschließend mehliert, zunächst in Öl gegart und danach in Butter fertig gebraten. Gebraten werden auch die aus einer Fischfarce gefertigten Fischfrikadellen (Beilagenempfehlungen S. 413).

„… eine frisch gefangene Maischolle, in Butter gebraten, mit Rosmarin, gehackter Gartenpetersilie und Bratkartoffeln."

„Sollten Sie es lieber rustikal mögen, so empfehle ich Ihnen die interessanten **Frikadellen von geräuchertem Heilbutt** und **Schillerlocken auf Currysauce** mit krossen Speckscheiben und Thaibasilikum. Dazu serviere ich Ihnen Paprikareis und einen römischen Salat."

Beilagenempfehlung

Saucen
- Béarner Sauce
- Choronsauce
- Kräuterbutter

Gemüse
- Grilltomate
- Bohnen
- Kürbis
- Pilze
- Mangold

Hauptbeilage
- frittierte Kartoffeln
- Folienkartoffeln
- Schlosskartoffeln
- Streichholzkartoffeln
- Schmelzkartoffeln

Salate mit kräftigem Geschmack

Gerichte von gebackenem Fisch

🇬🇧 dishes of deep fried fish 🇫🇷 plats (m) de poisson (m) frit

Fische werden vor dem Backen meist eingehüllt in eine Panierung oder in einen **Teig**. Die **Panierung** besteht aus Mehl, Ei und Semmelbröseln. Die Brösel kann man mit sehr fein gehackten Kräutern mischen. Anstelle der Brösel sind geriebene Mandeln, Haselnüsse oder Pistazien eine interessante Umhüllung, die einen speziellen Geschmack ergibt.

Außerdem lassen sich Filets oder Filetstreifen durch Eintauchen in **Backteige** mit Bier, Wein, Sekt oder Sauerrahm umhüllen.

Gebackene Gerichte werden je nach Haus auf Stoffservietten oder Papierservietten angerichtet. Sie müssen sehr rasch serviert werden und dürfen **niemals** mit einer Cloche zugedeckt werden, sonst geht die Knusprigkeit der Kruste verloren.

Als **Beilagen** zu gebackenen Fischen reicht man

- Tomatensauce oder Ableitungen der Mayonnaise,
- Kräuterbutter,
- Salate der würzigen Art, aber auch Kartoffelsalate.

Eine **besondere Art der Zubereitung** für eine größere Personenzahl ist das Umschließen eines großen Fischfilets mit salzigem Hefe- oder Blätterteig. Im Ofen gebacken wird es den Gästen im Ganzen präsentiert. Dazu serviert man eine leichte Dill-Rahm-Sauce und delikate Salate.

„Das **Thunfischsteak** vom Grill mit einer herrlichen Ingwer-Chardonnay-Sauce mit Pilzen und Mangoldblättern würde ich Ihnen gerne zusammen mit einem frisch gebackenen Baguette servieren."

„Heute möchten wir Sie mit einem wahren Klassiker überraschen. Es ist ein Gericht aus Escoffiers Rezeptsammlung und nennt sich **Seezunge nach Colbert**. Da die Seezunge bei dieser Zubereitungsart im Ganzen serviert wird, werde ich sie Ihnen am Tisch fertigstellen und vorlegen. Die Seezunge ist in Begleitung der berühmten Colbertbutter und einem Rapunzelsalat."

„… schlicht, klassisch und immer wieder gut ist das in Butter gebackene **Goldbarschfilet** mit Tatarensauce, einem Dill-Gurken-Salat sowie einem Salat aus der festkochenden Rosara-Kartoffel. Hierzu empfehle ich Ihnen einen trockenen Weißwein wie beispielsweise einen Sauvignon Blanc, einen Chardonnay oder einen Ruländer."

Beratung und Verkauf

Bei der Herstellung von Fischwaren erhält das Fischfleisch je nach Art der Verarbeitung eine besondere Geschmacksnote. Es handelt sich dabei gleichzeitig um bestimmte Arten der Haltbarmachung.

EMPFEHLUNG UND VERKAUF VON SPEISEN

Fischwaren

Fischkonserven

Buttermischungen	
Zubereitungsmerkmale	Beispiele für Fischwaren
im eigenen Saft	Thunfisch
im eigenen Saft mit Aufguss	Brathering
in unterschiedlichen würzigen Saucen	Herings- und Makrelenfilets
in Öl	Seelachs, Sardellen, Sardinen, Thunfisch

Geräucherte Fischwaren

Zu ihnen gehören:

- hochwertige Erzeugnisse von Fettfischen wie Aal, Lachs, Forelle,
- auch Stücke mit Haut und Gräten von Heilbutt, Makrelen und anderen Fischen,
- außerdem Sprotten, Bücklinge (Hering) und Schillerlocken (aus Bauchstreifen des Dornhais).

Abb. 1 Geräucherte Bücklinge

Marinierte Fischwaren

Bei diesen Erzeugnissen werden unterschieden:
- Bratfischwaren (Bratheringe),
- Kaltmarinaden aus rohem Fisch (Rollmops, Bismarckhering).

Trocken gebeizte Fische

- **Graved Lachs**
  Rohe, entgrätete Lachsfilets werden mit viel Dill, Salz, Gewürzen, Zucker und wenig Zitronensaft cirka 36 Stunden gebeizt. Die Bezeichnung „hausgebeizter Lachs" soll stets der Wahrheit entsprechen und heißen, dass der Lachs wirklich in der hauseigenen Küche gebeizt worden ist.

- **Gekräuterter Saibling**
  Gleiche Zubereitung wie beim Lachs. Man kann die Kräuter variieren und anstelle von Zucker Honig verwenden.

Abb. 2 Graved Lachs

Fachbegriffe	
Blaukochen	Garen unterhalb des Siedepunktes im Essigsud
Filetieren	Ein Filet vom Fisch ablösen
Mehlieren	Vor dem Braten in Mehl wenden
Panieren	In Mehl, dann in geschlagenem Ei und zuletzt in Bröseln wenden
Pochieren	Am Siedepunkt gar ziehen lassen
Sautieren	In Butter schwenken
Ziselieren	Ganze Fische vor dem Braten seitlich schräg einritzen

5.2 Kaviar 🇬🇧 caviar 🇫🇷 caviar (m)

Kaviar ist das gesalzene Produkt aus dem Rogen (Eier) von Fischen. Die Fischeier sind zunächst hell und glasig und werden erst durch die Behandlung mit Salz dunkel. Man unterscheidet echten Kaviar und Kaviarersatz.

Störarten	Beluga/Hausen	Ossietr/Stör	Sevruga/Scherg
Ei ⌀	2 bis 3,5 mm	über 2 mm	unter 2 mm
Eifarbe	silbergrau bis schwarzgrau	schwarzgrau auch gelblich bis braun	
Deckelfarbe	blau	gelb	rot/orange

Echter Kaviar

Er wird aus dem Rogen laichreifer Weibchen verschiedener Störarten gewonnen. Die Haupterzeugerländer sind Russland und Iran, die Fangorte das Kaspische und das Schwarze Meer. Der Begriff bzw. der Zusatz **„malossol"** bedeutet mild gesalzen und ist ein Merkmal besonderer Güte.

Kaviarersatz

Diese Erzeugnisse werden aus dem Rogen folgender Fische gewonnen:

- **Seehase**: Die Körner sind kleiner als beim echten Kaviar. Dieser sogenannte *Deutsche Kaviar* wird meistens schwarz gefärbt. Die Zugabe von Farbstoffen ist kennzeichnungspflichtig.

- **Lachs**: Die großen rötlichen Eier vom Lachs werden unter der Bezeichnung Ketakaviar angeboten

- **Forellen**: Das gelbliche bis orangefarbene Produkt kommt neuerdings in zunehmendem Maße auf den Markt.

„Als Zwischengericht offeriere ich Ihnen einen echten **Beluga-Malossol-Kaviar** mit frisch gebackenen Buchweizenpfannkuchen, den sogenannten Blinis, und köstlichem Schmant."

Osietra-Kaviar hat ein kleines Korn, ist hartschalig und wenig empfindlich. Er schmeckt leicht nussartig.

Sevruga-Kaviar ist dünnschalig und empfindlicher als andere Sorten. Er hat einen kräftigen, besonders würzigen Geschmack.

Beluga-Kaviar hat den größten Korn-Durchmesser. Er gilt als der feinste und ist der teuerste unter den Kaviar-Sorten.

Forellen-Kaviar ist leuchtend gelb bis orange und geschmacklich dem Lachs-Kaviar vergleichbar.

Keta-Kaviar ist der orange-rötliche Rogen von Lachsarten. Sein Korn ist besonders groß, jedoch sehr empfindlich.

Aufgaben

1. Schildern Sie einem Gast das nebenstehende Gericht. Gehen Sie dabei davon aus, dass der Gast das Bild nicht sieht. Benennen Sie Aussehen und Bestandteile der Speise. Machen Sie dem Gast mit Worten richtig Appetit.

2. Ein Gast möchte ein mageres Fischgericht. Welche Fische bieten Sie ihm an?

3. Was versteht man unter echtem Kaviar?

4. Machen Sie für die Erstellung einer speziellen Fischkarte sechs Vorschläge. Berücksichtigen Sie dabei unterschiedliche Fischarten und erarbeiten Sie eine kartengerechte Zusammenstellung.

Beratung und Verkauf

EMPFEHLUNG UND VERKAUF VON SPEISEN

„Wir haben heute eine frische Lieferung mit **Krebsen und Venusmuscheln** erhalten, die unser Küchenmeister auf seine Art **im Wurzelsud** mit einem Schuss Pernod für Sie zubereitet hat. Als Beilage empfehle ich Ihnen unser hausgebackenes Kräuterbrot."

5.3 Krebstiere 🇬🇧 crustaceans 🇫🇷 crustacés (m)

Krebstiere werden zusammen mit Weichtieren (Kap. 5.4) auch als „**Früchte des Meeres**" bezeichnet. Das **Fleisch** der Krebstiere hat eine helle Farbe und eine zarte Beschaffenheit. Es eignet sich deshalb sehr gut für leichte eigenständige Mahlzeiten und zur Herstellung von kalten Vorspeisen, Zwischengerichten sowie für Suppen.

Wegen des attraktiven Aussehens werden Krebstiere gerne verwendet
- als Garnitur oder als Einlagen für Suppen und Saucen,
- als Bestandteil von feinen Ragouts.

Die **Speisen** aus Krebstieren haben neben einem ausgeprägten Genuss- und Geschmackswert einen hohen ernährungsphysiologischen Wert.

Angebotsformen

Der Körper ist von krustigen Hüllen und Panzern umgeben. Im Allgemeinen werden sechs Gruppen unterschieden:

- Garnelen
- Hummer
- Krabben
- Langusten
- Kaisergranate
- Krebse

Alle Krebstiere sind lebend erhältlich und müssen dann fachgerecht gelagert und behandelt werden. Sie sind aber auch als Tiefkühlware mit und ohne Panzer, gekocht oder als Rohware, im Handel.

„Ein wahres Gedicht ist der **Hummer** in Kombination mit Zuckerschoten, Auberginen, Zucchini, grünem Spargel, Tomaten und Paprikaschoten mit einer feinen Sauce gebunden sowie frischen Kräutern verfeinert und in der Hummerschale serviert. Die Hummerscheren sind bereits von unten geöffnet."

Gerichte von Krebstieren

Krebstiere werden zunächst gekocht. Danach serviert man sie noch heiß im Panzer, oder sie werden nach dem Abkühlen ausgebrochen und entsprechend weiterverarbeitet. Ferner können Krebstiere gebraten, gegrillt, gebacken oder gedünstet werden.

5.4 Weichtiere 🇬🇧 molluscs 🇫🇷 mollusques (m)

Weichtiere sind zum Verzehr bestimmte **Austern, Muscheln, Tintenfische und Schnecken.**

Austern 🇬🇧 oysters 🇫🇷 huitres (w)

Die meisten Austern werden in sogenannten Austernparks gezüchtet. Die Saison für frische Austern geht von September bis April, also in den Monaten mit „**R**".

Nach der äußeren **Form unterscheidet** man:
- **Tiefe Austern** sind länglich und tiefbauchig gewölbt. Sie werden auch als Felsenaustern oder portugiesische Austern bezeichnet.
- **Flache oder runde Austern**, die je nach Ursprungsland bestimmte Handelsbezeichnungen haben, wie zum Beispiel
  - Limfjord (DK)
  - Sylter Royal (D)
  - Imperial (NL)
  - Belon (F).

Beide Arten werden lebend frisch in speziellen Gebinden geliefert. Sie sind auch als Tiefkühlware vorgegart und als Konserven im Sud oder geräuchert erhältlich.

„Heute möchte ich Ihnen eine asiatische Kreation anbieten. Es sind **Scampi** in Tempura gebacken, auf einem Püree von der Lotoswurzel umgeben von Fingermöhrchen, gelben und grünen Zucchini mit einer hellen Austernsauce. Das Ganze ist garniert mit Schwarzwurzelspänen und Kapuzinerkresse."

Gerichte von Austern 🇬🇧 oyster dishes 🇫🇷 plats (m) des huitres (w)

Am häufigsten richtet man frische, rohe Austern in der geöffneten Schale auf zerkleinertem Eis an und garniert sie mit Zitronensechsteln. Von in Weißwein pochierten Austern lassen sich leckere, kleine Gerichte herstellen, zum Beispiel ein Austern-Cocktail, eine Austernterrine oder Austern auf Blattspinat, mit holländischer Sauce überbacken.

Gerichte von Muscheln 🇬🇧 dishes of molluscs 🇫🇷 plats (m) des moules (w)

Muscheln werden lebend oder als TK-Ware oder Konserven angeboten. **Miesmuscheln** werden meist in der Schale in einem Würzsud gegart.

Jakobsmuscheln können gedämpft, gedünstet, gebraten, gegrillt oder überbacken werden.

Gerichte von Tintenfisch 🇬🇧 dishes of cuttlefish 🇫🇷 plats (m) de sèche (w)

Tintenfische, Sepia, Kalmare oder Kraken serviert man gekocht, in der Pfanne gebraten, auf dem Grill gegart oder frittiert. Die Tuben können auch gefüllt und dann gegart werden.

„Unsere frischen **Miesmuscheln** sind ein wahres Gedicht. Sie sind in Weißwein mit Würfeln von Wurzelgemüsen und Fenchelstreifen gedünstet."

Gerichte von Schnecken 🇬🇧 dishes of snails 🇫🇷 plats (m) des escargots (m)

Weinbergschnecken serviert man in herkömmlicher Weise in der Schneckenpfanne oder in deren eigenem Häuschen. Dazu ist ein Spezialbesteck einzudecken.

Weitere traditionelle Zubereitungsarten sind:
- gegarte Schnecken mit Kräuterbutter in kleinen Windbeutelchen angerichtet
- Schneckensüppchen
- Schneckenragout im Ring aus Kräuterpüree

„Ein nicht alltägliches Gericht mit einer besonderen Note darf ich Ihnen heute offerieren. Es handelt sich dabei um in Zitrone und Ingwer gedünstete **Jakobsmuscheln**, gefüllt mit Seeigelzungen, serviert mit grünem Spargel und ofenfrischem Baguette."

Aufgaben

1. Entwerfen Sie mit Hilfe des nebenstehenden Bildes und der Materialkurzbeschreibung eine appetitanregende Formulierung zur Empfehlung für Ihre Gäste.

   Miesmuscheln, Merlan, Garnele, Jakobsmuschel, Tintenfisch, Karotte, Lauch, Staudensellerie, grüne Bohnen, Tomate

2. Beschreiben Sie die einfachste Art, Krebstiere zu garen und anzurichten.

3. Welchen Wein würden Sie einem Gast zu Krebstiergerichten empfehlen?

4. Was versteht man unter Weichtieren? Nennen Sie die Arten.

5. Nennen Sie in Verbindung mit den zugehörigen Lieferländern sechs Austernsorten.

6. Ein Gast hat Austern auf Eis bestellt. Zu welchem Wein würden Sie ihm raten?

7. Entwerfen Sie ein Speisenangebot für eine Aktionswoche zum Thema „Früchte des Meeres", bestehend aus Gerichten von Seefischen, Krebs- und Weichtieren mit Beilagen.

PROJEKT

Meeresfrüchte-Festival

Zum 100-jährigen Jubiläum eines bekannten Segelclubs sollen Sie ein Internationales Meeresfrüchte-Festival erstellen. Die Festivitäten sollen an zwei Tagen stattfinden:

- Einmal für 380 Personen ein kalt-warmes Meeresfrüchte-Büfett.
- Einmal ein großes Menü mit 6 Gängen, vorzugsweise aus Meeresfrüchten, für 160 Personen.

Vorbereitung

1. Sammeln Sie für beide Veranstaltungen Ideen für die Zusammenstellung und Durchführung.
2. Listen Sie die in Frage kommenden Zubereitungen für das Büfett auf.
3. Die einzelnen Speisen des Büfetts sollen den Gästen vorgestellt werden. Entwickeln Sie hierzu besondere Ideen.
4. Erstellen Sie ein elegantes Menü für die zweite Veranstaltung.
5. Erstellen Sie eine dekorative Menükarte.
6. Welche Dekorationen für das Büfett sowie für den Saalschmuck würden Sie vorschlagen? Besprechen Sie dieses Thema mit Ihren Arbeitskollegen im Team.
7. Welche Tischdekorationen für die Menüveranstaltung bieten sich an?

Getränke

Notieren Sie für beide Veranstaltungen entsprechende Getränkevorschläge.

Durchführung

Probieren Sie mit Ihren Arbeitskollegen praktisch, wie die kompletten Gedecke für das Büfett und für das mehrgängige Menü auszusehen haben. Diese sollen dann als Muster für die jeweilige Veranstaltung dienen.

Präsentation

Welche Möglichkeiten bieten sich an, um die jeweilige Veranstaltung dekorativ in Szene zu setzen?

6 Hauptgerichte aus Fleisch

🇬🇧 main courses of meat 🇫🇷 plats (m) de viande

In den Küchen und Restaurants der Hotel- und Gaststättenbetriebe wird hauptsächlich Schlachtfleisch von **Kalb**, **Rind**, **Schwein** und **Lamm** zubereitet und serviert.

6.1 Schlachtfleisch

Zur **Fleischproduktion** gehören die landwirtschaftliche **Mast und Haltung**, der **Transport** und die **Schlachtung** sowie die **Verpackung** von für den Verzehr vorgesehenen Tieren.

Die **Schlachtung** findet in Deutschland in der Regel in staatlich überwachten Schlachthöfen statt. Dabei müssen Hygienevorschriften streng eingehalten werden, da Schlachtfleisch einen idealen Nährboden für Mikroorganismen darstellt.

Damit die Tiere keine Schmerzen erleiden, werden sie vor dem Schlachten betäubt.

Schlachtfleisch erhält vor allem größere Mengen an biologisch hochwertigem Eiweiß. Es ist reich an Vitaminen und Mineralstoffen. Je nach Tierart und Ernährungszustand ist der Fettgehalt sehr unterschiedlich.

Abb. 1 Marmoriertes Fleisch

Abb. 2 Durchwachsenes Fleisch

Aufbau des Fleisches

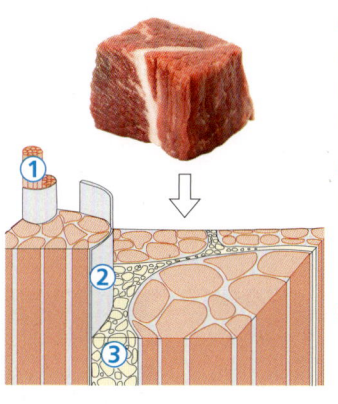

① Muskelfasern
Muskelfasern sind der Hauptbestandteil dessen, was man in der Fachsprache als Fleisch bezeichnet. Sie bestehen aus den wertvollen Eiweißstoffen. In den Muskelfasern laufen die Stoffwechselvorgänge ab, dort entsteht die „Muskelkraft".

② Bindegewebe
Bindegewebe hält die Muskelfasern zusammen, es verbindet sie und bildet die „Seile" zur Kraftübertragung. Bindegewebe sind zäh und werden erst durch die Fleischreifung und das Garen, insbesondere durch feuchte Garverfahren, kaubar.

③ Fettzellen
Gut ernährte Tiere lagern in das Bindegewebe Fett ein. Küchentechnisch fördert Fett die Saftigkeit und das Aroma des Fleisches.

Wenn feine Fettadern in die Muskeln eingelagert sind, nennt man das Fleisch **marmoriert**. Ist das Fett zwischen den Muskelsträngen, spricht man von **durchwachsenem** Fleisch.

Religiöse Speisevorschriften:
Streng gläubigen **Muslims** ist der Verzehr von bereits verendeten Tieren verboten. Als „**halal**" (arab. „erlaubt") gilt Fleisch, wenn das Tier vor dem Schlachten nicht betäubt wurde. Betäubungsloses Schlachten ist in Deutschland nur in Ausnahmefällen und nach Vorlage eines Sachkundenachweises erlaubt.

Auch das **Judentum** verbietet den Verzehr von verletzten Tieren oder vom Blut dieser Tiere. Als „**koscher**" gilt Fleisch nur dann, wenn es geschächtet (ohne Betäubung geschlachtet) wurde. Das Fleisch ist vor der Zubereitung zu wässern, zu salzen und zu spülen, damit möglichst wenig Blut im Fleisch verbleibt.

Beratung und Verkauf

EMPFEHLUNG UND VERKAUF VON SPEISEN

6.2 Kalb 🇬🇧 veal 🇫🇷 veau (m)

Kalbfleisch gewinnt man von 5 bis 6 Monate alten Mastkälbern. Sie haben ein hellrosa bis hellrotes feinfaseriges und leicht verdauliches Fleisch, das vorwiegend zu Schnitzeln oder Steaks zubereitet wird.

Kurzbratgerichte vom Kalb

🇬🇧 dishes of pan fried veal 🇫🇷 plats (m) de veau sauté

Von **Kurzbraten** spricht man wegen der kurzen Garzeit portionierter Fleischstücke. **Pfannengerichte** nennt man diese Gruppe wegen des Garens in der flachen Pfanne mit wenig Fett. Die Bezeichnung **à la minute** weist auf die kurzfristige Einzelzubereitung des Gerichtes hin.

Kalbssteak/Kalbsfilet 🇬🇧 veal steak 🇫🇷 steak (m) de veau

ist eine zum Kurzbraten oder Grillen geeignete, dickere Scheibe von quer zur Fleischfaser geschnittenem zartem Fleisch ohne Knochen (aus Keule oder Rücken).

Kalbsmedaillons 🇬🇧 veal medallions 🇫🇷 médallions (m) de veau

sind kleine Scheiben aus dem zarten Filetfleisch geschnitten.

Kalbskotelett 🇬🇧 veal cutlet 🇫🇷 côte (w) de veau

ist eine Fleischscheibe mit Knochenanteil aus dem Kotelettstrang (Rücken).

Kalbsschnitzel 🇬🇧 veal escalope 🇫🇷 escalope (w) de veau

ist eine vorwiegend aus der Keule und aus dem Rücken geschnittene, dünne Scheibe Fleisch. Ohne weitere Angabe ist es vom Kalb, bei allen anderen Schnitzeln muss die Tierart angegeben werden, z. B. Schweineschnitzel, Putenschnitzel.

Besondere Schnitzelzubereitungen

- **Naturschnitzel**, unpaniert
- **Wiener Schnitzel**, paniert
- **Kalbsschnitzel Holstein**
  Mit einem Spiegelei belegt und mit drei verschiedenen Canapés (Kaviar, Sardellen, Räucherlachs) serviert.
- **Rahmschnitzel**, unpaniert, mit Rahmsauce
- **Kalbsschnitzel nach Pariser Art**
  Die Schnitzel werden mehliert und in Ei gewendet, in Butter gebraten und mit Zuckererbsen und Pariser Kartoffeln serviert.
- **Cordon bleu**, mit gekochtem Schinken und Käse gefüllt, paniert und gebraten.

Abb. 1 Kalbsrückensteak

Abb. 2 Wiener Schnitzel

„Unser Wiener Schnitzel ist aus zartem Kalbfleisch, dünn geklopft und mit einer knusprigen Panierung umhüllt. Dazu servieren wir einen Kartoffelsalat."

Als Beilagen zu den Pfannengerichten/Kurzbratgerichten empfiehlt man:

Saucen
- Bratenjus oder Rahmsauce
- Madeirasauce oder Trüffelsauce
- Pilzsaucen

Gemüsebeilagen
- alle feinen Gemüse

Hauptbeilagen
- Pariser Kartoffeln oder ähnliche
- Kartoffelpüree
- Herzoginkartoffeln
- Pommes frites
- Bratkartoffeln
- Butterkartoffeln
- Spätzle oder andere Teigwaren
- Butterreis

„Das Besondere am Cordon bleu ist die Füllung eines Kalbsschnitzels mit gekochtem Schinken und zart schmelzendem Emmentaler, eingehüllt von goldbrauner Kruste."

Weitere Pfannengerichte

Kalbssteak au four
Ein flaches Steak, mit Ragout fin bedeckt, mit geriebenem Käse bestreut und im Ofen überbacken.

Piccata nach Mailänder Art
Schnitzelchen in einer Mischung aus Bröseln und Parmesan paniert und mit Schinken-Champignon-Nudeln und Tomatensauce angerichtet.

Abb. 1 Piccata

Geschnetzeltes   🇬🇧 sauted sliced veal   🇫🇷 émincé (m) de veau

- sind klein geschnittene Scheibchen oder Streifen aus zartem Kalbfleisch, kurz angebraten und mit Rahmsauce vollendet
- andere Fleischarten sind anzugeben, z. B. Putengeschnetzeltes, Rehgeschnetzeltes.

Als **Beilagen** empfiehlt man leichte Gemüse in Butter sautiert (geschwenkt) oder gemischte Salate, Spätzle oder andere Teigwaren, Reis, Bratkartoffeln oder den klassischen **Rösti**.

Abb. 2 Geschnetzeltes

Große Braten vom Kalb

🇬🇧 big roasts of veal   🇫🇷 rôtis (m) de veau

Für große Braten können das Kalbsfilet im Ganzen, alle größeren Stücke des Rückens oder der Schulter sowie Vorder- und Hinterhaxe mit oder ohne Knochen verwendet werden.

Eine Besonderheit in der deutschen Küche ist der **Kalbsnierenbraten**. Kalbsnieren werden in entbeintes Rückenfleisch und Bauchlappen eingerollt und danach gebraten, sowie die **glasierte Kalbsbrust**, die mit einer feinen Füllung aus Semmelknödelteig oder Brät mit gehackten frischen Kräutern versehen ist und im Rohr langsam gebraten wird.

Abb. 3 Kalbsnierenbraten

Gerichte aus geschmortem Kalbfleisch

🇬🇧 dishes of braised veal   🇫🇷 plats (m) de veau braisé

Durch das Garverfahren Schmoren erhält Kalbfleisch eine besondere geschmackliche Note.

Kalbsröllchen oder Kalbsvögerl   🇬🇧 veal roulade   🇫🇷 paupiette (w) de veau

- Für **Röllchen** werden dünne Scheiben aus der Schulter mit feiner Fleischmasse (Farce oder Brät) gefüllt, gerollt, gebunden, angebraten und geschmort. Dabei entsteht eine leckere Sauce.
- Für **Kalbsvögerl** wird die Fleischscheibe dünn mit Farce bestrichen, mit einem gekochten Ei belegt, gerollt, gebunden und kurz geschmort.

Kalbsrahmgulasch   🇬🇧 veal goulash   🇫🇷 gulache (m) de veau

Für Kalbsrahmgulasch werden Kalbfleischwürfel angebraten und in leichter Weißweinsauce gegart. Sahne verfeinert die Zubereitung und gibt dem Ganzen ein zartes Aroma.

Abb. 4 Kalbsvögerl

Worte, die verkaufen helfen

- dünn geklopft
- wunderbar zart
- auf den Punkt gebraten
- knusprig
- goldbraun
- glasiert
- klassische Zubereitung
- überbacken
- in der Pfanne gebraten
- in sämiger Sauce
- pikant
- vorzüglich
- fein gewürzt mit …

Beratung und Verkauf

EMPFEHLUNG UND VERKAUF VON SPEISEN

„Ein kulinarisches Highlight ist das Schmorgericht **Ossobuco**. Dies sind mit Tomaten und Wurzelgemüsen geschmorte Scheiben von der Kalbshaxe. Eine italienische Spezialität, die vorzugsweise zusammen mit Polenta serviert wird. Das unverwechselbare Aroma bezieht das Gericht aus der Gremolata, einer Würzmischung aus Knoblauch, geriebener Zitronenschale und frisch gehackter Petersilie."

Beilagenempfehlung zu geschmortem Kalbfleisch

Saucen
- Dunkle Rahmsaucen
- Braune, tomatisierte Kalbssauce

Gemüsebeilagen
- Glasierte Zwiebeln, Erbsen, Karotten, Champignons, Tomatenfleischstücke

Hauptbeilagen
- Kartoffelpüree oder Herzoginkartoffeln
- Reis, Spätzle oder andere Teigwaren

Salate, gemischte

Gekochtes und gedünstetes Kalbfleisch

🇬🇧 dishes of boiled and stewed veal   🇫🇷 plats (m) de veau bouilli et étuvé

Dazu gehören die klassischen Zubereitungen wie feines Ragout, Kalbsfrikassee und Curry vom Kalbfleisch.

Feines Ragout   🇬🇧 fine ragout   🇫🇷 ragoût (m) fin

Feines Ragout ist würfelig geschnittenes zartes Kalbfleisch in sämiger Kalbsrahmsauce.

Dieses feine Ragout wird auch als eigenständiges Gericht in Muschelschalen, Porzellantöpfchen oder Blätterteigpastetchen angerichtet, mit holländischer Sauce (s. S. 405) nappiert und leicht überbacken.

Kalbsfrikassee   🇬🇧 veal frikasse   🇫🇷 frikassée (w) de veau

Frikassee ist ein Dünstgericht aus Kalbfleischwürfeln in leichter, heller, mit Weißwein abgeschmeckter Sauce.

Zum Kalbsfrikassee werden als Gemüse meist Pilze, Spargelspitzen, feine Erbsen oder Zuckerschoten sowie als Beilage Reis, Salzkartoffeln oder Teigwaren den Gästen empfohlen.

Curry von Kalbfleisch

🇬🇧 veal curry   🇫🇷 curry (m) de veau

Für dieses pikante Gericht werden Fleischwürfel mit Curry gewürzt, zusammen mit Zwiebeln und Äpfeln angeschwitzt und in heller Sauce gegart.

Als Beilagen empfiehlt man gebratene Banane, Kokos-Reis und Mango-Chutney.

Abb. 1 Ragout fin im Blätterteigpastetchen

Abb. 2 Kalbscurry

6 Hauptgerichte aus Fleisch

6.3 Rind   🇬🇧 beef   🇫🇷 bœuf (m)

Rindfleisch ist Fleisch von ausgewachsenen Rindern. Es ist rot bis dunkelrot und kräftig im Geschmack. Die hochwertigen Fleischstücke sind ausreichend mit Fett marmoriert (s. S. 419).

Kurzbratgerichte vom Rind

🇬🇧 dishes of pan fried beef   🇫🇷 plats (m) de bœuf sauté

Von **Kurzbraten** spricht man wegen der kurzen Garzeit portionierter Fleischstücke. **Pfannengerichte** nennt man diese Gruppe wegen des Garens in der flachen Pfanne mit wenig Fett. Die Bezeichnung **à la minute** weist auf die kurzfristige Einzelzubereitung des Gerichtes hin.

Die qualitativ besten Fleischstücke des Rindes erhält man aus dem Rücken und dem Filet.

Die besten Grill- und Kurzbratstücke erhält man aus dem gesamten Rücken mit der Hochrippe, dem ausgelösten Roastbeef und dem Filet. Sie werden auf dem Grill oder in der Pfanne gebraten und stehen deshalb auch als Pfannen- oder Grillgerichte auf der Speisekarte.

Fachbezeichnungen für bestimmte Fleischstücke aus dem Rücken *mit* Knochen

Porterhouse Steak besteht aus einer Fleischscheibe von 3 cm Dicke aus dem Roastbeef mit Knochen und hohem Filetanteil. In der Größe vergleichbar mit einem Entrecôte double und einem Chateaubriand mit Knochen. Bei einem Gewicht von ca. 1000 g ist es für 3 bis 4 Personen geeignet.

T-Bone-Steak ist von ähnlichem Aussehen wie das Porterhouse Steak, nur halb so dick.

Club Steak wird aus dem Roastbeefteil mit Knochen geschnitten, hat ein Rohgewicht von ca. 1000 g und wird für 3–4 Personen serviert.

Côte de bœuf (Rinderkotelett) wird als großes Portionsstück aus der Hochrippe geschnitten.

Fachbezeichnungen für bestimmte Fleischstücke aus dem Rücken *ohne* Knochen

Entrecôte/Zwischenrippenstück erhält man aus dem flachen Roastbeef mit einem Gewicht von ca. 200 g.

Entrecôte double (Doppeltes Zwischenrippenstück) ist, wie der Name schon sagt, doppelt so dick wie das Entrecôte und ca. 400 g schwer.

Rumpsteak (ca. 180 g) ist vom Ursprung her ein Steak aus der Hüfte (rump). In Deutschland wird das Rumpsteak aber meist aus dem Roastbeef geschnitten.

Rostbraten mit einem Gewicht von ca. 150 g wird ebenfalls aus dem Roastbeef geschnitten.

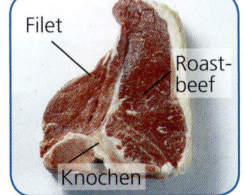

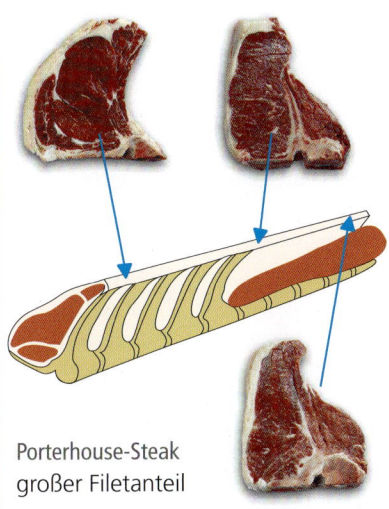

Fachbezeichnungen für bestimmte Fleischstücke aus dem Rücken

Côte de bœuf — Rinderkotelett

T-Bone-Steak — kleiner Filetanteil

Porterhouse-Steak — großer Filetanteil

Das Entrecôte double wird für 2 Personen serviert und manchmal auch im Restaurant vor dem Gast tranchiert.

Aus dem Filet werden bereitet:
- **kleine Filetschnitten** (Tournedos), pro Person zwei Stück von je 60 bis 80 g,
- **Filetschnitte** (Filetsteak) mit 150 bis 160 g,
- **Doppelte Filetschnitte** (Chateaubriand) mit 350 bis 400 g für 2 Personen

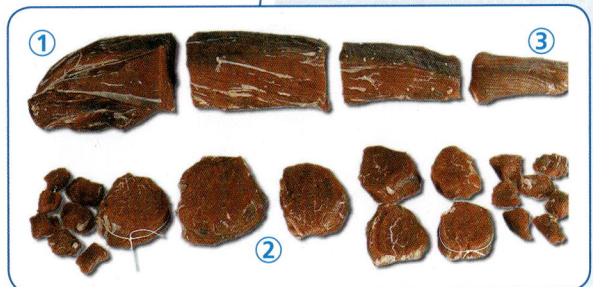

Abb. 1 ① Filetkopf, ② Filet-Mittelstück, ③ Filetspitze

Beratung und Verkauf

EMPFEHLUNG UND VERKAUF VON SPEISEN

Eine besondere Zubereitung aus dem Filet ist das Filetgulasch Stroganoff.

> „Heute haben Sie die Möglichkeit, einen richtigen Klassiker der russischen Küche zu bestellen. Dafür wird die Spitze des Rinderfilets in Streifen geschnitten, kurz in der Pfanne sautiert und in brauner Sauce mit Schmant angerichtet. Als harmonische Ergänzung finden Sie Steinpilze, Schinken- und Speckstreifen sowie Streifen von echter russische Salzgurke und roter Bete im Gericht. Auf Ihren besonderen Wunsch kann ich das Gericht auch vor Ihnen am Tisch zubereiten."

Spezielle Garnituren sind:
- **Zwischenrippenstück nach Bordeauxer Art** mit Ochsenmarkscheiben belegt und mit Bordeauxer Sauce nappiert
- **Tournedos Helder** mit Tomatenfleischstücken belegt und mit Béarner Sauce garniert
- **Tournedos Rossini** mit Gänseleber und Trüffeln garniert, Madeirasauce
- **Rumpsteak Mirabeau** Steak mit dünnen Sardellenstreifen (über Kreuz bzw. gitterförmig) und Olivenscheiben belegt, Sardellenbutter

Kurzgebratenes Fleisch von Rind und Lamm wird von den Gästen mit unterschiedlicher **Garstufe** gewünscht. Diese ist von der Bratdauer und der dadurch im Fleisch entstehenden Temperatur abhängig. In der Praxis gilt die Fleischfarbe im Kern des gegarten Fleischstückes als Maßstab für den jeweiligen **Garstufe**. Bei der Aufnahme von Bestellungen sollte man, sofern der Gast dies nicht von sich aus tut, immer den von ihm gewünschten Garpunkt erfragen.

	Kerntemperatur	Bezeichnung[1]
	ab 45 °C	stark blutig 🇬🇧 rare 🇫🇷 bleu
	ab 50 °C	blutig (engl.) 🇬🇧 medium rare 🇫🇷 saignant
	ab 60 °C	rosa 🇬🇧 medium 🇫🇷 à point
	ab 75 °C	durchgebraten 🇬🇧 well done 🇫🇷 bien cuit

Beilagen zu den Braten aus Roastbeef und Filet

Saucen
- Bratenjus oder Ableitungen der Demiglace

Gemüsebeilagen
- alle feinen Gartengemüse

Hauptbeilagen
- Pariser Kartoffeln, Olivenkartoffeln
- Kartoffelkroketten
- Herzogin- oder Macairekartoffeln

Beilagen zu den Pfannengerichten

Saucen
- Bratenjus
- Madeirasauce, Bordeauxer Sauce
- Béarner Sauce, Choronsauce
- oft auch Kräuterbutter oder andere passende Buttermischungen

Gemüsebeilagen
- alle feinen Gartengemüse

Hauptbeilagen
- grundsätzlich wie zu Braten
- darüber hinaus Pommes frites oder eine andere frittierte Kartoffel

[1] Bezeichnung der Garstufen nach Empfehlungen der Gastronomischen Akademie Deutschlands

6 Hauptgerichte aus Fleisch

Große Braten vom Rind 🇬🇧 big roasts of beef 🇫🇷 rôtis (m) de bœuf

Als ganze Stücke werden das Roastbeef und das Filet gebraten und als warmes Gericht serviert.

Beilagenempfehlung zu Braten vom Rind

Saucen
- Bratenjus oder Ableitungen der Demiglace

Gemüsebeilagen
- alle feinen Gartengemüse

Hauptbeilagen
- Pariser Kartoffeln, Olivenkartoffeln
- Kartoffelkroketten
- Herzogin- oder Macairekartoffeln

„Als Tagesspezialität haben wir einen **Rostbraten nach Tiroler Art** auf der Karte. Der kurzgebratene Rostbraten vom zarten Rückenfleisch wird garniert mit in Butter geschwitzten Tomatenfleischwürfeln, gebackenen Zwiebelringen und Bratkartoffeln. Begleitet wird er von einer delikaten Béarner Sauce."

Eine Besonderheit ist das **Filet Wellington**:
- Das angebratene Filet wird mit einer Pilzmasse (Duxelles) umgeben, in Blätterteig eingehüllt und im Ofen gebacken.
- Beim Servieren werden zarte Buttergemüse und Madeirasauce gereicht.
- Tranchieren am Tisch des Gastes.

Das gebratene Roastbeef wird aber auch gerne als kalter Braten, dünn in Scheiben geschnitten, verwendet. Beispielsweise als erfrischendes Sommergericht mit Remouladensauce und Röstkartoffeln oder als Fleischgericht zum kalten Büfett.

Abb. 1 Filet Wellington

Gerichte aus gekochtem Rindfleisch

🇬🇧 boiled beef dishes 🇫🇷 plats (m) de bœuf bouilli

Zum Kochen bevorzugte Stücke sind Brust und Tafelspitz. Die Rinderbrust wird manchmal in gepökeltem Zustand verarbeitet. Tafelspitz ist ein Teilstück der Hüfte und wird oft auch als Schwanzstück bezeichnet.

Beilagenempfehlung

Saucen
- Meerrettichsauce
- Kräutersauce

Gemüsebeilagen
- Lauch, Sellerie, Karotten
- Wirsing- oder Spinatgemüse

Hauptbeilagen
- Salzkartoffeln und Petersilienkartoffeln
- Bouillonkartoffeln und Rahmkartoffeln

Kalte Beilagen
- Preiselbeeren, Rote Bete, Senfgurken

„Falls Sie eines unserer regionalen Gerichte probieren wollen, empfehle ich Ihnen die gekochte **Brust vom heimischen Weiderind** in kräftiger Brühe mit gedünsteten Lauchstreifen und geschabtem Meerrettich aus Franken. Dazu seviere ich Ihnen im Holzofen gebackenes Bauernbrot und ein schönes, dunkles Bier."

Beratung und Verkauf

EMPFEHLUNG UND VERKAUF VON SPEISEN

Gerichte aus geschmortem Rindfleisch

🇬🇧 dishes of braised beef 🇫🇷 plats (m) de bœuf braisé

Schmorbraten, Sauerbraten, Schmorsteaks und Rouladen werden aus bindegewebsreichen Teilstücken der Keule geschnitten. Für *Ragout* eignet sich sehr gut das Halsstück, für Gulasch die Hesse (Wadenschenkel).

- **Sauerbrate**n legt man einige Tage in Marinade aus Essig, Wein, Wurzelgemüse und Gewürzen ein. Sie macht das Fleisch zarter, saftiger und aromatischer.
- **Rinderrouladen** sind flach geklopfte Fleischscheiben, mit Senf bestrichen, mit Speck, Zwiebeln und Gewürzgurken belegt, aufgerollt, dann geschmort.

Als Beilagen werden empfohlen:

Saucen – Rotweinsauce

Gemüsebeilagen
- Karotten, Kohlrabi, Schwarzwurzeln, Rosenkohl und Rotkohl

Hauptbeilagen
- Salzkartoffeln und Kartoffelpüree
- Kartoffelklöße und Semmelknödel
- Spätzle und andere Teigwaren

Eine spezielle Speisenbezeichnung (Garnitur) ist **Schmorsteak Esterhazy**.

„Als regionale Spezialität hat unser Küchenchef einen zarten **Tafelspitz** vom Charolais-Rind zubereitet. Er wird von frischem Gemüse begleitet. Dazu sein besonderes Hobby, eine Frankfurter Grüne Sauce aus 6 frischen Küchenkräutern."

oder …

„… eine gepökelte Rinderbrust mit Apfel-Meerrettich, feinem Wirsinggemüse mit geröstetem Speck und gebuttertem Kartoffelschnee. Als Getränk empfehle ich dazu ein frisch gezapftes Weizenbier."

„Darf ich Ihnen heute eine saftig geschmorte Rinderroulade mit Gemüsefüllung und Rosmarinkartoffeln empfehlen? Unsere Köche haben das Gericht auch neu zusammengestellt. Als Getränk denke ich, dass ein Heilbronner Trollinger sehr gut dazu passt."

„Als Gericht des Tages möchten wir Ihnen heute anbieten: ein Rinder-Schmorsteak, wie es der ungarische Graf Esterhazy gerne aß. Es wird begleitet von in Streifen geschnittenem, gedünstetem Wurzelgemüse, einer kräftigen Sauce mit Sauerrahm und hausgemachten Mehlklößchen."

Aufgaben

1. Schildern Sie einem Gast das nebenstehende Gericht. Gehen Sie dabei davon aus, dass der Gast das Bild nicht sieht. Benennen Sie Aussehen und Bestandteile des Gerichtes. Machen Sie dem Gast mit Worten Appetit.
2. Beschreiben Sie drei besondere Schnitzelvariationen.
3. Nennen Sie vier Rindfleischstücke, die am Knochen auf dem Grill oder in der Pfanne gebraten werden.
4. Welche Fleischstücke werden aus dem Rinderfilet geschnitten?
5. Wie empfehlen Sie einem Gast folgendes Schmorgericht: Ochsenschwanz mit Sauce, Gemüse und Markklößchen?
6. Nennen Sie die vier verschiedenen Garstufen für gebratenes Rindersteak (Entrecôte).

6.4 Schwein 🇬🇧 pork 🇫🇷 porc (m)

Schweinefleisch stammt von jungen Tieren und ist deshalb besonders zart und saftig. Es eignet sich zum Braten und Kurzbraten. Für geschmorte Gerichte werden die bindegewebsreicheren Fleischteile, zum Kochen wird hauptsächlich gepökeltes Fleisch verwendet. Die Fleischfarbe ist hellrot und der Geschmack aromatisch. Sehr beliebt ist auch das Fleisch von **Spanferkeln**. Sie werden nach 5 Wochen geschlachtet und haben ein sehr helles und zartes Fleisch.

Abb. 1 ① Schinken, ② Kotelett, ③ Filet, ④ Kamm, ⑤ Bug, Schulter, ⑥ Bauch, ⑦ Wamme, ⑧ Kopf, ⑨ Eisbein, Haxe, ⑩ Spitzbein, Pfötchen

Kurzbratgerichte vom Schwein
🇬🇧 dishes of pan fried pork 🇫🇷 plats (m) de porc sauté

Von **Kurzbraten** spricht man wegen der kurzen Garzeit portionierter Fleischstücke. **Pfannengerichte** nennt man diese Gruppe wegen des Garens in der flachen Pfanne mit wenig Fett. Die Bezeichnung **à la minute** weist auf die kurzfristige Einzelzubereitung des Gerichtes hin. Die Fleischportionen für Pfannengerichte werden aus folgenden Fleischteilen geschnitten:
- **Rücken:** Schweinekoteletts, Schweinerückensteaks
- **Filet:** Schweinemedaillons
- **Keule:** Schweinesteaks, Schweineschnitzel

Beilagenempfehlung

Saucen
- Bratenjus oder dunkle Rahmsauce
- zu Kotelett Robertsauce
- zu Medaillons holländische Sauce, Béarner Sauce oder Choronsauce

Gemüsebeilagen: feine Gemüse

Hauptbeilagen
- wie zu den Braten
- Kartoffelkroketten oder Herzoginkartoffeln

"Als eine Novität bieten wir Ihnen heute gegrillte Medaillons vom Filet des ungarischen Woll-Schweines. Sie werden begleitet von Roquefortsauce mit feinen Gemüseperlen und Bamberger Hörnchen, einer ganz besonderen fränkischen Kartoffelsorte."

"Unsere Spezialität der Region ist ein gebratenes, mit Bratwurstbrät gefülltes Schweineschnitzel, serviert mit Bratensaft, Rahmwirsing und einem Kräuter-Kartoffelkloß."

Große Braten vom Schwein 🇬🇧 roasts of pork 🇫🇷 rôtis (m) de porc

Zum Braten sind wie beim Kalb alle großen Fleischstücke geeignet. Dazu können das Schweinefilet im Ganzen sowie entbeinte, größere Stücke des Rückens, der Schulter, ganze Keulen, Nackenstücke, Schweinebauch zum Füllen sowie Vorder- und Hinterhaxe mit oder ohne Knochen verwendet werden.

Beilagenempfehlung zu Schweinebratenstücken

Saucen: Bratenjus, Kümmeljus, Bierjus

Gemüsebeilagen: Kohlrabi, Rotkohl, Rosenkohl, Wirsing und Bayrisch Kraut

Hauptbeilagen
- Kartoffelpüree und Macairekartoffeln
- Rahmkartoffeln
- Kartoffelklöße und Semmelknödel
- Spätzle und andere Teigwaren

"Unser zart gebratenes Schweinekotelett ist ein „Muss". Zusammen mit Morcheln und einer delikaten Calvadossauce sowie Butternudeln mit frisch gehacktem Estragon wird das Gericht zum Erlebnis."

Das Besondere an vielen Bratenstücken ist die Saftigkeit des Fleisches. Hierfür ist eine bestimmte Fettmarmorierung verantwortlich. Beim Krustenbraten verwandelt der geschickte Koch die Schwarte in eine knusprige Kruste.

Beratung und Verkauf

EMPFEHLUNG UND VERKAUF VON SPEISEN

„Meine Empfehlung für Sie wäre ein mit Pilzen und Gemüsewürfeln gefüllter **Jungschweinerücken**, den unser Küchenchef durch eine besondere Technik als Kronenbraten auf den Teller bringt. Zu diesem Gericht servieren wir eine würzige Braunbiersauce mit geschmortem Spitzkohl und einem Auflauf von Brezenknödelmasse."

„Die **Schweinshaxen** möchte ich Ihnen besonders empfehlen. Unser Chefkoch hat sie mit dunklem Bier zu einem hohen Genuss gebraten und nebenbei auch noch die Schwarte knackig kross zubereitet. Wir servieren Ihnen die Haxe zusammen mit einer Bierjus, einem hausgemachten Thüringer Kloß und einem köstlichen Krautsalat."

„Unsere geschmorte **Schweinebacke** ist in einer Schwarzbiersauce zubereitet und wird mit einem kross gebratenem **Schweinebauch** serviert. Die sie begleitenden Beilagen sind ein Schinkenknödel auf gedünstetem Zwiebelkraut und grünem Erbsenpüree."

Gerichte aus geschmortem Schweinefleisch

🇬🇧 dishes of braised pork 🇫🇷 plats (m) de porc braisé

Neben dem Schweineragout gibt es zwei sehr bekannte Schmorfleischgerichte spezieller Art:

Schweinepfeffer
Ansatz ähnlich wie Gulasch, kurz vor dem Servieren mit Blut gebunden.

Szegediner Gulasch
Ansatz wie Gulasch oder Ragout. Wird zusammen mit Sauerkraut gegart, mit Kümmel gewürzt und mit Sauerrahm oder Schmant vollendet.

Gerichte aus gekochtem Schweinefleisch

🇬🇧 dishes of boiled pork 🇫🇷 plats (m) de porc bouilli

Die zum Kochen bestimmten Fleischteile des Schweines sind meistens gepökelt:

- Schinken, Vorderschinken und Hals
- Rippchen und Eisbein.

Das Pökeln bewirkt die Rotfärbung und den besonderen Geschmack des Fleisches.

Beilagenempfehlungen:

Zu Schinken
- Burgunder-, Madeira- oder Portweinsauce
- feine Gemüse, Petersilienkartoffeln, Kartoffelpüree, Kartoffelkroketten und Spätzle

Zu Rippchen/Eisbein
- Sauerkraut und Kartoffelpüree
- Erbsenpüree

Eine spezielle Zubereitung in Verbindung mit Schweinefleisch: **Garniertes Sauerkraut** oder **Schlachtschüssel**.

- Gekochtes Bauchfleisch sowie Blut- und Leberwurst,
- Sauerkraut und Kartoffelpüree oder Salzkartoffeln.

Eine spezielle Zubereitung ist der mit Brezenknödelmasse gefüllte Schweinebauch. Unser Küchenchef achtet beim Braten sehr darauf, dass dabei eine Schwarte entsteht, die wirklich kracht und durch und durch kross ist. Dazu reichen wir einen Teller mit marktfrischen Salaten.

Ein großer Genuss ist zu dieser kalten Jahreszeit unser mild gepökeltes Kassler, welches traditionell mit Grünkohl, Pinkel und gebratenen Kartoffeln serviert wird. Ich empfehle Ihnen dazu ein würziges Schwarzbier.

6.5 Lamm 🇬🇧 lamb 🇫🇷 agneau (m)

Das Lammfleisch hat von Natur aus einen würzigen und kräftigen Geschmack. Es muss sehr heiß angerichtet und rasch serviert werden.

Kurzbratgerichte vom Lamm

🇬🇧 dishes of pan fried lamb 🇫🇷 plats (m) d'agneau sauté

Von **Kurzbraten** spricht man wegen der sehr kurzen Garzeit portionierter Fleischstücke. **Pfannengerichte** nennt man diese Gruppe wegen des Garens in der flachen Pfanne mit wenig Fett.

Die Bezeichnung **à la minute** weist auf die kurzfristige Einzelzubereitung des Gerichtes hin.

Als Pfannengerichte gibt es Koteletts, Nüsschen und Schnitzel sowie Mutton chops (Scheiben aus beiden Seiten des Sattels mit Rückenfleisch, Knochen und Filet).

Zu Lamm verwendet man intensivere Würzzutaten wie Knoblauch, Thymian, Rosmarin, Salbei. Diese legt man beim Kurzbraten mit den Bratstücken in die Pfanne, damit deren Würzkraft auf das Fleisch übergeht.

Große Braten vom Lamm

🇬🇧 roasts of lamb 🇫🇷 rôtis (m) d'agneau

Für Braten eignen sich Teile von Rücken, Keule und Schulter.

Als Teilstücke werden der Sattel (das ist der hintere Teil des Rückens) und die Karrees (das sind die beiden Seitenteile des Rückens mit den langen Rippen) ganz gebraten.

Gerichte von geschmortem Lammfleisch

🇬🇧 dishes of braised lamb 🇫🇷 plats (m) d'agneau braisé

Zu Schmorgerichten gehören Schmorbraten und Ragouts aus der Keule, der Schulter und der Brust sowie die Lammhaxen.

Abb. 1 Lammkoteletts mit Kräutern und Knoblauch gebraten

„Als herbstliche Spezialität empfehlen wir Ihnen ein butterzartes **Lammkarree** in der Kräuterkruste mit leichter Thymianjus, kleinem Paprikagemüse und Bäckerin-Kartoffeln."

oder

„… eine mit Knoblauchstiften gespickte und schön saftig gebratene **Lammkeule** in einer Rosmarin-Rotweinsauce mit Kartoffelgratin, geschmolzenen Tomaten und knackigem Feldsalat."

„Als kulinarisches Gedicht bezeichnen Kenner das **Navarin de mouton**, ein geschmortes braunes Lammragout mit Schalotten und fein tournierten Wurzelgemüsen. Dazu servieren wir auf Wunsch Kartoffelschnee oder in Butter geschwenkte Bandnudeln."

Beratung und Verkauf

EMPFEHLUNG UND VERKAUF VON SPEISEN

„… ein interessantes braunes Lammragout, gemeinsam geschmort mit Quitten und breiten grünen Bohnen, serviert mit hausgemachten Kartoffelkroketten."

Beilagenempfehlung

Im Allgemeinen sind die gleichen Beilagen wie zu gleichartigen Rindfleischgerichten geeignet. Wegen des ausgeprägten Geschmacks des Lammfleisches ergeben sich zusätzlich einige Besonderheiten:

- Spinat, grüne Bohnen und Bohnenkerne
- geschmorte Gemüse wie Chicorée, Fenchel, Staudensellerie und Gurken
- südländische Gemüsezubereitungen wie z. B. Ratatouille (Paprika, Knoblauch, Auberginen, Zucchini und Tomaten)
- Schmelzkartoffeln und Lyoner Kartoffeln
- Bäckerin- und Annakartoffeln

Spezielle Gerichte aus Lammfleisch

 special dishes of lamb ● plats (m) speciale d'agneau

Spezielle Lammgerichte sind zum Beispiel:

- Lammcurry
- Lammfrikassee
- Irish Stew
- Gesottene oder pochierte Lammschulter

„Unser Küchenchef hält heute für Sie etwas ganz Besonderes bereit: Ein echtes **Curry vom Lamm** mit gerösteten Kokosflocken, frischer, glasierter Ananas und chinesischem Duftreis. Dazu servieren wir Ihnen einen warmen Sake-Wein."

„Heute empfehlen wir Ihnen ein **Irish Stew**, das irische Nationalgericht mit gekochtem Lamm und Zwiebeln, Kartoffeln und Weißkraut. Da unser Küchenchef ein Fan bunter Gerichte ist, hat er dem Gericht noch Lauch, Wirsing, Sellerie und Karotten hinzugefügt."

„Sehr lecker und leicht ist unser Lammfrikassee mit Spitzen von grünem Spargel, frischen Champignons und hausgemachten, in Butter geschwenkten Rote-Bete-Nudeln."

oder

„… eine pochierte **Lammschulter** mit Zitronen-Meerrettich-Schaum, Karotten und über Thymian gedämpften Kartoffeln."

6 Hauptgerichte aus Fleisch

6.6 Hackfleisch 🇬🇧 minced meat 🇫🇷 hachis (m) de viande

Hackfleisch ist stark zerkleinertes Fleisch, das wegen der vergrößerten Oberfläche und der feuchten Beschaffenheit einen leicht zugänglichen Nährboden für Bakterien darstellt. Besonders roh verzehrtes Hackfleisch könnte zur Gefahr für die menschliche Gesundheit werden. Es ist deshalb wichtig, die Vorschriften der Hygieneverordnung einzuhalten und auf eine hygienisch einwandfreie Verarbeitung des Fleisches zu achten. Das gilt auch für jede Person, die am Tisch des Gastes ein *Beefsteak Tatar* oder *Hackepeter* bzw. *Schweinemett* zubereitet.

Gerichte aus Hackfleisch

🇬🇧 dishes of minced meat 🇫🇷 plats (m) de viande (w) hachée

Hackfleischgerichte können aus allen Schlachtfleischarten sowie aus Geflügel, Wild oder auch Fisch hergestellt werden.

Neben den Hacksteaks, auch bekannt als Frikadellen, Fleischküchle, Fleischpflanzerl oder Buletten, gibt es den Hackbraten, auch falscher Hase genannt, als einfache Zubereitung oder raffiniert gefüllt.

Des Weiteren gibt es in vielen Ländern unterschiedliche Gerichte, die aus Hackfleisch zubereitet werden, wie zum Beispiel:

- **Cevapcici** in Südosteuropa aus Schweine- und/oder Lammhackfleisch
- **Hamburger** in den USA mit Ursprung in Deutschland
- **Bitok** (Bitki) in Russland aus Rinderhack in kleine Hacksteaks geformt
- **Dolmas** in Griechenland und Türkei aus Lammhackfleisch mit Pilawreis in Weinblättern gerollt
- **Chili con Carne** in Mittelamerika aus grob gehacktem Rindfleisch mit Knoblauch, Zwiebeln und Chilis
- **Bologneser Sauce** in Italien aus grob gehacktem Rindfleisch mit Gemüsewürfeln, Tomatenpüree und geschälten Tomaten

Außerdem werden viele Gemüse mit unterschiedlichen Hackmassen gefüllt, wie

- Paprikaschoten
- Kohlblätter zu Kohlrouladen/Krautwickel
- Spinat- und Mangoldblätter
- Tomaten, Kohlrabi
- Auberginen, Zucchini, Salatgurken

„Ein Gericht, das Sie sicher von Ihrer Oma kennen: die herrlichen **Königsberger Klopse** in feiner Kapernsauce mit Salzkartoffeln, einmal anders präsentiert. Lassen Sie sich überraschen."

„… dann habe ich noch etwas sehr Schönes anzubieten: einen **Strudel gefüllt mit Hackfleisch vom Kalb** mit Rührei auf einem Spiegel von Tomatensauce mit zarten Gemüsen und Lauchnudeln."

🔴 Burger sind das am weitesten verbreitete Produkt aus Hackfleisch. Siehe auch Kapitel „Burger" (S. 442)

„Unsere **Burger** sind aus 100 % Rindfleisch, immer ganz frisch für Sie gegrillt – natürlich nur auf offener Flamme, für den einzigartigen Grillgeschmack. Unser Weizenmehlbrötchen mit feinem Sesam kommt aus der Region – es wird frisch getoastet und belegt. Mit frisch geschnittenen, sonnengereiften Tomaten und schonend geerntetem, knackigem Eisbergsalat."

EMPFEHLUNG UND VERKAUF VON SPEISEN

6.7 Innereien 🇬🇧 offal meat 🇫🇷 abattis (m)

Im Restaurant werden vor allem die Innereien von Kalb und Lamm angeboten. Sie haben einen hohen Gehalt an Vitaminen und Mineralstoffen. Innereien sind zart und leicht verdaulich.

Gerichte aus Innereien
🇬🇧 dishes of offal meat 🇫🇷 plats (m) des abattis

Speisenbezeichnung		Saucen und Beilagen
Leber	• gebraten	• Bratenjus (Kalbsjus), Tomatenfleischwürfel, Pilze, Salzkartoffeln, Kartoffelpüree, Bratkartoffeln
	• geschnetzelt	• Rahmsauce und Reis, Pilze
	• sauer	• Rahmsauce (mit Essig oder Wein gewürzt), Zwiebeln
	• Leberknödel	• Kartoffelpüree und Sauerkraut
Nieren	• gebraten	• Senfsauce oder Rahmsauce, Bratkartoffeln, Perlzwiebeln, Karotten, Tomaten, Reis
	• geschnetzelt	• Rahmsauce, Kräutersauce, Kartoffelpüree oder -schnee, Salate
	• sauer	• Rahmsauce (mit Essig oder Wein gewürzt), Zwiebeln
Herz	• gebraten, vom Grill	• Kräuterbutter, Salate oder feine Gemüse, gebackene Kartoffelstäbchen
	• geschmort	• Erbsen, Karotten, Rosenkohl
	• Herzragout	• Schwarzwurzeln, Salzkartoffeln, Kartoffelpüree
Zunge	• gekocht (gepökelt)	• Burgunder-, Madeirasauce, Spargel, Blumenkohl, Brokkoli, Erbsen, Karotten, Spinat, Petersilienkartoffeln, Kartoffelpüree
Hirn	• gebraten • gebacken • überbacken	• Spinat, Kartoffelschnee • Zitronenachtel, Mayonnaise-Kartoffelsalat • Blattspinatsockel mit Mornaysauce, Salzkartoffeln
Kalbsbries	• gedünstet	• helle Rahmsauce, Kräutersauce, Spargel, Champignons, Morcheln, Krebsschwänze, Petersilienkartoffeln, Reis
	• gebraten	• leichte Jus, Tomatenfleischwürfel, Erbsenschoten, grüne Bohnen, Karotten, Petersilienkartoffeln, gebratene Kartoffeln, Reis

„Ein besonderes kulinarisches Erlebnis in unserem Haus ist die **Kalbsleber nach Berliner Art**. Wir servieren sie mit leichter Kalbsjus, gebratenen Apfelscheiben und Röstzwiebeln. Unser Küchenchef ergänzt sie mit einer Maistomate auf Lauchgemüse und einem delikaten Kartoffel-Sahnepüree."

„Wenn Sie gerne Innereien mögen, empfehle ich Ihnen das leicht in Butter gebratene **Kalbsbries** mit Gemüseteigtaschen, beträufelt mit Limettensauce. Dazu passt sehr gut ein leichter Riesling von der Mosel."

6.8 Fleisch- und Wurstwaren

🇬🇧 cold cuts 🇫🇷 charcuterie (w)

Fleischwaren sind Erzeugnisse, bei denen die Struktur des Fleisches nicht verändert wird. Die jeweiligen Behandlungsverfahren, wie z. B. pökeln, bewirken lediglich eine Veränderung der Farbe und des Geschmacks, z. B. Schinken roh und gekocht, Bündner Fleisch, Räucherwaren und Pökelzungen.

Wurstwaren sind schnittfeste oder streichfähige Erzeugnisse aus einem Gemenge von zerkleinertem Fleisch und Fettgewebe mit Gewürzen.

Man unterscheidet:

- Kochwürste
- Brühwürste
- Rohwürste

Abb. 1 Parmaschinken, Südtiroler Speck, Bündner Fleisch

Kochwürste

Fleisch und andere Zutaten wie Zunge werden im Voraus gekocht. Ein Gelee aus Schwarten und Knochen oder Blut geben die Bindung.

Beispiele: Leberwurst, Rotwurst, Sülzwurst und Presssack

Abb. 2 Verschiedene Kochwürste

Brühwürste

Fleisch und Speck werden feinst zerkleinert. Dadurch lösen sich Eiweißstoffe und binden zusätzlich Wasser, das in Form von Eis beigegeben wird. Durch Brühen (Pochieren) entsteht die Bindung.

Beispiele: Bierschinken, Mortadella, Lyoner,

Abb. 3 Verschiedene Brühwürste

Rohwürste

Rohes Fleisch und Speck werden zerkleinert, danach mit Nitritpökelsalz und Gewürzen versetzt. Nach dem Einfüllen in Därme beginnt ein biologischer Reifeprozess.

Beispiele: Salami, Cervelatwurst, Mettwurst, Teewurst

Abb. 4 Verschiedene Rohwürste

Aufgaben

1. Entwerfen Sie mithilfe des nebenstehenden Bildes und der Materialangabe eine appetitanregende Formulierung für Ihre Gäste.
   Kalbsbäckchen, geschmort; Püree von Lauch und Kartoffeln; weiße Bohnen.

2. Erarbeiten Sie 7 Vorschläge für Gerichte vom Schwein für eine neue Speisekarte. Achten Sie dabei darauf, dass möglichst alle Zubereitungsarten abgedeckt sind.

3. Welche Pfannengerichte werden aus Lammfleisch zubereitet?

4. Erklären Sie Ihren Gästen die Besonderheiten von Irish Stew.

5. Was ist beim Service von Lammgerichten besonders zu beachten? Welches Getränk würden Sie dem Gast empfehlen?

6. Erklären Sie die Begriffe Fleischwaren und Wurstwaren.

Beratung und Verkauf

EMPFEHLUNG UND VERKAUF VON SPEISEN

7 Hauptgerichte aus Geflügel und Wildgeflügel

🇬🇧 main courses of poultry and feathered game
🇫🇷 plats (m) de volaille et de gibier à plume

Angebotsformen

Haus- und Wildgeflügel bekommt man frisch oder als Tiefkühlware geliefert. Man erhält sie aber auch zerlegt in Teilstücke wie Brust, Keule oder Leber.

Im Vergleich zum Wildgeflügel wird Schlachtgeflügel „beim Haus" gehalten und heißt deshalb auch Hausgeflügel.

Kennzeichnung bei verpackter Ware (Beispiel)

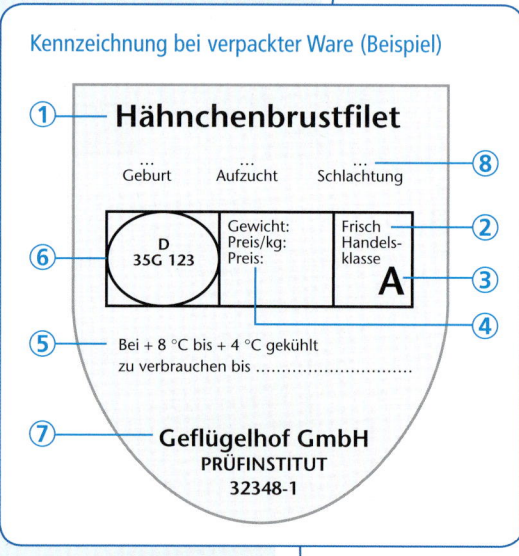

7.1 Hausgeflügel 🇬🇧 poultry 🇫🇷 volaille (w)

Beim Verkauf von Hausgeflügel muss angegeben werden:
① Verkehrsbezeichnung
② Angebotszustand
③ Handelsklasse
④ Gewicht/Kilogrammpreis/Gesamtpreis
⑤ Hinweis auf Lagerbedingungen, Verbrauchsdatum bei Frischfleisch, Mindesthaltbarkeit bei Frostware
⑥ Schlacht- bzw. Zerlegebetrieb
⑦ Name und Anschrift des Vertreibers
⑧ Herkunftsnachweis (freiwillig)

Unter dem Begriff Herrichtungszustand versteht man, in welchem Zustand, also ob ausgenommen, bratfertig oder grillfertig, ohne Innereien, das Geflügel geliefert wird.

Übersicht Teilstücke

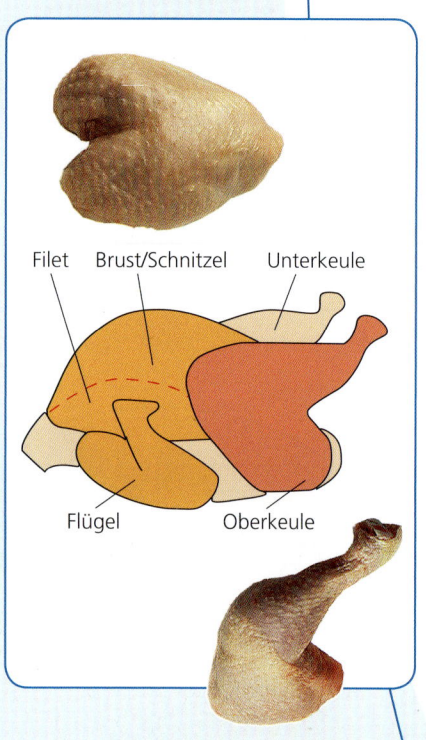

Handelsbezeichnungen

Geflügel	Handels-bezeichnungen	Alter
Hühner 🇬🇧 chickens 🇫🇷 poulets (m)	Küken Hähnchen (Poulets) Jungmasthahn Suppenhuhn	3–4 Wochen 6–7 Wochen 12–15 Monate
Puter 🇬🇧 turkeys 🇫🇷 dindes (w)	Baby-Puter Truthenne, Truthahn	2–3 Monate 3–7 Monate
Enten 🇬🇧 ducks 🇫🇷 canards (m)	Frühmastente Junge Ente Ente, Flugente	6–7 Wochen 3–5 Monate über 1 Jahr
Gänse 🇬🇧 geese 🇫🇷 oisons (w)	Frühmastgans Junge Gans Gans	3–4 Monate 9–10 Monate über 1 Jahr
Perlhühner 🇬🇧 guinea fowls 🇫🇷 pintades (w)	Junges Perlhuhn Perlhuhn	bis 1 Jahr über 1 Jahr
Tauben 🇬🇧 pigeons 🇫🇷 pigeons (m)	Junge Taube Taube	bis 1 Jahr über 1 Jahr

7 Hauptgerichte aus Geflügel und Wildgeflügel

Das Fleisch vom hellen Hausgeflügel ist von zarter Beschaffenheit und hat einen geringen Fettanteil. Es ist eiweißreich und leicht bekömmlich.

Das dunklere Fleisch von Ente und Gans enthält mehr Mineralstoffe und ist dadurch intensiver im Geschmack.

Enten und Gänse haben im rohen Zustand einen hohen Fettanteil, der sich aber bei sachgerechtem Garen verringert.

Gerichte von Hausgeflügel

🇬🇧 dishes of poultry 🇫🇷 plats (m) de volaille

Auf Grund der vielfältigen Eigenschaften des Fleisches bereichert Geflügel das Speisenangebot und sorgt für Abwechslung.

Grundlage für die Zubereitungen sind die bei Hausgeflügel angewandten Garmethoden, wobei außerdem zwischen hellem und dunklem Hausgeflügel unterschieden wird.

Helles Hausgeflügel wird seiner Eigenschaften wegen meist durch **Braten** und **Grillen** gegart.

Dennoch gibt es Besonderheiten wie:
- Frittieren oder Schmoren von Hähnchenteilen,
- Hellbraundünsten (Poelieren) von Hähnchen,
- Kochen von Suppenhühnern.

Dunkles Hausgeflügel und **Wildgeflügel** wird in der Regel gebraten. Lediglich bei älteren Tieren bzw. bei derberem Fleisch ist Schmoren erforderlich.

Eine besondere Zubereitungsart ist das **Poelieren**, das sogenannte Hellbraundünsten von hellem Geflügel. Dabei wird das Geflügel nur ganz leicht angebraten, danach wenig Fond angegossen und zugedeckt gar gedünstet.

> **Beilagen zu hellem Hausgeflügel:**
> Sämtliche Beilagen, die auch zu hellem Schlachtfleisch serviert werden, sind möglich.
> Bei Enten und Gänsen kommen vermehrt die Beilagen von Wildgeflügel in Anwendung.

> „Heute erwartet Sie ein zartes Stubenküken-Frikassee, wie es die Berliner der 20er Jahre liebten. Das gedünstete Huhn ist in Begleitung einer Weißweinsauce, von Champignons, Stückchen vom Kalbsbries, Spargel, Krebsschwänzen und Pilaw-Reis."

> „Des Weiteren kann ich Ihnen empfehlen …
> … ein in Wein, auch bekannt unter dem Namen „Coq au vin", in Rotwein zubereitet mit Schalotten, Speck, Pilzen und Sahne."

> „Probieren Sie einmal unsere Chicken Nuggets. Außen mit einer krossen Panade versehen, innen zartes und saftiges Hähnchenfleisch. Wählen Sie dazu frei Ihren Lieblings-Dip aus fünf unterschiedlichen Geschmacksrichtungen: Curry, süß-sauer, feurige Salsa, rauchige Barbecue-Sauce oder unseren Klassiker aus England, den HP-Dip."

> „Unsere Chicken Wings sind der King! Alle, die es feurig scharf mögen, werden unsere in Paprikamarinade eingelegten und anschließend frittierten Hähnchenflügel lieben.
> Für hungrige, super hungrige und super super hungrige Chicken-Fans bieten wir den Snack wahlweise mit sechs, neun oder fünfzehn Wings an."

> „Sehr lecker ist unser Wiener Backhendl. Es wird in Weißbrotbröseln paniert und in Butterschmalz gebacken. Dazu servieren wir frittierte Petersilie und einen geschmacklich hervorragenden Kartoffelsalat nebst Kopfsalatherzen mit einer Vinaigrette."

Beratung und Verkauf

EMPFEHLUNG UND VERKAUF VON SPEISEN

„… als neues Wellnessgericht eine **Maishähnchenbrust** vom Grill mit roten und gelben Kirschtomaten, dazu einen Joghurt-Bärlauch-Dip mit einer Scheibe von hausgemachtem Vitalbrot."

„Ein kulinarischer Hochgenuss ist die glasierte **Keule der Hafermastgans** mit Kronsbeeren-Rosmarin-Sauce, Apfelrotkohl und Kräuter-Kartoffel-Klößen."

„In der mit kross gebratener Haut und Pilzen gefüllten **Entenbrust** treffen Mediterranes und die schwäbische Region aufeinander. Serviert mit gelben und grünen Minizucchini, roten Senflinsen und Mohn-Schupfnudeln, umkränzt mit einer leichten Trollinger Sauce, erhebt sich dieses Gericht zu einem wahren Augen- und Gaumenschmaus."

Beilagenempfehlung:

Saucen
- Wildsauce mit gehaltvollen Weinen
- Wacholderrahmsauce
- Waldmeistersauce

Gemüsebeilagen
- Rotkohl und Rosenkohl, Wirsing, Grünkohl
- Wein-, Champagner- und Ananaskraut
- glasierte Kastanien (Maronen)
- Pilze

Hauptbeilagen
- Kartoffelkroketten, Mandelbällchen, Püree
- Dauphinekartoffeln oder Spätzle

Obstbeilagen
- Apfel- oder Kastanienmus
- gedünstete Birne oder Quittenragout
- Orangenfilets oder Weintrauben

7.2 Wildgeflügel 🇬🇧 feathered game 🇫🇷 gibier (m) à plume

Als Wildgeflügel bezeichnet man alle jagdbaren Vögel, deren Fleisch für den Menschen genießbar ist. Ihr Lebensraum sind der Wald und die Umgebung von Gewässern. Es wird auch als **Federwild** bezeichnet.

Die bekanntesten Wildgeflügelarten sind:

- **Fasan** 🇬🇧 pheasant 🇫🇷 faisan (m)
- **Wachtel** 🇬🇧 quail 🇫🇷 caille (w)
- **Rebhuhn** 🇬🇧 partridge 🇫🇷 perdreau (m)
- **Schnepfe** 🇬🇧 woodcock 🇫🇷 bécasse (w)
- **Wildente** 🇬🇧 wild duck 🇫🇷 canard sauvage (m)

Wildgeflügel ist bis auf die Wildente fettarm. Damit das Fleisch saftig bleibt, wird es mit Speckscheiben umwickelt (bardiert).

Gerichte von Wildgeflügel

🇬🇧 dishes of feathered game 🇫🇷 plats (m) de gibier à plume

Wildgeflügel muss wie das Schlachtfleisch vor der Verarbeitung erst abhängen, um zu reifen. Junges Wildgeflügel wird vorwiegend gebraten. Am besten schmeckt es, wenn das gebratene Fleisch am Knochen noch rosafarben ist. Älteres Wildgeflügel wird vorwiegend für Brühen und Suppen (Rebhuhnessenz, Fasanenkraftbrühe) genutzt oder durch Schmoren gegart.

7 Hauptgerichte aus Geflügel und Wildgeflügel

„Eine Köstlichkeit aus den Weinbergen möchten wir Ihnen heute anbieten: Es ist ein junger **Fasan**, schön goldgelb gebraten, in feiner Weinsauce mit Trauben und Gänseleber, einem Strudel mit Mangold, Babymöhrchen und Pastinakenpüree."

„Eine besondere Spezialität ist unsere mit in Port-Wein marinierter Gänseleber gefüllte und zart gebratene **Wachtel** auf einem feinen Linsengemüse mit gekochtem Wachtelei. Hierzu passt ausgezeichnet ein italienischer Rotwein, beispielsweise der Barbera d'Asti."

„Ein ofenfrisch gebratenes **Rebhuhn** mit Calvados-Walnuss-Sauce auf gedünstetem Spitzkohl und glasierten Honigäpfeln, dazu ein Püree von Petersilienwurzeln und Knollensellerie."

„Etwas für echte Genießer ist die zartrosa gebratene **Entenbrust**, begleitet von einem Ragout der Entenkeule mit Äpfeln, Pilzen und Maronen. Dazu servieren wir hausgemachte, breite Bandnudeln, krossen Speck und frittierte Salbeiblätter."

Aufgaben

1. Nennen Sie Arten des Hausgeflügels.
2. Welche Angebotsformen gibt es bei Hausgeflügel?
3. Welche Garmachungsarten werden angewendet:
   a) bei hellem Hausgeflügel?   b) bei dunklem Hausgeflügel und Wildgeflügel?
4. Erstellen Sie eine Spezial-Speisekarte mit mindestens 15 Gerichten aus Haus- und Wildgeflügel.
5. Eine entsprechende Gästebefragung wird Ihnen Aufschluss geben über die beliebtesten Geflügelgerichte. Entwickeln Sie hierfür einen kleinen Fragebogen.
6. Fügen Sie Ihrer Geflügelkarte eine Weinempfehlung bei mit drei Weißweinen und drei Rotweinen.

Beratung und Verkauf

EMPFEHLUNG UND VERKAUF VON SPEISEN

8 Hauptgerichte vom Wild

🇬🇧 main courses of game 🇫🇷 plats (m) de gibier

Das Fleisch vom Wild ist als Nahrungsmittel eine ganz besondere Delikatesse.

Die besondere Beschaffenheit des Wildfleisches ergibt sich vor allem aus den naturbedingten Lebens- und Fressgewohnheiten. Grundsätzlich ist Wildfleisch fettarm. Vom Kaninchen abgesehen, ist das Fleisch des Wildes dunkel. Wild muss vor der Verarbeitung einige Zeit zum Reifen abhängen.

Der Geschmack des Fleisches hat im Vergleich zum Schlachtfleisch eine arteigene Ausprägung. Es schmeckt intensiver und aromatischer.

Die wichtigsten Wildarten sind:
- Reh   🇬🇧 venison   🇫🇷 chevreuil (m)
- Hirsch   🇬🇧 deer   🇫🇷 cerf (m)
- Wildschwein   🇬🇧 wild boar   🇫🇷 sanglier (m)
- Hase   🇬🇧 hare   🇫🇷 lièvre (m)
- Kaninchen   🇬🇧 rabbit   🇫🇷 lapin (m)

Weitere, regionaltypische Wildarten sind Gams und Elch sowie Bären und Rentiere.

Gerichte vom Wild   🇬🇧 dishes of game 🇫🇷 plats (m) de gibier

Wildgerichte sind vor allem im Herbst und Winter eine willkommene Bereicherung im gastronomischen Speiseangebot. Wild wird meist zerwirkt (zerteilt) in Rücken, Keulen oder Schultern oder als Ragoutfleisch angeboten.

Zwei Vorbereitungstechniken sind darauf ausgerichtet, den fehlenden Fettanteil sinnvoll zu ersetzen:
Spicken – das rohe Fleisch wird mit dünnen Speckstreifen durchzogen.
Bardieren – das Fleisch wird mit dünnen Speckscheiben umwickelt, die nach dem Braten bzw. vor dem Servieren wieder entfernt werden.

Manche Zubereitungen erfordern ein rechtzeitiges Einlegen spezieller Fleischstücke in Marinaden oder Buttermilchbeizen.

Beilagenempfehlung zu den Wildgerichten:

Jus und Saucen
- Bratenjus vom Wild
- Wildrahm-, Wacholderrahm-, Wildpfeffersauce
- Waldmeistersauce

Gemüsebeilagen
- Pfifferlinge, Steinpilze, Champignons und Morcheln
- Rosenkohl, Brokkoli, Karotten und Bohnen, Schwarzwurzel
- Rotkohl (Apfelrotkohl)

Hauptbeilagen
- Kartoffelkroketten, Mandelbällchen, Bernykartoffeln
- Dauphinekartoffeln, Herzoginkartoffeln
- Spätzle
- Kartoffelklöße (zu Schmorgerichten)

Obstbeilagen
- Preiselbeeren oder Johannisbeergelee, Waldmeistergelee
- Äpfel, Quitten und Birnen, geschmort, gebraten oder als Kompott
- Kastanien (Maronen), glasiert oder als Kastanienpüree
- Ananas, Orangen, Mandarinen und Pfirsiche

„Bei uns hat die Jagdsaison begonnen. Wir laden Sie ein in die feine Wildküche mit hausgemachten Spezialitäten unseres Küchenchefs. Genießen Sie zum Beispiel wilde Köstlichkeiten wie:
- Rosa gebratenes **Rehrückenfilet** auf Linsengemüse mit Muskatkürbis-Spalten.
- Gebratene Frischlingsmedaillons mit Waldmeistersauce, Speck-Rosenkohl, Steinpilznudeln und Quittenkompott.
- Geschmorte Hasenschulter in Buttermilchsauce mit Serviettenknödeln, Rotkrautsalat und Apfelmus."

8 Hauptgerichte vom Wild

„Geschmorte **Schulter vom Jungbock** in einer Cognac-Piment-Sauce mit Kurkuma-Reis-Plätzchen und glasierten Kakifrüchten. Als Getränk sollten Sie einen japanischen Sakewein oder einen chinesischen Pflaumenwein dazu probieren."

„Ein ganz verführerisches Mahl ist das **Zweierlei von Kaninchen** mit einem gefüllten Rücken und einem Kotelettstück auf feiner Chardonnay-Sauce mit Maiskölbchen, Karotten und Lauch auf Rahm, dazu hausgemachte Kräuternudeln."

„Als ein wunderbares Geschmackserlebnis empfehle ich Ihnen den gefüllten **Hirschkalbsrücken** auf Wirsingherz mit Cassissauce, Tartelett von marktfrischen Gemüsen, Krautkräpfle und bunten Schupfnudeln."

Worte, die verkaufen helfen

- herzhaft
- lieblich
- aromatisch
- frisch
- veredelt
- weihnachtlich
- verführerisch
- verzaubert
- leicht exquisit
- bekömmlich
- exklusiv
- hochwertige Zutaten
- volles Aroma
- frische Versuchung
- von feinem Geschmack
- ein Feuerwerk der Aromen
- auf der Zunge zergehend
- verhaltenes Aroma
- raffinierte Zubereitung
- eigene Note
- kulinarische Impressionen
- Familientradition
- ein echter Klassiker
- etwas für echte Genießer

Aufgaben

1. Schildern Sie einem Gast das nebenstehende Wildschweingericht. Gehen Sie dabei davon aus, dass der Gast das Bild nicht sieht. Benennen Sie Aussehen und Bestandteile des Gerichtes. Machen Sie dem Gast mit Worten richtig Appetit.
2. Nennen Sie verschiedene Wildtierbezeichnungen.
3. Nennen Sie klassische Beilagen zu Wildgerichten.
4. Erstellen Sie eine spezielle Karte für eine Wildwoche mit Suppen, kalten und warmen Wildgerichten.
5. Wildfleisch wird vielfach gespickt oder bardiert. Erklären Sie die Fachbegriffe gastgerecht.

9 Spezielle Hauptgerichte: Systemgastronomie

🇬🇧 special main dishes: fast food industry
🇫🇷 plats de résistance specials: gastronomie (w) de système (m)

In der **Systemgastronomie** hat sich, insbesondere im Bereich der Quick-Service-Gastronomie, ein umfangreiches Fastfood- und Finderfood-Angebot international durchgesetzt.

Sandwich

Den Gerüchten nach wollte im 18. Jahrhundert in England der vierte Earl of Sandwich seine Kartenspielabende nicht durch lange Mahlzeiten unterbrechen lassen. Er ließ sich sein Essen daher handlich zwischen zwei Brotscheiben legen.

Das klassische **Sandwich** besteht ursprünglich aus zwei oder mehreren Kastenweißbrot- oder Toastbrotscheiben ohne Rinde. Es ist nicht geröstet, zwischen die Brotscheiben kommt ein beliebiger Belag, z. B. Schinken, Käse, Fisch oder Bratenfleisch. Oft wird er mit einem Salatblatt sowie Mayonnaise oder Meerrettich garniert. Das Sandwich wird als Dreieck zugeschnitten serviert oder verpackt.

Heute werden fast alle belegten Brötchen und Baguette-Brote als „Sandwich" bezeichnet; es gibt unzählige Varianten. Weit verbreitet sind auch belegte Baguette-Brote – sie werden wegen ihrer an U-Boote erinnernde Form (engl. „submarine") auch „Subs" genannt.

Abb. 1 Klassisches Sandwich

Abb. 2 Sub bzw. Subway Sandwich

Wrap

Wraps (engl. „to wrap" = wickeln, einhüllen) werden auch als „gerollte Sandwiches" bezeichnet. Sie haben keine feste Rezeptur. Der Ursprung liegt in Nordmexiko und den Weststaaten der USA.

Umhüllt werden **Wraps** von **Tortillas**, dünnen Fladenbrot aus Mais- oder Weizenmehl. Maistortillas sind meist kleiner und brechen leicht. Weizentortillas sind etwas elastischer mit einem größeren Durchmesser.

Gefüllt werden sie u. a. mit gerilltem, frittiertem oder gebratenem Fleisch, ergänzt mit Gemüse, Salat, Sauerrahm und einer scharfen Sauce.

Abb. 3 Wrap

Döner

Döner Kebab oder kurz Döner ist eine Fladenbrottasche, die meist mit gegrilltem Fleisch, Salat, Gurken, Tomaten, rohem Weiß- und/oder Rotkrautsalat, Joghurtsauce und Zwiebel gefüllt wird.

Die Grillfleischscheiben werden vorher in Marinade eingelegt, schichtweise auf einen Spieß gesteckt und im Drehgrill gegart.

Üblicherweise besteht der Spieß zwischen den einzelnen und eher mageren Fleischlagen aus Hackfleisch.

Abb. 4 Dönerfleisch-Spieß am Grill

Im Ursprungsland Türkei ist der Döner seit Mitte des 19. Jahrhunderts bekannt, in Deutschland fand er seit den 1970er Jahren Verbreitung. Während in der Türkei meist Hammelfleisch für die Spieße verwendet wird, wird bei uns Rind- und Kalbfleisch sowie Hühner- und Putenfleisch angeboten.

In der griechischen Variante **Gyros** wird Schweinefleisch verwendet.

Pizza

Mehrere Gegenden Italiens behaupten, Ursprung der **Pizza** zu sein. Mitte des 18. Jahrhunderts wurde sie bereits in Süditalien verwendet. Sie bestand aus einem einfachen Hefeteig, zubereitet mit Salz und Olivenöl. Belegt wurde sie mit Tomatenscheiben, gewürzt mit Olivenöl und Basilikum oder Oregano.

Heute wird Pizza in unzähligen Variationen angeboten. Der Fantasie ist bei den Belägen keine Grenze gesetzt, statt frischer Tomaten wird meist Tomatensauce oder Tomatenmark verwendet. Als Klassiker zählt die **Pizza Margherita**, auch aufgrund der italienischen Nationalfarben rot (Tomate), weiß (Mozzarella) und grün (Basilikum).

Pizza sollte möglichst wenige Minuten bei hoher Temperatur (400 bis 500 °C) in einem Pizzaofen gebacken werden.

Abb. 1 Pizzabäcker

Einige verbreitete Pizzavarianten und ihre Beläge:

Pizza Margherita	Pizza Napoli	Pizza Regina	Pizza Prosciutto
Tomatensauce	Tomatensauce	Tomatensauce	Tomatensauce
Mozzarella	Mozzarella	Mozzarella	Mozzarella
		Schinken	Schinken
		Champignons	Champignons
Basilikum	Sardellen		Pepperoni
Tomatensauce	Oregano	Oregano	Oregano
Mozzarella	Oliven	Oliven	Oliven

Neben den verschiedenen Belägen gibt es auch unterschiedliche **Pizzaböden**. Die Böden variieren in Größe und Form (Backblechpizza, Pizzaschnitte, runde Pizza), aber auch in der Höhe des Bodens oder der Form des Randes.

Eine Sonderform ist die **Pizza Calzone**. Der Teigfladen wird vor dem Überbacken als Halbkreis zusammengeklappt. Zutaten sind u. a. roher Schinken, Pilze, Mozzarella, Ricotta, Parmesan sowie oft auch Eier.

Abb. 2 Pizza Calzone

Beratung und Verkauf

EMPFEHLUNG UND VERKAUF VON SPEISEN

Abb. 1 Amerikanische Pizza

Die in Deutschland bekannte „Amerikanische Pizza" wurde durch die Pizzakette „Pizza Hut" bekannt und zeichnet sich durch einen vergleichsweise dicken Pizzaboden aus.

In den Niederlanden weit verbreitet ist der „Double Dutch", eine Übergangsform zwischen Pizza und Hot Dog.

Hot Dog

Die Herkunft des Hot Dogs ist nicht bekannt, es gibt ihn aber schon seit 1871, der Name ist seit 1895 verbürgt.

Hauptbestandteil des Hot Dogs ist ein längliches Weizenbrötchen, oft bereits mit einer Aussparung, in das ein Brühwürstchen (Wiener, Frankfurter) eingelegt wird.

Abb. 2 Hot Dog

Dieses wird vorher in einem Rollergrill – alternativ im heißen Wasser – zubereitet und mit Senf und/oder Ketchup, Mayonnaise, Relishes oder anderen Saucen gewürzt. Verschiedene Varianten mit Senf, Gurken und Sauerkraut spiegeln den regionalen Geschmack wieder.

Hamburger, kurz: Burger

Woher der „Burger" stammt, ist unklar. Der Begriff „Hamburger Steak" für ein Rinderhacksteak wurde aber schon 1842 in einem Kochbuch in den USA genannt.

Abb. 3 Jim Deligatti erfand vor 40 Jahren den Big Mac

Der **Burger** ist eine Sonderform des Sandwichs: gebratene oder gegrillte Hackfleischscheiben (**Pattys**, meist aus Rinderhack) zwischen Weichbrötchen-Hälften. Diese Basisvariante, der **Hamburger** oder Beefburger, sowie der **Cheeseburger** (mit einer zusätzlichen Scheibe Käse) sind die am weitesten verbreiteten Burger-Varianten.

Anstatt des Rinderhacks findet auch Schweinefleisch (z. B. McRib), Fisch (z. B. Bremer) oder Gemüse (z. B. Veggieburger) als Hauptfüllung Verwendung. Es gibt eine große Angebotsvielfalt durch Rezeptvarianten mit verschiedenen Saucen oder Zutaten, die auf regionalen oder nationalen Geschmack Rücksicht nehmen.

Abb. 4 Teamburger

Große Schnellrestaurantketten entwickeln spezielle **Burgervariationen** für kurzzeitige Sonderaktionen, um z. B. Events wie Fußballmeisterschaften zu begleiten. Auch wird Gästen die Möglichkeit gegeben, **eigene Burger-Kreationen** zu entwickeln. Diese Aktionen dienen der Kundenbindung und dem Imagegewinn (siehe Kapitel Marketing).

Abb. 5 3 Beispiele „Mein Burger"

Die erfolgreichsten Burger-Ketten weltweit sind **McDonald's** und **Burger King**.

10 Beilagen

🇬🇧 side dishes 🇫🇷 garnitures (w)

Zu einem kompletten Gericht gehören neben Fleisch- oder Fischspeisen und Saucen als Ergänzung **Gemüse, Pilze und Hauptbeilagen** (stärkehaltige Beilagen) sowie Salate und Obst. Dabei sollte man immer darauf achten, dass die Beilagen mit den Hauptgerichten und deren Zubereitungsarten harmonieren. Dies zu erreichen, bedarf es einiger Erfahrung und Kenntnisse.

Hierbei spielen vor allem die unterschiedlichen Zubereitungsarten der Beilagen eine besondere Rolle. Dann können die Beilagen den Zubereitungen der Hauptgerichte zugeordnet werden.

Gemüse reicht man roh oder gegart als harmonische Ergänzung bzw. Beilage zu Hauptplatten von Fisch und Fleisch. Hinweis: Aus Gemüsen werden auch eigenständige Gerichte hergestellt. Wurzel- und Zwiebelgemüse dienen zusätzlich als Würzmittel.

10.1 Beilagen aus Gemüse

🇬🇧 vegetable side dishes 🇫🇷 garnitures (w) de légumes (m)

Die Einteilung der vielfältigen Gemüse erfolgt nach handelsüblichen Sammelbegriffen.

Beispiele

Wurzel- und Knollengemüse 🇬🇧 root vegetables 🇫🇷 racines (w)	Arten	🇬🇧 englisch	🇫🇷 französisch
	Fenchel ①	fennel	fenouil (m)
	Karotten/Möhren ②	carrots	carottes (w)
	Meerrettich ③	horseradish	raifort (m)
	Petersilienwurzel ④	parsley root	racine de persil (m)
	Radieschen, Rettich ⑤ ⑥	radishes	radis (m)
	Rote Bete (Rüben) ⑦	beetroots	betteraves (w)
	Schwarzwurzeln	black salsify	salsifis (m)
	Sellerie	celery root	céleri-raves (m)
	Teltower Rüben	turnips	navets (m)

Kohlgemüse 🇬🇧 brassicas 🇫🇷 choux (m)	Arten	🇬🇧 englisch	🇫🇷 französisch
	Blumenkohl ①	cauliflower	chou-fleur (m)
	Brokkoli	broccoli	brocoli (m)
	Chinakohl	chinese cabbage	chou chinois (m)
	Grünkohl ②	curly kale	chou vert (m)
	Kohlrabi	kohlrabi	chou-rave (m)
	Romanesco ⑥	romanesco	romanesco (m)
	Rosenkohl ③	brussels sprouts	choux de Bruxelles (m)
	Rotkohl ④	red cabbage	chou rouge (m)
	Weißkohl ⑤	white cabbage	chou blanc (m)
	Wirsing	savoy cabbage	chou de Milan (m)

Blattgemüse und Blattsalate 🇬🇧 leaf vegetables 🇫🇷 légumes (m) à feuilles	Arten	🇬🇧 englisch	🇫🇷 französisch
	Chicorée ①	belgium endive	endive (w)
	Eichblatt	oakleaf lettuce	salade (w) de feuilles de chêne
	Endivien	endive salad	scarole (w)
	Eisbergsalat ②	iceberg salad	laitue (w) d'hiver
	Feldsalat ③	lamb's lettuce	mâche (w)
	Frisée	curled endive	chicorée (w) frisée
	Kopsalat ④	lettuce	laitue (w)
	Radicchio ⑤	red-leaf chicory	barbe (w) de capucin
	Römischer Salat	roman lettuce	salade (w) romaine
	Spinat ⑥	spinach	épinards (m)
	sowie Lollo rosso, Lollo bianco, Rucola, Mesculin usw.		

Beratung und Verkauf

EMPFEHLUNG UND VERKAUF VON SPEISEN

Fruchtgemüse
🇬🇧 fruit vegetables 🇫🇷 légumes (m) de fruits

Arten	🇬🇧 englisch	🇫🇷 französisch
Auberginen	eggplants	aubergine (w)
Gurken	cucumber	concombre (m)
Kürbis	pumpkin	potiron (m)
Mais	corn	grains de maïs (m)
Paprikaschoten ①	bellpeppers	poivron (m)
Tomaten ②	tomatoes	tomates (w)
Zucchini ③	zucchini	courgettes (w)
Erbsen	green peas	petits pois (m)
Grüne Bohnen ④	string beans	haricots (m) verts
Zuckerschoten ⑤	snow peas	pois mange-tout (m)

sowie Melone, Okra, usw.

Zwiebelgemüse 🇬🇧 bulbs 🇫🇷 oignons (m)

Arten	🇬🇧 englisch	🇫🇷 französisch
Knoblauch ①	garlic	ail (m)
Lauch, Porree ②	leek	poireaux (m)
Perlzwiebel	pearl onion	petit oignon (m)
Schalotten ③	shallots	échalotes (w)
Zwiebeln ④	onions	oignons (m)
Frühlinszwiebeln ⑤	scallions	ciboules (w)

Wurzelsprossen/ Blütengemüse
🇬🇧 shoot vegetables
🇫🇷 pousses (w) de racine

Arten	🇬🇧 englisch	🇫🇷 französisch
Spargel	asparagus	asperges (w)
Staudensellerie	celery	céleri (m) en branches
Artischocken	artichokes	artichauts (m)

sowie Bambussprossen, Palmherzen

Pilze 🇬🇧 mushrooms 🇫🇷 champignons (m)

Arten	🇬🇧 englisch	🇫🇷 französisch
Austernpilze ①	oyster mushrooms	pleurotes (m)
Champignons ②	champignons	campignons (m) de Paris
Morcheln	morels	morilles (w)
Pfifferlinge ③	chanterelles	chanterelles (w)
Steinpilze ④	ceps	cèpes (w)
Trüffel	truffles	truffes (w)
Shii-take	chinese mushrooms	shitake (m)
Egerlinge ⑤	chestnut mushrooms	champignons (m) de prés

Hülsenfrüchte
🇬🇧 dried legumes 🇫🇷 légumes (m) secs

Arten	🇬🇧 englisch	🇫🇷 französisch
Bohnenkerne	dried beans	flageolets (m)
Linsen	lentils	lentilles (w)
Erbsen	dried peas	pois secs (m)

Kidneybohnen ①, Wachtelbohnen ②, schwarze Bohnen ③, weiße Bohnen ④, Mungobohnen ⑤, Kichererbsen ⑥, grüne Schälerbsen ⑦, gelbe Schälerbsen ⑧, Tellerlinsen ⑨, grüne Berglinsen ⑩, rote Linsen ⑪

10 Beilagen

Gemüse werden in vielfältiger Form zubereitet und serviert. An einigen Beispielen werden in Form von Redewendungen ausgesuchte Zubereitungen aufgezeigt.

Servicemitarbeiter müssen die Zubereitungen der Gemüse kennen, damit sie in der Lage sind,
- den Fleisch- oder Fischgerichten die passenden Gemüsebeilagen zuzuordnen,
- den Gästen nicht nur die Hauptbestandteile, sondern auch die Beilagen erklären zu können,
- die Gäste auch bei der Auswahl der Beilagen fachgerecht zu beraten.

Zubereitungen für Gemüse

Die meisten Gemüse werden durch feuchte Garverfahren, vornehmlich durch Kochen, Dünsten und Dämpfen, gegart und dann auf unterschiedliche Arten fertiggestellt.

Servicemitarbeiter müssen fähig sein, am Küchenpass die unterschiedlichen Zubereitungen beim Gemüse bestimmen und diese benennen zu können.

Benennung	Fertigstellung	Empfehlung
… mit Butter (englische Art)	Das Gemüse wird mit Butterstückchen belegt oder mit zerlassener Butter beträufelt oder in Butter geschwenkt.	… etwas Butter hebt den Geschmack und verleiht dem Gemüse Glanz.
glasieren	Das Gemüse, hauptsächlich Wurzelgemüse, wird in sirupartig eingekochtem Dünstfond geschwenkt.	… Gemüse erhält damit einen schönen frischen Glanz.
… mit Sahne (à la crème)	Das Gemüse wird mit Sahne (Rahm) oder Schlagsahne oder Sahnesauce vollendet.	… Sahne verleiht dem Gemüse ein edles Aussehen.
… mit Sauce	Das Gemüse wird in die Sauce eingeschwenkt, z. B. Béchamelsauce, oder mit Sauce nappiert, z. B. Mornaysauce, holländische Sauce.	… eine Abrundung des Geschmacks und eine individuelle Ergänzung.
… überbacken	Das Gemüse wird vor dem Überbacken mit Reibkäse bestreut, mit einer Käsescheibe belegt oder mit Béchamelsauce bzw. mit Mornaysauce oder holländischer Sauce nappiert.	… dadurch erhält die Beilage eine neue Geschmacksvariante und ein goldbraunes Aussehen.
schmoren	Gemüse wird nach dem Blanchieren oder Andünsten im eigenen Fond oder brauner Sauce fertig gegart, oftmals mit Zugabe von Speck und Zwiebeln.	… Lockerung bei kompaktem Gemüse.
braten	Vorgegartes Gemüse wird vor dem Braten in Mehl gewendet oder auch paniert.	… Gemüse erhält eine neue Geschmacksnuance und kräftige Farbe.
backen frittieren	Je nach Gemüse roh oder vorgegart paniert oder in Backteig getaucht und im Fettbad frittiert.	… Farbe und Geschmack verändern sich stärker als bei den anderen Fertigstellungsarten.
nach polnischer Art	Gemüse (Blumenkohl, Brokkoli, Spargel) wird mit in Butter gerösteten Semmelbröseln und gehacktem Ei und gehackter Petersilie garniert.	… Gemüse erhält durch die leicht gerösteten Brösel einen sehr pikanten Geschmack.
füllen	Ausgehöhltes Gemüse kann mit Gemüse (z. B. Maistomaten) sowie Reis, Pürees, Hackmasse oder feiner Fleisch- bzw. Fischfarce gefüllt werden.	… interessante Kombinationen entstehen durch die Verbindung von Gemüse und Füllung.

Beratung und Verkauf

EMPFEHLUNG UND VERKAUF VON SPEISEN

„Zur geschmorten Truthahnkeule empfehle ich Ihnen die in Rotwein **gedünsteten Schalotten**. Der Rotwein gibt den Schalotten eine besondere Geschmacksnote."

„… als die klassische Beilage zur rosa gebratenen Lammkeule möchte ich Ihnen ein **Ratatouille** vorschlagen. Dieses provenzialische Gemüse-Allerlei passt ausgezeichnet dazu. Es besteht aus Zwiebeln, Tomaten, Paprika, Zucchini, Auberginen und wird mit den typischen Kräutern der Provence sowie einem Hauch Knoblauch vollendet."

„… zur gefüllten Hasenschulter passt sehr gut glasiertes Gemüse, wie zum Beispiel in Honig glasierte **Karotten und Petersilienwurzeln**, bestreut mit feinem Krokant."

„Zum Kalbssteak vom Grill möchte Ihnen im Zitronensud gegarte **Röschen von Blumenkohl und Brokkoli** mit gerösteten Pinienkernen und Butterbrösel vorschlagen."

„… als eine ganz besondere mediterrane Beilage zum gebratenen Kaninchenrücken schlage ich Ihnen die mit Ricotta, Tomatenfleischwürfeln und Basilikum gefüllten **Zucchiniblüten** vor."

„… zum gebratenen Zanderfilet würde ich Ihnen gerne **Fenchellöffel** mit einer Füllung von in Butter geschwenkten Gemüsestiften und grünem Spargel servieren."

Beispiele zur Zuordnung von Gemüsen und Speisen

Bei der Zuordnung von Gemüse als Beilage muss man beachten, dass es zur Speise passt.

Gemüsesorten mit mildem Geschmack eignen sich für leichte Zubereitungen von fettarmen Fisch- und Fleischgerichten mit dezentem Eigengeschmack.

Würzige geschmacksintensive Gemüse und Zubereitungen würden den Geschmack des Fisches oder Fleisches überdecken. Solche Gemüse und Gemüsezubereitungen eignen sich besser zu deftigen und fettreichen Fleischgerichten.

Beispielsweise passen Waldpilze und Herbstgemüse besser zu Wild und Wildgeflügel als zu gekochtem Kalbfleisch, Putenbrust oder gedünsteter Seezunge.

Speise		Gemüse	
Name	Beschreibung / Charakteristik	empfehlenswert	nicht empfehlenswert
Bei dieser Zuordnung ist die **Art des Gemüses** ausschlaggebend.			
Lammkeule	Mit Knoblauchstreifen gespickt und deftig gebraten	Grüne Bohnen passen sehr gut, zusammen mit Zwiebeln und Speck	Spargel wird von dem gebratenen dunklen Fleisch geschmacklich überdeckt
Hasenkeule	Durch die Fleischart bereits sehr geschmacksintensiv	Rotkohl/Blaukraut als klassisches Würzkraut zu Wildgerichten	Blumenkohl ist im Geschmack zu dezent
Kalbsfrikassee	Zarter Geschmack durch Zubereitungsart	Champignons sind mit ihrem feinen Geschmack eine gute Ergänzung	Paprikaschoten würden den feinen Geschmack des Frikassees übertönen
Bei dieser Zuordnung ist in erster Linie die **Zubereitung des Gemüses** bestimmend.			
Gedünsteter Fisch	Leicht und zart im Geschmack	Tomatenfleischwürfel, fein und dezent, passen gut	Grilltomate ist von der Zubereitung her zu deftig
Filetsteak mit Madeirasauce	Starker Bratgeschmack und intensive, gebundene Sauce	Glasierte Karotten fügen sich gut in das Geschmacksbild des Gerichtes	Karotten in Rahm sind wegen der bereits gebundenen Sauce nicht angebracht
gekochtes Rindfleisch	Lauch und Kohlrabi passen als Zwiebel- und Kohlgemüse, gut zum eher dezent zubereiteten Rindfleisch	Lauch in Butter sowie Kohlrabi gedünstet sind in sich würzig, aber übertönen das Fleisch nicht	Lauch überbacken und gebackener Sellerie sind selbst zu geschmacksintensiv

Vielfach stellt man auch aus Gemüse selbst Chutneys und Salsas her, um eine individuelle Note in das betriebliche Angebot zu bekommen. Vor allen sind es Tomaten, Zwiebeln und Paprikaschoten, die sich gut dafür eignen.

Die Gemüsebeilage kann ein einzelnes Gemüse oder eine **Gemüsekombination** sein. Manche Gemüse sind für Beilagenkombinationen nicht geeignet. Somit ist darauf zu achten, dass sich die Gemüse farblich unterscheiden, geschmacklich jedoch miteinander harmonieren.

Beratung und Verkauf

EMPFEHLUNG UND VERKAUF VON SPEISEN

„… heute offerieren wir Ihnen als interessante Beilage zu dem von Ihnen ausgewählten Rindersteak in Rotweinsauce **geschmorten Chicoree mit Speckmantel**."

„… eine wunderbare Beilage zu den gebratenen Rehmedaillons ist unsere **Waldpilzpfanne** mit Pfifferlingen, Stockschwämmchen, Austernsaitlingen, Steinpilzen, Egerlingen und Champignons."

oder

„… als schlichtes Gemüsegericht bieten wir geschmorten und dann mit Käse überbackenen Fenchel – ein einmaliges Geschmackserlebnis.

Oder ein geschmacksintensives Püree von Petersilienwurzel mit Lauchzwiebeln."

„Die mit frischen Küchenkräutern und bunten Gemüsewürfeln gefüllten Kalbsröllchen sind auf feinem Sahnepüree von Süßkartoffeln angerichtet und werden von gedünsteten Frühlingszwiebeln begleitet."

Aufgaben

1. Welche Beilage würden Sie einem Gast zu „Gekochtem Spargel" empfehlen?
2. Nennen Sie die handelsüblichen Sammelbegriffe für Gemüse und ordnen Sie diesen einzelne Gemüse zu.
3. Erläutern Sie an Beispielen die Verwendung von Gemüse als Beigabe zu Gerichten:
   a) Spargelspitzen,   b) glasierte Karotten,   c) Apfel-Rotkohl,   d) Schwarzwurzeln in Rahm
4. Versuchen Sie, Gästeempfehlungen zu formulieren für Zubereitungen von Gemüsen:
   a) gebackenes,   b) geschmortes,   c) glasiertes,
   d) gebratenes,   e) püriertes
5. Schildern Sie einem Gast das nebenstehende Gericht. Gehen Sie dabei davon aus, dass der Gast das Bild nicht sieht. Benennen Sie Aussehen und Bestandteile der Speise. Machen Sie dem Gast mit Worten richtig Appetit auf Gemüse.

   Hier eine kleine Hilfe: In der Mitte sind gebackene Sellerieschreiben angerichtet, links eine Kartoffelterrine.

PROJEKT

Aktionswoche: Spargel
Eine Audienz beim König der Gemüse

Ihr Betrieb plant für die kommende Spargelsaison eine besondere Aktion. Hierfür müssen Gerichte bestimmt, eventuell erprobt und eine eigens dafür gestaltete Spezialkarte erstellt werden.

Zeitpunkt

In welchem Zeitraum wird eine solche Aktion sinnvollerweise durchgeführt?

Vorbereitung

1. Sammeln Sie Ideen für eine solche Spargel-Aktion.
2. Listen Sie mögliche kalte und warme Gerichte für die Aktion auf.
3. Ordnen Sie den einzelnen Spargelzubereitungen passende Fisch- und Fleischzubereitungen sowie Hauptbeilagen und besondere Saucen zu.
4. Erstellen Sie eine dekorative Spargelkarte.
5. Überlegen Sie Möglichkeiten, wie das Produkt Spargel in der Aktionswoche präsentiert werden kann.

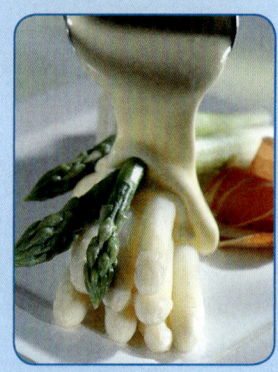

Schälverluste und Kalkulation

1. Vom Spargellieferant werden 60 kg Spargel geliefert. Beim Schälen fallen 25 % Schalen an. Wie viele Spargelportionen à 300 g können erwartet werden?
2. Ein Kilo Spargel kostet 8,40 €. Wie hoch ist der Materialwert für eine Portion Spargel von 300 g?
3. Berechnen Sie den Kartenpreis für Spargel, indem Sie ihn über die jeweiligen Materialkosten und einen Kalkulationsfaktor 3 ermitteln.

Getränke

Welche Weine würden Sie in das Projekt einbeziehen und Ihren Gästen besonders empfehlen? Erstellen Sie eine Getränkekarte.

Präsentation

1. Welche Möglichkeiten außer der Speisekarte haben Sie, um auf das vorgesehene Angebot aufmerksam zu machen?
2. Entwickeln Sie Ideen, wie die Aktion in Ihrem Hause dekorativ präsentiert werden kann.

Beratung und Verkauf

EMPFEHLUNG UND VERKAUF VON SPEISEN

10.2 Hauptbeilagen (aus stärkehaltigen Produkten)

Hauptbeilagen haben einen hohen Stärkegehalt. Sie schmecken dezent und eignen sich deshalb gut als Speisenergänzung. Der Sättigungswert beruht auf dem hohen Stärkegehalt. Eine Grundlage für diese Beilagen bilden neben **Getreideerzeugnissen** die **Kartoffeln**.

Getreide 🇬🇧 corn 🇫🇷 blé (m)

Unter Getreide versteht man Körnerfrüchte oder Samen aus der Familie der Gräser. Sie werden auf vielfältige Weise zu Nahrungsmitteln verarbeitet.

Abb. 1 Die wichtigsten Getreidearten, ergänzt mit Buchweizen (Knöterichgewächs)

Aufbau und Inhaltsstoffe des Getreidekorns

Der Kornkörper besteht aus der Frucht- und Samenschale, dem Keimling und dem Mehlkörper.

Inhaltsstoffe des Getreidekorns:
- **Stärke** (60 bis 70 %) vor allem im Mehlkörper
- **Eiweiß** (8 bis 14 %) im Mehlkörper, in der Schale und im Keimling
- **Fett** (1 bis 4 %) im Keimling
- **Ballaststoffe** in der Schale
- **Vitamine** der Gruppe B befinden sich vor allem in der Schale, etwas weniger im Keimling und noch weniger im Mehlkörper.
- **Mineralstoffe** sind in Keimling und Schale enthalten.

Die Nährstoffe und Ballaststoffe sowie die Mineralstoffe und Vitamine sind in den einzelnen Kornbestandteilen unterschiedlich verteilt. Der Wert der Erzeugnisse aus Getreide ist deshalb davon abhängig, welche Teile des Kornes bei der Verarbeitung abgeschieden werden und welche im Endprodukt erhalten bleiben.

Bewertung der Getreideerzeugnisse

Da sich die wertvolleren Bestandteile in den Randschichten des Getreidekorns befinden, sind Vollkornprodukte ernährungsphysiologisch hochwertiger als die Erzeugnisse aus geschältem Getreide. Dort sind mehr oder weniger große Anteile der Schale abgeschieden worden.

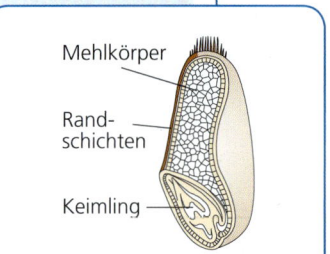

Abb. 2 Cerealien (Cereals)

Cerealien (Cereals) sind Frühstücksprodukte, die in Form von trockenen Getreideprodukten wie Cornflakes, Rice Crispies, Haferflocken usw. angeboten werden. Mit Milch oder Joghurt vermischt sind sie ein wesentlicher Bestandteil eines gesunden Frühstücks. Im erweiterten Sinne gehören Porridge und Müsli ebenfalls zu den Cerealien.

Backwaren 🇬🇧 breads 🇫🇷 pains (m)

Bei den Backwaren unterscheidet man Brot und Kleingebäck.

Brot 🇬🇧 bread 🇫🇷 pain (m)

In Deutschland wird Brot aus Roggen und Weizen hergestellt, und zwar aus Mehl oder Schrot.

Weizen- oder **Weißbrot**, das mindestens 90 % Weizenanteile enthält, wird mit Hilfe von Hefe gelockert und hat einen milden Geschmack.

Roggenbrot enthält mindestens 90 % Roggenanteile und wird mit Hilfe von Sauerteig gesäuert. Der Geschmack ist im Vergleich zum Weißbrot herzhafter und kräftiger. Zugunsten eines besonderen Geschmacks wird zu manchen Brotsorten Kümmel verwendet (Kümmelbrot).

Mischbrot besteht aus einer Mischung von Roggen- und Weizenmehl. Die Bezeichnungen Weizenmischbrot oder Roggenmischbrot besagen, dass der Anteil des Namen gebenden Mehles überwiegt, und zwar mehr als 50 und weniger als 90 % beträgt.

Vollkornbrot ist Brot, das mindestens 90 % Vollkornanteile enthält. Die Bezeichnung Roggen- bzw. Weizenvollkornbrot besagt, dass der Anteil des Namen gebenden Getreides bei 90 % liegt.

Schrotbrot enthält dem benannten Ausgangsprodukt entsprechend mindestens 90 % Roggen- oder Weizenbackschrot. Neben den allgemein üblichen Brotsorten gibt es Spezialbrote, die sich auf Grund besonderer Zutaten bzw. Herstellungsverfahren durch einen jeweils spezifischen Geschmack oder durch eine spezifische Beschaffenheit auszeichnen.

Beispiele
- Milch-, Milcheiweiß-, Buttermilchbrot,
- Weizenkeim- und Kleiebrot,
- Gewürz-, Kümmel- und Korianderbrot,
- Leinsamen-, Sonnenblumen- und Sesambrot.

Drei-, Vier- oder **Mehrkornbrot** bedeutet, dass zur Herstellung drei, vier oder mehr Getreidearten verwendet wurden.

Pumpernickel ist ein Roggenvollkornbrot mit dunkler Farbe und einem kräftigen, leicht süßen Geschmack.

Knäckebrot, ein flaches, trockenes Gebäck, wird in vielen Variationen hergestellt. Diese ergeben sich aus der Verwendung unterschiedlicher Mühlenerzeugnisse: Roggen-, Weizen- oder Mischmehl sowie Vollkornmehl oder Schrot.

Toastbrot ist ein lockeres Brot, das zum Toasten verwendet wird.

„Guten Morgen, wünschen Sie Tee oder Kaffee zum Frühstück? Auf unserem reichhaltigen Frühstücksbüfett finden Sie neben dem fertigen Birchermüsli auch ein bereits fertiggestelltes Vollkorn-Müsli. Außerdem bieten wir Ihnen Weizenkorn-Flakes, aber auch die gesünderen Vollkornflakes mit der ganzen Kraft der Natur an."

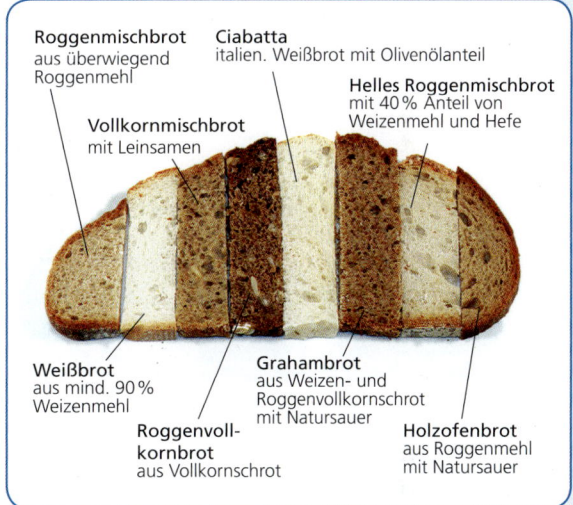

Abb. 1 Verschiedene Brotsorten

Abb. 2 Brotsorten

Beratung und Verkauf

EMPFEHLUNG UND VERKAUF VON SPEISEN

Abb. 1 Kleines Backwerk

Kleingebäck

Es gibt diese Gebäcke aus unterschiedlichen Mehlen und Schrot, mit sehr verschiedenartigen Zutaten und mit vielen Benennungen, die teilweise regional unterschiedlich sind.

grundlegende Bezeichnungen	• Brötchen, Wecken, Schrippen, Semmeln
besondere Zutaten und Bestreuungsmaterial	• Schinken, Speck, Röstzwiebel, Käse Mohn, Salz, Kümmel, Sesam
besondere Bezeichnungen	• Mohn-, Salz- und Kümmelstangen

Zutaten

Sowohl bei Broten als auch beim Kleingebäck gibt es besondere Zutaten, die den Broten beigefügt werden, um damit eine eigene Geschmacksnote zu erzielen.

Das geschieht beispielsweise durch Zugabe von:

- Olivenöl und Olivenstückchen
- gerösteten Zwiebelwürfeln
- gerösteten Speckwürfeln
- mediterranen Gewürzen
- Käse
- Kürbiskernen
- Küchenkräutern
- Peperoni
- Walnüssen

Das Gastgewerbe bietet seinen Gästen Brot und Kleingebäcke hauptsächlich zum Frühstück und als Tischbrot an. Besondere Frische kann erzeugt werden, wenn es kurz vor dem Servieren aufgebacken wird.

> Der Gast schätzt regionaltypische Produkte. Deshalb sollte man den Bäcker vor Ort mit der Lieferung beauftragen.

Worte, die verkaufen helfen

- knusprig
- rösch
- malzig
- würzig duftend
- vollwertig
- ballaststoffreich
- mit besonderer Note

„Hier sehen Sie eine Auswahl von frisch gebackenen Broten. Es sind: Brot mit sonnengetrockneten Tomaten, Hasel- und Walnussbrot, malziges Sonnenblumenbrot und Brot mit schwarzen Oliven. Was darf ich Ihnen vorlegen?"

Beilagen aus Teigwaren

🇬🇧 noodle side dishes 🇫🇷 garnitures (w) des nouilles (w)

Teigwaren werden in der Regel als kochfertige Erzeugnisse im getrockneten Zustand bezogen.

Rohstoffe und Herstellung

Teigwaren werden aus unterschiedlichen Rohstoffen hergestellt:

- Hartweizengrieß
- Weizenmehl oder Weizendunst
- Vollkornmehle, jeweils mit und ohne Eierzugabe

Die Nudelteige können farblich und geschmacklich variiert werden durch Zugabe von Spinatpüree, Steinpilzpulver, Rote-Bete-Saft, Safran, Kurkuma oder Küchenkräutern.

Nudeln und Spätzle werden heute häufig als „*hausgemachte Spezialität*" angeboten und sind wegen der individuellen Verarbeitung frischer Rohstoffe besonders beliebt.

Abb. 1 Nudeln in verschiedenen Farben und Formen

Formen und Verwendung der Teigwaren

Die unterschiedlichen Formen sind teilweise auf jeweils bestimmte Verwendungszwecke ausgerichtet.

Verwendungszwecke sind:

- Einlage für Suppen,
- Beilage für Ragouts, Gulasch und andere Schmorgerichte mit reichlich Sauce,
- eigenständige Gerichte.

Teigwaren werden auf vielfältige Art zubereitet und serviert. An einigen Beispielen werden ausgesuchte Zubereitungen aufgezeigt.

Servicemitarbeiter sollen die Zubereitungen der Teigwaren kennen, damit sie in der Lage sind:

- den Fleisch- oder Fischgerichten die passenden Beilagen zuzuordnen,
- den Gästen nicht nur die Hauptbestandteile, sondern auch die Beilagen erklären zu können,
- die Gäste auch bei der Auswahl der Beilagen fachgerecht zu beraten.

Röhrenform	• Makkaroni, Cannelloni, Rigatoni
Taschenform	• Maultaschen, Ravioli
Flächenform	• Lasagne
sonstige Formen	• Fadennudeln, Spaghetti, Bandnudeln, Hörnchen, Muscheln, Spirelli, Sternchen, Ringe, Buchstaben • Spätzle und Knöpfle

● Servicemitarbeiter müssen fähig sein, am Küchenpass die unterschiedlichen Zubereitungen bei den Teigwaren zu bestimmen und diese benennen zu können.

Garmachen und Anrichten

Garmachen

Teigwaren werden in gesalzenem Wasser gegart. Sie dürfen beim Garen nicht zu weich werden und sollen noch den sogenannten **Biss** (al dente) haben. Um das Nachgaren und das Zusammenkleben zu verhindern, werden Teigwaren nach dem Garen mit kaltem Wasser abgeschreckt, damit die Stärke abgespült wird.

„Darf ich Ihnen zum Kalbsrahmgulasch Makkaroni oder Spinatspätzle oder in gerösteten Butterbröseln geschwenkte Bandnudeln servieren? Unsere Teigwaren sind hausgemacht."

Beratung und Verkauf

EMPFEHLUNG UND VERKAUF VON SPEISEN

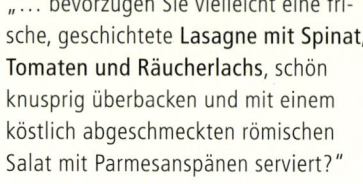

„… bevorzugen Sie vielleicht eine frische, geschichtete **Lasagne mit Spinat, Tomaten und Räucherlachs**, schön knusprig überbacken und mit einem köstlich abgeschmeckten römischen Salat mit Parmesanspänen serviert?"

oder

„Sie sollten heute einmal das Leibgericht der Allgäuer Bauern probieren. Es sind hausgemachte **Käsespätzle** mit etwas edlem Romadur und viel Bergkäse sowie abgeschmelzten Zwiebeln. Dazu servieren wir Ihnen einen feingeschnittenen, lecker angemachten Endiviensalat."

„Sehr empfehlenswert sind unsere hausgemachten Maultaschen, serviert entweder in einer kräftigen Fleischbrühe oder in Butter abgeschmolzen und mit Röstzwiebeln in einer feinen hellen Kräuterrahmsauce serviert."

Wiedererwärmen und Anrichten

Auf Vorrat gegarte Teigwaren müssen wieder erwärmt werden,

- entweder durch Schwenken in heißer Butter
- oder durch Einlegen bzw. Eintauchen (in einem Sieb) in kochendes, gesalzenes Wasser
- oder durch Regenerieren im Mikrowellenherd.

Das Anrichten erfolgt je nach Portionsmenge à part in Schalen, Suppentellern oder Schüsseln. Bei Tellergerichten werden die Portionen unmittelbar auf dem Teller angerichtet.

Eigenständige Gerichte

Für solche Gerichte eignen sich fast alle Teigwarenprodukte. Auf Grund der verschiedensten Zutaten gibt es sie in sehr vielen Variationen.

Ihren Ursprung haben sie vor allem in südlicheren Regionen. In der italienischen Küche sind sie unter dem Sammelbegriff Pasta asciuta zusammengefasst.

Speisenbeispiele

Makkaroni mit Käse
in Butter geschwenkt und mit Parmesan bestreut

Spirelli mit Schinken
mit gekochtem, feinwürfelig geschnittenem Schinken in Butter geschwenkt

Spaghetti nach Mailänder Art
mit Streifen von Schinken, Pökelzunge und Champignons, Tomatensauce und Parmesan

Spaghetti nach Bologneser Art
mit Hackfleischsauce und Parmesan

Spaghetti nach neapolitanischer Art
mit Tomatenfleischwürfeln, Tomatensauce und Parmesan

Maultaschen und Ravioli (gefüllte Teigtaschen)
mit Fleischfarce, Fischfarce oder klein gehacktem, gebundenem Gemüse

Cannelloni (gefüllte Teigröhren)
wie vorher, zusätzlich mit Reibkäse bestreut oder mit einer passenden Sauce (Béchamel) nappiert und überbacken

Lasagne (Nudelteigscheiben)
schichtweise mit Fleisch-, Fisch- oder Gemüsemasse bedeckt, im Ofen gebacken

Käsespätzle
heiße, nasse Spätzle schichtweise in eine Schüssel gegeben, Reibkäse wie z. B. Allgäuer Emmentaler eingestreut, obenauf kommt braune Zwiebelbutter.

Beilagen von Reis

🇬🇧 rice side dishes 🇫🇷 garnitures (w) des ris (m)

Für einen Großteil der Menschheit ist Reis das Hauptnahrungsmittel. Er wird in den meisten asiatischen Ländern, in den USA und in Italien angebaut.

Artenbezeichnungen für Reis

Die Bezeichnungen für Reis ergeben sich auf Grund der Form, der Farbe oder der Behandlung. Durch einfaches *Enthülsen* enthält man **Braunreis** (Naturreis), der ungeschält ist und deshalb bevorzugt im Rahmen der Vollwerternährung verwendet wird.

Zusätzliches *Schälen* und *Polieren* ergibt den **Weißreis**, als Hauptangebot unter den Bezeichnungen Bali- oder Basmatireis.

Parboiled-Reis wird vor dem Schälen nach einem speziellen Dampf-Druck-Verfahren aufbereitet, wobei ca. 80 % der Wirkstoffe erhalten bleiben. Dieser Reis ist deshalb ernährungsphysiologisch besonders hochwertig. Außerdem ist er kochstabiler und ergiebiger als andere Sorten.

Wildreis, auch Indianerreis genannt, wird aus einer dem Reis verwandten wilden Grasart in den USA und Kanada gewonnen. Er wächst an Fluss- und Seeufern, hat eine dunkelbraune bis schwarze Farbe und ist nadelförmig. Verwendet wird er vor allem wegen des besonderen Geschmacks und der kräftigen Farbe.

Rundkornreis, der auch als *Milchreis* bezeichnet wird, ist von Natur aus weich und nimmt bei der Zubereitung viel Flüssigkeit auf. Aus diesem Grunde findet er Verwendung zu Risottogerichten und zu Reissüßspeisen.

Langkornreis, von Natur aus härter, ist nach dem Garen locker und körnig. Er ist deshalb besser als Rundkornreis für Beilagen (Beilagenreis) sowie für eigenständige Reisgerichte geeignet.

Reis bei der Speisenzubereitung

Reis wird in vielfältiger Form zubereitet und serviert. An einigen Beispielen werden ausgesuchte Zubereitungen aufgezeigt.

Servicemitarbeiter sollen die Zubereitungen von Reis kennen, damit sie in der Lage sind:

- den Fleisch- oder Fischgerichten die passenden Reisbeilagen zuzuordnen,
- den Gästen nicht nur die Hauptbestandteile, sondern auch die Beilagen erklären zu können,
- und sie auch bei der Auswahl der Beilagen fachgerecht zu beraten.

Servicemitarbeiter müssen fähig sein, am Küchenpass die unterschiedlichen Zubereitungen beim Reis zu bestimmen und diese benennen können.

Verwendung als Beilage:
- zu zarten Gerichten mit heller Sauce:
  - Kalbs- und Geflügelfrikassee
  - Fisch sowie Krebs- und Weichtiere;

Abb.1 Parboiled Reis ①
Camarguereis ②
Basmatireis ③
Naturreis ④
Wildreis ⑤
roter Thaireis ⑥
Milchreis ⑦
Avorioreis für Risotto ⑧

„Sie möchten Reis als Beilage zum Geschnetzelten haben. Wünschen Sie den Reis in Butter geschwenkt oder als Reisküchle oder cremig als Risotto? Wir können Ihnen aber auch auf Wunsch Wildreis mit seinem nussartigen Geschmack dazu servieren."

oder

„… heute haben wir sowohl den Weißreis als auch den Naturreis, mit leicht brauner Färbung, als auch einen Basmati- oder Duftreis anzubieten. Der wertvollste ist der Naturreis. Sehr lecker ist auch der rote Camarquereis mit seinem einzigartigen Geschmack. Welchen darf ich Ihnen servieren?"

Beratung und Verkauf

EMPFEHLUNG UND VERKAUF VON SPEISEN

„Haben Sie schon mal das **Waldpilz-Risotto** unseres Küchenchefs probiert? Es ist ein kulinarischer Hochgenuss."

oder

„… das spanische Nationalgericht, die **Paëlla**, eine herrliche Komposition aus Reis mit Safran, Zwiebeln, Gemüsen, frischen Muscheln und Garnelen, Fleisch- und Geflügelstückchen."

„Sehr lecker ist unsere neueste Kreation: Ein **Reis-Pastinaken-Küchle** mit scharfem Gemüse aus Paprika, Chili und Tomaten."

- zu geschmorten Gerichten mit dunkler Sauce:
  - Ragouts von Kalb, Schwein und Geflügel
  - Innereien;
- zu kurzgebratenen Gerichten:
  - Filetgulasch und Geschnetzeltes
  - Leber und Nieren.

Anrichten von Reis

Für das Anrichten gibt es folgende Möglichkeiten:

- *à part* in Schalen oder Schüsseln (insbesondere bei saucenreichen Gerichten),
- um die Speise herum (Ragouts *im Reisrand*),
- unter der Speise *auf einem Reissockel*,
- neben die Speise *„gestürzt"* (nach vorherigem Einpressen, Formen in einem Becher oder einer Tasse).

Reisgerichte mit besonderer Geschmacksnote

Im Allgemeinen handelt es sich dabei um gedünsteten Reis, wobei die Geschmack gebenden Zutaten beigefügt werden:

- entweder bereits beim Anschwitzen z. B. mit Curry, Paprika oder Safran,
- oder zum fertig gegarten Reis z. B. Trüffel, Champignons, Schinkenwürfel.

Zu den Gerichten besonderer Art gehören

- **Risotto** (Italien), saftig gegarter Reis, mit Olivenöl, meist Geflügelbrühe, Butter, Sahne und Parmesan
- **Risipisi,** Risottoreis mit grünen Erbsen
- **Gemüsereis** mit feinen Würfeln von Lauch, Karotten

- **Pilaw** (Ost-Europa), Reis mit Zwiebeln angeschwitzt, mit heller Brühe aufgegossen und zugedeckt im Ofen gegart. Oftmals mit Zugabe von Fisch, Fleisch oder Gemüse
- **Kreolenreis**, gekocht, abgeschüttet und im Ofen abgedämpft
- **Nasi Goreng** (Indonesien), mit Zwiebeln, Geflügel, Schinken, Paprikaschote und Krabbenfleisch
- **Paëlla** (Spanien), mit Zwiebeln und Safran, Muscheln und Garnelen, Schlachtfleischstücken oder Geflügel
- **Reisfleisch** (Ost-Europa), Lammragout mit Paprikastreifen und anderen Gemüsen
- **Reis Trauttmansdorff**, ein vanillisierter Milchreis mit Schlagsahne und Würfeln von Kompottfrüchten

Beilagen von Kartoffeln

🇬🇧 potato side dishes 🇫🇷 garnitures (w) des pommes (w) de terre

Kartoffeln sind je nach Zubereitungsart mehr oder etwas weniger neutral im Geschmack und außerdem leicht verdaulich.

Unter Beachtung der Erntezeiten unterscheidet man:

- **Frühkartoffeln**, sie kommen unter der Bezeichnung „Neue Kartoffeln" im Frühjahr auf den Markt. Wegen ihrer dünnen Schale ist es üblich, sie nicht zu schälen, sondern in der Schale zu kochen
- **Mittelfrühe Kartoffeln** sind ab Mitte August erhältlich.
- **Spätkartoffeln** liefern die Lagervorräte für den Winter und werden deshalb als Winterkartoffeln bezeichnet.

Zubereitung und Service

Kartoffeln werden in vielfältiger Form zubereitet und serviert. An einigen Beispielen werden ausgesuchte Zubereitungen aufgezeigt.

Servicemitarbeiter sollen die Zubereitungen der Kartoffeln kennen, damit sie in der Lage sind,

- den Fleisch- oder Fischgerichten die passenden Kartoffelbeilagen zuzuordnen,
- den Gästen nicht nur die Hauptbestandteile, sondern auch die Beilagen erklären zu können,
- die Gäste auch bei der Auswahl der Beilagen fachgerecht zu beraten.

Servicemitarbeiter müssen fähig sein, am Küchenpass die unterschiedlichen Zubereitungen bei den Kartoffeln zu bestimmen und diese benennen zu können (s. S. 193 f.).

Vom Rezept zur Verkaufsbeschreibung am Beispiel Kartoffel-Gratin:

Kartoffelgratin 🇬🇧 gratinated potatoes 🇫🇷 gratins (m) dauphinois

- Kartoffeln in 2 mm dünne Scheiben schneiden und in eine mit einer Knoblauchzehe ausgeriebene und gebutterte backfeste Form geben,
- Sahne mit Parmesan oder einem anderen Reibkäse vermischen,
- mit Salz und Pfeffer würzen und über die Kartoffeln gießen,
- mit Parmesan bestreuen,
- Butterflocken darauf geben und
- im 200 °C heißen Ofen ca. 25 Min. backen.

Abb. 1 Grata ①, Sieglinde ②, Rosella ③, Clivia ④, Erstling ⑤, Bamberger Hörnchen ⑥

Beispiele von frittierten **Kartoffelnestern**, die vor dem Servieren mit Pilzen, oder Gemüsen oder Weintrauben usw. gefüllt werden können.

„Ein wirklicher Renner unter unseren Beilagen ist das **Kartoffel-Gratin**. Abgeschmeckt mit einem zarten Hauch von Knoblauch, wird geriebener Parmesan auf den Sahneguss gestreut und das Ganze goldgelb überbacken."

„Von Zeit zu Zeit probiert unser Küchenchef gerne mal ältere Rezepte aus. Heute offeriert er Ihnen ein buntes **Kartoffelgemüse** als Beilage zum Rostbraten."

Beratung und Verkauf

EMPFEHLUNG UND VERKAUF VON SPEISEN

„… das nach Großmutters Rezept zubereitete Kartoffel-Rahm-Gemüse mit Liebstöckl und geschmolzener Zwiebel. Beide Zubereitungen passen ausgezeichnet zu feinen Braten vom Spanferkel oder auch zu Lammkeule."

„Für seine **Folienkartoffeln** oder Baked potatoes ist unser Küchenchef berühmt. Er verwendet die Sorte Idaho potato. Diese werden in Alufolie gewickelt und im Backrohr gebacken. Danach serviere ich sie Ihnen mit einer köstlichen Rahmsauce mit frischen Küchenkräutern oder mit einem Bärlauch-Quark oder mit Lachskaviar."

„Unsere **Kartoffelpuffer,** auch Reibedatschi genannt, bestehen nicht nur aus geriebenen Kartoffeln, sondern die Masse wird verfeinert durch Ei, geraspelten Apfel, geriebene Zwiebeln, Bärlauch und etwas Schmant. So entsteht der unvergleichbare, interessante Geschmack dieser Kartoffelkreation. Dazu servieren wir ein Quitten-Mus mit Fruchtstückchen."

„Probieren Sie doch mal unseren täglich frisch zubereiteten **Gemüse-Auflauf** mit Lauch, Kartoffeln und Tomaten. Wir bieten Ihnen gerne zwei Varianten an, mit und ohne Cabanossi-Wurst. Ich verspreche Ihnen nicht zu viel, aber der Auflauf ist wirklich lecker."

„Ein regionales Gericht, das viele Gäste zum Schwärmen bringt – ein irdisches Gericht, das einem den **Himmel auf Erden** verspricht. Unser Chef zaubert aus mehligen Kartoffeln und feinsäuerlichen Äpfeln dieses Gedicht, indem er beides zusammenfügt, verstampft, mit Salz, Pfeffer und Muskat würzt und mit gebratener Blutwurst und gedünsteten Apfelspalten anrichtet. Obenauf wird der Schmaus mit krossen Speckwürfeln oder gerösteten Zwiebelringen garniert."

Klöße – Knödel – Nocken

Zu den speziellen stärkehaltigen Hauptbeilagen zählen Knödel und Klöße aus Kartoffeln, Kartoffelnocken (Gnocchi), Semmelknödel, Serviettenknödel und Hefeklöße sowie Grießnocken und Polenta (s. S. 202 f.).

Knödel, Klöße, Nocken serviert man meist zu Pilzgerichten, großen Braten vom Schwein, Hirsch, Hase und Wildschwein sowie zu fettem Geflügel und geschmortem Rinderbraten wie Sauerbraten oder Burgunderbraten. Außerdem zu vielen braunen Ragouts und Gerichten von Innereien mit brauner Sauce.

Die zarten Nocken können ein selbstständiges Gericht sein oder sie werden zu feineren Fleischzubereitungen serviert.

„An heißen Sommertagen empfehle ich Ihnen zur gemischten, kalten Bratenplatte einen köstlichen Semmelknödelsalat – unsere regionale Spezialität."

Regionale und landestypische Knödel oder Klöße sind:
- Thüringer Klöße aus Thüringen
- Brezenknödel aus Bayern
- Speckknödel und Kasnocken aus Südtirol
- Kasknödel aus Tirol
- Böhmische Knödeln aus Tschechien

Als **Serviettenknödel** bezeichnet man die Knödelform, die zum Garen in Stangenform in Tücher eingebunden werden.

„… zu den zarten **Kalbsschnitzelchen in Zitronensauce** empfehle ich Ihnen gerne die hausgemachten Kartoffel-Gnocchi mit Salbeibutter und Parmesan."

„Als vegetarisches Gericht sind die frisch-grünen **Spinat-Semmel-Knödel** auf Rahmchampignons sehr interessant."

„Eine bayerische Spezialität sind unsere **Brezenknödel**. Sie werden in der Serviette gegart, danach vorsichtig mit einem Bindfaden in Scheiben geschnitten und in Petersilien-Speck-Butter angerichtet. Dazu serviere ich Ihnen frisch sautierte Pfifferlinge in leichter Sahneschaumsauce."

Beratung und Verkauf

EMPFEHLUNG UND VERKAUF VON SPEISEN

10.3 Salate als Beilagen   🇬🇧 salads 🇫🇷 salades (w)

Als Salat ist Gemüse sehr erfrischend und hat in Bezug auf Vitamine, Mineralstoffe und Ballaststoffe einen hohen Stellenwert, z. B. als Rohkost.

Die einzelnen Salate, Dressings und das Salat-Büfett werden ausführlich ab Seite 185 behandelt.

„Während unserer amerikanischen Spezialitäten- und Steakwoche servieren wir auch einen **„Ceasar's Salad"**. Dies ist ein römischer Salat, der mit einem feinen Dressing aus Zitronensaft, Senf, Rotweinessig, Olivenöl und Knoblauch mariniert und mit Croutons und Parmesanspänen garniert ist."

„Vitaminreich und knackig ist unsere **Rohkostplatte** für 2 Personen, die ich Ihnen gerne mit einem nicht alltäglichen Avocado-Dip servieren möchte. Dazu reichen wir italienischen Mandelzwieback."

„Wenn Sie gerne **Chicoreesalat** essen, habe ich heute etwas Besonderes anzubieten: Chicoree-Spitzen in Begleitung von Roquefortkäse, Sellerie, Äpfeln und Walnüssen. Das Ganze fein mariniert mit Zitronensaft und Walnussöl."

„Vor dem Lammbraten empfehle ich Ihnen einen **Horiatiki**, den griechischen Bauernsalat, mit Kräuter-Feta-Käse, Salatgurke, Lauch und Tomaten, mariniert mit Kalamata-Olivenöl, Zitronensaft, Rotweinessig und einem Hauch Knoblauch."

11 Obst

 fruits fruits (m)

Die vielfältigen Obstsorten werden nach handelsüblichen Gesichtspunkten sowie nach gemeinsamen Bestandteilen der Früchte unterschieden und unter den nachfolgenden Begriffen eingeteilt:

Obst ist der Sammelbegriff für essbare Früchte sowie Fruchtstände bzw. Samen (Nüsse), fleischige Teile des Blütenstandes (Ananas) oder Blütenböden (Erdbeere). Die Früchte wachsen sowohl kultiviert in Obstplantagen als auch wild (Waldbeeren).

Beispiele für Beerenobst sind:	Arten	englisch	französisch
	Brombeeren ①	blackberries	mûres (w)
	Blaubeeren ②	blueberries	myrtilles (w)
	Erdbeeren ③	strawberries	fraises (w)
	Himbeeren ④	raspberries	framboises (w)
	Johannisbeeren ⑤	red currants	groseilles (w)
	Preiselbeeren	cranberries	airelles (w) rouges
	Stachelbeeren ⑥	gooseberries	groseilles (w) à maquereau
	Weinbeeren ⑦	grapes	raisins (m)
	sowie Moosbeeren und Holunderbeeren.		

Holunderbeeren werden wegen des geringen Fruchtfleischanteils selten als ganze Beeren serviert. Man verwendet Sirup von Holunderblüten als feine Zugabe zum Sekt-Aperitif. Ganze Holunderblüten können in Bier- oder Weinteig gebacken werden. Den Saft der blau-schwarzen Beeren verarbeitet man als Getränk und als Süßspeisensauce.

Steinobst enthält große, steinartige Kerne.

Beispiele für Steinobst sind:	Arten	englisch	französisch
	Aprikosen ①	apricots	abricots (m)
	Kirschen ②	cherries	cerises (w)
	Mirabellen	yellow plums	mirabelles (w)
	Nektarinen ③	nectarines	brugnons (m)
	Pfirsiche ④	peaches	pêches (w)
	Pflaumen ⑤	plums	prunes (w)
	sowie Reineclauden, **Zwetschgen** ⑥.		

Südfrüchte sowie **Zitrusfrüchte** werden aus südlichen Ländern eingeführt.

Beispiele für Südfrüchte sind:	Arten	englisch	französisch
	Ananas	pineapples	ananas (m)
	Bananen	bananas	bananes (w)
	Grapefruits ①	grapefruits	pamplemousses (m)
	Limetten ②	limes	citrons (m) verts
	Mandarinen ③	mandarins	mandarines (w)
	Orangen ④	oranges	oranges (w)
	Zitronen	lemons	citrons (m)
	sowie Clementinen, **Kumquats** ⑤, **Pomelos** ⑥, Satsumas, **Tangerinen** ⑦.		

Beratung und Verkauf

EMPFEHLUNG UND VERKAUF VON SPEISEN

Beispiele für Schalenobst sind:

Arten	englisch	französisch
Erdnüsse ①	peanuts	arachides (w)
Haselnüsse ②	hazelnuts	noisettes (w)
Kastanien ③	chestnuts	marrons (m)
Kokosnüsse	coconuts	noix (w) de coco
Mandeln ④	almonds	amandes (w)
Pistazien ⑤	pistachio	pistaches (w)
Walnüsse ⑥	walnuts	noix (w)
Pinienkerne ⑦	pine nuts	pignons (m)

sowie **Cashewnüsse** ⑧, **Pecannüsse** ⑨ und **Paranüsse** ⑩.

Exotische Früchte unterscheiden sich von den anderen Obstsorten durch ein stark ausgeprägtes, fremdartiges Aroma sowie durch Besonderheiten bezüglich der Form und des Aussehens.

Beispiele für exotische Früchte sind:

Arten	englisch	französisch
Avocados	avocados	avocats (m)
Datteln	dates	dattes (w)
Feigen ①	figs	figues (w)
Granatäpfel ②	pomegranates	grenades (w)
Grenadillen	grandillas	grenadilles (w)
Kakipflaumen ③	kaki	kaki (m)
Kaktusfeigen ④	prickly pear	figues (w) de barbarie
Kiwi ⑤	kiwi	kiwi (m)
Litschis ⑥	litchis	lychees (m)
Mangos ⑦	mangos	mangues (w)
Mangostanen	mangosteens	mangoustans (m)
Papayas ⑧	papayas	papayes (w)
Passionsfrüche ⑨	passion fruits	fruits (m) de la passion
Kap-Stachelberen	cape gooseberries	alkékenges (m)
Sternfrüchte ⑩	carambolas	caramoles (w)
Baumtomaten	tamarillos	tamarillos (m)
Babyananas ⑪	baby pineapple	ananas (m) baby
Drachenfrucht ⑫	dragon fruit	pitaya (m)
Ingwer ⑬	ginger root	gingembre (m)

sowie Guaven, Rambutan usw.

Beispiele für Kernobst sind:

Arten	englisch	französisch
Äpfel	apples	pommes (w)
Birnen	pears	poires (w)
Quitten ①	quinces	coings (m)

Verwendung

Obst wird in vielfältiger Form verwendet, zubereitet und serviert. An einigen Beispielen werden ausgesuchte Erzeugnisse und Zubereitungen aufgezeigt.

Frisches Obst

Frisches Obst ist in seinem natürlichen Zustand bei den Gästen sehr beliebt.

Obst wird angeboten:

- als Begrüßung an der Rezeption,
- bei verschiedenen Büfetts oder in der Bar auf einer Etagere,
- in einzelnen Fällen auch als Tischdekorationen sowie
- als besonderes Arrangement für die VIP-Gäste in den Hotelzimmern.

Abb. 1 Obst-Arrangement in VIP-Gästezimmer

„Entschuldigen Sie die Störung – ich darf Ihnen mit einem herzlichen Willkommensgruß von unserem Generaldirektor mit diesem Obstarrangement eine kleine Freude machen."

Abb. 2 Obst-Schale mit exotischen Früchten

„Sie können sich gerne aus der Schale mit dem frischen Obst bedienen. Teller, Messer und Servietten sind für Sie vorbereitet."

Servicemitarbeiter sollen fähig sein, am Küchen-Pass das unterschiedliche Aussehen und die Zubereitungen beim Obst zu bestimmen und diese benennen können.

Obst wird sowohl in der kalten Küche als auch in der warmen Küche als Speisenkomponente eingesetzt und zubereitet. Ebenso die sogenannten **Obsterzeugnisse**.

Servicemitarbeiter müssen die Zubereitungen von Obst kennen, damit sie in der Lage sind,

- den Vorspeisen, Fleisch- oder Fischgerichten die passenden Obstbeilagen zuzuordnen,
- den Gästen nicht nur die Hauptbestandteile, sondern auch die Beilagen erklären zu können,
- die Gäste auch bei der Auswahl der Beilagen fachgerecht zu beraten.

EMPFEHLUNG UND VERKAUF VON SPEISEN

"… haben Sie schon einmal zum Wiener Schnitzel unser hausgemachtes Preiselbeerkompott mit süß-sauer eingelegten Birnenschnitzen probiert? Ich bin sicher, Sie werden begeistert sein."

Obsterzeugnisse

Obsterzeugnisse sind meist industriell hergestellte Produkte. Sie können aber ebenso „hausgemacht" sein:

- Konserviertes Obst als Trocken- oder Dörrobst, tiefgefroren in rollendem Zustand, in sterilisierter Form als Dosen- oder Glaskonserven. Dabei handelt es sich vorwiegend um Kompotte und Mus
- Konfitüren, Marmeladen, Gelees, Brotaufstriche, Sirupe und kandierte Früchte
- Fruchtsäfte, Fruchtnektare, Fruchtsaftgetränke und Limonaden
- Obstweine, Brände, Geiste und Liköre aus Obst

Frisch gepresste Fruchtsäfte verdeutlichen einen sehr aufmerksamen, wenn auch etwas aufwendigeren Service für die Gäste.

Obst als Speisenkomponente

Saftigkeit, Geschmack, Farbe, Struktur und Wirkstoffgehalt machen Obst zu einer hochwertigen Komponente bei nährstoffhaltigen Gerichten. Zur Ergänzung und Abrundung wird es als Garnitur, Beilage oder Speisenkomponente verwendet.

Beispiele

- Ananasscheiben als Garnitur auf Kalbssteak
- Ananas, Pfirsiche oder Mandarinen in Vorspeisencocktails
- Äpfel in Waldorfsalat oder Rotkraut
- Pistazien in Farcen und Füllungen
- Kastanien, glasiert als Beilage oder in Füllungen
- Äpfel, Birnen und Preiselbeeren zu Wildgerichten
- Kompotte zu verschiedensten Gerichten
- Verwendung zu Chutneys

„Heute darf ich Ihnen eine kühne Idee unseres Küchenchefs vorstellen: Gefüllte **Wildentenknödel** mit Apfelblaukraut, glasierten Maroni und Amarettokirschen. Ein echter Hochgenuss."

„Sehr empfehlen möchte ich Ihnen unsere **Curry-Köstlichkeit**. Sie wird zubereitet aus zartem Putenfleisch mit Ananasstücken und Mangostreifen und gerösteten Kokosnuss-Raspeln und Melissenstreifen. Dazu serviere ich Ihnen chinesischen Duftreis mit gedünsteten Kumquats."

11 Obst

Abgesehen von der Verwendung von Obst für Speisen ist frisches oder gedünstetes Obst auch ein wesentlicher Bestandteil des Frühstücksbüfetts.

In der Bar ist Obst, je nach Eignung, auch artbestimmendes und wichtiges Element von Cocktails, Longdrinks, Bowlen und anderen Mischgetränken sowie deren Garnituren.

„Würfel vom zarten Schweinefilet am Spieß zusammen mit Ananas und Papaya gebraten. Der Spieß ist auf Kurkumareis mit Apfel- und Paprikawürfeln angerichtet und wird mit einem Glas Schillerwein serviert."

oder

„Wie wäre es mit gebratenem Steinbuttwürfel auf **Bananencurry** mit Pistazienpesto und Kokosraspeln?"

oder

„… eine kross gebratene Entenbrust mit Grand-Marnier-Sauce, glasierten Orangenfilets und feinem Hagebuttenkompott, dazu knusprige Streichholzkartoffeln."

oder

„… ein mageres Putensteak vom Grill mit Mango- und Papayaspalten, Kokos-Kartoffelplätzchen und einem exotischen Rucola-Ananas-Salat mit rotem Pfeffer."

„Sehr beliebt bei vielen Gästen ist das mit Kurpflaumen und Käse gefüllte **Schweinefilet** in Hagebuttensauce, umlegt mit in Rotwein gedünsteten Apfelspalten und hausgemachten Nudeln, bestreut mit frisch geriebenem Emmentaler. Als Getränk empfehle ich Ihnen Weißherbst oder ein Schwarzbier."

Aufgaben

1. Nennen Sie die handelsüblichen Sammelbegriffe für Obst und ordnen Sie diesen einzelne Früchte zu.

2. Erläutern Sie an Beispielen die Verwendung von Obst/Früchten als Beilage zu von Ihnen bestimmten Gerichten:
   a) Äpfel
   b) Birnen
   c) Kastanien
   d) Bananen
   e) Ananas

3. Benennen Sie die abgebildeten Zitrusfrüchte.

465

Beratung und Verkauf

EMPFEHLUNG UND VERKAUF VON SPEISEN

Für die Käseherstellung wird Milch dickgelegt:
- **Süßmilchkäse** entstehen durch die Zugabe von Lab, einem Ferment des Kälbermagens,
- **Sauermilchkäse** erhält man durch die Zugabe von Milchsäure.

Fachgerechte Beratung und Verkauf von Käse im Restaurant erfordert Grundkenntnisse der zu präsentierenden Käse (s. S. 469).

⑫ Käse

🇬🇧 cheese 🇫🇷 fromage (m)

Käse gilt als eines der ältesten Lebensmittel der Menschen. Hergestellt aus der Milch von Kuh, Büffel, Schaf oder Ziege überrascht Käse immer wieder durch seine Vielfalt. Hunderte von Sorten gibt es weltweit.

Süßmilchkäse

Nach Festigkeitsstufen werden folgende Käse unterschieden:

Hartkäse

Käsesorte	Ursprungsland	Geschmack
Chester	England	leicht bitter
Emmentaler ①	Deutschland	nussig
Greyerzer	Schweiz	würzig, salzig
Parmesan	Italien	würzig-scharf
Bergkäse ②	Deutschland	nussig

Schnittkäse

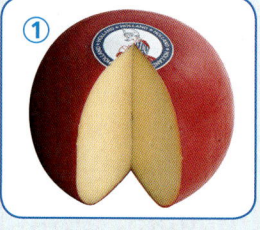 

Käsesorte	Ursprungsland	Geschmack
Danbo	Dänemark	würzig
Graukäse	Österreich	säuerlich
Edamer ①	Holland	mild
Tilsiter ②	Deutschland	würzig
Appenzeller	Schweiz	kräftig
Gouda	Holland	kräftig, würzig

Aus Hart- und Schnittkäsen werden durch Zugabe von Schmelzsalzen die **Schmelzkäse** hergestellt.

Halbfester Schnittkäse

Käsesorte	Ursprungsland	Geschmack
Butterkäse	Deutschland	mild, butterig
Brick ①	USA	kräftig
Stilton	Engand	mild-kräftig
Tallegio	Italien	würzig
Danablu ②	Dänemark	scharf
Gorgonzola	Italien	mild-scharf
Roquefort	Frankreich	pikant

Weichkäse

Käsesorte	Ursprungsland	Geschmack
Brie ①	Frankreich	kräftig
Cambozola	Deutschland	cremig, würzig
Romadur	Deutschland	herzhaft
Weinkäse	Deutschland	pikant
Limburger ②	Belgien	kräftig
Camembert	Frankreich	fruchtig

Zu den halbfesten Schnittkäsen gehören auch die Edelpilzkäse. Bei ihnen werden gesundheitlich unbedenkliche Schimmelkulturen zugesetzt, die den besonderen Geschmack erzeugen.

Frischkäse

Das sind Käse, die nicht reifen dürfen, sondern bis zu ihrem Verbrauch in ihrem frischen Zustand erhalten werden müssen. Sie sind mild im Geschmack.

Produktbezeichnungen sind:
- Speisequark, Topfen- oder Schichtkäse ①,
- Rahm- oder Doppelrahmkäse,
- Hüttenkäse (Cottage cheese) ②.

Bei Schichtkäse werden schichtweise fettarmer und fettreicher Bruch übereinander gelegt.

Sauermilchkäse

Lässt man zu Käse geformten Sauermilchbruch reifen, entsteht Sauermilchkäse. Der unterschiedliche Geschmack und das Aussehen der Käse ergibt sich durch die Zugabe von jeweils artspezifischen Bakterienkulturen. Sauermilchkäse müssen reifen. Sie sind pikant und rassig im Geschmack

Produktbezeichnungen sind:
- Handkäse und Mainzer Käse,
- Harzer Käse bzw. Harzer Roller ①,
- Korb- oder Stangenkäse ②.

Fettgehaltsstufen und Wassergehalt der Käse

Nach den Bestimmungen der Käseverordnung müssen zur Verbraucherorientierung die Fettgehaltsstufen angegeben werden. Dies geschieht durch die Angabe der Fettgehaltsstufe oder des **Fett**gehalts in der **Tr**ockenmasse **(Fett i. Tr.)** auf der Verpackung. Der tatsächliche Fettgehalt beträgt, je nach Käseart, etwa die Hälfte der Fett-i.-Tr.-Angabe, die auf der Verpackung genannt wird.

Fettgehalt der Käse in Prozent

weniger als 10	Magerstufe
10	Viertelfettstufe
20	Halbfettstufe
30	Dreiviertelfettstufe
40	Fettstufe
45	Vollfettstufe
50	Rahmstufe
60, höchstens 85	Doppelrahmstufe

Rohmilchkäse

Es gibt heute wieder zunehmend Käsesorten, die aus Rohmilch hergestellt werden, also aus unbehandelter Milch. Gleich nach dem Melken werden Milchsäurebakterien und gegebenenfalls Schimmelpilzkulturen in die frische Milch eingerührt. Dann wird reiner Labextrakt zugegeben, damit die Milch gerinnt. Die Milch für Rohmilchkäse darf höchstens auf 40 °C erwärmt werden, damit die in der Rohmilch enthaltenen natürlichen Bakterien erhalten bleiben. Daher hat der Käse später ein vollmundigeres Aroma.

Typische Rohmilchkäse sind
- Roquefort
- Langres
- Emmentaler
- Camembert
- Comté
- Brie

Zubereitung

Verschiedene Käsesorten werden zu Canapés, Käsetoast und Käseomelett verwendet. Käse ist eine Geschmack gebende Zutat bei folgenden Speisen:

- Suppen und Saucen,
- überbackenen Gerichten von Gemüse, Teigwaren und Fisch,
- Lorettekartoffeln, Gratin dauphinois, Käsenocken und Käsestangen.

Girolle-Schabegerät für Tête de moine

Beratung und Verkauf

EMPFEHLUNG UND VERKAUF VON SPEISEN

Abb. 1 Raclette

Weitere Käseangebote sind:

- **Frischkäse** mit fein gehackten Zwiebeln, Salz, Pfeffer, Paprikapulver und Kräutern
- **Handkäse** mit Musik (Essig, Öl, fein gehackte Zwiebeln, Salz und Pfeffer)
- **Gebackener Käse** wie Emmentaler oder Camembert, paniert oder in Bierteig
- **Käsefondue** aus geschmolzenem Käse mit Weißbrotstückchen
- **Raclette**, geschmolzener Käse mit Pfeffer und Mixed Pickles, Pellkartoffeln und Weißbrot

„Für Sie als Käseliebhaber habe ich heute etwas Besonderes anzubieten: Einen pikant angemachten **Weißlacker** in süßer Umgebung. Lassen Sie sich überraschen."

„Für unsere Aktionswoche „Alles Käse ..." hat unser Küchenchef eine fantastische **Käsecremesuppe** mit gebratenen Garnelen und frischen Kerbelblättern kreiert. Sie sollten sich diesen Genuss nicht entgehen lassen."

oder

„... einen **Camembert** im Bröselkleid gebacken, serviert mit hausgemachten, kalt gerührten Preiselbeeren, Kumquats und Orangenfilets. Hierzu empfehle ich Ihnen als Weißwein einen halbtrockenen Riesling oder einen jugendlichen frischen Grauburgunder. Sollten Sie lieber einen Rotwein bevorzugen, würde ich Ihnen gerne einen Trollinger vorschlagen."

„Elegant und fein ist ein wunderbar luftiger **Käseauflauf** mit Schinken und glasierten Honigmöhrchen, den ich Ihnen wärmstens empfehlen möchte."

Käsepräsentation zum Nachtisch

Das Käsebrett oder der Käsewagen als Verkaufshilfe für einen Käse-Nachtisch. Egal welche Sorten angeboten werden, es ist ratsam, sich vorher einige Aussagen über Herkunft, Konsistenz und Geschmack zurecht zu legen, um die Gäste entsprechend beraten zu können.

Je nach Aktionswochen oder anderen Anlässen können die Käsepräsentationen speziell zusammengestellt werden oder international bestückt sein. **Beispiele:**

Französische Käseauswahl

Abb. 1
1 Stück Bleu d'Auvergne ①, 1 Stück Bleu de basque ②, Chabichou ③, 3 Boulons de culotte ④, 1 Stück Coulonziers ⑤, Brin d'amour ⑥, Fiore Corse Brin ⑦, Charolais ⑧, Cœur de Neufchâtel ⑨, ein paar Scheiben Abbaye de Belval ⑩, Salers ⑪, Fromage de brebis ⑫, Brie de Meaux ⑬, Crottins in Kräuteröl ⑭, Livarot ⑮, Gratte paille ⑯, Morbier ⑰

Auswahl mit italienischem Käse

Abb. 2
1 Stück Taleggio ①, 1 Stück Gorgonzola dolce ②, Robiola ③, Paglietto ④, Montasio ⑤, Pustertaler Bergkäse ⑥, Pecorino marzolino rosso ⑦, Pecorino sardo ⑧, Pecorino toscano ⑨, Provola affumicata ⑩, Toma Piemontese ⑪, einige Scheiben Formai de mut ⑫, Mozzarella di bufala ⑬, Caciocavallo ⑭

Deutsche Käseauswahl

Abb. 3
ein paar Scheiben Amoroso ①, einige Scheiben Biarom ②, Harzer Käse ③, Weinkäse ④, Romadur ⑤, Weichkäse mit Rotschmiere „Antons Liebe" ⑥, Deutscher Camembert ⑦, 1 Stück Rougette ⑧, Altenburger Ziegenkäse mit Kümmel ⑨, Bergkäse, Bauernkäse ⑩, Tilsiter ⑪, Allgäuer Emmentaler, am Stück und in Scheiben ⑫, Bavaria Blu ⑬, Dorblu ⑭

„Als Erstes haben wir hier den herzhaften **Amoroso**, daneben den **Biarom**, würzig nach Kümmel schmeckend. Unverkennbar die **Harzer Roller** mit dem deftigen Geschmack und der **pikante Weinkäse**. Weiter geht es mit dem kräftig-würzigen **Romadur**, daneben „**Antons Liebe**", eine Spezialität unseres hiesigen Käsemeisters, danach ein **Camembert** der Region, mild und sahnig. Der **Rougette** ist mild und doch aromatisch, ebenso der **Altenburger Ziegenkäse** mit Kümmel. Ein **Allgäuer Bergkäse** mit seinem nussig-würzigen Geschmack darf auf keinen Fall fehlen, auch nicht der **Tilsiter**, herzhaft bis scharf schmeckend. Dann noch ein alter Bekannter, der **Allgäuer Emmentaler**, der nicht nur eine große Lochung hat, sondern auch jeder strengen Degustation standhält. Zum Abschluss noch zwei Blauschimmelkäse, der **Bavaria blu**, je nach Reifegrad mild bis pikant, und der **Dorblu**, der auch mit zunehmender Reife immer pikanter wird."

Beratung und Verkauf

EMPFEHLUNG UND VERKAUF VON SPEISEN

Hauchdünne Späne lassen sich von Hartkäse mit einem Käse- oder Trüffelhobel gut abziehen, z. B. für Salate oder Nudelgerichte.

Schneiden von Käse

Der Schnittkäse wird von der Rinde befreit, in Scheiben geschnitten, die bei entsprechender Größe in kleinere Stücke zu teilen sind.

Darüber hinaus sind die Schnittformen für andere Käse von der jeweiligen Form abhängig. Unter diesem Gesichtspunkt werden z. B. geschnitten:

- Runde und halbrunde Käse keilförmig
- Keilförmige Käse von der Spitze ausgehend bis etwa 2/3 quer, der Rest in Längsrichtung
- Ovale Käse quer zur Längsrichtung

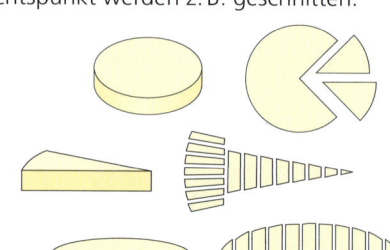

Worte, die verkaufen helfen

Aussehen
- weißer Schimmelrasen
- Naturrinde
- rötliche Rinde
- glatte Oberfläche
- weißer oder gelblicher Käseteig
- große oder kleine Lochung
- blau durchzogen

Konsistenz
- cremig
- streichfähig
- weich
- geschmeidig
- fest/halbfest
- schnittfest

Geschmack
- mild
- säuerlich
- sahnig
- rahmig
- nussig
- würzig
- herzhaft
- scharf
- sehr kräftig
- pikant
- leicht bitter
- butterig
- leicht salzig

Geruch/Aroma
- Appetit anregend
- neutral
- aromatisch
- pikant duftend
- sehr intensiv duftend

Käse und Wein

Ein Stück gut gereifter Käse und ein Glas Wein – für viele Gäste eine Genuss versprechende Kombination. Wäre früher die Frage nach dem Wein mit „auf jeden Fall einen Roten" rasch beantwortet gewesen, so gilt diese Empfehlung heute nicht mehr uneingeschränkt, denn es gibt viele Käse, zu denen auch ausgezeichnet ein Weißwein passt. Der Hauptgrund für die Harmonie von Käse und Wein ist eine vorhandene Ähnlichkeit in Geschmack und Aroma. Manchmal ist gerade der Kontrast interessant, der den besonderen Reiz liefert wie beispielsweise bei einem pikanten Blauschimmelkäse in Kombination mit einem edelsüßen Tropfen. Generell sei vermerkt, dass weder der Käse den Wein „erschlagen" darf noch umgekehrt.

- Bei cremigem Käse sollte der Wein ausreichend Säure haben.
- Säuerliche Käse verlangen nach einem halbtrockenen Wein.
- Zu stark salzigen Käsesorten passen oft edelsüße Weine, aber genauso häufig Weine mit einer kräftigen Säure.
- Je härter der Käse ist, desto mehr Gerbstoffe sollte der Wein aufweisen.
- Bei Käseplatten oder bei einer Auswahl vom Käsebrett, wozu Wein gereicht wird, sollte sich der Wein nach dem kräftigsten Käse richten.
- Vertrauen Sie dem „kollektiven Geschmack in den Regionen". Weine und Käse aus einer Region passen in der Regel gut zusammen.

Aufgaben

1. Milch ist das Ausgangsprodukt für Käse. Wodurch entsteht Käse?
2. Käse werden nach ihrer Festigkeit unterschieden. Nennen Sie vier Festigkeitsstufen.
3. Nennen Sie drei Edelpilzkäse.
4. Welche Frischkäse kennen Sie?
5. Nennen Sie Produktbezeichnungen für Sauermilchkäse.
6. Auf dem nebenstehenden Bild sind auf einem Teller 9 verschiedene Käse angerichtet. Benennen Sie mindestens 5.
7. Nach der Anlieferung müssen die Käse entsprechend gelagert werden. Nennen Sie sortenspezifische Lagerbedingungen für Käse.

13 Nachspeisen

🇬🇧 desserts, sweets 🇫🇷 entremets (m)

Durch Einsatz von besonders attraktiven Dessertkarten können die Nachspeisen verkaufsfördernd angeboten werden. Dabei wird die Vorfreude und die Erwartung der Gäste auf den süßen Ausklang eines Essens ausgenutzt.

Nachspeisen können jene köstlichen Kleinigkeiten nach dem Hauptgang sein, die den „Magen schließen" oder die den krönenden Abschluss von Speisenfolgen bilden. Man unterscheidet dabei Käsedesserts, Süßspeisen und frisches Obst.

Unter Nachspeisen versteht man alle Speisen, die nach dem Hauptgang gereicht werden.

Die ständige Streitfrage, ob erst das Süße und dann der Käse oder alles umgekehrt serviert werden muss, kann man wie folgt klären:

- Zum Käse passt gut weißer oder roter Wein.
- Zum süßen Dessert passt der erfrischende Sekt oder Champagner besser oder ein lieblicher Dessertwein (Likörwein).
- Da nach einem Schaumwein kein sogenannter Stillwein gereicht werden soll, heißt also die Reihenfolge eindeutig: **Käse vor der Süßspeise**.
- Gibt man zuerst Käse, kann man den Wein des Hauptganges evtl. als Getränk zum Käse übernehmen.
- Anschließend wird dann zur Süßspeise ein passender Dessertwein oder ein nicht zu trockener Sekt oder Champagner serviert.

Käsedesserts (ab S. 466)

- Auswahl von verschiedenen Käsesorten vom Brett oder vom Wagen mit Brot und Butter,
- Käsefours und Käsegebäck,
- Käsesalate,
- angemachte Käse mit Brot,
- warme Käsespezialitäten wie z. B. Quiche lorraine,
- geschmolzener Käse wie Käsefondue oder Raclette,
- gebackene Käse, z. B. Camembert.

Süßspeisen

Sie bilden sowohl geschmacklich als auch durch die sehr dekorative Präsentation eine willkommene Abwechslung und lassen das vorausgegangene Menü harmonisch ausklingen.

Süßspeisen unterteilt man in:

Warme Süßspeisen
- Aufläufe und Puddinge
- Omeletts und Pfannkuchen
- Gebackene Krapfen
- Strudel
- Überbackene Desserts

Kalte Süßspeisen
- Cremespeisen
- Gebäcke
- Früchtedesserts
- Eisspeisen

Abb. 1 Dessertetagere

Bekanntlich führt das Süße schneller und intensiver zum Sättigungsgefühl als ein würziger, pikanter Käse.

Abb. 2 Käse mit Früchten

Sollte in einem Menü aus einem besonderen Anlass sowohl eine warme als auch eine kalte Süßspeise serviert werden, wird immer zuerst die warme Süßspeise aufgetragen.

Beratung und Verkauf

EMPFEHLUNG UND VERKAUF VON SPEISEN

Frisches Obst

Gewaschenes einwandfreies Obst wird auf Tellern oder im Obstkorb oder in Eiswasser angerichtet. Der Service erfolgt mit Desserttellern, Obst- oder Mittelbesteck und einer Fingerschale. Neben dem frischen Obst im Ganzen serviert sind Salate aus frischen Früchten als belebende Komponente im Dessertbereich sehr beliebt.

Abb. 1 Schale mit frischen Früchten

13.1 Warme Süßspeisen

🇬🇧 hot sweets 🇫🇷 entremets (m) chauds

Aufläufe und Puddinge

🇬🇧 dessert soufflés and puddings 🇫🇷 soufflés (m) et poudings (m)

Aufläufe sind die zartesten warmen Süßspeisen. Puddinge dagegen sind etwas kompakter. Vielfach werden beide Arten im Wasserbad pochiert und warm serviert.

Aufläufe müssen **rasch serviert** werden, damit sie an der kalten Luft nicht zusammenfallen und somit unansehnlich werden. Auflaufarten sind Schokoladen-, Quark-, Haselnuss-, Vanille- und Zitronenauflauf.

Puddinge gibt es unter den Bezeichnungen:

- Kabinettpudding,
- Frankfurter Kirschpudding,
- Diplomatenpudding,
- Grieß- und Reispudding.

Abb. 2 Gestürzter Pudding

Omeletts 🇬🇧 omelettes 🇫🇷 omelettes (w)

Diese Art von Süßspeisen wird aus einer luftigen Eischaummasse hergestellt:

- **Auflaufomelett** 🇬🇧 omelette souffle 🇫🇷 omelette (w) soufflée
  Auflaufomelett wird als reich verziertes, ovales Gebilde auf eine gebutterte Platte drapiert und im Rohr gebacken.

- **Überraschungsomelett** 🇬🇧 baked Alaska 🇫🇷 omelette (w) surprise
  Der Überraschungsmoment besteht darin, dass etwas Gebackenes heiß serviert wird, dessen Kern jedoch Speiseeis enthält.

- Salzburger Nockerl gehören ebenfalls zu dieser Kategorie. Die Nockerl aus Schaummasse werden auf eine gezuckerte Cocotte geformt und im Rohr ausgebacken. Dann serviert man sie zusammen mit Vanillesauce.

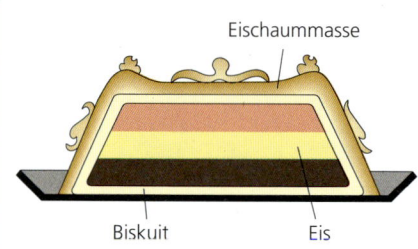

Abb. 3 Überraschungsomelett (Omelette surprise)

Pfannkuchen 🇬🇧 pancakes 🇫🇷 pannequets (m)

Bei diesem Dessert werden **Pfannkuchen**, **Crêpes** oder **Palatschinken** meist gefüllt, glasiert, gebacken oder überbacken.

Beispiel

> „… eine leckere ungarisch-österreichische Spezialität unter den Süßspeisen sind die **Topfenpalatschinken**, gefüllt mit Vanille-Quark, Weintrauben, Rosinen und gerösteten Mandelsplittern. Dazu serviere ich Ihnen eine Sauce nach Ihrer Wahl aus Holunder, Blaubeeren oder Erdbeeren."

13 Nachspeisen

„Unser **Kaiserschmarrn** ist berühmt für seine Lockerheit. Zudem wird er zusammen mit in Rum marinierten Korinthen und Mandelsplittern gebacken. Danach wird der Schmarrn noch in Butterkaramell geschwenkt und glasiert."

„Als süßen Abschluss empfehle ich Ihnen unsere zarten, in Karamellzucker glasierten **Mandel-Crêpes** mit feinem Ragout aus frischen Erdbeeren mit einem Schuss Eierlikör und feinen Streifen von Pralinenschokolade."

Strudel 🇬🇧 strudel 🇫🇷 stroudel (m)

Der bekannteste unter den Strudeln ist der **Apfelstrudel**. Aber auch Milchrahm-, Mohn-, Trauben-, Kirschen-, Rhabarber-, Marillen- oder Birnenstrudel erfreuen sich großer Beliebtheit.

Strudel werden meist warm und mit einer geschmacklich harmonierenden Sauce wie zum Beispiel Vanille- oder Holundersauce serviert. Auch die Kombination anstelle einer Sauce mit Eissorten ist möglich.

„Ein winterliches Märchen ist unser **Mohnstrudel** mit in Riesling pochierten Birnen. Sie werden es nicht bereuen, wenn Ihre Wahl auf dieses Dessert fällt. Ich würde Ihnen dazu eine luftig-leichte Weinschaumsauce empfehlen."

© Stockfood/L. Ellert

Krapfen / Gebackene Früchte 🇬🇧 fritters 🇫🇷 beignets (m)

Diese Art von Krapfen werden auch als Küchle bezeichnet. Dazu werden Früchte in Ringe, Spalten oder Scheiben geschnitten, mit Bierteig oder Weinteig umhüllt und in schwimmendem Butter-Schmalz (Fett) ausgebacken. Dazu serviert man süße Saucen oder Vanilleeis.

„Unsere regionale Spezialität gerade jetzt im Frühling sind knusprige **Holunderküchle**. Dafür werden frisch gepflückte Holunderblüten in Wein- oder Bierteig getaucht und in schwimmendem Schmalz gebacken. Wir servieren dazu einen luftigen Weinschaum."

Beratung und Verkauf

EMPFEHLUNG UND VERKAUF VON SPEISEN

Besondere Zubereitungen sind die *Weinschaumcreme* oder eine Schaumcreme aus Schokolade, die auch als Mousse au chocolat bezeichnet wird. Eine Mousse (Schaumcreme) lässt sich mit weißer Schokolade, Nugat oder Früchtepürees sehr vielfältig herstellen.

13.2 Kalte Süßspeisen

🇬🇧 cold sweets 🇫🇷 entremets (m) froids

Cremespeisen

🇬🇧 creams 🇫🇷 crèmes (w)

Der Begriff Creme bedeutet etwas Feines, Zartes, von cremeartiger Beschaffenheit. Die bekannteste ist die **Bayerische Creme**. Sie besteht aus Milch, Eiern, Zucker, Gelatine, Vanille und Schlagsahne. Aus dieser geschmacksneutralen Grundcreme kann man durch Zugabe von Fruchtmark, Schokolade, Krokant, Nugat oder anderen Geschmacksträgern viele Varianten herstellen.

Karamellcreme ist eine pochierte Creme bzw. süßer Eierstich.

Weitere Cremespeisen sind: die *Weincreme*, *Cremes aus Quark und Joghurt* und die *Charlotte*, die immer von einem Biskuitmantel umgeben ist mit Creme als Füllung.

Abb.1 Weinschaumcreme

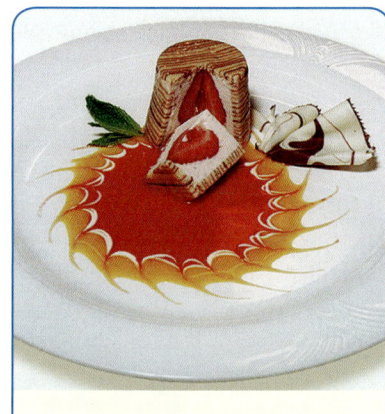

„Meine Empfehlung für den süßen Abschluss ist die luftige **Bayerische Creme** nach Fürst-Pückler-Art mit Erdbeeren."

„Zum Dessert möchte ich die erfrischende **Joghurt-Mandel-Creme** mit der sommerlichen Walderdbeersauce empfehlen."

„Ein Dessert von besonderer Güte erwartet Sie mit unserer fruchtigen **Erdbeercreme im Baumkuchenmantel** mit Erdbeer-Pfirsich-Sauce."

Zudem werden Cremes von Saucen, Früchten, Kleingebäck wie Hippen und Teegebäck sowie Schokoladenornamenten begleitet und garniert.

Anrichteweise für Cremes

Oftmals werden Cremes in **Schüsseln** zum Ausstechen mit dem Vorlegelöffel angeboten.

Sie werden aber auch direkt in Gläsern mit oder ohne Früchte oder Fruchtpürees angerichtet.

Auf Tellern richtet man die **Stürzcreme** oder die **Charlotte** an. Die Stürzcreme wird zuerst in ein Timbalförmchen gefüllt und nach dem Erkalten aus der Form gestürzt.

Obwohl nach wie vor der Dessertteller (Ø 19 cm) Verwendung findet, hat sich der Trend zu größeren oder rechteckigen Porzellan- oder Glastellern durchgesetzt.

Abb. 2 Gebrannte Crème in Herzförmchen

Gebäck 🇬🇧 pastries 🇫🇷 pâtisseries (m)

Gebäcke werden aus verschiedenen Teigen und Massen hergestellt.

Gefüllte *Rollen* aus **Biskuit** oder kleine *Törtchen* mit Obstbelag aus **Mürbteig** eignen sich auch sehr gut als Süßspeisen.

Aus **Hefeteig** werden Buchteln, Dukatennudeln, Rohr- und Dampfnudeln wie auch Savarins, Brioche und Babas hergestellt.

Sehr beliebte Desserts mit Creme- oder Schlagsahnefüllung sind Gebäcke aus **Brandmasse**.

Aus **Blätterteig** erhält man *Teeblätter* oder *Schweineöhrchen*, die mit Creme gefüllt werden können.

Früchte, in luftig-zarten Teig gehüllt und gebacken, sind z. B. *Apfel im Schlafrock*.

Abb. 1 Schweinsöhrchen

Abb. 2 Brioche

Abb. 3 Obsttörtchen

„Das bunte **Früchtetörtchen**, mit frischem Obst belegt und mit Weingelee glasiert, wird sicher Ihre Zustimmung finden."

Abb. 4 Savarin

„Unser Küchenchef setzt immer wieder gerne Traditionsrezepte auf die Karte, so auch den saftigen **Savarin-Ring** mit Früchten."

Abb. 5 Windbeutel

„Erleben Sie einen wahren Gaumenschmaus durch unsere **Mini-Windbeutel**, gefüllt mit dreierlei Früchten und Cremes."

Abb. 6 Mandelbiskuitröllchen

„Zum Abschluss Ihrer Präsentation mit Champagner empfehlen wir Ihnen neben Espresso oder Softdrinks ein süßes Fingerfood-Büfett, zum Beispiel **Mandelbiskuitröllchen** mit Kirschfüllung und frischen Beeren."

Abb. 7 Apfel-Zimt-Muffin

„Zu einer guten Tasse Kaffee passt hervorragend ein schmolliger **American-Muffin**, das Highlight unserer Gebäcktheke. Ein kleiner runder Kuchen, der Sie mit weichem Apfel- und Zimt-Geschmack auf die Weihnachtszeit einstimmt."

Abb. 8 Schoko-Donut

„Als kleines Dessert zum Mitnehmen packe ich Ihnen gerne noch einen unserer köstlichen **Donuts** ein. Wenn Sie unterwegs Appetit auf etwas Süßes haben, ist der Schmalzgebäckringel der ideale Snack."

Beratung und Verkauf

EMPFEHLUNG UND VERKAUF VON SPEISEN

Jetzt, an diesen heißen Tagen, empfehle ich Ihnen anstelle von Kaffee den coolen **Eiskaffee** mit Sahnehäubchen und Kaffeelikör.

Eispeisen 🇬🇧 ice creams 🇫🇷 glaces (w)

Alle Eissorten eignen sich zur Herstellung von Eisbomben, Eistorten, Eisgetränken und Eisdesserts. Eine Besonderheit stellt das Eis-Parfait oder Halbgefrorene dar. Es besteht aus Geschmacksträgern, Eiern, Zucker und etwa 60 % Schlagsahne.

In Kombination mit Früchten, Frucht- und anderen süßen Saucen, Makronen (Mandelgebäck), Hippen, Krokant, Nüssen, Hohlhippen, Likören, Schokoladen, Kaffee, Kakao und Sahne kann der kreative Koch viele wunderschöne Desserts zaubern.

Beispiele von Eisdesserts

"Unser hervorragendes **Milchspeise-Eis** veredelt mit zartem, warmem Topping, umspielt als spannende Komposition Ihren Gaumen. Sie werden es genießen."

„Unser Desserthit ist ein **Bananensplit**, einmal anders. Die kurz angebratenen Bananen sind garniert mit Vanilleeis, Schokoladensplittern und Bananenlikör."

„Ein Traditionsdessert unseres Hauses erleben Sie mit **Pfirsich Melba**, ein Kompottpfirsich mit Himbeersauce und Hippenchips."

Sorbets 🇬🇧 sherbets (US), sorbets (GB) 🇫🇷 sorbets (m)

Sorbet ist weich gefrorenes Fruchteis, manchmal wird es auch aus Kräutern, Gemüsesäften oder Bier hergestellt. Durch eine kürzere Gefrierdauer wird die Masse breiig gefroren. Dadurch ist Sorbet sehr erfrischend und wird deshalb auch in großen Menüs z. B. zwischen dem Fischgang und dem Hauptgang serviert. Manchmal wird das Sorbet kurz vor dem Anrichten mit Sekt oder Champagner vermischt und dickflüssig serviert. Heute werden Sorbets auch gerne zur Dessertherstellung verwendet. Ein dem Sorbet sehr ähnliches Produkt ist das splittrig gefrorene **Granité**, das meist in Gläsern angerichtet und mit Wein oder Sekt übergossen serviert wird.

Bei der Herstellung und im Umgang mit Speiseeis ist besonders auf Hygiene zu achten.

Erdbeersorbet mit Joghurtsauce

Sorbet von Sauerampfer als Zwischengang

Granité von Champagner

Sorbet von Butterkokosnuss mit Ananas-Sauce

13 Nachspeisen

Früchtedesserts 🇬🇧 fruit desserts 🇫🇷 desserts (m) de fruits

Zunächst können die frischen, ganzen, gewaschenen Früchte dem Gast als **Tafelobst** serviert werden. **Obstsalate, Fruchtcocktails, Kompotte, Gelees** und **Grützen** sind weitere Angebotsmöglichkeiten. Vielfach werden Früchte aber auch mit anderen Dessertelementen wie Eis oder Cremes kombiniert.

„**Salat von frischen exotischen Früchten** als erfrischende Komponente mit Kumquats, Babybananas, Papaya, Kiwis, Physalis, Granatapfelkernen und Grapefruitfilets, aromatisiert mit einer feinen Marinade aus Zitronensaft und Kokossirup."

„Probieren Sie doch mal die **Grütze** von frischem Rhabarber mit abgeschöpftem Rahm. Ich kann nur sagen: ein Gedicht."

Beispiele für modern angerichtete Süßspeisenkombinationen

Aus den folgenden Beispielen von Süßspeisen wird deutlich, dass man heute kaum noch ein Dessert mit nur einer Komponente anrichtet. Statt dessen versucht man, Kompositionen mit einer entsprechend gelungenen optischen Wirkung zu schaffen. Dies ist für die Servicefachkraft am Süßspeisenbüfett oder Dessertwagen wichtig.

Krokantmousse auf Orangensauce mit Kumquatkompott, Pistazien und Schokoladenfächer

Panna cotta (gekochte Sahne) mit in Karamell glasierten Orangenspalten und Grand-Marnier-Sauce

Bayerische Creme mit Himbeergeschmack, karamellisierten Apfelspalten, Vanillesauce mit Himbeerstern und Hippenblatt

Mousse von kanadischer Pekan-Nuss mit Ahornsirup und Fächer aus Rotweinbirne

Pochierter Eierrahm, im Näpfchen zur Crème brûlée geflämmt

Dunstapfel, gefüllt mit Nougatcreme, Erdbeer-Aprikosen-Sauce und Brombeeren

Beratung und Verkauf

EMPFEHLUNG UND VERKAUF VON SPEISEN

Worte, die Desserts verkaufen helfen

- farbenfroh
- erfrischend
- köstlich
- lecker und leicht
- sommerlich-fruchtig
- duftend
- süße Bescherung (Pralinen und Teegebäck)
- ein Geschenk voller Frucht (Maracuja-Sorbet)
- leckerer Adventsduft (Lebkuchenparfait)
- mit aller Pracht genießen
- ein Traum von einem Dessert
- eine gelungene Kombination
- zartschmelzende Mousse
- … lassen Sie den Abend kulinarisch ausklingen mit …

Profiteroles-Traube mit dezenter Weincreme, Rotweinsauce und Schokoladenblatt

Creme von Granny-Smith-Apfel im Schokoladentortelett mit Calvados-Sauce, Babyapfel und Hippenblättern

Mousse von brauner und weißer Schokolade auf Mandelmakrone mit Himbeeren und Orangensauce

Aufgaben

1. Begründen Sie, warum das Käsedessert vor der Süßspeise serviert werden soll.
2. Nennen Sie je fünf kalte und warme Süßspeisen.
3. Welche Zutaten benötigt man für eine Bayerische Creme? Wodurch kann sie geschmacklich variiert werden?
4. Welche weiteren Creme-Süßspeisen kennen Sie?
5. Wie können Cremespeisen angerichtet werden?
6. Entwerfen Sie aus der Kurzbeschreibung und der nebenstehenden Abbildung eine appetitanregende Formulierung zur Empfehlung an Ihre Gäste.

   Schokoladenröllchen, Schokoladenmousse weiß und etwas braun, Baumkuchen, Rhabarbereis, Erdbeeren, Rhabarber-Erdbeerkompott

7. Nennen Sie Arten von Obstdesserts.
8. Welche Arten von Eisspeisen kennen Sie?
9. Nennen Sie klassische Eisdesserts.
10. Was ist beim Servieren von Aufläufen besonders zu beachten?
11. Welche Varianten von Pfannkuchen gibt es bei der Süßspeisenbereitung?
12. Nennen Sie vier verschiedene Strudelarten.
13. Was versteht man unter dem Begriff Sorbet?
14. Wann werden Sorbets in der Regel serviert und wozu können sie heute auch noch verwendet werden?
15. Wie werden moderne Desserts angerichtet?

14 Spezielle Gerichte

🇬🇧 special dishes 🇫🇷 plats (m) special

In dieser Rubrik werden spezielle Gerichte genannt und verkaufsfördernd behandelt.

14.1 Amuse-Bouche/Amuse-Gueule

Amuse-Gueule oder **Amuse-Bouche** sind Appetithäppchen, kleine Gaumenfreuden auf hohem Niveau. Sie werden unabhängig von der Bestellung des Gastes als Auftakt eines Essens oder einer Speisenfolge serviert. Diese kleinen kalten oder warmen Köstlichkeiten sind nicht nur eine willkommene Überraschung für den Gast, sie überbrücken die Zeit bis zum Servieren des ersten Ganges, stimmen den Gast auf nachfolgende Genüsse ein und verweisen auf den Stil des Hauses. Außerdem bieten sie dem Koch eine gute Gelegenheit, neue Kreationen auszuprobieren und zu präsentieren.

Die Servierfachleute setzen sie mit einer freundlichen Erklärung dem Gast als kleinen Gruß aus der Küche ein.

„Um die Wartezeit auf Ihren ersten Menügang zu überbrücken, servieren wir einen **Babyapfel mit Gänseleber**."

„Ein freundliches „Guten Abend" von unserem Küchenchef mit einem **Räucheraal auf Linsensalat**."

„Mit frischen **Palmherzen und Iberico-Schinken** begrüßen wir Sie herzlich als unsere Gäste und freuen uns, für Sie da sein zu dürfen."

„Ein kleiner Gruß aus der Küche vom Chef in Form eines **Räucherlachs-Tatars mit Schmant**."

„Mit der **gefüllten Zucchiniblüte auf Gemüsebett** möchten wir Sie zu einem schönen Abend willkommen heißen."

„**Jakobsmuscheln mit Filets von Orange und Limette** ist unser Gruß der Küchenbrigade und des Chefs."

Beratung und Verkauf

EMPFEHLUNG UND VERKAUF VON SPEISEN

„Betrachten Sie das **Karotten-Orangen-Süppchen** als persönlichen Willkommensgruß."

„Als kleinen Gruß vom großen Chef servieren wir Ihnen gerne diese **kalte Rote-Bete-Suppe**."

„Mit dieser köstlichen kalten **Avocadosuppe** möchten wir Sie herzlich willkommen heißen."

Die Herstellungspalette der Amuse gueules reicht von exquisiten Zutaten wie Languste über Gänseleber bis Kaviar, von Jakobsmuscheln über gefüllte Wachtelbrust bis zu den Sülzen sowie warmen oder kalten Süppchen. *Amuse-Gueule können kalt oder warm serviert werden.* In manchen Restaurants werden sogar schon mehrgängige **Amuse-Bouche-Menüs** den Gästen angeboten oder bei Stehempfängen sogenannte **„Flying Buffets"**, wo kalte und warme Kleinigkeiten laufend angeboten werden.

Flying Buffet mit Knusper-Tüten-Desserts

Flying Buffet mit kalten Vorspeisen, warmen Köstlichkeiten und leckeren Desserts

Gänseleber-Parfait

Ochsenschwanz-ragout

Knödel auf Pilzen

Thunfisch auf Tomatensugo

Ente süß-sauer

Forellentatar

Lachs-Lasagne

Avocadomousse

Flying Buffet mit Vorspeisen in Lolly-Formen

14.2 Fingerfood

Fingerfood ist ein Sammelbegriff für **Delikatessen im Mini-Format.** Sie werden als Häppchen meist kalt, aber auch warm in vielfältiger Form bei Stehempfängen angeboten. Die kleinen Häppchen werden so zubereitet, dass sie bequem mit den Fingern gegessen werden können. Kleine **Leckerbissen,** auf die man nicht verzichten möchte, die sich aber nicht unbedingt gut mit den Fingern nehmen und essen lassen, werden mundgerecht in Schälchen, Gläsern, mit Spießchen oder optisch attraktiv auf Löffeln angerichtet. Sie werden im Gegensatz zu den Amuse gueule nicht direkt am Tisch serviert, sondern meist durch die Servierfachleute laufend den Gästen von Platten zum Verzehr angeboten.

Rustikale Mini-Krautkrapfen mit Garnelen lauwarm serviert

Shrimps auf Avocadocreme im Filoteigkörbchen

Gefüllte neue Kartoffeln, Artischockenherzen, Lachsmousse-Krapfen, Schinkenröllchen

Schinken vom Strauß auf Honigmelone mit Thymianspießchen

Blätterteigherzen, gefüllte Radieschen, Mini-Toast mit Leberpastete, Fenchelsalat mit Tilsiter

Frische Datteln im Speckmantel; werden auch gerne zu Drinks an der Bar serviert

Langustenmedaillons auf schwarzen Bohnen und Maiskörnern mit Koriander

Geräuchertes Forellenfilet auf Kräuterrührei, Blinis mit Räucherlachs und Kaviar, Garnelen auf Calvadoscreme

Variationen von gefülltem Pfannkuchenstrudel: Dünne Pfannkuchen werden bestrichen mit gewürztem Frischkäse und unterschiedlich mit rohem Schinken, Mangostreifen, Spargelspitzen, Räucherlachswürfeln und Pfeffererdbeeren mit Currysauce belegt

Variationen vom Wachtelei in bunter Reihenfolge von links: Wachtelei auf Lauch-Schinkensalat mit Kerbel, auf Madeiragelee mit Balsamico, auf Schmant mit Kaviar, auf Mango-Papayasalat und Granatapfel, auf buntem Jasminreis mit Petersilie

Beratung und Verkauf

EMPFEHLUNG UND VERKAUF VON SPEISEN

14.3 Vegetarische Gerichte

 vegetarian dishes plats (m) végétarien

Vegetarier essen bewusst vorwiegend pflanzliche Produkte. Strenge Vegetarier essen nichts von getöteten Tieren. Veganer vermeiden sogar alle Produkte tierischer Herkunft, also auch Eier, Milch, Sahne oder Käse.

Es gibt aber auch Menschen, die sich von Zeit zu Zeit vegetarisch ernähren wollen. Diese erwarten dann von der Gastronomie, dass sie auf ihre Wünsche eingeht bzw. solche Gerichte für sie bereithält oder anbietet.

Die Grundlage für vegetarische Gerichte sind in erster Linie Gemüse und Pilze. Mit Käse, Milch, Sahne, Quark, Ei und Kräutern können solche Gerichte geschmacklich variiert und verfeinert werden.

Kohlrabi mit Linsenfüllung, Tomaten mit Pfifferlingen, Paprika-Tofuspieße

Geschmorter Fenchel in Tomatensauce mit Reibkäse überbacken

„Unser Spätsommertraum ist ein junger **Spitzkohl** in Gemüsebrühe gedünstet mit gerösteten Butterbröseln und gehacktem Ei."

„Wenn Sie heute einmal keinen Appetit auf Fleisch haben, würde ich Ihnen gerne die mit Malzbierschaum **überbackenen Gemüse** aus Blattspinat, Kohlrabi, Karotten, Petersilienwurzeln und Lauchzwiebeln anbieten."

„Eine locker-leichte Herbstleckerei ist unser **Risotto** von dreierlei Reis und gebratenen Steinpilzen, Austernpilzen und Pfifferlingen, aromatisiert mit duftenden Gartenkräutern."

oder

„... gegrilltes Gemüse im Parmesankörbchen mit Balsamicosirup und Grissini."

„Lecker und interessant zugleich sind die **asiatischen Gemüsenudeln** mit Austernsauce."

14 Spezielle Gerichte

„Höchst eigenwillig, aber sehr empfehlenswert ist der grüne **Spargel auf Butter-Blätterteig**, mit feiner Sauce von Bergkäse überbacken."

„Darf ich Ihnen als vegetarisches Gericht den Klassiker, einen **Gemüseteller**, empfehlen. Er ist bei uns allerdings neu zusammengestellt: mit gebratenen Fenchelscheiben, Brokkoli mit Mandelbutter, Käse-Grilltomaten, in Butter geschwenkten Möhrchen, Mais und Erbsen sowie als Krönung Spargel mit Kerbelhollandaise."

„Eine sehr gut gelungene vegetarische Komposition ist unser **Gemüsestrudel** mit Schwarzwurzeln, Tomaten, Zucchini und Quark, begleitet von Krapfen mit Rahmsauerkraut auf Tomaten- und Kerbelsauce mit gedünsteter Lauchzwiebel."

Aufgaben

1. Entwerfen Sie aus der Kurzbeschreibung und der beigestellten Abbildung eine appetitanregende Formulierung zur Empfehlung an Ihre Gäste.

   Wurzelgemüse, gedämpft
   Knoblauchjoghurt
   Chardonnay-Vinaigrette

   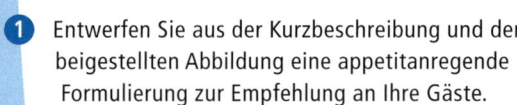

2. Nennen Sie mindestens 5 kalte und 5 warme Kleinigkeiten, die als Amuse gueule oder als Amuse bouche serviert werden können.

3. Welche Aufgabe haben Amuse-gueule oder Amuse-bouche?

4. Zu welcher Gelegenheit würden Sie Fingerfood zur Verköstigung Ihrer Gäste einsetzen?

5. Nennen Sie 6 verschiedene Arten von Fingerfood, die Sie von Ihrem Betrieb her kennen.

6. Erstellen Sie eine spezielle Speisekarte mit 15 Gemüsegerichten.

Menü und Speisekarte

Unter **Menü** versteht man im klassischen Sinn eine Zusammenstellung von mindestens drei Speisen, die nacheinander verzehrt werden und hinsichtlich Farbe und Geschmack harmonisch aufeinander abgestimmt sind. Wegen dieser Aufeinanderfolge nennt man das Menü auch **Speisenfolge**.

Gründliche Kenntnisse aus dem Bereich der Menükunde sind gerade bei den Service-Mitarbeitern besonders wichtig, um Gäste entsprechend beraten sowie den Verkauf von Speisen und Getränken durchführen zu können.

1 Menü und Menükarte

🇬🇧 menu and menu card 🇫🇷 menu et la carte de menu

In der Systemgastronomie hat der Begriff Menü eine andere Bedeutung.

Das Menü in einem Schnellservice-Restaurant besteht in der Regel aus einem Hauptgericht (z. B. einem Burger), einer Sättigungsbeilage (z. B. Pommes Frites) und einem Getränk.

Je nach Beilagengröße variieren auch die Menügrößen und -preise.

Menüs in der Systemgastronomie bieten aufgrund der Mischkalkulation für den Gast meist Preisvorteile in Höhe von ca. 25 % im Vergleich zur Summe der Einzelpreise.

Der Vorteil für das Restaurant ist in der Regel der Zusatzverkauf von Getränken und Beilagen, sodass im Counterbereich oftmals fast ausschließlich Menükombinationen und kaum Einzelprodukte beworben werden.

Das Menüangebot im Gastgewerbe enthält Speisenfolgen, die von Seiten des Betriebes vorgegeben werden. Das Angebot wird in der Menükarte präsentiert. Dabei unterscheidet man:
- Menüs für das täglich wechselnde Angebot,
- Menüs für Festtage, z. B. Ostern, Weihnachten, Silvester,
- Menüs für besondere Anlässe, z. B. Hochzeit, Jubiläum u. a.,
- Überraschungsmenüs.

1.1 Geschichte der Speisenfolge

Entstanden sind die großen Speisenfolgen an den Höfen der Könige, der Fürsten und des Adels. Der materielle Wohlstand dieser gesellschaftlichen Oberschicht hatte das ermöglicht, was man heute die „klassische Küche" nennt. Mit dieser Bezeichnung verbindet sich eine kaum übersehbare Fülle von immer neu erfundenen Speisen.

Klassisches Menü

Das klassische Menü ist ein Spiegelbild der Essgewohnheiten einer bestimmten gesellschaftlichen Schicht in einer bestimmten geschichtlichen Epoche.

Aufbau des klassischen Menüs

Die Gliederung einer Mahlzeit in mehrere Gänge sowie die sinnvolle Aufeinanderfolge der einzelnen Speisen wurde als ein Vorgang zur Kultivierung des Essens verstanden. Die dazu aufgestellten Regeln lauteten: Leichte Speisen (Vorspeisen und Suppen) leiten das Essen ein, ein erfrischendes Sorbet (Schaumeis) dient als neutralisierende und verdauungserleichternde Unterbrechung, große Stücke von Fisch und Fleisch (Hauptplatten) bilden den Höhepunkt des Essens, kleine würzige und/oder süße Speisen sorgen für den harmonischen Ausklang des Essens.

Umfang des klassischen Menüs

Speisenfolgen mit über 10 Gängen sowie zusätzlich wahlweise verschiedenen Speisen innerhalb der einzelnen Gänge waren in der Vergangenheit keine Seltenheit. Aus ernährungsphysiologischer Sicht reduzierte man den Umfang der Speisenfolge erheblich.

Moderne Menüs

Aufbau des modernen Menüs

Am grundlegenden Aufbau hat sich im Vergleich zum klassischen Menü nichts geändert. Das Essen wird mit leichten Speisen eröffnet, das Hauptgericht bildet den Höhepunkt und zum Ausklang werden wieder leichtere Speisen gereicht.

Wie aus dem klassischen Menü auf der Seite 486 zu ersehen ist, enthielten solche Menüs neben einem **Fischhöhepunkt** „Steinbutt" zwei **Fleischhöhepunkte** „Lammrücken" und „Moorhühner".

Das moderne Menü kennt im Allgemeinen nur noch einen Höhepunkt, zu dem unterschiedliches Fleisch – eventuell auch Fisch – verwendet wird.

Anzahl der Gänge im modernen Menü

Die Anzahl der Gänge hat sich verringert, und dafür gibt es verschiedene Gründe:

- Der Wohlstand ist heute auf breite Bevölkerungsschichten verteilt. Trotzdem sind für viele Gäste große Menüs zu zeitaufwendig und nach wie vor zu kostspielig.
- Jeder kann an gehobener Esskultur teilnehmen, und für viele ist das Einnehmen eines Menüs zu einer fast alltäglichen Gewohnheit geworden.
- Aufgrund der Erkenntnisse der Ernährungswissenschaft essen die Menschen heute bewusster.

Aus diesen Gründen sind heute einfachere Menüs sinnvoll und üblich.

In Anlehnung an die klassische Speisenfolge werden Menüs für besondere Anlässe manchmal durch die Ergänzung mit einem zusätzlichen Fischgang und einem Sorbet auf 8 Gänge angehoben (siehe die „Gegenüberstellung von klassischem und modernem Menüaufbau" auf Seite 486).

Menü

Einfaches Menü mit 3 Gängen ist als **Grundgerippe** der modernen Speisenfolge anzusehen.

Erweitertes Menü mit 4 bis 6 Gängen. Das **Grundgerippe** wird auf höhere Ansprüche hin mit zusätzlichen Gängen ergänzt.

Einfaches Menü	Erweitertes Menü
	Kalte Vorspeise
Suppe	Suppe
	Zwischengericht
Hauptgericht	Hauptgericht
	Käsegericht
Dessert	Dessert

Kombinationsmöglichkeiten der Gänge

Moderne Menüs enthalten im Allgemeinen höchstens die 6 Gänge des erweiterten Menü-Schemas. Bei weniger als 6 Gängen können die Speisen innerhalb des Schemas verschieden variiert bzw. kombiniert werden.

Anzahl der Gänge	3	4	4	4	4	5	5	5	6
Kalte Vorspeise			•	•		•	•		•
Suppe	•	•	•	•		•	•	•	•
Zwischengericht			•		•	•		•	•
Hauptgericht	•	•	•	•	•	•	•	•	•
Käsegericht					•	•		•	•
Dessert	•	•	•	•	•	•	•	•	•

MENÜ UND SPEISEKARTE

Gegenüberstellung von klassischem und modernem Menüaufbau

Klassisches Menü	
Gänge	Speisenbeispiele
Kalte Vorspeise	Austern
Suppe	Fasanensuppe
Warme Vorspeise	Artischockenböden
Fischgang	Steinbutt
Hauptplatte	Lammrücken
Warmes Zwischengericht	Kalbsbries
Kaltes Zwischengericht	Palmenherzen
Sorbet	Champagnersorbet
Braten	Moorhühner
Gemüsegang	Brokkoliflan
Warme Süßspeise	Mandelauflauf
Kalte Süßspeise	Eisbombe
Käsegericht	Camembertkrusteln
Dessert	Obst, Feingebäck

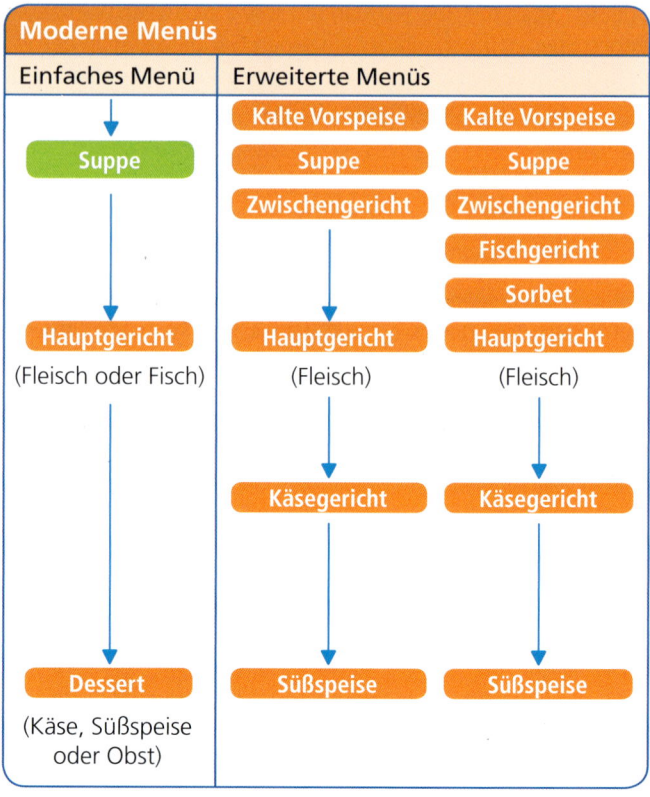

Moderne Menüs

Einfaches Menü	Erweiterte Menüs	
	Kalte Vorspeise	Kalte Vorspeise
Suppe	Suppe	Suppe
	Zwischengericht	Zwischengericht
		Fischgericht
		Sorbet
Hauptgericht (Fleisch oder Fisch)	Hauptgericht (Fleisch)	Hauptgericht (Fleisch)
	Käsegericht	Käsegericht
Dessert (Käse, Süßspeise oder Obst)	Süßspeise	Süßspeise

1.2 Zusammenstellen von Menüs

Beim Zusammenstellen von Menüs sind zunächst ganz wichtige Richtlinien zu beachten in Bezug auf
- **Auswahl** von Rohstoffen bzw. Speisen für eine Speisenfolge,
- **Abwechslung** von Rohstoffen bzw. Speisen im Menü,
- **Aufeinanderfolge** der Speisen innerhalb der Speisenfolge.

Auswahl der Rohstoffe für ein Menü

Für die Auswahl sind folgende Gesichtspunkte von Bedeutung:
- Jahreszeit und Preis des Menüs,
- Ernährungsbedürfnis des Menschen,
- Anlass und Teilnehmer am Essen,
- technische und personelle Voraussetzungen.

Jahreszeit

Hier geht es zunächst um Speisen aus **saisonabhängigen** Rohstoffen, die von den Gästen erwartet werden.

Die Rohstoffe sind zur Erntezeit:
- frisch, saftig und besonders wohlschmeckend,
- hochwertig in Bezug auf Nähr- und Wirkstoffe,
- preisgünstig.

Abb. 1 Rohstoffe im Korb

Rohstoffbeispiele:
- Neue Kartoffeln, junge Gemüse und frisches Obst
- Spargel und Erdbeeren,
- Lamm und Wildbret, Karpfen sowie Krebs- und Weichtiere.

Außerdem sind die *klimatischen Verhältnisse* zu beachten:
- In der kalten Jahreszeit bevorzugt der Gast kräftige und energiereiche Speisen in reichlich bemessenen Portionen.
- In der heißen Jahreszeit ist das Verlangen nach frischen, leichten Speisen in reduzierten Portionsgrößen stärker, weil das Essen nicht anstrengen und belasten soll. Insbesondere bei den Vor- und Nachspeisen sowie bei den Beilagen gibt es hier Möglichkeiten der Reduzierung und Erleichterung.

Preis

In Bezug auf den Preis sind wechselseitige Abhängigkeiten von Bedeutung:
- Art und Niveau des Betriebes, z. B. bürgerliche Gaststätte, Mittelklasserestaurant, Luxushotel,
- Art bzw. Zielrichtung des Menüs, z. B. Tagesmenü, Festtagsmenü oder Menü für einen besonderen Anlass – Hochzeit, Jubiläum,
- Zahlungsfähigkeit bzw. -bereitschaft des Gastes.

Tagesmenüs sind im Allgemeinen auf einen niedrigeren Preis ausgerichtet, während der Gast für ein Festtagsmenü oder zu einem besonderen Anlass in der Regel etwas mehr ausgibt.

Ernährungsbedürfnis

Der Energiewert eines Menüs sollte in erster Linie dem Energiebedarf des Menschen angemessen sein. Insbesondere bei umfangreicheren Speisenfolgen sollte der Energiegehalt unbedingt begrenzt werden, z. B.:
- zum Hauptgang die Fleischmenge angemessen verringern, ergänzend kann die Beilagenmenge kleiner gehalten oder statt Gemüse ein Salat gereicht werden,
- bei der Vorspeise, der Suppe oder der Nachspeise besteht die Möglichkeit, anstelle einer schweren eine leichte Speise zu wählen. Auf diese Weise kann der Gesamtenergiewert des Menüs verringert werden.

Unabhängig vom Energiegehalt ist außerdem auf den *ernährungsphysiologischen Wert* des Menüs zu achten. Dabei ist die Ausgewogenheit folgender Stoffgruppen von Bedeutung (s. auch S. 59):
- **Nährstoffe**
  Eiweiß, Fett und Kohlenhydrate,
- **Wirk- und Begleitstoffe**
  Mineralstoffe, Vitamine und Ballaststoffe.

Anlass und Teilnehmer

Mit dem Anlass zu einem Essen ist häufig eine ganz bestimmte *Grundstimmung* verbunden (Hochzeit, Jubiläum, Jagdessen). Durch die Auswahl der Speisen oder durch das Hervorheben einer bestimmten Speise kann diese Stimmung auf besondere Weise unterstrichen werden.

Vergleich:

- Südtiroler Speck ⟷ Tomatencocktail
- Hasenpastete ⟷ Artischockenherzen
- Rotkohl ⟷ Spargel
- Rosenkohl ⟷ Erbsen
- Sauerkraut ⟷ Kopfsalat
- Käse ⟷ Halbgefrorenes
- Dessertpfannkuchen ⟷ Salat von frischen Früchten

Beispiele:

niedrigerer Preis	höherer Preis
Menü mit 3 Gängen	Menü mit mehr Gängen
Konservenware Spargelabschnitte Erbsen Champignons Hasenkeulen Schweinebraten Kabeljau	frische Ware Spargelspitzen Artischockenböden Pfifferlinge Hasenrücken Filetbraten (Rind) Steinbutt
Fleischbrühe Geflügelrahmsauce Zerlassene Butter Kräuterbutter Kartoffelpüree Frisches Obst	Doppelte Kraftbrühe Hummerrahmsauce Holländische Sauce Béarner Sauce Kartoffelkroketten Salat von frischen Früchten

Vergleichende Beispiele:

- Vorspeisencocktail ⟷ Vorspeisensalat
- Cremesuppe ⟷ klare Suppe
- Dessertpfannkuchen ⟷ Salat von frischen Früchten

MENÜ UND SPEISEKARTE

Beispiele:

- **Hochzeit**
  ein zu Ehren des Brautpaares besonders ausgewähltes Dessert
- **Jubiläum**
  dem Anlass entsprechender Hauptgang in attraktiver Aufmachung
- **Jagdessen**
  neben Wildbret müssen typische Beilagen den Anlass unterstreichen (Weinbeeren, Preiselbeeren, Pfifferlinge, Steinpilze)

Obwohl der Geschmack der Gäste, unabhängig von ihrer Gruppenzugehörigkeit, sehr verschieden sein kann, können sich dennoch bestimmte Schwerpunkte ergeben:

- **Damenessen**
  Von Ausnahmen abgesehen, bevorzugen Damen leichtere sowie fett- und kohlenhydratarme Speisen, z. B. Hühner, Kalbsmedaillons, feine/zarte Gemüse, Salate und Obst.
- **Herrenessen**
  Männer bevorzugen im Allgemeinen herzhafte und kräftige Speisen, z. B. Steaks vom Rind und Lamm sowie Wildgerichte.
- **Überwiegend geistig tätige Menschen und ältere Menschen**
  Sie mögen leichtere und erlesenere Speisen in kleinen Mengen, z. B. Tournedos, Medaillons, Fisch sowie Krebs- und Weichtiere.
- **Überwiegend körperlich tätige Menschen und jüngere Menschen**
  Sie mögen kräftige Speisen in größerer Menge, z. B. Braten, Schnitzel und Steaks mit reichlich bemessenen Beilagen.

Technische und personelle Voraussetzungen

Die *küchentechnische Ausstattung* ist vor allem bei großen Veranstaltungen und umfangreichen Speisenfolgen von entscheidender Bedeutung. Dies betrifft z. B.:

- Pfannen für kurz gebratene Gerichte oder Dessertpfannkuchen,
- Fritteusen, wenn gebackene Gerichte gereicht werden sollen,
- Herde zum Braten, Backen und Überbacken,
- Flächen zum Warmhalten oder Kühlen bzw. Kühlhalten von Vorspeisen und Desserts.

Bezüglich des Personals müssen ebenfalls wichtige Fragen geklärt sein:
- Stehen Küchen- und Bedienungsfachkräfte in ausreichender Zahl zur Verfügung?
  Dies gilt insbesondere, wenn aufwendige Arbeiten einzuplanen sind wie z. B. Fertigmachen und Bereitstellen von Vorspeisen und Desserts oder für das Tranchieren, Flambieren und Vorlegen am Tisch.
- Ist das Personal für diese Arbeiten entsprechend fachlich geschult, damit sie in angemessener Zeit sorgfältig und sachgerecht ausgeführt werden können?

Abwechslung im Menü

Die strenge klassische Menülehre unterscheidet zwischen Wiederholungen, die bei Einhaltung bestimmter Bedingungen möglich sind, und solchen, die unter allen Umständen vermieden werden müssen.

1 Menü und Menükarte

Bedingt mögliche Wiederholungen

Kartoffeln, sofern sich diese in anderer Zubereitungsart wiederholen, z. B.:
- **Zwischengericht**
  → Salzkartoffeln
- **Hauptgericht**
  → Gebratene oder frittierte Kartoffeln

Zweckmäßige Abwechslungen sind jedoch Reis oder Teigwaren.

Gemüse, sofern es nicht das gleiche Gemüse ist, z. B.:
- **Suppe**
  → Kraftbrühe mit Gemüsestreifen, u. a. auch Karotten
- **Hauptgericht**
  → Glasierte Karotten

Fleisch, sofern es sich nicht um die gleiche Art des Fleisches handelt, und es außerdem in anderer Zubereitung angeboten wird, z. B.:

- **Kalte Vorspeise**
  → Entenbrust
- **Hauptgericht**
  → Kalbsmedaillons

- **Kalte Vorspeise**
  → Geflügelsalat
- **Hauptgericht**
  → Rehrücken

Unbedingt zu vermeidende Wiederholungen

Dabei unterscheidet die Menülehre zwischen *gleichartigen Zubereitungen* und *gleichartigen Rohstoffen*.

Gleiche Zubereitungen vermeiden

Zubereitungen	negative Beispiele
gebraten, gegrillt • Zwischengericht • Hauptgericht	**vom Grill:** Heilbuttschnitte, Scampi, Kalbsmedaillons, Tournedos
frittiert • Zwischengericht • Hauptgericht • Dessert	**Gebackene:** Scampi, Champignons, Strohkartoffeln, Kartoffelkroketten, Apfelbeignets
Saucen • Kalte Vorspeise • Zwischengericht • Hauptgericht • Dessert	**Gebunden:** Cocktailsauce, Holländische Sauce zu Spargel, Béarner Sauce zu Tournedos, Weinschaumsauce
Marinierte Speisen • Kalte Vorspeise • Hauptgericht	**Mariniertes:** Rindfleisch, Gemüse, Salat

Gleiche Rohstoffe vermeiden

Rohstoffe	negative Beispiele
Obst • Kalte Vorspeise • Hauptgericht • Dessert	Melone mit Schinken Preiselbeerbirne als Beilage Salat von frischen Früchten
Pilze • Suppe • Zwischengericht • Hauptgericht	Morchelrahmsuppe Gebackene Champignons Pfifferlinge (Garnitur)
Fische, Krebs- und Weichtiere • Kalte Vorspeise • Suppe • Zwischengericht • Hauptgericht	Hummercocktail Muschelcremesuppe Seezungenfilets Garnelen (Garnitur)
Teige, Teigwaren • Suppe • Zwischengericht • Hauptgericht • Dessert	Pfannkuchenstreifen (Célestine) Pastetchen Spätzle als Beilage Dessertpfannkuchen (Crêpes)
Eier • Kalte Vorspeise • Suppe • Zwischengericht • Hauptgericht	Gefüllte Eier Eierstich (Royal) Verlorenes Ei Gehacktes Ei (Garnitur)

Beratung und Verkauf

MENÜ UND SPEISEKARTE

Aufeinanderfolge der Speisen im Menü

Die kalte Vorspeise steht im Menü an erster Stelle. *Das Zwischengericht* hat seinen Platz nach der Suppe oder vor dem Hauptgang bzw. vor einem zusätzlichen Fischgericht oder zwischen Suppe und dem nachfolgenden Gericht.

Regeln für die Speisenfolge

Die Regeln beziehen sich auf *Farbe* und *Bindung*.

- **Farbe**
  Nach einer hellen Speise muss eine dunkle bzw. farblich betonte Speise folgen oder umgekehrt.
- **Bindung**
  Nach einer gebundenen muss eine ungebundene bzw. klare Speise folgen oder umgekehrt.

Für die Anwendung der genannten Regeln ist allerdings etwas Fingerspitzengefühl erforderlich.

Bezüglich der Farbe muss man sich von dem extremen Kontrast „Schwarz-Weiß" lösen, weil u. U. bereits geringfügige farbliche Abweichungen der Regel genügen können.

Außerdem kann die Farbe je nach Speisenfolge unterschiedlich beurteilt werden:

- *Melone mit Schinken* wirkt vor einer *Geflügelcremesuppe* farblich betont, während sie vor einer *Ochsenschwanzsuppe* hell erscheint.
- *Obstsalat* wirkt nach *Rehrücken mit Wacholderrahmsauce* hell, aber nach *Brüstchen vom Masthuhn mit Geflügelrahmsauce* farblich betont.

Es gibt aber auch Speisen, bei denen die Zuordnung *„gebunden"* oder *„nicht gebunden"* Schwierigkeiten bereitet. In diesen Fällen ist die Folge der Speisen mit besonderem Einfühlungsvermögen abzuwägen:

- Nach Forellenfilet mit Sahnemeerrettich ist sowohl eine klare als auch eine gebundene Suppe denkbar.
- Vor Tournedos mit Béarner Sauce (Grillgericht) sind durchaus Seezungenfilets mit Weißweinsauce oder Scampi mit Dillrahmsauce denkbar.
- Nach Tournedos mit Béarner Sauce sind sowohl Salat von frischen Früchten als auch eine Cremespeise oder Halbgefrorenes denkbar.

Es ist zu beachten, dass Cremespeisen und Halbgefrorenes zwar „gebundene Speisen" sind, im Sinne der Speisenfolge jedoch eine feste und geschlossene Beschaffenheit haben.

Schrittfolge beim Zusammenstellen

Erster Schritt

Das **Hauptgericht** muss als **Erstes festgelegt** werden, dann wählt man eine geeignete Sauce sowie passende Gemüse- und Hauptbeilagen aus.

Die Speisen für die übrigen Gänge lassen sich nun unter Beachtung der Menüregeln leichter bestimmen und zuordnen.

Bezüglich der Bindung ist die Unterscheidung bei bestimmten Speisen ganz eindeutig:

- Klare Ochsenschwanzsuppe
- ↕
- Gebundene Ochsenschwanzsuppe
- ↕
- Geflügelkaftbrühe
- ↕
- Geflügelcremesuppe
- ↕
- Steinbutt mit zerlassener Butter
- ↕
- Steinbutt mit Hummersauce
- ↕
- Tournedos mit Madeirajus
- ↕
- Tournedos mit Madeirasauce

Zweiter Schritt

Die übrigen Gänge werden bestimmt und unter Beachtung der Menüregeln entsprechende Speisen ausgewählt. Dabei sind folgende Hinweise von Bedeutung:
- Die zugeordneten Speisen müssen mit dem Hauptgericht auch derart harmonieren, dass ein Menü mit einem schweren Hauptgericht, z. B. *Rehrücken mit Wacholderrahmsauce*, insgesamt schwerer sein wird als ein Menü mit einem leichten Hauptgericht, z. B. *Seezungenfilets in Weißweinsauce*.
- Nicht immer findet man zu einem Hauptgericht ein passendes Zwischengericht. Es ist dann zweckmäßig, dem Hauptgericht eine Suppe voranzustellen und das Menü mit einer kalten Vorspeise einzuleiten.

Beispiele für das Zusammenstellen

Hochzeitsessen im Mai

Zu Hochzeitsessen kommen im Allgemeinen Menschen aus sehr unterschiedlichen gesellschaftlichen Schichten zusammen. Aus diesem Grunde sollten Speisen, mit denen manche Gäste beim Essen Schwierigkeiten haben könnten, möglichst nicht in das Menü aufgenommen werden. Unter diesem Gesichtspunkt und unter Beachtung der Jahreszeit bieten sich an:
- Mastkalbsrücken und Scampi
- Spargel, Karotten und Blumenkohl
- Erdbeeren

Als Speisenfolge sollen folgende Gänge serviert werden: Kalte Vorspeise, Suppe, Hauptgang und Dessert. **Zum Hauptgang** gibt es **Medaillons vom Kalbsrücken**, ergänzt mit folgenden Beigaben:
- Champignonrahmsauce
- Spargel, glasierte Karotten und Erbsen
- Dauphinekartoffeln

Die vorangehende **Suppe** muss entsprechend der Regel klar und dunkel sein. Eine **klare Ochsenschwanzsuppe** entspricht dieser Forderung. Sie wird mit Sherry geschmacklich vollendet.

Als **Kalte Vorspeise**, zur Unterscheidung von der Suppe hell und gebunden, eignet sich ein **Scampicocktail**. Dazu werden Toast und Butter gereicht.

Das **Dessert** muss, vom Hauptgang her gesehen, farblich betont sein. Es eignen sich deshalb **Erdbeeren mit Grand Marnier** mit Sahne garniert. ①

Damengesellschaft im Juni

Die Damen kommen 20 Jahre nach dem Ende ihrer gemeinsamen Schulzeit zu einem Klassentreffen zusammen. Für die Auswahl der Speisen sind zwei Gesichtspunkte zu beachten:
- Es handelt sich um Damen,
- der Juni liegt in der heißen Jahreszeit.

Aus dem saisonbedingten Marktangebot, das z. B. Forellen, junge Masthühner, Tomaten und Aprikosen enthält, könnte folgendes Menü zusammengestellt werden ②:

Das komplette Menü:

① Scampicocktail
Toast und Butter
❀ ❀ ❀
Klare Ochsenschwanzsuppe
mit Sherry
❀ ❀ ❀
Gebratene Medaillons
vom Kalbsrücken
Spargel, glasierte Karotten, Erbsen
Dauphinekartoffeln
❀ ❀ ❀
Erdbeeren mit Grand Marnier

Aufgabe: Stellen Sie zu dem gleichen Anlass ein Menü nach eigener Wahl zusammen.

② Zart geräuchertes Forellenfilet
Sahnemeerrettich, Toast und Butter
❀ ❀ ❀
Doppelte Rinderkraftbrühe mit
Gemüsestreifen
❀ ❀ ❀
Gedünstete Brüstchen vom Masthuhn
in Morchelrahmsauce
geschmolzene Tomaten, Kräuterreis
❀ ❀ ❀
Aprikosenfächer in Weingelee

Aufgabe: Beurteilen Sie das Menü unter Beachtung der Schrittfolge, die beim Zusammenstellen angewendet wird.

Aufgabe: Stellen Sie zum gleichen Anlass ein Menü nach eigener Wahl zusammen.

Beratung und Verkauf

MENÜ UND SPEISEKARTE

An dieser Stelle ist anzumerken, dass sich bei Jagdessen entgegen der allgemeinen Regel ausnahmsweise gleichartige Rohstoffe bzw. Speisen wiederholen dürfen (siehe Suppe und Hauptgang).

Jagdgesellschaft im Oktober/November

Bei der Auswahl der Speisen sind zu beachten:
- der besondere Anlass,
- die Teilnehmer, denen herzhafte Speisen anzubieten sind,
- der Beginn der kalten Jahreszeit.

Aus dem saisonbedingten Angebot könnten für das Menü Frischlingsrücken, Muscheln und Pfifferlinge sowie Äpfel und Preiselbeeren ausgewählt werden.

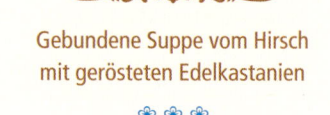

Gebundene Suppe vom Hirsch
mit gerösteten Edelkastanien

❀ ❀ ❀

Rheinische Miesmuscheln
im Wildkräuter-Wurzel-Sud

❀ ❀ ❀

Frischlingsbraten in Wacholdersauce
Rosenkohlblätter, gebratene Steinpilze
Preiselbeer-Kartoffelplätzchen

❀ ❀ ❀

Allgäuer Käseauswahl
vom Brett

Silvester ist ein besonderer Anlass für eine exklusive Speisenfolge zu einem Getränk, zu Sekt oder Champagner.

Das Menü muss einen festlichen Charakter haben und maßvoll portioniert sein. Die Speisenfolge wird auf einer edlen, mit glücksbringenden Symbolen versehenen Menükarte dargestellt.

Prosit Neujahr – Champagner-Menü

Beluga Malossol Kaviar mit Buchweizenküchlein und Schmant

❀ ❀ ❀

Klare Tomatenessenz mit Basilikumklößchen

❀ ❀ ❀

In Champagner pochierte Austern mit Hummer auf Wildreis
mit Salatherz

❀ ❀ ❀

Rehnüsschen mit Walnuss-Crepes, Kumquats-Kompott
in Butter sautierte Rosenkohlblätter und glasierte Schalotten

❀ ❀ ❀

Champagner Sorbet im Glückskelch

❀ ❀ ❀

Glücksbringer Petits fours

1.3 Getränke zum Essen

Getränke, die zum Essen gereicht werden, nennt man **korrespondierende Getränke**. Sie sollen die Speisen harmonisch ergänzen.

Getränke vor dem Essen

Ihr Zweck ist es, auf das Essen einzustimmen und den Appetit anzuregen. Im Französischen werden sie **Aperitifs** genannt. Das Wort bedeutet:

apéritif → eröffnend, öffnend, appetitanregend

Aperitifs

Für die Aperitifs sind folgende Eigenschaften von Bedeutung:
- **trocken**, d. h. ohne wahrnehmbare Süße. Im Gegensatz zu süßen Getränken wirken sie leichter und regen den Appetit an;
- **fruchtig** oder **bitteraromatisch**, womit eine besonders anregende Wirkung auf die Absonderung von Verdauungssäften verbunden ist;
- **kühl** und **erfrischend**.

Abb. 1 Mousse von geräucherter Forelle mit Roséwein

Als Aperitif werden z. B. angeboten:

Getränke allgemeiner Art	
Likörweine	• trockene Sherrys • weiße Portweine
Schaumweine	• pur oder mit Orangensaft bzw. Campari • mit schwarzem Johannisbeerlikör/Cassis (Kir Royal)

Spezielle Aperitifs		
Arten	Getränkebeispiele	mögliche Ergänzungen
Wein-Aperitifs	• Martini • Cinzano • Noilly Prat	• Soda, Mineralwasser
Bitter-Aperitifs	• Campari • Picon • Cynar	• Soda • Orangensaft • Schaumwein
Anis-Aperitifs	• Pastis • Pernod	• Wasser

Getränke zur Speisenfolge

Im Rahmen eines Menüs werden im Allgemeinen Wein und Schaumwein gereicht. Die korrespondierenden Getränke sollen den Geschmack der Speisen harmonisch ergänzen, ihn aber unter gar keinen Umständen überdecken.

Beispiele zur Verdeutlichung:

Zu einem **mild gewürzten Fischgericht**
- **passen**: junge, leichte und fruchtige, vor allem weiße Weine.
- **passen nicht**: ausgereifte, vollmundige und bukettreiche Weine.

Zu einem **kräftig gewürzten Wildgericht**
- **passen**: ausgereifte, vollmundige und bukettreiche, vor allem rote Weine.
- **passen nicht**: leichte, frische und säuerlich fruchtige Weine.

Mixgetränke	
Bezeichnung	Zutaten
Cocktails	
Manhattan	Canadian Whisky, roter Vermouth, Kirsche
Martini dry	Gin, Vermouth dry, Olive
White Lady	Gin, Cointreau, Zitronensaft
Side Car	Cognac, Cointreau, Zitronensaft
Longdrinks	
Gin Fizz	Gin, Läuterzucker, Zitronensaft, Soda
Whiskey sour	Whiskey, Läuterzucker, Zitronensaft, Orangenscheibe, Maraschinokirsche

Beratung und Verkauf

MENÜ UND SPEISEKARTE

Geschmacksstufen der Getränke

Die sachgerechte Zuordnung der Weine ist eine Kunst, die viel Erfahrung und ein geschultes Geschmacksempfinden voraussetzt. In Häusern, die dem Weinservice besondere Beachtung schenken, gibt es deshalb einen **Sommelier** (Weinkellner).

> Als Orientierungshilfe für die Zuordnung der Weine zu Speisen dienen vier Geschmacksstufen:
> - ausgesprochen leichte Weine,
> - leichte bis mittelschwere Weine,
> - mittelschwere bis schwere Weine,
> - besonders ausdrucksstarke Weine.

Speisenbeispiele

Leichte, säuerlich-würzige Speisen
- Scampicocktail (Cocktailsauce)
- Forellenfilet (Sahnemeerrettich)
- Lachsmedaillons (Kräutersauce)
- Geflügelsalat (Schaummayonnaise)
- Artischockenböden (mariniert)

→ **Kalte Vorspeisen**

Leichte, aber fein würzige Speisen
- Scampi in Dillrahmsauce
- Forellenfilet, gebraten
- Salm mit Krebsrahmsauce
- Feines Geflügelragout
- Artischockenböden mit holländischer Sauce

→ **Zwischengerichte**

Mittelschwere, voll würzige Speisen
Helles Fleisch:
gedünstet, gebraten, gegrillt oder frittiert
- Scampi, Seezungenfilets oder Salmschnitte
- Masthuhnbrust, Hähnchen
- Kalbs- und Schweinemedaillons
- Kalbsgeschnetzeltes

→ **Zwischengerichte bzw. leichte Hauptgerichte**

Schwere, stark würzige Speisen
Dunkles Fleisch:
gebraten, gegrillt oder geschmort
- Ente und Gans
- Rind und Lamm
- Wild

→ **Schwere Hauptgerichte**

Weinbeispiele

Weißwein oder Roséwein
- leicht, frisch und fruchtig (trocken bis halbtrocken)
- Blume und Bukett leicht ausgeprägt

↓ **Wehlener Sonnenuhr, Riesling, Mosel Chablis, Burgund**

Weißwein
- leicht bis mittelschwer (halbtrocken)
- Blume und Bukett feinwürzig ausgeprägt

↓ **Rüdesheimer Rosengarten, Riesling, Rheingau Würzburger Stein, Silvaner, Kabinett, Franken**

Weißwein (im Ausnahmefall oder auf Wunsch des Gastes Rotwein)
- mittelschwer und harmonisch bezüglich Säure und Restsüße (halbtrocken)
- Blume und Bukett leicht ausgeprägt (mundig) und Bukett feinwürzig

↓ **Graacher Himmelreich, Riesling, Spätlese, Mosel Winkeler Jesuitengarten, Riesling, Spätlese, Rheingau**

Rotwein (im Ausnahmefall oder auf Wunsch des Gastes Weißwein)
- schwer (trocken bis halbtrocken)
- Blume, Bukett voll und stark ausgeprägt (vollmundig)

↓ **Montagne Saint-Émilion, Bordeaux Assmannshäuser Höllenberg, Spätburgunder, Spätlese, Rheingau**

1 Menü und Menükarte

Regeln zur Aufeinanderfolge der Getränke

Diese Überlegungen gelten nicht für die Getränke **vor** (Aperitifs) bzw. **nach** dem Essen (Digestifs). Nur die Getränke während des Essens stehen in so enger Beziehung zueinander, dass bezüglich der Aufeinanderfolge eine wichtige Regel zu beachten ist:

Bei der **Auswahl** der korrespondierenden Getränke ist vom **Hauptgang** auszugehen. Er bildet den Höhepunkt der geschmacklichen Fülle. Beachten Sie aber den Unterschied bei folgenden Hauptgängen:
- Hähnchenbrüstchen mit Curryrahmsauce (leichtes Hauptgericht)
- Rehrücken mit Wacholderrahmsauce (schweres Hauptgericht)

Die Weine zu den übrigen Gängen sind auf den Wein zum Hauptgang abzustimmen. Im Gegensatz zum trockenen Sekt als Aperitif sollte der Sekt zum Dessert halbtrocken sein, damit der Geschmacksunterschied zur Süßspeise nicht zu gravierend ist.

Getränke nach dem Essen

Kaffee

Kaffee dient hauptsächlich zur Überwindung der leichten Ermüdung nach dem Essen. Es gibt folgende Angebotsformen (s. S. 286 f.):
- Kaffee oder Mokka, auch in Verbindung mit Weinbrand oder geeigneten Likören
- Espresso und Cappuccino
- Rüdesheimer Kaffee oder Irish Coffee

Digestifs

Digestifs sollen die Mahlzeit harmonisch ausklingen lassen und vor allem verdauungsfördernd wirken. Das Wort ist hergeleitet von: **digestif = verdauungsfördernd**

1.4 Menüangebot, Menükarte

Im Vergleich zum Angebot der Speisen in einer umfangreichen Speisekarte kommt dem Menüangebot heute eine besondere Bedeutung zu.

Arten des Menüangebots

Es gibt sie in Form von Tagesangeboten, Festtagsangeboten und Angeboten für besondere Anlässe.

> Die geschmackliche Fülle der Getränke muss stufenweise zunehmen.

> Nach einem geschmacklich ausdrucksstarken käme ein geschmacklich leichtes Getränk nicht mehr zur Geltung. Im Einzelnen bedeutet das:
> - leichte Weine vor schweren,
> - junge Weine vor alten Weinen, die aufgrund ihrer Reife vollmundiger sind,
> - trockene Weine vor halbtrockenen, die aufgrund der Restsüße schwerer und voller wirken,
> - weiße Weine vor roten, die von Natur aus voller und geschmacksintensiver sind,
> - Wein vor Schaumwein, der durch den Gehalt an Kohlensäure ausdrucksstärker ist.

> Als Digestif eignen sich:
> - Hochwertige Brände und Geiste
>   - Weinbrand, Cognac, Armagnac
>   - Kirschwasser, Himbeergeist, Williamsbirnenbrand, Calvados
> - Hochwertige Liköre
>   - Grand Marnier, Chartreuse
>   - Cointreau und Bénédictine
>   - in Verbindung mit anderen Zutaten auch als After-Dinner-Cocktails

---

Tagesmenüs

Viele Menschen, insbesondere auch solche, die im Arbeitsprozess stehen, nehmen ihr Essen heute außerhalb des Hauses ein. Um diesem täglichen Bedürfnis zu genügen, hält der gastgewerbliche Betrieb ein Angebot bereit, das den bescheideneren täglichen Verzehrgewohnheiten angemessen ist und im Allgemeinen folgende Merkmale aufweist:
- 3 Menüs mit abgestuften Preisen,
- in der Regel mit 3 Gängen.

Festtagsmenüs

Solche Menüs – z. B. zu Ostern, Pfingsten, Weihnachten und Silvester – sind auf die besondere festtägliche Stimmung sowie auf die damit verbundenen erhöhten Ansprüche der Gäste ausgerichtet:
- in der Regel mehrere Menüs mit abgestuften Preisen
- mit 3 oder auch mehr Gängen
- in einer Präsentation, die für einen Festtag angemessen ist.

Beratung und Verkauf

MENÜ UND SPEISEKARTE

Weinempfehlung

Beispiel eines Menüs mit Weinempfehlung und dem zugehörenden Gedeck

Getränkefolge

2011 Lorentz Cuvée Spéciale
Gewürztraminer
Elsass A.O.C.

2010 Coteaux du Giennois Blanc
Terre de Fumé
Domaine Henri Bourgois, Loire

2009 Beilsteiner Wartberg
Cabernet-Cuvée, trocken
Weingut Sankt Annagarten Gutsabfüllung
Württemberger Qualitäts-Rotwein

Crémant d'Alsace Dopff
Princes Eveques

Menü

(1) Gänseleber im Briochemantel mit Apfelsalat und Würfeln von Sherryweingelee

(2) Gekochter Hummer im Gemüsesud

(3) Rinderfilet auf einer Trüffelrahmsauce
Fingerkarotten, Zuckerschoten, Mus von Petersilienwurzeln und gebratene Kartoffelspäne

(4) Frische Feigen auf Curaçaosauce mit Orangenfilets

Menüs für besondere Anlässe

Für Familienfeiern wie Geburtstag, Kommunion, Konfirmation, Hochzeit sowie zu besonderen Veranstaltungen wie Vereinsfeste, Betriebsjubiläen, Staatsempfänge hat der Gastgeber oftmals spezielle Wünsche. In der Regel hält der Gastronomiebetrieb hierfür spezielle Menüvorschläge bereit, bei denen die küchentechnischen Aspekte, die zur Verfügung stehenden Mitarbeiter sowie saisonale Rohstoffangebote berücksichtigt sind. Darüber hinaus ist es aber auch üblich, in einem Beratungsgespräch mit dem Auftraggeber besondere Wünsche zu klären und mit ihm ein ganz individuell gestaltetes Menü zusammenzustellen.

Bedeutung von Menüangeboten

Menüangebote/Menüvorschläge sind im Vergleich zu dem Angebot einer großen Speisekarte sowohl für die Küche als auch für den Gast mit besonderen Vorteilen verbunden.

Vorteile aus der Sicht der Küche

Das Essen à la carte bringt die Küche nicht selten in eine schwierige Arbeitssituation. Sie muss abwarten, welche Speisen die Gäste bei ihrem Eintreffen aus der Karte auswählen. In vielen Fällen geht dann gleichzeitig eine größere Anzahl von Bestellungen meist unterschiedlicher Gerichte ein.

Dadurch gerät die Küchenbrigade unter starken zeitlichen Druck. Das Menüangebot bringt diesbezüglich Entlastung:
- Bestimmte Vor- und Zubereitungen können bereits vor Beginn der Essenszeit ausgeführt werden,
- der zeitliche Spielraum ermöglicht eine gezielte Arbeits- und Personaleinteilung.

Das Menüangebot eröffnet darüber hinaus Möglichkeiten eigener Initiative:
- gezielte Auswahl gerade vorhandener, insbesondere saisonbedingter Rohstoffe,
- abwechslungsreiche Gestaltung des täglichen Speisenangebotes,
- Zuordnung gleicher Speisen in abgewandelten Speisenkombinationen, z. B. Vorspeisen, Suppen und Nachspeisen.

Vorteile aus der Sicht des Gastes

Bei häufigem Restaurantbesuch, insbesondere wenn es sich um tägliche Mahlzeiten handelt, bleibt ihm die Mühe erspart, sich selbst ein Menü zusammenzustellen. Weitere Vorteile sind:
- Ein Menü ist stets preisgünstiger als eine Kombination gleicher Speisen aus der Speisekarte.
- Die Speisen des Menüangebotes sind bei der Bestellung meistens sofort servierbereit, so dass kaum Wartezeiten entstehen.

Festtagsangebote

Den besonderen Anlässen entsprechend werden die Menüs in Karten mit festlicher Aufmachung präsentiert.

Präsentation des Menüangebots

Tagesangebote

Diese werden in der Regel mit der Speisekarte kombiniert.

Tageskarte

Menü 1
Blumenkohlrahmsuppe
❈
Schweinebraten
mit Semmelknödeln
und Krautsalat
❈
Fruchtsalat

Menü 2
Kleiner Salatteller
❈
Zwiebelrostbraten
mit Frühlingsgemüse
und Kartoffelpüree
❈
Karamellcreme

Hier können Sie die Gerichte
sowohl einzeln bestellen als auch Ihr eigenes Menü
zusammenstellen

Kalte Vorspeisen
Scampicocktail mit Toast und Butter
Roher Schinken mit Ogenmelone
Geräuchertes Forellenfilet

Suppen
Klare Ochsenschwanzsuppe
Kraftbrühe mit Eierstich
Blumenkohlrahmsuppe

Hauptspeisen
Gekochter Tafelspitz mit Bouillonkartoffeln
Schweinekotelett in Robertsauce, Butterreis
Lammfilet in Thymianjus, Annakartoffeln

Nachspeisen
Aprikosenstrudel mit Vanilleeis
Palatschinken, mit Sauerkirschen gefüllt
Marzipancreme mit Rhabarberkompott

Das Küchenteam wünscht Ihnen einen „GUTEN APPETIT"

MENÜ UND SPEISEKARTE

Gestalten von Menükarten

Der Schriftsatz ist bei Menükarten im Allgemeinen auf die Zeilenmitte zentriert, er kann aber auch links- bzw. rechtsbündig angeordnet sein. Für das Aufzählen der Bestandteile eines Ganges mit Beilagen gibt es eine **bestimmte Reihenfolge**:

> Hauptbestandteil
> Sauce
> Gemüsebeilage
> Hauptbeilage

Die Folge wird ergänzt, wenn Salat oder eine kalte Beilage gereicht wird. Diese Speisen stehen immer am Ende der Aufzählung. Für die **Anordnung der Getränke** ist zu beachten:

- Bei gefalteten Karten stehen die Getränke auf der linken Seite in Höhe des Ganges, dem sie zugeordnet sind. Kaffee oder Mokka erscheinen immer auf der rechten Seite im Anschluss an die Speisenfolge.

- Bei ungefalteten Karten stehen die Getränke jeweils nach dem Gang, zu dem sie gereicht werden.

Weihnachtsmenü

Artischockenböden
mit Meeresfrüchten

❀ ❀ ❀

Wildkraftbrühe mit
Trüffelklößchen

❀ ❀ ❀

Knusprig gebratene Gans
Johannisbeerrotkohl
glasierte Maronen
Bratapfel mit Ebereschensirup
Mandelbällchen

❀ ❀ ❀

Zimthonigcreme
mit Cognacsauce

Kombination eines Menüangebotes mit der großen Speisekarte

Kalte Vorspeisen
Scampicocktail mit Toast und Butter
Roher Schinken mit Ogenmelone
Geräuchertes Forellenfilet

Suppen
Klare Ochsenschwanzsuppe
Kraftbrühe mit Eierstich
Blumenkohlrahmsuppe

Zwischengerichte
Kalbsbries in Kräuterhülle
Feines Geflügelragout mit Wildreis
Tintenfisch-Risotto

Fischgerichte
Gebratene Scholle
mit Zitronenbutter
Steinbutt in Rieslingsauce
Seeteufel im Wirsingmantel

Menü 1
Linseneintopf
mit Räucherspeck
Apfelstrudel

❀

Menü 2
Blumenkohlrahmsuppe
Schweinebraten
mit Semmelknödeln
Fruchtsalat

❀

Menü 3
Kleiner Salatteller
Zwiebelrostbraten
mit Kartoffelpüree
Karamellcreme

Hauptspeisen
Gekochter Tafelspitz mit Bouillonkartoffeln
Ochsenschwanzragout in Madeirasauce
Glasierte Kalbshaxe mit Röstkartoffeln
Geschnetzeltes vom Kalb mit Rösti
Schweinemedaillons mit Morcheln
Schweinekotelett in Robertsauce
Irish Stew (Irischer Lammeintopf)
Lammfilet in Thymianjus, Annakartoffeln

Käse
Kleine, gemischte Käseauswahl
Weißkäsemus mit Apfelspalten
Gebackener Camembert
mit Preiselbeerkompott

Nachspeisen
Aprikosenstrudel mit Vanilleeis
Palatschinken mit Sauerkirschen gefüllt
Marzipancreme mit Rhabarber

1 Menü und Menükarte

① Erklären Sie die Bezeichnung Menü.

② Beschreiben Sie den Aufbau eines modernen Menüs.

③ Nennen Sie je 5 Rohstoffe, die in den verschiedenen Jahreszeiten bevorzugt werden sollten.

④ Worauf ist bei der Zusammenstellung von Menüs im Hinblick auf die ernährungsphysiologische Vollwertigkeit zu achten?

⑤ Nennen Sie Beispiele, weshalb bei der Erstellung von Menüs betriebliche Voraussetzungen in Bezug auf die Küche und den Service beachtet werden müssen.

⑥ Rohstoffe dürfen sich bei Einhaltung bestimmter Bedingungen wiederholen. Nennen Sie Beispiele.

⑦ Welche Rohstoffe dürfen sich nach der strengen Menülehre **nicht** wiederholen? Nennen Sie Beispiele.

⑧ Wie heißen die beiden Regeln für die unmittelbare Aufeinanderfolge von Speisen?

⑨ Beschreiben und begründen Sie die richtige Reihenfolge für das Zusammenstellen von Menüs.

⑩ Stellen Sie – von folgenden Hauptgängen ausgehend – Menüs mit 4 Gängen zusammen:
- Heilbuttschnitte vom Grill mit Kräuterbutter
- Masthuhnbrust mit Currysauce
- Lammnüsschen mit Thymianjus
- Rehrückenfilet mit Portweinsauce

⑪ Wie nennt man Getränke, die vor dem Essen gereicht werden? Welchen Zweck erfüllen sie?

⑫ Nennen und beschreiben Sie Cocktails und Longdrinks, die sich als Aperitifs eignen.

⑬ Welche grundlegende Funktion erfüllen die korrespondierenden Getränke beim Essen?

⑭ Nennen Sie grundlegende Regeln für die Aufeinanderfolge der Getränke in der Speisenfolge.

⑮ Ihre Gäste haben sich für *„Steinbutt und Hummer mit Champagnersauce"* als Hauptgang entschieden. Im Rahmen der Gästeberatung empfehlen Sie Ihren Gästen:
a) zusätzlich eine kalte Vorspeise, eine Suppe und ein Dessert sowie
b) passende Getränke zum Menü.

Üben Sie im Rahmen der Gästeberatung mit folgenden Hauptgängen in gleicher Art:
„Hirschrückenroulade mit Calvados-Sauce" und *„Tournedos mit Béarner Sauce"*

⑯ Erstellen Sie aus den unten abgebildeten Gerichten ein genau umschriebenes, druckreifes und appetitmachendes Menü mit Getränken für einen Menüvorschlag.
Grundlagen der Gerichte:
- Suppe: geräucherte Forelle
- Fleisch: Hirschrücken und Wirsing
- Dessert: Apfel und Holunder

17 Überprüfen Sie folgende Menüs auf Regelwidrigkeiten und notieren Sie die festgestellten Mängel. (Die Lösungen zu dieser Aufgabe finden Sie im Internet (www.restaurant-und-gast.de/support).

Menü 1

Terrine vom Lachs
mit Rucolasalat

Lachsfilet Florentiner Art
mit Petersilienkartoffeln

Vanilleeis mit Apfelringen

Menü 2

Geflügelkraftbrühe mit Zuckermais
Fleischklößchen und Fadennudeln

Kalbsroulade mit Semmel-Kräuterfüllung
Estragonjus
Apfel-Rotkohl

Zimtpfannkuchen mit Apfelmus

Menü 3

Essenz vom Fasan
Trüffelklößchen und Blattgold

Geschnetzeltes vom Hirsch
in Pfeffersauce
Pfifferlinge und Rotkohl
Schwäbische Spätzle

Rote Grütze mit Vanillesauce

Menü 4

Zwiebelcremesuppe
mit Fleischklößchen und Fadennudeln

Gedünstete Poulardenbrust
Rieslingsauce
Zuckerschoten, junge Möhren
Schlosskartoffeln

Spekulatiusparfait mit Vanillesauce

Menü 5

Kraftbrühe von Kaninchen
Kräuterpfannkuchenstreifen,
Sellerieperlen

Eingelegter Wildschweinbraten,
geschmort in Burgundersauce
Gefüllter Apfel mit Sauerkirschen,
Spinatroulade, Kartoffelrösti

Holunderblütenmousse mit Rhabarber-Sorbet
und frischen Erdbeeren

Menü 6

Buttermilchkaltschale mit Dill
und Nordseekrabben

Red Snapper-Filet gebraten
Sauce Béarnaise im Artischockenboden,
geschmortes Paprika- und
Zucchinigemüse,
Salzkartoffeln

Himbeer-Creme auf Ananascarpaccio
mit Schokoladensauce

2 Speisekarten

🇬🇧 bill of fare, the menu 🇫🇷 carte (w) des mets, menu (m)

Die Speisekarte enthält das übliche Speisenangebot eines Betriebes. Während dem Gast in Menükarten jeweils eine festgelegte Folge bestimmter Speisen präsentiert wird, kann er sich aus dem umfangreichen Angebot der Speisekarte je nach Verzehrabsicht entweder eine einzelne Speise auswählen oder sich selbst eine Speisenfolge zusammenstellen. Er wählt bzw. speist dann „à la carte". Speisekarten sind die Visitenkarte des Hauses. Sie repräsentieren das Niveau der Küche. Unter diesem Gesichtspunkt sind sie ein ganz wichtiges Hilfsmittel der **Werbung** und **Verkaufsförderung**.

2.1 Arten der Speisekarten

Man unterscheidet drei grundlegende Kartentypen: die **Standardkarte**, die **Tageskarte** und die **Spezialkarte**.

Standardkarte

Es handelt sich dabei um eine Zusammenstellung von Speisen, die als Standardangebot für einen längeren Zeitraum unverändert bleiben. Damit die Karte aber dem Charakter sowie dem Niveau des Hauses entspricht, sind wichtige Gesichtspunkte zu bedenken:
- Art des Speisenangebots,
- Umfang und Gliederung des Angebots,
- Aufmachung der Karte.

Art des Speisenangebots

Die angebotenen Speisen müssen bei den Gästen Zustimmung finden, denn nur so kann der angestrebte Umsatz erzielt werden. Aus diesem Grunde ist zu klären:

- Welcher Gästekreis soll bevorzugt angesprochen werden?
- Welche Speisen versprechen dabei eine besondere Werbewirksamkeit?
- Sind die personellen und technischen Voraussetzungen so, dass die Speisen auch sachgerecht in einer vertretbaren Zeit zubereitet und serviert werden können?

Umfang des Speisenangebots

Es soll maßvoll und ausgewogen sein.
Nicht zu groß, damit die Überschaubarkeit gewährleistet ist und dem Gast die Auswahl nicht unnötig erschwert wird. Die Küche wird auf diese Weise, besonders in Stoßzeiten, von Überforderungen verschont. Außerdem wird vermieden, dass ungenutzte Rohstoffvorräte die Wirtschaftlichkeit des Betriebes gefährden. **Nicht zu klein,** damit der Gast in seinen Verzehrabsichten nicht zu sehr eingeschränkt ist. Das Angebot muss in jedem Falle allgemein üblichen Verzehrgewohnheiten gerecht werden.

Nicht zuletzt ist darauf zu achten, dass Vorspeisen, Suppen, Hauptspeisen und Nachspeisen in ihrer Menge ausgeglichen und in ihrer Art aufeinander abgestimmt sind.

Bereits beim Lesen und Studieren soll die Speisekarte den Gast in eine gehobene Stimmung versetzen und Verzehrwünsche wecken. Dabei ist jedoch andererseits zu bedenken, dass die Küche tatsächlich das bieten muss, was sie in der Karte verspricht.

Unter solchen Gesichtspunkten ist es auch wichtig, das Angebot in regelmäßigen Abständen kritisch zu überprüfen und gegebenenfalls neu zusammenzustellen. Dabei sind die von den Gästen weniger akzeptierten Speisen herauszunehmen und neue, erfolgversprechendere anzubieten. Außerdem müssen in solche Überlegungen die möglichen Veränderungen des Konsumverhaltens und der Verzehrgewohnheiten der Gäste mit einbezogen werden.

Gliederung des Speisenangebots
Die Speisekarte wird nach Speisengruppen gegliedert, um dem Gast die Möglichkeit zu geben, sich selbst daraus ein Menü zusammenzustellen.

> **Vorspeisen**
> **Suppen**
> **Zwischengerichte**
> **Eierspeisen und Teigwaren**
> **Fische und Krebstiere**
> **Schlachtfleisch**
> **Geflügel und Wild**
> **Vegetarische Gerichte**
> **Beilagen**
> **Käse**
> **Süßspeisen**

(siehe auch Speisekartenbeispiel ab S. 502)

Beratung und Verkauf

Weitere kartengerechte Beispiele können Sie auf beiliegender CD einsehen.

Viele Betriebe verzichten auf eine Rubrik des sogenannten Seniorenangebots. Sinnvoller erscheint die Möglichkeit, fast alle angebotenen Speisen als halbe oder kleinere Portion zu einem reduzierten Preis anzubieten.

Durch besondere Gestaltungselemente wie Mehrfarbendrucke, Umrandungen und Wappen sowie durch gastronomische Motive kann die Originalität der Karte noch gesteigert werden.

Unter den gleichen Gesichtspunkten werden Spezialkarten auch im Zusammenhang mit ganz gezielten verkaufsfördernden Maßnahmen eingesetzt, z. B.
- „Das besondere Angebot der Woche",
- „Meeresfrüchte in erlesenen Zubereitungen",
- „Gerichte aus alten Kochbüchern",
- „Unser Küchenmeister präsentiert ausgewählte Fischspezialitäten der internationalen Küche".

MENÜ UND SPEISEKARTE

Speisekarten-Beispiel

Speisekarten sollen beim Gast bereits beim Lesen eine positive Grundstimmung auslösen und den Wunsch zur Bestellung wecken. Jede angebotene Speise weckt beim Gast gewisse Vorstellungen und Erwartungen. Speisekarten-Aussagen müssen deshalb immer sehr klar und verständlich formuliert sein und der Wahrheit entsprechen. **Nachfolgend (S. 503–506) ist eine Musterspeisekarte mit kartengerechten Aussagen aufgeführt.**

Aufmachung der Speisekarte

Die Speisekarte muss optisch ansprechen und den Charakter des Hauses hervorheben. Etwas stärkeres Papier oder feiner Karton wirken edel. Ein werbewirksamer sowie strapazierfähiger und abwischbarer Umschlag ist empfehlenswert. Außerdem sind von Bedeutung:
- eine übersichtliche und klare Gliederung,
- ein gutes und angenehm lesbares Schriftbild,
- eine ausgewogene und ansprechende Raum- und Textaufteilung.

Tageskarten

Das Angebot von Tageskarten wird täglich neu zusammengestellt. Es handelt sich dabei um eine sinnvolle und zweckmäßige Ergänzung zur Standardkarte, die sowohl für die Küche als auch für den Gast von Vorteil ist.

Aus der Sicht der Küche:
- Sie kann auf besondere Angebote des Marktes rasch reagieren, weil die Rohstoffe im Rahmen der wechselnden Tagesangebote gezielt verarbeitet und umgesetzt werden können.
- Gerichte, für die eine längere Zubereitungsdauer erforderlich ist, können aus küchentechnischen Gründen überhaupt nur als Tagesgerichte hergestellt werden, z. B. Braten und Schmorfleischgerichte sowie gekochte Rinderbrust.

Aus der Sicht des Gastes:
- Das Speisenangebot der Tageskarte bietet ihm ergänzend zur Standardkarte mehr Abwechslung.
- Tagesangebote sind häufig besondere regionale oder saisonale Spezialitäten und oftmals preisgünstig.
- Die Speisen sind bereits zu Beginn der Essenszeit servierbereit.

Spezialkarten

Spezialkarten enthalten ein zeitlich begrenztes und gezieltes Speisenangebot aus Rohstoffen der jeweiligen Saison, z. B.:
- Spargel, Erdbeeren – Muscheln, Krebstiere – Wildbret

Spezialkarten sind eine sinnvolle Ergänzung sowohl der großen Karte als auch der Tageskarten:
- Einerseits erwartet der anspruchsvolle Gast ein der Saison entsprechendes Speisenangebot und ist deshalb auch bereit, für besondere Spezialitäten einen höheren Preis zu zahlen,
- andererseits bietet sich hier für die Küche die Möglichkeit der Umsatzsteigerung an, da sie in Spezialkarten mit der Preisgestaltung flexibler sein kann als in Standardkarten.

Vorspeisen

Tomate, gefüllt
mit marinierten Champignons

Drei frische Austern
auf Eis mit Würzsaucen, Vollkornbrot

Cocktail von frischem Stangenspargel
mit Orangenmayonnaise und Röstbrot

Scampicocktail
in halber Avocado, Toast und Butter

Rauchaalterrine
mit Trepanggelee auf Kräuterschaum Walnussbrot

Salat von Geflügel
auf Toast

Thunfisch-Tatar
auf Briochescheibe mit Kräutersalat

Vorspeisen

Hausgebeizter Graved Lachs
mit Dill-Senfsauce Buchweizenplätzchen

Seeteufel
auf Estragonsauce mit Spargel und Vollkorntoast

Matjeshering-Filets
in süßsaurem Rahm mit Zwiebeln, Äpfeln, Gurke, neue Kartoffeln

Krebsschwänze
in Chablisgelee mit marinierten Austernpilzen Brioche

Parmaschinken
mit Ogenmelone und Melbatoast

Nizzaer Salat
mit geröstetem Weißbrot

Suppen

Legierte Fischsuppe
mit Krebsschwänzen und Kürbiskugeln

Suppe von Jakobsmuscheln
mit Ingwerklößchen

Tomatensuppe
mit Graupen, Mozzarella und Basilikum

Doppelte Rinderkraftbrühe
mit Kräuter-Leber-Strudel

Legiertes Schneckensüppchen
mit Safranfäden

Wachtelkraftbrühe
mit Gemüsestreifen und pochiertem Wachtelei

Hummersuppe
mit Hechtklößchen

Kartoffelsuppe
mit Nordsee-Krabben

Zwischengerichte

Blätterteigpastetchen St. Hubertus
mit feinem Wildragout gefüllt

Spinatravioli
mit Streifen von sautiertem Räucherlachs

Jakobsmuscheln
in Sauerampfersauce
mit Flan von gelben Rübchen

Brokkoli-Walnuss-Soufflé
mit sämiger Sauce aus Apfel und Meerrettich

Kalbsleberscheiben
in Portwein mariniert auf Lauch-Karotten-Streifen

Kroketten von Hähnchen und Waldpilzen
mit Choronsauce

Gebackene Kalbsbäckle
auf marinierten Berglinsen und grünem Spargel

Beratung und Verkauf

MENÜ UND SPEISEKARTE

Eierspeisen & Teigwaren

Käseomelett
mit Rucola-Salat
Wurzelbrot

Pochierte Eier
auf Blattspinat
mit holländischer Sauce

Kräuterrührei
mit Schinkenstreifen
und Kartoffelplätzchen

Geschupfte Steinpilznudeln
mit rohem Schinken in Rotweinschaumsauce

Weizen-Vollkorn-Nudeln
mit Zucchini- und Tomatenwürfeln

Kräuternudeln
mit Flusskrebsen in Champagner

Cannelloni
in Basilikumrahmsauce mit Tomatenfilets, Reibkäse

Fische & Krebstiere

Rotzungenröllchen
in Noilly-Prat-Sauce
mit kleinen Kartoffel-
pfannkuchen

Lachssoufflé
in Champagnersauce
mit Kaiserschoten
und hausgemachten Nudeln

Seeteufelmedaillons vom Grill
mit Kirschtomaten, Bohnen
und Pilzravioli

Pochierte Austern
mit Lauch und Trüffeln

Gratinierte Sankt-Jakobs-Muscheln
auf Mangoldgemüse

Riesengarnelen
in Sauerampfersauce mit Tomatenreis

Fische & Krebstiere

Hummer-Maultaschen
auf einem Püree von
Brunnenkresse

Amerikanische Weichschalenkrabbe
vom Grill auf getoasteten Sesambrötchen

Kalb

Glasierte Kalbshaxe
mit Röstkartoffeln
und buntem Salatteller

Kalbsgeschnetzeltes
in Rahm mit Erbsen
Kirschtomaten und Pilzrösti

Kalbssteak
mit Zwiebelmus überbacken
geschmortem Kopfsalat, Spargel, Karotten

Kalbsfilet-Röllchen
gefüllt mit Zunge und Erbsenmus
mit Kräuter-Wein-Sauce, Kartoffelpüree

Kalbsleber, gebraten
mit Apfelringen
Röstzwiebeln
Kartoffelpüree

Lamm

Lammragout
mit tournierten Gartengemüsen

Lammrückenfilets
in der Brotkruste
mit Steckrübchen und Champignonkartoffeln

Lammkarree
im Blätterteig mit Fleischtomaten und wildem Reis

Rind

Ochsenschwanzragout
in Madeirasauce
mit tournierten Gemüsen
und Markklößchen

Geschmorte Rinderbrust
mit Lauchscheiben und Kartoffelnocken

Burgunderbraten
mit Mangoldgemüse, glasierten Karotten
und Kartoffelplätzchen

Kleine Rinderfiletscheiben
mit grünem Spargel, Mus von Petersilienwurzeln
und Kräuterflädle

Roastbeef mit Bearner Sauce
Yorkshire-Pudding
Gemüse-Mosaik

Zwiebelrostbraten
mit frischen Marktgemüsen
und Kartoffelnudeln

Schwein

Gepökelte Schweineschulter
in Bierjus
mit glasierten Petersilienwurzeln
Karotten
Kräuter-Kartoffel-Nudeln

Schweinerückenfilet, gebraten
mit Morcheln auf Calvadossauce
und Estragon-Nudeln

Medaillons vom Schweinefilet
auf einem Spiegel von Roquefortsauce
mit feinen Gemüseperlen
und Bamberger Hörnchen

Schweinefilet im Strudelteig
mit Camembertsauce
glasierte Schalotten und Kirschtomaten

Krustenbraten vom Schwein
auf jungem Lauchgemüse mit Kartoffeln

Geflügel

Poëlierte Brüstchen vom Stubenküken
auf sautiertem Gemüseallerlei

Hühnerkeulchen
mit Kräuterbrotfüllung
umlegt mit Austernpilzen
und grünen Böhnchen

Entenbrust
auf Rotweinsauce, Kaiserschoten
Rosinenauflauf

Brust vom Maishähnchen
mit Gänseleber und Trüffeln gefüllt
Streifen von Lauch, Karotten und Nudeln

Glasierte Perlhuhnbrust
mit Sauerkirschen, Rosenkohl
und Schlosskartoffeln

Wild & Wildgeflügel

Wildkaninchenkeule
mit leichter Jus, auf einem
Gemüsebett aus Karotten,
Wirsing, Sellerie und
Morcheln mit Sesamplätzchen

Rehrücken
in Weinsauce mit glacierten Trauben
Steinpilzauflauf mit Preiselbeeren

Hirschmedaillons
in Wacholder-Gin-Sahne mit frischen Marktgemüsen, Bernykartoffeln und Preiselbeerbirne

Rebhuhn
mit Ingwersauce und wildem Reis

Wildentenbrust
mit Cassissauce
Brokkoliröschen und Schlosskartoffeln

Beratung und Verkauf

MENÜ UND SPEISEKARTE

Beilagen & Vegetarische Gerichte

Mangoldstrudel
mit Mornaysauce überbacken

Gefüllte Wirsingbällchen
auf Petersilienwurzel-Mus

Maisflan
in Sauerampfersauce

Spinatpudding
in einem Kranz
von Tomatenrührei

Gebratene Steinpilzscheiben
mit Semmelnocken

Weißer und grüner Spargel
in Kräutercrêpes
mit holländischer Sauce

Pürees von Brennnessel, Rote Bete Karotten und Petersilienwurzel
mit Strohkartoffeln

Salate

Kleiner bunter Linsensalat
mit Kresse

Feldsalat
mit Kartoffeldressing

Tomatensalat
mit Artischockenherzen
und Champignons

Zucchini-Trüffel-Salat

Grapefruitsalat
mit Gerstensprossen
und gerösteten Pinienkernen

Rohkostcocktail
mit Kürbiskernbrot

Erbsenschotensalat
mit Orangenfilets

Käse

Ziegenkäse
mit getrockneten
Sauerkirschen
und Portulak

Kleine Käsequiche
mit Feldsalat und Radieschen

Gebackener Camembert
mit Preiselbeeren und Kartoffelsalat

Marinierter Schafskäse
mit Oliven

Käsesoufflee
mit zwei Paprikasaucen

Bunter Käseteller
mit Walnüssen
weiße und blaue Trauben

Süßspeisen

Walderdbeeren-Gratin
mit Orangenbutter

Palatschinken
mit Krokantsahne gefüllt

Haselnuss-Crêpes
mit Trauben und Grappa-Sabayon

Schokoladen-Ingwer-Pudding
mit Karamellbirne, Preiselbeeren
und Walnuss-Sahne

Limonenparfait
mit kleiner Brombeertorte und Joghurtsauce

Mandeltörtchen
mit Rhabarber, Erdbeeren
und grünem Pfeffer-Eis auf Orangensauce

Weißkäse-Mousse
mit Apfelspalten und Holunderbeersauce

2.2 Erstellen der Speisekarten

Die „Gastronomische Akademie Deutschlands", kurz GAD genannt, schreibt: **„Speisekarten sind in erster Linie für den Gast geschrieben, dem sie auch verständlich sein müssen."** Die einzelnen Richtlinien des Kommentars sind in den folgenden Ausführungen an jeweils entsprechender Stelle wiedergegeben und erläutert.

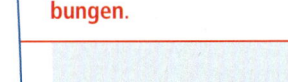

Informationsgehalt der Speisekarte

Jede angebotene Speise weckt beim Gast bestimmte Vorstellungen und Erwartungen. Die Aussagen der Karte müssen deshalb klar und wahr sein. Das gilt insbesondere auch für die Bezeichnung „nach Art des Hauses", die als eine nichtssagende Allerweltsformel anzusehen ist, wenn die Art der Speise nicht näher erklärt wird. Die folgenden Ausführungen geben detaillierte Richtlinien und Anweisungen.

Wahrheit

Die Angaben auf der Speisekarte müssen der **Wahrheit** entsprechen:
- Mastkalbsrücken muss aus Fleisch von einem gemästeten Kalb sein.
- Bei der Bezeichnung „Frischer Lachs" oder „Frische Hähnchen" darf es sich nicht um gefrostete Ware handeln.
- Norwegischer Hummer, Bornholmer Lachs oder Bresse-Enten müssen aus der entsprechenden Region kommen.

● Verstöße sind nach dem Gesetz **Warenunterschiebungen**.

Klassische Bezeichnungen dürfen nur verwendet werden, wenn sie nach dem Originalrezept hergestellt sind:
- Tournedos Rossini müssen Gänseleber, Trüffelscheiben und Madeirasauce enthalten. Trüffel dürfen nicht durch Champignons ersetzt werden.
- Seezunge Colbert muss mit Colbertbutter serviert werden. Die Butter darf nicht durch Béarner Sauce ersetzt werden.
- Bernykartoffeln müssen Trüffelstückchen enthalten und mit Mandeln paniert sein.

● Abweichungen vom Original können dazu führen, dass man die Glaubwürdigkeit der Küche ganz allgemein in Frage stellt und es zu berechtigten Beanstandungen kommt. Beides ist nicht dazu angetan, den guten Ruf eines Hauses zu fördern.

Sprachliche Entgleisungen

Sprachliche Entgleisungen wie Mastpoularde, Edellachs und ähnliche sollte man **nicht** gebrauchen:
- Poularde bedeutet bereits gemästetes Huhn.
- Lachs ist die Bezeichnung für einen Edelfisch.

● Die erwähnten Bezeichnungen sind in allen Fällen sinnwidrige Verdoppelungen.

Klassische Namen

Gerichte mit klassischen Namen oder mit ergänzenden Bezeichnungen, die nicht allgemein bekannt sind, sollte man auf der Karte stets mit einer kurzen Erklärung versehen:

Es ist nicht gut, wenn der Gast in solchen Fällen fragen muss oder erst gar nicht bestellt. Aus diesem Grunde ist es heute in zunehmendem Maße üblich, anstelle der klassischen Garniturbezeichnung die Speise einfach zu beschreiben. Die Küche kann so in der Abwandlung von Zubereitungen ihre eigene Kreativität zum Ausdruck bringen, z. B.:

- **Klassisch:** Seezungenfilets Lady Egmont
- **Modern:** In Weißwein pochierte Seezungenfilets mit Champignonscheiben, leichter Rahmsauce und Spargelspitzen

- **Klassisch:** Lendenschnitte Duroc
- **Modern:** Gebratene Lendenschnitten, garniert mit geschmolzenen Tomaten, Jägersauce und Nusskartoffeln

Beratung und Verkauf

MENÜ UND SPEISEKARTE

Bei solchen Übertreibungen, die lediglich etwas Großartiges, Besonderes vortäuschen, muss sich der Gast berechtigterweise genarrt fühlen. Für einfache alltägliche Gerichte braucht man keine Namen der „grande cuisine".

Fantasienamen

Nichtssagende Fantasienamen sind zu vermeiden:
- Ein wenig Curry ist noch keine Speise nach indischer Art,
- ein Stück Ananas oder ein paar Kirschen berechtigen nicht zur Bezeichnung Hawaii oder Florida.

Sprache der Speisekarte

Viele Speisenbezeichnungen kommen aus einer Fremdsprache. Die Übernahme in deutschsprachige Karten bereitet Schwierigkeiten, ist umstritten, und nicht selten werden deshalb fremdsprachige Namen und Benennungen falsch, oberflächlich und unkritisch verwendet. Die GAD bietet aus diesem Grunde Orientierungshilfen an.

Fremdsprachliche Bezeichnungen

Sie sollten nur dann benutzt werden, wenn es sich um unübersetzbare Originalbezeichnungen handelt oder wenn sie im internationalen Sprachgebrauch zu einem festen Bestandteil geworden sind, z. B. :

Speisenbezeichnungen
- Pommes frites, pochierte Eier
- Irish Stew, Paëlla, Piccata
- Bouillabaisse, Coq au vin

Rohstoffbezeichnungen
- Champignons
- Rumpsteak, Tournedos

Personennamen
- Rossini, Dubarry, Mirabeau
- Béchamel, Colbert, Wellington

Geographische Namen
- Orly, Argenteuil, Szegedin

Gemischtsprachliche Bezeichnungen

Man verwendet sie in der Absicht, Niveau anzudeuten und Eindruck zu machen. Meistens bewirken sie das Gegenteil, weil die Bezeichnungen oft ganz einfach falsch sind oder ein unschönes Sprachgemisch darstellen.

richtig oder besser	falsch
• Klare Ochsenschwanzsuppe	• Oxtail clair (gleich zwei fremde Sprachen)
• Rinderfilet nach Gärtnerinart	• Rinderfilet jardinière
• Rahmchampignons	• Champignons à la crème
• Seezunge, in Weißwein gedünstet	• Seezunge au vin blanc
• Lammkotelett vom Rost	• Lammkotelett grillée
• Herzoginkartoffeln	• Duchessekartoffeln

Rechtschreibung auf der Speisekarte

Die Bedeutung der Speisekarte darf nicht unterschätzt werden. Aus diesem Grund sind die Regeln der Rechtschreibung einzuhalten. Man sollte die Karte, bevor sie in Druck geht, von einer geeigneten Person auf grammatikalische Richtigkeit hin überprüfen lassen.

Rechtschreibfehler

Obwohl sie oft Flüchtigkeitsfehler sind, sollte man sie dennoch möglichst vermeiden, weil sie besonders unangenehm auffallen und sehr kritisch beurteilt werden.

richtig	falsch
• … Kartoffeln	• Gekochter Schellfisch mit Kartoffel
• … Pfifferlingen	• Rehrücken mit Pfifferlinge
• … Markklößchen	• Kraftbrühe mit Markklöschen

508

Wortbildungen mit geographischen Namen

In Verbindung mit bestimmten Zubereitungsarten sowie mit regional-typischen Rohstoffen werden geographische Namen verwendet: eine Nation, eine Landschaft oder eine Stadt.

Ist eine Zubereitungsart von Orts- und Ländernamen abgeleitet, wird auseinander geschrieben.
- auf russische Art,
- nach norwegischer Art,
- auf provenzalische Art.

Besonderheit:
mit der Endung **-ische/ischer: klein**
- auf norwegische Art
- holländischer Käse
- italienischer Salat

mit der Endung **-er: groß**
- nach Norweger Art
- Holländer Käse
- Schweizer Wurstsalat
- Wiener Schnitzel

richtige Schreibweise	falsche Schreibweise
• Rindfleisch nach flämischer Art	• Rindfleisch flämisch
• Kalbsleber nach Berliner Art	• Kalbsleber berliner Art

Wortbildungen mit Personennamen

Es ist zwischen Standespersonen und historisch bedeutenden Personen zu unterscheiden.
- Die Berufsbezeichnungen (z. B. Müllerin, Gärtnerin) stehen in enger Beziehung zu der standesüblichen Zubereitungsart. Der verwendete Zusatz **...art** wird deshalb unmittelbar an den Namen angehängt.
- Die Verwendung der Namen von historisch bedeutenden Personen erfolgt lediglich zu deren Ehrung. Aus diesem Grunde entfällt in diesen Fällen der Zusatz **Art** bzw. **nach Art**.

richtige Schreibweise	falsche Schreibweise
• Forelle nach Müllerinart	• Forelle Müllerin
• Cremesuppe Dubarry	• Cremesuppe à la Dubarry
• Tournedos Rossini	• Tournedos nach Rossini
• Kalbsbraten nach Gärtnerinart	• Kalbsbraten Gärtnerin Art
• Pfirsich Melba	• Pfirsich Melbaart

Zeichensetzung auf der Speisekarte

Die Kurzinformation der Karte verleitet immer wieder zu Fehlern. Sie beziehen sich auf das Komma, den Bindestrich und auf Anführungszeichen.

Das **Komma** dient zur Abgrenzung. Bei Speisen sind sie bei näheren Angaben über die Zubereitungs- oder Garmachungsart üblich, wobei jedoch zu beachten ist:

Wird die Garmachungsart der Speise vorangesetzt, wird kein Komma gesetzt:
- Gebratene Rehkeule
- Gedünstete Karotten
- Gekochte Rinderbrust
- Überbackener Fenchel

Wird die Zubereitungsart nachgesetzt, ist das Komma unbedingt erforderlich:
- Rinderbrust, gekocht
- Seezunge, gedünstet

Werden nach der Zubereitungsart gleichzeitig Beilagen angegeben, ist eine weitere Abgrenzung durch Kommas notwendig:
- Seezungenfilets, gedünstet, mit Spargel und Reis
- Ochsenbrust, gekocht, mit Bouillonkartoffeln

Aber: Gekochte Ochsenbrust mit Bouillonkartoffeln (die Garmachungsart ist vorangestellt!)

Bindestriche werden nach den Rechtschreibregeln bei längeren, mindestens dreigliedrigen Wortverbindungen zur sinnvollen Abgrenzung angewendet, z. B. Fürst-Pückler-Créme.

richtige Schreibweise	falsche Schreibweise
• Geflügelrahmsauce	• Geflügel-Rahmsauce
• Königinsuppe	• Königin-Suppe
• Müllerinart	• nach Müllerin-Art
• Berliner Art	• nach Berliner-Art

Beratung und Verkauf

MENÜ UND SPEISEKARTE

richtige Schreibweise	falsche Schreibweise
• Tournedos Rossini • Leber nach Berliner Art	• Tournedos „Rossini" • Leber nach „Berliner Art"

Vorschriften beachten über:
- die Art und Weise von Speisebezeichnungen,
- Hinweise auf Zusatzstoffe
- die Preisauszeichnung.

Abb. 1 Speisekarten-Aushang

Hinweis auf Zusatzstoffe
Nach der Zusatzstoff-Zulassungsverordnung müssen Speisen, die kennzeichnungspflichtige Farb-, Aroma- und Konservierungsstoffe enthalten, auch auf der Speisekarte vorschriftsmäßig gekennzeichnet werden (siehe Lebensmittelkennzeichnung, S. 33).

Anführungszeichen dienen dazu, einzelne Wörter oder Satzteile besonders hervorzuheben. Die ergänzenden Aussagen zu Speisen, zu denen fälschlicherweise Anführungszeichen verwendet werden, sind aber in Wirklichkeit ganz selbstverständliche Bestandteile der Bezeichnung. Anführungszeichen ergeben daher keinen Sinn.

Gesetzliche Vorschriften

Speisekarten und Getränkekarten bilden die rechtliche Grundlage für den Bewirtungsvertrag. Nach den Bestimmungen der Preisangabenverordnung müssen dem Gast Speisen und Getränke in schriftlicher Form angeboten werden.

Art und Weise des Angebots

Gaststättenbetriebe müssen neben dem Eingang einen Aushang anbringen, aus dem für den Gast die Tagesmenüs und Tagesgerichte sowie das Preis- und Qualitätsniveau zu ersehen sind.

In der Gaststätte sind Speisekarten auf den Tischen bereitzulegen, oder die Karte ist dem Gast bei der Aufnahme der Bestellung bzw. auf Verlangen bei der Abrechnung vorzulegen.

Andere Betriebsarten wie Selbstbedienungsgaststätten, Erfrischungshallen, Kioske, Stehbierhallen, Bierzelte und ähnliche Betriebe müssen eine Übersichtstafel anbringen, aus der die angebotenen Speisen zu ersehen sind. Auf gleiche Weise müssen dem Gast auch die Getränke angezeigt werden.

Vorschriften zur Preisauszeichnung

Zu allen angebotenen Speisen und Getränken sind die zugehörigen Preise anzugeben. Es handelt sich um **Inklusivpreise**, in denen das Bedienungsgeld, die Mehrwertsteuer sowie sonstige Zuschläge enthalten sein müssen.

Bei Getränken ist in Verbindung mit dem Preis die Getränkemenge anzugeben. Diese Vorschrift gilt nicht für Aufgussgetränke.

Aufgaben

❶ Erläutern Sie den Unterschied des Speisenangebotes in Menü- und Speisekarten.

❷ Nennen und beschreiben Sie – unter dem Gesichtspunkt der jeweiligen Zielrichtung – unterschiedliche Arten von Speisekarten.

❸ Welche besondere Bedeutung kommt beim Speisenangebot den Tages- und Spezialkarten zu?

❹ Welche grundlegenden Überlegungen sind vor dem Zusammenstellen einer Standardkarte anzustellen?

❺ Beschreiben und begründen Sie Richtlinien bezüglich der Aufmachung, des Umfangs und der Gliederung von Speisekarten.

❻ Nennen Sie Speisen, die an besonderer Stelle der Karte hervorgehoben werden können.

❼ Was versteht man bei der Speisenbezeichnung unter falschen bzw. unkorrekten Benennungen? Geben Sie Beispiele.

❽ Welche Rechtschreibregeln gibt es für die Verwendung von geographischen Namen bei
a) Landschaften,   b) Städten?

❾ Erstellen Sie eine Standardkarte, eine Tageskarte sowie eine Spezialkarte für Spargel.

2.3 Besonderheiten der Systemgastronomie

Die Systemgastronomie, insbesondere die Quickservice-Gastronomie, arbeitet kaum mit klassischen Speisekarten.

Die Kaufentscheidung erfolgt unmittelbar vor der Bestellung des Gastes am Counter. Daher ist an dieser Stelle der Informationsbedarf (und auch die Beeinflussbarkeit) am größten.

Translites

Um die Kaufentscheidung des Gastes zu vereinfachen und zu beschleunigen, werden selbstleuchtende Informationen über der Theke angebracht.

Große Dias in festen oder variablen Schaukästen präsentieren dem Gast appetitanregende Bilder und Produkt- und Preisinformationen über die Menüangebote. Preise für Einzelprodukte sind an dieser Stelle eher selten zu finden.

Menüboard

Das Menüboard entspricht vom Informationsgehalt her der Speisekarte in der klassischen Gastronomie. Es ist am Eingangsbereich des Restaurants von außen sichtbar anzubringen und beinhaltet gemäß § 7 der Preisangabenverordnung die wesentlichen Speisen und Getränke, die das Restaurant anbietet.

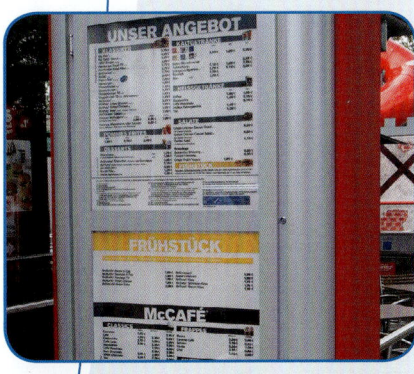

Tafel

Ausgesuchte Angebote werden mittels Präsentation auf einer Tafel gesondert hervorgehoben. Um den „Home-made-Charakter" zu erwecken, werden die Hinweise auf Tafeln oft per Hand geschrieben. Da in der Systemgastronomie grundsätzlich das Angebotsmaterial systemintern vorgegeben und gedruckt wird, erweckt diese Art der Hinweiswerbung oft allein aufgrund der Andersartigkeit eine hohe Aufmerksamkeit.

Marketing im Gastgewerbe

Der Begriff Marketing stammt aus der angloamerikanischen Sprache und steht für „in den Markt hineingehen" („to go into the market"). Dabei stehen die Wünsche der Gäste im Mittelpunkt aller Überlegungen und Aktivitäten.

1 Besonderheiten im Gastgewerbe

🇬🇧 particularities of the hotel and catering industry
🇫🇷 particularités (w) de la gastronomie et hôtellerie

Angebot

Hotel Adlon Kempinski
BERLIN

Verwöhnen Sie sich selbst oder einen ganz besonderen lieben Menschen mit einem Wochenende oder ein paar Tagen in einer Oase traumhaften Luxusflairs, vollendeten Komforts und himmlischer Genüsse.

Time to Spa

Der ADLON SPA by Resense ist eine Oase des Wohlbefindens und lässt Sie eintauchen in die Vollkommenheit des Seins und der puren Harmonie von Körper und Geist. Gönnen Sie sich einen Moment der Entspannung und nehmen Sie sich und Ihrer Seele eine Auszeit …

Es erwartet Sie im Hotel Adlon Kempinski:
- Zwei Übernachtungen im komfortablen Executive Zimmer inklusive unseres Feinschmecker Frühstücksbuffets im Restaurant Quarré
- Eine erfrischende Aufmerksamkeit auf Ihrem Zimmer
- 90 Minuten SPA Behandlung Ihrer Wahl; zusätzlich entweder Maniküre, Pediküre oder Hair Styling
- Als Geschenk einen Adlon Bademantel und Adlon Slipper

Dieses Angebot ist buchbar auf Anfrage und nach Verfügbarkeit mit einem Mindestaufenthalt von 2 Nächten.

Preis ab: 641.00 EUR   Dieses Angebot buchen

Das Gastgewerbe mit seinen Hotel- und Restaurant-Betrieben unterscheidet sich in mancher Hinsicht von anderen Wirtschaftsbereichen.

Unter den im Gastgewerbe angebotenen **Gütern** stellen die Lebensmittel (Speisen und Getränke) als **Verbrauchsgüter** einen sehr großen Anteil dar. Bei den Speisen gibt es viele Gerichte, die erst auf Bestellung frisch zubereitet werden. Diese Gerichte sind nicht „auf Vorrat" produzierbar oder dem Lager entnehmbar wie manche Güter anderer Branchen.

Unter den Getränken gibt es ebenfalls viele, die erst auf Bestellung produziert werden können (Cocktails, Shakes, Aufgussgetränke …). Denn sie sind leicht verderblich, aromaempfindlich und – wenn überhaupt – nur kurzfristig lagerfähig.

Erschwerend kommt hinzu, dass diese leicht verderblichen Güter an **ganz unterschiedlichen Örtlichkeiten/Stellen** (gastronomische Outlets) angeboten werden. Nämlich dort, wo der Gast dies wünscht, wie z. B. in Restaurant, Bistro, Bankettabteilung, Hallenbar, Poolbar, auf der Etage, Terrasse oder, wie im Bereich des Party-Services, auch „Außer Haus".

Außerdem ist das Verkaufen in der Gastronomie durch einen ständigen **Wechsel der Nachfragesituation** zu unterschiedlichen Tageszeiten geprägt. Die Frühstücksgäste möchten ein anderes Angebot als die Mittagsgäste, die Nachmittagsgäste haben andere Vorstellungen als Gäste, die am Abend kommen. So können im selben Hotelbetrieb die unterschiedlichsten Verkaufssituationen bestehen: Frühstücksservice, Brunch, Mittagessen à-la-carte, Festbankett am Abend, Mitternachtsbüfett, Nachtbar, 24-Stunden-Etagenservice.

Nicht nur Verbrauchsgüter, sondern auch **Gebrauchsgüter** wie Zimmer, Suiten, Sport- und Fitness-Einrichtungen, Konferenz- und Veranstaltungsräume werden mit den daran gekoppelten **Dienstleistungen** verkauft. Oft werden dazu ganze Pakete (Packages) geschnürt und den Gästen angeboten. Um den unterschiedlichsten Gästewünschen zu entsprechen, werden Packages zielgruppengerecht verfasst. Zielgruppen eines Hotels können sein: *Individualgäste* (Kulturinteressierte, Sportler, Gesundheitsbewusste, ...), *Tagungsgäste* (Konferenzteilnehmer), *Firmengäste* (zu Firmenveranstaltungen, Produktvorstellungen, Schulungen), *Reisegruppen* ...

Für den *Tagungsgast* werden neben den Zimmern zur Übernachtung und den Tagungsräumen z. B. angeboten:
- modernste Tagungs- und Kommunikationstechnik,
- Konferenzbüros (Business-Center) mit Sekretärinnendienst,
- Simultan-Dolmetscherdienste,
- Rahmenprogramme für die Freizeit.

Für mehrere Zielgruppen gleichzeitig können folgende Leistungen/Dienstleistungen interessant sein:
- Abholungs- oder Transportdienste, z. B. Transfer- oder Shuttle-Service zum Bahnhof, Flughafen oder Golfplatz,
- günstige Parkmöglichkeiten in Nähe des Hotels,
- Teilnahme an Sportwettkämpfen, z. B. Formel-1-Rennen, Reitturnier oder Fußballspiel,
- Besuch kultureller Veranstaltungen, z. B. in Theater, Oper oder Konzerthalle,
- Nutzung des Wellness-Angebots im Hotel, wie z. B. Sauna, Dampfbad, Massage und Kureinrichtungen.

Der Begriff **Dienstleistung** ist eigentlich viel zu sachlich, um zu beschreiben, was Gäste von uns erwarten:
- Freundlichkeit und Höflichkeit,
- Gastlichkeit auf hohem Niveau,
- Hilfsbereitschaft und Betreuung,
- Sauberkeit und Hygiene,
- Sicherheit, auch von Hab und Gut,
- Entspannung, Ruhe und Erholung,
- Unterhaltung und Annehmlichkeiten in stressfreier Atmosphäre,
- reibungslose, pünktliche Abläufe,

und vieles mehr.

THE WESTIN GRAND MUNICH

Besondere Angebote in unserem Hotel in München

Den FC Bayern München jetzt live erleben
Entdecken Sie unsere Angebote >>

Von Kopf bis Fuß verwöhnen lassen – tanken Sie Energie in unserem Arabella Spa >>

Verbinden Sie die Arbeit und Entspannung! Buchen Sie Übernachtung, Frühstück & **kostenfreies Internet ab EUR 159** >>

Mit einem Westin Executive Club-Zimmer oder einer Suite erhalten Sie Zugang zur höchsten Club Lounge der Stadt im 23. Stock.

SERVICE

Services und Ausstattung des Hotels

Die Dienstleistungen, die unser 5-Sterne Superior Hotel in Köln Deutz zur Verfügung stellt, erfüllen die Anforderungen, die Geschäftsreisende und Privatreisende an ein Luxushotel stellen.

Zu den Annehmlichkeiten unseres Hotels am Kölner Dom gehören unter anderem ein Business Center, Limousinen- und Automietservice sowie Highspeed Internet Zugang. Unsere Rezeption ist selbstverständlich 24 Stunden besetzt.

Bei Fragen steht Ihnen unser Concierge telefonisch unter +49 (0)221 828 1234 oder per E-Mail unter cologne.regency@hyatt.com zur Verfügung.

Hotel Directions	Business Service	Parking	Transportation
Barrierefreiheit	Internet Services	Zusätzliche Leistungen	Hyatt E-Concierge

Marketing

MARKETING IM GASTGEWERBE

2 Angebot und Nachfrage – der Markt

🇬🇧 supply and demand – the market 🇫🇷 offre (w) et la demande – le marché

Unter **Markt** versteht man das Zusammentreffen von Angebot und Nachfrage, d. h. von Verkäufern und Käufern.

Je nachdem ob die Angebotsseite oder die Nachfrageseite den Markt stärker bestimmt, spricht man vom **Käufermarkt** oder vom **Verkäufermarkt**.

Beim Käufermarkt ist das Angebot größer als die Nachfrage. Der Käufer (Gast) kann auf dem Markt unter einer Vielzahl von Angeboten auswählen. Heute haben wir einen Käufermarkt.

Beim Verkäufermarkt ist die Nachfrage größer als das Angebot. Es besteht ein Nachfrageüberhang. Eine solche Absatzmarktsituation bestand zum Teil in Deutschland in der Nachkriegszeit bis Ende der 1950-er Jahre. Eine Marktorientierung ist in einer solchen Situation für die meisten Unternehmen von untergeordneter Bedeutung. Der Absatz ist meist problemlos.

Ein Gastronom/Hotelier, der sein Angebot optimal vermarkten möchte, muss ständig die Nachfragewünsche und Gästebedürfnisse auf dem Markt beobachten, erfassen und auswerten. Er muss sein gastronomisches Angebot immer wieder diesen sich verändernden Wünschen anpassen, um weiterhin erfolgreich zu bleiben.

> **Heute haben wir einen Käufermarkt.**
>
> Daraus ergibt sich:
> - Die Wünsche, Bedürfnisse und Probleme der potenziellen Gäste sind zu berücksichtigen.
> - Eine ständige Anpassung an sich verändernde Marktsituationen ist wichtig.
> - Das Angebot sowie die damit verbundenen Dienstleistungen sind entsprechend neu zu gestalten und auszurichten.
> - Harter Wettbewerb, bei unter Umständen sinkenden Preisen, unterstreicht die Notwendigkeit, den gastronomischen Betrieb vom Absatzmarkt her zu führen.
> - Das macht oft auch eine Neuorientierung in der Unternehmenskonzeption notwendig.

Der Begriff **Marketing** (s. ab Seite 519) ist daher ein Schlüsselwort unserer Zeit geworden.

Heute wird im Gastgewerbe absolut gastorientiertes Denken und Handeln verlangt. Denn die Macht liegt beim Käufer – in unserem Fall beim Gast.

> **Marketing im Gastgewerbe heißt, die Welt aus dem Blickwinkel des Gastes zu sehen.**

Abb. 1 **Verkäufermarkt** – die Nachfrage ist größer als das Angebot

Abb. 2 **Käufermarkt** – das Angebot ist größer als die Nachfrage

3 Unternehmensleitung

management • direction (w)

Der **Hotelier/Gastronom als Unternehmer** leitet eigenverantwortlich und durch eigene Initiative seinen Betrieb. Er trägt dabei das Kapitalrisiko und geht ein persönliches Wagnis ein.
- Er bestimmt die Geschäftspolitik.
- Er setzt die Ziele,
- plant die Abläufe in den einzelnen Bereichen,
- entscheidet über die zu treffenden Maßnahmen,
- setzt die Pläne in Aktionen um,
- steuert dabei die Maßnahmen und Abläufe zur Zielerreichung und er
- kontrolliert die Ergebnisse.

Der Unternehmer entscheidet über den Einsatz von **Produktionsfaktoren**. Dies sind die Mittel, die eingesetzt werden, um die betriebliche Leistung zu erstellen. Der **Unternehmer** ist – nicht zuletzt – für die Führung und das Wohl seiner Mitarbeiter verantwortlich. Damit sein Betrieb langfristig bestehen kann, muss der Unternehmer sein Angebot/ seine Leistungen gewinnbringend verkaufen. Im Allgemeinen gilt die Gewinnmaximierung als oberstes Unternehmensziel, es kann jedoch von anderen, nebengeordneten Zielen umgeben, überlagert oder ersetzt sein. Ein **Ziel** ist ein angestrebter Zustand in der Zukunft, den ein Unternehmen als Erfolgskriterium seines Handelns definiert.

Abb.1 Der Management-Regelkreis

Unternehmensziele

Das oberste Unternehmensziel der Einkommenssteigerung sowie der Gewinnmaximierung kann z. B. erreicht werden durch:

Gastbezogene Unternehmensziele:
- Verbesserung der Qualität
- Erhöhung der Kundenzufriedenheit
- Reduzierung von Reklamationen
- Verbesserung des Ansehens (Image/Ruf)
- Gästebindung

Mitarbeiterbezogene Unternehmensziele:
- Sozialer Ausgleich
- Arbeitsplatzsicherung
- Arbeitsfrieden
- Optimierung von Kenntnissen und Fertigkeiten

Betriebsbezogene Unternehmensziele:
- Steigerung des Umsatzes
- Erweiterung des Marktanteils
- Deckung/Minimierung der Kosten
- Verbesserung der Wirtschaftlichkeit
- Erlangung einer wirtschaftlichen Machtposition
- Umsetzung der Ideen des Umweltschutzes
- Erhaltung und Erweiterung der Substanz

Die Unternehmensleitung setzt den Abteilungsleitern und Mitarbeitern immer wieder betriebsbezogene Unternehmensziele. Bei deren Planung und Realisierung wird das **wirtschaftliche Prinzip** zu beachten sein, um Erfolg zu haben.

Produktionsfaktoren:

Betriebsmittel:
- Grundstück
- Hotelgebäude
- Ausstattung

Arbeit:
- objektbezogene Arbeit
- Leitung und Weiterentwicklung

Werkstoffe:
- Lebensmittel
- Getränke
- Reinigungsmittel

Humankapital (Bildung/technisches Wissen):
- Personen, die durch Bildung und Erfahrung erworbenes Wissen und Fähigkeiten besitzen

Das wirtschaftliche Prinzip

Damit meint man den Grundsatz eines bestmöglichen wirtschaftlichen Handelns und bezieht sich auf das **Maximal-** und das **Minimalprinzip**. Entweder soll mit den zur Verfügung stehenden Mitteln ein größtmöglicher Erfolg erzielt werden (Maximalprinzip) oder es soll ein vorgebenes Ziel mit dem geringstmöglichen Aufwand erreicht werden (Minimalprinzip).

Marketing

MARKETING IM GASTGEWERBE

3.1 Unternehmensleitbild

🇬🇧 mission statement 🇫🇷 exemple (m) d'entreprise

Im Unternehmensleitbild sind einige wichtige Unternehmens-Grundsätze formuliert, die die jeweilige Unternehmenspolitik bestimmen.

Die Grundsätze drücken meist das Verhalten gegenüber Gästen/Kunden oder auch Mitbewerbern aus. Sie stellen damit eine Grundlage der – späteren – konkurrenzorientierten Strategie dar.

Auch das Verhalten gegenüber den eigenen Mitarbeitern wird in diesem Bereich der Unternehmens-Grundsätze formuliert.

> Die Unternehmensleitbilder in der Gastronomie legen die Verhaltensweisen gegenüber Gästen, Mitarbeitern, Mitbewerbern und der ortsansässigen Bevölkerung fest.

Leitbild und Werte

Lindner Hotels. Nicht nur besser. Anders.

Wir sind ein familiengeführtes Unternehmen und stehen mit unserem Namen hinter den Leistungen unserer Häuser.

Bei der Lindner Hotels AG ist die individuelle Erfüllung der Bedürfnisse von genau definierten Zielgruppen schon seit Jahren ein bewährtes Erfolgsrezept der Unternehmensphilosophie.

Unsere Häuser grenzen sich durch ihren individuellen Charakter und ihre außergewöhnliche Architektur sowohl gegen die Konkurrenz als auch untereinander präzise ab.

Begeisterte, qualifizierte Mitarbeiter und vertrauensvoller partnerschaftlicher Umgang sind ebenso charakteristisch für die Lindner Hotels wie die Erfüllung der Bedürfnisse unserer Gästegruppen und die Lösung außergewöhnlicher individueller Probleme. Jeder Mitarbeiter im Unternehmen ist dafür verantwortlich, diese Ziele als Verpflichtung in seinem Einflussbereich aktiv umzusetzen.

Wir fordern und unterstützen die Kreativität unserer Mitarbeiter, um unseren Gästen Konzepte zur Verfügung zu stellen, die über die Erwartungen hinaus Lindner Qualität verkörpern.

Jeder darf dabei auch Fehler machen, da wir Fehler als Chance zur Optimierung der Lindner Qualität sehen.

Durch das Vertrauen in die Fähigkeit unserer Mitarbeiter und die Gewährleistung ihrer kreativen und persönlichen Entfaltung erreichen wir ein hohes Engagement und schöpferische Arbeit. Gemeinsam schaffen wir Werte und erreichen neue Ziele.

Transparenz, umfassende Information und ein regelmäßiger Austausch der Mitarbeiter innerhalb unserer Häuser unterstützt ihre weitere Qualifizierung.

Wir führen unser Unternehmen ehrlich, zuverlässig und fair und arbeiten mit Geschäftspartnern in einem partnerschaftlichen, respektvollen und kooperativen Miteinander.

Auf der Grundlage dieser partnerschaftlichen Wertschätzung erreichen wir die permanente Entfaltung unserer Lindner Hotels.

Unsere grundlegenden Werte:
- Wir arbeiten miteinander, nicht gegeneinander.
- Wir sind individuell in unserem Angebot, nicht nur optimal.
- Wir übertragen Verantwortung, nicht nur Aufgaben.
- Wir pflegen den Dialog, nicht nur das Gespräch.
- Wir fördern Mut, nicht nur Fehlervermeidung.
- Wir wollen begeisterte und qualifizierte Mitarbeiter.
- Wir wollen unsere Mitarbeiter fördern, nicht nur fordern.
- Wir wollen die Sicherung zukünftigen wirtschaftlichen Erfolgs.

Unsere Kultur in den Augen unserer Mitarbeiter

Unsere Philosophie und unsere Werte sollen nicht zu Vorzeige-Zielen erstarren, sondern erlebter Bestandteil des Arbeitsalltags unserer Mitarbeiter werden. Die Frage hierbei ist: werden wir unseren Zielen gerecht?

Um die Realität unseres Unternehmens zu erkennen, so, wie sie sich in der Wahrnehmung der Lindner-Mitarbeiter präsentiert, haben wir uns bei einer großen Mitarbeiterbefragung beteiligt. Im Rahmen dieser Erhebung, die von Hewitt Associates in Zusammenarbeit mit dem *Handelsblatt* durchgeführt wurde, hatten unsere Mitarbeiter ausführliche Gelegenheit, sich differenziert über Lindner als Arbeitgeber zu äußern. Hier die wichtigsten Ergebnisse, die uns – das geben wir gerne zu – freuen und mit Stolz erfüllen:

- Lindner zeigt herausragende Ergebnisse in der Einschätzung der Qualität der Unternehmensführung, des Middle Management und der Möglichkeiten zur work-life-balance (Vereinbarkeit persönlicher mit arbeitsbezogenen Zielen).
- Lindner zeigt überdurchschnittliche Ergebnisse in der Einschätzung der Arbeitsbedingungen, der verfügbaren Arbeitsmittel und der Zufriedenheit mit dem direkten Vorgesetzten.

Natürlich haben wir durch die Befragung auch Verbesserungsaspekte erkannt, an denen wir jetzt arbeiten. Insgesamt zeigen die Ergebnisse aber deutlich, dass unsere Mitarbeiter die persönliche Nähe zu Unternehmensführung und Vorgesetzten, die Offenheit der Kommunikation und den unkomplizierten Umgang miteinander sehr schätzen - wir sind auf dem richtigen Weg.

Beispiel eines Unternehmens-Leitbilds

3.2 Unternehmensidentität

🇬🇧 corporate identity 🇫🇷 identité (w) d'entreprise

„Corporate" bedeutet: das Unternehmen, die Unternehmensgruppe oder Institution betreffend.

„Identity" steht für Persönlichkeit, Stil oder Individualität.

Unter Unternehmens-Identität („C.I.") versteht man das Erscheinen oder Auftreten (die „Persönlichkeit") eines Unternehmens. Dieses Erscheinen („Selbstbild") soll möglichst einheitlich und in sich selbst stimmig und glaubhaft nach außen und innen gestaltet werden.

Durch die abgestimmten Verhaltensweisen, die in der Unternehmens-Identität zum Ausdruck kommen, werden Glaubwürdigkeit und Vertrauen in eine Organisation geschaffen bzw. sollen diese erhalten bleiben.

Im Einzelnen sind bei der **Corporate Identity** drei Komponenten bedeutsam, bei denen sich jeweils das Besondere, die Persönlichkeit eines Unternehmens oder einer Organisation ausdrückt:

- **Corporate Design**, das Unternehmens-Erscheinungsbild, d. h. äußere Merkmale wie z. B. Firmenlogo, Kleidung der Mitarbeiter, Farbgebung, Gebäude, Außenanlagen;
- **Corporate Behaviour**, die Unternehmens-Verhaltensweisen, die Umsetzung der Unternehmensgrundsätze in Handlungen, z. B. als Anbieter, als Arbeitgeber, das Sozialverhalten, das Informationsverhalten bezüglich der Medien;
- **Corporate Communication**, die Unternehmens- bzw. Ortskommunikation. Sie richtet sich auf die Kommunikation mit den Mitarbeitern, den Marktteilnehmern (Gästen) und besonders mit den Medien. Hierbei ist sie eng verwandt mit der Öffentlichkeitsarbeit/Public Relations (s. S. 527).

Die Unternehmens-Identität stellt das Selbstbild eines Betriebes dar. Die Sicht und das Bild außenstehender Betrachter wird Fremdbild oder „Corporate Image" genannt. Identität und Image stimmen selten hundertprozentig überein. Manchmal ist das Image eines Hotels in der Öffentlichkeit besser als die Realität, gelegentlich ist es auch umgekehrt.

Vor allem die Unternehmenskommunikation trägt dazu bei, dass Corporate Identity und Corporate Image nicht auseinander fallen.

Abb. 1 Die 3 Elemente der Unternehmens-Identität

> Die Persönlichkeit ist Original und Ursache, das Image ist Abbild und Wirkung.

Beispiele unterschiedlicher Unternehmenslogos und -schriftzüge namhafter Hotelketten

Marketing

MARKETING IM GASTGEWERBE

SEHR VEREHRTER GAST!

Herzlich willkommen. Wir freuen uns, Sie in unserem Hause zu begrüßen und wünschen Ihnen einen angenehmen Aufenthalt im Kurhotel Sonnengarten. Sollten während Ihres Aufenthaltes irgendwelche Probleme auftauchen, bei denen wir Ihnen behilflich sein können, wenden Sie sich bitte an den zuständigen Mitarbeiter.

Ihre Meinung zu unserem Haus schätzen wir ganz besonders. Bitte nehmen Sie sich Zeit, um diesen Gästefragebogen auszufüllen und an der Rezeption abzugeben.

Sie helfen uns mit Ihrer Antwort den Komfort und Service zu bieten, den Sie von uns erwarten. Für Ihre Mühe erhalten Sie bei der Abgabe der Gästebefragung an der Rezeption ein kleines Dankeschön.

Welche Wertung geben Sie uns?

1. **Rezeptionspersonal**
   - Empfang bei der Anreise ☐ ☐ ☐

2. **Zimmer**
   - Sauberkeit ☐ ☐ ☐
   - Komfort/Einrichtung ☐ ☐ ☐
   - Badezimmer ☐ ☐ ☐
   - Gibt es technische Mängel? Wenn ja, welche:
   _____
   _____

3. **Restaurantangebot**
   - Frühstücksbüffet ☐ ☐ ☐
   - Menü/Essen ☐ ☐ ☐
   - Getränke ☐ ☐ ☐

4. **Service**
   - Restaurant ☐ ☐ ☐
   - Hotelbar ☐ ☐ ☐
   - Etage/Zimmermädchen ☐ ☐ ☐
   - Freizeitangebot ☐ ☐ ☐

5. **Schwimmbad/Sauna**
   - Sauberkeit ☐ ☐ ☐
   - Raum-/Wassertemperatur ☐ ☐ ☐
   - Ausstattung/Atmosphäre ☐ ☐ ☐

6. **Kurbereich (Massage- und Bäderabteilung)**
   - Sauberkeit des Bäderbereiches ☐ ☐ ☐
   - Atmosphäre/Ausstattung ☐ ☐ ☐
   - Fachbetreuung ☐ ☐ ☐

7. **Seminar- und Tagungsbereich**
   In welchem Tagesraum waren Sie?
   - ☐ Hans Holbein I   ☐ Elias Holl I EDV
   - ☐ Hans Holbein II   ☐ Elias Holl II
   - ☐ Hans Sachs

   - Tageslicht, Akustik ☐ ☐ ☐
   - Raumnutzungsmöglichkeit ☐ ☐ ☐
   - Sauberkeit/Atmosphäre/Ruhe ☐ ☐ ☐
   - Seminargerechtes Speiseangebot ☐ ☐ ☐
   - Tagesausstattung ☐ ☐ ☐

8. **Wer machte Sie auf unser Hotel aufmerksam?**
   - ☐ Ich bin Stammgast
   - ☐ Werbung/Freunde
   - ☐ durch Tagungen i. H.
   - ☐ _____
   _____

9. **Grund Ihres Aufenthaltes:**
   - ☐ Privat   ☐ Tagung/Kongreß
   - ☐ Geschäftlich ☐ Kur

10. **Durch wen wurde Ihre Reservierung durchgeführt?**
    - ☐ Hotel direkt   ☐ Seminarveranstalter
    - ☐ Reisebüro   ☐ Reservierungsbüro
    - ☐ Firma   ☐ _____

    Wurde Ihre Reservierung prompt und höflich behandelt? ☐ ☐ ☐

11. **Wie würden Sie unser Hotel im allgemeinen beurteilen und werden Sie wiederkommen?** ☐ ☐ ☐

12. **An welche Adressen Ihres Bekannten-/Freundeskreises dürfen wir unseren Prospekt senden?**
    _____
    _____
    _____
    _____

13. **Haben Sie weitere Vorschläge oder Ideen, die helfen, Ihren nächsten Aufenthalt noch angenehmer zu gestalten?**
    _____
    _____
    _____
    _____

Beispiel eines Gästefragebogens

4 Marketingkonzept

🇬🇧 marketing concept 🇫🇷 concept (m) de marketing

Wenn ein Gastronom sein Unternehmen „vom Markt her führen" will, muss er zunächst ein Marketing-Konzept erstellen.
- Er fragt nach den Wünschen seiner Gäste und beobachtet seine Konkurrenten ➙ **Marktforschung/Marktanalyse**.
- Er bestimmt die Ziele, die er erreichen will ➙ **Marketingziele**.
- Er entwickelt Vorgaben, wie die Ziele erreicht werden sollen ➙ **Marketing-Strategie**.
- Er plant, welche Mittel angewendet werden ➙ **Marketinginstrumente** und welche Maßnahmen zu ergreifen sind ➙ **Marketingplan**.

4.1 Marktforschung/Marktanalyse

🇬🇧 market research/market analysis 🇫🇷 étude (w) et analyse (w) de marché

Untersuchungen über die Wünsche und Gewohnheiten der Gäste sind eine wichtige Informationsquelle. Das eigene betriebliche Angebot muss ausgewertet und mit dem der Konkurrenten verglichen werden (Beispiel eines Gästefragebogens siehe Seite 518). Als Grundlage dienen eigene Befragungen oder in Auftrag gegebene Analysen. Bei regelmäßigen Untersuchungen spricht man von **Marktbeobachtung**. Über die Gemeinde oder das Fremdenverkehrsamt erhält man zusätzliche Hinweise zur Situation des Gastgewerbes in der Region.

4.2 Marketingziele   🇬🇧 marketing targets 🇫🇷 buts (m) du marketing

Die Unternehmensziele (siehe Seite 515) sind allgemein formuliert, Marketingziele bestimmen die konkrete Richtung. Sie können sich auf die Menge oder auf die Qualität beziehen und werden von der Hoteldirektion den Abteilungsleitern oder den einzelnen Mitarbeitern vorgegeben. Die Marketingziele sollen der „Philosophie des Hauses" entsprechen. Werden bestimmte Zahlen oder Mengen vorgegeben, spricht man von **quantitativen Marketingzielen**. Wenn die Vorgaben die Güte oder Beschaffenheit von Dingen oder den Ruf/das Image eines Hotels betreffen, so spricht man von **qualitativen Marketingzielen**.

4.3 Marketingstrategie

🇬🇧 marketing strategy 🇫🇷 stratégie (w) du marketing

Marketingstrategien enthalten Vorgaben, in welche Richtung sich das Unternehmen entwickeln soll. Sie stellen die „Leitplanken" für den zukünftigen Weg dar. Es wird festgelegt, welche Ziele in welchem Umfang und in welcher Zeit erreicht werden sollen. Der „Ist-Zustand" soll langfristig in den geplanten „Soll-Zustand" überführt werden. Meist handelt es sich um Zeiträume von 5 bis 10 Jahren.

Beispiel: „In 8 Jahren wollen wir das erste Haus am Platze sein."

Quantitative Marketingziele: Beispiele:
- Die Zimmerauslastung soll im kommenden Geschäftsjahr im Vergleich zu diesem Jahr um 5 % steigen. Verantwortlich hierfür sind der Empfangschef und der Verkaufsleiter.
- Die durchschnittliche Aufenthaltsdauer der Hotelgäste während der nächsten Weihnachtsferien (23. Dezember bis 7. Januar 20..) soll von bisher 5,4 Tagen auf 6,0 Tage erhöht werden. Verantwortlich hierfür ist der Reservierungsleiter.
- Die Restaurantauslastung (120 Sitzplätze) soll bis Jahresende um 7 % im Vergleich zum Vorjahr gesteigert werden. Zuständig für die Zielerreichung ist der Restaurantleiter.

Qualitative Marketingziele: Beispiele:
- Der Ruf des Hauses/das Image soll im nächsten Geschäftsjahr deutlich aufgewertet werden. Zuständig hierfür ist der Marketingleiter.
- Die Marktstellung und die Marktpräsenz sollen im nächsten Halbjahr verbessert werden. Verantwortlich hierfür zeichnen der Direktionsassistent und der Verkaufsleiter.
- Das äußere Erscheinungsbild des Hotels soll bis nächsten Juni farblich dem Trend der Zeit angepasst werden. Zuständig hierfür sind die 1. Hausdame und der Technische Leiter.

Marketing im Gastgewerbe

Kriterien
- Lage des Restaurants
- Image des Restaurants
- Unmittelbare Konkurrenz
- Infrastruktur
- Nachfrage vor Ort
- Erreichbarkeit
- Parkmöglichkeiten
- Zahl der Laufkundschaft

−3 −2 −1 0 +1 +2 +3

Abb. 1 Beispiel für eine Chancen-Risiken-Analyse
grün: Bewertung der eigenen Unternehmung
rot: Bewertung des Konkurrenten

Kriterien
- Fähigkeiten der Mitarbeiter
- Betriebsklima
- Technisches Equipment
- Dauer der Zubereitung
- Lieferantenbeziehungen
- Grad der Selbstproduktion
- Umfang der Speisekarte
- Variantenvielfalt

−3 −2 −1 0 +1 +2 +3

Abb. 2 Beispiel für eine Stärken-Schwäche-Analyse

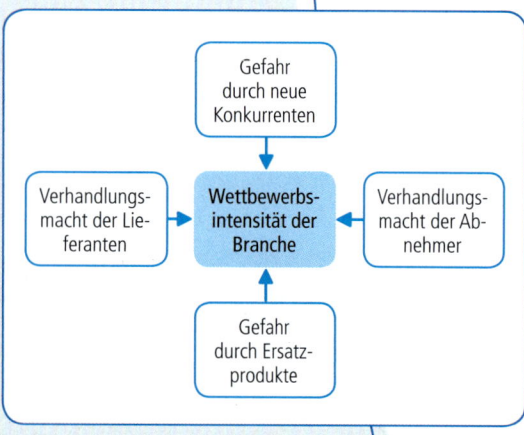

Abb. 3 5-Forces-Modell

Damit das Unternehmen den „Soll-Zustand" festlegen kann, wird der „Ist-Zustand" mithilfe unterschiedlicher Methoden untersucht.

Die Chancen–Risiken–Analyse

Bei der Chancen–Risiken–Analyse werden **externe** Einflussfaktoren untersucht, die zum unternehmerischen Erfolg beitragen oder ihn behindern. Das Unternehmen selbst kann auf sie keinen Einfluss nehmen. Für jeden Einflussfaktor erfolgt eine **Selbsteinschätzung**: Wo liegen Chancen, wo liegen Gefahren für meine Unternehmung? Die Bewertung erfolgt mithilfe einer Punkteskala, z. B. von +3 (große Chancen) bis −3 (große Gefahren). Sinnvoll ist eine **Einschätzung der Konkurrenz** anhand derselben Faktoren. Die Ergebnisse der Analyse werden grafisch dargestellt. So wird schnell erkennbar, wo Vor- und Nachteile im Vergleich zur Konkurrenz liegen.

Die Stärken–Schwächen–Analyse

Da externe Faktoren kaum beeinflussbar sind, müssen unternehmensspezifische Stärken herausgearbeitet und optimiert werden. Um **Stärken und Schwächen eines Unternehmens** zu erkennen, gibt es die Stärken-Schwächen-Analyse.

Die Erstellung dieser Analyse gleicht der Chancen-Risiken-Analyse. Allerdings werden hier nur **interne** Einflussfaktoren bewertet. Diese können vom Unternehmen selbst gesteuert werden.

Da zur Bewertung der Stärken und Schwächen nur interne Bewertungsfaktoren herangezogen werden, kann die Konkurrenz nicht verglichen werden.

Das 5-Forces-Modell

In der Systemgastronomie wird ein weiteres strategisches Instrument zur Untersuchung der Marktchancen verwendet: das von Michael Porter entwickelte „5-Forces-Modell".

Dabei gibt es fünf Faktoren („Kräfte"), die über den Erfolg eines Produktes am Markt entscheiden:

> **1. Wettbewerbsintensität der Branche**
>
> Es wird anhand von Fragen untersucht, wie die derzeitige Wettbewerbssituation innerhalb des Marktes/der Branche ist:
> - Wie viele Konkurrenten gibt es?
> - Wie groß sind die Konkurrenten?
> - Wo sitzen diese Konkurrenten?
> - Wo liegen Überschneidungen in den Zielmärkten mit den Konkurrenten?
> - Wo liegen deren Schwächen und Stärken?

2. Gefahr durch neue Konkurrenten

Um den Eintritt neuer Konkurrenten in den Markt zu vermeiden, muss die eigene Position am Markt gefestigt und verteidigt werden. Häufig werden daher Markteintrittsbarrieren erhoben, die es neuen Konkurrenten erschweren, einen bereits etablierten Markt zu betreten.

3. Gefahr durch Ersatzprodukte

Ersatzprodukte („Substitutionsprodukte") können dem bisherigen Produkt starke Konkurrenz am Markt machen. Substitutionsprodukte erfüllen denselben Zweck wie das bisherige Produkt, verfügen allerdings meist über eine neuere Technologie.

4. Verhandlungsmacht der Lieferanten

Hat ein Unternehmen wenige Lieferanten, ist es von diesen stark abhängig. Preisverhandlungen (z. B. Mengenrabatte) sind kaum möglich. Bei einer Vielzahl von Lieferanten, die sich in Qualität und Preis ähneln, sind die Verhandlungsspielräume deutlich größer.

5. Verhandlungsmacht der Abnehmer

Die Abhängigkeit des Unternehmens von seinen Abnehmern spielt in der Gastronomie nur eine untergeordnete Rolle. In anderen Branchen kann der Einfluss der Abnehmer groß sein und Auswirkungen z. B. auf den erzielbaren Verkaufspreis haben.

4.4 Marketingplan   🇬🇧 marketing plan   🇫🇷 plan (m) du marketing

Im **Marketingplan** werden die einzelnen Maßnahmen festgelegt, die zur Umsetzung der Strategie ergriffen werden sollen. Der Marketingplan stellt den Prozess, das „Beförderungsmittel" dar. Die Palette der Maßnahmen reicht von Anzeigen in Zeitungen/Zeitschriften über die Festlegung neuer Zimmerpreise bis hin zur Einführung einer besonderen Mittagskarte im Restaurant.

Marketingpläne werden für kürzere Zeiträume, meist für das nächste Geschäftsjahr, erstellt. Voraussetzung für die Erstellung eines guten Marketingplans sind Kenntnisse über die Marketinginstrumente, die zur Verfügung stehen. Sie sollen in einem ausgewogenen Verhältnis gemischt eingesetzt werden (Marketing-Mix).

4.5 Marketing-Instrumente

🇬🇧 marketing instruments   🇫🇷 instruments (m) du marketing

Acht Marketing-Instrumente werden in vier gestaltende und in vier kommunikative Instrumente unterteilt.

Die vier **gestaltenden Marketing-Instrumente** sind:
- die **Preispolitik** (Preisgestaltung und Preisdifferenzierung),
- die **Absatzmethode** (direkter und indirekter Verkaufsweg, Verkaufsorganisation),
- die **Angebotspolitik** (Angebot/Leistung, Art und Umfang des Produkts/der Produktgestaltung), z. B. aus den Bereichen Beherbergung und Food & Beverage, und
- der **Service**/die **Gästebetreuung** (der Dienst am Gast/Kunden).

Die vier **kommunikativen Instrumente** sind:
- der **Verkauf** (individuelle Verkaufstätigkeiten, z. B. durch den Hotelverkäufer),
- die **Werbung** (produktbezogene Beeinflussung der Gäste),
- die **Verkaufsförderung** (Sales-Promotion, Maßnahmen der Verkaufsstimulierung) und
- die **Öffentlichkeitsarbeit** (Public relations, Aufbau und Pflege eines in der Öffentlichkeit positiv wirkenden Umfeldes/Images). Hinweis: Übersicht auf S. 522.

Marketing

MARKETING IM GASTGEWERBE

4.6 Marketing-Mix

marketing mix • marketing (m) mix

Das Zusammenspiel und der Einsatz der Marketing-Instrumente erfolgen flexibel, ganz nach Notwendigkeit. Dies wird als **Marketing-Mix** bezeichnet.

Als **optimalen** Marketing-Mix lässt sich diejenige Kombination von marketingpolitischen Instrumenten bezeichnen, durch die ein bestimmtes Verkaufsziel bestmöglich erreicht wird, z. B. Aktionswoche oder Wochenendarrangement mit Wellness-Programm.

Die relative Bedeutung der einzelnen Instrumente hängt vom Betriebstyp, vom Produkt und vom Gästeverhalten ab. So spielt bei manchen Produkten der Preis eine wesentliche Rolle, während er bei anderen von untergeordneter Bedeutung ist (Alltagsgüter – Luxusgüter).

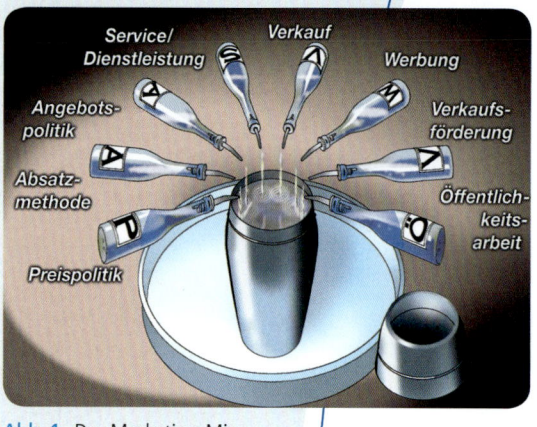

Abb. 1 Der Marketing-Mix

4.7 Kontrolle des Marketingerfolgs

controlling of the marketing success • surveillance (w) du marketing succès

Durch den Soll-/Ist-Vergleich – anhand der Zielvorgaben – wird abschließend eine Erfolgskontrolle der einzelnen Marketingmaßnahmen durchgeführt. Die gewonnenen Erkenntnisse fließen dann wieder in die Gestaltung zukünftiger Aktionen mit ein.

Übersicht: Marketing

- Nachfrage-Situation analysieren
- Angebots-Situation analysieren
- Konkurrenz-Situation analysieren
- Neue Trends analysieren

↓

Kurzfristige, langfristige, quantitative, qualitative Marketingziele bestimmen

↓

Unternehmens-Leitbild berücksichtigen → **Marketing-Strategie entwickeln** ← Unternehmens-Identität berücksichtigen

Marketing-Instrumente auswählen und gewichten → **Marketing-Plan erstellen** ← Kostenvolumen abschätzen, Budget berücksichtigen

↓

Marketing-Mix
Preispolitik, Absatzmethode, Angebotspolitik, Service/Gästebetreuung, Verkauf, Werbung, Verkaufsförderung, Öffentlichkeitsarbeit

↕

Anwendung/Einsatz der Marketing-Instrumente
Marketing-Erfolg kontrollieren, erfassen und auswerten

4 Marketingkonzept

Aufgaben

1. Nennen Sie drei Besonderheiten, die den Verkauf im Gastgewerbe vom Verkauf in der Industrie unterscheiden.
2. Was sind gastronomische Outlets? Nennen Sie vier Beispiele dazu.
3. Nennen Sie je drei Beispiele für Verbrauchs- und für Gebrauchsgüter in der Gastronomie.
4. Was ist ein Package im Verkauf?
5. Erklären Sie die Nachfrage- und die Angebots-Situation auf einem Verkäufermarkt.
6. Erklären Sie die Nachfrage- und die Angebots-Situation auf einem Käufermarkt.
7. Welche gastronomische Marktsituation ist zzt. in Deutschland vorzufinden?
8. Nennen Sie die sechs Schritte des „Management-Regelkreises".
9. Geben Sie fünf Beispiele für Unternehmensziele.
10. Was ist ein Unternehmensleitbild (mission statement) und wofür dient es?
11. Was versteht man unter Corporate Identity?
12. Nennen Sie die drei Komponenten, die für die Corporate Identity bedeutsam sind.
13. Wodurch unterscheiden sich Corporate Identity und Corporate Image?
14. Nennen Sie je drei Beispiele für quantitative und für qualitative Marketing-Ziele.
15. Was beinhaltet der Marketing-Plan?
16. Nennen Sie vier Marketing-Instrumente.
17. Was bedeutet Marketing-Mix?
18. Aus welchen sieben Bausteinen wird ein Marketing-Konzept zusammengestellt?
19. Wie lautet die empfohlene Reihenfolge bei der Vorgehensweise, wenn ein Marketing-Konzept erstellt wird?

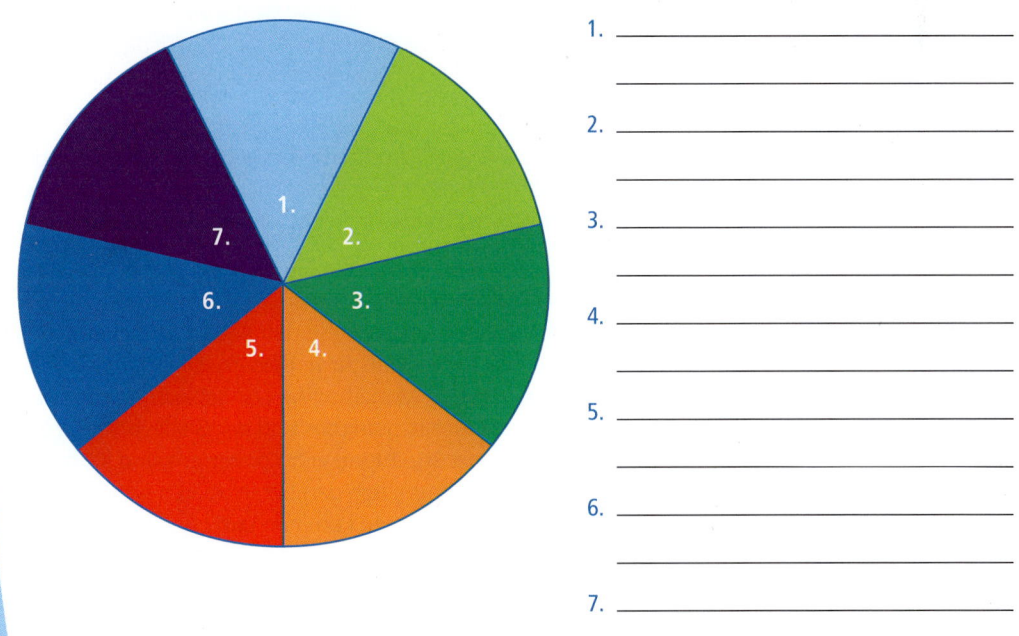

1. _____
2. _____
3. _____
4. _____
5. _____
6. _____
7. _____

Marketing

MARKETING IM GASTGEWERBE

Abb. 1 Hoteldirektor beim Verkaufsgespräch

Abb. 2 Meeting der Verkaufsabteilung

Pull-Maßnahmen sollen helfen, neue Gäste ins Haus zu ziehen.

Beispiele für
Pull-Maßnahmen:
- Ein Hotel stiftet Gewinnpreise für ein Preisausschreiben in der Presse oder für einen Wettbewerb im Fernsehen.
- Der Küchenchef bietet Gourmet-Kochkurse für die Öffentlichkeit an.

Push-Maßnahmen sollen helfen, den im Hause befindlichen Gästen mehr zu verkaufen.

Beispiele für Push-Maßnahmen:
- „In-house-shopping-Listen" mit Kaufangeboten in allen Gästezimmern, z. B. für Bademäntel, Handtücher, Badesandalen, Werbeartikel, Kleidersäcke, Kleiderbügel, Feuerzeuge usw.
- Als Anreiz, einen Tisch für den „Bretonischen Spezialitätenabend" im Hotel-Restaurant zu buchen, werden den Hausgästen nachmittags, an einem Stand in der Hotelhalle, frisch zubereitete Crêpes angeboten.

5 Kommunikation mit dem Markt – Kommunikationsinstrumente

🇬🇧 communication with the market – instruments of communication
🇫🇷 communication (w) sur le marché – instruments (m) de la communication

5.1 Verkaufsförderung

🇬🇧 sales promotion 🇫🇷 promotion (w) des ventes

Ziel der Verkaufsförderung ist die Absatzerweiterung. Dazu dient das gesamte **absatzpolitische Instrumentarium**, d. h. die Summe aller Instrumente zur Förderung des Absatzes. Wesentlich für die Verbesserung des Absatzes sind
- die **Absatzmethode**,
- die **Produkt- und Sortimentsgestaltung**,
- die **Werbung**,
- die **Preispolitik**.

Bei der **Absatzmethode** muss sich der Unternehmer entscheiden, welches Vertriebssystem er auswählt. Hier kommt für die Gastronomie nur der eigene Vertrieb in Betracht. Außerdem zählen dazu die *Absatzwege*, die beschritten werden: der direkte Absatz, ohne Absatzmittler, oder der *indirekte Weg*, z. B. über Reiseveranstalter (siehe Marketing-Mix, S. 522).

Zu Leistungen eines Gastronomiebetriebes bei der **Produkt- und Sortimentsgestaltung** zählen:
- die natürlichen Leistungen des Hauses, z. B. seine ruhige Lage;
- die persönlichen Leistungen aller Mitarbeiter, z. B. Freundlichkeit, Hilfsbereitschaft, Qualitätsorientiertheit und ihr Schulungsgrad;
- die Beherbergungsleistung, z. B. Zimmer-Service, Gästewäsche-Service, Nichtraucherzimmer, Hotel-TV-Informationssystem in jedem Zimmer;
- die Verpflegungsleistung, z. B. die Frische der Produkte, Angebotsbreite und -tiefe, Abwechslung im Angebot, Berücksichtigung zeitgemäßer Ernährungsformen.

Die Produkt- und Sortimentsgestaltung lässt gerade in der Gastronomie viele erfolgversprechende Möglichkeiten zu. Zu **Besonderheiten in der Systemgastronomie** siehe nächste Seite. Die **Werbung** wird ab Seite 528 behandelt.

Unter **Preispolitik** versteht man alle Maßnahmen, die ein Unternehmen ergreift, um mittels der Preise den Absatz zu steigern, den Umsatz zu erhöhen und den Gewinn zu verbessern. Die Preispolitik wird als Marketing-Instrument in den Marketing-Mix eingebaut. Dabei sind eine genaue Kenntnis des Absatzbereiches und der Gästevorlieben ebenso Voraussetzungen wie die Beachtung von Konkurrenz und Käuferverhalten. Deshalb muss der Gastronom sich darüber im Klaren sein, welche Preisfindungskriterien für ihn in Frage kommen und nach welchem Prinzip er seinen Preis bestimmen will.

Neben diesen absatzpolitischen Instrumenten werden oftmals zusätzlich oder begleitend **Pull-Maßnahmen** (to pull = kräftig ziehen, zerren) und/oder **Push-Maßnahmen** (to push = anschieben, drücken) zur Verkaufsförderung eingesetzt.

Besonderheiten in der Systemgastronomie

Die **Produkt- und Sortimentsgestaltung** hat vor allem im Bereich der Systemgastronomie einen hohen Stellenwert. Das **„Programm"** des Unternehmens, sein Sortiment, ist der **„Produktmix"** aller seiner Produktlinien und Produkte.

Die Wahl des richtigen Programms
Die Wahl des richtigen Programms ist von verschiedenen Einflussfaktoren abhängig:
- Kunden- und Gästebedürfnisse (wichtigstes Kriterium!)
- Konkurrenzsituation und eventuell bestehende Marktzutrittsschranken
- Know-how des Unternehmens (z. B. Sternekoch, Aushilfen)
- Technische Möglichkeiten in der Produktion (z. B. vorhandene Kapazitäten in der Küche)

Der Produktlebenszyklus

Jedes Produkt unterliegt einem sogenannten **Produktlebenszyklus (PLZ)**. Er beschreibt den Verlauf eines Produktes von dessen Einführung auf dem Markt bis hin zu dessen Absterben. Der PLZ gliedert sich typischerweise in fünf Phasen.

① **Einführungsphase:** Das Produkt wurde gerade am Markt eingeführt und verzeichnet noch einen geringen Umsatz. Entsprechend hat das Unternehmen noch Verluste zu verzeichnen. Es setzt verstärkt Werbemittel ein, um Kunden zu gewinnen.

② **Wachstumsphase:** Das Produkt wirft erstmals Gewinne ab und der Absatz steigt. Immer mehr potenzielle Kunden werden auf das Produkt aufmerksam. Die Ausgaben für Werbung bleiben hoch.

③ **Reifephase:** Der Umsatz erreicht sein Maximum. Allerdings gehen allmählich die Gewinne zurück, da zunehmend Konkurrenz auf dem Markt erscheint, sodass die Preise nach unten korrigiert werden müssen. In dieser Phase besteht die Möglichkeit, sich durch Produktvariationen von der Konkurrenz abzuheben, um einen Wettbewerbsvorteil zu erzielen. Die Werbeausgaben werden eingeschränkt, da das Produkt bereits am Markt bekannt ist.

④ **Sättigungsphase:** In dieser Phase gibt es nur noch wenige Neukäufer, die sich für das Produkt interessieren. Der Umsatz geht zurück, die Gewinne nehmen ab. Werbemaßnahmen werden nur noch vereinzelt durchgeführt.

⑤ **Degenerationsphase:** Es kommen neue Produkte auf den Markt und die Nachfrage nach dem bisherigen Produkt sinkt stetig. Die Umsätze gehen stark zurück. In dieser Phase schöpft das Unternehmen die letzten Gewinne ab und stellt Werbemaßnahmen generell ein.

Programmbreite
= Anzahl der Produktlinien, die ein Unternehmen führt

Programmtiefe
= Anzahl der Produkte innerhalb einer Produktlinie

In der klassischen Gastronomie mit einem Mix aus Produktion (Küche) und Dienstleistung (Service) lässt sich diese Unterscheidung selten anwenden.

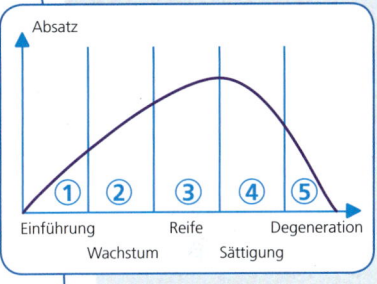

Abb. 1 Produktlebenszyklus (PLZ)

Problematik des Produktlebenszyklus
- Ein „idealtypisches" Modell, die Realität weicht davon oftmals ab.
- Die Dauer der einzelnen Phasen ist nicht voraussehbar und bei jedem Produkt unterschiedlich.
- Eine exakte Abgrenzung der einzelnen Phasen ist kaum möglich.
- Der PLZ vernachlässigt teilweise das Verhalten der Konkurrenz.
- Umwelteinflüsse bleiben unberücksichtigt.

	① Einführung	② Wachstum	③ Reife	④ Sättigung	⑤ Degeneration
Absatz	gering	zunehmend	erreicht Maximum	langsam rückläufig	stark rückläufig
Gewinn	Verlust	erster Gewinn	maximaler Gewinn	rückläufiger Gewinn	stark rückläufig
Umsatz	gering	hoch	Maximum erreicht	langsam rückläufig	stark rückläufig

Marketing im Gastgewerbe

	❶ Einführung	❷ Wachstum	❸ Reife	❹ Sättigung	❺ Degeneration
Bekanntheitsgrad	gering	nimmt zu	hoch	hoch	rückläufig
Marktanteil	gering	nimmt zu	hoch	langsam rückläufig	stark rückläufig
Werbung	stark	stark	begrenzt	begrenzt	wird eingestellt
Vertriebsnetz	begrenzt	wird erweitert	vollkommen ausgebaut	vollkommen ausgebaut	nimmt ab

Varianten des Produktlebenszyklus

Eine Variante des Produktlebenszyklus ist die **„Versteinerung"**. Trotz neuer Produkte auf dem Markt bleibt die Nachfrage konstant. Sowohl Händler als auch Kunden sind vom Produkt überzeugt, sodass die Degenerationsphase ausbleibt. **Beispiele:** Nivea, Coca Cola

Die Entwicklung von **Produktvarianten** ändert den Produktlebenszyklus. Um die Nachfrage in der Sättigungsphase wieder anzukurbeln, werden Varianten des Produktes entwickelt. Dadurch wird die Degenerationsphase hinausgezögert, es werden auch neue Kundengruppen angesprochen. Beispiel: In der Systemgastronomie bringen viele Anbieter sogenannte **„New Seasonals"** auf den Markt. New Seasonals sind zeitlich begrenzte Produktvarianten, die allerdings in bestimmten Zeitabständen immer wiederkehren können. Sie richten sich nach den aktuellen Bedürfnissen der potenziellen Käufer und bieten so dem Konsumenten Abwechslung.

New Seasonals können im Wesentlichen folgende **Vorteile** für das Unternehmen mit sich bringen:
- Erschließung eines neuen Kundensegments: durch die Einführung von zeitlich begrenzten neuen Produktvarianten kann auch das Interesse neuer potenzieller Käufer geweckt werden.
- Das bestehende Produkt ist bereits durch Marketingmaßnahmen am Markt etabliert; daher sind die Marketing-Kosten für das New-Seasonal-Produkt in der Regel deutlich geringer.
- Generierung zusätzlicher Umsätze durch Zusatzkäufe.
- Aufgrund der zeitlich begrenzten Dauer des New Seasonals umgeht man die Gefahr einer zu breiten Produktpalette, die zu Unsicherheit beim Käufer führen kann.

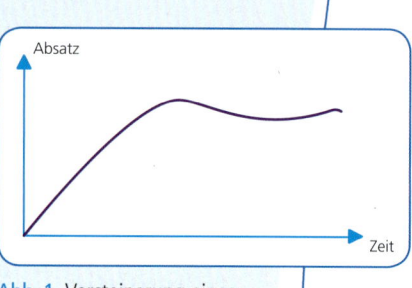

Abb. 1 Versteinerung eines Produktlebenszyklus (PLZ)

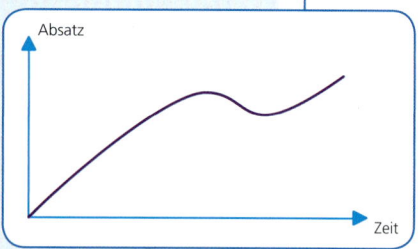

Abb. 2 Änderung des Produktlebenszyklus durch Entwicklung von Varianten

Aufgaben

❶ Nennen Sie je ein Produkt/eine Dienstleistung für jede Phase des Produktlebenszyklus. Nehmen Sie insbesondere bei der Wahl Ihrer Beispiele Bezug auf die Systemgastronomie.

❷ Erklären Sie anhand eines Beispiels, dass der idealtypische Verlauf des PLZ nicht immer realisierbar ist.

❸ Warum ist ein versteinerter Produktlebenszyklus gerade in der Systemgastronomie überlebenswichtig?

❹ Nennen Sie mindestens drei Beispiele aus der Praxis für einen versteinerten Verlauf des Produktlebenszyklus. Welche Vorteile sind mit einem solchen Verlauf verbunden?

❺ Zeigen Sie auf, was man unter einem New Seasonal versteht. Worin liegen Vorteile in der Einführung von New Seasonals? Wo können Probleme auftreten?

❻ Zeigen Sie anhand eines konkreten Praxisbeispiels die Anwendung von New Seasonals.

5.2 Öffentlichkeitsarbeit

🇬🇧 public relations 🇫🇷 rélations (w) publiques

Die Öffentlichkeitsarbeit – auch **PR** genannt – ist ein kommunikatives Marketinginstrument. Im Gegensatz zur Werbung, die sich auf das Produkt richtet, zielt die Öffentlichkeitsarbeit darauf ab, das Bild (Image) eines Unternehmens in der Öffentlichkeit positiv darzustellen.

In der Gastronomie ist hierunter weniger die Öffentlichkeit allgemein, sondern vielmehr das Gästepotenzial zu verstehen. Diesem Personenkreis sollen mit Hilfe der Öffentlichkeitsarbeit das Ansehen und der gute Ruf des Hotels/Restaurants eingeprägt werden. Ferner sollen der Bekanntheitsgrad (Publizität) gesteigert und Sympathie und Vertrauen erzeugt werden.

Mit dem Instrument der Öffentlichkeitsarbeit kann sich der einzelne Gastronomiebetrieb leichter von Mitbewerbern auf dem Markt unterscheiden. Mit reiner Produktwerbung wäre dies nicht so leicht möglich.

Bei der **Durchführung von Öffentlichkeitsarbeit** werden folgende Mittel eingesetzt:

> Es ist wichtig, dass die Effizienz der Öffentlichkeitsarbeit regelmäßig überprüft wird. Hierzu sollten die eingesetzten Mittel ausgewertet und die Einhaltung des Budgets überwacht werden.

- **Pressearbeit und Medienpflege**
  - Bereitstellung von Pressemappen mit Informationen und Darstellung der Leistungen des Betriebes,
  - Durchführung von Pressekonferenzen.
- **Internetauftritte**
  - eigene Homepage und
  - Internetlinks
  - Social Media
- **PR-Aktionen**
  - Repräsentation und Sponsorship bei öffentlichen Veranstaltungen und bei kulturellen Ereignissen übernehmen,
  - Betriebsbesichtigungen ermöglichen – „Tag der offenen Tür" veranstalten.
- **Gästebetreuung**
  - Aktionen zur Gästeunterhaltung,
  - Hilfe bei anstehenden Problemen.
- **Innerbetriebliches Informationswesen**
  - Gästekartei-Auswertung für Gratulation zum Geburtstag/Hochzeitstag,
  - Hauszeitungen/Hauszeitschriften.
- **Öffentlichkeitswirksame Eigenveranstaltungen**
  - Raritätenweinproben mit Prominenten,
  - gastronomische Aktionswochen.

Abb. 1 Beispiel einer PR-Aktion – Live-Übertragung einer Sport-Talkshow aus einer Hotelhalle

Abb. 1 Beispiel für Alleinwerbung

Abb. 2 Beispiel für Sammelwerbung

5.3 Werbung 🇬🇧 publicity, advertising 🇫🇷 publicité (w)

Die Werbung ist ein Informations- und Kommunikationsinstrument. Sie wird als Teil des absatzpolitischen Instrumentariums im Marketing-Mix (s. S. 522) eingesetzt, um den Absatz zu steigern. Sie hat die Aufgabe, die Nachfrage zu wecken und sie durch Wiederholung wachzuhalten. Durch Information und Motivation soll Vertrauen erzeugt werden. Der umworbene Gast soll die Ansichten des werbenden Gastronomiebetriebs übernehmen.

Viele Werbeangebote in der Gastronomie sind auf gefühlsmäßig bestimmte Bedürfnisse abgestimmt. Deshalb wirbt die Gastronomie in vielen Fällen mit Argumenten aus dem emotionalen Bereich, wie z. B. „Erholung für Körper und Geist", „Wellness – das Konzept zum Sich-Wohlfühlen" oder „Lassen Sie bei uns Ihre Seele baumeln!".

Arten der Werbung

Die Arten der Werbung können unter verschiedenen Gesichtspunkten näher betrachtet werden. Nach der **Zahl der Werbenden**, unterscheidet man zwischen Allein-, Sammel- und Gemeinschafts-Werbung.

- **Alleinwerbung** wird immer von einem Werbenden, z. B. dem Hotelier, durchgeführt.
- **Sammelwerbung** wird von mehreren Werbenden vereinbart, um gemeinsam zu werben, wobei jeder Werbende namentlich erwähnt wird, wie z. B. im Verzeichnis der Mitgliedsbetriebe einer Hotelkette/Hotelkooperation.
- **Gemeinschaftswerbung** ist eine Werbeart, bei der der Einzelne nicht mehr erwähnt wird. Dafür wird allgemein für eine bestimmte Gruppe, Branche, ein allgemeines Produkt oder z. B. eine Urlaubsregion geworben, wie z. B. „Der Bayerische Wald – Erfrischend natürlich.".

Nach der **Zahl der Umworbenen** wird zwischen Einzel- und Massenwerbung differenziert. Bei **Einzelwerbung** richtet sich die Maßnahme an den einzelnen Umworbenen, z. B. Geburtstagsgrüße an einen Stammgast. **Massenwerbung** richtet sich entweder an eine bestimmte Gruppe von Umworbenen, wie z. B. Familien, Kegler, Reiter, oder gestreut an die Allgemeinheit, wie z. B. bei der Kino-, Rundfunk-, Fernsehwerbung oder den Info-Blättern an Autofenstern.

Ferner kann nach dem **Gegenstand**, für den geworben wird, unterschieden werden, in **Betriebswerbung**, z. B. für einen Hotelbetrieb und in **Produktwerbung**, z. B. für ein bestimmtes Produkt.

Die **Werbebotschaft** kann informativ oder suggestiv sein:
- Bei der **informativen Werbung** werden die objektiven Eigenschaften der angebotenen Leistung/des Produkts sachlich, rational herausgestellt;
- Die **Suggestiv-Werbung** richtet sich vorwiegend an Empfindungen/Gefühle.

Eine besondere Form der Werbung ist die **Meinungswerbung** (Public Relations, s. S. 527). Sie ist darauf abgestellt, das Ansehen des Gastronomiebetriebs in der Öffentlichkeit zu stärken und Achtung vor der Leistung des Betriebes zu erzeugen.

Bevor mit der Werbung begonnen werden kann, ist eine sorgfältige **Analyse**/Untersuchung erforderlich. Diese beinhaltet:
- das **Streugebiet**, auf das sich die Werbung erstrecken soll,
- den **Streukreis**, d. h. den Personenkreis, den man ansprechen möchte,
- die **Streuzeit**, d. h. die günstigste Zeit für die Werbung und
- den **Streuweg**, d. h. den günstigsten Weg für die Verteilung der Werbung.

Werbemittel

Als **Werbemittel** werden eingesetzt:
- das **geschriebene Wort**, z. B. bei Anzeigen, Werbebriefen/Mailings, Plakaten;
- das **gesprochene Wort**, z. B. bei Radio-Werbung oder bei Werbeansagen;
- **Bilder und Zeichen**, z. B. bei Fernsehwerbung, Film, Homepage, Leuchtreklame („city light");
- **Zugaben**, wie z. B. Werbe-Streichhölzer, Duschgel/Gästeseife mit Hotelaufdruck, Gutschein für Begrüßungsdrink an der Bar.

Häufig wird auch eine Kombination aus verschiedenen Werbemitteln eingesetzt.

Abb. 1 Beispiel für Gemeinschaftswerbung einer Urlaubsregion

Werbeträger

Medien, die zur Übermittlung von Werbebotschaften genutzt werden, bezeichnet man als Werbeträger. Dazu zählen:

World Wide Web, Fernsehen, Kino, Rundfunk, Tageszeitungen, Publikumszeitschriften, Anzeigenblätter, Werbebriefe, Postwurfsendungen/Flyer, Prospekte, Außenwerbung (z. B. Plakate, Verkehrsmittelwerbung, Bandenwerbung, Leucht- und Luftwerbung, Schaukästen vor dem Hotel).

Werbeprinzipien

Unter Werbeprinzipien versteht man bestimmte Grundsätze, die bei der Planung und Durchführung erfolgreicher Werbemaßnahmen zu beachten sind. Man unterscheidet die folgenden acht Werbeprinzipien:

- Die **Zielklarheit** ist im Auge zu behalten. Der beabsichtigte Werbezweck ist eindeutig und einheitlich anzustreben.
- Die **Wirtschaftlichkeit** der Werbung ist zu beachten. Werbeaufwand und Werbeertrag müssen im sinnvollen Verhältnis stehen.
- Die **Wirksamkeit** muss optimiert werden. Werbung muss deshalb geplant und – soweit möglich – kontrolliert werden. Die Frage dazu lautet: Gelang es, den/die Umworbenen zum Kaufentschluss zu veranlassen?
- Sie muss den Grundsätzen von **Ehrlichkeit und Wahrheit** entsprechen. Sie muss sachlich richtig sein, eindeutig informieren und darf nicht irreführen oder täuschen.
- Die **Einheitlichkeit** muss durch Abstimmung verschiedener Einzelmaßnahmen auf die Werbekonzeption hin erreicht werden.
- Durch **Modernität und Aktualität** soll zeitgemäß geworben werden.
  Was passt zum **Zeitgeist**, was liegt im **Trend**? Neue Ideen sind gefragt.
- Durch **Originalität** soll sich die Werbung von der Masse abheben. Die Werbung soll Besonderheiten des Hotels herausheben und betonen.
- Durch **Sozialverträglichkeit** bei der Werbemaßnahme soll vermieden werden, dass in der Außenwirkung ein falsches Image/eine Entfremdung – z. B. einer Urlaubsregion – entsteht.

6 Rechtsvorschriften

🇬🇧 laws 🇫🇷 références (w) juridiques

Das Kapitel „Marketing im Gastgewerbe" tangiert folgende Gesetze, die auf der dem Buch beiliegenden CD nachzulesen sind:

Die Preisangabenverordnung (PAngV), Stand: 24. Juli 2010

Das Gesetz dient vor allem dem Zwecke der Unterrichtung und des Schutzes der Verbraucher und zur Förderung des Wettbewerbs.

Wichtigste Aussagen: Wer Letztverbrauchern gewerbsmäßig Waren oder Leistungen anbietet oder unter Angabe von Preisen damit wirbt, hat die Preise anzugeben, die einschließlich der Umsatzsteuer und sonstiger Preisbestandteile zu zahlen sind **(Endpreise)**. Außerdem muss angegeben werden, ob zusätzlich Liefer- und/oder Versandkosten anfallen, sowie deren Höhe.

Das Gesetz gegen den unlauteren Wettbewerb (UWG), Stand: 3. März 2010

Dieses Gesetz dient dem Schutz der Mitbewerber, der Verbraucher sowie der sonstigen Marktteilnehmer vor unlauteren geschäftlichen Handlungen. Das Interesse der Allgemeinheit an einem unverfälschten Wettbewerb wird dadurch geschützt.

Zusammenfassend sagt das Gesetz, dass **unlauterer Wettbewerb** verboten ist. Unlauter – im Sinne des Gesetzes – handelt, wer
- **irreführend wirbt** (§ 5),
- **vergleichend wirbt** (§ 6) und
- wer einen Marktteilnehmer **unzumutbar belästigt** (§ 7).

Das Bundesdatenschutzgesetz (BDSG), Stand: 14. Aug. 2009

Zweck dieses Gesetzes ist es, den Einzelnen davor zu schützen, dass er durch den Umgang mit seinen personenbezogenen Daten in seinem Persönlichkeitsrecht beeinträchtigt wird.

Wichtigste Aussage: Die Erhebung, Verarbeitung und Nutzung personenbezogener Daten sind nur zulässig, wenn der Betroffene dazu seine Einwilligung vorher gegeben hat.

Beispiele:

Unlauterer Wettbewerb:
- Ein Gastronom wirbt mit Preisnachlässen („Happy hours") für seine Bar, ohne die Bedingungen für ihre Inanspruchnahme (an welchen Tagen?, von wann bis wann?, zu welchen Preisen/Preisnachlässen?) klar und eindeutig anzugeben.
- Ein Hotelier wirbt mit einem Preisausschreiben oder Gewinnspiel für sein Haus, ohne die Teilnahmebedingungen klar und eindeutig zu nennen.

Irreführende Werbung:
- Ein Restaurantbesitzer wirbt in Zeitungsanzeigen für seine *„Irische Spezialitätenwoche"*. Unter anderem preist er *„Geräucherten irischen Wildlachs"* an, der jedoch tatsächlich aus einer norwegischen Lachszucht stammt.
- Ein Hotelier wirbt in Zeitungsanzeigen für seinen Silvesterball unter anderem mit dem Zusatz: *„Jeder Gast erhält ein Begrüßungsgeschenk!"*. Tatsächlich werden jedoch nur die Damen mit einem Präsent bedacht, die Herren gehen leer aus.

Vergleichende Werbung:
- Ein Hotelier wirbt im Internet für sein Haus: *„Unser Hotel X versteht es besser, auf Gäste einzugehen, als die beiden Mitbewerber-Betriebe vor Ort, das Hotel Y und das Hotel Z. Buchen Sie bei uns unter Tel.-Nr. …"*
- In einer Zeitungsannonce steht: *„In unseren weichen Hotelbetten schlafen Sie viel besser als im Nachbarhotel Y! Buchen Sie bei uns unter Tel.-Nr. …"*

Unzumutbare Belästigung:
- Ein Gast wird – ohne seine Einwilligung – wöchentlich mehrmals von einem Call-Agent angerufen, der die Angebote eines Hotelkonzerns empfiehlt.
- Ein Gast erhält immer wieder Werbefaxe einer Hotelkette, obwohl er mehrmals geäußert hat, dass er dies nicht wünscht.

Fallstudie

Ein junges Paar, beide gelernte Fachleute aus der Gastronomie, wollen sich selbstständig machen und einen Gastronomiebetrieb pachten. Dazu suchen sie nun ein geeignetes Pachtobjekt, ein bereits bestehendes, eingeführtes Hotel mit Restaurant.

Bevor sie einen Pachtvertrag unterschreiben, prüfen sie schon Wochen vorher das Pachtangebot und sammeln Informationen über den Betrieb und den Markt. Sie führen eine **Standort- und Marktanalyse** durch, bei der sie

- die Infrastruktur der Umgebung,
- die Bevölkerungsstruktur,
- das Fremdenverkehrsaufkommen,
- den gastronomischen Markt (Mitbewerber, Angebot, Art, Umfang, Preisniveau, Auslastung …) und
- die wirtschaftliche Situation des Gastgewerbes in der Region erfassen und auswerten.

Bei der **Betriebsanalyse** werten sie die betriebswirtschaftlichen Daten des Pachtbetriebes – soweit erhältlich – aus. Außerdem analysieren sie sowohl die kommunalen Daten (Gemeinde, Fremdenverkehrsverband …) als auch die aktuellsten Zahlen aus Hotelbetriebsvergleichen. Ebenso untersuchen sie die Antworten, die sie bei persönlich durchgeführten **Gästebefragungen** erhalten. Auch Gäste des zukünftigen Pachtbetriebs wurden befragt, was sie dort gut – oder weniger gut – finden und welche Leistungen sie dort vermissen.

Erst jetzt sind die künftigen Pächter in der Lage, Marktlücken zu erkennen und ihre eigenen zukünftigen Marktchancen bzw. Verkaufschancen einzuschätzen. Neben den Aussagen ihres Unternehmensleitbilds (Mission statement) lassen sie nun die Ergebnisse ihrer Standort- und Marktanalysen möglichst realistisch in die Formulierung der quantitativen und qualitativen **Marketingziele** einfließen.

Sie haben sich somit die Grundlagen ihrer Marketing-Planung erarbeitet.

Nun entwickeln sie ihre **Marketing-Strategie**. Sie entscheiden, welchen Weg sie zur Zielerreichung beschreiten wollen. Dabei konzentrieren sie ihre Kräfte auf die eigenen Standort-/ Markt-Vorteile und betonen ihre Stärken. So schaffen sie sich Marktvorteile gegenüber den Mitbewerbern und die Voraussetzungen und Grundlagen für einen dauerhaften Erfolg. Sie wissen, dass es hier keine Patentrezepte gibt, ein unternehmerisches Restrisiko ist nicht ausschaltbar.

Als nächstes überlegen sie sich, welche Marketing-Instrumente (s. Seite 521) sie auf welche Weise gebündelt einsetzen wollen. Sie entscheiden über die Zusammensetzung und Gestaltung ihrer Angebote, z. B. Art, Anzahl und Umfang der à-la-carte-Gerichte oder der Weine auf der Weinkarte. Sie kalkulieren die Preise, überlegen sich eine passende Preispolitik, und sie entscheiden über die Organisation des Verkaufs bzw. der besten Verkaufswege. Besonderes Gewicht legen sie auf das Instrument der Kommunikation, denn sie wissen um die Bedeutung von Werbung (Publicity), Verkaufsförderung (Sales Promotion) und Öffentlichkeitsarbeit (Public Relations, siehe Seite 527). Sie entscheiden, mit welchen Maßnahmen sie bei ihren Zielgruppen das Nachfrage-Interesse wecken wollen.

Nun erst ist das junge Paar „reif" für die anstehende Entscheidung. Sind sie zu dem Ergebnis gekommen, dass ihre Schritte in die Selbstständigkeit richtig sind und von günstigen Ausgangsvoraussetzungen begleitet werden, unterschreiben sie nun den Pachtvertrag für diesen Betrieb.

Aufgaben

1. Nennen Sie vier absatzpolitische Instrumente, die der Verkaufsförderung dienen.
2. Erklären Sie, warum Produkt- und Sortimentsgestaltung in der Gastronomie wichtig sind.
3. Nennen Sie sechs Mittel, die bei der Durchführung von PR-Maßnahmen eingesetzt werden.
4. Welches jeweilige Ziel wird von den Bereichen Öffentlichkeitsarbeit und Werbung verfolgt?
5. Unterscheiden Sie nach der Zahl der Werbenden drei Arten der Werbung.
6. Unterscheiden Sie nach der Zahl der Umworbenen zwei Arten der Werbung.
7. Auf welche vier Teilbereiche erstreckt sich eine Werbe-Untersuchung/-Analyse?
8. Nennen Sie 8 Werbeprinzipien, die bei Planung/Durchführung von Werbung zu beachten sind.

Wirtschaftsdienst – Hausdamenabteilung

Abb. 1 Hausdame bei der Zimmerkontrolle

> Die 1. Hausdame eines modern geführten Hotels ist nicht die „1. Putzfrau". Sie ist vielmehr Managerin der Qualität in einer der wichtigsten Abteilungen eines Hotels!

Abb. 2 Besprechung der Dienstpläne

Abb. 3 Ziele erreicht

> Die Hausdamenabteilung hat eine Schlüsselstellung für das Wohlbefinden der Gäste. Sie trägt somit ganz wesentlich zum Betriebserfolg bei!

Die Hausdamen-Abteilung (housekeeping/service des étages) umfasst die „Haushaltung" des gesamten Gastronomiebetriebes. Die Organisation, Durchführung und Kontrolle der Hotelreinigung werden als die Hauptaufgaben der Abteilung angesehen. Die Hausdame (the housekeeper/la gouvernante) eines modern geführten Hotels ist zuständig für folgende **Aufgaben**:

- **Reinigungs- und Wartungsverfahren**
  Entwicklung und Festlegung von Arbeitsabläufen auf Checklisten, Qualitäts- und Zeitstandards sowie Leistungsmaßstäben;

- **Mitarbeitereinsatz**
  Dienstpläne, Urlaubspläne, Mitarbeitereinsatzplanung nach Geschäftsprognose, Arbeitsüberwachung;

- **Mitarbeiterführung**
  Führungsstil, Motivation, Ausbildung, Training, Fortbildung;

- **Kontrollverfahren**
  Entwicklung und Anwendung einer permanenten Zimmerzustandskartei, Instandhaltungsmeldung, Wäschebestandskontrolle, Mobiliarkontrolle, Materialverbrauch, Kontrolle der in Außer-Haus-Verträgen festgelegten Standards, Kontrolle und Verwaltung von liegen gebliebenen Sachen sowie Fundsachen;

- **Leistungsverbesserung und Weiterentwicklung**
  Umsetzung von Vorschlägen zur Produktivitätssteigerung und Arbeitsvereinfachung, Festlegung der Arbeitsmethoden und der Leistungsstandards;

- **Gästebetreuung**
  Erledigung von Sonderwünschen der Gäste, VIP-Betreuung, Reklamationsbehandlung;

- **langfristige Planung** der Wäsche- und Materialbestände, des Maschinen- und Geräteeinsatzes sowie die Erstellung der Reinigungspläne, Ermittlung der zukünftigen Anzahl der Mitarbeiter.

Die 1. Hausdame trägt die Verantwortung für die Sauberkeit und den Zustand folgender Bereiche:

- die Gästezimmer, das Hauptprodukt eines Hotels;
- die sonstigen Räume des Hotelbetriebs: Hotelhalle, Bar, Restaurant, Frühstücksraum, Bankettabteilung;
- den Freizeit- und Fitness-Bereich: Hallenbad, Sauna, Massage- und Fitnessabteilung, Toiletten, Treppen, Flure, Aufzüge, Garderobe;
- die Wirtschaftsräume „hinter den Kulissen" wie Lager- und Verwaltungsräume;
- die Außenanlagen, inklusive aller Ein- und Ausgänge, der Anfahrt und der Parkplätze.

1 Materialkunde – Grundlagen

🇬🇧 working materials – basic knowledge
🇫🇷 matériaux (m) – connaissance (w) fondamentale

1.1 Werkstoffe/Gebrauchsgegenstände – Pflege

🇬🇧 materials – utensiles and their maintenance
🇫🇷 matériaux (m) – matériel (m) et son entretien

Werkstoffe sind Materialien, aus denen sich der Mensch von jeher die Gegenstände des täglichen Gebrauchs hergestellt hat. Auch im gastgewerblichen Betrieb gibt es Gebrauchsgegenstände aus Werkstoffen der unterschiedlichsten Art. Werkstoffkunde bzw. die Kunde der aus ihnen hergestellten Gegenstände ist deshalb eine unerlässliche Orientierungshilfe und zielt darauf ab:
- Art und Eigenschaften der Werkstoffe kennenzulernen (z. B. Wolle, Leinen, Chromnickelstahl, Silber),
- Auswahlkriterien im Hinblick auf den zweckentsprechenden Einsatz zu erarbeiten (z. B. Tischwäsche, Essgeräte, Arbeitsflächen und Geräte der Küche),
- materialgerechtes Reinigen und Pflegen anzuwenden (z. B. Wolle, Leinen, Kupfer, Silber).

Abb. 1 Werkstoffe

- Holz → Essgeräte, Schüsseln, Möbel
- Eisen → Arbeitsgeräte, Gefäße, Kochtöpfe
- Wolle → Kleidung, Stoffe, Teppiche

Alle drei Werkstoffe sind empfindlich gegenüber Feuchtigkeit und Sauerstoff sowie gegenüber Säuren und Laugen. Sie rosten und korrodieren.

Metalle

Metalle sind sehr stabile Werkstoffe, sie werden deshalb zu vielerlei Zwecken verwendet. Eisen und Eisenmetalle nehmen hierbei einen vorrangigen Platz ein, da auch ihr natürliches Vorkommen mengenmäßig am größten ist.

Werkstoffe aus Eisenmetallen

Roheisen, Gusseisen und Stahl 🇬🇧 steel 🇫🇷 acier (m)

Roheisen ist aufgrund seiner natürlichen Beschaffenheit nicht formbar. Durch die Behandlung mit Hilfe unterschiedlicher Verfahren erhält man die formbaren Werkstoffe Gusseisen und Stahl.

Gusseisen ist schwer und hart und ist deshalb stoßempfindlich (Bruchgefahr). Andererseits ist es aber weniger anfällig gegenüber Rost und Korrosion.

Stahl ist formbares Eisenmetall, wobei für die Herstellung von Gebrauchsgegenständen Stahlbleche eine besondere Bedeutung haben. Es ist nicht weniger empfindlich als Roheisen, deshalb versucht man, durch unterschiedliche Behandlungsverfahren den zerstörenden Einflüssen entgegenzuwirken mit:
- Oxidieren → Schwarzblech
- Legieren → Edelstahl
- Beschichten mit Emaille oder Kunststoff

Edelstahl 🇬🇧 stainless steel 🇫🇷 acier (m) spécial

Für Gegenstände, die im Zusammenhang mit Lebensmitteln und Speisen gebraucht werden, gibt es einen Edelstahl, der mit Chrom und Nickel legiert ist. Diese beiden Metalle sind gegenüber Feuchtigkeit, Sauerstoff und Säuren sehr beständig und verleihen dem sogenannten **Chrom-Nickel-Stahl** (CN-Stahl) hochwertige Eigenschaften. Er ist:
- rostfrei und korrosionsbeständig,
- geruchs- und geschmacksneutral und hat eine
- glatte und daher leicht zu reinigende Oberfläche.

Abb. 2 Edelstahl

Neben den Kennzeichnungen „rostfrei" oder „stainless" geben Einprägungen wie 18/8 oder 18/10 Hinweise auf die Art der Legierung: 18 % Chromanteile sowie 8 % bzw. 10 % Nickelanteile.

Die Verwendung von emaillierten Geschirren ist nicht unproblematisch. Durch Stoß oder Überhitzung kann die Schutzschicht zerstört werden, sodass schadhafte Stellen entstehen. Daraus ergeben sich negative Auswirkungen:
- Gesundheitsgefährdende Emaillesplitter können in die Speisen gelangen,
- beschädigte Stellen rosten und sind Schlupfwinkel für Bakterien.

Emaillierte Geräte, die Beschädigungen aufweisen, sind aus hygienischen Gründen für die Verwendung im Lebensmittelbereich unbrauchbar geworden.

Gebrauchsgegenstände aus Eisenmetallen

Materialart	Gegenstände	Reinigungs- und Pflegerichtlinien
Gusseisen	• Herdplatten • Bräter, Schmortöpfe • Pfannen	→ feucht reinigen und gut nachtrocknen → vor Bruch schützen → heiß mit Salz und Papier ausreiben
Schwarzblech	• Backbleche, Backformen • Eisenpfannen	→ bei nasser Reinigung rasch und gut trocknen → heiß mit Salz und Papier ausreiben
Emaillierte Stahlbleche	• Kochtöpfe • Seiher • metallische Gehäuse (z. B. Küchenherde)	→ nass in Verbindung mit milden Reinungsmitteln oder flüssigem Scheuermittel reinigen → nicht kratzen oder anstoßen → extreme Temperaturunterschiede vermeiden
Chrom-Nickel-Stahl	• Gerätegehäuse, Spültische und Tischflächen • Töpfe und Schüsseln • Pfannen und Backformen • Gastro-Norm-Behälter	→ Universalspülmittel und geseifte Stahlwolle → sofort nachreiben, um Streifenbildung zu verhindern → gut trocknen → Tisch- und Möbelflächen u. U. mit Spezialöl oder Spezialglanzmitteln behandeln → mit Spezialglanzmitteln behandeln

Werkstoffe aus Nichteisenmetallen

Kupfer[1], Zinn und Messing

🇬🇧 copper, pewter, brass 🇫🇷 cuivre (m), étain (m), laiton (m)

Diese Metalle zeichnen sich durch eine besondere Oberflächenbeschaffenheit aus. **Messing** ist eine Legierung aus Kupfer und Zink und läuft wie Kupfer leicht an. **Zinn** ist ein weiches und biegsames Material.

Silber 🇬🇧 silver 🇫🇷 argent (m)

Reines Silber ist für Gebrauchsgegenstände/Bestecke zu weich und zu teuer und wird deshalb vorwiegend beim Versilbern als Auflage verwendet. Der Untergrund bzw. der Grundkörper besteht aus einer harten Legierung (z. B. Metall mit Kupfer). Spezielle Bezeichnungen sind in diesem Zusammenhang **Neusilber** oder **Alpaka.**

Alpaka ist eine Legierung aus 60 % Kupfer, 25 % Zink und 15 % Nickel.

Abb. 1 Silberbesteck

[1] Gefäße aus Kupfer müssen mit einer Schutzschicht versehen sein; reine Kupfergefäße dürfen nicht verwendet werden.

Das Auflegen der Silberschicht erfolgt im galvanischen Bad. Die Bezeichnung **Hotelsilber** ist weit verbreitet. Dabei handelt es sich um versilbertes Besteck mit hartem Metallkern. Um den vorzeitigen Abrieb des Silbers zu vermeiden, wird bei Bestecken die Auflage an stark beanspruchten Stellen auf Wunsch verstärkt. Man spricht dann von **Patentsilber** (Kennzeichnung/Stempelung: „Pat" oder „Patent"). Eine alleinige/zusätzliche Kennzeichnung/Stempelung mit den Zahlen 80, 90, 100, 125 oder 150 bedeutet, dass für 24 dm² Oberfläche der Bestecke beim Versilbern 80 g, 90 g, 100 g, 125 g bzw. 150 g Reinsilber verwendet wurden.

> **Schweflige Verbindungen** in der Luft und in Speisen (z. B. in Eiern oder in Kaviar) sind die Ursache für einen festhaftenden bräunlichen bis schwarzen Belag, der nur durch entsprechende Reinigungsmaßnahmen auf- und abgelöst werden kann. Deshalb gilt: Zu Frühstückseiern wie zu Kaviar sollten keine Silberlöffel gereicht werden. Eierspeisen sollten nie auf versilberten Platten angerichtet werden.

Gebrauchsgegenstände aus Nichteisenmetallen		
Materialart	**Gegenstände**	**Reinigungs- und Pflegerichtlinien**
Kupfer	• Kochgeräte und Chafing-dishes • Kannen und Ziergeräte	→ feines Speisesalz und Wasser → spezielle Kupferputzmittel (gründlich nachspülen)
Messing	• Lampen und Schilder • Beschläge und Türgriffe	→ spezielle Putz- und Poliermittel
Zinn	• Becher sowie Platz- und Zierteller • Vasen und Leuchter	→ milde Reinigungsmittel → bei Flecken Spezialputzmittel → gut nachtrocken
Silber	• Bestecke, Weinkühler • Menagen, Anrichtegeschirr • Tabletts und Silberplatten	→ Silberputztuch, Silberputzpaste, Silbertauchbad → Silberputzmaschine → Aluplatte + Kochsalz, gründlich nachspülen und polieren

Nichtmetalle

Bei den nichtmetallischen Werkstoffen unterscheidet man natürliche und synthetische Stoffe.

Natürliche nichtmetallische Werkstoffe

Zu ihnen gehören Holz, Leder, Kork, Stein und Naturfasern.

Holz (s. auch Tabelle S. 536) 🇬🇧 wood 🇫🇷 bois (m)

Holz ist ein „lebendiges" Material, das auch nach seiner Aufbereitung zu Gebrauchsgegenständen noch „arbeitet". Es kann reißen und sich verziehen.

Zum Schutz bzw. zur Verschönerung wird die Oberfläche des rohen Holzes auf unterschiedliche Weise behandelt:
- lasieren, lackieren und wachsen,
- versiegeln und polieren.

> **Rohes, unbehandeltes Holz** nimmt leicht Feuchtigkeit, Farbe und Gerüche auf. Deshalb ist es aus hygienischen Gründen (Geschmack, Bakterien) für Arbeitsflächen im Küchenbereich nicht geeignet.

Kork 🇬🇧 cork 🇫🇷 liège (m)

Von Natur aus ist Kork ein Oberflächenschutzgewebe der Pflanzen an Zweigen, Stämmen, Wurzeln und Knollen. Die *Korkeiche* in den Ländern des Mittelmeerraumes liefert den Kork, der zu den leichtesten Werkstoffen gehört. Die Korkzellen sind luftgefüllt und enthalten einen fettartigen Stoff, der die Durchlässigkeit von Wasser und Gas erschwert (**Beispiel:** Flaschenkorken). Kork bietet Schutz gegen Wärme und Kälte und wird bei Wandflächen sowie als Bodenbelag zu *Wärme- und Schallisolierungen* verwendet.

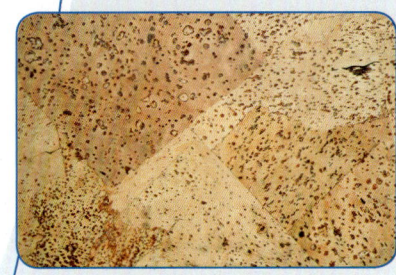

Abb. 1 Korkfußboden

Wirtschaftsdienst

WIRTSCHAFTSDIENST – HAUSDAMENABTEILUNG

Verwendungsmöglichkeiten für Holz		
Oberflächenbeschaffenheit	Verwendung	Reinigungs- und Pflegerichtlinien
unbehandelt	• Fußböden • Vesperbrettchen • Holzteller • Kochlöffel	→ kurz mit warmer Reinigungsflüssigkeit behandeln → mit Naturbürsten behandeln → immer beidseitig benetzen, mit klarem Wasser gründlich nachspülen und nicht zu lange im Wasser liegenlassen, insbesondere nicht in der Spülmaschine reinigen (Holz saugt Wasser an und verzieht sich) → immer stehend, aber nicht in der Nähe von intensiven Hitzequellen trocknen lassen
lasiert, lackiert oder gewachst	• Türen • Fensterrahmen • Möbel	→ abstauben → *notfalls* mit milder Reinigungsflüssigkeit feucht abwischen und *rasch* trockenreiben → Möbel eventuell mit speziellen Möbelpflegemitteln behandeln
versiegelt	• Fußböden • Treppenstufen	→ feucht wischen → von Zeit zu Zeit mit Glanzemulsion oder Wischwachs behandeln
poliert	• Möbel	→ Möbelpolitur oder Wachs

Arten des Leders:
- Rauleder, Wildleder oder Waschleder,
- Nappaleder, Glacéleder, Saffianleder, Lackleder.

Abb. 1 Ledersessel

Abb. 2 Badezimmer mit Oberflächen aus Marmor, Stein und Glas

Leder 🇬🇧 leather 🇫🇷 cuir (m)

Leder wird aus Häuten und Fellen von Tieren aufbereitet, wobei dieses durch Gerben gefestigt und haltbar gemacht wird.

Das nebenstehende Gütezeichen weist darauf hin, dass zur gekennzeichneten Ware nur echtes Leder verwendet wurde.

Verwendung von Leder:
- Koffer, Taschen und Schuhe,
- Sitzmöbelbezüge sowie Verkleidungen auf Türfüllungen und Theken,
- spezielle Kellnerschürzen und Reinigungstücher.

Die Reinigung und Pflege muss der Art des Leders angemessen sein. Beim Einkauf sind deshalb Informationen bezüglich des Produktes sowie der entsprechenden Reinigungs- und Pflegemittel unerlässlich.

Stein 🇬🇧 stone 🇫🇷 pierre (w)

Darunter versteht man natürliche mineralische Körper mit unregelmäßig umrissener Form sowie von fester und harter Beschaffenheit. *Naturbelassen* verwendet man sie zu Dekorationszwecken. Durch Zersägen gewinnt man Platten oder in zerkleinerter Form Fliesen, die als Boden- und Wandbeläge dienen.

Marmor ist Kalkgestein, das nach dem Schleifen und Polieren besonders dekorative Eigenschaften besitzt.

Synthetische nichtmetallische Werkstoffe

Synthese heißt Vereinigung, Zusammenführung. Es handelt sich also um Werkstoffe, die sich durch das Vermischen verschiedener Werkstoffe ergeben.

1 Materialkunde – Grundlagen

Glas 🇬🇧 glass 🇫🇷 verre (m)

Die zur Glasbereitung notwendigen Rohstoffe werden je nach der Zweckbestimmung in unterschiedlichen Mischungen verwendet und in einem Schmelzprozess zur Glasmasse verschmolzen:
- Quarzsand, Kalk, Natrium oder Pottasche,
- Bleioxid oder Mennige.

> Das Reinigen von Glas geschieht im Allgemeinen mit Universalreinigungsmitteln. Spezielle Besonderheiten sind im Abschnitt „Reinigung und Pflege" (Service, Seite 230) nachzulesen.

Je nach der Zusammensetzung der Glasmasse sowie deren Verarbeitung unterscheidet man verschiedene Glasarten.
- **Natronglas** (auch einfaches Gebrauchsglas genannt)
  - Fenster, Flaschen, Pressgläser
  - Leuchter und Pokale
  - Glasplatten und Glasteller
- **Kaliglas**
  - bessere Gebrauchsgläser
  - Vasen und Leuchter
- **Blei- und Bleikristallglas**
  - dekorative Trinkgläser, Vasen und Glasschalen
  - Glaswaren mit eingeschliffenen oder eingeätzten Verzierungen

- **Spezialgläser**
  - **hitzebeständiges Glas** (geringere Ausdehnung): Kochgeräte, Ceranfelder und Backformen, Kaffeemaschinen und Teegläser
  - **Verbundglas** (schlechter Wärmeleiter): Doppelfenster und Autoscheiben, Thermosbehälter
  - **Sicherheitsglas** (bricht im Ernstfall in kleine Stücke ohne scharfe Kanten – keine gefährlichen Splitter): Glastüren, Schaufenster und Autoscheiben, Terrassen- und Wintergartenfenster

Keramik – Porzellan 🇬🇧 pottery, porcelain 🇫🇷 céramique (w), porcelaine (w)

Porzellan ist die Krönung in der Reihe der keramischen Werkstoffe. Die tonmineralhaltigen Ausgangsprodukte sind in Wasser schwer löslich und erhalten bei der Verarbeitung durch Brennen ihre feste Beschaffenheit.

Terrakotta (gebrannte Erde) sind künstlerisch gestaltete Töpferarbeiten, Plastiken und Reliefs.
Fayence (Majolika) sind glasierte Tonwaren mit farbigen Mustern.

Porzellan ist ein Produkt aus Kaolin (Porzellanerde), Quarz und Feldspat. Die durch Mahlen und Mischen hergestellte Rohmasse wird beim Brennen dicht und wasserundurchlässig. Ein Überzug (die Glasur) erhöht die Widerstandsfähigkeit gegenüber Säuren, Laugen und Salzen. Neben rein weißem und buntfarbenem Geschirr gibt es solches mit unterschiedlich aufwendigem Dekor.

Porzellan ist ein schlechter Wärmeleiter. Das bedeutet zunächst, dass Wärme nur langsam aufgenommen wird. Sie bleibt jedoch in gut vorgewärmtem Geschirr lange erhalten, sodass sich die darin befindlichen Speisen bzw. Getränke nur langsam abkühlen.

Reinigung und Pflege des Porzellans:
- Wegen der glatten und harten Oberfläche ist die Reinigung ebenso unproblematisch wie bei Glas.
- Pflegliches Behandeln ist wegen der Bruchgefahr und der Möglichkeit von Absplitterungen jedoch unerlässlich.
- Feuerfestes Geschirr darf wegen der Bruchgefahr durch gegensätzliche Spannungen (Ausdehnungen) nicht auf offenes Feuer gestellt und in heißem Zustand nicht zu plötzlich stark abgekühlt werden.

> Vom einfachen Tonziegel bis hin zu hochwertigem Porzellan gibt es viele qualitative Abstufungen und Bezeichnungen:
> - Irdene Waren, Steingut, Steinzeug,
> - Feinkeramik: Terrakotta, Fayence, Majolika,
> - Porzellan.

> Je nach der Zusammensetzung der Rohstoffe und dem Herstellungsverfahren gibt es Unterscheidungen:
> - weiches und hartes Porzellan,
> - weiche und harte Glasuren,
> - Auf- und Unterglasurdekor,
> - feuerfestes und nicht feuerfestes Geschirr.
>
> Das sind wichtige Auswahlkriterien bei der Beschaffung von Hotelporzellan, das hohen Anforderungen gerecht werden muss.

> ● **Beschädigtes Porzellangeschirr ist für den Gebrauch im Gastgewerbe nicht mehr geeignet.**

Wirtschaftsdienst

WIRTSCHAFTSDIENST – HAUSDAMENABTEILUNG

Abb. 1
Feuerfeste Keramik

Bei der *Verwendung von keramischen Gefäßen zu Büfetts* (insbesondere Salatbüfetts) muss sichergestellt sein, dass bei der Herstellung keine bleihaltigen Glasuren oder Farben verwendet wurden. Diese Substanzen können durch Säuren aufgelöst werden und, mit den Speisen aufgenommen, Schäden im Organismus hervorrufen.

Kunststoffe   plastics   matières plastiques (w)

Kunststoffe, auch **Plaste** genannt, sind organisch-chemische Stoffe, die aus Erdöl, Erdgas und Steinkohle hergestellt werden. Anfangs wurden sie als Ersatzmaterialien für Holz, Keramik und Metall angesehen. Heute sind es selbstständige Werkstoffe, die aus der hochtechnisierten Industriegesellschaft nicht mehr wegzudenken sind.

Ihre Verwendung ist sehr vielseitig:
- einfache Bestecke, Kochlöffel, Quirle, Eierlöffel,
- Schüsseln, Schalen, Tassen,
- Tischplatten und Schneidebretter,
- Gehäuse für verschiedenartige Geräte,
- Beschichtungen und Griffe für Möbel,
- Stühle und Sessel.

Reinigung und Pflege von Kunststoffen:
- Als Reinigungsmittel eignen sich milde Spülmittel und Pflegeemulsionen.
- Ungeeignet sind scharfe und aufrauende Reinigungsmittel. Sie beschädigen die Oberfläche und begünstigen so das Festsetzen von Schmutz, Spülmittelresten und Bakterien.

Kunststoffe werden in Thermoplaste, Duroplaste und Elastomere unterteilt:
- **Thermoplaste** bleiben auch bei wiederholtem Erwärmen verformbar. Aus diesem Grunde sind sie im Küchenbereich nur begrenzt einsetzbar.
- **Duroplaste** sind fest, relativ hitze- sowie säuren- und laugenbeständig. Das besonders hitzebeständige **Teflon** wird zur Beschichtung von Töpfen, Pfannen und Backformen verwendet. Es ist jedoch empfindlich gegenüber Druck und Abrieb.
- **Elastomere** sind Kunststoffe mit gummielastischen Eigenschaften, die zu Bademattten und Textilfasern verwendet werden.

Im Hinblick auf die Verarbeitung zu Gebrauchsgegenständen haben Kunststoffe viele Vorteile:
- Geringes Gewicht, niedrige Wärmeleitfähigkeit,
- elektrisch isolierende Eigenschaften,
- relative Beständigkeit gegenüber Säuren und Laugen,
- Geruchs- und Geschmacksneutralität.

Aufgaben

1. Beschreiben Sie die unterschiedlichen Eigenschaften von Gusseisen, Stahl und Edelstahl.
2. Was bedeutet auf Gebrauchsgegenständen aus Edelstahl die Einprägung 18/8 oder 18/10?
3. Warum ist bei der Verwendung von emaillierten Geräten in Verbindung mit Speisen besondere Vorsicht geboten?
4. Durch welche Behandlungsverfahren wird die Oberfläche von Holz gepflegt?
5. Nennen Sie zu folgenden Arten der Holzoberfläche Verwendungsbeispiele und beschreiben Sie Richtlinien für die Reinigung und Pflege: a) unbehandelt,   b) lasiert, lackiert oder gewachst,   c) versiegelt oder poliert.
6. Nennen Sie Verwendungsmöglichkeiten für Leder und Kork.
7. Nennen Sie Verwendungsmöglichkeiten für folgende Glasarten:
    a) Natron- und Kaliglas,   b) Blei- und Bleikristallglas,   c) hitzebeständiges Glas.
8. Welche Eigenschaften haben Verbundglas und Sicherheitsglas, und zu welchen Zwecken sind sie deshalb besonders geeignet?
9. Nennen Sie Bezeichnungen für einfache keramische Waren sowie für Waren der Feinkeramik.
10. Erklären Sie die Bezeichnungen Terrakotta, Fayence und Porzellan.
11. Welche besonderen Eigenschaften sind bei Porzellan in Verbindung mit Speisen von Bedeutung?

1.2 Natur- und Chemiefasern

🇬🇧 natural and artificial fibers 🇫🇷 fibres (w) naturelles et fibres (w) artificielles

Fasern sind Rohprodukte für die Herstellung von Textilien. Durch verschiedene Arten der Aufbereitung gewinnt man aus ihnen zunächst Garne bzw. Fäden, die dann auf unterschiedliche Weise zu textilen Flächen (z. B. Stoffe) verarbeitet werden.

Bei Fasern werden Natur- und Chemiefasern unterschieden.

```
                    Naturfasern
           ┌───────────────┬───────────────┐
           │ Tierische     │ Pflanzliche   │
           │ Fasern        │ Fasern        │
           ├───────────────┼───────────────┤
           │ Wolle         │ Baumwolle     │
           │ Seide         │ Flachs        │
           │               │ Jute und Hanf │
           │               │ Kokos und Sisal│
           └───────────────┴───────────────┘
```

Naturfasern 🇬🇧 natural fibres 🇫🇷 fibres (w) naturelles

Ursprünglich wurden Textilien nur aus natürlichen Rohprodukten gefertigt. Es handelt sich dabei um tierische und pflanzliche Fasern bzw. Haare.

Abb. 1 Wolle

Abb. 2 Baumwolle

Abb. 3 Seidenkokons

Abb. 4 Reifer Flachs

Tierische Fasern 🇬🇧 animal fibres 🇫🇷 fibres (w) animales

Die Fasersubstanz besteht aus Eiweiß. Die grundlegenden Materialbezeichnungen sind Wolle und Seide.

Wolle 🇬🇧 wool 🇫🇷 laine (w)

Wolle im engeren Sinne sind die Haare des Schafes. Im weiteren Sinne gehören zum Begriff Wolle aber auch die Haare anderer Tiere, jedoch muss dann in der Bezeichnung der Tiername mitgenannt werden. **Schurwolle** ist das durch Scheren des lebenden Schafes gewonnene Rohprodukt. Mischungen aus Wolle und Chemiefasern zeichnen sich durch besonders vorteilhafte Eigenschaften aus.

Wolle hat folgende Eigenschaften:
- schützt gegen Kälte und Hitze
- bindet Raum- und Körperfeuchtigkeit
- knittert nicht und ist luftdurchlässig
- ist dehnbar, formbar und filzbar

Verwendung:
- Decken, Fußbodenbeläge und Möbelbezüge

Das internationale Wollsiegel darf nur für solche Erzeugnisse verwendet werden, die aus neuer, reiner Schurwolle hergestellt sind. Durch das Beimischen anderer Fasern werden die negativen Eigenschaften der Wolle ausgeglichen. Die Textilien besitzen eine erhöhte Strapazierfähigkeit. Die Beimischung ist kennzeichnungspflichtig, wobei jedoch der Wollanteil mindestens 60 % betragen muss.

 Reine Schur-Wolle / Pure New Wool / Pure Laine Vierge

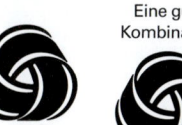
Eine gute Kombination
80 % Schur-Wolle 20 % Polyester — Schur-Wolle mit Beimischung

Seide 🇬🇧 silk 🇫🇷 soie (w)

Seide ist eine sehr kostbare Faser, die aus den Hüllen **(Kokons)** seidenspinnender Schmetterlingsraupen gewonnen wird. Man unterscheidet dabei zwischen **Wild-** und **Zuchtseide**.

Seide hat folgende Eigenschaften:
- ist warmhaltend und kühl zugleich
- ist hautfreundlich
- ist leicht, reißfest und glänzend
- hat einen fließenden Fall

Verwendung:
- Kissenbezüge und Dekostoffe

Internationales Seidenzeichen

Diese Kennzeichnung ist nach dem Textilkennzeichnungsgesetz nur dann erlaubt, wenn die Fasern ausschließlich aus den Kokons seidenspinnender Insekten hergestellt wurden.

Wirtschaftsdienst

WIRTSCHAFTSDIENST – HAUSDAMENABTEILUNG

Pflanzliche Fasern 🇬🇧 vegetable fibres 🇫🇷 fibres (w) végétales

Die Fasersubstanz ist Cellulose. Die grundlegenden Rohprodukte sind Baumwolle und Flachsfasern.

Baumwolle 🇬🇧 cotton 🇫🇷 coton (m)

Die aus den reifen Fruchtkapseln des Baumwollstrauches hervorquellenden Samenfasern in Form von Wattebäuschen dienen als Rohprodukt für die Herstellung von Baumwolle. Die besten Baumwollsorten unter der Fachbezeichnung **Mako Baumwolle** kommen aus Ägypten.

Das internationale Baumwollkennzeichen bürgt dafür, dass zur Herstellung der Ware ausschließlich Baumwollfasern verwendet wurden. Angesichts der sonst negativen Eigenschaften muss Baumwolle je nach Verwendungszweck entsprechend veredelt werden (siehe „Ausrüstung von Textilien", Seite 542.)

Internationales Baumwollsiegel

Baumwolle hat folgende Eigenschaften:
- ist reiß- und nassfest
- ist saugfähig und kochecht
- ist geringfügig wärmend
- fusselt, läuft ein und knittert stark

Auch die Eigenschaften der Baumwolle sind aus den vorangegangenen Aufzeichnungen bereits bekannt. Besonders hervorzuheben ist die Unempfindlichkeit gegenüber Hitze, die beim Waschen (kochecht) und Bügeln von Bedeutung ist. .

Leinen 🇬🇧 linen 🇫🇷 toile (w)

Die Pflanzengattung **Lein** bzw. die Stängel der **Flachspflanze** dienen als Rohprodukt für die Herstellung von Flachsfasern, die wiederum zur Produktion von **Leinen** verwendet werden.

Bei Leinen sind zwei Bezeichnungen zu beachten. **Reinleinen** heißt, dass das Gewebe nur aus Flachsgarnen besteht (100 %). **Halbleinen** ist ein Mischgewebe aus Baumwolle (Kettfäden) und Flachsgarnen (Schussfäden), wobei der Flachsanteil mindestens 40 % vom Gesamtgewicht betragen muss.

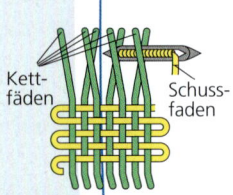
Kettfäden / Schussfaden

Leinen hat folgende Eigenschaften:
- reiß- und nassfest
- kochecht
- fusselt nicht und knittert stark
- hat natürlichen Glanz und wirkt kühlend

Verwendung:
- Gardinen, Vorhänge, Möbelstoffe und Frottierwaren
- Tisch- und Bettwäsche
- Gläsertücher
- Hand- und Geschirrtücher
- Dekorationsstoffe

Sonstige Pflanzenfasern

Neben den feineren Produkten Baumwolle und Leinen gibt es Pflanzenfasern, die aufgrund ihrer natürlichen Beschaffenheit zu robusten Textilien verarbeitet werden:
- **Kokos** (Fasern der Kokosnuss)
  - Matten, Teppichfliesen und Auslegware
  - grobe Polsterauflagen, Bürsten
- **Sisal** (Faser von Agaven)
  - Teppichböden, Seilerware
  - Taue und Bürsten
- **Jute** (Faser einer Stängelpflanze)
  - Säcke und Tragetaschen
  - Unter- und Stützgewebe für Teppichböden und Kunststoffbeläge
- **Hanf** (Faser einer Stängelpflanze)
  - Bindfäden sowie grobe Näh- und Bindegarne
  - Schwergewebe

Abb. 1 Teppichböden aus Sisal- und Kokosfasern

Chemiefasern 🇬🇧 chemical fibres 🇫🇷 fibres (w) chimiques

Chemiefasern werden aus der Cellulose von Pflanzen, z. B. Holz, oder aus Bodenschätzen wie z. B. Erdöl gewonnen.

Cellulosische Chemiefasern

Ausgangsmaterial ist die *Cellulose* aus dem Holz von Buchen und Fichten sowie aus Faserresten an den Samenkörnern der Baumwollpflanze, dem sogenannten *Baumwoll-Linters.* Durch chemische Behandlung erhält man eine spinnbare Masse und je nach angewendetem Verfahren unterschiedliche Fasern.

Acetatverfahren → Acetat, Triacetat
Viskoseverfahren → Viskose, Modal
Kupferverfahren → Cupro

Modal ist eine Viskosefaser mit merklich verbesserten Eigenschaften. Die Faser ist *kochecht, knittert weniger, trocknet schneller und ist einfärbbar.*

Abb. 1 Chemiefaser

Synthetische Chemiefasern

Ausgangsmaterial sind Erdöl, Erdgas und Steinkohle. Durch gezielte Veränderung der Kettenmoleküle entstehen Stoffe, die chemisch synthetisiert werden, z. B. Polyester. Durch eine spezielle Weiterverarbeitung werden hieraus spinnbare Fasern gewonnen (s. Abb. 2–5).

Synthetische Fasern haben positive Eigenschaften:
- Sie sind pflegeleicht, d. h. sie können unter Beachtung der Pflegeanleitung (siehe Pflegekennzeichen) in der Waschmaschine gewaschen werden, sie trocknen schnell,
- sie sind widerstandsfähig gegen Verrottung, Mikroorganismen und Mottenfraß,
- Flecken sind in der Regel leicht zu entfernen.

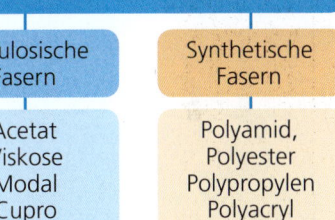

Chemiefasern	
Cellulosische Fasern	Synthetische Fasern
Acetat Viskose Modal Cupro	Polyamid, Polyester Polypropylen Polyacryl Elastan

Abb. 2 Polyestergranulat

Abb. 3 Glatte Filamente

Abb. 4 Texturierte Filamente

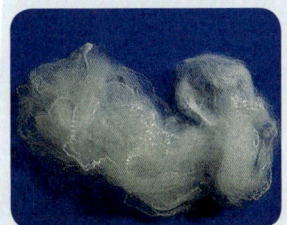
Abb. 5 Spinnfasern

Synthetische Fasern sind **hitzeempfindlich,** weshalb beim Waschen und Bügeln die entsprechenden Pflegekennzeichen zu beachten sind. In vielen Fällen ist aber das Bügeln gar nicht erforderlich.

Vliesstoffe werden meist aus Chemiefasern hergestellt. Wegen ihrer besonderen Eigenschaften gewinnen sie im Gastgewerbe immer mehr an Bedeutung.

Vliesstoffe haben folgende Eigenschaften:
- leicht
- gut faltbar
- saugfähig
- kostengünstig
- vielseitig verwendbar

Verwendung:
- Tischwäsche, Servietten und Sets
- Einwegwäsche (Tisch- und Bettwäsche)
- Putz- und Poliertücher

Abb. 6 Servietten aus Vliesmaterial

Wirtschaftsdienst

WIRTSCHAFTSDIENST – HAUSDAMENABTEILUNG

Textile Flächen 🇬🇧 textiles 🇫🇷 textiles (m)

Textile Flächen haben je nach Art der verwendeten Garne oder Fäden sowie je nach Art ihrer Verflechtung bzw. Bindung unterschiedliche Bezeichnungen und Eigenschaften.

Arten der Verflechtung

- **Gewebe** (Abb. 1, 2)
  Gewebebindung entsteht durch regelmäßiges Verkreuzen von Kett- und Schussfäden.

- **Maschenware** (Abb. 3, 4)
  Sie entsteht durch Verstricken der Fäden bzw. das Ineinanderhängen von Schlaufen.

- **Vlies/Filz** (Abb. 5, 6)
  Vlies entsteht durch Verkleben. Für Filz wird die Faser mechanisch bearbeitet. Diese Technik nennt man Walken.

Textilkennzeichnung

Nach dem Textilkennzeichnungsgesetz müssen textile Flächen mit dem Namen der jeweils verwendeten Rohprodukte ausgezeichnet sein.

Die Kennzeichnung erfolgt auf Wäschefähnchen, in Webkanten oder auf Verpackungsetiketten der Textilien, z. B. Wolle, Baumwolle, Reinleinen, Viskose usw. (Einzelheiten siehe im Abschnitt „Wäschepflege").

Ausrüstung von Textilien

Unter Ausrüstung versteht man veredelnde Maßnahmen an Textilfasern.

Die veredelnden Maßnahmen zielen darauf ab, die Rohstoffe zusätzlich mit zweckgerichteten Eigenschaften auszustatten und dadurch den Gebrauchswert der Textilien zu erhöhen, z. B.:

- Verbessern der Warendichte, des Griffs und der Oberflächenbeschaffenheit,
- Reduzieren der Knitterneigung, des Einlaufens und der Schmutzempfindlichkeit,
- Erhöhen der Luftdurchlässigkeit sowie der Feuchtigkeitsaufnahme bzw. -abgabe,
- Verbessern der Pflegeeigenschaften in Bezug auf das Waschen, Trocknen und Bügeln.

Die Fasern bzw. Gewebe werden entweder durch mechanische Einwirkung oder durch die Behandlung mit chemischen Mitteln zweckentsprechend verändert.

Abb. 1 Leinwandbindung

Abb. 2 Gewebe in Leinwandbindung

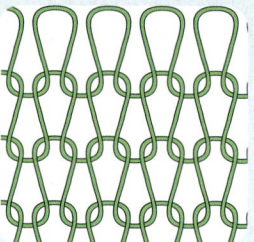
Abb. 3 Maschen

Abb. 4 Strickware

Abb. 5 Vliesstoff mit Punktschweißung

Abb. 6 Wirrfaservlies

Farbiger Bettdamast aus gebleichtem Kettgarn und gefärbtem Schussgarn.

Antimikrobielle Ausrüstung: Durch chemische Behandlung wird das Wachstum von Mikroorganismen gehemmt.

Bügelfreie Ausrüstung: Vorwiegend werden Baumwolle, Leinen und Viskose behandelt. Die Textilien werden knitterarm und bügelfrei.

Flammschutz-Ausrüstung: Mit Hilfe von chemischen Mitteln werden Textilien, z. B. Vorhänge, schwer entflammbar gemacht.

Farbechte Ausrüstung: Durch die entsprechende Wahl der Farbstoffe und Färbeverfahren erzielt man Textilien mit hoher Farbechtheit. Je nach dem Zweck unterscheidet man: kochecht, waschecht, lichtecht oder wetterecht. Das Warenzeichen für farbechte Textilien ist **Indanthren**. Eine absolute Farbechtheit gibt es jedoch nicht.

Filzfreie Ausrüstung: Sie wird bei Wolle angewendet. Durch das Behandeln mit Kunstharzen sind Wollwaren im Schonwaschgang waschmaschinenfest, sie schrumpfen und verfilzen nicht.

Fleckgeschützte Ausrüstung: Aufgrund dieser Behandlung wird wasserlöslicher und fetthaltiger Schmutz nicht nur abgestoßen, auch anhaftender Schmutz kann nicht in das Gewebe eindringen.

Knitterarme Ausrüstung: Durch die Behandlung mit Kunstharzen bzw. chemischen Stoffen füllen sich die Hohlräume der Fasern mit einem stabilisierenden Gerüst. Die Textilien sind knitterarm und haben eine höhere Elastizität.

Appretieren: Durch Kunstharze oder Stärkemittel erhalten Stoffe einen fülligeren Griff und ein besseres Aussehen. Außerdem ist die Schmutzabweisung erhöht. Gute Appreturen behalten auch nach dem ersten Waschen oder Reinigen noch ihre Wirkung.

Imprägnieren: Bei diesem Verfahren werden Gewebe so beschichtet, dass die glatte und glänzende Oberfläche wetterfest, wasserdicht und schmutzabweisend ist. Trotzdem bleiben sie luftdurchlässig. Die Behandlung ist typisch für Regen- und Sportausrüstungen sowie für Schirme und Markisen.

Mercerisieren: Es handelt sich dabei um die Behandlung von Baumwolle, insbesondere für hochwertige Tischwäsche. Dabei werden unterschiedliche Eigenschaften erzielt: Glanz, der waschbeständig ist (durch chemische Behandlung), verminderte *Dehnfähigkeit* bei gleichzeitig erhöhter *Reißfestigkeit*.

Rauen: Mit Hilfe von Maschinen zieht man bei textilen Flächen die Faserenden an die Oberfläche. Die Ware erhält dadurch eine voluminösere, bauschige Oberfläche, einen weicheren Griff und eine besondere Wärmewirkung. Einseitig aufgeraut ist z. B. Flanell, beidseitig rau ist Molton.

Sanforisieren: Durch Behandlung mit Wasser und Hitze ist die spätere Formveränderung vorweggenommen. Die Wäsche kann nicht mehr einlaufen, sie ist formbeständig und außerdem knitterarm.

Aufgaben

1. Erklären Sie die Bezeichnung Schurwolle.
2. Woraus wird Seide gewonnen?
3. Beschreiben Sie die Eigenschaften von Wolle und Seide und nennen Sie Verwendungszwecke.
4. Beschreiben Sie die Fasern „Baumwolle" und „Leinen":
   a) die Ausgangsware,   b) die Fasereigenschaften,   c) die Verwendungszwecke.
5. Beschreiben Sie die besonderen Eigenschaften von Vliesstoffen und Verwendungsmöglichkeiten.
6. Auf welche Weise erfolgt die Kennzeichnung der Textilien?
7. Erläutern Sie Zeichen/Siegel bei der Textilkennzeichnung.
8. Was bedeutet die Bezeichnung Ausrüstung?
9. Nennen und erläutern Sie Arten der Ausrüstung.

Wirtschaftsdienst

WIRTSCHAFTSDIENST – HAUSDAMENABTEILUNG

1.3 Reinigungs- und Pflegemittel

🇬🇧 cleaning agents 🇫🇷 produits (m) pour nettoyer et produits d'entretien

Unter **Reinigen** versteht man das Entfernen von Schmutz, entweder
- trocken, z. B. durch Kehren, Saugen,
- oder feucht, z. B. durch Wischen oder Waschen.

Pflegen ist darüber hinaus das Anwenden von Mitteln, durch die bestimmte Oberflächen ein schöneres Aussehen erhalten und vor chemischen oder mechanischen Einwirkungen geschützt werden.

Reinigungsmittel

Eine reinigende Wirkung haben vor allem Lösungsmittel, Seifenlaugen, Scheuermittel und wässrige Lösungen aus Tensiden, das sind künstlich hergestellte, seifenähnliche Stoffe. Durch mechanisches Einwirken wie Reiben mit Lappen, Baumwoll- oder Leinentüchern, Fensterledern, Schwämmen u. Ä. kann die reinigende Wirkung verstärkt werden.

Lösungsmittelfreie Reinigungsmittel

Ohne Scheuermittelanteil, zur Entfernung von leichtlöslichem bzw. weniger hartnäckigem Schmutz, auf Seifenbasis, mit natürlichen Tensiden bzw. Oberflächen-Entspannungsmitteln, z. B. für Kunststoff, Glas, Keramik, Steinzeug und Edelstahl: Schmierseife, Neutralseife, Grüne Seife, Spülmittel.

Mit Scheuermittelanteil,
- feinere Scheuermittel, z. B. für Bade- und Duschwannen: Scheuermilch;
- grobere Scheuermittel, z. B. für Toiletten, Waschbecken und für keramische Fliesen auf Mineralbasis: Schlämmkreide, „Wiener Kalk", Bimsmehle, Marmormehle.
- **Zusätze von synthetischen Tensiden,** für alle feucht abwischbaren Oberflächen, z. B. aus Edelstahl, Glas, Keramik, Kunststoff, Steinzeug: Universalreiniger, Allzweckreiniger
- **Desinfektionsmittel** auf Alkoholbasis zum Abtöten von Mikroben. Anwendung vor allem im Sanitärbereich.

Lösungsmittelhaltige Reinigungsmittel

- **Spezialreiniger,** zur Entfernung von stark fetthaltigem Schmutz oder teerhaltigen Rückständen z. B. in Backöfen. Nicht anwendbar auf Flächen mit Farb- und Lackanstrichen bzw. aus Kunststoffen wegen der auflösenden Wirkung!
- **Aceton** (Nagellackentferner), zur Entfernung von Harz-, Lack-, Klebstoff- und Teerflecken. Nicht anwendbar auf acetathaltigen Stoffen wegen der auflösenden Wirkung!
- **Fleckenwasser,** zur Entfernung von Flecken jeglicher Art.
- **Salmiak,** zur Entfernung von Farbflecken.

Vermeiden Sie nach Möglichkeit die Anwendung lösungsmittelhaltiger Reinigungsmittel. Wenn Sie sie benutzen, den Raum gut lüften. Verzichten Sie auf den Einsatz von Mitteln, die Chlor, Phosphate, Formaldehyde oder Sulfate enthalten!

Abb. 1 Reinigungsmittel

Bevor ein Mittel angewendet wird, ist grundsätzlich zu klären:
- Woraus besteht das zu behandelnde Material und wie ist die Oberflächenbeschaffenheit?
- Um welche Schmutzart handelt es sich und wie stark ist die Verschmutzung?
- Welches ist das umweltfreundlichste Reinigungsmittel, das zur Schmutzentfernung verwendet werden könnte?
- Wie lauten die Dosierungsanweisungen und Bedienungsanleitungen?

> Bedienungsanleitungen, Dosierungsanweisungen und Umweltschutzhinweise sind zu beachten! Mischen Sie nie verschiedene Reinigungsmittel!

> Bevorzugen Sie die umweltfreundlichen Hausmittel.

Diese sind biologisch leicht abbaubar und meist preiswerter:
Schmierseife oder **Neutralseife,** für Reinigungszwecke vielseitig einsetzbar. Ein Nachpolieren von Flächen ist erforderlich.
Verdünnte Essig- und/oder **Zitronensäure** als 3%ige Lösung sind zum Entkalken und zum Abwischen von Wasserflecken, z. B. auf Bad-Armaturen, bestens geeignet.
Spiritus für die Reinigung von Fensterscheiben, Glastüren sowie von Glasgegenständen wie z. B. Kristallleuchtern.

Pflegemittel

Pflegemittel geben Oberflächen ein schöneres Aussehen und schützen diese bei späteren Verschmutzungen. Außerdem können z. B. Möbelpflegemittel gut eingesetzt werden, um kleine Kratzer und Flecken weitgehend zu überdecken. Um Arbeitsgänge zu sparen, werden Reinigungs- und Pflegemittel häufig als **kombinierte Mittel** angewendet. Dabei wird die zu reinigende Oberfläche in einem Arbeitsgang gesäubert und gleichzeitig mit einem glänzenden und widerstandsfähigen Schutzfilm überzogen.

Lösungsmittelfreie Pflegemittel

- **Selbstglanz-Emulsionen** bzw. **Wischglanzmittel** oder Wischwachse, die auf Kunststoffböden sowie auf versiegelten und lackierten Holzfußböden einen glänzenden und schützenden Film hinterlassen. Sie ersparen das Nachpolieren.
- **Möbelwachs** und Spezialmittel zur **Möbelpolitur**. Auch zur Oberflächenbehandlung von Türen und Holzwänden geeignet.
- **Poliermittel** für Kunststoffgegenstände und Kunststoffoberflächen, für Leder.

Lösungsmittelhaltige Pflegemittel

Bohnerwachse, die auf **unversiegelten** und **unlackierten** Holzfußböden einen widerstandsfähigen und glänzenden Film bilden. Wegen ihrer Lösungsmittelbestandteile sind sie umweltbelastend und feuergefährlich. Die aufsteigenden Dämpfe sind gesundheitsschädlich. Sollten solche Mittel dennoch zum Einsatz kommen, den Raum gut lüften!

Reinigungsgeräte und Arbeitsmittel

Die Durchführung der Reinigungs- und Pflegearbeiten wird durch Maschinen und Geräte sowie weitere Arbeitsmittel wesentlich erleichtert. Welche Maschinen, Reinigungsgeräte und Arbeitsmittel in den einzelnen Hotelbetrieben zum Einsatz kommen sollten, ist nach den örtlichen, baulichen Gegebenheiten, den verwendeten Oberflächenmaterialien und der sonstigen Raumausstattung zu entscheiden.

1.4 Reinigung von Wänden

🇬🇧 cleaning of wall-coverings 🇫🇷 nettoyage (m) des murs

Je nach Material und Oberflächenbeschaffenheit werden unterschiedliche Reinigungs- und Pflegemittel bzw. Arbeitsmittel verwendet.
Hinweis: bitte die Tabelle auf der nächsten Seite beachten.

1.5 Reinigung von Böden

🇬🇧 floor cleaning 🇫🇷 nettoyage (m) du plancher

Je nach Material und Aufbau der Fußböden werden unterschiedliche Reinigungs- und Pflegemittel angewendet (Siehe Tabelle S. 546). Abgesehen von Teppichböden bzw. Teppichen geht bei allen anderen Böden das Entfernen von lockerem Schmutz durch Fegen oder Moppen als Vorreinigung den anderen Reinigungs- und Pflegemaßnahmen voraus.

Reinigungsgeräte und Arbeitsmittel

Maschinen, z. B. Staubsauger, Kehrmaschinen, Teppich-Shampoonier-Geräte, Sprühextraktionsgeräte, Dampfreiniger, Hochdruckreiniger, Scheuersaugmaschinen, Nass-Sauger/Allzwecksauger, Bohner- bzw. Poliermaschinen, Waschmaschinen, Trockner;

Geräte, z. B. Etagenwagen, Putzwagen, Teppichkehrer, Feuchtwischgeräte, Nasswischmopps, Feuchtwischmopps, Fahreimer mit Presse, Wasserschieber, Leitern;

Arbeitsmittel, z. B. Staubtücher, Fensterleder, Poliertücher, Reinigungspads, Schwämme, Vliesschwämme, Stahlwolle, Besen, Handfeger, Bürsten, Schrubber, Scheuertücher, Eimer, Körbe.

> ● Aus Gründen des Umweltschutzes sind lösungsmittelhaltige Pflegemittel weitestgehend abzulehnen!

Reinigung von Wänden

Je nach Material und Oberflächenbeschaffenheit werden unterschiedliche Reinigungs- und Pflegemittel bzw. Arbeitsmittel verwendet.

Wandoberfläche	Reinigungs-/Pflegemaßnahme
abwaschbar	
Dispersionsfarbe	mäßig feucht mit Lappen abwischen
Ölfarbenanstrich	mit milder Reinigungslösung vorsichtig abwaschen, trockenreiben
Keramische Fliesen	mit heißer, starker Reinigungslösung abwaschen, mit klarem Wasser nachwaschen, trockenreiben
Tapeten	mit milder Reinigungslösung vorsichtig abwischen. Keine Lösungsmittelhaltigen Mittel verwenden!
nicht abwaschbar	➞ weder Wasser noch Reinigungsmittel verwenden!
Tapeten	mit Besen bzw. Staubsauger vorsichtig abstauben/absaugen
Stoffbespannungen	mit Besen bzw. Staubsauger vorsichtig abstauben/absaugen

Reinigung von Böden

Fußbodenmaterialien	Reinigungs-/Pflegemaßnahme
Holz-Parkett	Bei unbeschädigter Versiegelung mit Allzweck- oder Neutralreiniger mäßig feucht wischen; bei beschädigter Versiegelung mit Bohnerwachs behandeln.
Holz-Dielen	Zimmerböden aus Holz schonend, nebelfeucht mit Schmierseife wischen. Pflege mit Wachs als Oberflächenschutz.
Linoleum	Mit Seifenlauge feucht wischen, gelegentlich mit Wischglanz oder Selbstglanz-Emulsion pflegen, trocknen lassen. Absatzspuren mit Pads abreiben.
Kunststoff-, Laminat- und Gummiböden	Feucht wischen, gelegentlich mit Wischglanzmittel oder Selbstglanz-Emulsion behandeln, trocknen lassen.
Steinfußböden, Naturfliesen, Kunststeinfliesen	Mit milder Reinigungslösung zur Grundreinigung feucht wischen bzw. mit Wischpflegemittel pflegen.
Keramikfliesen	Mit starker Reinigungslösung nass wischen oder schrubben.

Abb. 1 Treppe mit Teppich

1.6 Reinigung von Teppichen und Teppichböden

🇬🇧 cleaning of carpets and carpet tiles
🇫🇷 nettoyage (m) des tapis et moquettes

Teppicharten

Unter Teppichen versteht man sowohl den klassischen Orientteppich als auch Teppichläufer, Brücken, Wandteppiche und die Auslegeware von Teppichböden und -fliesen. Bei der Herstellung können sowohl Naturfasern als auch Chemiefasern oder eine Mischung aus beiden verwendet werden. Wegen der großen Qualitätsunterschiede und der Vielzahl von Teppicharten sollte beim Kauf ein Fachmann zu Rate gezogen werden.

Tägliche Reinigung

Saugen
Die normale tägliche Reinigung von Teppichen im Hotel ist das Staubsaugen.

Vereinzelt werden zum Entstauben auch Teppichkehrmaschinen eingesetzt.

Zur anschließenden Fleckenentfernung auf Teppichen werden verschiedene Methoden angewendet.

Die Teppichsiegel haben sich als eine gute Orientierungshilfe erwiesen. Sie sind an der Unterseite von Teppichrollen angebracht und werden vom „Deutschen Teppichforschungsinstitut e.V., Aachen", vergeben.

Detachieren
Flecken können mit Hilfe eines Feinwaschmittel-Schaumes und eines Frottierlappens befeuchtet und dann abgerieben werden.

Pulver-Reinigung
Die Pulverreinigung wird bei Bedarf – je nach Verschmutzungsgrad – zur oberflächlichen Florreinigung angewendet. Das Reinigungspulver wird mit rotierenden Bürsten auf dem Teppichflor verteilt. Das Pulver nimmt den Schmutz auf und kann nach der empfohlenen Einwirkungszeit mit dem Staubsauger entfernt werden. Dabei sollte man gründlich gelüftet.

Grundreinigung

Zur **Grundreinigung** eignen sich die beiden folgenden Verfahren:
- **Shampoonier-Reinigung**
  Kurzflorige Teppiche mit einem feuchtigkeitsbeständigen Trägermaterial können nach diesem Verfahren gereinigt werden. Das Shampooniermittel enthält Tenside, fettlösende Mittel und keimabtötende Stoffe. Der Shampooschaum wird mit Hilfe einer Shampooniermaschine in Bahnen aufgetragen und dabei eingebürstet. Nach dem Trocknen des Schaums wird der Teppichflor aufgebürstet und abgesaugt. Mit den Shampooresten wird so der gelöste Schmutz entfernt.

- **Sprühextraktions-Reinigung**
  Dieses Verfahren ist bei allen Florarten geeignet. Die Spezial-Reinigungsmittel hierfür enthalten schaumarme Tenside, Reinigungsverstärker, Entschäumer und teilweise Phosphate. Das Mittel wird in Bahnen aufgesprüht und löst den Schmutz aus dem Teppichboden. Die Lösung aus Reinigungsmittel und Schmutz wird aufgesaugt und in einen Tankbehälter geleitet. Die Entsorgung erfolgt über das Abwasser.

Bei der **Grundreinigung** von Teppichen ist zu beachten:
- Sie sollte jährlich nur einmal durchgeführt werden, da der Teppich dabei strapaziert wird.
- Eine eventuell vorhandene Fußbodenheizung ist rechtzeitig auszuschalten.
- Der Fußboden muss vorab gesaugt worden sein.
- Das Reinigungsmittel sollte auf die Verträglichkeit mit dem Belag geprüft worden sein.
- Beim Absaugen muss das Reinigungsmittel vollständig aus dem Flor gesaugt werden. Sonst könnte es zu einer schnelleren Wiederverschmutzung kommen.

Abb. 1 Teppichsiegel-Beispiel

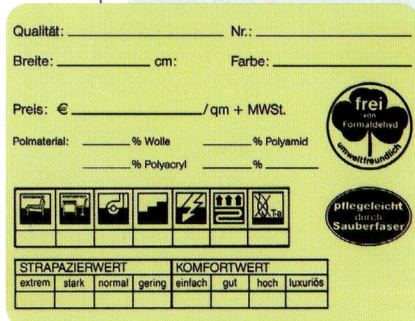

Abb. 2 Beispiel – Teppich-Karte als Kundeninformation

 „wohnbereichsgeeignet"

 „arbeitsbereichsgeeignet"

 „stuhlrollengeeignet" (Verwendung: Räume mit Rollstühlen, Rollsesseln, für Büroräume)

 „treppengeeignet" (Verwendung: Treppen in Wohnhäusern oder sonstigen Gebäuden)

 „feuchtraumgeeignet" (Verwendung: Badezimmer, Küchen, Toiletten)

 „antistatischgeeignet" (Verursachen beim Begehen keinen spürbaren Schlag)

 „geeignet für Fußbodenheizung" (Verwendung: in Räumen mit Fußbodenheizung)

Abb. 3 Zusatzsymbole für Teppichböden

Abb. 1 Hotelwäscherei

Abb. 2 Bettwäsche

Abb. 3 Restaurantwäsche

WIRTSCHAFTSDIENST – HAUSDAMENABTEILUNG

1.7 Wäschepflege   🇬🇧 linen maintenance   🇫🇷 soins (m) du linge

Wäsche gehört zu den Textilien, über die im Abschnitt „Natur- und Chemiefasern" bereits Grundlegendes ausgeführt wurde.

Wäsche ist die Sammelbezeichnung für Textilien, deren regelmäßige Reinigung durch Waschen erfolgt. Dabei unterscheidet man Wäsche nach:

Gebrauch
- Leibwäsche (Unterwäsche)
- Bett-, Tisch- und Badewäsche
- Küchenwäsche

Feinheitsgrad
- Feinwäsche (feine Gewebe: z. B. für Damenwäsche, Pullover, Stores, Gardinen usw.)
- Grobwäsche (grobe Gewebe z. B. Berufs- und Schutzkleidung)

Farbe
- Weißwäsche
- Buntwäsche

Hotelwäsche   🇬🇧 hotel laundry   🇫🇷 linge (m) d'hôtel

Die wichtigsten unterscheidenden Bezeichnungen für Hotelwäsche sind:
- Bettwäsche
- Tischwäsche *(table linen/linge de table)* und
- Frottierwäsche

Bettwäsche

Zweckbestimmende Bezeichnungen und Maße
Zur Bett- bzw. Etagenwäsche gehören:
- **Kissenbezüge**
  - Kopfkissen allgemein   80 cm x 80 cm
  - Europakissen   40 cm x 80 cm
- **Bettbezüge**   140 cm x 200 cm
- **Bettlaken**   160 cm x 260 cm
- **Matratzenschoner**   in verschiedenen Größen

Tisch- und Frottierwäsche

Zur **Tisch-** bzw. **Restaurantwäsche** gehören:
- Moltons,
- Tischtücher und Tafeldecken,
- Deckservietten,
- Mundservietten, Hand- und Weinservietten.

Zur **Frottierwäsche** gehören:
- Hand- und Badetücher sowie Waschlappen,
- Bademäntel und Badematten/Bettvorleger.

Bei der Herstellung von Frottierwäsche wird die Baumwolle in Leinwandbindung verarbeitet, bestehend aus einer straffen Grundkette und einer lockeren Schlingenkette mit ein- oder beidseitigen Schlingen. Aufgrund gekräuselter Oberfläche zeichnen sich die Textilien durch eine besonders gute Saugfähigkeit aus.

Reinigung und Pflege der Wäsche

Verschmutzte Wäsche muss in regelmäßigen Abständen gereinigt und gepflegt werden. Die Reinigungs- und Pflegemittel werden auf die Materialeigenschaften abgestimmt.

Reinigungs- und Pflegemittel

Wasser 🇬🇧 water 🇫🇷 eau (w)

Wasser ist das grundlegende Reinigungsmittel. Viele Vorgänge, die bei der Schmutzbeseitigung von Bedeutung sind, weisen darauf hin: Auflösen, Aufquellen, Zerteilen, In-der-Schwebe-Halten, Ausspülen, Wegspülen.

Waschmittel 🇬🇧 detergents 🇫🇷 produits (m) de lavage

Durch Waschmittel wird die grundlegende Reinigungswirkung des Wassers ergänzt und verstärkt. Neben waschaktiven Bestandteilen enthalten Waschmittel darüber hinaus in unterschiedlicher Zusammensetzung Substanzen, die auf jeweils spezifische Zwecke ausgerichtet sind, z. B. wasserenthärtende Stoffe oder solche, die besondere pflegende Auswirkungen haben.

Abb. 1 Wasch- und Trocknermaschinen

Waschaktive Substanzen wirken zweifach:
- Durch Verringern der Oberflächenspannung des Wassers erhöhen sie dessen Wirksamkeit und begünstigen insbesondere das gründliche Durchnetzen der Wäsche.
- Darüber hinaus heben sie den Schmutz vom Waschgut ab, emulgieren und umhüllen ihn, sodass er mit Hilfe des Wassers leichter ab- und ausgespült werden kann.

Wasserenthärtende Substanzen, auch Builder genannt, sind waschwirksame Alkalien, die den negativen Auswirkungen von kalkbildenden Salzen im Wasser entgegenwirken. Dieses enthält je nach den örtlichen Bedingungen unterschiedliche Mengen dieser Salze.

Abb. 2 Zugabe des Waschmittels

Die Wasserhärte hängt vom Gehalt an Calcium- und Magnesiumverbindungen ab. Je höher der Gehalt ist, desto härter ist das Wasser. Die Härte des Wassers spielt beim Waschen der Wäsche eine erhebliche Rolle. Je weicher das Wasser, desto weniger Wasserenthärter (bzw. Waschmittel) sind bei der Wäschepflege erforderlich. Bei der Dosierung sollte man sich an die Angaben der Waschmittelhersteller halten.

Unterschiedliche Härtegrade des Wassers

Im Härtebereich wird nach der internationalen Einheit Millimol Calciumcarbonat je Liter (mmol/l) gemessen. Sie ersetzt die alte Messeinheit „Grad deutscher Härte (°dH)".

Abb. 3 Saubere Frottierwäsche

Die kalkbildenden Salze sind beim Waschen für eine ganze Reihe negativer Auswirkungen verantwortlich:
- Sie bilden unlösliche Verbindungen, wodurch die Reinigungswirkung vermindert wird.
- Durch Hitzeeinwirkung beim Waschen entsteht Kalkstein, der sich in den Wäschefasern festsetzt. Dadurch wird die Saugfähigkeit sowie der Geruch und die Haltbarkeit der Wäsche beeinträchtigt, weil die Fasern brüchig werden.
- Kalkablagerungen in der Waschmaschine vermindern die Leistungsfähigkeit und beschleunigen den Verschleiß.

Härtebereich	Millimol Calciumcarbonat je Liter (mmol/l)	früher: °deutsche Härte
weich	< 1,5 mmol/l	< 8,4 °dH
mittel	1,5–2,5 mmol/l	8,4–14 °dH
hart	> 2,5 mmol/l	> 14 °dH

WIRTSCHAFTSDIENST – HAUSDAMENABTEILUNG

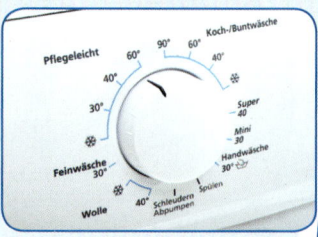

Die wasserenthärtenden Substanzen des Waschmittels verhindern diese Auswirkungen, indem sie die kalkbildenden Salze binden und unwirksam machen.

Wäschepflegende Wirkstoffe werden Waschmitteln je nach dem beabsichtigten Zweck in unterschiedlicher Zusammensetzung zugesetzt:

- **Bleichmittel** geben Sauerstoff ab und entfärben organische Farbstoffe, die z. B. von Obst, Rotwein und Kaffee herrühren.
- **Vergrauungshemmstoffe** binden Schmutzteilchen und halten sie in der Schwebe, sodass sie sich nicht wieder in den Fasern festsetzen können.
- **Enzyme** bauen Fett und Eiweiß zu wasserlöslichen Formen ab und erleichtern dadurch das Ausspülen.
- **Schaumregulierende Stoffe** sorgen für eine der Waschtemperatur und dem Waschprogramm entsprechende Schaumbildung.
- **Weißtöner** bzw. optische Aufheller überdecken bei weißer Wäsche den möglichen gelben Schimmer.
- **Duftstoffe** überdecken die unangenehmen Gerüche, die aus der Waschlauge stammen, und verleihen der Wäsche eine duftige Frische.

Für Waschmittel gibt es je nach ihrer Zweckbestimmung unterschiedliche **Bezeichnungen**:

- Vollwaschmittel
- Feinwaschmittel
- Spezialwaschmittel

Beachten Sie die nebenstehenden Erklärungen und lesen Sie die Dosierungshinweise auf den Verpackungen.

Waschhilfsmittel

Vor dem Waschen erfüllen sie vorbereitende Funktionen:

- **Einweichmittel** bilden im Wasser Laugen, durch die stark haftender und intensiver Schmutz so aufgelockert wird, dass er beim nachfolgenden Waschen leichter und vollständig ausgespült werden kann.
- **Enthärtungsmittel** dienen dazu, den Kalk in übermäßig hartem Wasser zu neutralisieren, damit seine nachteiligen Auswirkungen beim Waschen von vornherein ausgeschaltet sind (siehe weiter oben).

Nach dem Waschen werden Hilfsmittel verwendet, die bestimmten Textilien eine besondere Eigenschaft verleihen sollen.

- **Weichspülmittel** machen z. B. Frottierwäsche, Moltons und Wollwaren weich und flauschig.
- **Feinappreturen** bzw. **Steifungsmittel** (Stärke) dienen dazu, der Wäsche durch unterschiedlich intensive Aussteifung einen volleren und festen Griff zu verleihen sowie schmutzunempfindlicher zu machen, z. B. Hemden, Blusen, Tisch- und Bettwäsche.

Vollwaschmittel sind besonders waschaktiv und vor allem geeignet für sogenannte Koch- oder Weißwäsche, wie z. B. Berufsköche (Köche).
Feinwaschmittel sind in ihrer Wirkung auf empfindliche Fein- und Buntwäsche abgestimmt.
Spezialwaschmittel enthalten Bestandteile, durch die bei bestimmten Textilien eine jeweils zweckgerichtete pflegende Wirkung erreicht werden soll, z. B. bei synthetischer Wäsche, Wolle, Gardinen.

> **Wichtige Hinweise:**
> Wasch- und Reinigungsmittel können die Umwelt belasten. Darum:
> - maßvoll mit Waschmitteln sowie Reinigungs- und Pflegemitteln umgehen,
> - auf nicht unbedingt notwendige Mittel ganz verzichten,
> - umweltfreundliche Wasch-, Reinigungs- und Pflegemittel verwenden.

Fleckentfernungsmittel

Flecken sind Schmutzeinwirkungen besonderer und intensiver Art, z. B. durch Rotwein, Obst, Kugelschreiber. Je nach Art des Schmutzes sind zur Entfernung unterschiedliche Mittel erforderlich. Grundlegende Hilfsmittel sind:

- Wasser – zur Entfernung von
  - Zuckerflecken
  - Eiflecken

  Die Wirkung von erwärmtem Wasser ist intensiver.

- Essigwasser – zur Entfernung von
  - Rotweinflecken
  - Urinflecken

  und zur Nachbehandlung von
  - Obstflecken

- Feinwaschlauge – zur Entfernung von
  - Bier, Blut
  - Limonaden, Milch
  - Kaffee, Kakao
  - Schokolade
  - Likör, Ei

  und zur Nachbehandlung von Flecken von
  - Obst
  - Ruß
  - Wein
  - Urin

Beim **Entfernen von Flecken** sind besondere Richtlinien bzw. Hinweise zu beachten:

Als erstes ist festzustellen, um welches textile Material und um welche Art von Fleck es sich handelt.
- Je frischer der Fleck, desto leichter ist er zu entfernen.
- Getrocknete Flecken sind zunächst anzulösen.
- An einer nicht sichtbaren Stelle wird geprüft, ob das Lösungs- oder Fleckentfernungsmittel gegenüber der Faser und der Farbe unschädlich ist.
- Bei Fleckentfernungsmitteln sind die Hinweise des Herstellers zu beachten.
- Der Fleck wird mit dem jeweiligen Mittel betupft; bei Wiederholung ist eine andere, noch saubere Stelle des verwendeten Reinigungstuches zu benutzen.
- Das Abreiben darf nur mit leichtem Druck erfolgen und muss immer zum Fleckzentrum hin durchgeführt werden, um eine Ausweitung der Verschmutzung zu verhindern.
- Für das Aufnehmen der gelösten Fleckensubstanz saugfähiges Material verwenden.
- Wässrige Lösungen sind nach der Behandlung gründlich auszuspülen.
- Benzin, Benzol und Spiritus sind feuergefährliche Reinigungsmittel und dürfen deshalb nie bei offenem Feuer angewendet werden.

Pflege- und Behandlungssymbole für Textilien

Für die Art und Intensität der Reinigungs- und Pflegemaßnahmen sind jeweils die Art und die Beschaffenheit der Textilien ausschlaggebend. Zur Orientierung und Information sind diese deshalb mit jeweils entsprechenden Pflegesymbolen ausgestattet (siehe Pflegesymbole S. 222).

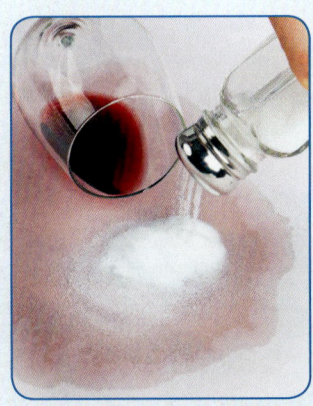

Abb. 1 Zur Entfernung von Rotweinflecken dienen auch aufgestreutes Salz und Zitronensaft.

Darüber hinaus gibt es **spezielle Fleckentfernungsmittel**:

Aceton	→	Nagellack, Schuhcreme
Benzin	→	Fett, Wachs
Benzol	→	Asphalt, Teer, Ruß, Schuhcreme
Salmiak	→	Obst, Weißwein, Tinte
Spiritus	→	Fett, Kugelschreiber, Kopierstift, Lippenstift, Parfüm
Terpentin	→	Ölfarbe
Wasserstoffperoxid	→	Stockflecken

Abb. 2 Tintenflecken

Außerdem stehen ganz spezielle Mittel für Kaugummi, Tinte und Rost zur Verfügung.

WIRTSCHAFTSDIENST – HAUSDAMENABTEILUNG

Abb. 1 Wäschestapel

Abb. 2 Wäscherei

Abb. 3 Wäscheinventur

Lagern, Tauschen und Zählen der Wäsche

Die Hotelwäsche gehört vom Neueinkauf bis zum Umfunktionieren verbrauchter Wäschestücke als Staubtücher in den Aufgabenbereich der Hausdame.

Lagern der Wäsche
Wäsche wird zugunsten einer guten Durchlüftung in offenen Regalen gelagert. Das Stapeln in Zehnereinheiten erleichtert die Ausgabe beim Wäschetausch. Frisch gewaschene Wäsche ist so einzuordnen, dass die bereits lagernde Wäsche zuerst verwendet wird.

Die Wäsche wird mit der geschlossenen Seite nach vorne eingeräumt.

Tauschen der Wäsche
Der Wäschetausch gehört zu den täglichen Arbeitsabläufen und muss wegen der Kontrolle mit angemessener Sorgfalt durchgeführt werden:
- Entweder die Schmutzwäsche im Magazin vorzählen und entsprechende Mengen saubere Wäsche entgegennehmen,
- oder den Officebestand täglich gegen Anforderungsschein bis zum Sollbestand auffüllen.

Zählen der Wäsche
Im Hinblick auf die Bilanz (Warenwert) und auf Neueinkäufe sind die Wäschebestände in regelmäßigen Abständen durch Inventur zu ermitteln. Da sich die Wäsche ständig im Umlauf befindet, ist es erforderlich, das Zählen an allen Stellen möglichst gleichzeitig durchzuführen:
- in der Wäscherei und den Etagenoffices,
- in den Gästezimmern mit Bädern,
- in den Restaurants und Bars,
- in der Bankettabteilung,
- in der/den Küche/n und
- in der Wellness-Abteilung.

Aufgaben

1. Beschreiben Sie das Lagern, Tauschen und Zählen (Inventur) der Hotelwäsche.
2. Aus welchen Rohstoffen wird Bettwäsche hergestellt? Welche Vorteile und Nachteile haben die einzelnen Rohstoffe?
3. Beschreiben Sie die besondere Beschaffenheit der Frottierwäsche und die sich daraus ergebenden Eigenschaften.
4. Beschreiben Sie die Funktionen der waschaktiven und der wasserenthärtenden Substanzen in Waschmitteln.
5. Nennen und beschreiben Sie die Funktion von wäschepflegenden Wirkstoffen, die in Waschmitteln je nach beabsichtigtem Zweck enthalten sind.
6. Erklären Sie an Waschbeispielen die Unterscheidung der Waschmittel in Voll-, Fein- und Spezialwaschmittel.
7. Was versteht man unter Wasserhärte?
8. Nennen Sie Waschhilfsmittel, die vor bzw. nach dem eigentlichen Waschen eingesetzt werden und beschreiben Sie ihre Funktion.
9. Beschreiben Sie an Beispielen die Verwendung von Wasser, Essigwasser und Feinwaschlauge als Mittel der Fleckentfernung vor dem Waschen.
10. Zu welcher Art von Fleckentfernung werden folgende Mittel verwendet:
    a) Aceton b) Benzin c) Benzol d) Salmiak e) Spiritus f) Terpentin?
11. Erläutern Sie wichtige Richtlinien, die bei der Fleckentfernung zu beachten sind.

1.8 Gästebetten 🇬🇧 beds 🇫🇷 lits (m)

Wenn der Hotelier seinen Gästen beste Bedingungen für einen erholsamen Nachtschlaf bieten möchte, dann wird er ein besonderes Augenmerk auf die Qualität seiner Hotelbetten richten.

Ein Standard-Hotelbett besteht aus folgenden Teilen und Artikeln:
- Bettgestell,
- Matratzenunterbau oder Lattenrost,
- Matratzenschoner als Matratzen-Unterlage,
- Matratze,
- Bettwäsche,
- Deckbett/Einziehdecke,
- Kopf- und Nackenkissen.

Vor dem Kauf von Hotelbetten sollte unbedingt der Rat von Bettfachleuten eingeholt werden. Denn neueste medizinische Erkenntnisse und Herstelltechnologien führen zu Weiterentwicklungen auch auf diesem Gebiet. Ferner sollte ein möglichst einfaches Abziehen, Säubern und Neubeziehen des Hotelbetts gewährleistet sein. Nicht zuletzt sollten die Hotelbetten den verschiedenen Schlaf- und Liegebedürfnissen der Gäste, z. B. eher hart oder eher weich, entsprechen.

Abb. 1 Doppelbett mit Tagesdecke, Hotel Intercontinental, Prag

Bettgestelle 🇬🇧 bedsteads 🇫🇷 lits (m)

Das Bettgestell ist der Rahmen für den Lattenrost – oder die Matratzenunterlage – und somit auch die Einfassung für die aufliegende Matratze. Bettgestelle sind meist aus Holz, manchmal auch aus Metall oder Kunststoff. An den Außenseiten sind viele Bettgestelle mit gepolstertem Stoff bespannt, der in Musterung und Farbe mit der Gesamtausstattung des Zimmers abgestimmt ist. Die Bettfüße sind häufig auf Rollen oder Gleitfüßen montiert, um die Arbeit des Personals zu erleichtern.

Bettgestelle sind in ihren Maßen auf die entsprechenden Matratzengrößen abgestimmt.

Maße der Bettgestelle, für:
- **Einzelbett**-Matratzen, Standardgrößen:
  0,90 m x 1,90 m oder
  1,00 m x 2,00 m → Single size bed
- **Doppelbett**-Matratzen, Standardgrößen:
  1,30 m x 2,00 m → Twin size bed
  1,50 m x 2,00 m → Queen size bed
  1,50 m x 1,90 m → Französisches Bett
  1,80 m x 2,00 m oder
  2,00 m x 2,00 m → King size bed
  1,90 m x 2,00 m → Grand lit

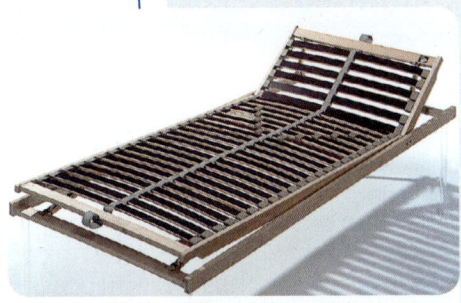

Abb. 2 Beispiel eines flexibel gelagerten Lattenrostes. Rahmen mit verstellbarem Kopf- und Fußteil, mit Zonen-Härteverstellung, Federleisten, Lagerung in Doppel-Kautschukkappen, Buche, Schichtholz.

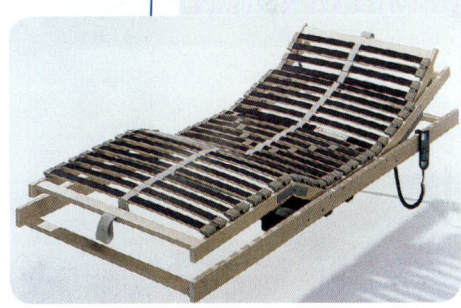

Abb. 3 Beispiel eines per Knopfdruck und Elektromotor variabel verstellbaren Betteinsatz-Lattenrostes.

Matratzenunterbau und Lattenroste

Der Matratzenunterbau eines Bettes kann ein Spiralnetzrahmen bzw. Metallrost sein. Es gibt auch fest oder flexibel gelagerte Lattenroste. Bei Luxus-Hotelbetten besteht die Bettbasis meist aus einem Federkern- bzw. Taschenfederkern-System mit gepolsterter Auflage.

Lattenroste mit fester Lagerung sind nicht höhenverstellbar. Die Federholzleisten sind auf einem Rahmen einzeln fest montiert.

Wirtschaftsdienst

WIRTSCHAFTSDIENST – HAUSDAMENABTEILUNG

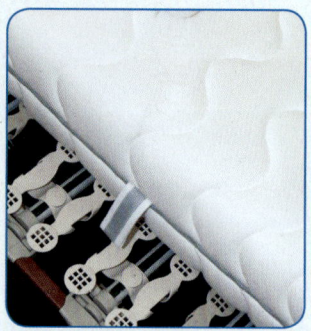

Abb. 1 Beispiel eines flexibel gelagerten Lattenrostes

Bei den **flexibel gelagerten Lattenrosten** sind die einzelnen Federleisten an den Enden mit beweglichen Trägerelementen aus Kunststoff oder Gummi (Kautschukkappen) gefasst. Diese Lattenroste sind am Kopf- und Fußende höhenverstellbar.

Im mittleren Bettbereich sollten die Federleisten in ihrer Elastizität einzeln verstellbar sein, mit Zonen-Härteverstellung. Nur so kann eine individuelle und optimale Anpassung der Matratze an Körperform und Gewicht des jeweiligen Gastes gewährleistet sein. Es ist selbstverständlich, dass gute Lattenroste keine Geräusche verursachen dürfen.

Matratzen 🇬🇧 mattresses 🇫🇷 matelas (m), sommiers (m) élastiques

Die Qualität der Matratze in Kombination mit dem zugehörigen Lattenrost bzw. Matratzenunterbau ist mit entscheidend für den Schlafkomfort des Gastes. Matratzen sollen die Entspannung der Körpermuskulatur und Bänder fördern und die Wirbelsäule mit den Bandscheiben entlasten. Matratzen sollten deshalb punkt- und dauerelastisch, weder zu hart noch zu weich sowie druckfrei und atmungsaktiv sein.

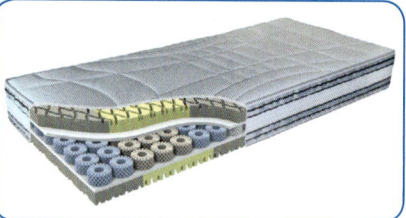

Abb. 2 Profil einer Schaumstoffmatratze

Durch Luftzufuhr von unten sollten Matratzen dazu beitragen können, die Wärme und die Luftfeuchtigkeit zu regulieren, die durch Transpiration (ca. 0,2 l pro Nacht) während des Schlafs entsteht. Gute Matratzen haben deshalb ein atmungsaktives, natürliches Bezugs- und Polstermaterial, z. B. aus Baumwolle, Schafschurwolle, Rosshaar, Kamelhaar oder Kokosfasern. Für Rheumatiker ist eine gute Wärmeisolation der Matratze wichtig. Hotelmatratzen sollten ferner geräuschlos und schwer entflammbar sein. Seitlich sollten sie zwei Griffe zum Wenden oder Transportieren haben. Der Bezugsstoff von Schaumstoff-Matratzen (z. B. Latex) sollte abziehbar und waschbar sein.

Arten von Matratzen

Matratzen werden in vier Arten unterschieden:
- **Schaumstoff-Matratzen,**
- **Schaumstoff-Matratzen mit Federkern,**
- **Federkern-Matratzen** und
- **Taschen-Federkern-Matratzen.**

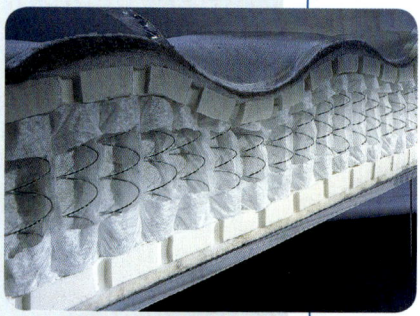

Abb. 3 Schaumstoff-Taschenfederkern-Matratze

Schaumstoff-Matratzen bestehen aus synthetischem Schaumstoff (Polyether oder Polyurethan) oder aus natürlichem Schaumgummi (Latex). Viele Luftkammern und kleine Luftkanäle sorgen für die Atmungsaktivität und die Elastizität der Matratze. Schaumstoff ist allerdings nicht gut zur Feuchtigkeitsaufnahme geeignet. Waschbare Baumwoll-Unterbetten als Auflage zu Schaumstoff-Matratzen sind aus diesem Grunde empfehlenswert.

Da Latexschaum eine keimabtötende Wirkung hat und weitgehend staubfrei ist, sind **Latex-Matratzen** besonders gut für Allergiker mit Hausstaub- und Milben-Allergie, ebenso für Asthmatiker geeignet.

Außerdem sollten Schaumstoff-Matratzen mit einem abzieh- und waschbaren Textilbezug versehen sein. Die Qualität von Schaumstoff-Matratzen wird nach dem **Raumgewicht (RG)** des verwendeten Schaumes in kg pro m³ gemessen. Gute Schaumstoff-Matratzen verfügen über ein hohes Raumgewicht (siehe folgende Tabelle). Sie sind elastischer, haltbarer und tragfähiger als Matratzen mit niedrigem Raumgewicht.

Qualitätsklassen bei Schaumstoff-Matratzen:

- Geringe Qualität: < 30 RG
- Mittlere Qualität: 30–35 RG
  (RAL-Gütezeichen garantiert 36 RG)
- Gute Qualität: 40–50 RG

Das Raumgewicht beschreibt nicht die Härte der Matratze, sondern das Wiederaufrichtevermögen.

1 Materialkunde – Grundlagen

Abb. 1 Schnitt einer Latex-Matratze. In Kombination mit einem flexiblen Lattenrost wird eine überdurchschnittliche Punktelastizität gewährleistet; Garanten für einen bandscheibengerechten, optimalen Liegekomfort

Schaumstoff-Matratzen mit Federkern verfügen über einzelne, voneinander unabhängige Federkernreihen, die in Längskanälen im Schaumstoff untergebracht sind. Diese Kanäle regulieren auch den Temperatur- und Luftaustausch der Matratze. Wegen der besonderen Elastizität sind diese Matratzen auf Lattenrosten mit höhenverstellbaren Kopf- und Fußteilen bestens geeignet. Einige der besten und teuersten Matratzen auf dem Markt sind dieser Kategorie zuzuordnen.

Federkern-Matratzen verfügen über einzelne elastische Stahlfedern, die miteinander verbunden sind und dadurch ein Netz bilden. Bei vielen Federkern-Matratzen ist dieses Netz von einem Metallrahmen umschlossen. Solche Matratzen sind deshalb für Betten mit höhenverstellbarem Lattenrost nicht geeignet.

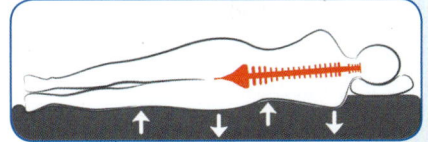

Abb. 2 Bandscheibengerechter Liegekomfort

Metallrahmenlose Federkern-Matratzen hingegen lassen sich knicken und sind bei Betten mit höhenverstellbarem Lattenrost verwendbar.

Eine Federkern-Matratze besteht beidseitig aus verschiedenen Polsterschichten. Direkt unter und über dem Metall-Federkern befindet sich eine atmungsaktive Grobpolsterschicht aus Sisal-, Palm- und/oder Kokosfasern. Darauf und darunter liegt jeweils eine stützende Zwischenpolsterschicht aus Ross-Schweifhaar, das den Temperatur- und Feuchtigkeitsausgleich regelt.

Eine Feinpolsterschicht aus Baumwollwatte und/oder Schafschurwolle bildet beidseitig die temperaturausgleichende Abdeckung der Matratze. Ein strapazierfähiger Drellbezug aus Baumwolle, Halbleinen oder Baumwoll-Polyester-Mischgewebe, elastisch versteppt, schützt die Matratze von außen.

Abb. 3 Innenansicht einer Natur-Federkern-Matratze

Bei **Taschen-Federkern-Matratzen** sind die einzelnen Spiralfedern in textilen Taschen, z. B. Leinen- oder Baumwoll-Säckchen, verpackt und zugenäht, um geräuschdämmend zu wirken.

Diese Matratzen zeichnen sich durch eine hohe Punktelastizität aus. Sie entlasten die Wirbelsäule und die Bandscheiben optimal.

Auch diese Matratzenart gehört zu der höchsten Qualitätskategorie und sie ist neben den Latex-Federkernmatratzen am teuersten.

Abb. 4 Einzelbett-Matratze

Wirtschaftsdienst

WIRTSCHAFTSDIENST – HAUSDAMENABTEILUNG

Bettwäsche 🇬🇧 bed linen 🇫🇷 linge (m) de lit, literie (w)

Zur Bettwäsche gehören:
- Matratzenauflagen, Matratzenschoner,
- Bettlaken, Betttücher, Spannbetttücher,
- Deckbetten-Bezüge und Kissenbezüge,
- Bettvorleger.

Im Hotelbereich ist die Bettwäsche hauptsächlich aus den Rohstoffen Baumwolle, Leinen und Halbleinen hergestellt oder aus anderen Mischgeweben, wie z. B. Baumwoll-Viskose oder Baumwoll-Diolen (= Baumwolle/Polyester).

Baumwoll-Bettwäsche gibt es mit unterschiedlicher Ausrüstung. Darunter versteht man, dass die Wäsche vom Hersteller vorbehandelt wurde, um ihr bestimmte Gebrauchseigenschaften oder ein bestimmtes Aussehen zu verleihen. Beispielsweise gibt es Baumwoll-Bettwäsche in den folgenden **Qualitäten**:
- **Mako-Satin** wurde mercerisiert, d. h. mit waschbeständigem Glanz und erhöhter Reißfestigkeit versehen,
- **Biber** wurde aufgeraut,
- **Linon**: leinwandbindiger, gebleichter Stoff,
- **Jersey**: gewirkter, knitterarmer Stoff.

Matratzenschoner werden oftmals an der Oberseite aus 100 % Baumwolle, supergekämmt, und an der Unterseite aus einem Mischgewebe aus Baumwolle und Polyester hergestellt. Sie sollen die Matratzen als Auflagedecke vor Verunreinigungen schützen. An den vier Ecken sind diagonal verlaufende Gummibänder befestigt, mit deren Hilfe die Schoner auf der Matratze gehalten werden.

Bettlaken bzw. Betttücher müssen starke Punkt-Belastungen aushalten und sind deshalb meistens aus strapazierfähigen Rohstoffen wie Leinen, Halbleinen oder Baumwoll-Mischgeweben, z. B. Baumwoll-Diolen, hergestellt. Die Standardgröße für Bettlaken ist 160 cm x 260 cm.

Elastische **Spannbetttücher** gibt es in den Qualitäten Jersey, Biber und Frottee. Sie sollten sanforisiert sein, d. h. sie sollten bei Kauf gegen das Einlaufen (Schrumpfen/ Krumpfen) ausgerüstet sein. Bei der Größenangabe für Spannbetttücher richtet man sich nach der zugehörigen Matratzengröße. Der Überhang mit Gummizug an den vier Seiten wird bei der Maßangabe nicht berücksichtigt. Die Standardgröße eines Spannbetttuches für eine Einzelbett-Matratze ist 100 cm x 200 cm.

Deckbetten-Bezüge und **Kissenbezüge** sind im Hotelgewerbe meist aus reiner Baumwolle hergestellt. Die Bezüge werden über die Deckbetten bzw. Kopfkissen gezogen. Der praktische **Hotelverschluss**, bestehend aus einer Stofftasche für das Einstecken des Deckbetts bzw. des Kissenendes, ermöglicht ein schnelles Beziehen. Den Zimmermädchen bleibt beim Bettwäsche-Wechsel das lästige und zeitraubende Auf- und Zuknöpfen der Bezüge erspart.

Bettvorleger sind rechteckige Fußmatten, meist aus dickem Walkfrottier, wie sie auch im Badezimmer, bei Dusche und Badewanne bereitliegen. In First-class- und Luxus-Hotels gibt es diese Fußmatten auch im Bettbereich. Meist liegen sie zusammengefaltet auf einer Ablage des Nachttisches bereit. Gäste, die Bettvorleger benutzen möchten, platzieren diese dann selbst vor dem Bett. Eine gängige Größe für Bettvorleger lautet 80 cm x 60 cm.

Abb. 1 Doppelbett

Abb. 2 Zweibett-Zimmer

Abb. 3 Gewebe aus Baumwolle

Gängige **Größen bei Deckbetten-Bezügen:**
Normalgrößen: 135 cm x 200 cm
               155 cm x 200 cm
Übergrößen: 135 cm x 220 cm
               155 cm x 220 cm
bei Französischen Betten:
               200 cm x 200 cm
und **bei Kissenbezügen:**
Standardgrößen 80 cm x 80 cm
oder   70 cm x 90 cm
Komfortkissen   40 cm x 80 cm
oder   40 cm x 60 cm

1 Materialkunde – Grundlagen

Deckbetten, Inletts, Kissen

🇬🇧 continental quilts and pillows 🇫🇷 édredons (m) et oreillers (m)

Deckbetten

Deckbetten sollen eine angenehme, körpergerechte Schlaftemperatur ohne Wärmestau ermöglichen. Deckbetten sollen leicht, anschmiegsam und nicht belastend auf dem Körper liegen. Deckbetten mit Federn und/oder Daunen gefüllt, sind atmungsaktiv, wärmespeichernd und zugleich wärmeregulierend sowie feuchtigkeitsregulierend – und das auch bei einer sich ändernden Raumtemperatur.

Für die Füllung von Deckbetten werden **Federn** und auch **Daunen** von Enten und Gänsen verwendet.

Abb. 1 Entenfedern Abb. 2 Gänsefedern Abb. 3 Gänsedaunen Abb. 4 handverlesene Gänsedaunen

Daunen sind kiellose, flockenartige Flaumfedern aus dem Gefieder junger Enten und Gänse. Daunen haben einen feinen Kern, an dem sich zahlreiche kleinste Härchen befinden. Daunen sind äußerst leicht und sehr teuer. Ein Deckbett mit Daunenfüllung ist umso teurer, je höher der Daunenanteil ist.

Eiderdaunen sind die Daunen der Eiderente aus den nördlichen Ländern Island und Grönland. Sie haben mehr Füllkraft (Elastizität) als die kleineren Daunen von asiatischen Enten. Eiderdaunen sind die hochwertigsten und teuersten Daunen auf dem Markt.

Die Deckbetten-Füllungen aus Federn und/oder Daunen werden nach der neuen Euronorm DIN EU 12934 geregelt und benannt. Je nach Gewichtsanteil der Daunen gibt es bei Federfüllungen die nebenstehenden Handelsbezeichnungen. Die bisherigen Benennungen können – ohne den Zusatz „Original" – als griffige Kurzbezeichnung weiter verwendet werden.

Eine Dauendecke muss mindestens 60 % Daunen enthalten, ansonsten ist es ein Federbett.

Abb. 5 Eiderdaunen, beste Qualität

Bezeichnung	Gewichtsanteil (bei Neuware)
Reine Daune	100 % Daunen
Leicht fedrige Daune	90 % Daunen, 10 % Federn
Fedrige Daune	60 % Daunen, 40 % Federn
Federbett (= „Dreivierteldaune")	30 % Daunen, 70 % Federn
Halbdaune	15 % Daunen, 85 % Federn
Federn	100 % Federn

Inlett

Inlett ist die Bezeichnung für den Stoff der Deckbetten, der die Federn und Daunen umhüllt. Dieser Stoff muss einerseits luftdurchlässig, andererseits daunen- und federdicht sein. Das heißt, er muss so dicht und eng gewebt sein, dass ihn die teils spitzenkleinen Federkiele der Füllung nicht durchdringen können. Je nach Füllung werden unterschiedliche Inletts aus Baumwollbatisten, z. B. bei Bettfedern und Satins bei Daunen verwendet. Inletts müssen farbecht sein und sie sollten humanökologisch geprüft sein.

Wirtschaftsdienst

WIRTSCHAFTSDIENST – HAUSDAMENABTEILUNG

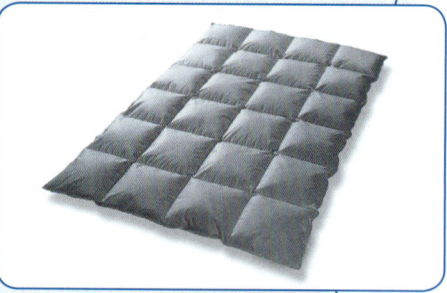

Abb. 1 Inlett mit Karo-Steppung

Schadstoff geprüfte Textilien

Mit der Auszeichnung des Öko-Tex Standard 100 haben Sie die Sicherheit, dass keine schädliche Wirkung von unseren Textilien ausgeht.

Mit allergenfreiem Natur-Latex

Bei unseren Latex-Matratzen, die aus natürlichem und synthetischem Latex hergestellt werden, haben Sie die Sicherheit, dass keine Latexallergene enthalten sind.

Für Hausstaub- und Tierhaar-Allergiker geeignet

Spezielle Polster- und Bezugsvarianten lassen Hausstaub- und Tierhaar-Allergiker aufatmen. Sie unterstützen die antiallergischen Eigenschaften der hygienischen Latex-Kerne.

Abb. 2 Gütesiegel einer Bettenfabrik

Abb. 4 Beispiel Latex-Nackenstützkissen

Damit die Bettfeder-Füllung des Deckbetts nicht verrutschen kann, werden die Inletts abgesteppt (Karo-Steppung) oder mit festverbundenen Stegen in quadratische Füllungskammern unterteilt (Steg-Steppung). Diese Stege ermöglichen eine extra-hohe Füllung jeder Kammer. In Handarbeit werden dabei die Daunen in jedes Kästchen (Karo) gleichgewichtig abgefüllt und eingenäht.

Naturhaar-Füllungen stellen eine Alternative zu Bettfedern und Daunen dar. Dafür werden verwendet:
- **Schurwolle:** von Schaf, Lamm und Ziege (Alpaka-, Kaschmir- und Mohair-Ziege),
- **Tierhaare:** Yak-, Lama-, Kamelhaar und Angora-Kaninchenhaar.

Naturhaar-Füllungen bilden wärmende Luftpolster, nehmen Feuchtigkeit gut auf, sind anschmiegsam und haben teilweise eine anti-rheumatische Wirkung. Viele Rheumatiker bevorzugen deshalb Deckbetten mit Naturhaar-Füllung (z. B.: Angora-Füllung).

Naturhaare und auch Bettfedern können **Allergien** auslösen. Deshalb kommen für manche Gäste Bettfedern und Daunen als Füllung der Deckbetten nicht in Frage, während andere Gäste keine Naturhaar-Füllungen in Deckbetten vertragen. Für beide Gästegruppen stellen Deckbetten mit waschbarer Synthetikfüllung eine Alternative dar.

Synthetische Füllungen für Deckbetten und Kopfkissen bestehen aus kochwaschbaren Polyesterfasern (z. B.: „Rhombofil"), die mit Lufteinschlüssen versehen sind. Dadurch halten auch solche Füllungen warm, sind leicht, füllig und anschmiegsam.

Abb. 3 Beispiel für synthetisches Füllmaterial (hier „Rhombofil")

Kissen

Kissen sollen den Kopf während des Schlafes in der gewünschten Höhe stützen. Diesen Anforderungen entsprechen Deckbetten bzw. Kissen mit Bettfeder- und/oder Daunen-Füllung oder spezielle Nackenstützkissen.

> • Viele Allergiker und Asthmatiker fragen nach dem Füll-Material der Deckbetten und Kissen. Diese Gäste sind oftmals auf kochwaschbare, synthetische Füllungen angewiesen, weil sie bestimmte natürliche Füllungen meiden müssen!

1 Materialkunde – Grundlagen

Aufgaben

1. Nennen Sie sieben Hauptaufgaben/Verantwortungs-Bereiche, für die eine Hausdame zuständig ist.
2. Erklären Sie, inwiefern die Hausdame mit ihrer Abteilung wesentlich zum Betriebserfolg beiträgt.
3. Worin besteht der Unterschied zwischen Reinigen und Pflegen?
4. Welche vier Vorüberlegungen sollten Sie anstellen, bevor Sie ein Reinigungs- bzw. Pflegemittel anwenden?
5. Nennen Sie die beiden Hauptgruppen von Reinigungsmitteln und zu jeder Hauptgruppe vier Beispiele.
6. Welche drei biologisch leicht abbaubaren Reinigungsmittel/bewährte Hausmittel sind aus Umweltschutz-Gründen besonders empfehlenswert?
7. Auf welche Reinigungsmittelart mit welchen vier Inhaltsstoffgruppen sollte man aus Umwelt- und Gesundheitsgründen verzichten?
8. Welchen besonderen Vorteil bieten „Kombinierte Reinigungs- und Pflegemittel"?
9. Nennen Sie je drei Beispiele für bestimmte Maschinen, Geräte und Arbeitsmittel, die zur Arbeitserleichterung im Hausdamenbereich beitragen können.
10. Schildern Sie die Reinigungs-/Pflegemaßnahme bei Verschmutzungen von
    a) abwaschbaren Tapeten,   b) nicht abwaschbaren Tapeten.
11. Wie sollte ein Holz-Parkettboden mit unbeschädigter Versiegelung gereinigt werden?
12. Wie sollte ein Boden mit Keramik-Fliesen gereinigt werden?
13. Schildern Sie zwei Methoden zur Fleckenentfernung auf Teppichböden.
14. Nennen Sie die beiden Verfahren zur Teppichboden-Grundreinigung und schildern Sie die jeweilige Vorgehensweise.
15. Welche fünf Punkte sind vor der Grundreinigung von Teppichböden zu beachten?
16. Aus welchen Teilen und Artikeln bzw. Rohstoffen besteht ein Standard-Hotelbett?
17. Nennen Sie die gängigen Matratzengrößen für Einbett- und Doppelbett-Matratzen.
18. Erklären Sie den Unterschied zwischen fest gelagerten und flexibel gelagerten Lattenrosten.
19. Welche vier Arten von Matratzen werden unterschieden?
20. Warum sind Latex-Schaumstoff-Matratzen für Asthmatiker und bestimmte Allergiker am verträglichsten?
21. Welche Matratzenart verfügt über eine hohe Punktelastizität?
22. Welche fünf Artikelgruppen zählen zum Oberbegriff Bettwäsche?
23. Was ist mit „Ausrüstung" bei Baumwoll-Bettwäsche gemeint?
24. Beschreiben Sie den „Hotelverschluss" bei Bezügen für Deckbetten und Kopfkissen.
25. Wie lauten die gängigsten Maße in cm für Deckbetten- und Kopfkissen-Bezüge?
26. Nennen Sie drei Gruppen von Füllungsmaterialien für Deckbetten und Kissen.
27. Welche sechs Handelsbezeichnungen gibt es für die Beschreibung des Daunen-Gewichtsanteils bei Federfüllungen?
28. Welche Eigenschaften weisen einen guten Inlett-Stoff aus?
29. Welche Arten von Naturhaar werden für Füllungen von Deckbetten verwendet?
30. Auf welches Füllungsmaterial sind viele Allergiker und Asthmatiker angewiesen?

Wirtschaftsdienst

WIRTSCHAFTSDIENST – HAUSDAMENABTEILUNG

2 Arbeitsabläufe

🇬🇧 organisation of work and cleaning, work program 🇫🇷 déroulement (m) du travail

2.1 Arbeitsvorbereitung

🇬🇧 work preparation 🇫🇷 mise (w) en place

Zur rationellen Durchführung der umfangreichen Reinigungs- und Pflegearbeiten im Hausdamenbereich sind täglich bestimmte **Vorbereitungsarbeiten** zu erledigen. So müssen die Zimmerfrauen:
- die Etagenwagen überprüfen und bei Bedarf auffüllen,
- die Reinigungs- und Arbeitsgeräte kontrollieren,
- die Reinigungs- und Pflegemittel bereitstellen (s. S. 544),
- die Wäscheartikel für Gästebett und Badezimmer sowie
- die fehlenden Gästeartikel auffüllen.

Gästeartikel

🇬🇧 complimentary articles/guest supplies 🇫🇷 articles-cadeaux (m)

Dazu zählen: Gästeseife, Duschgel, Duschhaube, Hygienebeutel, Toilettenpapier, Kosmetiktücher, Schuhputzstreifen oder -handschuhe, Nähzeug, Werbezündhölzer, Briefpapier, Hausprospekt, Notizblock, Schreibstift, Wäschebeutel, Preisliste für Gästewäsche-Service, Minibar-Abrechnungsblock, Reparaturzettel für den Gast, Gästefragebogen, Speise- und Getränkekarte für den Etagen-Service, Etagenfrühstück-Bestellzettel, TV-Programm und Pay-TV-Angebot, Werbeaufsteller, Bedienungsanleitungen (z. B. für den Safe).

Eine gute Vorbereitung ermöglicht reibungslose und schnelle Arbeitsabläufe, vermeidet Zeitverluste und erspart unnütze Wege.

Die Hausdame wird die Einteilung der Zimmermädchen auf den Etagen vornehmen. Anhand der **Zimmerliste** des Empfangs (room status report) mit den **markierten Abreisen** und **Bleiben** wird sie ihren Mitarbeiterinnen eine bestimmte Anzahl von Abreise- und/oder Bleibezimmern zur Reinigung an diesem Tag zuteilen. Die Anzahl der zu reinigenden Zimmer (z. B. 18) während der regulären Arbeitszeit (z. B. in 8 Std.) wird als Leistungsmaßstab bezeichnet. Der Leistungsmaßstab kann von Hotel zu Hotel unterschiedlich hoch ausfallen, denn er hängt von Größe und Ausstattung der Zimmer und vom angestrebten Qualitätszustand ab.

Bei Dienstbeginn melden sich die Zimmermädchen bei der Hausdame. Sie erhalten dort ihre Pass-Schlüssel (master keys), die besonderen Arbeitsanweisungen des Tages sowie die Liste der zu reinigenden Abreise- und Bleibe-Zimmer. Zur Arbeitsplanung gehört auch eine **Checkliste** für den täglichen Gebrauch, auf der die Zimmermädchen die durchgeführten Arbeiten pro Zimmer abhaken können. Die Reihenfolge der auf der Checkliste genannten Punkte sollte den empfohlenen Arbeitsabläufen entsprechen.

Ferner werden auf dieser Checkliste zu erledigende Reparaturen und fehlende Artikel in Gästezimmern von der Zimmerfrau notiert. Die Hausdame überprüft diese Meldungen und veranlasst weitere Maßnahmen.

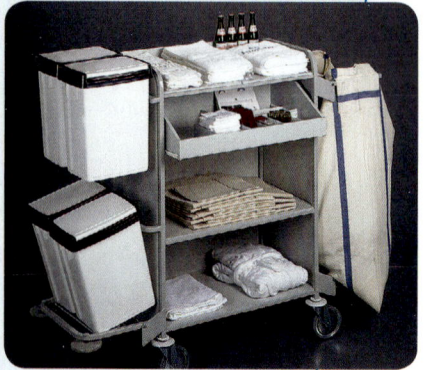

Abb. 1 Etagenwagen mit Behältern zur Mülltrennung und Wäschesack

Kontrolliert werden die **Reinigungsmaschinen** und **Arbeitsgeräte** auf Vollständigkeit und Funktionstüchtigkeit. Benötigt werden Staubsauger, Putzwagen mit Feuchtwisch-Gerät und -Mopp, Wasserschieber, Leiter. Bereitgestellt werden die benötigten **Arbeitsmittel**, wie z. B. Staubtücher, Fensterleder, Poliertücher, Reinigungspads, Schwämme, Vliesschwämme, Besen, Handfeger, Bürsten, Schrubber, Scheuertücher, Eimer, Körbe.

Abb. 2 Zimmerfrau beim Ausfüllen einer Checkliste

560

2.2 Herrichten eines Gästezimmers bei Abreise

🇬🇧 cleaning of a departure room 🇫🇷 nettoyage (m) d'une chambre au départ

Befragungen zu dem Thema, worauf Gäste bei ihrem Hotel-Aufenthalt den größten Wert legen, haben ergeben, dass deutsche Gäste der Sauberkeit ihres Hotelzimmers die erste Priorität geben.

Daraus kann für Hotel-Direktion und Housekeeping nur folgen, dass sie ihre besondere Aufmerksamkeit der Zimmerreinigung widmen müssen.

Um alle anfallenden Reinigungsarbeiten optimal ausführen zu können und um nichts zu vergessen ist eine gründliche Einarbeitung der Zimmermädchen durch eine Spitzenkraft des Hauses erforderlich.

Beim Training wie bei der späteren Zimmerkontrolle wird auf folgende drei Punkte besonders geachtet:

- auf die **Sauberkeit**
- auf die **Funktionstüchtigkeit** und
- auf die **Vollständigkeit**.

Bei der Einarbeitung sollte eine bestimmte Reihenfolge der Arbeitsschritte trainiert werden.

Eine mögliche Arbeitsreihenfolge wäre:

- Etagenwagen in Zimmernähe abstellen;
- das „Bitte-nicht-stören!"-Schild beachten, ansonsten zweimal deutlich anklopfen, aufschließen, vorsichtig eintreten, Tür offen lassen, eventuell blockieren;
- Vorhänge öffnen, Lichter kontrollieren und ausschalten;
- Zimmer auf „liegen gebliebene Sachen" und auf „entwendete Gegenstände" hin kontrollieren, eventuell Empfang oder Hausdame benachrichtigen;
- Frühstückswagen oder -tablett, Getränkegläser usw. ins Etagen-Office bringen;
- Aschenbecher und Papierkorb am Etagenwagen entleeren, säubern, ins Zimmer zurückbringen
- Heizung zurückdrehen;
- Fenster/Balkontür zum Lüften öffnen;
- Bett und Kissen abziehen, dabei:
  - Matratzenauflage auf Sauberkeit kontrollieren, bei Bedarf auswechseln,
  - Matratze absaugen wegen der Haare, Schuppen, Milben und des Hausstaubs,
  - Deckbett zum Lüften auslegen,
  - auch unter dem Bett nachsehen und auf „verloren" gegangene Gegenstände achten;
- benutzte Bettwäsche und Badezimmerwäsche in den Wäschesack am Etagenwagen geben;
- auf dem Rückweg frische Wäsche mitnehmen.

Ergebnis einer Gästebefragung:

Was macht ein gutes Hotel aus?	
1. Sauberkeit	48 %
2. Service	45 %
3. Gute zentrale Lage	39 %
4. Geräumige große Zimmer	28 %
5. Gutes Frühstück	27 %
6. Gutes Preis-/Leistungsverhältnis	17 %

Abb. 1 Etagenwagen vor dem Gästezimmer

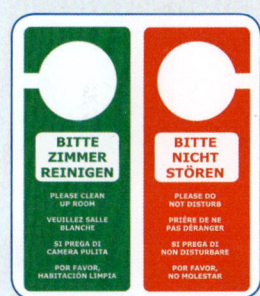

Abb. 2 Gästewunsch beachten

Abb. 3 Frühstückstablett abräumen

Wirtschaftsdienst

WIRTSCHAFTSDIENST – HAUSDAMENABTEILUNG

Abb. 1 Gäste-Badezimmer mit Toilette, Bidet, Dusche

Abb. 2 Doppelwaschtisch

Abb. 3 Reinigen einer Toilette

Abb. 4 Nachttischlampe und Telefon

Während das Gästezimmer lüftet, kann im **Badezimmer** weitergearbeitet werden:
- Abfallbehälter entleeren, auswischen und mit Plastiktüte versehen;
- Scheuerpulver bzw. Toilettenreiniger in Toilette und Bidet geben, einwirken lassen;
- Abluftgitter über der Badewanne/Dusche abwischen, Flusen entfernen;
- Wandfliesen über der Bade- bzw. Duschwanne und die Duschtrennwände abschnittweise von oben nach unten reinigen;
- Wasserablaufsiebe und Seifenablagen von Schmutz und Seifenresten befreien;
- Badewanne und/oder Duschwanne mit Scheuermilch reinigen, mit Wasser nachspülen und trockenwischen;
- Wasserflecken auf den verchromten Wannen- und Dusch-Armaturen wegpolieren;
- Beleuchtung und Wandspiegel über dem Waschbecken mit Fensterleder abwischen und trockenpolieren;
- Ablage für Toiletten-Artikel reinigen;
- Zahnputzgläser spülen und mit extra Gläsertuch polieren;
- Stöpsel des Waschbeckens herausnehmen, Haare und Schmutz entfernen, säubern und wieder zurückstecken;
- Waschbecken, Armaturen, Seifenschalen und Wasserüberlauf abwischen und polieren;
- Siphon und Armaturen, auch unter dem Waschbecken, säubern;
- Toilettenbecken innen mit der Toilettenbürste reinigen, außen mit dem WC-Schwammtuch abseifen, Toilettensitz und -deckel beidseitig gründlich säubern;
- Badezimmerartikel nach Soll-Bestand auffüllen, z. B.: Gästeseife, Duschgel, Hygienebeutel, Toilettenpapier und Reserverolle, Kosmetiktücher, Schuhputzstreifen, Nagelfeile;
- Badezimmerwäsche nach hausüblichem Standard auffüllen, z. B.: 1 Badetuch und 2 Handtücher pro Person, eventuell Waschlappen und ein Saunatuch, Badematte/n bereitlegen;
- Bodenfliesen wischen, Wasserablauf säubern;
- letzte Kontrolle – Lichter im Bad ausschalten.

Nun kann mit den Reinigungsarbeiten im **Gästezimmer** fortgefahren werden:
- Matratze mit Bettlaken oder Spannbetttuch beziehen;
- Deckbett/en, Kopf- und Nackenkissen frisch beziehen, dabei schadhafte, beschmutzte oder fleckige Wäschestücke aussortieren;
- Deckbett/en und Kissen wie hausüblich auflegen oder – bei Tagesdecken-Einsatz – im vorgesehenen Schrankfach verstauen, dann Tagesdecke auflegen;
- Reinigungs- und Pflegemittel sowie Arbeitsmittel ins Zimmer bringen;
- Leder- bzw. Putzlappen anfeuchten und damit Staub wischen;
- Telefon inklusive Tastatur, Hör- und Sprechmuschel abwischen, Kabel ordnen; Notizblock und Schreibstift sowie Verzeichnis der Hausanschlüsse mit Tarif-Informationen bereitlegen;
- Nachttischlampe und Radiowecker abstauben und Funktion überprüfen;
- Nachttischschublade auswischen, örtliches Telefonbuch mit Verzeichnis der Vorwahlen und die Bibel bereitlegen;
- Möbelstücke je nach Zimmereinrichtung und Material säubern und pflegen, ausrichten;

2 Arbeitsabläufe

- Decken-, Wand- und Stehlampen kontrollieren, Lampenschirmnähte zur Wandseite ausrichten, Elektrokabel ordentlich hinlegen;
- Wandbilder und Bilderrahmen abstauben;
- Sockelleisten abwischen oder später beim Staubsaugen mit absaugen;
- Schreibtischablage und TV-Gerät abwischen,
- im **Raucherzimmer** 2–3 Aschenbecher bereitstellen und mit Werbe-Zündhölzern des Hotels versehen;
- Gästeartikel bereitlegen:
  - TV-Programmheft mit aufgeschlagener Tagesseite;
  - Schreibmappe mit Briefpapier und Briefkuverts, Hausprospekt, Stadtplan/Ortsprospekt, Veranstaltungshinweise;
  - Minibar-Abrechnungsblock und Kugelschreiber;
  - Speise- und Getränkekarte für Etagen-Service auflegen;
  - Hotel-Service-Informationsheft, Hotelzeitschrift;
  - Gäste-Fragebogen auflegen
- Minibar überprüfen: Soll-Bestand, Schraubverschlüsse, Entnahmen/Verbrauch auflisten und an die Hausdame weiterleiten, Gläser, Öffner, Mundeis-Behälter, Kühlung, Beleuchtung prüfen, Knabbereien, Minibar auffüllen;
- Schrank öffnen, Ablageflächen auswischen, Kleiderbügel ergänzen, z. B. pro Person 6 Kleiderbügel und 2 Hosen-/Rock-Spannbügel gleichmäßig einhängen, Reserve-Wolldecke/n, Wäschebeutel, Preisliste für Gästewäsche-Service, Nähboy und Reparaturzettel kontrollieren bzw. ergänzen;
- Wandsafe mit Bedienungsanleitung kontrollieren;
- Hinweise für den Brandfall, Fluchtplan an der Tür und „Bitte-nicht-stören"-Schild kontrollieren, Türklinkenbereich abwischen;
- Fensterscheiben und -rahmen putzen, Fenster schließen;
- Heizkörper abwischen, entstauben;
- hinter den Vorhängen auf Spinnweben achten und entfernen.

Abb. 1 Zimmersafe kontrollieren

Abb. 2 Fenster putzen

Wenn das Zimmer mit einem **Balkon** ausgestattet ist, muss dieser gereinigt werden:
- Balkonpflanzen gießen und abzupfen;
- Balkonmöbel, Fensterbrett und Geländer abwischen, Balkonaschenbecher kontrollieren;
- Liegestuhl und Sonnenschirm bereitstellen;
- Fußboden fegen und wischen;
- Balkontüre reinigen und schließen.

Im **Gästezimmer** sind dann noch einige Arbeiten auszuführen:
- Heizkörper im Winter wieder leicht aufdrehen;
- Gardinen ordnen und Vorhänge mit der Wand abschließen lassen;
- Reinigungs-, Pflege- und Arbeitsmittel zurück auf den Etagenwagen stellen;
- Punkte der Checkliste abhaken und nachsehen, ob nichts vergessen wurde;
- Boden staubsaugen, in der entferntesten Ecke beginnend zur Zimmertüre hin arbeiten;
- Lichter löschen, Zimmer abschließen;
- Zimmer auf der Arbeitsliste abhaken;
- Zimmer für Hausdamenkontrolle markieren.

Abb. 3 Spinnweben beseitigen

Die Hausdame kann nun die durchgeführten Arbeiten in diesem Zimmer kontrollieren und die Freimeldung an den Empfang weitergeben.

Abb. 4 Balkon wischen

Wirtschaftsdienst

WIRTSCHAFTSDIENST – HAUSDAMENABTEILUNG

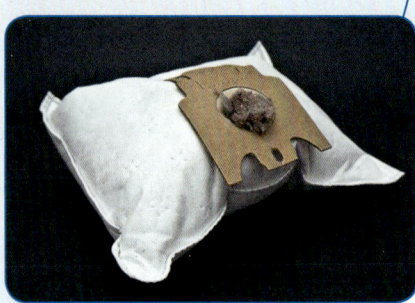

Abb. 1 Staubsauger leeren

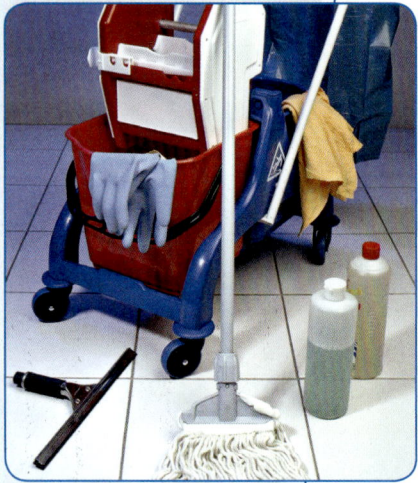

Abb. 2 Arbeitsmittel verräumen

> Zimmertüre beim Verlassen immer unbedingt schließen, eventuell absperren!
>
> Durch bewusstes Handeln können Zimmermädchen Diebstähle auf der Etage verhindern helfen. Sie vermeiden Situationen, in denen sie selbst in Diebstahlverdacht geraten könnten.

Abb. 3 Wertsachen nicht berühren

Endarbeiten

Die Endarbeiten des Zimmermädchens sind:
- Staubsauger und Geräte entleeren und säubern,
- Putzlappen, Staubtücher, Gläsertücher zum Waschen geben,
- Zimmermädchen-Wagen auffüllen und für die nächste Schicht herrichten,
- Etagenoffice kontrollieren und ordentlich hinterlassen, Lichter löschen, absperren,
- Pass-Schlüssel (master key) der Hausdame übergeben.

2.3 Herrichten eines Gästezimmers bei Bleibe

🇬🇧 cleaning of a stay-on room   🇫🇷 nettoyage (m) d'une chambre permanente

Die Reinigungsarbeiten in einem Bleibezimmer sind im Allgemeinen wie in einem Abreisezimmer. Jedoch ist auf folgende Punkte besonders zu achten:

Wenn Bargeld, Schmuck oder Wertsachen vermisst werden, vermuten manche Gäste gleich auf Diebstahl und verdächtigen ihr Zimmermädchen. Deshalb:
- Zimmertüre beim Arbeiten im Zimmer immer offen lassen;
- Bargeld, Schmuck und Wertsachen nicht berühren; beim Staubwischen die Ablagestellen dieser Dinge nicht bearbeiten;
- Kleiderschrank, Nacht- und Schreibtisch-Schubladen sowie Gepäckstücke nicht öffnen!

Für die weiteren Arbeiten gilt:
- Kleidungsstücke, die am Boden liegen, aufheben, zusammenlegen und sichtbar auf ein Möbelstück legen, jedoch nicht in den Schrank;
- herumliegende Zeitungen, Zeitschriften, Bücher und alles, was für den Gast von Bedeutung sein könnte, nicht eigenmächtig wegwerfen, sondern ordnen;
- beim Entleeren des Papierkorbes auf Dinge achten, die im Allgemeinen nicht zum Abfall gehören, wie z. B. eine Armbanduhr; solche Dinge vorsichtshalber zurück auf den Schreibtisch legen;
- zum Reinigen der Ablage von Kosmetik- und Toilettenartikeln im Bad diese Gegenstände nach dem Putzen möglichst wie vorher geordnet zurückstellen;
- Badezimmerwäsche dem Hinweis entsprechend erneuern, d. h. nur die am Boden liegenden Handtücher werden ausgewechselt;

Weitere wichtige Verhaltensregeln für Zimmerfrauen

- Zimmerschlüssel nie ausleihen!
- Keine Zimmertüren für fremde Gäste öffnen, es sei denn, der Gast kann sich mit dem dazugehörigen Zimmer-Pass ausweisen!
- Diskretion über die Gäste und deren Umfeld wahren! Keine Informationen weitergeben!
- Gäste-Eigentum, wie z. B. Parfüm, Hautcreme, darf nicht benutzt werden!
- Alle Gäste, die einem begegnen, mit dem entsprechenden Tagesgruß grüßen!
- Beschädigungen im Zimmer, z. B. an den Möbeln, der Hausdame sofort melden!

2.4 Kontrolle eines Gästezimmers

🇬🇧 checking of a hotel room, controlling measures
🇫🇷 contrôle (m) des chambres (w) aux étages (m)

Für die hotelinterne Kontrolle der Gästezimmer ist die Hausdame als Abteilungsleiterin verantwortlich. Sie achtet dabei besonders auf
- **Sauberkeit** im gesamten Zimmer, auf
- **Funktionstüchtigkeit** und auf
- **Vollständigkeit** aller Geräte und Teile.

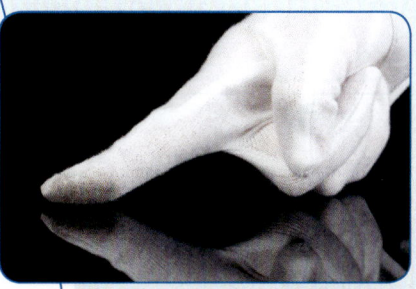

Abb. 1 Kontrolle der Sauberkeit

Anhand eines festgesetzten Kontrollplans (Checkliste) überprüft sie vorrangig alle Abreisezimmer mit dem gesamten Inventar. Eventuelle Mängel notiert sie auf der Checkliste und bespricht die Beseitigung mit dem zuständigen Zimmermädchen.

Erst wenn alle Mängel behoben sind, erfolgt durch die Hausdame die Freimeldung zur Neuvermietung an den Empfang. Die ausgefüllten Checklisten werden regelmäßig ausgewertet und mit der Zimmerzustandskartei verglichen. Daraus ermittelt die Hausdame den Bedarf an:
- **Ersatzbeschaffungen,** wie z. B. neue Balkon-Markisen anstelle der beschädigten;
- **Ergänzungen,** wie z. B. Programmhinweise bzw. Werbeaufsteller zum neuen Pay-TV-Angebot des Hotels;
- **Reparaturen,** wie z. B. nicht funktionierende Abluftventilatoren in den Badezimmern.

Abb. 2 Kontrolle der Vollständigkeit

Den Bedarf an Ersatzbeschaffungen und Ergänzungen meldet die Hausdame der Direktion, die über den Zeitpunkt der Durchführung und die Bereitstellung der finanziellen Mittel entscheidet. Reparaturmeldungen gibt sie zur Erledigung an die Abteilung Haustechnik weiter.

Die **Zimmerzustandskartei** ist ein wichtiges Hilfsmittel zur Zimmerkontrolle. Sie besteht aus einer Datensammlung für jedes Gästezimmer, z. B. mit:
- **Kaufdaten** aller Inventar-Gegenstände;
- **Wartungsterminen** für Geräte;
- **Reinigungsdaten,** z. B. der Teppich-Grundreinigung;
- **Renovierungsdaten,** z. B. den Malerarbeiten.

2.5 Sonstige Arbeiten auf der Etage

🇬🇧 other duties of the housekeeping department
🇫🇷 autres travaux (m) par le service aux étages

Abb. 3 Im Foyer eines Großhotels

Gänge, Foyers, Treppenhäuser, Lifte

Neben den Gästezimmern sind auch alle Gänge auf den Etagen, einschließlich der Wartebereiche vor den Aufzügen, zu reinigen und sauber zu halten. Ebenso Treppenhäuser, Fluchtwege und Lifte. Dazu zählt, dass Klinken und Türgriffe feucht abgewischt und dass Fingerabdrücke von Glasflächen beseitigt werden.

Öffentliche Toiletten

Für den sensiblen Bereich der öffentlichen Toiletten eines Hotels sollte die Hausdame einen Plan zur regelmäßigen Kontrolle und Reinigung durch einen bestimmten Mitarbeiter aufstellen. Jeder Kontrollgang sollte mit Uhrzeit und Unterschrift dokumentiert werden.

WIRTSCHAFTSDIENST – HAUSDAMENABTEILUNG

schaften nur realisierbar, wenn alle Mitarbeiter in den aktiven Umweltschutz mit einbezogen werden. Das setzt regelmäßige Besprechungen, kontinuierliche Information und Weiterbildung sowie Kontrollen voraus.

Die Benennung eines/einer Umweltschutzbeauftragten für die Koordination und Betreuung aller Umweltschutz-Aktivitäten ist empfehlenswert. Außerdem sollte die Umsetzung des Umweltkonzeptes in den Stellenbeschreibungen der einzelnen Mitarbeiter verpflichtend geregelt sein.

Öko-Management hat viele Vorteile

- Kostensenkung für eine bessere Rentabilität
- Sicherung der Zukunftschancen für den Betrieb
- Vermeidung von Entsorgungsproblemen und Entsorgungskosten
- Stärkere Gästebindung und Erschließung neuer Gästekreise
- Wettbewerbsvorsprung und Festigung der Marktposition
- Meinungsbildende Signalwirkung in der Region
- Höhere Mitarbeitermotivation und mehr Freude am Beruf durch mehr Arbeitsqualität
- Unterstützung der örtlichen und regionalen Umweltschutzmaßnahmen
- Förderung eines qualitativen und umweltorientierten Konsum-Bewusstseins.

Auch die Gäste müssen durch entsprechende Informationen vom umweltorientierten Selbstverständnis des Hauses erfahren und mit einbezogen werden. Somit können die Voraussetzungen für das Erreichen der gesetzten Öko-Management-Ziele geschaffen werden. Im Hausdamenbereich mit den Gästezimmern und Wirtschaftsräumen gibt es viele gute Ansatzpunkte für umweltbewusstes Wirtschaften, z. B. bei den Themen Reinigungmittel sowie Energie- und Wasserverbrauch.

Umweltbewusstes Wirtschaften im Hausdamenbereich lässt sich in sechs Bereiche gliedern:
- Energie sparen,
- Wasser sparen, Abwasser entlasten,
- Umweltschonende Reinigungsmittel und Reinigungsmethoden sowie Verbrauchsmaterialien,
- Waschmittel und Wäsche,
- Abfallvermeidung, Wertstoffnutzung,
- Einrichtung, Umbau und Renovierung.

Energie sparen

- Rationeller, bedarfsorientierter Verbrauch von Energie.
- Permanente Kontrolle der Energie-Verbrauchsdaten in der Abteilung unter ökonomischen und ökologischen Gesichtspunkten.
- Stoßlüftung bei der Zimmerreinigung, keine Dauerlüftung.
- Bei offenem Fenster die Heizung abdrehen.
- Die Raumtemperatur absenken, wenn die Zimmer nicht belegt sind.
- „Dauerbeleuchtung" auf Etagengängen nachts mit Zeitautomatik und Bewegungsmeldern steuern.
- TV-Geräte abschalten, keinen „Stand-by"-Betrieb zulassen.
- Waschmaschinen wann immer möglich in der Niedrig-Tarifzeit, meist zwischen 22:00 Uhr und 6:00 Uhr, laufen lassen.

Bayerisches Umweltsiegel für das Gastgewerbe

Das Umweltsiegel der Bayerischen Staatsregierung ist ein Markenzeichen für Hotel- und Gaststättenbetriebe in Bayern, die umweltbewusst wirtschaften. Seit 1997 vergibt die Bayerische Staatsregierung diese einzige staatlich verliehene Umweltauszeichnung für das Gastgewerbe in Deutschland.
Derzeit führen mehr als 300 Betriebe das Umweltsiegel. Auf der eigens dafür erstellten Homepage www.umweltsiegel.de kann sich der umweltbewusste Hotel- und Gaststättenbetrieb über die Teilnahmevoraussetzungen zum Umweltsiegel informieren und sich die Anmeldeformulare herunterladen.
Der Erwerb des Umweltsiegels berechtigt zudem die Teilnahme am Umweltpaket Bayern und zur Nutzung des offiziellen Logos in der Öffentlichkeit.

Das neue EU-Umweltzeichen

Die EU-Verordnung (EG) Nr. 66/2012 spezifiziert in Art. 9 und 10 sowie in Annex II die Bedingungen für die Nutzung des Ecolabel-Logos.
Produkte und Dienstleistungen, die nach erfolgreicher Antragstellung vertraglich das Ecolabel tragen dürfen, könnne entsprechend der Verordnung mit dem Ecolabel ausgezeichnet werden.

2.4 Kontrolle eines Gästezimmers

🇬🇧 checking of a hotel room, controlling measures
🇫🇷 contrôle (m) des chambres (w) aux étages (m)

Für die hotelinterne Kontrolle der Gästezimmer ist die Hausdame als Abteilungsleiterin verantwortlich. Sie achtet dabei besonders auf
- **Sauberkeit** im gesamten Zimmer, auf
- **Funktionstüchtigkeit** und auf
- **Vollständigkeit** aller Geräte und Teile.

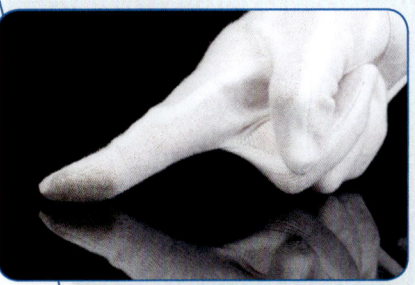

Abb. 1 Kontrolle der Sauberkeit

Anhand eines festgesetzten Kontrollplans (Checkliste) überprüft sie vorrangig alle Abreisezimmer mit dem gesamten Inventar. Eventuelle Mängel notiert sie auf der Checkliste und bespricht die Beseitigung mit dem zuständigen Zimmermädchen.

Erst wenn alle Mängel behoben sind, erfolgt durch die Hausdame die Freimeldung zur Neuvermietung an den Empfang. Die ausgefüllten Checklisten werden regelmäßig ausgewertet und mit der Zimmerzustandskartei verglichen. Daraus ermittelt die Hausdame den Bedarf an:
- **Ersatzbeschaffungen,** wie z. B. neue Balkon-Markisen anstelle der beschädigten;
- **Ergänzungen,** wie z. B. Programmhinweise bzw. Werbeaufsteller zum neuen Pay-TV-Angebot des Hotels;
- **Reparaturen,** wie z. B. nicht funktionierende Abluftventilatoren in den Badezimmern.

Abb. 2 Kontrolle der Vollständigkeit

Den Bedarf an Ersatzbeschaffungen und Ergänzungen meldet die Hausdame der Direktion, die über den Zeitpunkt der Durchführung und die Bereitstellung der finanziellen Mittel entscheidet. Reparaturmeldungen gibt sie zur Erledigung an die Abteilung Haustechnik weiter.

Die **Zimmerzustandskartei** ist ein wichtiges Hilfsmittel zur Zimmerkontrolle. Sie besteht aus einer Datensammlung für jedes Gästezimmer, z. B. mit:
- **Kaufdaten** aller Inventar-Gegenstände;
- **Wartungsterminen** für Geräte;
- **Reinigungsdaten,** z. B. der Teppich-Grundreinigung;
- **Renovierungsdaten,** z. B. den Malerarbeiten.

2.5 Sonstige Arbeiten auf der Etage

🇬🇧 other duties of the housekeeping department
🇫🇷 autres traveaux (m) par le service aux étages

Abb. 3 Im Foyer eines Großhotels

Gänge, Foyers, Treppenhäuser, Lifte

Neben den Gästezimmern sind auch alle Gänge auf den Etagen, einschließlich der Wartebereiche vor den Aufzügen, zu reinigen und sauber zu halten. Ebenso Treppenhäuser, Fluchtwege und Lifte. Dazu zählt, dass Klinken und Türgriffe feucht abgewischt und dass Fingerabdrücke von Glasflächen beseitigt werden.

Öffentliche Toiletten

Für den sensiblen Bereich der öffentlichen Toiletten eines Hotels sollte die Hausdame einen Plan zur regelmäßigen Kontrolle und Reinigung durch einen bestimmten Mitarbeiter aufstellen. Jeder Kontrollgang sollte mit Uhrzeit und Unterschrift dokumentiert werden.

Wirtschaftsdienst

WIRTSCHAFTSDIENST – HAUSDAMENABTEILUNG

Beispiel einer Checkliste für die Hausdame zur täglichen Kontrolle

Quality Room Inspection

Zimmer-Nr.: _____   Geprüft: (Name) _____   Datum: _____

Zimmer — Bemerkungen

- Eingang und Tür mit Kette
- Fluchtplan mit Eingang
- Schrank und Kleiderbügel
- Preisliste im Schrank
- Möbel und Schubladen
- Lampen: Birnen und Schirme
- Papierkorb
- Spiegel und Bilder
- Aschenbecher/Streichhölzer*
- Fernseher und Radio
- Video-Qualität
- Telefon und Messagelampe
- Gardinen und Vorhänge
- Fenster
- Fußboden
- Wände/Decken
- Polstermöbel
- Tagesdecken
- Air conditioning und Heizung
- Sonstige Einrichtungen

Supplies

- Briefmappe
- Briefbögen
- Briefumschläge
- Postkarten
- Kugelschreiber
- 1 Wäschebeutel mit Reinigungs-Wäscheliste
- Bibel
- Hotel Directory
- Fernseh-Programm
- Gästefragebogen
- Schuhputzstreifen
- Koffergestell
- Bitte-nicht-stören-Schild
- Frühstück Doorknob Menü
- Telefonbuch
- Telefon-Preiskarte
- Telefonblock + Kugelschreiber

Bad — Bemerkungen

- Wanne und Duschvorhang
- Badezimmerkacheln
- Wasserhahn, Dusche
- Toilette mit Wasserbehälter
- Toilettenbrille
- Wandaschenbecher Toilette
- Fußbodenbelag/Kacheln
- Spiegel
- Abfalleimer
- Badezimmertür
- Badezimmerdecke
- Luftabzug
- Waschbecken u. Armaturen
- Kleenexkasten
- Handtuch-Ablage u. -Halter
- Sonstige Einrichtungen

Supplies

- Badetücher
- Handtücher
- Waschlappen
- Seife und Schaumbad
- Shampoo, Duschhaube
- Toilettenpapier und 1 Rolle extra
- Badematte
- 2 Wassergläser

Minibar

- Saubere aufgestockte Minibar
- Eisfach (Sauberkeit)
- Gläser
- Preisliste
- Eiswürfelbehälter

Bitte beachten: Original und Kopie in Duty-Manager-Buch.
Zimmer-Nr. in Duty-Manager-Buch eintragen.

* nur in Raucherzimmern

Beispiel eines Auftrags- und Rechnungsblocks für Gästewäsche-Service auf der Etage

HOTEL GRAVENBRUCH
Kempinski Frankfurt
1 1 0 1 0

Bitte wählen Sie Nr. 7
NORMAL-SERVICE:
Auftrag bis 9.00 Uhr/Rücklieferung bis 18.00 Uhr, Auftrag nach 9.00 Uhr/Rücklieferung an folgendem Werktag bis 18.00 Uhr.
EXPRESS-SERVICE:
Auftrag bis 9.00 Uhr/Rücklieferung bis 14.00 Uhr (50% Aufpreis). Auftrag zwischen 9.00 Uhr und 11.00 Uhr/Rücklieferung am selben Tag (100% Aufpreis). Bügeldienst innerhalb von 2 Stunden. An Wochenenden und Feiertagen bitten wir um Kontaktaufnahme mit dem Portier.

WÄSCHELISTE/LAUNDRY LIST

Please Dial No. 7
REGULAR SERVICE:
Received before 9.00 a.m./Returned before 6.00 p.m., Received after 9.00 a.m./Returned before 6.00 p.m. the following work-day.
SPECIAL SERVICE:
Received before 9.00 a.m./Returned before 2.00 p.m. (50% extra charge). Received between 9.00 a.m. and 11.00 a.m./Returned within the same day (100% extra charge). – Pressing within two hours. On weekends and Public Holidays please contact the Concierge.

Name _____   **Zimmer-Nr.** _____
Date delivered   Room No
Datum _____   **Rücklieferung** _____
                                       To be returned on

Besondere Instruktionen
Special Instructions

Stückzahl/Count		Herren-Wäsche	Gentlemen's Linen	Preis/Price €	€
Gast/Guest	Hotel				
		Oberhemden	Shirts	3,50	
		Smokinghemden	Evening shirts	4,50	
		Nachthemden	Night shirts	5,00	
		Schlafanzüge	Pyjamas	5,00	
		Unterhosen	Under-shorts	2,00	
		Unterhemden	Under-vests	2,00	
		Paar Socken	Pair of socks	1,50	
		Taschentücher	Handkerchiefs	1,00	
		Damen-Wäsche	Ladies' Linen		
		Blusen	Blouses	5,50	
		Nachthemden	Nightdresses	5,00	
		Schlafanzüge	Pyjamas	5,00	
		Unterhemden	Under-shirts	2,00	
		Unterkleider	Slips	3,00	
		Schlupfhosen	Panties	2,00	
		Büstenhalter	Brassiers	2,00	
		Taschentücher	Handkerchiefs	1,00	
		Paar Strümpfe	Pair of stockings	1,50	
Unterschrift des Gastes Signature			Total:		

HOTEL GRAVENBRUCH
Kempinski Frankfurt
1 1 0 1 0

Name _____
Zi.-Nr.
Room No

Summe
Total   € _____

Zuschlag
Extra charge   € _____

Das Hotel haftet nicht für Schrumpfung und Farbechtheit der Artikel. Keine Verantwortung für Reklamationen, die einen Monat nach dem Abgabedatum gestellt werden. Für vorliegende Beschädigungen oder sonstige Fehler haftet das Hotel nur bis zum 15-fachen des für die Wäscherei/Reinigung berechneten Betrages.
The hotel is not responsible for shrinkage or fastness of color. Not resposible for any item not claimed after one month from date of deposit. The hotel is liable for the maximum of 15 times the value of the laundry or dry cleaning charge.

Total   € _____

Ein Hotel der Kempinski Aktiengesellschaft

Wirtschaftsdienst

WIRTSCHAFTSDIENST – HAUSDAMENABTEILUNG

Wellness- und Fitness-Bereich, Sauna, Massage

Auch in diesen Abteilungsbereichen ist peinliche Sauberkeit geboten! In vielen Hotels werden diese Räume von speziell trainierten Reinigungskräften gesäubert. Gelegentlich werden hiermit auch Fremdfirmen beauftragt, die diese Arbeiten nachts durchführen. Die regelmäßige Kontrolle der Einhaltung der Sauberkeits-Standards obliegt in jedem Fall der Hausdame. Die Kontrolle der Toiletten wird meist von den Mitarbeiterinnen durchgeführt.

Abb. 1 Hydrokultur mit Blähton

Abb. 2 Wasserstandsanzeiger Hydrokultur

Abb. 3 Hotel-Pool

Abb. 4 In der Sauna

Bei Hydrokulturen sind folgende Hinweise zu beachten:
- Erst zwei bis drei Tage nach dem Tiefststand des Wasser-Anzeigers Wasser nachfüllen, damit wieder Luft an die Pflanzenwurzeln kommen kann.
- Zum Auffüllen des Wasserstandes nur warmes Wasser verwenden.
- Ionenaustauschdünger auf Kunstharzbasis verwenden, da sie keine Überdüngung verursachen können.
- Das Wasser sollte normales Leitungswasser sein und darf bei Ionenaustauschdüngern nicht enthärtet worden sein. Es sollte einen Härtegrad von mehr als 0,7 mmol/l aufweisen.
- Die relative Luftfeuchtigkeit der Umluft sollte nicht unter 30 % liegen, denn sonst droht Schädlingsbefall, wie z. B. die „Rote Spinne".
- Hydrokulturen sollten nicht in Zugluft stehen, sonst reagieren die Pflanzen mit Blattfall.
- Die Pflanzen bzw. die Hydrokulturen können gedreht werden, sollten dann aber mindestens drei bis vier Wochen so stehen bleiben.
- Die Hinweise des Hydrokultur-Spezialisten sind zu beachten.

Pflanzenschmuck

Zierpflanzen tragen wesentlich zum positiven Gesamteindruck eines Gastronomiebetriebes bei. Sie müssen regelmäßig gegossen und gepflegt werden. Nur bei genügend Licht, Wasser und Wärme können sie wachsen. Hydrokulturen sind erdlose Kulturen, meist von Zierpflanzen, die in einem neutralen Füllstoff mit möglichst guter Saugwirkung, z. B. Blähton stehen. Die Pflanzen entnehmen Wasser und Nährstoffe einer Nährlösung. Hydrokulturen erleichtern wesentlich die Pflege und Düngung der Pflanzen.

Gästewäsche-Service 🇬🇧 valet service 🇫🇷 valet (m) service

Viele Hotels bieten ihren Gästen die Möglichkeit an, gegen Berechnung ihre Privatwäsche waschen oder reinigen zu lassen. Im Kleiderschrank des Gästezimmers oder im Badezimmer liegen hierfür Wäschebeutel und Auftragsblock mit Einzelheiten zur Verfahrensweise bereit (siehe Beispiel S. 567). Meistens werden die Gäste gebeten, ihre Wäsche im beschrifteten Wäschebeutel mit ausgefülltem Wäschezettel dem Zimmermädchen bis 9:00 Uhr morgens zu übergeben, wenn die Wäsche noch am selben Tag geliefert werden soll. In manchen Luxus-Hotels wird darüber hinaus ein Fünf-Stunden-Express-Service gegen Aufpreis angeboten.

Herrichten der Zimmer für die Nacht

In vielen First-class- und Luxus-Hotels werden die Gästebetten morgens mit Tagesdecken zugedeckt. Ein Abend-Zimmermädchen kümmert sich darum, die Tagesdecken wieder abzunehmen, die Betten herzurichten, die Gäste-Pyjamas und „Betthupferl" bereitzulegen und das Bad zu kontrollieren (Aufdeck-Service).

VIP-Gäste erhalten eine besondere Aufmerksamkeit ins Zimmer gestellt.

3 Umweltschutz in der Hausdamenabteilung

Aufgaben

1. Erklären Sie, mit welchen Materialien ein Zimmermädchen-Wagen zur Arbeitsvorbereitung aufgefüllt wird.
2. Was versteht man unter dem Fachbegriff „complimentary articles"?
3. Nennen Sie jeweils sechs Beispiele für „complimentary articles" aus dem Badezimmer- und aus dem Gästezimmer-Bereich.
4. Erklären Sie den Unterschied zwischen Arbeitsgeräten und Arbeitsmitteln und führen Sie jeweils fünf Beispiele dazu auf.
5. Was ist mit dem Begriff Leistungsmaßstab für Zimmermädchen gemeint?
6. Begründen Sie, warum der Leistungsmaßstab für Zimmermädchen von Hotel zu Hotel unterschiedlich hoch ausfallen kann.
7. Auf welche drei Schwerpunkte wird sowohl beim Training eines neuen Zimmermädchens als auch bei der späteren Zimmerkontrolle besonders geachtet?
8. Wodurch unterscheiden sich die Arbeiten des Zimmermädchens beim Herrichten eines Gästezimmers bei Bleibe vom Herrichten bei Abreise? Nennen Sie sechs Punkte.
9. Nennen Sie vier Empfehlungen, die einem Zimmermädchen helfen können, beim Arbeiten nicht in Diebstahlverdacht zu geraten.
10. Erklären Sie, warum in jedem Hotel die Kontrolle der gereinigten Abreise-Zimmer durch die Hausdame unbedingt notwendig ist.
11. Welchen Bedarf ermittelt die Hausdame bei der Auswertung der einzelnen Zettel ihrer Zimmer-Checkliste? Nennen Sie drei Bereiche.
12. Erklären Sie, welche Arten von Daten in einer Zimmerzustandskartei erfasst werden.
13. Entwerfen Sie eine Vorlage für ein Karteiblatt einer Zimmerzustandskartei. Gehen Sie dabei von den Gegebenheiten Ihres Ausbildungsbetriebes aus.
14. Wie werden Pflanzen in Hydrokulturen versorgt?
15. Nennen Sie sieben Voraussetzungen für Pflanzen bzw. Hinweise, die bei Hydrokulturen zu beachten sind.
16. Sie werden auf der Etage von Gästen gefragt, ob Ihr Haus auch einen Gästewäsche-Service anbietet. Erklären Sie Bedeutung und branchenübliche Verfahrensweisen.

3 Umweltschutz in der Hausdamenabteilung

🇬🇧 environmental protection in the housekeeping department
🇫🇷 protection (w) de l'environnement par le service aux étages

Gäste werden zunehmend umweltbewusst. Sie erwarten Umweltqualität nicht nur in Natur und Landschaft, sondern auch in allen inneren Bereichen des Gastronomiebetriebes. Einen Hotelbetrieb unter ökologischen Gesichtspunkten zu überprüfen und zu verbessern nennt man umweltorientierte Unternehmensführung oder Öko-Management. Wie in anderen Hotelabteilungen, so ist auch im Hausdamenbereich ein umweltbewusstes Wirt-

Abb. 1 Umweltschutz – wir machen mit!

Wirtschaftsdienst

WIRTSCHAFTSDIENST – HAUSDAMENABTEILUNG

Bayerisches Umweltsiegel für das Gastgewerbe

Das Umweltsiegel der Bayerischen Staatsregierung ist ein Markenzeichen für Hotel- und Gaststättenbetriebe in Bayern, die umweltbewusst wirtschaften. Seit 1997 vergibt die Bayerische Staatsregierung diese einzige staatlich verliehene Umweltauszeichnung für das Gastgewerbe in Deutschland.
Derzeit führen mehr als 300 Betriebe das Umweltsiegel. Auf der eigens dafür erstellten Homepage www.umweltsiegel.de kann sich der umweltbewusste Hotel- und Gaststättenbetrieb über die Teilnahmevoraussetzungen zum Umweltsiegel informieren und sich die Anmeldeformulare herunterladen.
Der Erwerb des Umweltsiegels berechtigt zudem die Teilnahme am Umweltpaket Bayern und zur Nutzung des offiziellen Logos in der Öffentlichkeit.

Das neue EU-Umweltzeichen

Die EU-Verordnung (EG) Nr. 66/2012 spezifiziert in Art. 9 und 10 sowie in Annex II die Bedingungen für die Nutzung des Ecolabel-Logos.
Produkte und Dienstleistungen, die nach erfolgreicher Antragstellung vertraglich das Ecolabel tragen dürfen, könnne entsprechend der Verordnung mit dem Ecolabel ausgezeichnet werden.

schaften nur realisierbar, wenn alle Mitarbeiter in den aktiven Umweltschutz mit einbezogen werden. Das setzt regelmäßige Besprechungen, kontinuierliche Information und Weiterbildung sowie Kontrollen voraus.

Die Benennung eines/einer Umweltschutzbeauftragten für die Koordination und Betreuung aller Umweltschutz-Aktivitäten ist empfehlenswert. Außerdem sollte die Umsetzung des Umweltkonzeptes in den Stellenbeschreibungen der einzelnen Mitarbeiter verpflichtend geregelt sein.

Öko-Management hat viele Vorteile

- Kostensenkung für eine bessere Rentabilität
- Sicherung der Zukunftschancen für den Betrieb
- Vermeidung von Entsorgungsproblemen und Entsorgungskosten
- Stärkere Gästebindung und Erschließung neuer Gästekreise
- Wettbewerbsvorsprung und Festigung der Marktposition
- Meinungsbildende Signalwirkung in der Region
- Höhere Mitarbeitermotivation und mehr Freude am Beruf durch mehr Arbeitsqualität
- Unterstützung der örtlichen und regionalen Umweltschutzmaßnahmen
- Förderung eines qualitativen und umweltorientierten Konsum-Bewusstseins.

Auch die Gäste müssen durch entsprechende Informationen vom umweltorientierten Selbstverständnis des Hauses erfahren und mit einbezogen werden. Somit können die Voraussetzungen für das Erreichen der gesetzten Öko-Management-Ziele geschaffen werden. Im Hausdamenbereich mit den Gästezimmern und Wirtschaftsräumen gibt es viele gute Ansatzpunkte für umweltbewusstes Wirtschaften, z. B. bei den Themen Reinigungsmittel sowie Energie- und Wasserverbrauch.

Umweltbewusstes Wirtschaften im Hausdamenbereich lässt sich in sechs Bereiche gliedern:

- Energie sparen,
- Wasser sparen, Abwasser entlasten,
- Umweltschonende Reinigungsmittel und Reinigungsmethoden sowie Verbrauchsmaterialien,
- Waschmittel und Wäsche,
- Abfallvermeidung, Wertstoffnutzung,
- Einrichtung, Umbau und Renovierung.

Energie sparen

- Rationeller, bedarfsorientierter Verbrauch von Energie.
- Permanente Kontrolle der Energie-Verbrauchsdaten in der Abteilung unter ökonomischen und ökologischen Gesichtspunkten.
- Stoßlüftung bei der Zimmerreinigung, keine Dauerlüftung.
- Bei offenem Fenster die Heizung abdrehen.
- Die Raumtemperatur absenken, wenn die Zimmer nicht belegt sind.
- „Dauerbeleuchtung" auf Etagengängen nachts mit Zeitautomatik und Bewegungsmeldern steuern.
- TV-Geräte abschalten, keinen „Stand-by"-Betrieb zulassen.
- Waschmaschinen wann immer möglich in der Niedrig-Tarifzeit, meist zwischen 22:00 Uhr und 6:00 Uhr, laufen lassen.

3 Umweltschutz in der Hausdamenabteilung

Wasser sparen, Abwasser entlasten

- Perlatoren an den Wasserhähnen vermindern den Wasser-Durchfluss um die Hälfte.
- Sparduschköpfe bei Duschen anbringen.
- WC-Spülkästen mit „Spartaste" ausstatten.
- Außenanlagen nicht mit Wasser aus der Leitung bewässern. Dazu Regenwasser auffangen und nutzen.

Umweltschonende Reinigungsmittel und Reinigungsmethoden sowie Verbrauchsmaterialien

- Lösungsmittelhaltige Reinigungsmittel nach Möglichkeit vermeiden.
- Reinigungsmittel vermeiden, die Chlor, Phosphate, Formaldehyde oder Sulfate enthalten.
- Bedienungsanleitungen, Dosierungsanweisungen und Umweltschutzhinweise beachten.
- Unterschiedliche Reinigungsmittel nicht mischen.
- Altbewährte Hausmittel mit natürlicher Reinigungskraft bevorzugen, wie z. B. Essig oder Essig- bzw. Zitronenreiniger anstelle der überflüssigen Desinfektionsreinigung oder chemischen Kalklöser.
- Auf „Duftsteine" im WC verzichten.
- Recycling-Toiletten-Papier einkaufen.
- Keine Möbelsprays verwenden, sondern flüssige Polituren, gegebenenfalls mit Pumpzerstäuber.
- Keine aggressiven Rohrreiniger verwenden. Akute Rohrverstopfungen mechanisch mit Saugglocke und Rohrspirale umweltfreundlich beseitigen.
- Auf Insektizide und sonstige Pflanzenschutzmittel verzichten. Unerwünschte Pflanzen von Hand beseitigen.
- Keine Einweg-Zahnputzbecher aus Kunststoff verwenden, statt dessen Zahnputzgläser bereitstellen.

Waschmittel und Wäsche

- Vollwaschmittel nur bei Bedarf einsetzen, meist reichen Feinwaschmittel.
- Waschmittel sollten keine Sulfate und Phosphate enthalten.
- Ab dem Wasser-Härtebereich 2 oder 0,7 mmol/l dem Waschmittel phosphatfreien Enthärter beigeben. Das spart Waschmittel.
- Keine Chlorbleiche verwenden, denn sie führt zu Giften im Abwasser.
- Flexibler Handtuch- und Bettwäschewechsel nach Bedarf.
- Hartnäckige Flecken mit Fleckensalz oder Gallseife vorbehandeln.
- Keine Weichspüler verwenden. Die meisten enthalten kationische Tenside, die schwer abbaubar sind und das Abwasser belasten.
- Vorwäsche nur bei stark verschmutzter Wäsche.

Abfallvermeidung, Wertstoffnutzung

Abfälle vermeiden beginnt beim Einkauf durch Verzicht auf portionsverpackte Artikel und die Bevorzugung von Mehrwegverpackungen bzw. Großpackungen. Beispiele:
- Keine Portionspackungen für Seife, Duschgel und Shampoo einkaufen. Als kostengünstigere Alternative Duschgel-Dosierspender mit Mehrweg- Großgebinden in den Bädern anbringen.

Der „Blaue Engel"
Das Umweltzeichen „Der Blaue Engel" ist beim Einkaufen ein klares Erkennungszeichen für Produkte, die in ihrer ganzheitlichen Betrachtung besonders umweltfreundlich sind. Nur Produkte und Dienstleistungen, die im Vergleich zu herkömmlichen Produkten
- die Umwelt weniger belasten,
- möglichst wenig Ressourcen verbrauchen,
- keine für die Umwelt oder die Gesundheit des Menschen schädlichen Substanzen enthalten und
- dabei ihre Funktion in hoher Qualität erfüllen,

können den Blauen Engel tragen. Das RAL Deutsches Institut für Gütesicherung und Kennzeichnung e.V. – und dort eine unabhängige Jury – vergibt das Umweltzeichen.

Lieber Gast,
für Sie und für den Erhalt unserer Umwelt wechseln wir „alt" gegen „neu", ganz nach Ihrem Bedürfnis.
Bestimmen Sie selbst und legen Sie zum Tausch bestimmte Handtücher in den Korb an der Wand.
Unsere Mitarbeiterinnen sorgen für neue Frische. Wir danken Ihnen für Ihre Unterstützung!

Abb. 1 Aufsteller im Bad zur Aktion „WIRF DAS HANDTUCH!"

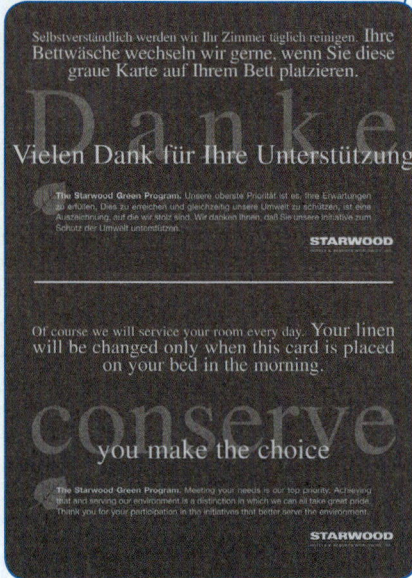

Abb. 1 Einladung zum flexiblen Bettwäschewechsel

Abb. 2 Recycling-Möglichkeiten nutzen

Abb. 3 Begrünte Fassade

Abb. 4 Solarleuchte im Garten

- Reinigungsmittel in großen Gebinden und/oder Konzentrate verwenden, die für die Zimmer- und Putzhilfen in Literflaschen umgefüllt werden.
- Zimmermädchen-Wagen mit entsprechenden Behältern zur Mülltrennung einsetzen.
- Getrenntes Sammeln von Abfällen aus Papier, Glas, Metall, Kunststoff zur Wiederverwertung und von organischen Abfällen zur Kompostierung (s. S. 30).
- In den Minibars nur Getränke in Mehrwegflaschen, nicht in Dosen anbieten. Trinkgläser, keine Plastikbecher bereitstellen.
- Ausgediente Textilien, die nicht mehr „zweitgenutzt" werden können, in die Wiederverwertung geben.

Einrichtung, Umbau und Renovierung

- Möbel sollten aus stabilem Massivholz bestehen, nach Möglichkeit aus einheimischen Hölzern.
- Polstermöbel und Stühle sollten Rahmen aus Vollholz und Sitzflächenpolsterung nach herkömmlichem Muster haben: Gurte, Federn, Füllungen aus Naturmaterialien wie Wolle, Rosshaar und/oder Kapok-Samenhaar. Die Abdeckung sollte aus Naturtextilien sein.
- Umweltfreundliche Baustoffe bei Umbau-Maßnahmen verlangen und planen.
- Einsatz umweltschädlicher Produkte ausdrücklich untersagen.
- Keine chemischen Holzschutzmittel in Innenräumen verwenden. Dafür Leinölfirnis oder Naturharz-Imprägnierung verwenden.
- Fugen nicht mit FCKW- und formaldehydhaltigen Mitteln ausschäumen lassen.
- Technikräume in ausreichender Größe einplanen, die in ihrer Anordnung der Logik der Arbeitsabläufe entsprechen.
- Kühl- und Lagerräume nicht an beheizte Räume grenzen lassen.
- Verzicht auf Kippfenster verhindert Energieverluste durch Dauerlüftung und zwingt zur „Stoßlüftung".
- Wärmeschutz durch Glasscheiben mit hohem Dämmwert, d. h. möglichst niedrigem „k-Wert" einplanen.
- Möglichkeiten für Wärme-Rückgewinnung und Wärmetauscher prüfen.
- Todesgefahren für Tiere beseitigen, z. B. verglaste Gänge oder große Fensterflächen mit Greifvogel-Silhouetten auffällig machen.
- Kurze Entsorgungswege schaffen.
- Außenanlagen des Hotels naturnah gestalten, standortgerecht bepflanzen.
- Hotelgarten für Küchenkräuter und Schnittblumen anlegen.
- An natürlichen Sichtschutz denken, z. B. als Parkplatz-Abgrenzung und -Unterteilung, oder vor den Wertstoff- und Abfallbehältern.
- Fassaden begrünen, wo es möglich ist, z. B. Efeu an Nord- und Nordwestfassaden.
- Standortgerechte Bäume dort neu anpflanzen, wo ihr Schattenwurf nicht stört.
- Zur Gartenbeleuchtung eignen sich Solarzellen-Lampen, die die tagsüber anfallende Sonnenenergie speichern und nachts abgeben.
- Zur Beleuchtung der Außenanlagen ab ca. 23 Uhr eignet sich besonders eine Infrarot-Sensorschaltung in Kombination mit einer Zeitschaltautomatik.

4 Arbeitssicherheit

🇬🇧 accident prevention 🇫🇷 prévention (w) des accidents

Unfallursachen

Die meisten Arbeitsunfälle in der Hausdamenabteilung geschehen durch:
- **Ausrutschen** auf nassen und glatten Böden oder Treppen,
- **Stürzen** von Leitern oder Stühlen, die ungeeignet oder ungenügend gesichert waren, oftmals beim Fensterputzen, Ab- oder Aufhängen von Vorhängen und Übergardinen,
- **Stolpern** über elektrische Kabel, z. B. von Staubsaugern oder Reinigungsmaschinen.

Ferner kommt es gelegentlich zu:
- **Schnittverletzungen,** z. B. beim Waschen und Polieren von Zahnputz- und Minibar-Gläsern,
- **Verletzungen durch elektrischen Strom,** z. B. bei schadhaften Elektrogeräten, Kabeln und Anlagen,
- **Verletzungen durch Verätzungen,** z. B. beim Verdünnen von Säuren, Laugen oder sonstigen konzentrierten Mitteln.

Rutschgefahr

Stolpergefahr

Abb. 1 Gefahr auszurutschen

Unfallverhütung

Für den Gefahrenbereich der **Böden, Treppen und Leitern** gilt:
- Geeignetes Schuhwerk tragen,
- rutschige Stellen, Ölflecken usw. unverzüglich beseitigen,
- Leitern mit mangelhafter Standfestigkeit nicht verwenden, Gefahr der Hausdame melden,
- Vorhänge nie bei geöffnetem Fenster ab- bzw. aufhängen,
- nicht auf Stühle mit Rollen steigen,
- elektrische Kabel von Arbeitsgeräten so verlaufen lassen, dass niemand stolpern kann.

Gefährliche elektrische Spannung

Gefahr Hautätzend

Verletzungen durch elektrischen Strom

Diese lassen sich wie folgt vermeiden:
- Elektrokabel nur am Stecker aus der Steckdose ziehen, nicht am Kabel;
- Beschädigte Netzstecker und Steckdosen nicht mehr verwenden, durch den Hauselektriker reparieren lassen,
- Defekte und Störungen bei Elektrogeräten nur vom Fachmann beheben lassen;
- Vor den Reinigungsarbeiten an elektrischen Geräten den Netzstecker ziehen.

Abb. 2 Schutzhandschuhe

Abb. 3 Schutzbrille

Verletzungen durch Verätzungen

- Gefahrenhinweise genau durchlesen (siehe auch Sicherheits- und Gebotszeichen, ab S. 46),
- empfohlene Schutzkleidung und Gummihandschuhe anziehen; außerdem eine Schutzbrille aufsetzen,
- Dosierungshinweise genau beachten,
- unterschiedliche Mittel nicht mischen.

Maßnahmen der Ersten Hilfe: ab S. 48

> ● Gefahrenquellen gleich bei Arbeitsbeginn in jeder neuen Abteilung kennen lernen und die Unfallverhütungs-Hinweise gewissenhaft beachten!

5 Rechtsvorschriften

🇬🇧 laws 🇫🇷 référence (w) juridique

Die entsprechenden Gesetzestexte, die das Kapitel Wirtschaftsdienst – Hausdamenabteilung betreffen, sind auf der dem Buch beiliegenden CD nachzulesen. Das Wichtigste daraus hier in Kurzform:

Haftung aus unerlaubten Handlungen ❶

Der **§ 823 Abs. 1 BGB** besagt: „Wer vorsätzlich oder fahrlässig das Leben, die Gesundheit, die Freiheit, das Eigentum oder andere Rechte von Personen widerrechtlich verletzt, der ist dem anderen zum Ersatz des daraus entstehenden Schadens verpflichtet."

Für den Tatbestand einer unerlaubten Handlung müssen **drei Voraussetzungen** vorliegen:
- Es muss ein **Schaden** entstanden sein,
- es muss ein **Verschulden** vorliegen, z. B. durch Vorsatz, wie bei einer absichtlichen Schädigung, oder durch Fahrlässigkeit, d. h. die erforderliche Sorgfalt wurde außer Acht gelassen,
- es muss **Widerrechtlichkeit** vorliegen, d. h. für den entstandenen Schaden darf es keinen rechtlichen Grund geben.

Der Gastronom haftet auch ohne eigenes Verschulden im Rahmen seiner **Verkehrssicherungspflicht:** Es besteht bereits beim Betreten eines Lokals eine „vorvertragliche Beziehung". Das bedeutet, der Gastwirt haftet für bestimmte Schäden, die ein Gast erleidet, auch wenn er noch nicht Platz genommen hat. Der Gastwirt hat dafür zu sorgen, dass dem Gast auf den öffentlich zugänglichen Grundstücks- und Gebäudeteilen unverschuldet nichts passieren kann.

Haftung für den Erfüllungsgehilfen ❷

§ 278 BGB setzt voraus, dass zwischen dem Wirt und der geschädigten Person ein Vertragsverhältnis besteht, bei dessen Erfüllung der Mitarbeiter im Auftrag des Wirtes tätig war.

Haftung für den Verrichtungsgehilfen ❸

§ 831 BGB nennt als Voraussetzung für die Haftung des Verrichtungsgehilfen, dass zwischen dem Wirt und der geschädigten Person **kein Vertragsverhältnis** besteht und der Gehilfe im Auftrag des Wirtes tätig geworden ist. Hinweise zu den Themen „Bewirtungsvertrag", „Schadenshaftung des Gastwirtes", „Pfandrecht des Gastwirtes" und „Fundsachen" befinden sich auf den Seiten 378 ff.

Verpackungsverordnung – VerpackV, Stand 9. Nov. 2010

Diese Verordnung kann bereits den Einkauf von Waren durch die Hausdamenabteilung betreffen. § 1 besagt, dass Verpackungsabfälle in erster Linie zu vermeiden sind. Im Übrigen wird der Wiederverwendung von Verpackungen und der stofflichen Verwertung Vorrang vor der Beseitigung eingeräumt. Die Abfallentsorgung ist nach jeweiligem Landesrecht geregelt.

Abb. 1 Paragraphen-Dschungel

❶ Beispiele:
- Der Hotelier lässt den Schnee auf dem Zugang zum Hotel räumen. Er sorgt dafür, dass gestreut wird.
- Der Hotelier lässt die schadhafte Treppenbeleuchtung reparieren, um Unfällen vorzubeugen.

❷ Beispiel:
Ein Übernachtungsgast stolpert vor seinem Zimmer über ein Elektrokabel und verletzt sich. Das Zimmermädchen hatte beim Staubsaugen fahrlässig gearbeitet.

❸ Beispiel:
Ein Zimmermädchen fährt im dienstlichen Auftrag des Wirtes zur Chemischen Reinigung. Auf dem Weg dorthin verursacht sie einen Verkehrsunfall. Grundsätzlich haftet der Wirt, weil das Zimmermädchen in seinem Auftrag tätig wurde. Eine Haftungsbefreiung ist möglich, wenn der Wirt nachweisen kann, dass er bei der Auswahl seiner Mitarbeiterin weder fahrlässig noch vorsätzlich gehandelt hat. Erbringt der Wirt diesen Nachweis, so muss der Verrichtungsgehilfe selbst für den Schaden aufkommen.

Umweltschadengesetz – USchadG, Stand 30. April 2007

Im Gegensatz zum bereits geltenden Umwelthaftungsgesetz, das sich auf natürliche oder juristische Personen sowie deren Besitz bezieht, regelt das USchadG Schäden, die in Ausübung der beruflichen Tätigkeit an der Umwelt selbst entstehen.

Dazu gehören sowohl der **Boden** und die **Gewässer** samt Grundwasser als auch geschützte Tier- und Pflanzenarten sowie deren Lebensräume. Diesen können nicht nur die Chemie- und Ölindustrie schaden, sondern auch Hotelbetriebe. Sie liegen oftmals in unmittelbarer Nähe eines Naturschutzgebietes oder eines Gewässers, an oder in dem geschützte Tierarten leben.

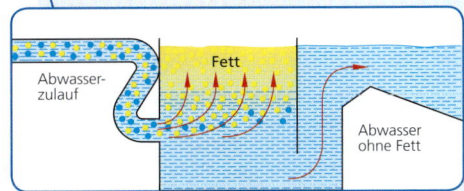

Abb. 1 Fettabscheider

Beispiel mit rechtlicher Konsequenz:
In der Küche eines Hotels befindet sich ein defekter Fettabscheider, der nie gewartet wurde. Monatelang lässt er Lebensmittelreste und Fett ins Erdreich gelangen. Diese Rückstände beeinträchtigen einen nahe gelegenen Teich und zerstören dort seltene Pflanzenarten. Die Behörden entdecken die Schäden und fordern den Hotelinhaber zur Sanierung des Teiches auf.

Aufgaben

1. Erklären Sie den Begriff Öko-Management.
2. Nennen Sie acht Vorteile des umweltbewussten Wirtschaftens.
3. Zählen Sie sechs Bereiche auf, in die sich umweltbewusstes Wirtschaften im Hausdamenbereich gliedern lässt.
4. Wie können Sie in der Hausdamenabteilung dazu beitragen, dass Energie eingespart wird? Schlagen Sie fünf Maßnahmen vor.
5. Durch welche Maßnahmen können Sie dazu beitragen, dass die Belastung des Abwassers verringert wird? Nennen Sie fünf.
6. Was versteht man unter „flexiblem Handtuchwechsel" und warum wird dieser in den meisten Hotels praktiziert?
7. Schlagen Sie fünf Maßnahmen vor, die bei Umbau- bzw. Renovierungsarbeiten im Hotel berücksichtigt werden sollten.
8. Was besagt das deutsche Umweltzeichen „Der Blaue Engel" und wofür wird dieses vergeben?
9. Was unterscheidet die Vergabe des EU-Umweltzeichens von der Vergabe des deutschen Umweltzeichens „Der Blaue Engel"?
10. Warum ist die Benennung eines Umweltschutz-Beauftragten für jeden Hotelbetrieb sinnvoll?
11. Nennen Sie drei typische Unfallursachen in der Hausdamenabteilung.
12. Geben Sie fünf Hinweise zur Unfallverhütung im „Gefahrenbereich Böden, Treppen, Leitern".
13. Durch welche Maßnahmen können Sie dazu beitragen, dass Verletzungen durch elektrischen Strom verhindert werden?
14. Wie können Sie sich vor Verletzungen durch Verätzungen schützen und welche Erste-Hilfe-Maßnahmen sind anzuwenden?
15. Welche drei Voraussetzungen müssen für den Tatbestand einer unerlaubten Handlung im Sinne des § 823 BGB vorliegen?
16. Auf welche Gebiete erstreckt sich die „Haftung aus unerlaubten Handlungen"?
17. Was ist ein „Erfüllungsgehilfe" und was ist ein „Verrichtungsgehilfe" im Sinne des Gesetzes? Nennen Sie je ein Beispiel.

PROJEKT

Generalreinigung von Gästezimmern

Nach Renovierungsarbeiten sollen die 24 Gästezimmer auf einer Etage des Hotels Arberblick generalgereinigt werden. Die Hausdame beauftragt Auszubildende, die Generalreinigung zu planen und den Bedarf an Zimmerfrauen, an Reinigungsgeräten, Arbeitsmitteln, Reinigungs- und Pflegemitteln vorzuschlagen.

Ist-Zustand der Gästezimmer

Entwerfen Sie eine Checkliste, mit der Sie den Ist-Zustand der Etage aufnehmen können.

Soll-Zustand der Gästezimmer

Definieren Sie den angestrebten Soll-Zustand pro Gästezimmer (Sauberkeitsgrad, Standardausstattung, Gästeartikel, …).

Vorgehensweise und Arbeitsreihenfolge

1. Legen Sie fest, welche Reinigungsgeräte und Arbeitsmittel für welche Tätigkeiten eingesetzt werden sollten.
2. Legen Sie fest, welche Reinigungs- und Pflegemittel für welche Oberflächen/Materialien verwendet werden sollten.
3. Bestimmen Sie die Vorgehensweise und Arbeitsreihenfolge auf einem Info-Blatt.

Arbeitszeitbedarf und Verbrauchsmengen pro Gästezimmer

1. Halten Sie fest, wie viel Zeit ein Team von zwei Zimmerfrauen für die Generalreinigung eines Gästezimmers nach vorgegebenem Standard benötigt.
2. Stellen Sie die Verbrauchsmengen der Reinigungs- und Pflegemittel fest.
3. Ermitteln Sie den Bedarf an Gästeartikeln für die 24 Gästezimmer und Bäder.

Gesamtarbeitszeitbedarf und Materialverbrauchsmengen für die Hoteletage

1. Berechnen Sie den Arbeitszeitbedarf für die Generalreinigung der 24 Gästezimmer.
2. Ermitteln Sie den zusätzlichen Arbeitszeitbedarf für die Reinigung der Flure, Flurfenster, Wände und des Treppenhausbereichs.
3. Berechnen Sie den Gesamtarbeitszeitbedarf für die Hoteletage.
4. Berechnen Sie den Gesamtbedarf an Reinigungs- und Pflegemitteln für die Hoteletage.
5. Berechnen Sie, wie viele Zimmerfrauen bei einer reinen Arbeitszeit von 8 Std. pro Tag zur Arbeit eingeteilt werden müssen, wenn für die Generalreinigung der Etage nur eine Zeit von zwei (drei) Tagen zur Verfügung steht?

Bericht für die Hausdame

Verfassen Sie einen kurzen schriftlichen Bericht mit den Ergebnissen.

Warenwirtschaft

Aufgabe der Warenwirtschaft ist es, die richtigen Produkte zum richtigen Zeitpunkt in der richtigen Menge und der richtigen Qualität am richtigen Ort zum richtigen Preis bereitzustellen (**6-R-Formel**).

Zur Warenwirtschaft innerhalb eines Betriebes zählen:
- der **Wareneinkauf**,
- die **Warenannahme**,
- die **Warenlagerung** und
- die **Warenausgabe**.

Im Gastgewerbe handelt es sich hierbei überwiegend um **Lebensmittel** (Food) und um sonstige **Einkaufsgüter** (Non-food), d. h. Hilfsstoffe wie z. B. Büromaterial oder Dekorationsmittel, oder Investitionsgüter wie z. B. Gläser, Bestecke und Gebrauchsgegenstände.

In Großbetrieben werden die Lebensmittel meist von drei Mitarbeitern eingekauft:
- vom **Küchenchef** die Frischprodukte,
- vom **Sommelier** die Weine, Schaumweine und Spirituosen und
- vom **Einkäufer** alle anderen Lebensmittel sowie sonstige Einkaufsgüter.

Der **Magaziner** ist für die korrekte Warenannahme, die fachgerechte Lagerung, die Lagerverwaltung und die Warenausgabe zuständig. In kleineren Betrieben werden diese Tätigkeiten und Bereiche, inklusive des Wareneinkaufs, oftmals nur von einer Person ausgeübt und betreut (siehe auch Kapitel Magazin, ab S. 343).

1 Wareneinkauf

🇬🇧 purchasing goods 🇫🇷 faire des achats (m)

Die Leistungsfähigkeit eines Gastronomiebetriebes hängt in hohem Maße vom qualifizierten Einkauf ab. Ein guter Einkäufer muss über genaue Waren-, Preis- und Marktkenntnisse verfügen. Wer laufend den Markt beobachtet und Preisvergleiche durchführt, kann bei Verhandlungen günstige Einkaufspreise erzielen. Diese müssen nicht zwangsläufig mit geringerer Qualität der Ware verbunden sein.

Abb. 1 Sommelier beim Weineinkauf

> Was man im Einkauf einspart, muss nicht erst erarbeitet werden!

Bedarfsermittlung

Der Einkauf beginnt mit der Bedarfsermittlung. Die Menge des Warenbedarfs pro Artikel ist von mehreren Faktoren abhängig:
- von der vorhandenen Artikelmenge, Bestand,
- von dem durchschnittlichen Tagesverbrauch,
- von der vorhersehbaren zusätzlichen Absatzmenge, z. B. bei Sonderveranstaltungen,
- von der Bearbeitungsdauer im Hause,
- von der Lieferdauer in Tagen,
- von der Größe der Lager- und Kühlräume,
- von der Lagerfähigkeit bzw. Verderblichkeit,
- von der voraussichtlichen Preisveränderung, z. B. bei saisonalen Artikeln oder bei Sonderangeboten,
- von der Verpackungsgröße oder -einheit und
- von der Finanzierbarkeit.

Abb. 2 Magazin eines Großhotels, mit mobilen Regal-Elementen

Warenwirtschaft

Neue Einkaufskontakte lassen sich knüpfen:
- mit Hilfe von Internet-Online-Diensten,
- beim Besuch von Gastronomie-Messen,
- durch Beitritt zu einer Hotel-Kooperation mit angeschlossenem Einkaufsverbund,
- über Kollegen-Empfehlungen,
- über Inserate in der Fachpresse,
- über Auskünfte der zuständigen IHK,
- über Branchen-Verzeichnisse, „Gelbe Seiten" oder Adressbücher und
- mit Hilfe von Werbezusendungen.

	Listenpreis netto (ohne MwSt.)
–	Rabatt des Lieferers
=	Zieleinkaufspreis
–	Skonto des Lieferers
=	Bareinkaufspreis
+	Bezugskosten einschließlich Verpackung
=	Bezugspreis (Einstandspreis)

Formel für Angebotspreisvergleiche

Die Kriterien zum Lieferervergleich lassen sich manchmal schlecht einschätzen oder ihre Bewertung ist sehr aufwendig. Es gibt aber Methoden, die eine Liefererauswahl optimieren. Dazu zählen
- die „Rating-Methode" und
- die „TCO-Methode".

Die Ergebnisse sind objektiv und vergleichbar.

WARENWIRTSCHAFT

Bezugsquellen

Auf Grund der bisherigen Einkäufe verfügt jeder Einkäufer über Marktkenntnisse, Geschäftsverbindungen und eine interne Bezugsquellen-Kartei. Bei guten Einkaufserfahrungen wird er von seinen bisherigen Anbietern vorrangig Angebote einholen. Um aber auch zukünftig günstige Einkaufsquellen und somit Wettbewerbsvorteile nutzen zu können, ist jeder Einkäufer gezwungen, den Beschaffungsmarkt genau zu beobachten und immer wieder neue Angebote einzuholen und zu vergleichen.

Angebotsvergleich

Verschiedene Angebote werden verglichen, um die optimale Kaufentscheidung treffen zu können. Anzustellen sind ein:

Qualitätsvergleich

Die Eigenschaften der jeweiligen Ware werden bewertet. Dazu können zählen:
- Frische (z. B. Frischkost, Tiefkühlkost, Konserve, Trockenprodukt),
- Haltbarkeit/Lagerfähigkeit (MHD),
- Aussehen, Farbe, Geschmack, Geruch, Konsistenz,
- enthaltene Zusatzstoffe (z. B. Farb- und Konservierungsstoffe),
- eventuelle küchentechnische Vorteile;

Produktvergleich

Handelt es sich um ein Original-Markenprodukt oder um ein „No-name-Produkt"? Kriterien für den Produktvergleich und die Beurteilung von Warenproben und Warenangeboten können sein: Aussehen, Farbe, Größe, Inhaltsmenge, Konsistenz, Geruch, Geschmack, Frische, Haltbarkeit, Lagerfähigkeit, Verfallsdatum, Preis, Gewicht, Qualität, küchentechnische Vorteile, Originalprodukte, Zusatzstoffe;

Preisvergleich

Die Einkaufspreise für gleiche Mengen werden ermittelt. Dabei werden berücksichtigt:
- Listenpreise
- Rabatte, Skonti
- Bezugskosten (z. B. Spedition, unfreies Paket, Verpackung)
- Bezugspreise

Lieferervergleich

Bewertung von **qualitativen Kriterien** wie
- Produktqualität
- Image
- Garantien, Kulanz
- Serviceleistungen und -qualität
- Sortimentsbreite und -tiefe

und **Bewertung** von **quantitativen Kriterien** wie z. B.:
- Termintreue, Zuverlässigkeit
- Lieferschnelligkeit, Entfernung
- Verfügbarkeit, Lieferbedingungen
- Verkaufsbedingungen/Konditionen
- Zertifizierung
- Geschäftssitz/Herkunft

Rating-Methode

Bei der Rating-Methode werden die Kriterien zum Lieferervergleich in drei Schritten systematisch gewichtet:

Schritt 1:
Alle Bewertungskriterien für die Auswahl eines Lieferers werden mit Punkten gewichtet.
Beispiel: Gesamtsumme **100 Punkte,** die aufgeteilt werden.

Gewichtung der Kriterien zur Lieferer-Auswahl (gesamt: 100 P.)			
Produktqualität	15	Termintreue	12
Image	5	Zuverlässigkeit, Lieferschnelligkeit	10
Garantien, Kulanz	10	Verfügbarkeit, Lieferbedingungen	5
Serviceleistungen und Qualität	3	Verkaufsbedingungen/Konditionen	25
Sortimentsbreite und -tiefe	5	Zertifizierung	5
		Geschäftssitz/Herkunft	5

Schritt 2:
Für jedes Kriterium wird eine Tabelle angelegt. Die Lieferer werden in Bezug auf das Kriterium verglichen und in eine Reihenfolge gebracht. Der beste Lieferer erhält jeweils die höchste Rangordnungs-Punktzahl. **Beispiel:**

Produktqualität Bestenliste	
Firma	Rang-P.
Gemüse Meier	4
Großhandels KG	3
Freshdeliver & Co.	2
MKG Logistics	1

Termintreue Bestenliste	
Firma	Rang-P.
Freshdeliver & Co.	4
Großhandels KG	3
MKG Logistics	2
Gemüse Meier	1

Konditionen Bestenliste	
Firma	Rang-P.
Großhandels KG	4
Gemüse Meier	3
MKG Logistics	2
Freshdeliver & Co.	1

Schritt 3:
Anschließend wird für jeden Lieferanten ein Scoring-Wert berechnet, indem die Gewichtungspunktzahl aus Schritt 1 mit der Rangfolge aus Schritt 2 multipliziert wird. Dieser berechnete Wert wird anschließend durch die Anzahl der bewerteten Lieferanten geteilt (hier: 4). **Beispiel:** Für Gemüse Meier wird der Scoring-Wert errechnet.

Gemüse Meier	Rang-P.		Gewichtung		Lieferer		Scoring
Produktqualität	4	x	15	:	4	=	15
Termintreue	1	x	12	:	4	=	3
Konditionen	3	x	25	:	4	=	18,75
…	…		…		…		…
Scoring-Wert							66,25

Die Lieferer oder konkrete Angebote werden dann nach folgendem Schema eingestuft:

A-Rating	85 Punkte bis 100 Punkte	„Auswahl uneingeschränkt möglich"
B-Rating	50 Punkte bis 84 Punkte	„Lieferer-Entwicklung notwendig"
C-Rating	0 Punkte bis 49 Punkte	„Lieferer entspricht nicht den Anforderungen"

Warenwirtschaft

Total Cost of Ownership-Methode (TCO-Methode)

Bei der TCO-Methode werden *alle* Kosten erfasst, die bei einem Warenbezug im Zusammenhang mit dem Lieferer anfallen, nicht nur die eigentlichen Bezugskosten.

Damit die Kosten besser erfasst werden können, werden sie zunächst in Kostenbereiche aufgeteilt:
- *Direkte Liefererkosten:* alle Kosten, die an den Lieferer gezahlt werden müssen
- *Bestellkosten:* Kosten, die im Rahmen einer Bestellung anfallen
- *Lagerkosten:* Kosten, die durch das Einlagern bzw. das Aufbewahren der Ware anfallen.

Alle Kostenbereiche werden dann nach dem Zeitpunkt, zu dem sie anfallen, weiter unterteilt:

	Direkte Liefererkosten	Bestellkosten	Lagerkosten
Vor Abschluss		Anfrage, Angebot	Raumkosten
Abschluss	Einkaufspreis, Bezugskosten	Erfassung der Bestellung	
Nach Abschluss	Reklamation	Warenannahme	Schwund, Verderb, Lagerzins

Durch die Betrachtung aller entstehenden Kosten können auch qualitative Kriterien, die sonst nicht oder nur schwer messbar wären, mit Zahlen versehen und vergleichbar gemacht werden.

Preisverhandlungen

Nach Vergleich und Auswertung der Angebote können bei Rücksprachen mit Anbietern oftmals noch günstigere Verkaufsbedingungen erzielt werden. So könnten beispielsweise günstigere Staffelpreise, Rabatte, Naturalrabatte und Zahlungsziele ausgehandelt werden. Im Interesse des Betriebes sollte der Kauf bzw. die Bestellung erst dann erfolgen, wenn alle Einkaufs-Chancen genutzt worden sind.

Bestellung

Mit Abgabe der Bestellung durch den Käufer und Annahme einer Bestellung durch den Verkäufer kommt ein rechtsverbindlicher Kaufvertrag zustande. Eine vollständige Bestellung enthält:
- die Warenart mit Qualitätsbezeichnung,
- die Menge mit Preisangabe,
- die Verpackung und
- die Verkaufsbedingungen, d. h. die Liefer- und die Zahlungsbedingungen.

Telefonische Vereinbarungen sollten vom Besteller gleich schriftlich, z. B. per Fax, E-Mail oder Brief, wiederholt werden. Zum einen lassen sich somit Irrtümer und Falschlieferungen vermeiden, zum anderen liegt für die Warenannahme ein Bestellschein vor. Zunächst gilt: Bestellt ist bestellt! Doch wenn eine Bestellung widerrufen oder geändert werden soll, dann muss der Widerruf oder die Änderung noch vor der Bestellung den Verkäufer erreichen oder zum selben Zeitpunkt wie die Bestellung beim Verkäufer eintreffen. Nur dann gilt die Willenserklärung des Bestellers/Kunden als widerrufen. Es ist dann so, als wäre sie nicht abgegeben.

Bestellmenge und Bestellhäufigkeit

Je nachdem, wie oft und in welcher Menge Waren bestellt werden, unterscheiden sich die anfallenden Beschaffungs- und Lagerkosten für den Betrieb deutlich.

Es darf nicht mehr Ware bestellt werden, als innerhalb des Mindesthaltbarkeitsdatums verbraucht werden kann. Vor allem bei Waren mit einem sehr langen MHD lohnt sich die Berechnung, ob lieber selten eine größere Menge oder häufiger kleinere Mengen bestellt werden sollen.

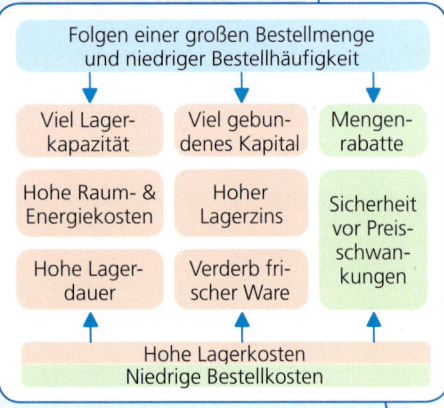

Hotel Arberblick · Flurstraße 14 · 94234 Viechtach

Weingut Dr. Bürklin-Wolf
z.Hd. Herrn Klaus Bauer
Weinstraße 65
67157 Wachenheim

Flurstraße 14
94234 Viechtach
Tel.-Nr. 09942 90500-0
Fax-Nr. 09942 90500-50
E-Mail: hotel-arberblick@viechtach.de

Ihre Nachricht vom / Ihr Zeichen	Unsere Nachricht vom/unser Zeichen	Datum
	MM	03.01.20 ..

Bestellung

Sehr geehrter Herr Bauer,

hiermit bestellen wir:

60 Flaschen 2018 Wachenheimer Rechbächel, Riesling, Spätlese, trocken	à 13,00 EUR
48 Flaschen 2019 Ruppertsberger Gaisböhl, Riesling, Spätlese, trocken „Erstes Gewächs"	à 18,00 EUR
48 Flaschen 2019 Forster Jesuitengarten, Riesling, Spätlese, trocken „Erstes Gewächs"	à 19,00 EUR

Die Lieferung erfolgt frei Haus.
Bei Bezahlung der Rechnung innerhalb von 10 Tagen gewähren Sie uns 2 % Skonto.

Wegen mehrerer Sonderveranstaltungen in unserem Hause bitten wir um schnelle Lieferung.

Mit freundlichen Grüßen
Hotel Arberblick Viechtach

Markus Müller

Markus Müller
– Sommelier –

Hotel Arberblick · Flurstraße 14 · 94234 Viechtach ·
Geschäftsführung Peter Altenstein · Bankverbindung:
Sparkasse Regen-Viechtach · BLZ 741 514 50 ·
Konto-Nr. 987 654 321

ZOLLNER
WEBEREI · WÄSCHEFABRIK

Hotelberufsschule
Viechtach
Flurstraße 14
94234 Viechtach

LIEFERSCHEIN

Bei Schriftverkehr und Rückfragen unbedingt angeben:

Kunden-Nr.	Auftrags-Nr.	Datum
018665	76796	13.10.20..

Blatt:

Wir liefern Ihnen zu unseren bekannten Liefer- und Zahlungsbedingungen
Auftrag vom 6. Oktober 20...
Versandart:

Pos.	Artikel-Bezeichnung	TK	Größe ca. cm	Stck. / Mtr.	Lagerplatz	Verpackungseinh./Inhalt
1	Nr:3000-3226 Frb:750-sortiert Geschirrtuch Qual. Delfin, Halbleinen, Zwirnkette Komplettlieferung	HI	50/70	200	431-43KF	4 à 50

*Ware vollständig erhalten,
am 16.10. ...
i.A. Th. Keßler*

Ihr Fachberater:
Vertretung: Gierster Karl-Heinz
94474 Vilshofen
Tel. 08541 5518
Fax 08541 58151

TK = Textilkennzeichnungsschlüssel siehe Rückseite

Sollten Sie trotz ständiger Kontrollen Grund zur Beanstandung haben, muss dies innerhalb 8 Tagen nach Erhalt der Ware erfolgen. Teile in diesem Fall nicht waschen.

Zollner GmbH + Co. Postfach 1140   Veldener Straße 4   Telefon 08741 306-0   Handelsregister:
Weberei · Wäschefabrik D-84131 Vilsbiburg D-84137 Vilsbiburg Telefax 08741 306-66   HRA 5521, AG Landhut

❷ Warenannahme

🇬🇧 receiving goods 🇫🇷 réception (w) de marchandise

Kontrollieren der Lieferung

In Anwesenheit des Lieferers ist die Lieferung mit den Angaben auf dem Lieferschein (delivery note) oder dem Frachtbrief (waybill) und mit den eigenen Bestellunterlagen zu vergleichen. Dabei werden kontrolliert:
- Art der Ware,
- Stückzahl oder Gewicht der verschiedenen Artikel,
- Qualität, Frische, Mindesthaltbarkeitsdaten und Unversehrtheit der Ware,
- Anlieferungstemperatur (lt. HACCP).

(Siehe auch Kapitel Magazin, S. 346)
Der Wareneingangsprüfung kommt auf jeden Fall eine hohe Bedeutung zu. Im Handelsrecht (Handelsgesetzbuch – HGB) heißt es dazu:

§ 377 HGB (Untersuchungs- und Rügepflicht)

Ist der Kauf für beide Teile ein Handelsgeschäft, so hat der Käufer die Ware unverzüglich nach der Ablieferung durch den Verkäufer, soweit dies nach ordnungsgemäßem Geschäftsgang tunlich ist, zu untersuchen und, wenn sich ein Mangel zeigt, dem Verkäufer unverzüglich Anzeige zu machen. Unterlässt der Käufer die Anzeige, so gilt die Ware als genehmigt, es sei denn, dass es sich um einen Mangel handelt, der bei der Untersuchung nicht erkennbar war.

Versteckte Mängel, wie sie oftmals erst bei der Weiterverarbeitung erkannt werden, sind unmittelbar nach der Entdeckung und spätestens 6 Monate nach dem Kauf zu beanstanden. Der Mitarbeiter, der die Warenlieferung angenommen und kontrolliert hat, unterschreibt den Lieferschein. Eine Durchschrift erhält der Lieferer, das Original bleibt beim Empfänger.

o.k.	nicht o.k.	Wareneingang
		Hygiene des Lieferanten
		Optischer Zustand der Ware
		Deklaration der Ware/MHD
		Vergleich mit Bestellung
		Temperatur: °C

Zurückweisung? ☐ nein ☐ ja

Name/Unterschrift: _____

Bemerkung: _____

Wareneingangskontrollstempel des Hyatt-Regency-Hotels, Mainz

❸ Warenlagerung

🇬🇧 storage of goods 🇫🇷 depot (m) de marchandise (w)

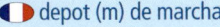

Tiefkühlkost und leicht verderbliche Lebensmittel werden unverzüglich und vorrangig – nach entsprechender Temperaturprüfung – in Kühlräumen fachgerecht einsortiert. Danach werden die anderen Artikel versorgt. Neu angekommene Ware ist nach dem FiFo-System hinter die noch vorhandene Ware einzuordnen, um einen gleichmäßigen Warenumschlag zu ermöglichen. (Siehe auch Lagerstrategien, ab S. 350)

Verbuchung des Wareneingangs

In großen Magazinen gibt es für jede Ware eine Lagerstelle, das Lagerfach. An der Lagerstelle befindet sich die **Lagerfachkarte** (bin card), auf der alle Bestandsveränderungen, d. h. alle Zugänge und Abgänge dieses Artikels eingetragen werden. Die neue Lieferung wird hier als Zugang verbucht und der neue Bestand wird errechnet und notiert.

> Erkannte Mängel müssen gleich reklamiert und auf dem Lieferschein vermerkt werden. Der Lieferer muss die Mängel durch Unterschrift bestätigen. Nicht bestellte Waren werden nicht angenommen.

Abb. 1 Warenlagerung nach dem FIFO-Prinzip (s. S. 351)

Warenwirtschaft

WARENWIRTSCHAFT

Nr. 248					Höchstbestand:					Buchungseinheit			
Artikel: 2011 Becksteiner Pilgerpfad						Mindestbestand:							
Lieferant: Winzergenoss. Beckstein					Verp.-Einheit: 0,75 l	Meldebestand:							
Tag	Monat	Zugang	Abgang	Bestand	Tag	Monat	Zugang	Abgang	Bestand	Tag	Monat	Zugang	Abgang	Bestand
9.	09.	60		107										
10.	09.		17	90										
29.	09.		23	67										
4.	10.		10	57										
15.	10.		20	37										
18.	10.	120		157										
24.	10.		20	137										
30.	10.		20	117										
5.	11.		30	87										
16.	11.		14	73										

Abb. 1 Beispiel einer Lagerfachkarte

Das Kapitel **Lagerarten**, ab Seite 343, behandelt ausführlich die Themen Grundsätze der Lagerhaltung sowie Lagerräume.

Kontrolle der Rechnung

Wenn alle Waren eingeräumt und verbucht sind, werden Bestellunterlagen und Lieferschein bzw. Frachtbrief zusammengeheftet und vorläufig abgelegt. Diese Papiere werden beim Eingang der Rechnung für eine vergleichende und rechnerische Kontrolle durch die Buchhaltung benötigt.

Dabei wird geprüft, ob:
- die in Rechnung gestellten Warenmengen mit den laut Lieferschein tatsächlich gelieferten Mengen übereinstimmen;
- die in Rechnung gestellten Einzelpreise mit den laut Bestellung vereinbarten Einzelpreisen übereinstimmen;
- der Gesamtpreis richtig errechnet wurde;
- der Mehrwertsteuersatz stimmt und der enthaltene Mehrwertsteuerbetrag korrekt ist;
- die ausgehandelten Konditionen, wie Lieferbedingungen, Frachtkosten, Rabattstaffel und Skonto, korrekt berücksichtigt wurden.

Die Bestandszahl auf der Lagerfachkarte kann jederzeit mit der vorhandenen Stückzahl im Lagerfach verglichen werden. Fehlmengen können somit schnell entdeckt werden. Außerdem wird eine **Lagerkartei** (stores ledger) im Büro des Magaziners geführt. Sie besteht aus Karteikarten (stores ledger sheets), die für jeden Artikel angelegt werden. Neben den Bestandsveränderungen (wie auf der Lagerfachkarte) werden auch jeweils die Einkaufspreise festgehalten.

In **Wareneingangsbüchern** (receipt book) werden die Rechnungsdaten wie Lieferdatum, Lieferer, Warenart, Menge, Rechnungsbetrag, Skonti, Vorsteuer und Waren-Nettowert erfasst. Die Waren-Nettowerte werden nach Warenart, in die entsprechenden Sparten gegliedert – wie z. B. Lebensmittel, Bier oder Wein – und verbucht. Die Waren-Nettopreise dienen auch als Kalkulationsgrundlage zur Errechnung der Inklusivpreise in der Gastronomie.

WARE 2012 Becksteiner Pilgerpfad					
LIEFERER Winzergenoss. Beckstein					
Tag	VERMERKE	ZUGANG	ABGANG	BESTAND	PREIS
30.8.	ÜBERTRAG			77	3.94
1.9.			30	47	
9.9.		60		107	3.94
10.9.			17	90	
29.9.			23	67	
4.10.			10	57	
15.10.			20	37	
18.10.		120		157	3.89
24.10.			20	137	
30.10.			20	117	
5.11.			30	87	
16.11.			14	73	

Abb. 2 Beispiel einer Lagerkarteikarte

Hotel Arberblick · Flurstraße 14 · 94234 Viechtach

Weinhandelsgesellschaft XYZ
z.Hd. Herrn Klaus Koch
Lindenallee 987
14050 Berlin

Flurstraße 14
94234 Viechtach
Tel.-Nr. 09942 90500-0
Fax-Nr. 09942 90500-50
E-Mail: hotel-arberblick@viechtach.de

Ihre Nachricht vom / Ihr Zeichen	Unsere Nachricht vom/unser Zeichen	Datum
	MM	03.05.20 . .

Mängelrüge

Sehr geehrter Herr Koch,

am 8. Januar . . . . lieferten Sie uns auftragsgemäß

60 Flaschen 2019 Assmannshäuser Höllenberg, Spätburgunder, Spätlese, halbtrocken   à 17,00 EUR

Die Rechnung Nr. XX0108-32 über 720,00 EUR haben wir am 1. Februar . . . . per Bank bezahlt.

Wie sich erst jetzt herausgestellt hat, verfügt dieser Wein über einen nicht flüchtigen, üblen Muffton.

Aufgrund dieses Qualitätsmangels, den wir Ihnen hiermit fristgemäß anzeigen, bitten wir Sie um unverzügliche Ersatzlieferung der gleichen Menge dieses Weines.

Sollte Ihnen dies nicht möglich sein, müssten wir unser Recht auf Wandelung gebrauchen und den Kaufvertrag rückgängig machen. Wir erwarten Ihre Antwort.

Mit freundlichen Grüßen

Hotel Arberblick Viechtach

Peter Altenstein

Peter Altenstein
Geschäftsführer

Hotel Arberblick · Flurstraße 14 · 94234 Viechtach ·
Geschäftsführung Peter Altenstein · Bankverbindung:
Sparkasse Regen-Viechtach · BLZ 741 514 50 ·
Konto-Nr. 987 654 321

Warenwirtschaft

4 Warenausgabe und Bestandskontrolle

🇬🇧 issuing goods and checking stocks
🇫🇷 sorties (w) et des contrôles (m) du stock

Abb. 1 Weinlager

Neben der Erfassung von Wareneingang und Warenausgang zählen Bestandsüberwachung und Verbrauchsfeststellung zu den Hauptaufgaben der Lagerhaltung.

Warenausgabe

Die verschiedenen Betriebsabteilungen bestellen mit Hilfe von Warenanforderungsscheinen (requisition sheets) die benötigten Waren im Magazin. Der Magaziner bereitet die Warenausgabe vor und verbucht für jeden Artikel die Abgänge auf den Lagerfachkarten. Eine unkontrollierte Warenausgabe darf nicht stattfinden.

Keine Ware ohne Beleg.

Lagerbestand 🇬🇧 stock 🇫🇷 stock (m)

Die Vorräte im Warenlager müssen so groß sein, dass Küche, Restaurant und Bar störungsfrei produzieren und verkaufen können.

- Zu geringe Lagerbestände führen manchmal zu teuren Eilbestellungen,
- zu große Lagerbestände binden das Kapital und erhöhen die Lagerkosten.

Erfahrene Magaziner wissen auch mit saisonalen Schwankungen in Angebot und Nachfrage umzugehen und behalten die Lagerkosten im Auge.

Beispiel eines Warenanforderungsscheins

Warenanforderungen für: Büfett			Datum: 16.11. ...		38427	
Menge	Stück Dosen Kilo Flaschen	Warenart	Ausrechnungen:			
			Einkaufspreis	M	Verkaufspreis	M
10	0,75	Deidesheimer Hofstück				
7	0,75	Würzburger Stein				
14	0,75	Becksteiner Pilgerpfad				
8	1,0	Piesporter				
6	1,0	Kalterer				

Ware ausgeliefert: Mayr (Unterschrift)
Ware empfangen: Keßler (Unterschrift)
Gebucht: (Unterschrift)

586

Bestandskontrolle

Werden Waren entnommen, so trägt man das in die Lagerfachkarte ein. Bei einer Kontrolle vergleicht man den laut Lagerfachkarte rechnerisch ermittelten neuen Bestand, den **Soll-Bestand,** mit dem tatsächlich im Lagerfach vorhandenen **Ist-Bestand.**

Dieser Vergleich dient der Kontrolle der Lagerbuchhaltung. Sollten Ist- und Soll-Bestand voneinander abweichen, so ist die Ursache zu ermitteln. Ursachen für Differenzen könnten z. B. Übertragungsfehler, Rechenfehler, unkontrollierte Entnahmen, Schwund, nicht eingetragener Bruch, Diebstahl oder Verderb sein. Aus diesem Grunde sind regelmäßige Kontrollen und zeitweilig die genehmigte Berichtigung von Warenbestandszahlen unerlässlich.

Inventur

Laut HGB § 240 ist jeder Kaufmann einmal jährlich zur Aufstellung eines **Inventars** verpflichtet. Dies ist das Verzeichnis des Betriebsvermögens, der Schulden und des Reinvermögens. Zur Aufstellung dieses Verzeichnisses führt der Betrieb eine Inventur durch, bei der er seine Bestände zählt, misst oder wiegt. Die tatsächlich vorhandene Warenmenge, der Ist-Bestand, wird dabei ermittelt und auf **Inventurlisten** erfasst.

Die Ermittlung des Inventars erfolgt in Kleinbetrieben meist durch eine **Stichtag-Inventur** am letzten Tag des Wirtschaftsjahres. Großbetriebe und Konzern-Hotels praktizieren meist eine permanente Inventur für Waren, Roh- und Hilfsstoffe. Das bedeutet, dass die Inventur monatlich oder quartalsweise durchgeführt wird.

Die Kontrolle der Lagerbuchhaltung erfolgt durch Vergleich der Bestandszahlen laut Stichtag-Inventur mit den Eintragungen der Lagerkartei.

Abb. 1 Bei der Inventur

Beispiel einer Inventurliste

Inventur Bestandsaufnahme am 03.01. ...   Blatt Nr. 3
Lagerstelle/Abteilung: Büfett Kostenstelle:
Artikelgruppe: Weine

#	Gegenstand	Lager-Nr. Bestell-Nr.	Menge	Einheit kg Stück usw			Inventurwert einzeln		Inventurwert gesamt			Bemerkungen
1	Piesporter	240	7	1,0			6	44		45	08	
2	Trollinger	223	22	0,75			6	99	1	53	78	
3	Deidesheimer	247	17	0,75			4	83		82	11	
4	Becksteiner	248	11	0,75			7	71		84	81	
5	Radebeuler	246	13	0,75			7	32		95	16	

angesagt: Me. geschrieben: Ke.
Bestandskontrolle: Huber Preiskontrolle: Ke.
vorgerechnet: Grü. nachgerechnet: Müller

Keinen Übertrag machen! Seiten auf Sonderblatt zusammenstellen und addieren! Bei Berechtigungen wird dadurch das neuerliche Durchrechnen aller Seiten vermieden.

Warenwirtschaft

5 Wareneinsatzkontrolle

🇬🇧 food cost control 🇫🇷 contrôle (m) de la nourriture

Der wirtschaftliche Erfolg eines Küchenleiters wird vorwiegend an der **Wareneinsatzquote** gemessen. Diese Kennzahl steht für den Anteil des Warenaufwands am Netto-Verkaufserlös, z. B. der Küchenprodukte. Es werden die Zahlen desselben Zeitraums, z. B. eines Monats, Quartals oder Jahres herangezogen.

Die Wareneinsatzquote wird mit dem Küchenleiter geplant und nach Ablauf des Kontrollzeitraums errechnet. Für eine gute Planung gilt:
- Die Soll-Wareneinsatzkosten für jeden Artikel erfassen und kalkulieren.
- Standardisierte Portionsgrößen, einheitliche Rezepturen und die Präsentation festlegen.
- Die Warenlieferungen des Magazins an die Küche sowie alle Abgaben von Lebensmitteln aus der Küche an andere Abteilungen, wie z. B. das Büfett, die Hausdamenabteilung, die Bar usw., möglichst genau belegen.
- Die Ist-Wareneinsatzkosten regelmäßig mit den Soll-Werten vergleichen.

Abb. 1 Bei der Wareneinsatzkontrolle

Wareneinsatzkosten der verkauften Waren

Die am Monatsanfang durch Inventur in der Küche erfassten Waren werden bewertet. Dazu verwendet man die Netto-Einkaufspreise. Das Ergebnis ist der **Waren-Anfangsbestand.** Hierzu werden alle **Zugänge** eines Monats addiert. Das sind die vom Magazin an die Küche gelieferten Waren, die ebenfalls mit den Netto-Einkaufspreisen bewertet wurden. Am Monatsende wird der Wert des **Waren-Endbestandes** per Inventur ermittelt und abgezogen. Außerdem wird der **betriebsinterne Verbrauch** wertmäßig erfasst und abgezogen. Dies sind alle Privatentnahmen, geschäftlichen Bewirtungen sowie Mitarbeiter-Verpflegungen. Das Ergebnis ist der **Netto-Warenverbrauch,** der auch **Wareneinsatz** genannt wird.

Die Formel lautet:

```
   Warenanfangsbestand
 + Waren-Zugänge
 – Waren-Endbestand
 – betriebsinterner Verbrauch
 = Netto-Warenverbrauch/
   Wareneinsatz
```

Netto-Erlös

Die Gesamt-Verkaufserlöse der Abteilung Küche während des gewählten Zeitraumes werden ermittelt. Der Z-Abschlag der Restaurant-Registrierkasse zeigt diese auf. Die in den Inklusivpreisen enthaltene Mehrwertsteuer wird herausgerechnet. Das Ergebnis ist der **Netto-Erlös.**

Wird festgestellt, dass trotz exakter Datenerfassung und Berechnung der prozentuale Wareneinsatz zu hoch ausgefallen ist, so muss nach den Ursachen geforscht werden. Mögliche Gründe könnten sein:
- die Rezepturen wurden nicht eingehalten,
- einige Lebensmittel wurden nicht fachgerecht verarbeitet und mussten vernichtet werden,
- Waren wurden ohne Bon ausgegeben,
- es gab Lagerungsverluste, z. B. durch Bruch,
- es gab Überproduktion,
- Produktionsreste wurden nicht sinnvoll verwertet,
- es wurden Lebensmittel gestohlen,
- es wurde vergessen, den Eigenverbrauch zu berücksichtigen.

$$\text{Wareneinsatz in \%} = \frac{\text{Wareneinsatz} \times 100}{\text{Netto-Erlös}}$$

Beispiel

Anfangsbestand 31.12...		4 000 €
Warenzugänge laut Magazinabrechnung im Monat Januar:	+	54 000 €
Zwischensumme	=	58 000 €
Warenendbestand 31.1...	–	5 000 €
Betriebsinterner Verbrauch	–	3 000 €
Netto-Warenverbrauch oder Wareneinsatz	=	50 000 €
Netto-Erlös im Januar		150 000 €

Wareneinsatzberechnung in %:

$$\frac{50\,000 \times 100}{150\,000} = 33{,}33\,\%$$

6 Warenwirtschaftssysteme

🇬🇧 stock flow control systems 🇫🇷 systèmes (m) de contrôle de la marchandise

Zur **Warenwirtschaft** gehören neben der Erfassung der mengen- und wertmäßigen Warenflüsse auch alle erforderlichen Planungs-, Steuerungs- und Kontrollprozesse.

Während früher Lagerfachkarten, handgeschriebene Kassenberichte und manuell erstellte Ertragsberichte die Arbeit der Warenwirtschaft zu einer überaus zeitintensiven und lästigen Aufgabe gemacht haben, ermöglichen heute moderne computergestützte **Warenwirtschaftssysteme** eine schnelle und übersichtliche Kontrolle des betrieblichen Warenflusses.

Aufgabe von Warenwirtschaftsystemen

Ein Warenwirtschaftssystem **(WWS)** dient der Kontrolle der betrieblichen Warenströme. Mit seiner Hilfe soll es jederzeit möglich sein, Abweichungen von den betrieblichen Standards, die den Wareneinsatz betreffen, zu erkennen. Dazu muss es an allen Stellen des Betriebsprozesses im F&B-Bereich zum Einsatz kommen. Der typische gastronomische Betriebsprozess besteht aus dem Einkauf von Lebensmitteln, ihrer Verarbeitung zu Speisen und Getränken und dem Verkauf an die Gäste.

Um möglichst aussagekräftige Werte aus dem WWS entnehmen zu können, ist es unbedingt notwendig, die vorhandenen Daten genau zu pflegen. Alle Wareneingänge müssen erfasst werden.

Genauso muss von möglichst allen im Restaurant verkauften Speisen und Getränken eine Rezeptur angelegt und eingehalten werden. Diese umfasst nicht nur das tatsächliche Lebensmittel, sondern auch die Garnitur.

Außerdem müssen Abfälle, die während der Zubereitung anfallen, oder verdorbene Ware erfasst werden. Die Erfassung der verkauften Gerichte erfolgt üblicherweise durch das Kassensystem.

Bei der Erfassung sind auch andere Arten der Speisenausgabe wie z. B. Personalessen, Eigenbedarf oder Kostproben zu berücksichtigen. Auch wenn durch sie kein Umsatz nach außen entsteht, beeinflussen sie die Wareneinsatzkosten.

Abb. 1 Typischer Warenfluss im F&B-Bereich und Anknüpfungspunkte des Warenwirtschaftssystems

Warenwirtschaft

Weitere wichtige Aufgaben der Warenwirtschaft:

- Gewinnmaximierung durch Aufdecken und Ausnutzen von Einsparungspotenzialen
- Durch die Auswahl der Produkte und deren Beschaffungsweg kann die Warenwirtschaft zum positiven sozialen Image des Unternehmens beitragen (Corporate Social Responsibility, CSR).

Aufgaben

1. Beschreiben Sie den Warenfluss für verschiedene Artikel innerhalb Ihres Betriebes vom Wareneingang bis zum Gast.
2. Warum ist Kostenoptimierung im Bereich der Warenwirtschaft besonders wichtig?
3. An welchen Stationen innerhalb Ihres Betriebs wird ein Warenwirtschaftssystem (erkennbar) verwendet?
4. Auf welche Art und Weise werden in Ihrem Betrieb Wareneingang und verkaufte Produkte erfasst? Kennen Sie Alternativen, falls die bestehenden Systeme ausfallen?
5. Welche weiteren Arten der Speisenabgabe kennen Sie aus Ihrem Betrieb? Wie werden diese erfasst?

6.1 Aufbau/Elemente eines Warenwirtschaftssystems

Ein voll entwickeltes Warenwirtschaftssystem in der Gastronomie besteht aus mindestens sechs Elementen. Alle Elemente eines Warenwirtschaftssystems sind miteinander verzahnt.

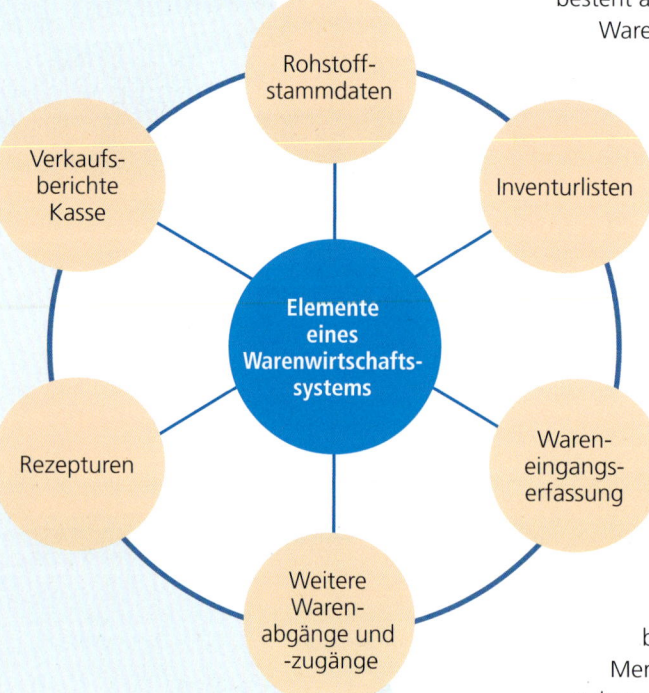

Rohstoffstammdaten

Für jeden einzelnen Rohstoff, egal ob es sich dabei um ein Lebensmittel oder ein Hilfsmittel handelt, wird ein **Stammdatenblatt** geführt. Dieses muss neben dem Namen, dem Lagerort und dem Einkaufspreis auch die Verpackungsgrößen enthalten (siehe Beispiel auf der nächsten Seite). Das Stammdatenblatt wird in Kombination mit dem **Verzeichnis der Warenab- und -zugänge** auch **Materialkonto** genannt.

Ein ordentlich gepflegtes Warenwirtschaftssystem ist in der Lage, einen **Bestellvorschlag** abzugeben. Da der Bestellvorschlag durch das WWS mit Hilfe von Verbrauchswerten aus der Vergangenheit ermittelt wird, sollte er erst nach Überprüfung an den Lieferer geschickt werden. Dabei können aktuelle (Aktions-)Produkte ergänzt oder Mengen für außerplanmäßige Umsätze (z. B. Sonderveranstaltungen) abgeändert werden. Die Übermittlung der Bestellung an den Lieferer kann direkt aus dem WWS erfolgen.

6 Warenwirtschaftssysteme

Beispiel:

Bezeichnung	Zwiebeln, frisch		Artikelnummer:	9312
Einkaufspreis je Grundeinheit	1,10 Euro		Lagerort:	Trockenlager
Gebinde	1	Stiege	Zählreihenfolge:	2
enthält	6	Netze	Meldebestand:	18 kg
enthält	2	kg (Grundeinheit)	Mindestbestand:	12 kg
			Inventurintervall:	täglich

Abb. 1 Rohstoffstammdaten

Inventurlisten

Die Inventurlisten erstellt das Warenwirtschaftssystem auf Grundlage der hinterlegten Rohstoffstammdaten. Sie können täglich abgerufen und nach Lagerorten getrennt erstellt werden.

Beispiel:

Zählliste zur Tagesinventur
Zählort: **Trockenlager**

Gurken im Glas	22	Karton(s)	264 Gläser	132	kg
Zwiebeln, frisch	20	Stiege(n)	120 Netze	240	kg
Thunfisch, Dose	15	Karton(s)	720 Dosen	180	kg

Abb. 2 Ausschnitt aus einer Zählliste zur Tagesinventur

> Da die Berechnung des Wareneinsatzes auf Grundlage des hier erfassten Einkaufspreises erfolgt, muss dieser immer aktuell gehalten werden. Die Erfassung der Gebindegrößen, des Lagerortes und der Zählreihenfolge sind für die Erstellung der Inventurlisten notwendig, um diese übersichtlich zu gestalten.

Wareneingangserfassung

Nach Anlieferung der Ware müssen alle in das Lager aufgenommenen Produkte mit Hilfe des Lieferscheins erfasst werden. Da die Bestellung bereits über das Warenwirtschaftssystem erfolgte, muss nur noch eine Abweichung von der Bestellung (z. B. ein nicht lieferbarer oder ein falsch gelieferter Artikel) erfasst werden.

Wareneingang				
Lieferantennummer: 016		Lieferant:	Gemüsegroßhandels KG	
Bestellung vom: 30.10.		Lieferung am:	2.11.	
Artikelnr.	Artikel	Bestellmenge	Liefermenge	Differenz
6513	Zwiebeln, frisch	6	6	0
6563	Tomaten, kg	12	12	0
7932	Mais, Dose 5 l	4	4	0
8185	Eisbergsalat, St.	9	8	1

Abb. 3 Erfassung des Wareneingangs

Warenwirtschaft

WARENWIRTSCHAFT

Weitere Warenabgänge und Warenzugänge

Neben den üblichen Warenlieferungen durch den Lieferer müssen alle weiteren Warenabgänge und Warenzugänge in das WWS eingegeben werden. Hierzu gehören u. a. Transfers von Waren oder Ausgabe von Personalessen.

Rezepturenblätter

Rezeptur für:		Toast Hawaii
Menge	Einheit	Artikel
1	Scheibe	Toastbrot
0,05	kg	Ketchup
0,01	kg	Zwiebeln, frisch
1	Scheibe	Kochschinken
1	Ring	Ananas
1	Scheibe	Toast-Schmelzkäse

Abb. 1   Beispiel einer betriebsrelevanten Rezeptur

> Auch Getränke können eine Rezeptur haben (z. B. Mischgetränke, Cocktails, Kaffeespezialitäten).

Das Bindeglied zwischen den Wareneingängen und den Verkäufen stellt im Restaurant die Zubereitung der Speisen dar. Im Warenwirtschaftssystem wird dies durch die Erfassung der **Rezepturen** abgebildet.

Rezepturen enthalten alle vorgegebenen Zutaten und Mengen für eine Speise. Beim Erfassen der Rezeptur werden die Artikel aus den Materialstammdaten mit den Produkten aus dem Verkaufsbericht in Beziehung gesetzt („verbunden").

Verkaufsberichte

Die Verkaufsberichte werden mit Hilfe des Kassensystems erstellt. Verkaufsberichte liefern eine Übersicht über alle verkauften Speisen und Getränke des Tages. In der Regel sind Auswertungen enthalten, welchen Umsatzanteil ein bestimmtes Produkt am Gesamtumsatz hat. Auf diese Weise lassen sich Bestseller und „Ladenhüter" schnell identifizieren.

Verkaufsbericht für den 05.11.20..				
Menge	Artikel	Umsatz	Einzelpreis	Anteil %
63	Toast Hawaii	154,35	2,45	9,00
41	Steinpilzsuppe	184,50	4,50	10,76

Abb. 2   Ausschnitt aus einem Verkaufsbericht

Zusammenspiel einzelner Elemente eines Warenwirtschaftssystems

Wenn die Servicemitarbeiter jedes verkaufte Produkt an der Kasse erfassen, kann das WWS über die **Verkaufsberichte** mit Hilfe der hinterlegten **Rezeptur** und der **Rohstoffstammdaten** von jedem verwendeten Rohstoff den genauen Verbrauch während des Tages ermitteln. Dieser wird dann im Materialkonto des entsprechenden Artikels festgehalten.

Zusammen mit den **weiteren Zu- und Abgängen** verwaltet das WWS die Bestände. Es können tagesaktuelle **Inventurlisten** erstellt werden. Mithilfe einer **Umsatzplanung** und den Informationen zu Melde- und Mindestbestand können **Bestellvorschläge** erstellt werden.

Wichtig ist, dass alle Ab- und Zugänge vollständig erfasst und alle Stammdaten immer aktuell gehalten werden. Nur so kann das WWS Steuerung und Kontrolle des Warenflusses erleichtern.

Geplanter Umsatz für den Zeitraum 14.11. bis 17.11.20..: 5760 Euro

Menge	Einheit	Artikel
5	Körbe	Toastbrot
10	kg	Ketchup
2	kg	Zwiebeln
1	6er Karton	Ananas in Dosen

Abb. 3   Ausschnitt aus einem Bestellvorschlag

6 Warenwirtschaftssysteme

Verkaufsbericht für den 05.11.20..

Menge	Artikel	Umsatz	Anteil %
63	Toast Hawaii	154,35	9,00
41	Hawaii-Menü	184,50	10,76
…	…	…	…

Personalessen

_3_	Toast Forest
_8_	Toast Hawaii
_6_	Toast Country
…	…

Anzahl der verkauften Produkte (hier: 104) und Anzahl der kostenlos abgegebenen (hier: 8) Produkte (z. B. Personalessen) werden addiert.

↓

Durch Rückgriff auf die Rezeptur wird der Verbrauch von 112-mal 0,01 kg Zwiebel errechnet.

Rezeptur für: Toast Hawaii

Menge	Einheit	Artikel
1	St.	Toastbrot
0,05	kg	Ketchup
0,01	kg	Zwiebeln, frisch
1	Scheibe	Kochschinken
1	Ring	Ananas
1	Scheibe	Toast-Schmelzkäse

Abfallliste 05.11.20..

0,9_kg	Thunfisch, Dose
3_kg	Zwiebeln, frisch
12_Scheiben	Toast-Schmelzkäse
…	…

Abfall wird ebenso unter den Abgängen erfasst.

↓

Zwiebeln, frisch

Datum	Anfangs-bestand	Zugänge		Abgänge			Bestand		
		Waren-lieferung	Transfer-Zugang	Verbrauch	Abfall/Verderb	Transfer-Abgang	Soll-End-bestand	Inventur-bestand	Bestands-abweichung
Mo, 05.11.	82	425	0	112	3	0	392	390	−2
Di, 06.11.	390	0	0	135	5	0	250	251	1
Mi, 07.11.	251	0	0	142	7	40	62	22	−40
Do, 08.11.	22	500	0	160	10	0	352	390	38
Fr, 09.11.	390	0	40	137	2	0	291	291	0
Sa, 10.11.	291	0	0	128	1	0	162	162	0
So, 11.11.	162	0	0	141	1	0	20	20	0
Mo, 12.11.	20	400	0	98	0	0	322	319	−3
Di, 13.11.	319	0	0	121	2	0	196	194	−2
Mi, 14.11.	194	0	0	151	3	0	40	40	0
Do, 15.11.	40	550	0	172	8	0	410	412	2

Aus Anfangsbestand plus der Summe der Zugänge, abzüglich der Summe der Abgänge, ergibt sich der Soll-Endbestand, welcher mit dem Inventur- (Ist-)Bestand übereinstimmen soll.

Abb. 1 Beispiel für das Zusammenspiel einzelner Elemente eines WWS

Warenwirtschaft

Ein Warenwirtschaftssystem unterstützt das F&B-Management nicht nur bei der Steuerung des Warenflusses, sondern auch bei Planung und Kontrolle.

6.2 Planung, Steuerung und Kontrolle mithilfe von Warenwirtschaftssystemen

Erfassung von Bestellungen

Auf der Grundlage des bisherigen Verbrauchs errechnet das Warenwirtschaftssystem den zukünftigen Verbrauch und erstellt einen Bestellvorschlag. Einige WWS können dabei auch Sonderveranstaltungen mit berücksichtigen. Sind auf Grund von Ferienzeiten, Sonderaktionen des Restaurants oder Veranstaltungen in der Nähe Schwankungen bei der Gästezahl zu erwarten, müssen sie individuell berücksichtigt werden. Hier ist zusätzlich zum WWS auch die Erfahrung des Managements gefragt.

Berechnung des tatsächlichen Wareneinsatzes

Im Materialkonto wird der Verbrauch eines Rohstoffes genau festgehalten. Mit Hilfe des in den Rohstoffstammdaten hinterlegten Einkaufspreises des jeweiligen Rohstoffes werden die Wareneinsatzkosten berechnet. Die Wareneinsatzkosten kann ein WWS auf unterschiedliche Weise berechnen. Wird der Wareneinsatz aufgrund der ausgegebenen fertigen Produkte (einschließlich Abfall und Personalessen) berechnet, spricht man von **Soll-Verbrauch** und **Soll-Wareneinsatz**.

Soll-Wareneinsatz = Soll-Verbrauch x Materialkosten

Wird der Wareneinsatz aus dem Verbrauch der Rohstoffe ermittelt, spricht man von **Ist-Verbrauch** (Differenz aus dem Inventurbestand zu Beginn und zum Ende des Tages) und **Ist-Wareneinsatz**.

Ist-Wareneinsatz = Ist-Verbrauch x Materialkosten

Weicht der Soll-Wareneinsatz vom Ist-Wareneinsatz ab, kann dies mehrere Ursachen haben:

- Vielleicht werden nicht alle Produkte beim Verkauf im Kassensystem erfasst.
- Bei der Zubereitung werden die Rezepturen nicht genau eingehalten.
- Eventuell wurden Warenlieferungen nicht korrekt erfasst.
- Es ist Ware aus dem Lager verschwunden (Diebstahl).

Über das WWS erkennt das Management Abweichungen frühzeitig und kann der Ursache auf den Grund gehen.

Wareneinsatzquote

Zum besseren Vergleich der aktuellen Zahlen mit den Daten aus dem Vorjahr oder Vormonat wird die Wareneinsatzquote berechnet. Die Wareneinsatzquote gibt das Verhältnis von Wareneinsatzkosten zu Nettoumsatz wieder.

$$\text{Wareneinsatzquote (in \%)} = \frac{\text{Wareneinsatzkosten} \times 100}{\text{Nettoumsatz}}$$

Die Wareneinsatzquote wird auch **food-cost** genannt. Verkauft ein Betrieb mehr Getränke als Speisen, ist es sinnvoll, zwischen der Wareneinsatzquote für Getränke und der Wareneinsatzquote für Speisen zu unterscheiden. Auch das berechnet das WWS automatisch.

Erkennung von kritischen Rohstoffen für den Wareneinsatz

Bei der Berechnung des tatsächlichen Wareneinsatzes wird der zahlenmäßige Verbrauch eines Artikels mit seinem Wert verbunden. Jetzt wird ersichtlich, welche Artikel einen hohen Anteil an den Wareneinsatzkosten haben. Dies müssen nicht zwangsläufig die teuren Artikel sein. So können günstigere Artikel, die aber in großer Menge verarbeitet werden, einen sehr hohen Anteil am gesamten Wareneinsatz haben. Oft ist bei dieser Analyse zu erkennen, dass etwa 20 % aller Artikel für ungefähr 80 % aller Wareneinsatzkosten verantwortlich sind. Das Management kann aufgrund einer solchen Analyse erkennen, welche die kritischen Rohstoffe sind. Das Einsparpotenzial für den Betrieb ist umso größer, je günstiger vor allem die kritischen Rohstoffe eingekauft werden können.

Analyse der Lagerbestände

Hohe Lagerbestände binden unnötig Kapital und können zum Verderb von Rohstoffen führen. Zu niedrige Lagerbestände bringen Nachteile wie mangelnde Verfügbarkeit von Rohstoffen (d. h., Gästewünsche können nicht erfüllt werden) oder häufige Nachbestellungen mit sich. Warenwirtschaftssysteme sind in der Lage, Lagerbestände zu analysieren, um entsprechende Gegenmaßnahmen einleiten zu können. Neben der Berechnung des **durchschnittlichen Lagerbestandes** kann die Berechnung der **Umschlagshäufigkeit** zur Optimierung der Lagerbestände beitragen (siehe auch Kapitel Magazin).

6 Warenwirtschaftssysteme

Aufgaben

1. Welche vier Bereiche zählen zur Warenwirtschaft?
2. Welche Eigenschaften und Kenntnisse zeichnen einen guten Einkäufer aus?
3. Nennen Sie drei Mitarbeiter, die in gastronomischen Großbetrieben Waren einkaufen, und die Warenarten.
4. Nennen Sie sieben Faktoren, die die Größe des Warenbedarfs pro Artikel beeinflussen können.
5. Geben Sie sieben Wege an, wie der Einkäufer neue Bezugsquellen erschließen kann.
6. In welche drei Bereiche gliedert sich ein Angebotsvergleich?
7. Nennen Sie die Formel für Angebots-Preisvergleiche.
8. Welche Angaben ergeben eine vollständige Bestellung?
9. Anhand welcher Unterlagen kontrollieren Sie eine Warenlieferung?
10. Welche sechs Punkte kontrollieren Sie bei der Warenlieferung?
11. Was müssen Sie tun, wenn Sie bei einer Warenlieferung Mängel erkennen?
12. Innerhalb welcher Frist muss der Kaufmann einen versteckten Mangel bei seinem Händler reklamieren?
13. Nennen Sie fünf Punkte, die bei der Kontrolle einer Lieferer-Rechnung geprüft werden.
14. Wie ermittelt der Magaziner den Soll-Bestand und den Ist-Bestand einer Ware?
15. Was ist ein Inventar und was ist eine Inventur im Sinne des Gesetzes?
16. Wie unterscheiden sich eine permanente Inventur und eine Stichtag-Inventur?
17. Nach welcher Formel wird der Wareneinsatz einer Abteilung errechnet?
18. Nennen Sie acht mögliche Gründe für einen zu hohen Wareneinsatz.
19. Welche Vorteile kann ein Warenwirtschafts-System dem Betrieb bieten?
20. Beschreiben Sie den Warenfluss für 2 Artikel in Ihrem Betrieb vom Wareneingang bis zum Gast.
21. Warum ist Kostenoptimierung im Bereich der Warenwirtschaft besonders wichtig?
22. An welchen Stationen innerhalb Ihres Betriebs wird ein Warenwirtschaftssystem (erkennbar) verwendet?
23. Nennen Sie mögliche Gründe für eine Änderung der in den Stammdaten des betrieblichen Warenwirtschaftssystems hinterlegten Rezepturen.
24. Auf welche Art und Weise werden in Ihrem Betrieb Wareneingang und verkaufte Produkte erfasst?
25. Welche weiteren Arten der Speisenabgabe kennen Sie aus Ihrem Betrieb? Wie werden diese erfasst?
26. Beschreiben Sie mit eigenen Worten das Zusammenwirken der einzelnen Elemente eines Warenwirtschaftssystems.
27. Was ist beim Überarbeiten des automatischen Bestellvorschlages zu beachten?
28. Erklären Sie mit eigenen Worten den Unterschied zwischen Soll- und Ist-Wareneinsatz.
29. Was sagt die Wareneinsatzquote aus?
30. Welche Ursachen kann eine zu hohe Wareneinsatzquote haben?
31. Wie wirkt sich eine nachlässige Wartung der Materialstammdaten auf die anderen Elemente des Warenwirtschaftssystems aus?
32. Ist es nötig, sofort nach Wareneingang die gelieferten Waren im WWS zu erfassen? Bis wann sollte die Erfassung der Waren abgeschlossen sein?

PROJEKT

Monatsinventur an der Hotelbar

Sie arbeiten als Auszubildende/r in der F & B-Abteilung des Hotels Arberblick. Die neue Hotel-Bar steht kurz vor der Eröffnung. Sie sollen die ersten beiden Inventuren, vor der Eröffnung und am Monatsende, planen, vorbereiten und durchführen. Der F & B-Manager möchte einen Bericht über das Inventurergebnis erhalten.

Planen und Vorbereiten der Anfangsinventur

1. Entwerfen Sie die Inventurlisten an Hand der Barkarte Ihres Betriebes.
2. Tragen Sie die Flaschen-Füllvolumen und die Netto-Einkaufspreise der einzelnen Artikel ein.
3. Legen Sie den günstigsten Zeitraum für die Durchführung der Inventur fest.
4. Stellen Sie die Hilfsgeräte bereit, die Sie zum Erfassen der Warenbestände benötigen.

Durchführen der Anfangsinventur

1. Ermitteln Sie die vorhandenen Mengen (Ist-Werte) bei allen Artikeln an der Bar.
2. Tragen Sie diese Mengen in die Inventurlisten ein.
3. Errechnen Sie den Netto-Einkaufswert für jeden Artikel und den Wert des gesamten Anfangsbestands.

Durchführen der Inventur am Monatsende

1. Ermitteln Sie wieder die vorhandenen Mengen bei allen Artikeln an der Bar und tragen Sie diese in die Inventurlisten ein.
2. Errechnen Sie den Netto-Einkaufswert für jeden Artikel und den Wert des gesamten Monats-Endbestands.

Auswerten der Monatsinventur

1. Ermitteln Sie die Netto-Verkaufserlöse (ohne Mehrwertsteuer) laut Z-Abschlag der Registrierkasse, am Monatsende an der Bar.
2. Errechnen Sie den prozentualen Wareneinsatz für diesen Abrechnungszeitraum.

Bericht an den F & B-Manager

Verfassen Sie einen kurzen Bericht über das Inventurergebnis für den F & B-Manager.

Gastgewerbliche Betriebsorganisation

1 Grundbegriffe der Organisation

🇬🇧 principles of organization 🇫🇷 conception (w) fondamentale de l'organisation (w)

Jeder Gastronomiebetrieb ist nach bestimmten Ordnungsgesichtspunkten aufgebaut. Diese Ordnung zu gestalten heißt organisieren. Das Ergebnis des Organisierens wird Organisation genannt.

Ziele des Organisierens

- Eine möglichst wirtschaftliche Leistungserstellung, die den Gästewünschen entspricht,
- die Schaffung und Gestaltung von sicheren Arbeitsplätzen bei humanen Bedingungen und
- die Umsetzung der Umweltschutzgedanken.

Im Gastronomiebetrieb sollten die Erwartungen und Wünsche der Gäste bei allen Organisationsaktivitäten mit einbezogen werden (siehe auch Marketing, ab S. 512).

Beispiele für Organisationsfragen im betrieblichen Alltag:
- Welche Wünsche und Erwartungen wurden von den Gästen geäußert?
- Welche Arbeiten, Tätigkeiten oder Dienstleistungen müssen ausgeführt werden?
- Welches Team oder welcher Mitarbeiter ist für die Verrichtung der Arbeit zuständig?
- Welche Werkstoffe und welche Betriebsmittel können eingesetzt werden?
- Welche Räume können benutzt werden?
- Welche Zeit steht zur Verfügung?
- Welche finanziellen Mittel können genutzt werden?
- Wer hat für welchen Bereich Entscheidungsbefugnis?
- Welche Unternehmensziele sollen erreicht werden?
- Welche Maßnahmen empfehlen sich zur Erreichung der gesetzten Ziele?

Die Betriebsorganisation soll der Aufgabenerfüllung im Betrieb dienen und darf nicht zum Selbstzweck werden. Deshalb ist der Organisationsgrad den jeweiligen betrieblichen Erfordernissen anzupassen.

Mit hohem Aufwand wenig zu leisten, ist keine Kunst. Jedoch ein gestecktes Ziel mit möglichst geringem Mitteleinsatz zu erreichen, setzt große organisatorische Fähigkeiten und ausgeprägtes wirtschaftliches Denken voraus.

Abb. 1 Organisationsbesprechung

Abb. 2 Küchenchef

Wirtschaftlichkeits-Prinzipien

Maximal-Prinzip
Mit den gegebenen Mitteln einen möglichst hohen Ertrag erzielen.

Beispiel:
Einem Küchenteam gelingt es, durch konzentriertes Arbeiten nach Rezepturvorgaben Produktionsverluste zu vermeiden und alle vorgesehenen Lebensmittel zu Speisen zu verarbeiten. Dem Service gelingt es mit Verkaufsgeschick, alle diese Speisen zu verkaufen.

Minimal-Prinzip
Eine vorgegebene Leistung wird mit möglichst geringen Mitteln erbracht.

Beispiel:
Es gelingt einem Küchenteam, die Energiekosten der Abteilung – verglichen mit den Vormonatswerten – bei gleich hohen Küchenerlösen um ein Drittel zu reduzieren.

Empfangsbereich

GASTGEWERBLICHE BETRIEBSORGANISATION

Regelungen

Mit Hilfe von organisatorischen Regelungen werden sich wiederholende Vorgänge und Abläufe beschrieben und die entsprechenden Verhaltensweisen festgelegt. Wenn solche Regelungen zu Einschränkungen und Erschwernissen bei der Arbeit der Mitarbeiter führen sollten, so handelt es sich um eine Form von **Überorganisation.**

Fehlen jedoch wichtige Regelungen und führt dies zu Unsicherheiten und Störungen des Betriebsablaufs, so spricht man von einer **Unterorganisation.**

Im Idealfall sind die betrieblichen Regelungen so abgestimmt, dass nicht mehr Regelungen als erforderlich und nur so viele Regelungen wie nötig formuliert werden, um reibungslose Abläufe zu garantieren.

Improvisation

Bei unerwarteten, neuartigen Problem-Situationen kann man nicht auf organisatorische Regelungen zurückgreifen. Da ist man gezwungen, durch Improvisation zu reagieren. Das bedeutet, dass man aus dem Stegreif heraus versucht, das Problem gut und schnell zu lösen. Im Nachhinein wird zu überlegen sein, ob und in welchen Bereichen dauerhafte organisatorische Regelungen hierfür zu treffen sind.

Disposition

Wenn im Betrieb einmalige Maßnahmen fallweise geregelt werden, spricht man von Disposition.

Beispiel:
Der Bankettleiter wird bei einer Bankettabsprache vom Besteller gefragt, ob die Gruppe der Festgäste im Hause übernachten könne. Der Bankettleiter wird nicht sofort zusagen, sondern erst den Reservierungsstatus an diesem Tag prüfen und dann für diesen Fall entscheiden, d. h. disponieren.

Fachausdrücke

Zur schnelleren Verständigung werden innerhalb einer Betriebsorganisation verschiedene Fachausdrücke benutzt:

Beispiel:
Ein Abteilungsleiter hält schriftlich fest, welche Punkte von seinen Mitarbeitern beim Annehmen von Bargeld als Zahlungsmittel zu prüfen sind. Es kommt zu Behinderungen.

Beispiel:
Aufgrund fehlender Regelungen wissen Mitarbeiter nicht, wie sie sich beim Annehmen von Kreditkarten als Zahlungsmittel zu verhalten haben. Es entstehen Zeitverluste.

Beispiel:
Die elektronische Registrierkasse eines Restaurants ist plötzlich ausgefallen. Der Restaurantleiter gibt dem Mitarbeiter am Getränkebüfett die Anweisung, vorerst die gewünschten Artikel ohne Bon auszuhändigen, diese aber mit dem Namen des jeweiligen Service-Mitarbeiters zu notieren. Inzwischen holt er Bonbücher und fordert den Kundendienst an. Für zukünftige Notfälle dieser Art besorgt er später weitere Bonbücher, legt diese griffbereit zur Kasse und informiert seine Mitarbeiter.

Stelle
Eine Stelle ist die kleinste organisatorische Einheit zur Aufgabenerfüllung im Betrieb.
Beispiel: Die Stelle des Magaziners.

Abteilung
Die Zusammenfassung mehrerer Stellen unter einer Leitungsstelle wird Abteilung genannt.
Beispiel: Der Chef-Buchhalter als Abteilungsleiter ist der Vorgesetzte der anderen Buchhalter.

Instanz
Mit Instanz bezeichnet man eine leitende Stelle mit Verantwortung, Entscheidungs- und Anordnungsbefugnis.

Beispiel: Der kaufmännische Direktor könnte die Instanz für den Chef-Buchhalter, den Einkäufer, den Magaziner und den EDV-Berater sein.

Stabsstellen
Stabsstellen sind Leitungs-Hilfsstellen mit Vorschlagsrecht. Das heißt, Spezialisten unterstützen die Unternehmensleitung durch fachliche Beratung. Sie helfen bei anstehenden Problemen, die beste Lösung zu finden.
Beispiele: Der Steuerberater, Werbeberater, Rechtsberater, Marketingberater und der Berater in Personalfragen.

1 Grundbegriffe der Organisation

Betriebs-Organisations-Analyse

Unter Betriebs-Organisations-Analyse versteht man eine Untersuchung oder Beobachtung der bestehenden Organisationsform eines Betriebes oder einzelner Abteilungen. Drei Untersuchungsmethoden werden dabei angewendet:
- Die **Fragebogen-Methode,** d. h. die Mitarbeiter beantworten schriftlich gestellte Fragen;
- die **Interview-Methode,** d. h. die Mitarbeiter werden mündlich befragt;
- die **Beobachtungs-Methode,** d. h. ein Fachmann (operations analyst) beobachtet und analysiert die Organisationsabläufe.

Der ermittelte Ist-Zustand wird mit den Vorgaben des Soll-Zustandes verglichen. Korrigierende Maßnahmen werden vorgeschlagen.

Die Betriebsorganisation umfasst zwei Teile:
- Die **Aufbauorganisation** und
- die **Ablauforganisation.**

Bei der **Aufbauorganisation** werden die Aufgaben auf die einzelnen Abteilungen verteilt und festgelegt, auf welche Weise die einzelnen Abteilungen zusammenarbeiten. Die graphische Darstellung der Aufbauorganisation wird **Organigramm** genannt.

Bei der **Ablauforganisation** wird der Arbeitsablauf selbst geplant, gestaltet und gesteuert. Die Aufgaben der Mitarbeiter werden genau beschrieben und zeitlich wie räumlich festgelegt. Das Zusammenwirken zwischen Mitarbeitern und Gästen sowie Mitarbeitern und Sachmitteln wie Einrichtungen, Maschinen und Rohstoffen wird organisiert.

Beispiel: Ein Arbeitsablauf-Plan für die Vorbereitung und Durchführung einer Sonderveranstaltung.

Stellenbesetzungsplan

Hierbei handelt es sich um eine graphische Darstellung aller Stellen mit ihrer hierarchischen Einordnung ins Betriebsgeschehen. Neben der Stellenbezeichnung ist auch der Name des Stelleninhabers genannt. Dieser Plan zeigt auch unbesetzte Stellen an, ebenso Krankheitsausfälle und Urlaubsabwesenheiten.

Beispiel: Organigramm, wie auf Seite 600, zusätzlich mit den Namen der einzelnen Stelleninhaber versehen, sowie mit Kennzeichnung der erkrankten und beurlaubten Mitarbeiter.

Stellenbeschreibung

In einer Stellenbeschreibung werden alle Aufgaben und Verantwortungen, die Rechte, Befugnisse oder Vollmachten und die Anforderungen an den Inhaber der Stelle festgelegt. Weil eine gute Organisation insbesondere in Großbetrieben erforderlich ist, sind Stellenbeschreibungen hauptsächlich in Betrieben der Konzernhotellerie und Großgastronomie anzufinden. Dabei handelt es sich meist um Stellenbeschreibungen von Abteilungsleiter-Stellen, Instanzen und anderen Führungspositionen.

Eine vollständige Stellenbeschreibung enthält:
- die Bezeichnung der Stelle,
- die Nennung des unmittelbaren Vorgesetzten,
- die Aufzählung der unmittelbaren Untergebenen,
- eine kurze, allgemeine Darstellung der Ziele, Aufgaben und Kompetenzen der Stelle,
- wichtige Einzelaufgaben,
- die Regelungen für die Zusammenarbeit mit anderen Stellen und Abteilungen, z. B.:
  - wer von bestimmten Tatsachen zu informieren ist,
  - wer vor oder nach wichtigen Entscheidungen zu informieren ist,
  - wer vor einer Entscheidung um Rat zu fragen ist,
- die Aufzählung der Berichte, die die Stelle empfangen soll,
- die Aufzählung der Berichte, die die Stelle zu geben hat,
- die Aufzählung der Gremien, bei denen der Stelleninhaber mitarbeiten muss,
- der Bewertungsmaßstab für die Beurteilung der Leistung des Stelleninhabers und
- die Aufzählung der Anforderungen an den Stelleninhaber.

Vorteile einer Betriebsorganisation mit Hilfe von Stellenbeschreibungen:
- Sie dienen als Grundlage für die Stellenausschreibung;
- sie dienen als Grundlage für Lohn- und Gehaltsabsprachen;
- sie dienen als Hilfsmittel für die Einschätzung der Fähigkeiten und der beruflichen Schwerpunkte von Bewerbern;
- sie sind eine Orientierungshilfe in der Einarbeitungsphase von neuen Mitarbeitern;
- sie sind ein Hilfsmittel zur klaren Erkennung von Aufgaben und der gewährten Handlungsfreiheit;
- sie können als Hilfsmittel zur Selbstkontrolle dienen;
- sie sind eine Orientierungshilfe bei der Mitarbeiterbeurteilung;
- sie sind eine Orientierungshilfe für die Organisation von Mitarbeiterschulungen;
- sie sind eine Orientierungshilfe für die Mitarbeiter für das Erkennen von Fortbildungsdefiziten;
- sie helfen, Fortbildungsdefizite bei Mitarbeitern zu erkennen.

Empfangsbereich

GASTGEWERBLICHE BETRIEBSORGANISATION

Organigramm eines Hotels mit 200 Zimmern
🇬🇧 organization chart of a hotel with 200 units/bedrooms
🇫🇷 organigramme (m) d'un hôtel à 200 chambres (w)

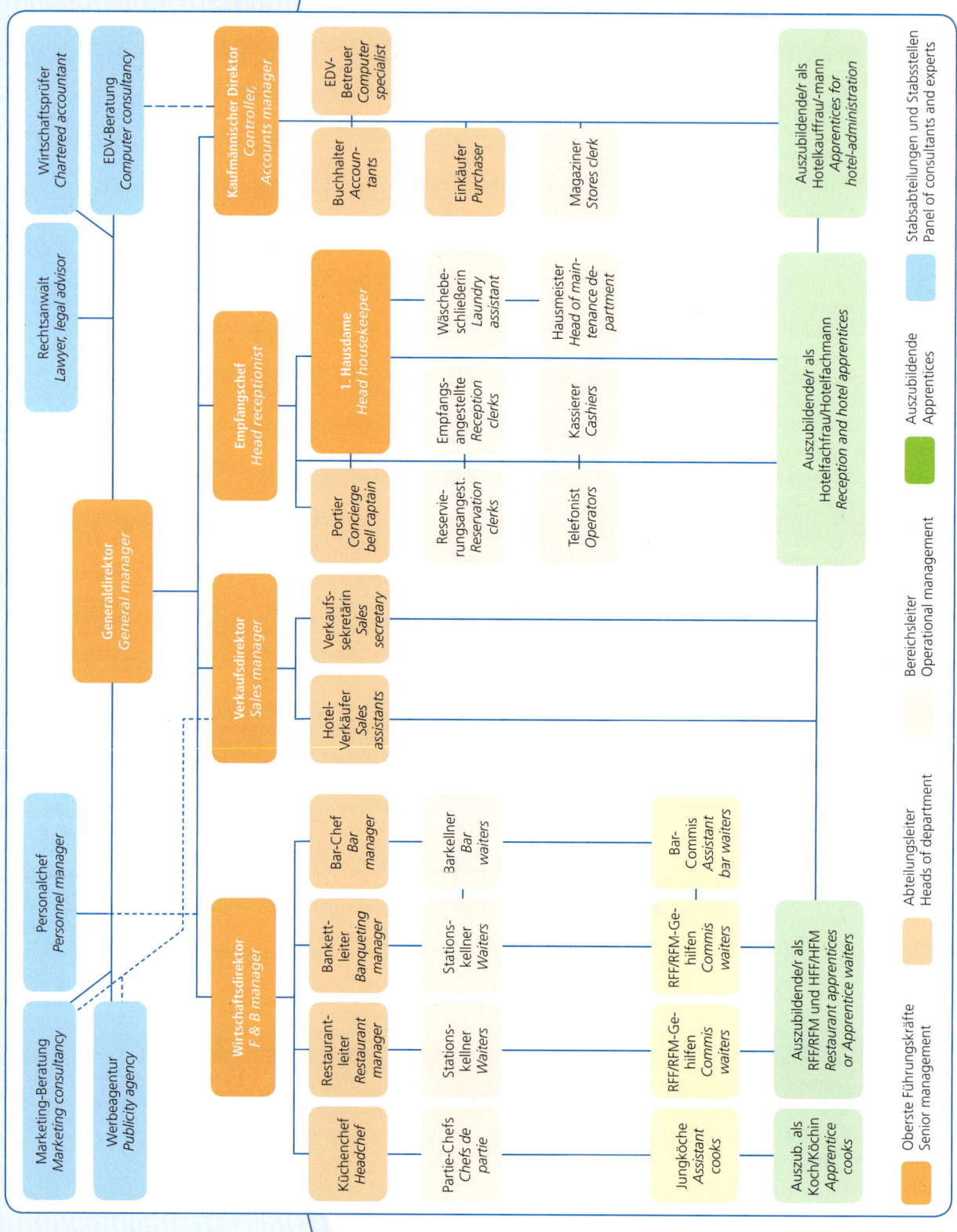

600

2 Organisation im Gastgewerbe

🇬🇧 organization in the hotel and catering trade
🇫🇷 organisation (w) de l'industrie (w) hôtelière

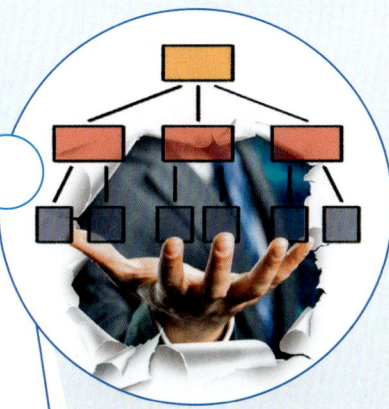

Von Betrieb zu Betrieb ist die Aufbauorganisation unterschiedlich gestaltet, da sie nach Größe und Art des Betriebs und dem Ausbildungsstand der Mitarbeiter ausgerichtet werden muss.

Im Hinblick auf die auszufüllenden Aufgaben muss die Aufbauorganisation
- zweckmäßig sein, d. h. sie muss Aufgaben sinnvoll verteilen und störungsfreie Abläufe gewährleisten.

Außerdem muss sie
- elastisch sein, d. h. sie muss sich den ständig ändernden Gästewünschen schnell anpassen können.

Zu diesem Zweck sind die Rangordnungsstrukturen, d. h. die Über-, Gleich- und Unterordnung festzulegen. Dabei haben sich verschiedene Modelle von Organisationsformen herausgebildet:
- Das **Einliniensystem** oder Liniensystem,
- das **Mehrliniensystem** oder Funktionale System,
- das **Stabliniensystem** und
- das **Team-** oder **Kooperationssystem**.

● Durch die Organisationsform wird festgelegt, wer im Betrieb welche Entscheidungen trifft und die jeweiligen Anordnungen erteilt.

Einliniensystem

Bei dieser Organisationsform hat der Mitarbeiter nur einen direkten Vorgesetzten, von dem er ausschließlich seine Anweisungen erhält. Alle Informationen werden über den Instanzenweg (Instanz siehe Seite 598) weitergegeben. Bei Unklarheiten wendet sich der Mitarbeiter nur an seinen direkten Vorgesetzten.

Vorteile:
- Klare Zuordnung von Aufgaben und Kompetenzen,
- übersichtliche Organisationsform,
- eindeutiger Weisungs- und Berichtsweg,
- schnelle Durchsetzung von Entscheidungen,
- gute Kontrollmöglichkeiten.

Organisationsform: Einliniensystem

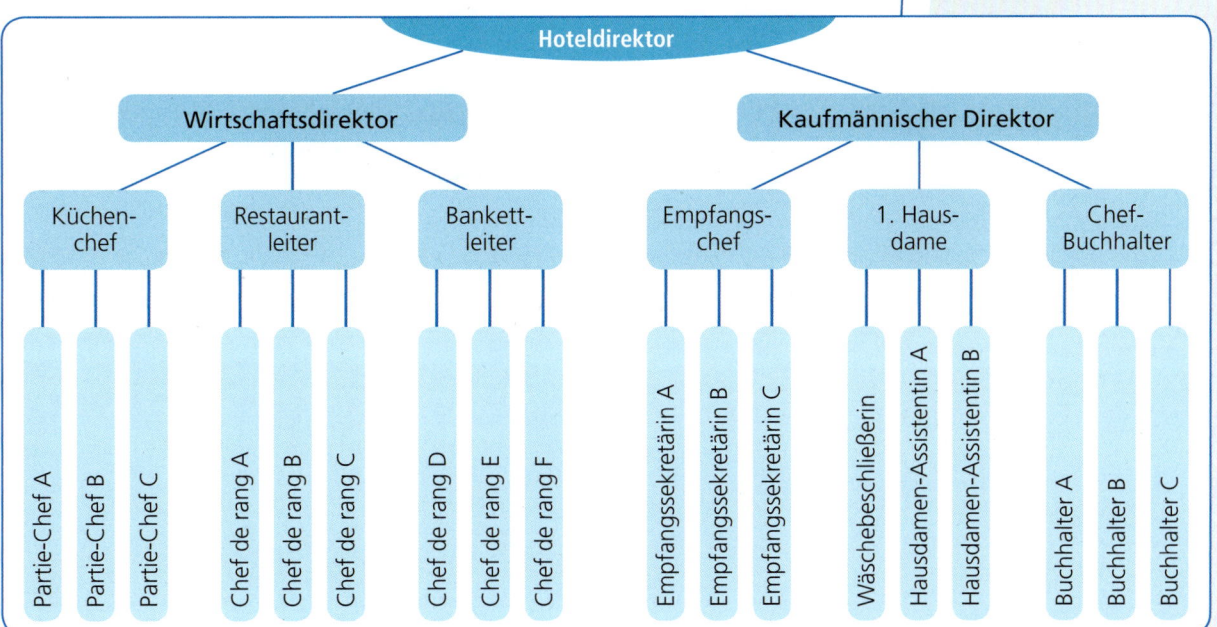

Empfangsbereich

GASTGEWERBLICHE BETRIEBSORGANISATION

Nachteile des Einliniensystems:
- Unzureichende Motivation der Mitarbeiter,
- zeitraubender und schwerfälliger Dienstweg, unflexibles System,
- überlastete Führungsspitze, Problemstau,
- störanfälliges System bei Abwesenheit der Führungskräfte,
- gefilterter oder geschönter Informationsfluss in beiden Richtungen möglich,
- System stellt hohe Anforderungen an den Ausbildungsgrad und die Verantwortung der Führungskräfte.

Nachteile des Einliniensystems können dadurch teilweise ausgeglichen werden. Der Informationsfluss in beiden Richtungen ist besser.

Mehrliniensystem oder funktionales System

Verantwortungen und Zuständigkeiten wie z. B. Einkauf werden auf die Abteilungsleiter wie z. B. Küchenchef oder Restaurantleiter übertragen. Weil mehrere Vorgesetzte weisungsbefugt sind, kann flexibler auf Gästewünsche eingegangen werden.

Vorteile:
- Die Anweisungen kommen von Spezialisten,
- der „Dienstweg" ist kurz und flexibel,
- die Zusammenarbeit der Abteilungen wird gefördert,
- hohe Motivation der Abteilungsleiter durch größere Verantwortung,
- die Führungsspitze wird entlastet.

Nachteile:
- Konfliktsituationen durch Weisungsüberschneidungen sind vorprogrammiert,
- zeitaufwendige Absprachen sind erforderlich,
- Kontrolle der Arbeitsausführung und der Leistungsbeurteilung ist schwieriger,
- eventuelle Überforderung der Mitarbeiter durch mehrere parallele Arbeitsaufträge oder durch sich widersprechende Anweisungen verschiedener Vorgesetzter.

Organisationsform: Mehrliniensystem oder funktionales System

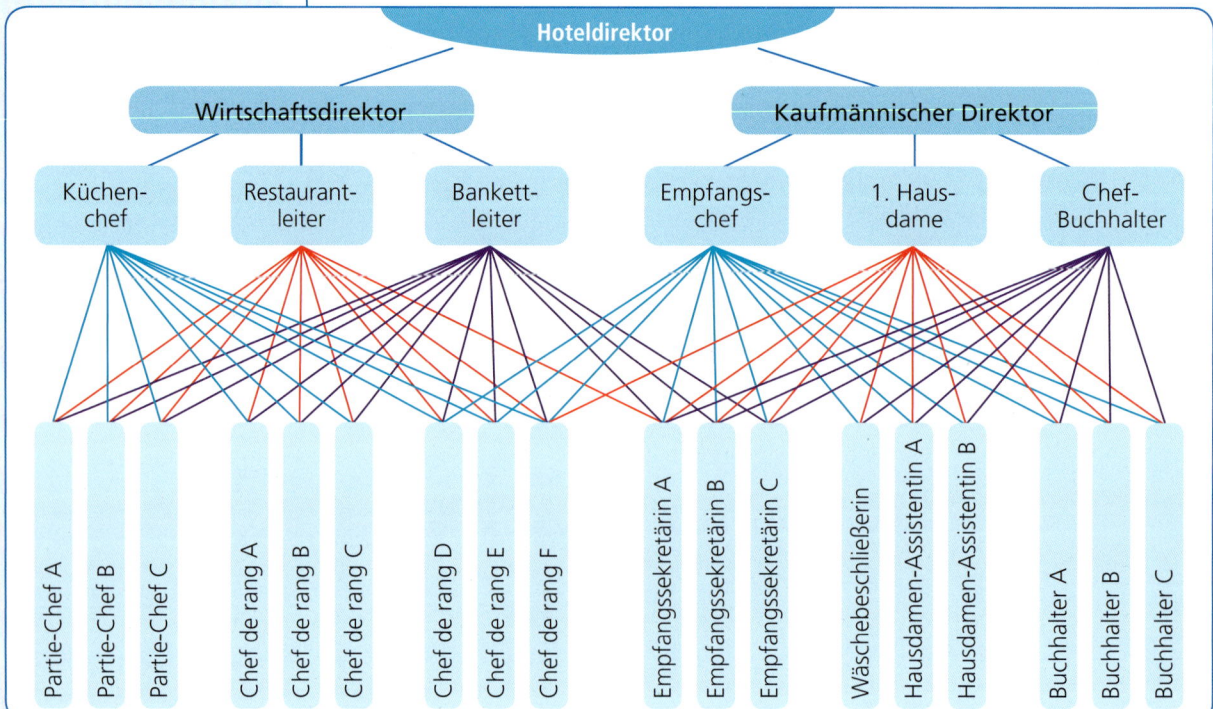

Stabliniensystem

Das Stabliniensystem entspricht vom Aufbau her dem Liniensystem, nur sind den Führungsebenen teilweise Stabsstellen zur fachkompetenten Beratung zugeordnet. Damit soll die Führungsspitze entlastet werden.

Beispiele für Stabsstellen können sein:
- Informatiker zur EDV-Beratung,
- Werbefachleute zur Werbeberatung,
- Rechtsanwalt zur Rechtsberatung,
- Steuerberater zur Finanzberatung.

Diese Stabsstellen haben keine Anordnungs- und Entscheidungsbefugnis, die liegt bei der Führungskraft.

Vorteile:
- Die beratenden Spezialisten bieten bessere Entscheidungsgrundlagen,
- die Führungskräfte werden in der Entscheidungsfindung entlastet,
- die Verantwortungsbereiche sind klar aufgeteilt,
- Außenstehende sind nicht „betriebsblind" und dadurch objektiver.

Nachteile:
- Spezialisten sind teuer und meist nur von Großbetrieben finanzierbar,
- Stäbe neigen gerne dazu, auf Grund ihres Fachwissens die Führung in dem Bereich übernehmen zu wollen,
- Stäbe können sich gegen Linien-Instanzen nicht durchsetzen.

Organisationsform: Stabliniensystem

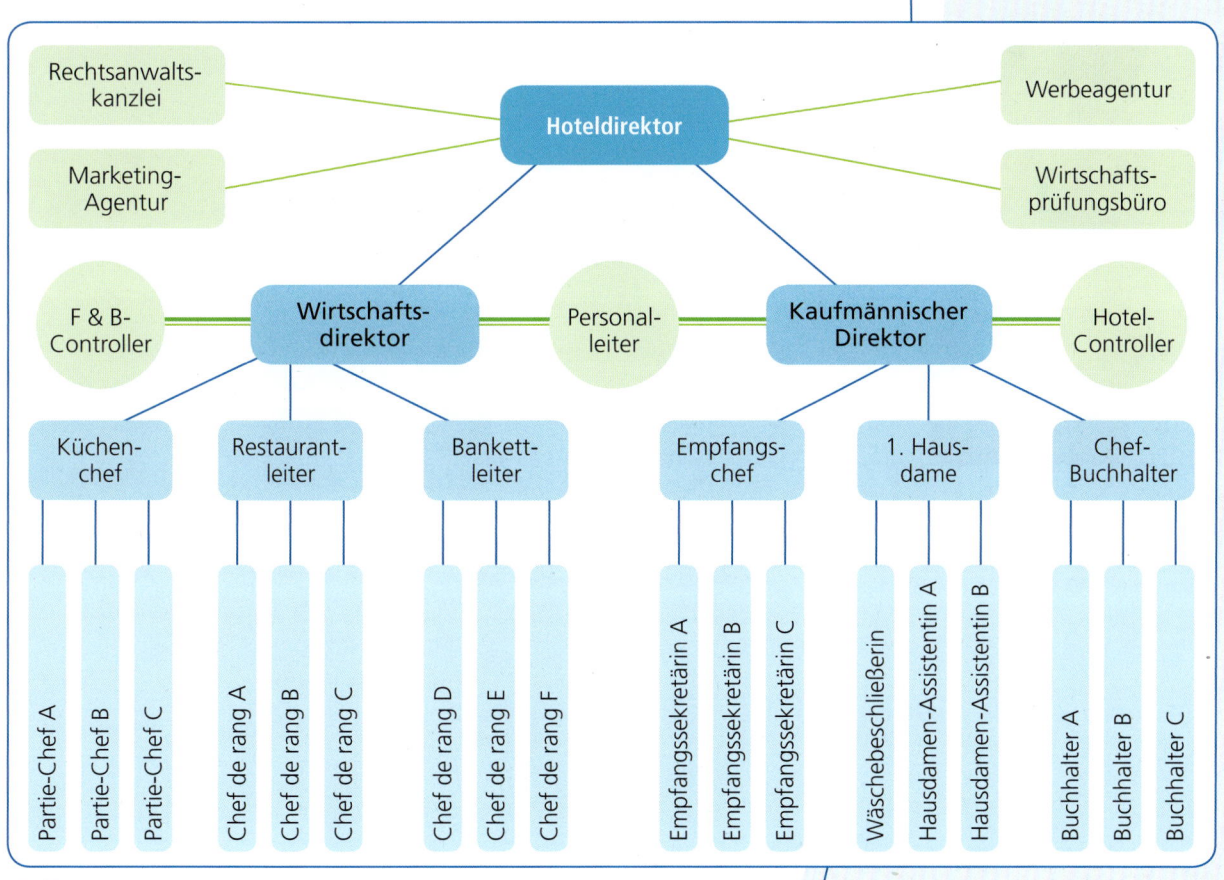

Empfangsbereich

GASTGEWERBLICHE BETRIEBSORGANISATION

Team- oder Kooperationssystem

Mitarbeiter mit unterschiedlichen Kenntnissen aus verschiedenen Abteilungen eines Betriebes sowie Stabsstellen-Inhaber bilden eine Arbeitsgruppe zur Erreichung eines gesetzten Zieles. Sie kooperieren im Team. Je nach Aufgabenstellung werden die Mitglieder des Teams von der Unternehmensführung befristet berufen.

Im Team sind alle Mitglieder gleichgestellt, es gibt keinen Team-Vorgesetzten. Die Führung des Teams ist nicht an eine Person gebunden. Sie wird situationsbedingt dem Teammitglied anvertraut, das den besten Beitrag zur Problemlösung in dem bestimmten Bereich einbringen kann. Diese Art der Führung wird **situationelle Führung** genannt.

Die Teil- und Einzelaufgaben werden jeweils von demjenigen übernommen, der hierfür am besten geeignet ist. Das kann auch ein Stabsstellen-Inhaber sein, der bei dieser Organisationsform aktiv mitarbeitet und nicht mehr „nur" berät. Die Verantwortung für die Leistungserbringung wird von allen Teammitgliedern gleichermaßen getragen.

Das Team wird aufgelöst:
- bei Erfüllung des Auftrags,
- bei Erreichen des vereinbarten Termins,
- bei Auftragsstornierung.

Organisationsform: Team- oder Kooperationssystem

z. B. zur Vorbereitung des 25-jährigen Betriebsjubiläums eines Industrie-Konzerns.

604

Vorteile:
- Optimale Lösungsfindung durch Spezialisten, auch bei schwierigen Aufgaben,
- leichtere Umsetzung der Arbeiten in der Linie, da die Teammitglieder aus den betroffenen Bereichen kommen und Schwierigkeiten schon im Vorfeld beseitigen,
- besserer Zusammenhalt im Betrieb wird durch Teamwork gefördert,
- sehr große Motivation bei den Teammitgliedern.

Nachteile:
- Durch die Teammitarbeit kann es am angestammten Arbeitsplatz der Teammitarbeiter zu Lücken in den Abläufen kommen,
- die Teammitglieder müssen in der Linie vertreten werden,
- die Teammitglieder müssen eine Doppel- oder Zusatzbelastung tragen,
- es kann zu Vernachlässigungen einer Funktion kommen,
- die Leistungskontrolle ist schwieriger.

Aufgaben

1. Nennen Sie drei Ziele des Organisierens im Betrieb.
2. Geben Sie acht Beispiele für Organisationsfragen, wie sie sich im gastronomischen Betrieb häufig stellen.
3. Wie heißen die beiden Wirtschaftlichkeits-Prinzipien? Erklären Sie diese.
4. Woran erkennt man eine betriebliche Über- und eine Unterorganisation?
5. Erklären Sie den Begriff „Improvisation" in der Betriebsorganisation.
6. Wann kann Improvisation erforderlich werden und wie sollte sie reduziert werden?
7. Was bedeutet „disponieren" im betrieblichen Geschehen?
8. Worin unterscheiden sich Stelle, Abteilung und Instanz?
9. Welche Aufgaben erfüllt eine Stabsstelle und welche Rechte hat sie?
10. Welche Angaben kann man einem Stellenbesetzungsplan entnehmen?
11. Definieren Sie, was eine Stellenbeschreibung ist.
12. Welche Angaben enthält eine vollständige Stellenbeschreibung?
13. Zählen Sie acht Vorteile auf, die die Organisation eines Betriebes mit Hilfe von Stellenbeschreibungen hat.
14. Was versteht man unter einer Betriebs-Organisations-Analyse?
15. Wie nennt man die graphische Darstellung der Aufbau-Organisation eines Betriebes?
16. Worin unterscheiden sich Stellenbesetzungsplan und Organigramm?
17. Welche Punkte beinhaltet eine Ablauf-Organisation?
18. Wie heißen die vier Modelle der betrieblichen Organisationsformen?
19. Wodurch unterscheidet sich das Stabliniensystem vom Liniensystem und welche Vorteile hat dieses?
20. Was versteht man unter einer „situationellen Führung"?

Arbeiten im Empfangsbereich

1 Hotelempfang

🇬🇧 front office 🇫🇷 réception (w)

Gäste, die eine Übernachtungsmöglichkeit in einem Hotelbetrieb wünschen, haben im Allgemeinen über die Empfangsabteilung den ersten direkten Kontakt zum Hotel. Dieser entsteht bereits, wenn die Gäste anfragen, ob und zu welchen Preisen Hotelzimmer verfügbar sind.

Weitere Kontakte können geknüpft werden, wenn die Gäste persönlich oder telefonisch reservieren und die Buchungen bestätigt werden. Spätestens bei der Anreise der Gäste und dann während des gesamten Aufenthalts bis zur Abreise werden immer wieder die Empfangsmitarbeiter die vorrangigen Ansprechpartner für die Gäste sein.

Der Hotelempfang befindet sich meist im Hallenbereich, gegenüber dem Hotel-Haupteingang. Von dort aus sollen der gesamte Hallenbereich, die Treppen und die Aufzüge überschaubar sein.

> Der Empfang ist die zentrale „Kontaktstelle" zwischen den Gästen und den Mitarbeitern eines Hotels.

Aufgaben der Empfangsabteilung

- Anfragen und Reservierungen bearbeiten,
- Gästezimmer verkaufen,
- Gäste empfangen (Check-in),
- Gäste während des Aufenthalts betreuen,
- Serviceleistungen erbringen oder vermitteln,
- Hotelrechnungen erstellen und abrechnen,
- Gäste verabschieden (Check-out),
- Tagesabschluss erstellen und abrechnen,
- Statistiken erstellen,
- mit Reisebüros und Kreditkarten-Unternehmen abrechnen,
- die anderen Hotel-Abteilungen informieren.

Organigramm einer Empfangsabteilung

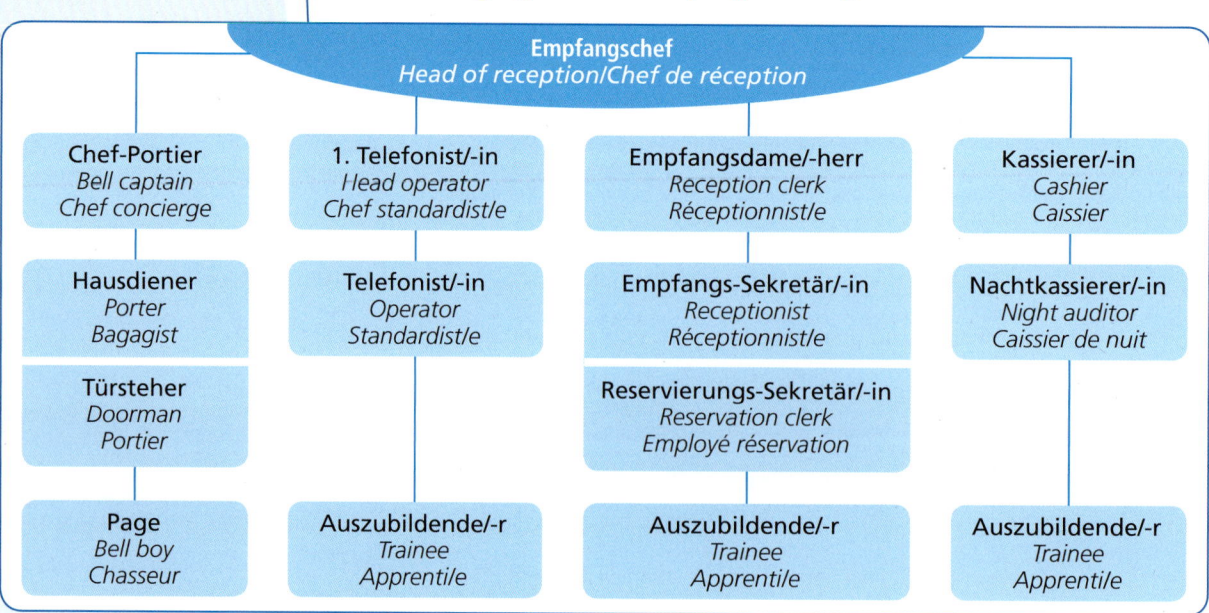

Empfangschef — *Head of reception / Chef de réception*

Chef-Portier *Bell captain* *Chef concierge*	1. Telefonist/-in *Head operator* *Chef standardist/e*	Empfangsdame/-herr *Reception clerk* *Réceptionnist/e*	Kassierer/-in *Cashier* *Caissier*
Hausdiener *Porter* *Bagagist*	Telefonist/-in *Operator* *Standardist/e*	Empfangs-Sekretär/-in *Receptionist* *Réceptionnist/e*	Nachtkassierer/-in *Night auditor* *Caissier de nuit*
Türsteher *Doorman* *Portier*		Reservierungs-Sekretär/-in *Reservation clerk* *Employé réservation*	
Page *Bell boy* *Chasseur*	Auszubildende/-r *Trainee* *Apprenti/e*	Auszubildende/-r *Trainee* *Apprenti/e*	Auszubildende/-r *Trainee* *Apprenti/e*

1 Hotelempfang

Empfangsmitarbeiter	Tätigkeiten und Aufgabenbereiche
Empfangschef/-in 🇬🇧 head receptionist 🇫🇷 chef (m) de réception	Koordination der gesamten Abteilung, Reservierung, Zimmerdisposition, Zimmervermietung, Kontrolle von Ankunft und Abreise der Gäste, Gästekorrespondenz, Buchungs- und Abrechnungs-Kontrolle der Abteilung, Planung des Mitarbeitereinsatzes (Dienst- und Urlaubspläne), Mitarbeiter-Ausbildung und -Training, Gästekontakt (Verkauf, Information, Beschwerden), Information der anderen Abteilungen, Budgetplanung, Statistik.
Chef-Portier 🇬🇧 bell captain 🇫🇷 chef (m) concierge	Gästebetreuung, Zimmerschlüssel aushändigen, Gästepost, Zeitungen, Auskünfte erteilen, Dienstleistungen organisieren (Theater-, Bahn- oder Flugtickets besorgen, Mietwagen vermitteln …), Gepäck-Service veranlassen, Hausdiener, Hallenpersonal einteilen und kontrollieren.
Portier 🇬🇧 hall captain 🇫🇷 concierge (m)	Vertretung des Chef-Portiers, Gästebetreuung, Unterstützung des Chef-Portiers bei allen vorgenannten Aufgaben.
Hausdiener 🇬🇧 porter 🇫🇷 bagagiste (m)	Gäste-Gepäck-Service, Gäste auf ihre Zimmer begleiten, Besonderheiten erklären, Putzdienste, Hilfsdienste im Hausdamenbereich, Transfers von Gästen zum Flughafen oder Bahnhof.
Türsteher 🇬🇧 doorman 🇫🇷 portier (m)	Gäste begrüßen, Taxi-Service, anreisenden Gästen beim Aussteigen behilflich sein, Regenschirm-Service, Gepäck-Service organisieren.
Page 🇬🇧 bell boy 🇫🇷 chasseur (m)	Botengänge, Hilfsdienste, kleine Handreichungen
Telefonist/-in 🇬🇧 operator 🇫🇷 opérateur (m)	Telefongespräche vermitteln, Telefax- und Telex-Service, Nachrichten an Gäste weiterleiten, Gästewünsche weiterleiten, Telefonate abrechnen, Gäste-Weckservice.
Empfangsherr/Empfangsdame 🇬🇧 reception clerk 🇫🇷 réceptionnist/e (w	Gäste begrüßen, Check-in, Meldescheine, Gästebetreuung (Auskünfte, Informationen), Verkauf von Zimmern und Dienstleistungen, Korrespondenz, eventuell Check-out, eventuell Kassenabrechnung und Kassenübergabe.
Reservierungs-Sekretär/-in 🇬🇧 reservation clerk 🇫🇷 employé (m) réservation	Zimmer-Verkauf, optimale Zimmerauslastung, Anfragen bearbeiten, Reservierungen buchen und bestätigen, Belegungsvorausschauen erstellen.
Kassierer/-in 🇬🇧 cashier 🇫🇷 caissier (m)	Gästerechnungen führen, Restanten* buchen, Depot-Verwaltung, Einhaltung des Kreditrahmens überwachen, Zwischenrechnungen erstellen, Rechnungen kassieren, Fremdwährungen umtauschen, Kreditkarten-Abrechnungen, Check-out, Debitoren* abrechnen, Abrechnungen mit Reiseveranstaltern und mit Reisebüros.
Nachtkassierer 🇬🇧 night auditor 🇫🇷 caissier (m) de nuit	Restanten* des Abends verbuchen, Abrechnungen anderer Abteilungen annehmen, kontrollieren und verbuchen, Logis- und Frühstücksbuchungen durchführen, Tagesabschluss durchführen, Empfangskasse abrechnen.

* Erklärungen von Fachbegriffen siehe S. 632–638

Empfangsbereich

ARBEITEN IM EMPFANGSBEREICH

Die Größe der Empfangsabteilung, der personelle Aufbau und der Grad der Arbeitsteilung sind abhängig von:
- der **Größe des Hotels** (Zimmerzahl); große Hotels beschäftigen mehr Mitarbeiter und haben eine stärkere Arbeitsteilung;
- dem **Standard des Service** (Kategorie des Hotels); Gäste eines Luxushotels erwarten einen persönlicheren Service, der arbeitsaufwendiger, zeit- und personalintensiver ist;
- dem **Typ der Gäste**. Geschäftsreisende im Flughafenhotel wünschen eine schnelle und unkomplizierte An- und Abreise. Sie sind oftmals bereit, ihr Gepäck selbst zu transportieren. Das könnte bedeuten, dass Rezeption und Kasse personell stärker zu besetzen wären, der Hausdienerbereich für den Gepäckservice dagegen schwächer besetzt sein könnte. Gäste in Kurhotels haben eine längere Aufenthaltsdauer und andere Bedürfnisse als Gäste in Ferienhotels oder als Gäste in Stadthotels.

Im kleinen Familienbetrieb werden beispielsweise alle verschiedenen Aufgaben des Empfangs von nur einem Mitarbeiter pro Schicht erledigt, während in einem Großhotel zehn oder mehr Mitarbeiter gleichzeitig in strenger Arbeitsteilung tätig sind.

Interaktionen zwischen Gästen und Empfangsmitarbeitern

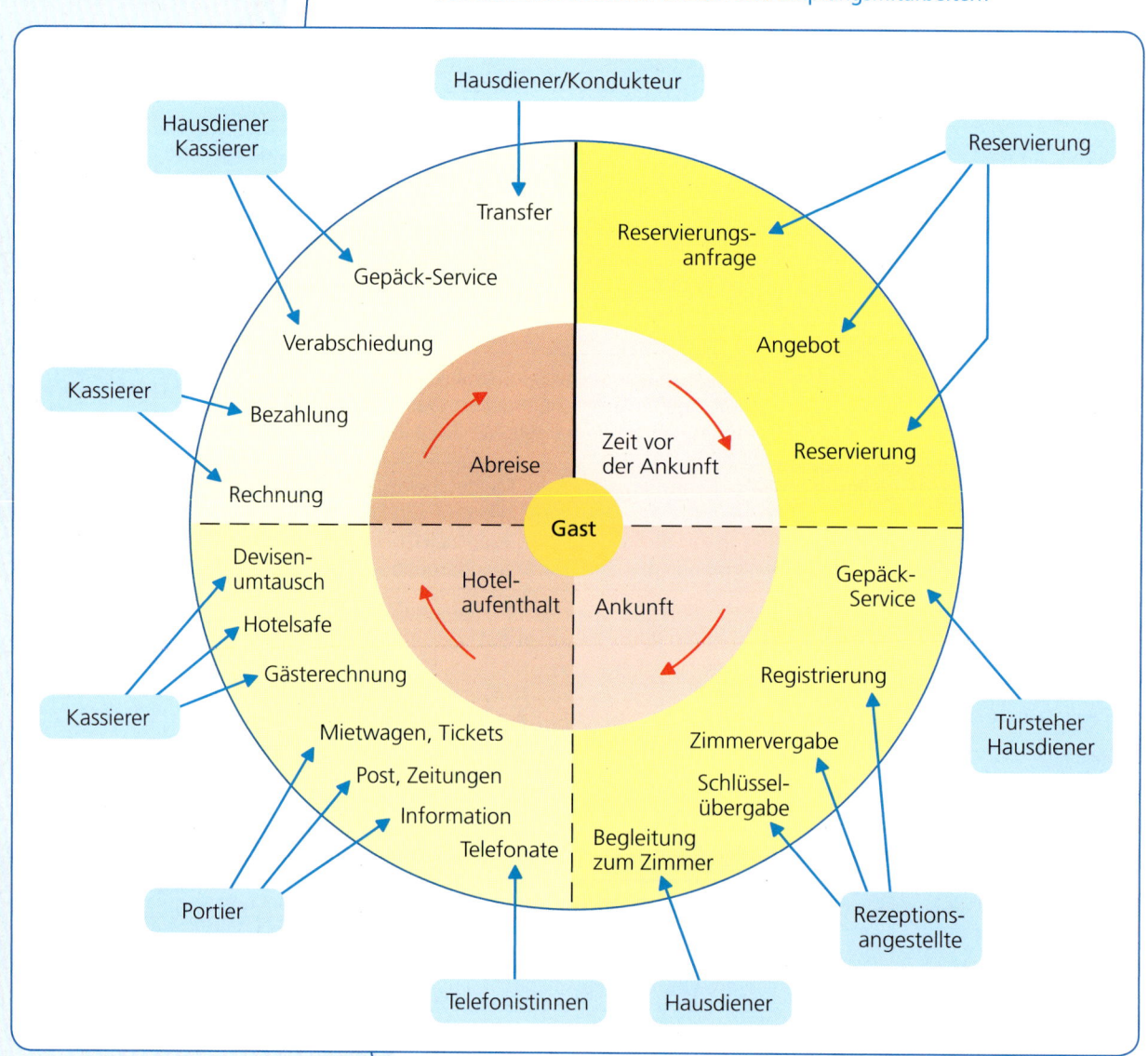

2 Informations-, Kommunikations- und Organisationsmittel

🇬🇧 means of information, communication and organization
🇫🇷 moyens (m) d'information (w), de la communication et de l'organisation (w)

Informationsmittel

Zu den Informationsmitteln, die am Hotelempfang und in der Beherbergungsabteilung benutzt werden, zählen:

Abb. 1 Gast füllt Meldeschein aus

- **gesetzlich vorgeschriebene Vordrucke,** z. B.:
  - Meldevordrucke (lt. Melderechtsrahmengesetz),
  - Statistikbögen, z. B. die Nationalitätenstatistik des Statistischen Landesamts;
- **Hilfsmittel für Auskünfte und Dienstleistungen,** z. B.:
  - Telefonbücher, Fax-Verzeichnisse, Branchenregister, EDV-CD-ROM, Taxi-Rufnummern
  - Notrufnummernliste (Notrufzentrale für Polizei, Feuerwehr, Notarzt, Störungsdienste …),
  - Verzeichnis der Posttarife (Deutschland und International),
  - Stadtplan, Landkarte der Region und des Regierungsbezirks,
  - Fahrpläne öffentlicher Verkehrsmittel, Flugplan, Eisenbahn-Fahrplan (über Internet-Anschluss),
  - hausinterner Veranstaltungskalender,
  - Programme kultureller und sportlicher Veranstaltungen in der Stadt und der Region,
  - Werbeprospekte interessanter Ausflugs- und Besichtigungsziele,
  - Liste empfehlenswerter Gastronomie-, Fitness- und Sportbetriebe,
  - Liste der PKW-Kundendienst-Werkstätten;

- **Arbeitsunterlagen des Hotels,** z. B.:
  - Hotelpässe oder Zimmerausweise,
  - Gästekartei (siehe Abb. Seite 622),
  - Reservierungsbücher oder -listen (s. S. 616),
  - Zimmertagesplan oder Room-rack,
  - Gästeverzeichnisse (alphabetisch und numerisch) oder Informationstafel,
  - Abreise- und Ankunftslisten,
  - Zimmerwechselbelege (Room change/ changement),
  - Schließfachausweise, Depotscheine,
  - Rechnungsvordrucke, Quittungsblöcke,
  - „Nachrichten für Gäste"-Vordrucke,
  - Vordrucke für Reservierungen,
  - Fundbuch für verlorene und liegengebliebene Gegenstände,
  - Reparaturbuch,
  - „Buch für Lob und Reklamationen" (Book for compliments and complaints),
  - Kofferanhänger (Baggage tags) zur Gepäckabfertigung bei Reisegruppen.

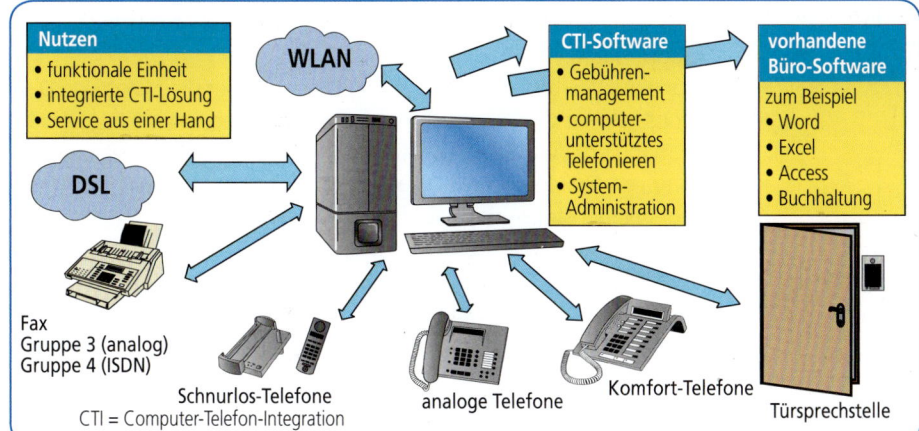

Abb. 2 Moderne Computer-/Telefonanlage in einem System

Empfangsbereich

ARBEITEN IM EMPFANGSBEREICH

Abb. 1 Digitale Wegweiser und Werbeflächen

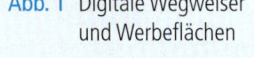

Abb. 2 Online Travel Agencies – OTAs

Abb. 3 Global Distribution Systems (GDS)

Kommunikationsmittel

Am Empfang und in der Beherbergungsabteilung sind folgende Kommunikationsmittel vorzufinden:

- Telefonanlage mit DSL-Anschluss,
- EDV-Anlage,
- Telefax-Geräte,
- Lautsprecheranlage für Durchsagen,
- Funkrufanlagen (Telec, Pager-Systeme),
- Mobil-Telefone, Handys,
- elektronisches Informationssystem mit Veranstaltungsübersicht, Räumen, Wegweisern,
- LED-Bildprojektoren als Wegweiser oder für Werbezwecke,
- elektronische Brandmeldeanlage,
- Hotel-Video-Kommunikationssystem.

Voraussetzung für viele der (modernen) elektronischen Kommunikationsmittel ist ein **DSL-Netz-Anschluss** (Digital Subscriber Line). Unabhängig von der jeweiligen Hotel-Telefonanlage ermöglicht ein DSL-Netz-Anschluss mit Hilfe eines Personal Computers (PC) und entsprechender Software die Nutzung folgender Dienste und Möglichkeiten:

- Zugriff auf weltweite Infos durch das Internet über einen professionellen Dienstleister (Provider), wie z. B. AOL, Arcor, 1&1, Freenet, GMX, Kabel D., LYCOS, O_2, Telekom, Vodafone;
- Anschlussmöglichkeit an weltweit operierende Hotel-Vertriebspartner („Representation Companies"), wie z. B. The Leading Hotels of the World-LHW, Small Luxury Hotels of the World, Summit-Hotels, Top International Hotels, Utell, Worldhotels;
- Zusammenarbeit mit Internet-Reisebüros (Online Travel Agencies-OTAs), wie z. B. HRS.de (+ hotel.de, + tiscover.com), Expedia.de (+ hotels.com, + tripadvisor.de, trivago.de, + venere.com), Priceline.com (+ booking.com, + traveljigsaw.com, + agoda.de);
- Zusammenarbeit mit Internet-Suchmaschinen, wie z. B.: Google Hotelfinder und RoomKey.com;
- Post per E-Mail, d. h. kostengünstiges Senden bzw. Empfangen von Informationen über Mailbox an und von E-Mail-Adressen;
- Werbemöglichkeit durch eine eigene Homepage;
- elektronisches Marketing mit Hilfe von Bildern und Texten innerhalb der verschiedenen Globalen Distributionssysteme, wie z. B. Amadeus, Travelport, Sabre;
- elektronische Werbung und Infos für Reisebüros über die „Globalen Distributionssysteme-GDS" in Form einer elektronischen Broschüre („visual image mapping", wie z. B. „Spectrum" von Galileo International);
- Nutzung von Onlinebanking-Diensten, direkte Durchwahl an jede und von jeder Nebenstelle schon ab einer Amtsleitung;
- gleichzeitige Datenübertragung, wie z. B. beim Fax-Betrieb und Telefonieren;
- schneller Verbindungsaufbau;
- Anrufweiterschaltung zu jedem beliebigen internen oder externen Anschluss;
- Anzeige der gewählten bzw. der anrufenden Nummer auf einem Datenfenster (Display);

- Gebührenanzeige beim Telefonieren;
- Gebührenabrechnung für alle angeschlossenen Telefone und Telefax-Nebenstellen;
- kostengünstige Telefonate durch „Least-Cost-Routing", d. h. Verbindungsaufbau ohne Zutun des Nutzers mit dem stets preisgünstigsten Netz-Anbieter;
- Internet-Telefonie (Skype);
- Fahrplan- und Flugplan-Auskunft;
- fremde Software ist schnell ladbar;
- Produkt- und Dienstleistungsangebote von Firmen können schnell erkundet, ausgewählt und bestellt werden.

Abb. 1 Online Distribution Database

Organisationsmittel

Mit Hilfe von Organisationsmitteln können organisatorische Maßnahmen besser durchgeführt werden. In den Hotel-Rezeptionen existieren handschriftlich geführte oder elektronische Organisationsmittel.

Handschriftlich geführte Organisationsmittel

Die meisten der auf Seite 609 aufgezählten Vordrucke und viele der internen Arbeitsunterlagen des Hotels werden handschriftlich geführt.

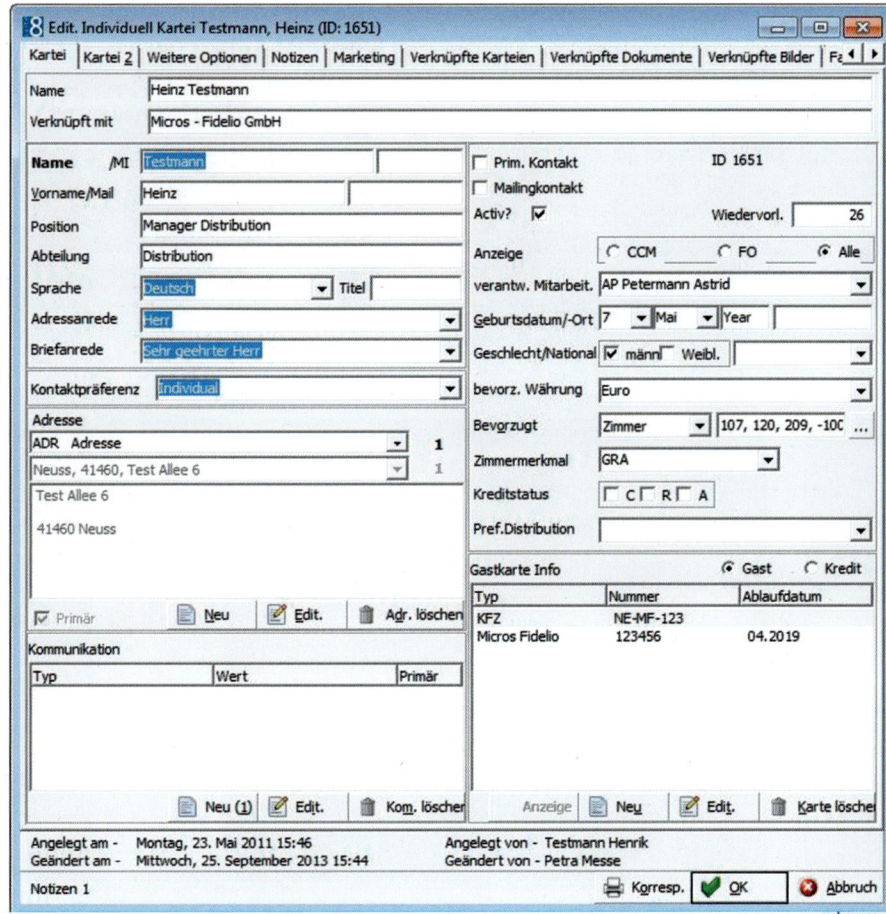

Abb. 2 Gästekartei eines Front-Office-Systems

Beispiel Gästekartei:

Für jeden Gast wird eine Karteikarte angelegt und geführt. Sie enthält folgende Angaben: Familienname, Vorname, Titel, Geburtsdatum und Geburtsort, Beruf (soweit bekannt), Adresse, Telefon- und Fax-Nummer, E-Mail-Adresse, Firma. Ferner werden in Längsspalten eingetragen: Anreise-/Abreisedatum, Zimmer-Nummer, Personenzahl, Preis, Bemerkungen. Hierin werden Extras wie „Garage", „Hund", „überlanges Bett" eingetragen, aber auch Charakteristika wie „lärmempfindlich" oder „leicht reizbar". Die Karteikarte dient hauptsächlich als Informationsmittel und hilft dem Empfangschef bei der Zimmereinteilung.

Empfangsbereich

ARBEITEN IM EMPFANGSBEREICH

Elektronische Organisationsmittel

- Computergesteuerte Front-Office-Systeme, wie z. B. Amadeus Hospitality, Hotcom, HS/3, Protel-Smart, MICROS-Fidelio Suite8, die oftmals Teile eines dazugehörigen Hotel-Management-Systems sind, wie z. B. bei MICROS-Fidelio Opera;
- elektronische Brandmeldeanlage mit Alarm, wie z.B. von Bosch, Siemens-Sinteso, Telcat-Multicom;
- Voice-Mail-System ergänzt eine bestehende Telefonanlage über die zusätzliche Schnittstelle zum Front-Office-System; es kann eingehende Nachrichten beantworten, speichern, verteilen und versenden, wenn der Gast nicht auf dem Zimmer ist;
- Zimmerschließ-Sicherheitssysteme (Room Security Systems), wie z. B. von EVVA, IR-Ingersoll Rand, Messerschmitt, MIDITEC, VingCard;
- mobile Funk-Handies für Hotelgäste und Mitarbeiter;
- Hotel-Video-Kommunikationssystem mit den Hotel-TV-Geräten in den Gästezimmern, wie z. B. von Grundig, Nokia, Philips, Prodac;
- digitale Unterhaltungs- und Internet-Lösungen, auch für Konferenzschaltungen, wie z. B. von iBAHN, my meeting professional.com oder swisscom AG;
- elektronische Informationssysteme (digital signage systems) für Tagungs- und Veranstaltungsgäste mit Veranstaltungsübersicht, Raumnennung und Wegweiser-Anzeigen mit Zeitsteuerung, wie z. B. von eKiosk (siehe Abb. S. 610).

Abb. 1 Gerät zum Programmieren des Zimmeröffnungs-Codes

Abb. 2 Brandmelder an der Zimmerdecke

Abb. 3 Piktogramm Handfeuermelder

Abb. 4 Handfeuermelder einer Brandmeldeanlage

Abb. 5 Hoteletage mit Brandmelder und Fluchtweg-Hinweis

Abb. 6 Moderner Hotelempfang mit elektronischem Informationssystem

the westin grand münchen

Herzlich willkommen, Herr Metz, im The-Westin-Grand München!

Sehr geehrter Herr Metz,

wir heißen Sie herzlich willkommen im The-Westin-Grand München. Wir bieten Ihnen den einzigartigen Service von Fax und E-Mail bis ans Bett. Bitte finden Sie anbei die für Ihren Aufenthalt gültige Telefon- und Faxnummer, sowie Ihre persönliche E-Mail-Adresse. Für Fragen steht Ihnen unser Team von der Rezeption unter der Telefonnummer 8612 gerne zur Verfügung.
Wir wünschen Ihnen einen angenehmen Aufenthalt.

Ihre Kommunikationsdaten:

```
         Zimmer:  1056
Hotelrufnummer:  0049 (0)89 1234-0
       Telefon:  -1056
           Fax:  -1078
          ISDN:  -1090
 Email-Adresse:  Reinhold.Metz@The-Westin-Grand-Munich.de
```

Informationen zum Faxgerät:

- Beim Versenden von Faxen berechnen wir die erste Seite mit 2,50 €, jede weitere Seite mit je 0,50 €. Das Empfangen von Faxen ist gebührenfrei.
- Das Versenden von E-Mail-Nachrichten wird pauschal mit 0,50 € je E-Mail, das Empfangen von E-Mail-Nachrichten wird mit 0,50 € je Seite berechnet.
- E-Mail-Nachrichten können bis zu einer Größe von 5 MB (Megabyte) empfangen und versendet werden.
- Bei Nutzung einer Calling-Card (z. B. AT&T) oder eines privaten Service Providers (z. B. T-Online, AOL, Compuserve) berechnen wir Ihnen 2,56 € je Verbindungsaufbau.
- Sie können von Ihrem Notebook via dem Faxgerät Ihre Dokumente ausdrucken, indem Sie sich Ihre Daten auf Ihr Zimmerfax schicken. Die Nutzung der Druckmöglichkeit berechnen wir mit 0,50 € je Seite.
- Das Kopieren am Faxgerät berechnen wir ebenfalls mit 0,50 € je Seite.
- Alle persönlichen Daten werden bei Ihrer Abreise beim Check-Out gelöscht.

Abb. 1 Beispiel eines Informationsschreibens über die Bereitstellung moderner Kommunikationsmittel für Übernachtungsgäste in einem Großhotel

Empfangsbereich

ARBEITEN IM EMPFANGSBEREICH

3 Reservierungen

🇬🇧 reservations, bookings 🇫🇷 réservations (w)

Wenn man von den wenigen Gästen ohne Reservierung (walk in) absieht, so buchen alle Übernachtungsgäste ihre Zimmer oft Tage, Wochen und manchmal auch Monate im Voraus. Bestellt ein Gast ein Zimmer und wird diese Reservierung vom Hotelier oder seinen Leuten angenommen, so ist ein rechtsverbindlicher Vertrag zustande gekommen. Der Vertrag unterliegt keiner besonderen Formvorschrift. Als Nachweis einer vorliegenden Bestellung ist jedoch die Schriftform empfehlenswert. Die Reservierungswünsche werden auf unterschiedliche Art und Weise an das Hotel herangetragen. Man kann deshalb zwischen verschiedenen Reservierungsarten unterscheiden.

Beherbergungsvertrag

Wie immer im Geschäftsleben geht es auch bei der Zimmerbuchung nicht ohne rechtliche Regelung. Die vom Gast veranlasste und vom Hotel angenommene Zimmerbuchung begründet zwischen beiden ein Vertragsverhältnis, den sogenannten Beherbergungsvertrag (Gastaufnahmevertrag), der wie alle Verträge von beiden Vertragspartnern einzuhalten ist. Nach Gesetz und ständiger Rechtsprechung beinhaltet er unter anderem folgende Regelungen:

1. Der Beherbergungsvertrag ist abgeschlossen, sobald die Zimmerbestellung vom Hotel angenommen ist.
2. Das Hotel ist verpflichtet, das reservierte Zimmer zur Verfügung zu stellen. Andernfalls hat es dem Gast Schadenersatz zu leisten.
3. Der Gast ist verpflichtet, den vereinbarten oder betriebsüblichen Zimmerpreis für die Vertragsdauer zu entrichten. Dies gilt auch, wenn das Zimmer nicht in Anspruch genommen wird. Bei Nichtinanspruchnahme sind die vom Hotel eingesparten Aufwendungen sowie die Einnahmen aus anderweitiger Vermietung des Zimmers anzurechnen.
4. Das Hotel ist nach Treu und Glauben gehalten, nicht in Anspruch genommene Zimmer nach Möglichkeit anderweitig zu vergeben.

Abb. 1 Auszug aus dem IHA-Hotelverzeichnis

3.1 Reservierungsarten

🇬🇧 kinds and sources of reservations
🇫🇷 espèces (m) et sources (w) de réservation (w)

Hotelzimmer-Reservierungen können entweder direkt durch den Gast selbst erfolgen oder indirekt, d. h. über Dritte, die in seinem Auftrag handeln und diese Dienstleistung berechnen.

Direkte Buchungen

Zu den **direkten Buchungen** zählen:
- die **persönliche Reservierung** durch den Gast selbst, anlässlich eines Aufenthalts im Hotel;
  Vorteile: Das Verkaufsgespräch kann direkt persönlich geführt werden, meist kennt man den Gast und seine Wünsche, der Reservierungsvorgang verursacht keinerlei Kosten;
  Nachteil: manchmal zeitintensiver Beratungsaufwand;
- die **telefonische Reservierung** des Gastes;
  Vorteile: Alle Details können erfragt werden, Verkaufschancen können im Gespräch erkannt und genutzt werden, Alternativen lassen sich bei Reservierungs-Engpässen absprechen, es fallen keine Provisionen an;
  Nachteile: Wenig Zeit zur Entscheidungsfindung, man sieht den Gast nicht, man hat vorerst keine schriftliche Bestellung zur Hand;
- die **schriftliche Reservierung** des Gastes, z. B. durch Briefpost o. Telefax;
  Vorteile: Es gibt genügend Zeit zur Entscheidungsfindung, eine schriftliche Bestellung liegt vor, es fallen keine Provisionen und Beratungskosten an, die Antwort mit Telefax ist sehr schnell beim Gast;
  Nachteil: Die Reservierung erfolgt oft ohne ein vorheriges Verkaufsgespräch;
- die **elektronische Reservierung** durch den Gast, per Internet auf der Website/Homepage oder an die E-Mail-Adresse (Mailbox) des Hotels;
  Vorteil: Es ist genügend Zeit zur Entscheidungsfindung, durch den E-Mail-Ausdruck liegt eine schriftliche Bestellung vor; die E-Mail-Antwort ist sehr schnell beim Gast, es fallen weder Provisionen noch Beratungskosten an;
  Nachteil: Die Reservierung erfolgt oft ohne ein vorheriges Verkaufsgespräch.

Indirekte Buchungen

Zu den **indirekten Reservierungen** zählen die Reservierungen:

- durch **Reisebüros**;
  Vorteile: Bessere Auslastung des Hotels, dadurch mehr Umsatz/Gewinn, das Reisebüro wirbt mit für das Hotel, neue Gästekreise können werden erschlossen,
  Nachteile: Kein Kontakt mit den Gästen bis zur Anreise, Reisebüros verlangen Vorzugsraten (preferred rates) und Provision;
- durch **Reisestellen** großer Firmen (corporate travel departments – CTDs), das sind firmeneigene Reisebüros;
  Vorteile: Bessere Auslastung des Hotels, neue Gästekreise werden erschlossen, Kontakte zu großen Firmen werden möglich,
  Nachteile: Reduzierte Firmenpreise (preferred rates, corporate rates, company rates oder local company rates „LCR") drücken die durchschnittlichen Logis-Erlöse pro Zimmer und Tag;
- durch **Reiseveranstalter** oder **Reisebüro-Konsortien** (Consortia), bzw. Reisebüroketten oder Reisebüro-Franchise-Organisationen; für Geschäftsreisen, Reisegruppen, Tourserien z. B.: BCD-travel-direct, DER-Deutsches Reisebüro, RADIUS, rtk, Thomas Cook, TUI;
  Vorteile: Der Reiseveranstalter wirbt in seinen Katalogen für das Hotel, neue Gästekreise werden angesprochen, bessere Auslastung des Hotels, leichtere Planung der Arbeitsabläufe;
  Nachteile: Das Hotel muss zu Vorzugspreisen (consortia rates) anbieten und Provisionen/Mitgliederbeiträge oder Jahresgebühren abführen; es kann zu Überschneidungen mit anderen Gästezielgruppen, z. B. Individualreisenden, kommen.
- durch **Incentive-Agenturen**, die sich auf den Bereich „Bonusreisen" spezialisiert haben und z. B. für die erfolgreichsten Verkaufsmitarbeiter großer Firmen (als Einzelreisende oder in Gruppen) Rundreisen mit Hotelaufenthalten und sonstigen Dienstleistungen buchen (z. B. trends, compact tours, Zander & Partner);
  Vorteile: Beste Zimmerkategorien/Suiten können verkauft werden, meistens übernimmt die Firma auch die anfallenden Nebenkosten; dadurch mehr Umsatz/Gewinn für das Hotel; unkomplizierte Abrechnung;
  Nachteil: Hohe Provisionen fallen an, meist für den vermittelten Gesamtumsatz – nicht nur für den Logis-Umsatz;
- durch **Incoming-Agencies**, die im Auftrag ausländischer Vermittler für ausländische Reisegruppen die Reiserouten, Hotelaufenthalte und Besichtigungsprogramme im Inland zusammenstellen und reservieren (z. B. iq-incoming.com, TSI-Mondial);
  Vorteile: Bessere Auslastung, mehr Umsatz und Gewinn;
  Nachteil: Hohe Provisionen fallen an.
- durch **Vertriebs- und Distributionspartner** (representation companies/distribution partners), die das Hotel besonders im Marketing, Verkauf und im elektronischen Vertrieb unterstützen, wie z. B.: The Leading Hotels of the World-LHW, Small Luxury Hotels, Summit Hotels, Top International Hotels, Utell, Worldhotels;
  Vorteile: Verkaufs- und Marketing-Aktivitäten, bessere Auslastung, mehr Umsatz und Gewinn;
  Nachteile: Hohe Mitgliederbeiträge/Jahresgebühren und Provisionen fallen an.

Reservierungsquellen/Buchungskanäle 2011

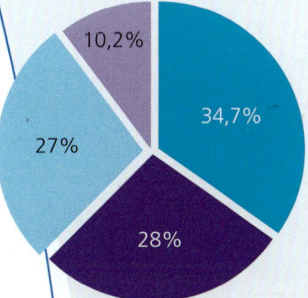

- Traditionelle Distribution (Telefon, Fax, Brief, Walk-ins, Sonstige)
- Elektronische Anfrage (E-Mail, Reservationsformular)
- Onlinebuchungen in Echtzeit (GDS, IDS, Echtzeitbuchung Hotel-Website, Hotelketten mit CRS, Social Media)
- Touristische Partner (Reiseveranstalter, DMO national-lokal, Event- und Konferenz-Veranstalter, Sonstige)

Abb. 1 Angehäufte Buchungskanäle der Hotellerie (D-A-CH) im Jahr 2011

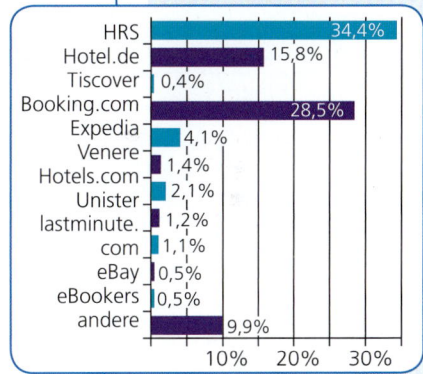

Abb. 2 Marktanteile bei Hotelbuchungen in D. über das Internet 2011

Hoteliers bevorzugen selbstverständlich die direkte Reservierungsart/den direkten Vertriebsweg, da die indirekte Reservierungsart/der indirekte Vertriebsweg meist mit hohen Vertriebskosten verbunden ist. Deshalb sollten Hoteliers darauf achten, dass Gäste ihre Hotelzimmer auch direkt auf einer hoteleigenen Homepage/Website reservieren können.

3.2 Vermietungsplan und Reservierungs-Systeme

🇬🇧 reservation chart and reservation systems
🇫🇷 plan (m) de réservation (w) et systèmes (m) de réservation

Wenn ein Reservierungswunsch eingeht, muss zunächst geprüft werden, ob das entsprechende Zimmer für den genannten Zeitraum noch zur Verfügung steht. Darüber gibt der Reservierungsplan oder das hausinterne Reservierungs-System Auskunft.

Vorteile: Doppelvermietungen, Überbuchungen oder Überschneidungen mit nachfolgenden Reservierungen sind bei diesem System kaum möglich. Der Plan ist sehr übersichtlich, unkompliziert und kann nicht „abstürzen". Auch neue Mitarbeiter finden sich schnell zurecht.

Vermietungsplan/Reservierungsplan

In manchen der kleineren Hotels mit bis zu 50 Zimmern wird auch heute noch mit dem **Reservierungsplan** – auch **Reservierungsbuch** genannt – gearbeitet. Der Plan besteht aus 12 vorgedruckten Monatsübersichten (siehe Abb. 1) für das laufende Kalenderjahr. Die Reservierungen werden immer mit Bleistift eingetragen, da es zu Reservierungsänderungen und zu internen Umbuchungen in ein anderes Zimmer oder zu Stornierungen kommen kann.

Januar

Zimmer-Nummer	So 1	Mo 2	Di 3	Mi 4	Do 5	Fr 6	Sa 7	So 8	Mo 9	Di 10	Mi 11	Do 12	Fr 13	Sa 14	So 15	Mo 16	Di 17	Mi 18	Do 19	Fr 20	Sa 21	So 22	Mo 23	Di 24	Mi 25	Do 26
101 EB	H. Müller					solf				BMW						Fa. Rehau						Kristallglas Spiegelau				
102 ED		Fr. Schneider								BMW						Fa. Rehau						Spiegelau				
103 DB	H. Jünger									BMW						Fa. Rehau						Spiegelau				
104 DD		Fr. Herold				solf				BMW						Fa. Rehau						Spiegelau				
105 TB	H. Jünger									BMW						Fa. Rehau						Spiegelau				
106 SV	Dr. Kurz							H. Scherer															H. Mauer			

Abb. 1 Auszug eines handschriftlichen Vermietungsplans oder „Reservierungsplans"

Front-Office-Systeme

Hierbei handelt es sich um computergesteuerte Empfangs-Software, die meistens als Module – in Verbindung mit einem Hotel-Management-System – angeboten werden. Front-Office-Systeme sind das Instrumentarium zur effizienten Abwicklung aller im Front-Office-Bereich anfallenden Arbeiten. Dazu zählen:

- Stammdaten-Verwaltung,
- Reservierungsvorgänge,
- Yield-Management-Vorgänge,
- Check-in-Vorgänge,
- Gästeverwaltung,
- Schließfächer-Verwaltung,
- Depot-Verwaltung,
- Check-out-Vorgänge,
- Gästedatei-Verwaltung,
- Fundbuch-Verwaltung,
- Statistiken und Berichte,
- Abrechnungen mit Reisebüros, Reiseveranstaltern und sonstigen Vermittlern/Maklern,
- Abrechnungen mit Kreditkarten-Unternehmen,
- Textverarbeitung, E-Mail-Korrespondenz, Direct-Mailings und
- Durchführung der Tagesabschlüsse.

Abb. 2 Empfangsdame

3 Reservierungen

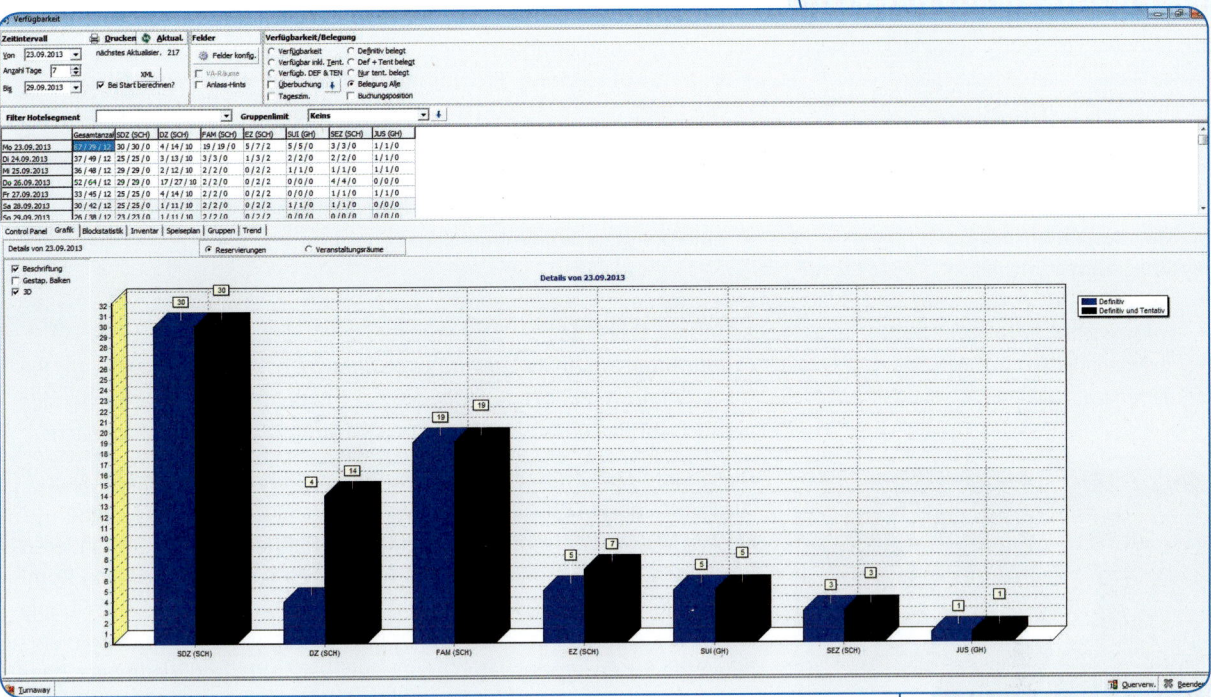

Abb. 1 Belegungsgrafik eines Front-Office-Systems

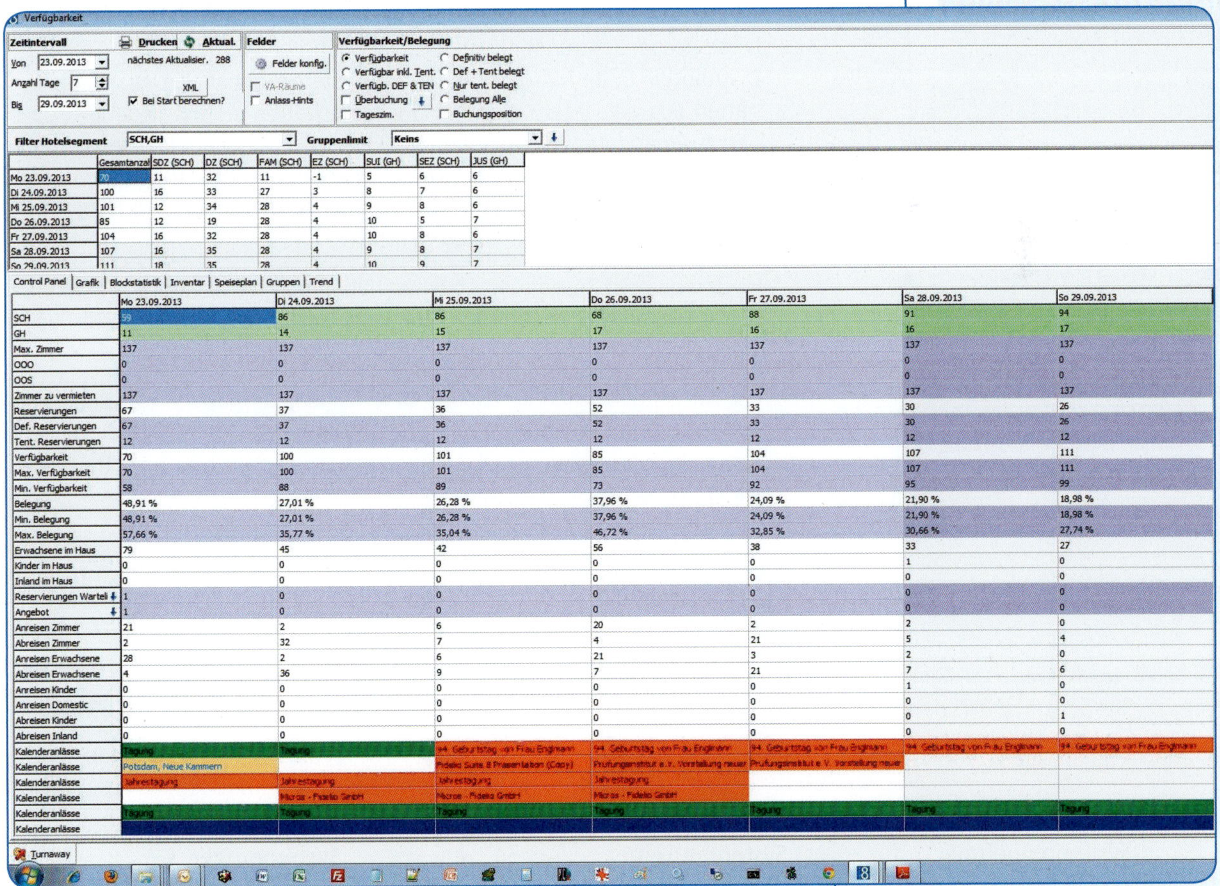

Abb. 2 „Haus-Status" eines Front-Office-Systems

Empfangsbereich

ARBEITEN IM EMPFANGSBEREICH

Außerdem verfügen die meisten mit dem Front-Office-System verbundenen Hotel-Management-Systeme über Schnittstellen (Interfaces) zu anderen Hotel-Programm-Modulen und zu Peripheriegeräten, wie beispielsweise:

- Telefonanlagen,
- Kreditkarten-Terminals,
- Schließkartensysteme,
- Video-/Pay-TV-Systeme,
- Wecksysteme,
- Restaurantkassen und
- Getränkeautomaten.

Die Benutzeroberflächen zeichnen sich durch Windows-Technik (Fenster-Technik) aus und ermöglichen:
- den Aufruf einzelner Programm-Module über die Funktionstasten,
- die Menüsteuerung durch Pull-Down- und Strip-Menüs (durch Mausklick aufklappbar),
- eine Online-Bedienerführung,
- die Nutzung einer integrierten Hilfe-Funktion,
- eine benutzerdefinierbare Farbsteuerung.

Reservierungssysteme

Computergestützte Reservierungssysteme, d. h. Vertriebssysteme für Reiseleistungen, sind – allgemein gesagt – sowohl für den Privatbuchenden als auch für Reisebüros und andere Reisevermittler als Nutzer gedacht.

Diese Systeme bieten über das Internet in Sekundenschnelle weltweit Auskünfte und Buchungsmöglichkeiten von Pauschalreisen, Flügen, Hotels, Mietwagen, Fähren, Kreuzfahrten, Bahnen, Bussen und anderen Produkten. Dazu werden in großen Rechenzentren/internationalen Kommunikationszentralen die erforderlichen Informationen, wie z. B. Flugpläne, Hotelkapazitäten, Zimmerpreise und Verfügbarkeiten sowie alle anfallenden Reservierungsdaten gebündelt, verwaltet und weiterverarbeitet.

Abb. 1 Empfangsdame am Computer

GDS-Global Distribution Systems

Diese Rechenzentren mit ihren Dienstangeboten werden „GDS-Global Distribution Systems" (globale Vertriebssysteme) genannt. Ursprünglich hatten sich viele internationale Fluggesellschaften in verschiedene Gruppen zusammengeschlossen, um ihre Flug- und Mietwagen-Reservierungsdaten kostengünstig elektronisch zu verwalten. So entstanden etwa ein Dutzend Distributionssysteme. Später kam die Vermittlung von Hotelzimmer-Reservierungen und anderer Produkte hinzu.

Der einzelne Hotelier kann jedoch nicht Mitglied bei den GDS werden, um sein Hotel anzubieten. Er muss dafür einem Computer-Reservierungs-System bzw. Central Reservation System-CRS angehören.

Nach mehreren Zusammenschlüssen haben sich weltweit drei bis vier große GDS-Betreiber gebildet: Amadeus, Galileo/Travelport, Worldspan/Travelport und Sabre.

Für den europäischen Reisemarkt bzw. für die europäische Hotellerie sind Amadeus und Galileo/Travelport von größerer Bedeutung. Auf dem amerikanischen Markt sind die GDS-Betreiber Sabre und Worldspan/Travelport stärker vertreten.

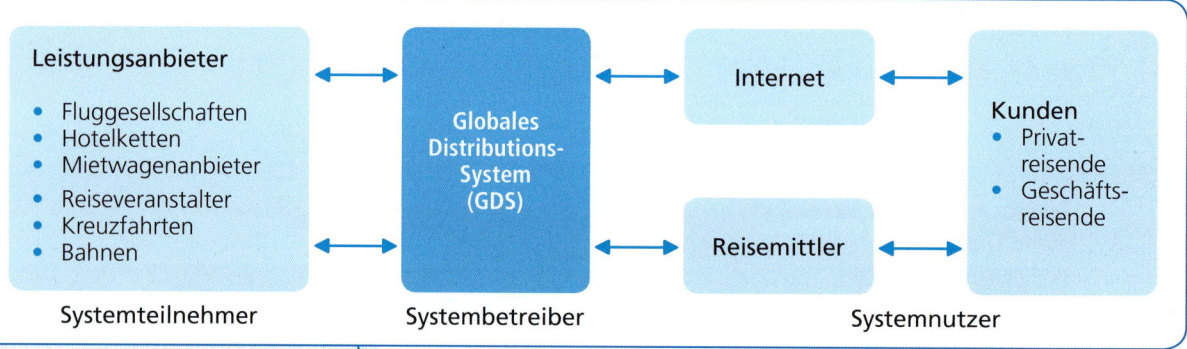

Abb. 2 „Globales Distributionssystem"

Quelle: http://de.wikipedia.org Urheber: Prof. Axel Schulz

CRS-Central Reservation Systems

Die Zentralen Reservierungssysteme (CRS) ermöglichen dem Hotelier, sein Haus bzw. Zimmerkontingente über GDS weltweit anzubieten und Gästezimmer zu verkaufen. Allgemein gilt: „Ohne CRS kein Zugang zu den GDS"!

Man unterscheidet eine Vielzahl von **CRS-Systemen**:
- **Internet-Reisebüros/Reiseagenturen**, auch Online Travel Agencies-OTAs oder „Free Sale Systeme" genannt, die für den Endkunden Hotelreservierungen anbieten;
Beispiele: agoda.com, booking.com, expedia.de, hrs.de, hotel.de, nethotels.com, tiscover.com, tripadvisor.de, venere.com;
- **Konzerngebundene Reservierungssysteme** (Inhouse-Reservation-Systems); Große internationale Hotelkonzerne verfügen meist über eigene Reservierungssysteme;
Beispiele: Hilton Worldwide, InterContinental Hotels Group, Marriott, Starwood;
- **Internet Reservierungsdienste** als Buchungsplattform für ihre Mitglieder, d. h. Hotelkonzerne und Hotels;
Beispiele: yourVoyager (TRUST International), SynXis (Sabre), Unirez (Pegasus);
- **Internet Hotelsuchmaschinen** (Travel Search Engines-**TSE**s), die Hotel-Preisvergleiche im Internet anstellen;
Beispiele: „HotelFinder" (Google), hotelscomparison.com, trivago.de;
- **Joint-venture-Suchmaschinen**, das sind Unternehmenszusammenschlüsse für solche Projekte;
Beispiele: „RoomKey.com" (gegründet 2012 von Choice Hotels, Hilton Worldwide, Hyatt, InterContinental Hotels Group, Marriott, Wyndham) und „EliteHotelBooking.com", von TRUST und WORLHOTELS.

Die tägliche Pflege der Buchungskanäle **(Channel management)** mit Angabe der Preise und geänderten Verfügbarkeiten ist oftmals arbeitsintensiv und zeitraubend. Deshalb konzentrieren sich viele Hotels auf eine begrenzte Anzahl Reservierungssysteme und/oder verwenden spezielle Channel-Manager-Programme.

Der Internet-Auftritt (Homepage/Website) des Hotels sollte für den Gast
- ansprechend,
- klar,
- übersichtlich gegliedert,
- leicht bedienbar
- und im weltweiten Web gut zu finden sein.

Das setzt ein gezieltes Suchmaschinen-Marketing durch Fachleute voraus.

Von der Homepage eines Hotelbetriebs geht eine starke Werbewirkung und Imagebildung aus. Deshalb sollte sie regelmäßig gepflegt und aktualisiert werden.

Abb. 1 Information und Kommunikation per Internet

Abb. 2 Channel-Manager

Empfangsbereich

ARBEITEN IM EMPFANGSBEREICH

Abb. 1 Im Reservierungs-Büro

Abb. 2 Reservierungsvordruck

Ferner wird der Empfangschef alle betroffenen Abteilungen über die VIP-Anreise informieren.

Aussagen des Reservierungsformulars

- **Wer für wen reserviert hat:**
  Name des Bestellers, Firmen-/Privat-Anschrift, Telefonnummer für Rückfragen, Name des Gastes, Titel, Anrede;
- **Was reserviert wurde:**
  Anzahl der Zimmer, Zimmertyp (EZ-D, EZ-B, DZ-D, DZ-B, Twin-B, Apartment, Suite), Lage, Ausstattung, Art der Verpflegung (ÜF, HP, VP), Zusatz-Leistungen (Haustier-Mitnahme-Erlaubnis, Garage, Fax-Gerät, Massage-Termine, Tennisplatz-Reservierungen …);
- **Für wann reserviert wurde:**
  Datum des Ankunftstages, Ankunfts-Uhrzeit (späte Ankunft/Late arrival), Datum des Abreisetages;
- **Wer, was (und eventuell wie) bezahlt:**
  Selbstzahler oder à/c-Abrechnung (z. B. Gesamtrechnung à conto der Bestell-Firma) oder gesplittete Rechnung (z. B. ÜF à/c Firma X, der Rest: Selbstzahler);
- **Besondere Vermerke:**
  Ob der Gast erstmalig oder zum wiederholten Male zu uns kommt (bei Stammgästen in der Gäste-Kartei nachsehen), VIP-Gast? (siehe unten), ob individuelle Besonderheiten des Gastes zu beachten sind (z. B. Raucher-Zimmer, Bett mit 220 cm Länge, Allergiker-Bett mit Latex-Matratze).

VIP-Reservierung

Für einen VIP-Gast (**v**ery **i**mportant **p**erson), d. h. für einen sehr wichtigen Gast, werden oftmals besondere Vorbereitungen getroffen. Beispielsweise wird sich der Empfangschef überlegen, welches das geeignetste Zimmer für diesen Gast ist. Er wird sich beim Besteller erkundigen, auf welche Dinge dieser Gast besonderen Wert legt und welche Wünsche er hat.

Marriott
HOTELS · RESORTS · SUITES

Zimmerbuchung ☐   Storno ☐   Änderung ☐

Anzahl	Zimmerart	Anreise	Abreise	Name	Preis	VIP	GTD

Firma: _____   Besteller: _____
Adresse: _____   Telefon: _____
_____   Telefax: _____
Rechnungslegung: _____   Bestätigung angefordert: _____
Namensliste angefordert: _____   Wunschzimmer: _____
angenommen am: _____   durch: _____   Buchungs-Nr.: _____

Abb. 3 Beispiel eines Reservierungsvordrucks

Die Hausdame wird dieses Zimmer vor der Anreise genauestens kontrollieren und ausstatten, sodass der Aufenthalt reibungslos und angenehm verlaufen kann.

Als persönlicher Willkommensgruß des Hauses werden am Ankunftstag auf dem Zimmer üblicherweise bereitgestellt:
- Obstkorb mit Tellern und Bestecken,
- Blumenstrauß,
- Feingebäck und/oder Petits fours,
- Flasche Sekt oder Champagner im Sektkühler.

Eine zusätzliche vom Direktor des Hauses unterschriebene Visiten- oder Grußkarte heißt diesen Gast besonders willkommen. Nachdem die Reservierung in das entsprechende Reservierungs-System eingegeben wurde, sollte sie mit allen Details grundsätzlich schriftlich bestätigt werden. Dadurch lassen sich Irrtümer oder Missverständnisse weitestgehend vermeiden.

Ist die Zeit zwischen Reservierungs-Eingang und Anreise des Gastes knapp, so sollte ein schnelles Kommunikationsmittel für das Bestätigungsschreiben gewählt werden, wie z. B. Telefax oder E-Mail.

Die Reservierungsunterlagen werden im „Anreise-Ordner", unter dem Datum des Anreisetages, in alphabetischer Reihenfolge einsortiert. Der Empfangschef legt täglich mit Hilfe seiner Gästekartei (guest history) fest, für welche anreisenden Gäste welche Zimmernummern vorgesehen sind. Diese „arrival-list" dient als Information für alle Empfangsmitarbeiter sowie für die Hausdamen- und Restaurant-Service-Abteilung. VIP-Ankünfte werden besonders gekennzeichnet.

Abb. 1 Tischaufsteller

Abb. 2 Pralinen zur Begrüßung

Abb. 3 VIP-Anreise

Umbuchung und Stornierung

🇬🇧 alteration and cancellation   🇫🇷 modification (w) et annulation (w) de la réservation

Reservierungen werden manchmal durch Gäste geändert, umgebucht oder rückgängig gemacht. Diesen letzten Vorgang nennt man Stornierung. Im Allgemeinen werden alle Reservierungs-Änderungen wie auch Absagen schriftlich bestätigt und mit dem Reservierungs-Vorgang abgelegt. (Siehe auch Ausfallrechnung, S. 631)

Bei Umbuchungen und Stornierungen wird schriftlich festgehalten:
- welche Reservierung davon betroffen ist,
- welchen Zeitraum sie betrifft,
- von wem sie ausgesprochen wurde und
- wer sie wann entgegengenommen hat.

Abb. 4 VIP-Suite des Grand Hyatt-Hotels Santiago de Chile

Empfangsbereich

ARBEITEN IM EMPFANGSBEREICH

4 Check-in – Anreise

🇬🇧 check-in – arrival 🇫🇷 check in (m) – arrivée (w)

Abb. 1 Check-in

Wenn Gäste anreisen und von Empfangsmitarbeitern „eingecheckt" werden, so beinhaltet dieser Vorgang folgende Tätigkeiten:
- Die Gäste freundlich begrüßen,
- den Meldeschein ausfüllen lassen,
- die Reservierungsdaten überprüfen,
- den Zimmerschlüssel/die Keycard und den Hotelpass überreichen,
- den Gepäck-Service organisieren,
- die Gäste auf ihr Zimmer begleiten,
- die Geräte und Anlagen im Zimmer erklären,
- den Signalton und Fluchtweg bei Feueralarm erklären,
- die Gäste-Ankunft ins Front-Office-System eingeben oder auf dem Zimmertagesplan vermerken,
- eventuell eine Rechnung anlegen,
- die Daten der Guest history/Karteikarte aktualisieren.

> Der erste Eindruck eines jeden Gastes vom Hotel ist sehr wichtig, denn er prägt die Grundeinstellung des Gastes zum Hotel.

Gäste begrüßen

Anreisende Gäste sollten nach Möglichkeit mit ihrem Namen und in ihrer Muttersprache begrüßt werden. Ist der Gast unbekannt, wird er freundlich nach seinen Wünschen gefragt. Er wird sich vorstellen und seine Reservierung ansprechen.

Meldeschein ausfüllen lassen

Der Gast wird herzlich willkommen geheißen und gebeten, den Meldeschein (registration card) auszufüllen und zu unterschreiben. Bei Reisegruppen (≧ 10 Personen) genügt es, wenn der Reiseleiter für alle einen Meldeschein ausfüllt und die Namensliste der Gruppe angeheftet wird. Bei Familien reicht die Unterschrift des Vaters oder der Mutter für die mitreisenden Kinder, wenn diese unter 18 Jahre alt sind.

Abb. 2 Beispiel eines Zimmerausweises

Abb. 3 Gepäckservice

Abb. 4 Beispiel eines Meldescheins

4 Check-in – Anreise

Reservierungsdaten überprüfen

Während der Gast den Meldeschein ausfüllt und unterschreibt, werden seine Zimmernummer ermittelt, der Zimmerschlüssel oder die Schließkarte vorbereitet und der Hotelpass ausgefüllt. Die Angaben auf dem Meldeschein werden mit den Reservierungsdetails verglichen, insbesondere das Datum des Abreisetages. Bei Unstimmigkeiten wird der Gast höflich gefragt. Der vereinbarte Zimmerpreis wird auf dem Hotelpass eingetragen, ebenso die Zimmernummer.

Dem Gast wird kurz die Bedeutung des Hotelpasses erklärt, ebenso, auf welcher Etage sich sein Zimmer befindet und dass ihn der Hausdiener dorthin begleiten wird. Das Gepäck wird vom Hausdiener übernommen. Dem Gast wird ein angenehmer Aufenthalt im Hotel gewünscht.

Abb. 1 Suite im Armani-Hotel Burj Khalifa, Dubai, V.A.E.

Gäste aufs Zimmer begleiten

In Luxushotels ist es üblich, dass die Gäste von einem Empfangsmitarbeiter auf ihr Zimmer begleitet werden. Gleichzeitig wird das Gepäck von Hausdienern oder Pagen transportiert. Am Zimmer angekommen, wird dem Gast das Schließsystem erklärt, bei Bedarf wird die Beleuchtung eingeschaltet und das Gepäck abgelegt. Der Mitarbeiter zeigt das Badezimmer, weist auf die Minibar hin und erklärt, wie das Hotel-TV-System und andere Geräte, wie z. B. Klima-Anlage (air conditioning system) oder Zimmer-Safe, bedient werden. Auf den Signalton bei Feueralarm und den kürzesten Fluchtweg wird hingewiesen. Der Mitarbeiter verabschiedet sich beim Gast und wünscht ebenfalls einen angenehmen Aufenthalt.

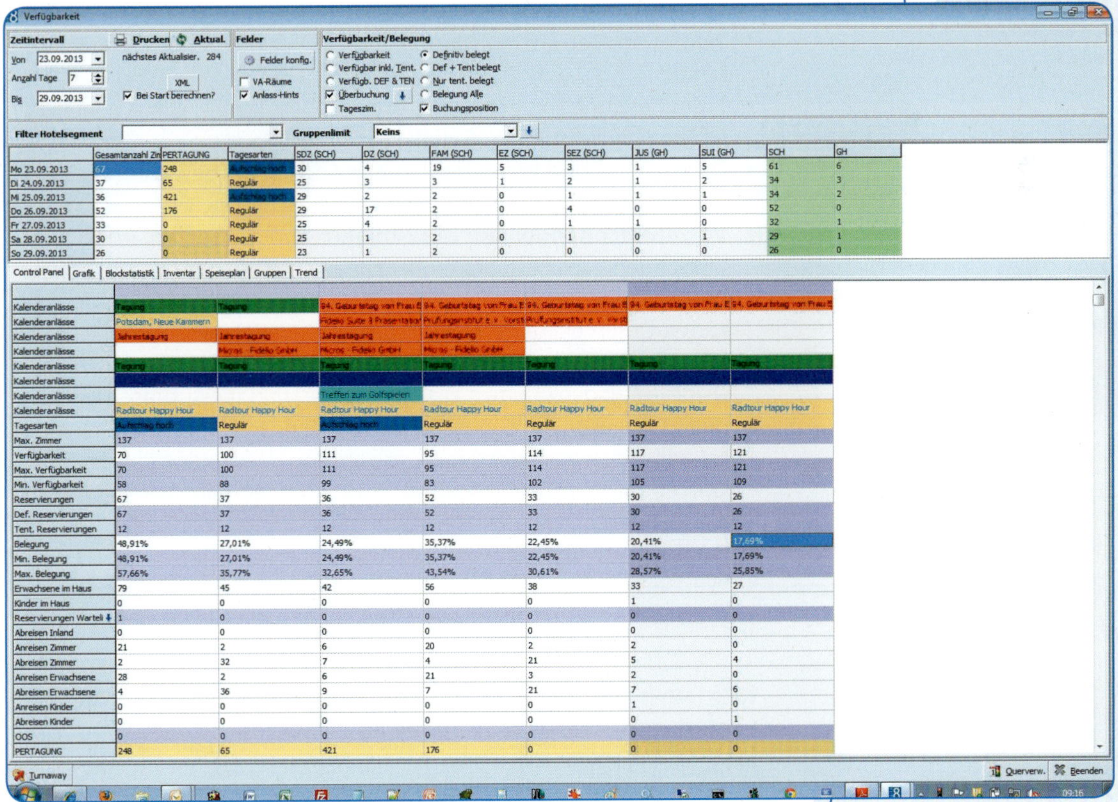

Sonstige Tätigkeiten

Im Empfangsbüro wird der Gast als „angereist" eingebucht. Alle Angaben auf dem Meldeschein werden mit den Reservierungs-Informationen und den Angaben der „Guest history"/Gästekarteikarte verglichen. Die Gastdaten werden aktualisiert, und je nach System wird eine Zimmerrechnung angelegt.

Abb. 2 Zimmerbelegungs-Kontrolle eines Front-Office-Systems

Empfangsbereich

ARBEITEN IM EMPFANGSBEREICH

5 Gästebetreuung

🇬🇧 customer relationship management – CRM   🇫🇷 service (m) de la clientèle

Im Rahmen der Gästebetreuung wird versucht, auf alle Wünsche der Gäste einzugehen und dabei das Dienstleistungsangebot sowie die Serviceleistungen des Hauses vorrangig zu berücksichtigen. Hier sind Portier und Empfang besonders gefordert. Alle anderen Mitarbeiter mit Gastkontakt könnten ebenso um Auskunft gefragt werden.

In Ferienhotels gibt es Angestellte, die speziell für den Bereich der Gästebetreuung engagiert sind. Beispielsweise sorgt eine Ferienhostess für ein interessantes Rahmen- und Besichtigungsprogramm und begleitet und führt die Gäste. In Ferienclub-Hotels kümmern sich „Animateure" um die Gäste und unterhalten und betreuen sie.

Abb. 1 Concierge

5.1 Service und Dienstleistungen

🇬🇧 sundry guest services   🇫🇷 prestations (w) de service (m)

Zu den Standard-Serviceleistungen eines Hotels, die im Allgemeinen nicht extra berechnet werden, können zählen:

- **Auskünfte erteilen,** wie z. B. zu Sehenswürdigkeiten, Wegbeschreibungen, Öffnungszeiten, Eintrittsgeldern, Verkehrsverbindungen;
- **Post und Nachrichten übergeben,** dazu zählen nachgesandte Zeitungen, Briefe, Telefaxe und E-Mails;
- **Telefonate vermitteln,** was hauptsächlich eintreffende Gespräche betrifft;
- **Fremdleistungen vermitteln,** wie z. B. Mietwagen, Bahn- oder Flugtickets, Tennis-Stunden, Golfplatz-Termine, Masseur;
- **Fundsachen und liegengebliebene Sachen aufbewahren,** d. h., mit Hilfe eines „Fundbuchs" werden die Sachen archiviert;
- **Verzehrrechnungen auf die Zimmerrechnung setzen,** wie z. B. „Restanten" aus Restaurant oder Hotel-Bar;
- **bargeldloses Bezahlen ermöglichen,** d. h., die wichtigsten Kreditkarten-Unternehmen sind Vertragspartner des Hotels;
- **„Portier-Auslagen" vorfinanzieren,** wie z. B. die Kosten für fremde Dienstleistungen (Blumen auf das Zimmer) und für Auftragsbesorgungen (Apotheke, Zeitschriften) durch Hotelmitarbeiter;
- **Gästegepäck transportieren,** wie bei An- und Abreise üblich;
- **Gästegepäck aufbewahren,** zum kurzfristigen Deponieren im Hausdiener-Bereich;
- **Brandschutz und Sicherheit** der Gäste;
- **Wertsachen aufbewahren,** in Schließfächern oder im Hotelsafe;
- **Weckservice durchführen,** d. h. telefonisch mit Hilfe von Wecklisten (siehe S. 625).

Abb. 2 Gästebetreuung im Ferienhotel

Abb. 3 Telefonistinnen

Abb. 4 Hausdiener beim Gepäck-Service

Viele Hotels der Luxus- und First-Class-Kategorie bieten ihren Gästen – teils kostenfrei, teils gegen Berechnung – zusätzlich folgende Dienstleistungen und Einrichtungen an:

- **Schuhputz-Service,** d. h., ein Hausdiener putzt nachts die vor die Zimmertüren gestellten Schuhe der Gäste;

5 Gästebetreuung

- **Friseur- und Kosmetiksalon** stehen im Hause zu Diensten bereit;
- **Kinderbetreuung** oder Vermittlung von Kindermädchen;
- **Wireless LAN-** bzw. **Internet-Anschlüsse** im Hotel,
- **Hotel-TV-Service und Kabel-TV** auf den Zimmern;
- **Hotelarzt-Service,** d. h., der Vertragsarzt des Hotels kommt notfalls auch nachts zu Hotelgästen;
- **Wellness-Abteilung** im Hotel;
- **Masseur/-in im Haus;**
- **Telefax-Gerät** zum Fax-Anschluss auf dem Zimmer;
- **Mobilfunk-Handys,** um ständig erreichbar zu sein;
- **Transfer- und Shuttle-Service,** z. B. zum Bahnhof, Flughafen, Golfplatz;
- **Animation und Rahmenprogramm** sowie Freizeiteinrichtungen zur Unterhaltung der Gäste.

Abb. 1 Schuhputz-Service

Weckservice

Gäste, die geweckt werden möchten, lassen sich auf einer täglich an der Rezeption geführten Weckliste (siehe Abb. 2) eintragen. Die Gäste werden zur gewünschten Uhrzeit von einer Telefonistin telefonisch geweckt. Dabei sollte auf einen freundlichen Tonfall geachtet werden. Sollte der Gast trotz wiederholter Anrufe nicht antworten, so ist die Hausdame zu benachrichtigen.

Beispiel: „Guten Morgen, Herr Meier, es ist 7:00 Uhr. Sie wünschen geweckt zu werden!"

Weckliste										Datum: 28.3.XX	
6:00	6:15	6:30	6:45	7:00	7:15	7:30	7:45	8:00	8:15	Sonstige Zeit:	Zi. Nr.:
320	101	204	102	326		206		110		5:30	112
321		209	103	210		207				8:30	208
322		201		115		208				5:45	114
323		325				202				9:00	305
324		104									

Abb. 2 Beispiel einer Weckliste

Aufbewahrung von Wertsachen durch das Hotel/
Storage of valuables by the hotel

Datum/*Date*	Uhrzeit/*Time*	Unterschrift des Gastes/*Guest signature*	Unterschrift des Kassierers/*Cashier signature*

Unterschrift des Gastes und Kassierers sind vor der Öffnung notwendig./*The guest and cashier must sign every time the safe is opened.*

Ich bestätige hiermit die Richtigkeit des zurückerhaltenen Safe-Inhaltes./
I hereby confirm that the contents of the safe returned to me were correct.

Datum/*Date*	Unterschrift/*Signature*

Schlüssel zurückerhalten/*Key returned*

Datum/*Date*	Unterschrift/*Signature*

Der Unterzeichner bestätigt, von folgender Erklärung des Hotels Kenntnis genommen zu haben: Die Aufbewahrung von Wertsachen (Geld, Wertpapiere und Kostbarkeiten) durch das Hotel kann im Hotelsafe grundsätzlich bis zu einem Höchstwert von EUR 30.000,– erfolgen. Falls die Aufbewahrung höherwertiger Gegenstände erwünscht wird, ist eine gesonderte Vereinbarung mit der Hoteldirektion erforderlich.
The undersigned confirms his or her acknowledgement of the following declaration by the hotel: In principle, the hotel can store valuables (cash, securities and valuable objects) in the hotel safe only up to a maximum value of EUR 30.000. Should customers wish to store objects of higher value, a special agreement must be made with the hotel director.

www.nh-hotels.com

PART OF THE nh WORLD

Abb. 3 Aufbewahrungsschein für Wertsachen im Hotelsafe

Depotschein No 008640

Zimmer Nr. 108 Tag 13.09.XX

von Herrn/Frau/Frl. Habermann

Eintausendfünfhundert €

zur Aufbewahrung erhalten zu haben bescheinigt:

Huber

			Quittung durch Unterschrift
Einzahlung	1.500,	– €	
Enthoben am 15.09. ..	500,	–	Habermann
Rest	1.000,	–	Huber
Enthoben am 17.09. ..	250,	–	Habermann
Rest	750,	–	Huber
Enthoben am			
Enthoben am			
Rest			

Bitte beachten Sie! Depotschein gut aufbewahren und vor Missbrauch schützen. Bei Verlust sofort Hotelleitung verständigen, damit Zahlungen an Unbefugte verweigert werden.

Abb. 1 Beispiel eines Depotscheines

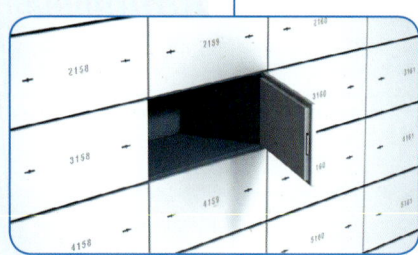

Abb. 2 Hotel-Tresor mit Schließfächern

Zimmerwechselbeleg Datum 17.09.XX

Herr/Frau/Frl. Habermann (Name des Gastes) wechselt von Zi.-Nr.: 108

in Zimmer-Nr. 317

Das Changement bestätigt Liebig (Journalführer)

Etagenkellner	He	Z-Mädchen d. alten Zi.	Lei
Etagenhausdame	Horn	Z-Mädchen d. neuen Zi.	Lei
Portier	Voll	Restaurant	Sim
Telefonzentrale	Li	Bar	Am

Bestätigung des Frontbüros Henn (Empfangschef)

Abb. 5 Zimmerwechsel-Beleg

Wertsachen aufbewahren – Depot

Laut Gesetz haben Übernachtungsgäste das Recht, dem Hotel Geld und Wertsachen zur sicheren Aufbewahrung in einem Safe zu übergeben. Zur Kontrolle werden die deponierten Gegenstände in ein Depotscheinbuch eingetragen. Der Gast erhält den Original-Depotschein als Quittung, die Rezeption behält den Durchschlag im Buch. Bei Teilentnahmen aus dem Depot wird der Gast um seinen Originalschein gebeten. Darauf und auf dem Durchschlag werden die Eintragungen berichtigt und der neue Depotstand wird quittiert. Wenn das Depot aufgelöst wird, muss der Gast den Erhalt auf dem Original-Schein quittieren. Der Schein bleibt dann am Empfang und wird an den Durchschlag im Buch geheftet.

Zimmersafes

Um diesen Aufwand zu umgehen, sind viele Hotels dazu übergegangen, den Gästen im Zimmer eigene Safes anzubieten. Diese Safes können mit einem Zahlencode oder mit dem Code des Magnetstreifens auf der Kreditkarte des Gastes programmiert werden.

Hotelsafe mit Schließfächern

Viele Hotels verfügen über Safes mit Schließfächern, die für Gäste-Depots kostenlos bereitstehen. Die einzelnen Schließfächer sind mit Bankschließfächern vergleichbar, sind nummeriert und verfügen über zwei Schlösser. Ein Schlüssel ist für den Gast, den anderen hat der Empfangschef oder sein Stellvertreter/Schichtführer.

Wenn ein Gast ein Schließfach erhält, wird ihm mit dem Schlüssel ein Fach-Ausweis mit den Nutzungs- und Haftungsbedingungen ausgehändigt. Im Schließfachbuch werden Schließfachnummer, Zimmernummer, Name des Gastes sowie das Abreisedatum eingetragen. Bei Abreise wird das Schließfach durch den Gast geleert, der Schlüssel wird vom Hotel einbehalten.

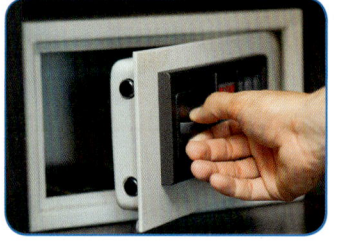

Abb. 3 Zimmersafe

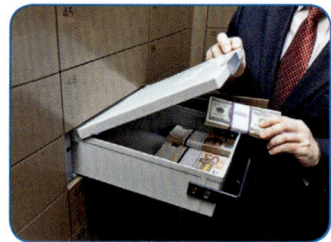

Abb. 4 Hotelsafe mit Schließfächern

Zimmerwechsel

Nicht immer erhalten alle Gäste bei ihrer Ankunft gleich das Zimmer, das sie sich wünschten, da dieses noch belegt ist. Deshalb und aus anderen Gründen kann es vorkommen, dass Gäste vom Angebot eines Zimmerwechsels (Umzug) gerne Gebrauch machen. Der Zimmerwechsel wird über die Hausdame organisiert. Der Empfang wird die Änderung in seinem System verbuchen und die anderen Abteilungen darüber informieren.

5.2 Fremdenverkehrsangebote der Umgebung

🇬🇧 tourist attractions of the region 🇫🇷 attractions (w) touristiques de la région

Zu einer guten Gästeberatung und -betreuung zählt auch, dass die Empfangsmitarbeiter das touristische Angebot und die Sehenswürdigkeiten der Region selbst kennen und darüber Auskunft geben können. Mit Hilfe von griffbereiten Flugblättern, Werbebroschüren und Katalogen der Fremdenverkehrsämter wird die Beratung unterstützt und wesentlich erleichtert.

Das touristische Angebot einer Region kann in folgende Bereiche unterteilt werden:
- den **Gesundheits- und Wellness-Bereich**, z. B. Kureinrichtungen, Thermalbad, Sauna, Dampfbad, Massage, Beauty-Farm;
- den **sportiven Bereich**, z. B. Ski-Abfahrten, Langlaufloipen, Eissport-Hallen, Radwanderwege, Kajak-Strecken, Jogging-Routen, Wanderwege, Schwimmbäder, Badeseen, Tennishallen, Squash-Courts, Golfplätze, Manager-Parcours, Kletterwände;
- den **kulturellen Bereich**, z. B. Festspielwochen-Programm, Opern, Konzerte, Schauspiel, Bauerntheater, historische Aufführungen (Son et lumière), Vorträge, Filme, Dichterlesungen, Kabarett, Museen, Kunst-Ausstellungen, Volksfeste;
- den **Bereich der Sehenswürdigkeiten**, z. B. Burgen, Schlösser, Städte, Kirchen, Klöster, Nationalparks, Baumwipfel-Pfade, Naturschönheiten, Freilichtmuseen, historische Gebäude und archäologische Stätten (Ausgrabungen).

Die Interessen der unterschiedlichen Gästekreise eines Hotels können teils sehr verschieden, teils auch identisch sein.

Um die Nachfrage anzuregen, schnüren viele Hotels Pauschalpakete und beziehen das touristische Angebot der Region mit ein. (Siehe Beispiel „Packages", im Kapitel Marketing, ab S. 512).

Abb. 1 Saunabesuch

Abb. 2 Auf dem Golfplatz

> **Daraus folgt:**
> Ein gutes Empfangsteam wird sich auf seine Zielgruppen einstellen und versuchen, möglichst alle Wünsche zu berücksichtigen.

Abb. 3 Manager-Parcours

Abb. 4 Historische Aufführung

FERIENTAGEBUCH – Traube Griesbach

Juli
- 29.–30. Schlank und fit in den Sommer Mountainbiking über Berg und Tal
- 06.–10. Vinotheka · Bridge-Woche
- 13.–17. Wanderwoche mit Förster Grasser
- 20.–24. Traube Griesbach Open-Golf total
- 27.–31. Regeneration, Gesundheit und Fitness, Gemeinsamer Urlaubsspaß für groß und klein

- Jugendfußballtraining mit einem Nationalspieler
- Radtouren, Wanderungen und Ausflüge für die ganze Familie
- Kinder- und Jugendgolf
- Tennistraining für Kids und Teenies
- Tanzworkshop mit Jana
- »Auf Meister Eders Spuren« – Besuch in der Schreinerwerkstatt
- Tanzabende
- Grillen am Lagerfeuer
- Südländische Terrassen-Abende
- Poolparties
- Exkursion und Natur pur in verschiedenen Naturschutzgebieten

Abb. 5 Auszug aus dem „Ferientagebuch" des Hotels Traube Griesbach

Empfangsbereich

ARBEITEN IM EMPFANGSBEREICH

5.3 Reklamationsbehandlung

🇬🇧 dealing with complaints 🇫🇷 traitement (m) des réclamations

Im Empfangsbereich kommt es öfter als in anderen Abteilungen vor, dass sich Gäste über Dinge beschweren, die nicht die eigene Abteilung betreffen. Beispielsweise wird über fehlende Handtücher im Badezimmer geklagt, dass das Etagenfrühstück zu spät serviert wurde oder dass der Frühstückskaffee nicht geschmeckt habe.

Empfangsangestellte sind in den Augen vieler Gäste die zuständigen Ansprechpartner für solche Fälle und werden als eine Art „Vertreter des Hauses" betrachtet. Deshalb liegt bei den Rezeptions-Mitarbeitern oftmals die Aufgabe, Reklamationen entgegenzunehmen. Sie haben die besondere Verantwortung für eine effiziente Reklamationsbehandlung.

Abb. 1 Empfangschef

Abb. 2 Professionelle Reklamationsbehandlung

Abb. 3 Sofortige Erledigung mit Entschuldigung

Sollten sich zum Zeitpunkt der Beschwerdeführung mehrere andere Gäste am Empfang aufhalten, so empfiehlt es sich, den unzufriedenen Gast vom Tresen weg zu einer Sitzgruppe zu bitten und ihm dort einen Platz anzubieten. Andere Gäste sollten die Reklamation nicht unbedingt mitbekommen.

Das Gespräch im Sitzen zu führen, trägt dazu bei, die Atmosphäre zu entspannen und die Stimmung etwas zu verbessern. Bei der weiteren Vorgehensweise sollten die bereits beschriebenen **„10 Empfehlungen bei Reklamationen"** beachtet werden. Selbstverständlich sind diese auch bei Beschwerden am Empfang gültig und anwendbar. (Siehe auch „Reklamationen" im Kapitel „Beratung und Verkauf im Restaurant", ab Seite 378.)

Schwerwiegende Reklamationen sollten grundsätzlich vom Empfangschef, vom Direktions-Assistent oder vom Direktor behandelt werden.

> Und vergessen Sie nicht: Jede Reklamationsbehandlung sollte als Chance zur Werbung um den Gast angesehen werden.

Abb. 4 Abteilungsleiter-Besprechung (Nachträgliche Erörterung)

6 Check-out – Abreise

🇬🇧 check-out – departure 🇫🇷 départ (m)

Die letzten direkten Kontakte, die die Gäste zum Hotel und seinen Mitarbeitern haben, finden meist beim „Auschecken" an der Rezeption statt. Bei dieser Gelegenheit wird der letzte Eindruck eines Gastes vom Hotel geprägt. Deshalb ist es besonders wichtig, dass die Gäste freundlich, kompetent und schnell bedient werden.

> Der erste Eindruck ist der wichtigste, der letzte Eindruck ist der bleibende!

Zum vollständigen „Auschecken" bei Abreisen zählen folgende Tätigkeiten:
- die Gäste mit dem Tagesgruß begrüßen,
- den Namen und die Zimmernummer des Gastes prüfen,
- nach dem letzten Verzehr (z. B. aus der Minibar oder Frühstücks-Extras) und genutzten Service-Einrichtungen (z. B. Telefon) fragen,
- prüfen, ob noch Restanten auf die Zimmerrechnung zu buchen sind,
- die aktualisierte Zimmerrechnung mit den Belegen dem Gast zur Überprüfung vorlegen,
- die Art des Rechnungsausgleichs klären, z. B. durch Barzahlung oder Kreditkarte,
- den Rechnungsausgleich durchführen,
- den Gast an sein Safe-Schließfach/Depot erinnern,
- den Gast um seinen Zimmerschlüssel bitten,
- die Hilfe des Hausdieners für den Gepäcktransport anbieten,
- dem Gast für seinen Aufenthalt im Hotel danken, ihm eine „Gute Reise" wünschen und ihn freundlich verabschieden,
- die Abreise in den Unterlagen vermerken, das System aktualisieren und eventuell – je nach System – die anderen Abteilungen informieren.

Abb. 1 Gepäck-Service bei der Abreise

7 Abrechnungsvorgänge

🇬🇧 settlement of accounts 🇫🇷 liquidation (w)

Barzahlung

Der Rechnungsausgleich mit Bargeld ist für den Kassierer am einfachsten. Er muss sich lediglich davon überzeugen, dass Bargeldsumme und Rechnungsbetrag übereinstimmen und dass das Geld echt ist (z. B. Wasserzeichen, Sicherheitsstreifen, Infrarot-Test). Dies geschieht unauffällig und nur im Verdachtsfall.

Abb. 2 Barzahlung zum Rechnungsausgleich

Hotelvoucher

Bei Reisebüro-Gästen und Reisegruppen ist es üblich, den Hotelvoucher schon bei der Anreise zu verlangen. Spätestens beim „Auschecken" müsste dies jedoch geschehen. Hotelvoucher werden wie Bargeld behandelt. Das Gleiche gilt für hotelgruppeninterne Geschenkgutscheine.

Reisegesellschaften werden schon am Vorabend der Abreise über den Reiseleiter gebeten, ihre Extras (z. B. Telefon, Minibar) zu begleichen. Das hilft, Staus an der Kasse am Abreisetag zu vermeiden.

Abb. 3 Hotel-Voucher

Empfangsbereich

ARBEITEN IM EMPFANGSBEREICH

Abb. 1 Electronic-Cash-Terminal

Electronic Cash

Die Gäste bezahlen mit ihrer Bankkarte (Maestro) unter Eingabe ihrer persönlichen Identifikationsnummer (**PIN** „Geheimnummer"). Voraussetzung für dieses Verfahren ist der Anschluss des Hotels mit einem Terminal an das Datennetz der Banken.

Der **Zahlungsvorgang** läuft wie folgt ab:
- Der Kassierer gibt den Zahlungsbetrag in die Kasse ein.
- Der Gast steckt seine Karte in den Kartenleser (Terminal).
- Der Gast bestätigt den Zahlungsbetrag per Terminal.
- Der Gast gibt seine PIN in das Terminal (z. B. Wirecard) ein.
- Die Online-Überprüfung und Autorisierung des Vorgangs erfolgt durch die kontoführende Bank.
- Die Bestätigung der Ordnungsmäßigkeit erfolgt mit dem Vermerk „Zahlung erfolgt" auf dem Terminal.
- Die Quittung mit allen für den Gast notwendigen Informationen wird ausgedruckt.

Die **Abbuchung** erfolgt noch am selben Tag vom Girokonto des Gastes. Nach dem Datenabgleich der beteiligten Banken erhält das Hotel die entsprechende Gutschrift auf dem Bankkonto, oftmals noch am selben Tag.

Reisescheck   🇬🇧 traveller's cheque   🇫🇷 chèque (m) de voyage (m)

Auf jedem Reisescheck ist der Wert mit der dazugehörigen Währung (z. B. €, US$, £, ¥, SFR) gedruckt. Der Käufer leistet beim Kauf, unter Aufsicht der ausstellenden Bank, auf jedem Reisescheck seine Unterschrift.

Beim Einlösen im Hotel muss:
- der Gast vor den Augen des Kassierers ein zweites Mal unterschreiben;
- der Kassierer beide Unterschriften auf Übereinstimmung hin überprüfen. Im Zweifelsfall muss der Kassierer den Gast bitten, sich mit seinem Reisepass auszuweisen.

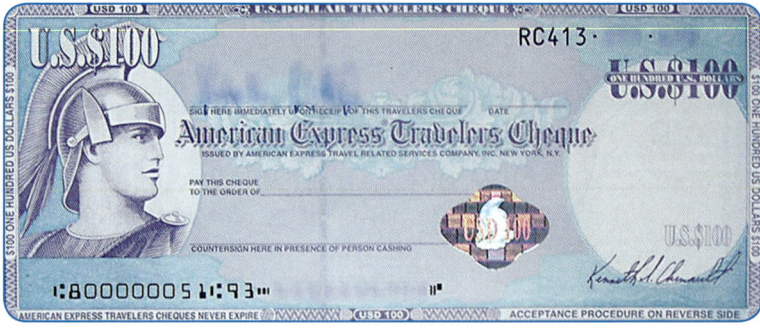

Abb. 3 Reisescheck

Abb. 2 Traveller's cheque

Kreditkarten   🇬🇧 credit cards   🇫🇷 cartes (w) de crédit (m)

Wenn ein Gast seine Rechnung mit Kreditkarte begleichen möchte, sind einige Punkte von Bedeutung. Als Erstes muss geprüft werden, ob das Hotel mit dem Kreditkarten-Unternehmen einen Vertrag hat.

Es können nur Kreditkarten von Vertragspartnern des Hotels zur Rechnungsbegleichung anerkannt werden. Fremde Karten, d. h. ohne Vertrag mit dem Hotel, werden nicht akzeptiert.

Abb. 4 Kreditkarten und Debitkarte (Maestro-, EC-Karte)

7 Abrechnungsvorgänge

Ist das Hotel an ein elektronisches Terminal angeschlossen, so übernimmt der Computer die Gültigkeitsprüfung der Karte. Es genügt, die Kreditkarte durch den Schlitz des Magnetkartentelefons (z. B. Makatel) oder Kartenlesegeräts zu ziehen und den Rechnungsbetrag einzugeben. Das Gerät stellt eine Verbindung zum Rechenzentrum des Kartenunternehmens her. Das System überprüft die Kreditwürdigkeit und die Gültigkeit des Zahlungsvorgangs.

Ist dies der Fall, so druckt das Gerät einen Abrechnungsstreifen mit Durchschlag aus. Der Gast kann den Belastungsbetrag überprüfen und muss nun den Beleg unterschreiben. Der Kassierer vergleicht die Unterschrift mit der auf der Kreditkarte und gibt die Karte mit dem Original-Abrechnungsstreifen dem Gast. Die Durchschrift bleibt dem Hotel. Der Gast erhält die quittierte Hotel-Rechnung.

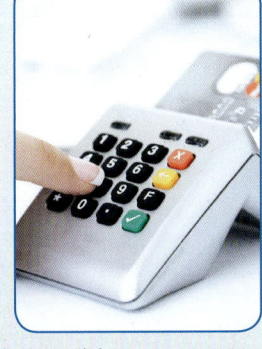

Abb. 1 Kreditkarten-Lesegerät

Am häufigsten sind auf dem europäischen Markt folgende Unternehmen vertreten (in alphabetischer Reihenfolge):
- American Express (USA),
- Barclaycard New Visa (GB),
- Carte Bleue Visa (F),
- Diner's Club (USA),
- JCB (JAP),
- MasterCard (USA),
- Visa (USA).

Abb. 2 Kreditkarten-Logos

Ausfallrechnung

Wenn ein reserviertes Zimmer nicht genutzt wird oder wenn ein storniertes Zimmer nicht anderweitig vermietet werden konnte, so kann der Hotelier **Schadensersatz-Ansprüche** für die gebuchte Zeitdauer geltend machen.

Die **Forderungshöhe** ist laut den Richtlinien des DEHOGA – und der allgemeinen Rechtsprechung – wie folgt geregelt:
- Bei Zimmerreservierungen mit Frühstück können **80 % des reinen Übernachtungspreises,** d. h. ohne das Frühstück, berechnet werden.
- Bei Halbpensions-Vereinbarungen können **70 % des Halbpensionspreises** (= Ü/F + HP) in Rechnung gestellt werden.
- Bei Vollpensions-Vereinbarungen können **60 % des Vollpensionspreises** (= Ü/F + VP) berechnet werden.

Abb. 3 DEHOGA-Logo

Nicht in jedem Fall ist es jedoch ratsam, dieses Recht zu beanspruchen, denn wer möchte sich schon seine Kontakte zu potenziellen Geschäftspartnern oder Stammgästen verderben.

Getrennte Rechnungen – Rechnungssplit

Bei Tagungsgästen und Firmenveranstaltungen kommt es häufig vor, dass nur die Zimmer-Rechnungen der Tagungsteilnehmer vom Veranstalter übernommen werden, dass jeder private Verzehr (z. B. Hotel-Bar, Telefonate, Minibar) von den Teilnehmern selbst zu begleichen ist. In solchen Fällen werden verschiedene Rechnungen angelegt und am Empfang geführt.

Debitoren-Rechnungen

Zimmer- oder Veranstaltungs-Rechnungen, die dem Gast bzw. einer Firma zugeschickt und dann überwiesen werden, nennt man Debitoren.

Abb. 4 Ausfallrechnung

Empfangsbereich

ARBEITEN IM EMPFANGSBEREICH

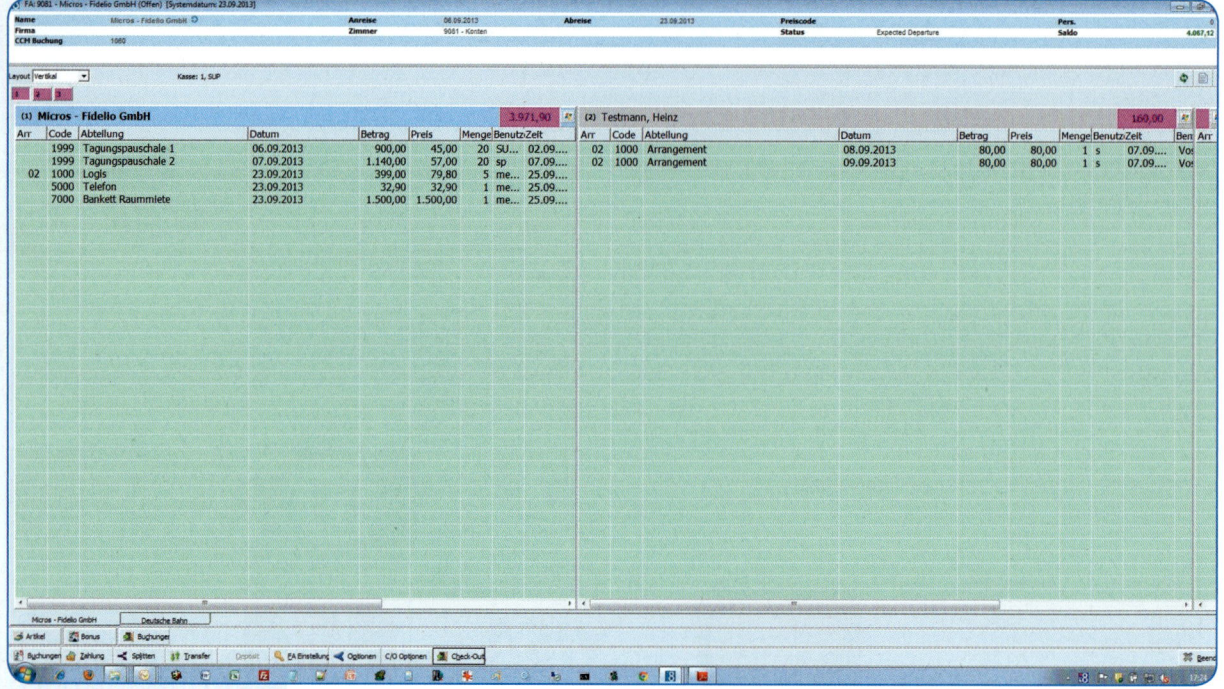

Abb. 1 Rechnungserstellung bei einem Front-Office-System

❽ Fremdsprachliche Fachbegriffe am Empfang

🇬🇧 technical terms at the front office 🇫🇷 termes (w) de métier (m) à la réception

Fachbegriffe

à conto Haus	Auf Rechnung des Hauses
adjoining rooms	Zwei nebeneinander liegende Hotelzimmer (ohne Verbindungstüren)
airline rate	Ein reduzierter Zimmerpreis für Angestellte von Fluggesellschaften
all-in/all-in price/all-in rate	Gesamtpreis, Pauschalpreis für die vereinbarten Hotelleistungen
alteration of booking	Reservierungsänderung
amenities/guest supplies	Zusätzliche Annehmlichkeiten/ Gästeartikel wie z. B. Hausschuhe, Duschhaube, Nagelfeile
american plan	Übernachtung mit Vollpension
apartment/appartement	Geräumiges Hotelzimmer mit kleiner Küche zur Selbstversorgung
approval code	Genehmigungsnummer für einen Kreditkarten-Abrechnungsvorgang
arrangement	Gesamtpreis für verschiedene Hotelleistungen, z. B Übernachtung, Halbpension und Garagenstellplatz
arrival/arrivé	Ankunft, Anreise

8 Fremdsprachliche Fachbegriffe am Empfang

Fachbegriffe

ATM automated teller machine	Geldautomat
availability	Verfügbarkeit, z. B. gilt ein Angebot solange wie der Vorrat reicht
average (achieved) room rate	Durchschnittlich erzielter Zimmerpreis
back-office	Empfangsbereich für Verwaltungsarbeit
back to back	Abreise und Anreise von Gruppen oder Reisegesellschaften am selben Tag
BAR/best available rate	Günstigster verfügbarer (Zimmer-)Preis
blacklist guest	Gast, der auf der „Schwarzen Liste" steht, d. h. er wird von der Hoteldirektion nicht mehr im Hotel als Gast gewünscht
box office	Dienstleistung des Portiers, um Eintrittskarten z. B. für Oper, Theater, Kino zu besorgen
breakeven point	Gewinnschwelle, Kostendeckungspunkt
Brutto-Raten	Preisvereinbarungen mit Provisionsverpflichtung
Buchungsserie/Gruppenserie	Buchungen, welche an aufeinander folgenden Daten gleiche Vereinbarungen haben
budget	Haushaltsplan in Bezug auf Umsatz, Kosten etc.
cancellation	Stornierung/Absage einer Reservierung
cancellation fee	Stornogebühr
cash payment	Barzahlung
chance guest	Übernachtungsgast, der ohne Reservierung im Hotel wohnt
changement	Zimmerwechsel/Umzug eines Gastes. Hierzu wird ein Laufzettel erstellt und von den betreffenden Abteilungen abgezeichnet
check-in/arrival	Anreise und Anmeldung des Hotelgastes
checkout/departure	Abreise, Abrechnung und Abmeldung des Hotelgastes
checkout time	Festgelegter Zeitpunkt zur Räumung des Hotelzimmers
closed dates	Innerhalb der Kontingentpflege können Buchungen für bestimmte Termine gesperrt, herausgenommen bzw. unterbunden werden
commission	Vermittlungsgebühr oder Provision an ein Reisebüro oder einen Reiseveranstalter für vermitteltes Geschäft
communicating rooms	Zwei nebeneinanderliegende Zimmer mit Verbindungstüren
company rate	Reduzierter Übernachtungspreis für Firmenangehörige
complaint	Beschwerde, Reklamation
concierge	Hotelportier
confidential rate	Vertraulicher Preis, ein in der Regel nicht veröffentlicher Preis
confirmation of booking	Schriftliche Reservierungs-Bestätigung
confirmed booking	Schriftlich oder mündlich bestätigte Zimmerreservierung
connecting rooms	Angrenzende Zimmer mit Verbindungstüren

Abb. 1 ATM/Geldautomat

Empfangsbereich

ARBEITEN IM EMPFANGSBEREICH

Fachbegriffe

consortias	Zusammenschlüsse unabhängiger Reisebüros, Reisebüro-Vereinigungen – wie z. B. American Express, DER-Dertours, JTB-Japan Travel Bureau, Navigant Inernational, Rosenbluth, THOR Travel Services, Travelsavers
consortia rate	Günstiger Zimmerpreis, der bei großem Buchungsvolumen einem Zusammenschluss von Reisebüros oder auch Reiseveranstaltern eingeräumt wird.
continental plan	Übernachtung mit Frühstück
convention	Kongress, große Versammlung
convertible sofa	Ausziehbare Couch
corporate rate	Reduzierter Zimmerpreis für Firmenangehörige und Geschäftspartner einer Firma
cot	Baby- bzw. Kinderbett
credit	Guthabensbuchung auf einem Gästekonto/ Zimmerrechnung, aufgrund einer geleisteten Vorauszahlung oder Anzahlung
CRS/central reservation services	Zentrale Reservierungsdienste. Anbieter und Vermarkter „sammeln" im CRS die Daten (Informationen, Raten, Verfügbarkeiten) einzelner Hotels und stellen vom CRS ggf. die Anbindung an die GDS her.
CTD/corporate travel departments	Firmenreisestellen
day let/day use	Zimmer oder Salon, das/der tagsüber für Besprechungen vermietet wird
day rate	Zimmerpreis für eine Tagesbelegung
daily report	Tagesbericht
dead line/18.00 h Reservierung	Zeitliche Reservierungsgrenze einer nicht garantierten Reservierung (Zeitpunkt des Verfalls einer Option)
Debitor	Forderung des Hotels gegenüber abgereisten Gästen oder Firmen, meist eine unterschriebene Zimmer- oder Veranstaltungs-Rechnung
delayed charge	Nachträgliche Belastung bei Kreditkarten-Abrechnung
departure/départ	Abreise
deposit/deposit payment	Anzahlung/Vorauszahlung für eine Reservierung
Depot/deponieren	Sicherheitsfach/Gästewertsachen zur Sicherungsverwahrung in den Hotelsafe geben
Disagio	Prozentuale, umsatzbezogene Bearbeitungsgebühr/einbehaltener Kommissionsbetrag (z. B. 2,5 % bis 4 % des Rechnungsbetrags) durch ein Kreditkartenunternehmen
equipment	Ausstattung, meist technische Geräte im Tagungsbereich
european plan	Reiner Übernachtungspreis – ohne Frühstück oder Mahlzeiten
express checkout	Express-Abreiseservice mit Hilfe eines Formulars zum Rechnungsausgleich mit einer Kreditkarte
femme de chambre	Zimmerfrau, Zimmermädchen auf der Etage
folio	Gäste-Zimmerrechnung, auf der jeglicher Verzehr gebucht wird
follow up	Geschäftskontakt wieder aufnehmen
forecast	Vorschau, z. B. auf die Belegung

8 Fremdsprachliche Fachbegriffe am Empfang

Fachbegriffe

free boarding/free lodging	Freiplätze bei Gruppenreisen, z. B. für Busfahrer, Reiseleiter
french bed/grand lit	Französisches Bett für einen oder zwei Gäste, mindestens 140 cm x 190 cm, mit durchgehender Matratze, einer großen Decke und einer langen Nackenrolle
free of charge	Leistung/en ohne Berechnung
Frequenz/occupancy	Belegung, Auslastung
function sheet/avis	Umlaufformular für bestellte Veranstaltungen im Bankettbereich
GDS/global distribution systems	Ursprünglich als internationale Reservierungssysteme der Airlines in Zusammenarbeit mit Reisebüros eingesetzt, können heute auch Hotels, Mietwagen und Bahnfahrkarten gebucht werden. Die GDS sind: Amadeus, Galileo/Travelport, Worldspan/Travelport, und Sabre.
group rate/flatrate	Reduzierter, im Voraus ausgehandelter Zimmerpreis für Reisegruppen/Einheitspreis
guaranteed booking	Feste Reservierung, bei der die Bezahlung – z. B. per Kreditkarte – vorab garantiert ist, auch wenn der Gast ausbleiben sollte.
half board	Halbpension
handicapped/disabled person	Behinderter Gast, oftmals ein Rollstuhlfahrer
Hoteljournal	Erfassung der Hotelleistungen in der Empfangsbuchhaltung, Grundlage zur Rechnungserstellung
Hotelkooperation	Freiwilliger Zusammenschluss rechtlich selbstständiger Hotels unter einer Marke, (z. B. LHW- Leading Hotels of the World, Romantik Hotels, Summit Hotels, Best Western Hotels), zum Zweck der über-betrieblichen Zusammenarbeit z. B. in Marketing, Einkauf, Vertrieb.
IATA	„International Air Transport Association", Internationaler Verband der Linienluftverkehrsgesellschaften
IDS/internet distribution systems	Internet-Reservierungsgesellschaften, wie z. B.: HRS.de, hotel.de, booking.com, expedia.de, venere.com
imprinter	Manuelle Prägemaschine für Kreditkarten-Belastungsbelege
incentive trip	Bonusreise als Belohnung für besondere Leistungen
inclusive tour	Pauschalreise, beinhaltet die Kosten für die Reise, den Hotelaufenthalt, die Vollpension und eventuelle Sonderleistungen
incoming agency	Inländisches Reisebüro für ausländische Reisegruppen/-veranstalter
interleading rooms	Nebeneinander liegende Zimmer mit Verbindungstüren
interliner/liner/crew	Mitarbeiter einer Fluggesellschaft
junior suite	Größeres Hotelzimmer, bestehend aus abgetrenntem Wohn- und Schlafbereich, Badezimmer (= kleine Suite)
Kapazität	Anzahl der Zimmer bzw. Anzahl der Betten eines Hotels
Kassenmanko	Kassenfehlbetrag
Kategorie	Zuordnung/Klassifizierung eines Hotelzimmers
Kategorie-Reservierung	Zimmerreservierung innerhalb einer gewünschten Kategorie, z. B. „Einzel/Bad/WC" (ohne eine bestimmte Zimmernummer)

Empfangsbereich

ARBEITEN IM EMPFANGSBEREICH

Fachbegriffe

key card	Zimmerausweis/Zimmerpass oder Schlüsselkarte/Schließkarte
king size bed/grand lit	Extra großes Bett (Länge 200 cm x Breite: 220/240 cm)
Kommission	Rechnungsabzug eines Kreditkartenunternehmens für seine Dienste, z. B. 2,5 % bis 4 % des Rechnungsbetrags
Kontingent	Vertraglich festgelegte Zimmeranzahl, die das Hotel einem Vermittler, z. B. Reiseveranstalter, zur Vermietung überlässt.
Kurtaxe	Kur- oder Fremdenverkehrs-Förderungsabgabe, die vom Hotel bei Übernachtungsgästen pro Übernachtung zu erheben ist. Sie ist an die Gemeinde-/Kur- oder Stadtverwaltung abzuführen.
lay over/lay over group	Unfreiwilliger Zwischenstopp von Hotelgästen bzw. einer Gästegruppe im Hotel, aufgrund eines nicht freigegebenen Transportmittels, z. B. wegen einer Flugzeug-Reparatur.
LCR – local company rates	Sonderpreise für Firmenangehörige und andere Großkunden
leisure facilities/leisure hotel	Freizeit-Einrichtungen/Freizeithotel
lobby/lounge	Hotelhalle, Bereich mit Sitzgruppen
Logis	Übernachtungspreis ohne Frühstück
luggage/baggage	Gepäck
Makatel/tele cash/electronic cash	Elektronisches Gerät zur Kreditkarten- und EC-Karten-Abrechnung
master key/passepartout	Generalschlüssel einer Zimmer-Schließanlage
message	Nachricht
minimum rate	Mindestpreis
modified american plan	Übernachtungspreis inklusive Halbpension (meist abends)
mystery guesting	Ein mystery guesting muss von spezialisierten Drittanbietern auf Initiative und Rechnung des Hotels mindestens einmal innerhalb des Klassifizierungszeitraums durchgeführt, ausgewertet und dokumentiert werden. Verdeckte Eigenkontrollen von Hotelketten und Hotelkooperationen werden als gleichwertig betrachtet.
negociated rate	Ausgehandelter Übernachtungspreis mit größeren Kunden
Netto-Raten	Preisvereinbarung ohne Provisionsverpflichtung
no show	Gast, der reserviert hat, aber nicht angereist ist
No-show-Rechnung	Rechnung zur Deckung des Umsatzausfalls
o-o-o/out of order-rooms	Gesperrte Zimmer, z. B. wegen Renovierung oder Reparaturen
Option	Vereinbartes Vorrecht, z. B auf eine Zimmerreservierung
Optionsdatum	Tag, an dem das Vorrecht ohne rechtliche Konsequenzen verfällt
Optionsfrist	Zeitraum, in dem das Vorrecht zur Buchung ausgeübt werden kann
outsourcing	Übertragung von Dienstleistungen an Fremdfirmen
overbooked/overbooking	Überbucht/Überbuchung der Zimmerkapazität
package/package price	Pauschalarrangement, Gesamtpreis für Hotel- und Fremdleistungen

Fachbegriffe

PAX – passengers arrived point X	Tatsächliche Teilnehmerzahl, z. B. einer Reisegruppe
porter/porterage fee	Gepäckträger/Hausdiener, Gepäckträgergebühr
prebooked/prebooking	Vorgebucht, Vorbuchung/Blockierung eines Hotelzimmers, bereits für die vorangehende Nacht, wenn ein Gast das Zimmer schon früh am Morgen beziehen möchte
preferred rate	Reduzierter Preis für bestimmte Gäste oder Firmen
prepayment/prebilling	Vorauszahlung, Vorab-Rechnungserstellung
Provision/commission	Prozentuale, umsatzbezogene Vermittlungsgebühr
queen size bed	Bettkasten mit lose aufliegender Matratze (160/180 cm × 200 cm)
quick check out/express check out	Abrechnungsverfahren für Übernachtungsgäste mit Kreditkarten, ohne lange Wartezeiten an der Hotelkasse
rack rate	Zimmerpreis („Schrankpreis"), der ohne Preisnachlass zu zahlen ist
release time	Zeitpunkt, ab dem über eine Reservierung anderweitig verfügt werden kann
reservation form	Vordruck/Formular zur vollständigen Reservierungsannahme
Restant	Unterschriebene Verzehr-Rechnung eines Übernachtungsgastes, z. B. aus dem Restaurant, die noch nicht bezahlt wurde und auf die Zimmerrechnung gebucht werden soll.
revenue management	Preisdifferenzierungsverfahren zur Ertragsoptimierung
rooming list	Zimmerbelegungsliste mit den Namen der Gruppengäste
room occupancy rate	Zimmerbelegungsquote in Prozent
room sharing/room sharer	Gäste, die sich ein Zimmer teilen, bei getrennten Rechnungen
room status report	Plan mit dem Tages-Belegungszustand eines Hotels, der aufzeigt, welche Zimmer vermietet, reserviert, gesperrt oder verfügbar sind.
sell and report	Verkaufssystem der Reservierungssysteme; das Hotel kann ohne vorangehende Anfrage aus dem bereitgestellten Kontingent gebucht werden.
skip/skipper	Hotelgast, der das Hotel verlassen hat, ohne seine Rechnung zu begleichen/Zechpreller.
sleeper	Übernachtungsgast eines Hotels
stop-over-group	Reisegruppe, die für eine Nacht im Hotel bucht
Stornierung/Annullierung	Absage, Streichung einer Reservierung
Suite/Präsidenten-Suite/VIP-Suite	Großzügig angelegtes, luxuriöses Appartement, mit einem oder zwei Schlafzimmern, Bad oder Bädern, komfortablem Wohnraum/Salon, meistens mit Kitchinette/Teeküche.
switch company	Firma, die die CRS-Daten in das Format der GDS-Systeme konvertiert und diese dann weiterleitet. Weltweit gibt es nur noch zwei Switch-Firmen: „Pegasus" und „Wizcom".
table d'hôte (menu)	Menü(karte) mit mehrgängiger Speisenfolge, mit Wahlmöglichkeit innerhalb der einzelnen Gänge, bei einheitlichem Menüpreis.
tip	Trinkgeld
tour leader	Reiseleiter
tour operator	Reiseveranstalter

Fachbegriffe

trace list	Liste mit Gästewünschen zur Weitergabe an die betreffenden Abteilungen
transfer	Gästetransport z. B. mit dem Hotelbus vom Hotel zum Flughafen
travel agency/travel agent	Reisebüro, Reisebüro-Inhaber oder -Angestellter
traveller's cheques	Reiseschecks
triple occupancy	Dreifachbelegung, d. h., drei Personen teilen sich ein Hotelzimmer
turn-down-service	auch „second service" genannt. Abendlicher zusätzlicher Zimmercheck mit Handtuchtausch, Entfernen der Tagesdecke, Papierkorbleerung etc.
twin beds/twin-bedded room	Zwei Einzelbetten, Zweibettzimmer (Betten auseinander stehend)
twin double/double-double	Zimmer mit zwei Doppelbetten
upgrade	Aufstufung, Gast erhält ein Zimmer der höheren Kategorie, bezahlt aber den Preis der niedrigeren Kategorie
up selling	Verkaufstechnik; den Verkauf in eine höhere Preiskategorie lenken
valet de chambre	Zimmerdiener in französischen Luxushotels
valet parking	PKW-Parkservice für Hotel-/Restaurantgäste durch einen Mitarbeiter
valet service	Reinigungs- und Bügelservice durch Etagen-Mitarbeiter
VAT/value added tax	Gesetzliche Mehrwertsteuer
VIP/very important person	Bezeichnung für einen Gast, den wir mit besonderer Aufmerksamkeit unterbringen, bedienen und betreuen.
VIP-Status	Einteilung nach Wichtigkeit der VIPs
VIP-treatment	Zusätzliche Serviceleistungen für VIP-Gäste im Hotelzimmer, z. B.: Blumenstrauß, Früchtekorb, Pralinen, Flasche Sekt, Begrüßungskarte des Direktors …
visitor's tax	Kurtaxe, Fremdenverkehrs-Förderungsabgabe an die Gemeinde
Volumenbucher/-geschäft	Bezeichnung für Gruppengeschäft
Voucher	Gutschein eines Reisebüros, welcher unterschiedliche Leistungen belegen kann, z. B. ist er ein …
– Reservierungs-Voucher	… Gutschein für eine über das Reisebüro getätigte Reservierung
– deposit voucher	… w. o., mit Angabe der geleisteten Anzahlung
– Gruppenvoucher	… w. o., bei einer Gruppenreservierung
– credit voucher	… w. o., mit im Voraus bezahlten Fixleistungen
– full credit voucher	… w. o., für alle Leistungen, die in Anspruch genommenen werden
VPO/visitors paid out	Portier-Auslagen („Durchlaufposten"), um z. B. für von Gästen bestellte Blumen, Zeitungen, Briefmarken usw. zu bezahlen.
walk-in/chance guest	Zufallsgast, Ankunft ohne vorherige Reservierung
walk-out/skip	Einmietbetrüger; Gast der abreist, ohne bezahlt zu haben.
yield management/ revenue management	Software zur simultanen und dynamischen, meist rechnergestützten Preis- und Kapazitätssteuerung. Je nach Nachfrage werden Zimmer günstig, teuer oder mit Bedingungen (Mindestaufenthalt) angeboten.
zip code/postcode	Postleitzahl für eine Adresse

9 Rechtsvorschriften

🇬🇧 laws 🇫🇷 références juridiques (w)

Das Kapitel „Arbeiten im Empfangsbereich" tangiert folgende Gesetze (enthalten auf der Buch-CD):

Kaufvertrag (§§ 433 ff BGB) nennt die vertragstypischen Pflichten des Käufers und Verkäufers;

„Bewirtungsvertrag" ist kein ausdrücklich im Gesetz geregelter Vertrag. Deshalb werden die Vorschriften über den Kaufvertrag (s. o.), Dienstvertrag (§§ 611 ff. BGB), Werkvertrag (§§ 631 ff. BGB), Werklieferungsvertrag (§§ 651 ff. BGB) und u. U. auch über das Mietrecht (§§ 535 ff. BGB) angewendet. Der „Bewirtungsvertrag" beinhaltet weitgehend die Verpflegung des Gastes mit den Pflichten des Wirts und den Pflichten des Gastes.

Haftung des Gastwirts (§§ 701 ff. BGB) für Schäden an eingebrachten Gütern von Übernachtungsgästen; (§ 702) Haftungsgrenzen: Nur bis zum Hundertfachen des Beherbergungspreises für einen Tag, jedoch mindestens bis 600 Euro und höchstens bis 3 500 Euro, bei Geld, Wertpapieren und Kostbarkeiten höchstens 800 Euro.
(§ 702a) Haftungserlass;
(§ 703) Erlöschen des Schadensersatzanspruchs, wenn der Gast den Schaden nicht unverzüglich dem Gastwirt meldet.

Pfandrecht des Gastwirts (§ 704 BGB) an den eingebrachten und pfändbaren Sachen des Gastes für Forderungen aus Vermietung, Verpflegung und für Auslagen, die der Wirt geleistet hat. Siehe auch **Pfandrecht des Vermieters** (§ 562 BGB).

Fund-Bestimmungen (§§ 965 ff. BGB), siehe S. 379 f., Fund im Gastgewerbe

Finderlohn-Regelung (§ 971 BGB), vom Wert der Sache bis 500 Euro: 5 %, vom Mehrwert: 3 %. Bei Tieren stehen 3 % Finderlohn zu. Der Anspruch erlischt, wenn der Fund verheimlicht wird.

Verwahrung/Aufbewahrung (§ 690 BGB). Wird diese unentgeltlich übernommen, so hat der Verwahrer nur für diejenige Sorgfalt einzustehen, welche er in eigenen Angelegenheiten anzuwenden pflegt.

Sperrzeiten-Regelung (§ 18 GastG) gilt für Schank- und Speisewirtschaften; sie kann durch Landesregierungen allgemein festgesetzt oder für einzelne Betriebe verlängert, verkürzt oder aufgehoben werden.

Preisangaben-Verordnung (§ 7) besagt, dass die wesentlichen Zimmerpreise und der Frühstückspreis am Empfang in einem Preisverzeichnis einsehbar sein müssen; Telefongebühren sind in Telefonnähe anzugeben; es sind Inklusivpreise vorgeschrieben.

Reisevertragsgesetz (§ 651a ff. BGB) gilt nur bei Pauschalreisen, die mehrere Reiseleistungen wie z. B. Hotelübernachtung, Verpflegung, Transfers, Reiseleitung, Besichtigungsprogramm usw. in einem Gesamtpreis beinhalten und nur, wenn im Vorfeld ein Vertrag zwischen dem Hotel und dem Reiseveranstalter abgeschlossen wurde. Die Gäste sind verpflichtet, etwaige Mängel unverzüglich ihrem örtlichen Reiseleiter zu melden, sodass Abhilfe geschaffen werden kann. Leistet der Reiseveranstalter nicht innerhalb einer angemessenen Frist Abhilfe, so kann der Reisende selbst Abhilfe schaffen und Ersatz der erforderlichen Aufwendungen verlangen. Bei erheblichen Mängeln, bei erfolglosem Verlangen nach Abhilfe und bei höherer Gewalt besteht das Recht auf Kündigung des Reisevertrages (siehe § 651f. BGB).

Weitere Gesetze
(bereits im Kapitel „Wirtschaftsdienst – Hausdamenabteilung", S. 574, angesprochen)

Haftung aus unerlaubten Handlungen (§ 823 BGB), Schadensersatzpflicht. Wesentliche Aussage: Wer vorsätzlich oder fahrlässig das Leben, den Körper, die Gesundheit, die Freiheit, das Eigentum oder ein sonstiges Recht eines anderen widerrechtlich verletzt, ist dem anderen zum Ersatze des daraus entstehenden Schadens verpflichtet.

Haftung für den Erfüllungsgehilfen (§ 278 BGB), Verantwortlichkeit des Schuldners für Dritte. Der Schuldner hat ein Verschulden seines gesetzlichen Vertreters und der Personen, deren er sich zur Erfüllung seiner Verbindlichkeit bedient, im gleichen Umfange zu vertreten wie eigenes Verschulden.

Haftung für den Verrichtungsgehilfen (§ 831 BGB): Wer einen anderen zu einer Verrichtung bestellt, ist zum Ersatze des Schadens verpflichtet, den der andere in Ausführung der Verrichtung einem Dritten widerrechtlich zufügt.

Empfangsbereich

ARBEITEN IM EMPFANGSBEREICH

Aufgaben

1. Nennen Sie 10 Aufgaben, die von der Empfangsabteilung ausgeführt werden.
2. Welche drei Faktoren bestimmen die Größe, den personellen Aufbau und den Grad der Arbeitsteilung einer Hotelrezeption?
3. Für welche Tätigkeiten und Aufgabenbereiche ist der Empfangschef eines großen Hotels zuständig?
4. Wie lauten die deutschen Begriffe für folgende Berufsbezeichnungen von Empfangsmitarbeitern: Bell captain, Bell boy, Cashier, Night auditor, Porter, Operator, Reservation clerk?
5. Nennen Sie drei Beispiele für gesetzlich vorgeschriebene Vordrucke, die im Empfangsbereich und in der Beherbergungsabteilung benutzt werden.
6. Geben Sie 10 Beispiele für Hilfsmittel, die für Auskünfte und Dienstleistungen am Empfang verwendet werden.
7. Nennen Sie fünf Beispiele für Kommunikationsmittel, die an der Hotel-Rezeption eingesetzt werden.
8. Erklären Sie mit vier Beispielen, warum elektronische Organisationsmittel am Empfang dazu beitragen können, die Arbeit zu rationalisieren.
9. Wie kommt ein Beherbergungsvertrag zustande?
10. Wozu sind Hotelier und Gast bei einer bestehenden Reservierung verpflichtet?
11. Nennen Sie je drei Beispiele für direkte und für indirekte Reservierungen.
12. Welche Vorteile und welche Nachteile hat die Zusammenarbeit mit Reisebüros?
13. Nennen und erklären Sie drei herkömmliche hotelinterne Reservierungssysteme.
14. Entwerfen Sie ein Formblatt, das zur vollständigen Annahme von Zimmer-Reservierungen verwendet werden kann.
15. Welche Vorbereitungen treffen Empfangschef und Hausdame bei VIP-Ankünften?
16. Wozu dient die Gäste-Kartei/guest history am Empfang?
17. Beschreiben Sie die beim Check-in anfallenden Arbeiten der Empfangsmitarbeiter.
18. Welche Bedeutung hat der erste Eindruck eines Gastes vom Hotel?
19. Geben Sie sechs Beispiele für Serviceleistungen des Empfangs für Hotelgäste.
20. In welche Bereiche/Gruppen kann man das Fremdenverkehrs-Angebot einer Region einteilen?
21. Erklären Sie, welche Bedeutung das regionale Fremdenverkehrs-Angebot für einen dort angesiedelten Hotelbetrieb hat und wie dieses genutzt werden kann.
22. Warum beschweren sich Gäste meistens am Empfang über die Unzulänglichkeiten in anderen Abteilungen?
23. Wie verhalten Sie sich bei einer schwerwiegenden Reklamation eines Hotelgastes?
24. Welche Tätigkeiten zählen zum vollständigen „Auschecken" eines Gastes durch die Empfangsabteilung?
25. Nennen Sie fünf mögliche Arten/Zahlungsweisen für den Hotelrechnungs-Ausgleich.
26. Was ist ein Makatel, wozu dient es?
27. Welche Punkte sind beim Einlösen eines Reiseschecks/Traveller's cheque zu beachten?
28. Erklären Sie den Unterschied zwischen Restant und Debitor.

PROJEKT

Anreise und Aufenthalt einer Reisegruppe

Sie arbeiten als Auszubildender in der Empfangsabteilung Ihres Hotels. Sie erhalten von Ihrer/m Vorgesetzten den Auftrag, die Anreise und den Aufenthalt einer Reisegruppe zu organisieren, die am nächsten Tag mit einem Reisebus eintreffen wird.

Planung am Tag vor der Anreise

1. Informieren Sie sich über alle Reservierungsdetails an Hand der Buchungsunterlagen: Gruppenname, Personenzahl, Ankunftszeit, Aufenthaltsdauer, Anzahl und Art der gebuchten Zimmer, Umfang der Hotelleistungen (Ü/F, HP oder VP), Namensliste der Reiseteilnehmer, Namen des Reiseleiters und Busfahrers, vereinbarter Zahlungsmodus (Hotel-Voucher, Barzahlung oder sonstiger Rechnungsausgleich), Zeitplan mit Essenszeiten und Abreisetermin und -zeit.
2. Kontrollieren Sie, ob die Zimmer korrekt reserviert wurden. Achten Sie darauf, dass entsprechende Zimmer für Reiseleiter und Busfahrer vorgesehen sind.
3. Überprüfen Sie, welchen Raum die Restaurant-Service-Abteilung für die Reisegruppe reserviert hat.
4. Sehen Sie nach, ob genügend Hausdiener und Pagen für den Gepäckservice bei Ankunft und Abreise eingeteilt sind.

Planung am Tag der Anreise

1. Führen Sie die Zimmereinteilung für die Reisegruppe durch. Fertigen Sie eine Namensliste in alphabetischer Reihenfolge mit den Zimmernummern an. Bereiten Sie genügend Kopien davon vor (Reiseleiter, Busfahrer, Hausdiener, Restaurant-Service, Telefonzentrale, Hausdame, …).
2. Beschriften Sie die Zimmerausweise und legen Sie diese griffbereit zu den Zimmerschlüsseln/ Key cards.
3. Bereiten Sie den polizeilichen Meldeschein zur Unterschrift für den Reiseleiter vor.

Durchführen des Gruppen-Check-in

1. Begrüßen Sie die Gäste und wünschen Sie ihnen einen angenehmen Hotelaufenthalt.
2. Geben Sie dem Reiseleiter alle wichtigen Informationen (Zimmerliste, Raum und Zeiten für Abendessen und Frühstück, …).
3. Helfen Sie beim Verteilen der Zimmerschlüssel und Zimmerausweise.
4. Bitten Sie den Reiseleiter um seine Unterschrift auf dem Meldeschein und um den Hotel-Voucher für die Reisegruppe.
5. Informieren Sie die betreffenden Hotelabteilungen, falls es Änderungen bei der Teilnehmerzahl oder beim Zeitplan geben sollte.

Arbeiten im Verkauf

Die Verkaufsabteilung (Sales department) von Großhotels wird von einem Verkaufsdirektor oder Verkaufsleiter (Sales manager) geführt, und sie besteht aus mehreren Verkaufsrepräsentanten und Verwaltungsangestellten.

1 Aufgaben der Verkaufsabteilung

🇬🇧 the tasks of the sales department
🇫🇷 tâches (w) du département (m) services (m) des ventes (w)

Die Verkaufsabteilung eines Hotels hat die Aufgaben, dazu beizutragen,
- die Marketingziele des Hotels zu verwirklichen, und
- die Umsatzziele laut Budgetvorgaben zu erreichen.

Um diese Ziele zu erreichen, wird die Verkaufsabteilung
- bestrebt sein, die Kapazitäten des Hotels, wie z. B. Zimmer, Tagungseinrichtungen, Veranstaltungsräume und Restaurants, gut bzw. besser auszulasten,
- gastorientierte Pauschalangebote (packages) entwickeln und anbieten,
- neue Gästekreise erschließen,
- bei Kundenbesuchen in Firmen, Verbänden, Reisebüros, bei Reiseveranstaltern, Organisationen, Vereinen usw. das Hotel mit seinen Leistungen vorstellen,
- bei Verkaufsgesprächen das Hotel-Image wirksam repräsentieren sowie bestehende Kontakte pflegen,
- bei Fachmessen neue Verkaufskontakte knüpfen,
- möglichst viele Informationen über Kunden und Unternehmen sammeln, wie z. B. Buchungsaufkommen, geplante Veranstaltungen, Tagungstermine und Marketing-Maßnahmen, bisherige Geschäftspartner und gewährte Konditionen, Entscheidungsinstanzen und -wege,
- möglichst viele Informationen über die Verkaufs-Aktivitäten und die angebotenen Preise der Mitbewerber-Hotels sammeln und auswerten,
- Verbesserungsvorschläge und Anregungen von Kunden erfassen und in neue Marketing-Konzepte einbringen,
- an Marketing-/Verkaufs-Fortbildungsmaßnahmen teilnehmen.

Abb. 1 LHW – eine weltweite Allianz von Luxushotels in den Bereichen Marketing, Verkauf, Beratung sowie Inspektionen

Der Schwerpunkt im Hotel-Verkauf liegt in der Beratung von Entscheidungsträgern, um zukünftige Umsätze des Hotels anzustreben!

Abb. 3 Verkaufsgespräch

Abb. 2 Telefonische Termin-Vereinbarung

Hinweis
Im Kapitel „Beratung und Verkauf im Restaurant" wurden bereits die Themen „Gästetypologie" und „Fragearten" mit Beispielen aus dem Restaurantbereich behandelt (siehe ab Seite 369).

2 Verkaufsgespräche und Verkaufstechniken

🇬🇧 sales pitch and salesmanship
🇫🇷 dialogue (m) commercial et des techniques (w) de vente (w)

Abb. 1 Vorplanung eines Verkaufsgesprächs

Verkaufen bedeutet, mit Menschen zu kommunizieren, sie zu motivieren und zu überzeugen, ihre Bedürfnisse, Erwartungen und Wünsche zu befriedigen, dabei auftauchende Probleme zu lösen, um zum gemeinsamen Ziel zu kommen: einem Kaufabschluss, mit dem beide Partner zufrieden sind. Der Weg zu diesem Ziel ist die Verhandlung, das Verkaufsgespräch.

> Verkaufen heißt mit Menschen verhandeln.

Verhandeln bedeutet: anbieten, beraten, fragen, argumentieren, Zugeständnisse machen und erhalten. Verhandeln bedeutet aber auch, Lösungen für Probleme zu erarbeiten und durchzusprechen, die für beide Partner den größtmöglichen Nutzen bringen, sowie flexibel zu agieren und zu reagieren, um zu einem Kaufabschluss zu kommen.

Verkaufsgespräche sollten geplant sein und strukturiert ablaufen. Amerikanische Vertriebsfachleute haben die „AIDA-Verkaufsformel" erfunden, die die Struktur erfolgreicher Verkaufsgespräche auf den Punkt bringt.

Attention – Aufmerksamkeit erregen
Interest – Interesse wachrufen
Desire – Drang (Wünsche) wecken
Action – Aktion auslösen (Kauf- bzw. Bestellentscheidung; Annahme)

Abb. 2 Gesprächsablauf nach der AIDA-Formel

> Wichtig ist nicht, **welche** Formel Sie benutzen, sondern **dass** Sie sich eine Formel als Konzept Ihres Verkaufsgesprächs erarbeiten und diese auch anwenden.

In den letzten Jahren sind weitere Verkaufsformeln entstanden, die sich im Prinzip wenig voneinander unterscheiden und die als Konzept für eine erfolgreiche Verkaufs-Gesprächsführung dienen, wie z. B. die Formel „VERKAUF-PLAN":

Vorplanung
Erfassung der Grunddaten
Referenzinventar
Kontaktaufnahme
Appell an die Motivation
Untersuchung der Bedarfslage
Fassung der Bedarfslage
Prüfung der Argumente
Liquidierung der Einwände
Abschlussempfehlung
Nachfassarbeit

Vorplanung für einen Firmenbesuch – Vorüberlegungen
- Was ist der Grund für den Verkaufsbesuch?
- Wer ist der Gesprächspartner?
- Welches war der letzte Geschäftskontakt mit diesem Gast/dieser Firma?
- Welche Fragen möchte ich selbst stellen?
- Welche sind von Gastseite zu erwarten?
- Gibt es mögliche Probleme?
- Was will ich heute mit welchen Argumenten anbieten?

Welche Unterlagen sind für den Gesprächspartner von Interesse?
- z. B. Tagungsmappe mit Raumskizzen und möglichen Tafelformen und Sitzordnungen,
- Liste der Tagungstechnik,
- Bankett-Menüvorschläge,
- Weinkarte und Getränkekarte,
- Foto-Material von früheren Veranstaltungen zur visuellen Unterstützung,
- Hotelprospekt mit Anfahrtswege-Skizze.

Welche Unterlagen benötigt man selbst?
- Veranstaltungs-Terminkalender,
- Zimmer-Belegungsvorausschau,
- Veranstaltungs-Checkliste,
- Schreibzeug, Block,
- eigenen Termin-Kalender,
- Gäste-/Firmen-Karteikarte.

- Welches ist das Ziel meines Besuches?
- Welche Zeitdauer steht für das Gespräch zur Verfügung?

> Jedes Verkaufsgespräch hat sein Eigenleben und seine eigene Dynamik.
>
> Das Planen von Verkaufsgesprächen ist keine vergeudete Zeit, sondern eine Hilfe, das zeitlich begrenzte Gespräch optimal nutzen zu können.

Verkauf

ARBEITEN IM VERKAUF

Die Formel sollte jedoch kein starres Schema sein, sondern eher wie ein „roter Faden", der helfen soll, sich auf Verkaufsgespräche vorzubereiten. Im Verkaufsgespräch werden oftmals einzelne Phasen übersprungen, gekürzt oder verlängert. Ein Verkaufsgespräch ist in keiner Anordnung festgelegt, es ist nicht statisch.

Nur wenn man sein anzustrebendes Ziel kennt, kann man Kurs-Abweichungen bemerken und flexibel reagieren. Deshalb gilt, sich auf jedes Verkaufsgespräch individuell vorzubereiten.

Empfehlenswert für die Vorbereitung von Besuchen bei oder von potentiellen Gästen/Firmenkunden ist eine eigene Checkliste für das Verkaufsgespräch. Diese könnte einige der folgenden Fragen enthalten:

Abb. 1 Anmeldung bei der Sekretärin

Vor dem Verkaufsgespräch

Sie melden sich bei der Firma Ihres Gesprächspartners an. Der Weg zu ihm führt bei großen Firmen über eine Rezeption, bei kleineren Firmen über die Vorzimmer-Sekretärin. Seien Sie pünktlich dort. Begrüßen Sie die Sekretärin freundlich und stellen Sie sich vor, wenn Sie noch unbekannt sind. Sie wird Sie anmelden und begleiten.

Nun stehen Sie Ihrem Kunden und potentiellen Gast gegenüber. Grüßen Sie freundlich mit „Guten Morgen" oder „Guten Tag" und gehen Sie auf Ihren Kunden zu. Wenn er Ihnen die Hand gibt, grüßen Sie mit Handschlag, ansonsten halten Sie sich damit zurück. Halten Sie Blickkontakt und setzen Sie sich erst, wenn Ihnen ein Platz angeboten wurde.

Abb. 2 Begrüßung

Eröffnung des Verkaufsgesprächs

- Kommen Sie rasch auf den Kern der Sache zu sprechen. Hüten Sie sich vor banalen Sprüchen oder Witzen, sie sind nicht angebracht.
- Sprechen Sie ein eventuelles Problem gleich an, damit signalisieren Sie Ihrem Kunden, dass sein Anliegen bei Ihnen an erster Stelle steht.
- Lassen Sie danach zunächst Ihren Kunden reden, so erfahren Sie seine Ansichten und Fragen. Unterbrechen Sie ihn nicht, dies wird seine Bereitschaft stärken, das Gespräch mit Ihnen fortzusetzen.
- Hören Sie gut zu, was er Ihnen und vor allem wie er es Ihnen mitteilt. So erfahren Sie einiges über seine Wünsche, seine Motive, Bedürfnisse und Ziele.

Abb. 3 Verkaufsgespräch

> Mit Ihren Fragen behalten Sie die Führung des Gesprächs und können es zu Ihrem angestrebten Ziel hinlenken.

Kundenabfrage

Nun setzen Sie das Gespräch fort, indem Sie die Fragen stellen, die für Ihr gezieltes Angebot noch offen sind. Dabei können Sie Ihre Veranstaltungs-Checkliste benutzen. Notieren Sie die Antworten, erfassen Sie alle Daten und Fakten.

Mit „offenen Fragen", die Ihren Kunden nicht einengen, erhalten Sie die meisten Informationen. Offene Fragen sind die sogenannten „W-Fragen", die mit wer?, wie?, was?, wann?, wen?, warum?, wozu?, welche? usw. beginnen. (Siehe auch „Fragearten", ab Seite 374.) Die Antworten auf diese Fragen geben Ihnen Anknüpfungspunkte, wie Sie das Gespräch weiterführen können.

„Geschlossene Fragen" beginnen mit einem Verb und können mit „Ja!" oder „Nein!" beantwortet werden. Mit „geschlossenen Fragen" kann das Gespräch auf eine Entscheidung hingelenkt werden.

Seien Sie vorsichtig mit „Suggestivfragen", mit denen Sie bestätigende Antworten entlocken wollen. Diese könnten als Überredungsversuch aufgefasst werden, und das mögen die meisten Kunden nicht.

Mit „Alternativfragen", die gerne in der Abschlussphase des Gesprächs gestellt werden, können Sie die Dinge auf den Punkt bringen.

Beispiel
„Möchten Sie die Festrede lieber nach der Suppe halten, oder bevorzugen Sie dafür die Zeit nach dem Hauptgang?"

Mit sogenannten „Kontrollfragen" und auch „Bestätigungsfragen" können Sie die Gesprächsinhalte absichern und Missverständnisse von Anfang an ausschalten.

Das Angebot, die Argumentation oder Vorführung

Wenn Sie nun die Wünsche, Motive, Bedürfnisse, Ziele und Probleme Ihres Kunden kennen, unterbreiten Sie auf dieser Grundlage Ihr Angebot im Einzelnen. Stellen Sie dabei alle qualitativen Eigenschaften, alle Vorteile und alle Zusatzleistungen gegenüber etwaigen früheren Angeboten heraus und betonen Sie die Vorteile gegenüber Mitbewerbern auf eine sachliche und objektive Art und Weise.

Den Einwänden des Kunden müssen Sie fachlich und sachlich korrekte Gegenargumente bieten. Kundenargumenten begegnen Sie sehr wirksam, wenn Sie sowohl den „realen Nutzen" als auch den „emotionalen Nutzen" Ihres Angebots betonen. Argumentieren Sie dabei aus der Sicht Ihres Kunden.

Beispiel
Kunde: „Ich weiß nicht, bei diesen großen Fensterflächen im Tagungsraum, da wird doch die Sonne richtig blenden, oder?"
Verkaufsrepräsentant: „Die Fenster zeigen alle nach Osten und da könnte die Sonne nur am sehr frühen Morgen stören. Der Vorteil dieses Raums ist unter anderem, dass er mit modernster Tagungstechnik ausgestattet ist und dass Sie völlig ungestört tagen können. Und bedenken Sie bitte, welch herrliche Ausblicke Ihre Gäste auf die grünen Wälder und die saftigen Wiesen haben werden."

Um über alle „Nutzen-Argumente" verfügen zu können, sollten Sie sich für die gesamte Angebotspalette Ihres Hotels mit allen Dienstleistungen einen „Nutzen-Katalog" aufbauen, den Sie fortwährend aktualisieren. Entwickeln Sie zu jedem Sach-Argument den ganz konkreten „Kundennutzen". Sachlich vorgetragene Argumente überzeugen nachhaltiger als Übertreibungen.

Abb. 1 Wer fragt, der führt

Beispiel
„Wollen Sie nicht auch, wie die meisten unserer Veranstalter, das Festessen mit einem Digestif ausklingen lassen?"

Beispiel
„Da habe ich Sie doch richtig verstanden, den Aperitif möchten Sie ungestört im Wintergarten einnehmen und nicht in der Hotelhalle?"

Aber bedenken Sie dabei: Gekauft oder bestellt wird eine Dienstleistung oder Ware erst dann, wenn es Ihnen gelingt, den „Nutzen" für den Kunden konkret herauszustellen.

Abb. 2 Kundennutzen – Argumentation

Verkauf

ARBEITEN IM VERKAUF

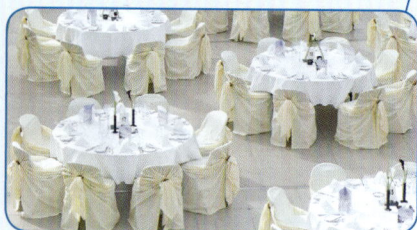

Abb. 1 Runde 8er-Tische

> Sie müssen von der Leistung Ihres Hotels überzeugt sein und den Preis vor sich selbst rechtfertigen können. Nur so können Sie ihn auch Ihren Kunden gegenüber überzeugend vertreten.

Bedenken Sie:
Einen fairen Marktpreis durchzusetzen und bei fortgesetztem Verhandlungsdruck nicht ins Wanken zu geraten ist ein Merkmal einer Verkäuferpersönlichkeit, die den Wert und Umfang ihres Angebots kennt.

Wenn Sie den Abschluss dennoch heute nicht erreichen können, fragen Sie Ihren Kunden freundlich, nicht verbittert, was Sie falsch gemacht hätten, was an Ihrem Angebot nicht stimme. Bleiben Sie dabei locker und gelassen. Behalten Sie Ihr Selbstbewusstsein. Eine Verkäuferpersönlichkeit verkraftet auch eine Niederlage.

Abb. 3 Glückwunsch zum Vertragsabschluss

Visuelle Unterstützung

Ihre verbale Argumentation können Sie mit visueller Unterstützung in der Wirkung erheblich verstärken. Dafür sind größere Farbaufnahmen, z. B. im DIN-A4- oder DIN-A5-Format, von Veranstaltungen, eingedeckten Festtafeln, kalten Büfetts und Raum-Dekorationen sehr nützlich. Viele Hotels setzen auch Video-Filme als Verkaufshilfe ein und stellen so das Hotel mit allen Einrichtungen und Dienstleistungen vor.

Der Preis

Jeder will einen guten Preis, der Kunde genauso wie der Verkaufsrepräsentant. Wenn ein Kunde beanstanden sollte, dass Sie zu teuer seien, zählen Sie ihm all die Leistungen auf, die er bei Ihnen erhält. Ein guter, umfassender Service hat seinen Preis. Sollten die Angebotspreise eines vergleichbaren Mitbewerbers günstiger liegen, so wird dieser niedrigere Kosten haben. Dann werden wohl auch seine Service-Leistungen geringer ausfallen. Stellen Sie die Vorteile des Services in Ihrem Hotel heraus.

Verkäufer wie auch Kunden haben ein Preis-Limit, von dem sie nicht wesentlich abweichen können, wenn das Geschäft sinnvoll sein soll. Das heißt, der letztlich vereinbarte Preis muss für beide Verhandlungspartner einen Gewinn bringen.

Halten Sie das Ihnen gegebene Preislimit ein. Wenn Sie glauben, ein weiteres Zugeständnis wäre angebracht, sollten Sie sich eventuell vorher mit Ihrer Direktion abstimmen.

Der Abschluss

Verkaufsrepräsentanten, aber auch Kunden haben manchmal, vor allem wenn sie noch nicht genügend berufserfahren sind, Hemmungen vor der endgültigen Frage, die zum Abschluss führt. Zögern Sie die Abschlussfrage nicht unnötig hinaus. Fragen Sie jetzt, mutig und selbstbewusst, ob Sie den Auftrag notieren dürfen.

Abb. 2 Die Abschlussfrage

Wenn der Kunde mit „ja" antwortet, haben Sie Ihr Ziel erreicht. Antwortet er mit „nein", dann müssen Sie zurückgehen zur offenen Fragestellung und Argumentation. Lassen Sie sich im Falle eines negativen Bescheids nicht vertrösten, sondern fassen Sie sofort nach. Resignieren wäre verkehrt.

Vielleicht müssen Sie die Abschlussfrage auch ein zweites Mal oder mehrfach stellen. Hierzu gibt es keine Richtschnur. Das hängt von den beteiligten Persönlichkeiten und von der Stärke des Wettbewerbsdruckes ab.

Wenn Sie jedoch erfolgreich abschließen konnten, dann beglückwünschen Sie Ihren Auftraggeber als erstes zu seiner Entscheidung und bestätigen Sie ihm, dass diese richtig und für ihn nützlich ist. Dann bedanken Sie sich freundlich für den erteilten Auftrag. Schreiben Sie die Auftragsbestätigung und besprechen Sie die weitere Vorgehensweise. Verabschieden Sie sich freundlich.

3 Schriftverkehr

🇬🇧 correspondence 🇫🇷 correspondance (w)

Der Geschäftsbrief und die dazugehörigen Schriftstücke gelten als die „Visitenkarte" eines Unternehmens. Grund genug also, um auf ihre Gestaltung und korrekte Aufmachung entsprechend Wert zu legen.

Das „Deutsche Institut für Normung e. V." hat für die Gestaltung von Geschäftsbriefen die Norm DIN 5008 (DIN 676 integriert, Stand: April 2011) herausgegeben. Diese Norm bildet die Grundlage für dieses Kapitel.

Nicht geregelt in den Normen ist die „Sprache", d. h. die Formulierung des Textes von Geschäftsbriefen. Dies fällt in den Bereich der Unternehmenskultur, der „Corporate Culture", der „Corporate Behaviour" und der „Corporate Communication" (siehe dazu auch Kapitel „Marketing Unternehmens-Identität", ab Seite 521).

Deshalb sind die Formulierungen und der Stil eines Geschäftsbriefes auf die Bereiche der Unternehmenskultur abzustimmen, und das wird von Hotel zu Hotel unterschiedlich ausfallen.

Abb. 1 Schriftverkehr

Blatteinteilung

Die meisten Hotelbetriebe verwenden ein vorgedrucktes Briefpapier im DIN-A4-Format (29,7 cm hoch, 21,0 cm breit) mit einem grafisch gestalteten **Briefkopf**. Das ist meistens das Firmenlogo mit dem Schriftzug des Hauses. Bei genormtem Briefpapier hat der Briefkopf eine Höhe von 27 mm bis maximal 50 mm vom oberen Blattrand.

Danach folgt links das **Anschriftenfeld**. Dieses gibt es in zwei Gestaltungsformaten, ohne oder mit integrierter Rücksendeangabe (Absender-Adresse), d. h. mit zwei verschiedenen Zeileneinteilungen. Die Fläche des Anschriftenfeldes misst 40 mm x 85 mm oder 45 mm x 85 mm (Höhe x Breite).

Anstelle einer Bezugszeichenzeile wird häufig ein **Informationsblock** rechts neben dem Anschriftenfeld, auf einer gleichgroßen Fläche für die Kommunikationsangaben des Betriebes vorgesehen (siehe Beispiel Abb. 3).

Wenn auf dem Schriftstück eine **Bezugszeichenzeile** – als Alternative zum Informationsblock – gedruckt ist, so hat sie ihren Platz unter dem Anschriftenfeld (siehe Beispiel S. 655).

Darunter folgt der eigentliche **Textbereich** des Schriftstücks.

Das unterste Feld auf dem Briefbogen ist der **Brieffuß**, das Feld für Geschäftsangaben und gesetzlich vorgeschriebene Angaben.

Abb. 2 DIN-A4 – Blatteinteilung

Empfängeranschriften

Anschriftenfeld ohne Rücksendeangabe

Das Feld für die Empfängeranschrift ist in diesem Fall neun Zeilen hoch. Es ist so auf dem Blatt platziert, dass die Adresse in einem Fenstercouvert-/Briefumschlag sichtbar ist. Das Anschriftenfeld ist wie folgt gegliedert:

3 Zusatzvermerke (oder Leerzeile)
2 Zusatzvermerke (oder Leerzeile)
1 Sendungsart (z. B. Warensendung), die besondere Versendungsform (z. B. Einschreiben), die Vorausverfügung (z. B. Nicht nachsenden)
1 Empfängerbezeichnung (Frau, Herrn, Firmenname)
2 Akademischer Titel, Vorname, Name, bei Firmen: Postfach mit Nummer (Abholangabe) oder
3 Straße mit Hausnummer (+ Zustellangabe) oder Postfach-Nummer
4 Postleitzahl und Bestimmungsort
5 Länderangabe (oder Leerzeile)
6 Länderangabe (oder Leerzeile)

Beispiele:

```
3  *
2  *
1  Einschreiben
1  Frau
2  Dr. Ursula Schmid-Kayser
3  Hindenburgstraße 250
4  91054 Erlangen
5  *
6  *
```

```
3  *
2  Eilzustellung
1  Persönlich/Vertraulich
1  Herrn
2  Dipl.-Hdl. Anton Seidl
3  Gartenstraße 10
4  94244 Kammersdorf
5  *
6  *
```

```
3  *
2  *
1  Warensendung
1  Dresdner Handelsgesellschaft mbH
2  Herrn Peter-Michael Schulze-Moderow
3  Einkaufsabteilung
4  Hamburger Straße 260
5  01157 Dresden
6  *
```

```
3  *
2  Einschreiben Rückschein
1  Persönlich/Vertraulich
1  Herrn Notar
2  Dr. Georg von Hammerstein M. A.
3  Maximilianstraße 123
4  80538 München
5  *
6  *
```
①

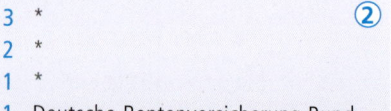
②

```
3  *
2  *
1  *
1  Deutsche Rentenversicherung Bund
2  10704 Berlin
3  *
4  *
5  *
6  *
```

In Firmenanschriften wird das Wort „Firma" weggelassen, wenn aus der Empfängerbezeichnung erkennbar ist, dass es sich nicht um eine natürliche Person handelt.

Berufs- oder Amtsbezeichnungen stehen hinter der Empfängerbezeichnung/Anrede (z. B.: Herrn Küchenmeister u. FOL Johann Stubenrauch).

Akademische Grade, Diplom- und Doktorgrade (z. B. Prof., Dr., Dipl.-Ing., Dipl.-Kfm., Dipl.-Hdl.) stehen vor dem Namen.

Bachelor- und Mastergrade werden in der Regel hinter dem Namen aufgeführt, z. B.: B. A. (Bachelor of Arts), B. Sc. (Bachelor of Sience), M. A. (Magister oder Magistra Artium), wie bei dem nebenstehenden Beispiel ①.

Keine Leerzeile zwischen dem Straßennamen und der Ortsangabe lassen. Die Postleitzahl wird fünfstellig ohne Leerzeichen geschrieben. Im Hinblick auf die Vereinheitlichung der Adressdateien wird empfohlen, die Anschrift des Empfängers immer auf sechs Zeilen zu beschränken.

Bei Großempfänger-Anschriften sollten weder Postfach noch Straße und Hausnummer angegeben werden, siehe nebenstehendes Beispiel ②.

Anschriftenfeld mit integrierter Rücksendeangabe

Das Feld für die Empfängeranschrift ist in diesem Fall elf Zeilen hoch (und folgendermaßen eingeteilt:

- 5 Zusatzvermerke (oder Leerzeile)
- 4 Zusatzvermerke (oder Leerzeile)
- 3 Zusatzvermerke (oder Leerzeile)
- 2 Zeile für Rücksendeangabe (oder Leerzeile)
- 1 Zeile für Rücksendeangabe (oder Leerzeile)
- 1 Empfängerbezeichnung (Frau/Herrn event. mit Berufsbezeichnung, oder Firmenname)
- 2 Akademischer Titel, Vorname, Name; bei Firmen: Postfach mit Nummer (Abholangabe) oder
- 3 Straße mit Hausnummer (+ Zustellangabe) oder Postfach-Nummer
- 4 Postleitzahl und Bestimmungsort
- 5 Länderangabe (oder Leerzeile)
- 6 Länderangabe (oder Leerzeile)

Beispiele:

- 5 *
- 4 *
- 3 *
- 2 *
- 1 Hightec AG, Postfach 1234, 04275 Leipzig
- 1 Herrn Optikermeister
- 2 Klaus Koch
- 3 bei Familie John
- 4 Käthe-Kollwitz-Straße 125
- 5 Rodenkirchen
- 6 50999 Köln

- 5 *
- 4 *
- 3 *
- 2 Brandner Copyshop, Postfach 4321, 18069 Rostock
- 1 Nicht nachsenden!
- 1 Frau Rechtsanwältin
- 2 Margarete Naumann B. Sc.
- 3 Kanzlei Dr. Stolze – Dr. Wimmer
- 4 Steiler Weg 125
- 5 Blankenese
- 6 22587 Hamburg

Abb. 1 Vorbereitung einer Mailing-Aktion

Abb. 2 Briefpost-Verteilungszentrum

Empfängeranschriften – Ausland

Im Unterschied zu Inlandsadressen schreibt man bei Auslandsadressen die Städtenamen in Großbuchstaben, nach Möglichkeit in der Sprache des Bestimmungslandes. (z. B. THESSALONIKI anstatt Saloniki, LIÈGE anstatt Lüttich, FIRENZE anstatt Florenz). Keine Länderkennzeichen verwenden. Der Ländername wird jedoch auf deutsch ebenfalls in Großbuchstaben in der letzten Zeile geschrieben (z. B. GROßBRITANNIEN anstatt Great Britain, FRANKREICH anstatt France, SPANIEN anstatt España.

Beispiele:

- 3 *
- 2 Einschreiben
- 1 Lettre récommandée
- 1 Madame
- 2 Jeannette Dupont
- 3 102 avenue du Général Leclerc
- 4 Bâtiment B, appartement 12
- 5 75014 PARIS
- 6 FRANKREICH

Informationsblock

Im Informationsblock werden Kommunikationsangaben und sonstige Angaben aufgelistet. Dazu zählen:

- **vorausgesandte Schriftstücke**, auf die man sich hier bezieht, wie z. B. die Leitwörter: Ihr Zeichen: …, Ihre Nachricht vom: …, Unser Zeichen: …, Unsere Nachricht vom: …;
- die **Kommunikationsmöglichkeiten**, wie z. B. Telefon-Durchwahlnummer, Telefax-Nummer, E-Mail- und Internet-Adresse;
- der **Name des Ansprechpartners**/Sachbearbeiters und dessen Abteilung und
- das **Tagesdatum** dieses Schriftstücks.

Als Alternative zum Informationsblock wird oftmals auch eine Bezugszeichenzeile genutzt.

- 3 *
- 2 *
- 1 Private and Confidential
- 1 Dres. Aidan and Mary McGrath
- 2 Dental Surgeons
- 3 9 Society Street
- 4 BALLINASLOE, Co. GALWAY
- 5 IRLAND
- 6 *

Verkauf

ARBEITEN IM VERKAUF

Abb. 1 Alter Briefkasten in Pisa, Italien

Arten von Einschreiben
Ein Einschreiben ist eine garantierte Briefsendung. Der Absender erhält einen Nachweis darüber, dass der Brief bei der Post abgegeben wurde. Darüber hinaus dokumentiert der Postdienstleister, dass der Brief auch ausgeliefert wurde. Je nach Art des Einschreibens wird es nur in den Briefkasten des Empfängers eingeworfen oder aber gegen Unterschrift persönlich ausgehändigt.

Die unterschiedlichen Arten sind:
- Einschreiben (wird an den Empfänger oder eine andere berechtigte Person gegen Unterschrift ausgehändigt)
- Einschreiben Einwurf (wird in den Briefkasten eingeworfen und der Postbote dokumentiert die Zeit des Einwurfes)
- Einschreiben Eigenhändig (wird nur an den Empfänger persönlich gegen Unterschrift ausgehändigt)
- Einschreiben Rückschein (der Absender bekommt zusätzlich eine Nachricht über die Zustellung der Sendung)

(Quelle: www.posttip.de)

Abb. 2 Moderner Briefkasten in Frankreich

Bezugszeichenzeile

Nach einer Leerzeile werden die Leitwörter zu den Kommunikationsangaben unter die Felder des „Anschriftenblocks" und des „Informationsblocks" geschrieben. Darunter, oder wenn der Platz reicht dahinter, werden die entsprechenden Angaben geschriebn (siehe Absatz Informationsblock, S. 649). Das erste Schriftzeichen der Angabe steht dann entweder direkt – nach einem Leerzeichen – hinter dem Doppelpunkt oder in der nächsten Zeile, direkt unter dem Anfangsbuchstaben des jeweiligen Leitworts. Nach der (eventuellen) Bezugszeichen-Zeile werden zwei Leerzeilen gelassen.

Textbereich

- Der Textbereich beginnt mit einem **Betreff-Vermerk**. Das ist eine kurze Inhaltsangabe des Briefs, wenn möglich ein Schlagwort, wie z. B. „Angebot" oder „Reservierungsbestätigung". Am Ende des Betreffs steht kein Satzzeichen. Ist das Wort „Betreff" nicht vorgedruckt, so wird es auch nicht geschrieben.
- Danach lässt man zwei Leerzeilen.
- Es folgt die persönliche **Anrede** mit Nennung des Namens oder der Text: „Sehr geehrte Damen und Herren,". Die Anrede endet mit einem Komma.
- Danach eine Leerzeile setzen und klein weiter schreiben, nicht mit „ich" oder „wir" beginnen.
- Den **Brieftext** in der Schriftgröße 10 Punkt und mit einzeiligem Abstand schreiben. Gut lesbare Schriftart verwenden (z. B. Arial, Frutiger LT).
- Eine Leerzeile zwischen dem Brieftext und der nachfolgenden Grußformel lassen.
- Die **Abschluss-Grußformel** (z. B. „Mit freundlichen Grüßen" oder „Mit freundlichem Gruß") kann in den Schlusssatz eingebaut werden. Bei Satzfortsetzungen beginnt man den Gruß mit einem Kleinbuchstaben.
- Danach wird wieder eine Leerzeile eingefügt.
- Es folgt die Zeile mit der **Firma des Absenders** (z. B. Hotel Arberblick Viechtach).
- Darunter lässt man Platz für die vorgesehene/n **Unterschrift**/en (3 bis 4 Zeilen), je nach Bedarf.
- In die nächste Zeile schreibt man den **Namen des Unterzeichner** mit der **Funktion**s-/Berufsbezeichnung, wie z. B.: Herbert Pfeiffer, Hoteldirektor; oder: Sven Stolzenberg, Empfangschef.
- Danach folgt eine Leerzeile.
- Das Wort „**Anlage**/n" schließt den Brief. Falls es eine oder mehrere Anlagen zu versenden gibt (z. B. Hotel- und Ortsprospekt), ist es nicht mehr üblich, sie einzeln aufzuführen. Wenn dies dennoch zur Dokumentation gewünscht sein sollte, wird die Aufzählung der Anlagen in den Brieftext integriert.

Brieffuß

Im sich unten anschließenden Bereich, Brieffuß genannt, werden die **Unternehmensdaten**/Geschäftsangaben, wie z. B. der Handelsregister-Eintrag, der Name des Geschäftsführers und die Bankverbindungen aufgelistet. Die jeweiligen gesetzlichen Vorschriften bei den unterschiedlichen Unternehmensformen sind zu beachten. Bei Rechnungen sind weitere Pflichtangaben, wie z. B. die Steuernummer (St.-Nr.: 108/245/99999) zu machen.

Datum-Schreibweisen

Im Text des Briefes sollte das Datum **alphanumerisch** geschrieben werden, wie z. B.: **14. Februar 2013** oder abgekürzt: **14. Feb. 2013**

Monatsnamen sind bei Bedarf einheitlich auf vier Stellen (einschließlich Abkürzungspunkt) abzukürzen.

Für eine **numerische** Schreibweise sind entweder **14.02.2013** oder **14.02.13** erlaubt. Nach den Punkten folgen keine Abstände.

Telefonnummern/Postfachnummern

Telefonnummern werden nicht gegliedert, die Vorwahlnummer wird mit Leertaste abgetrennt, die sich anschließende Durchwahlnummer wird mit einem Bindestrich geschrieben.

Beispiele:
04321 123456
0991 3719381
Bei Firmennummern mit Telefonzentrale Bindestrich und Null setzen:
02234 677-0
bei Nebenstellen Bindestrich setzen: 089 987654-321
oder für internationale Verwendung: **+49 89 987654-321**

Hinweis: Die Angabe „+49" steht für unterschiedliche Deutschland-Vorwahlnummern aus dem Ausland. Am besten dort nachfragen. Bei Anrufen aus dem Ausland nach Deutschland muss man die Null der Ortsvorwahl weglassen (siehe 5. Beispiel, München: 89).

Postfachnummern werden in Zweiergruppen von rechts nach links gegliedert. **Beispiele:** Postfach 6 37, Postfach 49 54, Postfach 9 74 32

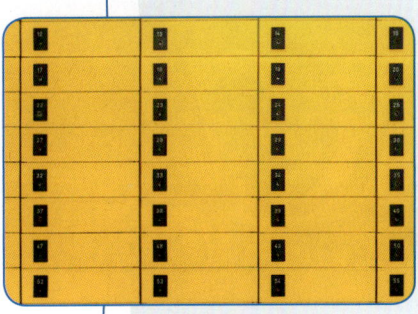

Uhrzeit-Angaben im Text

Bei Angabe der Uhrzeit in Stunden **und** Minuten oder Stunden, Minuten und Sekunden ist jede Einheit mit zwei Ziffern anzugeben und mit dem Doppelpunkt zu gliedern.

Beispiele:
Abreise: 08:30 Uhr
Um 00:04 Uhr begann das Feuerwerk.
Die Raststätte schließt um 24:00 Uhr.
Aber: Um 8 Uhr beginnt der Unterricht.

Geschäftliche E-Mails

„Die Gestaltungsvorschriften der DIN 5008:2005 für E-Mails gelten nur für die Verwendung als Ersatz für Geschäftsbriefe, nicht jedoch für die rein unternehmensinterne E-Mail-Kommunikation.
Grundsätzlich gelten für geschäftliche E-Mails die gleichen Höflichkeits- und Stilangaben wie für Geschäftsbriefe. So darf in einer geschäftlichen E-Mail die Anrede nicht fehlen, auch der Schluss einer E-Mail sollte alle Bestandteile des Schlussteils eines Geschäftsbriefes enthalten; auf das flapsige „M f G" als Grußformel ist in geschäftlichen E-Mails zu verzichten."
(Zitat aus: DUDEN, 24. Aufl., Bd. I, S. 128)

Verkauf

ARBEITEN IM VERKAUF

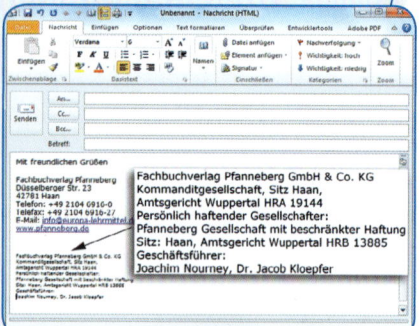

Pflichtangaben

Seit dem 01.01.2007 müssen in geschäftlichen E-Mails und Telefaxen alle Angaben wie auf Geschäftsbriefbögen enthalten sein. Die formalen Anforderungen für jede Form von Geschäftsbriefen sind im *„Gesetz über elektronische Handelsregister und Genossenschaftsregister sowie das Unternehmensregister (EHUG)"* festgelegt.

Im Handelsregister eingetragene Unternehmen müssen auf Geschäftsbriefen folgende Angaben auflisten:

- Die vollständige Firma,
- den Sitz des Unternehmens,
- das Registergericht,
- die Handelsregister-Nummer sowie bei Kapitalgesellschaften die vertretungsberechtigten Personen und
- bei vorhandenem Aufsichtsrat (auch Beirat oder Verwaltungsrat mit vergleichbarer Überwachungsfunktion) dessen Vorsitzende oder Vorsitzender.

Die **nicht im Handelsregister eingetragenen Kleingewerbetreibenden** sind von den genannten Vorschriften nicht unmittelbar betroffen. Allerdings müssen auch diese - seit 17.05.2010 - ihren Familiennamen, ihren Vornamen sowie die Anschrift der Niederlassung bzw. eine ladungsfähige Anschrift angeben.

E-Mail-Adresse

Bei E-Mails besteht die international standardisierte Adresse aus dem Empfängernamen, dem Zeichen @ und der organisatorischen oder geografischen Kennung des Rechner-Standortes. Zu beachten ist:

- Es werden keine Leerzeichen (blanks) gesetzt.
- Als Abgrenzungszeichen dienen Punkt, Bindestrich oder Unterstrich.
- Die Umlaute ä, ö, ü werden als ae, oe, ue geschrieben;
- Der Buchstabe ß wird durch ss ersetzt.

E-Mail-Zeilen und Felder

Anschrift, Verteiler und Betreff sind die vorgegebenen Zeilen bzw. Felder im Kopf einer E-Mail (header).

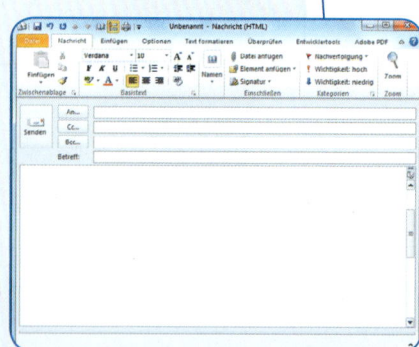

- **An-Zeile:** In dieses Feld muss die Anschrift, d. h. die E-Mail-Adresse des Empfängers bzw. mehrerer Empfänger eingetragen werden. Mehrere Empfänger-Adressen trennt man mit Semikolon (;).
- **CC-Zeile:** In diese Zeile (cc = carbon copy = Durchschlag) werden die E-Mail-Adressen der Personen eingetragen, die eine Kopie der E-Mail erhalten sollen.
- **BCC-Zeile:** Diese Zeile (bcc = blind carbon copy = Blindkopie) ist für die E-Mail-Adressen derjenigen Personen vorgesehen, die ohne Wissen des Empfängers eine Kopie der E-Mail erhalten sollen.
- **Betreff-Zeile:** Diese Zeile sollte eine kurze, aussagekräftige stichwortartige Inhaltsangabe (subject) enthalten, wobei das wichtigste Wort am Anfang stehen sollte.

Haupttext

In diesem Textfeld (body) wird die eigentliche E-Mail verfasst. Sie beginnt in der ersten Zeile mit der Anrede, die vom folgenden Text durch eine Leerzeile abgesetzt ist.

Der **Text** wird als Fließfeld ohne Worttrennungen geschrieben, da der Umbruch durch die Software des Empfängers/der anderen Empfänger geregelt wird. Absätze werden vom folgenden Text durch jeweils eine Leerzeile getrennt.

Der **Schlussteil** einer E-Mail wird meist in Form eines elektronischen Textbausteins (Signatur, Mail-Footer) eingefügt. Er besteht in der Regel aus Grußformel, Firmennamen, Namen des Bearbeiters, Firmenadresse, Registergericht HRA 123 und USt-IdNr.: DE 56789, Telefon- und Telefax-Nummer sowie E-Mail- und Internet-Adresse.

10 Tipps für das Schreiben von geschäftlichen E-Mails:

- Formulieren Sie den Betreff knapp, genau und treffend.
- Sprechen Sie den Empfänger in der Anrede persönlich an.
- Kommen Sie im Textteil schnell auf den Punkt.
- Bleiben Sie sachlich, formal, achten Sie auf Ihre Wortwahl.
- Verzichten Sie auf saloppe Formulierungen, ironische Smileys und dergleichen, das kann missverstanden werden.
- Beachten Sie die Rechtschreib-, Grammatik- und Kommaregeln.
- Lesen Sie Korrektur, bevor Sie die E-Mail senden.
- Antworten Sie schnell auf empfangene E-Mails; normalerweise bedeutet das innerhalb von 24 Stunden.
- Verwenden Sie klassische Schriftarten, wie z. B. Arial, Calibri und Times New Roman.
- Verzichten Sie auf Ausrufezeichen, Fettdruck und Großbuchstaben.
- Achten Sie darauf, dass zum Abschluss Ihre vollständige Signatur mit Hotel-Name, Anschrift und Kontakt-Daten erscheint.

Von:	„Schlosshotel Kapfenstein" <hotel@schloss-kapfenstein.at>
An:	„Thomas Kessler" <Tom_Kessler@gmx.de>
CC:	„Hotelberufsschule Viechtach" <verwaltung@hbs-viechtach.de>
Betreff:	Klassenfahrt 24.-27.09.2013
Datum:	27.06.2013 16:10:38

Sehr geehrter Herr Kessler,

vielen Dank für Ihre Anfrage von gestern, die wir wie folgt beantworten. Unser Hotel Schloss Kapfenstein ist in dem gewünschten Zeitraum, vom 24.09. bis 27.09.2013, bereits ausgebucht, sodass wir Ihre Klasse H12a leider nicht bei uns unterbringen können.
Wenn Sie jedoch Ihre Gruppenreise um drei Wochen, auf die Zeit vom 15.10. bis 18.10.2013 (Abreisetag) verschieben könnten, hätten wir die gewünschten Zimmer noch zu den gleichen Bedingungen frei. Deshalb haben wir für Ihre Gruppe vorerst provisorisch 12 Doppelzimmer und 2 Einzelzimmer, alle Zimmer mit Dusche/WC, für diesen Zeitraum reserviert.
Bitte teilen Sie uns bis spätestens 30.07.2013 Ihre Entscheidung mit, sodass wir dann Ihre Reservierung verbindlich bestätigen können.
Wir würden uns sehr freuen, Sie und Ihre Gruppe in unserem Hotel Schloss Kapfenstein, in der schönen Steiermark begrüßen zu dürfen und verbleiben

mit freundlichen Grüßen
Hotel Schloss Kapfenstein

Annette Maier, Empfangschefin

Schloss Kapfenstein Betrieb GmbH
Georg Winkler-Hermaden
Kapfenstein 1
8353 Kapfenstein
ÖSTERREICH

Tel.: +43 (0)3157 30030-0
Fax: +43 (0)3157 30030-30
E-Mail: hotel@schloss-kapfenstein.at
Homepage: www.schloss-kapfenstein.at
FN: 220593 B / UID-Nr:54258805

Abb. 1 E-Mail-Beispiel

Verkauf

ARBEITEN IM VERKAUF

3.1 Anfragen bearbeiten

🇬🇧 to deal with inquiries 🇫🇷 traiter des demandes

Rechtliche Überlegungen

Wenn schriftliche Anfragen eingehen, muss genau gelesen werden, was der Verfasser wissen oder vereinbaren möchte. Rechtlich gesehen ist eine Anfrage noch unverbindlich. Aufgrund der Anfrage wird ein Angebot verfasst. Dieses entspricht einer verbindlichen Willenserklärung des Gastronomen oder Hoteliers. Wenn der Gast dieses Angebot annimmt und bestellt, ist ein gültiger Vertrag zustande gekommen.

Ohne vorherige Anfrage kommt der Vertrag erst zustande, wenn der Gast bestellt und diese Bestellung vom Hotelier angenommen wird.

Verfügbarkeit überprüfen

Als erstes muss in den Reservierungslisten, Veranstaltungsbüchern und auf den Zimmerplänen bzw. in den Computerdateien geprüft werden, ob die gewünschten Tagungsräume und Zimmer noch verfügbar sind.

Räume provisorisch reservieren

Wenn dies der Fall ist, werden die Räume provisorisch reserviert, das heißt noch nicht verbindlich, reserviert. Der **Optionstermin** wird dazugeschrieben. Das ist das Datum des Tages, bis zu dem wir dem Gast Entscheidungszeit eingeräumt haben. Somit sind die Räume vorläufig reserviert.

Ablage des Vorgangs

Wenn es wegen eines Vertragsabschlusses zu Meinungsverschiedenheiten zwischen Wirt und Gast kommt, muss der Vertragsabschluss nachgewiesen werden können. Darum legt man die Gästebriefe mit den Kopien der Antwortschreiben sowohl alphabetisch nach dem Anfangsbuchstaben der Person oder Firma ab als auch unter dem Datum des Anreisetages oder des Veranstaltungstages.

3.2 Angebote erstellen

🇬🇧 to make a bid for something 🇫🇷 élaborer des offres (w) commerciales

Als Beispiel lässt sich eine mögliche interne Berechnung des Pauschalpreises darstellen:
Für die Unterbringung pro Person und pro Tag im Einzelzimmer mit Bad, Dusche, WC, inklusive Frühstück, werden zum Tagungs-Sonderpreis berechnet:

	60,00 €
Vollpensionsaufschlag (2 x 15,00 €)	+ 30,00 €
Tagungsgetränke, pauschal	+ 5,00 €
2 Kaffeepausen, pauschal	+ 10,00 €
Aufschlag für Tagungstechnik	+ 5,00 €
Tagungspauschale pro Person/pro Tag:	= 110,00 €

Abb. 1 Abschluss und Erfüllung eines Beherbergungs-Vertrages

Durch zwei übereinstimmende Willenserklärungen kommt ein rechtsverbindlicher Vertrag zustande.

Abb. 2 Ablage

Chemische Werke O. Müller KG

O. Müller KG · Lina-Müller-Weg 5 · 22043 Hamburg

Hotel Arberblick
Verkaufsabteilung
Flurstraße 14
94234 Viechtach

Lina-Müller-Weg 5, 22043 Hamburg
Tel. +49 40 987654-0
Fax +49 40 987654-3211
E-Mail: chem.werkeo.mueller@hamburg.com

Ihr Zeichen, Ihre Nachricht vom	Unser Zeichen, unsere Nachricht vom	Telefon, Name +49 40 987654-	Datum
	lu-ck	3210 Herr Lubnow	20.03.20..

Tagungsanfrage

Sehr geehrte Damen und Herren,

wir sind über Kontakte zum Tourismusverband Ostbayern auf Ihr Haus aufmerksam geworden und wenden uns heute mit folgender Anfrage an Sie:

In der Zeit vom

02. August bis zum 05. August 20..

beabsichtigen wir, die Jahrestagung unserer Vertriebsmitarbeiter in Ihrer Region durchzuführen. Wir benötigen 20 Einzelzimmer mit Bad oder Dusche und WC, mit Vollpension sowie 2 Tagungsräume mit Overhead-Projektoren, Leinwänden und Flipcharts.

Bitte teilen Sie uns mit, ob und zu welchem Tagungs-Pauschalpreis (pro Person/Tag) Sie uns aufnehmen könnten. Außerdem bitten wir um Informationen zur Größe und Ausstattung Ihrer Tagungsräume und zum Freizeitangebot in Ihrem Hause.

Gerne erwarten wir Ihr baldiges Angebot und verbleiben

mit freundlichem Gruß

Chemische Werke O. Müller KG

ppa. R. Lubnow

Rainer Lubnow
Verkaufsleiter

Chemische Werke O. Müller KG, Lina-Müller-Weg 5, 22043 Hamburg · Geschäftsführung: Klaus Bedau, KG-Sitz: Hamburg, Registergericht: HH, HRA 98765 · Bankverbindung: Postbank Frankfurt, Konto-Nr. 98765432, BLZ: 500 100 60 · IBAN DE 55 5001 0060 0098 7654 32; BIC: PBNKDEFF.

Hotel Arberblick

Hotel Arberblick · Flurstraße 14 · 94234 Viechtach

Chemische Werke O. Müller KG
z. Hd. Herrn R. Lubnow, Verkaufsleiter
Lina-Müller-Weg 5
22043 Hamburg

Flurstraße 14
94234 Viechtach
Tel.-Nr. 09942 90500-0
Fax-Nr. 09942 90500-50
E-Mail: hotel-arberblick@viechtach.de

Ihr Zeichen, Ihre Nachricht vom	Unser Zeichen, unsere Nachricht vom	Telefon, Name 09942 90500-	Datum
lu-ck 20.03.20..	se-vk	212 Herr Senn	22.03.20..

Tagungsangebot

Sehr geehrter Herr Lubnow,

wir danken für Ihre Anfrage und für die Berücksichtigung unseres Hauses. Gerne unterbreiten wir Ihnen unser Angebot für die Jahrestagung Ihrer Vertriebsmitarbeiter,

vom 02. August (Anreisetag) bis zum 05. August 20.. (Abreisetag).

Unsere Tagungs-Sonder-Pauschale in Höhe von EUR 110,00 (pro Person/Tag) beinhaltet die Unterbringung in modern ausgestatteten Einzelzimmern mit Bad, Dusche, WC, Minibar und TV, ferner VP und Benutzung von 2 Tagungsräumen, inkl. der gewünschten Tagungstechnik und 2 Kaffeepausen. Im Rahmen der VP bieten wir morgens ein reichhaltiges Frühstücksbüfett sowie mittags und abends jeweils 2 Drei-Gang-Menüs zur Wahl an.

Die ruhigen, mit modernster Technik ausgestatteten Tagungsräume haben beide eine Fläche von 12 x 14 m (168 qm), verfügen über Tageslicht und lassen sich verdunkeln. Overhead-Projektoren, Leinwände und Flipcharts stehen zur Verfügung.

Zum Entspannen eignen sich bestens unsere Freizeiteinrichtungen: Badelandschaft und Jetstream-Anlage, Whirlpool, Dampfbad, Sauna, Solarium und gegen Berechnung: Massage, Tennisplätze, Mountainbike-Verleih und Drivingrange. Die Preise dafür entnehmen Sie bitte anliegendem Prospektmaterial mit Preislisten.

Gerne sind wir auch bereit, am 04. August .... einen Abschieds-Abend nach Ihren Wünschen – festlich oder rustikal – für Ihre Gruppe zu organisieren. Für Vorschläge, Anregungen und weitere Angebote stehen wir Ihnen gerne zur Verfügung. Vorerst haben wir die gewünschten Räume provisorisch reserviert. Wir würden uns freuen, Ihre Tagung für Sie erfolgreich organisieren zu dürfen und bitten Sie, uns Ihre Entscheidung bald mitzuteilen.

Mit freundlichen Grüßen
Hotel Arberblick

W.A. Senn

W.A.Senn, Hoteldirektor   Anlagen

Hotel Arberblick · Flurstraße 14 · 94234 Viechtach · Geschäftsführung Peter Altenstein · Bankverbindung: Sparkasse Regen-Viechtach · BLZ 741 514 50 · Konto-Nr. 987 654 321

Chemische Werke O. Müller KG

O. Müller KG · Lina-Müller-Weg 5 · 22043 Hamburg

Hotel Arberblick
Verkaufsabteilung
Flurstraße 14
94234 Viechtach

Lina-Müller-Weg 5, 22043 Hamburg
Tel. +49 40 987654-0
Fax +49 40 987654-3211
E-Mail: chem.werkeo.mueller@hamburg.com

Ihr Zeichen, Ihre Nachricht vom	Unser Zeichen, unsere Nachricht vom	Telefon, Name +49 40 987654-	Datum
se-vk 22.03.20..	lu-ck	3210 Herr Lubnow	22.03.20..

Tagungsbestellung

Sehr geehrter Herr Senn,

wir danken für Ihr obiges Schreiben und für Ihre schnelle Antwort. Ihr Angebot sagt uns sehr zu. Hiermit bestellen wir für unsere Jahrestagung in Ihrem Hause, in der Zeit vom 02. August bis zum 05. August 20..

    20 Einzelzimmer mit Bad oder Dusche und WC,
    mit Vollpension,
    sowie 2 Tagungsräume für denselben Zeitraum,
    mit je einem Overhead-Projektor, Leinwand und Flipchart,

zu dem Tagungs-Sonder-Pauschalpreis in Höhe von

    EUR 110,00 pro Person und Tag.

In diesem Preis sind das Frühstück vom Büfett und täglich zwei Kaffeepausen (um 10:30 Uhr und um 15:00 Uhr) sowie die Tagungsgetränke (Säfte, Wässer) enthalten.

Gerne erwarten wir Ihre Bestätigung und bitten um 20 Hausprospekte, die wir unseren Einladungsschreiben beilegen wollen. Eine Namensliste der Teilnehmer werden Sie rechtzeitig erhalten.

Wir verbleiben
mit freundlichem Gruß

Chemische Werke O. Müller KG

ppa.
R. Lubnow

Rainer Lubnow
Verkaufsleiter

Chemische Werke O. Müller KG, Lina-Müller-Weg 5, 22043 Hamburg · Geschäftsführung: Klaus Bedau, KG-Sitz: Hamburg, Registergericht: HH, HRA 98765 ·
Bankverbindung: Postbank Frankfurt, Konto-Nr. 98765432, BLZ: 500 100 60 · IBAN DE 55 5001 0060 0098 7654 32; BIC: PBNKDEFF.

Wäre ein Pauschal-Angebot für den Gesamt-Aufenthalt der Gruppe verlangt, so würde man dieses wie folgt berechnen:

> 20 P. × 3 Tage × 110,00 € = **6.600,00 €**

Wenn man **Angebote erstellt**, ist zu beachten, dass im Allgemeinen die Unterbringung im Einzelzimmer teurer ist als **pro Person** im Doppelzimmer.

Beispiel:
Zimmerpreise pro Tag inklusive Frühstücksbüfett:
Einzelzimmer, Bad, WC 60,00 €
Doppelzimmer, Bad, WC 100,00 €
Apartment, Bad, WC 200,00 €

Wenn man seine **Angebotspreise** vergleicht, ist zu beachten, dass sich die Preisangaben mancher Hotels auf das Zimmer beziehen (siehe obiges Beispiel), in anderen Hotels jedoch der Preis „pro Person im Doppelzimmer" genannt wird.

Provisionen berücksichtigen

Ferner gilt, bei den Zimmerpreisen und Angeboten kalkulatorisch zu berücksichtigen, ob der Empfänger des Angebots ein Reisebüro, ein Reiseveranstalter oder ein Tagungs-Vermittlungsbüro ist, die alle eine Provision für die Vermittlung erhalten.

Branchenüblich ist, dass z. B. an Reisebüros eine Provision in Höhe von 10 % vom vermittelten Logis-Umsatz abzuführen ist.

Die Zusammenarbeit mit Reiseveranstaltern und Tagungs-Vermittlungsbüros wird im Allgemeinen vorab vertraglich geregelt. Oftmals werden hierbei weitaus höhere Provisionssätze, wie z. B. 20 % des Logis-Anteils oder 10 % des vermittelten Gesamt-Umsatzes verlangt und ausgehandelt.

Zielgruppen ansprechen

Beim Formulieren von Angeboten soll der besondere Kundennutzen mit einbezogen werden. Da man oftmals seine Gäste noch nicht persönlich kennt und der erste Geschäftskontakt schriftlich stattfindet, ist man auf Mutmaßungen angewiesen.

Die Fragen lauten:
- Was könnte meinen Verhandlungspartner oder meine zukünftigen Gäste besonders interessieren?
- Welche Informationen und Details sollten für diesen Gästekreis aufgeführt werden?

Das Ansprechen einer bestimmten Zielgruppe wird im Korrespondenz-Beispiel (Tagungsangebot, s. S. 656) besonders im letzten Absatz angestrebt.

Obwohl die anfragende Firma nicht ausdrücklich nach einem Abschiedsabend gefragt hat, schlägt ihn der antwortende Hoteldirektor vor und bietet seine Hilfe an.

Beispiel
Übernachtungspreise **pro Person** inklusive Frühstücksbüfett:
im Einzelzimmer, Bad, WC 60,00 €
im Doppelzimmer, Bad, WC 50,00 €
im Zweibettzimmer, Bad, WC 50,00 €
im Apartment, Bad, WC 100,00 €

Beispiele für zielgruppenorientierte Infos:
- **Golfer:** Golfplätze der Umgebung, Größen (9-, 18-, 27-Loch-Plätze), Schwierigkeitsgrade, Spielbedingungen, Preise
- **Skifahrer und Langläufer:** Abfahrtspisten, Lifte, Preise, Streckennetz der Langlauf-Loipen
- **Wanderer:** Wanderwege und -karten, Entfernungen, Zeitbedarf
- **Kultur-Interessierte:** Museen, Kunstausstellungen, Öffnungszeiten, kulturelle Veranstaltungen in der Region (Festwochen-Programm für z. B. Konzerte, Theater, Oper, Kabarett, Dichterlesungen, Vorträge, Filme)
- **Familien mit Kindern:** Freizeitpark, Erlebnisbad, Zoo, Nationalpark, Ausflugsziele, Freilicht-Museum, sportliche Aktivitäten
- **Kurgäste:** Medizinische und therapeutische Angebote, Kureinrichtungen, Öffnungszeiten, Preise, Kurprogramm, Sehenswürdigkeiten.

Hotel Arberblick

Flurstraße 14
94234 Viechtach
Tel.-Nr. 09942 90500-0
Fax-Nr. 09942 90500-50
E-Mail: hotel-arberblick@viechtach.de

Hotel Arberblick · Flurstraße 14 · 94234 Viechtach

Chemische Werke O. Müller KG
z. Hd. Herrn R. Lubnow, Verkaufsleiter
Lina-Müller-Weg 5
22043 Hamburg

Ihr Zeichen, Ihre Nachricht vom	Unser Zeichen, unsere Nachricht vom	Telefon, Name 09942 90500-	Datum
lu-ck 30.03.20..	se-vk	212 Herr Senn	02.04.20..

Reservierungsbestätigung für Ihre Jahrestagung

Sehr geehrter Herr Lubnow,

wir danken Ihnen für Ihr obiges Schreiben. Wir freuen uns sehr, dass Sie sich bei der Organisation der Jahrestagung für unser Haus entschieden haben und gratulieren zu Ihrem Entschluss. Gleichzeitig versprechen wir Ihnen, dass wir Sie voll unterstützen werden, um Ihre Tagung erfolgreich durchzuführen. In der Zeit

vom 02. August (Anreisetag) bis zum 05. August 20.. (Abreisetag)

haben wir für Sie und Ihre Gäste fest reserviert:

20 Einzelzimmer mit Bad oder Dusche und WC,
zum Tagungs-Sonder-Pauschalpreis in Höhe von EUR 110,00 pro Person und Tag.

Dieser Preis beinhaltet die Vollpension mit mittags und abends je 2 Drei-Gang-Menüs zur Wahl. Ferner ist die Benutzung von 2 Tagungsräumen (Konferenzzimmer I und II) mit der gewünschten Tagungstechnik (jeweils mit Overhead-Projektor, Leinwand und Flipchart) inklusive. Außerdem beinhaltet unsere Tagungspauschale die Tagungsgetränke (Fruchtsäfte und Mineralwässer) und zwei Kaffeepausen, die Sie jeweils für 10:30 Uhr und 15:00 Uhr vorgesehen haben.

Den Zeitplan mit dem Tagungsablauf und die Teilnehmerliste wollen Sie uns bitte noch zusenden.

Die gewünschten 20 Hotelprospekte haben wir diesem Schreiben beigefügt. Bitte lassen Sie es uns wissen, wenn wir Ihnen sonst noch behilflich sein können.

Wir freuen uns auf Ihren Besuch und verbleiben

mit freundlichen Grüßen

Hotel Arberblick

W.A. Senn

W.A. Senn, Hoteldirektor   Anlagen

Hotel Arberblick · Flurstraße 14 · 94234 Viechtach · Geschäftsführung Peter Altenstein · Bankverbindung: Sparkasse Regen-Viechtach · BLZ 741 514 50 · Konto-Nr. 987 654 321

Verkauf

ARBEITEN IM VERKAUF

3.3 Aufträge bestätigen

🇬🇧 to confirm orders 🇫🇷 confirmer des commandes (w)

Sobald der Verkaufsabteilung eine Bestellung von Gästen z. B. für eine Sonderveranstaltung vorliegt, sind die erforderlichen Räumlichkeiten fest zu buchen.

Veranstaltungsräume reservieren

Dies geschieht mit Hilfe des „Reservierungsbuchs für Bematträume" oder über das EDV-Reservierungssystem der Verkaufsabteilung.

Eine eventuell zu einem früheren Zeitpunkt eingetragene provisorische Buchung ist entsprechend abzuändern, sodass sie für alle Mitarbeiter verbindlich gilt.

Sonderwünsche berücksichtigen

Alle Absprachen werden hinsichtlich ausgefallener Sonderwünsche überprüft. Hierzu könnten beispielsweise zählen:
- Besondere Raum- und Tafel-Dekorationen,
- bestimmte Musikkapellen,
- Auftritte von ausgesuchten Show-Stars,
- simultane Dolmetscherdienste in mehreren Sprachen,
- außergewöhnliche Speisen oder Getränke.

Zimmerreservierungen für Übernachtungsgäste werden an die Empfangsabteilung weitergeleitet.

Die Reservierungs-Bestätigung erfolgt durch die Verkaufsabteilung, zusammen mit der Veranstaltungs-Bestätigung.

Bestätigung verfassen

Es gelten die Regeln für Schriftverkehr (siehe ab Seite 647).
- Dem Besteller ist für den Auftrag zu danken.
- Der Brieftext soll klar, sachlich und unmissverständlich sein.
- Alle Absprachen sollen bestätigt werden.
- Es darf nichts Wesentliches fehlen, wie z. B. Preisangaben oder Zeitabsprachen zum Veranstaltungs-Ablauf.
- Wichtige Einzelheiten sollten hervorgehoben werden.

Oftmals werden mit dem Begleitschreiben auch ausgefüllte Vordrucke mit den Einzelheiten des Veranstaltungs-Auftrags (Function sheet, Avis, Function circular, Laufzettel) versandt.

Die „Allgemeinen Geschäftsbedingungen" des Hotels sollten schon vor dem Zeitpunkt der Bestellung dem Besteller (Gast) als Vertragsbestandteil bekannt sein.

Spätestens mit dem Bestätigungsschreiben für die Veranstaltung sind die „Allgemeinen Geschäftsbedingungen" ausdrücklich zum Vertragsbestandteil zu erklären.

Nur so kann sich der Hotelier vor Schäden schützen, wie sie durch Rücktritt vom Vertrag durch den Besteller entstehen könnten (siehe dazu auch Rechtsvorschriften auf Seite 673).

Abb. 1 Gebuchte Tafelform

Abb. 2 Simultan-Dolmetscher-Anlage

Erst wenn feststeht, dass alle Wünsche erfüllt werden können, wird das Bestätigungsschreiben für den Veranstalter verfasst.

Abb. 3 Vertragsbestandteil AGB

Abteilungen informieren

Alle betroffenen Hotel-Abteilungen sind über die bevorstehende Veranstaltung rechtzeitig, das heißt nach Möglichkeit vier bis sechs Wochen vorher, zu informieren.

Neben der Zimmerreservierungs-Vorschau ist der Forecast der Verkaufs- und/oder Bankett-Abteilung die wichtigste Informationsquelle sowohl für den Einkauf und für die Dienstplanerstellung in den Abteilungen als auch für den weiteren Verkauf.

4 Sonderveranstaltung

🇬🇧 organizing functions and events 🇫🇷 service (m) d'organisation (w) de banquets (m)

Sonderveranstaltungen sind heute ein wichtiger Teil der Erlebnisgastronomie. Dabei handelt es sich um besonders attraktive, wirkungsvolle Angebote. Um erfolgreich zu sein, muss die Veranstaltung von Anfang bis Ende perfekt durchorganisiert werden.

4.1 Der Gast im Mittelpunkt

🇬🇧 the guest as centre of attention
🇫🇷 hôte (m) au centre (m) d'intérêt (m) gastronomique

Früher wartete man meist, bis der Gast ein Restaurant betrat, sich setzte, die Karte las und bestellte. Heute wird der Gast mit attraktiven Angeboten umworben und angesprochen. Seine Neugierde wird gezielt geweckt. Einige Vorlieben und Gewohnheiten der Gäste sind uns durch den häufigen Umgang mit ihnen bekannt. Mehr Informationen über unsere Gäste und deren Wünsche erhalten wir durch gezielte Fragebogenaktionen. Sie werden nach Abschluss ausgewertet und bei unseren Planungen von Aktionstagen oder Aktionswochen berücksichtigt. Der Erfolg von Sonderaktionen wird letztendlich daran gemessen, inwieweit es uns gelingt, die Erwartung unserer Gäste mit einem Qualitätserlebnis zu erfüllen.

4.2 Aktionen

🇬🇧 promotional activities 🇫🇷 activités (w) promotionnelles gastronomique

Sie dienen dazu, den Bedürfnissen unserer Gäste nach Abwechslung entgegenzukommen, eine aktive Verkaufsförderung und die damit verbundene Umsatzsteigerung zu erreichen. Neben Gastorientierung und Wirtschaftlichkeit gibt es wesentliche Aspekte, die bei jeder Aktion wichtig sind:
- Stammgästen und Hausgästen wird etwas Besonderes geboten,
- neue Gästekreise werden erschlossen,
- in der Öffentlichkeit wird der Bekanntheitsgrad unseres Betriebes gefördert,
- Kapazitätsauslastung während ruhiger Betriebszeiten bzw. Zwischensaisonzeiten wird angestrebt.

4.3 Planung und Durchführung

🇬🇧 planning and implementation 🇫🇷 planification (w) et mise (w) en action (w)

Für die Mitarbeiter ist die Abwechslung mindestens genauso wichtig wie für die Gäste. Die Einbeziehung möglichst aller Mitarbeiter bei der Planung, Organisation und Durchführung dieser Aktionen bedeutet:
- Motivation durch die Herausforderung, Neues zu unternehmen,
- der Alltagsroutine etwas entgegenzusetzen,
- Teambewusstsein zu wecken, Teamfähigkeit zu fördern,
- fachliches Können in einer besonderen Situation zu beweisen,
- sich der Konkurrenz gegenüber zu behaupten,
- aktionsbezogene Schulung und Fortbildung zu erhalten.

Aktionsbeispiele

Werbewirksam wird eine Aktion durch ein interessantes und deutliches Motto. Waren es bisher hauptsächlich die Fest- und Feiertage, die den Anlass und das Motto für eine Aktion lieferten, so bieten sich heute viele andere Möglichkeiten an.

Produktbezogenes Angebot
Kartoffeln, Pilze, Reis, Nudeln, Meeresfrüchte, Gerichte mit Bier und/oder Wein, Spargel, Tomaten, Vegetarisches, Wild, Fische, Lamm, Käse, Exotische Früchte usw.

Saisonbedingte Aktionen
Spargel, Wild, Matjeshering, Maischolle, Austern, Muscheln, Krebse, Grünkohl, Beeren, Pilze, Eis.

Internationale Spezialitäten
Mit einem solchen Angebot holt man bei den Gästen Urlaubsstimmung zurück oder stimmt sie auf eine bevorstehende Reise ein, z. B. mit einer USA-Woche, Viva España, Mittsommernacht, Nationalfeiertage.

Themenbezogene Aktionen
Historische Hintergründe (Fürstenhochzeit, Stadterhebung), Vollwertkost, Faschingsball, Silvester, Jazz-Brunch oder begleitend zu einer musikalischen Festwoche.

Jahrestage
Gedenkjahr für Dichter, Komponisten oder Schriftsteller, Städtegründungen usw.

Regionale Spezialitäten
Münsterländer Schmaus, Fränkisches Weinfest, Unterm bayerischen Himmel, Impressionen von der Waterkant usw.

Es gibt also Anlässe genug, um ein schönes Programm zusammenzustellen, bei dem nicht nur kulinarische Höhepunkte geboten werden, sondern auch die Dekorationen originell auf das Thema abgestimmt werden.

Verkauf

ARBEITEN IM VERKAUF

Abb. 1 Bei der Jahresplanung

Jahresplanung

🇬🇧 annual operating plan 🇫🇷 plan (m) à moyen terme (m)

Zunächst sollen alle Mitarbeiter, also auch die Auszubildenden, Ideen zu möglichen und interessanten Aktionen vorbringen dürfen. Aus diesen Vorschlägen werden die besten oder sinnvollsten ausgewählt und ein Jahres-Aktions-Plan erstellt. Anschließend werden die unterschiedlichen Aufgaben den jeweiligen Abteilungen für die Vorausplanung übertragen.

Detail-Planung

🇬🇧 detail planning 🇫🇷 planification (w) en détail (m)

In der Abteilung **Service/Bankett** erarbeiten die Mitarbeiter Vorschläge für die Dekoration und eventuell für besonderes Besteck oder Porzellan. Sie denken über spezielle aktionsbezogene „Gags" nach, z. B. landesübliche Trachten, Kostüme des Mittelalters oder sonstige Requisiten.

Des Weiteren überlegen sie sich die Art und Weise des Servierens und machen Vorschläge für den Getränkeservice. Die Art und Menge der Getränke muss bestimmt werden. Sie suchen Rezepturen für Cocktails oder andere Mischgetränke und notieren deren Zubereitung. Sonderkarten für den speziellen Anlass müssen erstellt werden.

Abb. 2 Bankett-Abteilung bei der Detail-Planung

Die **Empfangsabteilung** und das **Verkaufsbüro** erarbeiten mit ihren Mitarbeitern Wochenendarrangements und veranlassen ein rechtzeitiges Mailing (Briefinformation) an ausgewählte Gäste und besondere Persönlichkeiten. Von dieser Abteilung aus wird auch die Pressearbeit gesteuert und die Presse über die Aktion rechtzeitig gezielt informiert.

Im **Hausdamenbereich** denkt man sich passenden Blumenschmuck für Tische und/oder Büfett-Tafeln und für Bodenvasen in der Empfangshalle oder im Restaurant aus. Außerdem werden spezielle Tafeltücher, besondere Servietten und Dekorationstücher bereitgestellt.

Abb. 3 Beim Versuch der besten Anrichteweise

Die Mitarbeiter der **Abteilung Küche** stecken den Rahmen für den kulinarischen Bereich ab. Sie suchen nach geeigneten Gerichten, informieren sich über deren Zubereitung, erstellen Rezepturen und Warenanforderungen. Die einzelnen Gerichte werden, wenn sie der Küche noch nicht bekannt genug sind, durchgekocht und erprobt. Der Geschmack und die Anrichteweisen werden festgelegt.

Alle Arbeiten und Überlegungen in den einzelnen Bereichen müssen schriftlich erfasst sein. Checklisten und eventuell auch Fotos werden für den speziellen Einsatz erstellt.

Ablauforganisation

🇬🇧 organization 🇫🇷 organisation (w)

Der Chef des Hotel Mozart in Kirchheim betreut gastronomisch alle Veranstaltungen im Schloss. Deshalb hat er auch die Möglichkeit, zusammen mit dem Verkehrsamt des Ortes im Festsaal des Schlosses Konzerte in Verbindung mit Gastronomie durchzuführen. Von den Mitarbeitern des Hotels kommt der Vorschlag, im Herbst eine Konzert-Gala über fünf Tage zu organisieren.

4 Sonderveranstaltung

Trotz des damit verbundenen Mehraufwands wird dem Plan begeistert zugestimmt. Die Aktion erhält den Namen:

„Kulinarisch-musikalischer Herbst"

Nachdem sich die **Abteilungen Küche und Service** auf einen bestimmten Servierablauf (Menüservice, Büfett oder eine Kombination aus beiden) geeinigt haben, werden die Planung und Organisation fortgesetzt.

Die gesamte Aktion erstreckt sich über 5 Abende. Am Premierenabend wird ein Gala-Menü für **100 Personen** im Hotel Mozart serviert.

Abb. 1 Fingerfood

Premieren-Gala-Menü
für den
kulinarisch-musikalischen Herbst
auf Schloss Kirchheim

Für das Gala-Menü werden die Anzahl und die Art der Gänge benannt. Der Service eines „Amuse gueule" wird überlegt. Die Regeln für die kulinarische Abstimmung müssen beim Erstellen des herbstlichen Menüs grundsätzlich beachtet werden (s. S. 486). Dabei sind unbedingt auch die technischen und organisatorischen Möglichkeiten zu berücksichtigen, damit die Aktion ein Erfolg wird.

Die Mitarbeiter von Küche und Service schlagen Gerichte zur Menügestaltung vor. Sie diskutieren nach fachlichen Grundsätzen und erstellen in Abstimmung mit den Abteilungsleitern oder der Geschäftsleitung nebenstehendes Menü.

Nachdem das Gala-Menü komponiert wurde, müssen Rezepturen und Warenanforderungen erstellt werden, damit eine Mengen- und Preiskalkulation durchgeführt werden kann.

Da als erster Gang des festlichen Menüs eine frische, kleine Vorspeise und zum Aperitif Finger-Food serviert wird, verzichtet man auf den Service eines „Amuse gueule".

Geklärt werden muss der Einsatz des Anrichtegeschirrs. Wichtig sind dabei Tellerart und Tellergrößen zum Anrichten der Speisen. Außerdem wird überlegt, ob es sinnvoll ist, den Hauptgang von Platten vorzulegen.

Das Fleischstück des Hauptganges könnte von Köchen vor den Gästen tranchiert werden.

Servicebrigade und Küchenbrigade präsentieren das Dessert in Form einer Parade und setzen die Teller am Tisch der Gäste ein.

Für die Mitarbeiter im Service und in der Küche ist es wichtig zu wissen, wie die einzelnen Menügänge angerichtet werden. Deshalb wird die Anrichteweise schriftlich festgehalten und für alle Mitarbeiter in Küche und Service verständlich formuliert.

Gala-Menü

Herbstliche Blattsalate
mit marinierten Forellenröllchen

❀ ❀ ❀

Tomatierte Kraftbrühe
mit Basilikumklößchen

❀ ❀ ❀

Gebratene Kalbsnierenscheiben
in leichter Senfsauce mit Wildreis

❀ ❀ ❀

Feines vom Perlhuhn
mit glasierten Karotten,
Bohnengemüse
gebackene Champignons
Schlosskartoffeln

❀ ❀ ❀

Himbeercharlotte
mit Biskuitmantel
auf Fruchtsaucen von Kiwi
und Apfel

Abb. 2 Himbeer-Charlotte

Verkauf

ARBEITEN IM VERKAUF

Anrichteweisen

- **Kalte Vorspeise**
  Herbstliche Blattsalate mit marinierten Forellenröllchen
  Anrichteweise:
  Kleines Bouquet aus Zupfsalaten seitlich auf einen Teller mit ⌀ 28 cm setzen, mit Dressing marinieren, auf freie Fläche aus grüner Sauce einen kleinen Spiegel gießen, das Forellenröllchen darauf legen und Radieschenstreifen kreisförmig auf den inneren Rand des Tellers streuen.

- **Suppe**
  Tomatierte Kraftbrühe mit Basilikumklößchen
  Anrichteweise:
  In Suppentasse oder kleinen Suppenteller Tomatenfleischwürfel, Staudenselleriescheiben und Topfenklößchen geben; mit heißer, klarer Tomatenkraftbrühe auffüllen.

- **Zwischengericht**
  Gebratene Kalbsnierenscheiben in leichter Senfsauce mit Wildreis
  Anrichteweise:
  Auf einen Teller mit ⌀ 26 cm in die Mitte Senfsauce geben, darauf je drei Scheiben Kalbsniere anrichten und den angeschwenkten Reis ringsum aufstreuen.

- **Hauptgericht**
  Feines vom Perlhuhn mit glasierten Karotten, Bohnengemüse gebackene Champignons Schlosskartoffeln
  Anrichteweise:
  Perlhuhnteile und Schlosskartoffeln auf Platten, die Gemüse in Porzellanschalen (Légumiers) und die Sauce in Saucieren anrichten.

- **Dessert**
  Himbeercharlotte mit Schokoladenmantel auf Fruchtsaucen von Kiwi und Apfel
  Anrichteweise:
  Auf den Teller mit mindestens ⌀ 28 cm Apfelsauce verteilen und darauf mit Kiwisauce Tupfen aufbringen. Die Creme aus dem Timbal stürzen und auf die Apfelsauce setzen. Seitlich abwechselnd Apfelspalten und Kiwischnitze auflegen. Die ganzen Himbeeren gezielt auf Teller verteilen. Die Creme halbseitig mit Schokoladensauce nappieren und kurz vor dem Servieren ein Hippenblatt daran stecken.

Abb. 1 Tomatierte Kraftbrühe mit Basilikumklößchen

Abb. 2 Gebratene Kalbsnierenscheiben mit Senfsauce

Aperitif:	Cocktails zur Wahl
2019	Bechtheimer Stein Weißer Burgunder, Kabinett Weingut Dreißigacker Bechtheim, Rheinhessen
2018	Heppinger Burggarten Spätburgunder, Spätlese trocken Weingut Weilerhof, Ahrweiler Ahr
2017	Crémant d'Alsace Blanc de noirs Weingut Dopff, Riquewihr Elsass
Kaffee	
Digestif:	Spirituosenauswahl vom Wagen

Warenanforderung und Rezepturen

Bei den vorausgegangenen Gesprächen wurde festgestellt, dass genaue Inventar-, Warenanforderungen und Rezepturen im Besonderen auch für die zu erstellende Kalkulation schriftlich ausgearbeitet werden müssen.

Dies gilt besonders auch im Bereich Service für die Herstellung der Cocktails zum Aperitif und die Bereitstellung der Gedeckutensilien sowie für Getränke. Diese müssen noch korrespondierend zum Menü bestimmt und gegebenenfalls besorgt werden.

Die Servicegruppe stellt anhand des festgelegten Menüs nebenstehendes Getränkeangebot zusammen.

Die Kosten für die Getränke werden auf Grund von Erfahrungswerten in den Menüpreis mit einbezogen. Auf Grund von Erfahrungswerten vergangener Veranstaltungen ist es möglich, die annähernd ausreichende Anzahl der verschiedenen Weine und anderer Getränke bereit- und, wenn nötig, kalt zu stellen bzw. richtig zu temperieren.

Checkliste für Logistik

Der Erfolg einer kulinarischen Sonderaktion beginnt mit einer wohlüberlegten Detailplanung. Nachdem der Termin, das Motto, das Gala-Menü, die Personenzahl, die Rezepturen und Warenanforderungen feststehen, wird ein zeitlicher Ablaufplan in Form einer Checkliste erstellt.

Abb. 1 Ein Event wird geplant

Die Checkliste ist für den Bereich **Service** und enthält Informationen darüber,
- **wer** verantwortlich ist,
- **was** an Tätigkeiten erledigt werden muss,
- **wann** die einzelnen Arbeiten durchgeführt und fertig gestellt sein müssen,
- **wer** im Servicebereich eindeckt, Getränke oder Speisen serviert,
- **wie** der Bankettservice ablaufen muss.

Die Gesamtorganisation erfordert rechtzeitiges Erstellen von genauen Dienst- und Einsatzplänen. Die nachfolgenden Checklisten beziehen sich auf den Aktionstag mit dem Gala-Menü.

Abb. 2 Checkliste mit zeitlicher Ablauf-Planung

Checklisten als Organisationshilfe für den Bereich Service

Waren/Magazin	
Warenbestand	Magazinverwalter 6 Wochen vorh.
W-bestellung	F&B-Abteilung 5 Wochen vorher
Liefertermine	F&B-Abteilung
W-annahme	Magazinverwaltung
W-kontrolle	Magazinverwaltung
W-verteilung	Magazinverwaltung
W-lagerung	Restaurantchef
Besonderheit	Weine entsprechend temperieren. Ausreichend Mundeis für Cocktails. Brot und Butter für Vorspeise

Allgemeines	
Aktion	Kulinarisch-musikalischer Herbst
Datum	zz-yy-xx
Personenzahl	100
Räumlichkeit	Festsaal im Schloss
Aperitif	Cocktails mit Fingerfood
Menü	Gala-Menü, 5-gängig
Büfett	
Stehempfang	
Kaffeetafel	
Tagung	
Digestif	Spirituosenwagen
Tische/Tafeln	10 runde Tische für je 10 Personen

Service		
3 Tage vorher		
x	Serviceleitung erstellt Materialanfoderung an Stewardingabteilung	
x	Tafelorientierungsplan	
x	Tischkärtchen	
x	Dienstpläne	

Verkauf

ARBEITEN IM VERKAUF

Stewarding		
2 Tage vorher		
Gläser		
x	120 Cocktailgläser bereitstellen	✓
x	120 Weißweingläser	✓
x	120 Rotweingläser	
x	120 Wassergläser	
x	120 Sektgläser	
x	120 Universal-Digestifgläser	
Bestecke (Silber)		
x	320 Mittelmesser	
x	320 Mittelgabeln	
x	220 Mittellöffel	
x	120 Tafelmesser	
x	120 Tafelgabeln	
x	60 Vorlegebestecke	
x	12 Saucenlöffel	
Anrichtegeschirr (inkl. Reserven)		
x	102 Platzteller Silber	
x	105 Teller für Vorspeise ⌀ 26	
x	105 Suppentassen 0,2 — mit Unterteller	
x	105 Mittelteller für Suppe	
x	105 Teller Zwischengericht ⌀ 26	
x	105 Teller Hauptgang ⌀ 26	
x	105 Teller für Desserts ⌀ 28	
x	105 Brotteller ⌀ 15	
x	35 Porzellanfässchen für Butter	
x	12 Saucieren	
x	10 Silberplatten für je 10 Personen	
x	22 Beilagenschalen	
Tischgeräte		
x	20 Kerzenleuchter und 60 Kerzen	
x	2 Rollen Dekorationsbänder	
x	12 Salz- u. Pfefferstreuer/-mühlen	
x	evtl. 10 Temperaturgaranten	
x	evtl. 10 Sektkühler	

Stewarding		
1 Tag vorher		
x	Gläser polieren und abdecken	
x	Bestecke polieren und abdecken	
x	Teller polieren (kühlen/wärmen)	
x	Platzteller polieren	
x	Servietten vorfalten für Küche	
x	Handservierer bereitlegen	
x	Teller kühlen (Vorspeise/Dessert)	
x	Menagen reinigen und auffüllen	

Housekeeping		
2 Tage vorher		
x	Bankettsaal reinigen	
x	10 Moltons für Bänketttafeln rund	
x	11 Tafeltücher für runde Tische	
x	Servietten für Dekoration Küche	
x	110 Mundservietten bereitlegen	
x	102 Spitzendeckchen für Platzteller	
x	Handservietten/Weinservietten	
x	Blumen mit Steckmaterial ordern	
x	Garderobenbereich überprüfen	
1 Tag vorher		
x	10 Blumengestecke herstellen	
x	6 Gestecke für Seitentische	
x	4 Bodenvasen für Festsaal	
x	Bankettsaal kontrollieren	
x	Beleuchtung überprüfen	

Getränkebüfett oder Weinkellner (Sommelier)		
1 Tag vorher		
x	Weine temperieren	
x	Spirituosenwagen richten	

4 Sonderveranstaltung

Service		
Aktionstag		
x	Tisch und Stühle stellen	
x	Tischwäsche bereitlegen	
x	Moltons aufziehen	
x	Mundservietten falten	
x	Tischtücher auflegen	
x	Dekorationsbänder drapieren	
x	Stühle ausrichten	
x	Platzteller auflegen	
x	Gedecke auflegen	
x	Gläser eindecken	
x	Blumenschmuck einstellen	
x	Kerzenleuchter platzieren	
x	Salzmenagen einstellen	
x	Mundservietten einstellen	
x	Menükarten einsetzen	
x	Tischkärtchen aufstellen	
x	Tafelorientierungsplan für Gäste	
x	Wärmerechauds einschalten	
x	Reservebestecke bereitlegen	
x	Reserveporzellan bereitstellen	
x	Reservegläser bereitstellen	
x	Teller warmstellen	
x	Vorleger ordnen und bereitlegen	
x	Endkontrolle der Festtafeln	
x	Endkontrolle Mise en place	
x	Einteilung der Servicebrigade	

Service		
Aktionstag		
x	Besprechung des Serviceablaufes	
x	Butterfässchen einstellen	
x	Kerzen anzünden	
x	Aperitif und Finger-Food anbieten	
x	Getränke servieren	
x	Vorspeisenservice mit Brot	
x	Suppenservice	
x	Nachservice von Weißwein	
x	Zwischengericht	
x	Rotweinservice	
x	Weißweingläser ausheben	
x	Gewärmte Hauptgangteller einsetzen	
x	Hauptgang vorlegen	
x	Supplément anbieten	
x	Hauptgang abräumen	
x	Salzstreuer ausheben	
x	Tisch reinigen	
x	Dessertbesteck seitlich ziehen	
x	Getränk zum Dessert servieren	
x	Parade vorbereiten	
x	Dessertservice	
x	Zucker und Sahne einstellen	
x	Pralinen einstellen	
x	Kaffeeservice	
x	Spirituosen anbieten	
x	Endarbeiten am Gästetisch	

4.4 Veranstaltungsanalyse

🇬🇧 record of success and review 🇫🇷 contrôle (m) et critique (w) des résultats (m)

Unmittelbar nach einer solchen Aktionswoche müssen in einem gemeinsamen Gespräch Erfolgskontrolle und Manöverkritik stattfinden. Der Erfolg ist durch den Vergleich der Umsatzzahlen mit den Kosten leicht messbar. Doch der Schein kann trügen. Beispielsweise, wenn auf Grund des sehr attraktiven Angebotes zusammen mit dem guten Ruf des Hotels alle Veranstaltungen ausgebucht waren, die Aktionen und Ausführungen jedoch nicht das hielten, was die Gäste erwarteten. In einer solchen Situation muss sofort reagiert und Schadensbegrenzung eingeleitet werden.

ARBEITEN IM VERKAUF

Abb. 1 Festliche Büfettplatte

Daher ist es besonders wichtig, die Probleme rasch zu erkennen. Das kann mit Manöverkritik bei einer Nachbetrachtung der Veranstaltungen erreicht werden. Erfolg oder Misserfolg lassen sich mit Fragen überprüfen wie z. B.:

- Waren alle Gäste zufrieden?
- Gab es Reklamationen?
- Was hat die Veranstaltung für die Mitarbeiter gebracht?
- War die Zusammenarbeit der einzelnen Abteilungen in Ordnung?
- Wurde die Teamfähigkeit durch die Aktion gefördert?
- Wurde die Identifizierung mit dem Betrieb gestärkt?
- War der Umgangston trotz Hektik und starker Belastung fair?
- Bedarf es einer Klärung oder Entschuldigung?
- Waren die vorausgegangenen Schulungen und Fortbildungen sinnvoll und richtig?
- Wo sind personelle oder materielle Engpässe entstanden oder Probleme aufgetreten?
- War die gesamte Planung richtig?
- Gibt es Verbesserungsmöglichkeiten bei den Arbeitsabläufen?
- Stimmte die Qualität der gelieferten Waren?
- Wurden die Liefertermine eingehalten?
- Welche Gerichte schafften Probleme?
- Wie war die Resonanz in der Presse?
- Welche hier nicht angesprochenen Probleme sind aufgetreten?
- Welche Verbesserungsvorschläge können gemacht werden?
- Würde jeder Mitarbeiter eine solche Aktion gerne wiederholen?

Nach dieser Manöverkritik müssen die positiven Aspekte belassen bzw. noch stärker in den betrieblichen Alltag übernommen und negative Erfahrungen baldmöglichst abgestellt werden.

4.5 Weitere Aktionen

🇬🇧 further promotional activities
🇫🇷 autres activités (w) promotionnelles gastronomiques

Die anderen Abende sind im Rittersaal des Schlosses vorgesehen. In diesem Saal finden 250 Personen Platz. Das Hotel Mozart übernimmt das komplette Catering. Wegen der hohen Personenzahl ist es sinnvoll, das Bankett außer Haus in Form von täglich wechselnden warm-kalten Büfetts als kulinarische Höhepunkte anzubieten. Es ist damit zu rechnen, dass nur ein kleiner Teil der Gäste mehrmals an den Büfetts teilnimmt.

Die Aktionen haben jeweils unterschiedliche Themen und Dekorationen zu Ehren der musizierenden Künstler. Sie kommen aus Hamburg, Rom und Wien. Zum Finale am letzten Abend spielt das Jugend-Symphonieorchester Europas.

Am Spätnachmittag des Finaltages findet im Foyer des Schlosses ein Sektempfang für 250 Personen statt. Hierfür werden 1.250 Canapés hergestellt und auf Platten angerichtet. Die Mitarbeiter des Hotel Mozart wollen den Gästen 10 verschiedene Sorten Canapés (siehe S. 391) präsentieren.

Das nebenstehende festliche, warm-kalte Büfett wird zu Ehren eines bekannten Geigenvirtuosen aus Hamburg gegeben.

Impressionen von der Waterkant

Frisch geräucherte Kieler Sprotten, Aale, Schillerlocken, Heilbutt, Pfeffermakrelen

Galantine vom Zander mit Krabben
Heilbuttmedaillons mit Wachteleiern
Hausgebeizter Lachs in Dill-Senf-Sauce
Erlesene Fischterrinen
mit Sauerampfersauce
Gefüllte Gurken mit Rauchlachssalat
Krabbencocktail mit Champignons
Tomaten mit Thunfisch gefüllt
Gefüllte Eier mit Sardellenschaum
Matjessalat mit Äpfeln und Zwiebeln
Rollmöpse in verschiedenen Marinaden

Hamburger Aalsuppe
Suppe von Miesmuscheln mit Safranfäden

Labskaus
Hamburger National
Hechtklößchen in Kerbelschaum
Gebratene Seeteufelmedaillons
Kräuter und Tomaten, Blattspinat
Champignonreis, Petersilienkartoffeln

Rote und gelbe Grütze
mit flüssigem Schmant
Weingelee mit Früchten
Rumcreme mit Rosinen
Früchtesavarin

Verschiedene Brotsorten und Butter

4.6 Blumendekorationen

🇬🇧 flower arrangements 🇫🇷 arrangements (m) de fleurs (w)

Neben der Qualität von Küche und Service tragen eine gepflegte Einrichtung und stilvolle Dekorationen zum Wohlbefinden unserer Gäste bei. Nicht nur beim Büfett- und Bankettservice vermitteln Blumenarrangements eine frische, unbeschwerte Atmosphäre, sondern auch auf dem Gästetisch im À-la-carte-Restaurant oder auf dem Frühstückstablett (s. S. 271).

Gestaltung von Blumengestecken

Die Gestecke werden in Größe und Form der Tafel angepasst. Ein rund oder kugelig arrangiertes Blumengesteck eignet sich für eine runde oder quadratische Tafel. Auf langen Tafeln werden mehrere Gestecke in länglicher Form dekorativ verteilt.

Arbeitsrichtlinien

- Die verwendeten Steckschalen müssen einwandfrei sauber sein.
- Den Steckschaum wässern, zuschneiden und in die Schale einfüllen.
- Den Steckschaum immer zwei Finger breit über den Gefäßrand ragen lassen.
- Die Stängel von Blättern und Blumen werden mit einem scharfen Messer schräg angeschnitten und mit dem Ende etwa 2 bis 4 cm tief in den Steckschaum gesteckt.
- Die einzelnen Blüten sollen in ihrer Höhe abgestuft angeordnet sein.
- Der Steckschaum sollte mit Blättern und Gräsern zugesteckt und unsichtbar werden.

Blumendekorationen im Bankettbereich

- Sie sollen dem Anlass entsprechen.
- Die Gäste dürfen durch die Größe und Höhe der Gestecke bei der Unterhaltung nicht gestört werden.
- Die Tische und Tafeln sollten nicht durch zu große Gestecke überladen wirken.
- Die Blumen sollten nicht zu stark duften und dürfen keinen Blütenstaub absondern.
- Es sollten nur frische Schnittblumen verwendet werden.
- Blumentöpfe mit Erde sind aus hygienischen Gründen auf Büfetts oder Bankett-Tafeln ungeeignet.

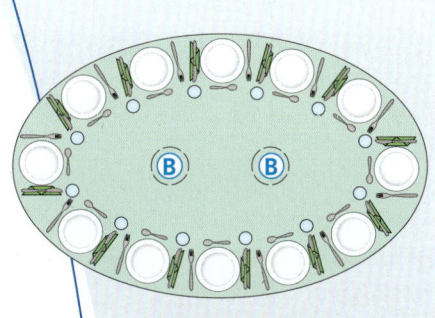
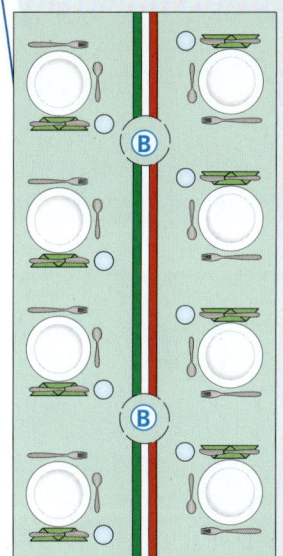

Platzierungsmöglichkeiten von Blumengestecken **B** bei Festtafeln

Asiatische Woche

Zubehör:
1 Teller, ⌀ 25 cm, farbig (z. B. rot), Steckschaum, Moos, Steine, 2 Bambustriebe, 5 grüne Amaranthus, 8 Wasserbinsen, 3 große Anturienblätter, 2 Ampfertriebe, 3 rote Gerbera, 2 Chinaschilfblätter, 2 Scabiosen-Fruchtstände, 1 weißer Fächer

Steckanleitung:

Verkauf

ARBEITEN IM VERKAUF

Taufe

Zubehör:
2 runde Schalen, Steckschaum, 6 m Band (1 cm breit) in Blau und Weiß, 4 Stiele Plymosus, 30 weiße Polyantha-Rosen, 50 blaue Vergißmeinnicht, 3 Buchsbaumspitzen

Steckanleitung:

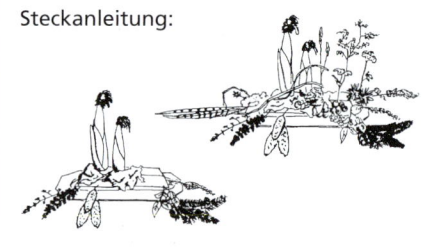

Jagdessen

Zubehör:
1 ovaler Teller (ca. 30 cm lang), Steckschaum, Waldmoos, Kiefer, Farne, Tanne, Gräser, 6 Blaubeeren und 6 Weißdornbeeren, 2 Stiele Sauerampfer, 3 Wildhortensien, 2 Maiskolben, 10 Scabiosen-Fruchtstände, 3 Sorbusblätter, 3 Bergenienblätter, 2 Fasanenfedern

Steckanleitung:

Italienische Woche

Zubehör:
1 weiße Kugelvase (Ø 10 cm), Steckschaum, ca. 10 Drähte (5 cm), 7 weiße Zwerg-Margeriten, 15 rote Zwergrosen, 4 Stiele Petersilie, 3 rote Bartnelken, Farfallenudeln, Stoffband

Steckanleitung:

5 Fremdsprachliche Fachbegriffe im Verkauf

🇬🇧 technical terms at the sales department
🇫🇷 termes (m) de metier au service des ventes

Fachbegriffe

ADR	**A**verage **d**aily **r**oom rate, Zimmer-Durchschnittspreis
Agreement	Vereinbarung
Buyer's market	Käufermarkt
B & B	**B**ed and **b**reakfast, Übernachtung mit Frühstück
Call rate	Besuchshäufigkeit pro Tag/pro Woche
Cold call	Unangemeldeter Verkäuferbesuch bei einem Kunden
Confirmation	Bestätigung
Contract	Vertrag
Convention	Große Tagung, Versammlung, Kongress
Convention centre	Kongresszentrum
COS	**C**ost **o**f **s**ale, Kosten, die eine Buchung verursacht bzw. Vertriebsgebühren wie GDS-System-Fee und Kommissionen
CTA	**C**lose **t**o **a**rrival, Gast kann an diesem Tag nicht anreisen; wer einen Tag vorher ankommt, kann auch am CTA-Tag wohnen bleiben
Destination	Zielort, Bestimmungsort, Standort eines Mitgliedsbetriebes einer Hotelkette
Expedient	Ratsames Hilfsmittel/Notbehelf
Factsheet	Informationsblatt
File	Akte, Ablage
Function	Veranstaltung, Cocktailempfang, Extraessen
Function chart	Veranstaltungsübersicht/Veranstaltungsprogramm
Function diary	Veranstaltungskalender z. B. eines Hotels

Fachbegriffe

Function room	Nebenraum für Veranstaltungen
GCB	**G**erman **C**onvention **B**ureau – Deutsches Kongressbüro
GIT	**G**roup **i**nclusive **t**our; Pauschalreisepreis inklusive Übernachtung und VP
HSMA	**H**ospitality **S**ales & **M**arketing **A**ssociation, Internationaler Fachverband der Verkaufs- und Marketing-Spezialisten der Hotellerie
IDS	**I**nternet **D**istribution **S**ystem
Incoming tour	Nachkommende Reisegruppe
Incentive	Anreiz, Leistungsprämie, Belohnungsreise
Lay over	Verlängerter Aufenthalt z. B. im Hotel wegen schlechten Wetters
Off-season tariff	Nebensaisontarif
Option to buy	Vorkaufsrecht, etwas zu festgelegten Bedingungen zu erwerben
Option to sell	Wahlfreiheit/Vorrecht etwas zu festgelegten Bedingungen zu verkaufen
Outgoing tour	Abreisende Reisegruppe
Package tour	Pauschalreise
PCO	**P**rofessional **c**ongress **o**rganizer, professioneller Kongressorganisator
Peak rate	Höchsttarif, Hauptsaisonpreis
POS	**P**oint **o**f **s**ale, Verkaufsort/-stelle, z. B. das Restaurant oder die Bar
Prices net hotel	Zahlung netto ohne jeden Abzug, Netto-Preise eines Hotels
RevPar	**Rev**enue **p**er **a**vailable **r**oom, Einnahmen pro verfügbarem Zimmer
RevPAC	**Rev**enue **p**er **a**ctual **c**ustomer, Umsatz pro Gast/Sleeper, nicht pro Zimmer

Verkauf

ARBEITEN IM VERKAUF

Fachbegriffe

Room and board	Unterkunft mit Verpflegung
Room sales	Zimmerumsatz, Logisumsatz
Sale	Verkauf, Ausverkauf, Räumungsverkauf
Sales	Absatz, Umsatz
Sales blitz	Kurzzeitige Verkaufsaktivität, z. B. für zwei Tage in einer anderen Stadt
Sales call	Verkaufsgespräch, Geschäftsbesuch
Sales campaign	Verkaufskampagne
Sales department	Verkaufsabteilung
Sales figures	Verkaufszahlen, Absatzzahlen
Sales forecast	Voraussage, Prognose der Verkaufsabteilung
Sales manager	Verkaufsleiter

Fachbegriffe

Sales meeting	Verkaufskonferenz, Besprechung der Verkaufsmitarbeiter
Sales promotion	Verkaufsförderung
Sales report	Verkaufsbericht
Sales talk	Verkaufsgespräch, Geschäftsbesuch
Sales target	Verkaufsziel
Seller's market	Verkäufermarkt
Stop over	Zwischenübernachtung auf einer längeren Reise
Tour leader	Reiseleiter
Tour operator	Reiseveranstalter
VAT	**V**alue **a**dded **t**ax, Mehrwertsteuer
Visitor's tax	Kurtaxe
Upgrade	Höherwertige Einstufung, Qualitätsverbesserung zu gleichem Preis
Wholesaler	Großhändler

Abb. 1 Rechtsvorschriften beachten

6 Rechtsvorschriften

🇬🇧 laws 🇫🇷 références (w) juridiques

Die Gesetze, die das Kapitel „Arbeiten im Verkauf" betreffen, sind auf der Buch-CD enthalten. Dazu zählen:

Preisangaben-Verordnung – PAngV, Stand: Juli 2010

(§ 7) Gaststättengewerbe, Beherbergungsbetriebe.
(1) In Gaststätten und ähnlichen Betrieben, in denen Speisen oder Getränke angeboten werden, sind die Preise in Preisverzeichnissen anzugeben. Die Preisverzeichnisse sind entweder auf Tischen aufzulegen oder jedem Gast vor Entgegennahme von Bestellungen und auf Verlangen bei Abrechnung vorzulegen oder gut lesbar anzubringen.
(2) Neben dem Eingang der Gaststätte ist ein Preisverzeichnis anzubringen, aus dem die Preise für die wesentlichen angebotenen Speisen und Getränke ersichtlich sind. Ist der Gaststättenbetrieb Teil eines Handelsbetriebes, so genügt das Anbringen des Preisverzeichnisses am Eingang des Gaststättenteils.
(3) Bei Beherbergungsbetrieben ist beim Eingang oder bei der Anmeldestelle des Betriebes an gut sichtbarer Stelle ein Verzeichnis anzubringen oder auszulegen, aus dem die Preise der im Wesentlichen angebotenen Zimmer und gegebenenfalls der Frühstückspreis ersichtlich sind.

Abb. 2 Preisangaben-VO beachten, Speisekarten vorlegen

(4) Kann in Gaststätten- oder Beherbergungsbetrieben eine Telekommunikationsanlage betrieben werden, so ist der bei Benutzung geforderte Preis je Minute oder je Benutzung in der Nähe der T.-Anlage anzugeben.
(5) Die in den Preisverzeichnissen aufgeführten Preise müssen das Bedienungsgeld und sonstige Zuschläge einschließen (= Brutto-Verkaufspreise, dazu gehört auch die Umsatzsteuer).

Gesetz gegen den unlauteren Wettbewerb – UWG,
Stand: März 2010

(§ 1) **Zweck des Gesetzes.** Dieses Gesetz dient dem Schutz der Mitbewerber, der Verbraucherinnen und Verbraucher sowie der sonstigen Marktteilnehmer vor unlauteren geschäftlichen Handlungen. …
(§ 3) **Verbot unlauterer geschäftlicher Handlungen.** Unlautere Wettbewerbshandlungen, die geeignet sind, den Wettbewerb zum Nachteil der Mitbewerber, der Verbraucher oder der sonstigen Marktteilnehmer nicht nur unerheblich zu beeinträchtigen, sind unzulässig. … Das bedeutet für den Hotelier: Er darf keine Maßnahmen ergreifen, die den Wettbewerb zum Nachteil seiner Konkurrenten und seiner Gäste deutlich einschränken. Da es nicht möglich ist, alle möglichen Verstöße aufzuzählen, zählt das Gesetz „unlautere Wettbewerbshandlungen" in relativ allgemeiner Form auf. Kommt es zum Streit, ob ein Verstoß gegen das Gesetz vorliegt, so können die Einigungsstelle der IHK oder das Gericht angerufen werden. Bei Verstößen gegen das UWG kann das Gericht Unterlassung, Beseitigung, Auskunft und Schadenersatz festsetzen.
Geld- und Freiheitsstrafen können ausgesprochen werden, wenn
- vorsätzlich irreführende Werbung betrieben wird,
- ein „Schneeball-System" in Gang gesetzt wird,
- der Verrat von Geschäfts- und Betriebsgeheimnissen erfolgt.

Gesetz gegen Wettbewerbsbeschränkungen – GWB (Kartellgesetz),
Stand: Dez. 2010

(§ 1) **Verbot wettbewerbsbeschränkender Vereinbarungen.** Vereinbarungen zwischen Unternehmen, Beschlüsse von Unternehmensvereinigungen und aufeinander abgestimmte Verhaltensweisen, die eine Verhinderung, Einschränkung oder Verfälschung des Wettbewerbs bezwecken oder bewirken, sind verboten.

Hoteliers bzw. Hotelverkäufer dürfen also untereinander keine Preisabsprachen treffen, z. B. für Zimmervermietung zur Hochsaisonzeit („Messeraten"), Tagungsraummieten usw.

Gesetz zur Einbeziehung Allgemeiner Geschäftsbedingungen in den Vertrag, Stand: Dez. 2010

(§ 305 a–c BGB) **Allgemeine Geschäftsbedingungen (AGB)** sind alle für eine Vielzahl von Verträgen vorformulierten Vertragsbedingungen, die eine Vertragspartei (Verwender) der anderen Vertragspartei bei Abschluss eines Vertrags stellt.

AGB werden nur dann Bestandteil eines Vertrags, wenn die andere Vertragspartei mit ihrer Geltung einverstanden ist.

Verkauf

ARBEITEN IM VERKAUF

Aufgaben

1. Nennen Sie zehn Beispiele für Aufgaben, die die Mitarbeiter der Verkaufsabteilung zu erledigen haben.
2. Welche Punkte/Fragen sind bei der Vorplanung von Verkaufsgesprächen zu klären?
3. Wie verhalten Sie sich als Hotel-Verkäufer, wenn Sie Ihrem Verhandlungspartner erstmalig begegnen?
4. Welche Fragenarten eignen sich zur Kundenabfrage?
5. Mit welchen Argumenten begegnen Sie eventuellen Einwänden Ihres Kunden?
6. Wie verhalten Sie sich, wenn ein Kunde Ihre Verkaufsabschluss-Frage: „Darf ich den Auftrag wie besprochen notieren?" verneinend beantwortet?
7. Wie verhalten Sie sich, wenn Ihr Kunde Ihnen den Auftrag erteilt?
8. Erklären Sie, wie die Empfängeranschrift auf vorgedrucktem Briefpapier im DIN-A4-Format geschrieben wird.
9. Nennen Sie zwei Besonderheiten, die beim Schreiben von Auslandsadressen zu beachten sind.
10. Auf wie viele Stellen (mit Punkt) sollen Monatsnamen beim Abkürzen geschrieben werden?
11. Nennen Sie die vier Arten von Einschreiben der Deutschen Post AG.
12. Erklären Sie die unterschiedlichen Bedeutungen der vier Arten von Einschreiben.
13. Welche zwei Schreibweisen gelten für das nummerische Schreiben des Datums?
14. Was sollten prüfen Sie, wenn Sie eine schriftliche Anfrage zu bearbeiten haben?
15. Geben Sie vier Beispiele für zielgruppenorientierte Angebote im Verkauf.
16. Erstellen Sie jeweils eine Karte für die anderen drei aufgeführten Büfetts nach dem Muster des warm-kalten Büfetts „Impressionen von der Waterkant".
17. Nennen Sie Getränke, die zu den verschiedenen Büfetts angeboten werden sollen.
18. Erstellen Sie für die Büfetts eine Checkliste nach vorgegebenem Muster.
19. Unterbreiten Sie Dekorationsvorschläge für die einzelnen Büfetts.
20. Warum ist das „Gesetz zur Einbeziehung Allgemeiner Geschäftsbedingungen in den Vertrag" für den Gastronomen sehr wichtig?

Abb. 1 Sheraton Carlton Hotel Nürnberg

Abb. 2 The Ritz, Paris

Abb. 3 Hôtel Plaza– Athénée, Paris

PROJEKT

Planen einer Sonderveranstaltung, Anbieten von Festmenüs

Der Verkaufsleiter überreicht Ihnen als Auszubildender/m Notizen (s. S. 676), die er anlässlich eines Verkaufsgesprächs für eine Hochzeitsfeier aufgeschrieben hat. Er beauftragt Sie, die Angaben zu den bereits getroffenen Vereinbarungen in den hausüblichen Veranstaltungsvordruck (s. S. 677) zu übertragen.

Außerdem sind drei Vorschläge für das Hochzeitsmenü und für die korrespondierenden Weine anzufertigen. Ein Begleitschreiben an den Veranstalter ist vorzubereiten.

Planen und Vorbereiten der Veranstaltung

1. Prüfen Sie, ob die entsprechenden Veranstaltungsräume korrekt reserviert wurden.
2. Lesen Sie alle Gesprächsnotizen zu dieser Veranstaltung genau durch.
3. Machen Sie sich mit dem Veranstaltungsvordruck (function sheet) vertraut.
4. Übertragen Sie alle bereits getroffenen Vereinbarungen in die entsprechenden Zeilen.

Anbieten von Speisefolgen und passenden Weinen

1. Beachten Sie die Vorgaben des Veranstalters sowie hausinterne Wünsche.
2. Berücksichtigen Sie Preisrahmen, Jahreszeit, Anlass und Gästekreis.
3. Stellen Sie drei verschiedene Festmenüs zusammen, die als Vorschläge an den Veranstalter versendet werden können.
4. Schreiben Sie links neben jeden der drei Menüvorschläge die jeweilige Weinfolge mit den Preisangaben.
5. Verfassen Sie dazu ein Begleitschreiben an den Veranstalter.

Kontrollieren des Angebots

1. Überprüfen Sie Ihre Ausarbeitungen auf fachliche Richtigkeit, Vollständigkeit und gute Darstellung.
2. Geben Sie Ihre Vorschläge und den Veranstaltungsvordruck zur Kontrolle dem Verkaufsleiter.

Der Veranstalter entscheidet sich für Ihren 2. Menü- und Getränkevorschlag. Im Auftrag der Bankettabteilung sollen nun komplette Mis-en-place-Listen (Tischwäsche, Bestecke, Gläser, Porzellan, …), sowohl zum Eindecken der Hochzeitstafel als auch für den Porzellan- und Geschirrbedarf zum Anrichten der Speisen, vorbereitet werden.

Fortsetzung auf S. 676

Projekt

Erstellen der Mise-en-place-Listen

1. Klären Sie mit dem Küchenchef, auf welchen Geschirrteilen die Menügänge angerichtet und serviert werden sollen.
2. Verfassen Sie die Mise-en-place-Liste für das Eindecken der Festtafel.
3. Verfassen Sie die Mise-en-place-Liste für das Anrichten und Servieren der Menügänge.

Verkaufsgesprächsnotizen für eine Sonderveranstaltung:

Für Samstag, den 16.03.20.., hat Herr Franz Müller, Hölderlinstraße 46, 70193 Stuttgart, ein Festessen anlässlich der Hochzeit seiner Tochter bestellt.

Geladen sind insgesamt 48 Gäste. Als Tafelform wurde eine U-Tafel im Kleinen Festsaal festgelegt. Ein Duo soll bis 3 Uhr morgens musizieren. Das Duo soll vom Hotel verpflichtet werden. Das Hochzeitsessen beginnt um 19:00 Uhr, eine halbe Stunde vorher soll ein Glas Kir Royal als Aperitif gereicht werden.

Das Menü soll aus vier Gängen bestehen und ist noch vorzuschlagen. Als Hauptgang wird ein Rindfleischgericht gewünscht. Der Menüpreis soll 35 Euro pro Person betragen.

Zum Essen ist für die Vorspeise ein Moselwein gewünscht, für den Hauptgang ist ein deutscher Rotwein, entweder aus Baden oder von der Ahr, vorzuschlagen. Zum Dessert soll ein lieblicher Schaumwein serviert werden. Nach dem Essen können Cognacs und Liköre angeboten werden.

Die Tische sollen weiß eingedeckt werden. Als Tischschmuck sind rote Rosen gewünscht. Die Blumendekoration soll 250 Euro nicht übersteigen. Unser Hochzeitsgeschirr ist einzusetzen.

Besondere Gästewünsche (z. B. Spirituosen und Tabakwaren) dürfen zu Lasten des Veranstalters erfüllt werden.

Das Musiker-Duo kann bis 35 Euro Speisen und Getränke à la carte verzehren, Berechnung à conto Veranstalter.

Für jeden Gast eine Menükarte (Hotelmenükarten, DIN A5) ohne Berechnung. Die Garderobe (ab 18:15 Uhr besetzt) wird ohne Berechnung aufbewahrt. Gegen 21:00 Uhr soll ein Videoband von der kirchlichen Trauung gezeigt werden. Die Technik dazu wird durch uns ohne Berechnung gestellt.

Für 22:00 Uhr soll ein Fotograf anwesend sein (Hochzeitsfoto!).

Der Gesamt-Rechnungsbetrag wird von Herrn Müller per Bank bezahlt.

Herr Müller wünscht möglichst bald unsere detaillierten Menü- und Weinvorschläge, mit Preisangaben.

Fortsetzung auf S. 677

Bankettvereinbarung

Veranstaltungsdatum: _____

Art der Veranstaltung: _____

Veranstalter: _____

Telefonisch erreichbar: _____

Hinweistafel: _____

angenommen von/am _____

Hotelname: _____

Beginn: _____

Ende: _____

Personenzahl: _____

Essen: _____

Raum: _____

Raummiete: _____

Getränkefolge

Zum Empfang: _____
_____

Zum Essen: _____
_____

Nach dem Essen: _____
_____

Bemerkungen: _____
_____

Speisefolge   Preis _____
_____
_____
_____
_____
_____
_____
_____

Dekoration: _____

Menükarten: _____

Tischwäsche: _____

Garderobe: _____

Bestuhlung/Tafelform: _____

Projektor/Video: _____

Mikrofon: _____

Tanzerlaubnis: _____

GEMA: _____

Musik: _____

Sperrstundenverkürzung: _____

Tischkarten: _____

Sitzordnung: _____

Rednerpult: _____

Reden: _____

Tabakwaren: _____

Fotograf: _____

Tanzfläche: _____

Sonstiges: _____
_____
_____

Ablaufbericht: _____
_____
_____
_____

Verteiler:

☐ Direktion ☐ Empfang ☐ Küche

☐ Service   ☐ Ablage   ☐ Etage

☐ Büfett   ☐ Lager   ☐ Hausmeister

Arbeiten im Marketingbereich

Abb. 1 Bei der Analyse der Rahmenbdeingungen

„Marketing ist die bewusst marktorientierte und somit marktgerechte Unternehmenspolitik bzw. Unternehmensphilosophie."
(G. Fuchs, HSMA)

1 Rahmenbedingungen

🇬🇧 framework and guidelines 🇫🇷 conditions (w) générales

Ein Unternehmer, der seine Unternehmenspolitik nach den Bedürfnissen des Marktes ausrichten möchte, muss sowohl
- den **„Allgemeinen Datenkranz"**, das sind die allgemeinen Rahmenbedingungen, als auch
- den **„Spezifischen Datenkranz"**, das sind die spezifischen Rahmenbedingungen des Standorts seines Unternehmens,

erfassen und analysieren. Die Ergebnisse fließen in seine neue Marketing-Konzeption ein. (Siehe auch Kapitel „Marketing im Gastgewerbe", ab Seite 512).

Der Allgemeine Datenkranz

Bei der Analyse des Allgemeinen Datenkranzes werden die gesellschaftlichen, politischen, rechtlichen, wirtschaftlichen, umweltpolitischen und technologischen Rahmenbedingungen eines Staates berücksichtigt.

Gesellschaftliche Rahmenbedingungen

Dazu zählen die Daten der Bevölkerungsentwicklung, der Altersstruktur („demographischer Wandel"), der Familienstruktur, des Freizeitverhaltens, des Urlaubsverhaltens, des Anspruchsdenkens, der Mobilität, der Ziele und Vorbilder einer Gesellschaft sowie die Daten zur Arbeitslosigkeit.

Abb. 2 Überwasserbungalows auf Bora-Bora, Tahiti

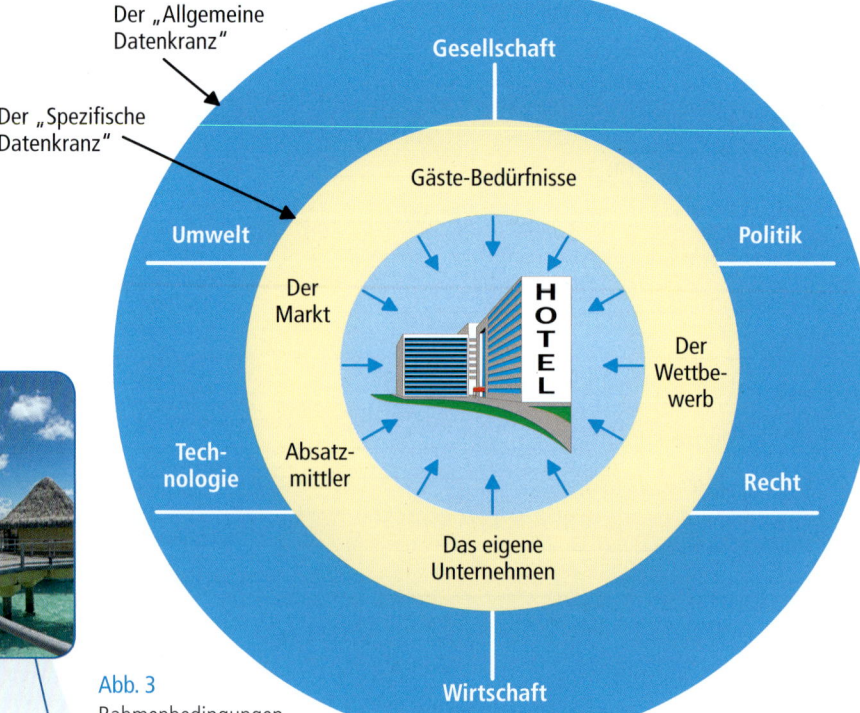

Abb. 3 Rahmenbedingungen

Politische Rahmenbedingungen

Das demokratisch gewählte Parlament und die Regierung formen über die Gesetzgebung die politischen und rechtlichen Rahmenbedingungen des Staates.

Rechtliche Rahmenbedingungen

Neue Gesetze oder Gesetzesänderungen können die Arbeitsweise, die Kostenentwicklung und somit die Preiskalkulation eines Betriebes beeinflussen.

Beispiele
- Arbeits-Gesetze,
- Sozial-Gesetze,
- Umwelt-Gesetze,
- Steuer-Gesetze,
- Gesetze des Bürgerlichen Gesetzbuchs.

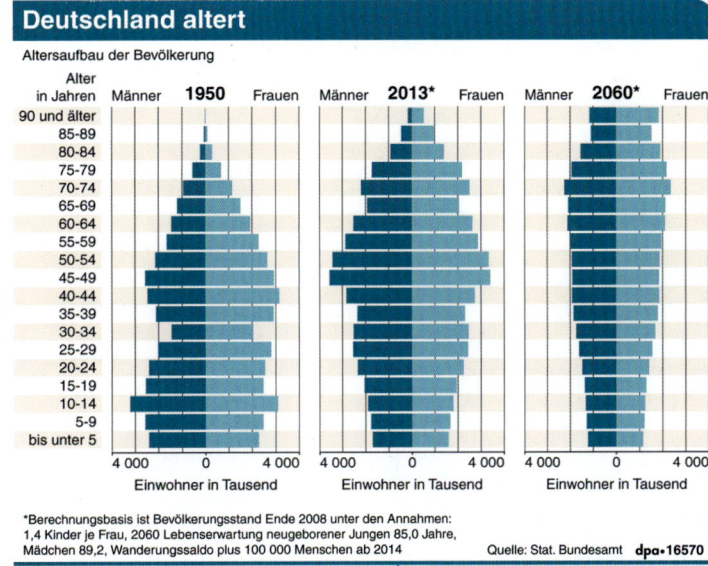

Abb. 1 Der demographische Wandel

Wirtschaftliche Rahmenbedingungen

Hierzu zählen die aktuellen und vorhergesagten Daten zu Wirtschaftswachstum, Inflation und Beschäftigung in der Region, im Lande, national und international. Außerdem sind Trends und das Konsum- und Ausgabeverhalten der angesprochenen Gästekreise zu analysieren.

Umweltpolitische Rahmenbedingungen

Neue Umweltschutz-Gesetze und zunehmendes Umweltbewusstsein der Gäste werden es auch weiterhin erforderlich machen, ein Unternehmen auch diesen Vorgaben und Gästewünschen anzupassen. Untersuchungen besagen, dass Umweltschutz eines der wichtigsten Themen unserer Gesellschaft ist und bleiben wird. Deshalb sind Umweltschutz-Aktivitäten von Hotel- und Gastronomie-Betrieben auch weiterhin ein „Marketing-Thema".

Technologische Rahmenbedingungen

Die rasante Entwicklung der elektronischen Medien eröffnet neue Kommunikationswege und -möglichkeiten. Reservierungsströme fließen verstärkt über die elektronischen Kanäle wie Fax, E-Mail und Internet.

Komplizierte technische Geräte hinter den Kulissen und gesetzliche Sicherheitsvorschriften machen es erforderlich, „Systembetreuer" einzustellen und/oder teure Wartungsverträge abzuschließen.

Der Spezifische Datenkranz

Bei der Analyse des Spezifischen Datenkranzes werden die Gästebedürfnisse, der Markt, der Wettbewerb, die Absatzmittler und das eigene Unternehmen untersucht.

Gästebedürfnisse

Durch gezielte Gästebefragung sowie Befragung der Mitarbeiter mit ständigem Gästekontakt (Empfang, Verkauf, Housekeeping, Service) kann die Marketing-Abteilung wertvolle Hinweise darüber erhalten, welche Gästewünsche in Zukunft zu erfüllen sind oder verstärkt berücksichtigt werden müssen.

Abb. 2 Technologische Rahmenbedingungen

Marketingbereich

ARBEITEN IM MARKETINGBEREICH

Liebe Gäste!
Um die Leistungsfähigkeit unseres Hotels ständig zu erhöhen, bitten wir Sie herzlich um Ihre persönliche Meinung. Sie ist uns wertvoll!
Bitte ankreuzen:
Qualität der Speisen: ☺ 😐 ☹
Freundlichkeit des Service: ☺ 😐 ☹
Atmosphäre und Sauberkeit: ☺ 😐 ☹
Anregungen und Wünsche: _____
b. w.

Abb. 1 Beispiel einer kleinen Gäste-Fragekarte

Beispiele für Gästeanregungen:
- Gästezimmer mit Internet- und Fax-Anschluss ausstatten,
- WLAN-Betrieb im Hotel ermöglichen,
- Internet-Anschlüsse im Konferenzbereich installieren
- Raucher-Zimmer bieten,
- Bio-Ecke auf dem Frühstücks-Büfett einrichten,
- Salatbüfett zum Mittag- und Abendessen offerieren,
- kleinere Portionen für Senioren anbieten,
- vegetarische Gerichte auf die Speisekarte setzen,
- glutenfreie Gerichte für Zöliakie-Betroffene anbieten
- Frauenparkplätze in der Hotelgarage reservieren.

Nicht alle Gäste beteiligen sich jedoch gerne an solchen persönlichen Befragungen. Manche haben dafür keine Zeit oder empfinden es als lästige Störung. Andere Gäste bevorzugen es, ihren Kommentar unerkannt und schriftlich, „zu Händen der Direktion", abzugeben. Daher sind die Aussagen der Gästefragebögen für Direktion und Marketing-Abteilung von besonderem Interesse.

Die Antworten auf Fragen zur Qualität von Küche und Service, zum Angebot im Restaurant, zur Ausstattung der Gästezimmer und die Bewertung des Preis-Leistungs-Verhältnisses sind sehr aufschlussreich.

Viele Hotels haben auf diese Art und Weise wertvolle Anregungen für Marketing-Maßnahmen erhalten und diese dann auch umgesetzt.

Der Markt

Untersuchungen der Situation auf dem Hotelmarkt in derselben Stadt oder Region geben Auskunft über:
- die durchschnittliche Aufenthaltsdauer,
- den durchschnittlichen Übernachtungspreis,
- die Entwicklung der Belegungszahlen,
- die Gästestruktur (Herkunft, Alter, Einzel-/ Gruppenreisende, Reise-Verkehrsmittel …),
- die vorhandene Betten-Kapazität,
- die geplanten Kapazitäts-Erweiterungen der Hotels oder neue Hotelprojekte,
- die Investitionsvorhaben der Mitbewerber,
- die eventuellen Nachfrage-Änderungen, z. B. hin zu preisgünstigeren Zimmern,
- die eventuellen Einsparungsmaßnahmen der Mitbewerber (wobei?, wie viel?).

Der Wettbewerb

Die Aktivitäten, das Angebot und das Preis-Leistungs-Verhältnis der wichtigsten Mitbewerber in der Stadt sollten laufend beobachtet werden (Marktbeobachtung).

Dabei sind Informationen aus „Zweiter Hand" mit Vorsicht zu bewerten. Am besten sollten erfahrene Mitarbeiter auch anderer Abteilungen beauftragt werden, sich selbst bei den Mitbewerbern umzusehen und die Erfahrungen anschließend auf einer speziellen Checkliste festzuhalten.

Wichtige Fragen sind:
- Worin unterscheidet sich der Mitbewerber-Betrieb (Ambiente, Angebot, Mitarbeiter, …)?
- Was ist dort besser und was ist schlechter als im eigenen Hause?
- Zu welchen Preisen bietet der Mitbewerber welche Qualität an?
- Wie sind die Mengen/Portionsgrößen?
- Welcher Service-Standard wird geboten?
- Wie freundlich sind die Mitarbeiter?
- Welche Gästekommentare gibt es?

Auch hierbei können wichtige Erkenntnisse zu Verbesserungen im eigenen Betrieb gewonnen werden.

Abb. 2 Im Wettbewerb

1 Rahmenbedingungen

Absatzmittler

Zu den Absatzmittlern zählen:
- **Reisebüros,** wie z. B. Carlson Wagonlit Travel
- **Incoming agencies** (Agenturen, die Reisegruppen aus dem Ausland betreuen und vermitteln),
- **Tagungs-Vermittlungsbüros,**
- **Seminarveranstalter,**
- **Reisestellen** großer Firmen und Konzerne,
- **Central-Reservation-Services – „CRS"** (Zentrale Reservierungs-Dienste),
- **Consortia,** das sind Zusammenschlüsse verschiedener Reisebüros zu Ketten, wie z. B.: DER-Deutsches Reisebüro, rtk, Thomas Cook, TUI-Touristik Union International.

Um ein neues Marketing-Konzept für einen Betrieb zu entwickeln, ist auch die Klärung z. B. folgender Fragen zu Absatzmittlern bedeutsam:
- Welchen Anteil am Gesamt-Reservierungsaufkommen des Betriebes haben die einzelnen Reservierungs-Quellen?
- Wie haben sich die Kontakte zu Absatzmittlern entwickelt?
- Über wen und welchen Weg könnte man zusätzliches Geschäft bekommen?
- Sollten verstärkt eigene Verkaufsleute eingesetzt werden?
- Empfiehlt sich eine Zusammenarbeit mit Verkaufs-Agenturen?
- Kommt eine Mitgliedschaft in einer Hotel-Kooperation in Frage, wenn ja, in welcher?

© Dirk Meissner

Das eigene Unternehmen

Die Untersuchung des eigenen Unternehmens enthält folgende Bereiche:
- **Analyse der Gäste-Struktur:**
  Alter, Geschlecht, Beruf, Herkunftsland, Marktsegment-Zugehörigkeit (Anteil der Individualgäste, Firmengäste, Tagungsgäste, Gruppenreisenden);

- **Analyse des Gäste-Konsumverhaltens:**
  Durchschnittliche Aufenthaltsdauer, durchschnittlicher Logis-Umsatz pro Zimmer und Übernachtung, durchschnittlicher Pro-Kopf-Umsatz in Restaurant, Bar, Bankett, Café …, Verkaufsanalyse, um Trends zu erkennen;

- **Analyse des Jahresumsatzes:**
  Die zwölf Monatsumsätze, Umsatzspitzen und Umsatzlöcher, Ursachen (Messezeiten, Feiertage, Großveranstaltungen), Umsatz-Anteile von Logis, Restaurant, Bar, Bankett, Sonstiges.

- **Analyse des Angebots:**
  Die verschiedenen Verkaufsstellen und das jeweilige Verkaufs-Angebot werden untersucht und ausgewertet.

- **Analyse der Stärken und Schwächen:**
  Siehe folgendes Kapitel.

Abb. 1 Bei der Analyse des eigenen Hotelbetriebs

2 Stärken-/Schwächenanalyse eines Unternehmens

analysis of weakness and strength of a company
analyse (w) de faiblesses (w) et forts (m) d'une entreprise

Das Angebot, der Service, das Ambiente, die Qualität und die Leistungen eines gastgewerblichen Betriebs sollten sowohl aus der Sicht des Gastes als auch aus der Sicht des Unternehmens regelmäßig untersucht und analysiert werden. Nur so kann man eventuelle Schwachstellen rechtzeitig erkennen und beseitigen. Ein weiteres Ziel sollte sein, die Stärken des Betriebes mehr zu betonen und sie auszubauen. Um die Meinungen der Gäste zu erfahren, eignen sich sowohl mündliche Befragungen als auch Gästefragebögen. Mit der Untersuchung aus betrieblicher Sicht sollte eine praxiserfahrene Führungskraft und/oder ein betriebsfremder Hotelfachmann als Tester beauftragt werden. Ein neutraler Tester ist frei von den Vorwürfen der Befangenheit, der falschen Rücksichtnahme oder der Betriebsblindheit.

Die zu untersuchenden Punkte und ihre Gewichtung sollten vorher festgelegt werden. Sie lassen sich in tabellarischer Form auflisten und als **Stärken-und-Schwächen-Profil** darstellen. Skalen-Einteilungen von 0 (= negativ) bis 6 (= positiv), oder von 0 bis 10 haben sich als vorteilhaft herausgestellt, da hier genügend bzw. genauer differenziert werden kann.

Manche Hotel-Tests erfolgen nach dem 100-Punkte-System (siehe Abbildung unten). Damit diese Untersuchung ein realistisches Bild ergeben kann, ist schonungslose Ehrlichkeit der Beteiligten eine Grundvoraussetzung. Ferner sollte das **Stärken-und-Schwächen-Profil** mit seiner Gewichtung auf die Gegebenheiten des eigenen Betriebs zugeschnitten sein. Unangepasste vorgefertigte Profile haben sich als problematisch erwiesen. Zu jedem Überbegriff in der Aufstellung unten könnten weitere Einzelheiten geprüft werden.

Hier einige Beispiele zu …

… „SERVICE, Empfang der Gäste":
- Wurden Sie am Restaurant-Eingang begrüßt und wurde nach Ihrer Reservierung gefragt?
- Wurden Sie zu Ihrem Tisch begleitet?
- War man Ihnen beim Platznehmen behilflich?
- Wurde die Kerze am Tisch unaufgefordert angezündet?
- Hat man Ihnen einen angenehmen Abend gewünscht?
- Wurden Sie von der Restaurantfachkraft freundlich begrüßt?
- Hat man Ihnen unaufgefordert Couvert-Brot und Butter serviert?

… „SERVICE, Kompetenz, Beratung":
- Wurden Ihnen einige Aperitifs angeboten?
- Hat man Ihnen die Speisekarte geöffnet überreicht?
- Wurde Ihnen die Weinkarte/Getränkekarte unaufgefordert mit an den Tisch gebracht?
- Konnten die Fragen nach Produkten kompetent beantwortet werden?
- Wurden Tagesspezialitäten empfohlen?
- Wurden zusätzlich Salate, Suppen oder Vorspeisen angeboten?
- Wurde die Bestellung wiederholt?
- Wurde auf eventuelle längere Wartezeiten hingewiesen?

Endauswertung eines anonymen Hoteltests

Punkte	Bereich	Punkte	Bereich
92	Reservierungshandling	78	Etagenservice
81	Check-in	91	Küchenleistung
93	Außenbereich	82	Housekeeping
94	Rezeption	60	Schwimmbad
59	Flure, Aufzüge, Treppen	100	Message-Transfer
80	Gästezimmer	100	Schuhputzservice
60	Bad	87	Bar
91	Restaurant	71	Bankettabteilung
82	„Schlossschänke"	100	Check-out
56	Frühstück	100	Lost & Found
		93	**Gesamteindruck***

100–81 = sehr gut, 80–61 = gut, 60–41 = befriedigend, 40–21 = mangelhaft, 20–00 = ungenügend

* **Gesamteindruck** ist **nicht** das arithmetische Mittel; die Check-Bereiche sind unterschiedlich gewichtet.

Quelle: „Top hotel"

2 Stärken-/Schwächenanalyse eines Unternehmens

Wenn die Stärken-und-Schwächen-Ermittlung abgeschlossen ist und alle Ergebnisse auf dem Formular eingetragen sind, verbindet man die in der Werteskala von 0 bis 6 (oder 0 bis 10) gesetzten Kreuze mit Linien. Somit erhält man graphisch dargestellt das **Stärken-Schwächen-Profil** des momentanen Qualitäts-Zustands des Betriebes (s. u.). Vorhandene Defizite sind leicht erkennbar. Addiert man die maximal möglichen Punkte aller Prüfkriterien unter Berücksichtigung der unterschiedlichen Gewichtungen, so erhält man die 100-%-Punktezahl.

Dieser wird die Summe der tatsächlich erreichten Punkte gegenübergestellt. Durch Dreisatz-Berechnung erhält man den momentan gültigen **Qualitäts-Prozentwert** des eigenen Betriebes.

Marktstellung im Vergleich

Um die eigene Position im regionalen Markt feststellen zu können, muss der Unternehmer seine gewonnenen Daten mit möglichst vielen Daten aus den Betrieben seiner engsten Mitbewerber vergleichen. So können die eigenen Wettbewerbsvorteile erkannt werden und die Schwächen der Mitbewerber auf dem Markt genutzt werden.

Eine weitere Informationsquelle sind jährliche **Hotelbetriebsvergleiche**, die vom „Deutschen Wirtschaftswissenschaftlichen Institut für Fremdenverkehr an der Universität München DWIF" und vom DEHOGA veröffentlicht werden. Der Steuerberater des Betriebes hat Zugang zu den Werten, die von „DATEV" bearbeitet werden. Sie stellen die betriebswirtschaftliche Situation eines durchschnittlichen Betriebes dar. Durch einen Vergleich mit den eigenen Zahlenwerten kann der Hotelier weitere Orientierungshilfen erhalten.

Anhaltspunkte für Vergleiche mit Konkurrenz-Betrieben sind:
- Grundkonzeption des Betriebs (Ausstattung, Stilrichtung, Angebotsprofil, Kategorie),
- Gästekreise, Gästestruktur,
- gastronomisches Konzept,
- Qualitätsstandards,
- Preisniveau (Restaurant, Bankett, Zimmer),
- Preis-Leistungs-Verhältnis,
- Standort-Vorteile und -Nachteile,
- Raumangebot (Größe, Anzahl, Ausstattung),
- Verhältnis Gästezahl zu Mitarbeiterzahl,
- Ausbildungsstand der Mitarbeiter,
- Verhältnis der Zahl der Ausbilder zur Zahl der Auszubildenden,
- Einzigartigkeiten im Verkauf („Unique Selling Propositions – USPs"),
- Marketing-Konzept,
- Werbe- und PR-Maßnahmen,
- Verkaufsförderungs-Aktivitäten,
- Image in der Öffentlichkeit,
- Betriebsöffnungs- und -ruhetage,
- Auslastungsgrad (Restauration, Zimmer),
- geschätzte Kostensituation,
- geschätzter Jahresumsatz.

Auszug eines Stärken-/Schwächen-Profils eines Hotel-Restaurants			
Beurteilungskriterien	Negativ	0 1 2 3 4 5 6	Positiv
Ausstattung, Ambiente			
① Sitzkomfort, Bequemlichkeit	unbequem		sehr bequem
② Tischhöhe	unangenehm		ideal
③ Möblierung	minderwertig		hochwertig
④ Beleuchtung	schlecht		sehr gut
⑤ Farben, -Zusammenspiel	unpassend		passend
⑥ Raumklima	unangenehm		bestens
⑦ Geruchsklima	schlecht		sehr gut
⑧ Porzellan	mangelhaft		hochwertig
⑨ Bestecke	fleckig		blitz-blank
⑩ Gläser	fleckig		sehr sauber
⑪ Mundservietten	mangelhaft		hochwertig
⑫ Tischwäsche	minderwertig		hochwertig
⑬ Tischdekoration	uninteressant		phantasievoll
⑭ Eingedeckter Tisch	schlampig		akkurat
⑮ Raumdekoration	langweilig		originell
Qualität im Service			
⑯ Freundlichkeit	unfreundlich		sehr freundlich
⑰ Aufmerksamkeit	unaufmerksam		sehr aufmerksam
⑱ Fachkompetenz	inkompetent		sehr kompetent
⑲ Verkaufsgeschick	ungeschult		bestens geschult

> Markt-Veränderungen sollten möglichst frühzeitig erkannt werden, um mit geeigneten Marketing-Maßnahmen flexibel reagieren zu können.

Marketingbereich

ARBEITEN IM MARKETINGBEREICH

Kriterien eines Hotel-Restaurant-Tests

Küche
- 90 Standort-/Zielgruppentypik
- 69 Originalität/Kreativität
- 90 Saisonalität
- 81 Frische
- 71 Optik
- 90 Flexibilität
- 61 Raffinements: Amuse bouche, Brotsorten, Petits fours

Service
- 100 Reservierung/Empfang/Verabschiedung
- 69 Kompetenz: Tagesempfehlung, Beratung, Produktauskünfte
- 81 Handling: Einsetzen, Eindecken, Ausheben etc.
- 80 Gepflegtheit der Mitarbeiter (Kleidung, Frisur etc.)
- 100 Reklamationen/Sonderwünsche/Aufmerksamkeit
- 90 Raffinements: Liebenswürdigkeit, Herzlichkeit, Natürlichkeit

Ambiente
- 90 Sauberkeit
- 90 Bequemlichkeit, Funktionalität der Einrichtung
- 61 Belüftung
- 61 Sanitäre Anlagen
- 100 Standort-Typik
- 90 Raffinements: guter (eigener) Geschmack, Unverwechselbarkeit, Lichtregie, Farbklima

Wein
- 61 Umfang des Angebots
- 60 Standort-/Zielgruppentypik
- 71 Weinpflege (Temperatur, Lagerung)
- 61 Weinservice (Offerte, Öffnen, Dekantieren etc.)
- 61 Menügerechte Weinberatung
- 90 Weingerechte Gläser
- 90 Preis-/Leistungsverhältnis
- 81 Raffinements: besondere Apéritifs, Digestifs, außergewöhnliche Alternativen

79 (Ergebnis gerundet) Gesamteindruck

100–81 = sehr gut, 80–61 = gut, 60–41 = befriedigend, 40–21 = mangelhaft, 20–00 = ungenügend
(Zahlenangaben in Prozent)

Quelle: „Top hotel"

3 Marketing-Strategie

🇬🇧 marketing strategy 🇫🇷 stratégie (w) de marketing (m)

Unter Strategie versteht man einen Entwurf und die Durchführung eines Gesamtkonzepts, nach dem der Hotelier (in der Auseinandersetzung mit anderen) ein bestimmtes Ziel zu erreichen sucht. Die oberste Stufe eines ganzheitlichen Marketing-Konzepts ist die Ebene der Unternehmens-Ziele. Beim Entwickeln einer Marketing-Strategie geht man von den übergeordneten **Unternehmens-Zielen** aus, wie sie im Unternehmens-Leitbild (s. S. 516) definiert sind. Die davon abgeleiteten **Marketing-Ziele** beschreiben als „Unternehmens-Philosophie", was das Unternehmen erreichen will. Die zweite Stufe ist die Ebene der Marketing-Strategie. Hier wird festgelegt, wie, das heißt auf welchem zukünftigen Weg, die gesetzten Ziele erreicht werden sollen. Die dritte Stufe ist die Ebene der Marketing-Maßnahmen.

1. Ebene "Wo wollen wir hin?"

2. Ebene "Wie kommen wir dahin?"

3. Ebene "Was müssen wir dafür einsetzen?"

Abb. 1 Das ganzheitliche Marketing-Konzept

Sieben-Schritte-Strategie

Eine mögliche Marketing-Strategie setzt sich aus **sieben** Einzel-Schritten zusammen:

Schritt 1
Eine tragende Marketing-Idee wird formuliert.
Sie betrifft einen bestimmten Angebots- bzw. Leistungsbereich eines Hotelbetriebes.

Schritt 2
Die Zielgruppe wird definiert.
Welcher Gästekreis soll bei diesem Marketing-Ziel angesprochen bzw. erreicht werden?

Schritt 3
Die Markt-Positionierung wird bestimmt.
Welche Wahrnehmung des Hotelbetriebes durch die Gäste wird angestrebt? Wie sollen die Gäste den Hotelbetrieb im Vergleich zu Mitbewerber-Betrieben sehen?

Schritt 4
Die wirtschaftlichen Ziele werden festgelegt.
Die Fragen sind: **Wie viel** soll bis **wann** und von **wem** erreicht werden?

Schritt 5
Die Verkaufswege werden ausgewählt und in ihrer Bedeutung gewichtet.
Welche Zielgruppen/Gäste sollen über welche Verkaufswege mit welchem Mitteleinsatz erreicht werden?

Schritt 6
Die Schwerpunkte des Marketing-Mix werden bestimmt.
Welches der Marketing-Instrumente soll im Marketing-Mix dominieren und die Hauptrolle spielen? Mit welchen flankierenden Instrumenten sollen die gewählten Verkaufswege beschritten werden, damit die angesprochene Gästezielgruppe zur Kaufentscheidung kommt?

Schritt 7
Die Konsequenzen für die Marketing-Infrastruktur werden durchdacht.
Welche Konsequenzen hat die Strategie in Bezug auf:
- das Marketing-Informationssystem des Hotels,
- die Führung der Abteilung,
- die Organisation der Abläufe,
- die fachlichen Fähigkeiten der Mitarbeiter und
- auf die finanziellen Möglichkeiten?

> Marketing-Ziele müssen hinsichtlich des Inhalts machbar, überprüfbar und messbar sein.
>
> Die Einbeziehung der Unternehmens-Ziele ist Voraussetzung und Grundlage für die Marketing-Ziele, aus denen die Marketing-Strategie entwickelt wird.

Marketingbereich

ARBEITEN IM MARKETINGBEREICH

Qualitätsorientierte Marketing-Praxis in Hotellerie und Gastronomie

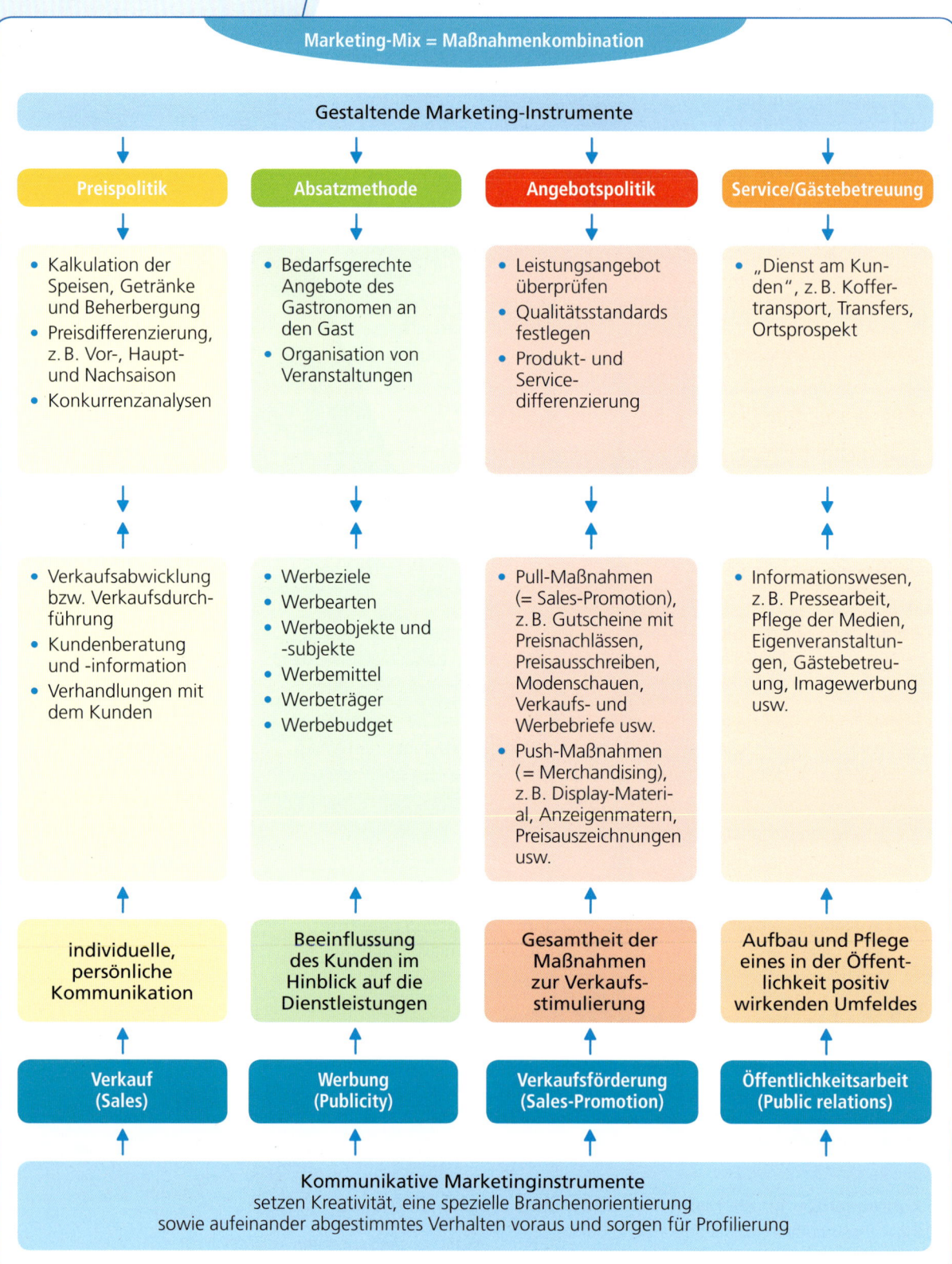

Quelle: E. Schaetzing

4 Marketing-Maßnahmen

🇬🇧 marketing measures 🇫🇷 mesures (w) de marketing (m)

Die dritte Stufe eines ganzheitlichen Marketing-Konzeptes beschreibt den Einsatz und das Zusammenspiel der in Frage kommenden **Marketing-Maßnahmen** (siehe Grafik auf Seite 686).

Im Marketing-Plan werden die Marketing-Maßnahmen beschrieben, die zur Umsetzung der Marketing-Strategie beschlossen wurden. Festgelegt wird außerdem, welche **Maßnahmen-Kombination** – wie gebündelt – als **Marketing-Mix** angewendet werden soll, um als bestes „Beförderungsmittel" zu dienen. Der Marketing-Mix besteht aus:

- **gestaltenden Marketing-Instrumenten**, mit Preispolitik, Absatzmethode, Angebotspolitik und Service/Gästebetreuung, sowie aus den
- **kommunikativen Marketing-Instrumenten**, dies sind Verkauf, Werbung, Verkaufsförderung und Öffentlichkeitsarbeit. (Siehe auch Kapitel „Kommunikation mit dem Markt – Kommunikationsinstrumente", Seite 524).

Die Abbildung S. 686 zeigt das Zusammenspiel der gestaltenden und der kommunikativen Marketing-Instrumente.

Die richtige Auswahl und optimale Zusammenstellung der Instrumente für den Marketing-Mix, erfordert vom Marketing-Leiter:

- sehr gute Berufs- und Branchenkenntnisse,
- ein hohes Maß an Einfühlungsvermögen in Gästewünsche und Gästebedürfnisse und
- genaue Kenntnisse des Markts, der Trends, der Vertriebswege und der Aktivitäten der Mitbewerber.

● Die Berücksichtigung der Gästewünsche ist die Voraussetzung für das Gelingen von Marketing-Maßnahmen.

Beispiele zu Marketing-Maßnahmen

Erstes Beispiel

Bei diesem Beispiel geht es um eine Steigerung des Logis-Umsatzes und um eine bessere Auslastung der neuen Wellness-Badelandschaft eines Hotels. Zum Einsatz kommen verschiedene „Kommunikative Marketing-Instrumente" (s. Abbildung S. 686).

Problemstellung

Mit erheblichem Mittelaufwand hat ein Vier-Sterne-Ferienhotel in eine neue Wellness-Badelandschaft investiert. Nach einem Jahr wird festgestellt, dass die geplanten Umsatz-Steigerungen weder im Logis-, noch im Wellness-Bereich erreicht werden konnten.

Die Marketing-Abteilung wird beauftragt, mit einem neuen Maßnahmenpaket dazu beizutragen, dass die Logis-Erlöse und die Umsätze in der Bade-Abteilung im kommenden Geschäftsjahr um 5 % steigen. Dabei sollen verschiedene „Kommunikative Marketing-Instrumente" (Verkauf, Werbung, Verkaufsförderung und Öffentlichkeitsarbeit) verstärkt mit einbezogen werden.

Unternehmens-Ziele beachten

Die Aussagen des Unternehmens-Leitbildes und der Unternehmens-Identität werden in Erinnerung gerufen und berücksichtigt.

Abb. 1 Im Thermal-Bad des Hotels

Marketingbereich

ARBEITEN IM MARKETINGBEREICH

Marketing-Strategie entwickeln nach der **Sieben-Schritte-Strategie** (s. S. 685)

Schritt 1
Eine tragende Marketing-Idee wird formuliert
Die Mitarbeiter der Marketing-Abteilung überlegen sich, wie die tragende Marketing-Idee lauten könnte, mit der das Marketing-Ziel erreicht werden soll. Man einigt sich auf den Slogan:

> *Wellness-Weekend wirkt Wunder!*

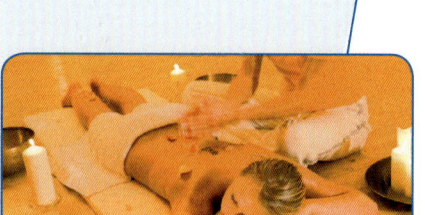

Abb. 1 Wellness-Weekend wirkt Wunder!

Schritt 2
Die Zielgruppe wird definiert
Als Gäste sollen Familien mit Kindern zum Wochenende gewonnen werden. Angesprochen werden soll/en
- die Altersgruppe der 35- bis 45-Jährigen mit mittlerer Kaufkraft und
- Badegäste unter der regionalen Bevölkerung sowie
- Urlauber im Landkreis.

Um die Zielgruppen besser zu erreichen, wird beschlossen, dem Slogan eine zweite Zeile hinzuzufügen:

> *Wellness-Weekend wirkt Wunder!*
> Das Verwöhn-Wochenende für die ganze Familie

Schritt 3
Die Markt-Positionierung wird bestimmt
- Man möchte von der definierten Zielgruppe als jung, kinderfreundlich, unverkrampft, unkompliziert und lustig wahrgenommen werden.
- Im Vergleich zu Mitbewerber-Betrieben, die hauptsächlich 60- bis 70-jährige Gäste verwöhnen, will man sich vom „Senioren-Image" lösen.

Abb. 2 Die Markt-Positionierung wird bestimmt

Das richtige Formulieren von wirtschaftlichen Zielen
Die Vorgaben lauten:
Bis wann (Zeitpunkt/Zeitraum nennen) soll **was** (Umsatzsparte/ Abteilungsbereich/ Zustand/ Kostenbereich festlegen) um **wie viel** (EUR/ Zahl/ Menge/ Prozentsatz angeben) gesteigert oder gesenkt (Kosten) werden? Und **wer** (i.A. Abteilungsleiter/in) ist dafür verantwortlich?

Der Hoteldirektor setzt die Ziele und kontrolliert danach, ob sie erreicht wurden.

Schritt 4
Die wirtschaftlichen Ziele werden bestimmt
Bei einem durchschnittlichen Zimmerpreis von € xxx,xx sollen im ersten halben Jahr zusätzlich yyyy Übernachtungen erreicht werden. In der zweiten Jahreshälfte sollen bei gleichem durchschnittlichem Zimmerpreis zusätzlich zzzz Übernachtungen im Vergleich zum Vorjahr gezählt werden können. Das entspricht der angestrebten Steigerung von 5 % bei den Logis-Erlösen. Verantwortlich hierfür ist der Empfangschef.

Die Verkaufserlöse bei den Kiosk-Artikeln in der Badeabteilung sollen um 10 % im Vergleich zum jeweiligen Vorjahres-Monatsergebnis gesteigert werden. Die Einnahmen durch den Verkauf von Eintrittskarten an Passanten sollen um 4 % steigen. Das würde zusammen das angestrebte Umsatz-Plus von 5 % ergeben. Verantwortlich hierfür ist der Bademeister.

Schritt 5
Die Verkaufswege werden ausgewählt und gewichtet
Der **direkte** Verkaufsweg wurde beschlossen, da er am erfolgversprechendsten erscheint und keine Provisionszahlungen mit sich bringt.

Das heißt, die Alterszielgruppe von Gästen, die bereits bei Verkaufsschulungen, Firmenveranstaltungen und Seminaren im Hause wohnten, soll angeschrieben und angelockt werden. Darüber hinaus sollen alle Mitglieder des IHK-Junioren-Verbandes im eigenen und im benachbarten Regierungsbezirk angeschrieben werden. Für den direkten Verkaufsweg stehen x % des Marketing-Budgets zur Verfügung.

Als **indirekter** Verkaufsweg sollen bestehende Geschäftskontakte zu Reisebüros in der Entfernung von maximal zwei Auto-Stunden genutzt werden. Hierfür stehen y % des Marketing-Budgets zur Verfügung.

Schritt 6
Die Schwerpunkte des Marketing-Mix werden bestimmt
Als dominierendes Marketing-Instrument soll die **Angebotspolitik** (attraktive Wochenendpauschalen) im Vordergrund stehen. Über **Werbung** (Werbebriefe, Flyer und Plakataushang im Ort) sollen die Buchungen und Besuche aus dem Ort stimuliert werden. Mit Hilfe von **Public-Relations**-Maßnahmen soll das positive Erscheinungsbild des Hotels in der Öffentlichkeit gepflegt und erweitert werden. Geplant sind Good-Will-Aktionen bei Pensionen und Vermietern in der Region.

Schritt 7
Die Konsequenzen für die Marketing-Infrastruktur werden durchdacht
- Das Angebot mit allen Leistungen beschreiben und kalkulieren.
- Zielgruppen-Adressen aus der Hotel-Gästedatei herausfiltern und bei den benachbarten IHKs erfragen.
- Adressen der in Frage kommenden Reisebüros sammeln.
- Werbebriefe zielgruppengerecht verfassen und versenden.
- PR-Maßnahmen entscheiden und organisieren.
- Hinterfragen, ob alle geplanten Maßnahmen mit den gegebenen, technischen und finanziellen Mitteln umsetzbar sind.
- Muss nachgebessert werden – und wenn ja, in welchen Bereichen?

Die Vorhaben werden durchdacht, die Wünsche formuliert und der Direktion vorgetragen.

Zweites Beispiel

Nicht für jede Marketing-Maßnahme werden vorher langwierige Strategien entwickelt. Bei diesem Beispiel geht es im Wesentlichen darum, festgestellte Schwächen im Bereich des Service und der Gästebetreuung, beides „Gestaltende Marketing-Instrumente" (siehe Abbildung Seite 686), zu beseitigen. Ferner sollen Qualitätsverbesserungen für die Gäste erzielt werden.

Schwachstellen erkennen und analysieren
Die Auswertung des Stärken-Schwächen-Profils des Restaurants (siehe Auszug auf Seite 683) zeigt bei unserem Beispiel zwei Bereiche an, die als sehr schwach mit jeweils nur einem Punkt eingestuft wurden:
- die Tischhöhe und
- die Freundlichkeit im Service.

Bei fünf weiteren Beurteilungskriterien gibt es die schwache Bewertung von jeweils nur zwei Punkten. Dies ist der Fall bei:
- den Farben und Farbkombinationen,
- der Sauberkeit der Gläser,
- der Aufmerksamkeit im Service,
- der Fachkompetenz im Service und
- dem Verkaufsgeschick im Service.

Die zwei Verkaufswege:
- **Direkter Verkaufsweg**
  Zwischen Hotel und Gast steht kein Makler oder Vermittler. Provisionen fallen somit nicht an (z. B. bucht ein Gast direkt in einem Hotel).
- **Indirekter Verkaufsweg**
  Ein Makler oder Vermittler ist Vertragspartner – sowohl des Hotels, als auch des Gastes – und er kassiert Provision für die Vermittlung (z. B. reserviert ein Reisebüro Zimmer für Gäste in einem Hotel).

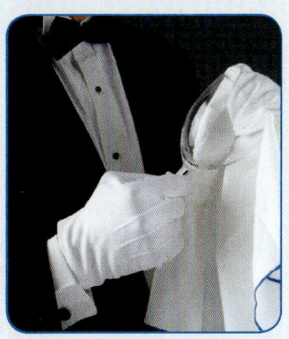

Marketingbereich

ARBEITEN IM MARKETINGBEREICH

Die Analyse der Beurteilungsergebnisse macht deutlich: Einerseits gibt es gravierende Schwächen im Verhalten der Service-Mitarbeiter und in der Servicequalität. Andererseits betreffen die Mängel die Ausstattung und die Sauberkeit.

Dienstleistungsqualität braucht engagierte Mitarbeiter. Engagement kommt von innen. Man muss sich einbringen.

Im Unternehmensleitbild des Betriebes stehen unter anderem folgende Sätze:
- „Alle Bemühungen müssen auf Dienst am Gast und auf Qualität für den Gast hinauslaufen, und zwar so, wie diese von Gästen wahrgenommen und geschätzt werden. …
- … Unsere Mitarbeiter sind wohlgelaunt, liebenswürdig und aufmerksam. Unser Restaurant wird sauber und korrekt geführt."

Unternehmens-Ziele beachten

Strategie entwickeln
Der Geschäftsführer des Restaurants überlegt sich nun, **wie** und auf **welchem Weg** er weiter verfahren soll.

Führungskräfte befragen
Bevor er sich entscheidet, hört er in verschiedenen Gesprächen die Meinungen der hauptsächlich betroffenen Führungskräfte. Dies sind bei diesem Beispiel der Serviceleiter, der Chief-Steward, die Hausdame und der Hausmeister.

Der Geschäftsführer bespricht sich als erstes mit dem Serviceleiter „unter vier Augen". Die Bemerkungen des Serviceleiters bestärken den Geschäftsführer in seinem Vorhaben, als Sofort-Maßnahme die Service-Mitarbeiter gemeinsam auf die verschiedenen Qualitätsprobleme im Service anzusprechen.

Mit dem Chief-Steward bespricht er die Sauberkeit der Gläser. Die Ursache scheint eine fehlerhafte Einstellung der Dosieranlage für den Klarspüler zu sein. Dieser Mangel hätte sowohl im Stewarding- als auch im Service-Bereich auffallen müssen.

In einem weiteren Gespräch, das er mit dem Serviceleiter, der Hausdame und dem Hausmeister im Restaurant führt, werden die Probleme mit den Farben, dem Farbzusammenspiel und der unangenehmen Tischhöhe besprochen. Vorschläge für eine neue Farbgestaltung und zur Lösung des Tischproblems werden diskutiert.

Maßnahmen beschließen und umsetzen
Der Geschäftsführer beschließt folgende Maßnahmen zur Qualitäts-Verbesserung:
- Alle Service-Mitarbeiter werden für den nächsten Tag zu einer Besprechung eingeladen.
  Dabei wird das Bewertungsergebnis bekanntgegeben. Sofort-Maßnahmen werden besprochen und eingeleitet.
- Ein geeigneter Personal-Trainer wird für verschiedene Schulungen zum Thema „Qualität im Service" verpflichtet.
- Der Chief-Steward wird beauftragt, schnellstmöglich die Klarspül-Dosierung der Gläserspülmaschine vom Kundendienst überprüfen zu lassen. Alle Gläser sind vor der Verwendung vom Service zu kontrollieren und bei Bedarf zu polieren.
- Der Hausmeister wird beauftragt, seinen Vorschlag zur Lösung des Tisch-Problems umzusetzen und sich mit dem Serviceleiter abzusprechen. Ein Termin wird festgelegt.
- Die Hausdame wird beauftragt, Angebote mit Mustern für farblich passende Gardinen einzuholen. Ein Termin wird festgelegt.

Abb. 1 Direktor bespricht sich mit dem Serviceleiter

Abb. 2 Personal-Trainerin im Einsatz

5 Yield Management

🇬🇧 yield management 🇫🇷 management (m) des revenus (m)

Yield Management, auch Revenue Management genannt, ist ein marktorientiertes Mittel der Preisdifferenzierung (engl.: to yield = als Ertrag ergeben, als Ernte erbringen). Mit Hilfe einer nachfrageorientierten und flexiblen Preispolitik will man erreichen, dass für eine gegebene Kapazität – z. B. eine bestimmte Anzahl von freien Hotelzimmern oder Plätzen im Flugzeug – der maximale Ertrag erzielt wird. Kein Hotelzimmer darf zu einem niedrigeren Preis vermietet werden, als es die Nachfragesituation vorgibt. Eventuelle Leerkosten, die das Unternehmensergebnis belasten würden, sollen vermieden werden.

Yield Management erfolgt in vier Schritten:

- **Die Gesamtnachfrage wird ermittelt**
  Vergangene Geschäftsjahre, Messen, vorhersehbare Großveranstaltungen und andere Einflüsse werden erfasst, die Zimmerbelegung/Frequenz/Auslastung wird geschätzt.

- **Eine Prognose wird erstellt**
  Die Auswertung der Gästenachfrage ist auch Grundlage der Budgetierung aus vorhergesagter Gästenachfrage und den zu erwartenden Kosten. Ein kalkulierter Basispreis wird festgelegt. Die Kenntnis der Selbstkosten, variablen Kosten, fixen Kosten und der Deckungsbeiträge der Kostenträger ist hierfür erforderlich. Bereits im Voraus lassen sich Zeiträume festlegen, in denen eine sehr starke oder auch eine schwache Auslastung zu erwarten ist. Diese Zeiträume werden kategorisiert und auf einem Kalender in der Reservierungsabteilung farblich deutlich gemacht.

- **Die Durchführung und Anwendung**
  Bei fortschreitender Belegung können „grün gezeichnete Kalendertage auch auf Orange oder Rot umspringen" oder umgekehrt, wenn Stornierungen eintrafen.

Der Erfolg wird mit Hilfe von **Kennziffern** gemessen:

Beispiel: Yield Index-Berechnung

Vorgaben:
Anzahl der verfügbaren Zimmer: 297
(= ohne „Out-of-Order"-Zimmer)
Preiskategorie I: € 160,00
Preiskategorie II: € 200,00
Kategorie „Rack Rate": € 240,00

Logisumsatz = Anzahl der belegten Zimmer × erzielter Preis pro Zimmer
z. B.: 60 × € 160 + 80 × € 200 + 40 × € 240 = **€ 35.200**

Zimmerdurchschnittspreis = Logisumsatz : Anzahl der belegten Zimmer
z. B.: € 35.200 : 180 = **€ 195,56**

Belegung in % (= Auslastung, Frequenz) = belegte Zimmer : Anzahl der belegbaren Zimmer × 100
z. B.: 180 : 297 × 100 = **60,61 %**

Yield Index = erreichter Logisumsatz : verfügbare Zimmer
z. B.: € 35.200 : 297 = **€ 118,52 Yield Index**

Abb. 1 Mehr Ertrag durch Preisdifferenzierung

Z. B. bedeuten:
- **rote** Kalendertage: die Nachfrage übersteigt das Angebot, das Hotel ist schon überbucht. Daraus folgt, es ist keine Preisdifferenzierung nach unten möglich;
- **orange** Kalendertage: es herrscht eine rege Nachfrage, das Hotel ist fast ausgebucht. Daraus folgt: Preisnachlässe sind nicht mehr möglich;
- **grüne** Kalendertage: die Nachfrage ist gering, noch viele Zimmer sind frei. Daraus folgt: Preisnachlässe sind erlaubt.

Kennziffern:
- Anzahl der belegten Zimmer
- durchschnittlich erzielter Zimmererlös
- Erlös einzelner Zimmer
- Yield Index
- Anzahl abgewiesener Buchungen

Diese Kennziffern sind wichtige Informationen für die nächsten Budgetierungen.

6 Budgetierung

🇬🇧 budgeting 🇫🇷 établissement (m) du budget (m)

Im Budget werden die Aufwendungen und Erlöse festgelegt, die in einer bestimmten Zeitspanne, wie z. B. einem Monat, Quartal, Halbjahr oder Jahr geplant sind.

Das Budget ist einerseits eine wichtige Zielvorgabe für alle Hotel-Abteilungen, andererseits ein Kontrollinstrument für die Hotelleitung. Es dient als finanzielle Orientierungsgrundlage und Vorgabe für die einzelnen Hotelabteilungen, wie z. B. auch für die Marketing-Abteilung.

Wenn ein Budget erstellt wird, werden verschiedene Zahlenwerte und Informationen herangezogen und mit einbezogen:
- die Vorjahres-Ergebnisse und -Erfahrungen,
- die Geschäftsentwicklung und Erfolgsaussichten des laufenden Jahres und
- die zukünftigen Einfluss-Faktoren und Markt-Veränderungen.

Mit der Erstellung eines Budgets werden bestimmte Entwicklungen prognostiziert, das heißt vorausgesagt.

Dazu zählen:

- **die Prognose der Wirtschaftlichkeit:** Das Budget lässt erkennen, ob mit den geplanten Zahlen ein Gewinn zu erwirtschaften ist. Durch laufenden Vergleich mit den Ist-Werten lassen sich Kursabweichungen frühzeitig feststellen. Gegenmaßnahmen können rechtzeitig eingeleitet werden.

- **die Prognose des Umsatzes:** Die geplanten Umsätze der einzelnen Abteilungen und des gesamten Hotelbetriebes können laufend mit den tatsächlich erzielten Umsätzen verglichen werden.

- **die Prognose der Personalkosten:** Die Planung der künftigen Personalkosten ist an die Personal-Bedarfsplanung gekoppelt, die wiederum von dem erwarteten Auslastungsgrad abhängig ist. Gehaltserhöhungen und vorgesehene Gehälter für neue Stellen werden berücksichtigt.

- **die Prognose der Wareneinsatzquote:** Damit die geplante Wareneinsatzquote eingehalten wird, sind die Mengen und Preise der für Speisen und Getränke eingesetzten Waren zu begrenzen und laufend zu kontrollieren. (Siehe Kapitel „Warenwirtschaft", Seite 588).

- **die Prognose der sonstigen Kosten:** Auch für die sonstigen Kosten, wie z. B. für Verwaltung, Marketing, Investitionen, werden die Kostenrahmen vorgegeben und auf die einzelnen Kostenstellen verteilt.

Letztendlich dienen diese Prognosen als Grundlage dafür, das voraussichtliche Betriebsergebnis im Prognose-Zeitraum zu ermitteln.

> Unter Budget versteht man den Haushaltsplan oder Etat eines Unternehmens. Er wird durch die Budgetierung aufgestellt.

Abb. 1 Haushaltsplan eines Hotelbetriebs

Abb. 2 Auswertung der Vorjahreszahlen

Abb. 3 Umsätze steigern, Kosten senken!

7 Hotelklassifizierung

🇬🇧 hotel classification 🇫🇷 classification (w) des hôtels (m)

Im Jahr 1996 wurde eine für Deutschland gültige Hotelklassifizierung eingeführt, um Gästen eine Vergleichsmöglichkeit bei der Vielzahl von Hotels auf dem Markt zu bieten. Hoteliers nutzten die Möglichkeit, Ihr Haus auf dem Markt zu positionieren und bekannter zu machen.

Der „Deutsche Hotel- und Gaststättenverband DEHOGA" organisierte die entsprechende Zuordnung der Hotels, zu fünf Kategorien, nach einem bestimmten Kriterienkatalog. Wegen der unterschiedlichen Standards und Serviceleistungen der Hotels entschied man sich für eine Einteilung von einem Stern bis zu fünf Sternen.

Später wurde in jeder Kategorie der Zusatz **„S"** (für **„Superior"**) ermöglicht, um noch klarer differenzieren zu können. Nach mehreren Aktualisierungen werden heute ca. 270 Kriterien/Merkmale in folgenden Bereichen überprüft:

- Gebäude/Raumangebot
- Einrichtung/Ausstattung
- Service
- Freizeit
- Angebotsgestaltung
- Hauseigener Tagungsbereich

Abb. 1 Hotel-Türschild für die Kategorie 3-Sterne-Superior

Abb. 2 Hotel-Türschild für die Kategorie 5-Sterne-Superior

Die Teilnahme an der Klassifizierung ist freiwillig, jedoch kostenpflichtig. Seit Einführung haben in Deutschland über 8.300 Hoteliers ihre Häuser klassifizieren lassen (Stand 10/2012). Europaweit sind es rund 22.000. Die Klassifizierung der Hotels ist drei Jahre gültig und kann nach weiterer Überprüfung erneut vergeben werden. Für Teilnehmer und Gäste gilt das Prinzip:

Je mehr Sterne, desto mehr Merkmale müssen vorhanden sein.

Hinweis:

Von Sternen spricht man auch im Zusammenhang mit **Restaurants** und ihren **Küchen**. Die maximal drei Sterne werden dann nicht vom DEHOGA, sondern von Gourmet-Führern, wie z. B. dem „Guide Michelin", verliehen. Die Vergabe unterliegt anderen Kriterien und Kategorien. Sie ist mit den Hotelklassifizierungen nicht vergleichbar.

Abb. 3 Sterne-Kennzeichnung im Guide Michelin

In den meisten anderen europäischen Ländern ist die Hotel-Klassifizierung unterschiedlich auf nationaler Ebene geregelt. Dort sind es Hotel- bzw. Tourismus-Verbände, Ministerien oder Behörden, die die Betriebe überprüfen und entscheiden, welcher Sternekategorie ein Hotel zugeordnet wird. Um möglichst einheitliche, vergleichbare Kriterien und Standards bei der Hotel-Klassifizierung einzuführen, haben einige europäische Landesverbände die „Hotelstars Union" gegründet.

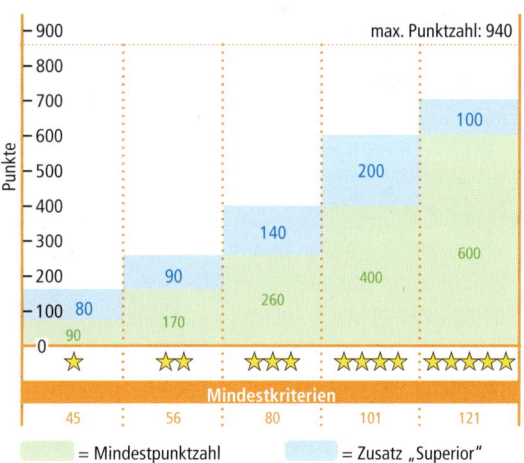

Stand Januar 2010

Marketingbereich

ARBEITEN IM MARKETINGBEREICH

Seit 2010 gilt in Deutschland das einheitliche Hotelklassifizierungs-System der „HOTELSTARS UNION", an das sich 16 weitere europäische Staaten angeschlossen haben. Die Teilnehmerländer sind: Belgien, Dänemark, Deutschland, Estland, Griechenland, Lettland, Litauen, Luxemburrg, Liechtenstein, Malta, Niederlande, Österreich, Schweden, Schweiz, Slowenien, Tschechien und Ungarn. Die Teilnahme weiterer Mitgliedsstaaten Europas an dieser Vermarktungs-Kooperation bleibt abzuwarten.

HOTELSTARS ***** der HOTELSTARS UNION

Kriterien (es gelten eventuell Übergangsregelungen in bestimmten Ländern)

Ein Stern *
- Alle Zimmer mit Dusche/WC oder Bad/WC
- Tägliche Zimmerreinigung
- Alle Zimmer mit Farb-TV samt Fernbedienung
- Tisch und Stuhl
- Seife und Waschlotion
- Empfangsdienst
- Telefax am Empfang
- Dem Hotelgast zugängliches Telefon
- Erweitertes Frühstücksangebot
- Getränkeangebot im Betrieb
- Depotmöglichkeit

Zwei Sterne **
- Frühstücksbüfett
- Leselicht am Bett
- Schaumbad oder Duschgel
- Badetücher
- Wäschefächer
- Angebot von Hygieneartikeln (Zahnbürste, Zahncreme, Einmal-Rasierer etc.)
- Kartenzahlung möglich

Drei Sterne ***
- 14 Stunden besetzte separate Rezeption, 24 Stunden erreichbar, zweisprachige Mitarbeiter (deutsch/englisch)
- Sitzgruppe am Empfang, Gepäckservice
- Getränkeangebot auf dem Zimmer
- Telefon auf dem Zimmer
- Internetzugang auf dem Zimmer oder im öffentlichen Bereich
- Heizmöglichkeit im Bad, Haartrockner, Papiergesichtstücher
- Ankleidespiegel, Kofferablage
- Nähzeug, Schuhputzutensilien, Waschen und Bügeln der Gästewäsche
- Zusatzkissen und –decke auf Wunsch
- Systematischer Umgang mit Gästebeschwerden

Vier Sterne ****
- 18 Stunden besetzte separate Rezeption, 24 Stunden erreichbar
- Lobby mit Sitzgelegenheiten und Getränkeservice, Hotelbar
- Frühstücksbüfett oder Frühstückskarte mit Roomservice
- Minibar oder 24 Stunden Getränke im Roomservice
- Sessel/Couch mit Beistelltisch
- Bademantel/Hausschuhe auf Wunsch
- Kosmetikartikel (z. B. Duschhaube, Nagelfeile, Wattestäbchen), Kosmetikspiegel, großzügige Ablagefläche im Bad
- Internetzugang und Internet-Terminal
- À-la-carte-Restaurant

Fünf Sterne *****
- 24 Stunden besetzte Rezeption, mehrsprachige Mitarbeiter
- Doorman- oder Wagenmeister-Service
- Concierge, Hotelpagen
- Empfangshalle mit Sitzgelegenheiten und Getränkeservice
- Personalisierte Begrüßung mit frischen Blumen oder Präsent auf dem Zimmer
- Minibar und 24 Stunden Speisen und Getränke im Roomservice
- Körperpflegemittel in Einzelflacons
- Internet-PC auf dem Zimmer
- Safe im Zimmer
- Bügelservice (innerhalb einer Stunde), Schuhputzservice
- Abendlicher Turndown-Service
- Mystery Guesting

(Stand 06.2013)

8 Fremdsprachliche Fachbegriffe aus dem Marketing-Bereich

🇬🇧 technical terms at the marketing department
🇫🇷 termes (m) de métier (m) du marketing (m)

Fachbegriffe

Advertisement	Anzeige, Annonce, Werbung, Reklame
Advertising	Werbung
Agency	Agentur, Mittlerbüro, Vertretung
Amex/Amexco	Abkürzung für American Express
Attention	Die Aufmerksamkeit, die man im Rahmen eines Verkaufsgespräches laut AIDA-Formel beim Gast erwecken soll
Campaign	Verkaufsaktion
Chart	Schaubild, Diagramm
Commission	Provision, Mittlergebühr
Credo	Charakterisierung einer unternehmerischen Überzeugung
Desire	Der Wunsch des Besitzes, Nutzens oder Vorteils, der beim Gast laut AIDA-Formel erzeugt werden soll
Desk research	Schreibtischforschung durch Auswertung von Unterlagen
Field sales manager	Außendienstleiter
Field research	Feldforschung, durch Beobachtung oder Befragung der Gäste
Field work	Felduntersuchung
Flyer	Werbe-Handzettel
Forecast	Prognose, Voraussage, Vorausberechnung
Function sheet	Bankett-Vereinbarung, Informationsformular für/mit dem geplanten Veranstaltungsablauf
HSMA	Hospitality Sales and Marketing Association. Fachverband der Marketingspezialisten der deutschen Hotellerie
Image	Vorstellung oder Bild, z. B. eines Betriebes in Augen der Öffentlichkeit

Fachbegriffe

Incentive	Anreiz, Prämie, Belohnung, Bonus
In-house-promotion	Verkaufsfördernde Präsentation von Speisen und Getränken im Hotel
Interest	Interesse, das beim Gast im Rahmen von Verkaufsgesprächen/Werbemaßnahmen (AIDA-Formel) geweckt werden soll
Logo	Firmenzeichen, Firmen-Schriftzug
Marketing research	Absatzforschung
Memo/memorandum	Kurzmitteilung
Minutes	Gesprächsprotokoll mit Einzelheiten
Mission statement	Unternehmensleitbild
Objective	Ziel, Zielsetzung, Zielvorgabe
Publicity	Werbung, Reklame
Public relations	Öffentlichkeitsarbeit
Promotional budget	Werbeetat
Rate	Preis für ein Zimmer, eine Leistung
Repeat business	Wiederholungsgeschäft
Segment	Teilstück/Anteil am Markt
Slogan	Werbespruch
Target market	Zielmarkt, Zielgruppe
Travel agent	Reisebüro-Kaufmann, Reisebüro-Angestellte/r
Trend	Marktentwicklung/-tendenz
Unique selling proposition USP	Einmaliges, einzigartiges Verkaufsangebot
Value Added Tax VAT	Mehrwertsteuer
Vision	Vorstellung oder Bild eines zukünftigen Zustands
Yield management	Gewinnoptimierende Unternehmensführung

Marketingbereich

ARBEITEN IM MARKETINGBEREICH

9 Rechtsvorschriften

🇬🇧 laws 🇫🇷 références (w) juridiques

Dazu zählen:
- das Gesetz zur Regelung des Rechts der Allgemeinen Geschäftsbedingungen – AGB und
- das Gesetz gegen den unlauteren Wettbewerb – UWG

Die Rechtsvorschriften, die dieses Kapitel betreffen, sind identisch mit den bereits im letzten Kapitel „Arbeiten im Verkauf" genannten Gesetzen und Verordnungen.

„Hinweis zu Allgemeine Geschäftsbedingungen – AGB: AGBs für den Hotelaufnahmevertrag („AGBH"), für Veranstaltungen („AGBV") und Parkgaragen („AGBP") Der Hotelverband Deutschland (IHA) hat für die Hotellerie Allgemeine Geschäftsbedingungen für den Hotelaufnahmevertrag, für Veranstaltungen und Parkgaragen erarbeitet, die vom Bundeskartellamt genehmigt und von der Wettbewerbszentrale als „gesetzeskonform" gelobt wurden. Die AGBs stehen allen IHA-Mitgliedern kostenfrei im Extranet zum Download zur Verfügung. Nichtmitglieder können die AGBs kostenpflichtig bei der IHA-Service GmbH bestellen." (…).
(Quelle: www.hotellerie.de)

Abb. 1
Logo des Hotelverband Deutschland (IHA) e.V.

Aufgaben

1. Nennen Sie sechs Bereiche, die zum „Allgemeinen Datenkranz" zählen und die Rahmenbedingungen für Arbeiten im Marketing bilden.
2. Geben Sie vier Beispiele dafür, mit welchen Maßnahmen ein Hotelier auf sich ändernde Gästebedürfnisse reagieren könnte.
3. Welche mittelfristigen Änderungen/Trends sind im Reservierungs-Geschäft mit Absatzmittlern (GDS, CRS) zu erwarten?
4. Nennen Sie die fünf Bereiche, die bei der Analyse Ihres Hotelbetriebs untersucht werden.
5. Welche Ziele hat die Stärken-/Schwächen-Analyse eines Unternehmens und aus welchen Blickwinkeln sollte sie erfolgen?
6. Wie entsteht ein Stärken-/Schwächen-Profil und welche Vorteile hat es?
7. Wie heißen die drei Stufen eines ganzheitlichen Marketing-Konzeptes?
8. Was versteht man unter einer Marketing-Strategie und woraus wird sie entwickelt?
9. Aus welchen sieben Einzelschritten wird eine Marketing-Strategie entwickelt?
10. Welche vier „Gestaltenden Marketing-Instrumente" können im Rahmen des Marketing-Mix gebündelt werden?
11. Welche vier „Kommunikativen Marketing-Instrumente" können im Marketing-Mix angewendet werden?
12. Was versteht man unter einem Budget und was unter Budgetierung?
13. Wozu dient ein Budget der Hotelleitung und wozu dient es den verschiedenen Abteilungen?
14. Worauf basiert die Budgetierung?
15. Nennen Sie fünf verschiedene Bereiche, die im Rahmen eines Budgets prognostiziert werden.
16. Erklären Sie den Unterschied zwischen „Desk research" und „Field research".
17. Was ist der Unterschied zwischen einem „Sales report" und einem „Forecast"?
18. Wodurch unterscheiden sich die Bereiche „Publicity" und „Public relations"?
19. Geben Sie ein Beispiel für den „USP" eines Hotelbetriebes.
20. Was bedeutet die Frage eines Gastes: „Is the VAT included?"

PROJEKT

Planen einer verkaufsfördernden Maßnahme und Entwickeln einer Marketing-Strategie

Die Direktion des Hotels Arberblick hat den Leiter der Marketingabteilung beauftragt, anlässlich des 25-jährigen Betriebsjubiläums u. a. ein spezielles Stammgäste-Wochenende zu planen. Über diese Maßnahme soll öffentlichkeitswirksam in den Medien berichtet werden. Die Auszubildenden der Abteilung sollen mithelfen, die entsprechende Marketing-Strategie zu entwerfen.

Standortbeschreibung

Entwickeln Sie stichpunktartig eine Standortbeschreibung zu Ihrem 4-Sterne-Hotel (Lage, Größe, Ausstattung, Gästekreis).

Tragende Marketing-Idee

Mit welchem Slogan wollen Sie die Zielgruppe ansprechen und zum Kommen einladen?

Zielgruppe

Nennen Sie den Gästekreis, den Sie erreichen wollen (Altersgruppe, Einzugsgebiet).

Marktpositionierung

1. Formulieren Sie, wie die Zielgruppe das Hotel Arberblick wahrnehmen soll.
2. Wie soll die Zielgruppe das Hotel im Vergleich zu Mitbewerber-Betrieben sehen?

Wirtschaftliche Ziele

Welche quantitativen Ziele und welche qualitativen Ziele sollen gesteckt werden?

Verkaufswege

1. Über welche Verkaufswege (direkte/indirekte) soll die Zielgruppe/der Gästekreis erreicht werden?
2. Welcher Mitteleinsatz ist hierfür geplant?

Marketing-Mix

1. Welches Marketing-Instrument soll im Marketing-Mix die Hauptrolle spielen?
2. Mit welchen anderen Instrumenten sollen die gewählten Verkaufswege beschritten werden?

Konsequenzen für die Marketing-Infrastruktur

Welche Auswirkungen hat Ihre Marketing-Strategie auf die Organisationsstruktur des Hotels? Sind Änderungen/Anpassungen erforderlich?

Bericht für den Marketing-Manager

Bringen Sie Ihre Marketing-Strategie in schriftliche Form, als Vorschlag für den Marketing-Manager.

Führungsaufgaben im Wirtschaftsdienst

Der „Wirtschaftsdienst", das heißt die Hausdamen-Abteilung, hat eine zentrale Bedeutung für das Wohlbefinden der Gäste und für den Betriebserfolg.

Wichtige Bereiche/Schwerpunkte im Rahmen der Führungsaufgaben einer Hausdame sind:
- **Planung des Mitarbeitereinsatzes,**
- **innerbetriebliche Kommunikation** und
- **Maßnahmen der Mitarbeiterführung** (s. S. 704).

Abb. 1 Hausdame plant den Mitarbeiter-Einsatz

1 Planung des Mitarbeiter-Einsatzes

🇬🇧 planning of staff employment 🇫🇷 planification (w) du travail des employés (m)

Notwendigkeit der Ablauforganisation

Das Betriebsgeschehen ist im Gastgewerbe einerseits darauf ausgerichtet, den Gast mit guten Leistungen zufriedenzustellen, und andererseits darauf, für das Unternehmen den größtmöglichen wirtschaftlichen Erfolg zu erzielen.

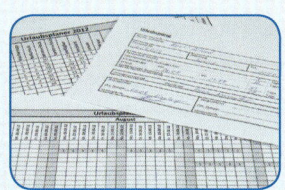

Abb. 2 Urlaubsplanung

1.1 Organisationsmittel

🇬🇧 organization aid 🇫🇷 moyens (w) d'organisation (w)

Zu diesem Zweck ist es unerlässlich, die Abläufe so gut wie möglich zu organisieren und zu planen. Die Ergebnisse solcher Vorbereitung und Planung sind Organisationsmittel, wie z. B. :
- Stellenbeschreibungen,
- Urlaubspläne,
- Dienstpläne,
- Vertretungspläne.

Vorteile für den Betrieb

Eine Stellenbeschreibung definiert, für welche Aufgaben der Stelleninhaber zuständig und verantwortlich ist. Jeder weiß, was er zu tun hat. Das ist insbesondere für die Einarbeitung neuer Mitarbeiter vorteilhaft, denn zeitraubende Erklärungen fallen weitestgehend weg. Wenn einmal eine Stelle beschrieben ist, können die Aussagen auch für andere Zwecke, wie z. B. für das Formulieren von Stellenanzeigen, verwendet werden.

1.2 Stellenbeschreibung und Einsatzbereiche

🇬🇧 job description and employment
🇫🇷 descriptif (m) des postes (m) et secteurs (m) de travail (m)

Eine Stellenbeschreibung ist eine schriftliche Festlegung der Ziele, Aufgaben, Befugnisse und Kompetenzen einer Stelle in der betrieblichen Organisation. Bei den Aufgaben werden die eigentlichen Aufgaben der Stelle beschrieben und nicht die Arbeitsabläufe.

Aufbau und Gliederung

Vorteile für den Mitarbeiter

Mitarbeiter, die genau wissen, für welche Bereiche sie verantwortlich sind, nehmen die Verantwortung sehr ernst. Die klare Stellenbeschreibung aktiviert und fördert die Selbstkontrolle. Außerdem kann sie einen Schutz darstellen vor Übergriffen anderer Kollegen oder Vorgesetzter in den eigenen Aufgabenbereich.

Üblicherweise werden Stellenbeschreibungen in acht Punkte gegliedert:

1 die Stellenbezeichnung,
2 der Dienstrang,
3 die Unterstellung,
4 die Überstellung,
5 die Beschreibung der Ziele,
6 die Stellvertretung,
7 der Aufgabenbereich und
8 die Befugnisse.

Beispiel einer Stellenbeschreibung: Hausdame

① Stellenbezeichnung: **Erste Hausdame**

② Abteilungsleiterin

③ Die Stelleninhaberin untersteht dem Hoteldirektor.

④ Der Stelleninhaberin sind die stellvertretende Hausdame, die Zimmerfrauen, das Reinigungspersonal (F & B), die Springerin (F & B/Etage) und die Auszubildenden unterstellt.

⑤ Mit der Stelle verbundene Ziele:
- Die Gästezimmer und öffentlichen Räume des Hotels sind dem Qualitätsstandard entsprechend stets sauber und ordentlich.
- Die anvertrauten Anlagen und Güter sind einwandfrei gepflegt und bewahren so ihren Wert.
- Die erforderlichen Materialien werden wirtschaftlich verwaltet bzw. eingesetzt.
- Die Stelleninhaberin fördert eine angenehme und vertrauensvolle Zusammenarbeit ihrer Mitarbeiter.
- Die Arbeitsatmosphäre ist von einem höflichen, aufmerksamen und hilfsbereiten Verhalten der Mitarbeiter geprägt.
- Es wird ein bestmögliches Abteilungsergebnis erzielt.
- Die Unternehmens- und Führungsrichtlinien des Hauses werden beachtet.

⑥ Die Stelleninhaberin wird vertreten durch die stellvertretende Hausdame. Wenn diese Stelle nicht besetzt ist, übernehmen der Hoteldirektor die Kontrolle sowie die Abteilungsmitarbeiter die Einteilung und ausführenden Tätigkeiten dieser Funktion. Die Stelleninhaberin übernimmt die Stellvertretung ihrer Abteilungsmitarbeiter bei Krankheit bzw. Urlaub.

⑦ Aufgaben:
- Koordinierung der die Abteilung betreffenden Arbeitsabläufe
- Überwachung der Sauberkeit in den Gästezimmern und öffentlichen Räumen durch Stichprobenkontrolle
- Zusammenarbeit mit Rezeption (z. B. Zimmerbelegung/Zimmerfreigabe) und Haustechnik (z. B. Instandhaltung/Reparatur)
- kostenbewusste Lagerverwaltung aller Etagenmaterialien, z. B. Wäsche, Putzmittel, Gästezimmerartikel
- Organisation der vierteljährlichen Inventur, die Abteilung betreffend
- sinnvoller Einkauf von Arbeitsmitteln unter Berücksichtigung der Marktsituation, bis € 250 ohne Rücksprache mit dem Vorgesetzten
- Rechnungseingangsprüfung, was den Einkauf der Arbeitsmittel betrifft
- Ständige Aktualisierung der Kenntnisse über neue Produkte und Geräte auch unter Berücksichtigung des Umweltaspektes
- Erstellen von Geschäftsprognosen in Bezug auf die Vergabe von Aufträgen an Fremdfirmen z. B. zur Fenster-/Teppichreinigung
- Unterbreitung von Vorschlägen, die Verbesserungen der Abteilung betreffen
- Aufstellen der wöchentlichen Dienstpläne und der Urlaubsplanung
- tägliche Arbeitsdisposition und Sicherstellung der Reinigung aller Gästezimmer und der öffentlichen Räume durch Besprechung mit Mitarbeitern
- Einführung, Einarbeitung und Beurteilung von Abteilungsmitarbeitern
- Unterweisung, Betreuung und Beurteilung von Auszubildenden in der Abteilung
- Teilnahme an Bewerbergesprächen
- Teilnahme an den wöchentlichen Abteilungsleiterbesprechungen
- Verantwortung für die interne Organisation der Wäscherei und tägliche Kontrolle der Außer-Haus-Wäsche
- Verantwortung für die Pflege und Verwaltung der Gästewäsche sowie der Fundsachen
- Erstellung und Überwachung der Dekorations- und Blumenarrangements entsprechend den Anlässen, sowohl für den Innenbereich des Hotels als auch für die Außenanlagen und im Außer-Haus-Geschäft
- Organisation des Suitenservice, z. B. Obstteller und Tageszeitungen

Führungsaufgaben

FÜHRUNGSAUFGABEN IM WIRTSCHAFTSDIENST

▶ - Veranlassen erforderlicher Reparaturen
- Mitwirkung bei der Erstellung der Renovierungs- und Ersatzbeschaffungspläne
- Beachtung gesetzlicher sowie arbeitsrechtlicher Vorschriften
- Wahrnehmung aller Aufgaben, die von einer Abteilungsleiterin im Rahmen des Geschäftsablaufs verlangt werden

⑧ Befugnisse:
- Weisungsbefugnisse gegenüber den unterstellten Mitarbeitern
- Mitsprache bei der Einstellung und Beförderung sowie der Auflösung eines Arbeitsverhältnisses
- wesentliche Schlüsselgewalt
- selbstständige Einkäufe für den laufenden Bedarf (Bestellungen über mehr als € 250 sind vom Vorgesetzten zu genehmigen)
- Auftragserteilung bei beschlossenen Renovierungs- und Ersatzbeschaffungsmaßnahmen
- Teilnahme an den Abteilungsleiterbesprechungen

Quelle: H.-J. Bethge

Beispiel einer Stellenbeschreibung: Zimmerfrau

① Stellenbeschreibung **Zimmerfrau**

② Angestellte

③ Die Stelleninhaberin ist der Hausdame unterstellt.

④ Die Stelleninhaberin ist gegebenenfalls Auszubildenden überstellt.

⑤ Mit der Stelle verbundene Ziele: Die Gästezimmer und öffentlichen Räume des Hotels sind dem Qualitätsstandard entsprechend stets sauber und gepflegt. Die Arbeitsatmosphäre ist gekennzeichnet durch stets höfliches, aufmerksames und hilfsbereites Verhalten (Teamwork). Die anvertrauten Anlagen und Güter sind einwandfrei gepflegt und bewahren ihren Wert. Die eingesetzten Materialien werden wirtschaftlich verwaltet.

Abb. 1 Zimmerfrau

⑥ Die Stelleninhaberin vertritt die anderen Zimmerfrauen sowie die Raumpflegerin, gegebenenfalls das Reinigungspersonal; die Stelleninhaberin wird durch die anderen Zimmerfrauen vertreten.

⑦ Aufgaben:
- Wäscherei: Mithilfe bei der Wäschepflege, z. B. Wäsche zusammenlegen
- Entgegennahme der Belegungs-Liste (Bleibezimmer – Abreisezimmer)
- Auffüllen des Etagenwagens
- Reinigung der Bleibezimmer: Fenster öffnen, Papierkorb und Aschenbecher ausleeren, Betten machen (Bettwäsche jeden 3. Tag wechseln), Staub wischen; Badezimmer: Reinigung von Aschenbechern, Gläsern, Spiegel, WC, Badewanne bzw. Dusche, Waschbecken, Fußboden, Verteilung neuer Handtücher, Duschgel/Shampoo, Schreibmappe auffüllen, staubsaugen, Vorhänge richten. Hinweis: Die Gästehandtücher werden nur gewechselt, falls sich die Handtücher auf dem Fußboden befinden (Gästeinfo auf Zimmern)
- Reinigung der Abreisezimmer: insgesamt gründlicher, frische Bettwäsche/Handtücher, Fenster putzen, u. U. Bad gründlicher (Armaturen), Flure saugen, Minibars: checken und auffüllen, Minibarliste ausfüllen (Verbrauch); Extras: Vorhänge waschen, Fugen (Bad) putzen, Duschvorhänge wechseln und waschen, Türen wischen, Teppich shampoonieren
- bei bestimmten Anlässen dekorieren
- Obstteller herrichten

⑧ Die Stelleninhaberin ist für eine Etage (bzw. ca. 25 Zimmer) verantwortlich; Schlüsselgewalt: Etagen-Gruppenschlüssel, Wäscherei; Dienstplanmitgestaltung.

Quelle: H.-J. Bethge

1.3 Dienstplan 🇬🇧 duty rota 🇫🇷 tableau (m) de service (m)

Der normale Geschäftsbetrieb in der Hotellerie macht eine bestimmte Mindestzahl von Mitarbeitern in den einzelnen Abteilungen erforderlich. Das gilt auch für die Hausdamen-Abteilung. Denn der öffentliche Bereich des Hotels muss unabhängig von der Auslastung täglich mindestens einmal gereinigt werden.

Das erwartete Geschäftsvolumen, wie z.B. die **Belegungsvorschau**, bestimmt den zusätzlichen Mitarbeiterbedarf und -einsatz.

Das Geschäftsvolumen lässt sich in den meisten Hotelbetrieben nicht genau über einen längeren Zeitraum planen. Es kann zu starken Schwankungen durch kurzfristige Buchungseingänge, Reservierungsänderungen oder Abbestellungen kommen. Deshalb werden Dienstpläne in der Hotellerie meist kurzfristig und „nachfrageorientiert" geschrieben.

Wichtige Hilfsmittel sind dazu:
- die **Belegungsvorschau** der Empfangsabteilung und
- die **Leistungsmaßstäbe** für Tageszimmerfrauen und für Abendzimmerfrauen oder
- die **Personal-Planungstabelle für Zimmerfrauen**.

> Wenn der Dienstplan erstellt wird, sind die gesetzlich, tariflich und durch Betriebs-Vereinbarungen festgelegten Arbeitszeit-Beschränkungen zu beachten! (Siehe Rechtsvorschriften ab Seite 709.)

Abb. 1 Zur Erstellung der Dienstpläne

Belegungsvorschau

In der Praxis werden hauptsächlich zwei Arten der Vorausschau eingesetzt:
- die **monatliche Vorschau**, die eine Grobplanung des erwarteten Personalbedarfs ermöglicht und
- die **wöchentliche Belegungsvorschau**, die als Grundlage für die endgültige Gestaltung und Ausfertigung des Dienstplanes für die folgende Woche verwendet wird.

Belegungsvorschau für die Woche von Montag, 19. April, bis Sonntag, 25. April ….						
Datum	Tag	Belegte Zimmer	Gäste-anzahl	Zimmer		Zimmerfrau
				Ankünfte	Abreisen	
19.	Mo	150	186	30	20	
20.	Di	160	223	50	20	
21.	Mi	190	285	70	10	
22.	Do	250	309	10	80	
23.	Fr	180	262	20	50	
24.	Sa	150	202	10	20	
25.	So	140	180	10	20	

Leistungsmaßstäbe

Solche Maßstäbe werden aus Arbeitszeit-Studien abgeleitet. Sie sagen aus, wie viel Zeit eine Zimmerfrau für die Versorgung eines Zimmers benötigt bzw. wie viele Zimmer sie in einer bestimmten Zeit, z.B. in 8 Stunden Arbeitszeit, nach festgelegtem Qualitätsstandard versorgen kann. (Siehe Kapitel „Wirtschaftsdienst – Hausdamen-Abteilung", Seite 532). Das Ergebnis dieser Zeitmessungen ist allerdings von verschiedenen Faktoren abhängig:
- von der Größe und Ausstattung der Zimmer,
- von der Anzahl der Einzel- und Doppelzimmer, der Apartments und/oder Suiten,
- von der Anzahl der Bleibe- und Abreisezimmer,
- von den Sauberkeits- und Qualitäts-Standards für das Hotel.

Abb. 2 Auswertung der Belegungs-Vorschau

Führungsaufgaben

FÜHRUNGSAUFGABEN IM WIRTSCHAFTSDIENST

> Der Zeitbedarf bei einem „Abreise-Zimmer" beträgt etwa 30 Minuten, bei einem „Bleibe-Zimmer" beträgt er etwa 20 Minuten.

Als Durchschnittsergebnisse haben sich die folgenden Richtwerte für die Tagesleistung herauskristallisiert:
- Eine **Tageszimmerfrau** kann durchschnittlich **15 Zimmer** reinigen und versorgen.
- Eine **Abendzimmerfrau** kann durchschnittlich **60 Zimmer** aufdecken und herrichten.

Der Zeitbedarf für ein Abreisezimmer beträgt etwa 30 Minuten, der Zeitbedarf für ein Bleibezimmer etwa 20 Minuten.

Arbeitsvolumen

Mit Hilfe einer Personal-Planungstabelle kann die Zahl der benötigten Zimmerfrauen im Dienst ermittelt werden. Zu berücksichtigen sind dabei außerdem:
- die Anzahl der zu reinigenden Zimmer bei Bleibe und bei Abreise, wegen des unterschiedlichen Zeitaufwands,
- der Zeitaufwand für sonstige Reinigungsarbeiten auf Balkonen, in Fluren und im öffentlichen Bereich,
- der Zeitaufwand für Mise-en-place- und Endarbeiten (siehe S. 560 und 564).

Abb. 1 Personalplanung

Beispiel
90 belegte Z. : Leistungsmaßstab 15 = 6 Tages-Zimmerfrauen im Dienst
90 belegte Z. : Leistungsmaßstab 60 = 1,5 (das bedeutet 2) Abend-Zimmerfrauen im Dienst

Um bei einer gleichbleibenden Belegung 90 Zimmer pro Tag versorgen zu können, benötigt man jeden Tag 6 Tages- und 2 Abend-Zimmerfrauen.

Personal-Planungstabelle für Zimmerfrauen

Der für das Hotel ermittelte Leistungsmaßstab für Tages- und Abend-Zimmerfrauen wird bei der Erstellung einer Personal-Planungstabelle für Zimmerfrauen verwendet. Die Anzahl der belegten Zimmer wird bei der jeweiligen Kapazitätsauslastung durch diesen Leistungsmaßstab geteilt. Das Ergebnis ist die Anzahl der erforderlichen Tages-Zimmermädchen im Dienst.

Personal-Planungstabelle – Zimmerfrauen								
Ⓐ Tages-Zimmerfrauen	← Minimum							Maximum →
Belegungs-Prozent	30 %	40 %	50 %	60 %	70 %	80 %	90 %	100 %
Belegte Zimmer	90	120	150	180	210	240	270	300
Leistungsmaßstab	15	15	15	15	15	15	15	15
Tageszimmerfrauen im Dienst (erforderlich pro Tag)	6	8	10	12	14	16	18	20
Erforderliche Anzahl (Tageszimmerfrauen) auf der Lohnliste (5-Tage-Woche)	9	12	14	17	19	23	27	28
Ⓑ Abend-Zimmerfrauen	← Minimum							Maximum →
Leistungsmaßstab	60	60	60	60	60	60	60	60
Abendzimmerfrauen im Dienst (erforderlich pro Tag)	2	2	3	3	4	4	5	5
Erforderliche Anzahl (Abendzimmerfrauen) auf der Lohnliste	3	3	5	5	6	6	7	7
Erforderliche Gesamtanzahl Zimmerfrauen auf der Lohnliste (5-Tage-Woche)	12	15	19	22	25	29	34	35

Quelle: E. Schaetzing

❷ Berechnungen im Hausdamenbereich

🇬🇧 calculation in the housekeeping department
🇫🇷 effectuer des calculs (m) aux étages (w)

Abb. 1 Kontrolle des finanziellen Erfolgs

Wenn betriebswirtschaftliche Kennzahlen errechnet werden, so geschieht dies meist in der Buchhaltung oder in der Kontroll-Abteilung. Mit Hilfe der letztgenannten Formel kann die Hausdame selbst kontrollieren, wie effizient sie die Dienstpläne in der Vergangenheit gestaltet hat.

Zimmerbelegung in Prozent

Bezogen auf die Betriebstage

$$\frac{\text{belegte Zimmer} \times 100}{\text{Zimmeranzahl} \times \text{Betriebstage pro Jahr}}$$

Bezogen auf die Monatsbasis

$$\frac{\text{belegte Zimmer} \times 100}{\text{Zimmeranzahl} \times \text{Monatstage}}$$

Bettenauslastung in Prozent pro Jahr

$$\frac{\text{Übernachtungen} \times 100}{\text{Bettenanzahl} \times 365}$$

Durchschnittliche Aufenthaltsdauer

$$\frac{\text{Zahl der Übernachtungen}}{\text{Zahl der Ankünfte}}$$

Wäschereiaufwand pro Bett/Zimmer in €

$$\frac{\text{Wäschereikosten des Logisbereichs}}{\text{Anzahl der verkauften Betten/Zimmer}}$$

Doppelbelegungsfaktor

$$\frac{\text{Belegte Betten}}{\text{Belegte Zimmer}}$$

Gesamtaufwand pro verkauftem Zimmer in €

$$\frac{\text{Gesamtaufwand}}{\text{Anzahl der verkauften Zimmer}}$$

Belegte Betten/Zimmer pro Beschäftigten

$$\frac{\text{Anzahl der belegten Betten/Zimmer}}{\text{Anzahl der Beschäftigten im Beherbergungsbereich}}$$

❸ Innerbetriebliche Kommunikation

🇬🇧 in-house communication 🇫🇷 communication (w) interne

Bei der hotelinternen Kommunikation geht es hauptsächlich um Informationsaustausch zwischen Mitarbeitern verschiedener Abteilungen.

Beispiele
- Die Hausdame informiert den Bankettleiter, dass die neuen Tafeldecken ab sofort verwendet werden können.
- Die Zimmerfrau bespricht mit dem Haushandwerker einen Reparaturfall.

Kommunikation lässt sich in sechs Grundfragen unterteilen:
- Wer   (**Kommunikator**, Sender, Quelle)
- sagt was   (Botschaft, „Message")
- in welcher Situation   (Umfeldbedingungen)
- zu wem   (**Kommunikant**, Empfänger)
- über welche Kanäle   (Kommunikationswege, Medien)
- mit welchen Wirkungen?   (Kommunikationserfolg, Effekt)

Die Art und Weise, wie man miteinander umgeht und kommuniziert, prägt die gegenseitige Wertschätzung.

> Unter Kommunikation versteht man den Umgang mit anderen und die Verständigung untereinander.

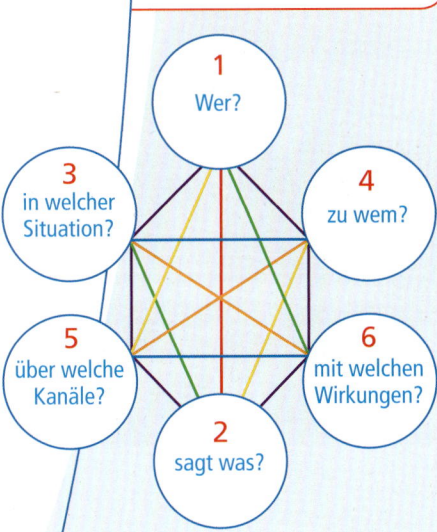

Abb. 2 Grundfragen der Kommunikation

Führungsaufgaben

FÜHRUNGSAUFGABEN IM WIRTSCHAFTSDIENST

4 Maßnahmen der Mitarbeiter-Führung

🇬🇧 measures of leading employees 🇫🇷 mesures (w) de diriger des employés (m)

> Im Rahmen der Mitarbeiter-Führung kommt dem Vorgesetzten die Aufgabe zu, die ihm anvertrauten Mitarbeiter zur Leistung und zur Erfüllung ihrer Aufgaben zu motivieren.

Unter Mitarbeiter-Führung versteht man bestimmte Techniken zur Führung der Mitarbeiter.

Zu den Führungsaufgaben zählen:

- **Informieren**
Anordnungen und Änderungen müssen so rechtzeitig bekanntgegeben werden, dass der einzelne Mitarbeiter genügend Zeit hat, sich darauf einzustellen.

  Beispiel
  Die betroffenen Abteilungen, z. B. Küche, Service, Bankett-Abteilung und Hausdamen-Abteilung, müssen rechtzeitig von bevorstehenden Veranstaltungen unterrichtet werden (s. S. 661). Wichtig ist dabei, dass die Information auch den vorgeschriebenen Weg geht. Falsche Informationswege verderben das Betriebsklima.

- **Anerkennen und Tadeln**
Lob und Tadel sollen als Motivation in angemessenem Verhältnis stehen. Zum Tadeln ungenügender Leistungen ist ein Korrekturgespräch angebrachter als ein Tadel, damit der Arbeitnehmer seine Fehler erkennt. Lob sollte auch bei gleichbleibend guten Leistungen zur Motivation angewendet werden.

Abb. 1 Abteilungsleiter werden informiert

- **Unterweisen**
Der Vorgesetzte soll richtig unterweisen oder einweisen, damit die Mitarbeiter ihre Kräfte in dem neuen und ungewohnten Arbeitsgebiet nicht unnötig verschleißen.

- **Aufbauen von Kontakten**
Der Vorgesetzte soll nicht nur grüßen, sondern mit seinen Mitarbeitern auch Gespräche führen, die sich jedoch hauptsächlich auf betriebliche Belange beziehen. Das Eindringen in die Privatsphäre sollte vermieden werden, es sei denn, es muss vermutet werden, dass die Gründe für Leistungsminderungen im privaten Bereich liegen.

- **Finden von Lösungen zu Mitarbeiterproblemen**
Muss der Vorgesetzte einmal in einen Streit eingreifen oder ein anderes Mitarbeiterproblem lösen, so bedarf das der besonderen Rücksichtnahme auf den oder die Mitarbeiter, damit er sich vorstellen kann, was in diesen vorgegangen sein könnte. Dies dient dem besseren Verständnis. Dann lässt sich das Problem selbst in mehreren Schritten wie folgt lösen:

  - Den Sachverhalt analysieren und beurteilen,
  - die Fehlerquellen abstellen,
  - eventuell die Ziele neu formulieren,
  - die aus der Korrektur hervorgegangenen neuen Anforderungen festhalten und
  - die Erreichung der neuen Ziele überprüfen.

Abb. 2 Lob dient der Motivation

4 Maßnahmen der Mitarbeiter-Führung

4.1 Motivation 🇬🇧 motivation 🇫🇷 motivation (w)

Motivieren heißt begründen und „zu etwas hinführen". Motivation ist eigentlich ein psychologischer Vorgang, bei dem aufgrund gemeinsam erarbeiteter Zielvorstellungen und Zielvorgaben bestimmte Leistungsvorgaben entwickelt werden.

Diese lösen bei den einzelnen Mitarbeitern eine Bereitschaft dazu aus, ihre Denk-, Arbeits- und Verhaltensweise zur Problemlösung einzusetzen, anzupassen oder zu ändern. Die „richtige" Motivation der Mitarbeiter ist Voraussetzung dafür, dass diese ihre Arbeitskraft voll einsetzen und zum Nutzen des Hotelbetriebs verwenden wollen.

Dabei gibt es kein einheitliches „Patentrezept" zur Motivation jedes einzelnen Mitarbeiters. Denn jeder arbeitet aus unterschiedlichen Beweggründen und steht auf einer anderen Stufe der Maslow'schen Bedürfnis-Pyramide (s. S. 363). Er erfährt aus verschiedenen Gesichtspunkten Erfolgserlebnisse aus seiner Arbeit.

Frederick Herzberg, der amerikanische Motivationsforscher, ist der Begründer einer Motivationslehre, auf deren Grundlage sich die Befriedigung der Bedürfnisse von Mitarbeitern vollzieht.

Abb. 1 Spitzenleistung durch Motivation

Motivationslehre

Die Lehre von Herzberg besagt, dass Arbeitszufriedenheit und dadurch engagiertes Leistungsverhalten
- aus der erbrachten Leistung und der Arbeit selbst resultiert,
- aus der Fähigkeit zum Lösen schwieriger Aufgaben und aus der damit verbundenen Anerkennung, vermehrten Verantwortung und Erweiterung des Kenntnisstandes resultiert und
- immer Ziele zum Gegenstand hat, die der Mensch noch nicht erreicht hat, aber gerne erreichen möchte.

Arbeitsunzufriedenheit

Arbeitsunzufriedenheit rührt von Faktoren her, die mit den Arbeitsbedingungen, der Arbeitsgruppe, dem Arbeitslohn oder dem Vorgesetzten zu tun haben.

Arbeitsvereinfachung und Arbeitsteilung zerstören jede Motivation. Sie hat Monotonie, Verdrängung jeglicher Herausforderung und des persönlichen Einsatzes sowie Zerstörung der Selbstwertschätzung zur Folge.

Die Anpassung kann erreicht werden durch:
- **Job rotation:** (Arbeitsplatzwechsel), das heißt, der Mitarbeiter wird in festgelegten Rhythmen in mehreren Tätigkeitsbereichen beschäftigt, um seine Flexibilität und sein Verständnis für größere betriebliche Zusammenhänge zu fördern;
- **Job enlargement:** (Arbeitserweiterung), das heißt, der Arbeitsinhalt wird sinnvoll vergrößert und die extreme Arbeitsteilung wird abgeschafft, um nicht in der Monotonie der Arbeit zu erstarren;
- **Job enrichment:** (Arbeitsbereicherung), das heißt, der Mitarbeiter erhält mehr Entscheidungsbefugnisse, plant, organisiert und kontrolliert für die eigene Arbeit.

> „Ein Mitarbeiter kann am besten motiviert werden, wenn die Arbeit und der Arbeitsprozess den Fähigkeiten und Interessen des Mitarbeiters angepasst sind."
> (F. Herzberg)

Motivieren ist eine Fähigkeit, die heute jeder Manager beherrschen muss, um die immer schwieriger werdenden Aufgaben der Menschenführung bewältigen zu können.

Das Merkblatt auf der folgenden Seite soll die vielen Möglichkeiten der Motivation kurz darstellen.

Merkblatt zur Mitarbeiter-Motivation

- Zeigen Sie jedem Mitarbeiter genau seine Funktionen, Kompetenzen und seine Leistungsziele.

- Machen Sie jedem Mitarbeiter seine Stellung in der Gesamtorganisation und die Bedeutung seiner Arbeit für das Unternehmen klar.

- Erklären Sie jedem Mitarbeiter nicht nur das Was und Wie, sondern auch das Warum seiner Aufgaben. Nicht befehlen, sondern begründen! Das gilt für alle Entscheidungen und die sich daraus ergebenden Anweisungen.

- Machen Sie keine Versprechungen, die nicht gehalten werden können.

- Geben Sie jedem Mitarbeiter die notwendigen Starthilfen. Bei der Einführung neuer Mitarbeiter kommt es nicht nur darauf an, sie fachlich in die Arbeit einzuweisen; genauso wichtig ist es, sie mit den Kollegen bekannt zu machen.

- Fordern Sie Ihre Mitarbeiter! Es ist erwiesen, dass nur derjenige auf Dauer große Leistungen erbringt, der immer ein wenig überfordert ist und der an den höheren Anforderungen wachsen kann.

- Loben Sie Ihre Mitarbeiter und sprechen Sie Anerkennung aus. Es lässt sich nachweisen, dass richtig dosiertes Lob anreizt, dass Tadel aber auf Dauer abstumpft und sogar krank macht.

- Fördern Sie Ihre Mitarbeiter durch angemessene Kritik. Beachten Sie dabei, dass jede Kritik konstruktiv sein muss!

- Beachten Sie, dass Kritik grundsätzlich nur unter vier Augen erfolgen darf.

- Führen Sie nach einer modernen Delegations-Methode, die jedem Mitarbeiter weitgehend selbstständiges Arbeiten ermöglicht. (Siehe „Führungsstil", Seite 707)

- Erarbeiten Sie neue Zielsetzungen gemeinsam mit Ihren Mitarbeitern. Als Management-Methode bietet sich hierfür management by objectives an, also die Führung durch Zielvorgabe.

- Delegieren Sie – gleich wie Sie führen – nicht nur Arbeit, sondern auch Entscheidungsverantwortung. Verteilen Sie echte Aufgaben, die dem Stelleninhaber auch eine gewisse Entscheidungsbreite lassen.

- Informieren Sie Ihre Mitarbeiter in der richtigen Form, zum richtigen Zeitpunkt und in ausreichendem Maße, denn nur wer richtig informiert ist, kann auch mitdenken und mitverantworten.

- Räumen Sie Ihren Mitarbeitern ein Vorschlags-, Planungs-, Mitsprache- und Mitentscheidungsrecht ein.

- Begeistern Sie Ihre Mitarbeiter für das betriebliche Vorschlagswesen. Schaffen Sie ein Prämiensystem, das Anreize zur Erreichung von Vorschlägen bietet, und beteiligen Sie die Mitarbeiter angemessen an den Einsparungen des Betriebes.

- Sorgen Sie für ein gerechtes Lohn- und Gehaltsgefüge im Betrieb. Darüber hinaus muss dieses System flexibel sein.

- Schaffen Sie Lohnanreizsysteme. Dafür gibt es so viele Lösungen, wie es Unternehmen gibt! Man muss allerdings Ideen haben.

- Gewähren Sie zeitgemäße freiwillige Sozialleistungen. Dazu gehört ein ständiges Beobachten der staatlichen und internationalen Sozialpolitik, der Sozialpolitik der Gewerkschaften sowie von Konkurrenzunternehmen.

- Führen Sie regelmäßig Personalbeurteilungen durch, und besprechen Sie diese mit Ihren Mitarbeitern.

- Sorgen Sie für Sicherheit der Arbeitsplätze.

- Bieten Sie planvoll extern und intern zeitgemäße Fort- und Weiterbildungsmöglichkeiten an.

- Schulen Sie Ihre Mitarbeiter rechtzeitig für die höheren Anforderungen der Zukunft.

- Sorgen Sie für reelle innerbetriebliche Aufstiegsmöglichkeiten. Dazu gehören langfristige Personalplanung, Karriereplanung, job enrichment und job enlargement (siehe S. 705).

- Seien Sie stets Vorbild in dienstlichen und auch in privaten Dingen.

- Sorgen Sie für ein gutes Betriebsklima.

4.2 Führungsstil

🇬🇧 management style 🇫🇷 style (m) de direction (w)

Unter Führungsstil versteht man die Art und Weise, wie Mitarbeiter eines Unternehmens vom Vorgesetzten zur Leistungserbringung geführt, motiviert und angehalten werden.

Aus der Vielzahl der in der Praxis vorkommenden verschiedenen Führungsstile hier eine Auswahl:

- **Autoritärer Führungsstil**, das heißt, die Mitarbeiter erhalten befehlsartig ihre Arbeitsanweisungen, der Chef denkt und lenkt, die Mitarbeiter führen nur aus und haben kein Mitspracherecht.

- **Harzburger Modell** bedeutet, aktive Mitarbeiter bekommen eigene Führungs- und Handlungs-Verantwortung für bestimmte Bereiche delegiert, die Entscheidungen werden vom Top-Management auf untergeordnete Ebenen verlagert, die Führungskräfte werden für ihre Entscheidungen verantwortlich gemacht.

- **Management by systems** ist die Anwendung systematisch ermittelter Ergebnisse, Analysen und Zukunftsbeurteilungen aus allen Unternehmensbereichen als Entscheidungshilfen und als Beurteilungs- und Rechtfertigungsgrundlage für abgelaufene Geschäftsperioden. Management by systems ist Führung durch Systemsteuerung mit Hilfe eines computergestützten Informations- und Steuersystems.

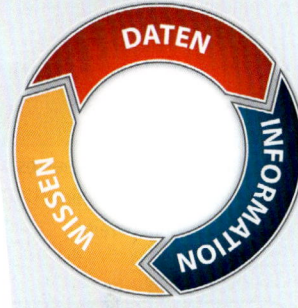

Abb. 1 Management by systems

- **Management by objectives** bedeutet Führen durch Vorgabe von Zielen. Dabei werden den einzelnen Mitarbeitern nur Ziele vorgegeben, nicht jedoch auch Vorschriften darüber, wie diese Ziele im Einzelnen zu verwirklichen sind. Statt bestimmte Arbeiten und Aufgaben nach festgelegten Regeln und Methoden zu erfüllen, sind Ziele (Planvorgaben) zu erreichen. Die Entscheidung über die Auswahl und den Einsatz der notwendigen Mittel und Maßnahmen zur Zielerreichung bleibt weitgehend dem freien Ermessen des einzelnen Mitarbeiters überlassen. Der Vorgesetzte beschränkt sich im Wesentlichen auf die Kontrolle der Zielerreichung (Endkontrolle).

Abb. 2 Management by objectives

- **Management by exception** soll die Führungsspitze entlasten. Hierbei wird dem einzelnen Mitarbeiter eine noch weiter gehende Entscheidungsbefugnis des Inhalts eingeräumt. Lediglich Ausnahmefälle (exceptions) sind einer höheren Hierarchieebene mitzuteilen und zur Entscheidung zu melden. Der einzelne Mitarbeiter erhält eine noch größere Verantwortung. Über diesen Weg ist eine bessere Motivation möglich.

Abb. 3 Management by exception

Ein moderner Führungsstil, der auf dem Prinzip der Delegation von Verantwortung aufbaut, hat gegenüber dem autoritären Führungsstil immer zwei entscheidende Vorteile:

- die **Entlastung der Führung**, verbunden mit der Freistellung für echte Führungsaufgaben (siehe Randspalte) sowie
- die besseren Möglichkeiten der **Mitarbeiter-Motivation** und damit mehr Chancen, sich mit der Zielsetzung des Unternehmens zu identifizieren.

> Die Vorgesetzten müssen Zeit für echte Führungsaufgaben bekommen, das heißt für:
> - für Menschenführung,
> - für Organisation,
> - für Improvisation und
> - für Innovation.

FÜHRUNGSAUFGABEN IM WIRTSCHAFTSDIENST

(2) Wenn in Verbindung mit Feiertagen an Werktagen nicht gearbeitet wird, damit die Beschäftigten eine längere zusammenhängende Freizeit haben, so darf die ausfallende Arbeitszeit auf die Werktage von fünf zusammenhängenden, die Ausfalltage einschließenden Wochen nur dergestalt verteilt werden, dass die Wochenarbeitszeit im Durchschnitt dieser fünf Wochen 40 Stunden nicht überschreitet. Die tägliche Arbeitszeit darf hierbei achteinhalb Stunden nicht überschreiten.

(2a) Wenn an einzelnen Werktagen die Arbeitszeit auf weniger als acht Stunden verkürzt ist, können Jugendliche an den übrigen Werktagen derselben Woche achteinhalb Stunden beschäftigt werden. …

§ 9 Berufsschule

(1) Der Arbeitgeber hat den Jugendlichen für die Teilnahme am Berufsschulunterricht freizustellen.
Er darf den Jugendlichen nicht beschäftigen
1. vor einem vor 9 Uhr beginnenden Unterricht; dies gilt auch für Personen, die über 18 Jahre alt und noch berufsschulpflichtig sind,
2. an einem Berufsschultag mit mehr als fünf Unterrichtsstunden von mindestens je 45 Minuten, einmal in der Woche,
3. in Berufsschulwochen mit einem planmäßigen Blockunterricht von mindestens 25 Stunden an mindestens fünf Tagen; zusätzliche betriebliche Ausbildungsveranstaltungen bis zu zwei Stunden wöchentlich sind zulässig.

(2) Auf die Arbeitszeit werden angerechnet
1. Berufsschultage nach Absatz 1 Nr. 2 mit acht Stunden,
2. Berufsschulwochen nach Absatz 1 Nr. 3 mit 40 Stunden,
3. im Übrigen die Unterrichtszeit einschließlich der Pausen.

(3) Ein Entgeltausfall darf durch den Besuch der Berufsschule nicht eintreten.
(4) (weggefallen)

§ 10 Prüfungen und außerbetriebliche Ausbildungsmaßnahmen

(1) Der Arbeitgeber hat den Jugendlichen
1. für die Teilnahme an Prüfungen und Ausbildungsmaßnahmen, die auf Grund öffentlich-rechtlicher oder vertraglicher Bestimmungen außerhalb der Ausbildungsstätte durchzuführen sind,
2. an dem Arbeitstag, der der schriftlichen Abschlussprüfung unmittelbar vorangeht, freizustellen.

(2) Auf die Arbeitszeit werden angerechnet
1. die Freistellung nach Absatz 1 Nr. 1 mit der Zeit der Teilnahme einschließlich der Pausen,
2. die Freistellung nach Absatz 1 Nr. 2 mit acht Stunden.
Ein Entgeltausfall darf nicht eintreten.

§ 11 Ruhepausen, Aufenthaltsräume

(1) Jugendlichen müssen im Voraus feststehende Ruhepausen von angemessener Dauer gewährt werden. Die Ruhepausen müssen mindestens betragen
1. 30 Minuten bei einer Arbeitszeit von mehr als viereinhalb bis zu sechs Stunden,
2. 60 Minuten bei einer Arbeitszeit von mehr als sechs Stunden. Als Ruhepause gilt nur eine Arbeitsunterbrechung von mindestens 15 Minuten.

(2) Die Ruhepausen müssen in angemessener zeitlicher Lage gewährt werden, frühestens eine Stunde nach Beginn und spätestens eine Stunde vor Ende der Arbeitszeit. Länger als viereinhalb Stunden hintereinander dürfen Jugendliche nicht ohne Ruhepause beschäftigt werden.

4.2 Führungsstil

🇬🇧 management style 🇫🇷 style (m) de direction (w)

Unter Führungsstil versteht man die Art und Weise, wie Mitarbeiter eines Unternehmens vom Vorgesetzten zur Leistungserbringung geführt, motiviert und angehalten werden.

Aus der Vielzahl der in der Praxis vorkommenden verschiedenen Führungsstile hier eine Auswahl:

- **Autoritärer Führungsstil**, das heißt, die Mitarbeiter erhalten befehlsartig ihre Arbeitsanweisungen, der Chef denkt und lenkt, die Mitarbeiter führen nur aus und haben kein Mitspracherecht.

- **Harzburger Modell** bedeutet, aktive Mitarbeiter bekommen eigene Führungs- und Handlungs-Verantwortung für bestimmte Bereiche delegiert, die Entscheidungen werden vom Top-Management auf untergeordnete Ebenen verlagert, die Führungskräfte werden für ihre Entscheidungen verantwortlich gemacht.

- **Management by systems** ist die Anwendung systematisch ermittelter Ergebnisse, Analysen und Zukunftsbeurteilungen aus allen Unternehmensbereichen als Entscheidungshilfen und als Beurteilungs- und Rechtfertigungsgrundlage für abgelaufene Geschäftsperioden. Management by systems ist Führung durch Systemsteuerung mit Hilfe eines computergestützten Informations- und Steuersystems.

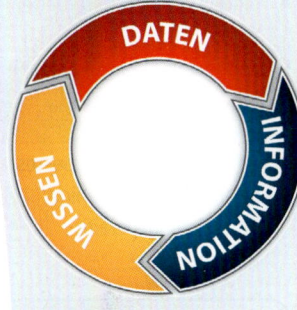

Abb. 1 Management by systems

- **Management by objectives** bedeutet Führen durch Vorgabe von Zielen. Dabei werden den einzelnen Mitarbeitern nur Ziele vorgegeben, nicht jedoch auch Vorschriften darüber, wie diese Ziele im Einzelnen zu verwirklichen sind. Statt bestimmte Arbeiten und Aufgaben nach festgelegten Regeln und Methoden zu erfüllen, sind Ziele (Planvorgaben) zu erreichen. Die Entscheidung über die Auswahl und den Einsatz der notwendigen Mittel und Maßnahmen zur Zielerreichung bleibt weitgehend dem freien Ermessen des einzelnen Mitarbeiters überlassen. Der Vorgesetzte beschränkt sich im Wesentlichen auf die Kontrolle der Zielerreichung (Endkontrolle).

Abb. 2 Management by objectives

- **Management by exception** soll die Führungsspitze entlasten. Hierbei wird dem einzelnen Mitarbeiter eine noch weiter gehende Entscheidungsbefugnis des Inhalts eingeräumt. Lediglich Ausnahmefälle (exceptions) sind einer höheren Hierarchieebene mitzuteilen und zur Entscheidung zu melden. Der einzelne Mitarbeiter erhält eine noch größere Verantwortung. Über diesen Weg ist eine bessere Motivation möglich.

Abb. 3 Management by exception

Ein moderner Führungsstil, der auf dem Prinzip der Delegation von Verantwortung aufbaut, hat gegenüber dem autoritären Führungsstil immer zwei entscheidende Vorteile:

- die **Entlastung der Führung**, verbunden mit der Freistellung für echte Führungsaufgaben (siehe Randspalte) sowie

- die besseren Möglichkeiten der **Mitarbeiter-Motivation** und damit mehr Chancen, sich mit der Zielsetzung des Unternehmens zu identifizieren.

> Die Vorgesetzten müssen Zeit für echte Führungsaufgaben bekommen, das heißt für:
> - für Menschenführung,
> - für Organisation,
> - für Improvisation und
> - für Innovation.

(2) Wenn in Verbindung mit Feiertagen an Werktagen nicht gearbeitet wird, damit die Beschäftigten eine längere zusammenhängende Freizeit haben, so darf die ausfallende Arbeitszeit auf die Werktage von fünf zusammenhängenden, die Ausfalltage einschließenden Wochen nur dergestalt verteilt werden, dass die Wochenarbeitszeit im Durchschnitt dieser fünf Wochen 40 Stunden nicht überschreitet. Die tägliche Arbeitszeit darf hierbei achteinhalb Stunden nicht überschreiten.

(2a) Wenn an einzelnen Werktagen die Arbeitszeit auf weniger als acht Stunden verkürzt ist, können Jugendliche an den übrigen Werktagen derselben Woche achteinhalb Stunden beschäftigt werden. …

§ 9 Berufsschule

(1) Der Arbeitgeber hat den Jugendlichen für die Teilnahme am Berufsschulunterricht freizustellen.
Er darf den Jugendlichen nicht beschäftigen

1. vor einem vor 9 Uhr beginnenden Unterricht; dies gilt auch für Personen, die über 18 Jahre alt und noch berufsschulpflichtig sind,
2. an einem Berufsschultag mit mehr als fünf Unterrichtsstunden von mindestens je 45 Minuten, einmal in der Woche,
3. in Berufsschulwochen mit einem planmäßigen Blockunterricht von mindestens 25 Stunden an mindestens fünf Tagen; zusätzliche betriebliche Ausbildungsveranstaltungen bis zu zwei Stunden wöchentlich sind zulässig.

(2) Auf die Arbeitszeit werden angerechnet
1. Berufsschultage nach Absatz 1 Nr. 2 mit acht Stunden,
2. Berufsschulwochen nach Absatz 1 Nr. 3 mit 40 Stunden,
3. im Übrigen die Unterrichtszeit einschließlich der Pausen.

(3) Ein Entgeltausfall darf durch den Besuch der Berufsschule nicht eintreten.
(4) (weggefallen)

§ 10 Prüfungen und außerbetriebliche Ausbildungsmaßnahmen

(1) Der Arbeitgeber hat den Jugendlichen
1. für die Teilnahme an Prüfungen und Ausbildungsmaßnahmen, die auf Grund öffentlich-rechtlicher oder vertraglicher Bestimmungen außerhalb der Ausbildungsstätte durchzuführen sind,
2. an dem Arbeitstag, der der schriftlichen Abschlussprüfung unmittelbar vorangeht, freizustellen.

(2) Auf die Arbeitszeit werden angerechnet
1. die Freistellung nach Absatz 1 Nr. 1 mit der Zeit der Teilnahme einschließlich der Pausen,
2. die Freistellung nach Absatz 1 Nr. 2 mit acht Stunden.
Ein Entgeltausfall darf nicht eintreten.

§ 11 Ruhepausen, Aufenthaltsräume

(1) Jugendlichen müssen im Voraus feststehende Ruhepausen von angemessener Dauer gewährt werden. Die Ruhepausen müssen mindestens betragen
1. 30 Minuten bei einer Arbeitszeit von mehr als viereinhalb bis zu sechs Stunden,
2. 60 Minuten bei einer Arbeitszeit von mehr als sechs Stunden. Als Ruhepause gilt nur eine Arbeitsunterbrechung von mindestens 15 Minuten.

(2) Die Ruhepausen müssen in angemessener zeitlicher Lage gewährt werden, frühestens eine Stunde nach Beginn und spätestens eine Stunde vor Ende der Arbeitszeit. Länger als viereinhalb Stunden hintereinander dürfen Jugendliche nicht ohne Ruhepause beschäftigt werden.

4.2 Führungsstil

🇬🇧 management style 🇫🇷 style (m) de direction (w)

Unter Führungsstil versteht man die Art und Weise, wie Mitarbeiter eines Unternehmens vom Vorgesetzten zur Leistungserbringung geführt, motiviert und angehalten werden.

Aus der Vielzahl der in der Praxis vorkommenden verschiedenen Führungsstile hier eine Auswahl:

- **Autoritärer Führungsstil**, das heißt, die Mitarbeiter erhalten befehlsartig ihre Arbeitsanweisungen, der Chef denkt und lenkt, die Mitarbeiter führen nur aus und haben kein Mitspracherecht.

- **Harzburger Modell** bedeutet, aktive Mitarbeiter bekommen eigene Führungs- und Handlungs-Verantwortung für bestimmte Bereiche delegiert, die Entscheidungen werden vom Top-Management auf untergeordnete Ebenen verlagert, die Führungskräfte werden für ihre Entscheidungen verantwortlich gemacht.

- **Management by systems** ist die Anwendung systematisch ermittelter Ergebnisse, Analysen und Zukunftsbeurteilungen aus allen Unternehmensbereichen als Entscheidungshilfen und als Beurteilungs- und Rechtfertigungsgrundlage für abgelaufene Geschäftsperioden. Management by systems ist Führung durch Systemsteuerung mit Hilfe eines computergestützten Informations- und Steuersystems.

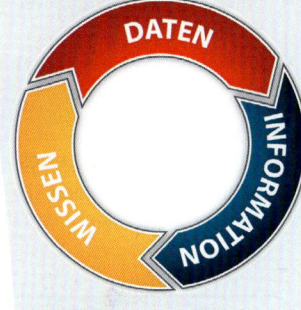

Abb. 1 Management by systems

- **Management by objectives** bedeutet Führen durch Vorgabe von Zielen. Dabei werden den einzelnen Mitarbeitern nur Ziele vorgegeben, nicht jedoch auch Vorschriften darüber, wie diese Ziele im Einzelnen zu verwirklichen sind. Statt bestimmte Arbeiten und Aufgaben nach festgelegten Regeln und Methoden zu erfüllen, sind Ziele (Planvorgaben) zu erreichen. Die Entscheidung über die Auswahl und den Einsatz der notwendigen Mittel und Maßnahmen zur Zielerreichung bleibt weitgehend dem freien Ermessen des einzelnen Mitarbeiters überlassen. Der Vorgesetzte beschränkt sich im Wesentlichen auf die Kontrolle der Zielerreichung (Endkontrolle).

Abb. 2 Management by objectives

- **Management by exception** soll die Führungsspitze entlasten. Hierbei wird dem einzelnen Mitarbeiter eine noch weiter gehende Entscheidungsbefugnis des Inhalts eingeräumt. Lediglich Ausnahmefälle (exceptions) sind einer höheren Hierarchieebene mitzuteilen und zur Entscheidung zu melden. Der einzelne Mitarbeiter erhält eine noch größere Verantwortung. Über diesen Weg ist eine bessere Motivation möglich.

Abb. 3 Management by exception

Ein moderner Führungsstil, der auf dem Prinzip der Delegation von Verantwortung aufbaut, hat gegenüber dem autoritären Führungsstil immer zwei entscheidende Vorteile:

- die **Entlastung der Führung**, verbunden mit der Freistellung für echte Führungsaufgaben (siehe Randspalte) sowie

- die besseren Möglichkeiten der **Mitarbeiter-Motivation** und damit mehr Chancen, sich mit der Zielsetzung des Unternehmens zu identifizieren.

> Die Vorgesetzten müssen Zeit für echte Führungsaufgaben bekommen, das heißt für:
> - für Menschenführung,
> - für Organisation,
> - für Improvisation und
> - für Innovation.

(2) Wenn in Verbindung mit Feiertagen an Werktagen nicht gearbeitet wird, damit die Beschäftigten eine längere zusammenhängende Freizeit haben, so darf die ausfallende Arbeitszeit auf die Werktage von fünf zusammenhängenden, die Ausfalltage einschließenden Wochen nur dergestalt verteilt werden, dass die Wochenarbeitszeit im Durchschnitt dieser fünf Wochen 40 Stunden nicht überschreitet. Die tägliche Arbeitszeit darf hierbei achteinhalb Stunden nicht überschreiten.

(2a) Wenn an einzelnen Werktagen die Arbeitszeit auf weniger als acht Stunden verkürzt ist, können Jugendliche an den übrigen Werktagen derselben Woche achteinhalb Stunden beschäftigt werden. …

§ 9 Berufsschule

(1) Der Arbeitgeber hat den Jugendlichen für die Teilnahme am Berufsschulunterricht freizustellen.
Er darf den Jugendlichen nicht beschäftigen
1. vor einem vor 9 Uhr beginnenden Unterricht; dies gilt auch für Personen, die über 18 Jahre alt und noch berufsschulpflichtig sind,
2. an einem Berufsschultag mit mehr als fünf Unterrichtsstunden von mindestens je 45 Minuten, einmal in der Woche,
3. in Berufsschulwochen mit einem planmäßigen Blockunterricht von mindestens 25 Stunden an mindestens fünf Tagen; zusätzliche betriebliche Ausbildungsveranstaltungen bis zu zwei Stunden wöchentlich sind zulässig.

(2) Auf die Arbeitszeit werden angerechnet
1. Berufsschultage nach Absatz 1 Nr. 2 mit acht Stunden,
2. Berufsschulwochen nach Absatz 1 Nr. 3 mit 40 Stunden,
3. im Übrigen die Unterrichtszeit einschließlich der Pausen.

(3) Ein Entgeltausfall darf durch den Besuch der Berufsschule nicht eintreten.
(4) (weggefallen)

§ 10 Prüfungen und außerbetriebliche Ausbildungsmaßnahmen

(1) Der Arbeitgeber hat den Jugendlichen
1. für die Teilnahme an Prüfungen und Ausbildungsmaßnahmen, die auf Grund öffentlich-rechtlicher oder vertraglicher Bestimmungen außerhalb der Ausbildungsstätte durchzuführen sind,
2. an dem Arbeitstag, der der schriftlichen Abschlussprüfung unmittelbar vorangeht, freizustellen.

(2) Auf die Arbeitszeit werden angerechnet
1. die Freistellung nach Absatz 1 Nr. 1 mit der Zeit der Teilnahme einschließlich der Pausen,
2. die Freistellung nach Absatz 1 Nr. 2 mit acht Stunden.

Ein Entgeltausfall darf nicht eintreten.

§ 11 Ruhepausen, Aufenthaltsräume

(1) Jugendlichen müssen im Voraus feststehende Ruhepausen von angemessener Dauer gewährt werden. Die Ruhepausen müssen mindestens betragen
1. 30 Minuten bei einer Arbeitszeit von mehr als viereinhalb bis zu sechs Stunden,
2. 60 Minuten bei einer Arbeitszeit von mehr als sechs Stunden. Als Ruhepause gilt nur eine Arbeitsunterbrechung von mindestens 15 Minuten.

(2) Die Ruhepausen müssen in angemessener zeitlicher Lage gewährt werden, frühestens eine Stunde nach Beginn und spätestens eine Stunde vor Ende der Arbeitszeit. Länger als viereinhalb Stunden hintereinander dürfen Jugendliche nicht ohne Ruhepause beschäftigt werden.

(3) Der Aufenthalt während der Ruhepausen in Arbeitsräumen darf den Jugendlichen nur gestattet werden, wenn die Arbeit in diesen Räumen während dieser Zeit eingestellt ist und auch sonst die notwendige Erholung nicht beeinträchtigt wird. …

§ 12 Schichtzeit
Bei der Beschäftigung Jugendlicher darf die Schichtzeit (§ 4 Abs. 2) 10 Stunden, im Bergbau unter Tage 9 Stunden, im **Gaststättengewerbe**, in der Landwirtschaft, in der Tierhaltung, auf Bau- und Montagestellen 11 Stunden nicht überschreiten.

§ 13 Tägliche Freizeit
Nach Beendigung der täglichen Arbeitszeit dürfen Jugendliche nicht vor Ablauf einer ununterbrochenen Freizeit von mindestens 12 Stunden beschäftigt werden.

§ 14 Nachtruhe
(1) Jugendliche dürfen nur in der Zeit von 6 bis 20 Uhr beschäftigt werden.
(2) Jugendliche über 16 Jahre dürfen
1. im **Gaststätten-** und Schaustellergewerbe bis **22 Uhr**,
2. in mehrschichtigen Betrieben bis **23 Uhr**,
3. in der Landwirtschaft ab 5 Uhr oder bis 21 Uhr,
4. in Bäckereien und Konditoreien ab 5 Uhr

beschäftigt werden.
(3) Jugendliche über 17 Jahre dürfen in Bäckereien ab 4 Uhr beschäftigt werden.
(4) An dem einem Berufsschultag unmittelbar vorangehenden Tag dürfen Jugendliche auch nach Absatz 2 Nr. 1 bis 3 nicht nach 20 Uhr beschäftigt werden, wenn der Berufsschulunterricht am Berufsschultag vor 9 Uhr beginnt. …

§ 15 Fünf-Tage-Woche
Jugendliche dürfen nur an fünf Tagen in der Woche beschäftigt werden. Die beiden wöchentlichen Ruhetage sollen nach Möglichkeit aufeinander folgen.

§ 16 Samstagsruhe
(1) An Samstagen dürfen Jugendliche nicht beschäftigt werden.
(2) Zulässig ist die Beschäftigung Jugendlicher an Samstagen nur
1. in Krankenanstalten sowie in Alten-, Pflege- und Kinderheimen,
2. in offenen Verkaufsstellen, in Betrieben mit offenen Verkaufsstellen, in Bäckereien und Konditoreien, im Friseurhandwerk und im Marktverkehr, …
6. im **Gaststätten-** und Schaustellergewerbe, … Mindestens zwei Samstage im Monat sollen beschäftigungsfrei bleiben.

(3) Werden Jugendliche an Samstagen beschäftigt, ist ihnen die Fünf-Tage-Woche (§ 15) durch Freistellung an einem anderen berufsschulfreien Arbeitstag derselben Woche sicherzustellen. In Betrieben mit einem Betriebsruhetag in der Woche kann die Freistellung auch an diesem Tag erfolgen, wenn die Jugendlichen an diesem Tag keinen Berufsschulunterricht haben.
(4) Können Jugendliche in den Fällen des Absatzes 2 Nr. 2 am Samstag nicht acht Stunden beschäftigt werden, kann der Unterschied zwischen der tatsächlichen und der nach § 8 Abs. 1 höchstzulässigen Arbeitszeit an dem Tag bis 13 Uhr ausgeglichen werden, an dem die Jugendlichen nach Absatz 3 Satz 1 freizustellen sind.

§ 17 Sonntagsruhe
(1) An Sonntagen dürfen Jugendliche nicht beschäftigt werden.
(2) Zulässig ist die Beschäftigung Jugendlicher an Sonntagen nur
1. in Krankenanstalten sowie in Alten-, Pflege- und Kinderheimen, …

Abb. 1 Auszubildende als Hotelfachfrau

8. im **Gaststättengewerbe**.
Jeder zweite Sonntag soll, mindestens zwei Sonntage im Monat müssen beschäftigungsfrei bleiben.
(3) Werden Jugendliche am Sonntag beschäftigt, ist ihnen die Fünf-Tage-Woche (§ 15) durch Freistellung an einem anderen berufsschulfreien Arbeitstag derselben Woche sicherzustellen. In Betrieben mit einem Betriebsruhetag in der Woche kann die Freistellung auch an diesem Tag erfolgen, wenn die Jugendlichen an diesem Tag keinen Berufsschulunterricht haben.

§ 18 Feiertagsruhe
(1) Am 24. und 31. Dezember nach 14 Uhr und an gesetzlichen Feiertagen dürfen Jugendliche nicht beschäftigt werden.
(2) Zulässig ist die Beschäftigung Jugendlicher an gesetzlichen Feiertagen in den Fällen des § 17 Abs. 2, ausgenommen am 25. Dezember, am 1. Januar, am ersten Osterfeiertag und am 1. Mai.
(3) Für die Beschäftigung an einem gesetzlichen Feiertag, der auf einen Werktag fällt, ist der Jugendliche an einem anderen berufsschulfreien Arbeitstag derselben oder der folgenden Woche freizustellen. In Betrieben mit einem Betriebsruhetag in der Woche kann die Freistellung auch an diesem Tag erfolgen, wenn die Jugendlichen an diesem Tag keinen Berufsschulunterricht haben.

§ 19 Urlaub
(1) Der Arbeitgeber hat **Jugendlichen** für jedes Kalenderjahr einen bezahlten Erholungsurlaub zu gewähren.
(2) Der Urlaub beträgt jährlich
1. mindestens **30 Werktage**, wenn der Jugendliche zu Beginn des Kalenderjahrs noch nicht **16** Jahre alt ist,
2. mindestens **27 Werktage**, wenn der Jugendliche zu Beginn des Kalenderjahrs noch nicht **17** Jahre alt ist,
3. mindestens **25 Werktage**, wenn der Jugendliche zu Beginn des Kalenderjahrs noch nicht **18** Jahre alt ist. …

(3) Der Urlaub soll Berufsschülern in der Zeit der Berufsschulferien gegeben werden. Soweit er nicht in den Berufsschulferien gegeben wird, ist für jeden Berufsschultag, an dem die Berufsschule während des Urlaubs besucht wird, ein weiterer Urlaubstag zu gewähren. …

§ 21 Ausnahmen in besonderen Fällen
(1) Die §§ 8 und 11 bis 18 finden keine Anwendung auf die Beschäftigung Jugendlicher mit vorübergehenden und unaufschiebbaren Arbeiten in **Notfällen**, soweit erwachsene Beschäftigte nicht zur Verfügung stehen.
(2) Wird in den Fällen des Absatzes 1 über die Arbeitszeit des § 8 hinaus Mehrarbeit geleistet, so ist sie durch entsprechende Verkürzung der Arbeitszeit innerhalb der folgenden drei Wochen auszugleichen. …

§ 21a Abweichende Regelungen
(1) In einem Tarifvertrag oder auf Grund eines Tarifvertrages in einer Betriebsvereinbarung kann zugelassen werden
1. abweichend von den §§ 8, 15, 16 Abs. 3 und 4, § 17 Abs. 3 und § 18 Abs. 3 die Arbeitszeit bis zu neun Stunden täglich, 44 Stunden wöchentlich und bis zu fünfeinhalb Tagen in der Woche anders zu verteilen, jedoch nur unter Einhaltung einer durchschnittlichen Wochenarbeitszeit von 40 Stunden in einem Ausgleichszeitraum von zwei Monaten,

Abb. 1 Urlaubsanspruch

Abb. 2 Ausnahmen in besonderen Fällen

2. abweichend von § 11 Abs. 1 Satz 2 Nr. 2 und Abs. 2 die Ruhepausen bis zu 15 Minuten zu kürzen und die Lage der Pausen anders zu bestimmen,
3. abweichend von § 12 die Schichtzeit mit Ausnahme des Bergbaus unter Tage bis zu einer Stunde täglich zu verlängern,
4. abweichend von § 16 Abs. 1 und 2 Jugendliche an 26 Samstagen im Jahr oder an jedem Samstag zu beschäftigen, wenn statt dessen der Jugendliche an einem anderen Werktag derselben Woche von der Beschäftigung freigestellt wird,
5. abweichend von den §§ 15, 16 Abs. 3 und 4, § 17 Abs. 3 und § 18 Abs. 3 Jugendliche bei einer Beschäftigung an einem Samstag oder an einem Sonn- oder Feiertag unter vier Stunden an einem anderen Arbeitstag derselben oder der folgenden Woche vor- oder nachmittags von der Beschäftigung freizustellen,
6. abweichend von § 17 Abs. 2 Satz 2 Jugendliche im **Gaststätten**- und Schaustellergewerbe sowie in der Landwirtschaft während der Saison oder der Erntezeit an drei Sonntagen im Monat zu beschäftigen.
(2) Im Geltungsbereich eines Tarifvertrages nach Absatz 1 kann die abweichende tarifvertragliche Regelung im Betrieb eines nicht tarifgebundenen Arbeitgebers durch Betriebsvereinbarung oder, wenn ein Betriebsrat nicht besteht, durch schriftliche Vereinbarung zwischen dem Arbeitgeber und dem Jugendlichen übernommen werden.
(3) Die Kirchen und die öffentlich-rechtlichen Religionsgesellschaften können die in Absatz 1 genannten Abweichungen in ihren Regelungen vorsehen. …

§ 22 Gefährliche Arbeiten
(1) Jugendliche dürfen nicht beschäftigt werden
1. mit Arbeiten, die ihre physische oder psychische Leistungsfähigkeit übersteigen,
2. mit Arbeiten, bei denen sie sittlichen Gefahren ausgesetzt sind,
3. mit Arbeiten, die mit Unfallgefahren verbunden sind, von denen anzunehmen ist, dass Jugendliche sie wegen mangelnden Sicherheitsbewusstseins oder mangelnder Erfahrung nicht erkennen oder nicht abwenden können,
4. mit Arbeiten, bei denen ihre Gesundheit durch außergewöhnliche Hitze oder Kälte oder starke Nässe gefährdet wird,
5. mit Arbeiten, bei denen sie schädlichen Einwirkungen von Lärm, Erschütterungen oder Strahlen ausgesetzt sind,
6. mit Arbeiten, bei denen sie schädlichen Einwirkungen von Gefahrstoffen im Sinne des Chemikaliengesetzes ausgesetzt sind,
7. mit Arbeiten, bei denen sie schädlichen Einwirkungen von biologischen Arbeitsstoffen … ausgesetzt sind. …

§ 31 Züchtigungsverbot, Verbot der Abgabe von Alkohol und Tabak
(1) Wer Jugendliche beschäftigt oder im Rahmen eines Rechtsverhältnisses im Sinne des § 1 beaufsichtigt, anweist oder ausbildet, darf sie nicht körperlich züchtigen.
(2) Wer Jugendliche beschäftigt, muss sie vor körperlicher Züchtigung und Misshandlung und vor sittlicher Gefährdung durch andere bei ihm Beschäftigte und durch Mitglieder seines Haushalts an der Arbeitsstätte und in seinem Haus schützen. Er darf Jugendlichen unter 16 Jahren keine alkoholischen Getränke und Tabakwaren, Jugendlichen über 16 Jahre keinen Branntwein geben. …

§ 48 Aushang über Arbeitszeit und Pausen.
Arbeitgeber, die regelmäßig mindestens drei Jugendliche beschäftigen, haben einen Aushang über Beginn und Ende der regelmäßigen täglichen Arbeitszeit und der Pausen der Jugendlichen an geeigneter Stelle im Betrieb anzubringen.

Abb. 1 Gefährliche Arbeiten sind für Jugendliche verboten!

Abb. 2 Alkohol-Verbot für Jugendliche unter 16 Jahren

Führungsaufgaben

FÜHRUNGSAUFGABEN IM WIRTSCHAFTSDIENST

Aufgaben

1. Was ist eine Stellenbeschreibung?
2. In welche acht Themenbereiche werden Stellenbeschreibungen gegliedert?
3. Welche drei Vorteile bringen Stellenbeschreibungen jeweils
   a) für die Mitarbeiter und
   b) für den Betrieb?
4. Verfassen Sie eine Stellenbeschreibung für die Verwalterin der Hotel-Wäschekammer.
5. Erklären Sie, welche Hilfsmittel bei der Erstellung von Dienstplänen nützlich sind.
6. Was versteht man unter einem Leistungsmaßstab für Zimmerfrauen?
7. Welche Faktoren beeinflussen die Größe des Leistungsmaßstabes für Zimmerfrauen?
8. Ein Hotel hat 120 Zimmer und bietet auch einen Abend-Zimmer-Service. Der Leistungsmaßstab für Tages-Zimmerfrauen beträgt 15 Zimmer, der für Abend-Zimmerfrauen beträgt 60 Zimmer.
   Fertigen Sie eine Personalplanungstabelle für Zimmerfrauen an, beginnend mit einer Auslastung von 30 %, dann in 10-%-Schritten bis 100 % Auslastung.
9. Welche „Sonstigen Arbeiten" einer Zimmerfrau ergeben das Gesamt-Arbeitsvolumen?
10. In einem Zeitraum von 30 Tagen haben täglich 10 Tageszimmerfrauen im Dienst 4.200 Zimmer versorgt. Wie viele Zimmer hätten versorgt werden können, wenn der Leistungsmaßstab von 15 Zimmern eingehalten worden wäre?
11. Erklären Sie, inwiefern die innerbetriebliche Kommunikation das Betriebsklima beeinflusst.
12. Wer ist Kommunikator und wer ist Kommunikant, beispielsweise bei einem Telefonat?
13. Welche fünf bestimmten Techniken zählen zur Mitarbeiter-Führung?
14. Woraus resultieren Arbeitszufriedenheit und Leistungsverhalten von Mitarbeitern (nach F. Herzberg)? Nennen Sie drei Bereiche.
15. Welche vier Bereiche wirken auf die Arbeitszufriedenheit der Mitarbeiter ein?
16. Erklären Sie die Begriffe job rotation, job enlargement und job enrichment.
17. Geben Sie fünf Beispiele dafür, wie man Mitarbeiter motiviert.
18. Welche vier Führungsstile gelten als zeitgemäß?
19. Welche Verhaltensweisen von Vorgesetzten wirken demotivierend auf Mitarbeiter?
20. Worauf bauen moderne Führungsstile auf und welche zwei wichtigen Vorteile haben sie?
21. Nennen Sie fünf Absichten, die mit der Durchführung von Trainingsmaßnahmen verfolgt werden.
22. Welche sieben Fragen sind bei der Vorbereitung eines Trainingskonzepts für Mitarbeiter zu klären?
23. Bei der Dienstplan-Erstellung sind Rechtsvorschriften zu beachten. Nennen Sie drei Gesetze mit je zwei Vorschriften hierzu.
24. An welchen vier Tagen des Kalenderjahres dürfen Jugendliche im Gastronomiebetrieb nicht beschäftigt werden?
25. An welchen beiden Tagen des Kalenderjahres dürfen Jugendliche nicht nach 14 Uhr beschäftigt werden?

PROJEKT

Planung und Herstellung von Organisationsmitteln

Die Hausdame möchte ihre Abteilung neu organisieren und beabsichtigt, für alle Positionen Stellenbeschreibungen als Organisationsmittel einzusetzen.

Sie wurden beauftragt, für die Stelle der Wäschebeschließerin (Leiterin der Wäschekammer) die Stellenbeschreibung anzufertigen und Ihrer Abteilungsleiterin vorzulegen.

① Stellenbeschreibung **Zimmerfrau**

② Angestellte

③ Die Stelleninhaberin ist der Hausdame unterstellt.

④ Die Stelleninhaberin ist gegebenenfalls Auszubildenden überstellt.

⑤ Mit der Stelle verbundene Ziele: Die Gästezimmer und öffentlichen Räume des Hotels sind dem Qualitätsstandard entsprechend stets sauber und gepflegt. Die Arbeitsatmosphäre ist gekennzeichnet durch stets höfliches, aufmerksames und hilfsbereites Verhalten (Teamwork). Die anvertrauten Anlagen und Güter sind einwandfrei gepflegt und bewahren ihren Wert. Die eingesetzten Materialien werden wirtschaftlich verwaltet.

⑥ Die Stelleninhaberin vertritt die anderen Zimmerfrauen sowie die Raumpflegerin, gegebenenfalls das Reinigungspersonal; die Stelleninhaberin wird durch die anderen Zimmerfrauen vertreten.

⑦ Aufgaben:
- Wäscherei: Mithilfe bei der Wäschepflege, z. B. Wäsche zusammenlegen
- Entgegennahme der Belegungs-Liste (Bleibezimmer – Abreisezimmer)
- Auffüllen des Etagenwagens
- Reinigung der Bleibezimmer: Fenster öffnen, Papierkorb und Aschenbecher ausleeren, Betten machen (Bettwäsche jeden 3. Tag wechseln), Staub wischen; Badezimmer: Reinigung von Aschenbechern, Gläsern, Spiegel, WC, Badewanne bzw. Dusche, Waschbecken, Fußboden, Verteilung neuer Handtücher, Duschgel/Shampoo, Schreibmappe auffüllen, staubsaugen, Vorhänge richten. Hinweis: Die Gästehandtücher werden nur gewechselt, falls sich die Handtücher auf dem Fußboden befinden (Gästeinfo auf Zimmern)
- Reinigung der Abreisezimmer: insgesamt gründlicher, frische Bettwäsche/Handtücher, Fenster putzen, u. U. Bad gründlicher (Armaturen), Flure saugen, Minibars: checken und auffüllen, Minibarliste ausfüllen (Verbrauch); Extras: Vorhänge waschen, Fugen (Bad) putzen, Duschvorhänge wechseln und waschen, Türen wischen, Teppich shampoonieren
- bei bestimmten Anlässen dekorieren
- Obstteller herrichten

⑧ Die Stelleninhaberin ist für eine Etage (bzw. ca. 25 Zimmer) verantwortlich; Schlüsselgewalt: Etagen-Gruppenschlüssel, Wäscherei; Dienstplanmitgestaltung.

Planung

① Machen Sie sich mit Aufbau, Gliederung und Stil einer vorbildlichen Stellenbeschreibung vertraut.

② Informieren Sie sich über alle Ziele, Aufgaben, Befugnisse und Kompetenzen dieser Stelle in Ihrem Betrieb.

Realisierung

① Gliedern Sie die Stellenbeschreibung wie üblich in acht Punkte.

② Ordnen Sie die gesammelten Informationen über diese Stelle den acht Überbegriffen zu.

Ergebniskontrolle

① Überprüfen Sie, ob Sie alle Informationen richtig und vollständig zugeordnet haben.

② Legen Sie Ihre Ausarbeitung der Hausdame zur Endkontrolle vor.

Sachwortverzeichnis

Symbole
5-Forces-Modell 520

A
Aal 408, 409
Abbuchung 630
Abfall
 -entsorgung 48
 -vermeidung 48
Abfallvermeidung 571
Abkühlung 72
Ablage des Vorgangs 654
Ablauf des Eindeckens 271
Ablauforganisation 599, 662, 698
Ablaufplan, Warenannahme 353
abnehmen (Tisch-, Tafeltücher) 265
Abrechnen mit Betrieb 383
Abrechnen mit Gast 383
Abrechnung mit dem Betrieb 388
Abrechnung mit dem Gast 386
Abrechnungsvorgänge 629
Abreise 629
Abrufbons 384
Absatzmethode 524
Absatzmittler 681
Abschluss 646
Abschlussprüfung 16
Abteilung 598
Abteilungen informieren 660
Abwasser entlasten 571
Abwechslung im Menü 488
Abziehen 151, 182, 184
Aceton 544
Adipositas 124
Aerobier 55
AGB 673, 696
Ahornsirup 477
AIDA-Formel 643
Aktionen 661
Aktionsbeispiele 661
Aktionswoche 667
À-la-Carte
 -Geschäft 25
 -Service 273
Albumin 104
alkoholfreie Getränke 281
alkoholfreie Mischgetränke 287
Alkoholkonservierung 80
Alleinwerbung 528
Allergenkennzeichnung 40
Allergien 558
Allgemeine Geschäftsbedingungen 673, 696
Alpaka 534
alternative Ernährungsformen 130
Alternativfragen 370, 645
Ameisen 63
Aminosäuren 101
Amontillado 317
Amuse-Bouche 32, 479
Amuse-Bouche-Menüs 480
Amuse-Gueule 32, 479
Anaerobier 55
Analyse 520, 529
Analyse der Gäste-Struktur 681
Analyse der Lagerbestände 594
Analyse der Stärken und Schwächen 681
Analyse des Angebots 681
Analyse des Gäste-Konsumverhalten 681
Analyse des Jahresumsatzes 681
Anfragen bearbeiten 654
Anführungszeichen 510
Angebot 514, 645
Angebote erstellen 654
Angebotsformen 293, 350
Angebotspreise 658
Angebotsvergleich 350, 578
Animation 625
Anis 204
Anlass 487
Anreise 622
Anrichten
 einfacher Speisen 230
Anrichteweisen 664
Anschriftenfeld 647, 648
Anschwitzen 219
à part 406
Apéritif 329
Aperitifs 493
Apfel-Mango-Smoothie 286
Apfelstrudel 473
à point 424
Appretieren 543
Aquaculture Stewardship Council (ASC) 43
Arabica 290
Arbeit
 eigene, planen 233
 mit Rezepten 236
Arbeiten im Verkauf 642
Arbeitsabläufe 238
 im Service 261
Arbeitsbekleidung 137, 241
Arbeitshöhe 146
Arbeitsmittel 147
Arbeitsreihenfolge 561
Arbeitsschuhe 143
Arbeitssicherheit 136, 573
Arbeitsunzufriedenheit 705
Arbeitsvolumen 702
Arbeitszeit (planen) 239
Armagnac 324
Aroma 39, 196, 282
aromatisierte Spirituosen 327
Arten der Speisekarten 501
Arten der Werbung 528
Arten des Service 273
Arten des Vorlegens 277
aschen-Federkern-Matratzen 554
Aspartam 91
Âtonnets de légumes 188
Aufbauorganisation 599
Aufbewahrungsschein 625
Aufdeck-Service 568
Aufeinanderfolge der Getränke 495
Aufeinanderfolge der Speisen im Menü 490
Aufgaben der Empfangsabteilung 606
Aufgeschlagene Saucen 405
Aufläufe 472
Auflegen (Tisch-, Tafeltücher) 264
Aufmachung der Speisekarte 502
Aufnahme der Bestellung 368, 373
Auftauen 78
Aufträge bestätigen 660
Ausbildungsbetrieb 15
Ausbildungsinhalte 16

Ausbohrer 148
Ausfallrechnung 631
Auskünfte 624
Ausländische Gäste 367
Auslese 311
Ausrüstung 543
Ausrüstung von Textilien 542
Austern 416
Austerngabel 250
Austernöffner 149
Austernsauce 211
Auszeichnungen 20
Autoritärer Führungsstil 707
Avorioreis 455
a_w-Wert 55

B

Bacillus Cereus 62
Backen 223
Backofen 165
Backwaren 451
Badezimmer 562
Bag-in-Box (BiB) 287
Bakterien 52
Balkon 563
Ballaststoffe 112
Bananensplit 476
Bankett 24, 28
   Service 274
Bankettvereinbarung 677
Barbecue 222
Bardieren 438
Barzahlung 629
Basilikum 198
Basmatireis 455
Bauernart 187
Baumwoll-Bettwäsche 556
Baumwolle 243, 539, 540
Baumwollsiegel 540
Bayerische Creme 474, 477
Béarner Sauce 405
Béchamelsauce 404
Bedarfsermittlung 348, 577
Bedarfsgegenstände 35
Bedürfnispyramide 363
Beerenauslese 311
Beerenobst 461
Begleitbons 384
Begrüßung 373
Beherbergungsbetriebe 14
Beherbergungsvertrag 614
Beherbergungs-Vertrag 654
Behinderte 367
Beignets 402

Beikoch 17
Beilagen 443
Beilagen aus Gemüse 443
Belästigung 530
Belegungsgrafik 617
Belegungsvorschau 701
Belehrung 69
Beluga-Kaviar 415
Beluga-Malossol-Kaviar 415
Benzpyrene 222
Beratung 374
Berechnung des tatsächlichen
   Wareneinsatzes 594
Berechnungen im Hausdamenbereich
   703
Bereich
   rein 66
   unrein 66
Berufsgenossenschaft 136
Berufskleidung 70, 137
Berufskrankheit 145
Berufsschule 15
Beschäftigungsverbote 69
Beschwerdemanagement 377
Bestandskennzahlen 358
Bestandskontrolle 586, 587
Bestätigungsfragen 645
Bestätigung verfassen 660
Besteck 248
   aus Kunststoff 248
   großes 249
   kleines 249
Bestellhäufigkeit 580
Bestellmenge 348, 580
Bestellung 580, 581
Bestellungsannahme 375
Bestellvorschläge 592
Betreff-Vermerk 650
Betriebsanalyse 531
Betriebshygiene 66
Betriebsorganisation 597
Betriebs-Organisations-Analyse 599
Betriebswerbung 528
Bettgestelle 553
Bettlaken 556
Betttücher 556
Bettvorleger 556
Bettwäsche 548, 556
Bettwäschewechsel 572
Beurre polonais 407
Bewirtung 368
Bewirtungsbetrieb 14
Bewirtungsvertrag 378, 639
Bezugskosten 351

Bezugspreis 578
Bezugsquellen 578
Bezugsquellenermittlung 349
Bezugszeichenzeile 647, 650
Biber 556
bien cuit 424
Bier 301
   Ausschank 304
   Herstellung 301
   -mischgetränke 304
   Sorten 302
Biermarken 386
Bindegewebe 106
Bindenadel 149
Bindung 490
bioaktive Substanzen 112
Bio-Lebensmittel 44
Bircher Müsli 331
Biskuit 475
Bitok 431
Bitter- und Kräuterliköre 328
Blanchieren 182, 190, 216
Blatteinteilung 647
Blätterteig 475
Blattgemüse und Blattsalate 443
Blaue Engel 571
Blaukochen 410
Bleichmittel 550
Blender 163
bleu 424
Blinis 415
Blumendekorationen 669
Blumendekorationen im Bankettbereich
   669
Blütengemüse 444
Bluthochdruck 125
Böden 545, 546
Body Mass Index (BMI) 122
Bohnenkraut 199
Bologneser Sauce 431
Bonbuch 383
Bonieren 385
Boniersysteme 383
Borschtsch 399
Botulismus 62
Bouillabaisse 399
Bouillon 396
Bowle 322
Brände 324
   Getreide 325
   Obst 325
   Wein 324
   Zuckerrohr 326
Brandmasse 475

SACHWORTVERZEICHNIS

Brandmelder 612
Brandschutz 624
Braten 225
Bratenjus 404
Bratentopf 153
Braten vom Kalb 421
Braten vom Lamm 429
Braten vom Rind 425
Braten vom Schwein 427
Braune Grundsauce 403
Braunreis 455
Brause 285
Brezenknödel 459
Brieffuß 647, 650
Briefkopf 647
Brieftext 650
Brioche 475
Brot 451
Brotsorten 451
Brotsuppe 399
Brühwürste 433
Brunch 333
Brunoise 187
Buchungskanäle 615
Buchweizen 450
Budgetierung 692
Büfett
   Service 274
Bundesdatenschutzgesetz 530
Bündner Fleisch 433
Burger 431, 442
Büro-Organisation 358
Butter 96
Butterformer 150
Buttermischungen 407

C

Cachaça 327
Café au Lait 295
Café Crema 294
Caffe Doppio 294
Caffe Lungo 294
Caffe Ristretto 294
Calvados 325
Calzone 441
Camarquereis 455
Campylobacter 59
Canapés 391
Cannelloni 454
Cappuccino 295
Care-Catering 29
Caseinogen 106
Catering 29
Cava 321

Ceasar's Salad 460
Célestine 401
Cellulose 540
Cellulosische Chemiefasern 541
Central-Reservation-Services 681
Cerealien 450
Cevapcici 431
CE-Zeichen 143
Chafing-Dish 259
Champagner 321
Champagner-Menü 492
Chancen-Risiken-Analyse 520
Charlotte 474
Chateaubriand 423
Check-in 622
Checkliste 235, 346, 347, 560, 566
Checkliste für Logistik 665
Checklisten 372, 665
Check-out 629
Cheeseburger 442
Chef de Partie 22
Chef-Portier 607
Chemiefasern 539, 541
Chili 206
Chili con Carne 431
Chilisauce 211
Cholesterin 101
Chrom-Nickel-Stahl 533
Chutneys 447
Ciabatta 451
Clam Chowder 399
Classic 311
Clean-Eating 45
Clean-Label 36
Cloche 258
Clostridien 62
Club Steak 423
Cock-a-leekie 400
Cocktailsauce 405
Cognac 324
Colibakterien 60
Commis de Cuisine 23
Computergesteuertes Boniersystem 383
Computerkasse 385
Concassés 187
Confieren 225
Consommé 396
Consommé double 396
Consortia 681
Cook & Chill 181
Cook & Hold 181
Cook & Serve 180
Cordon bleu 420

Corporate 517
Corporate Behaviour 517
Corporate Communication 517
Corporate Design 517
Corporate Identity 517
Côte de bœuf 423
Counterservice 376
Crémant 320
Crème brûlée 477
Cremespeisen 474
Cremesuppen 397
Crêpes 472
Croutons 397
CRS 681
CRS-Central Reservation Systems 619
Cumberlandsauce 406
Curry 422
Currypulver 200
Curry vom Lamm 430
Cyclamat 91

D

Damenessen 488
Damengesellschaft 491
Dämpfen 218
Datenkranz 678
Datum-Schreibweisen 651
Dauerausscheider 59
Daunen 557
Debitoren 389
Debitoren-Rechnungen 631
Deckbetten 557
Deckbetten-Bezüge 556
Deckservietten 245
Decktücher 245
Dekantierkorb 259
Delikatessen 393
Delta-T-Garprozess 169, 229
Demi Chef de Partie 22
Demiglace 403
Depot 626
Depotschein 626
Desinfektion 67
Dessert 34
Dessertkarten 471
Destillieren 322
Detachieren 547
Detail-Planung 662
Deutsche Käseauswahl 469
Deutscher Hotel- und Gaststätten-
   Verband (DEHOGA) 18
Deutsches Lebensmittelbuch (DLMB) 35
deutsche Weinsiegel 311
Dextrine 89

DGE-Ernährungskreis 82
Diabetes mellitus 125
Dienstleistung 513
Dienstleistungen 512, 624
Dienstplan 701
Digestif 329
Digestifs 495
Dill 198
Direkte Buchungen 614
Direkter Verkaufsweg 689
Disposition 598
Dolmas 431
Döner 440
doppelte Kraftbrühe 396
Druckdämpfen 218
Duftstoffe 550
Dünsten 219
Duroplaste 538

E

Echter Kaviar 415
Edelpilzkäse 466
Edelschimmel 53
Edelstahl 533
Edelstahlbesteck 248
EDV 358
EHEC-Bakterien 60, 182
Eiderdaunen 557
Einfachzucker 86
Einkaufsgemeinschaft 350
Einkaufskontakte 578
Einkochen 192
Einlagen für klare Suppen 396
Einliniensystem 601
Einsatzbereiche 698
Einschreiben
   Arten 650
Einstandspreis 350
Einteilung der Kohlenhydrate 86
Einweichmittel 550
Einzeltische 242
Einzel- und Doppelbons 383
Einzelwerbung 528
Eisbein 428
Eisbomben 476
Eiskaffee 476
Eisspeisen 476
Eiswein 311
Eitererreger 61
Eiweiß 101
   Aufbau 102
   biologische Wertigkeit 102
   Ergänzungswert 103
   faserförmiges (fibrilläres) 106

   Funktion 101
   kugelförmiges (globuläres) 104
   zusammengesetztes 106
Elastomere 538
Electronic Cash 630
Elektrogeräte 144
Elektronische Organisationsmittel 612
E-Mail-Adresse 652
E-Mails 651
   Haupttext 653
   Pflichtangaben 652
E-Mail-Zeilen 652
Empfängeranschriften 648
   Ausland 649
Empfangsbereich 606
Empfangschef/-in 607
Empfangsherr/Empfangsdame 607
Empfehlung 374
Empfehlung der Bestellung 368
Empfehlung von Speisen 390
emulgieren 99
Emulsionsliköre 328
Endarbeiten 564
Energieaufnahme 120
Energiebedarf 120
Energiegehalt 487
Energie sparen 570
Energieträger 84
Enten 434
Enthärtungsmittel 550
Entrecôte 423
Entrecôte double 423
Entremetier 25
Entstehung der Kohlenhydrate 86
Enzian 325
Enzyme 56, 114, 117, 550
Erfassung von Bestellungen 594
Erfrischungsgetränke 284
Erfüllungsgehilfe 574
ergonomisch 146
Ernährungsbedürfnis 487
Ernährungskreis 81
Ernährungspyramide
   vegan 133
   vegetarisch 130
Erste Hilfe 138
Erwartungshaltungen 364
Espresso 294
Essenz 396
Estragon 199
Etage
   Arbeitsabläufe 560
   Arbeitsvorbereitung 560

Etagenfrühstück 336
Etagenservice 335
Etagenwagen 560
Etamine 154
EU-Datenschutz-Grundverordnung (DSGVO) 360
Euro-Toques Deutschland e.V. 19
EU-Umweltzeichen 570
Eventgastronomie 31
Executive Sous-Chef 22
Exotische Früchte 462

F

Fachbegriffe am Empfang 632
Fachbegriffe aus dem Marketing-Bereich 695
Fachbegriffe im Verkauf 671
Fachkraft im Gastgewerbe 17
Fachmann/-frau für Systemgastronomie 17
Fachmesse 234
Fachzeitschrift 234
Fairtrade 43
fakultative Anaerobier 55
Fallstudie 531
Fantasienamen 508
Farbe 490
Fasan 436
Fäulniserreger 61
Fayence 537
Federkern-Matratzen 554, 555
Federn 557
Fehlbons 389
Feinappreturen 550
Feines Ragout 422
Feinwaschmittel 550
Felchen 408, 409
Fermentation 80
Fertigungsküche 24
Festtafel 242
Festtagsangebote 497
Festtagsmenüs 495
Fett 92
   tierisches 96
   trennen 98
   Verdauung von 94
   Verwendung von 94, 98
Fettabscheider 47
Fettbrand 142
Fettfische 408
Fettgehaltsstufen der Käse 467
Fettsäuren 93
   gesättigte 100
   kurzkettige 100

SACHWORTVERZEICHNIS

langkettige 100
Omega-n 93
Schmelzpunkt 96
ungesättigte 93, 100
Fettstoffwechselstörung 125
Feuerschutz 142
FIFO (First-In, First-Out) 355
Filet 424
Filetgulasch Stroganoff 424
Filetiermesser 149
Filet Wellington 425
Filz 244, 542
Finderlohn 380
Finderlohn-Regelung 639
Fingerbowle 259
Fingerfood 481
Fino 317
Firmengäste 513
Firmeninformation 234
Fisch 408
Fischbesteck 250
Fische
 Beilagenempfehlung 412
 trocken gebeizte 414
 Zubereitungen 410
Fischkonserven 414
Fischwaren 414
 geräucherte 414
 marinierte 414
Fitness-Bereich 568
Flaschenform 312
Flaschengärung 319
Flaschengröße 312, 321
Fleckentfernungsmittel 551
Fleischbrühe 396
Fleischgabel 147
Fleischtopf 153
Fleisch- und Wurstwaren 433
Fleischwaren 433
Fleischwolf 160
Fliegen 63
Florida 288
Flossenschere 149
Fluchtweg-Hinweis 612
Flunder 408
Flying Buffets 480
Folienkartoffeln 458
Fond 401
food-cost 594
Foodpairing 196
Forelle 408, 409
Forellen-Kaviar 415
Fortbildung 17
Foyers 565

Frachtbrief 583
Fragearten 369
Fragen 369
 rhetorische 370
 richtungweisende 371
 taktische 370
Franchise 30
Französische Käseauswahl 469
Fremdenverkehrsangebote 627
French Press 293
Frikadelle 226
Frisches Obst 472
Frischkäse 467
Fritteuse 174
Frittieren 224
Front-Office-Systeme 616
Frottierwäsche 548
Fruchtcocktails 477
Früchte des Meeres 416
Früchtedesserts 477
Früchtetee 298
Fruchtgemüse 444
Fruchtliköre 328
Fruchtnektar 283, 284
Fruchtsaft 283
Fruchtsaftgetränk 283
Fruchtsaftschorle 283
Frühstücksbüfett 332
Frühstückservice 334
Frühstücksgedecke 337
Fruktose 91
Fruktose-Intoleranz 128
Führungsaufgaben 704
Führungsstil 707
Full-Service-Restaurant 375
Function Sheet 373
Function Sheets 372
Fund-Bestimmungen 639
Fundsachen 379, 624
funktionales System 602
Futtermittel 35

G

Galantinen 393
Gänge 565
Gänse 434
Ganzheitliches Marketing-Konzept 685
Gardemanger 25
Garderobenhaftung 380
Garen 212
Garnelen 416
Garnierung/Garnitur 230
Garprogramm 170

Garstufe 424
Garverfahren
 feucht 215
 trocken 221
Garziehen 217
Gasherd 164
Gästeanregungen 680
Gästeartikel 560
Gästebedürfnisse 679
Gästebefragungen 531
Gästeberatung 368, 373
Gästebetreuung 527, 532, 624
Gästebetten 553
Gästefragebogen 518
Gästegepäck 624
Gästegrundtypen 365
Gästegruppen 367
Gästekartei 611
Gästekarteikarte 623
Gästetypologie 365
Gästewäsche-Service 568
Gäste-Wäscheservice 567
Gästezimmer 562, 563
Gästezimmer bei Abreise 561
Gästezimmer bei Bleibe 564
Gastfreundschaft 13
Gastgeber 368
Gastgewerbe 13
Gastronomische Akademie Deutschlands (GAD) 19
Gastro-Norm 155
Gaststättengesetz 380
Gastwirt 379
Gault-Millau 20
Gazpacho 398, 400
GDS-Global Distribution Systems 618
Gebäck 475
Gebackene Früchte 473
Gebrannte Crème 474
Gebrauchsgegenstände 533
Gebrauchsgüter 512
Gebundene Suppen 397
Gedeck 270
Geeiste Kraftbrühen 398
Gefährdungsbeurteilung 136
Gefahrenpunkte 354
Gefahrenquellen 573
Geflügel-Cocktail 392
Geflügelsalat 393
Gefrierbrand 78, 345
Gegenfragen 370
Gekochtes und gedünstetes Kalbfleisch 422
Geldbuße 380

Gelee 192
Gelees 477
Gemeinschaftsverpflegung 28
Gemeinschaftswerbung 528
Gemüse 443
   Ausgestochenes 189
   in Wellenform 189
   Tournieren 189
Gemüsekombination 447
Gemüsenudeln 482
Gemüsesaft 283
Gemüsestäbe 188
Gemüsestrudel 483
Gemüseteller 483
Gemüsewürfel 187
Gentechnik 44
Geographische Namen 509
Gepäckservice 622
Gerichte aus gekochtem Rindfleisch 425
Gerichte aus gekochtem Schweinefleisch 428
Gerichte aus geschmortem Kalbfleisch 421
Gerichte aus geschmortem Rindfleisch 426
Gerichte aus geschmortem Schweinefleisch 428
Gerichte aus Hackfleisch 431
Gerichte aus Innereien 432
Gerichte vom Wild 438
Gerichte von Austern 417
Gerichte von gebackenem Fisch 413
Gerichte von gebratenem oder gegrilltem Fisch 412
Gerichte von gedämpftem Fisch 411
Gerichte von gedünstetem Fisch 411
Gerichte von geschmortem Lammfleisch 429
Gerichte von Hausgeflügel 435
Gerichte von Krebstieren 416
Gerichte von Muscheln 417
Gerichte von pochiertem Fisch 410
Gerichte von Schnecken 417
Gerichte von Tintenfisch 417
Gerichte von Wildgeflügel 436
Gerste 450
Geruch 193
geschlossene Fragen 645
Geschlossene Fragen 369
Geschmack 194, 282
Geschmacksstufen der Getränke 494
Geschnetzeltes 421

Gesetz gegen den unlauteren Wettbewerb 673
Gesetz gegen Wettbewerbsbeschränkungen 673
Gesetzliche Vorschriften 510
Gestaltende Marketing-Instrumente 521, 686, 687
Gestaltung von Blumengestecken 669
Getränke nach dem Essen 495
Getränkeschankanlagen 286
Getränkeverbund-Anlage 386
Getränke vor dem Essen 493
Getränke zum Essen 493
Getränke zur Speisenfolge 493
Getreide 450
Getreideerzeugnisse 450
Gewebe 542
Gewerkschaft Nahrung-Genuss-Gaststätten (NGG) 18
Gewürze 200
Gewürznelke 204
Glas 537
Gläser 253
   Einsetzen 272
   Formen und Arten 253
   Reinigung und Pflege 254
Glasieren 219
Glattbutt 408
Globulin 104
Glühwein 322
Glutamat 194
Glutaminsäure 194
Glutenunverträglichkeit 127
Glykogen 89, 90
Goldbarsch 408
Granité 476
Grapefruit-Cocktail 392
Gratinieren 223
Graved Lachs 414
Griddleplatte 222
Grill 176
Grillen 221
Großraumgärung 319
Grundbesteck 249
Grundgedeck, erweitertes 270
Grundkenntnisse im Service 241
Grundreinigung 547
Grundsaucen 403
Grundtechniken 182
Grundumsatz 120
Grünkern 450
Grützen 477
GS-Zeichen 143

Guéridon 262
Guest history 623
Guide Michelin 20
Gulaschsuppe 400
Gusseisen 533
Gutscheine 386
GWB 673

H

HACCP 65
Hackbeil 148
Hackbraten 227
Hacken 182, 190
Hackfleisch 431
Hacksteaks 226
Hafer 450
Haftung aus unerlaubten Handlungen 574
Haftung des Gastwirts 639
Haftung für den Erfüllungsgehilfen 574
Haftung für den Verrichtungsgehilfen 574
Hähnchenkeulen, geschmorte 228
halal 419
Halbfester Schnittkäse 466
Halbleinen 540
Haltbarmachung 191
   Verfahren 75
Hamburger 431, 442
Hamburger Aalsuppe 398
Handfeuermelder 612
Handservietten 245
Hanf 540
Härtegrade 549
Hartkäse 466
Harzburger Modell 707
Hase 438
Hauptgang 33
Hauptgerichte aus Fleisch 419
Hauptgerichte aus Geflügel 434
Hauptgerichte aus Wildgeflügel 434
Hauptgerichte vom Wild 438
Hausdamenabteilung 532, 569
Hausdiener 607
Hausgeflügel 434
Haushaltsplan 692
Haus-Status 617
Hauterkrankungen 145
Hautschutz 145
Heben 146
Hecht 408, 409
Hefe 52

Hefeteig 475
Heilbutt 408, 409
Heilwasser 282
Heiße Schokolade 300
Heißluftdämpfer/Kombidämpfer 168
Herd 164
Hering 408, 409
Herrenessen 488
Herstellungsmenge 237
Herz 432
Hilfeleistung, unterlassene 138
Hirn 432
Hirsch 438
Hirse 450
Hochzeitsessen 491
Hohlheftmesser 249
Holländische Grundsauce 405
Holunderküchle 473
Holz 66, 535
Homepage 619
Honig 206
Hormone 114
Hot Dog 442
Hotel 14
Hotelbetriebsvergleiche 683
Hotelempfang 606
Hotelfachmann/-frau 17
Hotelkaufmann/-frau 17
Hotel-Klassifizierung 20, 693
Hotel-Restaurant-Tests 684
Hotelsafe 625
Hotelsafe mit Schließfächern 626
Hotelsilber 535
Hotelstars Union 694
Hotelvoucher 629
Hotelwäsche 548
Hühner 434
Hülsenfrüchte 444
Hummer 416
  -gabel 251
  -zange 251
Hürden-Effekt 80, 191
Hydrokulturen 568
Hygiene 341
  im Magazin 345
  Personal- 69
  persönliche 241
  Produkt- und Produktions- 70

I

Ideen strukturieren 235
Identity 517
Imprägnieren 543

Improvisation 598
Incoming agencies 681
Indirekte Buchungen 615
Indirekter Verkaufsweg 689
Individualgäste 513
Individualgastronomie 14
Induktionstechnik 164
Informationen beschaffen 233
Informationsblock 647, 649
Informationsfragen 369
Informationsgehalt der Speisekarte 507
Informationsmittel 609
Informationssystem 612
Ingwer 206
Inklusivpreise 510
Inlett 557
Innereien 432
Instanz 598
Interaktionen 608
Internationales Frühstück 332
Internet 234
Internet-Auftritt 619
Internetauftritte 527
Internet Hotelsuchmaschinen 619
Internet-Reisebüros 619
Internet Reservierungsdienste 619
Intoleranzen 127
Inventur 587
Inventuren 357
Inventurlisten 587, 591
Irish Coffee 295
Irish Stew 430
Irreführende Werbung 530
Isomalt 91
Ist-Bestand 358, 587
Ist-Wareneinsatz 594
Italienische Käseauswahl 469

J

Jagdessen 488
Jagdgesellschaft 492
Jahresplanung 662
Jahreszeit 486
Jakobsmuscheln 417
Jardienières 187
Jersey 556
Job enlargement 705
Job enrichment 705
Job rotation 705
Jugendarbeitsschutzgesetz 709
Jugendmeisterschaften 19
Jute 540

K

Kabeljau 408
Kabinett 311
Käfer 63
Kaffee 290, 495
  Anbau 290
  Aufbereitung 291
  Brühen 292
  entkoffeinierter 292
  Ersatz 292
  Extraktpulver 292
  Handfiltern 293
  Konzentrat 292
  Zubereitung 292
Kaffeespezialitäten 294
Kaffeespezialitäten mit Alkohol 295
  Kaffee-Advocaat 296
  Kaffee-Bailey's 296
Kaisergranate 416
Kaiserschmarrn 473
Kakao 299, 300
  Verarbeitung 299
Kalb 420
Kalbsbries 432
Kalbsbrust 421
Kalbsfilet 420
Kalbsfrikassee 422
Kalbskotelett 420
Kalbslunge 432
Kalbsmedaillons 420
Kalbsnierenbraten 421
Kalbsrahmgulasch 421
Kalbsröllchen 421
Kalbsschnitzel 420
Kalbssteak 420
Kalbsvögerl 421
kalte Ente 322
Kalte gebundene Suppen 398
kalte Saucen 406
Kalte Suppen 398
Kalte Vorspeisen 390
Kaltschalen 398
Kaninchen 438
Kanneliermesser 150
Kapern 204
Kapuziner 294
Karamellcreme 474
Karo-Steppung 558
Karpfen 408, 409
Kartellgesetz 673
Kartoffelgemüse 457
Kartoffelgratin 457
Kartoffeln 450, 457
Kartoffelnestern 457

Kartoffelpuffer 458
Kartoffelsuppe 399
Käse 466
Käseauflauf 468
Käsedesserts 471
Käsefondue 468
Käsegang 34
Käsemesser 150, 251
Käsepräsentation 469
Käsespätzle 454
Käse und Wein 470
Kassierer/-in 607
Kategorie 693
Käufermarkt 514
Kaufmotive 363
Kaufvertrag 378, 639
Kaviar 415
Kaviarersatz 415
Kaviarlöffel und Kaviarmesser 251
Keimgehalt 58
Kennzeichnung von Lebensmitteln 36, 379
Kennziffern 691
Keramik 537
Kerbel 198
Kernobst 462
Kerntemperatur 424
Kerntemperaturfühler 169
Keta-Kaviar 415
Kinder 367
Kippbratpfanne 166
Kirschwasser 325
Kissen 557, 558
Kissenbezüge 556
Klare Suppen 396
Klassische Namen 507
Klassisches Menü 484, 486
Klebereiweiß 105
Kleingebäck 452
Kleister 213
Klöße 459
Knäckebrot 451
Knoblauch 205
Knochensäge 148
Knödel 459
Koch-Center 23
Kochen 215
Kochkessel 166
Koch-/Schlagmesser 149
Kochtopf 153
Kochwürste 433
Kochzentrum 26
Koffein 291
Kohlenhydrate 85

Kohlgemüse 443
Kokons 539
Kokos 540
kokumi 194
Kollagen 106
Kombi-Dämpfen 228
Kombinierte Salate 393
Kommunikant 703
Kommunikation
    innerbetriebliche 703
Kommunikationsinstrumente 524
Kommunikationsmittel 610
Kommunikative Marketinginstrumente 686
Kommunikativen Instrumente 521
kommunikativen Marketing-
    Instrumente 687
Kommunikator 703
Kompott 34
Kompotte 477
Konfitüre 192
Königsberger Klopse 217, 431
Konservierung 75
Konservierungsstoffe, chemische 80
Kontaktbräter 178
Kontamination 51
Kontinentales Frühstück 331
Kontrolle der Rechnung 584
Kontrolle eines Gästezimmers 565
Kontrollfragen 370, 645
Kontrollieren 583
Kontrollverfahren 532
Kooperationssystem 604
Kork 535
koscher 419
Kostformen 123
Krabben 416
Krabbensuppe 399
Kraftbrühe 396
Krallengriff 185
Krankheiten und Ernährungstherapien 124
Krapfen 402, 473
Kräuter 197
    der Provence 197
Kräuterbutter 407
Kräutermischung 197
Kräutersträußchen 197
Kräutertee 297
Krebsbesteck 251
Krebs-Cocktail 392
Krebse 416
Krebstiere 408, 416
Kreditkarten 630

Kreolenreis 456
Kresse 200
Kreuzkontamination 51
Krimskoje 321
kritischer Bereich 55
Kroketten 402
Krustenbraten 427
Küchenausstattung 147
Küchenbrigade 22
Küchenkräuter 197
Küchenmaschine 180
Küchenorganisation 22
Kühlhaus 157
Kühlräume 343
Kühlschrankbakterien 54
Kühltechnik 156
Kühltisch 159
Kullenmesser 149
Kümmel 202
Kundenabfrage 644
Kunststoffe 538
Kupfer 534
Kurzbratgerichte vom Kalb 420
Kurzbratgerichte vom Lamm 429
Kurzbratgerichte vom Rind 423
Kurzbratgerichte vom Schwein 427
Kutter 161

L

Lachs 408
Lachsmesser 149
Lager 340
    Arten 342
    Bedingungen 340
    Bestand 348
    Methoden 355
Lagerarten 584
Lagerbestand 586
Lagerfachkarte 356, 583, 584
Lagerkartei 584
Lagerung 75
Laktose-Intoleranz 127
Lakto-Vegetarier 130
Lamm 429
Lammfrikassee 430
Lammkeule 429
Lammkoteletts 429
Langkornreis 455
Langusten 416
Langzeitgaren 228
Lasagne 454
Latex-Federkernmatratzen 555
Latex-Matratzen 554

SACHWORTVERZEICHNIS

Latex-Nackenstützkissen 558
Latte Macchiato 295
Lattenroste 553
Lavasteingrill 177
Lebenslanges Lernen 15
Lebensmittel 35, 577
　-allergien 129
　fair gehandelt 43
　-infektionen 58
　Kennzeichnung 36
　-unverträglichkeiten 127
　-vergiftungen 58
Lebensmittel-Informations-Verordnung (LMIV) 36
Lebensmittelmotten 63
Lebensmittelrecht 74
Lebensmittel-Überwachung 73
Lebensmittel- und Futtermittelgesetzbuch 35, 64
Lebensmittelverderb 50, 76
Lebensmittel-Verschwendung 49
Leber 432
Leberknödelsuppe 399
Leckerbissen 481
Leder 536
Legieren 401
Legierte Suppen 397
leichte Vollkost 124
Leinen 243, 540
Leistungsmaßstäbe
　Etage 701
Leistungsumsatz 121
Leistungsverbesserung 532
Leitsätze 35
LFGB 35, 64
Liaison 401
Lieferantendatei 349
Lieferervergleich 578
Lieferschein 582, 583
Liegengelassene Sachen 379
Lifte 565
Liköre 328
Likörweine 316
Limonaden 285
Linon 556
Lipide 92
Listerien 60
LMKV 379
Lorbeer 202
Luftfeuchtigkeit 340

M

Macchiato 294
Macedoines 187
Magazin 339, 343
　-kontrollen 357
　-verwalter 339
Magaziner 577, 586
Magerfische 408
Mailing-Aktion 649
Mais 450
Maischegärung 309
Majoran 199
Makkaroni 454
Mako Baumwolle 540
Mako-Satin 556
Makrele 408, 409
Management by exception 707
Management by objectives 707
Management by systems 707
Management-Regelkreis 515
Mandoline 148
Mängel
　versteckte 583
Mängelrüge 585
Manöverkritik 668
Manzanilla 317
Margarine 95
Marillenbrand 325
Marine Stewardship Council (MSC) 43
Marketing 514
　Übersicht 522
Marketingbereich 678
Marketingerfolg 522
Marketing im Gastgewerbe 512
Marketing-Infrastruktur 689
Marketing-Instrumente 521
Marketingkonzept 519
Marketing-Maßnahmen 687
Marketing-Mix 522, 686, 687
Marketingplan 521
Marketing-Praxis 686
Marketing-Strategie 519, 685
Marketing-Ziele 519, 685
Markt 514, 680
Marktanalyse 519
Marktforschung 519
Marmelade 192
Marmor 536
Maschenware 542
Massage 568
Massenwerbung 528
Maßnahmen-Kombination 687
Materialkonto 590
Materialkunde 533
Matratzen 554
Matratzengrößen 553
Matratzenunterbau 553

Maultaschen 454
Mäuse 63
Maximal-Prinzip 515, 597
Mayonnaise 405
Mazerieren 325
Medienpflege 527
medium 424
medium rare 424
Meerrettich 206
Meerrettichsahne 406
Mehrliniensystem 602
Meinungswerbung 528
Meldebestand 348
Meldeschein 622
Melisse 198
Menagen 258
Mengenelemente 111
Mengenrabatt 351
Menü 484
Menüangebot 495
Menüangebote 497
Menüboard 511
Menügedecke 271
Menükarte 484, 495
Menükarten 498
Menüs
　zusammenstellen 486
Menüs für besondere Anlässe 497
Mercerisieren 543
Messer 147
　Ausbein- 148
　Buntschneide- 147
　Gemüse- 147
　Hohlheft- 249
　Koch-/Schlag- 149
　Kullen- 149
　Lachs- 149
　Monoblock- 249
　Tournier- 147
Messerschleifen 152
Messing 534
Metalle 533
Mezcal 327
Miesmuscheln 417
Mikroben 50
　Lebensbedingungen 53
Mikroorganismen 50
Mikrowelle 220
Mikrowellengerät 178
Milben 63
Milchreis 455
Milchshake 289
Milchzucker 89
Mindestbestand/eiserner Reserve 348

Mindesthaltbarkeitsdatum 41
Mind-Mapping 235
Mindmaps 235
Mineralstoffe 108, 111
    Aufgaben 111
    Einflussfaktoren 111
    Vorkommen 111
    Wirkstoffe 108
Mineralwasser 281
Minestrone 400
Minibar 566
Minimal-Prinzip 515, 597
Minze 198
Mischgeschmack 196
Mise-en-place 25, 337
Mitarbeitereinsatz 532
Mitarbeiter-Führung 532, 704
Mitarbeiter-Motivation 706
Mittelbesteck 249
Mixer 161
Mixgetränke 493
mmol/l 549
Möbelpolitur 545
Modal 541
Moderne Menüs 485, 486
modifizierte Stärke 90
Molton 244
Monoblockmesser 249
Motivation 705
Motivationslehre 705
Motivierungsfragen 370
Moulinette 163
Mousse 477, 478
Mousse au chocolat 474
Mousses 393
Muffin 475
Mulligatawny 400
Mülltrennung 48
Multifunktionsgerät 167, 178
Mundgefühl 194
Mundservietten 245
    Falten 266
Mund- und Dekorationsserviette 265
Mürbteig 475
Muskatnuss 203
Mutton chops 429
Myoglobin 106

N

Nachfrage 514
Nachfragesituation 512
Nachhaltiges Wirtschaften 45
Nachservice 280
Nachspeisen 471
Nachtkassierer 607
Nährstoffe 84
Nahrungsaufnahme, tägliche 123
Nährwerte
    Kennzeichnung 39
Nappieren 406
Nasi Goreng 456
Nassverfahren 291
Nationalsuppen 399
Naturfasern 539
natürliche Aromastoffe 282
Naturreis 455
Navarin de mouton 429
Netto-Erlös 588
Nichteisenmetalle 534
Nichtmetalle 535
Niedertemperaturgaren 169, 228
Niedertemperatursysteme/Sous-vide-Garen 172
Nieren 432
Nitrosamine 222
Nocken 459
Non-food 577
Non-Food-Catering 29
Notruf 138

O

Oberfläche 58
Obst 461
Obst-Arrangement 463
Obstbrand 325
Obsterzeugnisse 463, 464
Obstler 325
Obstsalate 477
Offene Fragen 369, 645
Öffentliche Toiletten 565
Öffentlichkeitsarbeit 527
ökologischer Fußabdruck 45
Öko-Management 570
Öle
    kalt gepresste 94
    native 94
    pflanzliche 94
Oloroso 317
Omega-Fettsäuren 93
Omeletts 472
Ordnungswidrigkeiten 380
Oregano 199
Organigramm 599, 600
Organigramm einer Empfangsabteilung 606
Organisation 597
Organisation im Gastgewerbe 601
Organisationsformen im Gastgewerbe 22
Organisationsmittel 611, 698
Originalbons 383
Osietra-Kaviar 415
Osteoporose 126
Outletküchen 23
Ovo-Lakto-Vegetarier 130
Ovo-Vegetarier 130
Oxtail 400

P

Pacojet 162
Paëlla 456
Page 607
Palatschinken 472
Palette 150
PAL-Wert 121
Panna cotta 477
Paprika 202
Parboiled-Reis 455
Parfaits 393
Parmaschinken 433
Partyservice 29
Passieren 182, 190
Passiertuch 154
Pasta asciuta 454
Pasteten 393
Pasteurisieren 79
Patentsilber 535
Pattys 442
Pauschal-Angebot 658
Paysanne 187
Pellkartoffeln 216
Peptide 101
Perlhühner 434
Personal 21
Personalhygiene 69
Personalplanung 702
Personennamen 509
persönliche Ausrüstung 241
persönliche Hygiene 241
Petersilie 199
Pfandrecht des Gastwirts 379, 639
Pfanne 153
Pfannkuchen 472
Pfeffer 203
    grüner 203
    schwarzer 203
    weißer 203
Pfirsich Melba 476
Pflanzenschmuck 568
Pflanzliche Alternativen 131
Pflanzliche Fasern 540

Pflege 533
  Wäsche 245
Pflegemittel 545, 549
Pflegesymbole Textilien 246
Pflege- und Behandlungssymbole für
  Textilien 551
Pharisäer 295
pH-Wert 54
Piccata 421
Piktogramm 612
Pilaw 456
Pilze 444
Piment 204
Pizza 441
Planung 532
  eigene Arbeit 233
Planung des Mitarbeiter-Einsatzes 698
Planung eines Trainings 708
Planungstabelle für Zimmerfrauen 702
Plattenservice 277
  Besonderheiten 278
  Darbietung 279
Plattfische 408
Plattiereisen 148
Pochieren 217
Poelieren 435
Pökeln 79
Poliermittel 545
Polysaccharide 89
Porterhouse Steak 423
Portier 607
Portwein 317
Portwein-Service 318
Portwein-Stile 317
Porzellan 537
Porzellangeschirr 255
  Arten 255
  Auswahlkriterien 255
  feuerfest 257
  Reinigung und Pflege 257
Postenküche 23
Postfachnummern 651
Postmixanlage 286
Pottsuse 192
PR 527
Prädikatsweine 311
PR-Aktionen 527
Präsentation des Menüangebots 497
Preis 646
Preisangabenverordnung 530, 639,
  672
Preisangabenverordnung PAngV 378
Preisauszeichnung 510
Preispolitik 524

Preisvergleich 578
Preisverhandlungen 580
Premixanlage 286
Pressearbeit 527
Primär- und Sekundärbedürfnisse 363
Produkt-Haftungsgesetz 65
Produktionsfaktoren 515
Produktionsküche 24
Produktlebenszyklus 525
Produktmix 525
Produkt- und Produktionshygiene 70
Produkt- und Sortimentsgestaltung
  524, 525
Produktvarianten 526
Produktvergleich 578
Produktwerbung 528
Profiteroles 478
Prognose 691
  Personalkosten 692
  sonstige Kosten 692
  Umsatz 692
  Wareneinsatzquote 692
  Wirtschaftlichkeit 692
Programmbreite 525
Programmtiefe 525
Prosecco 321
Prospekte 234
Proteine 101
Provisionen 658
provisorisch reservieren 654
Prüflisten 235
Prüfsiegel 143
public relations 527
Puddinge 472
Pull-down-Service 568
Pull-Maßnahmen 524
Pulver-Reinigung 547
Pumpernickel 451
Pürieren 182, 190
Push-Maßnahmen 524
Puter 434
Putzen 182, 184

Q

Qualität 36
Qualität im Service 364
Qualitative Marketingziele 519
qualitativen Kriterien 578
Qualitätsschaumwein 320
Qualitätssiegel 42
Qualitätsvergleich 578
Qualitätsweine 311
Quality Room Inspection 566
quantitative Kriterien 578

Quantitative Marketingziele 519
Quellwasser 282
QUID-Richtlinie 37

R

Rabatt 350
Raclette 468
Raffeln 189
Raffinade 88
Ragouts 402
Rahmenbedingungen 678
  gesellschaftliche 678
  politische 679
  rechtliche 679
  technologische 679
  umweltpolitische 679
  wirtschaftliche 679
Rahmschnitzel 420
Rahmsuppen 397
rare 424
Raspeln 189
Rating-Methode 579
Ratten 63
Rauchen in Gaststätten 381
Räuchern 79, 222
Raucherzimmer 563
Rauchverbot 381
Rauen 543
Raumgewicht (RG) 554
Ravioli 454
Reaktionsinstrumente 377
Rebhuhn 436
Rechauds 258
Rechnung 388
Rechnungspräsentation 376
Rechnungssplit 631
Rechtschreibfehler 508
Rechtschreibung 508
Rechtsvorschriften 378, 530, 574, 672,
  696, 709
  Empfangsbereich 639
Recycling 572
Regeln für die Speisenfolge 490
Regenerieren 220
regionale Produkte 42
Regionalsuppen 398
Registrierkasse 383
Registrierkassen 384
Reglerstoffe 84
Reh 438
Reiben 182, 189
Reinigung 67, 245
  Hände 69
  Messer 139

Reinigungsfaktoren 67
Reinigungsgeräte 545
Reinigungsmittel 68, 544
Reinigungspläne 341
Reinigungs- und Wartungsverfahren 532
Reinleinen 540
Reis 455
Reisegruppen 513
Reisescheck 630
Reisevertragsgesetz 639
Reisfleisch 456
Reis Trauttmansdorff 456
Reklamationen 377
Reklamationsbehandlung 628
Remouladensauce 405
Renke 408
Renovierung 572
Reparaturen 565
Reservierungen 614
Reservierungsarten 614
Reservierungsbestätigung 659
Reservierungsdaten 623
Reservierungsformular 620
Reservierungsplan 616
Reservierungsquellen 615
Reservierungs-Sekretär/-in 607
Reservierungssysteme 618
Reservierungs-Systeme 616
Reservierungsvordruck 620
Restanten 389
Restaurant 14
Restaurant der Systemgastronomie 375
Restaurantfachmann 17
Restaurantkasse 387
Restauranttisch 261
Restaurantwäsche 548
Retrogradation 90
Rettungskette 138
Revenue Management 691
Rezepte 236
   Darstellen 236
   Umrechnen 237
   Verwalten 237
Rezeptkladde 237
Rezepturen 664
Rezepturenblätter 592
Riebelesuppe 399
Riechen 193
Rilettes 192
Rind 423
Rinderrouladen 426
Rippchen 428

Risipisi 456
Risotto 456, 482
Roastbeef 424
Robusta 290
Roggen 450
Roheisen 533
Rohkostplatte 460
Rohmilchkäse 467
Rohr- und Rübenzucker 87
Rohstoffbeispiele für kalte Vorspeisen 391
Rohstoffstammdaten 590
Rohwürste 433
Rooibos-Tee 298
Rosmarin 200
Rostbraten 423
Rösten 226
Rösti 421
Roter Thaireis 455
Rotwein-Rebsorten 307
Rotzunge 408
Royale 401
Rückerstattungen 351
Rückstellprobe 65
Rüdesheimer Kaffee 295
Rudolf-Achenbach-Preis 19
Rührtechnik 159
Rum 326
Rumpsteak 423
Rundfische 408
Rundkornreis 455

S

Saccharin 91
Sachwortverzeichnis 233
Safran 204
Säfte 283
saignant 424
Saladette 159
Salamander 177
Salatbesteck 251
Salate 460
Salbei 200
Salmonellen 58
Salsas 447
Salz 209
Salzburger Nockerl 472
Salzen 79
Salzkartoffeln 216
Salzwasserfische 409
Sambal Oelek 211
Sammelbon 385
Sammelwerbung 528
Samtsaucen 404

Samtsuppen 397
Sandwich 440
Sanforisieren 543
Sardine 408
Satellitenküchen 24
Saucen 403
Saucenlöffel 251
Saucenspiegel 406
Saucier 25
Sauerbraten 426
Sauermilchkäse 466, 467
Säuern 80, 208
Sauerstoff 55
Saugen 547
Sauna 568
säurearmem Kaffee 292
Sauteuse 153
Sautieren 226
Savarin 475
Schaben 63
Schadensersatz-Ansprüche 631
Schadenshaftung des Gastwirts 379
Schädlinge 63
Schälen 182, 184
Schalenobst 462
Schankwirt 379
Schaumregulierende Stoffe 550
Schaumstoff-Matratzen 554
Schaumstoff-Matratzen mit Federkern 554, 555
Schaumsuppen 397
Schaumwein 318
   Herstellung 319
   Lagerung 321
Schellfisch 408
Schimmelpilze 53
Schlachtfleisch 419
Schlachtschüssel 428
Schleie 409
Schmant 401, 415
Schmecken 194
Schmoren 227
Schmorhähnchen 435
Schneckengabel 251
Schneckenzange 251
Schneiden 182, 185
Schneiden von Käse 470
Schnepfe 436
Schnittarten
   bei Gemüse und Obst 187
   bei Zwiebeln 188
Schnittformen 186
Schnittkäse 466
Schnittlauch 199

SACHWORTVERZEICHNIS

Schnitt- und Stichwunden 139
Schockfrosten 77
Schockfroster 158
Schockkühler 158
Schoko-Donut 475
Schokolade 299, 300
   Verarbeitung 299
Scholle 408, 409
schonendes Garen 192
Schriftverkehr 647
Schurwolle 539
Schutzleiter 144
Schwächenanalyse 682
Schwachstellen 364, 689
Schwein 427
Schweinepfeffer 428
Seelachs 408
Seeteufel 409
Seezunge 408, 409
Seide 539
sekundäre Pflanzenstoffe 113
Selection 311
Senf 211
Senioren 367
Service 624
Servicetisch 261, 262
Serviergeräte 251
Servierrichtlinien 273
Servietten 245
Sevruga-Kaviar 415
Shampoonier-Reinigung 547
Sherry 317
Sherry-Service 317
Shuttle-Service 625
Sicherheitskennzeichnung 137
Sieb 154
Sieben-Schritte-Strategie 685
Sieden 215
Silber 534
Silberfischchen 63
Silvester 492
Simmern 215
Sinne 193
Sirups 207
Sisal 540
situationelle Führung 604
Sliwowitz 325
Smoker 177
Smoothie 286
Sodawasser 282
Software und Hardware 358
Sojasauce 211
Soll-Bestand 358, 587
Soll-Wareneinsatz 594

Sommelier 494
Sonderrabatt 351
Sonderveranstaltung 661
Sonderwünsche berücksichtigen 660
Sorbets 476
Sorbit 91
Sous Chef 22
Sous-vide-Garen 172
Spachtel 150
Spaghetti 454
Spannbetttücher 556
Spargelheber 251
Spätlese 311
Speisekarte 484
Speisekarten 501
   erstellen 507
Speisekarten-Aushang 510
Speisekarten-Beispiel 502
Speisen
   Angebote 32
   Beschreiben von 231
   Bewerten von 231
   Komponenten 230
Speisenangebot 501
Speisenfolge 484
Speisenproduktion
   berechnen 233
   planen 233
Speisewürze 210
Sperrzeiten-Regelung 639
Spezialbestecke 250
Spezialkarten 502
Spezialwaschmittel 550
Spezielle Gerichte aus Lammfleisch 430
Spezifischer Datenkranz 679
Spicken 438
Spicknadel 149
Spiralbohrer 148
Spirelli 454
Spirituosen 322
Spiritus 544
Sporen 52
sporenbildende Bakterien 62
Sprache der Speisekarte 508
Sprachliche Entgleisungen 507
Sprotte 408
Sprühextraktions-Reinigung 547
Spurenelemente 111
Stabliniensystem 603
Stabmixer 163
Stabsstellen 598
Stahl 533
stainless 534
Stammdatenblatt 590

Standardkarte 501
Staphylokoken 61
Stärke 89
   modifizierte 90
Stärkenanalyse 682
Stärken-Schwächen-Analyse 520
Stärken-und-Schwächen-Profil 682
Steakmesser 250
Steakofen 177
Steamer 172
Stecker 144
Steg-Steppung 558
Stehen 146
Steifungsmittel 550
Stein 536
Steinbutt 408
Steinobst 461
Stelle 598
Stellenbeschreibung 599, 698
   Hausdame 699
   Zimmerfrau 700
Stellenbesetzungsplan 599
Sterilisieren 78
Sternanis 204
Stevia 91
Stewarding 23
Stielkasserolle 153
Stoffwechsel 114
Stornierung 621
Strahlung 214
Stromunfälle 144
Strömung 214
Strudel 473
Sturzverletzungen 142
Südfrüchte 461
Südtiroler Speck 433
Suggestivfragen 370, 645
Suggestiv-Werbung 528
Suppen 33, 396
Supplies 566
Süßkraft 91
Süßmilchkäse 466
Süßspeise 34
Süßspeisen 471
   kalte 471, 474
   warme 471, 472
Süßstoffe 91
Süß- und Salzwasserfische 408
Süßungsmittel 91
Süßwasserfische 409
Synthetische Chemiefasern 541
Synthetische Füllungen 558
Systemgastronomie 14, 30, 511
Szegediner Gulasch 428

T

Tabascosauce 211
Table-d'hôte-Service 274
Tafel 511
Tafelformen 242
Tafelspitz 425, 426
Tafelwasser 282
Tageskarte 497
Tageskarten 502
Tagesmenüs 495
Tagungsanfrage 655
Tagungsangebot 656
Tagungsbestellung 657
Tagungsgast 513
Taille-Hüfte-Ouotient 122
Taktische Fragen 369
Talon 383
Taschen-Federkern-Matratzen 555
Tatarensauce 405
Tätigkeiten strukturieren 235
Tauben 434
T-Bone-Steak 423
TCO-Methode 580
Teamsystem 604
Tee 296
    Angebotsformen 299
    Arten 297
    Menge 298
    Mischungen 297
    Zubereitung 298
teeähnliche Erzeugnisse 297
Teigwaren 402, 453
Telefonist/-in 607
Telefonnummern 651
Teller
    Aufnehmen 274
    Ausheben 275
    Einsetzen 275
    Tragen 274
Tellerservice 274
Temperatureinfluss 340
Teppicharten 546
Teppichböden 546
Teppiche 546
Teppichsiegel 547
Tequila 327
Terrakotta 537
Terrinen 393
Teufelssalat 394
Textbereich 647, 650
Textile Flächen 542
Textilkennzeichnung 542
Textilpflege 245
Thermalisierer 173

Thermometer
    Infrarot- 149
    Kern- 149
Thermoplaste 538
Thunfisch 408
Thüringer Klöße 459
Thymian 199
Tiefgefrieren 77
Tiefkühlhaus 157
Tiefkühlräume 345
Tierhaare 558
Tierische Fasern 539
Tierschutzlabel 43
Tischreservierungen 371
Tischtücher 244
Tisch- und Tafeldekoration 259
Tisch- und Tafelgeräte 258
Tisch- und Tafeltücher 244
Tischwäsche 243, 548
    Arten 244
    Behandeln 263
Tomatenketchup 211
Tomatenkraftbrühe 398
Tomatensauce 404
Topfenpalatschinken 472
Total Cost of Ownership-Methode 580
Tournedos 423
Toxine 61
Training 708
Trainings-Konzept 708
Tranchierbesteck 251
Tranchiermesser 149
Translites 511
Transvasierverfahren 319
Traveller's cheque 630
Trennung
    räumliche 66
    zeitliche 66
Treppenhäuser 565
Tresterbrand 324
Trinkgeld 376
Trinkschokolade 300
trockene Aufbereitung 291
Trockenlager 343
Trocknen 79
Trocknermaschinen 549
Türsteher 607

U

Überbacken 223
Überbuchungen 616
Übereinstimmungsfragen 370
Überorganisation 598
Überraschungsomelett 472

Übertragungswege 51
Uhrzeit-Angaben 651
Umami 194, 210
Umbuchung 621
Umgang mit Gästen 365
Umgangsformen 241
Umweltschonende Reinigungsmittel 571
Umweltschutz 45, 569
Unfallmeldung 136
Unfallursachen 573
Unfallverhütung 186, 573
Unlauterer Wettbewerb 530
unreine Bereiche 66
unterlassene Hilfeleistung 138
Unternehmensidentität 517
Unternehmensleitbild 516
Unternehmensleitung 515
Unternehmensziele 515
Unternehmens-Ziele 687, 690
Unternehmer 515
Unterorganisation 598
Unzumutbare Belästigung 530
Urlaubsplanung 698
UWG 673

V

Vakuumieren 80
Vanille 201
VDE-Zeichen 143
vegane Ernährung 132
vegetarische Ernährung 130
Vegetarische Gerichte 482
Veloutés 404
Verabschiedung 376
Veranstaltungsabsprachen 372
Veranstaltungsanalyse 667
Veranstaltungsräume reservieren 660
Verarbeitungstemperaturen 97
Verätzungen 145
Verband 140
Verbandbuch 136
Verband der Köche Deutschlands e.V.
    (VKD) 18
Verbraucherschutz 35, 64
Verbrauchsdatum 41
Verbrauchsgüter 512
Verbrennung 140
Verbrühung 140
Verbund-Computersystem 385
Verdauung 114
verderben 50, 99
verderbliche Lebensmittel 75
Verdünnte Essigsäure 544
Verfügbarkeit 654

SACHWORTVERZEICHNIS

Vergiftung 145
Vergleichende Werbung 530
Vergrauungshemmstoffe 550
Verhaltensregeln für Zimmerfrauen 564
Verhaltensregeln für Zimmermädchen 564
Verkäufermarkt 514
Verkauf im Restaurant 368
VERKAUF-PLAN 643
Verkaufsabläufe im Restaurant 363
Verkaufsabteilung 642
Verkaufsbericht 593
Verkaufsberichte 592
Verkaufsförderung 524
Verkaufsgespräch 644
Verkaufsgespräche 369, 643
Verkaufsrepräsentant 645
Verkaufstechniken 369, 643
Verkauf von Speisen 390
Verletzungen durch elektrischen Strom 573
Verletzungen durch Verätzungen 573
Vermietungsplan 616
Verordnung über die Berufsausbildung im Gastgewerbe 15
Verordnung über Lebensmittel-Hygiene 65
Verpackungen 96
Verrichtungsgehilfe 574
Versanddosage 318
versilberte Bestecke 248
Verunreinigung 51
   chemische 67
   physikalische 66
Vichyssoise 398
Vielfachzucker 89
Vinaigrette 406
VIP-Reservierung 620
Virgin Colada 288
visuelle Unterstützung 646
Vitamine 108, 109
   Aufgaben 109
   Einflussfaktoren 109
   fettlösliche 109
   wasserlösliche 109
   Wirkstoffe 108
Vlies 542
Vliesstoffe 244, 541
Vollwaschmittel 550
vollwertige Ernährung 81
Voraussetzungen
   personelle 488
   technische 488

Vorbereitungsarbeiten 261
   im Office 261
   im Restaurant 261
Vorlegen
   am Beistelltisch 279
   Arten 277
   Technik 277
   von der Platte 278
Vorlegeservices, Mischformen 279
Vorspeisen 32, 390
Vorspeisen-Cocktails 391
Vorspeisenkompositionen 394

W

Wacholder 203
Wachtel 436
Wahrheit 507
Waldorf-Salat 394
Wände 546
Wänden 545
Waren
   Anforderung 240, 339
   Annahme 352
   Ausgabe 339, 356
   Beschaffung 348
   Bestellen 349
Warenabgänge 592
Waren-Anfangsbestand 588
Warenanforderung 664
Warenanforderungsschein 586
Warenannahme 577, 583
Warenausgabe 577, 586
Wareneingang 583
Wareneingangsbücher 584
Wareneingangserfassung 591
Wareneingangsprotokoll 355
Wareneinkauf 577
Wareneinsatz 588
Wareneinsatzberechnung 588
Wareneinsatzkontrolle 588
Wareneinsatzquote 594
Waren-Endbestand 588
Warenfluss 589
Warenkorb 233
Warenlager 339
   Food 343
   Non-Food 342
Warenlagerung 577, 583
Waren-Mengen-Kalkulation 240
Warenunterschiebungen 507
Warenwirtschaft 577, 589
Warenwirtschaftssysteme 589
Warenzugänge 592
Warmbiersuppe 399

Wärmeleitung 214
Waschaktive Substanzen 549
Wäsche 571
   Lagern 552
   Pflege 549
   tauschen 552
   zählen 552
Wäscheinventur 552
Wäscheliste 567
Waschen 182
Wäschepflege 245, 548
Waschmaschinen 549
Waschmittel 549, 571
Wasser
   küchentechnische Eigenschaften 119
   Oberflächenspannung 68
Wasserbilanz 118
Wasserenthärtende Substanzen 549
wasserlösliche Vitamine 109
Wässer mit Geschmack 282
Wässern 182
Wasser sparen 571
Wasserverbrauch 47
Website 619
Wechselgeld 376
Weckservice 624, 625
Weichkäse 466
Weichspülmittel 550
Weichtiere 408, 416
Weihnachtsmenü 498
Wein 306
   Arten 310
   Bereitung 309
   Güteklassen 310
   Kategorien 313
   Lagertemperaturen 313
Weinanbaugebiete
   deutsche 308
   französische 314
   italienische 315
   österreichische 314
   spanische 316
Weinbrand 324
Weinempfehlung 496
Weinetikett 312
weinhaltige Getränke 322
Weinkategorien 313
Weinschorle 322
Weiße Grundsaucen 404
Weißreis 455
Weißtöner 550
Weißwein-Rebsorten 307
Weißzucker 88
Weiterbildung 17

Weiterentwicklung 532
Weizen 450
well done 424
Wellness 625
Wellnessbereich 568
Werbebotschaft 528
Werbemittel 234, 529
Werbeprinzipien 529
Werbeträger 529
Werbung 528
Werkstoffe 533
Wertmarken 386
Wertsachen aufbewahren 626
Wertstoffnutzung 571
Wettbewerb 680
Wettbewerbe des Gastgewerbes 19
Wetzstahl 147
Whisky/Whiskey 325
Wiedererwärmen 220
Wiederholungen 489
Wiegeschnitt 185
Wiener Backhähnchen 225
Wiener Schnitzel 420
Wildente 436
Wildgeflügel 436
Wildgrundsauce 404
Wildkräuter 197
Wildreis 455
Wildschwein 438
Windbeutel 475
Winkelpalette 150
Winzersekt 320
Wirbelsäule 146
Wireless LAN 625

Wirtschaften, nachhaltiges 45
Wirtschaftlichen Ziele formulieren 688
Wirtschaftliches Prinzip 515
Wirtschaftlichkeits-Prinzipien 597
Wirtschaftsdienst 532, 698
Wodka 327
Wok 153
Wolle 539
Worcestershiresauce 210
Wrap 440
Wunden 139
Wurstwaren 433
Wurzelsprossen 444
Wurzel- und Knollengemüse 443
würzen 195, 196
Würzmittel 196

X
Xylit 91

Y
Yield Index-Berechnung 691
Yield Management 691
Yogitee 298

Z
Zahl der Werbenden 528
Zahlungsbedingungen 351
Zahlungsvorgang 630
Zander 408, 409
Zeichensetzung auf der Speisekarte 509
Zeitleiste 239

Zeitvorgabe 239
Zestenreißer 150
Zielgruppen 513, 658
Zimmerausweis 622
Zimmerbelegungs-Kontrolle 623
Zimmerkontrolle 561
Zimmerliste 560
Zimmersafe 563
Zimmersafes 626
Zimmerwechsel 626
Zimmerwechsel-Beleg 626
Zimmerzustandskartei 565
Zimt 203
Zinn 534
Zitronenmelisse 198
Zitronensäure 544
Zöliakie 127
Zubereitungen für Gemüse 445
Zucker 86
Zuckeraustauschstoffe 91
Zuckern 79
Zuckersorten 88
Zunge 194, 432
Zusatzstoffe 38, 510
Zusatzstoff-Zulassungsverordnung 379
Zusatzverkauf 373
Zusatzverkäufe 375
Zweifachzucker 87
Zwiebelgemüse 444
Zwischengericht 33
Zwischengerichte 402
Zwischenprüfung 16, 361, 362
Zwischenrippenstück 423

Bildquellen

Die Autoren und der Verlag danken den folgenden Firmen, die sie durch fachliche Beratung sowie die Bereitstellung von Informations- und Bildmaterial unterstützt oder Abdruckgenehmigungen für selbstgefertigte Fotos erteilt haben.

Detaillierte Informationen dazu finden Sie auch auf unseren Internetseiten.

Bildquellenverzeichnis

Achenbach Delikatessen
Agrarmarkt Austria Marketing GmbH, Wien, A
aid infodienst, Bonn
ALDI Einkauf GmbH & Co. oHG, Essen
Alpro GmbH, Düsseldorf
Aquaculture Stewardship Council, Utrecht, Niederlande
Arbeitsblätter Koch/Köchin II, Fachbuchverlag Pfanneberg
Archiv des Verlags Europa-Lehrmittel
argum fotografie - Falk Heller
Asbach GmbH, Rüdesheim am Rhein
ASSKÜHL GmbH & Co KG, Essen
BANKETTprofi GmbH, Speyer – www.bankettprofi.de
Bärenmarke Vertriebsgesellschaft mbH, Thalfang
Bartscher GmbH, Salzkotten
Bergknappenhof, Bodenmais
Berufsgenossenschaft Nahrungsmittel und Gastgewerbe, Mannheim
Bettenhaus Mühldorfer, Haidmühle
Biologische Bundesanstalt für Land- und Forstwirtschaft, Braunschweig
Blanco Professional, Oberderdingen
BOS FOOD GmbH, Meerbusch
BSI ButterSpender International AG, Kassel
Brandes, Frank, Bad Doberan
Buir, Benno, Leverkusen
Bulls Press, Frankfurt
Bundesanstalt für Landwirtschaft und Ernährung, Bonn
Bundesministerium für Ernährung und Landwirtschaft (BMEL), Bonn
Burger King, München
Buvo, Detmold
Carma Drübendorf, CH

Chambrair, Hamburg
Chef de Cuisine Club Culinaire Creußen Euro-Toques Deutschland e. V., Creußen
Chemie für Schule und Beruf, Verlag Europa-Lehrmittel
Contacto Bander GmbH, Erkrath
Cooltrans AG, Rothenburg, CH
Crowne Plaza
Culinary Institute of America, Hydepark N.Y., USA
Degen, Bernd, Viechtach
DEHOGA Deutsche Hotelklassifizierung GmbH, Berlin
Der Ludwig, Schlüchtern
Deutsche Gesellschaft für Ernährung e. V., Bonn
Deutsche Sinalco GmbH Markengetränke & Co. KG, Duisburg-Walsum
Deutsche Weininformation, Mainz
Deutsche Zöliakie-Gesellschaft e.V. (DZG), Stuttgart
Deutscher Brauer-Bund e.V., Berlin
Deutscher Hotel- und Gaststättenverband (DEHOGA Bundesverband), Berlin
Deutscher Kaffeeverband e. V., Hamburg
Deutscher Tierschutzbund e. V., Bonn
Deutsches Teebüro, Hamburg
Die kalte Küche, Fachbuchverlag Pfanneberg
DIE KOELNER Agentur für Kommunikation, Köln
Die praktische Prüfung - Koch/Köchin, Fachbuchverlag Pfanneberg
Dick, Friedrich, www.dick-messer.de
Dirk Meissner, Köln
Dr. August Oetker KG, Bielefeld
ECOLAB DEUTSCHLAND GMBH, Monheim am Rhein

eKiosk GmbH, Dresden
Ernährungswissenschaft, Verlag Europa-Lehrmittel
Eto, Ettlingen
Europäische Union
Fachkunde Bäcker in Lernfeldern, Fachbuchverlag Pfanneberg
Fachwissen Bekleidung, Verlag Europa-Lehrmittel
F&B Tec GmbH, Neukirchen
Ferienhotel Hammerhof, Bodenmais
Gastronomische Akademie Deutschlands e.V., Arnsberg
Gault & Millau - ZS Verlag GmbH, München
Gebrüder Otto Gourmet GmbH, Heinsberg
Gebr. Sanders GmbH & Co. KG, Bramsche
Getränkeservice für Hotelbar, Büfett und Restaurant, Fachbuchverlag Pfanneberg
Gewerkschaft Nahrung-Genuss-Gaststätten (NGG), Hamburg
Grand Hyatt Hotel, Santiago, Chile
Greentable e.V., Lüneburg
Groll GmbH & Co. KG, Reutlingen
Grüne Kombüse, Rostock
Grüner, Hermann, Garmisch-Partenkirchen
Haaner Felsenquelle, Haan
Hansa Mineralbrunnen GmbH, Rellingen
Hecht, Michael, Soltau
Hechtsprung, Soltau
Hepp, Pforzheim
Hilton, Dresden
Hofinger Tier-Präparationen, Steyrermühl, A
Homann Lebensmittelwerke, Dissen
Hotel Bodenmaiser Hof, Bodenmais
Hotel Böhmhof, Bodenmais
Hotel Mooshof, Bodenmais
Hotel Neue Post, Bodenmais

Hotel Sonnengarten, Bad Wörishofen
Hotel Traube Tonbach, Baiersbronn
Hotelverband Deutschland e.V. (IHA), Berlin
Hotelwäschefabrik Zollner, Vilsbiburg
Hüber & Söhne GmbH, Dessau-Roßlau
Humana Milchindustrie GmbH
Hutschenreuter-Bauscher, Weiden
Hyatt Regency Köln
iBells GmbH, Berlin
Informationszentrum Eiskrem, Bonn
iSi Deutschland GmbH, Solingen
InfraCert GmbH, Institut für Nachhaltige Entwicklungen in der Hotellerie, Berlin
Ingenieurgesellschaft für Technik-Kommunikation GmbH, Fritzlar
Institut für Gefahrstoff-Forschung (IGF) der Bergbau-Berufsgenossenschaft, Bochum
Intercontinental, Berchtesgaden
Jagd und Technik, Rasdorf, Jörg Novotny, www.jagd-technik.de
Kempinski Hotels Berlin
Kentucky Fried Chicken Ltd., German Branch, Düsseldorf
Kessler, Thomas
Kraft Foods, Bremen
Landesvereinigung der bayerischen Milchwirtschaft e.V., München
Leibniz-Institut für Länderkunde (Hrsg.): Lebensmittel mit geschützter geographischer Herkunft. Karte Stand Januar 2018, Leipzig
Le Meridien, München
Lerch Werksvertretungen GmbH, Reutlingen
Lindner Hotels AG, Düsseldorf
Lükon Lüscher-Werke, Täuffelen, CH
Lüneburger Heide GmbH, Lüneburg
Manitowoc Foodservice, USA
Marché Restaurants Schweiz AG, Kemptthal, CH
Marine Stewardship Council, Berlin
Maritim Hotelgesellschaft mbH, Bad Salzuflen
Maschinenfabrik Dorhan GmbH, Dorhan
McDonald's Deutschland LLC, München
Meggle, Wasserburg
Metz, Reinhold, Bad Wörishofen
Michelin Reifenwerke AG & Co. KGaA, Karlsruhe
MICROS-Fidelio GmbH, Neuss
Mikroorganismen in Lebensmitteln, Fachbuchverlag Pfanneberg
MKN, Wolfenbüttel
Naturfoto-Online, Steinburg
Nemox International S.R.L, Pontevico (BS), Italien
Nestlé Schöller, Nürnberg
NH Hotel, Deggendorf
Niko Großküchen, Essen
NordCap GmbH & Co. KG, Bremen
OCQ – Qutdoor Cooking Queen, Esslingen am Neckar
Oliver Schäfer, www.cookin.eu, Bergisch Gladbach
OMIRA GmbH, Ravensburg
otom Group GmbH, Bräunlingen; www.sensorshop24.de
PACOJET AG, Zug, CH
Palux AG, Bad Mergentheim
Paulaner, München
POMP DUCK AND CIRCUMSTANCE GmbH, Neu-Ulm
Prince Castle, Carol Stream, Illinois, USA
ProVeg Deutschland e.V., Berlin
RATIONAL Aktiengesellschaft, Landsberg am Lech
Regionalfenster e.V., Friedberg
Restaurant Seensucht, Bitterfeld-Wolfen
REWE Markt GmbH, Köln
riha WeserGold Getränkegruppe, Rinteln
Rittmeyers Besondere Raffinessen, Neu Wulmstorf
Rösle Metallwaren, Marktoberdorf
Rougié Sarlat
Rousseau, Brigitte, Paris, F
Rudolf Achenbach GmbH & Co. KG, Sulzbach (Taunus)
Rudolf Richter GmbH, Heimsheim
Särve, Weiding
Schegg, Roland
Schönwald Porzellanfabrik, Schönwald
Schöpf Bankettservice GmbH, Nürnberg
Schutzverband der Schwarzwälder Schinkenhersteller e.V., Villingen-Schwenningen
Schweizerische Käseunion, Bern, CH
Servicebund, Lübeck
Servicebund Rittner, München
Seubert Feinkostmanufaktur, Werbach-Wenkheim
Sheraton Carlton Hotel, Nürnberg
Siemens Haushaltsgeräte, München
Silit Werke, Riedlingen
Sopexa, Düsseldorf
Stefan Plößl, Hohenbrunn
Steffen Sinzinger • BerlinerSpeisemeisterei.de, Berlin
Steigenberger-Hotel Der Sonnenhof, Bad Wörishofen
Stein, Michael, Dessau
SUBWAY ® Sandwiches, Köln
Tafel Deutschland e.V., Berlin
Tenchi ManThei japanese foods GmbH & Co. KG
THIEMT GmbH, Dortmund
Thomas Dörr Besteck- und Küchensysteme, Sinsheim
Tourismusverband Ostbayern e.V., Regensburg
TransFair e.V. (Fairtrade Deutschland), Köln
Underberg, Rheinberg
unilever foodsolutions heilbronn
VAPIANO SE, Köln
VDE Prüf- und Zertifizierungsinstitut GmbH, Offenbach
VDP.Die Prädikatsweingüter, Mainz
Verband der Köche Deutschlands e.V. (VKD), Frankfurt am Main
Verband Deutscher Sektkellereien, Wiesbaden
Verband Lebensmittel ohne Gentechnik e.V. (VLOG), Berlin
Viessmann Werke GmbH & Co. KG, Allendorf (Eder)
Villeroy & Boch, Mettlach
VITO AG, Tuttlingen
Vorratsschutz GmbH, Laudenbach
Vorwerk Deutschland Stiftung & Co. KG, Wuppertal
Warsteiner Brauerei, Warstein
Westin Grand
Wikipedia – Nikolaos Dimos
Winterhalter, Meckenbeuren
WMF, Geislingen
Wolffgang, Thomas, Dessau
Wpr communication, Hennef
Yachthafenresidenz Hohe Düne GmbH, Rostock-Warnemünde
Zentralverband der Deutschen Geflügelwirtschaft e.V., Berlin
Zieglers Restaurant, Stephan Ziegler, Oranienbaum-Wörlitz
Zollner Hotelwäsche, Vilsbiburg
Zwilling, Solingen

BILDQUELLEN

Bildagenturen

Adobe Stock.com, Dublin, Irland

© .shock; © ~ Bitter ~; © ¡ment GellÉrt © Эльвина Киямова; © A_Lein © A_Lein; © aboikis; © Adam Gregor © adpePhoto © Africa Studio © Africa Studio; © Africa Studio; © Africa Studio; © Agence DER; © agnormark; © AGphotographer – Fotolia. com © Aintschie © akamaraqu; © akf © Albachiaraa – Fotolia.com © Alekss © Alekss; © aleoks; © alephnull; © alex.pin; © Alex_Mac; © Alexander Raths; © Alexander Raths – Fotolia.com © alexskopie © Alexstar; © Alex Whit; © Alex Yeung ALF photo; © alho007; © Alinute © ALLEKO; © Allusioni; © Alp Aksoy; © alphaspirit – Fotolia. com © Alterfalter © amenic181; © Amir Kaljikovic © amphaiwan; © anatolir; © Anatoly Repin; © Anatoly Repin; © anderm; © Andrea; © Andreas Haertle; © Andrea Wilhelm; © Andre Bonn; © Andre Bonn; © Andrew Bayda; © Andrey Popov; © Andrey Popov; © Andrey Starostin; © Andrey Starostin; © angelafomin © angelo.gi © Anja Kaiser; © anna © anna; © anna_shepulova; © Antonio Gravante © antonsov85; © apops – Fotolia.com © Arap © Ariane Citron; © ARochau © Ars Ulrikusch © artmim; © ArTo © Artur; © asese; © ASK-Fotografie – Fotolia.com © Atlantis; © atoss; © auremar © auremar; © azure; © B. and E. Dudzinscy © B. Wylezich © babsi_w; © baibaz; © Barbara Pheby; © Barbara Pheby; © Barbara Pheby; © Barbara Pheby; © Barbara Pheby; © Barbara Pheby; © Barbara Pheby; © bbivirys; © beeboys; © Benjaminpx; © Benshot; © Bernd Jürgens; © Bernd Meiseberg; © Bernd S.; © bestphotostudio; © BeTa-Artworks © BeTa-Artworks; © BG © bilderexpertin65; © bilderstoeckchen; © BildPix.de © bildwerk7 – Fotolia. com © Birgit Brandlhuber; © Birgit Reitz-Hofmann – Fotolia.com © bit24; © bit24; © Björn Wylezich; © blende11.photo; © blende40; © blende40; © Blue-Fox © boonchuay1970; © Boyarkina Marina; © Brigitte Bonaposta © Brigitte Bonaposta; © Brigitte Bonaposta; © Brigitte Bonaposta; © Brigitte Bonaposta; © brodtcast; © brodtcast; © brodtcast; © brodtcast; © brunella fratini – Fotolia.com © brunogm; © brzus; © by-studio; © byggarn.se; © Callahan © CandyBox Images; © CandyBox Images; © CandyBox Images; © CandyBox Images – Fotolia.com © Cara-Foto; © Carmen Steiner; © Carmen Steiner; © Carmen Steiner; © Carmen Steiner; © Carmen Steiner; © catalineremia; © catherinelprod; © CCat82; © chamillew © chamillew; © Chanwit; © Chefsamba – Fotolia. com © Chinnapong; © Christian Jung; © Christian Jung; © Christian Jung; © Christian Schwier; © Christophe Fouquin © Christophe Fouquin; © cirquedesprit © cobraphoto; © coco; © Comugnero Silvana; © Comugnero Silvana; © contrastwerkstat; © contrastwerkstatt © contrastwerkstatt; © contrastwerkstatt; © corbisrffancy © Corinna Gissemann; © Countrypixel; © Creatix © CSschmuck; © cut; © cynoclub; © Dalmatin.o © Dalmatin.o; © Daniel Ernst © danielk; © Danie Nel; © Danilo Rizzuti © Dan Race © Dan Race; © Daorson; © Daorson; © dashu83; © davello; © dbelashova; © deeaf; © der hugo2; © DeVIce © diamant24; © diamant24; © dima_pics; © dima_pics; © dima_sidelnikov; © Dionisvera; © Dmitriy Melnikov © DN6; © DOC RABE Media; © DOC RABE Media – Fotolia.com © DoraZett; © Doris Heinrichs; © dpa-infografik; © draghicich © draghicich; © dreamer12 © dreamer12; © dundersztyc © dusanpetkovic1; © eccolo © Edward Westmacott; © Edward Westmacott; © elen31; © Elena Schweizer; © elizalebedewa; © elvil © emer; © emuck; © Enlightened Media; © eskymaks © Esther Hildebrandt; © Esther Hildebrandt – Fotolia.com © euthymia; © Eva Gruendemann; © Evgeniy Ovchinnikov; © evgenyatamanenko © evgenyatamanenko; © exclusive-design; © exopixel; © ExQuisine © ExQuisine © ExQuisine; © ExQuisine; © ExQuisine; © ExQuisine; © ExQuisine; © Eyes wide; © eyetronic; © eyewave © fabioderby; © fad82; © fahrwasser; © Fanfo © Felix Pergande © Felix Pergande; © Fernando Madeira © fhmedien_de © fineart-collection © fineart-collection; © fineart-collection; © Fineas © Firma V © Firma V; © Firma V; © Fischer Food Design; © Florian Kunde; © FomaA; © FomaA; © FomaA; © Fontanis; © FOOD-micro; © FOOD-pictures; © FOOD-pictures; © foodinaire; © foodinaire; © Foodlovers; © Foto66; © Fotocat4; © fotodesign-jegg.de © fotodesign-jegg.de; © fotofabrika; © fotofund; © fotogestoeber © fotografci; © fotohansel; © fotoliaanjak; © fotomaster; © fotomatrix; © fotomek; © Fotowerk © Fotowerk; © fotoyukha; © fovito; © dehweh; © fox17; © Franz Pfluegl © fredograf; © g215 © gamjai; © garteneidechse © Gcapture; © georgpfluegl © Gerhard Seybert; © Gerhard Seybert – Fotolia.com © Gerisch; © germina © Gina Sanders; © Gina Sanders; © Gina Sanders; © Gina Sanders; © giogiape; © gitusik; © gkrphoto; © gkrphoto; © goodluz © Goodpics; © Gordon Bussiek; © Goss Vitalij © greenpapillon; © Gresei; © Gresei; © guitou60; © Gunnar Assmy © guy; © Géraldine Revillard; © h_lunke © hanabiyori; © HandmadePictures © Harald; © Heico Neumeyer – Fotolia.com © Heike Rau; © Heike Rau; © Heino Pattschull © Heino Pattschull; © helenedevun; © Henrik Larsson; © Henry Schmitt; © Herbivore; © Herby (Herbert) Me; © hessbeck; © hg_media © hg_media; © highwaystarz; © Hildebrandt; © hiphoto39; © hjamyha; © hjschneider; © HLPhoto; © HLPhoto; © HLPhoto; © HLPhoto; © HLPhoto – Fotolia. com © HLPhozo; © hreniuca; © iconshow © id-art; © Ideenkoch; © Ideenkoch; © Ideenkoch; © Ideenkoch; © Idprod – fotolia.com © Igor Zakowski; © iinspiration; © Ildi © ildi; © ilfotokunst; © ilfotokunst; © Ilka Burckhardt © Ilka Burckhardt; © ilolab © ILYA AKINSHIN; © Imagevector; © iMarzi; © industrieblick; © Inga Domian; © Inga Nielsen © Inga Nielsen; © Ingo Bartussek; © Insp.Clouseau © iQoncept; © Ivan Floriani; © J. Mühlbauer exclus.; © Jacek Chabraszewski; © Jacek Chabraszewski; © JackF; © jackfrog; © JackStock; © JackStock; © Jacques PALUT; © Jacques PALUT – Fotolia.com © Jag_cz – Fotolia.com © jagrawut; © Jakub Krechowicz; © Janet Layher © jcfotografo; © Jeanette Dietl – Fotolia.com, Hepp, Pforzheim © jeepbabes; © Jessmine; © jh Fotografie; © JM Fotografie; © Jo- Lin © Joachim; © Jochen Schönfeld © Joe Gough © Joe Gough; © Joe Gough; © Joe Gough; © JoLin; © JPC-PROD; © juefraphoto; © JULA © Julien Eichinger – Fotolia.com © juniart – Fotolia.com © Jörg Beuge © Jörg Beuge; © Jörg Lantelme; © Jörg Lantelme; © Jürgen Fälchle © Jürgen Fälchle; © K.- U. Häfller © K.-U. Häfller; © K.-U. Häßler; © kab-vision; © kab-vision; © kab-vision; © kab-vision – Fotolia. com © Kacpura © karandaev – Fotolia.com © karelnoppe © karelnoppe; © karepa; © karepa; © karepa; © Karin Jähne; © katalinks © Kathleen Rekowski © Kathleen Rekowski; © Kathleen Rekowski; © Kathleen Rekowski; © Kati Molin © kebay; © kebox; © kebox; © kebox – Fotolia.com © Keddy; © kehr design; © kenzo © Kirill Livshitskiy © Kirill Livshitskiy; © Kitty – Fotolia. com © Klaus Eppele © Kletr; © kolesnikovserg; © Kondor83 © Konstiantyn; © Kossi; © kotina; © kovaleva_ka; © kraphix; © kristina rütten; © Kristina Rütten; © kropic; © Krzysztof Bisztyga © Kurhan © kyler13; © Kzenon © Kzenon; © lainon; © lantapix; © larcobasso; © Lars Christensen © Lars Zahner © ld1976; © ld1976; © lena_zajchikova; Leonar-do Franko; © Leonardo Franko © Leonardo Franko; © leszekglasner; © leungchopan; © LianeM © Liddy Hansdottir © Liddy Hansdottir; © Light Impression © lightpoet – Fotolia.com © lisa870; © Liv Friislarsen – Fotolia.com © lovemask; © Lsantilli © Lsantilli; © luca. viola(IT) © LUCKAS © lucky_marinka; © Lucky Dragon; © Lucky Dragon; © Lucky Dragon; © Lucky Dragon; © Lucky Dragon; © Lucky Dragon – Fotolia.com © luismolinero; © Luis Santos © Lukas Skup; © Lukas Skup; © lulu © lunamarina; © M.Franke; © M.studio; © M.studio; © M.studio; © M.studio; © macrovector; © magele-picture; © maho © Maksim Esin – Fotolia. com © Maksim Shebeko; © Maksim Toome; © manu © maram; © Mara Zemgaliete; © Mara Zemgaliete; © Mara Zemgaliete; © Marc BOSSIROY; © Marco2811 © Marco2811; © Marco2811; © Marco Desscouleurs – Fotolia.com © Marco Mayer © Marco Mayer; © Marek Gottschalk © Marek Gottschalk; © Marem © Maren Winter; © Maria Brzostowska; © Maria Sbytova; © Marina Lohrbach © Marina Lohrbach; © Marina Lohrbach; © marioav; © mariusltu; © markus_marb; © Markus Mainka © Markus Mainka; © Markus Mainka; © Markus Mainka; © Markus Mainka; © martina; © Martina Berg © Martina Berg; © marybethcharles; © Marzia Giacobbe; © Marén Wischnewski; © mashe; © Maslov Dmitry; © mates; © Maxim Khytra; © maxsol7; © maxximmm; © Meddy Popcorn © mentalrai © metamorworks; © Micha micha_h; © Michael Brandl; © Micha R; © michelaubryphoto; © Microgen; © mihalec © Mihalis A. © Mikhaylovskiy; © MIKYIMAGENARTE © milachka © Minerva Studio © Minerva Studio – Fotolia. com © minthklick © Miredi © Miredi; Miredi; © mirkograul; © mirpic – Fotolia.com © mitrs3; © mlehmann78 – Fotolia.com © Mny-Jhee © Monkey Business © Monkey Business; © Monkey Business; © Monkey Business; © Monster © monticelllo © monticelllo; © moodboard Premium © moodboard Premium; © morane © mostwest; © MP2 © mrgarry © mrgarry; © mrgarry; © msl33; © MSPhotographic; © Mumpitz © Nadine Conrad; © nancy dressel © Naoki Kim; © natali1991; © NataliTerr; © Natika; © naypong; © nedim_b; © Nejron Photo; © Nelea Reazanteva; © Neyro; © NicoElNino; © Nik_Merkulov; © nikolae – Fotolia.com © Nikoletta; © Nikoletta; © nito © Nitr © Nitr; © Nitr; © nnudoo; © NOBU;

© norikko; © ojoimages4 © ojoimages4; © ojoimages4; © Olaf Wandruschka © Oleksandr Troshchylo; © Oleksiy Drachenko – Fotolia.com © Olga Lyubkin; © Olga Mishyna; © olly © omicron © onairjiw; © ossikult; © oxie99; © OZMedia; © Paco Ayala © paseven; © paul_brighton; © paylessimages; © Peredniankina; © Peredniankina; © Pescatore © Pescatore; © Peter Atkins © Peter Hermes Furian; © Petra Beerhalter © Photo-K © Photo-K; © photo 5000; © photocrew © photocrew; © photocrew; © photocrew; © photocrew; © photocrew; © photocrew; © photocrew; © PhotoEd; © Photographee.eu; © photoGrapHie © photographyfirm; © PhotoSG © PhotoSG; © PhotoSG; © PhotoSG; © PhotoSG; © PhotoSG; © picsfive; © Picture-Factory – Fotolia. com © Picture Partners; © Picture Partners; © Pictures news; © piotrmilewsk; © pixarno; © pixarno; © plisman; © PMDesign; © post424; © prashant ZI; © pressmaster © pressmaster; © Price; © Printemps © Printemps; © Printemps; © Printemps; © Printemps; © Printemps; © Printemps; © Quade © Quade; © Quade; © Quade; © Quade; © racamani © Rafail; © rainbow33; © rainersart; © Ramona Heim; © rangizzz; © Rawpixel.com; © rdnzl; © rdnzl; © rdnzl; © rdnzl; © rdnzl; © rdnzl; © Regiopress © Reicher © Reicher; © Reicher; © Reika; © rickochet12; © Rixie; © Robby Schenk; © robert6666; © Robert Kneschke © Robert Kneschke; © Robert Kneschke; © Robert Lehmann – Fotolia.com © robynmac © robynmac; © robynmac; © Roman Milert © Roma Stetsyk; © rosaguardiola – Fotolia. com © rsester; © RTimages; © RTimages – Fotolia. com © Ruediger Rau; © Ruslan Olinchuk; © Ruth Black; © S.E. shooting; © sabine teichert; © sablinstanislav; © saikorn; © sakura; © sakura; © samott © samott; © samott; © sarymsakov.com; © sarymsakov.com; © sasazawa; © schankz; © Schlierner – Fotolia.com © Schwoab; © SC photo; © senkaya © senoldo; © Sergejs Rahunoks – Fotolia.com © Sergey Nivens © Sergio Martìnez; © Sergio Martìnez – Fotolia.com © Serhiy Shullye; © serkucher; © Session-Photo © Setareh © sevaljevic; © S Hagebusch © S Hagebusch; © shaiith; © shaiith; © Shawn Hempel; © sherstobitov; © shibachuu; © shootdiem; © shotsstudio © silberkorn73; © silencefoto; © silencefoto; © silencefoto; © silencefoto – Fotolia.com © Silvia Bogdanski; © Silviu G. Halmaghi © Simone Andress © Simone Andress; © Simone Andress; © simonkr; © Sir_Oliver; © siwaporn999; © SOLLUB; © somchaisom; © somegirl; © Soonios Pro; © SP-PIC – Fotolia.com © spinetta; © st-fotograf; © Stauke © Stefan Gräf © stefanolunardi © Stefan Thiermayer © Steffen Sinzinger; © Stegrim; © Stephanie Eckgold; © stephanie jud; © stephanie jud; © Steve Cukrov – Fotolia.com © Steve Lovegrove; © stfotograf © stockcreations; © stockcreations – Fotolia.com © stockphoto-graf; © StockphotoVideo; © stockyimages – Fotolia.com © strahktsksw; © strauscher; © STUDIO GRAND OUEST; © studioworkstock; © styleuneed © sunabesyou; © SunnyS; © SunnyS; © Sven Weber © sveta_zarzamora; © svetazi; © svetlana larina © swa182; © Syda Productions; © Syda Productions; © Syda Productions; © Szakaly; © Tanja; © tankist276 © Tarabalu; © Tatiana; © Tatsiana; © Team 5; © Team 5; © Teamarbeit © Teamarbeit; © terex © terovesalainen; © thawornnurak; © Thomas Francois; © Thomas Francois; © Thomas Francois; © Thomas Francois; © Thomas Francois; © timolina; © tinyal © tinyal; © TMAX © tolism; © Tom Bayer © Tom Bayer; © Tom Klimmeck © Tom Klimmeck; © tommyhuahin; © tonefotografia; © Top Photo Group; © Torbz – Fotolia.com © travelguide © tristan tan; © tsoergel © tsoergel; © Tsuboya; © tunedin; © tverdohlib; © tycoon101; © tycoon101; © Tyler Olson © uckyo; © ufotopixl10; © UMB-O; © ungvar; © ungvar; © unicusx; © unpict; © unpict; © unpict; © Valentina R.; © Valeriy; © valery121283; © vanillya; © Vankad; © Vasily Smirnov © Vchalup; © vege; © victoria p.; © Victoria p.; © vikakurylo81; © Viktar Malyshchyts; © Viktorija; © viperagp © viperagp; © viperagq; © vipman4; © virtua73 – Fotolia. com © Visionsi; © Visionsi; © volff; © volff; © volff; © volff; © volff; © Volker Witt © voltan; © voren1; © VRD; © VRD; © VRD; © vvoe; © walter_bilotta; © wavebreak3; © WavebreakmediaMicro © WavebreakMediaMicro; © WavebreakmediaMicro; © weissdesign © weyo; © whiteaster; © Whyona; © wideonet; © Wiktory; © William Berry; © Wilm Ihlenfeld – Fotolia.com © wip-studio; © withGod © Wolfgang Jargstorf; © womue; © womue; © womue; © womue; © womue; © womue; © Wrangler © Wrangler; © Wrangler; © wsf-f; © wsf-f; © Xavier © Xavier; © Xavier; © xl1984; © XtravaganT © Yantra; © Yeko Photo Studio; © yiorgosgr; © yodaswaj; © yunuskoc; © yurak; © yurakp; © Yuri Arcurs © Yuri Arcurs; © Yuri Arcurs; © yvdavid; © Yvonne Bogdanski; © z10e; © zavgsg; © Zebra Finch; © Zerbor © Zerbor; © Zerbor; © Zerbor; © zeynurbabayev; © zlajaphoto; © zoryanchik

Can Stock Photo
© Can Stock Photo / izakowski

dpa Picture-Alliance GmbH, Frankfurt am Main
13/2 © Globus Grafik; 678/1 © Vojtech Vlk; 678/2 © eSchmidt; 679/1; 679/2 © Bildagentur-online/Tetra; 680/2 © AFLO; 687/2 © Sodapix AG; © AFLO; © Bildagentur-online/Tetra; © eSchmidt; © Sodapix AG; © Vojtech Vlk

Fotolia.com, Berlin
© A_Lein; © Aintschie; © apops; © brodtcast; © CandyBox Images; © cirquedesprit; © contrastwerkstatt; © Dmitriy Melnikov; © DOC RABE Media; © dreamer12; © Felix Pergande; © garteneidechse; © Gina Sanders; © goodluz; © iconshow; © Ilka Burckhardt; © Julien Eichinger; © Jürgen Fälchle; © kebox; © LUCKAS; © maho; © Marem; © Martina Berg; © mirpic; © moodboard Premium; © Nitr; © omicron; © Peter Atkins; © photocrew; © Picture-Factory; © racamani; © Robert Kneschke; © S Hagebusch; © tinyal; © Tom Klimmeck; © Tyler Olson; © Volker Witt; © womue; © Yuri Arcurs

iStockphoto.com
117/1 © dpullman

mauritius images GmbH, Mittenwald
609/1 © P. Widmann; 623/1 © ib / Jochen Tack; 624/4 © SuperStock; 626/2 © augenblick; 628/1 © Hans-Peter Merten; 630/1 © Roy Botterell; 630/2 © ib / Michael Weber; 630/4 © ib / Jochen Tack; 631/1 © ib / Creativ Studio Heinemann; 642/4 © Bridge; 642/5 © Ernst Grasser; 643/1 © ib / Jochen Tack; 644/1 © Oredia; 644/2 © Uwe Umstätter; 674/3 © SuperStock; 700/1 © SuperStock; 703/1 © ib / Norbert Michalke; © augenblick; © Bridge; © Ernst Grasser; © Hans-Peter Merten; © ib / Creativ Studio Heinemann; © ib / Jochen Tack; © ib / Michael Weber; © ib / Norbert Michalke; © Oredia; © Roy Botterell; © SuperStock; © Uwe Umstätter; © P. Widmann

Shutterstock.com
29/2 © The Len; 31/2 © Nejron Photo; 206/4 © Binh Thanh Bui; 291/1 © tristan tan; © ElenaKor; © stockstudios

Stockfood, München
313/1; 319/4 © Faber & Partner; 410/3 © Lehmann, H.; 412/1 © Lehmann, H.; 413/1 © Holler, H.; 430/3 © Eising; 437/1 © Bischof, H.; 439/2 © Feiler; 439/4 © Bischof, H.; 464/1 © Lehmann, H.; 464/2 © Eising; 473/4 © Ellert, L.; © A. Faber; © Bischof, H.; © Eising; © Ellert, L.; © Feiler; © Holler, H.; © Lehmann, H.; © K. Newedel

Teubner Foodfoto, Berlin
104/1-3; 106/6+7; 198/1-4; 199/3+4+5+7+8; 200/1+2; 208/2; 231/1; 382/1; 399/2; 399/3; 399/4; 400/1; 400/2; 400/5; 400/6; 410/2; 414/2; 415/1; 416/1; 416/2; 416/3; 417/2; 417/3; 417/4; 418/1; 418/2; 418/3; 420/2; 421/1; 421/2; 421/3; 421/4; 422/3; 425/2; 425/3; 426/1; 426/2; 429/3; 429/4; 430/1; 431/1; 432/2; 436/1; 437/2; 437/4; 438/1; 438/2; 439/1; 443/2; 444/3; 444/4; 446/1; 448/2; 449/1; 449/2; 454/1; 454/2; 456/1; 456/3; 457/3; 457/4; 458/1; 458/2; 458/3; 458/4; 459/1; 459/3; 460/1; 460/2; 460/3; 460/4; 463/2; 465/1; 465/2; 468/3; 468/4; 468/5; 470/1; 472/1; 472/2; 472/3; 472/4; 473/5; 473/6; 474/1; 476/3; 476/4; 476/5; 476/6; 476/7; 476/8; 478/3; 482/3; 482/6; 483/4; 484/1; 490/1; 492/1; 492/2; 492/3; 492/4; 493/1; 505/3; 508/2; 664/1

Ullstein Bild, Berlin